Biographische Enzyklopädie der deutschsprachigen Aufklärung

Herausgegeben von
Rudolf Vierhaus und Hans Erich Bödeker

K · G · Saur   München 2002

Auf der Grundlage der von Walther Killy † und Rudolf Vierhaus herausgegebenen
„Deutschen Biographischen Enzyklopädie"

Redaktionelle Leitung:
Bruno Jahn

Redaktionelle Mitarbeit:
Dr. Barbara Palmbach

Redaktionsschluß:
30. Juni 2002

Die Deutsche Bibliothek – CIP-Einheitsaufnahme

Biographische Enzyklopädie der deutschsprachigen Aufklärung /
hrsg. von Rudolf Vierhaus und Hans Erich Bödeker. –
München : Saur, 2002.
ISBN 3-598-11461-3

Gedruckt auf säurefreiem und chlorarmem Papier
Printed on acid-free and chlorine-free paper

Alle Rechte vorbehalten / All Rights Strictly Reserved
K.G. Saur Verlag GmbH, München 2002
Printed in the Federal Republic of Germany

Satz: bsix information exchange GmbH, Braunschweig
Druck und Binden: Strauss Offsetdruck GmbH, Mörlenbach
ISBN 3-598-11461-3

Inhaltsverzeichnis

Vorwort	VII
Autorenverzeichnis	IX
Abkürzungsverzeichnis	XIII
Biographische Artikel	1
Zeittafel	333
Deutschsprachige Sozietäten des 18. Jahrhunderts und ihre Publikationen	347
Periodika	361
Personenregister	371
Ortsregister	427

Vorwort

> *„Aufklärung ist der Ausgang des Menschen aus seiner selbstverschuldeten Unmündigkeit ... Sapere aude! Habe Muth dich deines eigenen Verstandes zu bedienen! Ist also der Wahlspruch Der Aufklärung."*
>
> Immanuel Kant

Das vorliegende Werk wurde auf der Grundlage der in den Jahren 1995 bis 2000 in zehn Bänden und zwei Supplementbänden erschienenen „Deutschen Biographischen Enzyklopädie (DBE)", herausgegeben von Walther Killy und Rudolf Vierhaus, erarbeitet. Es stellt 1130 der „Aufklärung" zugerechnete Personen vor und bietet umfassende Information über aufgeklärtes Denken und Handeln im deutschsprachigen Kulturraum von der Mitte des 17. bis zum ersten Drittel des 19. Jahrhunderts. Unter den genannten, der „Aufklärung" zugerechneten Personen, befinden sich Philosophen und Theologen, Dichter und Journalisten, Pädagogen und Juristen, Ärzte, Ökonomen, Verleger und Buchhändler, auch hohe Beamte und Fürsten: Männer und Frauen unterschiedlichen Standes und Berufs, Gelehrte und Unternehmer – Erfolgreiche und Vergessene. Nicht jeder, der sich einen Aufklärer nannte oder als ein solcher bezeichnet wurde, ist in den vorliegenden Band aufgenommen worden, wohl dagegen andere, die hier nicht erwartet sein dürften.

Eine besondere Schwierigkeit für die Auswahl der in diesen Band aufgenommenen Personen ergab sich aus dem Umstand, daß es bis heute keine eindeutige und einheitliche Definition des Begriffs „Aufklärung", keinen gefestigten Konsens darüber gibt, was gemeint ist, wenn von „Aufklärung" gesprochen wird. Sie war eine Philosophie der menschlichen Vernunft, die ihre Aufgabe in der kritischen Prüfung der Begriffe und der Überlieferung und in der Anleitung zum selbständigen und vernünftigen Denken und Handeln verstand; eine Denkweise, die einem Zeitalter seinen Namen gegeben hat. Einen Namen, der so allgemein, so wenig spezifisch war (und ist), so oft gefeiert, aber auch kritisiert wurde, daß die Frage, was Aufklärung sei, sie stets begleitet hat. Sie ist von den Aufklärern auch selbst gestellt und beantwortet und damit von ihnen Aufklärung über die Aufklärung geleistet worden. Neben der berühmten Antwort Immanuel Kants von 1784 steht, im gleichen Jahr und ebenfalls in der „Berlinischen Monatsschrift" veröffentlicht, Moses Mendelssohns „Über die Frage: was heißt aufklären?" Die Worte Aufklärung, Kultur und Bildung seien „in unserer Sprache noch neue Ankömmlinge. Sie gehören vor der Hand bloß zur Büchersprache ... Bildung, Kultur und Aufklärung sind Modifikationen des geselligen Lebens; Wirkungen des Fleißes und der Bemühungen der Menschen ihren geselligen Zustand zu verbessern." In beiden Fällen ist die Aufklärung als ein Bildungsprozeß verstanden, der noch auf dem Wege und dessen Ziel noch lange nicht erreicht ist. Kant: „Wenn denn nun gefragt wird: Leben wir jetzt in einem aufgeklärten Zeitalter? So ist die Antwort: Nein, aber wohl in einem Zeitalter der Aufklärung."

Die Aufklärung war eine europäisch-nordamerikanische intellektuelle Bewegung in praktischer Absicht, deren gemeinsames „Programm" unter unterschiedlichen historischen Voraussetzungen, kulturellen, politischen und sozialen Bedingungen zu unterschiedlichen Zeiten auf unterschiedliche Weise zur Wirkung gekommen ist. Das gilt in besonderem Maße für die deutschsprachige Aufklärung, die ein so vielschichtiges und widersprüchliches Profil aufweist, daß man nur zögernd von einer „deutschen" Aufklärung sprechen kann, eher von einem „Sonderweg" der Aufklärung in Deutschland. Sie entwickelte sich unter starkem Einfluß der französischen, englischen und auch der schottischen Aufklärung. Ihre Vertreter schrieben oft noch lateinisch und französisch, gelehrt und umständlich. Sie entfaltete sich in protestantischen Territorien und Städten erfolgreicher als in katholischen und stand mit der evangelischen Theologie in einem geistesgeschichtlich hoch bedeutsamen Diskurs.

Größtes Gewicht wurde von der deutschsprachigen Aufklärung der Erziehung beigelegt. Bildung und Erziehung galten ihr als wichtigstes Organ, deren Ziele „Verbesserung" des Wissens und der Sitten, der Sprache und des selbständigen Denkens die Herrschaft der Vernunft voraussetzte. „Verbesserung", nicht Reform, war der Leitbegriff der praktischen Aufklärung, die sich auf alle Bereiche des privaten und gesellschaftlichen Lebens erstreckte und in zahlreichen gemeinnützigen Gesellschaften, Moralischen Wochenschriften, Zeitschriften, in denen Vorschläge und Erfahrungsberichte zur Verbesserung der Landwirtschaft und des Gewerbes, des Schul-, Gesundheits- und Armenwesens, auch der Verwaltung, Rechtsprechung und des Strafvollzugs sich niederschlagen. Wichtigste Medien dieser Aufklärung war das geschriebene Wort, waren Buchdruck und Buchhandel, wichtigste Forderungen waren Pressefreiheit und Öffentlichkeit. Deshalb sind in den vorliegenden Band so viele in praktischen Berufen tätige Personen aufgenommen, die den Zweck ihres Wirkens als „Aufklärung" verstanden.

Vorwort

Zu sagen, daß für die deutschsprachige Aufklärung allgemein oder gar politisch eine „liberale" Gesinnung, die Leitvorstellung einer liberalen Gesellschaft charakteristisch gewesen sei, würde ein gemeinsames gesellschaftliches Bewußtsein unterstellen. Ein solches hat sich im deutschen Sprachraum nicht entwickelt, wohl aber läßt sich eine Identität und Kontinuität aufgeklärten und liberalen Denkens bis weit ins 19. Jahrhundert hinein erkennen, als beide Begriffe im kulturellen und politischen Diskurs verblassen.

Gegner, Feinde hat die deutschsprachige Aufklärung immer gehabt, die ihr die Infragestellung der Geltung überlieferter Glaubenswahrheiten, geistlicher und weltlicher Herrschaft, überlieferter Ordnung, wirklichkeitsfremden Rationalismus und Abstraktheit ihrer „Verbesserungs- und Modernisierungsvorschläge" vorwarfen. So ist denn auch die Abwehr solcher Vorwürfe, ist die Verteidigung der Aufklärung, zumal gegen die Gebildeten unter ihren Verächtern, ein Argument für die in diesem Band getroffene Auswahl.

Rudolf Vierhaus, Hans Erich Bödeker
Göttingen, Juni 2002

Autorenverzeichnis

Dr. Gabriele Ball
Johann Christoph Gottsched

Professor Dr. Axel W. Bauer
Georg Ernst Stahl

Professor Dr. Ursula A. J. Becher
August Ludwig von Schlözer

Professor Dr. Hanno Beck
Alexander von Humboldt

Professor Dr. Dr. h. c. Gustav Adolf Benrath
Johann Heinrich Jung-Stilling
Johann Caspar Lavater

Dr. Raimund Bezold
Karl Philipp Moritz

Dr. Ingrid Bigler-Marschall
Conrad Ekhof

Dr. Reinhard Blänkner
Karl Wenzeslaus Rodecker von Rotteck

Privatdozent Dr. Horst Walter Blanke
Henrich Martin Gottfried Köster

Dr. Hans Erich Bödeker
Johann Gottlieb Bärstecher
Johann Adam Bergk
Karl Clauer
Jean-Baptiste Baron von Cloots
Gottlob Nathanael Fischer
Karl Friedrich Flögel
Manuel David Mauchart
Mathias Metternich
Christian Gottfried Schütz
David Georg Strube
Peter Florens Weddigen

Dr. Eva Börsch-Supan
Karl Friedrich Schinkel

Professor Dr. Helmut Börsch-Supan
Daniel Chodowiecki
Johann Gottfried Schadow

Privatdozent Dr. Martin Bondeli
Karl Leonhard Reinhold

Professor Dr. Urs Boschung
Albrecht von Haller

Professor Dr. Herbert Breger
Gottfried Wilhelm Leibniz

Günter de Bruyn
Jean Paul

Professor Dr. Christoph Bultmann
Johann Gottfried Herder
Hermann Samuel Reimarus

Dr. David Constantine
Friedrich Hölderlin

Professor Dr. Victor Conzemius
Johann Michael von Sailer

Professor Dr. Konrad Cramer
Immanuel Kant

Dozent Dr. Dr. h. c. Dietmar Debes
Georg Joachim Göschen

Dr. Ina Ebert
Paul Johann Anselm von Feuerbach
Samuel Frh. von Pufendorf

Professor Dr. Dietrich von Engelhardt
Lorenz Florens Friedrich von Crell
Johann Benjamin Erhard
Franz Anton Mesmer
Abraham Gottlob Werner

Professor Dr. Jörg-Ulrich Fechner, M. Litt. Cantab.
Matthias Claudius

Professor Dr. Emil A. Fellmann
Leonhard Euler

Professor Dr. Andreas Flitner
Wilhelm von Humboldt

Dr. Jörn Garber
Georg Forster

Dr. Martin Gierl
Heinrich Christoph Albrecht
Dorothea Friderika Baldinger
Johann Heinrich Christoph Beutler
August Friedrich Wilhelm Crome
Carl Wilhelm Frölich
Henriette Frölich

Dorothee Göbel
Joseph Haydn

Privatdozent Dr. Werner Greiling
Karl August, Großherzog von Sachsen-Weimar-Eisenach

Dr. Rita Gudermann
Albrecht Daniel Thaer

Professor Dr. Karl S. Guthke
Gotthold Ephraim Lessing

Professor Dr. Günter Häntzschel
Salomon Gessner

Dr. Lutz Hagestedt
Ludwig Tieck

Professor Dr. Barbara Hahn
Rahel Varnhagen von Ense

Professor Dr. Fritz Hartmann
Friedrich Blumenbach
Johann Frank

Autorenverzeichnis

Dr. Dorothea Hölscher-Lohmeyer
Johann Wolfgang von Goethe

Dr. Andrea Hofmeister
Karl August Fürst Hardenberg
Louis Ferdinand von Hohenzollern, Prinz von Preußen
Ludwig Gerhard Wagemann

Dr. Günter Hollenberg
Friedrich Carl Frh. von Moser

Professor Dr. Rolf-Peter Horstmann
Friedrich Heinrich Jacobi

Adrian Hummel
Johann Heinrich Voß

Bruno Jahn
Johann Friedrich Cotta von Cottendorf

Professor Dr. Manfred Jakubowski-Tiessen
Johann Friedrich Struensee

Professor Dr. Herbert Jaumann
Christoph Martin Wieland

Dr. Ulrich Joost
Georg Christoph Lichtenberg

Ekkehard Jost
Johann Stephan Pütter

Professor Dr. Werner Jung
Christian Fürchtegott Gellert
Friedrich Nicolai

Raphael Kaeser
Bernard Bolzano

Professor Dr. Andreas Kleinert
Abraham Gotthelf Kästner

Professor Dr. Gerd Kleinheyer
Carl Gottlieb Svarez

Professor Dr. Grete Klingenstein
Joseph II., römisch-deutscher Kaiser
Joseph von Sonnenfels

Professor Dr. Helmut Koopmann
Friedrich von Schiller

Privatdozent Dr. Hans-Christof Kraus
Friedrich Gentz
Adam Heinrich Müller

Professor Dr. Konrad Küster
Ludwig van Beethoven
Wolfgang Amadeus Mozart

Jörg H. Lampe
August Wilhelm Rehberg

Dr. Ulrich Leisinger
Carl Philipp Emanuel Bach
Wilhelm Friedemann Bach

Sabine Lorenz
August von Kotzebue

Professor Dr. Dr. h. c. mult. Hans Maier
Joseph von Görres

Dr. Peter Mainka
Karl Abraham Frh. von Zedlitz und Leipe

Professor Dr. Brigitte Marschall
August Wilhelm Iffland
Friederike Caroline Neuber

Professor Dr. Dr. Günter Meckenstock
Johann Gottlieb Fichte

Professor Dr. Reinhard Mocek
Johann Christian Reil

Professor Dr. Dr. h. c. Bernd Moeller
Johann Lorenz von Mosheim

Reinhard Müller
Johann Jacob Breitinger

Dr. Fritz Nagel
Daniel Bernoulli
Jacob Bernoulli
Johann Bernoulli

Professor Dr. Bernd Naumann
Joachim Heinrich Campe

Professor Dr. Dr. Kurt Nowak †
Friedrich Daniel Ernst Schleiermacher
Johann Salomo Semler

Professor Dr. Roger Paulin
August Wilhelm von Schlegel
Friedrich von Schlegel

Professor Dr. Franz Quarthal
Karl Eugen, Herzog von Württemberg

Professor Dr. Dr. h. c. Paul Raabe
Adolph Frh. Knigge

Professor Dr. Rudolf Reinhardt
Carl Theodor von Dalberg

Dr. Roland Reuß
Heinrich von Kleist

Professor Dr. Dr. Ortrun Riha
Dorothea Erxleben

Professor Dr. Joachim Ringleben
Johann Georg Hamann

Universitätsdozent Dr. Karl Sablik
Gerard van Swieten

Professor Dr. Gerhard Sauder
Friedrich Gottlieb Klopstock
Friedrich Müller

Professor Dr. h. c. mult. Klaus G. Saur
Friedrich Arnold Brockhaus

Tonja Schewe
Johannes von Müller
Johann Heinrich Pestalozzi

Professor Dr. Hanno Schmitt
Christian Gotthilf Salzmann

Professor Dr. Dr. Peter Schneck
Christoph Wilhelm Hufeland
Peter Simon Pallas

Professor Dr. Hans Schneider
Gottfried Arnold

Professor Dr. Dr. h. c. Werner Schneiders
Christian Thomasius
Christian Frh. von Wolff

Autorenverzeichnis

Professor Dr. Rüdiger Scholz
Jakob Michael Reinhold Lenz

Dr. Dorothea Schröder
Johann Mattheson

Dr. Peter Schumann
Karl Frh. vom Stein zum Altenstein
Jonas Ludwig von Heß
Johann Michael Hudtwalcker
Gottlieb Hufeland
Heymann Salomon Pappenheimer

Professor Dr. Hansmartin Schwarzmaier
Karl Friedrich, Großherzog von Baden

Dr. Stefan Schweizer
Johann Dominicus Fiorillo

Professor Dr. Hellmut Sichtermann
Johann Joachim Winckelmann

Professor Dr. David Sorkin
Moses Mendelssohn

Professor Dr. Udo Sträter
August Hermann Francke

Professor Dr. Ulrich Troitzsch
Johann Georg Krünitz

Professor Dr. Dr. h.c. Rudolf Vierhaus
Friedrich II., König von Preußen

Privatdozent Dr. Matthias Vogel
Johann Heinrich Füssli

Professor Dr. Johannes Wallmann
Philipp Jakob Spener

Professor Dr. Ernst Wangermann
Leopold II., römisch-deutscher Kaiser

Professor Dr. Eberhard Weis
Maximilian Joseph Graf von Montgelas

Professor Dr. Burghard Weiss
Ehrenfried Walther von Tschirnhaus

Professor Dr. Winfried Woesler
Justus Möser

Professor Dr. Hans Wußing
Johann Heinrich Lambert

Dr. Johan van der Zande
Heinrich Ludwig Willibald Barkhausen
Heinrich Moritz Gottlieb Grellmann
Karl Franz von Irwing
Margaretha Elisabeth Reimarus
Carl August von Struensee

Abkürzungsverzeichnis

ADB
Allgemeine Deutsche Biographie. Hrsg. von der Historischen Commission der Bayerischen Akademie der Wissenschaften. 56 Bde., Leipzig 1875-1912.

BBHS
Bio-bibliographisches Handbuch zur Sprachwissenschaft des 18. Jahrhunderts. Die Grammatiker, Lexikographen und Sprachtheoretiker des deutschsprachigen Raums mit Beschreibung ihrer Werke. Hrsg. von Herbert E. Brekle, Edeltraud Dobnig-Jülch, Hans Jürgen Höller und Helmut Weiß. Tübingen 1992 ff.

DBA I
Deutsches Biographisches Archiv. Mikrofiche-Edition. Hrsg. von Bernhard Fabian. München 1982-85.

DSB
Dictionary of Scientific Biography. Ed. by Charles C. Gillipsie. 16 Bde., 2 Ergänzungsbände. New York 1970-81.

HRG
Handwörterbuch zur deutschen Rechtsgeschichte. Hrsg. von Adalbert Erler und Ekkehard Kaufmann. 5 Bde., Berlin 1971-98.

Killy
Literatur-Lexikon. Autoren und Werke deutscher Sprache. Hrsg. von Walther Killy. 15 Bde., Gütersloh/München 1988-93.

NDB
Neue Deutsche Biographie. Hrsg. von der Historischen Kommission bei der Bayerischen Akademie der Wissenschaften. Berlin 1953 ff.

TRE
Theologische Realenzyklopädie. In Gemeinschaft mit Horst Balz und Gerhard Krause hrsg. von Gerhard Müller. Berlin/New York 1976 ff.

a.	am, an
Abt.	Abteilung
a. d.	an dem, an den, an der, auf der
a. o. Prof.	außerordentlicher Professor
a. St.	alten Stils
Aufl.	Auflage
Ausg.	Ausgabe
b.	bei
Bay.	Bayern
Bd., Bde.	Band, Bände
Bearb.	Bearbeiter
bearb.	bearbeitet
bes.	besonders
bzw.	beziehungsweise
d. Ä.	der (die) Ältere
Dép.	Département
ders.	derselbe
d. Gr.	der (die) Große
dies.	dieselbe(n)
d. J.	der (die) Jüngere
Diss.	Dissertation
dt.	deutsch
ebd.	ebenda
ed.	edited
eigentl.	eigentlich
engl.	englisch
erw.	erweitert
evang.	evangelisch
f., ff.	folgende Seite(n), folgendes (folgende) Jahre
Frh.	Freiherr
frz.	französisch
geb.	geboren
Gem.	Gemeinde
gest.	gestorben
H.	Heft
Hl., hl.	Heilige(r), heilig
Hrsg.	Herausgeber
hrsg.	herausgegeben
i.	im, in
i. d.	in dem, in den, in der
Jg.	Jahrgang
Jh.	Jahrhundert

Abkürzungsverzeichnis

kath.	katholisch		rev.	revidiert, revised
kgl.	königlich		Rsgb.	Riesengebirge
Kr.	Kreis			
Kt.	Kanton		S.	Seite
			schweizer.	schweizerisch
lat.	lateinisch		s. d.	siehe dort
Lfg.	Lieferung		sog.	sogenannt
lic.	licentiatus		sp.	später
luth.	lutherisch		Sp.	Spalte
			St.	Sankt
Nachdr.	Nachdruck			
Neudr.	Neudruck		TH	Technische Hochschule
N. F.	Neue Folge		Tl., Tle.	Teil, Teile
Nm.	Neumark		trans.	translation, translated
Nr.	Nummer		Tsd.	Tausend
Oberpf	Oberpfalz		u. a.	unter anderem, und andere
o. J.	ohne Jahr		Übers.	Übersetzer, Übersetzung
O. L.	Oberlausitz		übers.	übersetzt
Oldb	Oldenburg		Univ.	Universität
o. O.	ohne Ort		urspr.	ursprünglich
OPf.	Oberpfalz			
o. Prof.	ordentlicher Professor		v.	von
österr.	österreichisch		v. d.	vor dem, vor der
			verh.	verheiratet
Pr	Preußen		vgl.	vergleiche
preuß.	preußisch		Vogtl	Vogtland
Prof.	Professor			
Prov.	Provinz		Westf	Westfalen
Pseud.	Pseudonym		Westpr.	Westpreußen

Abbt, Thomas, Philosoph, * 25. 11. 1738 Ulm, † 3. 11. 1766 Bückeburg.
A., Sohn eines Perückenmachers, nahm 1756 in Halle das Studium der Theologie auf, wandte sich jedoch bereits 1757 der Philosophie und Mathematik zu. 1759 mit einer theologischen Arbeit von der Philosophischen Fakultät promoviert, habilitierte er sich im selben Jahr (*De via ad veritatem proprius etsi non penitus accedendi*) und wurde 1760 a. o. Prof. der Philosophie an der Univ. Frankfurt/Oder. Seine Begeisterung für → Friedrich den Großen brachte er in der Antrittsrede *Oratio de rege Philosopho* und in seiner Schrift *Vom Tode fürs Vaterland* (1761, ⁴1787), mit der er einige Berühmtheit erlangte, zum Ausdruck. Friedrich → Nicolai und Moses → Mendelssohn gewannen ihn als Nachfolger → Lessings für die Mitarbeit an den *Briefen, die neueste Litteratur betreffend*, für die A. Artikel über Philosophie, Geschichte, Dichtung etc. schrieb. Nach kaum einjähriger Tätigkeit in Frankfurt/Oder ging er als Prof. der Mathematik an die Univ. Rinteln, wo er sein Hauptwerk *Vom Verdienste* (1765, ⁴1790) verfaßte, in der er sich auch mit den radikalen Positionen der Aufklärung in Frankreich auseinandersetzte. A. befaßte sich ferner mit Fragen zur Methode der Geschichtswissenschaft. Durch Graf → Wilhelm von Schaumburg-Lippe wurde A., der Justus → Möser als seinen Mentor ansah, Ende 1765 als Hof-, Regierungs- und Konsistorialrat nach Bückeburg gerufen, wo er bereits im folgenden Jahr starb. Sein Nachfolger in Bückeburg war → Herder.
WEITERE WERKE: Untersuchung, ob Gott Mosen begraben habe? Halle 1757. – Dissertatio prior de recto philosophiae studio [...]. Halle 1760. – Vom Einfluß des Schönen auf die strengern Wissenschaften [...]. Rinteln 1762. – Leben und Charakter des Weltweisen Alexander Gottlieb Baumgarten. Halle 1765. – Geschichte des menschlichen Geschlechts [...]. Alte Historie. Bd. 1. Halle 1766. – Fragment der ältesten Begebenheiten des menschlichen Geschlechts. Halle 1767. – Vermischte Werke. Hrsg. v. Friedrich Nicolai und Johann Erich Biester. 6 Tle., Berlin/Stettin 1768-81. Neuauflage unter dem Titel: Sämmtliche Werke. 6 Tle., Berlin/Stettin 1790. – Freundschaftliche Correspondenz. 2 Tle., Berlin 1771-82.
LITERATUR: Christoph Friedrich Nicolai: Ehrengedächtnis Herrn T. A. Berlin u. a. 1767. – Annie Bender: T. A. Ein Beitrag zur Darstellung des erwachenden Lebensgefühls im 18. Jahrhundert. Bonn 1922. – Otto Gruber: Herder und A. Düsseldorf 1934. – Hans Erich Bödeker: T. A. Patriot, Bürger und bürgerliches Bewußtsein. In: Rudolf Vierhaus (Hrsg.): Bürger und Bürgerlichkeit im Zeitalter der Aufklärung. Heidelberg 1981, S. 221-253. – Zwi Batscha: „Despotismus von jeder Art reizt zur Widersetzlichkeit". Die Französische Revolution in der deutschen Popularphilosophie. Frankfurt/Main 1989. – Benjamin W. Redekop: Enlightenment and community. Lessing, A., Herder, and the quest for a German public. Montreal u. a. 2000.

Abegg, Johann Friedrich, evang. Theologe, * 30. 11. 1765 Roxheim bei Kreuznach, † 16. 12. 1840 Heidelberg.
1789-94 unterrichtete A. am Heidelberger Gymnasium und war seit 1791 a. o. Prof. der Philologie an der Universität. 1794 wurde er Pfarrer in Boxberg, 1799 in Leimen und 1808 in Heidelberg. Seit 1807 war er außerordentliches Mitglied im großherzoglich badischen Oberkirchenrat und lehrte von 1819 an als Prof. der praktischen Theologie an der Univ. Heidelberg. A., der Kontakte zu den Heidelberger Romantikern unterhielt, ist vor allem als Prediger und Seelsorger bekanntgeworden. 1976 erschien A.s *Reisetagebuch von 1798* (hrsg. von Walter und Jolanda Abegg), das die philosophiehistorisch wertvollen Gespräche A.s mit → Kant wiedergibt.

Abel, Friedrich Gottfried, Mediziner, Schriftsteller, * 8. 7. 1714 Halberstadt, † 23. 11. 1794 Halberstadt.
Der Sohn des Predigers und Historikers Kaspar A. studierte seit 1731 in Helmstedt, dann in Halle Theologie, wechselte jedoch bald zum Studium der Medizin (Dr. med. 1744). Er ließ sich in Halberstadt als Arzt nieder, wurde 1771 Beisitzer des medizinischen Kollegiums und 1788 Physikus des dortigen Domkapitels. A. war Gründungsmitglied der literarischen Gesellschaft seiner Heimatstadt (1785) und veröffentlichte mit *Juvenals und Sulpizia's sämmtliche[n] Satiren* (1785) eine kommentierte Übersetzung.

Abel, Jakob Friedrich von, Philosoph, * 9. 5. 1751 Vaihingen, † 7. 6. 1829 Schorndorf.
A., Sohn eines Regierungsrats und Oberamtsmanns, erhielt seine Ausbildung an den Seminarien von Denkendorf und Maulbronn, dann in Tübingen (Magister 1770) und wurde 1772 Lehrer an der Karlsschule, wo er Lehrinhalte und -methoden reformierte. Zu seinen Schülern gehörte auch → Schiller. Seit 1790 war A. als Nachfolger von Gottfried → Ploucquet Prof. der praktischen Philosophie an der Univ. Tübingen, 1811-23 leitete er die evang. Schule in Schöntal und war seit 1825 Generalsuperintendent für Urach und Reutlingen. Sein philosophisches Interesse galt zunächst der empirischen Psychologie und Anthropologie (*Sammlung und Erklärung merkwürdiger Erscheinungen aus dem menschlichen Leben*, 3 Tle., 1784-90; *Einleitung in die Seelenlehre*, 1786); später standen Fragen der Moralphilosophie (*Erläuterungen wichtiger Gegenstände aus der philosophischen und*

1

geistlichen Moral, besonders der Ascetik, durch Beobachtungen aus der Seelenlehre (1790) und der traditionellen Metaphysik im Mittelpunkt. A., ein Gegner → Kants, veröffentlichte ferner *Grundsätze der Metaphysik, nebst einem Anhange über die Kritik der reinen Vernunft* (1786) und *Versuch über die Natur der speculativen Vernunft zur Prüfung des Kantischen Systems* (1787).
WEITERE WERKE: Über die Frage: Wird das Genie geboren oder erzogen? Tübingen 1776. Neudruck mit einem Nachwort hrsg. v. Walter Müller-Seidel. Marbach/Neckar 1955. – Beiträge zur Geschichte der Liebe, aus einer Sammlung von Briefen. 2 Bde., Leipzig 1778. – Über die Quellen der menschlichen Vorstellungen. Stuttgart 1786. – Plan einer systematischen Metaphysik. Stuttgart 1787. – Philosophische Untersuchungen über die Verbindung der Menschen mit höhern Geistern. Stuttgart 1791. – Über die Seelenstärke. Tübingen 1801. – J. F. A. Eine Quellenedition zum Philosophieunterricht an der Stuttgarter Karlsschule (1773-1782). Mit Einleitung, Übersetzung, Kommentar und Bibliographie hrsg. v. Wolfgang Riedel. Würzburg 1995.
LITERATUR: Fritz Aders: J. F. A. als Philosoph. Diss. Berlin 1893. – Wolfgang Riedel: Die Anthropologie des jungen Schiller. Würzburg 1985.

Abele, Johann Martin von, Jurist, * 31.3.1753 Darmstadt, † 3.9.1803 Ulm.
A. studierte in Tübingen (seit 1773) und Göttingen (seit 1776), wo er Privatunterricht in beiden Rechten gab, juristischer Rezensent der „Göttinger Gelehrten Anzeigen" war und 1778 promoviert wurde. 1779 ging er als Syndikus nach Kempten, wurde 1791 in den kaiserlichen Pfalzgrafenstand erhoben und 1798 zum Hofrat der Fürsten zu Oettingen-Wallerstein ernannt. In Ulm (seit 1802) trat er als Landesdirektionsrat und Direktor des protestantischen Konsistoriums in bayerisch-kurpfälzische Dienste. Neben juristischen Verordnungen publizierte A. historische Schriften, u. a. gab er das „Historisch und statistische Magazin, vornehmlich von Oberdeutschland" (2 Hefte, 1785/86) heraus.

Abendroth, Amandus Augustus, hamburgischer Senator, * 16.10.1767 Hamburg, † 17.12.1842 Hamburg.
Nach Abschluß rechtswissenschaftlicher Studien in Erlangen und Tübingen (Promotion 1790) lebte A. als Advokat in Hamburg, wo er sich für die neugegründete Allgemeine Armenanstalt engagierte. 1800 wurde er zum Senator gewählt; während der ersten französischen Besetzung war er seit 1806 Prätor, von 1809 an Amtmann in Ritzebüttel. Von den Franzosen als Maire 1810 nach Hamburg zurückgeholt, wurde er nach der Befreiung der Stadt geächtet, jedoch bald amnestiert. Wieder in Ritzebüttel, reorganisierte er die Verwaltung und gründete das Seebad Cuxhaven. 1821 kam A. als Polizeiherr nach Hamburg zurück und bekleidete seit 1831 das Amt des Bürgermeisters und Protoscholarchen.

Abicht, Johann Heinrich, Philosoph, * 4.5.1762 Volkstedt (heute zu Rudolstadt), † 28.4.1816 Wilna.
Neben dem Studium in Erlangen war A., Sohn eines Lehrers, seit 1784 als Hofmeister tätig. 1790 promoviert, wurde er 1796 o. Prof. der Philosophie an der Univ. Erlangen und 1804 Prof. der Logik und Metaphysik an der neuorganisierten Univ. Wilna. Er redigierte 1789/90 gemeinsam mit Friedrich Gottlieb → Born das „Neue philosophische Magazin zur Erläuterung und Anwendung des Kantischen Systems" in Leipzig und war 1794/95 Mitherausgeber des „Philosophischen Journals". A.s Arbeiten orientierten sich an der Philosophie Immanuel → Kants, später auch an der Karl Leonhard → Reinholds. Er veröffentlichte u. a. *Versuch einer kritischen Untersuchung über das Willensgeschäft* (1788), *Neues System einer philosophischen Tugendlehre* (1790; 2., umgearbeitete Aufl. unter dem Titel *Allgemeine praktische Philosophie,* 1798), *Neues System eines aus der Menschheit entwickelten Naturrechts* (1792), *System der Elementarphilosophie* (1795), *Revidierende Kritik der spekulativen Vernunft, in Verbindung mit der metaphysischen Wissenschaft* (2 Tle. in 3 Bänden, 1799-1801), *Verbesserte Logik, oder Wahrheitswissenschaft, auf der einzig gültigen Begründung der Wahrheit erbauet* (1802) und *Enzyklopädie der Philosophie* (1804).
WEITERE WERKE: Versuch einer Metaphysik des Vergnügens nach Kants Grundsätzen. Philosophie der Erkenntnisse. 2 Tle., Lübeck 1791. – Kritische Briefe über die Möglichkeit einer wahren wissenschaftlichen Moral, Theologie, Rechtslehre, empirischen Psychologie und Geschmackslehre. Mit prüfender Hinsicht auf die Kantische Begründung dieser Lehre. Nürnberg 1793. – Psychologische Anthropologie. 1. Abt.: Aetiologie der Seelenzustände. Erlangen 1801.

Abt, Ephraim Ludwig Gottfried, Bergbeamter, * 4.1.1752 Berlin, † 3.5.1819 Breslau.
Nach einer kaufmännischen Lehre und dem Studium des Bergbauwesens wurde A. das Hüttenwesen im Bergbau des sächsischen Erzgebirges zugewiesen. 1780 kam er als Bergmeister nach Schlesien und wurde 1781 Assessor beim Oberbergamt Breslau, 1791 Hüttenrat, 1804 Oberhüttenrat. Nach seinen Plänen baute Wedding auf der Gleiwitzer Hütte einen Hochofen, in dem 1796 erstmals die Verhüttung von Eisenerz mit Steinkohlenkoks zu befriedigenden Ergebnissen führte. A. veröffentlichte neben Berichten über seine Versuche historische Arbeiten, u. a. die *Beiträge zur Geschichte des Pulvers, des Geschützes und der Kugeln* (1811).

Achenwall, Gottfried, Historiker, Jurist, * 20.10.1719 Elbing, † 1.5.1772 Göttingen.
A., Sohn eines aus Schottland eingewanderten Kaufmanns, studierte Philosophie, Mathematik und Physik an der Univ. Jena, seit 1740 Rechts- und Staatswissenschaften und Geschichte an der Univ. Halle und war seit 1742 als Hofmeister in Dresden tätig. Nach dem Erwerb der Magisterwürde 1746 in Leipzig war er bis 1748 Dozent in Marburg, 1748-53

a. o. Prof., zuerst der Philosophie, dann der Rechte in Göttingen; 1753 wurde er zum Ordinarius für Philosophie, 1761 für Naturrecht und Politik ernannt und war seit 1762 Doktor beider Rechte. 1765 erhielt A. den Hofratstitel. Die seit 1751 bestehende Mitgliedschaft in der königlichen Sozietät der Wissenschaften zu Göttingen legte er 1762 nieder. A. entwickelte die von Hermann Conring begründete mathematisch-statistische Staatenkunde zu einer mehr historisch arbeitenden, vergleichenden Wissenschaft weiter, die er „Statistik" nannte (u. a. *Abriß der neuesten Staatswissenschaft der vornehmsten Europäischen Reiche und Republiken*, 1749; in den folgenden Auflagen unter dem Titel *Staatsverfassung der heutigen vornehmsten Europäischen Reiche und Völker im Grundrisse*, ^{2}1752; 2 Tle., ^{7}1790-98). Erstmals von seinem Schüler August Ludwig von → Schlözer wurde A. als „Vater der Statistik" bezeichnet. Die Staatswissenschaft A.s wird heute weniger der Statistik als vielmehr der Wirtschaftsgeographie und verwandten Fächern zugeordnet. Mit Ausnahme des positiven deutschen Staatsrecht bearbeitete A. fast alle Zweige der Staatswissenschaften. An den zusammen mit Johann Stephan → Pütter veröffentlichten *Elementa Iuris Naturae* (1750) war Pütters Beitrag nur ein geringer. Dieses Naturrechtslehrbuch, das A. ab der 3. Auflage (1755) allein bearbeitete, gehörte zwischen 1765 und 1790 zu den meistbenutzten Naturrechtskompendien (^{8}1781). Auch → Kant, dessen Rechtsphilosophie in ständiger Auseinandersetzung mit A. entstand, legte es wiederholt seinen Vorlesungen zugrunde.
WEITERE WERKE: Die Staatsklugheit nach ihren ersten Grundsätzen. Göttingen 1774, ^{4}1779. – Anfangsgründe des Naturrechts (Elementa Iuris Naturae). Hrsg. und übersetzt von Jan Schröder. Frankfurt/Main, Leipzig 1995.
LITERATUR: Hans-Heinrich Solf: G. A. Sein Leben und sein Werk. Diss. Göttingen 1938. – Joachim Hruschka: Das deontologische Sechseck bei G. A. im Jahre 1767. Zur Geschichte der deontischen Grundbegriffe in der Universaljurisprudenz zwischen Suarez und Kant. Göttingen 1986. – Jan Schröder: G. A., Johann Stephan Pütter und die „Elementa Iuris Naturae". In: G. A./Johann Stephan Pütter: Anfangsgründe [s. o.], S. 331-354.

Ackermann, Ernst Wilhelm, Jurist, Publizist, * 14. 6. 1761 Weimar, † 4. 10. 1835 Jena.
Der mit August → Kotzebue befreundete A. studierte 1779-82 in Leipzig und Jena und absolvierte seine Zeit als Anwärter auf den Verwaltungsdienst bei seinem Vater, der Amtmann in Ilmenau war. 1788 war er Hofmeister in Köln und Kleve, wurde 1790 Amtsadjunkt und 1792 Amtmann in Ilmenau. Er reformierte die Steuerverwaltung, förderte den Straßenbau, das städtische Brauwesen und die neugegründete Schule für Technologie und Industrie. Nach der Umgestaltung der Weimarer Verwaltung erbat er 1815 seine Versetzung und war von 1816 an geheimer Referendar im Justizdepartement des Staatsministeriums in Weimar. A. veröffentlichte Beiträge in verschiedenen Zeitschriften, u. a. im „Deutschen Merkur" (1792-1806); nach Kotzebues Tod gab er dessen „Literarisches Wochenblatt" heraus.

Adam, Jakob, österr. Kupferstecher, * 9. 10. 1748 Wien, † 16. 9. 1811 Wien.
A. studierte seit 1771 an der Schmuzerschen Kupferstecherakademie in Wien. Sein druckgraphisches Werk umfaßt mehrere Schwerpunkte: kleinformatige, miniaturhafte Bildnisse von besonderer Feinheit, die dem Künstler die Bezeichnung „Wiener Fiquet" eintrugen; eine Serie von biblischen Darstellungen nach Gemälden alter Meister für die Wiener Bilderbibel, die A. selbst verlegte; etwa 100 *Abbildungen des gemeinen Volkes zu Wien [...]* (1778-80); Tafeln mit botanischen und ornithologischen Darstellungen. A.s Porträts, die fast alle nach fremden Vorlagen entstanden, übertreffen technisch oft diejenigen seiner Zeitgenossen.

Adelbulner, Michael, Naturforscher, * 3. 2. 1702 Nürnberg, † 19. /21. 7. 1779 Altdorf.
Nach Abschluß des Gymnasiums seiner Heimatstadt 1720 hielt sich A., Sohn eines Buchdruckers, in Halle, Magdeburg und Hamburg auf und ließ sich im Beruf seines Vaters ausbilden. In Leipzig studierte er Altertumswissenschaften und Philosophie und gab nach seiner Rückkehr nach Nürnberg den Beruf des Druckers ganz auf, um sich mit Astronomie und Mathematik zu beschäftigen. Seit 1725 studierte A. schließlich an der Univ. Altdorf Physik, Chemie und Medizin, wurde 1736 Mitglied der Akademie der Wissenschaften in Berlin und 1741 unter dem Namen Aristarchus Samius Mitglied der Deutschen Akademie der Naturforscher Leopoldina. A. wurde 1738 zum Dr. med. promoviert und erhielt 1743 in Altdorf eine Professur für Mathematik und Physik; 1766 übernahm er zusätzlich die Professur für Logik. Seine Schriften beschäftigen sich vornehmlich mit der Astronomie; 1768 veröffentlichte er eine *Kurze Beschreibung der Barometer und Thermometer [...]*.

Adelung, Friedrich von, Sprachforscher, * 25. 2. 1768 Stettin, † 30. 1. 1843 St. Petersburg.
Nach Abschluß des Studiums der Rechtswissenschaft und der Philosophie in Leipzig bereiste der Neffe von Johann Christoph → A. Mittel- und Südeuropa. 1793 verlegte A. seinen Wohnsitz nach Riga, zwei Jahre später nach Mitau, wo er journalistisch und kaufmännisch tätig war. In St. Petersburg leitete er das Deutsche Theater und betätigte sich als Zensor für deutsche Literatur. Seit 1803 zum Erzieher der Großfürsten Nikolaus und Michael, der Brüder des Zaren Alexander I., bestimmt, verwaltete er auch die Bibliothek der Zarin. 1809 ernannte ihn die Petersburger Akademie der Wissenschaften zum korrespondierenden Mitglied. A. wurde 1824 in den russischen Staatsdienst übernommen, nobilitiert und zum Direktor des Orientalischen Instituts ernannt. A. förderte die allgemeine und vergleichende Sprachwissenschaft und veröffentlichte den *Versuch einer Literatur der Sanskritsprache* (1830).

Adelung, Johann Christoph, Sprachforscher, * 8. 8. 1732 Spantekow bei Anklam (Pommern), † 10. 9. 1806 Dresden.
A. studierte 1752-58 Theologie bei Siegmund Jakob →Baumgarten, lehrte am Ratsgymnasium in Erfurt und wurde für seine ersten wissenschaftlichen Arbeiten und Übersetzungen in die Kurfürstlich Mainzische Akademie der nützlichen Wissenschaften aufgenommen; 1762 verlieh ihm der Gothaer Hof den Ratstitel. Bis 1764 hat die Forschung keine gesicherten Angaben zu A.s Biographie; seit 1764/65 lebte er als Privatgelehrter in Leipzig und folgte 1787 einem Ruf als Oberbibliothekar an die Kurfürstliche Bibliothek in Dresden, deren Bestände er erstmals der Öffentlichkeit zugänglich machte. Er hatte die Stelle bis zu seinem Tod inne. In Leipzig begann seine umfangreiche publizistische Tätigkeit; er gab u. a. elf größtenteils selbst geschriebene Zeitungen sowie historische, meist kompilatorische Arbeiten heraus. 1774-86 erschien sein *Versuch eines vollständigen grammatisch-kritischen Wörterbuches der Hochdeutschen Mundart* (5 Bde.), das seinen Ruf als herausragender Sprachforscher begründete.

Aders, (Johann) Jakob, Kaufmann, * 26. 6. 1768 Elberfeld, † 22. 3. 1825 Elberfeld.
A. erhielt in Bremen eine kaufmännische Ausbildung, trat 1793 in das Bankgeschäft seines Schwiegervaters Johann Heinrich Brink in Elberfeld ein und führte es zu großem wirtschaftlichen Erfolg. 1799 wurde er Bürgermeister der Stadt; die von ihm begründete Allgemeine Versorgungsanstalt gilt als eine Vorform des Elberfelder Systems der Armenpflege. A. wurde 1800 Stadtrichter, im folgenden Jahr Stadtrat und war 1802-07 Schöffe des Stadtgerichts. Seit 1814 erneut Stadtrat, rief er den Elberfelder Kornverein ins Leben, der 1816/17 mit Spenden der wohlhabenden Bevölkerung eine Hungersnot unter den Armen verhinderte. Überschüsse aus der Aktion verwendete er zur Errichtung des Bürger-Krankenhauses an der Aue, eines der ersten Krankenhäuser am Niederrhein. Seine 1821 gebildete Rheinisch-Westindische Kompagnie, die erste Aktiengesellschaft mit Anteilsscheinen auf den Inhaber, verkaufte deutsche Waren nach Amerika.

Adler, Jakob Georg Christian, evang. Theologe, Orientalist, * 8. 12. 1756 Arnis (Schleswig), † 22. 8. 1834 Giekau (Holstein).
A. studierte in Kiel Theologie, in Bützow und Rostock Orientalia. Mit einem Stipendium der dänischen Regierung stellte er 1780-82 an europäischen Bibliotheken Forschungen zu griechischen und orientalischen, vor allem syrischen Handschriften an, die für die biblische Textkritik von Bedeutung waren. A. wurde 1783 in Kopenhagen Prof. des Syrischen, 1788 der Theologie und im folgenden Jahr auch deutscher Hofprediger in Kopenhagen. Er verfaßte 1797 eine Kirchenagende, die aber wegen ihres rationalistischen Charakters auf starken Widerstand stieß. Seit 1792 war A. Generalsuperintendent von Schleswig, von 1806 an auch von Holstein und gab in dieser Funktion 1814 eine neue allgemeine Schulordnung für Schleswig-Holstein heraus. Er veröffentlichte u. a. die von J. J. Reiser bearbeiteten und übersetzten *Annalen des Abulfida* (5 Bde., 1789-95).

Adolphi, Christian Michael, Mediziner, * 14. 8. 1676 Hirschberg (Schlesien), † 13. 10. 1753 Leipzig.
Der Kaufmannssohn verließ sechzehnjährig das Gymnasium in Breslau und immatrikulierte sich an der Univ. Leipzig zum Studium der Philosophie und der Medizin. Eine längere Reise durch Deutschland, die Schweiz, Holland, Frankreich und England führte ihn nach Utrecht, wo er 1702 promoviert wurde. A. ließ sich 1703 als praktischer Arzt in Leipzig nieder, wurde 1706 Mitglied des Frauenkollegiums und 1713 als Aëtius II. in die Deutsche Akademie der Naturforscher Leopoldina aufgenommen. 1722 trat er in die Medizinische Fakultät ein. Neben Arbeiten zur Balneologie und Hygiene verfaßte er vor allem Schriften zur medizinischen Topographie (*De salubritate Silesiae*, 1719), der er als einer der ersten deutschen Mediziner Aufmerksamkeit schenkte.
WEITERE WERKE: *Dissertationes physico-medicae.* Leipzig 1747.

Affsprung, Johann Michael, Pseud. Ernst, Der Odenwälder, Schriftsteller, Lehrer, * 21. 10. 1748 Ulm, † 21. 3. 1808 Ulm.
A. kam 1770 als Hauslehrer nach Wien und erhielt 1771 eine Professur für deutsche Sprache und Literatur im ungarischen Saros Patak. 1774 reiste er über Karlsruhe, wo er Friedrich Gottlieb →Klopstock kennenlernte, nach Dessau zu →Basedow. Nach längeren Aufenthalten in den Niederlanden erhielt er 1779 eine Stelle in der Ulmer Stadtkanzlei. In Heidelberg gründete er 1782 eine Erziehungsanstalt. 1791 zog A. nach St. Gallen, dann nach Lindau und wurde – inzwischen Schweizer Bürger – 1798 Sekretär der helvetischen Regierung, die ihn u. a. mit der Deportation Johann Kaspar →Lavaters betraute. Er lebte später als Hauslehrer in Neuenburg und in St. Gallen und wurde schließlich 1807 Prof. der griechischen Literatur in Ulm. Der Demokrat und Rousseauist A. schrieb u. a.: *Über die Vereinigten Niederlande* (1782) und *Reise durch einige Cantone der Eidgenossenschaft* (1784).

Agricola, Johann Friedrich, Pseud. Olibrio, Komponist, Musiktheoretiker, * 4. 1. 1720 Dobitschen bei Altenburg (Thüringen), † 2. 12. 1774 Berlin.
Seit 1738 an der Juristischen Fakultät der Univ. Leipzig immatrikuliert, studierte A. später Orgel und Komposition bei Johann Sebastian Bach und ging 1741 zur weiteren Ausbildung bei Johann Joachim Quantz nach Berlin. Hier wurde er nach der erfolgreichen Aufführung seiner Oper *Il filosofo convinto in amore* 1751 zum Hofkomponisten ernannt und 1759 als Nachfolger Carl Heinrich →Grauns Dirigent der Hofkapelle. Gemeinsam mit Carl Philipp Emanuel →Bach schrieb er für die Zeitschrift „Neu eröffnete Musikbibliothek" (1754) den Nekrolog auf dessen Vater Johann Sebastian. 1757 gab er eine Übersetzung der *Opinioni de' cantori antichi e moderni* des

Pier Francesco Tosi mit eigenen Erläuterungen als *Anleitung zur Singekunst* heraus. A. nahm vielfach gegen die Opernreform Christoph Willibald Glucks Stellung und polemisierte gegen Friedrich Wilhelm → Marpurg.

Ahlwardt, Peter, Pseud. Alethinus Libertus, Philosoph, * 14. 2. 1710 Greifswald, † 1. 3. 1791 Greifswald.
Der Sohn eines Schuhmachers studierte nach dem Besuch der Ratsschule 1727 an der Univ. seiner Heimatstadt Philosophie sowie Theologie und wechselte nach drei Jahren an die Univ. Jena, wo er zusätzlich Medizin und Rechtswissenschaften hörte. In Greifswald (Promotion 1732) hielt A. seit 1733 philosophische und mathematische Vorlesungen, wurde 1743 Adjunkt und 1752 o. Prof. der Logik und Metaphysik. A. gehörte der Deutschen Gesellschaft in Greifswald an und stiftete den Abeliten-Orden (*Der Abelit*, 1746). A. veröffentlichte u. a. *Über die Unsterblichkeit der Seele und über die Freiheit Gottes* (1735), *Vernünfftige und gründliche Gedanken von den Kräfften des menschlichen Verstandes und deren richtigen Gebrauch in der Erkenntniss der Wahrheit* (1741), *Gründliche Betrachtungen über die Augspurgische Confession* (3 Bde., 1742-51), *Einleitung in die Philosophie* (1752) und *Einleitung in die dogmatische Gottesgelahrtheit* (1753).
WEITERE WERKE: Gedanken von der natürlichen Freyheit. Leipzig 1740. – Vernünfftige und gründliche Gedanken von Gott und dem wahrhafften Gottes-Dienst. Greifswald/Leipzig 1742. – Philosophisches Sendschreiben an [...] Jacob Heinrich von Balthasar, worinn einiger seiner philosophischen Sätze gründlich zu vertheidigen [...] suchet P. A. Leipzig 1750.

Alberti, Julius Gustav, evang. Theologe, * 26. 8. 1723 Hannover, † 30. 3. 1772 Hamburg.
A. studierte Theologie in Göttingen, wurde 1753 Pfarrer in Groß-Schneen, 1755 Diakon an der Katharinenkirche in Hamburg. Dort geriet er in Konflikt mit dem Hauptpastor Johann Melchior Goeze. Nach Veröffentlichung der *Anleitung zum Gespräch über die Religion* (1771) wurde er von Goeze als ketzerisch verurteilt und die Schrift einer amtlichen Prüfung unterzogen.

Alberti, Michael, Mediziner, Naturforscher, * 13. 11. 1682 Nürnberg, † 17. 5. 1757 Halle/Saale.
Obgleich für eine geistliche Laufbahn vorbereitet, wandte A. sich dem Studium der Medizin zu, das er zunächst in Jena, dann in Halle als Schüler Georg Ernst → Stahls absolvierte. Dort wurde er 1704 promoviert, habilitierte und ließ sich für kurze Zeit in Nürnberg als Arzt nieder. Er kehrte nach Halle zurück und wurde einer der treuesten Anhänger Stahls und dessen animistischer Lehre, die von einer seelischen Steuerung aller Vorgänge im Körper ausging. 1710 wurde er auf Empfehlung Stahls zum a. o. Prof. und 1716 als sein Nachfolger zum Ordinarius ernannt. 1717 erhielt er dazu noch den Lehrstuhl für Physik und 1729 die Leitung des Botanischen Gartens. Seit 1713 war A. Mitglied der Deutschen Akademie der Naturforscher Leopoldina. Er veröffentlichte eine Reihe von Schriften über die animistische Lehre und zahlreiche medizinische Lehrbücher (u. a. *Introductio in universam medicinam etc.,* 1715-26).
WEITERE WERKE: Medizinische Betrachtung von den Kräften der Seelen nach dem Unterschied des Leibes und dessen natürlichen Gesundheit oder Krankheit. Halle 1740. – Jurisprudentia medica. Halle 1736-47. – Introductio in universam medicinam. Halle 1719.
LITERATUR: Wolfram Kaiser: M. A. (1682-1757). Halle 1982.

Albrecht, Heinrich Christoph, Schriftsteller, * November 1763 Hamburg, † 11. 8. 1800 Kielseng (bei Flensburg).
A. besuchte das Hamburger Johanneum und studierte in Göttingen Philosophie und Theologie. Zurück in Hamburg, gründete und leitete er eine Schule im nahen Eppendorf und wurde dann freier Schriftsteller. 1794 heiratete er Margarete Elisabeth von Axen und erwarb das Freigut Kielseng, wo er von nun an lebte. A. verkehrte im Kreis des Arztes und Nationalökonomen Johann Albert Heinrich → Reimarus und dessen Schwiegersohn, des Großkaufmanns Georg Heinrich → Sieveking, war bestens in das literarisch-republikanisch-progressive Hamburg eingeführt und zählte zu der von Jakobiner Friedrich Wilhelm von → Schütz geleiteten jüdisch-christlichen Freimaurerloge „Einigkeit und Toleranz", die sich für ein Lessingdenkmal einsetzte und eine Bibliothek stiftete. A. verteidigte Adolph von → Knigge gegen den Barth-Gegner Johann Georg von → Zimmermann und dessen Aufklärer-gleich-Aufrührer-These von 1791, dem Jahr der Auseinandersetzung um die Legitimität der Französischen Revolution zwischen Edmund Burke und Thomas Paine, dessen *Untersuchung über wahre und fabelhafte Theologie* er übersetzte. „Die Revolution der Welt war die Befreiung von Amerika". Selbst Herausgeber der „Hamburgischen Monatsschrift" 1791, war A. an einer Reihe von Journalen – dem „Neuen Journal aller Journale", der „Neuen Hamburgischen Dramaturgie", der „Berlinischen Archiv der Zeit", des „Neuen Menschen" – beteiligt. Er schrieb über Freimaurerei, englische politische Geschichte und Literatur. Sein Hauptwerk ist der *Versuch über den Patriotismus* (1792), in dem er sich gegen Luxus ausspricht, der jede Nation in eine „arbeitende" und eine „nicht-arbeitende Klasse" teile, für Steuern als Kulturleistungen und Gewerbefreiheit eintritt. Als aufgeklärter Protestant demokratischer Republikaner – denn „alle Repräsentation beruht auf Demokratie" –, vertrat er die Forderung eines sich selbst überwindenden Judentums, das in den Hafen patriotischer Gemeinschaft einlaufen solle, den die Reformation mit der Überwindung katholischer Kirchenhierarchie angelegt habe.
WEITERE WERKE: Vgl. DBA I, 14, 93-103.
LITERATUR: Walter Koch: H. C. A. und Christine Westphalen. In: Jahrbuch des Instituts für Deutsche Geschichte 11 (1982) S. 381-385. – Walter Grab: Demokratische Strömungen in Hamburg und Schleswig-Holstein zur Zeit der ersten französischen Republik.

Hamburg 1966, S. 67-74. – Ders.: Leben und Werke norddeutscher Jakobiner. Stuttgart 1973, S. 35-47; Werkauszüge A.s, S. 75-151.

Martin Gierl

Albrecht, Johann Friedrich Ernst, Pseud. J. F. E. Stade, Schriftsteller, Mediziner, * 11. 5. 1752 Stade, † 11. 3. 1814 Altona (heute zu Hamburg).
A. studierte seit 1769 Medizin in Erfurt, wo er sich als praktischer Arzt niederließ. Nach einem Aufenthalt in Reval, wo er 1776-80 Leibarzt des Grafen Manteuffel war, lebte er als Schriftsteller in Erfurt, Leipzig, Dresden und Frankfurt/Main. Seit 1782 begleitete er seine Frau Sophie auf ihren Theaterreisen. Durch sie lernte er Schiller kennen, dessen *Dom Karlos* er 1808 in Prosabearbeitung herausgab. In Prag war A. seit 1793 als Buchhändler tätig, bevor er sich 1795 in Altona niederließ und mehrere Jahre Direktor des Theaters war. Nach Scheidung der Ehe praktizierte er wieder als Arzt. A. verfaßte über 80 Unterhaltungsromane und Dramen, übersetzte Jean-Jacques Rousseau und veröffentlichte 1795 eine Prosabearbeitung von Goethes *Die Mitschuldigen* unter dem Titel *Alle strafbar*. Er war Herausgeber der Monatsschriften „Excorporationen" (1791-93) und „Neue Exkorporationen" (1793/94).
WEITERE WERKE: Der unnatürliche Vater. Erfurt 1776. – Populärer Unterricht in der Geburtshülfe. Hamburg 1812. – Der Mensch und sein Geschlecht. Leipzig ²1820, ³⁸1909. Nachdruck Dieburg 1997.
LITERATUR: Michael Thiel: J. F. E. A. (1752-1814). Med. Diss. Berlin 1970.

Christian Friedrich Carl **Alexander,** Markgraf von *Ansbach-Bayreuth,* * 24. 2. 1736 Ansbach, † 5. 1. 1806 Benham/Speen (Großbritannien).
Der Sohn des Markgrafen Karl Wilhelm Friedrich von Brandenburg-Ansbach kehrte 1750 von seinem Studienaufenthalt in Utrecht nach Ansbach zurück und trat 1757 die Nachfolge seines Vaters an. Nach dem Tod des kinderlosen Markgrafen Friedrich Christian von Brandenburg-Kulmbach fiel A. 1769 das Fürstentum Bayreuth zu. Er übte Toleranz in religiösen Fragen, förderte das Bildungswesen, die Wissenschaften und Künste, unterstützte Verbesserungen in der Landwirtschaft und das Entstehen von Industrien. 1791 dankte er ab, überließ sein Land Preußen und ging mit Lady Eliza Craven, die er im selben Jahr in zweiter Ehe heiratete, nach Großbritannien.

Alexander, Isaak, Rabbiner, * 17. 8. 1722 Augsburg, † 1800 Regensburg.
A. studierte in Augsburg und übernahm das dortige Rabbinat, das er bis zu seinem Tod innehatte. Er beschäftigte sich mit der Leibniz-Wolffschen Philosophie und war einer der ersten Rabbiner, die ihre Texte in deutscher Sprache verfaßten. Neben theologischen Schriften (u. a. *Von dem Dasein Gottes, die selbstredende Vernunft,* 1775) verfaßte A. Gedichte und eine deutsche Übersetzung des *Schir ha-Jichud* unter dem Titel *Einheitsgedichte aus dem Hebräischen* (1788).

Algarotti, Francesco Graf von, Schriftsteller, * 11. 12. 1712 Venedig, † 3. 5. 1764 Pisa.
A. studierte Mathematik bei Eustachio Manfredi und Philosophie bei Francesco Zanotti in Bologna und erweiterte seine Bildung durch Reisen nach Rom, Paris, London und St. Petersburg (*Lettere sulla Russia,* 1733). 1736 veröffentlichte er die Schrift *Le Newtonianisme pour les dames,* wodurch er Voltaire kennenlernte, der ihn →Friedrich dem Großen empfahl. 1739 wurde A. als Kammerherr an den Rheinsberger Hof Friedrichs gerufen und 1740 in den Grafenstand erhoben. Er zählte zum engsten Freundeskreis Friedrichs und führte bis zu seinem Tod einen intensiven Briefwechsel mit dem König. 1742-47 hielt A. sich am Hof Augusts III. von Sachsen in Dresden auf und engagierte sich hier besonders für die Aufführung von Opern und die Dresdner Gemäldegalerie. 1753 ging er aus Gesundheitsgründen nach Italien zurück.

Altenstein, Karl (Sigmund Franz) Frh. vom Stein zum A., Staatsmann, * 1. 10. 1770 Schalkhausen (heute zu Ansbach), † 14. 5. 1840 Berlin.
Für einen Staatsmann hat sich dieser Mitarbeiter →Hardenbergs nicht gehalten, eher für einen die Angelegenheiten des Gemeinwesens besorgenden „Geschäftsmann". Das Leben A.s war das eines pflichtgetreuen, umsichtigen Beamten. Einer altadligen protestantischen fränkischen Familie entstammend, erhielt er seine erste Ausbildung durch Hauslehrer, in der markgräflichen Pagerie und am Gymnasium in Ansbach. Als Hofjunker hatte er die Vergünstigung, auf markgräfliche Kosten zu studieren. A. bezog die Landesuniversität Erlangen und wechselte 1790 nach Göttingen. Er belegte rechts- und staatswissenschaftliche Vorlesungen, aber auch Logik, Mathematik und Physik. Seine Göttinger Lehrer waren neben anderen Böhmer, →Gatterer, Martens und →Pütter. Am 26. 1. 1792 wurde Ansbach-Bayreuth von Hardenberg nach der Abdankung des Markgrafen Karl Alexander für Preußen in Besitz genommen. Anderthalb Jahre später wurde A. als Referendar in das Ansbachische Kammer- und Landschaftskollegium aufgenommen. Die schwierigen wirtschaftlichen Verhältnisse der Familie A.s brachten seine Mutter dazu, im Frühjahr 1795 eine Bittschrift an Hardenberg zu richten. Wohl als Folge davon wurde A. zum Assessor ernannt. 1797 erhielt er die Bestellung als preuß. Kriegs- und Domänenrat. Hardenberg holte A. nach Berlin; 1801 wurde er zum Kriegs- und Vortragenden Rat beim Generaldirektorium ernannt, 1803 zum Geheimen Oberfinanzrat. A. hatte mit knapp über dreißig Jahren die höchste Stufe in der preuß. Verwaltungshierarchie erreicht. Fragen der Staatswirtschaft hatte er zu bearbeiten und solche der allgemeinen Staatsaufsicht.
1806 begleitete A. Hardenberg, als dieser dem kgl. Hof nach Ostpreußen folgte. Vom König geforderte Vorschläge für Staatsreformen, die Hardenberg im September 1807 aus Riga an diesen richtete, trugen die Handschrift A.s. Auch Friedrich Wilhelm III. war auf A. aufmerksam geworden und hielt diesen tüchtigen, staatstreu-idealistischen Beamten für ministrabel. Von 1808 bis 1810 oblag A. die Verwal-

tung der Finanzen. Für kurze Zeit übernahm A. 1813 als Zivilgouverneur die Verwaltung Schlesiens, 1815 war er als Mitglied der Zentralbehörde der verbündeten Mächte zur Verwaltung der eroberten Provinzen Frankreichs für die Rückführung geraubter Kunstschätze zuständig.
1817, als A. Mitglied des Staatsrats geworden war, übertrug man ihm das Ministerium „für die geistlichen Sachen, den öffentlichen Unterricht und für das Medizinalwesen", das Kultusministerium, dessen Herauslösung aus der Inneren Verwaltung A. selbst 1815 vorgeschlagen hatte. Umgeben von fähigen Mitarbeitern, an ihrer Spitze Johannes Schulze als Leiter der Schulabteilung, begann A. ein kulturelles Reformwerk, das Preußen Anfang der dreißiger Jahre zum Land der Schulen werden ließ. Hatte Wilhelm von → Humboldt Reformanstöße gegeben, schuf A. ein Bildungssystem, das noch Jahrzehnte nach ihm Bestand hatte. Ein Unterrichtsgesetz legte 1819 den Grundstein. Knapp anderthalb Jahre vor seinem Tod ersuchte der kränkelnde A. um seinen Abschied aus seinem Amt; im Dezember 1838 erhielt er ihn.
LITERATUR: Georg Winter: Stein zum A., Karl Freiherr von, preußischer Kultusminister 1770-1840. In: Anton Chroust (Hrsg): Lebensläufe aus Franken. Bd. 4, Würzburg 1930, S. 410 ff. – Günther Roß: Das Leben des Freiherrn von A. bis zum Jahre 1807. In: Forschungen zur Brandenburgischen und Preußischen Geschichte. Bd. 53, 1941, S. 91 ff. – Heinz Gollwitzer: A. In: Neue Deutsche Biographie. Bd. 1, Berlin 1953, S. 216 f. *Peter Schumann*

Altmann, Johann Georg, schweizer. evang. Theologe, Philologe, * 21. 4. 1695 Zofingen (Kt. Aargau), † 18. 3. 1758 Ins (Kt. Bern).
Neben dem Studium der Theologie in Bern beschäftigte sich A. mit Archäologie und trat 1724 in den Kirchendienst. 1732 wurde er Pfarrer in Wahlern, 1734 Prof. der Beredsamkeit an der Akademie in Bern, 1735 Prof. für Griechisch und Ethik, 1746 Praepositus der Oberen Schule und 1757 Pfarrer in Ins. In Bern gründete er 1739 eine Gesellschaft zur Pflege der deutschen Sprache und Kultur, die – besonders von den Anhängern der französischen Kultur angefeindet – nur bis 1747 bestand. A. gab mehrere moralische Wochenschriften heraus und verfaßte neben seinen zahlreichen theologischen, philologischen und historischen Schriften eine *Beschreibung der Helvetischen Eisgebirge* (1751). Er war seit 1751 Mitglied der Akademie der Wissenschaften in Berlin.

Alxinger, Johann Baptist von, auch Xilanger, österr. Schriftsteller, * 24. 1. 1755 Wien, † 1. 5. 1797 Wien.
Nach dem Besuch der Jesuitenschule studierte A. Philosophie und Rechtswissenschaften an der Univ. Wien (Promotion 1780). Seit 1779 Freimaurer, arbeitete er zunächst als Hofagent und seit 1794 als Sekretär des Hoftheaters. 1784 unternahm er Reisen nach Leipzig, Berlin und Weimar, wo er Christoph Martin → Wieland besuchte, dessen Werk *Oberon* er in den Ritterepen *Doolin von Maynz* (1787) und *Bliomberis* (1791) nachzuahmen versuchte. A. sah sich der josephinischen Aufklärung verpflichtet und gab mit Joseph → Schreyvogel die „Österreichische Monatsschrift", mit Alois → Blumauer den „Wiener Musenalmanach" heraus.

Ambros, Michael Hermann, Pseud. Hans Kaspar, Dichter, Journalist, * 5. 10. 1750 Burgeis/Vintschgau, † 23. 7. 1809 Innsbruck.
Von den zahlreichen Bänkelliedern A.s, die – vom Geist der Aufklärung erfüllt – sich in satirischer Form vor allem mit dem Kulturkampf in Wien und den Reformen → Josephs II. beschäftigen, erschienen die meisten 1782. Aus dem Zeitraum bis 1787 sind nur elf erhalten. In Graz gründete A. 1785 die „Grätzer Zeitung" und 1786 die freiheitlich gesinnte „Bauernzeitung", die 1795 unter dem Druck reaktionärer Kräfte ihr Erscheinen wieder einstellte. Wegen politischer Verfolgung zog A. nach Innsbruck, war seit 1799 Geschäftsführer eines Kaffeehauses und gab 1806-09 das „Innsbrucker Wochenblatt" heraus.

Ambühl, Johann Ludwig, auch Am Bühl, Pseud. Johann Jakob Altdorfer, Lyriker, Dramatiker, * 13. 2. 1750 Wattwil (Kt. St. Gallen), † 22. 4. 1800 Altstätten (Kt. St. Gallen).
A. war Lehrer in Wattwil, seit 1782 Hauslehrer der Stieftochter Jakob Custers in Rheineck, reiste mit ihr 1786 nach Straßburg und 1788 nach Genf und begleitete seinen Arbeitgeber 1790 nach Italien. 1796 war A. in Altstätten ansässig. Zur Zeit der Helvetischen Republik war er Distriktstatthalter im Oberrheintal. Als Dichter orientierte A. sich am Sturm und Drang und verfaßte neben Gedichten Dramen, z. B. *Wilhelm Tell* (1792). Er war wie der mit ihm befreundete Ulrich → Bräker Mitglied der „Toggenburgischen moralischen Gesellschaft".

Amende, Johann Joachim Gottlob, auch J. J. G. Am Ende, evang. Theologe, * 16. 5. 1704 Gräfenhainichen, † 2. 5. 1777 Dresden.
A. besuchte die Fürstenschule in Grimma, studierte in Wittenberg und trat dann die Nachfolge seines Vaters als Pfarrer an. 1744 wurde er geistlicher Inspektor und Lehrer in Schulpforta, wo er u. a. Friedrich Gottlieb → Klopstock unterrichtete. Seit 1748 war A. Superintendent in Freyburg/Unstrut, seit 1750 in Dresden. Seine ersten beiden Predigten, die → Friedrich II. drucken ließ, wurden ins Französische, Englische, Holländische und Italienische übersetzt. Der angesehene Prediger der Frühaufklärung veröffentlichte u. a. *Frommer Christen tägliches Buß-, Bet- u. Lobopfer* (1762).

Ammon, Christoph Friedrich von, luth. Theologe, * 16. 1. 1766 Bayreuth, † 21. 5. 1850 Dresden.
Nach dem Studium in Erlangen wurde A. dort 1789 a. o. Prof. an der Philosophischen, 1790 an der Theologischen Fakultät. Seit 1792 war er o. Prof. der Theologie und Universitätsprediger. 1794 ging er als Prof. der Theologie nach Göttingen; seit 1804 lehrte er wieder in Erlangen. 1808 wurde er Superintendent, 1809 Kirchenrat. 1813-49 war er sächsischer Oberhofprediger in Dresden, seit 1835 Vizepräsident

des Landeskonsistoriums. A. vertrat einen von ihm selbst so bezeichneten „Offenbarungsrationalismus". Er verfaßte u. a. eine *Summa theologiae christianae* (1803, ⁴1830).

Amort, Eusebius, Augustinerchorherr, Theologe, * 15. 11. 1692 Bibermühle bei Bad Tölz, † 5. 2. 1775 Polling.
A. trat 1709 in das Augustinerchorherrenstift Polling ein, studierte in Ingolstadt und lehrte seit 1717 Philosophie, Theologie und Kirchenrecht in Polling. Er war 1720 an der Gründung der Gelehrtengesellschaft „Der bayerische Musenberg" beteiligt und Mitautor des *Parnassus Boicus* (1722-40). Nach seiner Rückkehr von einem Studienaufenthalt in Rom 1733-35 wurde er in Polling zum Dechanten ernannt. 1759 war er Gründungsmitglied der Bayerischen Akademie der Wissenschaften. A. verfaßte über 70 Werke, größtenteils auf den Gebieten Moraltheologie und Kirchenrecht. Als eines seiner Hauptwerke gilt die kirchenrechtliche Abhandlung *Elementa iuris canonici* (3 Bde., 1757).

Amthor, Christoph Heinrich, auch Anastasius Sincerus, Jurist, Publizist, getauft 14. 12. 1677 Stolberg/Harz, † 21. 2. 1721 Kopenhagen.
A. studierte Geschichte und Rechtswissenschaft in Kiel, wo er 1703 Prof. der Philosophie und Extraordinarius des Privatrechts, 1712 Prof. für vaterländisches Recht wurde. Seit 1713 war er kgl. Kanzleirat in dänischen Diensten und am Obergericht in Gottorf tätig. 1714 ernannte ihn König Friedrich IV. zum kgl. dänischen Historiographen und Präsidenten in Rendsdorf. 1718 folgte A. einer Berufung als Justizrat nach Kopenhagen. Er veröffentliche u. a. eine *Dissertatio politica de habitu superstitionis ad vitam civilem* (1708), die ihm den Vorwurf des Atheismus einbrachte, und einen *Poetischen Versuch einiger teutscher Gedichte und Übersetzungen* (1717).

Ancillon, Charles, auch Karl A., Jurist, Historiograph, * 28. 7. 1659 Metz (Lothringen), † 5. 7. 1715 Berlin.
Der Sohn des reformierten Predigers David A. in Metz besuchte dort und in Hanau die Schule. Nach dem Studium der Rechte in Marburg, Genf und Paris bemühte er sich nach der Aufhebung des Edikts von Nantes (1685) als Advokat vergeblich um die Schonung der reformierten Gemeinde von Metz. Er emigrierte nach Berlin und nahm bald eine führende Stellung innerhalb der dortigen Hugenottenkolonie ein. 1687 wurde er vom Kurfürsten zum Oberinspektor der Musterschule Académie des nobles, 1699 zum Inspektor der Gerichtshöfe für die französischen Emigranten und zum kurfürstlichen Historiographen ernannt. Bei ihm fand Gottfried Wilhelm → Leibniz maßgebliche Unterstützung bei der Gründung der Berliner Akademie. Neben juristischen Abhandlungen, historischen Schriften und Polemiken gegen die Politik Ludwigs XIV. verfaßte A. eine *Histoire de l'établissement des Français réfugiés dans les états de Brandebourg* (1690).

Ancillon, (Jean Pierre) Frédéric, auch Johann Peter Friedrich A., Staatsmann, * 30. 4. 1767 Berlin, † 19. 4. 1837 Berlin.
A., Sohn des Theologen Louis Frédéric A., wurde nach dem Studium der Theologie in Genf 1790 Prediger der französischen Gemeinde in Berlin. Seit 1792 war er Prof. der Geschichte an der Kriegsakademie und von 1803 an kgl. Historiograph. 1809 erfolgte seine Ernennung zum Staatsrat im Departement des Kultus. 1810 wurde er mit der Erziehung des Kronprinzen, des späteren Königs Friedrich Wilhelm IV. betraut. Von König Friedrich Wilhelm III. wurde A. 1814 als geheimer Legationsrat ins Außenministerium und 1817 in den Staatsrat berufen. 1831 wurde er Staatssekretär und war von 1832 bis zu seinem Tod 1837 preuß. Außenminister. A. war ein Gegner Steins und →Hardenbergs und trat als Anhänger Metternichs für das Gleichgewicht der europäischen Mächte und in strikt konservativem Sinn für das monarchische System ein. Er verfaßte Werke philosophischen, historischen und staatswissenschaftlichen Inhalts, u. a. *Über Souveränität und Staats-Verfassungen. Ein Versuch zur Berichtigung einiger politischen Grundbegriffe* (1815, ²1816), *Über die Staatswissenschaft* (1818), *Über Glauben und Wissen in der Philosophie* (1824), *Über den Geist der Staatsverfassungen und dessen Einfluß auf die Gesetzgebung* (1825), *Zur Vermittlung der Extreme in den Meinungen* (1828-31) und *Pensées sur l'homme* (2 Bde., 1829).
LITERATUR: Paul Haake: J. P. F. A. und Kronprinz Friedrich Wilhelm IV. von Preußen. München u. a. 1920.

Ancillon, Louis Frédéric, reformierter Theologe, * 21. 5. 1740 Berlin, † 13. 5. 1814 Berlin.
Der Sohn eines reformierten Theologen aus der bekannten Berliner Refugiéfamilie und Enkel des Juristen und Historiographen Charles →A. wurde nach dem Besuch der Schule in Berlin 1759 Proposant, 1761 ministre catéchiste und 1765 Prediger an der französischen Kirche in Berlin. 1796 erfolgte sein Eintritt in das preuß. Oberkonsistorium, außerdem wurde er Rat und Assessor des französischen Oberkonsistoriums und Geheimer Rat des französischen Oberdirektoriums in Berlin ernannt. 1786 hielt er in Potsdam die Trauerrede für König → Friedrich II. A. war Mitglied der Akademien der Wissenschaften von Berlin und Rouen. Dort gewann er einen Preis für seine Abhandlung *Quels sont outre l'inspiration les caractères qui assurent aux livres saintes la supériorité sur les livres profans?*

Andreae, Johann Benjamin d. Ä., Drucker, Verleger, * 3. 8. 1705 Frankfurt/Main, † 5. 4. 1778 Frankfurt/Main.
Der Sohn des Druckers und Verlegers Johann Philipp A. übernahm 1733 die Leitung des zunächst von seinem Schwager P. H. Hort geführten väterlichen Betriebs (bis 1745 A. & Hort). Er druckte dort hauptsächlich rechtswissenschaftliche, historische und theologische Schriften wie die Werke von

K. L. von Pöllnitz, Johann Friedrich Schannat, Valentin Ferdinand von Gudenus und Johann Jakob Moser, ferner Reichshofratsgutachten und Bekanntmachungen des Frankfurter Rats. A. war Vorsteher der Frankfurter Buchdruckergesellschaft, außerdem seit 1754 Mitglied des Frankfurter Rats, mehrmals jüngerer Bürgermeister und Schöffe. 1764 übergab er seinen Söhnen die Leitung des Betriebs. Unter Johann Benjamin → A. d. J. (1735-93) erschienen dort vor allem juristische Werke. Die „Andreaesche Buchdruckerei und Buchhandlung" bestand bis 1892 fort und wurde danach als „August Weisbrod Nachf." weitergeführt.

Andreae, Johann Benjamin d. J., Drucker, Verleger, * 8. 6. 1735 Frankfurt/Main, † 1793.
Seit 1771 alleiniger Leiter der von seinem Vater Johann Benjamin → A. d. Ä. betriebenen Frankfurter Druckerei, brachte A. pro Jahr zwischen 16 und 17 Druckwerke heraus. Unter dem Namen „A.ische Buchdruckerei und Buchhandlung" bestand der Betrieb noch bis 1892 und firmiert heute als „August Weichbrod Nachf."

Andresen, Andreas Peter, Kaufmann, * 1. 3. 1771 Flensburg, † 16. 1. 1832 Flensburg.
A., Sohn eines wohlhabenden Flensburger Kaufmanns, war zeit seines Lebens in verschiedenen Ämtern seiner Heimatstadt tätig. Er war Hauptmann der von ihm 1799 gestifteten Bürgergarde, in der Armenfürsorge tätig und von 1804 bis zu seinem Tod Vorsteher des Hospitals seiner Heimatstadt. 1807-14 versah er das Amt des Stadtkassierers, wurde 1814 Ratsherr und Kirchenpatron von St. Nicolai und gehörte 1819 zu den Begründern einer Sparkasse. Er sorgte für die Verbesserung des Schulwesens und war Mitbegründer der Sonntagsschule. 1826 erfolgte seine Ernennung zum kgl. dänischen Agenten im Rang eines Wirklichen Kanzleirats, 1832 wurde er zweiter Bürgermeister von Flensburg. Er war ein erfolgreicher Kaufmann und veröffentlichte eigene Lieder und Kantaten.

Anna Amalia, Herzogin von *Sachsen-Weimar-Eisenach*, * 24. 10. 1739 Wolfenbüttel, † 10. 4. 1807 Weimar.
Die Tochter des Herzogs Karl I. von Braunschweig heiratete 1756 Herzog Ernst August II. von Sachsen-Weimar-Eisenach und wurde nach dessen Tod 1758 Regentin des Landes und alleiniger Vormund ihrer Söhne. 1772 berief A. A. → Wieland zum Erzieher des Erbprinzen → Karl August. 1773 kam → Goethe nach Weimar. 1775 übergab sie die Regierungsgeschäfte an Karl August; danach lebte sie in Schloß Tiefurt/Ilm und im Wittumspalais in Weimar. Dort gründete sie den „Musenhof", an den sie u. a. Goethe, → Herder, Wieland und → Schiller zog. A. A. komponierte einige Orchesterwerke, vertonte 1776 Goethes *Erwin und Elmira*, verfaßte eine Abhandlung über Musik und legte eine reichhaltige Musikaliensammlung an. Goethe bezeichnete sie in seinem Nachruf als „vollkommene Fürstin mit vollkommen menschlichem Sinn".

Anton, Karl Gottlob von, Jurist, Sprachwissenschaftler, * 23. 7. 1751 Lauban (Oberlausitz), † 17. 11. 1818 Görlitz.
Der Sohn eines Handelsherrn begann 1770 in Leipzig das Studium der Rechte, wurde 1774 Magister der Philosophie und Doktor der Rechte. Er ging zunächst als Oberamtsadvokat nach Görlitz, wurde 1797 Senator, Ratsschöffe und 1802 in den Adelsstand erhoben. Er war 1779 Mitbegründer der Oberlausitzischen Gesellschaft der Wissenschaften. A. veröffentlichte u. a. 1799-1802 eine seinerzeit als grundlegendes Werk anerkannte dreibändige *Geschichte der teutschen Landwirtschaft*. Daneben machte er sich durch seine kritische Auseinandersetzung mit dem *Sachsenspiegel* um die Rechtsgeschichte verdient. A. arbeitete auch als Philologe und vertrat bereits 1777 zur Erkennung von Sprachverwandtschaften die vergleichende Grammatik. Er gilt als Begründer der linguistischen Paläontologie und beschäftigte sich mit der slawischen Altertumskunde.

Arbuthnot, Benedikt, Benediktiner, Physiker, * 5. 3. 1737 Rora bei Peter-Head (Schottland), † 19. 4. 1820 Regensburg.
Der aus altadliger schottischer Familie stammende A. kam 1748 als Schüler an das Schottenseminar zu St. Jacob in Regensburg. Er trat dort 1752 in den Benediktinerorden ein und wurde 1776 zum Abt seines Klosters gewählt. A. war auch Direktor des Schottenseminars, an dem er Mathematik und Philosophie unterrichtete. In seinen privaten Studien beschäftigte er sich mit Physik, Mathematik und Astronomie. A. wurde in die Kurfürstlich-Bayerische Akademie der Wissenschaften in München aufgenommen, in deren philosophischer Schriftenreihe er u. a. eine Abhandlung *Von den Kräften der Körper und der Elemente* (1775) veröffentlichte.

Archenholtz, Johann Wilhelm von, auch J. Daniel von Archenholz, Publizist, * 3. 9. 1743 Langfuhr bei Danzig, † 28. 2. 1812 Oejendorf bei Hamburg.
Der Hauptmannssohn A. wurde an der Berliner Kadettenanstalt erzogen, erhielt 1760 sein Offizierspatent und erlitt im selben Jahr eine schwere Verwundung. 1763 wurde er deshalb aus dem Militärdienst entlassen. Er unternahm ausgedehnte Reisen, u. a. nach England, Frankreich und Italien. Nach seiner Rückkehr gab er 1782-86 das Journal „Literatur- und Völkerkunde", 1789 die „Annalen der Brittischen Geschichte" heraus. In dem Buch *England und Italien* (2 Bde., 1785) stellte er einen für Italien negativen Vergleich beider Länder an. Seine im *Berliner historischen Taschenbuch* 1789 erstmals erschienene Geschichte des Siebenjährigen Kriegs galt lange als Standardwerk. Er korrespondierte u. a. mit C. F. D. → Schubart, C. M. → Wieland und G. → Forster, mit dem ihn als Freimaurer das Ideal eines freien Weltbürgertums verband. A. ging 1791 als Publizist nach Paris, kehrte wegen des Terrors zurück und gründete 1792 u. a. das vielgelesene, aufgeklärt-liberale Journal „Minerva", das er bis 1812 leitete.

9

Arenberg, Ludwig Engelbert Herzog von, * 3. 8. 1750 Brüssel, † 7. 3. 1820 Brüssel.
Der infolge eines Jagdunfalls 1775 erblindete A. erbte 1778 von seinem Vater den Herzogstitel. 1779 ernannte ihn Maria Theresia zum Grand-Bailli des Hennegau. Als ihm dieses Amt von Kaiser → Joseph II. wegen seiner Blindheit wieder entzogen wurde, steigerte dies die Unzufriedenheit über die josephinischen Reformen. Auf seinen Besitzungen wirkte A. als aufgeklärter Landesherr, legte neue Bauerndörfer an und verbesserte das Schulwesen. Als ein Teil seiner Besitzungen französisch wurde und ein neues Herzogtum Arenberg entstand, überließ er 1803 seinem Sohn Prosper A. die Herzogswürde. A. war ein großer Kunstfreund, Sammler und Bauherr und ließ 1783 bei seinem Schloß Héverlé einen Gasballon aufsteigen. A. förderte Clemens Brentano, der ihm dafür den *Ponce de Leon* widmete.

Arens, Johann August, auch Ahrens, Arns, Architekt, * 2. 10. 1757 Hamburg, † 18. 8. 1806 Pisa.
A. begann seine Studien in Göttingen und setzte sie dann in Kopenhagen fort, wo er sämtliche vier von der dortigen Akademie ausgesetzten Preise gewann. Daraufhin unternahm er eine fünfjährige, von der Hamburger Patriotischen Gesellschaft finanzierte Kunstreise durch Frankreich, Italien, England und Deutschland. In Paris arbeitete er bei dem Architekten Charles de Wailly. In Rom lernte er 1787 → Goethe kennen, der ihn zum Wiederaufbau des abgebrannten Schlosses nach Weimar berief. Dort errichtete er den Nordflügel und das Römische Haus neu. Er erhielt die Stelle eines herzoglichen Baurats, kehrte aber vor Beendigung seiner Weimarer Aufgaben nach Hamburg zurück. Hier wurde er zusammen mit Christian Friedrich Hansen zum Wegbereiter der klassizistischen Architektur. Er erbaute neben der Kirche von Wandsbek zahlreiche Stadt- und Landhäuser in diesem Stil, entwarf – wie schon in Weimar – Gartenanlagen und legte den Flottbeker Park an. Er starb auf einer Italienreise in Pisa.

Aretin, Johann Adam Frh. von, Staatsmann, * 24. 8. 1769 Ingolstadt, † 16. 8. 1822 Schloß Haidenburg (Niederbayern).
In Ingolstadt studierte A. Rechtswissenschaften, wurde wegen Mitgliedschaft bei den Illuminaten der Universität verwiesen, erhielt jedoch eine Anstellung im bayerischen Staatsdienst. Beim Vormarsch der französischen Truppen nach Bayern gründete er 1796 die kurfürstliche Kriegsdeputation. 1802 wurde er Säkularisationskommissar im Bistum Freising. 1808 entstand unter seiner Leitung die erste moderne topographische Karte des Königreichs Bayern. 1808-17 war er Oberlehenhofkommissar, schuf das bayerische Lehnsrecht und formulierte 1814 einen Verfassungsentwurf. Im Auswärtigen Ausschuß setzte er sich 1814-17 für den Beitritt Bayerns zum Deutschen Bund ein; seit 1817 vertrat er Bayern am Bundestag. A. war Vizepräsident der von ihm mitbegründeten Gesellschaft für ältere deutsche Geschichtskunde.

Aretin, Johann Christoph Frh. von, Publizist, Historiker, * 2. 12. 1772 Ingolstadt, † 24. 12. 1824 München.
Nach dem Studium in Heidelberg und Göttingen wurde A. 1795 Mitglied der Göttinger und 1796 der Münchner Akademie der Wissenschaften. Wie sein Vater Karl Albert von A. hatte er enge Kontakte zu den Illuminaten. Nach der Rückkehr von einem Studienaufenthalt an der Pariser Nationalbibliothek 1802 organisierte A. als Leiter der Hofbibliothek in München die im Zuge der Säkularisation an den Staat gefallenen Klosterbibliotheken. Er war Mitherausgeber der Zeitschrift „Alemannia" und unterstützte die frankreichfreundliche Politik des Ministers Maximilian Joseph Graf von → Montgelas. Im „Akademiestreit" geriet er in Gegensatz zu den in München wirkenden norddeutschen Gelehrten und wurde an das Oberappellationsgericht in Neuburg/Donau versetzt. Neben historischen Werken wie *Das Staatsrecht der konstitutionellen Monarchie* (2 Bde., 1824/25) schrieb A. Dramen und komponierte.

Argens, Jean Baptiste de Bayer Marquis d', Schriftsteller, * 24. 6. 1704 Aix en Provence, † 13. 1. 1771 Toulon.
Wegen seines Lebenswandels als Offizier, Diplomat und Advokat wurde A. von seinem Vater, dem Generalprokurator des Parlaments von Aix, enterbt. A. ging nach Den Haag, wo auch die französischen Enzyklopädisten Zuflucht gefunden hatten. Unter ihrem Einfluß gab er seit 1737 u. a. das Journal „Mémoires secretes de la république des lettres" heraus. Im Gefolge einer Herzogin von Württemberg gelangte er an den Berliner Hof. Dort avancierte er bald zu einem der engsten Vertrauten von König → Friedrich II. und zum Mitglied seiner Tafelrunde. Er war Kammerherr, Direktor der Philosophischen Abteilung der Preußischen Akademie der Wissenschaften und zeitweilig Schauspieldirektor. In Berlin veröffentlichte er u. a. eine Abhandlung zur Kunstgeschichte und drei mit eigenen Kommentaren versehene Übersetzungen antiker Autoren. Seine *Mémoires du marquis d'Argens* erschienen 1807.

Arletius, Johann Caspar, Pädagoge, Bibliothekar, * 1. 10. 1701 (1706/07) Breslau, † 25. 1. 1784 Breslau.
A. studierte 1728 Theologie in Leipzig, seit 1729 in Jena Geschichte, Naturwissenschaften und neue Sprachen. Danach trat er in Breslau eine Hauslehrerstelle an. 1743 wurde er Lehrer am Breslauer Magdalenengymnasium, 1755 dessen Rektor, 1761 Rektor des Breslauer Elisabethanums und Bibliothekar der Rhedigerschen Bibliothek. → Friedrich II. von Preußen war von A.s Gelehrsamkeit beeindruckt. A. veröffentlichte einige Aufsätze für verschiedene Journale, Gelegenheitsschriften und eine anonym erschienene *Nachlese zu Günther's Gedichten* (1741).

Armbrust, Franz Amand, Jurist, * 26. 1. 1782 Aschaffenburg, † 25. 6. 1812.
A. studierte Rechtswissenschaften in Aschaffenburg, Mainz und Landshut (Promotion 1803). Danach ver-

brachte er einige Zeit in Würzburg und kam 1805 nach Erlangen, wo ihm die Juristische Fakultät der Univ. die Erlaubnis erteilte, öffentliche Vorlesungen zu halten. A. beschäftigte sich vor allem mit Staatsrecht und veröffentlichte darüber in juristischen und kameralistischen Fachzeitschriften verschiedene Abhandlungen. Aus aktuellem Anlaß behandelte er im „Juristischen Archiv" die Frage *Kann Deutschland nach dem Frieden von Luneville als Staatenbund betrachtet werden?*

Armbruster, Johann Michael, Schriftsteller, * 1.11.1761 Sulz/Neckar, † 14.1.1814 Wien.
Nachdem A. 1775-79 die Militärakademie in Stuttgart absolviert hatte, arbeitete er als Gärtner in Hohenheim. 1782 ging er als Sekretär zu J. C. →Lavater nach Zürich, dessen *Physiognomische Fragmente* er in Auszügen veröffentlichte (3 Bde., 1783-86). A. gab eigene Gedichtsammlungen heraus und gründete 1785 die Zeitschrift „Schwäbisches Museum", die als erste Szenen aus →Goethes *Iphigenie* druckte. 1786 ließ sich A. als Schriftsteller in Konstanz nieder, führte von dort einen publizistischen Kampf gegen die Französische Revolution und wurde zum Polizeikommissar im vorderösterreichischen Freiburg/Breisgau ernannt. 1801 folgte er der vorderösterreichischen Regierung nach Wien, wurde dort 1802 Zensor, 1805 Oberhofsekretär. 1809 gründete er die Zeitschrift „Der Wanderer", redigierte 1809-13 die „Vaterländischen Blätter" und veröffentlichte 1813 *Wer ist ein österreichischer Krieger im Geist und in der Wahrheit?*

Arnold, Christoph, Buchhändler, Verleger, * 10.3.1763 Hartmannsdorf bei Frauenstein (Sachsen), † 6.8.1847 Dresden.
A., Sohn eines verarmten Bauern aus dem Erzgebirge, mußte seine 1778 begonnene Ausbildung am Gymnasium von Freiberg sowie ein Studium an der Bergakademie aus Geldmangel vorzeitig abbrechen. Er arbeitete als Schreiber und leitete dann fünf Jahre lang eine Buchhandlung in Schneeberg. 1790 gründete er dort die Arnoldische Buchhandlung mit angeschlossenem Verlag, 1795 in Dresden eine Leihbibliothek, 1798 einen Lesesaal namens „Literarisches Museum" und 1802 den ersten Dresdner Journal-Lesezirkel. Seit 1803 besaß er auch eine Buchhandlung mit Verlag in Dresden und einer Zweigstelle in Leipzig. A. gab u.a. wissenschaftliche Werke und Kunstbände heraus und verfaßte 1809 einen Bildband *Das neue Dresden. Ideen zur Verschönerung dieser Stadt*. 1804-06 gab er die literarische „Abendzeitung", 1802-06 und 1827-36 den „Dresdner Frag- und Anzeiger" heraus. 1838-42 vertrat A. als Mitglied des Stadtverordneten-Kollegiums die Richtung des gemäßigten Fortschritts.

Arnold, Gottfried, Pseud. Christophorus Irenaeus, evang. Theologe, * 5.9.1666 Annaberg/Erzgebirge, † 30.5.1714 Perleberg.
Der Sohn eines Lateinschullehrers erhielt nach dem Besuch des Gymnasiums in Gera seine akademische Ausbildung in Wittenberg, wandte sich aber bald von der orthodoxen Schultheologie ab und dem Pietismus zu. →Spener vermittelte A. Hauslehrerstellen in Dresden (1689-93) und in Quedlinburg (1693-96), wo er Muße zu kirchengeschichtlichen Arbeiten fand. Das Werk *Die Erste Liebe, Das ist: Wahre Abbildung der ersten Christen* (1696), in dem das Urchristentum als Idealbild und bleibende Norm vorgestellt wird, trug A. den Ruf auf die Geschichtsprofessur an der pietistischen Univ. Gießen ein, die er im Spätsommer 1697 antrat. Als er, abgestoßen von dem „verweltlichten" akademischen Leben und beeindruckt von radikalen Gesinnungsfreunden, schon Ende März 1698 sein Amt wieder aufgab, erregte sein Schritt weites Aufsehen. Ein bedeutendes Zeugnis pietistischer Lyrik sind A.s *Göttliche Liebes-Funcken* (1698). Die reife Frucht seiner kirchenhistorischen Studien stellt die aus langjährigen Vorarbeiten erwachsene *Unparteyische Kirchen- und Ketzer-Historie* dar (1699-1700, ³1729, ⁴1740).
Wieder in Quedlinburg, einem Zentrum mystisch-spiritualistischer Kreise, führte A. ein von „Welt" und Kirche abgesondertes Leben (1698-1701). Er vertiefte seine Beschäftigung mit der mittelalterlichen und frühneuzeitlichen Mystik; vor allem übten Jacob Böhme und dessen Schüler einen prägenden Einfluß aus, der sich in der Schrift *Das Geheimnis der göttlichen Sophia* (1700) dokumentiert. A.s offener Separatismus (*Erklärung vom gemeinen Sectenwesen, Kirchen- und Abendmahlgehen*, 1700) verwickelte ihn in kirchenpolitische Konflikte. Als sich A. 1701 mit Anna Maria Sprögel verheiratete und der überzeugte Separatist ein kirchliches Amt als Schloßprediger in Allstedt (1702-05) antrat, gab er seine religiösen Grundüberzeugungen nicht auf, sondern modifizierte sie nur. Als Pfarrer und Inspektor wirkte er 1705-07 in Werben/Altmark, 1707-14 in Perleberg. Während der Jahre im Pfarramt setzte A. seine schriftstellerische Tätigkeit ungemindert fort; er gab Werke mystischer Theologen heraus und veröffentlichte u.a. eine pietistische Pastoraltheologie, mehrere Predigtbände, Sammelbiographien und *Historia et descriptio theologiae mysticae* (1702, dt. 1703). Bereits durch Krankheit geschwächt, starb A. im Alter von erst 47 Jahren.
A.s geistesgeschichtliche Bedeutung gründet vor allem auf seiner *Kirchen- und Ketzer-Historie*, die in der Geschichte der kirchlichen Historiographie eine Etappe markiert. Von einem spiritualistischen Verständnis des Christentums aus kritisiert er jede Objektivierung und Institutionalisierung (Verfassung, dogmatische Systeme, Kirchenrecht, Kult) und sieht darin Zeichen des Verfalls, unter dem die Kirche seit Kaiser Konstantin stehe. Indem A. nicht mehr die konfessionelle Rechtgläubigkeit, sondern die subjektive Frömmigkeit zum Urteilskriterium macht, lenkte er das historische Interesse auf die Individualität, Motive und Charakterzüge der historischen Gestalten und bahnte damit dem modernen geschichtlichen Denken den Weg.

BIBLIOGRAPHIEN: Gerhard Dünnhaupt: Personalbibliographien zu den Drucken des Barock. Bd. 1, Stuttgart ²1990, S. 314-352. – Hans Schneider: Arnold-Literatur 1714-1993. In: Dietrich Blaufuß/Friedrich Niewöhner (Hrsg.): G. A. Wolfenbüttel 1995.

Hans Schneider

Arnold, Johann Christian, Naturforscher, * 3.2.1724 Weißenfels (Sachsen), † 9.7.1765 Erlangen.
A. studierte seit 1740 Theologie, Mathematik und Physik in Jena und in Leipzig, setzte das Studium der beiden letztgenannten Fächer in Altdorf fort und erwarb 1754 in Erlangen die Magisterwürde. 1755 wurde er dort a.o. Prof. der Mathematik und Physik und 1759 o. Prof. der Physik und als Ehrenmitglied in die „Erlangische teutsche Gesellschaft" aufgenommen. Neben eigenständigen Schriften und Übersetzungen fremdsprachiger Werke seines Fachgebiets veröffentlichte A. verschiedene naturwissenschaftliche Abhandlungen in der Zeitschrift „Fränkische Sammlung".

Arnoldi, Johann Ludwig Ferdinand, evang. Theologe, Pädagoge, * 25.6.1737 Gießen, † 29.10.1783.
Das Studium der Theologie in Gießen schloß A. mit der Promotion ab und übernahm 1759 als Hauslehrer den Unterricht eines taubstummen Jungen, den er auch zur Konfirmation vorbereitete. 1762 ging er als Hofmeister eines jungen Adligen nach Tübingen, studierte dort mit ihm Rechtswissenschaften sowie Staatengeschichte und begleitete ihn 1767 weiter an die Univ. Göttingen. 1768 erhielt A. in Großenlinden bei Gießen eine Pfarrstelle und begann dort wieder mit dem Unterricht taubstummer Kinder, die er auch konfirmierte. Seine 1777 erschienene *Practische Unterweisung, taubstumme Personen reden und schreiben zu lehren*, und Zeitungsberichte über seine Lehrerfolge machten A. weithin bekannt.

Arnoldi, Johannes von, Staatsmann, Historiker, * 30.12.1751 Herborn, † 2.12.1827 Dillenburg.
A., Sohn Valentin von A.s, studierte 1770-73 in Göttingen Rechtswissenschaft und Geschichte, trat 1777 in die Dillenburger Landesverwaltung ein, wurde 1792 Mitglied der Landesregierung und 1796 Direktor des Landesarchivs. 1801 brachte er u.a. in Berlin die Entschädigungsforderungen der Oranier vor, verkehrte mit Friedrich →Nicolai und schrieb Beiträge für die *Allgemeine Deutsche Bibliothek*. 1803 wurde er von Wilhelm Friedrich von Oranien und Fulda zum Legationsrat ernannt und in den Adelsstand erhoben. Seit 1805 auch Mitglied des Geheimratskollegiums, verließ A. nach der französischen Besetzung Fulda, ging 1813 im Gefolge der alliierten Truppen nach Dillenburg, übernahm dort die Regierung, wurde 1814 Geheimrat und 1815, bis die oranischen Gebiete an Preußen und Nassau fielen, Chef der obersten Landesstelle. Neben anderen historischen Studien veröffentlichte A. die *Geschichte der Oranien-Nassauer Länder und ihrer Regenten* (3 Bde., 1799-1816).

Arnoldt, Daniel Heinrich, evang. Theologe, Dichter, * 7.12.1706 Königsberg (Ostpreußen), † 30.7.1775 Königsberg (Ostpreußen).
A. studierte seit 1721 Theologie in Königsberg, von 1724 an in Halle und legte dort 1728 das Magisterexamen ab. Nach der Rückkehr nach Königsberg wurde A. 1729 zum Prof. der Philosophie ernannt, 1732 zum Dr. theol. promoviert, Konsistorialrat und 1733 Prof. der Theologie. 1763 übernahm er die Leitung des Collegium Fridericianum und der Königsberger Armenschule, später auch der litauischen und polnischen Theologischen Seminare. 1770 erfolgte seine Ernennung zum adjungierten und 1772 zum wirklichen Oberhofprediger. A. verfaßte eine Anleitung zur deutschen Poesie, mehrere theologische und philosophische Arbeiten, einige Werke zur ostpreußischen Geschichte und eine 1746 erschienene zweiteilige, später ergänzte *Ausführliche und mit Urkunden versehene Historie der Königsbergischen Universität*.

Arnstein, Fanny Frfr. von, geb. Itzig, * 29.11.1758 Berlin, † 8.6.1818 Dreihaus (heute zu Wien).
Schon in jungen Jahren mit dem Bankier und Großkaufmann Nathan Adam von Arnstein in Wien verheiratet, gründete die Tochter des Bankiers Daniel Itzig einen großbürgerlich-liberalen Salon nach heimischem Vorbild. Bald galt sie als erste Dame der sogenannten „zweiten Gesellschaft" in Wien. Während des Wiener Kongresses verkehrte der europäische Hochadel bei ihr, und die großen Diplomaten wie Charles Maurice de Talleyrand, Arthur W. Wellington, Karl August Fürst von →Hardenberg und Wilhelm von →Humboldt waren täglich ihre Gäste. Vor dem Hintergrund eines großen Vermögens machte sich A. als großzügige Mäzenatin und Förderin von Kunst und Kultur und als Mitbegründerin der Gesellschaft der Musikfreunde in Wien einen Namen. Ihr auf dem Wiener Kongreß zur Schau gestellter preuß. Patriotismus wurde in österr. Regierungskreisen kritisiert.

Artaria, Domenico, Kunsthändler, Verleger, * 22.5.1765 Blevio/Comersee (Italien), † 2.1.1823 Mannheim.
Der Sohn eines Kunsthändlers und Mitbegründers des Mannheimer Stammhauses der Familienfirma war bis 1793 Teilhaber der Kunsthandlung und des Verlags seiner Familie in Wien. Seit 1790 leitete er eine Filiale in Mainz, die er um eine Landkarten- und Musikabteilung erweiterte. 1791 verlegte A. seine Firma nach Mannheim und vereinigte sie mit der Buchhandlung seines Schwiegervaters 1819 zur Kunst- und Verlagsbuchhandlung „Artaria & Fontaine". Diese Firma bestand bis 1867 und machte sich unter A.s Söhnen und Nachfolgern besonders durch die von ihr herausgegebenen Kupferstiche einen Namen.

Artaria, Franz, auch Francesco A., Kunsthändler, Musikverleger, * 1744, † 1808.
A., Mitglied einer weitverzweigten, ursprünglich aus Italien stamenden Familie von Kunsthändlern,

gründete 1770 zusammen mit seinem Vetter Karl A. in Wien eine Filiale des Mainzer Stammhauses. In Wien handelten die Vettern zunächst mit Kupferstichen und eröffneten dann einen Musikverlag, in dem sie die Werke der großen Komponisten der Wiener Klassik herausbrachten. Das Familienunternehmen nahm auch die Produktion von Landkarten auf und entwickelte sich im 19. Jahrhundert zu einer der weltweit größten Kunst-, Musik- und Kartenverlage.

Artzt, Gottlob Friedrich, evang. Theologe, Pädagoge, * 19.9.1769 Teichwolframsdorf/Vogtland, † 15.1.1827 Holdenstedt bei Sangerhausen (Sachsen).
Den ersten Unterricht empfing A. im elterlichen Pfarrhaus, ging 1782 nach Schulpforta und begann 1788 ein Studium der Theologie, Mathematik und Physik in Wittenberg, das er mit dem Magistergrad abschloß. Nach dem Kandidatenexamen war A. zunächst in Dresdner Adelsfamilien als Hauslehrer tätig, bis er 1800 die Stelle des Vizerektors von Schulpforta übernahm. 1803 wurde er mit der Pfarrstelle von Holdenstedt bei Sangerhausen betraut, die er bis zu seinem Tod innehatte. Dort kümmerte A. sich auch um soziale Belange, verbesserte das Schulwesen und gab in Holdenstedt die Anregung zum Beginn des ertragreichen Braunkohleabbaus.

Aschenbrenner, Beda, eigentl. Franz Josef A., Benediktiner, Kanonist, * 6.3.1756 Vielreich bei Haselbach (Niederbayern), † 24.7.1817 Ingolstadt.
Der Sohn eines Bauern und Hopfenhändlers war Schüler der Bartholomäer in Erding und des Aufklärers Benedikt → Werkmeister. 1774 trat er in den Benediktinerorden in Oberaltaich (Niederbayern) ein und nahm bald seine Lehrtätigkeit an den Gymnasien Neuburg an der Donau und Straubing auf. Seit 1786 lehrte er im Kloster Oberaltaich Kirchenrecht und Kirchengeschichte und wurde 1789 Prof. des Kirchenrechts an der Juristischen Fakultät der Univ. Ingolstadt. Die Vorlesungen hielt er in deutscher Sprache. Von 1796 bis zur Säkularisation 1803 war A. Abt seines Klosters. Neben Arbeiten zur kirchlichen Rechtsgeschichte und zum Staatskirchenrecht verfaßte A. Schriften zu Klosterreformfragen (u. a. *Aufklärungsalmanach für Aebte und Vorsteher katholischer Klöster*, 1784).

Ascher, Saul, Pseud. Theodiskus, Auslachers, Erzähler, Publizist, * 6.2.1767 Berlin, † 8.12.1822 Berlin.
Der hochgebildete A. stammte aus einer wohlhabenden jüdischen Familie, war bis 1811 Buchhändler in Berlin und danach als freier Schriftsteller tätig. In seinen religionskritischen, politischen und geschichtsphilosophischen Schriften widmete er sich vor allem der gesellschaftlichen Emanzipation und der Integration des deutschen Judentums (*Bemerkungen über die bürgerliche Verbesserung der Juden*, 1788). Als Parteigänger Napoleons (*Napoleon oder über die Fortschritte der Regierung*, 1808) stand er im Gegensatz zu Romantikerkreisen wie der „Christlich-Deutschen Tischgesellschaft". Seinen Gedichten und Romanen attestierte Heinrich Heine in der *Harzreise* „Materialismus von reinstem Wasser". Die sich gegen den Antisemitismus richtende Schrift *Die Germanomanie* (1815) wurde auf dem Wartburgfest 1817 verbrannt. A. begründete mehrere, meist kurzlebige Zeitschriften (u. a. „Ephemeren").

Auersperg, Joseph Franz Graf von, Kardinal, Fürstbischof von Passau, * 31.1.1734 Wien, † 21.8.1795 Passau.
Der Malteserritter und Domherr zu Salzburg wurde 1763 Bischof von Lavant und 1772 Fürstbischof von Gurk. 1783 wählte ihn das Rumpfbistum Passau zu seinem ersten Bischof. Er sollte mittels seiner diplomatischen Beziehungen den Kaiser veranlassen, die Pläne, die österr. Gebiete von der Passauer Diözese zugunsten der Bistümer Linz und St. Pölten abzutrennen, aufzugeben. Der Versuch mißglückte, A. verzichtete 1784 auf alle Diözesanrechte in den österr. Gebieten. Im Sinne der kath. Aufklärung veranlaßte er Reformen in der Finanz- und Justizverwaltung sowie im Bildungswesen und bemühte sich um die Einführung der Volkssprache in der Liturgie. A. war Bauherr und Kunstmäzen; 1789 wurde er Kardinal.

Auerswald, Hans Jakob von, Beamter, * 25.7.1757 Plauth, † 3.4.1833 Königsberg.
Nach dem Militärdienst und nationalökonomischen Studien in Königsberg trat A. 1787 in den preuß. Staatsdienst ein. An verschiedenen Stellen der Verwaltung eingesetzt, wurde er 1808-24 Oberpräsident von Ostpreußen, Westpreußen und Litauen. A. trat für die Befreiung des Bauernstandes und die Einbeziehung nichtadeliger Gutsbesitzer in den Landtag ein. 1806-19 war er Kurator der Univ. Königsberg. Auf Anraten Steins berief er im Januar 1813 ohne kgl. Genehmigung den Landtag ein, der die Errichtung der Landwehr und die Erhebung gegen Napoleon I. einleitete. Nach den Befreiungskriegen legte A. 1824 sein Präsidentenamt nieder.

Autenrieth, Jakob Friedrich, Beamter, * 29.12.1740 Stuttgart, † 28.3.1800 Stuttgart.
A. studierte Rechtswissenschaften in Tübingen, trat 1767 in die württembergische Verwaltung ein und lehrte seit 1777 zusätzlich Kameralwissenschaften an der Hohen Karlsschule in Stuttgart. Die Enthebung von allen Ämtern 1787 durch Herzog → Karl Eugen wurde auch nach Protest der Landstände nicht revidiert. 1794 wanderte er nach Nordamerika aus, kehrte nach einem Jahr zurück und trat in die Dienste Herzog Friedrich Eugens. A.s Abhandlungen zur Verwaltung des Landes (u. a. *Die uneingeschränkte Zertrennung der Bauerngüter oder Bauernlehen*, 1780) hatten zu seiner Zeit grundlegenden Charakter.

Axter, Franz, Militärarzt, Schriftsteller, * 25.4.1772 Bamberg, † 29.7.1808 Bamberg.
A. studierte in Erfurt, Jena, Erlangen und Würzburg Medizin und wurde 1795 promoviert (*De aeris atmosphaerici in corpus humanum influxu salubrio et noxio*). Zur weiteren Ausbildung ging er nach Wien und trat als Militärarzt in kaiserlich österr. Dienste. 1800 kehrte er nach Bamberg zurück und wurde, da er

keine Anstellung als Arzt fand, Mitarbeiter politischer Zeitungen in Würzburg und München. Seit 1807 war er Zöllner in Schnaittach. A. schrieb Gedichte, Romane und Theaterstücke, u. a. *Der Bund der Liebe* (1806).
WEITERE WERKE: Novellen. München 1808.

Ayrer, Georg Heinrich, Jurist, * 15. 3. 1702 Meiningen, † 23. 4. 1774 Göttingen.
Der Sohn eines Hofkonditors studierte seit 1721 Jura in Jena und begleitete danach den jungen Edelmann von Forstern auf die Universitäten Leipzig und Straßburg. Anschließend bereisten sie gemeinsam Holland, Frankreich und Deutschland. 1736 in Göttingen promoviert, wurde A. noch im gleichen Jahr a. o. Prof. und Beisitzer der Juristischen Fakultät. Seit 1737 war er Königlicher Rat und o. Prof. und wurde 1743 zum Hofrat ernannt. Die Philosophische Fakultät erteilte ihm 1745 die Magisterwürde. Seit 1755 Senior der Juristischen Fakultät, wurde er 1768 Geheimer Justizrat, 1769 Präsident des Historischen Instituts und 1773 Ordinarius der Juristischen Fakultät. A. veröffentlichte zahlreiche Schriften, u. a. *Opusculorum minorum varii argumenti sylloge nova* (1752).

B

Baader, Klemens (Alois), kath. Theologe, Publizist, * 8. 4. 1762 München, † 29. 3. 1838 München. B. studierte Theologie in Ingolstadt und wurde nach der Priesterweihe 1786 Kanonikus zu St. Andreas in Freising. In seinen Schriften propagierte er kirchliche Reformen und Säkularisation. B. wurde 1803 Oberschul- und Studienkommissar in München, dann in Ulm, wo er als Oberkirchenrat ins Ministerium des Inneren nach München berufen wurde. Nach der Zeit als bayerischer Kreisschulrat in Salzburg war er seit 1817 Regierungs- und Schulrat in München. B. veröffentlichte verschiedene bibliographische und biographische Nachschlagewerke, darunter auch *Das gelehrte Baiern* (1804), von dem nur der erste Band (A-K) erschien.

Babo, Joseph (Marius Franz) von, Dramatiker, Theaterintendant, * 14. 1. 1756 Ehrenbreitstein (heute zu Koblenz), † 5. 2. 1822 München. Nach dem Besuch des Koblenzer Jesuitenkollegs wurde B., Sohn eines kurtrierischen Hauptmanns, 1774 Sekretär am Mannheimer Theater, lebte seit 1778 in München als freier Schriftsteller und war 1782/83 Mitherausgeber der Theaterzeitschrift „Der literarische Censor". 1784 wurde er Sekretär der Herzogin Maria Anna und leitete 1789-99 die neuerrichtete Militärakademie als Studien-Direktor. Daneben war er seit 1791 Zensor, seit 1792 Theaterkommissar und hatte 1799-1810 die administrative Leitung des Hoftheaters inne. B., der 1791 nobilitiert wurde, war ein erfolgreicher Dramatiker seiner Zeit; seine Stücke wurden unter → Goethes Leitung am Weimarer Hoftheater aufgeführt. Das Ritterdrama *Otto von Wittelsbach* (1782) steht in der Tradition des *Götz von Berlichingen*. Seine 1784 anonym erschienene Schrift *Über Freymaurer* leitete mittelbar die Verfolgung des Illuminaten-Ordens ein.
LITERATUR: Ludwig Pfeuffer: J. M. B. als Leiter des kgl. Hof- und Nationaltheaters in München. Diss. München 1913. – Wilhelm Trappl: J. M. B. Sein literarisches Schaffen und seine Stellung in der Zeit. Diss. Wien 1970.

Bach, Carl Philipp Emanuel, der sogenannte „Berliner" oder „Hamburger Bach", Komponist, * 8. 3. 1714 Weimar, † 14. 12. 1788 Hamburg. B. erhielt Unterricht in Klavier- und Orgelspiel sowie Komposition von seinem Vater Johann Sebastian B., der (seit Mitte 1723) als Thomaskantor eine führende Rolle im Leipziger Musikleben einnahm. Obgleich B. eine Musikerlaufbahn anstrebte, nahm er am 1. 10. 1731 ein Jurastudium in Leipzig auf und wechselte 1734 an die Univ. Frankfurt/Oder. 1738 siedelte B. nach Berlin über, wo Kronprinz → Friedrich von Preußen auf ihn aufmerksam wurde. Nach dessen Regierungsantritt 1740 wurde B. in die Hofkapelle, die sich unter Leitung von Carl Heinrich Graun und Johann Friedrich Agricola rasch zu einem der bedeutendsten Ensembles Deutschlands entwickelte, als Cembalist und Kammermusiker aufgenommen. Neben der Mitwirkung an den Soireen, bei denen Friedrich regelmäßig selbst Flöte spielte, fand B. Zeit zu einer ausgedehnten Unterrichtstätigkeit, wovon eine Reihe didaktisch ausgerichteter Werke, hierunter der *Versuch über die wahre Art das Clavier zu spielen* (2 Bde. und 18 Probestücke in 6 Sonaten, 1753-62) zeugen. B. nahm im regen außerhöfischen Konzertleben Berlins als Komponist und Instrumentalist eine zentrale Rolle ein. Hierfür schuf er die Mehrzahl seiner etwa 60 Konzerte und Sonatinen für ein oder zwei Cembali und Orchester, zahlreiche Kammermusikwerke und etwa ein Dutzend Sinfonien. In die Berliner Zeit fallen auch fast 160 Klaviersonaten, die in Drucken und Abschriften weite Verbreitung fanden. B. heiratete 1744 Johanna Maria Dannemann, Tochter eines Berliner Weinhändlers, und nahm nach dem Tod seines Vaters 1750 seinen Halbbruder Johann Christian B. bei sich auf. Mehrere auswärtige Bewerbungen B.s, um dem restriktiven Musikgeschmack des Königs zu entgehen, schlugen fehl. Seit 1755 wandte sich B. verstärkt dem Kreis um Anna Amalia von Preußen und ihrem Musiklehrer Johann Philipp Kirnberger zu.
Am 3. 10. 1767 wurde B. zum Nachfolger seines im Alter von 87 Jahren verstorbenen Paten Georg Philipp Telemann als Musikdirektor der hamburgischen Hauptkirchen gewählt und trat ein neues Amt Ostern 1768 an. In Hamburg war B. für die gesamte Kirchenmusik an den fünf Hauptkirchen mit jährlich etwa 120 Veranstaltungen verantwortlich, die er teils mit eigenen Kompositionen, darunter die Oratorien *Die Israeliten in der Wüste* (1769) und *Die Auferstehung und Himmelfahrt Jesu* (1774) sowie das *Doppelchörige Heilig* (um 1776?), teils mit Fremdwerken und Bearbeitungen bestritt. B. organisierte Abonnementskonzerte und setzte die Publikation von Orchester- und Kammermusik, geistlichen Liedern sowie Klavierwerken (darunter sechs Sammlungen von Klavierwerken „für Kenner und Liebhaber" 1779-87) erfolgreich fort.
LITERATUR: Autobiographie. In: Carl Burney's ... Tagebuch seiner Musikalischen Reisen. Bd. 3. Übers. v. Christoph Daniel Ebeling und Johann Joachim Christoph Bode. Hamburg 1773, S. 198 ff. – Verzeichniß des musikalischen Nachlasses des verstorbenen Capellmeisters C. P. E. B. Hamburg 1790 (Reprint New York 1981. Hilversum 1991). – Hans-Günter Ottenberg: C. P. E. B. Leipzig ²1986. – Stephen L. Clark (Hrsg.): C. P. E. B.-Studies. Oxford 1988 (mit Biblio-

graphie). – E. Eugene Helm: Thematic Catalogue of the Works of C. P. E. B. New Haven und London 1989. *Ulrich Leisinger*

Bach, Johann Christoph Friedrich, Kapellmeister, Komponist, * 21. 6. 1732 Leipzig, † 26. 1. 1795 Bückeburg.

B. war der erste überlebende und gesunde Sohn aus Johann Sebastian B.s zweiter Ehe mit Anna Magdalena Wilcken. Er besuchte zunächst die Leipziger Thomasschule und studierte Rechtswissenschaften, trat aber nach dem Tod des Vaters als Kammermusiker in die Bückeburger Hofkapelle ein. Von 1758 an war B., auch „Bückeburger Bach" genannt, Kapell- und Konzertmeister. Er komponierte Klaviersonaten, Kantaten, Quartette für Flöte und Streichinstrumente sowie drei Oratorien auf Texte Johann Gottfried →Herders, der 1771-76 Hofprediger in Bückeburg war.

Bach, Wilhelm Friedemann, der sogenannte „Hallische Bach", Komponist, * 22. 11. 1710 Weimar, † 1. 7. 1784 Berlin.

B. war der älteste Sohn Johann Sebastian B.s, damals Organist und Kammermusikus am Weimarer Hof. Seine musikalische Grundausbildung erhielt er beim Vater, der 1720 für den Unterricht das sogenannte *Klavierbüchlein vor Wilhelm Friedemann Bach* anlegte. 1726 wurde B. für ein Jahr zu Johann Gottlieb Graun in Merseburg, einem der berühmtesten Violinisten seiner Zeit, geschickt. Im März 1729 immatrikulierte sich B. an der Leipziger Univ. und studierte vier Jahre lang Philosophie und Mathematik. 1733 erhielt er die Organistenstelle an der Sophienkirche in Dresden. Von sechs Cembalosonaten konnte nur eine 1745 erscheinen, da die technischen Anforderungen weit über das Übliche hinausgingen. Eine zweite, leichtere Sonate erlebte hingegen zwei Auflagen (1748 und 1763). Die beiden Sonaten und eine Sammlung von sechs Polonaisen (um 1765, später erweitert zu zwölf Polonaisen) gehören trotz ihrer außerordentlichen Ansprüche zu den im Abschnitt meistverbreiteten Klavierwerken des 18. Jahrhunderts.

B., der als genialer Klavier- und Orgelimprovisator galt, wirkte von 1746 bis 1764 als Organist an der Liebfrauenkirche zu Halle. Zu B.s Dienstpflichten gehörten regelmäßige Kantatenaufführungen, die er in zeitüblicher Praxis weitgehend mit Fremdwerken bestritt. Bei den Festgottesdiensten, die in Halle grundsätzlich in der Marienkirche stattfanden, bevorzugte B. Eigenkompositionen, von denen etwa 25 erhalten sind, oder verwendete Kompositionen seines Vaters. Seine Adventskantate *Lasset uns ablegen* (1749) wurde noch zu Lebzeiten des Vaters in Leipzig, nach 1768 auch von seinem Bruder Carl Philipp Emanuel →B. in Hamburg aufgeführt. 1747 begleitete er seinen Vater bei dessen Konzertreise an den Hof →Friedrichs des Großen nach Berlin. Eine Berufung an den Hof in Hessen-Darmstadt scheiterte 1762. Nach zunehmenden Spannungen mit der Kirchenbehörde legte B. 1764 sein kirchenmusikalisches Amt nieder, blieb aber bis 1770 in Halle. 1767 widmete er ein Cembalokonzert der sächsischen Prinzessin Maria Antonia Walpurgis; für eine Druckveröffentlichung des Werkes fanden sich jedoch nicht genügend Subskribenten. Trotz eines Umzugs nach Braunschweig (mit Aufenthalten in Göttingen und Wolfenbüttel) erhielt B. keine erneute feste Anstellung. Aus der Zeit um oder nach 1770 stammen offenbar die meisten von B.s Fantasien, die zu den bedeutendsten Klavierwerken des 18. Jh. gehören.

1774 übersiedelte B. nach Berlin, wo er durch Konzerte und Unterrichtstätigkeit ein kärgliches Auskommen fand. Seine bedeutendste Schülerin und Gönnerin war Sara Itzig (später Levy), die Großtante Felix Mendelssohn Bartholdys. B. gab in Berlin mehrfach Orgelkonzerte, bei denen er durch seine Improvisationen großes Aufsehen erregte. 1778 widmete er Anna Amalia von Preußen acht Fugen, in der vergeblichen Hoffnung, die Stelle Johann Philipp Kirnbergers als Musiklehrer der Prinzessin einnehmen zu können. Eine Bewerbung um die Organistenstelle an St. Marien (1779) schlug fehl; ein Opernprojekt der Berliner Zeit, *Lausus und Lydie*, blieb unvollendet. B. starb völlig verarmt in Berlin.

LITERATUR: Martin Falck: W. F. B. Sein Leben und seine Werke. Leipzig 1917. Reprint Hildesheim 1977. – Christoph Henzel: Zu W. F. B.s Berliner Jahren. In: Bach-Jahrbuch 1992, S. 107 ff. – Peter Wollny: Studies in the Music of W. F. B. Sources and Style. Mschr. Diss. Harvard University, Cambridge (Mass.) 1993 (mit Bibliographie und aktualisiertem Werkverzeichnis). *Ulrich Leisinger*

Bacher, Bartholomäus, Pädagoge, * 5. 4. 1773 Rott/Inn, † 29. 12. 1827 Trostberg.

Seit 1785 hielt sich B. zu humanistischen Studien in Salzburg auf. Nach der Priesterweihe 1796 Hilfsgeistlicher in Siegsdorf, wurde er 1808 Vikar, 1811 Pfarrer im benachbarten Ruhpolding, 1817 in Trostberg. Auf B.s Initiative hin wurden Musterschulen errichtet. Angeregt vor allem von Lorenz →Westenrieder, entfaltete er eine schriftstellerische Tätigkeit, durch die er zu seiner Zeit das bayerische Volksschulwesen stark beinflußte. B. galt als gemäßigter Aufklärer und nahm u. a. Gedanken von →Pestalozzi auf. Er gehörte zu den frühesten Autoren von Schulbüchern für Mädchen (*Mädchenfreund*, 1807, ³1825). Als seine bedeutendste Veröffentlichung gilt das *Praktische Handbuch für Schullehrer* (1806).

Baczko, Ludwig (Franz Adolf Josef) von, Historiker, Schriftsteller, * 8. 6. 1756 Lyck (Ostpreußen), † 27. 3. 1823 Königsberg.

B. studierte seit 1772 in Königsberg Rechtswissenschaften, Geschichte, Philologie und Medizin. Nach einer Pockenerkrankung erblindet (seit 1777), setzte er seine historischen Studien in Königsberg fort, habilitierte sich und entfaltete eine fruchtbare schriftstellerische Tätigkeit. B. wurde 1799 Geschichtslehrer an der Artillerie-Akademie, 1816 Leiter eines Blindeninstituts. Als sein wissenschaftliches Hauptwerk gilt die *Geschichte Preußens* (6 Bde., 1792-1800); neben einem vielfältigen belletristischen Werk schrieb B. Autobiographisches (u. a. *Geschichte meines Lebens*, 3 Bde., postum 1824).

Baedeker, Gottschalk Diedrich, Verlagsbuchhändler, * 13.7.1778 Essen, † 23.3.1841 Essen.
Der Sohn einer Familie von Buchdruckern übernahm zwanzigjährig die väterliche Druckerei sowie die Redaktion der dort produzierten „Essener Zeitung", der späteren „Rheinisch-Westfälischen Zeitung". B. verlegte von Anfang an hauptsächlich pädagogische und technische Literatur; 1803 erweiterte er das kleine, dem Verlag angeschlossene Buchgeschäft durch Ankauf der Duisburger Universitätsbuchhandlung. Bald umfaßte der Verlag außer Sortiment und Druckerei auch die entsprechenden Zulieferbetriebe. B. engagierte sich im öffentlichen Leben vor allem für das Bildungswesen; er war führend an der Gründung des ersten gemischtkonfessionellen Gymnasiums in Essen beteiligt und verschenkte großzügig Bücher aus seiner Produktion an Bildungseinrichtungen.

Bährens, Johann Christoph Friedrich, Mediziner, evang. Theologe, Lehrer, * 1.3.1765 Meinerzhagen, † 16.10.1833 Schwerte.
Seit 1783 studierte B. in Halle Theologie und Philosophie (Dr. phil. 1786); daneben bildete er sich an der lateinischen Schule der Franckeschen Stiftungen zum Lehrer aus. 1786 gründete er sein eigenes Pädagogium („Pflanzgarten für künftige Weltbürger"), mit dem er 1789 nach Schwerte umzog, wo ihm eine Pfarrerstelle angeboten wurde. Er widmete sich in Halle begonnenen medizinischen Studien, wurde 1799 zum Dr. med. promoviert (*De acrimonia ventriculi acida*) und war danach auch als Arzt tätig. B. publizierte eine große Zahl populärmedizinischer Schriften (u. a. *Hilfsbuch für die Freunde der Gesundheit,* 1798) und setzte sich für die Verbreitung der Pockenschutzimpfung, die Eindämmung der Cholera usw. ein. 1803 wurde er zweiter, 1822 erster Pfarrer. B. beschäftigte sich mit Wetterkunde und Alchemie, verfaßte Heimatchroniken und war Mitglied der Deutschen Akademie der Naturforscher Leopoldina.
LITERATUR: Adolf Sellmann: Prediger, Hofrat, Dr. phil. Dr. med. J. C. F. B. Ein Pfarrer, Arzt, Alchimist und Heimatchronist auf roter Erde. Schwerte (Ruhr) 1934.

Bärstecher, Johann Gottlieb, Pseud. Müller, Verlagsbuchhändler, Schauspieler, Kaufmann, * 17.1.1749 Herrenberg.
Aus einer Kaufmannsfamilie stammend, war B. 1770 Verlagsbuchhändler in Kleve mit einem Zweiggeschäft in Düsseldorf (1773). Als Verleger gab er vor allem Zeitschriften heraus, u. a. eine „Sammlung gelehrter Nachrichten am Niederrhein" (1772), die „Theaterzeitung" (1774) und das „Magazin für Ärzte" (1775). 1774 begründete er ein „Enzyklopädisches Journal", das Christian Wilhelm → Dohm herausgab. Es ist unklar, warum B. 1776 seine Buchhandlung aufgab. Er wurde anschließend Mitglied der Doblerschen Theatergesellschaft. Unter dem Pseudonym Müller schrieb er bis 1781 Theaterstücke; gleichzeitig gab er ein *Taschenbuch für Schauspieler und Schauspieltheater* heraus. Im Herbst 1778 verließ Müller die Schauspielergesellschaft. Nach der Gründung eines Verlags und einer Druckerei in Kehl Anfang der achtziger Jahre setzte er die im Verlag Johann Jakob Thurneysen (Basel) begründeten „Oberrheinischen Manigfaltigkeiten" (1781/82) fort. Daneben gründete er die „Oberrheinischen Unterhaltungen für Künstler", das „Magazin für Frauenzimmer" und eine Jugendzeitung. Nach der Pacht des Gymnasiumsverlags in Karlsruhe wurde B. badischer Hof- und Kanzleibuchdrucker. Schließlich errichtete er noch eine zweite Druckerei in Durlach. Seit 1784 brachte B. den „Oberrheinischen hinkenden Boten" heraus. Und 1785 druckte er Ernst Ludwig → Posselts „Magazin für Aufklärung". B. plante die Herausgabe einer umfangreichen (ca. 60 Bde.) Enzyklopädie. Unter dem Druck der Zensur nach dem Ausbruch der Französischen Revolution mußte B. dieses Magazin ebenso verkaufen wie zwei andere von ihm gegründete Zeitschriften. Am 2.2.1789 wurden seine Bücher in Kehl beschlagnahmt. Anschließend handelte B. als Tabaksfabrikant und Kaufmann in Kehl. Wegen der drohenden Kriegsgefahr ging er nach Ulm, wo er als Gesellschafter in einer Tabaksfabrik wurde. Im Zuge der Auseinandersetzungen zwischen der bürgerschaftlichen Opposition und dem Magistrat in Ulm wurde er im Februar 1798 als Vertreter Ulms zum Rastatter Kongreß und nach Paris gesandt, wo er eine schwäbische Republik mit Ulm als Mittelpunkt vertrat. Nach der Beendigung seiner politischen Mission blieb B. in Frankreich; er war im Getreidehandel tätig. Weiteres ist über den äußerst engagierten aufklärerischen Verleger nicht bekannt.
WEITERE VERÖFFENTLICHUNGEN: Courrier politique et littéraire des deux nations, Politisch-Litterarischer Kurier.
LITERATUR: Paul Bensel: Niederrheinisches Geistesleben im Spiegel Klevischer Zeitschriften des achtzehnten Jahrhunderts. Bonn 1912. – Erwin Dittler: J. G. Müller (Bärstecher), Verlagsbuchhändler im Zeitalter der Aufklärung. In: Die Ortenau 52 (1972) S. 188-253. – Erwin Dittler: J. G. B. alias Müller. Verleger und Revolutionärer Demokrat im Zeitalter der Französischen Revolution. In: Jahrbuch des Instituts für Deutsche Geschichte, Tel-Aviv, 1 (1992) S. 77-100.
Hans Erich Bödeker

Baggesen, Jens Immanuel, Schriftsteller, * 15.2.1764 Korsør (Seeland), † 2.10.1826 Hamburg.
Aus bescheidenen Verhältnissen stammend, hielt sich B. seit 1782 zum Studium der Theologie in Kopenhagen auf. Mit den *Komischen Erzählungen* (1785) hatte er sich bereits einen Namen in der dänischen Literatur gemacht, als er 1789 seine erste deutsche Dichtung (*Alpenlied*) veröffentlichte. 1811 verlieh ihm die Univ. Kiel die Professur für dänische Sprache und Literatur, die B. aber nie wahrnahm. Er bereiste die Schweiz und Frankreich, wo er begeisterter Anhänger der Revolution wurde und kam dann nach Weimar und Jena in den Kreis um → Wieland, Karl Leonhard → Reinhold und → Schiller. 1791 nahm B. – Ausdruck seiner frühen Orientierung an → Kant – den Beinamen Immanuel an. Er veröffentlichte u. a. *Baggesen oder Das Labyrinth* (3 Bde., 1793-95).

Bahrdt, Carl Friedrich, evang. Theologe, Pädagoge, Schriftsteller, * 25. 8. 1740 Bischofswerda, † 23. 4. 1792 Nietleben.
B. studierte Theologie in Leipzig (Magister 1761), las Dogmatik als Repetent seines Vaters Johann Friedrich B. und wurde Katechet an der Leipziger Petrikirche. Nach 1766 wurde er wegen seiner naturalistisch-neologistischen Schriften (*Die neuesten Offenbarungen Gottes*, 4 Teile, 1772-75) und seines Lebenswandel mehrerer Professuren in Leipzig, Erfurt und Gießen enthoben. Er war Direktor eines Philanthropins in Graubünden, Generalsuperintendent in Dürkheim und bis 1786 Dozent in Halle. Ein bei Halle eröffnetes Wirtshaus B.s wurde zum Zentrum der von ihm gegründeten freimaurerischen „Deutschen Union". Die zahlreichen gelehrten und belletristischen Schriften des radikalen Aufklärungstheologen sowie die *Geschichte seines Lebens, seiner Meinungen und Schicksale* (4 Teile, 1790/91) erfahren heute neue Beachtung.

Baldinger, Dorothea Friderika, geb. Gutbier, Schriftstellerin, * 9. 9. 1739 Großengottern, † Januar 1786 Kassel.
Nach dem frühen Tod ihres Vaters, eines Großengotterner und Langensalzaer Pastors, 1744 wuchs B. in einfachen Verhältnissen auf. Zu Besuch bei ihrer mit dem Torgauer Schulrektor verheirateten Schwester lernte sie 1761 Ernst Gottfried → Baldinger kennen, der als preuß. Militärarzt an der Belagerung Torgaus im Zuge des Siebenjährigen Kriegs teilnahm. Nachdem sich E. G. in Langensalza als Arzt niedergelassen hatte, heirateten sie 1764. E. G. machte als Prof. der Medizin in Göttingen (1773) und am Collegium Carolinum in Kassel (1782) sowie als Leibarzt des Landgrafen Friedrich von Hessen-Kassel Karriere. Dorothea befreundete sich und korrespondierte mit Abraham Gotthelf → Kästner, Georg Christoph → Lichtenberg und Sophie von → La Roche, die B.s *Versuch über meine Verstandeserziehung* 1791 als *Lebensbeschreibung von ihr selbst verfaßt* herausgab. Hierdurch ist B. bekannt geblieben. Sie verband die alten Muster der Frauenbildung mit der Kritik am Ausschluß der Frauen von der Gelehrsamkeit. B. war weniger freie Schriftstellerin, stilisierte sich vielmehr, dem Ideal des 18. Jh. folgend, als gebildete Gelehrtengattin. In einem Brief an Sophie von La Roche schrieb sie: „ich muste einmal für einen meiner Freunde die Geschichte meiner Verstandes Erziehung aufsetzen. Mein Mann der sie las vergoß häufige Thränen dabei, und schrieb mir einen brief dazu, welchen ich als die gröste belohnung für meine bemühung nur immer rechtschaffen zu sein, so lange ich lebe, als ein Heiligthum bewahre."
WEITERE WERKE: Aufsätze in: Magazin für Frauenzimmer 2 (1783), 1, S. 179-186, 2, S. 99-103.
LITERATUR: Magdalene Heuser: D. F. B. In: Dies. u. a. (Hrsg.): „Ich wünschte so gar gelehrt zu werden". Drei Autobiographien von Frauen des 18. Jahrhunderts. Texte und Erläuterungen. Göttingen 1994, S. 185-204. *Martin Gierl*

Baldinger, Ernst Gottfried, Mediziner, * 13. / 18. 5. 1738 Groß-Vargula bei Erfurt, † 21. 1. 1804 Marburg.
B. studierte in Erfurt, Halle und Jena (Dr. med. 1760, *De caloris febrilis effectibus*) und hielt in Jena private Vorlesungen. Nach der Teilnahme am Siebenjährigen Krieg als Militärarzt ließ er sich 1763 als praktischer Arzt in Langensalza nieder. Wegen der Schrift *De militum morbis* (1763, dt. 1765, ²1774) wurde er 1768 als o. Prof. an die Univ. Jena berufen und wechselte 1773 als Prof. der Medizin und Direktor der Klinik nach Göttingen. Seit 1770 gehörte B. der Deutschen Akademie der Naturforscher Leopoldina an. 1783 ernannte ihn Landgraf Friedrich von Hessen-Kassel zum Dirigenten der Medizinalangelegenheiten des Landes und zu seinem Leibarzt. B. folgte 1785 einem Ruf an die Univ. Marburg, deren Medizinische Fakultät er ausbaute. Seit 1766 war er Herausgeber verschiedener Fachperiodika (u. a. „Magazin für Ärzte", 20 Bde., 1795-99) und veröffentlichte auch Schriften zur Botanik (u. a. *Literärgeschichte der theoretischen und praktischen Botanik*, 1794).
LITERATUR: Klaus Gerhard Mross: E. G. B. (1738 bis 1804) und das deutsche medizinische Zeitschriftenwesen im 18. Jahrhundert. Diss. Mainz 1988.

Ballhorn, Georg Friedrich, Mediziner, * 1. 8. 1770 Hannover, † 7. 8. 1805 Hannover.
Der Sohn Ludwig Wilhelm B.s studierte in Göttingen (Dr. med. 1792, *Quorundam phaenomenorum periodicorum in homine observabilium caussas probabiles*), hielt dort bis 1794 Vorlesungen und war Mitglied der Physikalischen Gesellschaft. Nach mehrjährigen Studienreisen nach Wien und England ließ er sich um die Jahrhundertwende in Hannover nieder, wo er Armen- und Leibarzt wurde. Unter dem Titel *Untersuchungen über die Ursachen und Wirkungen der Kuhpocken* (1799) übersetzte er Edward Jenners Schrift (1798) ins Deutsche und verfaßte selbst u. a. *Über Deklamation, in medizinischer und diätetischer Hinsicht* (1802, ²1836).

Balthasar, August von, Jurist, Historiker, * 20. 5. 1701 Greifswald, † 20. 6. 1786.
B. studierte seit 1718 Geschichte und Philosophie in Greifswald, später Rechtswissenschaften in Jena. Nach einer Studienreise durch Thüringen, die Rheinprovinzen und die Niederlande (1724-26) kehrte er nach Greifswald zurück, wurde Lizentiat und habilitierte sich 1727 an der Juristischen Fakultät. Von 1734 an lehrte er als o. Prof. unter anderem Kirchen- und Lehnrecht und wurde 1745 Assessor, später Direktor des Konsistoriums. 1763-78 war er Assessor und danach Vizepräsident des kgl. Tribunals in Wismar. B. publizierte *Historische Nachricht von den Landesgesetzen* (1740) und *Rituale academicum* (1742) sowie rechtswissenschaftliche Arbeiten (*Ius ecclesiasticum pastorale*, 1760).

Balthasar, (Joseph Anton) Felix von, schweizer. Staatsmann, Historiker, * 11. 1. 1736 Luzern, † 8. 4. 1810 Luzern.
Der Sohn Franz Urs von → B.s erhielt seine Ausbildung in Luzern und Lyon, war seit 1755 Mitglied des

Großen Rats, seit 1763 des Kleinen Rats und 1775-84 Säckelmeister von Luzern. In der Zeit der Helvetik und Mediation war er Präsident des Stadtrats seiner Heimatstadt (bis 1807). B. war ein führendes Mitglied der aufgeklärten Bewegung in Luzern und gehörte 1761 zu den Begründern der Helvetischen Gesellschaft. Als Historiker beschäftigte er sich mit luzernischer und schweizer. Geschichte und gab u. a. *Topographische und Ökonomische Merkwürdigkeiten des Kantons Luzern* (1785-87) heraus. Mit seiner aufsehenerregenden rechtsgeschichtlichen Schrift *De Helveticorum juribus circa sacra* (1768) unterstützte er die staatskirchlichen Forderungen des Kantons gegenüber Rom. Seine nachgelassene Helveticasammlung bildete den Grundstein der Luzerner Bürgerbibliothek.

Balthasar, Franz Urs von, schweizer. Staatsmann, * 8. 11. 1689 Luzern, † 30. 5. 1763 Luzern.
Nach Abschluß seiner Ausbildung nahm B. 1712 als Hauptmann am Zweiten Villmergerkrieg teil und trat im Jahr darauf in den Großen Rat des Kantons Luzern ein. 1723-27 war er Staatsschreiber, 1727 Mitglied des Kleinen Rats, 1735 Bauherr und 1745 Spitalherr. Er überwachte 1733 und 1744 die Maßnahmen Basels zum Schutz seiner Neutralität und hatte wesentlichen Anteil an den staatskirchlichen Bestrebungen Luzerns im Udligenswilerhandel 1725 und im Beeidigungshandel 1747/48. B.s Schriften wurden nach seinem Willen erst postum veröffentlicht, mit Ausnahme der *Patriotischen Träume eines Eydgenossen* (1758), in denen er auf die 1761 gegründete „Helvetische Gesellschaft" vorausweist, deren Ehrenpräsident er später war. Er war der Vater Felix von →B.s.

Bamberger, Johann Peter, evang. Theologe, * 1722 Magdeburg, † 4. 9. 1804.
B. war zunächst Prediger einer reformierten Gemeinde in Berlin, später Kirchenrat und Pastor an der Dreifaltigkeitskirche in Berlin-Friedrichstadt. 1780-99 lebte er als Hofprediger, Kirchenrat und Garnisonsprediger in Potsdam und führte daneben die Aufsicht über das dortige Waisen- und Predigerwitwenhaus. B. übersetzte zahlreiche, meist theologische Schriften aus dem Englischen (u. a. *Brittische theologische Bibliothek*, 2 Bde., 1774/75) und veröffentlichte Predigten (*Predigten von protestantischen Gottesgelehrten*, 6 Sammlungen, 1771-76).

Bandemer, Susanne von, geb. von Franklin, Schriftstellerin, * 2. 3. 1751 Berlin, † 30. 12. 1828 Koblenz.
B. war eine Nichte Benjamin Franklins, war in erster Ehe mit dem preuß. Offizier Bandemer verheiratet, zu dem sie nach einer gescheiterten zweiten Ehe wieder zurückkehrte. B. war mit Karl Wilhelm →Ramler, Anna Luise →Karsch, Christoph Martin →Wieland und Johann Gottfried →Herder befreundet und veröffentlichte u. a. im „Berliner Musenalmanach" und im „Neuen Teutschen Merkur". B. stand im Ruf, eine gelehrte Dichterin zu sein, schrieb vor allem Lyrik und Dramen sowie kleinere Prosaformen, in die sie z. T. antike oder mythologische Anspielungen einfließen ließ. Ihr empfindsamer Roman *Klara von Bourg, eine wahre Geschichte* (1798) trägt autobiographische Züge.

Bardili, Christoph Gottfried, Philosoph, * 18. 5. 1761 Blaubeuren, † 5. 6. 1808 Mergelstetten.
Der Pastorensohn und Vetter Friedrich W. J. Schellings besuchte die Klosterschulen von Denkendorf und Maulbronn und widmete sich seit 1778 als Baccalaureus am Tübinger Stift dem Studium der Theologie, Philosophie und der Naturwissenschaften. 1783 ging B. als Vikar nach Kirchheim, in die Pfarrgemeinde seines Vaters, setzte jedoch seit 1787 in Göttingen und an anderen deutschen Universitäten das Studium der Philosophie fort; 1789 kehrte er als Repetent für Philosophie an das Tübinger Stift zurück. 1790 wurde er Prof. der Philosophie an der Karlsschule, 1795 am Gymnasium in Stuttgart. In seiner Philosophie setzte sich B. hauptsächlich mit →Kant auseinander. Er veröffentlichte u. a. *Epochen der vorzüglichsten Begriffe* (Teil 1, 1788), *Allgemeine practische Philosophie* (1795), *Ueber die Gesetze der Ideenassoziation* (1796) und *Philosophische Elementarlehre mit beständiger Rücksicht auf die ältere Litteratur* (2 Tle., 1802-06). B.s Hauptwerk *Grundriß der Ersten Logik, gereiniget von den Irrthümern bisheriger Logiken überhaupt, der Kantischen insbesondere* (1800) ist eine Darstellung seiner eigenen Identitätsmetaphysik.
WEITERE WERKE: Ursprung des Begriffes von der Willensfreiheit. Stuttgart 1796. – Briefe über den Ursprung einer Metaphysik überhaupt. Altona 1798 (anonym). – Beytrag zur Beurtheilung des gegenwärtigen Zustandes der Vernunftlehre. Landshut 1803. – C. G. B.s und C. L. Reinholds Briefwechsel über das Wesen der Philosophie und das Unwesen der Spekulation. Hrsg. v. Carl Ludwig Reinhold. München 1804. – Noch zwey Worte über das logische Grundverhältniß. München 1806 (anonym).
LITERATUR: Franz Wolfgang Garbeis: Bibliographie zu C. G. B. Aus den Quellen ermittelt und historisch-kritisch erläutert. Stuttgart-Bad Cannstadt 1979. – Fritz Karsch: C. G. B., der Vertreter des logischen Realismus im Zeitalter des Idealismus. Diss. Marburg 1923. – Ders.: C. G. B.s logischer Realismus. In: Kant-Studien 30 (1925) 437-452.

Barkhausen, Heinrich Ludwig Willibald, Jurist, * 1742 Niederbarkhausen (Lippe), † 19. 6. 1813 Hayn (Stollberg).
B. wurde 1764 an der Juristischen Fakultät der Univ. Halle promoviert. Zuerst Kriegs-, Domänen- und Steuerrat in Ellrich, dann Kriegsrat in Magdeburg, wurde er schließlich Stadtpräsident und Kriegs- und Steuerrat in Halle. 1798 bat er um seine Entlassung und privatisierte danach in Ellrich. Über B.s Leben ist weiter nichts bekannt. Seine aufklärerischen Gesinnungen schlagen sich in seinen Schriften und seinem Handeln nieder. Vielleicht im Zusammenhang mit der Göttinger Preisfrage von 1772 über die Anlegung öffentlicher Kornmagazine, veranlaßt durch die zeitgenössischen Hungersnöte, befaßte sich B. mit dem Thema des Getreidehandels. Er veröffentlichte

Briefe über die *Polizei des Kornhandels* (1773) und übersetzte aus dem Französischen die entschieden antiphysiokratischen *Dialoge über die Regierungskunst, vornehmlich in Rücksicht auf den Getreidehandel* (1770 bzw. 1777) des neapolitanischen Aufklärers Ferdinando Galiani. Dreißig Jahre später publizierte B. die *Polizei des Getreidehandels* (1804). Mit dem Finanz- und Steuerwesen hat er sich zeitlebens in Artikeln in führenden zeitgenössischen Zeitschriften beschäftigt. Mit dem Halleschen Philosophen Ludwig Heinrich → Jakob gab B. die kurzlebige „Magdeburg-Halberstädtischen Blätter" heraus (1801). Nach dem Tod seines Bruders Viktor B., eines Lippischen Stadtrichters in Lemgo, veröffentlichte B. dessen *Bemerkungen über die Todesstrafe* (1805), eine Sammlung von Aufsätzen, die in den siebziger Jahren im „Deutschen Museum" erschienen waren und die Todesstrafe ablehnten.

WEITERE WERKE: Statistische und politische Bemerkungen bei Gelegenheit einer Reise durch die Vereinigten Niederlande. Leipzig 1788 (vorher stückweise im „Deutschen Museum", 1781. Neudruck Leipzig 1805). – Ueber das sicherste Mittel, die Duelle, besonders auf hohen Schulen, zu verbieten. Lemgo 1790 (vorher anonym im „Teutschen Merkur"). – Natürliche Moral in Briefen eines Vaters an seine Tochter. Lemgo 1792. *Johan van der Zande*

Bartels, August Christian, evang. Theologe, * 9. 12. 1749 Harderode bei Braunschweig, † 16. 12. 1826 Wolfenbüttel.
Der Sohn eines Pastors erhielt nach dem Studium der Theologie in Helmstedt und Göttingen 1773 eine Pfarrstelle in Einbeck. Seit 1778 war er Prediger an der Martinikirche in Braunschweig, von 1789 an herzoglich braunschweigischer Hofprediger und Abt des Klosters Riddagshausen. 1799 wurde er erster Geistlicher Rat des Landeskonsistoriums in Wolfenbüttel, 1821 dessen Vizepräsident, später Direktor des Predigerseminars von Riddagshausen, Propst des Braunschweiger Kreuz- und Ägidienklosters, Mitglied der Landstände und des landständischen Ausschusses. B. war an der Einführung der Synodalordnung von 1801, der Verbesserung des Bildungswesens und der Gestaltung der Landesverfassung beteiligt. Neben zahlreichen Predigten verfaßte er u. a. *Ueber Werth und die Wirkungen der Sittenlehre Jesu* (2 Tle., 1788/89).

Bartels, Johann Heinrich, Bürgermeister, Jurist, * 20. 5. 1761 Hamburg, † 1. 2. 1850 Hamburg.
Nach dem Abschluß des Theologiestudiums in Göttingen 1783 trieb der Hamburger Kaufmannssohn naturwissenschaftliche, geographische, vor allem archäologische und kunsthistorische Forschungen in Italien. In Göttingen 1790 zum Dr. jur. promoviert, ließ sich B. in Hamburg als Advokat nieder und war seit 1798 Senator. Während der napoleonischen Besetzung der Hansestadt übte er das Amt des Kammerpräsidenten beim Obertribunal aus. Nach Abzug der Franzosen hatte B. maßgeblichen Anteil an der Reorganisation des Stadtstaates und war von 1820 bis zu seinem Tod Bürgermeister. Neben juristischen und politischen Abhandlungen veröffentlichte er *Briefe über Calabrien und Sicilien* (3 Bde., 1787-92).

Barth, Johann Ambrosius, Buchhändler, Verleger, * 1760 Thalschütz bei Bad Dürrenberg (Sachsen), † 1813.
B. übernahm 1789 die Haugsche Buchhandlung in Leipzig, die er unter seinem Namen weiterführte. Er bekleidete die Stelle des Buchhandlungsdeputierten und gehörte dem Vorstand der Leipziger Armenanstalt, seit 1803 auch dem der Armenschule an. Als er 1813 am Lazarettyphus starb, übernahm sein Sohn Wilhelm Ambrosius B. den Verlag.

Barth-Bartenheim, Johann Baptist Ludwig Ehrenreich Graf von, österr. Beamter, Jurist, * 5. 3. 1784 Hagenau (Elsaß), † 22. 6. 1846 Wien.
Nach dem Studium der Jurisprudenz in Freiburg und Göttingen trat B. 1804 in den österr. Staatsdienst ein, in dem er bis zum niederösterr. Regierungsrat avancierte. Sein Verdienst als Verwaltungsfachmann lag in der u. a. durch statistische Erhebungen geleisteten Vorarbeit für die von der 1816 eingesetzten k. k. Kommerz-Hofkommission eingeleitete Reform des österr. Handels- und Gewerbewesens. B., ein aufgeklärter Bürokrat der josephinischen Schule, veröffentlichte eine *Österreichische Gewerbs- und Handelsgesetzkunde,* (9 Bde., 1819-21; 11 Bde., ²1846).

Bartholdy, Georg Wilhelm, Pädagoge, Publizist, * 27. 8. 1765 Kolberg, † 26. 5. 1815 Stettin.
Nach dem Studium in Halle und dem Besuch eines Lehrerseminars in Berlin erhielt B. 1790 eine Anstellung am dortigen Gymnasium, 1797 am Gymnasium von Stettin. Er veröffentlichte zahlreiche historische und politische Schriften (u. a. *Über gesellschaftliches Elend,* 1787). B. gab zwei das Zeitgeschehen behandelnde und die allgemeine Bildung fördernde Wochenschriften sowie das „Journal für Gemeingeist" heraus.

Basedow, Johann Bernhard, bis 1748 Johan Berend Bassedau, Pseud. Bernhard von Nordalbingen, Pädagoge, getauft 11. 9. 1724 Hamburg, † 25. 7. 1790 Magdeburg.
Nach dem Studium der Theologie in Leipzig war B., Sohn eines Perückenmachers und Bleichers, Hauslehrer in Holstein und erwarb 1752 die Magisterwürde an der Univ. Kiel (*Inusitata eademque optima honestioris juventutis erudiendae methodus*). 1753 wurde er Prof. der Moral, Rhetorik, später auch der Theologie an der Ritterakademie in Sorø auf Seeland. B. forderte Religionsfreiheit und eine konfessionsübergreifende, ständische gegliederte Gesellschaftsordnung (*Practische Philosophie für alle Stände,* 2 Tle., 1758, ²1777) und entwickelte eine allgemeine Religions- und Morallehre ohne Bindung an eine bestimmte konfessionelle Auffassung (*Methodischer Unterricht der Jugend in der Religion und der Sittenlehre der Vernunft,* 1764, Nachdruck 1985). Wegen seiner aufklärerischen Schriften 1761 an das Gymnasium

nach Altona versetzt, traf er auch hier auf den Widerstand orthodoxer Theologen um den Senior Johann Melchior Goeze. 1767 wurde B. bei Beibehaltung seines Gehalts entlassen. Unter dem Einfluß von Comenius, Locke und Rousseau wandte er sich gegen die Mängel der damaligen Erziehung und verfaßte 1768 ein philanthropisches Erziehungsprogramm, in dem er ein lebensnahes, überkonfessionelles, unter staatlicher Aufsicht stehendes Bildungswesen forderte. 1771 von Fürst →Leopold III. von Anhalt-Dessau nach Dessau berufen, errichtete er dort das „Philanthropinum" (1774), eine Musterschule für Zöglinge vom 6. bis 18. Lebensjahr, der in Deutschland und der Schweiz bald zahlreiche ähnliche Anstalten folgten. 1776 gab er die Leitung des Philanthropinums auf und war dann bis zu seinem Tod vor allem als theologischer Schriftsteller tätig. B. war Hauptvertreter des Philanthropismus und führender Vertreter der Pädagogik der Aufklärung. Nach seiner *Vorstellung an Menschenfreunde und vermögende Männer über Schulen und Studien und ihren Einfluß in die öffentliche Wohlfahrt* (1768) veröffentlichte er 1774 sein Hauptwerk *Das Elementarwerk* (4 Bde.; kritische Bearbeitung in 3 Bänden von Theodor Fritzsch, 1909), illustriert von Daniel →Chodowiecki, in dem er die Verlagerung des Bezugssystems von der objektiven Ordnung hin zur subjektiven Weltorientierung vollzieht.

WEITERE WERKE: Philathelie oder Aussichten in die Wahrheiten und Religion der Vernunft. 2 Bde., Lübeck 1763/64. – Gedanken von der Stärke und Schwäche der natürlichen Religion. Leipzig 1765. – Theoretisches System der gesunden Vernunft. Altona 1765. – Das Methodenbuch für Väter und Mütter der Familien und Völker. Altona/Bremen 1770 (zahlreiche Auflagen). – Das in Dessau errichtete Philanthropinum. Eine Schule der Menschenfreundschaft und guter Kenntnisse. Leipzig 1774. – Ausgewählte Schriften. Hrsg. v. Hugo Göring. Langensalza 1880. – Ausgewählte pädagogische Schriften. Hrsg. v. Albert Reble. Paderborn 1965.

LITERATUR: David Stern: J. B. B. und seine philosophischen und theologischen Anschauungen. Leipzig 1912. – B.'s Leben und Werke. Hrsg. v. Walter Vorbrodt. 2 Tle., Halle 1920. – Otto Friedrich Bollnow: B., J. B. In: NDB 1, 1953, S. 618-619. – Günter Ulbricht: J. B. B. Berlin 1963. – Rosemarie Kohls: Philanthropismus, J. B. B., Philanthropinum. Berlin 1974. – Wiltraut Finzel-Niederstadt: Lernen und Lehren bei Herder und B. Frankfurt/Main 1986.

Bassewitz, Sabine Elisabeth Gräfin von, Schriftstellerin, * 15.12.1717, † 7.2.1790 Rittergut Dalwitz (Mecklenburg).
B. verbrachte den Großteil ihres Lebens auf den mecklenburgischen Besitzungen ihrer Familie und in ihrem Stadthaus in Rostock. Schon früh beschäftigte sie sich mit den Schriften von Gottfried Wilhelm →Leibniz und Christian →Wolff; sie führte eine ausgedehnte Korrespondenz mit Voltaire, vor allem über dessen *Geschichte Karls XII.* 1776 nahm sie →Goethe gegen die Vorwürfe derer in Schutz, die ihn für das Ausbrechen des „Werther-Fiebers" verantwortlich machten. B. schrieb die Vorrede zu der poetischen Psalmen-Übersetzung einer Frau von Grabow und hinterließ im Manuskript *Frauenzimmergeschwätze nach Durchlesung des Phädon von Moses Mendelssohn.*

Bastiani, Giovanni Battista, kath. Theologe, * 12.12.1714 Venedig, † 20.11.1786 Breslau.
B. gehörte zu den von König →Friedrich II. von Preußen wegen ihrer Bildung und ihrer gesellschaftlichen Umgangsformen geschätzten Italienern seiner Umgebung. 1747/48 verhandelte er im Auftrag des Königs mit der Kurie in Rom erfolgreich um deren nachträgliche Zustimmung zur Wahl des Grafen Philipp Gotthard Schaffgotsch zum Bischof von Breslau. Von regelmäßigen Aufenthalten am Hof Friedrichs II. abgesehen, lebte B., mit einträglichen schlesischen Pfründen versehen, in Breslau, wo er enge Kontakte zum aufgeklärten Bürgertum pflegte, mit dem adligen Domkapitel jedoch häufig in Konflikt geriet.

Bastineller, Gebhard Christian, Jurist, * 15.5.1689 Halle, † 18.10.1755 Wittenberg.
Nach dem Studium der Jurisprudenz in Halle hielt sich B. in Wien, Regensburg und Wetzlar auf und betätigte sich als Hofmeister und Advokat, Notar und Verwalter einiger Erbgerichte in der Merseburger Gegend. 1711 wurde er in Halle promoviert, 1714 Prof. der Rechte an der Univ. Wittenberg, 1721 Assessor am Hofgericht und der Juristischen Fakultät, Beisitzer am Schöffenstuhl und im Konsistorium, 1723 kursächsischer Hofrat. Zahlreiche seiner Vorlesungen erschienen im Druck, darunter auch eine wirtschaftsrechtliche *Dissertatio de jure creditorum litterarum Cambii cum vel sine clausula hypothecae in concursu* (1713).

Batsch, August Johann Georg Karl, Naturforscher, Mediziner, * 28.10.1761 Jena, † 29.9.1802 Jena.
B. lebte nach dem Studium der Naturwissenschaften und Medizin an der Univ. Jena (Promotion 1786, *Dispositio generum plantarum Jenensium secundum Linnaeum et familias naturales*) einige Zeit in Weimar, wo er in Goethe einen Gönner fand. Nach Jena zurückgekehrt, wurde er Magister der Philosophie, Privatdozent, 1786 Dr. med. und a. o. Prof. der Naturgeschichte, 1787 a. o. Prof. der Medizin. Seit 1792 war er o. Prof. der Philosophie und von 1793 an Direktor der von ihm ins Leben gerufenen Naturforschenden Gesellschaft zu Jena. B. verfaßte zahlreiche Lehrbücher, Tabellen der Naturgeschichte, Chemie, Botanik und Mineralogie sowie eine in viele Sprachen übersetzte *Botanik für Frauenzimmer und Pflanzenliebhaber* (1795, ⁴1818). Als sein Hauptwerk gilt jedoch ein auf Detailstudien beruhendes Pflanzensystem.

WEITERE WERKE: Beitrag zur Berichtigung der Urtheile über das Brown'sche System. Jena 1797. – Grundzüge der allgemeinen Naturgeschichte. 2 Abt., Weimar 1801/02. – Taschenbuch für mineralogische Excursionen. Weimar 1802.

Bauer, Anton, Jurist, * 16. 8. 1772 Marburg, † 1. 6. 1843 Göttingen.
B. begann 1787 in Marburg das Studium der Rechtswissenschaften, habilitierte sich dort 1793, wurde 1797 o. Prof., außerordentlicher und 1808 ordentlicher Beisitzer des Spruchkollegiums und Mitglied der Juristischen Fakultät. 1812 folgte er einem Ruf an die Univ. Göttingen, wurde 1816 Hofrat, 1819 Senior des Spruchkollegiums und 1840 Geheimer Justizrat. B. galt als einer der bedeutendsten Strafrechtler des 19. Jahrhunderts. Er war an der Umsetzung des Code Napoleon für die deutschen Länder beteiligt und gehörte 1824-26 der mit der Novellierung des Strafgesetzbuchs und der Strafgesetzordnung des Köngreichs Hannover beauftragten Kommission an. Seit 1829 lehrte er an der Univ. Göttingen Nassauische Staats- und Rechtsverfassung sowie Verwaltung. B., ursprünglich Anhänger der Feuerbachschen Abschreckungstheorie, veröffentlichte 1830 *Die Warnungstheorie, nebst einer Darstellung und Beurteilung aller Strafrechtstheorien*.

Bauer, Franz Nikolaus, kath. Theologe, Schriftsteller, * 5. 12. 1764 Würzburg, † 20. 12. 1836 Würzburg.
Nach Beendigung seiner schulischen Ausbildung trat B. als Novize in die Zisterzienserabtei Ebrach ein, die er jedoch, ohne das Gelübde abgelegt zu haben, bald wieder verließ. 1788 wurde er in Würzburg zum Domvikar ernannt und zum Priester geweiht. 1794 veröffentlichte er anonym zweibändige *Blicke in das Innere der Prälaturen oder Klosterceremonien im 18. Jahrhundert*, seine erste kritische Schrift über den Klerus. B. setzt sich u. a. mit seiner 1803 gegründeten Zeitschrift „Argus, eine Zeitschrift für Franken" für die Säkularisation ein. Während des Bestehens des Großherzogtums Würzburg kurzzeitig in das Franziskanerkloster auf dem Kreuzberg verbannt, kehrte B. unter der bayrischen Regierung wieder an den Würzburger Dom zurück. Daneben betätigte sich B. als Schriftsteller, nahm Stellung zu Fragen der Zeit, übersetzte *Il Principe* von Machiavelli und war Mitarbeiter mehrerer Zeitungen wie dem „Gothaer gelehrten Anzeiger" und der „Salzburger Literaturzeitung".

Bauer, Johann Jakob, Buchhändler, Schriftsteller, * 16. 9. 1706 Straßburg, † 29. 1. 1772 Nürnberg.
B., Sohn eines Straßburger Weinhändlers, war seit 1728 als Buchhändler in Nürnberg tätig. Er begann mit der Anlage eines nach ihm benannten Verzeichnisses gedruckter Raritäten, der *Bibliotheca librorum rariorum universalis* (1770). 1748 veröffentlichte B. *Einfältige Gedanken über den Verfall des Buchhandels und dessen Wiederherstellung, wobey erwiesen wird, wie in einer jeden Handelsstadt alle Buchhandlungen eine einzige vorstellen und doch in ihren Gliedern separirt seyn können*. Eine weitere Betrachtung B.s über die Probleme des Buchhandels erschien postum im Druck.

Bauerschubert, Joseph, kath. Theologe, * 15. 11. 1766 Birnfeld bei Hofheim (Franken), † 24. 9. 1797 Würzburg.
B. begann 1785 in Würzburg das Studium der Philosophie, trat nach dem Magisterexamen in das dortige Priesterseminar ein, studierte Theologie und wurde nach der Priesterweihe Vizepräfekt im Adligen Seminar. Als Anhänger der Aufklärung veröffentlichte er 1793 ein *Erbauungsbuch für Katholiken, die eine reine und vernünftige Andacht lieben* und Volkspredigten; er schrieb Aufsätze und Rezensionen für verschiedene Periodika (u. a. „Oberdeutsche Literaturzeitung") und beschäftigte sich in einer Abhandlung mit dem wegen der Revolution emigrierten französischen Klerus. 1792 wurde er in eine Landpfarrei zwangsversetzt.

Baumann, Ludwig Adolph, Historiker, Geograph, * 1734, † 20. 5. 1802 Treplitz (Brandenburg).
Der bis 1781 am Lyzeum der Neustadt Brandenburg als Konrektor tätige B. verfaßte eine große Anzahl Kompendien und Schulbücher für Geographie, Geschichte und die Naturwissenschaften (u. a. *Kurzer Entwurf der Geographie für Anfänger*, 1768, ³1790). Er schrieb einen Abriß der amerikanischen Verfassung, 1796 eine an den preuß. König gerichtete Abhandlung *Über die Mängel in der Verfassung des platten Landes der Kurmark Brandenburg*.

Baumeister, Friedrich Christian, Philosoph, Pädagoge, * 17. 7. 1709 Großkörnern (Fürstentum Gotha), † 8. 10. 1785 Görlitz.
Der Gothaer Pastorensohn bezog 1727 die Univ. Jena, wo er beim Studium der Philosophie mit den Schriften Christian →Wolffs in Berührung kam. Um ihn diesem Einfluß zu entziehen, wurde B. durch höchsten Befehl gezwungen, von Gotha 1729 an die Univ. Wittenberg wechseln. Seit 1730 Magister der Philosophie, wurde er 1736 als Adjunkt in die Philosophische Fakultät der Univ. Wittenberg aufgenommen. 1736 wurde er Rektor des Gymnasiums von Görlitz. Trotz mehrmals ergangener Rufe auf Lehrstühle der Philosophie und Theologie blieb er dort bis an sein Lebensende. B., der wesentlich zur Verbreitung der Wolffschen Philosophie beitrug, veröffentlichte u. a. *Philosophia definitiva h. e. definitiones philosophiae ex systemate Wolfii in unum collectae* (1733), *Institutiones philosophiae rationalis, methodo Wolfiana conscriptae* (1736, dt.: *Denkungswissenschaft*, mit Anmerkungen von Johann Christian Messerschmidt, 1765), *Institutiones metaphysicae* (1736), *Philosophia recens controversa* (3 Tle., 1738-66), *Historia doctrinae controversae de mundo optimo* (1741) und *Elementa philosophiae recentioris* (1747).
WEITERE WERKE: De studiorum cultura per saltum. Leipzig 1731. – Von der vernünftigen Art, den heut zu Tage so sehr einreißenden Deismo und Naturalismo zu begegnen. Görlitz 1737. – Von der Unzulänglichkeit der Vernunft in Beruhigung des Gewissens. Görlitz 1738. – Vita, Fata et Scripta Christiani Wolfii Philosophi. Leipzig/Breslau 1739. Nachdruck in: Christian Wolff: Gesammelte Werke. Hrsg. v. Jean École u. a. Abt. I, Bd. 10. Hildesheim 1980. – Triga

Germanorum de historia philosophica optime meritorum. Görlitz 1740. – Von den Verdiensten der Vorfahren um die Nachkommen in Ansehung der Religion und der Wissenschaften. Görlitz 1764.
LITERATUR: Johann Christian Briegleb: Epistola de vita, moribus atque studiis C. F. B.i. Göttingen 1766. – BBHS 1, 1992, S. 173-175.

Baumgarten, Alexander Gottlieb, Pseud. Aletheophilus, Philosoph, * 17.6.1714 Berlin, † 26.5.1762 Frankfurt/Oder.
Der Sohn des Theologen Jakob B. besuchte das Franckesche Pädagogium in Halle, studierte dort seit 1730 die schönen Wissenschaften und machte sich an der Univ. Jena mit der Philosophie Christian → Wolffs vertraut. B. lehrte dann an der Schule des Waisenhauses Poetik und Logik, erwarb mit der Arbeit *Meditationes de nonnullis ad poema pertinentibus* (1735, Neudruck 1983) die Magisterwürde, war seit 1737 an der Univ. Halle tätig und wurde 1740 Prof. der Weltweisheit und der schönen Wissenschaften in Frankfurt/Oder. Der vor allem vom Rationalismus Wolffs beeinflußte B. wurde – anknüpfend an Georg Bernhard → Bilfingers *Dilucidationes philosophicae [...]*, in dem dieser eine Logik der Einbildungskraft monierte, und → Bodmers und → Breitingers Gedanken einer philosophischen Poetik aufnehmend – mit *Aesthetica* (2 Bde., 1750-58, Nachdruck 1961) zum Begründer der wissenschaftlichen Ästhetik als eigener philosophischer Disziplin, die er als Wissenschaft von der sinnlichen Erkenntnis („scientia cognitionis sensitivae", Aisthesis) verstand und zusammen mit der Logik (*Acroasis logica. In Christianum L. B. de Wolff*, 1761, Nachdruck 1973) der Erkenntnislehre (Gnoseologie) zuordnete. Das Ziel der Ästhetik, gleichzeitig Wissenschaft und Kunst, sah er in der Vervollkommnung der sinnlichen Erkenntnis als solcher, womit er Schönheit meinte. Seine Theorie der Dichtkunst (*Meditationes philosophicae de nonnullis ad poema pertinentibus*, 1735) wirkte u. a. auf → Schiller und → Kant, der B.s *Metaphysica* (1739, ^{7}1779, Nachdruck 1963; ins Deutsche übertragen und hrsg. v. Georg Friedrich → Meier: *Metaphysik*, 1776, ^{2}1783) auch seinen Vorlesungen zugrundelegte. Auf Physik und Metaphysik, also die theoretische Philosophie, folgt bei B. die praktische (*Ethica philosophica*, 1740, ^{3}1763), die Rechtsphilosophie, die Lehre vom Anstand (Prepologie) und vom Ausdruck (Emphaseologie).
WEITERE WERKE: Philosophische Briefe von Aletheophilus. Frankfurt 1741. – Initia philosophiae practicae primae acroamatice. Halle 1760. – Ius naturae. Halle 1765. – Sciagraphia encyclopaedia philosophicae. Hrsg. v. Johann Christian Foerster. Halle 1769. – Philosophia generalis. Hrsg. v. Johann Christian Forster. Halle 1770. – Die Vorreden zur Metaphysik. Hrsg. v. Ursula Niggli. Frankfurt/Main 1999.
LITERATUR: Ursula Franke: Kunst als Erkenntnis. Die Rolle der Sinnlichkeit in der Ästhetik des A. G. B. Wiesbaden 1972. – Hans Rudolf Schweizer: Ästhetik als Philosophie der sinnlichen Erkenntnis. Eine Interpretation der ‚Aesthetica' A. G. B.s. Basel/Stuttgart 1973. – Michael Jäger: Kommentierende Einführung in B.s „Aesthetica". Zur entstehenden wissenschaftlichen Ästhetik des 18. Jahrhunderts in Deutschland. Hildesheim/New York 1980. – Heinz Paetzold: Ästhetik des deutschen Idealismus. Zur Idee ästhetischer Rationalität bei B., Kant, Schelling und Schopenhauer. Wiesbaden 1983. – Friedhelm Solms: Disciplina aesthetica. Zur Frühgeschichte der ästhetischen Theorie bei B. und Herder. Stuttgart 1990. – Steffen W. Groß: A. G. B. Die Ästhetik als Lehre vom Menschen. Zum 250. Jahrestag des Erscheinens der „Aesthetica" A. B.s. Würzburg 2000.

Baumgarten, Gotthilf von, Musiker, Militär, * 12.1.1741 Berlin, † 1.10.1813 Groß Strehlitz (Schlesien).
Seine militärische Karriere begann B. 1761 als Fahnenjunker im Tauentzienschen Infanterieregiment in Breslau. Er nahm am bayerischen Erbfolgekrieg teil, avancierte zum Stabskapitän, mußte den Dienst jedoch wegen einer Nervenkrankheit quittieren. 1780 trat er das Amt des Landrats des Kreises Groß Strehlitz in Schlesien an, das er 1783 ebenfalls aus Gesundheitsgründen aufgeben mußte. In Breslau gab B. seit 1773 die Wochenzeitschrift „Beobachtungen in der Moralischen und Literarischen Welt zur Aufnahme des guten Geschmacks in Schlesien" heraus. Bekannt wurde er vor allem als Komponist der romantisch-komischen Oper *Zemire und Azor* (1775) und von drei weiteren Singspielen.

Baumgarten, Siegmund Jakob, evang. Theologe, * 14.3.1706 Wolmirstedt, † 4.7.1757 Halle/Saale.
Der vom Pietismus geprägte Sohn des Theologen und Liedddichters Jakob B. unterrichtete am Franckeschen Waisenhaus in Halle und war seit 1732 Magister und Adjunkt der dortigen Theologischen Fakultät der Universität. 1734 erfolgte B.s Promotion und seine Ernennung zum o. Prof. der Theologie. 1744 wurde er zum Direktor des Theologischen Seminars und zum Ephorus der kgl. Freitische ernannt. Da er, von der luth. Orthodoxie abweichend, eine von Christian → Wolff beeinflußte, gemäßigt aufgeklärte Theologie lehrte, geriet B. zeitweise in kirchliche Konflikte. B., einer der angesehensten Theologen der frühen Aufklärung und von Voltaire „die Krone deutscher Gelehrter" genannt, verfaßte zahlreiche theologische Abhandlungen in lateinischer und deutscher Sprache. Viele seiner Vorlesungen, wie *Unterricht vom rechtmäßigen Verhalten eines Christen oder theologische Moral, zum akademischen Vortrage ausgefertigt* (1762), erschienen in mehreren Auflagen im Druck.
LITERATUR: Martin Schloemann: S. J. B. Göttingen 1974 (mit Literatur). – Ders.: Wegbereiter wider Willen. S. J. B. und die historisch-kritische Bibelwissenschaft. In: Historische Kritik und biblischer Kanon in der deutschen Aufklärung. Hrsg. v. Henning Graf Reventlow u. a. Wiesbaden 1988, S. 149-155. – Susanne Ehrhardt-Rein: Zwischen Glaubenslehre und Vernunftwahrheit. Natur und Schöpfung bei Hallischen Theologen des 18. Jahrhunderts. Münster 1996.

Baur, Samuel, evang. Theologe, Schriftsteller, * 31. 1. 1768 Ulm, † 25. 5. 1832 Albeck bei Ulm. Schon während seines 1791 begonnenen Studiums der Theologie in Jena und Tübingen beschäftigte sich B., der Sohn eines Ulmer Geldwechslers, intensiv mit Geschichte und Literatur. Seit 1794 hatte er eine Pfarrstelle in Württemberg inne und wurde 1811 zum Dekan des Oberamts Albeck bei Ulm berufen. B. verfaßte rund 150 religiöse und pädagogische Schriften, Erbauungsbücher, Geschichtswerke, Biographien und Übersetzungen aus dem Französischen, darunter eine *Charakteristik des Frauenzimmers für Jünglinge und Mädchen, die das Glück ihres Lebens fest gründen wollen* (1789), und ein *Neues historisch-biographisch-literarisches Handwörterbuch* (7 Bde., 1807-16).

Bayer, Gottlieb Siegfried, auch Theophil Siegfried B., Historiker, Orientalist, Bibliothekar, * 5. 1. 1694 Königsberg (Ostpreußen), † 21. 2. 1738 St. Petersburg.
B. studierte Theologie und Philologie in Königsberg, Berlin, Frankfurt/Oder, Halle und Leipzig, wo er ein Verzeichnis der orientalischen Handschriften der Stadtbibliothek anfertigte. 1718 wurde er in Königsberg zum Ratsbibliothekar, 1720 zum Konrektor, 1721 zum Prorektor der Domschule ernannt und hielt 1718-26 Vorlesungen über die griechischen Klassiker. 1728 folgte B. einem Ruf als Professor der klassischen Altertümer nach St. Petersburg, wurde in die dortige Akademie aufgenommen und mit der Oberaufsicht über das Akademische Gymnasium betraut. B. verfaßte Abhandlungen zur Geschichte Ostpreußens, zur Geschichte und Geographie Rußlands und schuf mit dem *Museum Sinicum* (St. Petersburg 1730) eine Zusammenfassung der Chinakenntnis seiner Zeit. Im Sinne der Aufklärung befaßte er sich mit der Geschichte diverser Völker und u. a. mit der koptischen, syrischen und tibetanischen Sprache. Als erster erkannte B. die skandinavische Herkunft der Waräger in Rußland und der Waranger in Byzanz.

Beausobre, Isaak de, reformierter Theologe, * 8. 3. 1659 Niort (Poitou), † 5. 6. 1738 Berlin.
Nach dem Studium in Saumur wurde B. 1683 Pfarrer in Châtillon-sur-Indre, floh aber wegen der Aufhebung des Edikts von Nantes 1685 in die Niederlande. Seit 1686 war er als reformierter Pfarrer in Dessau tätig, wurde 1694 Hofprediger in Oranienbaum, später Pfarrer der französischen Kirche in Berlin, dann kgl. Kabinettsprediger, Konsistorialrat, Inspektor der französischen Schulen und schließlich Superintendent aller französischen Kirchen des Berliner Bezirks. Am preuß. Königshof hoch angesehen, wurde B. mit diplomatischen Aufgaben betraut; er vermittelte u. a. 1704 beim Austausch der reformierten Galeerensklaven gegen französische Gefangene aus der Schlacht von Höchstedt. A. veröffentlichte u. a. *Défense de la doctrine des Réformés sur la Providence, la prédestination, la grâce et l'eucharistie* (1693).

Becher, Johann Joachim, Mediziner, Chemiker, Wirtschaftstheoretiker, * 6. 5. 1635 Speyer, † Oktober 1682 (1685 ?) London.
Nach Lehr- und Studienjahren in Schweden, Holland und Österreich übernahm B. 1657-64 eine Professur der Medizin in Mainz, trat zum Katholizismus über und war seit 1660 Leibarzt des Kurfürsten Johann Philipp von Mainz. Seit 1664 Leibarzt und Berater in bayerischen Diensten, gründete er die erste Seidenmanufaktur in München und schrieb 1667-69 sein naturwissenschaftliches (*Physica subterranea*) und sein philosophisch-pädagogisches Hauptwerk (*Methodus didactica*); 1674 erschien *Psychosophia*. Im *Politischen Diskurs* (1667) trat B. für eine Ständeregierung und die Entwicklung des Gewerbes ein. Seine merkantilistischen Ideen, darunter ein Rhein-Donau-Kanal und Kolonialpläne, trafen auf wenig Verständnis. Dem Chemiker B. gelang die Gewinnung von Leuchtgas und Teer aus Steinkohle; seine Kenntnis über Verbrennungsvorgänge bildeten die Grundlage der Phlogistontheorie.
WEITERE WERKE: Naturkündigung der Metallen. Frankfurt/Main 1661. – Parnassus medicinalis illustratus. 4 Tle., Ulm 1662/63. – Chymischer Glückshafen. Frankfurt/Main 1682. – Opuscula chymica rariora. Nürnberg 1719.
LITERATUR: Herbert Hassinger: J. J. B. Habil.-Schr. Wien 1944. – Gotthardt Fürsorge: J. J. B. (1635-1682). Wiesbaden 1993.

Becher, Karl Anton Ernst, evang. Theologe, * 6. 5. 1741 Hildburghausen (Thüringen), † 30. 7. 1802 Oldisleben (Thüringen).
B. wurde nach Abschluß des Studiums Pfarrer in Schweickershausen bei Heldburg (Franken), 1775 Pfarrer und Adjunkt in Oldisleben (Thüringen). In seinen theologischen Schriften wird seine Verehrung für den luth. Theologen und Schriftsteller Philipp Nicolai deutlich, für dessen Theorien er aufklärend zu wirken versuchte. Eine seiner Hauptschriften erschien 1781: *Ueber Toleranz und Gewissensfreyheit, und die Mittel, beyde in ihre gehörige Gränzen zu weisen, den Bedürfnissen unsrer Zeit gemäß*.

Beck, Christian August Frh. von, Jurist, * 1720 Langensalza (Thüringen), † 1781/83 Wien.
B. studierte Rechtswissenschaften in Leipzig und wurde Sekretär des kaiserlichen Ministers am fränkischen Kreis Frh. von Wiedmann. 1748 folgte seine Ernennung zum Wirklichen k. k. Hofrat und Prof. des Staats- und Lehnsrechts an der Königlich Theresianischen Ritterakademie in Wien. B. unterrichtete den Kronprinzen und späteren Kaiser →Joseph II. in deutschem Staatsrecht. 1764 wurde er in den Freiherrenstand erhoben und k. k. Geheimer Referendar. B. veröffentlichte u. a. *Versuch einer Staatspraxis oder Kanzleyübung aus der Politik, dem Staats- und Völkerrechte* (1754). 1766 legte er alle Ämter nieder und privatisierte zu Lunéville in Lothringen.

Beck, Jacob Sigismund, Philosoph, * 6.8.1761 Liessau bei Marienburg (Westpreußen), † 29.8.1840 Rostock.
B., Sohn eines Predigers, studierte Mathematik und Philosophie in Königsberg, wo Christian Jakob → Kraus, Johann Schultz und Immanuel → Kant seine Lehrer waren. Nach Beendigung des Studiums trat er eine Gymnasiallehrerstelle in Halle an, habilitierte sich dort 1791 (*Dissertatio de Theoremate Tayloriano, sive de lege generali, secundum quam functionis mutantur, mutatis a quibus pendent variabilibus*) und wurde a. o. Prof. der Philosophie. Seit 1799 war er Ordinarius für Metaphysik an der Univ. Rostock, 1823/24 deren Rektor. B. besorgte einen *Erläuternden Auszug aus den critischen Schriften des Herrn Prof. Kant auf Anrathen desselben* (3 Bde., 1793-96, Nachdruck 1968 und 1975). Der dritte Band *Einzig-möglicher Standpunct, aus welchem die critische Philosophie beurtheilt werden muß* ging in wesentlichen Punkten über Kant hinaus und wurde von diesem abgelehnt, wohingegen das Werk von → Fichte empfohlen wurde. B. veröffentlichte u. a. *Grundriß der critischen Philosophie* (1796, Nachdruck 1970), *Commentar über Kant's Metaphysik der Sitten* (Teil 1, 1798; Nachdruck 1970) und *Propädeutik zu jedem wissenschaftlichen Studio* (1799).
WEITERE WERKE: Grundsätze der Gesetzgebung. Leipzig 1806. – Bestimmungen einiger der Logik angehörigen Begriffe. 3 Tle., Rostock 1808/09. – Von den Formen der Staatsverfassung. 3 Tle., Rostock 1816/17. – Über die moralische Natur des menschlichen Willens. Rostock 1818. – Lehrbuch der Logik. Rostock 1820. – Lehrbuch des Naturrechts. Jena 1820.
LITERATUR: Wilhelm Dilthey: Die Rostocker Handschriften. Acht Briefe Kants an J. S. B. (enthält: J. S. B. und seine Stellung in der transzendentalphilosophischen Bewegung). In: Archiv für Geschichte der Philosophie 2 (1889) S. 592-656. Wiederabgedruckt in: Wilhelm Dilthey: Gesammelte Schriften, Bd. 4. Leipzig/Berlin ²1925, S. 310-353. – Max Ernst Mayer: Das Verhältnis des S. B. zu Kant. Heidelberg 1896. – Joseph Reiser. Zur Erkenntnislehre J. S. B.s. Diss. München 1934. – Josef Schmucker-Hartmann: Der Widerspruch von Vorstellung und Gegenstand. Zum Kantverständnis von J. S. B. Meisenham/Glan 1976. – J. S. B.'s Phenomenological Transformation of Kant's Critical Philosophy. Diss. Montreal 1979. – Ingrid M. Wallner: A New Look at J. S. B.'s „Doctrine of the Standpoint". In: Kant-Studien 75 (1984) S. 294-316. – Thomas Ludolf Meyer: Das Problem des höchsten Grundsatzes der Philosophie bei J. S. B. Amsterdam/Atlanta, GA 1991 (mit Bibliographie).

Becker, Johann Nikolaus, Jurist, Autor, * 25.9.1773 Beilstein/Mosel, † 17.12.1809 Simmern (Hunsrück).
Ein Stipendium des Reichsgrafen Franz Georg Karl von Metternich-Winneburg ermöglichte B. das Studium der Rechtswissenschaften in Mainz und Göttingen (Promotion 1794). Ein Praktikum am Reichskammergericht in Wetzlar und einen Aufenthalt in Wien 1797 verarbeitete er mit seinen Studienerfahrungen in dem autobiographischen Werk *Fragmente aus dem Tagebuche eines reisenden Neu-Franken* (1798). B., der Anhänger der Französischen Revolution war, sprach in einer Veröffentlichung zum Rastatter Frieden seinem Landesherrn Metternich die Fähigkeit, diesen Kongreß zu leiten, ab und wurde ohne Verhandlung in Würzburg inhaftiert. Zehn Monate später gelang ihm die Flucht in das französische Rhein-Mosel-Departement. Seit 1801 diente er der französischen Justiz und war seit 1803 als Ermittlungsbeamter in Simmern maßgeblich an der Verhaftung der Schinderhannes-Bande beteiligt. B. veröffentlichte eine Reihe politischer und juristischer Schriften.

Becker, Rudolf Zacharias, Publizist, Journalist, * 9.4.1752 Erfurt, † 28.3.1822 Gotha.
1782-86 veröffentlichte B. wöchentlich die „Dessauische Zeitung für die Jugend und ihre Freunde", 1784-87 in Gotha die „Deutsche Zeitung für die Jugend und ihre Freunde". Die Ankündigung für sein *Noth- und Hülfs-Büchlein für Bauersleute* (2 Bde., 1788/89) und eine schon 1785 erschienene Leseprobe brachten dem Volksaufklärer bis 1788 28 000 Vorbestellungen ein. Für den gebildeten Leser gab er seit 1784 die „Deutsche Zeitung" (seit 1796 „Nationalzeitung der Teutschen") heraus. Unter dem Vorwurf der Verschwörung gegen Frankreich wurde er 1811 verhaftet und 17 Monate in Festungshaft genommen. Danach führte B. seine publizistische und verlegerische Tätigkeit fort, konnte aber unter der Einwirkung der politischen Restauration nicht an alte Erfolge anknüpfen.

Beethoven, Ludwig van, Komponist, getauft 17.12.1770 Bonn, † 26.3.1827 Wien.
Als Sohn des Hoftenoristen Johann van B. (und Enkel des Hofkapellmeisters Ludwig van B. d. Ä.) wuchs B. im Umkreis der Hofmusik an der kurkölnischen Residenz Bonn auf; seit 1784 war er neben seinem Lehrer Christian Gottlob Neefe, unter dessen Anleitung er seit 1782 erste Kompositionen in Druck gegeben hatte, zweiter Hoforganist. In Bonn allgemein geschätzt, ergingen auch aus der Bürgerschaft Aufträge an ihn, etwa für eine Kantate auf den Tod Kaiser →Josephs II. 1790. Der Kölner Habsburger-Erzbischof Maximilian Franz finanzierte 1787 eine erste Wien-Reise B.s, der seit 1792 eine zweite, ausgedehntere folgte, ebenso auf Kosten des Hofs und besonders unterstützt von Ferdinand Graf Waldstein. B.s Lehrer in Wien war zunächst Joseph →Haydn (später auch Johann Georg Albrechtsberger, Johann Schenk, Antonio Salieri); 1794 mußte der Bonner Hof unter dem Druck der Revolutionskriege die Zahlungen an B. einstellen. B. blieb auf Dauer in Wien, das er nur für einige Reisen verließ. Neben dem Unterricht komponierte er weiterhin und konzertierte seit 1795 öffentlich als Pianist (B.s Wiener Gönnerkreis ergab sich wesentlich durch Verwandtschaftsbeziehungen in diesem aristokratischen Zirkel).
Lichnowsky veranlaßte u. a. eine Konzertreise B.s 1796 nach Prag, Dresden, Leipzig und Berlin. Aus

dem ersten Jahrzehnt in Wien stammen Klaviersonaten wie die *Pathétique* oder die *Mondschein-Sonate*, daneben Überarbeitungen von Werken aus der Bonner Zeit (z. B. Klavierkonzert Nr. 2, op. 19, älter als Nr. 1, op. 15), Werke in zukunftsweisenden Gattungen (Lied *Adelaide*, 1796) sowie B.s erste Streichquartette und seine ersten beiden Sinfonien. Seine Verzweiflung angesichts einer einsetzenden Ertaubung prägte 1802 das *Heiligenstädter Testament*.

In der Zeit der napoleonischen Kriege (1799-1815) nimmt er mit manchen Kompositionen Anteil an "heroischen" Zeitströmungen und erschloß mit seinen Werken (Stoffe, Widmungen) ein weites europäisches Spektrum. Seine 3. Sinfonie (Es-Dur op. 55, *Eroica*, 1803/04) konzipierte er aus Bewunderung für Napoleon als Konsul, rückte aber von ihr nach dessen Kaiserkrönung 1804 ab. Wenig später schrieb er die drei *Rasumowsky*-Quartette op. 59 für den russischen Gesandten Andreas Graf Rasumowsky und Klaviervariationen über englische Nationalhymnen. Auch österr. Bindungen B.s werden deutlich. Eine Jahresrente (4000 Gulden) ermöglichte es ihm, einen Ruf als Kapellmeister an den Hof Jérôme Bonapartes nach Kassel abzulehnen.

Auf französischen Quellen basierend, trat B. 1805/06 mit zwei gleichermaßen glücklosen Fassungen der Oper *Leonore* an die Öffentlichkeit (1814, umgearbeitet als *Fidelio*, ein großer Erfolg). Weitere Werke B.s mit ähnlich freiheitlichen und "heroischen" Stoffen sind die Ouvertüre zu Heinrich Joseph von Collins Schauspiel *Coriolan* (1807) und die Schauspielmusik zu → Goethes *Egmont* (1809/10). Auch die "Schicksalssinfonie" (Nr. 5 c-Moll, 1807/08) scheint in diese Richtung zu zielen; daß das "Heroische" sein Schaffen nicht restlos beherrschte, zeigt die direkt benachbarte 6. Sinfonie (*Pastorale*, F-Dur), in der B. beim Hörer musikalische Naturempfindungen zu wecken versucht. Weitere Werke der Zeit sind etwa das *Tripelkonzert* und das Violinkonzert sowie Klavierwerke wie die *Waldstein-Sonate* oder die *Appassionata*.

1811 und 1812 unternahm B. Reisen in die böhmischen Bäder, vor allem nach Teplitz; von dort aus kam es 1812 zu den berühmten Begegnungen mit Goethe in Karlsbad. Außerdem entstand B.s undatierter Brief an die "unsterbliche Geliebte" während des Sommeraufenthalts 1812. Er bezieht sich auf Antonie Brentano, die mit dem Kaufmann Franz Brentano verheiratet war. Im Sommer 1812 vollendete er seine Sinfonien Nr. 7 (A-Dur) und 8 (F-Dur). Bei der Uraufführung der 7. Sinfonie 1813 wurde auch *Wellingtons Sieg oder Die Schlacht bei Vittoria* erstmals musiziert, eines von B.s umstrittensten Werken; die maßgeblich erweiterte, orchestrierte Fassung wurde zu einem der erfolgreichsten Werke B.s unter den Zeitgenossen.

Die Zeit nach 1815 gilt als eine Schaffenskrise B.s, die maßgeblich damit erklärt wird, daß sich B. um die Vormundschaft für seinen Neffen Karl (geb. 1806, Sohn von B.s Bruder Carl) bemühte und sie gerichtlich gegen dessen Mutter Johanna van B. durchzusetzen versuchte. Letztlich setzte sich B. durch. Ein quantitativer Schaffensrückgang B.s nach 1815 läßt sich aber auch musikalisch erklären. Offenbar experimentierte er mit neuen klanglichen Möglichkeiten; sie prägen Werke wie die e-Moll-Klaviersonate op. 90 oder das *Quartetto serioso* f-Moll op. 95, die somit eine gesteigerte Komplexität des Arbeitsprozesses spiegeln. Die fast völlige Ertaubung behinderte B. somit nur im Kontakt zur Außenwelt; Versuche, öffentlich zu musizieren, scheiterten, und Gespräche konnte er nur über "Konversationshefte" führen, in die seine Gesprächspartner ihre Äußerungen eintrugen.

Eine neue Intensität erhielt B.s Schaffen von der Klaviersonate her: 1817/18 entstand die *Hammerklavier-Sonate* op. 106; es schlossen sich die drei letzten Klaviersonaten op. 109-111 an (1820-22). Um die gleiche Zeit arbeitete B. an der *Missa solemnis*, zunächst geplant zur Inthronisation Erzherzog Rudolfs als Erzbischof von Olmütz 1820, aber erst 1822/23 vollendet. Ihre Uraufführung fand 1824 in St. Petersburg in konzertantem Rahmen statt; er hatte zuvor Abschriften des Werks zur Subskription angeboten. Die 9. Sinfonie (d-Moll op. 125) wurde 1824 vollendet; ihr berühmtester Satz ist der Schlußchor über → Schillers *An die Freude*, ein Gedicht, für das sich B. schon in seiner Bonner Zeit begeistert hatte. Der Auftrag des Fürsten Galitzin wurde mit den ersten drei der "späten" Quartette B.s erfüllt (op. 127, 130, 132); B. setzte die Quartettkomposition noch fort. B.s Begräbnis am 29. 3. 1827 war, privat organisiert, eine gewaltige Kundgebung von Vertretern breiter Kunstkreise, äußerlich einem Staatsakt vergleichbar.

LITERATUR: Maynard Solomon: B. Biographie. Frankfurt/Main 1987 (New York 1979). – Barry Cooper: Das Beethoven-Kompendium. München 1992 (London 1991). – Joseph Kerman/Alan Tyson: B. Stuttgart 1992 (London 1980). – Konrad Küster: B. Stuttgart 1994. – Albrecht Riethmüller u. a. (Hrsg.): B. Interpretationen seiner Werke. Laaber 1994.

Konrad Küster

Behrisch, Heinrich Wolfgang, Schriftsteller, * 1744 Gut Naundorf bei Dresden, † 8. 2. 1825 Dessau.
B. studierte 1760-66 Rechtswissenschaften an der Univ. Leipzig, beschäftigte sich jedoch vor allem mit französischer Literatur. Nach dem Tod seines Vaters 1768 versuchte er sich (erfolglos) in der Verwaltung der Familiengüter. Sein Schriftstellerleben führte ihn durch Europa. 1783/84 veröffentlichte er das *Allgemeine Wiener Verzeichnis neuer Bücher* und 1784 das bio-bibliographische Lexikon *Die Wiener Autoren. Ein Beytrag zum gelehrten Deutschland*. Über 40 Werktitel sind bekannt, darunter *Das blaue Buch oder Nonsens ein allegorisches Gemälde* (1776).

Beier, Adrian, Jurist, * 29. 1. 1634 Jena, † 7. 9. 1698 Jena.
B. studierte Jura, wurde 1658 in Jena promoviert und 1670 Hofgerichtsadvokat. 1678 zum Syndikus der Stadt Jena ernannt, folgte 1681 seine Ernennung zum a. o. Prof., 1693 zum o. Prof. der Institutionen und Pandekten. Gleichzeitig Assessor im Schöppenstuhl und am Hofgericht, verfaßte er neben seinen Ar-

beiten zum gemeinen Recht Werke zum Handwerksrecht und technologische Bücher (über Werkzeug, Werkstätten, Waren). 1722 erschien postum ein *Allgemeines Handlungs-, Kunst-, Berg- und Handwercks-Lexikon*.

Belderbusch, Kaspar Anton Frh. von, Minister, * 5. 1. 1722 Montzen bei Aachen, † 2. 1. 1784 Bonn.
Nach seinem Studium in Aachen, Bonn und Löwen trat B. in den Deutschritterorden, dessen späterer Landkomtur der Ballei Altenbiesen er war. Seit 1756 Hofkammerpräsident des Kurfürsten Clemens August von Köln, wurde er unter dessen Nachfolger Maximilian Friedrich von Königsegg und Rothenfels 1766 Premier-, Hof- und Staatsminister. B. war einer der bedeutendsten Anhänger des aufgeklärten Absolutismus am Niederrhein.

Benda, Franz, eigentl. František B., Komponist, Musiker, * 25. 11. 1709 Alt-Benatek (Böhmen), † 7. 3. 1786 Neuendorf bei Potsdam.
Der erste Sohn des Stammvaters Hans Georg B. war Chorknabe der Nikolauskirche in Prag, verließ heimlich die Stadt und ging zu den Jesuiten nach Dresden. Hier begann B. das Violinspiel. 1726-30 lebte er in Wien und erhielt eine Konzertmeisterstelle in Warschau. B. trat gegen 1730 zum Protestantismus über. 1733 wieder in Dresden, wurde er mit Unterstützung seines Freundes Johann Joachim Quantz Mitglied der Kapelle des Kronprinzen → Friedrich von Preußen in Ruppin. Er studierte bei seinem Konzertmeister Carl Heinrich Graun weiter Violine und Komposition und zog mit dem Hof nach Rheinsberg und Potsdam. 1771 erhielt er die Konzertmeisterstelle der kgl. Kapelle in Berlin. B. komponierte vor allem Violinsonaten und -konzerte, die in ihrem Stil der „Berliner Schule" zugerechnet werden. Seine Autobiographie wurde in der „Neuen Berliner Musikzeitung" (Jahrgang 10, S. 32) veröffentlicht.

Bendavid, Lazarus, Philosoph, Mathematiker, * 18. 10. 1762 Berlin, † 28. 3. 1832 Berlin.
Traditionell jüdisch gebildet, wandte sich B. früh den mathematischen Wissenschaften zu. Er besuchte die Universitäten Göttingen und Halle und hielt als Privatgelehrter und Anhänger → Kants philosophische Vorlesungen in Wien (1793-97). Wieder in Berlin, war er politischer Redakteur der „Haude- und Spenerschen Zeitung" und leitete 1806-26 als ehrenamtlicher Direktor die von David → Friedländer und Isaak Daniel → Itzig gegründete jüdische Freischule. Seit 1822 war B. Mitglied des Vereins für Cultur und Wissenschaft der Juden. Neben mathematischen Abhandlungen (u. a. *Versuch einer logischen Auseinandersetzung des mathematischen Unendlichen*, 1789) verfaßte er Schriften mit denen er Kants Philosophie zu popularisieren versuchte (u. a. *Versuch über das Vergnügen*, 2 Tle., 1794). 1798 erschienen seine *Vorlesungen über die metaphysischen Anfangsgründe der Naturwissenschaft*, 1799 sein *Versuch einer Geschmackslehre* (Nachdruck 1970). B.s *Selbstbiographie* (1804) schildert seinen Bruch mit der jüdischen Tradition.

WEITERE WERKE: Vorlesungen über die Critik der reinen Vernunft. Wien 1795. Neuauflage Berlin 1802. – Vorlesungen über die Critik der Urtheilskraft. Leipzig/Wien 1796. Nachdruck Brüssel 1974. – Vorlesungen über die Kritik der praktischen Vernunft. Wien 1796. Nachdruck Brüssel 1974. – Rede über den Zweck der kritischen Philosophie. Wien 1796. – Beiträge zur Kritik des Geschmacks. Wien 1797. Nachdruck Brüssel 1968. – Aufsätze verschiedenen Inhalts. Berlin 1800. – Philotheos oder über den Ursprung unserer Erkenntniss. Berlin 1802 (mit Georg Wilhelm Block). Nachdruck Brüssel 1968. – Versuch einer Rechtslehre. Berlin 1802. Nachdruck Brüssel 1969. – Über die Religion der Ebräer vor Moses. Berlin 1812. – Zur Berechnung und Geschichte des Jüdischen Kalenders, aus den Quellen geschöpft. Berlin 1817.
LITERATUR: L. B. In: Lexikon deutsch-jüdischer Autoren. Redaktionelle Leitung: Renate Heuer. Bd. 2. München u. a. 1993, S. 3-11.

Beneke, Ferdinand, auch Benecke, Jurist, Politiker, * 1. 8. 1774 Bremen, † 1. 3. 1848 Hamburg.
Nach dem Studium stand B. 1793-95 als Referendar der Regierung Minden in preuß. Dienst, wurde zum Dr. jur. promoviert und ließ sich 1796 als Rechtsanwalt in Hamburg nieder. 1813 kämpfte er unter den Führern der Bürgerbewaffnung Hamburgs gegen Napoleon. Er wurde 1816 Oberaltensekretär und Konsulent der Bürgerschaft.

Bengel, Ernst Gottlieb, evang. Theologe, * 3. 11. 1769 Zavelstein bei Calw, † 23. 3. 1826 Tübingen.
Der Enkel von Johann Albrecht B. wurde nach dem Theologiestudium 1792 Bibliothekar am Tübinger Seminar. Er begab sich auf Reisen, hielt sich 1796/97 in Göttingen auf und war seit 1800 Diakon in Marbach. 1806 wurde er a. o. Prof., 1810 o. Prof. der Kirchen- und Dogmengeschichte an der Univ. Tübingen. Seit 1820 Prälat, zählte B. zu den einflußreichsten Tübinger Theologen seiner Zeit und als Schüler von Gottlob Christian Storr zu den Anhängern der „älteren Tübinger Schule". Er versuchte, mit der Philosophie → Kants den rationalistischen Supranaturalismus zu vertiefen (*Reden über Religion und Offenbarung*, 1831). Theologischen Neuansätzen wie demjenigen → Schleiermachers gegenüber blieb B. ablehnend.

Benkowitz, Karl Friedrich, Schriftsteller, Publizist, * 1764 Uelzen, † 19. 3. 1807 Glogau.
B., Sohn eines Küsters, studierte Theologie, veröffentlichte 1788 erste literarische Werke und arbeitete als Redakteur. 1796 zog er nach Breslau und gab mit dem Leiter der dortigen Kunstschule Carl Daniel Friedrich Bach die Kunstzeitschrift „Der Torso" (1796/97) heraus. 1801 reiste er aus gesundheitlichen Gründen für zwei Jahre nach Italien, wo er hauptsächlich in Sorrent und Neapel lebte (*Reise von Glogau nach Sorrent*, 3 Bde., 1803/04). 1804 erhielt B. eine Anstellung als kgl. preuß. Kammersekretär in Glogau. Er starb unter ungeklärten Umständen

nach einem Sturz aus seiner Wohnung. B. gehörte der politisch-literarischen Opposition Preußens und der „Franzosenfreunde" um Friedrich von → Cölln an (*Hat Preußen in dem Kriege am Ende des Jahres 1805 weise gehandelt?*, 1806).

Bennigsen, Rudolph Christian von, Ökonom, Jurist, * 21. 4. 1712 Leipnitz (Sachsen), † 3. 2. 1783 Merseburg.
B. lebte nach dem Studium in Leipzig auf dem väterlichen Gut. 1741 kaufte er das Gut Crannichau, verlor es im Siebenjährigen Krieg; er trat in königlich polnische und kurfürstlich sächsische Dienste am Hofgericht in Wittenberg. B. beschäftigte sich neben der Landwirtschaft mit Rechtswissenschaft, Geschichte und Wirtschaftsfragen. Er wurde einer der ersten Mitarbeiter der 1750 gegründeten „Oeconomischen Nachrichten" und nachfolgenden „Oeconomisch-physikalischen Abhandlungen". Frh. von Hohenthal beauftragte ihn 1763 mit der Einrichtung des „Intelligenzcomtoir" (Nachrichtenbüro) in Leipzig. Er wurde noch im selben Jahr zum Appellationsrat von Dresden ernannt und war seit 1783 Stiftskanzler in Merseburg. Neben ökonomisch-juristischen Arbeiten veröffentlichte B. *Biblische Zeitrechnung des Alten und Neuen Testaments* (1778).

Bensen, (Carl) Daniel (Heinrich), Jurist, * 28. 10. 1761 Einbeck, † 28. 3. 1805 Würzburg.
B. studierte seit 1778 Theologie und Kameralwissenschaften, später Rechtswissenschaften in Göttingen (Promotion 1794), wurde 1795 Magister und hielt danach Vorlesungen über Kriminal-, Polizei- und Kameralrecht. 1797-1804 lehrte er als o. Prof. der Philosophie und Kameralwissenschaften und a. o. Prof. der Rechte in Erlangen, anschließend als o. Prof. der Kameralwissenschaften an der Univ. Würzburg. Auf der von → Hardenberg reformierten preuß. Verwaltung aufbauend, erarbeitete B. ein System des Staats- und Verwaltungsrechts, bemühte sich um die Bildung des Beamtennachwuchses und beschäftigte sich mit staats- und rechtsphilosophischen Fragen. B. publizierte u. a. *Materialien zur Polizey-, Kameral- und Finanzpraxis [...]* (3 Bde., 1800-03).

Benzel-Sternau, Anselm Franz Frh. von, auch Bentzel-Sternau, Beamter, * 28. 8. 1738 Mainz, † 7. 3. 1786 (?) Emmerichshofen.
1756 wurde B.-S. zum Hof- und Regierungsrat, 1763 zum Staatsreferendar, 1771 zum Hofvizekanzler, 1773 zum Hofkanzler in Mainz ernannt. Seit 1773 war er Mitglied der Kommission, die mit der Aufhebung des Jesuitenordens im kurmainzischen Gebiet beauftragt war. B.-S. setzte sich im Sinne der Aufklärung für die Loslösung des Schulwesens vom Kirchenregiment ein. Nach dem Tod des Kurfürsten Emmerich Joseph von Breidbach 1774 wurde er entlassen. 1782 von Kurfürst Friedrich Karl als Kurator der Universitäten Mainz und Erfurt eingesetzt, tat sich B.-S. vor allem in Mainz bei der Neugestaltung des Lehrplans hervor.

Benzenberg, Johann Friedrich, Naturforscher, Publizist, * 5. 5. 1777 Schöller bei Elberfeld, † 7. 6. 1846 Bilk bei Düsseldorf.
B. studierte Theologie, später Naturwissenschaften bei Johann Christoph Lichtenberg (Promotion 1800). 1805 wurde er Lehrer der Naturwissenschaften am Lyzeum in Düsseldorf und Leiter der Landesvermessung des Herzogtums Berg, organisierte das Katasterwesen neu und regte Fortbildungsmaßnahmen der Mitarbeiter an. Zunächst ein Bewunderer Napoleons, zog B. 1810 aus Opposition gegen ihn in die Schweiz. Er gab 1817/18 den „Deutschen Beobachter" in Hamburg heraus und schrieb verfassungspolitische und volkswirtschaftliche Beiträge, u. a. für den „Rheinischen Merkur". B. galt als einer der ersten rheinischen Liberalen und vertrat gemäßigt-konstitutionelle Ansichten. 1844 gründete er ein privates Observatorium in Bilk. Neben politischen Schriften (u. a. *Wünsche und Hoffnungen eines Rheinländers*, 1815) veröffentlichte B. geodätische und astronomische Arbeiten, darunter das *Vollständige Handbuch der angewandten Geometrie [...]* (1813).

Benzler, Johann Lorenz, Publizist, * 19. 2. 1747 Lemgo, † 3. 4. 1817 Wernigerode.
Nach dem Studium der Rechtswissenschaften in Leipzig wurde B. Sekretär eines Buchhändlers in Lemgo. Als Redakteur des „Lippischen Intelligenzblattes" (1773-83) versuchte er volksaufklärerisch zu wirken. Er war seit 1780 Stolbergischer Rat, von 1783 an Bibliothekar in Wernigerode. B. gab zahlreiche Übersetzungen aus dem Englischen (darunter Werke Laurence Sternes und Jonathan Swifts) und Französischen heraus, sammelte Fabeln (*Fabeln für Kinder aus den besten Dichtern*, 2 Hefte, 1770) und schrieb u. a. *Der Mann von Gefühl* (1802).

Berens, Johann Christoph, Politiker, * 7. 10. 1729 Riga, † 19. 11. 1792 Riga.
Aus einer Rigaer Patrizierfamilie stammend, studierte B. in Königsberg und Göttingen; er hielt sich eine Zeitlang am Hof Ludwigs XV. von Frankreich auf und wurde nach seiner Rückkehr nach Riga 1766 Ratsherr und Präsident des Handelsgerichts. Zeitweilig vertrat er Riga am Hof in St. Petersburg. Der Bruch mit den historischen Landesrechten durch die neue Statthalterschaftsverfassung bewegte B. dazu, sich zurückzuziehen. In seinem Haus verkehrten u. a. → Kant, → Hamann, → Herder und Johann Friedrich → Hartknoch.

Berg, Franz, kath. Theologe, Philosoph, * 31. 1. 1753 Frickenhausen, † 6. 4. 1821 Würzburg.
Nach dem Besuch des Klerikalseminars in Würzburg empfing B. 1777 die Priesterweihe und war als Kaplan der dortigen Dompfarrei tätig. 1785 wurde er a. o., 1789 o. Prof. der Patrologie, 1811 Prof. der Universalgeschichte an der Juristischen Fakultät. B. war ein Anhänger der radikalen Aufklärung, stand dem System → Kants kritisch gegenüber und war ein Gegner der Identitätsphilosophie Schellings. Er veröffentlichte u. a. *Sextus, oder über die absolute Erkenntnis von Schelling. Ein Gespräch* (1804) und *Epikritik der Philosophie* (1805).

LITERATUR: Johann Baptist Schwab: B. In: ADB 2, 1875, S. 361-363. – Johann Baptist Schwab: F. B.: geistlicher Rath und Professor der Kirchengeschichte an der Universität Würzburg. Ein Beitrag zur Charakteristik des katholischen Deutschlands zunächst des Fürstbisthums Würzburg im Zeitalter der Aufklärung. Würzburg 1869, ²1872.

Berger, Johann Erich von, Philosoph, Astronom, * 1.9.1772 Faaborg (Insel Fünen, Dänemark), † 22.2.1833 Kiel.
Nach Abschluß des Jurastudiums in Kopenhagen kam B., Sohn eines Militärs, 1791 nach Hamburg; später studierte er Geschichte, Staatswissenschaften, Naturwissenschaften, Mathematik und Philosophie an den Universitäten Göttingen, Kiel und Jena, wo er Mitbegründer der literarischen „Gesellschaft der freien Männer" war. In Kiel wurde er mit Henrik Steffens bekannt. 1800 kehrte B. nach Kopenhagen zurück, wurde Referendar der Rentenkammer, ließ sich jedoch bald auf seinem Gut Seekamp bei Kiel nieder, um sich privaten Studien zu widmen. 1814 zum o. Prof. der Astronomie an der Univ. Kiel berufen, wurde er 1815 in der Philosophischen Fakultät promoviert und 1826 zum o. Prof. der Philosophie ernannt, der er sich nach dem Tod Karl Leonhard →Reinhold ausschließlich widmete. 1821 und 1832 war B. Rektor der Universität. Er veröffentlichte u. a. *Philosophische Darstellung der Harmonien des Weltalls* (Teil 1, 1808). In seinem philosophischen Hauptwerk *Allgemeine Grundzüge zur Wissenschaft* (4 Bde., 1817-27) entwickelte er nach dem Vorbild Hegels ein System der gesamten Wissenschaften. Friedrich Adolf Trendelenburg zählt zu B.s Schülern.
WEITERE WERKE: Die Angelegenheiten des Tages. Schleswig 1795. Altona ²1796. – Über den scheinbaren Streit der Vernunft wider sich selbst, besonders in Religionssachen. Altona 1818.
LITERATUR: Henning Ratjen: J. E. v. B.'s Leben. Altona 1835. – Ders.: B. In: ADB 2, 1875, S. 376-377. – Johannes Gehring: Die Religionsphilosophie J. E. v. B.s. Leipzig 1897. – Otto Schumacher: Die Ethik J. E. v. B.s. Hamburg 1929. – Charlotte Schönbeck: B. J. E. v. In: Schleswig-Holsteinisches Biographisches Lexikon. Hrsg. v. Olaf Klose und Eva Rudolph. Bd. 2. Neumünster 1971, S. 52-54.

Bergk, Johann Adam, Privatgelehrter, Publizist, Buchhändler, * 1769 (1773?) Hainichen bei Zeitz, † 27.10.1834 Leipzig.
Über B.s Herkunft, Jugend und Ausbildung ist nichts bekannt. Seit Ende des 18. Jh. trat er, Doktor der Philosophie und der Rechte, als äußerst fruchtbarer, erfolgreicher Schriftsteller und Übersetzer in Leipzig auf. Er veröffentlichte zahlreiche Schriften zur Popularphilosophie, zur Kantischen Philosophie, zur Psychologie und zur Religionsphilosophie. B. war außerdem als Übersetzer zahlreicher Reisebeschreibungen tätig. Oftmals publizierte er anonym oder unter Pseudonym. Überdies galt er als Fachmann für Buchhandel und Verlagswesen. Neben seinen jüngst wieder aufgelegten Schriften *Die Kunst, Bücher zu lesen* (1799, rep. 1971) und *Die Kunst, zu denken* (1802, rep. 1973) ragen die Weiterführungen der Kantischen Philosophie heraus. Seine politiktheoretisch radikale demokratische Kantkritik führte zur Konzeption einer demokratischen Republik, einer repräsentativen Demokratie. B. wirkte nicht nur als Autor, sondern vielfach als Herausgeber und Redakteur ganz unterschiedlicher Zeitschriften, von denen „Der europäische Aufseher" (1805/06 und 1814-23) die langlebigste war. Als freier Schriftsteller verstand B. zwangsläufig auch etwas vom Buchhandel (*Der Buchhändler*, 1825) und vom Verlagswesen. Die letzten Monate seines Lebens war B. nebenberuflich Redakteur des „Börsenblatts für den deutschen Buchhandel".
WEITERE WERKE: Untersuchungen aus dem Natur-, Staats- und Völkerrecht. Leipzig 1796. Reprint Leipzig 1975. – Briefe über Immanuel Kants „Metaphysische Anfangsgründe der Rechtslehre", enthaltend Erläuterungen, Prüfungen und Entwürfe. Leipzig 1797. – Reflexionen über Immanuel Kants „Metaphysische Anfangsgründe der Tugendlehre". Leipzig 1798. – Die Theorie der Gesetzgebung. Leipzig 1802. – Philosophie des peinlichen Rechts. Meißen 1802. – Psychologische Lebensverlängerungskunde. Leipzig 1804. – Thierseelenkunde. Leipzig 1805. – Über das Geschworenengericht. Leipzig 1827. – Abhandlungen aus dem philosophischen peinlichen Rechte über Geschworenengerichte. Leipzig 1828. – Was hat der Staat und was hat die Kirche für einen Zweck? Leipzig 1827. – Die wahre Religion. Leipzig 1828. – Vertheidigung der Rechte der Weiber. Leipzig 1829.
LITERATUR: Jörn Garber: Jakobinischer Kantianismus (J. A. B.). In: Ders. (Hrsg.): Revolutionäre Vernunft. Texte zur jakobinischen und liberalen Revolutionsrezeption in Deutschland 1789-1810. Kronberg/Taunus 1974, S. 202 ff. – Ders.: Liberaler und Demokratischer Republikanismus. Kants Metaphysik der Sitten und ihre radikaldemokratische Kritik durch J. A. B. In: Ders.: Spätabsolutismus und bürgerliche Gesellschaft. Studien zur deutschen Staats- und Gesellschaftstheorie im Übergang zur Moderne. Frankfurt/Main 1992, S. 243-281. – Vanda Fiorillo: Die politische Revolution als moralische Pflicht im jakobinischen Kantianismus von J. A. B. In: Der Stand 41 (2002) S. 100-128.
Hans Erich Bödeker

Bering, Johannes, Philosoph, * 17.12.1748, † 3.6.1825 Marburg.
Nach dem Studium in Marburg war B. Hauslehrer, dann Repetent der Stipendiaten, akademischer Lehrer der Philosophie und seit 1779 o. Prof. der Philosophie an der Univ. Marburg. 1789 wurde er zum Universitätsbibliothekar und 1815 zum Hofrat ernannt. A. beschäftigte sich vor allem mit der Philosophie →Kants und veröffentlichte u. a. *Philosophischer Beweis für das Dasein Gottes* (1780) und *De regressu successivo* (1785).

Berlepsch, Friedrich Ludwig von, Jurist, Politiker, * 4.10.1749 Stade, † 22.12.1818 Erfurt.
B. studierte Rechtswissenschaften in Göttingen und war seit 1769 im hannoverschen Staatsdienst. Seit

1788 Hofrichter, Land- und Schatzrat, forderte er 1794 als selbsternannter Sprecher der Stände vom Kurfürsten eine Neutralitätserklärung für Hannover, woraufhin er entlassen wurde. B. war Verfasser einer Geschichte der hannoverschen Landstände und veröffentlichte eine *Pragmatische Geschichte des landschaftlichen Finanz- und Steuerwesens der Fürstentümer Calenberg und Göttingen* (1799).

Bernoulli, Daniel, schweizer. Mediziner, Mathematiker, Physiker, * 8.2.1700 Groningen, † 17.3.1782 Basel.
B. wurde als zweiter Sohn von Johann → B., damals Prof. in Groningen, geboren. Er kam 1705 in die Schweiz, als der Vater den Mathematiklehrstuhl seines verstorbenen Bruders Jacob → B. in Basel übernahm. Während seiner anfänglichen Studien von 1713 bis 1716 in Basel wurde B. von seinem Vater und seinem älteren Bruder Nicolaus B. in Mathematik unterrichtet. Seit 1716 studierte B. Medizin, zunächst in Basel, 1718 in Heidelberg und 1719 in Straßburg. 1720 kehrte er nach Basel zurück, wo er 1721 mit einer Arbeit über die Atmung zum Dr. med. promoviert wurde. Nach vergeblichen Bewerbungen um einen Lehrstuhl in Basel ging B. 1723 nach Venedig, um sich bei dem dortigen Stadtarzt P. A. Michelotti weiterzubilden. Durch Arbeiten über das Pharao-Spiel, den Wasserausfluß aus Behältern, die Riccatische Differentialgleichung sowie den Inhalt krummlinig begrenzter Figuren (1724 als *Exercitationes mathematicae* publiziert) wurde er als Mathematiker und Naturwissenschaftler bekannt. Für eine Arbeit über den Gleichlauf von Wasser- und Sanduhren gewann B. 1725 den ersten seiner insgesamt zehn Preise der Pariser Akademie. Zusammen mit seinem Bruder Nicolaus wurde er 1725 an die Akademie der Wissenschaften in St. Petersburg berufen. Dort entstanden eine erste Fassung seiner Hydrodynamik, ebenso zahlreiche Arbeiten z. B. über das Kräfteparallelogramm, über Wahrscheinlichkeitsrechnung, über Schwingungsprobleme, zur Akustik, zur Dynamik starrer Körper, zu Reibungsproblemen, zur Neigung der Planetenbahnen usw. 1732 wurde B. der Lehrstuhl der Anatomie und Botanik in Basel übertragen. Nachdem er 1743 die Botanik mit der Physiologie vertauscht hatte, konnte er endlich 1750 auf den Lehrstuhl für Physik wechseln. Von den in seinen Vorlesungen ausgesprochenen Thesen ist insbesondere eine erste Formulierung des später nach Coulomb benannten Gesetzes der elektrischen Anziehung zu nennen.
Bei seinen Bemühungen um die Verfeinerung von Meßinstrumenten bediente sich B. selbstentwickelter Methoden der mathematischen Fehlerabschätzung. 1738 erschien in Straßburg B.s Hauptwerk, die *Hydrodynamica*. Bei seiner Herleitung des Boyleschen Gasgesetzes erklärte B. hier erstmals makroskopische Eigenschaften eines Gases durch die mikroskopischen Bewegungen seiner Moleküle und initiierte damit die kinetische Gastheorie. Der ebenfalls hier formulierte Bernoullische Energiesatz für stationäre Strömungen ist heute allgemeine Grundlage für Hydrodynamik und Aerodynamik. B.s zu ihrer Zeit umstrittene Darstellung der Lösung der Wellengleichung für die schwingende Saite durch eine Summe unendlich vieler trigonometrischer Funktionen führte zum mathematischen Instrumentarium der heutigen Quantenmechanik. Von den medizinischen Arbeiten B.s seien seine Abschätzung der physikalischen Leistung des menschlichen Herzens, Untersuchungen zum Sehnerv, zur Bevölkerungsstatistik und eine erste Anwendung von Pockenschutzimpfungen mit Risikoabschätzung genannt. Seine Forschungsresultate gewann B. durch die erfolgreiche Verknüpfung der Grundgedanken der Newtonschen Physik mit den Methoden der Leibnizschen Infinitesimalrechnung und durch die sorgfältige experimentelle Überprüfung seiner auf diese Weise formulierten Hypothesen.

WEITERE WERKE: Die Werke von D. B. (8 Bde., bisher erschienen Bd. 1-3, 5 und 7). Basel 1982 ff.
LITERATUR: Daniel II Bernoulli: Vita Danielis B. Basel 1783. – J. A. N. Condorcet: Eloge de M. Bernoulli. Paris 1785. – Rudolf Wolf: Biographien zur Kulturgeschichte der Schweiz. Bd. 3, Zürich 1860, S. 151-202. – Dictionary of Scientific Biography. Hrsg. v. Charles C. Gillispie. Bd. 2, New York 1970, S. 36-46. – Johann C. Poggendorff: Biographisch-literarisches Handwörterbuch für Mathematik, Astronomie, Physik, Chemie und verwandte Wissenschaftsgebiete. Bd. 7a (Suppl.), Berlin 1971, S. 73-75. – D. B. zum 300. Geburtstag. Basel 2000.
Fritz Nagel

Bernoulli, Jacob, schweizer. Mathematiker, Physiker, * 6.1.1655 Basel, † 16.8.1705 Basel.
Der Sproß einer 1622 in Basel eingebürgerten Kaufmannsfamilie aus Antwerpen studierte Theologie in Basel. Gegen den Willen des Vaters bildete er sich autodidaktisch in Mathematik aus. Hauslehrertätigkeiten führten ihn 1676-80 nach Genf und Frankreich. Auf Reisen 1681/82 nach Holland, England und Deutschland wurde B. mit der cartesianischen Naturwissenschaft und mit der zeitgenössischen Mathematik von J. Wallis und I. Barrow bekannt. Seine erste wissenschaftliche Publikation (1681) handelt von den Kometen, die er als periodisch wiederkehrende Himmelskörper unseres Planetensystems verstand. Seit 1683 hielt B. in Basel Privatvorlesungen über Experimentalphysik, in deren Anschluß er Arbeiten z. B. zur Kompressibilität der Luft und zum Schwingungsmittelpunkt publizierte. Den Basler Lehrstuhl für Mathematik hatte B. von 1687 bis 1705 inne. Von 1689 an erschienen fünf Dissertationen über unendliche Reihen, in denen B. ein Mittel zur Integration beliebiger Funktionen und zur Quadratur und Rektifikation von Kurven sah. In diesen Arbeiten, in denen die vollständige Induktion erstmals systematisch zu einem allgemeinen Beweisverfahren ausgebaut wurde, finden sich z. B. die sog. Bernoullischen Zahlen und die Bernoullische Ungleichung. B.s wissenschaftliche Pionierleistung ist seine selbständige Einarbeitung in die von → Leibniz vor 1675 erfundene Infinitesimalrechnung.
Seit 1684 konnten sich B. und sein Bruder Johann → B. als erste Mathematiker außerhalb des direkten

Freundeskreises von Leibniz dieses neuen Calculus mit Meisterschaft bedienen. Von 1690 an erschienen B.s differentialgeometrische Arbeiten. 1691 benutzte B. als erster im Druck das in Basel geprägte und von Leibniz übernommene Wort „Integral". In der Auseinandersetzung mit seinem Bruder Johann um das Brachystochronenproblem legte B. seit 1692 den Grund zur Variationsrechnung. B.s Einsicht, daß die Extremaleigenschaft einer gesuchten Kurve auch für jedes ihrer infinitesimalen Teilstücke erhalten bleibt, greift dabei tiefer als die eleganten Spezialverfahren seines Bruders. B. hat seine wissenschaftlichen Entdeckungen seit 1677 in einem Tagebuch, den sogenannten „Meditationes", festgehalten. Es enthält neben theologischen, elementargeometrischen, physikalischen und infinitesimalmathematischen Überlegungen auch die Vorarbeiten zur Grundlegung der neuen Wissenschaft der Wahrscheinlichkeitsrechnung. Das geplante Werk *Ars conjectandi* konnte B. nicht vollenden; es erschien postum 1713 in Basel. B.s bedeutendster Beitrag zur Physik sind seine Untersuchungen zur Bestimmung der Form eines belasteten Balkens (Elastica). B. begründete damit die Elastizitätstheorie und legte so zugleich den Grund für die Lösung unzähliger technologischer Probleme der Neuzeit. Der gegen Ende seines Lebens kränkelnde B. hatte nur wenige Schüler.

WEITERE WERKE: Opera omnia. Lausanne/Genf 1744. – Die Werke von J. B. (6 Bde., bisher erschienen Bd. 1-5) Basel 1969 ff. – Die Streitschriften von Johann und Jacob B. Basel 1991. – Der Briefwechsel von J. B. Basel 1993.

LITERATUR: Johann Jakob Battier: Vita Jacobi Bernoulli. Basel 1705. – Jacob Hermann: Vita et obitus Jacobi Bernoulli. Leipzig 1706. – Bernard de Fontenelle: Eloge de M. Bernoulli. Paris 1708. – Rudolf Wolf: Biographien zur Kulturgeschichte der Schweiz. Bd. 2, Zürich 1859, S. 133-166. – Dictionary of Scientific Biography. Bd. 2, New York 1970, S. 46-51. – Johann C. Poggendorff: Biographisch-literarisches Handwörterbuch für Mathematik, Astronomie, Physik, Chemie und verwandte Wissenschaftsgebiete. Bd. 7a (Suppl.), Berlin 1971, S. 75-77.

Fritz Nagel

Bernoulli, Johann, schweizer. Mathematiker, Physiker, * 6. 8. 1667 Basel, † 1. 1. 1748 Basel.
vom Vater zunächst zum Handelsmann bestimmt, studierte in Basel Medizin, wurde aber gleichzeitig von seinem älteren Bruder Jacob → B. in die Mathematik eingeführt. Die gemeinsam erarbeiteten Kenntnisse der Leibnizschen Infinitesimalrechnung verschafften B. 1691/92 die Hochachtung des Pariser Zirkels um Malebranche. G.-F. de l'Hôpital veröffentlichte 1696 auf der Grundlage der von B. erteilten Privatvorlesungen und nach Erwerb des Erstverwertungsrechts von B.s mathematischen Entdeckungen das erste Lehrbuch der Differentialrechnung, die *Analyse des infiniment petits*. 1695 wurde B. auf Empfehlung von Huygens auf den Mathematiklehrstuhl in Groningen berufen, wo er erstmals über „Integralrechnung" las.

Nachdem es ihm gelungen war, die Linie schnellsten Falls eines Körpers im Schwerefeld durch eine geschickte Analogie aus der Optik als Zykloide zu identifizieren, schrieb er dieses „Brachystochronenproblem" öffentlich zum Wettbewerb aus. Als außer ihm nur → Leibniz, Newton, L'Hôpital und sein Bruder Jacob B. die Lösung fanden, war B. eine europäische Berühmtheit. Er wurde Mitglied zahlreicher Akademien. 1705 übernahm er den Basler Lehrstuhl seines verstorbenen Bruders Jacob B., den er bis zu seinem Tod innehatte.
Zu B.s herausragenden mathematischen Leistungen gehören die Entwicklung einer allgemeinen Theorie der Integration rationaler Funktionen, neuer Lösungsmethoden für Differentialgleichungen, die erste Interpretation von Differentialgleichungen als Richtungsfelder, Beiträge zur Differentiation von Exponentialfunktionen, zur Theorie der Orthogonal- und Isogonaltrajektorien, zu Hüllkurven, Evoluten, Epizykloiden, zu optischen Brennlinien u. ä. In erbittertem Wettstreit mit seinem Bruder Jacob B. war B. an der Entwicklung des neuen Wissenschaftszweiges der Variationsrechnung beteiligt. In seinen Basler Jahren wandte er sich immer mehr der Untersuchung mechanischer und astronomischer Probleme zu. Eine erste analytische Fassung des Prinzips der virtuellen Geschwindigkeiten findet sich 1715 in seinem Briefwechsel mit P. Varignon. B. kritisierte scharf Newtons Behandlung der Pendelbewegung und des Wurfs im widerstrebenden Medium, bestimmte die ballistische Kurve eines Geschosses unter Berücksichtigung der Reibung und das Schwingungszentrum starrer Körper. Die Newtonsche Gravitation wurde von B. als „qualitas occulta" abgelehnt. In der Kontroverse um die „vis viva" nahm B. Stellung gegen Descartes und für die Leibnizsche Dynamik, ohne daß es ihm gelang, diese im Zusammenhang mit seiner Untersuchung der Stoßgesetze (1727) der Pariser Akademie schmackhaft zu machen. In seinem einzigen Buch (*Théorie de la manœuvre des vaisseaux*) zeigte er bereits 1714 die negativen Folgen der cartesianischen Verwechslung von Kraft und kinetischer Energie auf. Im Prioritätsstreit zwischen Newton und Leibniz ergriff B. entschieden die Partei des letzteren. Durch seine Lehrtätigkeit, durch seine Publikationen und durch seinen Briefwechsel trug B. entscheidend zur Verbreitung des Leibnizschen Calculus in Europa bei.

WEITERE WERKE: Opera omnia. Lausanne/Genf 1742. – Commercium philosophicum et mathematicum. Lausanne/Genf 1745. – Autobiographie. In: Gedenkbuch. Basel 1922, S. 81-109. – Die Streitschriften von Johann und Jacob Bernoulli. Basel 1991. – Der Briefwechsel von J. B. (bisher erschienen Bd. 1-3), Basel 1955 ff.

LITERATUR: Bernard de Fontenelle: Eloge de M. Bernoulli. Paris 1752. – Rudolf Wolf: Biographien zur Kulturgeschichte der Schweiz. Bd. 2, Zürich 1859, S. 71-104. – Dictionary of Scientific Biography. Hrsg. v. Charles C. Gillispie. Bd. 2, New York 1970, S. 51-55. – Johann C. Poggendorff: Biographisch-literarisches Handwörterbuch für Mathematik, Astronomie, Physik, Chemie und verwandte Wissenschaftsgebiete. Bd. 7a (Suppl.), Berlin 1971, S. 77-79. *Fritz Nagel*

Bernoulli, Johann, schweizer. Astronom, Jurist, * 4. 11. 1744 Basel, † 13. 7. 1807 Köpenick (heute zu Berlin).
Seit 1763 Lizentiat der Rechte, wurde B. von seinem Vater Johann →B. und seinem Onkel Daniel →B. in Mathematik unterrichtet. Nach der Promotion wurde er 1764 an die Berliner Akademie berufen und war seit 1767 Direktor des dortigen Oberservatoriums. Die Ergebnisse aus seinen zahlreichen Reisen durch Europa hielt B. in einigen geographischen Schriften fest. Auf mathematischen Gebiet beschäftigte er sich vor allem mit der rechnenden Astronomie, war Redakteur des „Magazins für reine und angewandte Mathematik", übersetzte Leonhard →Eulers *Algebra* ins Französische und gab in sieben Bänden Schriften aus Johann Heinrich →Lamberts Nachlaß heraus. Seit 1792 war er Direktor der mathematischen Klasse an der Berliner Akademie der Wissenschaften.

Beroldingen, Joseph (Anton Siegmund) Frh. von, Domherr, * 9. 9. 1738 St. Gallen, † 22. 1. 1816 Hildesheim.
B. war seit 1758 Domherr in Speyer und seit 1771 zugleich in Hildesheim. In Speyer war er außerdem politisch als Hofkammerpräsident und Oppositionsführer gegen Fürstbischof August von Limburg-Styrum tätig. Später wurde er Dechant, 1790 Propst des Reichsstiftes Odenheim in Bruchsal. B. war Kunstsammler und ein Förderer von Literatur und Wissenschaft. Er stand in Verbindung u. a. mit Johann Caspar →Lavater, Johann Heinrich →Merck, Sophie von →La Roche und mit →Goethe und unterstützte Eulogius →Schneider. Um 1800 trat B. in Kontakt mit Klemens Maria Hofbauer und dessen Kreis in Wien, ein Sinneswandel, der vermutlich auf den Eindruck der Französischen Revolution zurückging. Nach der Säkularisation zog B. nach Hildesheim.

Bertuch, Friedrich Justin, eigentl. Friedrich Johann Justinus B., Verleger, Schriftsteller, * 30. 9. 1747 Weimar, † 3. 4. 1822 Weimar.
B. studierte Theologie und Jura in Jena und war 1769-73 Hauslehrer bei Ludwig Heinrich Bachoff von Echt. 1775 kehrte er nach Weimar zurück, wurde dort Kabinettssekretär sowie Verwalter der herzoglichen Privatschatulle und später Legationsrat (bis 1796). 1782-86 war er Teilhaber und Mitredakteur von Christoph Martin →Wielands „Teutschem Merkur", gründete 1785 die „Allgemeine Literaturzeitung" (später „Neue Jenasche Allgemeine Literaturzeitung") und gab seit 1786 das „Journal des Luxus und der Moden" heraus. Von 1814 an verlegte B. auch politische Zeitschriften wie z. B. „Nemesis" (1814-18) oder das „Oppositionsblatt" (1817-20). B. verfaßte Dramen (u. a. *Polyxena*, 1775) und übersetzte vor allem spanische Literatur (u. a. *Leben und Thaten des weisen Junkers Don Quijote von la Mancha*, 6 Tle., 1775-77). Er war seit 1776 Mitglied der Weimarer Loge Amalia.

LITERATUR: *F. J. B.* (1747-1822). Verleger, Schriftsteller und Unternehmer im klassischen Weimar. Hrsg. v. Gerhard R. Kaiser und Siegfried Seifert. Tübingen 2000. – Walter Steiner/Uta Kühn-Stillmark: *F. J. B. Ein Leben im klassischen Weimar zwischen Kultur und Kommerz.* Köln u. a. 2001.

Beseke, Johann Melchior Gottlieb, Philosoph, Jurist, Naturwissenschaftler, * 26. 9. 1746 Burg bei Magdeburg, † 19. 10. 1802 Mitau.
B. studierte seit 1766 an der Univ. Frankfurt/Oder zunächst Theologie, später Philosophie und Rechtswissenschaften. 1771 ging er nach Halle, wo er 1772 zum Dr. jur. promovierte und philosophische und juristische Vorlesungen hielt. 1774 folgte er einem Ruf an das akademische Gymnasium in Mitau, wo er erster Prorektor wurde. B. verfaßte juristische Arbeiten, die sich auf Naturrecht, Erb- und Strafrecht beziehen, vor allem jedoch philosophische (u. a. *Über die Quellen der Moralität und Verbindlichkeit als die ersten Gründe der Moralphilosophie und des Naturrechts*, 1774; *Buch der Weisheit und Tugend*, 1788; *Versuch einer praktischen Logik, oder einer Anweisung den gesunden Verstand recht zu gebrauchen*, 1786) und naturwissenschaftliche Schriften (u. a. *Versuch einer Geschichte der Hypothesen über die Erzeugung der Thiere*, 1797). Sein *Entwurf eines Systems der transzendentalen Chymie* erschien 1787.
WEITERE WERKE: Entwurf eines Lehrbuchs der natürlichen Pflichten. Mitau 1777, ²1794. – Über das moralische Gefühl. Dessau 1782. – Probe eines kritischen Commentars über Kants Kritik der reinen Vernunft. Mitau 1789. Riga 1792.

Besser, Johann Heinrich, Buchhändler, * 1. 11. 1775 Quedlinburg, † 3. 12. 1826 Hamburg.
Nach abgeschlossener Buchhändlerlehre bei C. E. Bohn in Hamburg übernahm B. zunächst die Bohnsche Filiale in Kiel. 1797 bildete er sich an der Univ. Göttingen fort und trat dann in Hamburg in das von Friedrich →Perthes 1796 gegründete Sortiment ein. Anfangs sehr erfolgreich, erlitt das Geschäft kurzfristig durch den hamburgischen Aufstand 1813, an dem auch B. und Perthes beteiligt waren, Rückschläge. Später leitete B. das Sortiment allein, bis er es seinem Schwiegersohn Wilhelm Mauke übergab.

Beutler, Johann Heinrich Christoph, Pädagoge, Theologe, * 10. 10. 1759 Suhl, † 11. 8. 1833 Zella-Mehlis.
Noch vor B.s Geburt starb sein Vater Johann Heinrich, in Zella-Mehlis Adjunkt des Superintendenten. B. sollte 1801 dieses Amt selbst übernehmen. Seine Mutter Johanna Elisabeth Grötsch war Tochter des Suhler Superintendenten. Dort wächst B. auf. Seit 1777 besuchte er die Univ. Jena, studierte bei Johann Gottfried →Eichhorn Arabisch und Syrisch und beendete in Leipzig, wo er Französisch- und Englisch-Unterricht nahm, sein Theologiestudium. Nach Anfängen im Predigtamt wurde B. 1784 Mitarbeiter an Christian Gotthilf →Salzmanns philanthropischem Erziehungsinstitut in Schnepfenthal. Hier lehrte er Naturgeschichte, Technologie und Ökonomie. 1788 zurück in Suhl, wurde er 1791 Rektor

der dortigen Schule, 1796 Diakon in Gräfentonna, 1801 schließlich Adjunkt. B.s Schriften gehören häufig zum Schnepfenthaler pädagogischen Verlag, u. a. *Heilmann, oder Unterricht, wie der Mensch erzogen werden und leben muß, um gesund zu seyn, und ein hohes Alter zu erreichen* (1800), den B. – ihm wird schwächliche Konstitution nachgesagt – in Nachfolge Bernhard Christoph Fausts *Gesundheits-Katechismus* herausgegeben hat. B.s wesentliche Arbeit ist die mit Johann Christoph Friedrich → Guts-Muths, ebenfalls Lehrer in Schnepfenthal, verfaßte *Allgemeine Sachregister über die wichtigsten deutschen Zeit- und Wochenschriften* (1790), das neben einem Sachindex zu den „Ephemeriden der Menschheit", dem „Deutschen Museum", Schlözers „Staatsanzeigen" und Briefwechsel, dem „Göttingischen Magazin der Wissenschaften", dem „Deutschen Merkur", dem „Hannoverschen Magazin" und der „Berliner Monatsschrift" ein kommentiertes Zeitschriften- sowie ein Mitarbeiterverzeichnis enthält und im emphatischen Lob der Journale als öffentliches Forum zur Zirkulation von Wissen, für wissenschaftlichen Fortschritt und zum Schutz vor politischer Willkür den Stellenwert der Zeitschriften für die Aufklärungsöffentlichkeit markant umreißt.

WEITERE WERKE UND LITERATUR: DBA I, 96, 366-372. *Martin Gierl*

Beyme, Karl Friedrich von, Staatsmann, * 10. 7. 1765 Königsberg (Neumark), † 10. 12. 1838 Steglitz (heute zu Berlin).
B. studierte Rechtswissenschaften in Halle und wurde 1784 Referendar, 1788 Assessor, 1791 Kammergerichtsrat am Kammergericht Berlin. Seit 1798 war er Geheimer Kabinettsrat. Als Vertrauter des Königs Friedrich Wilhelm III. konnte er u. a. die Bauernbefreiung auf den staatlichen Domänen durchsetzen. Seit 1808 Justizminister mit dem Titel Großkanzler, wurde B. 1810 durch Karl August von → Hardenberg entlassen. Während der Befreiungskriege war B. Zivilgouverneur von Pommern. 1816, im Jahr seiner Nobilitierung, wurde er in die Immediatkommission für die Rheinprovinzen berufen. 1817 übernahm er die Leitung des Ministeriums für die Gesetzesrevision in Preußen und gehörte dem Staatsrat an. 1819 trat B. zusammen mit Wilhelm von → Humboldt und Hermann von Boyen aus Protest gegen die Karlsbader Beschlüsse von seinen Ämtern zurück.

Bielfeld, Jakob Friedrich Frh. von, auch Bielefeld, Schriftsteller, * 31. 3. 1716 Hamburg, † 5. 4. 1770 Gut Treben/Altenburger Land.
B. hatte 1732-35 in Leiden Rechts- und Staatswissenschaften studiert und war Freimaurer geworden. 1738 lernte er den Kronprinzen → Friedrich von Preußen bei dessen Freimaurerweihe in Braunschweig kennen und folgte ihm im gleichen Jahr nach Rheinsberg. Nach der Thronbesteigung Friedrichs II. 1740 wurde B. Legationssekretär in Hannover und London, kam 1741 als Legationsrat nach Berlin und wurde dort 1744 Erzieher des Prinzen August Ferdinand, 1747 Kurator der preuß. Universitäten und 1753 zusätzlich Leiter der kgl. Schauspiele. B. war hochverschuldet, als er 1755 wegen unzulänglicher Erfüllung seiner Ämter aus preuß. Diensten entlassen wurde. Er zog sich als Schriftsteller auf seine Güter zurück und veröffentlichte u. a. Memoiren in Briefform (*Lettres familières*, 2 Bde., 1763), die erstmals Nachrichten vom preuß. Hof und der kgl. Familie kolportierten und später zahlreiche Neuauflagen erlebten; 1767-69 gab er die Wochenschrift „Der Eremit" heraus.

Bierling, Friedrich Wilhelm, evang. Theologe, * 22. 3. 1676 Magdeburg, † 25. 7. 1728 Rinteln.
Als Magister der Philosophie schloß B. seine Studien in Leipzig ab, hielt dort seit 1694 hebräische und lateinische Vorlesungen und wurde 1700 in Rinteln Prof. der Philosophie, 1706 auch der Beredsamkeit und der Geschichte. Er wurde 1712 Pfarrer und 1714 Superintendent der Grafschaft Schaumburg, 1716 folgte seine Ernennung zum o. Prof. der Theologie in Rinteln, 1720 die Promotion zum Dr. theol. in Helmstedt. Wie sein Sohn Konrad Friedrich Ernst → B. trug B. wesentlich zur damaligen Blüte der Univ. Rinteln bei. Neben Predigten veröffentlichte B. u. a. *Dissertatio theologiae de origine mali [...]* (1716).

Bierling, Konrad Friedrich Ernst, evang. Theologe, * 15. 9. 1709 Rinteln, † 14. 2. 1755.
Nach dem Tod seines Vaters Friedrich Wilhelm → B. erteilte die Univ. Rinteln B. 1729 die Erlaubnis, Vorlesungen zu halten und ernannte ihn zwei Jahre später zum o. Prof. der Logik und Metaphysik. B. war 1734 und 1738 Dekan der Philosophischen Fakultät und erhielt 1749 zusätzlich das theologische Ordinariat. 1751 wurde er zum Dr. theol. promoviert. B. veröffentlichte u. a. *Dissertatio de veritatum omnium principio* (1736).

Biester, Johann Erich, Publizist, Bibliothekar, * 17. 11. 1749 Lübeck, † 20. 2. 1816 Berlin.
B. studierte 1767-71 Literatur-, Rechts- und Geschichtswissenschaften in Göttingen und erhielt 1773 eine Stelle am Pädagogium in Bützow. Auf Empfehlung Friedrich → Nicolais, an dessen „Allgemeiner Deutscher Bibliothek" B. mitarbeitete, kam er 1777 als Privatsekretär zu Minister Karl Abraham von → Zedlitz nach Berlin. B. war seit 1784 Bibliothekar der kgl. Bibliothek in Berlin und wurde 1798 Mitglied der Akademie der Wissenschaften. Als Herausgeber und Mitbegründer (1783) der „Berlinischen Monatsschrift" sowie als Sekretär der im selben Jahr gegründeten „Gesellschaft von Freunden der Aufklärung", der sogenannten „Mittwochsgesellschaft", gehörte er den führenden Kreisen der deutschen Spätaufklärung an. B. schrieb u. a. einen *Abriß des Lebens und der Regierungsgeschichte der Kaiserin Katharina II. von Rußland* (1797) und war als Herausgeber sowie als Übersetzer (u. a. der *Nachgelassenen Werke Friedrichs II.*) tätig.

Bilfinger, Georg Bernhard, auch Bülfinger, Philosoph, Staatsmann, * 23. 1. 1693 Cannstatt, † 18. 2. 1750 Stuttgart.
B., Sohn eines Spezial-Superintendenten, studierte zunächst Theologie in Tübingen, interessierte sich auch für Mathematik und Physik und entdeckte

im Selbststudium →Leibniz und →Wolff. Nach kurzer Vikariatszeit in Bebenhausen wurde B. Schloßprediger in Tübingen, 1715 Repetent am Stift, ging dann jedoch zu Wolff nach Halle. 1719 als unbesoldeter a. o. Prof. nach Tübingen zurückgekehrt, mußte er seine Stelle wegen des Widerstandes der Kollegen und der Geistlichkeit 1723 mit einer Professur am Collegium illustre vertauschen. Er wurde wegen seiner Vorlesungen über die Leibniz-Wolffsche Philosophie, die er in Tübingen einführte, heftig angegriffen. Die Veröffentlichung seines Hauptwerks *Dilucidationes philosophicae de Deo, anima humana, mundo et generalibus rerum affectionibus* (1725, ^{3}1746) zog ein im ganzen negatives Gutachten der Philosophischen Fakultät über die Wolffsche Philosophie nach sich. 1725 folgte B. einem Ruf an die Akademie der Wissenschaften in St. Petersburg, wo er vor allem an naturwissenschaftlichen Forschungen arbeitete. 1729 wurde er als Prof. der Theologie und zweiter Superattendent des Stifts durch Herzog Eberhard Ludwig zurückberufen, war seit 1734 Geheimer Rat und seit 1739 Präsident des Konsistoriums in Stuttgart. Das von ihm verfaßte Edikt von 1743 begründete die Integration der Pietisten in die Landeskirche. Nach dem Tod Herzog Karl Alexanders von Württemberg wurde B. Mitglied der vormundschaftlichen Regierung, als deren Mittelpunkt er galt. Zu seinen wichtigen Arbeiten zählen u. a. *Specimen doctrinae veterum sinarum moralis et politicae; tamquam exemplum philosophiae gentium* (1724) und *Praecepta logica* (^{2}1742).

WEITERE WERKE: De harmonia animi et corporis maxime praestabilita ex mente illustris Leibnitii, commentatio hypothetica. Tübingen 1721. Frankfurt/Leipzig 1723, ^{2}1735. Tübingen 1741. – De axiomatis philosophicis articulos generales. Jena 1722 (mit Jacob Friedrich Müller). – De triplici rerum cognitione, historica, philosophica et mathematica, articulos. Jena 1722 (mit Ernst Friedrich Beerlin). Neuausgabe Tübingen 1768. – De origine et permissione mali, praecipue moralis, commentatio philosophico. Frankfurt/Leipzig 1724. Tübingen 1743.

LITERATUR: Richard Wahl: Prof. B.s Monadologie und prästabilierte Harmonie in ihren Verhältnis zu Leibniz und Wolff. In: Zeitschrift für Philosophie und philosophische Kritik 85 (1885) S. 66-92 und 202-231. – P. Kapff: G. B. B. als Philosoph. In: Württembergische Vierteljahrshefte für Landesgeschichte N. F. 14 (1905) S. 279-288. – Eugen Schmid: Geheimrat G. B. B. (1693-1750). In: Zeitschrift für Württembergische Landesgeschichte 3 (1939) S. 370-422. – Heinz Liebing: Zwischen Orthodoxie und Aufklärung. Das philosophische und theologische Denken G. B. B.s. Tübingen 1961. – Ulrich Gottfried Leinsle: Reformversuche protestantischer Metaphysik im Zeitalter des Rationalismus. Augsburg 1988, S. 289-300.

Bischoff, Johann Heinrich Christian, Schulmann, * 19. 8. 1786 Goslar, † 17. 2. 1846 Schöningen bei Helmstedt.
Nach dem Studium der evang. Theologie in Helmstedt arbeitete B. als Privat- und Schullehrer in Braunschweig, bis er 1812 eine Stelle als Inspektor am Lehrerseminar in Wolfenbüttel erhielt. Durch eine Studienreise zum Dresdener Lehrerseminar angeregt, führte B. eine Reform der ihm unterstehenden Anstalt durch. Bis 1817 entstand ein neues Seminar mit einer Volksschule. In den folgenden Jahren befaßte er sich mit der Gründung einer höheren Töchterschule, die 1821 eröffnet wurde. Er organisierte die Bürgerschule neu und ergänzte sie durch eine Realschule. 1831 folgte B. einem Ruf als Oberprediger und Seminardirektor nach Schöningen, wo er ebenfalls das Schulwesen verbesserte. Für seine Verdienste wurde ihm der Titel eines Superintendenten verliehen.

Bischoffwerder, Hans Rudolf von, Militär, Staatsmann, * 13. 11. 1741 Ostramondra (Thüringen), † 31. 10. 1803 Marquardt bei Potsdam.
Nach juristischen Studien in Halle nahm B. in preuß. Diensten am Siebenjährigen Krieg teil. 1764 wurde er Kammerherr des vormaligen Herzogs Karl von Kurland. Wegen seiner mystischen Neigung wurde er zunächst Freimaurer und später Mitglied des Rosenkreuzerordens. Seit 1778 wieder beim Militär, lernte er den Thronfolger Friedrich Wilhelm II. kennen und veranlaßte ihn, den Rosenkreuzern beizutreten. Während dessen Regierungszeit war er einer seiner engsten Berater und eigentlicher Leiter der preuß. Außenpolitik. Er setzte sich erfolglos für eine Verständigung mit Österreich gegen das revolutionäre Frankreich ein. Innenpolitisch wandte er sich gegen die Aufklärung, indem er zusammen mit Johann Christoph von →Wöllner das Religionsedikt von 1788 initiierte. Beim Regierungsantritt Friedrich Wilhelms III. 1797 wurde B., der zum General aufgestiegen war, entlassen.

Bispink, Franz Heinrich, Ordensname Benevenutus, Philosoph, * 29. 8. 1749 Dülmen, † 5. 6. 1820 Halle.
Der Franziskaner B. widmete sich in verschiedenen Klöstern dem philosophischen und theologischen Studium und wurde 1773 in Münster zum Priester geweiht. 1778/79 war er Lektor der Philosophie im Rietberger Kloster und wurde 1782 an das Kloster zu Hardenberg verwiesen, trat dort aus dem Orden aus und reiste nach Schwelm. Seit 1784 hielt sich B. in Hagen und später in Halle auf, wo er den Zölibat aufgab und eine Protestantin heiratete. Als Laie arbeitete er zunächst als Buchhändler, dann als Magister und wurde schließlich Prof. der Philosophie an der Univ. Halle. B. verfaßte philosophische (*Fragmenta psychologico-moralia*, 1784) sowie historisch-politische Schriften und fertigte Übersetzungen an (*Das Weib und der Mönch. Aus dem Französischen des Herrn M.*, 1789).

Biwald, Leopold (Gottlieb), Jesuit, Physiker, * 26. 2. 1731 Wien, † 8. 9. 1805 Graz.
B. trat mit 16 Jahren in die Gesellschaft Jesu ein. Nach naturwissenschaftlichen, theologischen und philosophischen Studien wurde er zunächst Gymnasiallehrer der Rhetorik in Laibach, seit 1761 Prof. der Logik, später der Physik in Graz. Dort verfaßte er

ein Lehrbuch der Physik (1766) und verteidigte die umstrittenen Theorien Carl von Linnés. Im Auftrag Kaiser → Josephs II. hielt er naturgeschichtliche Vorlesungen am Priesterseminar in Wien. Neben physikalischen Schriften veröffentlichte B. Beiträge zur Naturgeschichte und -philosophie sowie zur Astronomie.

Blankenburg, Christian Friedrich von, auch Blanckenburg, Schriftsteller, * 24. 1. 1744 Moitzlin bei Kolberg, † 4. 5. 1796 Leipzig.
Der dem pommerschen Uradel entstammende B. diente seit 1759 als Offizier in der preuß. Kavallerie, gab seine militärische Laufbahn 1776 zugunsten seiner literarischen Tätigkeit auf und ließ sich 1778 in Leipzig nieder. B. war befreundet mit Friedrich → Nicolai sowie mit Christian Felix → Weiße und Mitarbeiter an dessen *Neuer Bibliothek der schönen Wissenschaften und freyen Künste*. Einen Namen machte er sich vor allem durch seine Schriften zur Literaturtheorie und Ästhetik. Mit seinem *Versuch über den Roman* (1774) schuf B. eine Neubewertung dieser bis dahin in Deutschland wenig geachteten modernen Gattung innerhalb der Poetik. In seiner Rezension des *Werther* (1775) nahm er → Goethe vor den Kritikern in Schutz, die in diesem Roman eine Anleitung zum Selbstmord sahen, indem er auf der Trennung des Poetischen vom Moralischen bestand. 1792-94 gab B. *Literarische Zusätze zu J. G. Sulzers allgemeiner Theorie der schönen Wissenschaften* (3 Bde.) heraus.

Blau, Felix Anton, kath. Theologe, Politiker, Bibliothekar, * 15. 2. 1754 Walldürn, † 23. 12. 1798 Mainz.
Nach dem Studium der Theologie in Mainz ging B. 1779 als Kaplan nach Aschaffenburg, wurde 1782 zum Prof. der Philosophie und 1784 der Dogmatik an die Univ. Mainz berufen und war später auch Subregens des Priesterseminars. Als aufgeklärter Theologe verfaßte er 1789 zusammen mit Anton → Dorsch *Beyträge zur Verbesserung des äußern Gottesdienstes in der Catholischen Kirche*. Nach dem Einmarsch der Franzosen in Mainz (1792) gehörte B. dem dortigen Jakobinerklub an. Nach der Eroberung von Mainz durch die Preußen im Juli 1793 wurde B. schwer mißhandelt und auf der Festung Königstein gefangengesetzt. Nach dem Frieden von Basel (1795) entlassen, wurde B. 1798 Kriminalrichter des Departements Donnersberg (Rheinpfalz) und Bibliothekar der Mainzer Universität. Er starb an den Folgen der in preuß. Haft erlittenen Folter.

Blessig, Johann Lorenz, evang. Theologe, * 13. 4. 1747 Straßburg, † 17. 2. 1816 Straßburg.
Der Sohn eines Fischers studierte in Straßburg Philosophie, Theologie und klassische Literatur; 1772-75 unternahm er eine ausgedehnte Studienreise durch ganz Mitteleuropa. Danach versah er an verschiedenen Straßburger Kirchen das Predigeramt und wurde a. o. Prof. der Theologie, 1786 o. Prof. der Philosophie. Zunächst Anhänger der Französischen Revolution, wurde B. nach einer Predigt über die Schrecken der Revolutionskriege verhaftet und verbrachte elf Monate im Gefängnis. 1793 freigelassen, betrieb er in Straßburg die Gründung der Kirche Augsburgischer Konfession (1802) und der Protestantischen Akademie. Als Theologe hing B. einem rationalen Supranaturalismus mit Tendenzen zur Mystik an.

Block, Albrecht, Landwirt, * 5. 3. 1774 Sagan, † 21. 11. 1847 Carolath (Schlesien).
B. begann seine berufliche Laufbahn als Wirtschaftsschreiber und wurde 1793 Verwalter, später Amtmann auf den schlesischen Gütern. 1800 pachtete und 1806 kaufte er sich eigene Güter bei Haynau und Schierau. Nach dem Vorbild Albrecht → Thaers gründete er eine kleine private landwirtschaftliche Akademie, in der Methoden der rationellen Landwirtschaft vermittelt wurden. B. verbesserte u. a. die Fütterung in der Schafzucht sowie die Bodendüngung (*Resultate der Versuche über Erzeugung und Gewinnung des Düngers*, 1822) und führte den sogenannten Roggenwert als Maßstab zur Messung von Ackererträgen ein. 1835 wurde er zum Direktor des kgl. Kreditinstituts berufen. 1837 organisierte er die erste Versammlung deutscher Landwirte.

Blumauer, Alois, Pseud. Auer, auch Aloys Obermayer, österr. Buchhändler, Schriftsteller, * 21. /22. 12. 1755 Steyr, † 16. 3. 1798 Wien.
B. trat 1772 in den Jesuitenorden ein, begann aber nach dessen Auflösung 1773 ein Studium an der Philosophischen Fakultät in Wien; dort lernte er u. a. Joseph von → Sonnenfels kennen. B., der seit 1780 in der Hofbibliothek tätig war, gab 1781-94 zusammen mit Joseph Franz → Ratschky den „Wiener Musenalmanach" heraus und redigierte 1782-84 die aufklärerische „Realzeitung". 1782 erhielt er eine Stelle als k. k. Bücherzensor und übernahm 1786 die Buchhandlung Rudolph Gräffers. Der in der folgenden Zeit vor allem als Lyriker tätige B. wurde 1787 auf Reisen nach Weimar und Berlin u. a. von Christoph Martin → Wieland und Friedrich Justin → Bertuch empfangen. Seit 1791 arbeitete er als Antiquar und gab regelmäßig Bücherverzeichnisse heraus. Sein Hauptwerk *Virgils Aeneis travestiert* (3 Bde., 1784-88) enthält eine Apologie der josephinischen Kirchenreformen.
LITERATUR: Edith Rosenstrauch-Königsberg: Freimaurerei im josephinischen Wien. A. B.s Weg vom Jesuiten zum Jakobiner. Wien 1975.

Blumenbach, (Johann) Friedrich, Vergleichender Anatom, Anthropologe, * 11. 5. 1752 Gotha, † 22. 1. 1840 Göttingen.
B.s Vater war Prof. und Prorektor am Gymnasium Ernestinum in Gotha; die Mutter Charlotte Eleonore Hedwig Buddeus entstammte einer Familie von hohen Verwaltungsbeamten und Theologen. B. schloß seine Gymnasialzeit 1769 ab, begann das Studium der Medizin in Jena, wechselte aber bald nach Göttingen, wo er 1775 den Doktorgrad mit einer Arbeit erwarb, die seinen weltweiten Ruhm begründete: *De generis humani varietate nativa* (1776). B. führte die Vorlesungen Christian Wilhelm → Büttners, der eine Naturgeschichte vortrug, die vom Menschen

ausgeht, später mit großem Lehrerfolg fort. Büttner regte B. zu seiner Dissertation an und zur Anlage anthropologisch-ethnologischer Sammlungen. 1776 wurde B. Kurator dieser Sammlungen und a. o., 1778 o. Professor. 1776 wurde er Mitglied der Societät der Wissenschaften zu Göttingen, für deren physikalisch-mathematische Klasse er seit 1812 ständiger Sekretär war. Seit 1825 gehörte B. der Deutschen Akademie der Naturforscher Leopoldina an.

B. gilt als Begründer einer physischen Anthropologie, die sich auf anatomische und physiologische Merkmale stützt, aber auch auf ethnologisch-kulturelle Zusammenhänge verweist. Seine vergleichende Anatomie gründet auf Bau und Leistung der tierischen Organe und Gewebe (*Handbuch der Naturgeschichte*, 1779/80, ^{12}1830; *Handbuch der vergleichenden Anatomie*, 1804, ^{3}1824).

B.s Lehrgebäude entwickelte sich in Wechselwirkungen zwischen seinen Sammlungen und ausgewerteten Reiseberichten – z. B. die von Joseph Banks und Reinhold →Forster über die Cookschen Entdeckungsreisen sowie die Ergebnisse Alexander von →Humboldts in Zentralamerika – einerseits, einem naturphilosophisch geleiteten systematischen Denken und Ordnen andererseits. Zwar stand er den Systematiken des Pflanzen- und Tierreichs Carl von Linnés skeptisch gegenüber, aber er bereicherte sie durch neue Meßgrößen. An der Idee der Möglichkeit, für die Naturerscheinungen ein natürliches Ordnungsschema zu finden, hielt er fest, baute dieses vor allem methodisch aus. Er wertete Literaturberichte und vor allem Reise- und Forschungsberichte aus. Wertvolle Fundstücke der Cookschen Expedition und aus dem Nachlaß Reinhold Forsters erwarb er für die ethnographische Sammlung. Berühmt war vor allem B.s Schädelsammlung. Der Beschreibung der beobachtbaren Natur fügte B. deren Entstehungs- und Entwicklungsgeschichte hinzu. Er entschied einen Streit des 18. Jh. zur Embryonalentwicklung zugunsten der von Caspar Friedrich Wolff vertretenen Lehre, daß sich die Gewebe und Organe aus ungeformter Keimmasse nach einem in ihr liegenden Plan entwickeln (Epigenese).

Für die gestalterische Kraft der Embryonalentwicklung prägte B. den Begriff „nisus formativus" (Bildungstrieb), etwa der „causa formalis" der Artisteliker entsprechend. Als Beleg dienten u. a. Regenerationsfähigkeiten verstümmelter Glieder, zweckmäßige Selbsthilfeorganisation von Organismen wie Bildung von Umgehungskreisläufen bei Aderverstopfung oder Heilung von Knochenbrüchen. B. wird deswegen zu den auch naturphilosophisch argumentierenden Vitalisten gerechnet. Jedoch unterschied B. scharf die mechanistischen von den lebendigen, zielstrebigen Kräften. Die Entdeckung von Kräften wie Magnetismus, Gravitation und Elektrizität in der unbelebten Natur förderte die Suche nach solchen in der lebenden. Die von Haller entdeckten Eigenschaften der Erregbarkeit (Irritabilität) der Muskeln und der Reizbarkeit der Nerven (Sensibilität) hatten großen Einfluß auf Lebens- und Krankheitskonzepte.

Immanuel →Kant würdigte in der *Kritik der Urteilskraft* (§ 81, 1790) die Leistung B.s und unterschied eine mechanische Bildungskraft von einem zweckgerichteten Bildungstrieb. B. selbst definierte diesen als einen Trieb, „der sich von aller bloss mechanisch wirkenden Kraft dadurch auszeichnet, dass er nach der endlos mannigfach verschiedenen Bestimmung der organisierten Körper und ihrer Theile, die vielartig organisierbaren Zeugungsstoffe auf eben so mannigfaltig, aber zweckmässig modifizierte Weise in bestimmten Gestalten zu formiren vermag und so – durch die Verbindung des Mechanischen mit dem zweckmässig Modifizierbaren in diesem Triebe – zuerst bei der Empfängnis die allmählige Ausbildung, dann aber auch die lebenswierige Erhaltung dieser organischen Bildungen durch die Ernährung, und selbst wenn dieselbe durch Zerfall gelitten haben sollte soviel wie möglich die Wiederersetzung derselben durch die Reproduktion bewirkt wird." Teleologisch gesehen hat der Bildungstrieb bei B., in Übereinstimmung mit Kant, die Bedeutung einer regulativen Idee.

B.s Lehre von der Entfaltung der Menschheit in der Vielheit von Rassen und Varietäten ist Ergebnis einer entwicklungsgeschichtlichen Sichtweise. Dazu hatten ihn Kants Schriften *Von den verschiedenen Rassen der Menschen und Bestimmung des Begriffs einer Menschenrasse* angeregt. Kant hatte vier Rassen unterschieden, die sich aus einer Urrasse durch Umwelt- und Ernährungseinflüsse herausgebildet haben sollten: Hochblonde (nördliches Europa) von feuchter Kälte; Kupferrote (Amerika) von trockener Kälte; Schwarze (Senegambia) von feuchter Hitze; Olivengelbe (Indianer) von trockener Hitze. B. ging auch von einer Stammrasse aus. Die von ihm benutzten Merkmale wie Schädelgestalt, Zähne, Konstitution führten ihn zu fünf Rassen: Kaukasisch, Mongolisch, Äthiopisch, Amerikanisch, Malaiisch. Wie Kant wies B. auf die Gleichwertigkeit der Rassen hin. Gegenüber den Annahmen von einer kontinuierlichen Stufenfolge der Entwicklung der Menschheit hob B. die Zwischenformen und Varietäten unter dem Einfluß von Klima, Nahrung und Umwelt hervor. Gegenüber der Schöpfungsgeschichte der Natur begründete B. eine Entwicklungsgeschichte der Natur, in der Arten von Pflanzen und Tieren verschwinden und unter veränderten Lebensbedingungen neu entstehen konnten.

WEITERE WERKE: Beyträge zur Naturgeschichte. 2 Bde., Göttingen 1806-11.
LITERATUR: Hans Plischke: J. F. B.s Einfluß auf die Entdeckungsreisen seiner Zeit. In: Abhandlungen der königlichen Gesellschaft der Wissenschaften zu Göttingen. Phil. Hist. Klasse 3rd ser. no 20. Göttingen 1937. – Götz von Selle: Die Georg-August-Universität zu Göttingen 1737-1937. Göttingen 1937. – Walter Baron/Bernhard Sticker: Ansätze zur historischen Denkweise in der Naturforschung an der Wende vom 18. zum 19. Jahrhundert. I. Die Anschauungen J. F. B.s über die Geschichtlichkeit der Natur. In: Sudhoffs Archiv 47 (1963) S. 19-26.

Fritz Hartmann

Bob, Franz Joseph, Jurist, Beamter, * 31.10.1733 Dauchingen, † 19.02.1802 Freiburg.
Die rechts- und geisteswissenschaftlichen Studien schloß B. 1760 in Wien ab. Er wurde dort 1762 Stadtgerichtsbeisitzer, 1767 Prof. der Rhetorik, 1775 der Polizei- und Kameralwissenschaft in Freiburg, war mehrmals Dekan der Philosophischen Fakultät sowie seit 1776 Rektor der Hochschule. Daneben übernahm er das Direktorat des akademischen Gymnasiums Freiburg und wurde 1886 mit der Oberaufsicht über das gesamte Schulwesen in den österr. Vorlanden betraut. Neben Gelegenheitsschriften und lyrischen Versuchen publizierte B. u.a. eine *Anleitung zur deutschen Rechtschreibung* (1768).

Bock, Friedrich Samuel, evang. Theologe, Publizist, * 20.5.1716 Königsberg, † 30.9.1786 Königsberg.
B. studierte in Königsberg und Halle, wo er 1743 Magister wurde. 1748-53 war er Feldprediger bei einem Dragonerregiment. Seit 1753 Konsistorialrat, wurde er im folgenden Jahr zum Dr. theol. promoviert und o. Prof. der Theologie und der griechischen Sprache an der Univ. Königsberg. Daneben betreute B. bis zu seiner Entlassung 1778 als Oberbibliothekar die Kgl. Bibliothek. Er gab einige der ersten moralischen Wochenschriften Ostpreußens heraus (u.a. „Der Einsiedler", 1740/41; „Deutscher Äsop", 1742/43) und veröffentlichte pädagogische, theologische und historische Schriften (u.a. *Versuch einer wirtschaftlichen Naturgeschichte von Ost- und Westpreußen*, 5 Bde., 1782-85).

Bode, Johann (Joachim Christoph), eigentl. Johann Conrad Urban B., Übersetzer, Verleger, * 12.1.1730 Braunschweig, † 13.12.1793 Weimar.
Aus einfachen Verhältnissen stammend, kam B. 1745 zu einem Musiker in die Lehre und war bis 1756 Oboist in den Regimentskapellen von Braunschweig und Celle. Durch Vermittlung Johann Christoph Stockhausens, bei dem er erste Kenntnisse der englischen Sprache erworben hatte, kam B. 1757 nach Hamburg, hatte bald als Musik- und Sprachenlehrer ein gutes Einkommen und sicherte Stand und Vermögen durch bürgerliche Heiraten. Seit 1766 Druckereibesitzer, später auch Verleger, publizierte er neben eigenen Übersetzungen u.a. →Lessings *Hamburgische Dramaturgie* (1768/69). B. gilt durch seine Übertragungen der Werke Laurence Sternes – besonders der *Sentimental Journey* (1768) – als einer der Initiatoren der deutschen „Empfindsamkeit". 1778 ging er als Geschäftsführer der Witwe des dänischen Ministers Johann Hartwig Ernst Bernstorff nach Weimar. Seit 1761 Freimaurer, gehörte er später zu den wichtigsten Mitgliedern des Illuminatenordens in Norddeutschland.

Bode, Johann Elert, Astronom, * 19.1.1747 Hamburg, † 23.11.1826 Berlin.
Seit 1766 war B. mit Veröffentlichungen über Astronomie hervorgetreten, als er 1772 von dem Astronomen Johann Heinrich →Lambert zur Berechnung seiner seit dieser Zeit herausgegebenen Ephemeriden nach Berlin geholt wurde. B. gehörte 1773 zu den Mitbegründern der Naturforschenden Freunde, wurde 1777 alleiniger Herausgeber des „Berliner Astronomischen Jahrbuchs", 1786 Mitglied der Berliner Akademie der Wissenschaften; 1787-1825 war er Direktor der Sternwarte. 1797-1801 gab er den ersten größeren Sternatlas mit 17240 Sternen in 20 Blättern heraus. B. machte von Johann Daniel →Titius erkannte Beziehung über die Planetenabstände (Titius-Bodesche Reihe) bekannt und schrieb u.a. eine *Anleitung zur allgemeinen Kenntnis der Erdkugel* (1786).

Bodmer, Johann Jakob, schweizer. Literaturwissenschaftler, Schriftsteller, * 19.7.1698 Greifensee bei Zürich, † 2.1.1783 Zürich.
Von den Eltern zum Theologen bestimmt, versuchte sich B. als Kaufmann, trat 1719 in die Züricher Staatskanzlei ein und lehrte seit 1725 helvetische Geschichte am Carolinum; 1731-75 war er Professor. Seit 1737 gehörte er dem Züricher Großen Rat an. Mit Johann Jacob →Breitinger begründete er die Wochenschrift „Die Discourse der Mahlern" (1721-23), in denen beide ihrem anglophilen Literaturverständnis Ausdruck verliehen; B. übersetzte Miltons *Paradise lost* (1732). Seit 1740 standen beide in dem vielbeachteten Literaturstreit mit Johann Christoph →Gottsched, dessen rationalistischer Position sie ihre Idee einer schöpferischen Nachahmung der Natur entgegensetzten. Mit der Edition mittelalterlicher Literatur (*Proben der alten schwäbischen Poesie*, 1748) gehörte B. zu den Begründern der neueren Germanistik. Er stand in Kontakt mit →Klopstock, →Wieland und →Goethe. Zu seinen eigenen Dichtungen zählt u.a. das Drama *Noah* (1752).

Böckh, Christian Gottfried, evang. Theologe, Schriftsteller, Pädagoge, * 8.4.1732 Näher-Memmingen bei Nördlingen, † 31.1.1792 Nördlingen.
Der einer weitverzweigten Nördlinger Theologenfamilie angehörende B. bezog 1752 die Univ. Jena, war dort Mitglied der Deutschen Gesellschaft und wurde 1755 in Wertheim Hofmeister, 1759 Konrektor und Prediger von Waldenhausen. Seit 1762 Konrektor am Eßlinger Pädagogium, wurde B. 1772 Diakon, später Archidiakon an der Hauptkirche von Nördlingen. Er veröffentlichte Predigten für die Jugend, Jugend- und Kinderbücher, pädagogische Abhandlungen und gab 1774-86 die *Allgemeine Bibliothek für das Schul- und Erziehungswesen* heraus, die sein Sohn Georg Christoph Friedrich B. weiterführte. Daneben befaßte sich B., ein Schwager von Christian Friedrich Daniel →Schubart, mit alter deutscher Dichtung und war Mitbegründer von „Bragur; ein literarisches Magazin der teutschen und nordischen Vorzeit" (1791/92), in dem u.a. das *Narrenschiff* von Sebastian Brant und Gedichte von Hans Sachs erschienen.

Böckler, Johann Heinrich, Jurist, * 8.1.1679 Straßburg, † 14.1.1732 Straßburg.
B., ein Enkel des Historikers Johann Boeckler, bezog 1692 die Univ. Straßburg. 1698 war er Sekretär des französischen Gesandten Ulrich Obrecht bei Verhandlungen über Streitigkeiten zwischen dem Herzog von

Orléans und dem Kurfürsten von der Pfalz in Frankfurt/Main. Nach seiner Rückkehr wurde B. 1701 in Straßburg zum Prof. der Institutionen und des Staatsrechts und zum Kanonikus an St. Thomas berufen. Nach Aufenthalten in Wetzlar und Regensburg trat er 1703 seine Professur an, die er später mit dem Lehrstuhl für Codices und Lehnsrecht vertauschte. 1727 wurde B. Präfekt der Ottianischen Stiftung, 1728 Dechant und 1730 Propst des Stiftes St. Thomas. Er veröffentlichte u. a. eine *Dissertatio iuris publici de acquisito et amisso imperii Romano-Germanici in Livoniam iure* (1710).

Böckmann, Johann Lorenz, Mathematiker, Naturwissenschaftler, * 8. 5. 1741 Lübeck, † 15. 12. 1802 Karlsruhe.
Der Sohn eines Lübecker Buchhändlers studierte in Jena (Promotion 1764), wurde 1764 Prof. der Mathematik und Physik am Gymnasium von Karlsruhe, 1769 Mitglied des Konsistoriums und 1774 Kirchenrat. B. richtete ein Kabinett für physikalische Experimente ein, trug zur allgemeinen Hebung des Unterrichtsniveaus vor allem in den naturwissenschaftlichen Fächern bei und war Wegbereiter der Gründung von Lehrerseminaren und Realschulen in Baden. Daneben beschäftigte er sich mit der physikalischen Beschaffenheit des Landes. 1775 konstruierte B. nach der Beschreibung des in China tätigen Jesuiten Ferdinand Verbiest einen dampfgetriebenen Wagen, dessen Fahrtüchtigkeit Karl Benz hundert Jahre später feststellte. 1778 gründete B. das Badische Meteorologische Institut mit 18 Wetterstationen. B., Mitglied mehrerer Akademien der Wissenschaften, veröffentlichte zahlreiche Untersuchungen, u. a. *Über die Blitzableiter* (1783), ferner über Magnetismus, Elektrizität und Telegraphie.

Böhmer, Georg Rudolph, Botaniker, Mediziner, * 1. 10. 1723 Liegnitz, † 4. 8. 1803 Wittenberg.
Das 1742 in Leipzig begonnene Studium beendete B. mit der Promotion zum Dr. phil. (1749) und zum Dr. med. (1750, *De consensu uteri cum mammis caussa lactis dubia*). 1752 wurde er als Prof. der Anatomie und Botanik an die Univ. Wittenberg berufen, an der er später auch Chemie lehrte. Neben seiner Lehrtätigkeit legte er einen Botanischen Garten an, gründete ein Anatomisches Kabinett und trug eine umfangreiche Sammlung chirurgischer Instrumente zusammen. Seit 1766 auch Kreisphysikus von Wittenberg und von 1792 an Stadtphysikus von Kemberg, wurde ihm später auch der Lehrstuhl für Therapie übertragen. B., der sich als erster deutscher Botaniker mit der Anatomie der Pflanzen beschäftigte, verfaßte neben Untersuchungen über das pflanzliche Zellgewebe, die Beschaffenheit der Samen und die pharmazeutische Botanik ein *Systematisch-literarisches Handbuch der Naturgeschichte, Ökonomie und anderer damit verwandter Wissenschaften und Künste* (9 Bde., 1785-89). B. zu Ehren wurde später eine Gattung der Familie der Urticeen „Böhmeria" benannt.

Böhmer, Georg Wilhelm, Jurist, Politiker, Bibliothekar, * 7. 2. 1761 Göttingen, † 12. 1. 1839 Göttingen.
Der Sohn des Juristen Georg Ludwig B. studierte in Göttingen Theologie und Rechtswissenschaften, hielt seit 1785 Vorlesungen über Kirchenrecht und -geschichte und ging 1788 als Prof. an das Lyzeum von Worms. Seit 1792 in den Diensten des Generals der französischen Besatzungstruppen de Custine, wurde B. Sachwalter bei einem Appellationsgericht, einem Korrektionstribunal und einem Zivil- und Kriminalgericht, Regierungskommissar, Jurydirektor und Präsident. Als Mitbegründer des Mainzer Clubs und Mitglied des Rheinisch-deutschen Nationalkonvents geriet B. nach der Niederschlagung der Mainzer Revolution in preuß. Gefangenschaft und wurde auf der Festung Ehrenbreitstein und dem Petersberg bei Erfurt interniert. Nach seiner Freilassung amtierte er bis 1813 im Königreich Westfalen als Friedensrichter und Generalpolizeikommissär, wurde 1816 von der Univ. Göttingen mit der Erarbeitung des Realkatalogs der juristischen Bibliothek betraut und erhielt eine Privatdozentur für Rechtswissenschaften.

Böhmer, Johann Samuel Friedrich von, Jurist, * 19. 10. 1704 Halle/Saale, † 20. 5. 1772 Frankfurt/Oder.
B. begann 1720 an der Univ. Halle ein Studium bei seinem Vater Justus Henning → B., wurde 1726 zum o. Prof. und 1744 zum Ordinarius des Spruchkollegiums ernannt und wechselte 1750 als erster Prof. der Jurisprudenz und Rektor an die Univ. Frankfurt/Oder. Als einer der bedeutendsten Strafrechtslehrer des 18. Jh. und Verfasser der *Elementa jurisprudentiae criminalis* (1733) und der *Observationes selectae ad B. Carpzovii Practicam Novam Rerum Criminalium* (1759) leitete B. eine Systematisierung und Neuordnung des Strafrechts ein. Die aufklärerische Forderung nach allgemeiner Strafmilderung lehnte er vor allem bei schwerem Raub, Kindestötung und Brandstiftung zwar ab, forderte aber in der Lehre von Vorsatz, Teilnahme und Notwehr eine Berücksichtigung individueller Sachverhalte bei der Verhängung von Strafen. 1770 erschienen die auf dem „usus fori" basierenden *Meditationes in Constitutionem Criminalem Carolinam*. Im selben Jahr wurde B. geadelt.

Böhmer, Justus Henning, Jurist, Liederdichter, * 29. 1. 1674 Hannover, † 23. 8. 1749 Halle/Saale.
Nach dem Studium der Rechtswissenschaften und der Philosophie in Jena ließ sich B. 1695 als Advokat in Hannover nieder. Als Hofmeister junger Adliger setzte er das Studium in Rinteln und Halle fort und wurde dort bei Samuel Stryk zum Lizentiaten beider Rechte promoviert. Seit 1701 war B. a. o., von 1711 an o. Prof. an der Univ. Halle. 1715 wurde er Hofrat und Hofpfalzgraf, 1719 Geheimer Rat, 1731 Rektor der Univ., 1743 Regierungskanzler des Herzogtums Magdeburg und Ordinarius der Juristischen Fakultät. Als bedeutender Kirchenrechtler und Verfechter des Territorialsystems beeinflußte B. das evang. Kirchenrecht. Mit der Fortsetzung von Stryks auf dem „usus modernus pandectarum" basierenden Werk trug er

wesentlich zur Entwicklung des allgemeinen Rechts in Deutschland bei. Zu B.s Kirchenliedern zählt das Osterlied *O auferstandner Siegesfürst*.

Bönicke, Johann Michael, auch Bönike, kath. Theologe, * 10. 1. 1734 Würzburg, † zwischen 24. und 31. 5. 1811 Salzburg.
B., ein Bruder des Juristen und Historikers Christian B., war zunächst Landpfarrer in der Gegend von Würzburg. Seit 1773 Konsistorialrat im Dienst des Salzburger Erzbischofs Hieronymus → Colloredo, war B. besonders um die Beseitigung kirchlicher Mißstände und die Verbesserung des Unterrichtswesens bemüht. Einen Namen im kath. Deutschland machte er sich als Verfasser eines 1782 erschienenen, 52 Artikel umfassenden Hirtenbriefs über das Wesentliche und Unwesentliche in Religion und Gottesdienst. B. war an der Abfassung der Emser Punktation beteiligt, die, 1786 in Schloß Brühl von den Erzbischöfen von Trier, Mainz und Köln unterzeichnet, Kaiser → Joseph II. überreicht wurde und eine Bestreitung der päpstlichen Jurisdiktion im Reich enthielt. 1804/05 war B. Salzburger geistlicher Administrationsrat und zuletzt wirklicher Rat des Konsistoriums, Kanzler und Kanonikus zu Maria Schnee in Salzburg.

Böttcher, Ernst Christoph, Kaufmann, Philanthrop, * 18. 6. 1697 Groß Lafferde bei Hildesheim, † 9. 1. 1766 Hannover.
B. absolvierte 1716-22 in Braunschweig eine kaufmännische Lehre und arbeitete dann bis 1729 in einer Seidenhandlung in Hannover. 1732 gründete er eine eigene Seidenhandlung; später vertrieb er auch Leinen- und Baumwollstoffe. B., ein Förderer des hannoverschen Bildungswesens, stiftete ein Schullehrerseminar mit einer Volksschule, das 1751 eröffnet wurde.

Böttiger, Karl August, Publizist, Archäologe, * 8. 6. 1760 Reichenbach (Sachsen), † 17. 11. 1835 Dresden.
Nach dem Studium der Theologie und Philosophie in Leipzig war B. einige Jahre als Hofmeister tätig, wurde 1790 Gymnasialdirektor in Bautzen und 1791 in Weimar. Dort auch Oberkonsistorialrat für Schulangelegenheiten, übernahm er 1797-1803 die Redaktion des „Teutschen Merkur". Während seiner Weimarer Zeit hatte B. Kontakt mit → Goethe und → Schiller, wurde von diesen jedoch bald gemieden und als „Magister ubique" verspottet. Ähnliche Konflikte hatte B. mit → Kleist, nachdem er 1806 als Studiendirektor des Pageninstituts nach Dresden gezogen war. 1814-21 war er dort Direktor der Ritterakademie und Oberaufseher der Antikenmuseen. In Dresden setzte er die in Weimar begonnenen archäologischen Studien fort, hielt Vorlesungen und veröffentlichte u. a. *Ideen zur Archäologie der Malerei* (1811).

Bohn, Johann Carl, Verlagsbuchhändler, * 1712 Breslau, † 26. 12. 1773 Hamburg.
B. wurde durch seine Heirat Mitinhaber der Hamburger Firma Th. Chr. Felginer & Bohn, die aus der Buchhandlung des Christian Liebezeit hervorging, dessen Witwe Theodor Christian Felginer geheiratet hatte. Seit 1743 betrieb B. das Unternehmen unter dem Namen „J. C. Bohn"; er wurde durch die Herausgabe des Gesamtwerks Friedrich von → Hagedorns und einiger Arbeiten Friedrich Gottlieb → Klopstocks bekannt.

Boie, Heinrich Christian, Publizist, * 19. 7. 1744 Meldorf (Holstein), † 25. 2. 1806 Meldorf.
B. studierte seit 1764 Theologie und Rechtswissenschaften in Jena und Göttingen, gab 1770 mit Friedrich Wilhelm Gotter den ersten „Göttinger Musenalmanach" und bis 1775 fünf weitere Jahrgänge allein heraus. Er war führendes Mitglied im Göttinger Hain. 1776 gründete er gemeinsam mit Christian Conrad Wilhelm → Dohm die Zeitschrift „Deutsches Museum"; die Jahrgänge 1778-88 gab er allein heraus (1789-91 als „Neues Deutsches Museum"). B. war seit 1775 Sekretär bei der hannoverschen Armee und wurde 1781 Landvogt von Süderdithmarschen (seit 1790 als dänischer Etatsrat). B. war vor allem als Mittler und Förderer für die zeitgenössische Literatur wichtig; er schrieb Gedichte und zahlreiche Briefe.

Bollmann, Justus Erich, Mediziner, * 10. 3. 1769 Hoya/Weser, † 10. 12. 1821 Kingston (Jamaika).
B. studierte an der Univ. Göttingen Medizin, wurde 1791 promoviert (*De irritabilitate vis nervosae tantum modificatione*) und praktizierte zeitweise in Karlsruhe. Über Straßburg ging er nach Paris, beteiligte sich an der revolutionären Erhebung und zog mit französischen Emigranten nach London. Beim Versuch, den Marquis de Lafayette aus dem Gefängnis von Olmütz zu befreien, wurde B. verhaftet und des Landes verwiesen. Er wanderte 1796 in die USA aus; als amerikanischer Geschäftsträger kam er 1814/15 zum Wiener Kongreß.
LITERATUR: Friedrich Kapp (Hrsg.): J. E. B., ein Lebensbild aus zwei Weltheilen. Berlin 1880.

Bolzano, Bernard, Philosoph, Mathematiker, Theologe, * 5. 10. 1781 Prag, † 18. 12. 1848 Prag.
Die Bedeutung B.s für die Philosophie wurde erst Jahrzehnte nach seinem Tod anerkannt und gewürdigt.
B.s italienischer Vater war Kunsthändler, seine Mutter entstammte einer Prager Kaufmannsfamilie. Von 1791 bis 1796 besuchte er das Gymnasium der Piaristen, studierte seit 1796 Philosophie und Mathematik, von 1800 an auch Theologie an der Karls-Universität Prag. Hier hatte B. durch die Professoren Karl Heinrich Seibt und Johann Marian Mika den ersten Kontakt zur „Böhmischen Aufklärung". 1804 wurde er mit einer mathematischen Arbeit promoviert. Am 7. 4. 1805 ließ er sich zum Priester weihen; kurz darauf erfolgte die Promotion zum Doktor der Philosophie und noch im April 1805 die Ernennung zum provisorischen, 1806 zum ordentlichen Lehrer für Religionswissenschaften. Seine brillanten Vorlesungen und seine Erbauungsreden, die in großer Anzahl von Studenten und von Prager Bürgern besucht wurden, begründeten seinen Ruhm als Wortführer der „Böhmischen Aufklärung": In den Reden entfaltete er seine

Ideen eines rational bestimmten Glaubens, aber auch seine Kritik an herrschenden sozialen Mißständen, verbunden mit Vorschlägen zu konkreten sozialen Reformen. B. wurde am 24.12.1819 aus dem Lehramt entlassen und unter Zensur gestellt. Von Kindheit an an Lungentuberkulose leidend und pflegebedürftig, konzentrierte er sich nun frei von den anstrengenden Verpflichtungen ganz auf seine mathematischen und logischen Studien.

1820 begann er mit der Arbeit an seinem monumentalen Hauptwerk, der *Wissenschaftslehre*. Sie ist, ausgehend von den Wahrheiten an sich, sein Grundlagenwerk der Logik, der Wissenschafts- und der Erkenntnistheorie. Unter der Gunst und Pflege seiner Freundin Anna Hoffmann, entstanden bzw. wurden vollendet: 1827 *Athanasia, oder Gründe für die Unsterblichkeit der Seele*, 1834 das *Lehrbuch der Religionswissenschaft* und endlich 1837 die *Wissenschaftslehre*. Alle diese Werke erschienen wegen der Zensur nur anonym oder im Ausland. 1842 starb unerwartet Anna Hoffmann. Tief erschüttert kehrte B., selbst schwer erkrankt, nach Prag zurück. Die fortschreitende Krankheit verminderte immer mehr seine Arbeitskraft. Er verfaßte noch das mengentheoretische Werk *Paradoxien des Unendlichen*, seine Grundlegung der Mathematik, die *Größenlehre*, und erarbeitete die letzte Fassung seiner Sozialutopie *Vom besten Staate*. Es war ihm nicht mehr vergönnt, diese Werke zu veröffentlichen.

WEITERE WERKE: B. B.-Gesamtausgabe. Hrsg. von Eduard Winter, Jan Berg, Friedrich Kambartel, Jaromír Loužil, Bob van Rootselaar. Stuttgart-Bad Cannstatt 1969 ff.
LITERATUR: Heinrich Fels: B. B. Sein Leben, sein Werk. Leipzig 1929. – Jan Berg: B.'s logic. Stockholm 1962. – Eduard Winter: B. B. Ein Lebensbild. Stuttgart-Bad Cannstatt 1969. – Ursula Neemann: B. B.s Lehre von Anschauung und Begriff in ihrer Bedeutung für erkenntnistheoretische und pädagogische Probleme. Paderborn 1972. – Friedrich Kambartel: B. B.'s Grundlegung der Logik. Hamburg 1978. – Curt Christian (Hrsg.): B. B., Leben und Wirkung. Wien 1981. – Jan Berg/Edgar Morscher: B.-Forschung 1989-1991. Sankt Augustin 1992. – Markus Textor: B.s Propositionalismus. Berlin/New York 1996. – Heinrich Ganthaler/Otto Neumaier (Hrsg.): B. und die österreichische Geistesgeschichte. Sankt Augustin 1997. – Jan Berg/Edgar Morscher (Hrsg.): B.-Forschung 1992-1998. Sankt Augustin 1999.

Raphael Kaeser

Bondeli, Julie von, eigentl. Susanna Juliana B., getauft 1.1.1732 Bern, † 8.8.1778 Neuenburg.
B. erhielt früh gelehrten Unterricht u. a. bei Samuel → Henzi und dem Burgdorfer Pfarrer J. R. Gruner und wurde zu einem Mittelpunkt des geistigen Lebens in Bern. 1759 war sie vorübergehend mit → Wieland verlobt, später mit Rousseau befreundet. Von 1762 bis an ihr Lebensende stand sie in Briefkontakt mit Sophie von → La Roche. Nach dem Tod der Eltern in finanzielle Bedrängnis geraten, lebte B. seit 1771 bei Henriette von Sandoz in Neuenburg und unternahm Reisen nach Bern und ins Waadtland. Sie besaß fundierte Kenntnisse in Philosophie, Pädagogik, Ökonomie, Geschichte und Kunstgeschichte.

Borgold, Johann Friedrich, Buchhändler, Drucker, * 9.9.1757 Zwickau, † 25.3.1829.
Der Goldschmiedesohn verlor früh seinen Vater, fand 1777 eine Stelle als Setzer in Halle und gründete 1779 eine Unterstützungskasse für erkrankte und unbemittelte Buchdrucker. Seit 1781 in der Druckerei des Waisenhauses tätig, wurde er 1793 technischer Leiter, richtete 1799 das „Patriotische Wochenblatt" für die „Gesellschaft freiwilliger Armenfreunde" ein und übernahm 1808 die Leitung der dem Waisenhaus angeschlossenen Buchhandlung, 1812 auch den Betrieb der Bibelanstalt. Das Direktorium des Waisenhauses übertrug ihm die Verwaltung der evang. Missionsanstalten in Ostindien.

Borheck, August Christian, Philologe, Historiker, * 10.1.1751 Osterode, † 1816 Köln.
B. unterrichtete an verschiedenen Gymnasien und war u. a. Rektor in Bielefeld, seit 1789 Prof. der Rhetorik und Geschichte an der Univ. Duisburg, von 1802 an Privatgelehrter in Köln. Er veröffentlichte zahlreiche Werke zu Themen der Geographie, Geschichte, Philosophie, Pädagogik und Theologie. *Xenophons sämtliche Schriften*, eine Neuübersetzung aus dem Griechischen, erschienen 1778-1808 (6 Bde.).

Born, Friedrich Gottlieb, Philosoph, * 1743 Leipzig, † 8.12.1807 Weesenstein bei Pirna.
B. war 1782-1802 Prof. der Philosophie an der Univ. Leipzig. Mit den von ihm ins Lateinische übersetzten kritischen Schriften → Kants (4 Bde., 1796-98) machte er sich um das Verständnis und die Verbreitung der Kantschen Philosophie verdient. Er war, gemeinsam mit Johann Heinrich → Abicht, Mitarbeiter des „Neuen philosophischen Magazins zur Erläuterung des Kantischen Systems" (1789-91) und veröffentlichte u. a. *Untersuchung über die Grundlagen des menschlichen Denkens, zur Aufklärung und Vertheidigung des Kantischen Systems* (1789). Sein *Lexicon manuale linguae Graecae* erschien 1798-1802 in zwei Bänden. Nach 1802 zog sich B. als Schloßprediger nach Weesenstein zurück.
WEITERE WERKE: Versuch über die ersten Gründe der Sinnenlehre zur Prüfung der Weishauptischen Zweifel gegen Kant. Leipzig 1789.

Born, Ignaz Edler von, österr. Mineraloge, * 26.12.1742 Karlsburg (Siebenbürgen), † 24.7.1791 Wien.
B. trat 1759 in die Gesellschaft Jesu ein, verließ sie 16 Monate später wieder und studierte in Prag Rechtswissenschaften. Nach ausgedehnten Reisen durch Deutschland, die Niederlande und Frankreich studierte er Geologie und Mineralogie und wurde 1770 Bergrat in Prag, 1776 Kustos des kaiserlichen Naturalienkabinetts in Wien. 1779 Hofrat im Münz- und Bergwesen, trat er 1781 der Freimaurer-Loge bei und publizierte u. a. im „Journal für Freymaurer"; er gilt als Vorbild für → Mozarts Sarastro in der *Zauberflöte*.

1783 veröffentlichte er die antiklerikale Satire *Specimen monachologiae*. B. trat 1786 von der Logenarbeit zurück und gründete in Hietzing eine Bleichanstalt, die durch ein Schnellbleichverfahren mit Chlor die Rasenbleiche ersetzte. B. wurde Mitglied zahlreicher Akademien und Gesellschaften und publizierte als Naturforscher u. a. *Briefe über mineralogische Gegenstände* (1774).
LITERATUR: Edwin Zellweker: Das Urbild des Sarastro. I. v. B. Wien 1953. – Helmut Reinalter (Hrsg.): Die Aufklärung in Österreich. I. v. B. und seine Zeit. Frankfurt Main u. a. 1991.

Borott, Johann Baptist, evang. Theologe, * 21. 4. 1757 Bösing (Böhmen), † 4. 3. 1832.
Der Sohn eines Stiefelmachermeisters studierte in Preßburg, seit 1781 in Halle und Leipzig. 1784 wurde er deutsch-evang. Prediger in Haaber bei Ausche, zugleich böhmisch-evangelischer Prediger in Kowanez (Kr. Bunzlau), 1789 Senior und Inspektor der evang. Pfarreien Böhmens, 1791 Pfarrer in Krabschitz bei Raudwitz und 1793 in Zittau. B. war Mitglied der oberlausitzschen Gesellschaft der Wissenschaften, setzte sich für den Bau einer Industrieschule in Zittau ein und veröffentlichte u. a. *Das Wichtigste aus der Reformationsgeschichte [...]* (1817).

Borowski, Georg Friedrich, Natur- und Wirtschaftswissenschaftler, * 26. 7. 1746 Königsberg, † 26. 7. 1801 Frankfurt/Oder.
B. besuchte die Univ. Königsberg, lehrte Naturgeschichte am Rittercollegium Brandenburg, ging 1775 nach Berlin und wurde Lehrer am Philanthropin in Heidesheim. Seit 1779 war er Prof. der Naturgeschichte, von 1789 an Prof. der Ökonomie und Kameralwissenschaften in Frankfurt/Oder. B. gründete auf seinem Gut Greden eine praktische Lehranstalt für Landwirte. Neben kameralwissenschaftlichen Arbeiten veröffentlichte er eine *Gemeinnützige Naturgeschichte des Thierreichs* (5 Bde., 1780-84).

Bossler, Heinrich Philipp Karl, Musikverleger, * 22. 6. 1744 Darmstadt, † 9. 12. 1812 Gohlis (heute zu Leipzig).
B. war Kupferstecher, erfand 1779 eine Maschine für den Notenstich und lebte seit 1781 als Verleger in Speyer, wo er u. a. das musikalische Wochenblatt „Blumenlese für Klavier-Liebhaber beyderley Geschlechts" (1782-87) und die „Musikalische Realzeitung" (Fortsetzung unter dem Titel „Musikalische Korrespondenz der teutschen Filarmonischen Gesellschaft", 1788-92) herausgab. 1792 zog er nach Darmstadt und verlegte im gleichen Jahr seine Firma nach Leipzig, wo sie bis 1828 existierte.

Bouterwek, Friedrich (Ludewig), auch Bouterweck, Boutterweck, Butterweck, Pseud. Ferdinand Achianow, Philosoph, Literaturhistoriker, Schriftsteller, * 15. 4. 1766 Oker/Harz, † 9. 8. 1828 Göttingen.
Während des rechtswissenschaftlichen Studiums in Göttingen hörte B., dessen Vater im Hüttenwesen tätig war, auch philosophische Vorlesungen bei Johann Georg Heinrich → Feder und studierte Philologie bei Christian Gottlob → Heyne. 1784 gab er das Jurastudium auf und widmete sich der Schriftstellerei. Seine Gedichte wurden im „Göttinger Musenalmanach" veröffentlicht; der Briefroman *Graf Donamar* (3 Bde.) erschien 1791-93. B. lehrte seit 1789 als Privatdozent an der Göttinger Univ. allgemeine Geschichte und Philosophie, war seit 1797 Prof. und wurde vor allem durch seine Vorlesungen über Ästhetik bekannt. Er arbeitete an dem Göttinger Projekt einer „Geschichte der Künste und Wissenschaften" mit und verfaßte in diesem Rahmen das monumentale Werk *Geschichte der Poesie und Beredsamkeit seit dem Ende des 13. Jahrhunderts* (12 Bde., 1801-19). Zunächst einen „gemäßigten Rationalismus" vertretend, versuchte B. in seinem philosophischen Hauptwerk *Ideen zu einer allgemeinen Apodiktik. Ein Beitrag zur menschlichen Selbstverständigung und zur Entscheidung des Streits über Metaphysik, kritische Philosophie und Skepticismus* (2 Bde., 1799), den Kritizismus durch Hereinnahme realistischer Elemente zu vervollkommnen. Mit seiner Lehre vom Vitalismus, nach der wir uns als wollende oder lebendige Kräfte erfassen und auch die Dinge außerhalb von uns als solche anzusehen haben, wirkte er auf Schopenhauer. Später schloß er sich zunehmend → Jacobi an. Zu seinen Veröffentlichungen zählen *Aesthetik* (2 Bde., 1806, ^{3}1824), *Lehrbuch der philosophischen Wissenschaften* (2 Tle., 1813) und *Die Religion der Vernunft. Ideen zur Beschleunigung der Fortschritte einer haltbaren Religionsphilosophie* (1824). Eine Autobiographie befindet sich in seinen *Kleinen Schriften philosophischen, ästhetischen und literarischen Inhalts* (1818, Neudruck 1975). Das zusammen mit Johann Gottlieb Gerhard → Buhle herausgegebene „Göttingische Philosophische Museum" (2 Bde., 1798/99, Nachdruck 1979) führte er allein als „Neues Museum der Philosophie und Litteratur" (3 Bde., 1803-05) fort.
WEITERE WERKE: Aphorismen. Freunden der Vernunftkritik nach Kants Lehre vorgelegt. Göttingen 1793. – Abriß akademischer Vorlesungen über die Philosophie der Schreibart in deutscher Prosa. Göttingen 1797. – Abriß akademischer Vorlesungen über die Rechtsphilosophie. Göttingen 1798. – Anfangsgründe der spekulativen Philosophie. Göttingen 1802. – Die Epochen der Vernunft nach der Idee einer Apodiktik. Göttingen 1802. – Anleitung zur Philosophie der Naturwissenschaften. Göttingen 1803. – Immanuel Kant. Ein Denkmal. Hamburg 1804. – Ideen zur Metaphysik des Schönen. Eine Zugabe zur Aesthetik. Leipzig 1807. – Was ist Wahrheit? Eine populäre für jedermann verständliche Auflösung nach Grundsätzen der Vernunft erläutert. 2 Tle., Basel 1807. – Praktische Aphorismen oder Grundsätze zu einem neuen System der moralischen Wissenschaft. Leipzig 1808. – Lehrbuch der philosophischen Vorkenntnisse. Göttingen 1810, ^{2}1820.

LITERATUR: Gustav Struck: F. B. Sein Leben, seine Schriften und seine philosophischen Lehren. Rostock 1919. – Fritz Jurczok: F. B. als Ästhetiker. Diss. Halle 1949.

Boyneburg, Philipp Wilhelm Graf von, Staatsmann, * 21.11.1656 Mainz, † 24.2.1717 Erfurt.
Der Sohn Johann Christian B.s studierte in Straßburg und wurde 1672-74 bei seiner Kavaliersreise durch Europa von Gottfried Wilhelm →Leibniz begleitet. B. wurde 1683 zum Diakon geweiht, verfolgte aber eine weltliche Laufbahn; seit 1690 war er Reichskammerherr, 1691-95 Reichshofrat und wurde 1697 in den Reichsgrafenstand erhoben. Nachdem er mehrmals als kaiserlicher Diplomat im Reich tätig war, wurde B. 1702 als kurmainzischer Statthalter nach Erfurt berufen. Er führte Justiz- und Verwaltungsreformen durch, regelte die Finanzen und stiftete der Univ. einen neuen (kath.) Lehrstuhl für Geschichte und Moralphilosophie; auch die umfangreiche Bibliothek seines Vaters vermachte er der Universität.

Bräker, Ulrich, genannt Näbisuli, schweizer. Schriftsteller, * 22.12.1735 Näbis bei Wattwil, † 11.9.1798 Wattwil.
Dem Sohn eines pietistischen Tagelöhners und Kleinbauern blieben, da er schon als Kind hart arbeiten mußte, nur die Winterwochen, um Lesen und Schreiben zu lernen. Um 1755 verließ er sein Heimatdorf und geriet als Söldner in das preuß. Heer, desertierte jedoch im folgenden Jahr. 1759 zog er in Wattwil einen kleinen Garnhandel auf. B., der 1770 begann, regelmäßig Tagebuch zu schreiben, wandte sich in seiner Lektüre von der geistlichen Erbauungsliteratur ab und der sogenannten „schönen" Literatur zu. Er. entdeckte eigenständig Shakespeare und verfaßte Kommentare zu dessen Stücken. 1776 wurde er in die Moralische Gesellschaft von Lichtensteig aufgenommen, wo er Zugang zu deren Bibliothek und Kontakt zu gebildeten Kreisen bekam. Der Züricher Verleger Johann Heinrich →Füssli gab 1789 B.s Autobiographie (*Lebensgeschichte und natürliche Ebentheuer des Armen Mannes im Tockenburg*) heraus. Trotz einigen Erfolges konnte B. nie seinen Lebensunterhalt durch die Schriftstellerei verdienen und mußte 1798 den Bankrott erklären.

Brandes, Ernst, Beamter, Publizist, * 3.10.1758 Hannover, † 13.5.1810 Hannover.
B., dessen Vorfahren Beamte und Pfarrer waren, besuchte 1775-78 die Univ. Göttingen, wo er während seines rechtswissenschaftlichen Studiums mit August Wilhelm →Rehberg und dem Freiherrn vom Stein Freundschaft pflegte. Wie sein Vater Georg →B. trat er in hannoversche Dienste. Seine Tätigkeit in der Geheimen Staatskanzlei unterbrach er durch Auslandsreisen, u. a. nach England, wo er Kontakt zu Edmund Burke bekam. Dessen gegen die Ideen der Französischen Revolution gerichteten Konservatismus vertrat auch B. in seinen Schriften (*Politische Betrachtungen über die französische Revolution*, 1790). 1791 trat er als Referent für Angelegenheiten der Göttinger Univ. die Nachfolge seines Vaters an (*Über den gegenwärtigen Zustand der Universität Göttingen*, 1802). 1806 schied er mit der napoleonischen Herrschaftsübernahme aus dem Staatsdienst aus und widmete sich im weiteren seiner publizistischen Tätigkeit. B. gilt als früher Vertreter einer spezifischen Zeitgeistforschung (*Betrachtungen über den Zeitgeist in Deutschland in den letzten Decennien des vorigen Jahrhunderts*, 1808).

Brandes, Georg (Friedrich), Beamter, * 12.12.1719 Celle, † 6.9.1791 Hannover.
Seit 1737 widmete sich B. in Göttingen dem Studium der Rechtswissenschaften. Später wurde er Hofmeister eines hannoverschen Adligen und reiste nach Holland, wo er die Univ. Leiden besuchte, und nach England. 1746 trat er als Kanzleisekretär in den Dienst des Kurfürstentums Hannover. Nach verschiedenen diplomatischen Missionen wurde er 1770 auf Empfehlung Gerlach Adolf von →Münchhausens zum Vortragenden Rat in Sachen der Göttinger Univ. ernannt, deren Entwicklung er von da an, zusammen mit Christian Gottlob →Heyne, in Göttingen maßgeblich bestimmte. B. arbeitete an der „Bibliothek der Wissenschaften" und den „Göttinger gelehrten Anzeigen" mit und wurde als Bücher- und Kupferstichsammler bekannt. Er war der Vater von Ernst →B.

Brauer, Johann (Nikolaus) Friedrich, Staatsmann, * 14.1.1754 Büdingen, † 17.11.1813 Karlsruhe.
B. trat nach dem Jurastudium in Gießen und Göttingen 1774 als Regierungsrat in die Dienste des Markgrafen →Karl Friedrich von Baden. 1788 wurde er Geheimer Hofrat, 1790 Hofratsdirektor mit Sitz und Stimme im Geheimratskollegium und 1792 Wirklicher Geheimer Rat. Seit 1808 war er Mitglied des Staatsrates, Ministerialdirektor im Justizministerium und Vorsitzender der Kommission zur Einführung des Code Napoléon. 1811 wurde B. Vortragender Geheimer Kabinettsrat des Ministeriums des Innern sowie des Justizministeriums. Durch seinen Entwurf der Organisationsedikte von 1803 und die Einführung des Code Napoléon als badisches Landrecht galt er vor allem als bedeutender Organisator und Gesetzgeber des neugegründeten badischen Staates. B. verfaßte u. a. eine *Abhandlung zur Erläuterung des Westphälischen Friedens* (3 Bde., 1782-85).

Braun, Heinrich, eigentl. Mathias B., Benediktiner, Schulreformer, * 17.2.1732 Trostberg/Alz (Oberbayern), † 9.11.1792 München.
Nach dem Philosophiestudium in Salzburg trat B. 1750 in den Benediktinerorden ein und studierte am Studium generale in Rott/Inn, wo er 1756 promoviert wurde. 1758-62 war er Gymnasiallehrer in Freising, anschließend Prof. der Theologie und Bibliothekar in Tegernsee. 1767 wurde B. Kanonikus am Münchner Liebfrauenstift, 1768 Mitglied des Kurfürstlichen Geistlichen Rats und war 1770-73 Landeskommissar für das gesamte bayerische Volksschulwesen. 1777 wurde er Direktor sämtlicher Lyzeen, Gymnasien, Stadt- und Landesschulen, 1778 Leiter des gesamten Schulwesens in Bayern. Die von ihm ange-

strebte Schulreform umfaßte die allgemeine Schulpflicht, festumrissene Lehrpläne, moderne pädagogische Ansätze sowie die Hebung des Lehrerstandes. Er schrieb u. a. ein *Deutsch-Orthographisches Wörterbuch*.

Brehm, Georg Nikolaus, Jurist, * 18. 2. 1753 Hof, † 22. 12. 1811 Leipzig.
B. bezog 1773 die Univ. Leipzig, erwarb 1780 den Grad eines Magisters der Weltweisheit (Philosophie) und erhielt als Verfasser einer juristischen Abhandlung 1781 die Erlaubnis, rechtswissenschaftliche Vorlesungen zu halten. Durch zahlreiche Veröffentlichungen zu theologischen, philosophischen und juristischen Fragen bekannt geworden und vom kurfürstlich sächsischen Hof mit einer Pension bedacht, wurde er 1786 zum a. o. Prof. der Univ. Leipzig und 1792 in das Große Fürstenkolleg berufen. Zu seinen weiteren Schriften zählen Erörterungen über die Bedeutung der Bildung für seine bürgerlichen Zeitgenossen, eine philosophische Betrachtung über das Naturrecht, eine Schrift *Über die natürliche Gleichheit der Menschen* (1794) und ein *Bibliographisches Handbuch der gesammten neuern, sowohl allgemeinen, als besondern griechischen und römischen Litteratur der neuern Zeit* (2 Bde., 1797-1800).

Breithaupt, Johann Christian, Mechaniker, * 23. 6. 1736 Hartenauer Hof bei Darmstadt, † 1. 4. 1799 Kassel.
Der Sohn eines Darmstädter Försters wurde wegen seines Interesses für die Mechanik bei dem dortigen Hofbüchsenmacher in die Lehre gegeben und von seinem Landesherrn zur weiteren Ausbildung nach Koblenz und in eine mechanisch-optische Werkstatt nach Kassel geschickt. Dort gründete er 1762 eine eigene mechanische Werkstätte und wurde 1768 zum Hofmechanikus ernannt. B. entwickelte und produzierte mathematische, astronomische und geodätische Instrumente, erfand den ersten Distanzmesser und konstruierte 1785 den großen Mauerquadranten für die im Zwehrenturm in Kassel untergebrachte Sternwarte. Er war der Vater von Heinrich Carl und Friedrich Wilhelm B. Unter letzterem wurde B.s Werkstatt 1832 zur Fabrik „Geodätische Instrumente F. W. Breithaupt & Sohn" erweitert.

Breitinger, Johann Jacob, schweizer. Philologe, reformierter Theologe, Schriftsteller, * 1. oder 15. 3. 1701 Zürich, † 14. 12. 1776 Zürich.
B. wuchs als Sohn eines Zuckerbäckers und späteren Majors der Bürgermiliz in Zürich auf, wo er auch die Schulen besuchte und 1720 ordiniert wurde. Gleichzeitig begann er seine publizistische Tätigkeit, häufig gemeinsam mit Johann Jakob → Bodmer, mit dem er 1721-23 die Wochenschrift „Die Discourse der Mahlern" herausgab. 1723 edierte B. Persius und 1730-32 eine kommentierte Ausgabe der griechischen Version des Alten Testaments. 1731 erfolgte die Berufung B.s als Prof. für Hebräisch an das Collegium Humanitatis und an das Carolinum in Zürich, seit 1740 lehrte er Logik und Rhetorik, nach 1745 am Carolinum auch griechische Philologie; daneben wirkte er als Chorherr des Stiftskapitels zum Großmünster, als Kirchen- und Schulrat sowie als Stiftsbibliothekar. 1768 regte B. die Gründung der „Asketischen Gesellschaft" an und setzte sich für Verbesserungen des akademischen Unterrichts und der Gefängnisseelsorge ein; maßgeblich war sein Einfluß auf die zürcherische Theologie des 18. Jahrhunderts.
Bedeutsamer als B.s meist in lateinischer Sprache verfaßte Studien und Abhandlungen zu Theologie und Philosophie waren seine mit Bodmer veröffentlichten Schriften zur deutschen Literatur. Unter seinem Namen erschienen u. a. die *Critische Abhandlung Von der Natur, den Absichten und dem Gebrauch der Gleichnisse [...]* (1740) und die zweibändige *Critische Dichtkunst, Worinnen die Poetische Mahlerei in Absicht auf die Erfindung im Grunde untersuchet [...] wird* (1740), die philosophisch-ästhetische Aspekte Leibniz-Wolffscher Prägung mit Rhetoriktradition und dem Neuansatz Alexander Gottlieb → Baumgartens vereinigt. Seine literaturtheoretischen Schriften trugen entscheidend dazu bei, der Auffassung von der freien Schöpferkraft der Phantasie zum Durchbruch zu verhelfen. B.s ästhetisch-poetologische Überlegungen wurden dichterisch wirksam, vor allem in der Dichtung → Klopstocks.

WEITERE WERKE: Helvetische Bibliothek. Hrsg. mit J. J. Bodmer. 6 Stücke, Zürich 1735-41. – Historische und Critische Beyträge Zu der Historie der Eidsgenossen. 4 Teile, Zürich 1739. – Sammlung Critischer, Poetischer, und andrer geistvollen Schriften, Zur Verbesserung des Urtheils und des Witzes in den Wercken der Wolredenheit und der Poesie. Hrsg. mit J. J. Bodmer. 12 Stücke, Zürich 1741-44. – Vertheidigung der Schweitzerischen Muse, Hrn. D. Albrecht Hallers. Zürich 1744. – Martin Opitzens Von Boberfeld Gedichte. Von J. J. B. und J. J. Bodmer besorgt. Erster Theil. Zürich 1745.
LITERATUR: Wolfgang Bender: J. J. Bodmer und J. J. B. Stuttgart 1973 (mit Bibliographie). – Angelika Wetterer: Publikumsbezug und Wahrheitsanspruch. Tübingen 1981. – Thomas Brunnschweiler: J. J. B.s Bedencken von Comoedien oder Spilen. Die Theaterfeindlichkeit im Alten Zürich. Edition, Kommentar, Monographie, Bern 1989. – Jill Anne Kowalik: The Poetics of Historical Perspectivism. B.'s Critische Dichtkunst and the Neoclassic Tradition. Chapel Hill 1992.
Reinhard Müller

Breitkopf, Bernhard Christoph, Drucker, Verleger, * 2. 3. 1695 Clausthal/Harz, † 28. 3. 1777 Leipzig.
B. kam nach einer Druckerlehre in Goslar 1715 als Geselle nach Leipzig und heiratete dort 1719 in die Druckerei Müller ein. Der finanzielle Erfolg seines Unternehmens veranlaßte ihn 1738 zur Verlegung seiner Druckerei in das große Haus „Goldener Bär", der von da an zusammen mit dem Spruch „non timet" das Firmensignet bildete. Nicht unbedeutend gefördert von B.s Freund Johann Christoph → Gottsched, entwickelte sich die Druckerei zu einem erfolgreichen Unternehmen, das 1742 18 Gesellen beschäftigte. Bis 1761 erschienen in B.s Druckerei und dem angeschlossenen Verlag 656 Druckwerke, darunter histo-

rische und theologische Schriften und 1746-59 die „Neue theologische Bibliothek". Unter seinem Sohn Johann Gottlob Immanuel → B. entwickelte sich die Firma zu einer der angesehensten Druckereien und Verlage seiner Zeit.

Breitkopf, Johann Gottlob Immanuel, Typograph, Verleger, * 23. 11. 1719 Leipzig, † 28. 1. 1794 Leipzig.
Nach dem u. a. bei dem Freund der Familie Johann Christoph →Gottsched absolvierten Studium trat B. 1735 in die Druckerei seines Vaters Bernhard Christoph → B. ein. Dort machte er sich vor allem als Typograph und Schöpfer der Breitkopf-Fraktur für die bei ihm erschienenen Werke der deutschen Klassik einen Namen. Seine Erfindung des Drucks mit zerlegbaren Notentypen stellte er 1756 mit dem von der Kurprinzessin Maria Antonia Walpurgis von Sachsen komponierten Musikdrama *Il trionfo della fedeltà* vor. Bald ließen auch Telemann, Leopold Mozart und Carl Philipp Emanuel →Bach bei ihm drucken. Seit 1762 Teilhaber des familieneigenen Verlags, legte B. eine große Sammlung von Musikmanuskripten an, die er 1762-87 als *Cataloghi delle sinfonie* in neuen Bänden im Druck herausgab. Er selber verfaßte einige Schriften zu Fragen der Typographie und ein großes, u. a. von →Lessing und → Winckelmann gefördertes, aber unvollendet gebliebenes Werk *Über die Geschichte der Erfindung der Buchdruckerkunst* (1779).

Bremser, Johann Gottfried, Mediziner, Zoologe, * 19. 8. 1767 Wertheim/Main, † 27. 8. 1827 Wien.
Nach dem 1796 an der Univ. Jena mit der Promotion (*De calce antimonii Hoffmanni cum sulfure*) abgeschlossenen Studium der Medizin unternahm B. eine ausgedehnte Reise durch Deutschland, die Schweiz und Italien und ließ sich 1797 als praktischer Arzt in Wien nieder. Als früher Verfechter der Schutzimpfung nach der Methode Edward Jenners forderte er in mehreren Veröffentlichungen (u. a. *Die Kuhpocken als Staatsangelegenheit betrachtet*, 1806) die Einführung einer staatlich angeordneten Impfzwangs. Ferner befaßte er sich mit Masern und Scharlach, Krankheitsvorbeugung und Hygiene. B. legte im Naturhistorischen Museum in Wien eine Sammlung von Eingeweidewürmern an und wurde dort 1808 Stipendiat, 1811 Kustos. 1820 wurde er in die Deutsche Akademie der Naturforscher Leopoldina aufgenommen. Mit seiner in die französische und italienische Sprache übersetzten Untersuchung *Über lebende Würmer in den lebenden Menschen* (1819) lieferte er einen wichtigen Beitrag zur Kenntnis der Morphologie und Systematik dieser Parasiten und der durch sie hervorgerufenen Krankheitsbilder. B. experimentierte auch mit galvanischer Behandlung erkrankter Sinnesorgane.

Bretschneider, Heinrich Gottfried von, Schriftsteller, * 6. 3. 1739 Gera, † 1. 11. 1810 Schloß Krimitz bei Pilsen.
B. trat 1753 in ein sächsisches Regiment ein, kämpfte im Siebenjährigen Krieg auch auf preuß. Seite, war einige Zeit Landeshauptmann von Usingen in Nassau und bereiste 1773 England und Frankreich. Nach der Rückkehr lebte er in Wien und Berlin, wo er im aufklärerischen „Montagsklub" verkehrte. 1777 trat er als Vizekreishauptmann in Temesvar in den österr. Staatsdienst ein und wurde 1778 Bibliothekar in Ofen, Kaiserlicher Rat und 1784 Bibliothekar der Lemberger Hochschule. Als bedeutender aufgeklärter Schriftsteller Österreichs verkehrte er mit →Joseph II., Josef von → Sonnenfels und Gottfried van → Swieten. 1776 erschien seine Satire auf das Werther-Fieber, 1788 ein antiklerikaler Almanach, ferner Texte zu Opern, Fabeln, freimaurerische Schriften, ein Roman und 1793 B.s autobiographisch gefärbter, gegen die Empfindsamkeit gerichteter Episodenroman *Georg Wallers Leben und Sitten.*

Breyer, Johann Friedrich, evang. Theologe, Philosoph, * 2. 12. 1738 Stuttgart, † 28. 6. 1826 Erlangen.
B. bezog 1756 das Tübinger Stift, studierte Philosophie, Mathematik und Geschichte und erlangte 1758 den Magistergrad. Nach dem theologischen Examen wurde er 1761 als Prediger der deutschen evang. Gemeinde und Lehrer der Kinder des preuß. Konsuls nach Livorno berufen. 1768 reiste er über Rom (Bekanntschaft mit → Winckelmann), Neapel, Venedig und München nach Hamburg, wo er u. a. mit →Lessing verkehrte. 1769 wurde er o. Prof. der Philosophie an der Univ. Erlangen, 1773 Ältester des Instituts der Moral und der Schönen Wissenschaften. 1776 wurde er ferner zum Prof. der deutschen Literatur und Schönen Wissenschaften, 1782 zum brandenburgischen und später zum bayerischen Hofrat ernannt. B. schrieb u. a. *Über den Eigennutz menschlicher Handlungen* und *Wie verhält sich das, was ist, zu dem, was seyn soll* (1802).

Briegleb, Johann Christian, Philosoph, Pädagoge, Altphilologe, * 2. 12. 1741 Görlitz, † 23. 6. 1805 Coburg.
B., Sohn des evang. Theologen und klassischen Philologen Johann Valentin B., begann 1759 in Jena das Studium der Theologie, Geschichte, Philosophie und Philologie bei Christian Adolph → Klotz, dem er nach der Erlangung des Magistergrades 1763 nach Göttingen folgte. Dort war er Hofmeister im Haus Hardenberg und Erzieher u. a. des späteren preuß. Staatskanzlers Karl August von → Hardenberg. 1768 wurde er Philosophielehrer am Gymnasium Casimirianum in Coburg, 1770 auch mit der Professur des Griechischen und der orientalischen Sprachen betraut. Seit 1783 herzoglich Coburgischer Rat, wurde er 1796 als Nachfolger seines Schwiegervaters Lorenz Adam Bartenstein Direktor des Gymnasiums und 1800 zum Konsistorialrat ernannt. B. verfaßte philologische und von →Leibniz und Christian → Wolff beeinflußte philosophische Abhandlungen (u. a. *Grundsätze der Logik*, 1774, [4]1791; *Philosophische Grundsätze von der menschlichen Seele, von Gott und unsern Pflichten*, 1778, [3]1800).
WEITERE WERKE: Von dem Unterschied der Beredsamkeit der Alten und der Neuern. Göttingen 1767. – Vorlesungen über den Horaz. 2 Tle., Altenburg 1770. – Vom historischen Enthusiasmus. Al-

tenburg 1771. – Grundsätze von der philosophischen Rechtsgelehrsamkeit. Coburg 1788. – Einleitung in die philosophischen Wissenschaften. Coburg 1789.

Brinckmann, Karl Gustav Frh. von, Pseud. Selmar, Diplomat, Dichter, * 24. 2. 1764 Gut Nacka bei Stockholm, † 24. 12. 1847 Stockholm.
1782-85 am Pädagogium der Herrnhuter Brüdergemeine in Niesky ausgebildet, studierte B. 1787-89 Philosophie und Jura in Halle, trat 1791 in den diplomatischen Dienst seines Landes ein und war seit 1792 schwedischer Legationssekretär in Berlin, befreundet u. a. mit Friedrich →Schleiermacher und Friedrich →Gentz. Er schrieb Beiträge für →Wielands „Merkur" und den „Vossischen Musenalmanach". Nach einem Aufenthalt in Paris (1798-1801) wieder Legationssekretär in Berlin, folgte er 1807/08 dem preuß. Hof als Gesandter nach Memel und Königsberg. 1808-10 als Gesandter in London, lebte er seit 1811 in Stockholm, wo er mehrere Male stellvertretender Hofkanzler und Mitglied des Kollegiums zur Beratung der allgemeinen Reichsangelegenheiten war. Neben seiner Lyrik (u. a. *Gedichte von Selmar*, 2 Bde., 1789) hinterließ B. einen umfangreichen Briefwechsel.

Brinkmann, Johann Peter, Mediziner, * 13. 6. 1746 Orsoy (heute zu Rheinberg), † 26. 6. 1785 St. Petersburg.
Nach dem Studium in Duisburg, Göttingen und Leiden wurde B. 1765 an der Univ. Leiden promoviert (*De alumine*) und unternahm anschließend eine Studienreise nach Paris. Dann praktischer Arzt in Kleve, praktizierte er seit 1770 in Düsseldorf und war später Medizinalrat und Leibarzt des Jülich-Bergschen Fürstenhauses. B. wurde vom Kurfürsten Karl Theodor mit der Abfassung einer neuen Medizinalordnung, die 1773 in Kraft trat, betraut und zum Direktor des Collegium Medicum des Herzogtums ernannt. Seine anonym publizierte Schrift *Philosophische Betrachtungen eines Christen über Toleranz in Religion* (1780) führte zu einer Anklage wegen Gottlosigkeit. Nach seinem Freispruch verließ er Düsseldorf und war für wenige Wochen 1785 nach ausgeschlagenen Rufen nach Leiden und Göttingen Leibarzt der Großfürsten Alexander und Constantin in St. Petersburg. B. setzte sich auf medizinischem Gebiet vor allem für Verbesserungen in der Hygiene ein. Er verfaßte u. a. *Patriotische Vorschläge zur Verbesserung der chirurgischen Anstalten und Verhütung des Einreissens der Epidemien bei den Armen* (1780) sowie *Vergleichung der Erziehung der Alten mit der heutigen* (1784, ²1788).
WEITERE WERKE: Beweis der Möglichkeit, daß einige Leute lebendig begraben werden, nebst der Anzeige, wie man dergleichen Vorfälle verhüten könne. Düsseldorf 1772. – Patriotische Vorschläge zur Verbesserung der chirurgischen Anstalt. Düsseldorf 1778, ²1790. – Anweisung für Ärzte und Wundärzte, um bei gerichtlichen Untersuchungen vollständige visa reperta zu liefern. Düsseldorf 1781, ³1802.

LITERATUR: Christhart Karl Walter Heering: Der Jülisch-Bergische Hof- und Medizinalrat J. P. B. Diss. Düsseldorf 1984.

Brockes, Barthold H(e)inrich, Dichter, * 22. 9. 1680 Hamburg, † 16. 1. 1747 Hamburg.
B. studierte seit 1700 Jura und Philosophie in Halle, unternahm umfangreiche Reisen durch Europa und wurde 1704 in Leiden zum Lizentiaten promoviert. Danach in Hamburg ansässig, widmete er sich vor allem seinen literarischen Neigungen. 1715 gründete er die „Teutschübende Gesellschaft" nach dem Vorbild barocker Sprachgesellschaften. Als Rat der Stadt Hamburg (seit 1720) war er auch mit diplomatischen Missionen betraut. 1724 gehörte er zu den Mitgründern der „Patriotischen Gesellschaft". Seit 1730 Kaiserlicher Pfalzgraf und Poeta laureatus, wurde er 1735 zum Amtmann von Ritzebüttel und 1741 zum Landherrn auf dem Hamburger Berg ernannt. B. schrieb u. a. Gedichte und Oratorientexte und veröffentlichte Übersetzungen im spätbarocken Sprachstil. Als sein Hauptwerk gilt die Gedichtsammlung *Irdisches Vergnügen in Gott* (9 Bde., 1721-48).

Brockhaus, Friedrich Arnold, eigentl. David A. F. B., Verleger, * 4. 5. 1772 Dortmund, † 20. 8. 1823 Leipzig.
Der Sohn des Kaufmanns und Ratsherrn Johann Heinrich B. wurde in Düsseldorf zum Kaufmann ausgebildet. Ein kurzer Studienaufenthalt in Leipzig 1793/94 legte den Grundstein für seine umfassende Allgemeinbildung. 1796 gründete B. in Dortmund mit zwei Kompagnons eine Großhandelsfirma für englische Manufakturwaren. Nach einem Zerwürfnis mit seinen Partnern entschloß er sich, nach Holland zu gehen, in das Hauptabsatzgebiet seines Unternehmens; 1802 ließ er sich in Amsterdam nieder und machte sich selbständig. Wegen der Auswirkungen, die die Kontinentalsperre auf das Geschäft hatte, wechselte B. 1805 zum Buchhandel und gründete in Amsterdam die Buchhandlung Rohloff & Comp. (seit 1807 Kunst- und Industrie-Comptoir). Seit 1814 trägt der Verlag den Namen F. A. Brockhaus.
Auf der Leipziger Buchhändlermesse zu Michaelis 1808 kaufte B. die Rechte an einem unvollendeten Konversationslexikon, das 1796 von Renatus Gotthelf Löbel und Christian Wilhelm Franke begonnen worden war. Den Restbestand dieses Werkes lieferte er seit 1809 unter dem neuen Titel *Conversations-Lexikon oder kurz gefaßtes Handwörterbuch* (6 Bde.) aus; 1809 und 1811 erschienen zwei Ergänzungsbände. B. pendelte zunächst zwischen Amsterdam und Leipzig, siedelte mit dem Verlag 1811 ins ostthüringische Altenburg über und verlegte 1817/18 den Firmensitz schließlich nach Leipzig, wo er eine eigene Druckerei errichtete. 1818 wurde er Leipziger Bürger und baute systematisch seinen Verlag aus. Er pflegte Literatur und Wissenschaft und wurde der Verleger Schopenhauers. Bis zu B.' Tod zählte der Verlag u. a. Friedrich von Raumer, Henrik Steffens, Friedrich Rückert und Johann Heinrich →Voß zu sei-

nen Autoren. Ferner erschienen eine Reihe von Zeitschriften und Jahrbüchern, das Taschenbuch *Urania*, die „Deutschen Blätter" (1813-16) und der von B. selbst redigierte „Hermes oder kritisches Jahrbuch der Literatur". Das Konversationslexikon wurde ein großer Erfolg; die fünfte Auflage erschien 1819/20 in zehn Bänden unter dem Titel *Allgemeine Deutsche Real-Encyklopädie für die gebildeten Stände (Conversations-Lexicon)*.
In den knapp 18 Jahren seines Wirkens in Leipzig rückte B. in die erste Reihe der deutschen und international anerkannten Verleger auf. Er kämpfte mit seinen Standesgenossen erfolgreich gegen Nachdruck und Zensur und konnte seinem Sohn Heinrich B., der in der Leitung des Unternehmens nachfolgte, ein wohlbestelltes Haus übergeben. Seine entscheidende Leistung lag darin, daß er den Namen Brockhaus zum Synonym für Konversationslexika machte.
LITERATUR: Heinrich Eduard Brockhaus: F. A. B. [...] Nach Briefen und Aufzeichnungen geschildert. 3 Teile, Leipzig 1872-81. – Heinrich Eduard Brockhaus: Die Firma F. A. B. von der Begründung bis zum 100jährigen Jubiläum. Leipzig 1905. – Schopenhauer und B. Leipzig 1926. – Peter von Gebhardt: Geschichte der Familie B. aus Unna in Westfalen. Leipzig 1928. – Arthur Hübscher: Hundertfünfzig Jahre F. A. B. 1805 bis 1955. Wiesbaden 1955. – Ein Jubiläum des Wissens. 175 Jahre Brockhaus. Wiesbaden 1980. – Gertrud Milkereit: F. A. B., 1772-1823. In: Rheinisch-Westfälische Wirtschaftsbiographien. Bd. 11, München 1984, S. 5-41.

Klaus G. Saur

Bronner, Franz Xaver, Schriftsteller, Bibliothekar, * 23. 12. 1758 Höchstädt/Donau, † 11. 8. 1850 Aarau.
Nach dem Besuch des Seminars in Dillingen und Neuburg trat B. 1776 in das Benediktinerkloster in Donauwörth ein und wurde 1783 zum Priester geweiht. 1785 floh er aus dem Kloster, ging in die Schweiz und arbeitete in Zürich als Notensetzer. 1786 zurück in Deutschland, trat er in den Dienst des Weihbischofs von Augsburg und floh 1793 erneut nach Zürich. Dann einige Zeit Redakteur bei der „Zürcher Zeitung", war er während der Helvetik Sekretär beim Ministerium der Künste und Wissenschaften. Von 1803 an war er Mathematikprofessor an der Kantonsschule in Aarau, unterbrochen von einer Tätigkeit als o. Prof. der Physik an der Univ. Kasan (Rußland) 1810-17. Nach seinem Übertritt zum protestantischen Glauben seit 1820 aargauischer Bürger, wurde er 1827 Kantonsbibliothekar und Staatsarchivar. B. veröffentlichte u. a. *Fischergedichte und Erzählungen* (1787).

Broxtermann, Theobald Wilhelm, Jurist, Schriftsteller, Archivar, * Juni 1771 Osnabrück, † 14. 9. (?) 1800 München.
Im Alter von 15 Jahren veröffentlichte B. seine ersten Gedichte. Bald darauf folgte sein episches Werk *Benno, Bischof von Osnabrück*, das → Wieland 1788 in seinen „Teutschen Merkur" aufnahm. 1790 begann B. das Jurastudium in Göttingen und wurde 1793 in Osnabrück als Advokat zugelassen. Er gab diese Tätigkeit bald wieder auf, lebte als freier Schriftsteller in den Niederlanden und hielt Vorlesungen über Naturrecht und die Philosophie → Kants in Utrecht. 1797 erhielt er eine Stelle als Archivar und Kanzleirat bei Herzog Wilhelm von Pfalz-Birkenfeld, mit dem er im gleichen Jahr nach München zog.

Brucker, (Johann) Jacob, evang. Theologe, Philosoph, * 22. 1. 1696 Augsburg, † 26. 11. 1770 Augsburg.
Der Sohn eines Schneiders studierte 1715-20 in Jena Theologie und Philosophie bei Johann Franz → Buddeus. 1724 wurde er Prediger und Rektor der Lateinschule in Kaufbeuren. B. schrieb in Deutschland die erste Geschichte der Philosophie (*Historia critica philosophiae a mundi incunabulis ad nostram usque aetatem deducta*, 5 Bde., 1742-44); sie hatte Einfluß auf die französische *Encyclopédie*. 1744 wurde B. als Pfarrer nach Augsburg berufen, wo er bis zu seinem Tod tätig war. Seit 1731 gehörte er der Preußischen Akademie der Wissenschaften und seit 1736 der Deutschen Gesellschaft in Leipzig an. Er veröffentlichte einen *Bilder-Sal heutiges Tages lebender und durch Gelahrtheit berühmter Schrifft-Steller* (illustriert von Johann Jacob Haid, Teil 1-10, 1741-55; Anhang, 1766; gleichzeig erschien die lateinische Fassung, jedoch ohne den Anhang: *Pinacotheca Scriptorum nostra aetate litteris illustrium*). Angeregt durch den Erfolg dieses biographischen Werks publizierten B. und Haid mit dem dem *Ehrentempel der Deutschen Gelehrsamkeit [...]* (1747) eine zweite ähnliche Sammlung.
WEITERE WERKE: Historia philosophica doctrinae de ideis qua tum veterum imprimis graecorum tum recentiorum philosophorum placita enarrantur. Augsburg 1723. (Stark erweiterte Neufassung von: J. B. (Präses), Christoph Fiedler (Respondent): Tentamen introductionis in historiam doctrinae de ideis. Jena 1718). – Otium Vindelicium sive meletematum historico-philosophicorum triga [...]. Augsburg 1729. – Kurtze Fragen aus der Philosophischen Historie [...]. 7 Bde., Ulm 1731-36. Supplement, 1737. – Auszug aus den Kurtzen Fragen aus der philosophischen Historie [...]. Ulm 1736, ²1751. – Miscellanea historiae philosophicae, literariae, criticae [...]. Augsburg 1748. – Philosophiae universae origines et successiones [...]. Augsburg [1752].
LITERATUR: Karl Alt: J. B. Ein Schulmeister aus dem 18. Jahrhundert. Diss. Erlangen. Kaufbeuren 1926. – Ders.: Die Lateinschule der freien Reichsstadt Kaufbeuren und ihr berühmtester Rektor Mag. J. B. Kaufbeuren 1929. – Wilhelm Schmidt-Biggemann/Theo Stammen (Hrsg.): J. B. (1696-1770). Philosoph und Historiker der europäischen Aufklärung. Berlin 1998. Darin: Helmut Zäh: Verzeichnis der Schriften J. B.s, S. 259-351. – Constance Blackwell: Zur Traditionskonstruktion der Naturphilosophie bei J. J. B. In: Dialektik, 1998, Heft 1, S. 73-85

Brückner, Ernst Theodor Johann, evang. Theologe, Lyriker, Dramatiker, * 13. 9. 1746 Neetzka (Mecklenburg-Strelitz), † 29. 5. 1805 Neubrandenburg.
Der Sohn eines Pfarrers studierte seit 1765 an der Univ. Halle/Saale Theologie; 1770 wurde er Hofmeister und Pfarrvertreter in Wesenburg und 1771 Pfarrer in Groß-Vielen (Mecklenburg). Dort lernte er im gleichen Jahr Johann Heinrich → Voß kennen, mit dem ihn eine lebenslange Freundschaft verbinden sollte und auf dessen Antrag er 1772 Mitglied des Göttinger Hainbundes wurde (Bundesname „Manobard" oder „Cilyn"). B. veröffentlichte anonym das Trauerspiel *Etwas für die Deutsche Schaubühne* (1772) sowie seit 1773 Gedichte und Epigramme vor allem im „Göttinger" und im „Vossischen Musenalmanach". 1789 wurde er Pastor, 1801 Oberpastor an der Marienkirche in Neubrandenburg. Seine *Predigten [...]* (1778/79, 1786, 1792/93) wiesen ihn als Anhänger der neologischen Aufklärungstheologie, wie sie z. B. von Johann Salomo → Semler (dessen Schüler er in Halle gewesen war) propagiert wurde, aus.

Bruhn, David, evang. Theologe, Liederdichter, * 30. 9. 1727 Memel, † 27. 4. 1782 Berlin.
Der Kaufmannssohn studierte seit 1743 in Königsberg, seit 1747 in Halle/Saale Theologie und war Siegmund Jakob → Baumgartens Schüler und Bibliothekar. 1750 wurde er Konrektor am Cöllnischen Gymnasium in Berlin, 1752 Prediger an der dortigen Kadettenanstalt, 1754 Diakon und 1756 Archidiakon der Berliner Marienkirche. B. überarbeitete und verfaßte Lieder für Johann Samuel Diterichs Gesangbuch *Lieder für den öffentlichen Gottesdienst* (1756); er gab Predigten und Erbauungsschriften heraus und war Mitübersetzer der von Baumgarten herausgegebenen *Allgemeinen Welthistorie*.

Brunner, Philipp Joseph, kath. Theologe, * 9. 5. 1758 Philippsburg, † 4. 11. 1829 Karlsruhe.
Als der junge Repetent der Philosophie am Konvikt in Heidelberg 1782 seine von aufklärerischem Gedankengut berührte Schrift *Primae notiones theologicae* veröffentlichte, erregte er damit den Unwillen seiner kirchlichen Vorgesetzten. B. wurde versetzt und war fast 20 Jahre in Landgemeinden als Pfarrvikar, Kaplan und Pfarrer tätig. 1803 wurde er Schul- und Kirchenrat der kath. Kirchenkommission des Fürstbistums Bruchsal. Nachdem Bruchsal dem Großherzogtum Baden zugeschlagen worden war, arbeitete B. bis 1826 in verschiedenen Positionen, zuletzt im badischen Innenministerium, an der Neuorganisation des Kirchen- und Schulwesens. Er war ein Verfechter des Staatskirchentums, strebte ein aufgeklärtes Christentum an und setzte sich für die allgemeine Volksbildung ein.

Bruns, Heinrich Julius, Schulmann, * 29. 6. 1746 Rohrsheim bei Halberstadt, † 23. 9. 1794 Reckahn (Mark Brandenburg).
Als Musiklehrer und Schreiber fand B. Anstellung im Haus des Domherrn Friedrich Eberhard von → Rochow in Reckahn. Seine Ideen zur Förderung und Reform der Volksbildung stießen bei diesem auf Gegenliebe. Als der Schulmeister des Ortes starb, wurde B. dessen Nachfolger. In den zur Herrschaft Rochows gehörigen Dörfern Reckahn, Settin und Krane entstanden Dorfschulen, deren Ordnung und pädagogisches System Einfluß im ganzen norddeutschen Raum gewannen.

Bucher, (Leonhard) Anton von, Pseud. P. F. Fabianus, Sebastian Brandl, kath. Theologe, Bildungspolitiker, Schriftsteller, * 11. 1. 1746 München, † 8. 1. 1817 München.
B. studierte in Ingolstadt und wurde nach der Priesterweihe 1768 Kaplan in München, 1771 Volksschulkommissar, im folgenden Jahr Rektor der Volksschulen sowie nach Auflösung des Jesuitenordens 1773 auch Rektor der Gymnasien in Bayern. Er war maßgebend an der Volksschulreform und an der Lateinschulordnung von 1774 beteiligt; 1777 erhielt er den Titel Geistlicher Rat. Da er sich mit seinen Vorstellungen einer Schulreform nicht mehr gegen seinen Kontrahenten Heinrich → Braun durchsetzen konnte, legte B. 1778 sein Rektorat nieder und ließ sich als Pfarrer nach Engelbrechtsmünster versetzen. 1783 wurde er korrespondierendes Mitglied der Bayerischen Akademie der Wissenschaften. Er gehörte später dem Illuminatenorden an, unterstützte um 1800 die republikanische bayerische „Patrioten-Partei" und lebte seit 1813 als Benefiziat wieder in München. Seine aufklärerischen, oft mundartlich gefärbten Satiren (u. a. *Kinderlehre auf dem Lande*, 1782) zählen zu den Höhepunkten der Gattung.

Bucher, Urban Gottfried, Mediziner, * 1679 Frauenheim (Sachsen).
Über die Lebensumstände B.s, der mit Friedrich Wilhelm → Stosch, Theodor Ludwig → Lau und Gabriel → Wagner zu den frühen deutschen Materialisten zählt, ist nur wenig bekannt. Er war Sohn eines Pfarrers, studierte seit 1699 in Wittenberg und wurde 1707 bei Friedrich Hoffmann an der Medizinischen Fakultät der Univ. Halle promoviert. B. war Leibarzt des Fürsten von Fürstenberg, Statthalters des Kurfürsten Friedrich August I. 1722 veröffentlichte er *Das Muster eines nützlich-Belehrten in der Person des Herrn Doctor Johann Joachim Bechers*, eine scharfe Kritik an der Herrschsucht und Intoleranz der Priester. Der vermutlich von B. verfaßte *Zweyer Guten Freunde Brief-Wechsel vom Wesen der Seelen*, der 1713 anonym erschien, ist der wichtigste Beitrag deutscher Freidenker zu einer spiritualistischen Rationalpsychologie. Der Verfasser erhebt die Forderung nach einer Belebung der Naturwissenschaften und einer umfassenden Erforschung der objektiven Realität und skizziert auf der Grundlage eines aus medizinischen und philosophischen Quellen (u. a. Hobbes) gespeisten Materialismus eine sensualistische Erkenntnistheorie.

WERKE: Zweyer Guten Freunde Brief-Wechsel vom Wesen der Seelen. Sammt einer Anonymi lustigen

Vorrede. Mit Dokumenten. Hrsg. v. Martin Mulsow (in Vorb.).
LITERATUR: Materialisten der Leibniz-Zeit. Ausgewählte Texte. Hrsg. v. Gottfried Stiehler. Berlin 1966, bes. S. 31-35.

Buchholz, (Paul Ferdinand) Friedrich, Publizist, * 5. 2. 1768 Alt-Ruppin, † 14. 2. 1843 Berlin.
B. studierte zunächst Theologie, später neuere Sprachen in Halle und wurde 1787 Lehrer an der Ritterakademie in Brandenburg. 1800 verließ er den Schuldienst und lebte als freier Publizist in Berlin. B. war schon vor 1800 Mitarbeiter der wichtigsten politischen Zeitschriften Deutschland, gehörte gemeinsam mit →Bahrdt und →Knigge zu den führenden Propagandisten der Französischen Revolution und Napoleons und bekämpfte publizistisch die deutsche Aristokratie (*Untersuchungen über den Geburtsadel und seine Fortdauer im 19. Jahrhundert*, 1807). Nach den Befreiungskriegen gründete und redigierte er das „Journal von und für Deutschland" (seit 1820 „Neue Monatsschrift für Deutschland"), das liberale und demokratische Gedanken vertrat.

Buddeus, Johann Franz, eigentl. Budde, evang. Theologe, * 25. 6. 1667 Anklam, † 10. 11. 1729 Gotha.
B., Sohn eines Pastors, studierte in Wittenberg und Jena. 1692 wurde er Prof. für Griechisch und Latein am akademischen Gymnasium in Coburg, 1693 Prof. der Moralphilosophie an der neuerrichteten Univ. Halle, kehrte 1705 als Prof. der Theologie nach Jena zurück und wurde 1715 Ordinarius. Philosophisch an →Thomasius, zum Teil auch an Locke orientiert, verfaßte B. in der Hallenser Zeit die *Elementa philosophiae practicae* (1697, 2. überarbeitete Aufl. 1703) und die *Institutiones philosophiae eclecticae*, die in zwei selbständigen Teilen die *Elementa philosophiae instrumentalis* (1703, Logik) und die *Elementa philosopiae theoreticae* (1706, Metaphysik) behandeln; zusammen stellen sie – durchaus mit Lehrbuchcharakter – das vor →Wolff am weitesten verbreitete philosophische System dar. In den theologischen Arbeiten, die der mit August Hermann →Francke befreundete und von →Spener beeinflußte B. vor allem in Jena verfaßte, vermittelte er zwischen Pietismus und Orthodoxie. Zu seinen Veröffentlichungen zählen *Selecta iuris naturae et gentium* (1704), *Institutiones theologiae moralis* (1711; dt. 1719), *Historia ecclesiastica veteris testamenti ab orbe condito usque ad Christum natum* (2 Bde., 1715-18), *Institutiones theologicae dogmaticae* (1723), *Isagoge historico-theologica ad theologiam universam singulasque eius partes* (1727, erw. 1730) und *Bedencken über die Wolffianische Philosophie nebst einer historischen Einleitung zur gegenwärtigen [sic] Controversie* (1724).
WEITERE WERKE: Allgemeines historisches Lexikon. 4 Tle., Leipzig 1709, ³1730-32. – Theses theologicae de atheismo et superstitione. Jena 1716. Dt. 1717. – Ecclesia apostolica sive de statu ecclesiae christianae sub apostolis commentatio historico-dogmatica. Jena 1729.

LITERATUR: Arnold F. Stolzenburg: Die Theologie des J. F. B. und des Chr. Matth. Pfaff. Berlin 1926. Nachdruck Aalen 1979. – Eberhard H. Pältz: B. J. F. In: TRE 7, 1981, S. 316-317. – Ulrich Gottfried Leinsle: Reformversuche protestantischer Metaphysik im Zeitalter des Rationalismus. Augsburg 1988, bes. S. 190-197. – Friederike Nüssel: Bund und Versöhnung. Zur Begründung der Dogmatik bei J. F. B. Göttingen 1996.

Bülow, Friedrich Ernst von, Landwirt, * 5. 10. 1736 Gut Essenrode (Lüneburg), † 4. 5. 1802 Celle.
Als Page erzogen, trat B. zu Beginn des Siebenjährigen Kriegs in hannoversche Kriegsdienste ein und wurde mit 25 Jahren Major. Nach dem Tod seines Vaters 1769 übernahm er die Verwaltung des ererbten Guts Essenrode und führte dort als einer der ersten die Ablösung der bäuerlichen Grundlasten und eine Flurbereinigung durch. Seit 1770 Schatzrat der lüneburgischen Ritterschaft, wurde er 1778 zum Landrat gewählt und 1780 von König Georg III. zum Landschaftsdirektor und Abt zu St. Michaelis ernannt. Die seit Ende des Siebenjährigen Kriegs bestehende Landwirtschaftsgesellschaft zu Celle wählte ihn 1792 zu ihrem Direktor.

Bürger, Gottfried August, Schriftsteller, * 31. 12. 1747 Molmerswende bei Quedlinburg, † 8. 6. 1794 Göttingen.
B. studierte seit 1760 am Pädagogium in Halle sowie Theologie an der dortigen Univ., seit 1768 Rechtswissenschaften in Göttingen und lernte dort die Mitglieder des 1772 gegründeten Hainbundes kennen. 1772 übernahm er eine Stelle als Amtmann zunächst in Gellihausen, später in Niedeck, die finanziell weniger als erwartet einbrachte und ihn an der literarischen Arbeit hinderte. B. lebte in tragischen Liebesbeziehungen, zum Teil in einer Ehe zu dritt mit den Schwestern Dorette und Molly Leonhart. 1784 wurde er Privatdozent, 1789 a. o. Prof. an der Univ. Göttingen. Die Ehe mit Elise B. (1790) wurde 1792 geschieden. B. veröffentlichte zahlreiche Gedichte im „Göttinger Musenalmanach", den er 1778-94 redigierte. Zunächst der Anakreontik verpflichtet, erneuerten sie später u. a. die Gattung Ballade (*Leonore*, 1773) und die Gedichtform Sonett. 1786 erschienen anonym seine Übersetzung und Erweiterung der Münchhausen-Geschichten von Rudolf Erich Raspe unter dem Titel *Wunderbare Reisen zu Wasser und Lande, Feldzüge und lustige Abentheuer des Freiherrn von Münchhausen*. Nach der harschen Kritik →Schillers 1791 in der „Jenaischen Allgemeinen Literaturzeitung" wurde B. mehr und mehr vom literarischen Betrieb isoliert und führte zahlreiche Projekte, darunter Übersetzungen, nicht mehr aus.

Büsch, Johann Georg, Volkswirt, * 3. 1. 1728 Alten-Medingen, † 5. 8. 1800 Hamburg.
B. studierte Theologie, Geschichte und Mathematik an der Univ. Göttingen und wurde 1754 Prof. der Mathematik am Hamburger Akademischen Gymnasium. Seit 1767 lehrte er gleichzeitig an der Hamburger Handelsschule und wurde 1772 deren Direktor. B. machte sich durch zahlreiche Publikationen

um die Entwicklung des Bank- und Versicherungswesens, des Handels-, Wechsel- und Seerechts verdient; er bewirkte die Reform des Hamburger Kranken- und Armenwesens in der Armenordnung von 1788. B. war Mitbegründer der patriotischen Gesellschaft und u. a. mit → Klopstock und J. A. → Reimarus befreundet. Außer handelswissenschaftlichen (u. a. *Abhandlung vom Geldumlauf*, 1780), historischen, mathematischen und technischen Schriften veröffentlichte er eine Autobiographie *Über den Gang meines Geistes und meiner Tätigkeit* (1794).

Büsching, Anton Friedrich, Geograph, Pädagoge, * 27. 9. 1724 Stadthagen, † 28. 5. 1793 Berlin.
Nach dem Studium der Theologie in Halle ging B. 1749 als Hauslehrer nach St. Petersburg, hielt sich seit 1752 in Kopenhagen auf und wurde 1754 Prof. der Philosophie in Göttingen. 1760 nahm er eine Predigerstelle in St. Petersburg an und kehrte 1766 als Oberkonsistorialrat und Direktor des Berliner Gymnasiums zum Grauen Kloster nach Deutschland zurück. Seine Reformen in der Schulpolitik machten ihn zu einem der bedeutendsten Berliner Schulleiter des 18. Jahrhunderts. Er begründete mit seiner Europa und Asien umfassenden *Neuen Erdbeschreibung* (11 Teile, 1754-92) die politische Geographie, basierend auf vergleichender Statistik. B., Verfasser auch wissenschaftshistorischer Studien, veröffentlichte seine Autobiographie im sechsten Band seiner *Beiträge zu der Lebensgeschichte denkwürdiger Personen [...]* (6 Bde., 1783-89).
LITERATUR: Peter Hoffmann: A. F. B. (1724-1793). Ein Leben im Zeitalter der Aufklärung. Berlin 2000.

Büttner, Christian Wilhelm, Naturforscher, * 27. 2. 1716 Wolfenbüttel, † 8. 10. 1801 Jena.
Von Beruf Apotheker, eignete sich B. autodidaktisch umfangreiche Kenntnisse in Naturgeschichte, Anthropologie, Ethnographie und Linguistik an, erlangte 1755 den Magistergrad an der Univ. Göttingen und hielt als kgl. Kommissar Vorlesungen. Seit 1758 a. o. Prof., wurde er 1762 Mitglied der Gesellschaft der Wissenschaften und 1763 o. Prof. in Göttingen. 1783 ging er als sachsen-weimarischer Hofrat nach Jena und verkaufte Herzog → Karl August, nachdem er 1773 der Göttinger Univ. bereits seine Naturaliensammlung übergeben hatte, seine von den Zeitgenossen als überaus wertvoll eingeschätzte Bibliothek (10 000 Bde.) für die Jenaer Universitätsbibliothek. B. hielt als einer der ersten ein geschlossenes Kolleg über Naturgeschichte und verbreitete seine damals revolutionären Vorstellungen von der Einheit des Menschengeschlechts und der Entwicklung verschiedener Rassen aus einer Grundform. Er veröffentlichte *Vergleichungstafeln der Schriftarten [...]* (2 Bde., 1771-81).

Buhle, Johann Gottlieb Gerhard, Philosoph, Philologe, * 29. 9. 1763 Braunschweig, † 11. 8. 1821 Braunschweig.
Der Sohn des braunschweigischen Hofchirurgen Christian August B. studierte in Göttingen und Helmstedt Philologie und Philosophie; 1785 gewann er mit der Schrift *Calendarium Palaestinae oeconomicum* eine Preismedaille. Im folgenden Jahr erteilte er sowohl dem Prinzen von Fürstenberg als auch den drei Prinzen von England in Göttingen Privatunterricht. 1794 wurde B. o. Prof. der Philosophie an der Univ. Göttingen, im Herbst 1804 kaiserlich russischer Hofrat und o. Prof. der Philosophie an der Univ. Moskau; seit 1811 war er Vorleser und Bibliothekar der Großfürstin Katharina, einer Schwester des Zaren. 1814 kehrte er nach Deutschland zurück und wurde im folgenden Jahr Prof. der Philosophie und der Rechtswissenschaften sowie Syndikus und Mitglied des Direktoriums am Collegium Carolinum in Braunschweig. B. besorgte die erste neuzeitliche Ausgabe der gesammelten griechischen Texte des Aristoteles (1791-93) und verfaßte mit seinem *Lehrbuch der Geschichte der Philosophie und einer kritischen Literatur derselben* (8 Bde., 1796-1804) eine der ersten Philosophiegeschichten in deutscher Sprache. 1798 erschien sein *Entwurf einer Transzendentalphilosophie*, 1800-05 seine *Geschichte der neueren Philosophie seit Wiederherstellung der Wissenschaften* in sechs Bänden. Mit Friedrich → Bouterwek gab er das „Göttingische Philosophische Museum" (2 Bde., 1798/99; Nachdruck 1979) heraus.
WEITERE WERKE: Grundzüge einer allgemeinen Encyklopädie der Wissenschaften. Lemgo 1790. – Geschichte des philosophisch-menschlichen Verstandes. Teil 1. Lemgo 1793. – Einleitung in die allgemeine Logik und Kritik der reinen Vernunft. Göttingen 1795. – Lehrbuch des Naturrechts. Göttingen 1798. – Ideen zur Rechtswissenschaft, Moral und Politik. Göttingen 1799/1800. – Über Ursprung und Leben des Menschengeschlechts und das künftige Los nach dem Tode. Eine freie naturwissenschaftliche Ansicht. Braunschweig 1822.
LITERATUR: Spehr: ADB 3, 1876, S. 509-510.

Butenschön, Johann Friedrich, Pädagoge, Publizist, * 14. 6. 1764 Barmstedt (Holstein), † 16. 5. 1842 Speyer.
Der Sohn eines Kirchspielvogts und Zollverwalters studierte in Jena, Kiel und Heidelberg und war 1787 Lehrer für alte Sprachen am Institut Konrad → Pfeffels in Colmar. Von der Französischen Revolution begeistert, ging er nach Straßburg, wohin er nach dem Abschluß seiner Studien in Jena 1793 zurückkehrte. Hier wirkte B. als politischer Publizist, befreundete sich mit dem Revolutionär Eulogius → Schneider und war als Stadtsekretär tätig. Wegen seiner Kritik an politischen Ausschreitungen wurde er 1794 verhaftet, entging nur knapp dem Todesurteil und siedelte nach Zürich über. 1796-1803 lehrte B. Geschichte und Geographie in Colmar und folgte dann einem Ruf an das französische Lyzeum in Mainz, wo er 1812 Rektor der Akademie und Leiter des Schulwesens in drei Departements wurde. Seit 1816 Regierungs- und Schulrat des bayerischen Rheinkreises in Speyer, war er seit 1818 weltlicher Konsistorialrat und leitete bis 1820 die liberale „Speyrer Zeitung".

C

Caesar, Karl Adolf, Philosoph, * 12. 4. 1744 Dresden, † 12. 1. 1811 Leipzig.
C. studierte Philosophie und Rechtswissenschaften in Leipzig, erwarb 1769 den Magistergrad und habilitierte sich im folgenden Jahr. Danach als Privatlehrer tätig, wurde er 1778 a. o. Prof. und 1789 o. Prof. der Philosophie an der Univ. Leipzig, deren Rektor er vier Mal war. C. veröffentlichte u. a. *Betrachtungen über die wichtigsten Gegenstände der Philosophie* (1783), *Denkwürdigkeiten aus der philosophischen Welt* (6 Bde., 1784-88) und *Pragmatische Darstellung des Geistes der neuesten Philosophie des In- und Auslandes* (3 Bde., 1800-03) sowie Übersetzungen philosophischer Werke aus dem Italienischen und Französischen. 1787-93 gab er die „Philosophischen Annalen" heraus.
WEITERE WERKE: Philosophische Rhapsodien. Leipzig 1788. – Gedanken über die menschliche Glückseligkeit. Leipzig 1798.

Calvör, Henning, evang. Theologe, Lehrer, Montanist, * Oktober 1686 Silstedt bei Wernigerode, † 10. 7. 1766 Altenau.
Mit Hilfe eines Stipendiums der Grafen Stolberg studierte C. Theologie und beschäftigte sich daneben mit Mathematik, Mechanik und dem Bergbauwesen. Er wurde 1713 Konrektor der Schule in Clausthal, wo er in erster Linie Mathematik und Mechanik unterrichtete und 1729 zum Rektor avancierte. Im gleichen Jahr übernahm er jedoch die Pfarrei von Altenau. C. veröffentlichte historische und theologische Schriften, zumeist in lateinischer Sprache. Zentrale Thematik seiner Publikationen auf dem Gebiet des Bergbaus sind die Maschinen (*Historisch-chronologische Nachricht und praktische Beschreibung des Maschinenwesens im Oberharz*, 2 Bde., 1763). Er setzte sich für die Gründung einer Spezialschule für den Bergbau ein – ein Wunsch, der erst 1775 mit der Bergakademie Clausthal verwirklicht wurde.

Campe, (Franz) August (Gottlieb), Buchhändler, * 1. 3.(?) 1773 Deensen bei Holzminden, † 22. 10. 1836 Hamburg.
Nachdem er eine Lehre in der Buchhandlung seines Onkels Joachim Heinrich → C. in Braunschweig absolviert hatte, eröffnete C. 1800 eine eigene Buchhandlung in Hamburg. Im folgenden Jahr rief er gemeinsam mit seinem Bruder Friedrich → C. ein Literarisches Museum ins Leben. Nach der Heirat 1806 mit der Schriftstellerin Elisabeth Hoffmann, einer Tochter des Buchhändlers Benjamin Gottlob Hoffmann, wurden 1812 die Sortimente Hoffmann und Campe zusammengeschlossen. C. übernahm die Geschäftsführung des Unternehmens, dem er 1814 noch die Buchhandlung Carl Ernst Bohns hinzufügte. 1823 überließ er den Verlag Hoffmann & Campe seinem Halbbruder Julius C. und vertrieb nur noch die älteren Verlagsartikel unter seinem eigenen Namen.

Campe, (August) Friedrich (Andreas), Verleger, * 13. 9. 1777 Deensen bei Holzminden, † 9. 8. 1846 Nürnberg.
C. wurde bei seinem Onkel Joachim Heinrich → C. zum Buchhändler ausgebildet und arbeitete 1797-99 als Gehilfe in der Buchhandlung Nicolovius in Königsberg. Gemeinsam mit seinem Bruder August → C. gründete er 1801 ein Literarisches Museum in Hamburg, zog jedoch 1803 nach Fürth und eröffnete einen eigenen Verlag mit Buchhandlung und Leihbücherei. 1805 ließ er sich endgültig in Nürnberg nieder, wo er sein Unternehmen durch Ankauf der Buch- und Musikalienhandlung Seligmann erweiterte. 1825 erwarb er eine Druckerei und vertrieb u. a. Bilder und Landkarten. Seit 1823 an der Spitze der Reformbestrebungen im deutschen Buchhandel, setzte C. gemeinsam mit Bernhard Friedrich Voigt 1825 in Leipzig eine neue Börsenordnung durch und wurde Mitbegründer und bis 1828 erster Vorsitzender des Börsenvereins deutscher Buchhändler.

Campe, Joachim Heinrich, Pädagoge, Verleger, Schriftsteller, Sprachwissenschaftler, * 29. 6. 1746 Deensen bei Holzminden, † 22. 10. 1818 Braunschweig.
C. war Sohn eines Kaufmanns (der auf seinen angestammten Adelstitel verzichtet hatte) und einer Pfarrerstochter. Er studierte in Helmstedt (1765-68) und Halle (1768/69) evang. Theologie und Philosophie. Danach war er als Hauslehrer von Wilhelm und Alexander von → Humboldt tätig (1769-73 und 1775). Ein Jahr später wurde er „Educationsrath" am von → Basedow in Dessau neuerrichteten „Philanthropinum", damals die berühmteste Erziehungseinrichtung Deutschlands. 1777 ging er nach Hamburg, gründete im Vorort Billwerder eine eigene Erziehungsanstalt für wohlhabende Kaufmannssöhne und gab Schriften zur Erziehung Jugendlicher heraus. Mit seinem *Robinson der Jüngere* (1779), einer sehr freien Bearbeitung von Daniel Defoes *Robinson Crusoe*, wurde er weltberühmt. Das Buch, das im Kontext der damals sehr aktuellen pädagogischen Kinderliteratur der Aufklärung zu sehen ist, wurde u. a. von Christian Felix → Weißes Wochenblatt „Der Kinderfreund" angeregt. C.s zeitgemäßes Erziehungsziel war der aufgeklärte, religiös und sittlich gefestigte, verantwortungsbewußt und vernünftig handelnde Mensch.
1786 ging C. als „Hochfürstlicher Schulrath" nach Braunschweig und übernahm die Leitung der Braunschweigischen Schulbuchhandlung. Er gab viele

pädagogische Schriften heraus und erarbeitete ein großes *Wörterbuch der deutschen Sprache* (5 Bde., 1807-12). Im Revolutionsjahr 1789 besuchte er als Reisebegleiter Wilhelm von Humboldts Paris und zeigte sich gegenüber den Ideen der Französischen Revolution so aufgeschlossen, daß ihm die Nationalversammlung am 10.10.1792 (zusammen mit → Schiller, → Klopstock, George Washington, vielen Engländern und → Pestalozzi) das Bürgerrecht verlieh. Er erarbeitete ein Wörterbuch, das das Deutsche puristisch von französischem und allem ausländischen Spracheinfluß reinigen sollte (*Wörterbuch zur Erklärung und Verdeutschung der unserer Sprache aufgedrungenen fremden Ausdrücke*, 2 Bde., 1801) und riet in seinen Schriften vom französischen Sprachunterricht für Deutsche ab. Seine unermüdlichen Versuche zur Eindeutschung von Fremdwörtern trugen ihm schon damals auch Spott ein. Die von C. herausgegebene *Allgemeine Revision des gesamten Schul- und Erziehungswesens* (16 Bde., 1785-91) muß als Summe und Programmwerk der deutschen Aufklärungspädagogik gelten. Im Jahr 1809 ernannte ihn die Univ. Helmstedt zum Ehrendoktor der Theologie.

LITERATUR: Jakob Anton Leyser: J. H. C. Ein Lebensbild aus dem Zeitalter der Aufklärung. 2 Bde., Braunschweig 1877. – Reinhard Stach: „Robinson der Jüngere" als pädagogisch-didaktisches Modell des philanthropistischen Erziehungsdenkens. Ratingen 1970. – Wolfgang Promies: Kinderliteratur im späten 18. Jahrhundert. In: Hansers Sozialgeschichte der Literatur. Bd. 3, Tübingen 1980, S. 765-831. – Edeltraud Dobnig-Jülch: Von einem der auszog die Sprache zu ändern. Ein erster Blick auf J. H. C.s Sprachveränderungsakte. In: Brigitte Asbach-Schnitker / Johannes Roggenhofer: Neuere Forschungen zur Wortbildung und Historiographie der Linguistik. Tübingen 1987, S. 353-365. – Visionäre Lebensklugheit. J. H. C. in seiner Zeit. 1746-1818. Wiesbaden 1996. *Bernd Naumann*

Canz, Israel Gottlieb, auch Cantz, luth. Theologe, Philosoph, * 26.2.1690 Grüntal, † 2.2.1753 Tübingen.
C., Sohn eines Pfarrers, besuchte die Lateinschule in Cannstatt, wurde 1704 unter die fürstlichen Alumnen in Bebenhausen aufgenommen und wechselte 1706 in das Tübinger theologische Stipendium. Seit 1707 Baccalaureus, wurde ihm 1709 die Magisterwürde verliehen. Nach dem Studium der Theologie 1714 zum Repetenten im Stift bestellt, unterrichtete er sechs Jahre hauptsächlich Philosophie, tat 1719 als Vikar Dienst im Predigtamt in Stuttgart, wurde 1720 Diakon in Nürtingen und war 1721-33 Lehrer in Bebenhausen. Als Spezialsuperintendent und Pfarrer kehrte er 1733 nach Nürtingen zurück, übernahm 1734 eine ordentliche Professur für Beredsamkeit und Dichtkunst, wurde Ephorus am Stipendium und wechselte 1739 auf die Professur für Logik und Metaphysik. 1742 mit der Fortsetzung der vom Wolffianer Johann Gustav Reinbeck begonnenen, bis dahin in vier Teilen erschienenen *Betrachtungen über die in der Augspurger Confeßion enthaltene und damit verknüpfte Göttliche Wahrheiten* betraut, legte er 1743-47 deren 5. bis 9. Teil vor. 1747-53 war C. Prof. der Theologie. 1751 wurde ihm die theologische Doktorwürde verliehen. C., einer der wenigen süddeutschen Wolffianer, schrieb mehrere Werke zur Leibniz-Wolffschen Philosophie. Mit *Philosophiae Leibnitianae et Wolfianae usus in theologia, per praecipua fidei capita* (3 Bde., 1728-37) trat er – wie vor ihm schon Georg Bernhard → Bilfinger – im Streit um → Wolff für diesen ein und versuchte die Vereinbarkeit von Philosophie mit dem Christentum nachzuweisen. Zu seinen wichtigen Arbeiten zählen ferner *Iurisprudentia theologiae, seu de civitate Dei* (1731, ²1737), *Grammaticae universalis tenuia rudimenta* (1737, Neudruck 1982), *Disciplinae morales omnes* (2 Bde., 1739, ³1762; Nachdruck, 2 Bde., 1994) *Philosophia fundamentalis* (1744, Nachdruck 1997) und *Meditationes philosophicae* (1750; Nachdruck, 2 Bde., 1996).

WEITERE WERKE: Oratoria scientiarum familiae toti cognata, seu rationis et orationis actissimum vinculum. Tübingen 1735. – Humanae cognitionis fundamenta dubiis omnibus firmiora, seu Ontologia polemica concinnata. Leipzig 1740. – Ueberzeugender Beweis aus der Vernunft von der Unsterblichkeit sowohl der Menschen-Seelen insgemein, als besonders der Kinder-Seelen. Tübingen 1741, ³1746. – Ontologia syllogistico-dogmatica. Tübingen 1741. – Theologia naturalis thetico-polemica. Dresden 1742. – Unterricht von den Pflichten der Christen, oder theologische Moral. Berlin 1749. – Compendium Theologiae purioris. Tübingen 1752. Leipzig 1756. Heilbronn 1761. – Annotationes ad Compendium Theologiae purioris ex MScto. Hrsg. v. Georg Bernhard Canz. Tübingen 1755. – Grammaticae universalis tenuia rudimenta. Faksimile-Neudruck der Ausgabe Tübingen 1737 mit einer Bio-Bibliographie von Hans Jürgen Höller und einem kommentierenden Werküberblick von Herbert E. Brekle. Stuttgart 1982.
LITERATUR: BBHS 2, 1993, S. 91-94.

Carl, Ernst Ludwig, Nationalökonom, Staatsmann, * 6.2.1682 Öhringen (Hohenlohe), † 11.7.1742 Wien.
C. studierte an der Univ. Halle zunächst bei → Francke Theologie und dann bei → Thomasius Rechtswissenschaften (1700-06), ehe er 1708 als Sekretär in den Dienst der fränkischen Hohenzollern trat. 1712 wurde er in Ansbach Gemeinschaftlicher Rat und zusätzlich Assessor beim kaiserlichen Landgericht in Nürnberg. 1720 in Ansbach beurlaubt, reiste C. nach Paris und wirkte als Agent u. a. für das öttingische Fürstenhaus oder für Bankiers. Er widmete sich wirtschaftswissenschaftlichen Studien und verfaßte 1720-23 das Werk *Traité de la richesse des princes et de leurs états, et des moyens simples et naturels pour y parvenir*, das ihn als Vordenker der modernen Wirtschaftstheorie ausweist. 1724 zum a. o. Minister ernannt, kehrte C. 1734 nach Ansbach zurück. Als er dort keine Anstellung fand, trat er in

den Dienst des Prinzen Eugen in Wien und prozessierte bis zu seinem Lebensende gegen seine früheren Auftraggeber wegen der in Paris für sie ausgelegten Gelder.

Carmer, Johann Heinrich Kasimir Graf von, Jurist, Staatsmann, * 29. 12. 1720 Kreuznach, † 23. 5. 1801 Rützen.
Nach juristischen Studien in Jena und Halle (1739-43) trat C. 1749 in den preuß. Staatsdienst ein und wurde 1750 Regierungsrat in Oppeln, im folgenden Jahr Oberamtsdirektor und 1763 Präsident der Regierung in Breslau. 1768 zum Chefpräsidenten sämtlicher Oberamtsregierungen in Schlesien ernannt, errichtete er 1770 eine Kreditanstalt, die sogenannte „Schlesische Landschaft", um die durch den Siebenjährigen Krieg gesunkene Prosperität in Schlesien wieder zu heben. →Friedrich II. berief ihn 1779 zum preuß. Großkanzler und Ersten Minister der Justiz und beauftragte ihn mit der Fortführung der von Samuel Frh. von →Cocceji begonnenen Rechtsreform. Gemeinsam mit Carl Gottlieb →Svarez arbeitete C. daraufhin das *Corpus Juris Fridericianum* (1781) aus, das aufklärerische Grundsätze berücksichtigte und die Grundlage des Allgemeinen Landrechts von 1794 bildete. Aus gesundheitlichen Gründen legte er 1795 sein Ministeramt nieder, behielt aber die Leitung der Gesetzeskommission.

Carpov, Jakob, evang. Theologe, * 29. 9. 1699 Goslar, † 9. 6. 1768 Weimar.
C. studierte in Halle und Jena Theologie, Philosophie und Rechtswissenschaften. 1725 zum Magister promoviert, hielt er in Jena akademische Vorlesungen, in denen er die Philosophie Christian →Wolffs erläuterte und auf die Theologie anwandte. Auch als Gymnasiallehrer in Weimar (seit 1737) setzte er seine Vorlesungstätigkeit zunächst fort, unterrichtete aber seit 1742 nur noch Mathematik. 1745 erfolgte seine Beförderung zum Direktor des Gymnasiums. C. übertrug als erster die mathematische Methode der Wolffschen Philosophie auf theologische Fragestellungen (*Oeconomia salutis Novi Testamenti seu Theologia relevata dogmatica methodo scientifica adornata*, 4 Bde., 1737-65).

Carus, Friedrich August, Theologe, Philosoph, Psychologe, * 27. 4. 1770 Bautzen, † 6. 2. 1807 Leipzig.
Seit 1795 Baccalaureus der Theologie und Frühprediger in Leipzig, wurde C. 1805 o. Prof. der Philosophie an der dortigen Universität. In seinen philosophischen Werken stützte er sich auf Immanuel →Kant und Friedrich Heinrich →Jacobi. Bemerkenswert sind seine Abhandlungen über die Psychologie. Durch eine *Geschichte der Psychologie* (1808, Nachdruck 1990), die als 3. Band seiner *Nachgelassenen Werke* (hrsg. von Ferdinand Hand, 7 Bde., 1808-10) postum erschien, wurde C. zu einem der ersten Psychologiehistoriker.
WEITERE WERKE: De Anaxagoreae cosmo-theologiae fontibus. Leipzig 1797. – Psychologie der Hebräer. Leipzig 1809.

Castillon, Friedrich (Adolf Maximilian Gustav), Philosoph, Mathematiker, * 22. 9. 1747 Lausanne, † 27. 1. 1814 Berlin.
C., Sohn eines Mathematikers und Philosophen, war seit 1787 Prof. der Philosophie an der Adligen Militär- und Artillerie-Akademie sowie Direktor der philosophischen Klasse an der Königlichen Akademie der Wissenschaften in Berlin. Er war Landes-Großmeister der großen Landesloge der Freimaurer in Deutschland. C., Schüler von Johann Heinrich →Lambert, formalisierte den Syllogismus. Er veröffentlichte u. a. *Elémens de Géometrie, on les six premiers Livres d'Euclide, avec le onzieme et le douzieme* (1767), *Sur un globe mouvant qui représente le mouvements de la terre* (1779), *Sur la division des instruments de géométrie et d'astronomie* (1780), *Théorie de l'art des Jardins* (mit Christian Cay Lorenz Hirschfeld, 5 Bde., 1779-85), *Sur la gnomonique* (1784) und *Examen philosophique de quelques principes d'algèbre* (1790/91).
WEITERE WERKE: Observations sur le livre intitulé: Système de la nature. Berlin 1771.
LITERATUR: Christian Thiel: Zur Beurteilung der intensionalen Logik bei Leibniz und C. In: Akten des II. Internationalen Leibniz-Kongresses, Hannover 17.-22. Juli 1972. Bd. 4. Wiesbaden 1975, S. 27-37.

Cella, Johann Jakob, Jurist, Publizist, * 27. 2. 1756 Bayreuth, † 30. 11. 1820 Ansbach.
Der einer aus Korsika eingewanderten Familie entstammende C. studierte 1771-75 in Erlangen Jurisprudenz und war anschließend am Reichskammergericht in Wetzlar und als Advokat in seiner Heimatstadt Bayreuth tätig. Seit 1778 in markgräflich Ansbach-Bayreuther Diensten, begleitete er den Minister von Gemmingen nach Paris und wurde 1781 zum Justizrat und Amtmann von Herrieden und Burgthann ernannt. 1788-96 amtierte C. als fürstlich nassauischer Regierungs- und Kanzleidirektor in Weilburg und seit 1797 als Kreisdirektor in Schwabach. 1808 wurde er Kreisrat in Ansbach, 1810 Lokalkommissariats- und Oberadministrationsrat in Nürnberg und kehrte 1817 als bayerischer Regierungsrat nach Ansbach zurück. Einen Namen als Publizist machte sich C. u. a. durch seine *Freymüthigen Aufsätze* (3 Bde., 1784-86) und durch juristisch-politische Schriften (*Von Zerschlagung der Bauern-Güter und Bauernlehen, und deren Einschränkung*, 1783).

Chastel, Franz Thomas, Schriftsteller, Philologe, * 30. 1. 1750 Pierefitte (Lothringen), † 2. 11. 1815 Rodheim vor Gießen.
Während des 1768 in Straßburg begonnenen Studiums der Philosophie und Geschichte eignete sich C. auch die Kenntnis des Deutschen und Italienischen an. 1771 wechselte er zum Studium der Rechtswissenschaften an die Univ. Mainz; 1775 wurde er dort zum kurmainzischen Stadtsprachmeister ernannt. 1775 zum Universitätssprachmeister und Gymnasiallehrer in Gießen berufen, avancierte C. 1779 zum Universitätslektor und 1797 zum a. o. Prof. der französischen Sprache. 1799 gründete er in Gießen eine „öffentliche französische Bürgerkinderschule".

Neben einer Lebensbeschreibung und einer Würdigung des 1793 hingerichteten Königs Ludwig XVI. schrieb C. eine *Anleitung zum Lesen französischer Poesien* (3 Bde., 1788), *Dialoge über einige Gegenstände der politischen Ökonomie und Philosophie* (1789) und ein *Tagebuch über die kriegerischen Ereignisse in und um Gießen* (1796).

Chladni, Johann Martin, auch Chladenius, evang. Theologe, Historiker, Philologe, * 17. 4. 1710 Wittenberg, † 10. 9. 1759 Erlangen.

C. studierte am Gymnasium illustre in Coburg und an der Univ. Wittenberg Theologie, Philosophie und Philologie und lehrte anschließend dort und an der Univ. Leipzig, wo er 1742 a. o. Prof. der Kirchenaltertümer wurde. Seit 1744 Direktor des Gymnasiums von Coburg, berief ihn die Univ. Erlangen 1747 zum o. Prof. der Theologie, Eloquenz und Dichtkunst. Bekannt wurde C. durch seine Geschichtstheorie, die Elemente der luth. Orthodoxie mit dem Rationalismus →Wolffscher Prägung und dem Empirismus verband. Neu war auch die von ihm propagierte hermeneutische Methode des Umgangs mit Geschichtsquellen. Als Gegner des historischen Pyrrhonismus schuf er den Begriff der „Sehepunkte", die eine nur relative Erkenntnis der historischen Wahrheit erlauben. C. veröffentlichte u. a. *Einleitung zur richtigen Auslegung vernünftiger Reden und Schriften* (1742, Nachdruck 1969), *Nova philosophia definitiva* (1750) und *Allgemeine Geschichtswissenschaft, worinnen der Grund zu einer neuen Einsicht in alle Arten der Gelahrtheit geleget wird* (1752, Neudruck 1985).

WEITERE WERKE: Logica practica sive problemata logica. Leipzig 1742. – Logica sacra sive introductio in Theologiam systematicam. Coburg 1745. – Vernünftige Gedanken von dem Wahrscheinlichen und desselben gefährlichen Mißbrauche. Hrsg. und mit Anmerkungen versehen von Urban Gottlob Thorschmid. Stralsund u. a. 1748 (Originalausgabe: Idolum seculi: probabilitas. Koburg 1747). – Kleine Sammlung von Betrachtungen. Erlangen 1749. – Das Blendwerk der natürlichen Religion, schrift- und vernunftmäßig entdeckt. Leipzig 1751.

LITERATUR: H. Müller: J. M. C. (1710-1759). Ein Beitrag zur Geschichte der Geschichtswissenschaften, besonders der historischen Methodik. In: Historische Studien 134 (1917) S. 1-162. – Peter Szondi: Einführung in die literarische Hermeneutik. Hrsg. v. Jean Bollack und Helen Stierlin. Frankfurt/Main 1975. – Christoph Friedrich: Sprache und Geschichte. Untersuchungen zur Hermeneutik von J. M. C. Meisenheim/Glan 1978. – Rolf Thiele: Verstehen und Intention. Untersuchung zur hermeneutischen Einordnung der Sprechintention im Anschluß an die Auslegungslehre von Chladenius. Diss. TH Aachen 1984.

Chodowiecki, Daniel, Maler, Zeichner, Radierer, * 16. 10. 1726 Danzig, † 7. 2. 1801 Berlin.

Aus einer Danziger Familie von Kaufleuten, Geistlichen und Gelehrten stammend, war C. zunächst zum Beruf des Kaufmanns bestimmt. 1743 ging er nach Berlin, um im Quincailleriegeschäft eines Onkels zu arbeiten. C. erlernte die Emaillemalerei; erst sehr spät, 1754, machte er sich selbständig, um eine Künstlerlaufbahn einzuschlagen. Dieser Entschluß bewirkte eine Unabhängigkeit des künstlerischen Denkens, das ihn den Berliner Aufklärern nahebringen sollte. Von Kontakten mit Antoine Pesne, Joachim Martin Falbe, Blaise-Nicolas Lesueur und Bernhard Rode abgesehen, bildete er sich autodidaktisch. Durch seine Heirat mit Jeanne Barez (1755) fand er Aufnahme in die Französische Reformierte Gemeinde, die seine Geisteshaltung bestimmte und ein soziales Engagement beförderte. Bürgernähe und Ferne vom Hof wurden typisch für ihn.

Zunächst malte er noch hauptsächlich Bildnisminiaturen. 1757 entstanden die ersten Radierversuche und möglicherweise auch die ersten Ölgemälde, für die er ein kleines Format bevorzugte, Figurenszenen mit häuslichen Motiven, die er durch gezeichnete Studien vorbereitete. Aufsehen erregte 1767 sein Tendenzbild *Abschied des Jean Calas von seiner Familie*. Diese Richtung setzte er jedoch in Gemälden nicht fort. Mit Illustrationen zu →Lessings *Minna von Barnhelm* (1769) schlug er den Weg ein, der ihn vor allem berühmt machte und ihm die Bekanntschaft mit vielen zeitgenössischen Autoren einbrachte. Von seinen 2075 Radierungen sind die weitaus meisten Illustrationen für Romane, Schauspiele und Kalender, oft mit moralisierendem und pädagogischem Inhalt. So bebilderte er Johann Bernhard →Basedows *Elementarwerk* (1769-74) und lieferte Zeichnungen für Johann Kaspar →Lavaters physiognomische Studien. Er schuf auch Vorlagen für andere Radierer. Seine vielfältigen Darstellungen vor allem des bürgerlichen Lebens, so die 108 Zeichnungen von seiner Reise nach Danzig von 1773, machen sein Œuvre zu einer kulturgeschichtlichen Quelle ersten Ranges.

Sein Verantwortungsgefühl bewog ihn in den achtziger Jahren, eine Reform der Kunstakademie zu betreiben. Als deren Sekretär konnte er 1786 die erste Kunstausstellung der Akademie eröffnen. 1790 wurde er ihr Vizedirektor, 1797 ihr Direktor, ohne als Lehrer unmittelbar eine Wirkung auszuüben. Gleichwohl schuf C. eine wesentliche Grundlage für die Blüte der Berliner Kunst des 19. Jahrhunderts. Seine als kunstgeschichtliche Quelle ergiebigen Briefe gestatten einen Einblick in seinen offenen, durch Fleiß und unternehmerisches Geschick gekennzeichneten Charakter.

LITERATUR: Wilhelm Engelmann: D. C.s sämmtliche Kupferstiche [...]. Leipzig 1857. – Wolfgang von Oettingen: D. C. Ein Berliner Künstlerleben im achtzehnten Jahrhundert. Berlin 1895. – Charlotte Steinbrucker (Hrsg.): D. C. Briefe zwischen ihm und seinen Zeitgenossen I. 1736-1786. Berlin 1919. – Charlotte Steinbrucker (Hrsg.): Briefe D. C.s an Anton Graff. Berlin/Leipzig 1921. – Charlotte Steinbrucker (Hrsg.): Briefe D. C.s an die Gräfin Christiane von Solms-Laubach. Straßburg 1928. – Jens-Heiner Bauer: D. N. C. Das druckgraphische Werk. Hannover 1982. – Hans Rothe und A. Ryszkiewicz (Hrsg.): C. und die Kunst der Aufklärung in Polen und Preußen. Köln/Wien 1986. – Willi Geismeier: D. C. in Leipzig 1993. – Ernst Hinrichs und Klaus

Zernack (Hrsg.): D. C. (1726-1801). Kupferstecher, Illustrator, Kaufmann. Tübingen 1997.

Helmut Börsch-Supan

Christ, Johann Friedrich, Altphilologe, Archäologe, Kunsthistoriker, * 26. 4. 1700 Coburg, † 3. 9. 1756 Leipzig.
Der Sohn eines Coburger Konsistorialrats und Schuldirektors begann 1720 in Jena ein Studium der Philosophie, Geschichte und der Rechtswissenschaften, das er in Halle fortführte, wo er schon vor der Promotion zum Magister (1728) Vorlesungen hielt. 1729 erhielt er in Leipzig eine a. o. Professur für Geschichte, 1735 eine ordentliche Professur für Dichtkunst. C. gilt als Gründer des kunstarchäologischen Studiums an den deutschen Universitäten; er forschte auf dem Gebiet der Gemmen- und Münzkunde, der Reliefe und der Malerei. 1776 erschienen die von Karl Zeuner herausgegebenen *Abhandlungen über die Litteratur und Kunstwerke vornehmlich des Alterthums*. Zu den bedeutendsten Schülern C.s zählten Christian Gottlob → Heyne und → Lessing.

Christiani, Christoph Johann Rudolph, luth. Theologe, Pädagoge, * 15. 4. 1761 Norby (Schleswig-Holstein), † 6. 1. 1841 Lüneburg.
Nach dem Besuch der Flensburger Lateinschule studierte C. in Kiel, erhielt 1788 das Pastorat in Kahleby-Moldenit und wurde 1793 als letzter deutscher Hofprediger nach Kopenhagen berufen. Daneben gründete er 1795 ein Erziehungsinstitut in Vesterbro, das im Sinne von Joachim Heinrich → Campe und Christian Gotthilf → Salzmann zugleich Gelehrtenschule und Handelsinstitut war. Die pädagogischen Ziele seiner Schule legte C. in den *Beyträgen zur Veredelung der Menschheit* (2 Bde. und ein Anhang, 1796-99) dar. 1810 wurde er Propst in Oldenburg, 1813 Konsistorialrat in Eutin und 1814 Stadtsuperintendent in Lüneburg, wo er die Volks- und Bürgerschule (1816) und eine Bibelgesellschaft ins Leben rief. 1815-25 war C. Herausgeber des „Lüneburger Wochen- und Intelligenzblattes".

Christiani, Wilhelm Ernst, Historiker, Bibliothekar, * 23. 4. 1731 Kiel, † 1. 9. 1793.
C. studierte seit 1748 in Kiel und Jena Theologie und wurde 1757 in Rostock zum Dr. phil. promoviert. 1761 übernahm er eine a. o., 1764 eine o. Professur des Naturrechts und der Politik in Kiel und wurde 1766 zudem Prof. der Beredsamkeit und Dichtkunst, 1770 auch Prof. der Geschichte. 1777 wurde er königlich dänischer Justizrat und 1790 Mitglied der kgl. Gesellschaft der Wissenschaften in Kopenhagen. 1775-79 erschien C.s *Geschichte der Herzogthümer Schleswig und Holstein* (4 Teile), die 1781-84 mit der *Geschichte der Herzogthümer Schleswig und Holstein unter dem Oldenburgischen Hause* (Teil 1-2) fortgesetzt wurde.

Claproth, Johann Christian, Jurist, * 19. 5. 1715 Osterode/Harz, † 16. 10. 1748 Göttingen.
C. studierte seit 1732 an der Univ. Jena zunächst Philosophie und Mathematik, später Rechtswissenschaften, wechselte 1734 an die neugegründete Univ. Göttingen und wurde dort 1739 promoviert. Seit 1741 a. o., von 1744 an o. Prof. der Rechtswissenschaften, wurde er 1746 königlich-großbritannischer und kurbraunschweigisch-lüneburgischer Rat. Außer akademischen Dissertationen und einigen Berichten über die Verhältnisse an der Univ. Göttingen veröffentlichte C. u. a. eine *Sammlung juristisch-philosophischer und critischer Abhandlungen* (4 Stücke, 1742-47), deren letzten Teil sein Neffe Justus → C. 1757 herausgab.

Claproth, Justus, Jurist, Erfinder, * 28. 12. 1728 Kassel, † 20. 2. 1805 Göttingen.
Der Neffe Johann Christian → C.s studierte seit 1748 in Göttingen Rechtswissenschaften und wurde dort 1752 Stadtsekretär und 1753 Garnisons-Auditeur. Nach der Promotion 1754 zum Manufakturrichter ernannt, erhielt C. wohl in dieser Funktion die Anregung zur Beschäftigung mit der Herstellung von Papier ohne Verwendung der in zu geringen Mengen vorhandenen Hadern (*Erfindung aus gedrucktem Papier wiederum neues zu machen und die Druckerfarbe völlig herauszuwaschen*, 1774). 1757 wurde er Beisitzer der Juristenfakultät der Univ. Göttingen, 1761 o. Prof. der Rechte, 1774 Beisitzer des Spruchkollegiums der Fakultät und schließlich dessen Leiter mit dem Titel Ordinarius. C.s juristische Arbeiten, darunter *Kurze Vorstellung vom Lauf des Prozesses [...]* (1757), beeinflußten die Entwicklung des Strafrechts um die Jahrhundertwende.

Claudius, Matthias, Journalist, Dichter, Übersetzer, * 15. 8. 1740 Reinfeld (Holstein), † 21. 1. 1815 Hamburg.
Als Sohn eines Pastors aus alter Pfarrersfamilie im Holsteinischen geboren, verbrachte C. im Elternhaus mit zehn Geschwistern eine geborgene Kindheit. Anfänglich vom Vater erzogen, kam C. mit seinem Bruder Josias 1755 auf die Lateinschule in Plön; mit ihm bezog er 1759 die Univ. Jena, um Theologie zu studieren. C. wechselte zwischen Theologie, Jura, Philosophie und Kameralwissenschaft. Er war Mitglied in der Teutschen Gesellschaft in Jena. 1762 kehrte er ohne einen akademischen Titel ins Elternhaus zurück und veröffentlichte 1763 sein erstes Buch *Tändeleyen und Erzählungen*, die wegen ihrer Epigonalität von der literarischen Kritik abgelehnt wurden. Eine erste Anstellung als Sekretär des Grafen Holstein in Kopenhagen 1764/65 führte C. in den dortigen Dichterkreis und legte den Grund für seine lebenslange Freundschaft mit → Klopstock.
Nach erneutem Aufenthalt im Elternhaus wurde C. 1768 Mitarbeiter einer Zeitung in Hamburg und lernte hier → Lessing, Carl Philipp Emanuel → Bach und → Herder kennen. Einer Unterordnung unter Weisungen seines Arbeitgebers zog C. 1770 die Arbeitslosigkeit vor. 1771 übertrug ihm Johann Joachim Christoph → Bode die Redaktion des von Heinrich Karl Graf Schimmelmann neugegründeten „Wandsbecker Bothen". C., der nach Wandsbeck übergesiedelt war, gestaltete diese viermal wöchentlich erschei-

nende Dorfzeitung zu einem originellen Sprachrohr für eine luth. Haltung, Aufklärung, Menschenliebe und Toleranz. Herder wie →Goethe, auch Lessing, Klopstock, Gerstenberg, →Gleim, →Boie, →Voß, Hölty und →Miller wirkten mit. 1772 heiratete C. die vierzehn Jahre jüngere Anna Rebecca, geb. Behn. Seit 1774 war er eifriger christlicher Freimaurer. Als C. nicht nur wegen sinkender Absatzziffern aus der Redaktion des „Wandsbecker Bothen" 1775 entlassen wurde, reiste er in Freimaurerangelegenheiten nach Berlin, wo er F. →Nicolai und Christian Heinrich Graf Haugwitz kennenlernte, und legte dann in Buchform eine anscheinend naive, aber bewußt quodlibetartig angeordnete Auswahl seiner lyrischen und prosaischen Zeitungsbeiträge und weiterer Arbeiten als *ASMUS omnia sua SECUM portans* vor. Diese Sammlung, die seinen Ruhm vor allem begründete, setzte C. bis 1812 zu einer achtbändigen Folge fort. 1776/77 war er durch Herders Vermittlung als Oberlandkommissar in der hessen-darmstädtischen Regierung unter Friedrich Carl von →Moser in Darmstadt tätig, wo er Johann Heinrich →Merck und Friedrich (Maler) →Müller kennenlernte. Hier gründete C. die einzige deutsche „Landzeitung", die sich sozialengagiert betont an die Landbevölkerung wandte.

Nach seiner Rückkehr nach Wandsbeck lebte C. als „homme de lettres", setzte seine literarischen Arbeiten fort, übersetzte mystische und erzieherische Schriften, unterstützte die christlich-freimaurerischen Überzeugungen gegen den Illuminatenorden und andere Formen der Säkularisation und erzog seine wie auch – gegen Entgelt – anderer Leute Kinder. Sein bescheidenes Leben fand mancherlei Unterstützung, erst durch regelmäßige Zuwendungen schlesischer Adliger, seit 1785 durch eine vom dänischen Kronprinzen Friedrich gewährte Sinecure oder durch den Emkendorfer Kreis. Obgleich bodenständig, war C. bald ein Ziel für viele Reisende in Norddeutschland. Er stand mit etlichen berühmten Zeitgenossen im Briefwechsel, so mit Johann Georg →Hamann, Johann Caspar →Lavater, Johann Heinrich →Voß, Heinrich Christian Boie, Friedrich Leopold Graf Stolberg, Fürstin Amalie von →Gallitzin und vor allem Friedrich Heinrich →Jacobi. 1784 führte eine Reise C. nach Schlesien zu seinem freimaurerischen Freund Graf Haugwitz. Auf der Rückreise machte er erst in Weimar Station, wo er Herder wiedersah, Goethe und Jacobi persönlich kennenlernte, dann in Halberstadt auch Gleim, einen seiner Gönner.

C. unterstützte die hergebrachte Monarchie und wandte sich vehement gegen die Französische Revolution, deren Auswirkungen ihn 1794/95 eine längere Lebensgemeinschaft mit F. H. Jacobi brachten. Von der christlichen Romantik als Vorläufer und Gleichstrebender anerkannt, mußte C. in den napoleonischen Kriegswirren 1813/14 Wandsbeck verlassen. Bald nach der Rückkehr starb er im Haus seines ersten Schwiegersohns, Friedrich Christoph →Perthes, in Hamburg.

WEITERE WERKE: Sämtliche Werke. München [6]1987. – Briefe an Freunde. Hrsg. v. Hans Jessen. Berlin 1938 (2., veränderte Auflage: Botengänge. Witten/Berlin 1965). – Asmus und die Seinen. Hrsg. v. Hans Jessen/Ernst Schröder. Berlin 1940.

LITERATUR: Wilhelm Herbst: M. C. Der Wandsbecker Bote. Gotha 1857. [4]1878. – Wolfgang Stammler: M. C. Der Wandsbecker Bote. Ein Beitrag zur deutschen Literatur- und Geistesgeschichte. Halle/Saale 1915. – Urban Roedl [d. i. Bruno Adler]: M. C. Sein Weg und seine Welt. Hamburg [3]1969. – Peter Berglar: M. C. in Selbstzeugnissen und Bilddokumenten. Reinbek 1972. – Friedhelm Debus (Hrsg.): M. C. 250 Jahre Werk und Wirkung. Göttingen 1991. – Jörg-Ulrich Fechner (Hrsg.): M. C. 1740-1815. Leben, Zeit, Werk. Tübingen 1996.

Jörg-Ulrich Fechner

Clauer, Karl, Jurist, Schriftsteller, Revolutionär, † 1794 Landau.
C. soll aus einer Handwerkerfamilie aus dem sächsischen Schleiz stammen und nach dem Studium der Rechtswissenschaften einige Jahre in Dresden als Advokat praktiziert haben. Um 1790 lebte er in Berlin. Damals schrieb er für →Archenholtz' „Neue Literatur- und Völkerkunde" seine radikale Kritik an J. →Mösers Interpretation der französischen Menschenrechtserklärung. Im Frühjahr 1791 ging er unter dem Eindruck der Französischen Revolution nach Straßburg. Im August 1791 reiste C. nach Paris. In Straßburg arbeitete er an der von J. F. →Simon und A. Meyer herausgegebenen Zeitung „Geschichte der gegenwärtigen Zeit" mit. C.s als Beilage dieses Blatts erschienener *Kreuzzug gegen die Franken. Eine patriotische Rede, welche in der deutschen Reichsversammlung gehalten werden könne. Germanien 1791. Im zweiten Jahr der Freiheit* ragte als eine der schlagkräftigsten und verbreitetsten Broschüren gegen die antirevolutionäre Koalition der europäischen Fürstenhäuser heraus. Die Broschüre erlebte 1791/92 mehrere teils überarbeitete und ergänzte Neuauflagen. Der konsequente Revolutionär C. schrieb einen der ersten Revolutionsaufrufe in deutscher Sprache, den er im Rückgriff auf Rousseau rechtfertigte. Nach seinem politischen Engagement, zusammen mit anderen Mitgliedern des Straßburger Jakobinerklubs, im November 1792 in Mainz wurde er im Juli 1793 Sekretär des Straßburger Jakobinerklubs und organisierte in verschiedenen Funktionen einen energischen und kompromißlosen Kampf gegen die Gegner der Revolution. Am 25.12.1793 wurde er, wie alle anderen deutschen Jakobiner auch, als Fremder aus allen seinen politischen Ämtern entfernt. Am 10.1.1794 sollte er von Landau ins Gefängnis nach Dijon überführt werden; C. blieb todkrank in Landau und starb dort.

WEITERE WERKE: (A. Ulrich, Hrsg.:) Sammlung von authentischen Belegschriften zur Revolutionsgeschichte von Straßburg. 2 Bde., Straßburg 1795.
LITERATUR: Hans Werner Engels: K. C. Bemerkungen zum Leben und zu den Schriften eines deutschen Jakobiners. In: Jahrbuch des Instituts für Deutsche Geschichte, Tel Aviv 2 (1973) S. 101-144.

Hans Erich Bödeker

Clauren, Heinrich, eigentl. Carl (Gottlieb Samuel) Heun, Schriftsteller, * 20. 3. 1771 Dobrilugk (Niederlausitz), † 2. 8. 1854 Berlin.
Nach rechtswissenschaftlichen Studien in Leipzig und Göttingen wurde C. Privatsekretär des preuß. Staatsministers →Heynitz und Assessor bei der westfälischen Bergwerks- und Hüttenadministration. 1801-10 war er Mitherausgeber der „Jenaischen Allgemeinen Literatur-Zeitung", betätigte sich als Buchhändler und verwaltete zugleich das Gut eines preuß. Adligen. 1811-15 im Dienst Hardenbergs, wurde er 1813 Hofrat und leitete 1813/14 die Feldzeitung im preuß. Hauptquartier. C. nahm am Wiener Kongreß teil, war 1815-19 preuß. Geschäftsträger in Sachsen und redigierte 1820-24 die „Allgemeine Preußische Staatszeitung". Nach seinem Erstlingserfolg *Mimili* (³1819) veröffentlichte er zahlreiche Arbeiten in der von ihm herausgegebenen Sammlung *Scherz und Ernst* (40 Bde., 1818-28) und seinem jährlich erscheinenden Taschenbuch *Vergißmeinnicht* (26 Bde., 1818-34). C. war einer der meistgelesenen Unterhaltungsschriftsteller des beginnenden Biedermeier.

Clermont, (Johann) Arnold, auch Klermondt, Kaufmann, * 24. 5. 1728 Aachen, † 5. 12. 1795 Vaalsbroich.
Der Sohn einer traditionsreichen, seit 1709 in Aachen ansässigen Handelsfamilie, deren Geschäftskontakte im 18. Jh. hauptsächlich mit Rußland, dem Baltikum, Finnland, Schweden, Österreich, Böhmen und Süddeutschland bestanden, entwickelte das Unternehmen unter seiner Leitung zu einer Firma von europäischem Ruf. Er erwarb 1761 den Edelsitz Vaalsbroich und siedelte im Dorf Vaals bei Aachen ein neues Werk für Tuchherstellung und Färberei an. C. bemühte sich in Aachen um Wirtschafts- und Sozialreformen und war 1794/95 Mitglied der provisorischen Zentralverwaltung für die französisch besetzten Gebiete zwischen Maas und Rhein. Als eine der herausragenden Persönlichkeiten der Aufklärung in Aachen unterhielt er Kontakte u. a. zu Wilhelm von →Humboldt sowie zu Caroline und Johann Gottfried →Herder, der die Bezeichnung „Vaalser Paradies" für C.s Wohnsitz prägte.

Cloots, Jean-Baptiste Baron von, genannt Anacharsis, Schriftsteller, Publizist, Politiker, * 24. 6. 1755 bei Kleve, † 24. 3. 1794 Paris.
C. stammt aus einer reichen kath. holländischen Kaufmannsfamilie. Sein Vater, seit 1748 königlich preuß. Geheimrat in Kleve, wurde 1756 geadelt; seine Mutter war eine Nichte des für C.s Ausbildung bedeutenden aufklärerischen Schriftstellers Kornelius de →Pauw. Nach dem Besuch geistlicher Schulen war er von 1770 bis 1773 Zögling der Berliner Militärakademie. C. entschied sich gegen eine militärische Laufbahn und führte seit 1775 in Paris das Leben eines intellektuell aufgeschlossenen Rentiers mit Verbindungen zu Kreisen der Enzyklopädisten. Seine frühen Schriften artikulierten eine radikale Religionskritik. Nach einer Reise nach England (Bekanntschaft mit E. Burke) und der Rückkehr nach Paris über die Niederlande plädierte C. 1785 in dem *Voeux d'un Gallophile* für die natürlichen Grenzen Frankreichs. Ende 1785 unternahm C. eine große Reise (Österreich, Ungarn, Italien, Griechenland, Nordafrika, Spanien), von der er erst Ende Juli 1789 nach Paris zurückkehrte. Danach setzte eine vielseitige, sich radikalisierende Tätigkeit als revolutionärer Publizist und Politiker ein: Der Anhänger des aufgeklärten Absolutismus wurde zum radikalen Republikaner, der Deist zum Atheist. C. trat dem Pariser Jakobinerklub bei. Am 19. 6. 1790 bat er an der Spitze einer „Delegation des Menschengeschlechts" die französische Nationalversammlung für die Ausländer um Erlaubnis, am Föderationsfest teilzunehmen. Er selbst ernannte sich zum „Redner des Menschengeschlechts". C. vertrat in verschiedenen Schriften die Idee einer republikanischen Weltrepublik mit Paris als Hauptstadt der als départements interpretierten Staaten. Davon erhoffte er sich einen „ewigen Frieden". Seit Ende 1791 agierte er als eifriger Befürworter der girondistischen Kriegspropaganda. Am 26. 8. 1792 erhielt er das französische Bürgerrecht; er stimmte der Expansion ebenso zu wie dem Todesurteil gegen den König. Als Anhänger des Robespierristen im Konvent gewählt, war C. im November 1793 Präsident des Pariser Jakobinerklubs. Sein Eintreten für die Sansculotten und für die Vernunftreligion machten ihn Robespierre politisch verdächtig, der ihn aus den Jakobinerklub ausschließen ließ. C. wurde als Ausländer aus dem Konvent ausgeschlossen, als Agent des Auslandes verhaftet und mit den Hébertisten am 24. 3. 1794 guillotiniert.
WEITERE WERKE: Ecrits révolutionnaires 1790-1794. Présentés par Michèle Duval. Paris 1974. – Œuvres. Avec préface d'Albert Soboul. Kraus Reprints 1980.
LITERATUR: Selma Stern: Anacharsis C., der Redner des Menschengeschlechts. Berlin 1914. – Albert Soboul: Anacharsis C., l'orateur du genre humain. In: Annales historiques de la Révolution française 239 (1980) S. 29-58. – Roland Mortier: Anacharsis C. ou l'utopie foudroyée. Paris 1995. *Hans Erich Bödeker*

Cocceji, Samuel Frh. von, Jurist, Staatsmann, * 20. 10. 1679 Heidelberg, † 4. 10. 1755 Berlin.
C. studierte Jura bei seinem Vater Heinrich von C., wurde 1699 promoviert und nach dreijähriger Bildungsreise durch Italien, Frankreich, England und Holland 1702 zum o. Prof. der Rechte in Frankfurt/Oder berufen. 1711-13 als Subdelegierter am Reichskammergericht in Wetzlar tätig, wurde er 1723 Präsident des Kammergerichts in Berlin. In dieser Position und später als preuß. Etatsminister (1727), Justizminister (1738) und schließlich Großkanzler (1747) war C. mit weitgehenden Reformen der Rechtspraxis und des materiellen Rechts befaßt. Grundlage der Vereinheitlichung und qualitativen Verbesserung der preußischen Rechtsprechung war sein *Projekt des codicis Friderichiani Marchiani* (3 Teile, 1747-49). Es gelang C., der darin niedergelegten Gerichtsordnung durch kluge ministerielle Politik Geltung zu verschaffen. Eine Reform des Landrechts blieb jedoch vor allem auch deshalb Fragment, weil C. in seinen als *Novum systema*

jurisprudentiae naturalis et Romanae (1740) veröffentlichten Vorüberlegungen, hierin seinem Vater folgend, nicht zu einer klaren theoretischen Scheidung von römischem Recht und Naturrecht gelangte.

Cölln, (Georg) Friedrich (Willibald Ferdinand) von, Beamter, Publizist, * 1766 Oerlinghausen, † 31. 5. 1820 Berlin.
C. war Kammerreferendar in Minden, 1800 Kriegs- und Steuerrat des zweiten Glogauischen Departements und 1805-07 Assessor der Oberrechnungskammer in Berlin. Seit 1806 leitete er als Herausgeber und Hauptbeiträger den „Preußischen Staatsanzeiger". 1807/08 veröffentlichte er die *Vertrauten Briefe über die inneren Verhältnisse am preußischen Hof seit dem Tode Friedrichs II.*; er wurde des Landesverrats angeklagt und nach Glatz gebracht. Nachdem er 1810 von dort fliehen konnte, erhielt B. 1815 eine Anstellung im Büro des Staatskanzlers Karl August von → Hardenberg in Berlin und war weiterhin publizistisch tätig (*Neue Feuerbrände. Marginalien zur Schrift: Vertraute Briefe [...]* und „Freimütige Blätter für Deutschland", 1815-20).

Colloredo-Waldsee, Hieronymus (Josef Franz de Paula) Graf von, Fürsterzbischof von Salzburg, * 31. 5. 1732 Wien, † 20. 5. 1812 Wien.
Der jüngere Bruder des späteren Reichsvizekanzlers Franz de Paula Gundaker von Colloredo-Mannsfeld war für die geistliche Laufbahn bestimmt. Mit 15 Jahren Domherr in Salzburg, wurde er 1751 Domkapitular in Passau, studierte am Collegium Germanicum in Rom, erhielt eine Pfarrstelle in Staatz (Niederösterreich), dann die Propstei zu St. Anna in Augsburg; 1761 wurde er Propst von Kremsier, 1762 Bischof von Gurk und 1772 als Kandidat des Wiener Hofs Fürst-Erzbischof von Salzburg. Ende 1800 flüchtete er vor den anrückenden Franzosen über Brünn nach Wien. Mit der Säkularisation endete 1803 seine weltliche Herrschaft. In seiner Regierungszeit bemühte er sich um eine größere Selbständigkeit der kath. Kirche in Deutschland. Im Innern förderte er im Geist eines aufgeklärten Absolutismus religiöse Toleranz, effiziente Verwaltung und Verbesserungen des Bildungswesens. C.-W. war der Brotherr von Leopold und Wolfgang Amadeus → Mozart.

Coners, Gerhard Julius, evang. Theologe, * 17. 10. 1730 Repsholt (Ostfriesland), † 21. 1. 1797 Aurich (?).
Der Sohn eines Predigers studierte in Halle Theologie, unternahm eine Studienreise nach London und trat 1763 eine Stelle als zweiter Prediger im ostfriesischen Esens an. 1770 wurde er Pastor und zugleich Kircheninspektor über das Esenser Amt mit dem Titel eines königlich-preußischen Konsistorialrats, 1792 erster geistlicher Konsistorialrat und Generalsuperintendent des Fürstentums Ostfriesland in Aurich. Als Verfechter eines aufgeklärten Christentums verfaßte C. u. a. eine *Lehre von der moralischen Regierung Gottes [...]* (1780) sowie einen *Versuch einer christlichen Anthropologie* (1781).

Contessa, Christian Jakob, auch Salice-Contessa, Pseud. Ryno, Schriftsteller, * 21. 2. 1767 Hirschberg, † 11. 9. 1825 Klostergut Liebenthal bei Greiffenberg.
C. kam 1794 zur kaufmännischen Ausbildung nach Hamburg, wo er unter dem Einfluß Friedrich Gottlieb → Klopstocks und der Dichter des Göttinger Hain seine ersten Gedichte schrieb. 1788 unternahm er eine längere Auslandsreise, die zur Entwicklung radikaler politischer Ideen beitrug. C. kehrte nach Hirschberg zurück und übernahm 1793 das väterliche Geschäft. Wegen seines Engagements für freiheitlich-republikanische Ziele wurde er 1797 als politisch verdächtig interniert, jedoch ein Jahr später begnadigt. Er erwarb sich große Verdienste als Vorsteher der Stadtverordnetenversammlung und bei der Errichtung der Landwehr, so daß er 1814 zum kgl. Kommerzienrat ernannt wurde. Seit 1792 schrieb C. mehrere dramatische und erzählende Werke, die er zum Teil gemeinsam mit seinem Bruder Carl Wilhelm C. herausgab. Sein letztes Werk *Der Freiherr und sein Neffe* (1824) gilt als frühester Zeitroman des 19. Jahrhunderts.

Conz, Karl Philipp, Altphilologe, Übersetzer, Lyriker, * 28. 10. 1762 Lorch/Rems, † 20. 6. 1827 Tübingen.
C. studierte 1781-86 am Tübinger Stift Theologie und wurde nach seiner Vikarszeit an verschiedenen Orten Repetent, dann Prediger und Diakon, bis er 1804 den Lehrstuhl für klassische Philologie an der Univ. Tübingen und 1812 auch die Professur für Eloquenz erhielt. Als Lehrer beeinflußte er → Hölderlin und Justinus Kerner; → Schiller zählte zu seinem Freundeskreis. Literarhistorisch von Bedeutung wurden seine Arbeiten *Nicodem Frischlin der unglückliche Wirtembergische Gelehrte und Dichter* (1791) und *Nachrichten von dem Leben und den Schriften R. Weckherlins* (1803). C. veröffentlichte eine Vielzahl von Schriften zu philologischen, ästhetischen, philosophischen und historischen Themen; er schrieb Lyrik und veröffentlichte zahlreiche Übersetzungen klassischer Literatur.

Corrodi, Heinrich, evang. Theologe, * 31. 7. 1752 Zürich, † 13. 9. 1793 Zürich.
C. wurde 1773 in Zürich zum cand. theol. ordiniert und ging dann zu weiteren Studien nach Leipzig und Halle, wo er Schüler von Johann Salomo → Semler war. 1786 nahm er einen Ruf als Prof. des Naturrechts und der Sittenlehre an das Karolinum in Zürich an. C. galt als einer der wichtigsten Verfechter der Halleschen Aufklärungstheologie. Er verfaßte u. a. eine zweibändige *Kritische Geschichte des Chiliasmus* (1781).

Cortüm, Karl Arnold, auch Carl A. Kortum, Mediziner, Schriftsteller, * 5. 7. 1745 Mülheim/Ruhr, † 26. 8. 1824 Bochum.
C. studierte in Duisburg und Berlin Medizin und ließ sich 1770 als praktischer Arzt in Bochum nieder. Seine beruflichen Pflichten ließen ihm Raum genug für zahlreiche Liebhabereien wie Bienenzucht, Botanik, Malerei, antiquarische Studien und vor allem die Schriftstellerei. Er schrieb linguistische und

historische Arbeiten, *Grundsätze der Bienenzucht* (1776), Märchen sowie Satiren (u. a. *Die Märtyrer der Mode*, 1778), Plädoyers für die Alchemie, eine *Skizze einer Zeit- und Literärgeschichte der Arzneikunst* und gründete die Zeitschrift „Die magische Laterne" (1784-86). Popularität bei seinen Zeitgenossen erlangte C. vor allem durch das komische Heldenepos *Leben, Meynungen und Thaten von Hieronymus Jobs dem Kandidaten [...]* (1784).

Cotta, Christoph Friedrich, Politiker, Publizist, * 7. (?) 8. 1758 Stuttgart, † 21. 9. 1838 Trippstadt (Pfalz).
C., Bruder des Verlegers Johann Friedrich → C., studierte in Heidelberg Rechtswissenschaften, wurde 1786 promoviert, dozierte 1788-91 an der Stuttgarter Karlsschule, arbeitete daneben als Redakteur im väterlichen Verlag und gab 1790-92 die Monatsschrift „Teutsche Stats-Literatur" heraus. Von der Spätaufklärung beeinflußt und für die Französische Revolution begeistert, begann er anonyme staatskritische Flugschriften zu publizieren, emigrierte 1791 nach Straßburg, wurde Mitglied des dortigen Jakobinerklubs und gab 1792 das „Straßburgische Politische Journal" heraus. 1792/93 propagierte C. die Ideen der Revolution im Auftrag der französischen Rheinarmee in Mainz mit volkstümlichen Flugschriften wie *Von der Staatsauffassung in Frankreich [...]* (1792) und *Handwerker- und Bauern-Kalender des alten Vaters Gerhard* (1793). Auch in den folgenden Jahren unterstützte C., u. a. als französischer Zivilkommissar in Schwaben 1796, republikanische Ideen, verteidigte aber auch zunehmend patriotisch-kulturelle deutsche Interessen gegen französische Hegemonie. Mit dem Beginn der napoleonischen Ära hatte C. keine Wirkungsmöglichkeit mehr. Er zog sich in die bayerische Pfalz zurück und widmete sich der Regionalgeschichte.

Cotta von Cottendorf, Johann Friedrich, Verleger, * 27. 4. 1764 Stuttgart, † 29. 12. 1832 Stuttgart.
C. begann 1782 in Tübingen das Studium der Mathematik und Geschichte, wechselte jedoch bald zur Jurisprudenz über und wurde 1786 zum Dr. jur. promoviert. Nach der Rückkehr von einem Studienaufenthalt in Paris, ließ er sich in Stuttgart als Hofgerichtsadvokat eintragen. 1787 kaufte C. von seinem Vater Christoph Friedrich C. (1724-1807) die heruntergekommene J. G. Cottasche Buchhandlung, deren Geschichte in das Jahr 1659 zurückreicht. Innerhalb kurzer Zeit machte er den Verlag zu einem der ersten in Deutschland.
Aus der seit 1794 bestehenden Verbindung mit → Schiller erwuchsen die „Horen" (1795-97) sowie der Kontakt zu → Goethe, der 1798-1800 in C.s Verlag die Zeitschrift „Propyläen" herausgab. Seit 1802 war C. Alleinverleger der Werke Schillers, seit 1806 der Goethes. Durch die „Horen" kam er in verlegerische Beziehung zu nahezu allen literarischen Größen der Zeit (u. a. Goethe, → Herder, → Wieland, → Fichte, Hegel, → Hölderlin, Alexander und Wilhelm von → Humboldt, Friedrich → Schlegel, → Jean Paul). Er betreute das Gesamtwerk Herders, Schellings und → Pestalozzis und brachte u. a. Werke von Hölderlin, Hebel, → Kleist, Oehlenschläger, Fouqué, Immermann, Platen, Rückert, Uhland und Kerner sowie bedeutender Wissenschaftler und Technologen heraus. Zu seinen Autoren, deren Leistung er durch großzügig bemessene Honorare anerkannte, pflegte er ein freundschaftliches Verhältnis und half mit Vorschüssen, Reisestipendien und Beteiligungen an Preisausschreiben. 1810 siedelte der Verlag von Tübingen nach Stuttgart über und wurde mit einer eigenen Druckerei verbunden; das Tübinger Sortiment verkaufte C. 1816 an Heinrich Laupp.
Die „Allgemeine Zeitung", deren erste Nummer 1798 im Verlag J. Cottas als Fortsetzung der verbotenen „Neuesten Weltkunde" erschien, wurde in kurzer Zeit zum führenden politischen Blatt Deutschlands. Zensurschwierigkeiten erzwangen 1803 die Verlegung des Standorts nach Ulm, 1810 nach Augsburg. Die 1822 in der Augsburger Druckerei aufgestellte Druckmaschine war die erste Dampfschnellpresse Süddeutschlands. Hinzu traten das „Morgenblatt für gebildete Stände" (1807-65) als Tageszeitung für alle Gebiete des kulturellen Lebens sowie Periodika aus Politik, Naturwissenschaft, Technologie und Staatswissenschaft. 1822 wurde die „Geographische Anstalt der J. G. Cottaschen Buchhandlung" errichtet, die in der 1827 in München gegründeten „Literarisch-artistischen Anstalt" für lithographische Vervielfältigung und Kupferdruck aufging.
Als Delegierter der deutschen Buchhändler bemühte er sich 1814 beim Wiener Kongreß zusammen mit Karl Bertuch um die Festschreibung eines allgemeinen Nachdruckverbots in der Bundesakte. Er hatte wesentlichen Anteil am Zustandekommen der württembergischen Verfassung von 1819 und war 1826-30 Vizepräsident der Zweiten Kammer des Württembergischen Landtags. Neben seiner Tätigkeit als Verleger und Politiker beteiligte sich C. an verschiedenen, oft verlustreichen Unternehmen. Als Besitzer der Herrschaft Plettenberg hob er als erster in Württemberg die Leibeigenschaft der Bauern auf.
Auf C.s Vermittlung wurde von König Ludwig I. von Bayern die Boisseréesche Gemäldesammlung für München angekauft. Seit 1815 war er Mitglied der Bayerischen Akademie der bildenden Künste; 1817 wurde der alte Adel seiner Familie wieder anerkannt. 1822 folgte durch König Maximilian I. Joseph von Bayern die Erhebung in den erblichen Freiherrenstand.

WERKE: Briefwechsel zwischen Schiller und C. Hrsg. v. Wilhelm Vollmer. Stuttgart 1876. – Goethe und C. Briefwechsel 1797-1832. Hrsg. v. Dorothea Kuhn. 3 Bde., Stuttgart 1979-83.
LITERATUR: Ulrich Riedel: Der Verleger J. F. C. Diss. Heidelberg 1953. – Liselotte Lohrer: C. Geschichte eines Verlags. Stuttgart 1959. – K. Hertel: Der Politiker J. F. C. In: Archiv für Geschichte des Buchwesens 19, 1978, S. 365-564. – Dorothea Kuhn: C. und das 19. Jahrhundert. Ausstellungskatalog. Marbach am Neckar 1980. – Monika Neugebauer-Wölk: Revolution und Constitution – die Brüder Cotta. Eine

biographische Studie zum Zeitalter der Französischen Revolution und des Vormärz. Berlin 1989. – Daniel Moran: Toward the Century of Words. J. C. and the Politics of the Public Realm in Germany, 1795-1832. Berkeley/Los Angeles/Oxford 1990. – Helmut Mojem: Der Verleger J. F. C. (1764-1832). Repertorium seiner Briefe. Marbach am Neckar 1997.

Bruno Jahn

Cramer, Johann Andreas, evang. Theologe, Schriftsteller, * 27./29. 1. 1723 Jöhstadt/Erzgebirge, † 12. 6. 1788 Kiel.
Der Pfarrerssohn besuchte 1736-42 die Fürstenschule in Grimma und begann im Anschluß daran das Studium der Theologie in Leipzig, das er 1745 mit der Promotion abschloß. Seit 1748 Pfarrer in Cröllwitz (Sachsen), wurde er 1750 Oberhofprediger und Konsistorialrat in Quedlinburg. 1754 folgte C. dem Ruf als deutscher Hofprediger Friedrichs V. nach Kopenhagen, wo er 1765 zum Prof. der Theologie ernannt und zwei Jahre später zum Dr. theol. promoviert wurde. Infolge einer innenpolitischen Krise verließ er 1771 Kopenhagen und wurde im selben Jahr Superintendent in Lübeck, 1774 Theologieprofessor und Prokanzler der Univ. Kiel, wo er 1781 das erste Lehrerseminar gründete. Der mit C. F. → Gellert und → Klopstock befreundete C. war auch literarisch tätig; er gab u. a. mit den Brüdern Johann Adolf und Johann Elias → Schlegel die Zeitschrift „Neue Beiträge zum Vergnügen des Verstandes und Witzes" (1744) heraus, die als „Bremer Beiträge" in die Literaturgeschichte eingingen. 1746/47 publizierte er das Wochenblatt „Der Schutzgeist", 1758-61 den „Nordischen Aufseher", in dem er u. a. neben Klopstock als literarischer Kritiker hervortrat. Ferner schrieb C. geistliche Oden, übersetzte Psalmen, war Verfasser zahlreicher pastoraler Schriften, lieferte moralisch-didaktische Beiträge in Zeitschriften und veröffentlichte 1782/83 seine *Sämtlichen Gedichte* (3 Bde.). Er war der Vater des Schriftstellers Karl Friedrich → C.

Cramer, Karl Friedrich, Schriftsteller, Übersetzer, * 7. 3. 1752 Quedlinburg, † 8. 12. 1807 Paris.
Der älteste Sohn von Johann Andreas → C. studierte 1772-74 in Göttingen Theologie, wo er Mitglied des Hainbundes wurde, und setzte das Studium in Leipzig fort. Seit 1775 a. o., von 1780 an o. Prof. der griechischen und orientalischen Sprachen sowie der Homiletik in Kiel, wurde C. 1794 als Anhänger der Französischen Revolution durch eine kgl. Resolution wegen monarchiefeindlicher Einstellung seines Amtes enthoben und aus der Stadt verwiesen. Er emigrierte mit seiner Familie nach Paris, eröffnete 1796 eine Buchhandlung und Druckerei und war daneben als Verleger und Schriftsteller tätig. Neben Übersetzungen deutscher und französischer Werke, mit denen C. einen wichtigen Beitrag zur Kulturvermittlung zwischen beiden Ländern leistete, verfaßte er als Mitarbeiter des „Wandsbecker Bothen" lyrische und prosaische Beiträge. Er war Autor verschiedener musikgeschichtlicher Werke (u. a. *Kurze Übersicht der Geschichte der französischen Musik*, 1786) und als

Reiseschriftsteller tätig. Darüber hinaus schuf C. mit den beiden Dokumenten seiner Klopstock-Verehrung *Klopstock. In Fragmenten aus Briefen von Telow an Elisa* (2 Tle., 1777/78) und *Klopstock. Er; und über ihn* (5 Tle., 1780-93) die ersten größeren Arbeiten über seinen berühmten Zeitgenossen.

Crantz, Heinrich Johann Nepomuk Edler von, auch Cranz, Gynäkologe, * 24./25. 11. 1722 Roodt (Luxemburg), † 18. 1. 1797 Judenburg (Steiermark).
Nach dem Studium der Medizin wurde C. 1750 als Schüler Gerard van → Swietens in Wien promoviert. Im Anschluß daran unternahm er eine Reise nach Paris und London, wo er in den folgenden vier Jahren unter André Levret und Nicolas Puzos seine Ausbildung in Geburtshilfe vervollkommnete. Nach seiner Rückkehr 1754 begann er mit dem geburtshilflichen Unterricht am St. Marxer Spital. C., der sich insbesondere um die Verbesserung der Hebammenausbildung sowie um die Anwendung der Levret'schen Zange als Hilfsinstrument bemühte, erhielt nach dem Tod Melchior Störcks 1756 dessen Lehrstuhl für Physiologie und Materia medica (bis 1774). Daneben beschäftigte er sich mit den Wirkungen von Heilquellen sowie mit chemischen und botanischen Untersuchungen. C. veröffentlichte u. a. eine vielbeachtete *Einleitung in eine wahre und gegründete Hebammenkunst* (1756) und ein Heilmittellehrbuch.
WEITERE WERKE: Commentarius de rupto in partus doloribus a foetu utero. Wien 1756. – Materia medica et chirurgicca. 2 Bde., Wien 1762, ²1765, auch 1779. – Institutiones botanicae 1765. – Stirpium Austriacarum. 2 Tle., Wien 1769. – Gesundbrunnen der Oesterreichischen Monarchie. Wien 1777. – Medicinisch-chirurgische Arzneimittellehre. Wien 1785.

Cranz, August Friedrich, Pseud. Pater Gaßner d. J., Schriftsteller, * 26. 9. 1737 Marwitz bei Landsberg/Warthe, † 19. 10. 1801 Berlin.
Der Sohn eines luth. Predigers studierte Theologie, später Rechtswissenschaften in Halle; 1772 war er Hauslehrer beim Grafen Solms in Berlin, auf dessen Empfehlung hin er eine Stellung als Kriegs- und Steuerrat in Kleve erhielt, die er jedoch wegen Unregelmäßigkeiten bald wieder verlor. 1779-84 lebte er als freier Schriftsteller in Berlin und Potsdam, wo er durch die Unterstützung → Friedrichs des Großen zeitweise völlige Zensurfreiheit genoß und eine kgl. Pension bezog. Bis 1778 erschien seine fünfteilige *Gallerie der Teufel [...]*, in der er Begebenheiten aus Politik und Hofleben satirisch als Auswirkungen höllischer Machenschaften darstellte. 1784 siedelte C. nach Hamburg über, lebte seit 1785 meist in Altona und kehrte 1787 nach Berlin zurück, wo er noch im selben Jahr das „Journal von Berlin" herausgab. Im Xenienstreit von 1797 trat C. → Goethe und → Schiller in seiner Schrift *Ochsiade oder freundschaftliche Unterhaltungen der Herren Schiller und Goethe mit einigen ihrer Herren Collegen* entgegen.

Crell, Lorenz Florens Friedrich von, Chemiker, * 21. 1. 1744 Helmstedt, † 7. 6. 1816 Göttingen.
C. studierte seit 1765 an der Univ. Helmstedt, erlangte den Magistergrad der Philosophie und wurde 1768 zum Dr. med. promoviert (*Contagium vivum*). 1771-73 war er Prof. der Chemie und Mineralogie am Carolinum in Braunschweig und wurde 1774 zum o. Prof. der Medizin, 1783 auch der Philosophie in Helmstedt ernannt. Seit 1780 herzoglich braunschweigischer Bergrat, erhielt er 1810 nach der Auflösung der Univ. Helmstedt eine Professur für Chemie in Göttingen. C., der 1791 von Kaiser → Leopold II. in den Reichsadelsstand erhoben wurde und Gegner der neuen Sauerstoffchemie Lavoisiers war, gab die ersten chemischen Fachzeitschriften heraus (u. a. „Chemisches Journal", 1778-81, „Die neuesten Entdeckungen in der Chemie", 1781-84, „Chemische Annalen", 1784-1804), publizierte neben spezifischen Untersuchungsergebnissen über chemische Verwandtschaftslehre, Terminologie der Chemie sowie Phlogiston und übersetzte Werke englischer Chemiker (J. Black, A. Crawford, R. Kirwan).
Dietrich von Engelhardt

Creutz, Friedrich Karl Kasimir Frh. von, auch Creuz, Beamter, Dichter, Philosoph, * 24. 11. 1724 Homburg v. d. H., † 6. 9. 1770 Homburg v. d. H.
Der einem verarmten schlesisch-sächsischen Adelsgeschlecht entstammende C. wurde von seinem Gönner Friedrich IV. von Hessen-Homburg 1746 zum Hof- und Staatsrat mit Sitz und Stimme in der Regierung ernannt und blieb sein Leben lang im Dienst des homburgischen Hauses. Seit 1751 hatte er das Amt des obersten Staatsrats inne und bemühte sich um die Beilegung des Streits zwischen den Häusern Hessen-Darmstadt und Hessen-Homburg. Aufgrund geschickter diplomatischer Interventionen in Berlin und Wien konnte er der Sache Hessen-Homburgs schließlich zum Sieg verhelfen. Neben seiner Tätigkeit im Staatsdienst war C. Verfasser staats- und rechtswissenschaftlicher Schriften (u. a. *Der wahre Geist der Gesetze*, 1766), die auf den Gedanken Montesquieus basieren und in erster Linie der Verteidigung seines Herrscherhauses dienten. Darüber hinaus betätigte er sich in einem *Versuch über die Seele* (2 Tle., 1753/54) als philosophierender Gelegenheitsschriftsteller, verfaßte Oden traditionellen Stils und schrieb in der Nachfolge Albrecht von → Hallers und E. Youngs elegische Lehrgedichte (u. a. *Lucrezische Gedanken*), in denen er moralisierend-didaktische Tendenzen der Frühaufklärung mit metaphysischem Gedankengut und spätbarocker Vanitas-Motivik verband.
WEITERE WERKE: Considerationes metaphysicae. Frankfurt 1760. – Die Gräber. Ein Philosophisches Gedicht in Sechs Gesängen. Nebst einem Anhange neuer Oden und philosophischer Gedanken. Frankfurt/Mainz 1760. – Versuch von Menschen. 2 Tle., Frankfurt 1769.
LITERATUR: Abroteles Eleutheropulos: F. C. C. v. C.s Erkenntnistheorie. Leipzig 1895. – Ursula Bürgel: Die geistesgeschichtliche Stellung des Dichters C. in der Literatur der deutschen Aufklärung. Marburg 1949 (Werkregister).

Crome, August Friedrich Wilhelm, Kameralist, Diplomat, * 6. 8. 1753 Sengwarden, † 11. 6. 1833 Rödelheim.
Im protestantischen Pfarrhaus aufgewachsen, studierte C. 1772-74 Theologie in Halle und war gleichzeitig Lehrer am dortigen Waisenhaus. Verwandt u. a. mit den Gelehrtenfamilien Dilthey und Walch, wurde er von seinem Onkel Anton Friedrich Büsching in Berliner Aufklärungskreise eingeführt. B. war dort Hofmeister, seit 1779 Geschichts- und Geographielehrer am Dessauer Philanthropin und schloß sich in den achtziger Jahren der von Carl Friedrich → Bahrdt gegründeten radikal-demokratischen Korrespondenzgesellschaft „Deutsche Union" an. 1785 wurde C., von → Heyne gefördert, in Göttingen zum Dr. phil. promoviert. Schon bis zu seinem Ordinariat als Professor der Kameralistik in Gießen 1787 führte sein Weg zu bedeutenden Institutionen der deutschen Aufklärung. 1783 verteidigte er in *Über den nordamerikanischen Freistaat* die amerikanische Unabhängigkeit; sein jährlicher *Almanach für Kaufleute* enthält Handelsdaten; er ist Beiträger in Christian Gottfried → Schütz' „Allgemeiner Literaturzeitung" sowie in den „Frankfurter gelehrten Anzeigen" und gibt – in der Tradition → Schlözers – das „Journal für Staatskunde und Politik" (1790-96) heraus. Kameralistische Karriere und politisches Geschick führten ihn in die Diplomatie. Von → Leopold II. erhielt er 1790 den Auftrag, dessen Schrift über die toskanischen Staatsreformen zu übersetzen und zu kommentieren. Nach der französischen Invasion 1797 wurde er als Rektor der Universität Mitglied der Landeskriegskommission. 1799 führte er für den Landgrafen von Hessen-Darmstadt erfolgreich Neutralitätsverhandlungen mit dem Kommandanten der französischen Observationsarmee Jean-Baptiste Bernadotte. 1813 nahm er – in den Folgejahren stark kritisiert – für Napoleon und den Rheinbund Stellung. Der praktische Nutzen der Gelehrsamkeit, so C. als Kameralist, erfordert, das „wirkliche Leben und Weben im Staat kennen zu lernen", und dies setze die Verbindung von Geographie und Statistik auf kameralistischer Grundlage voraus. C. erarbeitete komparative Graphiken zur Demographie und Größe europäischer Staaten, Produktenkarten, die Bodenschätze und agrarische Produktion verzeichnen, auch Reise- und Schiffahrtskarten. Die Verbindung von Daten und Politik – ein Wirtschaftsgutachten in einem Handelsprozeß stammt von ihm – machte ihn zum Vorläufer der Expertenkultur. Die deutsche Gelehrtenaufklärung war mit C. als politischem Professor auf dem Weg in die administrielle Politik.
WEITERE WERKE: Selbstbiographie. Stuttgart 1833.
LITERATUR: Hans Harms: A. F. W. C. (1753-1833), Autor begehrter Wirtschaftskarten. In: Cartographica Helvetica 3 (1991) S. 33-38. – Rolf Haaser: Spätaufklärung und Gegenaufklärung. Darmstadt 1997.
Martin Gierl

Cronegk, Johann Friedrich Frh. von, auch Johann Martin Moromastix, Dichter, * 2. 9. 1731 Ansbach, † 1. 1. 1758 Nürnberg.
Einem alten Adelsgeschlecht entstammend, erhielt C. eine sorgfältige Privaterziehung, studierte 1749 Jura und die schönen Wissenschaften in Halle und wechselte 1750-52 nach Leipzig, wo er Anschluß an Christian Fürchtegott → Gellert, Johann Friedrich → Christ, Abraham Gotthelf → Kästner und Christian Felix → Weiße fand, die entscheidend auf seine dichterische Entwicklung einwirkten. Nach seiner Rückkehr in die Heimatstadt zum Justiz- und Hofrat ernannt, unternahm er 1752/53 eine Reise durch Italien und Frankreich und trat dann seine Ämter im Ansbacher Hofdienst an. Bekannt wurde C. zu seinen Lebzeiten als Begründer und Mitarbeiter der Moralischen Wochenschrift „Der Freund" (1754-56); seine Auszeichnung als Dramatiker 1757 durch den Preis der „Bibliothek der schönen Wissenschaften" Friedrich → Nicolais für sein Trauerspiel *Codrus* (1758) erlebte er jedoch nicht mehr. Die von Johann Peter → Uz 1761-63 herausgegebene Gesamtausgabe seiner Schriften enthält auch C.s zahlreiche Versdichtungen, die sowohl geistliche Gesänge (u. a. *Einsamkeiten in sechs Gesängen*, 1757) als auch anakreontische Scherze sowie Lieder auf Bacchus und Amor umfassen.
LITERATUR: Walther Gensel: J. F. v. C. Sein Leben und seine Schriften. Leipzig 1894. – Harold Potter: J. F. v. C. Diss. Zürich 1950.

Crusius, Christian August, evang. Theologe, Philosoph, * 10. 1. 1715 Leuna bei Merseburg, † 18. 10. 1775 Leipzig.
Der Pfarrerssohn studierte Philosophie und Theologie an der Univ. Leipzig, wurde 1737 zum Magister der Philosophie promoviert, habilitierte sich 1740 und war seit 1742 auch Baccalaureus der Theologie. 1744 wurde er a. o. Prof. der Philosophie, 1750 o. Prof. der Theologie. Seit 1753 wirkte C. als Ephorus der kurfürstlichen Stipendiaten sowie als Kanonikus in Zeitz; 1755 wurde er Kanonikus in Meißen, Dezemvir der Univ. Leipzig, 1757 Professor primarius der Theologischen Fakultät. Daneben behielt er eine Lehrstelle als Philosoph. Zweimal war er Rektor, einmal Prorektor der Universität. 1764 wurde er Kustos und Prälat des Stifts Meißen, 1773 Senior der Univ. Leipzig. C. war neben Johannes Buddeus der bedeutendste theologische Gegner der Philosophie Christian → Wolffs. Er bekannte sich zur Einheit der positiven Offenbarung und der Vernunft und lehnte den ontologischen Gottesbeweis ab. Zu seinen philosophischen Arbeiten zählen *Anweisung, vernünftig zu leben* (1744, ³1767), *Entwurf der nothwendigen Vernunft-Wahrheiten* (1745, ³1766), *Weg zur Gewißheit und Zuverlässigkeit der menschlichen Erkenntniß, wiefern sie den zufälligen entgegen gesetzt werden* (1747) und *Anleitung, über natürliche Begebenheiten ordentlich und vorsichtig nachzudenken* (2 Bde., 1749, ²1774). Von C. beeinflußt, löste sich Kant, der sich in seiner Habilitationsschrift *Nova Dilucidatio* mit dessen Lehre auseinandersetzte, mehr und mehr von der Leibniz-Wolffschen Schulphilosophie. Auch Johann Heinrich → Lambert und Moses → Mendelssohn standen unter dem Einfluß von C. Als Theologe vertrat er in Anknüpfung an Johann Albrecht Bengel und Johannes Coccejus eine realistische, prophetisch-typologische Schrifttheologie, die er in seinem dreibändigen Werk *Hypomnemata ad theologiam propheticam* (1764-78) darlegte.
WEITERE WERKE: De corruptelis intellectus a voluntate pendentibus. Leipzig 1740. Dt. von J. G. Wichmann. Leipzig 1768. – De appetitibus insitis voluntatis humanae. Leipzig 1742. – De usu et limitibus principii rationis determinantis, vulgo sufficientis. Leipzig 1743. Dt. von Chr. F. Krause. Leipzig 1744, ²1766. – Opuscula philosophico-theologica. Leipzig 1750. – Abhandlung von dem wahren Begriffe der christlichen Frömmigkeit. Leipzig 1763. – Abhandlung von dem rechten Gebrauch und der Einschränkung des sogenannten Satzes vom zureichenden oder besser determinierenden Grunde. Leipzig 1766. – Kurze Vorstellung von dem eigentlichen schriftmäßigen Plan des Reiches Gottes. Leipzig 1768, ²1773. – Kurzer Begriff der christlichen Moraltheologie. 2 Tle., 1772/73. – Die philosophischen Hauptwerke. Hrsg. v. Giorgio Tonelli u. a. 4 Bde., Nachdruck Hildesheim u. a. 1964-87.
LITERATUR: Heinz Heimsoeth: Metaphysik und Kritik bei C. A. C. Ein Beitrag zur ontologischen Vorgeschichte der Kritik der reinen Vernunft im 18. Jahrhundert. Berlin/Königsberg 1926. Köln ²1956. – Magdalena Benden: C. A. C. Wille und Verstand als Prinzipien des Handelns. Bonn 1972. – Gert Röwenstrunk: C., C. A. In: TRE 8, 1981, S. 242-244. – Sonia Carboncini: C. A. C. und die Leibniz-Wolffsche Philosophie. In: Albert Heinekamp (Hrsg.): Beiträge zur Wirkungs- und Rezeptionsgeschichte von Gottfried Wilhelm Leibniz. Stuttgart 1986, S. 110-125. – Reinhard Finster: Zur Kritik von C. A. C. an der Theorie der einfachen Substanzen bei Leibniz und Wolff. In: Studia Leibnitiana 18 (1986) S. 72-82. – Martin Krieger: Geist, Welt und Gott bei C. A. C. Erkenntnistheoretisch-psychologische, kosmologische und religionsphilosophische Perspektiven im Kontrast zum Wolffschen System. Würzburg 1993.

Curio, (Johann) Carl Daniel, Pseud. Jocosus d. J., Theophilantropus, Hans Sachs der Fünfte, Pädagoge, Publizist, * 3. 11. 1754 Helmstedt, † 30. 1. 1815 Hamburg.
Der uneheliche Sohn eines Helmstedter Diakons wuchs im Waisenhaus auf und konnte seit 1772 das Johanneum in Hamburg besuchen. 1775-78 studierte C. in Helmstedt Theologie und Philosophie, arbeitete als Privatlehrer und hatte 1780-93 eine Stelle am Martini-Gymnasium in Braunschweig inne. Hier verfaßte er eine Reihe von Gelegenheitsschriften und gab u. a. die „Braunschweigische Zeitung für alle Stände" (1787-89) heraus. Nach der mißglückten Reorganisation des Braunschweiger Schulwesens wurde C. 1793 seines Amtes enthoben, war seit 1795 Lehrer an der Fahrenkrügerschen Privatschule in Hamburg und gründete 1804 dort ein eigenes Lehr- und

Erziehungsinstitut. In dieser Zeit veröffentlichte er zahlreiche Beiträge im „Wandsbecker Bothen" sowie im „Leipziger Musenalmanach" und gab 1805-07 die Zeitschrift „Hamburg und Altona" heraus. 1805 rief er die „Gesellschaft der Freunde des vaterländischen Schul- und Erziehungswesens" ins Leben.

D

Dähnert, Johann Karl, Bibliothekar, Jurist, * 10. 11. 1719 Stralsund, † 5. 7. 1785 Greifswald.
D. entstammte einer angesehenen Kaufmannsfamilie, hörte seit 1738 Theologie an der Univ. Greifswald und wurde 1743 Sekretär der dortigen Deutschen Gesellschaft. Um der Hochschule das Monopol für die Nachrichten von gelehrten Sachen aus Pommern und Schweden zu sichern, redigierte er 1743-46 die „Pommerschen Nachrichten"; 1748 wurde er o. Prof. der Philosophie und zugleich Universitätsbibliothekar. In seiner bis 1785 dauernden Ära wuchs die Bibliothek um das Fünffache; die Veröffentlichung des *Catalogus Bibliothecae academiae Gryphiswaldensis* (3 Bde., 1775/76) bildete die Krönung seiner Arbeit. 1758 übernahm D. den neueingerichteten Lehrstuhl für schwedisches Staatsrecht. Er gab eine *Sammlung pommerscher und rügenscher Landesurkunden* (5 Bde., 1765-70) heraus.

Dalberg, Carl Theodor von, * (getauft 8. 2.) 1744 Mannheim, † 10. 2. 1817 Regensburg.
Als Sohn des in kurfürstlich-Mainzischen Diensten stehenden Franz Heinrich von D. geboren, sollte D., einer Familientradition entsprechend, in der Reichskirche Karriere machen. 1753 empfing er die Tonsur und erhielt dann Domkanonikate in Würzburg (1753), Mainz (1754), Worms (1758) und Trier (1776). 1768 wurde er zum Subdiakon geweiht. Nach dem Studium der Rechtswissenschaften in Heidelberg 1759-61 trat D. in die Mainzische Verwaltung ein. 1771 wurde er zum Kurfürstlichen Statthalter in Erfurt ernannt. In dieser selbständigen Stellung konnte D. sich entfalten. Vor allem die dortige Univ. und die „Akademie gemeinnütziger Wissenschaften" profitierten davon. Damals versuchte er sich selbst auf vielen Gebieten mit literarischen Arbeiten. 1780 wurde D. überdies Domscholaster in Würzburg; so erhielt er die Möglichkeit, sich um das Bildungs- und Schulwesen im Hochstift zu kümmern. Auch der Würzburger Univ. ließ er seine Fürsorge angedeihen. Er stand nationalkirchlichen Tendenzen und der kath. Aufklärung nahe.
In den Bann der großen Politik geriet D., als er 1787 zum Koadjutor mit Nachfolgerecht in Mainz und Worms (1788 auch in Konstanz) gewählt wurde. Seit 1802 Erzbischof und Kurfürst von Mainz, überstand er erst einmal die Säkularisation von 1803. Er behielt den Titel Erzkanzler des Reiches, erhielt ein aus rechtsrheinischen Teilen des Kurstaates, dem Bistum Regensburg, den Städten Regensburg, Wetzlar und Aschaffenburg gebildetes Territorium und wurde durch Verlegung des Erzstuhls Erzbischof von Regensburg. Bei der Begründung des Rheinbundes 1806 erhob Napoleon ihn zum Fürstprimas und 1810, nach der Abtretung Regensburgs an Bayern, zum Großherzog des Satelliten- und Modellstaates Frankfurt. Seine Versuche einer vertraglichen Absicherung (Bundeskonkordat) der Kirche in Deutschland scheiterten wieder am Widerstand der Landesherrn, welche Partikularkonkordate anstrebten und dabei von der römischen Kurie unterstützt wurden.
In den Sturz Napoleons 1813 wurde auch D. hineingezogen. Zunächst im Exil, erlaubten ihm die alliierten Mächte, seinen Aufenthalt in Regensburg zu nehmen. Hier lebte D. ganz den Pflichten seines Amtes als Bischof der Stadt, wie auch der Reste der Diözesen Mainz, Worms und Konstanz, sowie als Metropolit der deutschen Kirche.
Mag seine Idee vom „Reich" als dritter Kraft neben und zwischen Habsburg und Preußen wenig realistisch gewesen sein – sie konnte als einzige Möglichkeit angesehen werden, die Spannungen zu überwinden. Kirchenpolitisch erkannte D., daß nach der Säkularisation und nach dem Zusammenbruch des Reiches die Existenz der Kirche in Deutschland nur durch ein allgemeines Konkordat gesichert werden konnte. Als Landesherr war D. von der Idee getragen, der erste Diener des Staates zu sein. Mit Pflichtgefühl und hohem Sachverstand kam er seinen Aufgaben nach. Besonders am Herzen lag ihm das Bildungswesen seiner Staaten. Dabei bemühte er sich nicht nur um die Hohen Schulen, sondern auch um die Verbesserung der Gymnasien, der Volks- und Industrieschulen. Seine besondere Liebe galt dem Theater als der (nach der Seelsorge) besten Möglichkeit, die Menschen zum Wahren, Guten und Schönen emporzubilden. Bei alledem brachte er große persönliche Opfer. Als Schriftsteller war D. sicherlich kaum mehr als ein Dilettant, wenngleich mit einer beachtlichen Weite der Interessen.
LITERATUR: Rudolf Reinhardt: K. T. Anton Maria v. D. In: Helvetia Sacra. Abt. I, Bd. 2, Basel 1993, S. 464-478 (mit Literatur und Hinweisen auf die Nachlaßakten). – Rudolf Reinhardt: Zur Schulpolitik K. T. v. D.s. In: Rottenburger Jahrbuch für Kirchengeschichte 12 (1993) S. 169-173. – C. v. D., Erzbischof und Staatsmann (1744-1817). Hrsg. v. Konrad M. Färber u. a. Regensburg 1994. – C. v. D., der letzte Reichsfürst. Hrsg. v. Karl Hausberger. Regensburg 1995.
Rudolf Reinhardt

Dalberg, Emmerich Joseph Herzog von, Diplomat, * 30. 5. 1773 Mainz, † 27. 4. 1833 Herrnsheim (heute zu Worms).
Der Sohn Wolfgang Heribert von → D.s galt als republikanischer Freigeist, wurde badischer Gesandter in Paris, erlangte dort bald die Gunst Talleyrands und erwirkte 1803 den territorialen Zuwachs Badens im Reichsdeputationshauptschluß. 1809 trat er in französische Dienste, wurde im folgenden Jahr als

Duc de l'Empire geadelt und vermittelte die Heirat Napoleons I. mit der Erzherzogin Marie Louise von Österreich. Nach dem Sturz Talleyrands insgeheim Gegner Napoleons, berief ihn Talleyrand 1814 in die provisorische Regierung, die die Bourbonen zurückholte. 1815 war er französischer Bevollmächtigter auf dem Wiener Kongreß und wurde nach der zweiten Restauration Staatsminister, Pair und Gesandter in Turin.

Dalberg, Wolfgang Heribert (Tobias Otto Maria Johann N.) Frh. von, Intendant, Beamter, * 13. 11. 1750 Herrnsheim (heute zu Worms), † 27. 9. 1806 Mannheim.
Der Bruder Carl Theodor von → D.s wurde nach dem Abschluß der rechtswissenschaftlichen Studien 1776 pfälzischer Geheimrat sowie Präsident des Oberappellationsgerichts und gründete 1778 im Auftrag des Kurfürsten Karl Theodor von der Pfalz ein deutsches Nationaltheater in Mannheim. D. engagierte die Truppe des Prinzipals Abel Seyler, die Freunde Heinrich Beck, Johann David Beil und August Wilhelm → Iffland aus Gotha, gewann Friedrich Ludwig Schröder 1780 für ein Gastspiel und übernahm 1781 selbst die künstlerische Leitung des organisatorisch am Wiener Vorbild orientierten Nationaltheaters. Auf der Grundlage der theater- und sprachreformerischen Bestrebungen → Lessings und der „Kurpfälzischen Teutschen Gesellschaft", deren Vorsitzender er war, bemühte sich D. um die Pflege der Klassiker, führte mehrere Dramen → Schillers (u. a. *Die Räuber*, 1782) erstmals auf und holte ihn 1783/84 als Theaterdichter nach Mannheim. In der Folge der Französischen Revolution erlitt das Unternehmen starke finanzielle Einbußen, die 1803 zum Rücktritt des Intendanten führten. D. wurde kurbadischer Staatsminister und Oberhofmeister in Karlsruhe. Von seinen eigenen dramatischen Versuchen, darunter zahlreichen Shakespeare-Bearbeitungen, wurde u. a. *Walwais und Adelaide* (1778) bekannt. Er war der Vater von Emmerich Joseph von → D.

Danckelmann, Karl Ludolph Frh. von, Staatsmann, * 12. 10. 1699 Halle, † 13. 12. 1764 Berlin.
D. war nach dem Jurastudium in Halle Kammerjunker des englischen Königs, dann Oberhofgerichtsrat in Marburg, 1731-36 als Geheimer Justizrat preuß. Gesandter beim Reichstag in Regensburg. 1740-48 wirkte er für Hessen-Kassel als Geheimer Staatsminister und Präsident der Kollegien der Grafschaft Hanau. 1748 an den preuß. Hof zurückgekehrt, wurde D. Wirklicher Geheimer Staatsminister, Präsident des Geheimen Justizrats und Lehendirektor. Später übernahm er auch den Vorsitz des geistlichen Departements, das Präsidium des Evangelisch-Lutherischen Oberkonsistoriums sowie die Oberaufsicht über die Schulen, Universitäten und die Kgl. Bibliothek. Seit 1754 war er Mitglied der Preuß. Akademie der Wissenschaften. Mit der Beseitigung von Rechtsmißbräuchen und der Einführung einer neuen Prozeßordnung setzte D. eine Reform des Rechtswesens in Schlesien durch. Die lange Zeit erfolglos geforderte Religionsfreiheit vermochte er in die Praxis umzusetzen.

Daniels, Heinrich Gottfried Wilhelm, Jurist, * 25. 12. 1754 Köln, † 28. 3. 1827 Köln.
Bereits während seines Mathematik-Studiums an der Univ. Köln (Dr. phil. 1770) befaßte sich D. mit Rechtswissenschaften, wurde 1776 als Advokat in Bonn zugelassen, 1780 zum Kommissar am weltlichen Kammergericht bestellt und war seit 1783 Prof. der Pandekten und der juristischen Praxis, später auch des Wechsel- und Privatfürstenrechts an der Univ. Bonn. 1786 zum kurfürstlichen Hof- und Regierungsrat sowie zum Landtagssyndikus des Herzogs von Aremberg ernannt, wurde er unter französischer Besatzung Mitglied des Obertribunals Bonn und 1798 Lehrer für Gesetzgebung an der Kölner Zentralschule. D. kam 1804 an den Pariser Kassationshof, wechselte 1813 als Generalprokurator an den Brüsseler Appellhof und folgte 1817 einer Berufung → Hardenbergs als Geheimer Staatsrat nach Berlin, als welcher er sich erfolgreich für die weitere Geltung des französischen Rechts in den Rheinlanden einsetzte. Seit 1819 war er Erster Präsident des Rheinischen Appellationshofs in Köln und Mitglied der rheinischen Justizorganisationskommission.

Darjes, Joachim Georg, Jurist, * 23. 6. 1714 Güstrow, † 17. 7. 1791 Frankfurt/Oder.
D. habilitierte sich 1735 an der Univ. Jena und wurde 1738 Adjunkt der Philosophischen Fakultät. 1739 zum Dr. jur. promoviert, wurde er 1744 o. Prof. der Moral und der Politik sowie Sachsen-Weimarer Hofrat. 1763 folgte er einer Berufung → Friedrichs des Großen als o. Prof. der Rechtswissenschaft an der Univ. Frankfurt/Oder, führte dort als einer der ersten die Kameralwissenschaften in das universitäre Lehrprogramm ein und stiftete die Kgl. gelehrte Gesellschaft in Frankfurt/Oder, der er vorstand. D. war ein Gegner der → Wolffschen Philosophie, jedoch von ihr beeinflußt. Er vertrat die Theorie des Influxus physicus. D. veröffentlichte zahlreiche mathematische, philosophische, juristische und staatswissenschaftliche Schriften, u. a. *Elementa metaphysices* (2 Bde., 1743, ²1753 in einem Band), *Erste Gründe der gesammten Mathematik* (2 Tle., 1747, ⁴1777), *Philosophische Nebenstunden* (4 Tle., 1749-52), *Erste Gründe der philosophischen Sittenlehre* (1750, ⁴1782), *Via ad veritatem* (1755, dt. 1756) und *Erste Gründe der Cameralwissenschaften* (1756, ²1768).
WEITERE WERKE: Die lehrende Vernunftkunst. Jena 1737. – Logica. Leipzig 1747. – Anmerkungen über ein Lehrbuch der Wolfischen Metaphysik. Jena 1749. – Observationes juris naturae. Jena 1751-54. – Einleitung in Bielefelds Lehrbegriff der Staatskunst. Jena 1756. Berlin ³1786. – Diskurs über Natur- und Völkerrecht. 3 Tle., Jena 1762/63. – Meine Gedanken von den Grenzen des Rechts der Natur. Frankfurt 1775.

Dassdorf, Karl Wilhelm, Bibliothekar, Publizist, * 2. 2. 1750 Stauchitz bei Oschatz (Sachsen), † 28. 2. 1812 Dresden.
D. schloß die Studien an der Univ. Leipzig als Magister der Philosophie ab, war 1775-1812 Bibliothekar der öffentlichen Bibliothek in Dresden und wurde 1807 kgl. sächsischer Hofrat. Er stand im Austausch mit → Gellert, → Lessing und → Weiße, war als Rezensent tätig und gab eine Sammlung von Briefen Johann → Winckelmanns heraus. D. selbst schrieb Gelegenheitsgedichte und veröffentlichte eine *Beschreibung der vorzüglichsten Merkwürdigkeiten der Kurfürstlichen Residenzstadt Dresden und einiger umliegenden Gegenden* (1782).

Dautzenberg, (Peter Josef) Franz, Journalist, Verleger, * 20. 4. 1769 Aachen, † 17. 3. 1828 Aachen.
Nach dem Abschluß des Aachener Jesuitengymnasiums war D., ein Anhänger Rousseaus, Privatgelehrter in Aachen und wurde Mitglied einer Freimaurerloge. Bis 1798 war er Herausgeber und Redakteur des von ihm 1790 gegründeten „Politischen Merkur für die Niedern Reichslande", der wegen der politischen Zensur 1791 in „Aachener Zuschauer" umbenannt wurde. D. führte einen regen politischen Briefwechsel mit → Görres. Während der Zeit der französischen Herrschaft über die Rheinlande seit 1795 war er mit dem Wiederaufbau des französischen Postwesens befaßt, wurde Vorsitzender der Prüfungskommission für Volksschullehrer und arbeitete 1802-04 als Bürochef in der Aachener Präfektur. D. war unter preuß. Herrschaft kurzzeitig Spezialkommissar der Einquartierungskommission und wurde 1822 Stadtrat. Seine umfangreiche Bibliothek bildete gemeinsam mit der Ratsbibliothek den Grundstock für die heutige Aachener Stadtbibliothek. D. schrieb u. a. *Ein Wort an das Publikum* (1789).

Decker, Georg Jakob I., Drucker, Verleger, * 12. 2. 1732 Basel, † 17. 11. 1799 Berlin.
Der Sohn des Druckers Johann Heinrich II. D.s wurde in Bern zum Buchdrucker ausgebildet und kam anschließend in die Offizin seiner Großmutter Dorothea nach Colmar. Später Student an der Straßburger Akademie, ging D. 1750 über Mainz, Frankfurt, Leipzig und Zeitz nach Berlin, wo er 1756 durch die Heirat mit der Witwe des Buchdruckers Jean Grynaeus Teilhaber, 1763 alleiniger Besitzer der jetzt unter „Grynaeus und Decker" firmierenden Buchdruckerei wurde. Er druckte bald für bekannte Verlage und die Akademie der Wissenschaften, gründete 1762 die „Gazette française de Berlin" und war Direktor der typographischen Anstalt der Berliner Lotto-Unternehmens. 1763 mit dem Titel, 1765 den Rechten eines Hofbuchdruckers ausgezeichnet, erlangte er 1769 die Erblichkeit des Privilegs und gliederte seinem Unternehmen eine Schriftgießerei, einen Verlag und ein Sortiment an. 1787 wurde D. die erste Gesamtausgabe der Werke → Friedrichs II. übertragen (*Œuvres posthumes de Frédéric II. Roi de Prusse*, 25 Bde., 1788/89). 1792 überließ er seinem Sohn Georg Jakob II. D. das Unternehmen. D.s 1799 begonnenen Erinnerungen blieben unvollendet und unveröffentlicht.

Degen, Johann Friedrich, Altphilologe, Publizist, * 16. 12. 1752 Affalterthal, † 16. 1. 1836 Bayreuth.
Vom Vater in den klassischen Sprachen unterrichtet, kam D. 1768 als Stipendiat an das Casimirianum im Herzogtum Sachsen-Coburg und wurde 1772 an der Univ. Erlangen immatrikuliert, wo er vor allem bei Christoph Harleß, mit dem ihn später eine enge Freundschaft verband, antike und deutsche Poesie studierte. Aus aufklärerischem Interesse an deutscher Sprache und Literatur trat er 1774 in das Erlanger Institut der Moral und der Schönen Wissenschaften ein, folgte im selben Jahr der Berufung an das Dessauer Philanthropin und wechselte 1776 an das Carolo-Alexandrinum nach Ansbach, wo er sich der Zechgesellschaft, einem Kreis Gelehrter um Peter → Uz, anschloß. 1785-87 gab er den „Fränkischen Musenalmanach" heraus, kam 1791 als Direktor der Fürstenschule nach Neustadt/Aisch, wurde 1803 an das Bayreuther Christian-Ernestinum versetzt und lernte dort als Mitglied der Harmonie-Gesellschaft → Jean Paul kennen. D. veröffentlichte Ausgaben antiker Lyrik (u. a. *Anacreontis Carmina*, 1781) sowie Übersetzungen, darunter den *Versuch einer vollständigen Litteratur der teutschen Uebersetzungen der Römer [...]* (2 Teile, 1794-96, Nachtrag 1799).

Degen, Josef Vinzenz Edler von, Ritter von Elsenau, österr. Drucker, Verlagsbuchhändler, * 11. 3. 1762 Graz, † 6. 6. 1827 Wien.
D. wandte sich nach dem Studium der Rechtswissenschaften an der Univ. Wien dem Buchhandel und der Buchdruckerei zu und erwarb 1790 die Buchhandlung von J. P. Kraus in Wien, die bald führend in französischer Literatur wurde; 1794 löste er den Jakobiner-Prozeß aus. Er kaufte 1800 die Albertische Druckerei, errichtete eine eigene Schriftgießerei und druckte Prachtausgaben u. a. lateinischer Klassiker sowie zeitgenössischer Schriftsteller wie Peter → Uz und → Wieland. Seit 1804 Leiter der neugegründeten provisorischen Hof- und Staatsdruckerei im aufgehobenen Franziskanerkloster, war er mit dem Aufbau der Staatsdruckerei befaßt und 1814-27 deren erster Direktor. D. wurde 1810 nobilitiert und führte seit 1824 den Namenszusatz Ritter von Elsenau.

Delbrück, (Johann Friedrich) Ferdinand, Philologe, Philosoph, * 12. 4. 1772 Magdeburg, † 25. 1. 1848 Bonn.
D. studierte seit 1790 – überwiegend bei Friedrich August → Wolf – an der Univ. Halle, wurde 1794 Erzieher in Stettin, später Hauslehrer in Hamburg. 1797 an der Univ. Halle zum Dr. phil. promoviert, wurde er im selben Jahr Lehrer am Gymnasium zum Grauen Kloster in Berlin und war Mitarbeiter der „Allgemeinen Literatur-Zeitung" wie der „Jenaer Literatur-Zeitung". 1809 folgte er einer Berufung als Rat bei der ostpreußischen Regierung und a. o. Prof. an der Univ. Königsberg, kam 1816 nach Düsseldorf und las seit 1818 Literaturwissenschaft und Philosophie an der neugegründeten Univ. Bonn. 1819-27

war er kommissarischer Leiter des Bonner Gymnasiums. D. veröffentlichte neben zahlreichen Lehrwerken und philosophischen Studien u. a. *Über die Humanität* (1796).
WEITERE WERKE: Gelehrsamkeit und Weisheit. Bonn 1833.
LITERATUR: Alfred Nicolovius: F. D. Ein Lebensumriß. Bonn 1848. – Karl von Prantl: D. In: ADB 5, 1877, S. 36-37.

Denis, (Johann Nepomuk Cosmas) Michael, Pseud. Sined der Barde, österr. Schriftsteller, Bibliograph, * 27. 9. 1729 Schärding, † 29. 9. 1800 Wien.
D. besuchte 1739-47 das Jesuitengymnasium in Passau, trat anschließend in Wien in den Jesuitenorden ein und wurde 1757 zum Priester geweiht. Er schrieb mehrere lateinische Schuldramen, war seit 1760 Lehrer der Schönen Wissenschaften und der Rhetorik an der Theresianischen Adelsakademie in Wien und ließ 1762 das erste deutsche Lesebuch überhaupt erscheinen (*Sammlung kürzerer Gedichte aus den neuen Dichtern Deutschlands für die Jugend*). D. übersetzte als erster den Ossian vollständig ins Deutsche (1768/69) und festigte dadurch seinen Ruf als führender österr. Literat. Er führte einen umfangreichen Briefwechsel mit gelehrten Zeitgenossen und war u. a. mit Friedrich → Nicolai, → Klopstock und Karl Wilhelm → Ramler befreundet. Unter dem Pseudonym Sined, einem Anagramm für D., veröffentlichte er seit 1772 Bardenlyrik (*Die Lieder Sineds des Barden*). Von der Aufhebung der Gesellschaft Jesu 1773 bis zur Auflösung der Akademie 1784 leitete er die Garellische Bibliothek in Wien und hielt am Theresianum Vorträge über Bücherkunde und Literaturgeschichte. Mit einer Reihe von Publikationen zur Literaturgeschichte und zur Bücherkunde (darunter *Einleitung in die Bücherkunde*, 1777/78; *Supplementum Annalium M. Maittaire*, 1789) begründete er seit den siebziger Jahren seine exponierte Stellung in der Geschichte der bibliographischen Wissenschaften. Seit 1784 zweiter Kustos der Hofbibliothek, wurde er 1791 Hofrat und erster Kustos. D. dichtete auch Kirchenlieder, die, wie *Thauet, Himmel, den Gerechten*, zum Teil noch heute gesungen werden. Seine nicht vollendete Selbstbiographie *Commentarii de vita sua* gab sein Schüler Joseph Friedrich von → Retzer im *Literarischen Nachlaß* (1801/02) heraus.

Dereser, Anton, auch Thaddeus a Sancto Adamo D., kath. Theologe, * 3. 2. 1757 Fahr (Unterfranken), † 16. 6. 1827 Breslau.
D. trat 1776 in den Karmeliterorden ein, studierte Philosophie und Theologie in Würzburg und Heidelberg und wurde 1780 in Mainz zum Priester geweiht. Seit 1781 lehrte er als Lektor seines Ordens in Heidelberg und wurde 1783 Prof. der griechischen Sprache und neutestamentlichen Hermeneutik an der Akademie (seit 1786 Univ.) in Bonn. 1791 kam er als Prof. der Exegese nach Straßburg und war seit 1792 Superior des bischöflichen Priesterseminars. Während der Revolution wurde er verhaftet und zum Tod verurteilt, da er den Eid auf die Verfassung verweigerte. Nach dem Sturz der Jakobiner befreit, trat D. 1799 in Heidelberg eine Professur für biblische Exegese und orientalische Sprachen an und wurde 1810 Stadtpfarrer in Karlsruhe. 1811-14 Regens des bischöflichen Priesterseminars in Luzern, war er seit 1815 Domkapitular und Prof. der Dogmatik in Breslau. D. war einer der führenden kath. Theologen der Aufklärung in Deutschland; als rationalistischer Exeget geriet er in Konflikt mit der Kurie. Er vollendete die Bibelübersetzung des Dominicus von Brentano und wurde als Erbauungsschriftsteller durch sein „Deutsches Brevier" *Erbauungsbuch für alle Christen auf alle Tage des Kirchenjahrs* (1790) bekannt.

Desing, Anselm, eigentl. Franz Josef Albert D., Benediktiner, Theologe, Universalgelehrter, * 15. 3. 1699 Amberg, † 17. 12. 1772 Ensdorf (Oberpfalz).
D. studierte 1715-17 Philosophie an der Univ. Wien, trat 1718 in die Benediktinerabtei Ensfelden ein und widmete sich bis zu seiner Priesterweihe 1723 dem Theologiestudium in Michelfeld. 1725-31 lehrte er am Ordensgymnasium in Weihenstephan und war 1737-43 Prof. an der Univ. Salzburg, wo er sich für eine Reform der Lehre einsetzte, selbst Lehrbücher verfaßte und Apparate für den experimentellen Physikunterricht erwarb. Maßgeblich an der Errichtung der Ritterakademie in Kremsmünster beteiligt, wurden dort nach seinen Plänen der „Mathematische Turm" erbaut und Kontakte zu den Sternwarten in Wien, Paris, Bologna und Rom aufgenommen. D. ordnete im Auftrag des Fürstbischofs von Passau, Josef Dominikus von Lamberg, das fürstbischöfliche Archiv sowie die Bibliothek und wurde zu diplomatischen Missionen verwendet; eine Romreise 1750 gab den Anstoß zu einer Reihe von Veröffentlichungen gegen das rationalistische Naturrecht der Aufklärung. Seit 1761 Abt von Ensdorf, förderte D. die wissenschaftlichen Aktivitäten der Abtei. Er publizierte zuletzt *Deutschlands untersuchter Rechtsgeschichte Erster Teil* (1768).

De Wette, Martin Leberecht, evang. Theologe, * 12. 1. 1780 Ulla bei Weimar, † 16. 6. 1849 Basel.
De W. studierte an der Univ. Jena, habilitierte sich dort 1805 für Theologie und 1807 a. o., 1809 o. Prof. der Exegese an der Univ. Heidelberg, wo er Jakob Friedrich → Fries kennenlernte, dessen Philosophie für seine Arbeiten bestimmend wurde. 1810 folgte er einer Berufung an die neugegründete Univ. Berlin, deren Theologische Fakultät er gemeinsam mit → Schleiermacher aufbaute. Wegen seiner liberalen religiösen und politischen Einstellung 1819 aus dem Lehramt entlassen, befaßte sich De W. anschließend in Weimar mit der Edition von Luthers Briefen. 1822 wurde er als Prof. der Ethik und der praktischen Theologie an die Univ. Basel berufen; seine zunehmend konservative Gesinnung wurde von den Rationalisten kritisiert. Neben biblisch-exegetischen Studien auf dem Gebiet des Alten Testaments befaßte sich De W. mit systematischer Theologie, in die er erstmals religionspsychologische Methoden einführte. Er veröffentlichte u. a. ein *Lehrbuch der Dogmatik* (2 Bde., 1813-16).

Dieterich, Johann Christian, Verleger, * 25. 5. 1722 Stendal, † 18. 6. 1800 Göttingen.
D. absolvierte eine kaufmännische Ausbildung, arbeitete dann als Seidenhändler in Berlin und übernahm nach der Heirat mit der Tochter des Buchhändlers Johann Paul Mevius 1752 dessen Buchhandlung in Gotha. Seit 1756 gab er den *Almanach de Gotha* heraus, der sich zu einem bekannten genealogischen Handbuch entwickelte. 1760 eröffnete D. eine Filiale in Göttingen, für die ihm 1765 das Privileg eines Universitätsbuchhändlers erteilt wurde, und schloß ihr 1770 eine Druckerei an. Er verkaufte den Verlag in Gotha und übersiedelte 1776 nach Göttingen. Seit 1770 erschien in seiner Verlagsbuchhandlung der „Göttinger Musenalmanach", der – als Publikationsorgan der Dichter des Hainbundes wichtig – von Heinrich Christian → Boie, Friedrich Wilhelm Gotter und Gottfried August → Bürger herausgeben und u. a. von Daniel → Chodowiecki illustriert wurde. Seit 1776 verlegte D. den „Göttinger Taschenkalender", seit 1793 den „Revolutionsalmanach".
LITERATUR: „Liebster, Bester, Einziger Freund". Erinnerungen an den Verleger, Buchdrucker und Buchhändler J. C. D. (1722-1800). Hrsg. und mit einer Einleitung von Elisabeth Willnat. Mainz 2000.

Dietrich, (Philipp) Friedrich Baron von, Bürgermeister von Straßburg, * 14. 11. 1748 Straßburg, † 29. 12. 1793 Paris.
Der Erbe großer Besitzungen im Elsaß sowie bedeutender Eisenwerke in Reichshofen erhielt eine gründliche naturwissenschaftliche Ausbildung, unternahm längere Reisen nach Frankreich, Korsika und England und wurde Kgl. Kommissar für die Berg- und Hüttenwerke, Waldungen und Fabriken Frankreichs. 1789 ging D. als Vertreter des kgl. Prätors, 1790 als erster Bürgermeister und Friedensrichter in seine Heimatstadt, um deren alte Rechte zu wahren und die durch die Revolution hervorgerufenen sozialen Spannungen auszugleichen. Doch nach der Machtübernahme der Jakobiner in Paris wurde D. 1792 seines Amtes enthoben, mußte sich dem Vorwurf der Förderung „germanischer Elemente" stellen und wurde hingerichtet.

Dillenius, Friedrich Wilhelm Jonathan, evang. Theologe, Schriftsteller, * 20. 7. 1754 Knittlingen bei Maulbronn, † 23. 5. 1815 Hemmingen bei Leonberg.
D. studierte 1775-78 Theologie in Tübingen und wurde Oberpräzeptor in Urach, 1795 Pfarrer in Baltmannsweiler bei Schorndorf, zuletzt in Hemmingen. Er verfaßte zahlreiche Schulbücher, Lexika sowie popularphilosophische und philologische Schriften (u. a. *Über Seelengröße und Standhaftigkeit im Unglücke*, 1788) und beschäftigte sich mit Übersetzungen antiker Autoren.

Dippel, Johann Konrad, Pseud. Christianus Democritus, evang. Theologe, Alchemist, Arzt, * 10. 8. 1673 Schloß Frankenstein bei Darmstadt, † 25. 4. 1734 Schloß Wittgenstein (Berleburg).
D., dessen Vater Schulmeister, dann Pfarrer war, studierte seit 1691 Theologie in Gießen, erlangte 1693 mit der Disputation *De nihilo* den Magistergrad und versuchte in den folgenden Jahren vergeblich, in Gießen und Straßburg eine akademische Laufbahn zu beginnen. Immer mehr dem Pietismus zugewandt, begann D. 1696 in Straßburg Privatvorlesungen über Astrologie und Chiromantie zu halten, mußte jedoch fliehen. Er kam erneut nach Gießen, wo unter Pseudonym seine Streitschriften gegen die luth. Orthodoxie erschienen. Seit 1698 beschäftigte sich D. mit der Alchemie. Er erfand, seit 1704 in Berlin lebend, u. a. das sogenannte Berliner Blau, mußte die Stadt jedoch nach heftigen Angriffen auf die Religionspolitik Karls XII. verlassen und übersiedelte in die Niederlande, wo er 1711 in Leiden den medizinischen Doktortitel erwarb und sich als Arzt bei Amsterdam niederließ. Seit 1714 in Altona ansässig, wurde er wegen seiner Kritik an den politischen Zuständen zu lebenslanger Festungshaft auf Bornholm verurteilt, 1726 begnadigt. Nach Aufenthalten in Stockholm und Kopenhagen lebte er seit 1729 in Berleburg. Die unter seinem Pseudonym postum herausgegebene Werksammlung *Eröffneter Weg zum Frieden mit Gott und allen Kreaturen* (3 Bde., 1747) zeigt D.s Konzept einer jede religiöse Organisation ablehnenden individualistischen Frömmigkeit.
LITERATUR: Stephan Goldschmidt: J. K. D. (1673 bis 1734). Göttingen 2001.

Dithmar, Justus Christoph, auch Diethmar, Kameralist, * um 16. 6. 1678 Rotenburg/Fulda, † 13. 3. 1737 Frankfurt/Oder.
D. studierte Geschichte und Rechtswissenschaften an der Univ. Marburg, begleitete dann einen jungen Herrn von Danckelmann an die Univ. Leiden und wurde auf Empfehlung von dessen Familie 1709 a. o., 1710 o. Prof. der Geschichte an der Univ. Frankfurt/Oder. 1727 erhielt er den Lehrstuhl für Kameral-, Ökonomie- und Polizeiwissenschaften. Er war Rat des Johanniterordens für die Kommende Sonnenburg und Mitglied der kgl. Gesellschaft der Wissenschaften in Berlin. Als Kameralist hatte er mit seiner *Einleitung in die Ökonomischen Polizey- und Kameralwissenschaften* (1731) Einfluß auf die staatliche sowie gutsherrliche Verwaltungs-, Finanz- und Wirtschaftspraxis Preußens. Seit 1729 gab D. mit der „Ökonomischen Fama" die erste kameralistische Zeitschrift Deutschlands heraus.

Döderlein, Christian Albrecht, evang. Theologe, * 11. 12. 1714 Seyringen (Grafschaft Oettingen), † 4. 11. 1789 Bützow bei Rostock.
D. wurde 1753 Prediger in Halle. Herzog Friedrich von Mecklenburg berief ihn 1758 als Prof. nach Rostock; D. konnte die Professur jedoch infolge von Protesten seitens der Theologischen Fakultät und des Stadtrats nicht antreten. Seit der Gründung der herzoglichen Univ. im benachbarten Bützow 1760 lehrte er dort und reformierte das theologische Studium nach den Prinzipien des Halleschen Pietismus unter Betonung der „biblischen Theologie". D. veröffentlichte u. a. *Überzeugender Beweis von der wahren Gottheit des Sohnes Gottes* (1789).

Dohm, Christian Conrad (Wilhelm) von, Diplomat, Historiker, * 11. 12. 1751 Lemgo, † 29. 5. 1820 Pustleben (Nordhausen).
Seit 1769 widmete sich der Sohn eines Pastors in Leipzig zunächst dem Studium der Theologie, dann dem der Rechts- und Staatswissenschaften. 1771 erhielt er eine Anstellung als Sekretär Johann Bernhard →Basedows in Altona und Dessau. Nach kurzer Tätigkeit als Hofmeister des Prinzen Ferdinand in Berlin nahm D. 1774 seine Studien in Göttingen wieder auf, wo Johann Wilhelm →Gleim, Friedrich Heinrich →Jacobi und Moses →Mendelssohn zu seinen Freunden gehörten. Zusammen mit Heinrich Christian →Boie gründete er 1776 die Kunstzeitschrift „Teutsches Museum". 1776-79 lehrte D. als Prof. der Ökonomie, Finanzwissenschaft und Statistik am Collegium Carolinum in Kassel. Als Kriegs- und Geheimarchivar trat er 1779 in den preuß. Staatsdienst ein. Großes Aufsehen erregte D. 1781 mit seiner Schrift *Über die bürgerliche Verbesserung der Juden*, in der er die Gleichberechtigung der Juden auf allen Gebieten forderte und die Grundlagen für die Emanzipationsgesetze in Frankreich (1791) und Preußen (1812) schuf. Seit 1786 war er preuß. Gesandter beim Kurfürsten in Köln; während des Kriegs betraute man ihn mit Sondermissionen. 1807 wurde er Staatsrat im Königreich Westphalen und kurz darauf Gesandter in Dresden. 1810 zog sich D. auf sein Gut Pustleben zurück, wo er die *Denkwürdigkeiten meiner Zeit* (5 Bde., 1814-19) verfaßte.

Dorsch, Anton Joseph (Friedrich Caspar), kath. Theologe, Beamter, * 11. 6. 1758 Heppenheim an der Bergstraße, † April 1819 Paris.
Das Studium der Philosophie und Theologie am Mainzer Priesterseminar 1776-80 schloß D. mit der Promotion zum Dr. phil. und zum Lic. theol. ab, er wurde dort zum Priester geweiht und vom Kurfürsten zu weiteren philosophischen Studien nach Paris geschickt. 1784 übernahm er den Lehrstuhl für Philosophie in Mainz, wurde im selben Jahr zum Dr. theol. promoviert und erhielt 1789 ein Kanonikat am Markusstift in Heiligenstadt. Seit 1791 Prof. in Straßburg und zugleich bischöflicher Vikar, wandte sich D. zunehmend revolutionären Ideen zu, legte sein Priestertum ab und kehrte 1792 als Klubist und Präsident der französischen Administration nach Mainz zurück, mußte jedoch 1793 nach Paris fliehen. Er war dort zunächst als Diplomat tätig, bis 1798 als Kommissar des Roer-Départements, und trat für die französische Übernahme der linken Rheinseite ein. Seit 1811 Steuerdirektor in Münster, flüchtete D. während der Befreiungskriege 1813 erneut nach Paris.

Drexel, Anton, kath. Theologe, Altphilologe, * 27. 1. 1753 Lenggries, † 9. 4. 1830 Viechtach.
Nach dem Theologiestudium in Ingolstadt, der Priesterweihe 1780 und dem Benefiziat an der Pfarrei St. Moritz wurde D. 1784 Bibliothekar an der Univ. Landshut und Mitarbeiter Wilhelm Ludwig →Wekhrlins an dessen Journal „Das graue Ungeheur". Verdächtigt, dem Illuminatenorden anzugehören, wurde er im folgenden Jahr entlassen, wandte sich nach Süden und war in Brixen und Brescia als Bibliothekar tätig. 1796 war D. Präfekt des Deutsch-Ungarischen Kollegiums in Pavia. 1802 wurde er rehabilitiert und zum Prof. der lateinischen und griechischen Philologie an der Univ. Landshut ernannt. 1802/03 sowie 1806-10 war er Oberbibliothekar an der Landshuter Universitätsbibliothek. Gemeinsam mit Johann Michael →Sailer verließ der als Aufklärer geltende D. 1818 die Univ. Landshut und übernahm die Pfarrei Viechtach. Er schrieb u. a. *Über Erklärung alter Schriftsteller* (1803).

Dusch, Johann Jakob, Schriftsteller, * 12. 2. 1725 Celle, † 18. 12. 1787 Altona.
D. studierte Theologie, die schönen Wissenschaften und englische Literatur an der Univ. Göttingen, wurde dort 1748 zum Dichter gekrönt und ließ sich als Privatlehrer und Schriftsteller in Schleswig-Holstein, 1756 in Altona nieder. 1762 wurde er auf Empfehlung Graf Johann Hartwig Ernst von Bernstorffs vom dänischen Regenten zum Prof. der schönen Wissenschaften am Gymnasium Altona ernannt. Er wurde 1766 Direktor des Gymnasiums, im folgenden Jahr Prof. der englischen und deutschen Sprache, 1771 der Philosophie und Mathematik. 1780 erhielt er den Titel eines königlich-dänischen Justizrats. D. war Mitarbeiter mehrerer norddeutscher Periodika und schuf ein umfangreiches literarisches Werk. Neben Übersetzungen und Editionen (u. a. der *Sämmtlichen Werke* Alexander Popes, 5 Bde., 1758-64) schrieb er Romane sowie literaturästhetische und -kritische Abhandlungen, darunter die *Briefe zur Bildung des Geschmacks* (6 Teile, 1764-73). Im Literaturstreit des 18. Jh. nahm er eine gemäßigte Position zwischen den Hauptkontrahenten ein, seine eigene literarische Produktion entsprach in der zweiten Hälfte des Jahrhunderts immer weniger dem Publikumsgeschmack.

Dyck, Johann Gottfried, Verleger, Schriftsteller, * 24. 4. 1750 Leipzig, † 21. 5. 1813 Leipzig.
D. studierte an den Universitäten Leipzig und Wittenberg, erwarb 1778 den Magistergrad und übernahm die väterliche Buchhandlung in Leipzig. Unter seiner Leitung wurde sie – vor allem durch die dem Zeitgeist verpflichtete Erweiterung des Verlagsprogramms im Bereich Belletristik – zu einer der führenden Buchhandlungen ihrer Zeit. 1783 übernahm er von Christian Felix →Weiße die Redaktion der 1757 von Friedrich →Nicolai und Moses →Mendelssohn gegründeten Literaturzeitschrift „Neue Bibliothek der schönen Wissenschaften und freyen Künste". D. schuf Übersetzungen aus dem Italienischen und Französischen (u. a. *Komisches Theater der Franzosen für die Deutschen*, 10 Bde., 1777-85), veröffentlichte zahlreiche Bearbeitungen von Lustspielen für die deutsche Bühne und eigene Dramen (u. a. *Der unentschlossene Liebhaber*, 1776), für die er den Begriff der „theatralischen Schilderung" verwendete. Über seine verlegerische und literarische Arbeit hinaus übte D. das Amt des Schulvorstehers der Wendlerschen Freischule in Leipzig aus und gab in dieser Funktion pädagogische und historische Schriften sowie Lesebücher heraus.

E

Ebel, Johann Gottfried, Naturforscher, Schriftsteller, Arzt, * 6. 10. 1764 Züllichau, † 8. 10. 1830 Zürich.
Der Kaufmannssohn schloß das Studium der Natur- und Arzneiwissenschaften in Frankfurt/Oder 1789 mit der Promotion ab (*Observationes neurologicae ex anatome comparata*) und begab sich auf Studienreisen nach Wien und in die Schweiz, deren Durchwanderung er 1793 in seiner vielfach aufgelegten *Anleitung, auf die nützlichste und genussvollste Art in der Schweiz zu reisen* beschrieb. Seit 1794 betrieb E. in Frankfurt/Main eine Arztpraxis, wurde jedoch als Übersetzer der politischen Schriften des französischen Staatsmannes Emmanuel Sieyès revolutionärer Ideen verdächtigt, mußte die Stadt 1796 verlassen und siedelte nach Paris über, wo er bis 1801 lebte. Hier betrieb er medizinische Forschungen und beschäftigte sich mit der schweizer. Politik und deren Reformen, woraufhin ihm 1801 das helvetische und 1820 das Zürcher Bürgerrecht verliehen wurde. E. kehrte zunächst nach Frankfurt zurück und ließ sich 1810 ganz in Zürich nieder, wo er sich geologischen Forschungen widmete und eine Reihe geognostischer Werke veröffentlichte. E. stand mit bedeutenden Gelehrten und Politikern seiner Zeit in Verbindung (u. a. Wilhelm von → Humboldt, → Görres, Savigny) und gab die Autobiographie Ulrich → Bräkers heraus.
WEITERE WERKE: Schilderung der Gebirgsvölker der Schweiz. Leipzig 1798. Nachdruck St. Gallen 1983. – Über den Bau der Erde in dem Alpengebirge zwischen 12. Längen- und 2.-4. Breitengraden. Zürich 1808.
LITERATUR: Arnold Escher: J. G. E. 1764-1839. Zürich 1917. – Madeleine Brunner: J. G. E. 1764-1830. Zürich 1976. – Peter Faessler: J. G. E. als Reiseliterat. St. Gallen 1983.

Ebeling, Christoph Daniel, Bibliothekar, * 20. 11. 1741 Garmissen bei Hildesheim, † 30. 6. 1817 Hamburg.
Der Sohn von Johann Justus E. studierte 1762-67 Theologie und Philologie an der Univ. Göttingen, wo er sich auch mit Geographie, Geschichte und insbesondere mit Amerika beschäftigte. Bis 1769 Hofmeister in Leipzig, dann Spezialaufseher und Vorsteher an der Hamburger Handelsakademie, wurde er 1784 Prof. der Geschichte und des Griechischen am Hamburger Akademischen Gymnasium und 1799 zudem Bibliothekar der Hamburger Stadtbibliothek. Er führte die Gesamtausgabe der Werke → Klopstocks fort, veröffentlichte literaturgeschichtliche Schriften sowie zahlreiche Musikrezensionen für Hamburger Zeitungen und war als Übersetzer tätig. Sein unvollendetes Hauptwerk *Erdbeschreibung und Geschichte von Amerika* (1793-1816) basiert auf amerikanischen Quellen, die E. in der zusammen mit D. H. → Hegewisch herausgegebenen Zeitschrift „Amerikanisches Magazin" (1795-97) veröffentlichte.

Eberhard, Johann August, evang. Theologe, Philosoph, * 31. 8. 1739 Halberstadt, † 6. 1. 1809 Halle.
E., Sohn eines Kantors, studierte 1756-59 in Halle Theologie und wurde Hofmeister in Halberstadt im Hause des späteren Staatsministers von der Horst, dem er 1763 nach Berlin folgte, wo er u. a. an den Abendunterhaltungen Moses → Mendelssohns und Friedrich → Nicolais teilnahm. Seit 1768 Prediger am Berliner Arbeitshaus und in der Gemeinde Stralow, erregte E. 1772 mit seinem literarischen Debüt *Neue Apologie des Sokrates*, die mehrfach aufgelegt und übersetzt wurde, großes Aufsehen, da er einige zentrale Lehrstücke der christlichen Verkündigung kritisierte und durch seine aufklärerischen Tendenzen Anstoß erregte; 1774 wurde ihm die Erlangung einer Predigerstelle in Charlottenburg erschwert. 1776 wurde E. jedoch für die philosophisch-anthropologische Forschung in seiner *Allgemeinen Theorie des Denkens und Empfindens* (^{2}1786) mit dem Preis der Königlichen Akademie der Wissenschaften ausgezeichnet, deren Mitglied er seit 1786 war. 1778 folgte er einem Ruf als Prof. der Philosophie nach Halle. In seinen Abhandlungen verband E. die Leibniz-Wolffsche-Philosophie mit Motiven der englischen Aufklärungsphilosophie. E. kritisierte die Beschränkung menschlicher Erkenntnis auf Erscheinungen und bestritt die strikte Trennung von Sinnes- und Verstandeswelt. Er gab die Zeitschriften „Philosophisches Magazin" (1788-92) und „Philosophisches Archiv" (1792-95) heraus, in denen er gegen → Kant polemisierte. E. veröffentlichte u. a. *Vorbereitung zur natürlichen Theologie* (1781), *Sittenlehre der Vernunft* (1781, ^{2}1786), *Theorie der schönen Wissenschaften* (1783, ^{3}1790), *Allgemeine Geschichte der Philosophie* (1788, ^{2}1797) und *Handbuch der Aesthetik* (1803-05, ^{2}1807-20). E. war Verfasser eines ersten deutschen Synonymenwörterbuches (*Versuch einer allgemeinen deutschen Synonymik*, 6 Bde., 1795-1802; gekürzte Ausgabe 1802 als *Synonymisches Handwörterbuch der deutschen Sprache*, ^{17}1910).
WEITERE WERKE: Von dem Begriffe der Philosophie und ihren Teilen. Berlin 1778. – Vorlesungen über Zeichen der Aufklärung einer Nation. Halle 1783. – Kurzer Abriß der Metaphysik mit Rücksicht auf den gegenwärtigen Zustand. Halle 1794. – Über den Gott des Herrn Prof. Fichte und den Götzen seiner Gegner. Halle 1799. – Geist des Urchristentums. Handbuch der Geschichte der philosophischen Kultur. Halle 1807.

LITERATUR: Friedrich Nicolai: Gedächtnisschrift auf J. A. E. Berlin/Stettin 1810. – Karl Lungwitz: Die Religionsphilosophie J. A. E.s. Weida 1910. – Georg Draeger: J. A. E.s Psychologie und Ästhetik. Halle 1914. – Henry E. Allison: The Kant-Eberhard-Controversy. Baltimore/London 1973. – Alexander Altmann: Eine bisher unbekannte frühe Kritik E.s an Kants Raum- und Zeitlehre. In: Kant-Studien 79 (1988) S. 329-341. – Zwi Batscha: „Despotismus von jeder Art reizt zur Widersetzlichkeit". Die Französische Revolution in der deutschen Popularphilosophie. Frankfurt/Main 1989. – Manfred Gawlina: Das Medusenhaupt der Kritik. Die Kontroverse zwischen Immanuel Kant und J. A. E. Berlin/New York 1996. – Marion Lauschke/Manfred Zahn (Hrsg.): Immanuel Kant. Der Streit mit J. A. E. Hamburg 1998.

Ebert, Friedrich Adolf, Bibliothekar, * 9.7.1791 Taucha bei Leipzig, † 13.11.1834 Dresden.
Bereits als Schüler 1806 Amanuensis an der Ratsbibliothek in Leipzig, betrieb E. seit 1808 an der dortigen Univ. theologische, später historisch-philosophische Studien und wurde 1812 promoviert. Im folgenden Jahr war er Mitarbeiter an der Universitätsbibliothek Leipzig, um dort einen neuen einheitlichen Katalog anzulegen. 1814 arbeitete er an der Kgl. Bibliothek in Dresden, schuf dort einen neuen Sachkatalog, ebenso wie 1823 als Leiter der Bibliothek in Wolfenbüttel, und kehrte 1825 nach Dresden zurück, wo er mit der Leitung der Kgl. Bibliothek betraut wurde. E., der zu den bedeutendsten Bibliothekaren seiner Zeit zählte, forderte den umfassend gebildeten Bibliothekar sowie eine bibliothekarische Handschriftenkunde. Er veröffentlichte u. a. *Die Bildung des Bibliothekars* (1820) und ein *Allgemeines bibliographisches Lexikon* (1830 vollendet).

Ebert, Johann Jakob, auch Zachäus, Zachäus Fidibusfex, Mathematiker, Schriftsteller, Philosoph, * 20.11.1737 Breslau, † 18.3.1805 Wittenberg.
Der Sohn eines sächsischen Steuerbeamten begann 1756 ein Studium an der Univ. Leipzig, das er 1760 als Magister der Philosophie abschloß, und habilitierte sich im folgenden Jahr. Er hielt mathematische und philosophische Vorlesungen, begab sich 1764 auf eine Reise durch Deutschland und Frankreich, war 1768/69 als Hofmeister in St. Petersburg tätig und folgte 1770 einem Ruf als Prof. der Mathematik nach Wittenberg. In seinen zahlreichen mathematischen, philosophischen und naturwissenschaftlichen Abhandlungen (u. a. *Kurze Unterweisung in den Anfangsgründen der Vernunftlehre,* [2]1774, [6]1810; *Kurze Unterweisung in den Anfangsgründen der Naturlehre,* 1775, [4]1803) versuchte E., das Wissen verständlich zu vermitteln und so für eine soziale Reformbewegung zu nutzen. 1784/85 gab er das Wochenblatt „Der Philosoph für Jedermann" heraus; er war Verfasser der satirischen Wochenblätter „Fidibus" (1768-70) und „Tapeten" (1771-76).
WEITERE WERKE: Von der wechselweisen Vereinigung der Philosophie und schönen Wissenschaften. Leipzig 1760. – Unterweisung in den philosophischen und mathematischen Wissenschaften. Leipzig 1773, [5]1810. – Unterweisung in den Anfangsgründen der practischen Philosophie. Leipzig 1784.

Eccard, Johann Georg von, auch Eckhar(d)t, Historiker, Sprachforscher, * 7.9.1674 Duingen bei Alfeld/Leine, † 9.2.1730 Würzburg.
Bis 1696 studierte E. in Leipzig Theologie, später Rechtswissenschaften, Philologie und Geschichte und war vorübergehend Sekretär des späteren kursächsischen Staatsministers Jakob Heinrich von Flemming. Noch vor 1700 siedelte er nach Hannover über, wo er bei → Leibniz arbeitete. 1706 Prof. der Geschichte in Helmstedt, war E. seit 1713 wieder Mitarbeiter von Leibniz, nach dessen Tod 1716 er sein Nachfolger als Bibliothekar wurde. 1723 konvertierte er in Köln zum Katholizismus und wurde fürstbischöflicher Historiograph und Bibliothekar in Würzburg. E. gab mit Leibniz das erste deutschsprachige Journal, den „Monatlichen Auszug, aus allerhand neu herausgegebenen, nützlichen und artigen Büchern" (3 Bde., 1700-02), heraus, führte Leibniz' historische Werke fort und kam im Zuge seiner genealogischen Forschungen in Verbindung mit Kaiser Karl VI., der ihn 1719 in den Adelsstand erhob. E. veröffentlichte quellenkritische Werke zur Universal-, Kirchen- und Sprachgeschichte, darunter die *Commentarii de rebus Franciae Orientalis et Episcopatus Wirceburgensis* (2 Bde., 1729-31) und die *Historia studii etymologici linguae Germanicae* (1711), die erste Geschichte der deutschen Philologie.

Eck, Johann Georg, Literarhistoriker, * 23.1.1745 Hinternahe bei Schleusingen, † 20.11.1808 Leipzig.
E. studierte seit 1763 an der Univ. Leipzig Theologie, Geschichte und klassische Philologie, wurde 1765 Magister und absolvierte im folgenden Jahr die theologische Kandidatenprüfung in Dresden. Seit 1768 hielt er Vorlesungen, wurde 1770 a. o., 1781 o. Prof. der Philosophie in Leipzig und übernahm 1782 die Professur für Moral und Politik, 1790 die für Dichtkunst. E. war mehrmals Rektor der Univ. und wurde 1793 Kommissar bei der Leipziger Bücherkommission. Neben Programmen und philosophischen Abhandlungen verfaßte er eine Reihe von Werken zur Gelehrtengeschichte (u. a. *Leipziger gelehrtes Taschenbuch auf die Jahre 1780 bis 1794,* 1781-95).

Edelmann, Johann Christian, evang. Theologe, * 9.7.1698 Weißenfels, † 3. oder 15.2.1767 Berlin.
E., Sohn eines Kammermusikers, studierte 1720-24 in Jena Theologie und wurde Kandidat in Eisenach, später Hauslehrer in Österreich. Aus wachsender Abneigung gegen die verfaßte Kirche und Neigung zu pietistischer Separation folgte er, bestärkt durch die Lektüre der *Unparteyischen Kirchen- und Ketzer-Historie* (1699) Gottfried → Arnolds, Nikolaus Ludwig von Zinzendorf nach Herrnhut. 1736 trennte er sich von der Brüdergemeine und ging nach einer Einladung von Johann Friedrich Haug nach Berleburg als Mitarbeiter an der Berleburger Bibelübersetzung. E.s weiterer Weg führte ihn nach Neuwied,

wo er dem dortigen Grafen ein Glaubensbekenntnis einreichen mußte. Wegen eines drohenden Prozesses wegen Gotteslästerung mußte er sich versteckt halten und verdiente seinen Lebensunterhalt vor allem als Weber. Aufgrund seines Versprechens, nichts mehr drucken zu lassen, durfte er sich auf Geheiß → Friedrichs II. 1749 in Berlin niederlassen. E. war in seinen späteren Lebensphasen ein Vorläufer der Aufklärung. Seine 1749-53 geschriebene *Selbstbiographie* wurde postum 1849 von Carl Rudolf Wilhelm Klose in polemischer Absicht herausgegeben.
WERKE: Sämtliche Schriften in Einzelausgabe. Hrsg. v. Walter Grossmann. 12 Bde., Stuttgart-Bad Cannstatt 1969-87 (mit Einleitung). – J. C. E. Selbstbiographie. Hrsg. v. Bernd Neumann. Stuttgart-Bad Cannstatt 1976 (mit Nachwort).
LITERATUR: Wolfgang Heise: J. C. E. Seine Historische Bedeutung als Exponent der antifeudalen bürgerlichen Opposition. Diss. Berlin 1954. – Walter Grossmann: J. C. E. From Orthodoxy to Enlightenment. The Hague/Paris 1976. – Annegret Schaper: Ein langer Abschied vom Christentum. J. C. E. (1698-1767) und die deutsche Frühaufklärung. Marburg 1996.

Eggers, Christian Ulrich Detlev Frh. von, Kameralist, Schriftsteller, * 11.5.1758 Itzehoe, † 21.11.1813 Gaarz (Holstein).
E. studierte Rechts- und Staatswissenschaften in Kiel, Leipzig, Halle und Göttingen. 1783 wurde er Volontär beim dänischen Kommerzkollegium, 1785 a.o. Prof. der Rechts- und Kameralwissenschaften, 1788 auch Prof. des Staatsrechts. 1789 wechselte er in die Staatskanzlei in Kopenhagen, wo sein Reformwille bei dem Minister Andreas Peter von Bernstorff großen Anklang fand. Er nahm an der holsteinischen Bauernbefreiung teil und warb für die Abschaffung der Leibeigenschaft. 1800 übernahm E. eine Stelle im Finanzkollegium Kopenhagens, dann in der Deutschen Kanzlei und war als „Oberprocureur" in den Herzogtümern tätig. Seit 1810 war er Konferenzrat, seit 1813 Stadtpräsident von Kiel. E. veröffentlichte u. a. *Skizzen und Fragmente einer Geschichte der Menschheit [...]* (1786) und gab das „Deutsche gemeinnützige Magazin" (1788 ff.) sowie das „Deutsche Magazin" (1791 ff.) heraus.

Ehlers, Martin, Pädagoge, * 6.1.1732 Nortorf (Holstein), † 9.1.1800 Kiel.
E. studierte Philologie, Philosophie und Theologie an der Univ. Göttingen; unter Johann Matthias → Gesner entwickelte er sich zum Verehrer alter Sprachen. 1760 wurde er Rektor der Lateinschule in Segeberg, gab 1770 seine *Gedanken zum Vokabellernen beim Unterricht in Sprachen* heraus und erarbeitete eine sogenannte „Expliziermethode". 1771 wurde E. o. Prof. und Rektor des Akademischen Gymnasiums in Altona, 1776 Prof. der Philosophie in Kiel. Er stand in Verbindung mit → Klopstock, Heinrich → Voß und Matthias → Claudius. Mit Johann Bernhard → Basedow teilte E. die Forderung nach „Schulmeisterseminaren", mit Johann Julius → Hecker den pietistischen Gedanken der Lehrerbildung, verlangte jedoch im Gegensatz zu ihm Spiel, musikalische und Kunsterziehung in der Schule.

Ehrmann, Theophil Friedrich, Schriftsteller, * 25.10.1762 Straßburg, † 1811 Weimar.
Nach dem Studium der Rechtswissenschaften in Straßburg lebte E. in Isny und Stuttgart, wo er Redakteur der Zeitschrift „Der Weltbürger" wurde, hielt sich anschließend in Straßburg auf und ließ sich 1802 in Weimar nieder. Er veröffentlichte Schriften zur englischen Phonetik und zur Völker-, Länder- und Staatskunde sowie historisch-geographische Werke, u. a. *Pragmatische Geschichte der Revolution von Korsika* (1779). E. war auch als Herausgeber und Übersetzer tätig, u. a. *Die unglücklichen Eheleute* (aus dem Französischen, 2 Bde., 1785).

Eichhoff, Johann Peter, Publizist, * 1.10.1755 Bonn, † 24.2.1825 Rheydt (heute zu Mönchengladbach).
Im Auftrag eines von dem Sammler Adolf von Hüpsch geführten Kreises von Literaturfreunden war E. Herausgeber verschiedener Zeitschriften, die jedoch nur kurze Zeit erschienen. Etwa seit 1785 stand er als führendes Mitglied des Bonner Illuminatenordens, nach dessen Auflösung als Mitglied der Lesegesellschaft im Mittelpunkt der gebildeten Gesellschaft und redigierte 1785 und 1787-94 das „Bönnische Intelligenzblatt". E. veröffentlichte Materialien zur Stadtgeschichte und betrieb landesgeschichtliche Forschungen (u. a. *Historisch-geographische Beschreibung des Erzstifts Köln*, 1783). Nach der Eroberung Kölns durch die Franzosen wurde er Präsident der Munizipalität in Brauweiler und Kommissar in Neuss.

Eichholz, Friedrich Wilhelm, auch Eichholtz, Pseud. Drymantes, Beamter, Schriftsteller, * 18.2.1720 Halberstadt, † 15.5.1800 Halberstadt.
E. studierte in Halle Theologie und die Rechte und wurde 1745 in Halberstadt Amtsrichter und Aktuar, 1748 Obersalzinspektor im Fürstentum Halberstadt, 1752 kgl. preuß. Kriegs- und Domänenrat, 1787 Direktor der Kriegs- und Domänenkammer. Er veröffentlichte u. a. das Schäferspiel *Der Leichtsinnige* (1747) und den Staatsroman *Gespräch eines Insulaners mit einem Europäer* (1755), in dem er ein Modell aufgeklärter Staatsklugheit entwarf, ferner eine Biographie seines Freundes Magnus Gottfried → Lichtwer (*M. G. Lichtwers Leben und Verdienste*, 1784).

Eichhorn, Johann Gottfried, evang. Theologe, Orientalist, * 16.10.1752 Dörrenzimmern (heute zu Ingelfingen), † 25.6.1827 Göttingen.
E. studierte 1770-74 Theologie, Philologie und orientalische Sprachen an der Univ. Göttingen. 1774 wurde er Rektor des Gymnasiums Ohrdruf, im folgenden Jahr Prof. der orientalischen Sprachen an der Univ. Jena und 1788 Prof. der Philosophie an der Univ. Göttingen. Er förderte die historisch-kritische Bibelwissenschaft der Aufklärungszeit und wandte als erster in der Erforschung des Alten und des Neuen

Testaments den von Christian Gottlob →Heyne entwickelten Begriff des Mythos an. E. veröffentlichte Schriften zur orientalischen Philologie, Geschichte, Philosophie und Religionswissenschaft. Zu seinen Werken zählen eine *Historisch-kritische Einleitung ins Alte Testament*, (3 Bde., 1780-83) und eine *Einleitung in das Neue Testament* (5 Bde., 1804-27).

Eichler, Andreas Chrysogon, Schriftsteller, * 24. 11. 1762 Leitmeritz (Böhmen), † 18. 9. 1841 Teplitz (Böhmen).
Der Prager Hofbuchdrucker Ritter von Schönfeld übertrug 1781 E. die Redaktion der Prager Oberpostamtszeitung und setzte ihn als Vorsteher seiner Druckerei ein. 1789 wurde er Kanzlist der dortigen Steuerbehörde, 1799 Polizeikommissar Prags und war 1799-1813 Kurinspektor von Teplitz, 1813-25 Zensor und Vorsteher des Bücherrevisionsamtes. E. veröffentlichte lokalhistorische, topographische, wirtschaftspolitische und kunsthistorische Studien, darunter *Teplitz [...] oder Almanach für die Teplitzer Kurgäste [...]* (3 Bde., 1831-33).

Einsiedel, (Johann) August von, Philosoph, Naturforscher, * 4. 3. 1754 Lumpzig bei Altenburg (Thüringen), † 8. 5. 1837 Schloß Scharfenstein bei Zschopau/Erzgebirge.
Der Bruder von Friedrich Hildebrand von →E. trat früh in holländische Militärdienste und kam 1777, vom Dienst beurlaubt, erstmals nach Weimar, wo er →Goethe kennenlernte, sich mit →Herder befreundete und Anhänger Rousseaus wurde. Nach seiner Entlassung studierte er in Göttingen und an der Bergakademie Freiberg (seit 1780) Naturwissenschaften, war dort 1782/83 Bergkommissionsrat und unternahm 1785 eine zweijährige Reise durch Afrika. E. kehrte zunächst nach Weimar zurück und lebte in den folgenden Jahren in Leitzkau, Lumpzig und Illmenau, seit 1803 in Jena, nachdem er sich im Winter 1801/02 als Anhänger der Französischen Revolution in Frankreich aufgehalten hatte. Von E.s philosophischen Aufzeichnungen, die nicht zur Veröffentlichung bestimmt und als Materialsammlung für eine spätere Geistesgeschichte im Sinne der Rousseauschen *Confessions* gedacht waren, blieben einzig seine *Ideen* von 1776(?)-80 und 1791-97 in Herders Nachlaß erhalten. Sie beeinflußten dessen *Ideen zu einer Philosophie der Geschichte der Menschheit* und den Goethe-Toblerschen Aufsatz *Die Natur*.
WEITERE WERKE: Briefe E.s an Herder. In: Von und an Herder. Hrsg. v. Heinrich Düntzer und Ferdinand Gottfried von Herder. Leipzig 1861/62, Bd. 2, S. 345-409. – Ideen. Eingeleitet, mit Anmerkungen versehen und nach Johann Gottfried Herders Abschriften hrsg. v. Wilhelm Dobbek. Berlin 1957.
LITERATUR: Adalbert Elschenbroich: E., J. A. v. In: NDB 4, 1959, S. 398-399.

Einsiedel, Friedrich Hildebrand von, Schriftsteller, Übersetzer, * 30. 4. 1750 Lumpzig bei Altenburg (Thüringen), † 9. 7. 1828 Jena.
Der Bruder August von →E.s wurde 1761 Page am Hof der Herzogin →Anna Amalia von Sachsen-Weimar-Eisenach und studierte seit 1768 in Jena Jura. Zunächst war er Assessor der Weimarer Justizverwaltung, ging 1776 als Kammerherr an den Weimarer Hof und war u. a. als Reisemarschall, Maître de Plaisir, Schauspieler, Musiker, Dichter und Komponist tätig. „L'ami", wie E. bei Hof genannt wurde, erfreute sich allgemeiner Beliebtheit und war auch mit →Goethe und →Herder befreundet. Er redigierte 1781-84 das handschriftliche Journal des Tiefurter Kreises und bearbeitete und übersetzte Stücke von Plautus, Terenz, Molière, Goldoni und Calderón. E. schrieb Possen, Gedichte sowie die von →Schiller gelobten *Grundlinien zu einer Theorie der Schauspielkunst* (1797). 1817 übernahm er das Präsidium des Jenaer Oberappellationsgerichts. E. starb verarmt.

Einsiedel, Johann Georg (Friedrich) Graf von, Beamter, * 18. 12. 1730 Dresden, † 21. 7. 1811 Reibersdorf.
E. studierte in Leipzig und wurde 1752 Kammerjunker in Dresden und 1754 Kammerherr sowie Hof- und Justizrat der Landesregierung. 1758 ging er als Gesandter nach St. Petersburg, 1758-60 nach Paris. Seit 1763 sächsischer Kabinettsminister und Staatssekretär des Innern, setzte er sich für den wirtschaftlichen Aufschwung Sachsens ein. Er war Mitbegründer der Ökonomischen Sozietät in Leipzig, 1764-70 deren Direktor. 1766 wurde E. seines Ministeramtes enthoben und führte danach auf seinem Privatbesitz Erneuerungen im Ackerbau, im Brauereiwesen und in der Viehzucht ein.

Ekhof, (Hans) Conrad (Dietrich), Schauspieler, Theaterdirektor, * 12. 8. 1720 Hamburg, † 16. 6. 1778 Gotha.
Der Sohn eines Schmieds und Stadtsoldaten war 1735-38 als Schreiber beim schwedischen Postkommissar Bostel, 1739 bei einem Advokaten in Schwerin tätig. Dessen umfangreiche Bibliothek nährte seine Theaterleidenschaft. 1739 schloß sich E. der von Johann Friedrich Schönemann neugegründeten Schauspieler-Gesellschaft an und gab 1740 in Lüneburg sein Debüt. In den folgenden Jahren erarbeitete sich E. viele Rollen und nahm einen gewichtigen Einfluß auf die Spielplangestaltung. 1747 führte die Truppe in Hamburg das Lustspiel *Der Bauer mit der Erbschaft* nach P. Marivaux auf (ins Plattdeutsche übertragen von J. C. Krüger). E.s Darstellung des Bauern Jürge wurde zum Muster für den neuen natürlichen und einfachen Stil.
Am 5. 5. 1753 fand die Gründungssitzung der „Akademie der Schönemannischen Gesellschaft" statt, an der E. die von ihm erarbeitete Verfassung vorstellte. Nominell stand Schönemann an der Spitze, Spiritus rector war jedoch E. Wesentlichste Ziele waren das Studium der Schauspielkunst und die Hebung des Schauspielerstandes. Theoretisch begründete E. die realistische deutsche Schauspielkunst. Für das Gelingen der Aufführung machte er jeden einzelnen verantwortlich. Hier taucht erstmals der Gedanke eines Ensembles auf. Neu war auch, daß E. die zu spielenden Stücke vorlas, damit die Schauspieler den Inhalt kennenlernen und verstehen, um welche Charaktere es sich bei ihren Rollen handelte. E. ver-

langte, daß die Kostüme der Rolle entsprechen und ebenso die Dekoration und Beleuchtung dem Stück angepaßt werden müssen. Immer wieder ermahnte er die Mitglieder, sich vor allem eines anständigen Lebenswandels zu befleißigen. Jeder müsse dazu beitragen, daß der Stand des Schauspielers und dessen Kunst zum Vorbild des bürgerlichen Lebens werde. In der Aufführung von →Lessings *Miß Sara Sampson* (6.10.1756) in Hamburg brach sich in den Akademiesitzungen entwickelte Darstellungsstil vollends Bahn. E. mußte jedoch mit ansehen, wie sich langsam, aber unaufhaltsam der Niedergang der Gesellschaft vollzog. Im Sommer 1757 verließ er mit seiner Frau die Truppe und wandte sich nach Dresden zur Gesellschaft Franz Schuchs.
1767-69 wirkte E. am neugegründeten Hamburger Nationaltheater. Hier kam es zur Zusammenarbeit mit Lessing. Zu einem Ereignis wurde die Aufführung der *Minna von Barnhelm* von Lessing am 28.9.1767; E. spielte den Major von Tellheim. Nun schien auch der Weg für das deutsche Lustspiel geebnet zu sein. Doch nur ein kleiner Teil der Schauspieler war bereit, den Höhenflügen Lessings und E.s zu folgen. Auch das Publikum kam nicht mehr so zahlreich. Schließlich rief die Herzogin →Anna Amalia von Sachsen-Weimar sie an den Hof in Weimar und sicherte den Schauspielern durch einen jährlichen Zuschuß ihre künstlerische Existenz. Sechzig neue Stücke wurden eingerichtet. Ein durchschlagender Erfolg war 1772 die Aufführung von Lessings Trauerspiel *Emilia Galotti*; die Rolle des Odoardo wurde von E. gespielt. Ein Brand von Schloß und Theater machte die Truppe drei Jahre später wieder heimatlos. 1775 kam es zur Gründung des ersten durch den Hof finanzierten Sprechtheaters in der deutschen Theatergeschichte; E. wurde künstlerischer und Heinrich August Ottokar →Reichard administrativer Direktor. Das Theater, das heute seinen Namen trägt, wurde unter E.s Leitung zu einem Anziehungspunkt weit über die Grenzen des Herzogtums hinaus. E. widmete sich der Ausbildung des Schauspieler-Nachwuchses. Eine seiner letzten Bemühungen galt dem Plan einer Pensions- und Sterbekasse für alle Schauspieler. Am 13.1.1778 stand er als Stockwell in Richard Cumberlands *Westindier* neben →Goethe und Herzog →Karl August auf der Bühne. Damit hatte sich E.s Traum erfüllt: der Komödiant war zu einem achtbaren Mitglied der Gesellschaft geworden, und sein Spiel wurde nicht mehr als reine Unterhaltung, sondern als Kunst angesehen.
LITERATUR: Hugo Fetting (Hrsg.): C.E. Ein Schauspieler des achtzehnten Jahrhunderts. Berlin 1954. – Heinz Kindermann: C.E.s Schauspieler-Akademie. Wien 1956.   *Ingrid Bigler-Marschall*

Ekkard, Friedrich, Philologe, Bibliothekar, * 6.4.1744 Friedrichsort bei Kiel, † 30.10.1819.
E. studierte an der Univ. Göttingen, habilitierte sich 1772, war 1775-81 Bibliothekar der Göttinger Universitätsbibliothek, wechselte 1785 in gleicher Funktion nach Kopenhagen und wurde 1790 wirklicher Kanzleirat. Er übersetzte aus verschiedenen Sprachen, arbeitete an zahlreichen Wochen- und Literaturzeitschriften sowie Almanachen mit und veröffentlichte völkerkundliche Schriften, u. a. *Versuche aus der Culturgeschichte und Völkerkunde* (4 Hefte, 1813-15).

Elben, Christian Gottfried, Verleger, * 4.5.1754 Zuffenhausen (heute zu Stuttgart), † 4.2.1829 Stuttgart.
E. studierte seit 1771 an der Univ. Tübingen Theologie, Geschichte und Philosophie, mußte wegen finanzieller Schwierigkeiten das Studium unterbrechen und wurde von Werbern als Rekrut in die Armee →Friedrichs II. geholt. 1778 entlassen, wurde er Hauslehrer in Stuttgart und erlangte im folgenden Jahr den Magistergrad an der Univ. Tübingen. 1785 gründete E. die bis 1941 bestehende Zeitung „Schwäbischer Merkur", 1786 die „Schwäbische Chronik" in Stuttgart und lehrte 1788-94 als Prof. der Geographie an der Karlsschule.

Emerich, Friedrich Joseph, auch Emmerich, Jurist, Schriftsteller, * 21.2.1773 Wetzlar, † 17.11.1802 Würzburg.
E. studierte in Mainz und Marburg Jura und wurde 1793 Praktikant am Reichskammergericht in Wetzlar. Wegen seiner Mitgliedschaft in revolutionären Zirkeln wurde er jedoch zur Advokatur nicht zugelassen und schloß sich daraufhin der französischen Armee an. 1798-1801 war er in der Verwaltung der Mainzer Republik tätig, wo er wahrscheinlich auch mit →Hölderlin zusammentraf. Seit 1801 war E. freier Schriftsteller. Wegen seiner scharfen Kritik in den *Briefen über den gegenwärtigen Zustand der deutschfranzösischen Rheinländer* (1801/02) in Wilhelm von →Archenholtz' „Minerva" wurde er verfolgt und ins Reichsgebiet abgeschoben. E. starb in geistiger Verwirrung nach einem Hungerstreik im Juliusspital in Würzburg. Sein Werk, das dem literarischen Jakobinismus zuzurechnen ist, ist erst in jüngerer Zeit in seiner Bedeutung erkannt worden, da viele Schriften anonym erschienen. Hölderlin sprach sich für seine *Gedichte* (1799) aus, wenn er auch ihre Form kritisierte.

Engel, Johann Jakob, Schriftsteller, * 11.9.1741 Parchim, † 28.6.1802 Parchim.
Der Sohn eines Predigers studierte zunächst in Rostock und Bützow Theologie, wechselte aber unter dem Einfluß von Johann Nicolaus →Tetens zu Philosophie, Mathematik und Physik und ging 1765 nach Leipzig, wo er sich der Philosophie, Geschichte, den alten und neuen Sprachen und der Jurisprudenz zuwandte. In Leipzig war er u. a. mit Christian Felix →Weiße und Christian →Garve befreundet. Durch die Wandertruppen von Heinrich Gottfried Koch und Abel Seyler kam er in Kontakt mit dem Schauspieler Conrad →Ekhof. Nach vorübergehender Tätigkeit als Theaterdichter, Rezensent und Essayist ging er 1776 als Prof. der Moralphilosophie an das Joachimsthalsche Gymnasium in Berlin. E. nahm an gelehrten Zirkeln wie der „Mittwochsgesellschaft" teil, war Mitglied der Preußischen Akademie der Wissenschaften und wurde Erzieher der Brüder Alexan-

der und Wilhelm von →Humboldt sowie des späteren Königs Friedrich Wilhelm III. 1787-94 leitete er gemeinsam mit Karl Wilhelm →Ramler das Berliner Nationaltheater. E. gilt als einer der führenden Vertreter der Berliner Aufklärung. In seinen Theaterstücken und Libretti (u. a. dem Singspiel *Die Apotheke*, zu dem Christian Gottlieb Neefe die Musik schrieb) ist das Vorbild →Lessings und C. F. Weißes zu erkennen. Außerdem verfaßte E. zahlreiche moralisierende, popularphilosophische, ästhetische und kritische Schriften, u. a. *Anfangsgründe einer Theorie der Dichtungsarten* (1783). Mit seinen *Ideen zu einer Mimik* (2 Bde., 1785/86) wurde E. ein Vorläufer der modernen Ausdruckspsychologie. Teile seines vielbeachteten Zeitromans *Herr Lorenz Stark* (1801) erschienen bereits 1795-97 in →Schillers „Horen". Zu E.s Veröffentlichungen zählt auch *Der Philosoph für die Welt* (3 Bde., 1775-1800).
WEITERE WERKE: Schriften. 12 Bde., Berlin 1801-06. Neuausgabe, 14 Bde., Berlin 1851.
LITERATUR: Friedrich Nicolai: Gedächtnisschrift auf J. J. E. Berlin 1806. – Carl Schröder: J. J. E. Schwerin 1897. – Fritz Hoffmann: J. J. E. als Ästhetiker und Kritiker. Breslau 1922. – Zwi Batscha: „Despotismus von jeder Art reizt zur Widersetzlichkeit". Die französische Revolution in der deutschen Popularphilosophie. Frankfurt/Main 1989. – J. J. E.: Briefwechsel aus den Jahren 1765 bis 1802. Hrsg. und kommentiert von Alexander Košenina. Würzburg 1992. – Christoph Blatter: J. J. E. (1741-1802). Wegbereiter der modernen Erzählkunst. Untersuchungen zur Darstellung von Unmittelbarkeit und Innerlichkeit in E.s Theorie und Dichtung. Bern u. a. 1993.

Engel, Samuel, schweizer. Staatsmann, Ökonom, Philanthrop, * 2. 12. 1702 Bern, † 26. 3. 1784 Bern.
Nach umfangreichen akademischen Studien war E. 1736-48 Stadtbibliothekar in Bern. 1745 wurde er Mitglied des Großen Rats der Republik Bern, 1748 Landvogt in Aarberg und später in Echallens-Orbe. Er widmete sich der Förderung von Land- und Forstwirtschaft und führte im Hungerjahr 1770/71 in der Gegend von Nyon den Kartoffelanbau ein. 1759 gründete er zusammen mit Johann Rudolf →Tschiffeli die Ökonomische und Gemeinnützige Gesellschaft des Kantons Bern. In seinen Schriften regte E. wichtige Verbesserungen im Landbau an und war ein Pionier des physiokratischen Systems. Er beschäftigte sich auch mit der umstrittenen nördlichen Durchfahrt vom Atlantischen zum Stillen Ozean. Die von ihm propagierte Nordostroute wurde erst hundert Jahre später durch die geglückte Durchfahrt Nordenskiölds als möglich erwiesen.

Engelhard, Johann Konrad, Journalist, * 12. 2. 1743 Baiersdorf, † 22. 5. 1797 Bayreuth.
E. studierte an der Univ. Erlangen Theologie und übernahm 1765 die Redaktion der „Baireuthischen Politischen Zeitung", die er bis zu seinem Tod innehatte. Neben einer Vielzahl von Artikeln für dieses Blatt schrieb er einige Gedichte und Aufsätze für andere Journale und übersetzte das *Leben des Abts Lorenz Ricci, letzten Generals der Jesuiten* aus dem Italienischen (1775).

Entner von Entnersfeld, Friedrich Franz, österr. Jurist, Kameralist, * 15. 3. 1731 Wien, † 6. 12. 1797 Wien.
Früh verwaist, bildete sich E. v. E. weitgehend autodidaktisch und wurde 1764 zunächst bei der böhmisch-österreichischen Hofkanzlei angestellt. 1765 wurde er Konzipient im Präsidialbüro und gleichzeitig in den Adelsstand erhoben. E. v. E. war Mitglied der ökonomischen Gesellschaft in Wien sowie mehrerer gelehrter Gesellschaften. Seit 1794 war er a. o. Prof. der Ökonomie an der Univ. Wien. E. veröffentlichte u. a. ein *Lehrbuch der landwirthschaftlichen Oekonomie* (1791).

Erhard, Christian Daniel, Jurist, Schriftsteller, * 6. 2. 1759 Dresden, † 17. 2. 1813 Leipzig.
Nach dem Studium 1778-82 in Leipzig wurde E. dort Advokat des Oberhofgerichts und Beisitzer am Niederlausitzer Landgericht. Seit 1787 Prof. der Rechte, war er seit 1793 auch Beisitzer der Juristenfakultät und des Oberhofgerichts, an dem er 1809, nach Niederlegung seiner Professur, zum Gerichtsrat aufstieg. Im selben Jahr wurde E. Direktor der „Teutschen Gesellschaft" in Leipzig. Er arbeitete an der „Leipziger Gelehrten Zeitung" mit, veröffentlichte zahlreiche Fachpublikationen und übersetzte auch aus dem Englischen und Italienischen. Seinen *Versuch einer Kritik des allgemeinen Gesetzbuches für die preußischen Staaten* (1792) verfaßte er auf Anregung des Großkanzlers Johann Heinrich Kasimir von →Carmer. Daneben schrieb er historische Betrachtungen, *Freymaurer-Gebete beym Schlusse des 18ten Jahrhunderts* (1800) und Gedichte.

Erhard, Johann Benjamin, auch Erhardt, fälschlich Ehrard, Mediziner, Philosoph, * 8. 2. 1766 Nürnberg, † 28. 11. 1827 Berlin.
Aus finanziellen Gründen lernte E. zunächst den Beruf eines Drahtziehers wie sein Vater, der ihn schon früh zu autodidaktischer Beschäftigung mit den Naturwissenschaften und Künsten anregte. 1787 begann E. in Würzburg mit dem Studium der Medizin, das er 1790/91 auf die Philosophie in Jena ausdehnte, wo er Christoph Martin →Wieland (Warnung vor Kantischer Terminologie), Friedrich →Schiller (Beteiligung an der Zeitschrift „Die Horen") und Novalis („wirklicher Freund") kennenlernte. Nach der Promotion 1792 in Altdorf (*Idea organi medici*) ließ sich E. als praktischer Arzt in Nürnberg nieder. Reisen unternahm er nach Kopenhagen, Königsberg (Besuch bei →Kant), Wien und Oberitalien. 1797 trat E. in die Dienste Karl August von →Hardenbergs in Ansbach und übersiedelte 1799 nach Berlin, wo er als praktischer Arzt tätig war und 1823 zum Obermedizinalrat ernannt wurde.
Philosophisch war E. von Immanuel Kant beeinflußt, der ihn seinerseits persönlich sehr schätzte; politisch begeisterten ihn der amerikanische Unabhängigkeitskrieg und die Französische Revolution. Diese Hintergründe prägten E.s Schriften. Sein *Versuch über*

die Narrheit und ihre ersten Anfänge (1794) plädiert für Religion und Moral in der Prävention wie für eine pragmatisch-moralische „Kur der Herstellung", Gewalt soll allenfalls das letzte Mittel sein. Die Abhandlung *Über das Recht des Volkes zu einer Revolution* (1795) überträgt das philosophische Ideal der individuellen Autonomie auf die Gesellschaft. In der *Theorie der Gesetze, die sich auf das körperliche Wohlsein der Bürger beziehen* (1800) werden Politik und Medizin in eine enge Verbindung gebracht: „Der Arzt hat nur als Staatsdiener bürgerlichen Wert"; andererseits soll der Staat „schlechterdings sich nicht in diese Ausübung mischen". E. setzte sich im übrigen für ein „Frauenzimmerbild" ein, um „dem halben Menschengeschlechte seine verlorenen, Jahrtausende lang verkannten Rechte durch geistige Ausbildung und sittliche Förderung wiederzugeben". Die von ihm 1805 selbst verfaßte *Lebensbeschreibung* wurde von Karl August Varnhagen von Ense in den *Biographischen Denkmalen* (1837) publiziert.

WEITERE WERKE: Über die Melancholie (Beiträge zur philosophischen Anthropologie, 1796). – Versuch eines Organons der Heilkunde (Magazin zur Vervollkommnung der theoretischen und praktischen Heilkunde, 1800/01). – Über die Einrichtung und den Zweck höherer Lehranstalten. 1802. – Über das Recht des Volks zu einer Revolution und andere Schriften. Hrsg. und mit einem Nachwort versehen von Hellmut G. Haasis. München 1970 (mit Auswahlbibliographie).

LITERATUR: Heinrich Schipperges: Ein Arzt im Streit der Fakultäten. Zu Leben und Werk von J. B. E. In: Melemata. Festschrift für Werner Leibbrand zum 70. Geburtstag. Hrsg. v. Joseph Schumacher. Mannheim 1967, S. 105-111. – Zwi Batscha: Studien zur politischen Theorie des deutschen Frühliberalismus. Frankfurt/Main 1981. *Dietrich von Engelhardt*

Ernesti, Johann August, evang. Theologe, Philologe, * 4. 8. 1707 Tennstedt (Thüringen), † 11. 9. 1781 Leipzig.
Der Sohn des Theologen Johann Christoph E.s studierte seit 1726 in Wittenberg und Leipzig Philologie, Philosophie, Theologie und Mathematik. 1730 wurde er Magister, 1731 Konrektor der Thomasschule zu Leipzig (und damit Vorgesetzter von Johann Sebastian Bach) und 1734 als Nachfolger von Johann Matthias →Gesner deren Rektor. Zugleich seit 1742 a. o. Prof. der klassischen Literatur an der Univ., wurde er 1756 o. Prof. der Beredsamkeit und 1759 auch der Theologie. 1762 legte er das Rektorenamt nieder. Mit Gesner gilt E. als Reformator der humanistischen Bildung, wobei ihm ein auf die Inhalte gerichtetes Studium der lateinischen Literatur als Bildungsziel vorschwebte; er erwarb sich den Ehrennamen „Germanorum Cicero". In der Theologie begründete E. mit seiner Anweisung für den Ausleger des Neuen Testaments (*Institutio interpretis Novi Testamenti*, 1761, ⁵1809) die philologisch-historische Exegese, die alle dogmatischen Aneignungskategorien als Gegenstände einer eigenständigen Dogmengeschichte zuwies.

Ernesti, Johann Heinrich Martin, Pädagoge, Historiker, Schriftsteller, Philosoph, * 26. 11. 1755 Mitwitz (Oberfranken), † 10. 5. 1836.
E. war seit 1784 Prof. am akademischen Gymnasium in Coburg. Er veröffentlichte zahlreiche Schriften für den Schulunterricht sowie moralphilosophische Abhandlungen, u. a. *Praktische Unterweisung in den schönen Wissenschaften für die kleine Jugend* (1778, ²1780), *Moralisch-praktisches Lehrbuch der schönen Wissenschaften für Jünglinge* (1779), *Initia Romanae Latinitatis* (2 Bde., 1780/81, Neuaufl. 1792), *Kleine Sittenlehre für Kinder* (1782), *Anweisung zur Glückseligkeit. Ein Elementarbuch für Schulen* (1787), *Neues Handbuch der Dicht- und Redekunst* (2 Bde., 1798), *Concordia. Ein Buch zur Beförderung des häuslichen, bürgerlichen und National-Glücks* (1797), *Pflichten und Tugendlehre der Vernunft und Religion nach den Bedürfnissen der Zeit* (1817). Er führte die von Friedrich Karl Gottlob →Hirsching begonnene Biographie berühmter Personen, die im 18. Jh. gestorben sind, weiter (ab Bd. 5, 1801).

Ernst I., Herzog von Sachsen-Coburg-Saalfeld, seit 1826 *Sachsen-Coburg* und *Gotha*, * 2. 1. 1784 Coburg, † 29. 1. 1844 Gotha.
E. gehörte im Feldzug 1806 an der Seite Preußens zu den Verlierern und mußte das Herzogtum Coburg abtreten, das Napoleon im Tilsiter Frieden jedoch wieder zurückgab. Dem Rheinbund beigetreten, wechselte E. in der Völkerschlacht von Leipzig die Fronten und befreite mit dem 5. deutschen Armeekorps Mainz. Für seine Verdienste wurde ihm vom Wiener Kongreß das Fürstentum Lichtenberg zugesprochen. 1821 erließ der konservativ eingestellte E. eine liberale Verfassung, mit der neben dem Adel Vertreter der Städte und Bauernschaft Sitz und Stimme im Landtag erhielten. Nach Erlöschen des Stammhauses fiel das Herzogtum Gotha 1826 an E., der damit Gründer des einflußreichen Fürstenhauses Coburg-Gotha wurde. Seine internationalen Kontakte verhalfen seinem jüngeren Bruder Leopold zum belgischen Königsthron, sein Sohn Albert wurde Prinzgemahl von Queen Victoria. Innenpolitisch wirkte E. als Förderer von Bildungs- und Kultureinrichtungen; er richtete in Coburg ein Lehrerseminar ein, gründete in Gotha das Gymnasium Ernestinum und vergrößerte den Bestand der dortigen Bibliothek.

Ernst Ludwig II., Herzog von *Sachsen-Gotha* und *Altenburg,* * 30. 1. 1745 Gotha, † 20. 4. 1804 Gotha.
Seit 1772 an der Regierung, förderte E. L. freigebig die Künste. So ermöglichte er dem Maler Heinrich Wilhelm Tischbein die Fortsetzung seiner Ausbildung in Rom, kaufte für die Gemäldesammlung Gotha niederländische Meister und errichtete das Hoftheater. Der Freiheitskampf der Amerikaner begeisterte E. L. ebenso wie anfänglich die Französische Revolution. Seit 1774 Freimaurer, trennte er sich Mitte der achtziger Jahre von den Logen, alimentierte Wissenschaftler, baute eine Sternwarte und ließ neue Entdeckungen der Physik experimentell

überprüfen. E. L. gründete die Landesbrandassekuranz und die Witwensozietät für Staatsdiener, erließ eine neue Prozeßordnung und bekämpfte das „zügellose Advokatenwesen".

Ersch, Johann Samuel, Bibliograph, * 23. 6. 1766 Groß-Glogau (Niederschlesien), † 16. 1. 1828 Halle/Saale.
E. studierte in Halle zunächst Theologie, dann Geschichte, Geographie und Literatur. Nach Jena zog ihn 1786 die kurz zuvor gegründete „Allgemeine Literatur-Zeitung" als führendes Organ der deutschen Klassik und Romantik. Hier veröffentlichte er seine erste große bibliographische Arbeit, ein *Repertorium über die allgemeinen deutschen Journale [...]* (3 Bde., 1790-92), eines der frühesten Verzeichnisse von Zeitschriftenaufsätzen. 1793-1807 erschien sein *Allgemeines Repertorium der Litteratur* (8 Bde.). Seit 1795 Schriftleiter der „Neuen Hamburger Zeitung", kehrte E. 1800 als Universitätsbibliothekar nach Jena zurück und war seit 1802 Professor. 1804 ging er als Redakteur der „Allgemeinen Litteratur-Zeitung" nach Halle, wo er 1806 Prof. der Geographie und Statistik sowie 1808 Oberbibliothekar der Universitätsbibliothek wurde. Seit 1820 setzte er *Gelehrtes Teutschland* von Johann Georg →Meusel fort und übernahm mit Johann Gottfried →Gruber die Herausgabe der 1818 begründeten *Allgemeinen Encyclopädie der Wissenschaften und Künste*, die er bis zum 21. Teil der ersten Sektion leitete (bis 1889 167 Bde.).

Erxleben, Dorothea (Christiane), geb. Leporin, Medizinerin, * 13. 11. 1715 Quedlinburg, † 13. 6. 1762 Quedlinburg.
Die begabte, aber kränkelnde Tochter des Quedlinburger Arztes Christian Polykarp Leporin (1689-1747) fand Ablenkung und geistige Anregung im intensiven häuslichen Unterricht, den sie gemeinsam mit ihrem ältesten Bruder erhielt und der außer Sprachen auch medizinisches Wissen umfaßte. Auf der Basis dieses Heimstudiums konnte E. 1740 anläßlich der Erbhuldigung an →Friedrich II. von Preußen ein Gesuch verfassen, in dem sie nicht nur (vergeblich) die Freistellung ihres Bruders vom Militärdienst, sondern auch für sich – als erste Frau – die Zulassung zum Medizinexamen an der Univ. Halle erbat. Trotz wohlwollender Antwort verzögerte sich die Erfüllung dieses Wunsches um 14 Jahre: E. heiratete 1742 den verwitweten Diakon Johann Christian E. (1697-1759) und kümmerte sich um dessen fünf Kinder aus erster Ehe, zu denen später noch vier eigene kommen sollten. Im gleichen Jahr konnte in Berlin die 1738 abgeschlossene *Gründliche Untersuchung der Ursachen, die das Weibliche Geschlecht vom Studieren abhalten, Darin deren Unerheblichkeit gezeiget, und wie möglich, nöthig und nützlich es sey, Daß dieses Geschlecht der Gelahrtheit sich befleisse.* Unter geradezu exemplarischer Anwendung frühaufklärerischer Argumentationsformen widerlegt E. darin das gesamte Spektrum misogyner Traditionen der frühneuzeitlichen Querelle des femmes. Religion wie Naturrecht begründe die Ebenbürtigkeit von Mann und Frau und legitimiere den gleichberechtigten Zugang zu akademischer Bildung und Berufsausübung: „Seele und Verstand haben kein Geschlecht." Darüber hinaus ist die Schrift ein Appell an die Frauen, in deren Selbstbild und Verhalten E. viele Hindernisse begründet sieht.
Aus Neigung und Geldnot praktizierte E. jahrelang auch ohne Examen die Heilkunst, reichte aber schließlich, veranlaßt durch die Klagen der ortsansässigen Ärzte, die ihr Kurpfuscherei und den Tod einer Patientin vorwarfen, am 6. 1. 1754 ihre Doktorarbeit in Halle ein, legte am 6. Mai die mündliche Prüfung ab und wurde am 12. Juni nach Eintreffen der ausdrücklichen kgl. Genehmigung promoviert. Die Dissertation, in der die drei Richtlinien ärztlichen Handelns (schnell, angenehm, sicher) gegeneinander abgewogen werden, ließ E. ein Jahr später erweitert und ins Deutsche übersetzt als *Abhandlung von der gar zu geschwinden und angenehmen, aber deswegen öfters unsichern Heilung der Krankheiten* in Halle drucken. Der Aspekt der größtmöglichen Risikominderung bestimmt die therapeutischen Empfehlungen, die vor allzu drastischen und vor nebenwirkungsreichen prophylaktischen Maßnahmen warnen. Ausgestattet mit staatlicher Approbation, arbeitete E. bis zu ihrem frühen Tod als angesehene Ärztin.
LITERATUR: Werner Fischer-Defoy: Die Promotion der ersten deutschen Ärztin, D. C. E., und ihre Vorgeschichte. In: Sudhoffs Archiv 4 (1910/11) S. 440-461. – Lotte Knabe: Die erste Promotion einer Frau in Deutschland zum Dr. med. an der Universität Halle 1754. In: 450 Jahre Martin-Luther-Universität Halle-Wittenberg. Bd. 2, Halle 1952, S. 109-124. – Heinz Böhm: D. C. E. Ihr Leben und Wirken. Quedlinburg 1965. – Anton Hermann Billig: D. C. E., die erste deutsche Ärztin. Med. Diss. München 1966. – Londa Schiebinger: Schöne Geister. Frauen in den Anfängen der modernen Wissenschaft. Stuttgart 1993, S. 350-360. *Ortrun Riha*

Eschenburg, Johann Joachim, Literaturhistoriker, Übersetzer, Schriftsteller, * 7. 12. 1743 Hamburg, † 29. 2. 1820 Braunschweig.
Der Sohn eines Hamburger Kaufmanns studierte 1764-67 in Leipzig Theologie und war 1767-73 Hofmeister am Collegium Carolinum in Braunschweig. 1772 wurde er mit der Übersetzung von *Horazens Epistel an die Pisonen und an den Augustus* nach der englischen Ausgabe von Richard Hurd bekannt. Als a. o. Prof. in Braunschweig (1773-77) hielt E. Vorlesungen über Theorie und Geschichte der Literatur sowie Logik. Er vervollständigte C. M. →Wielands Shakespeare-Übersetzung (13 Bde., 1775-82; 12 Bde., ²1798-1806) und machte damit den Stand der englischen Shakespeare-Forschung in Deutschland (*Über W. Shakespeare*, 1787) bekannt. Seit 1777 las E. als o. Prof. Literatur und Philosophie. Aus der Lehre erwuchsen u. a. seine Werke *Entwurf einer Theorie und Litteratur der schönen Wissenschaften* (1783, ⁵1836) und das vielfach übersetzte *Handbuch der classischen Literatur und Alterthumskunde* (1783, ⁸1837). 1777-81 brachte

er das „Brittische Museum für die Deutschen" heraus. E., der 1782 zum Bibliothekar des Carolinums bestellt wurde, schrieb Gedichte, Epen und Dramen; er war Mitarbeiter an M. →Claudius' „Wandsbecker Boten" und F. →Nicolais „Allgemeiner deutscher Bibliothek" und mit zahlreichen führenden Persönlichkeiten befreundet, u. a. mit →Lessing, dessen literarischen Nachlaß er teilweise herausgab.

Escher von der Linth, Hans Konrad, auch Johann K. E. v. d. L., schweizer. Politiker, Geologe, * 24. 8. 1767 Zürich, † 9. 3. 1823 Zürich.
Nach seinen Studien in zahlreichen europäischen Ländern kehrte E. v. d. L. 1788 nach Zürich zurück. 1791 begann er mit seinen Wanderungen durch die Alpen und schrieb darüber Tagebücher. Zwei Jahre später hielt E. v. d. L. Vorlesungen über Politik und Staatswissenschaft und ging im selben Jahr als Militäroffizier an die Basler Grenze sowie 1796 an die Schaffhauser Grenze, um die Neutralität seiner Heimat zu schützen. 1798 gründete er mit einem Freund die Zeitung „Schweizerischer Republikaner" und wurde in den Helvetischen Großen Rat gewählt, dessen Präsident er seit 1799 war. 1802 kurzzeitig Kriegsminister, wurde er 1803 in den Zürcher Erziehungsrat berufen. 1807 hielt er am Politischen Institut Vorlesungen über das Polizei- und Kameralwesen. 1808-22 machte sich E. v. d. L. um die Trockenlegung der Sümpfe im Walensee und der Linth verdient, was ihm (1823) und seinen Nachkommen den Namenszusatz „von der Linth" eintrug. 1821 wurde E. v. d. L. in die Deutsche Akademie der Naturforscher Leopoldina aufgenommen. Seine politische Karriere beendete er als Mitglied des Kleinen Rats und des Staatsrats von Zürich. Als Geologe machte sich E. v. d. L. vor allem durch seine Forschungen über Stratigraphie und Faltung der Alpen einen Namen.

Eßlinger, Johann Georg, Buchhändler, getauft 7. 4. 1710 Dallau/Neckar, begraben 18. 12. 1775 Frankfurt/Main.
E. heiratete 1742 in die Frankfurter Buchhandlung Knoch ein, übernahm die Firma 1745 als „Knoch Witwe & Eßlinger" und leitete sie seit 1764 unter seinem Namen allein. Sein Sohn Friedrich David führte das Unternehmen bis 1812 als „J. G. Eßlinger Erben"; die Mannheimer Filiale ging bereits 1765 auf den Schwiegersohn Christian Friedrich →Schwan über. Wegen des Vertriebs angeblich obrigkeitswidriger und gotteslästerlicher Bücher war E. mehrfach von der kaiserlichen Zensur betroffen und mit Arrest bestraft.

Estor, Johann Georg, Jurist, * 8. 6. 1699 Schweinsberg (Hessen), † 25. 10. 1773 Marburg.
E. studierte nach einem sprachwissenschaftlichen Studium in Marburg und Gießen seit 1719 an den Universitäten Jena, Halle, Leipzig und Straßburg Jura. 1722-26 war er am Reichskammergericht Wetzlar tätig und kam 1726 als a. o. Prof. und Historiograph nach Gießen. 1727 zum Dr. jur. promoviert, wurde E. im selben Jahr o. Prof. und ging 1735 als Prof. nach Jena, wo er Beisitzer des Hofgerichts der Juristenfakultät und sächsischer Hofrat wurde. 1742 folgte er einem Ruf nach Marburg, erhielt 1754 den Titel Geheimer Regierungsrat und wurde 1768 Kanzler der Universität. E. veröffentlichte zahlreiche Schriften zur deutschen Rechtsgeschichte, u. a. *Origines iuris publici Hassiaci* (2 Tle., 1738-40).

Ettinger, Wilhelm, Verleger, * 1736 Eisenach, † 1804 Gotha.
E. war zunächst als Erster Kommis in der Gothaer Buchhandlung Johann Paul Mevius tätig, die von Johann Christian →Dieterich geleitet wurde. 1775 kaufte E. die Buchhandlung, u. a. mit den Rechten am „Almanach de Gotha" sowie am „Gothaischen genealogischen Hofkalender". Daneben eröffnete er eine Niederlassung in Langensalza, erwarb 1785 die Webersche Buchhandlung in Erfurt und besaß auch eine Notendruckerei. E. gab die „Gothaische gelehrte Zeitung" heraus und verlegte Werke August Ludwig →Schlözers sowie u. a. →Goethes *Versuch die Metamorphose der Pflanzen zu erklären* (1790).

Euler, Leonhard, schweizer. Mathematiker, Physiker, Astronom, Philosoph, * 15. 4. 1707 Basel, † 18. 9. 1783 St. Petersburg.
E. war das erste von vier Kindern des evang. reformierten Pfarrers von Riehen bei Basel Paulus E. und der Margaretha E., geb. Brucker. Von seinem Vater erhielt E. den ersten Schulunterricht; anschließend wurde er in das Basler Gymnasium geschickt. Mit 13 Jahren bezog er die Basler Univ., wo er anfänglich Philosophie, orientalische Sprachen und Geschichte, bald jedoch bei Johann →Bernoulli Mathematik studierte. Kurz nach seiner Promotion zum Magister (1724) verfaßte E. seine ersten mathematischen Abhandlungen, die 1726 und 1727 in den Leipziger *Acta eruditorum* im Druck erschienen, und beteiligte sich mit seiner Schrift *Meditationes super problemate nautico [...]* (Über die günstigste Bemastung von Schiffen) am Preisausschreiben der Pariser Akademie (1727), die ihm einen geteilten zweiten Preis zuerkannte. Nach einer erfolglosen Bewerbung um die 1726 vakant gewordene Physikprofessur in Basel mit seiner „Habilitationsschrift" *Dissertatio de sono* (Über den Schall) folgte E. einem durch Daniel →Bernoulli vermittelten Ruf an die 1725 von Peter dem Großen gegründete Akademie der Wissenschaften in Petersburg, wo er zunächst als Adjunkt, danach als Prof. der Physik und seit 1733 als Prof. der Mathematik wirkte.
Diese erste Petersburger Periode dauerte bis 1741. Nach dem Tod der Zarin Anna Iwanowna und in den nachfolgenden politischen Wirren und Machtkämpfen in Rußland kam E. ein Ruf →Friedrichs II. von Preußen sehr gelegen. Er zog 1741 nach Berlin, wo er als Direktor der Mathematischen Klasse der Preußischen Akademie bis 1766 wirkte. E. erwies sich als aktiver Mittler zur Petersburger Akademie, mit der er ohne Unterbrechung – sogar während des Siebenjährigen Kriegs – in engster Verbindung blieb. Grobes Fehlverhalten Friedrichs II. gegenüber E. bewogen diesen 1766 zur Annahme eines Rufs der Kai-

serin Katharina II. zurück nach Petersburg. Obgleich er infolge einer mißlungenen Staroperation 1771 sein Augenlicht fast gänzlich verlor – des rechten Auges ging er 1738 durch einen Abszeß verlustig – steigerte E. seine wissenschaftliche Produktivität noch mehr: rund die Hälfte seines Gesamtwerks entstand in der zweiten Petersburger Periode.

E.s Ehe mit Katharina Gsell (1707-1773), einer Tochter des aus St. Gallen stammenden Kunstmalers und ersten Direktors der Petersburger Kunstkammer Georg Gsell, entsprangen dreizehn Kinder.

In der ersten Petersburger Periode verfaßte E. neben zahlreichen Abhandlungen seine zweibändige *Mechanica* (1736), die erste eigentliche analytische Mechanik in der Geschichte der Wissenschaft auf der Grundlage der Gravitationstheorie Newtons und mit konsequenter Anwendung des Infinitesimalkalküls von → Leibniz sowie der Methoden von Jakob und Johann Bernoulli. Auch entstammt E.s *Scientia navalis* (2 Bde., 1749, Schiffswissenschaft) zur Hauptsache noch dieser Periode, wie auch die Konzeption der *Methodus inveniendi lineas curvas* (1744), der ersten Darstellung der Variationsrechnung als eines neuen Zweigs der Mathematik. Das *Tentamen novae theoriae musicae* (1739), E.s weit ausgreifender Entwurf einer neuen Musiktheorie, die sich jedoch bei den praktizierenden Musikern und Komponisten nicht durchzusetzen vermochte, ist ebenfalls eine Frucht der ersten Petersburger Jahre.

In der Berliner Periode entstand – neben Hunderten von Abhandlungen und einigen Büchern – die monumentale Lehrbuch-Trilogie, bestehend aus der *Introductio in analysin infinitorum* (2 Bde., 1748, Einführung in die Analysis des Unendlichen), den *Institutiones calculi differentialis* (2 Bde., 1755, Differentialrechnung) und den *Institutiones calculi integralis* (4 Bde., 1768ff., Integralrechnung), die zusammen eine bereits moderne Synopsis der höheren Mathematik darstellen. Drei weitere Bücher aus diesem Zeitabschnitt sind der Himmelsmechanik (1744), der Ballistik (1745) und der Mondtheorie (1753) gewidmet und je eines der Theorie optischer Systeme (1766) und der Starrkörpermechanik (1765). Die anonym in deutscher Sprache erschienene Schrift *Rettung der göttlichen Offenbarung gegen die Einwürfe der Freygeister* ist eine vor dem Hintergrund von E.s heftiger Aversion gegen die Monadenlehre → Wolffscher Prägung zu sehende Apologie des Christentums gegen die Enzyklopädisten. Hier verteidigt E. hauptsächlich die Glaubwürdigkeit der Bibel durch einen Vergleich mit derjenigen der Wissenschaften. Das Buch *Neue Grundsätze der Artillerie* (1745) entstand als Übersetzung einer englischen Schrift von Benjamin Robins, allerdings mit wesentlicher mathematischer Kommentierung, Erweiterung und Vertiefung.

E.s in der zweiten Petersburger Periode erschienenen Hauptwerke sind – neben der in deutscher Sprache verfaßten und mehrfach aufgelegten *Vollständigen Anleitung zur Algebra* (2 Bde., 1770) – die dreibändige *Dioptrica* (1769ff.) als großangelegte Synopsis der gesamten Optik, eine „Zweite Schiffstheorie" (1773), die vor allem für die praktischen Schiffsingenieure bestimmt war, dann eine „Zweite Mondtheorie" (1772) und ferner die *Lettres à une Princesse d'Allemagne* (3 Bde., 1768-72, Philosophische Briefe), die damals verbreitetste und in alle Kultursprachen übersetzte Synopsis populärer naturwissenschaftlicher und philosophischer Bildung.

E. wurde durch seine Bücher, die sich alle durch große Klarheit und möglichste Einfachheit auszeichnen und die ersten eigentlichen Lehrbücher im modernen Sinn darstellen, zum Lehrer Europas bis weit ins 19. Jahrhundert. Abgesehen von der durchgängigen Analytisierung (Mathematisierung) der Naturwissenschaften verdanken E. viele Zweige der Mathematik ihre Begründung und/oder Ausformung.

WEITERE WERKE: Leonhardi Euleri Opera omnia. Hrsg. von der Euler-Kommission der Schweizerischen Akademie der Naturwissenschaften. Leipzig/Berlin/Zürich/Basel 1911ff. (seit 1982 Basel), in vier Serien: Series prima: Opera mathematica. 30 Bde. in 29 (alle erschienen). Series secunda: Opera mechanica et astronomica. 32 Bde. in 31 (alle erschienen außer Bd. 26 und 27). Series tertia: Opera physica, Miscellanea. 12 Bde. (alle erschienen außer Bd. 10). Series quarta A: Commercium epistolicum (Briefwechsel). 10 Bde., wovon erschienen: Bd. 1: Regestenband mit verschiedenen Verzeichnissen. Basel 1975. Bd. 2: E.s Briefwechsel mit Johann I und Niklaus I Bernoulli. Basel 1998. Bd. 5: E.s Briefwechsel mit Clairaut, d'Alembert und Lagrange. Basel 1980. Bd. 6: E.s Briefwechsel mit Maupertuis und Friedrich II. Basel 1986. Series quarta B: Manuscripta et Adversaria (wissenschaftliche Manuskripte, Notiz- und Tagebücher). Etwa 7 Bde. (noch nichts erschienen). Die Series I-III sind nahezu Ausgaben letzter Hand, die Series IV A und B kritisch-historisch aus den Handschriften ediert. Hinweise auf weitere Briefausgaben aus früherer Zeit findet man in BV (s. u.) unter den Namen Eneström, Forbes, Fuss, Juschkewitsch, Smirnow. Der handschriftliche Nachlaß E.s liegt im Archiv der Akademie der Wissenschaften von Rußland in St. Petersburg.

LITERATUR: *Bibliographien:* Gustaf Eneström: Verzeichnis der Schriften L. E.s. In: Jahresbericht der Deutschen Mathematiker-Vereinigung. Ergänzungsband 4. Leipzig 1910-13, S. 1-388 (bis heute noch immer verbindliche Standardbibliographie, enthält 866 Werktitel). – Johann Jakob Burckhardt: Euleriana. Verzeichnis des Schrifttums über L. E. In: L. E. 1707-1783. Beiträge zu Leben und Werk. Gedenkband des Kantons Basel-Stadt. Basel 1983, S. 511-552. (Dieser Band wird im folgenden abgekürzt zitiert mit EGB, das darin enthaltene Burckhardt-Verzeichnis mit BV). – *Gesamtdarstellungen:* Emil A. Fellmann: L. E. – Ein Essay über Leben und Werk. In: EGB, S. 12-98; ferner im BV unter den Autorennamen Du Pasquier, Fellmann, Fuss, Juschkewitsch, Spiess, Truesdell. – *Biographien:* Emil A. Fellmann: L. E. Reinbek bei Hamburg 1995. – *Philosophie:* Wolfgang Breidert: L. E. und die Philosophie. In: EGB, S. 447-457. – *Genealogien:* Karl Euler: Das Geschlecht der Euler-Schölpi-

Gießen 1955. – Gleb K. Michajlow u. a.: Die Nachkommen L. E.s in den ersten sechs Generationen. In: Basler Zeitschrift für Geschichte und Altertumskunde 94 (1994) S. 163-239. *Emil A. Fellmann*

Ewald, Johann Ludwig, reformierter Theologe, Schriftsteller, * 16.9.1748 Dreieichenhain (Hessen), † 19.3.1822 Karlsruhe.
Nach dem Theologiestudium an den Universitäten Marburg und Göttingen war E. 1768-70 Hauslehrer und Erzieher. 1773 wurde er Pfarrer in Offenbach, 1781 Hofprediger und Generalsuperintendent in Detmold und reformierte das dortige Bildungswesen. Seit 1796 zweiter Pfarrer an St. Stephani in Bremen, ging E. 1805 als Prof. der Moral- und Pastoraltheologie nach Heidelberg und wurde 1807 Ministerial- und Kirchenrat in Karlsruhe, wo er bis 1822 wirkte, bis 1821 als Mitglied der Generalsynode. Beeinflußt von Johann Jakob Heß, Johann Caspar →Lavater und Philipp Matthäus Hahn, war E. supranaturalistischer Biblizist. In seinen pädagogischen Schriften verband er die theologischen Positionen des Pietismus mit den Ideen Johann Heinrich →Pestalozzis. 1783 erschien seine Schrift *Die Erziehung des Menschengeschlechts nach der Bibel,* 1808 das religiöse Drama *Mehala, die Jephtaidin.*

Eybel, Joseph Valentin, Pseud. Reiner Meisel, österr. Publizist, Beamter, * 3.3.1741 Wien, † 30.6.1805 Linz.
Für den geistlichen Stand bestimmt, absolvierte E. die Jesuitenschule in Wien, entschied sich dann jedoch für eine Beamtenlaufbahn und war seit 1765 als Regierungsadjunkt in Graz tätig. Später studierte er Kirchenrecht in Wien, lehrte dieses Fach seit 1773 als a. o. Prof., seit 1777 als Nachfolger seines Lehrers Josef →Riegger an der Wiener Universität. E. war ein Anhänger des Josephinismus, dessen kirchenrechtliche Grundsätze er in seiner *Introductio in jus ecclesiasticum catholicorum* (4 Bde., 1777-79) vertrat. 1779 verlor E. deswegen seinen Lehrstuhl und siedelte als Landrat nach Linz über. Wegen seiner polemischen Schriften gegen die kirchliche Lehre (*Was ist der Papst?,* 1782, anonym) zeitweilig exkommuniziert, ging er 1787 als Gubernialrat nach Innsbruck. 1797 kehrte E. nach Linz zurück, wo er Schriften zur Volksaufklärung herausgab.

F

Fabri, Johann Ernst, Geograph, * 15.7.1755 Oels (Schlesien), † 30.5.1825 Erlangen.
F. studierte seit 1776 an der Univ. Halle Theologie, wandte sich jedoch bald der Geographie zu und las 1781-86 als Privatdozent neuere und alte Geographie sowie Philologie. 1786 wurde er Prof. der Geographie und Statistik an der Univ. Jena, ging 1794 als Redakteur der „Realzeitung" nach Erlangen, hielt an der dortigen Univ. Vorlesungen und wurde schließlich Ordinarius. Erst 1815 verfügte König Maximilian I. Joseph von Bayern erstmalig eine Besoldung des bis dahin unbezahlten Hochschullehrers. F. veröffentlichte zahlreiche geographische Nachschlagewerke, Magazine und Lehrbücher, darunter *Elementargeographie* (4 Bde., 1780-90, ³1794-1803) sowie *Handbuch der neuesten Geographie* (2 Bde., 1784/85, ¹⁰1819).

Fabricius, Johann Albert, Polyhistor, * 11.11.1668 Leipzig, † 30.4.1736 Hamburg.
Der Sohn des Musikers Werner F. studierte seit 1686 Theologie, Philologie und Medizin an der Univ. Leipzig (Magister der Philosophie 1688). 1694 wurde er Famulus und Bibliothekar Johann Friedrich Mayers, des Hauptpastors an der Hamburger Kirche St. Jacobi und Professors in Kiel. 1699 an der Univ. Kiel zum Dr. theol. promoviert, wurde er Prof. der Moral und Eloquenz am Akademischen Gymnasium in Hamburg. 1708-11 übernahm F. zusätzlich das Rektorat der Hamburger Lateinschule Johanneum. Zu seiner Zeit ein international anerkannter Gelehrter, veranstaltete er vierzig Jahre lang wöchentliche Gelehrtenzirkel in Hamburg, die pädagogische, literarische und patriotische (u. a. „Der Patriot", 1724-26) Ziele verfolgten und denen namhafte Persönlichkeiten aus Politik, Wirtschaft, Kultur und Wissenschaft angehörten. F. publizierte u. a. Übersetzungen physikalisch-theologischer Schriften und befaßte sich in seinen Arbeiten mit Wissenschaftsgeschichte, Philologie (*Bibliotheca Graeca*, 14 Bde., 1705-07), Theologie und Philosophie.
LITERATUR: Hermann Samuel Reimarus: De Vita et Scriptis J. A. Fabricii Commentarius. Hamburg 1737. – Wolfgang Philipp: Das Werden der Aufklärung in theologiegeschichtlicher Sicht. Göttingen 1957. – Udo Krolzik: Säkularisierung der Natur. Providentia-Dei-Lehre und Naturverständnis der Frühaufklärung. Neukirchen-Vluyn 1988.

Fabricius, Johann Andreas, Lehrer, * 18.6.1696 Dodendorf bei Magdeburg, † 28.2.1769.
F. studierte Theologie an den Universitäten Helmstedt und Leipzig, wurde 1734 Adjunkt der Philosophischen Fakultät der Univ. Jena und kam 1740 als Rektor der Katharinenschule nach Braunschweig. Seit 1745 lehrte er daneben als Prof. am Collegium Carolinum Philosophie und wurde, nachdem er seine Kollegen öffentlich kritisiert hatte, von Herzog Karl I. von Braunschweig entlassen. Anschließend an die Univ. Jena zurückgekehrt, wurde er 1753 Rektor des Gymnasiums in Nordhausen. F. war als Ferrando III. Mitglied des Pegnesischen Blumenordens. Er veröffentlichte u. a. einen *Allgemeinen Abriß einer Historie der Gelehrsamkeit* (3 Bde., 1752-59).

Fabricius, Johann Christian, Zoologe, Wirtschaftswissenschaftler, * 7.1.1745 Tondern (Schleswig), † 3.3.1808 Kiel.
Der Sohn eines in Kopenhagen praktizierenden Arztes studierte seit 1762 zwei Jahre in Uppsala und wählte – beeindruckt von Linné – die Insektenforschung zu seinem Arbeitsschwerpunkt. Wieder in Kopenhagen, befaßte er sich zunehmend mit Wirtschaftswissenschaften und wurde Prof. der Ökonomie am Charlottenburger Naturaltheater bei Kopenhagen, nach dessen Vereinigung mit der Univ. Kopenhagen a. o. Professor. Seit 1771 mit Anna Cäcilie F. verheiratet, folgte er 1775 einer Berufung als o. Prof. der Ökonomie sowie der Natur- und Kameralwissenschaften an die Univ. Kiel. F. bereiste bis an sein Lebensende mehrmals Frankreich und England, unternahm auch eine Reise nach Norwegen, um seine wissenschaftlichen wie praktischen Kenntnisse zu erweitern und war seit 1794 Mitglied der Deutschen Akademie der Naturforscher Leopoldina. Er veröffentlichte u. a. *Systema entomologiae* (1775).

Fäsi, Johann Konrad, schweizer. Geograph, * 26.4.1727 Zürich, † 6.3.1790 Flaach (Kt. Zürich).
Nach dem Theologiestudium in Basel war F. seit 1751 Hauslehrer beim Obervogt in Pfyn, betrieb daneben archivalische Studien, die in eine unveröffentlicht gebliebene *Geschichte und Erbeschreibung der Landgrafschaft Thurgau* eingingen, und kehrte 1758 nach Zürich zurück. Er hielt historische Vorlesungen in der Helvetischen Gesellschaft, deren Mitglied er war, und übernahm 1764 die Pfarrei Uetikon. Als Anhänger der politisch-statistischen Methode des Anton Friedrich → Büsching erarbeitete er seit 1763 sein Hauptwerk, die *Staats- und Erdbeschreibung der Eidgenossenschaft* (4 Bde., 1765-68). Seine Tätigkeit am Nachlaß Aegidius Tschudis zur Fortsetzung von dessen Schweizerchronik brach er vorzeitig ab. 1776 übernahm F. die Pfarrei Flaach.

Fassmann, David, auch Pithander von der Quelle, Schriftsteller, * 20.9.1683 Oberwiesenthal/Erzgebirge, † 14.6.1744 Lichtenstadt (Böhmen).
F. studierte 1703 kurzzeitig an der Univ. Altdorf, war bis 1709 an mehreren Gesandtschaften und Kanz-

leien in Regensburg und Nürnberg als Sekretär tätig und geriet 1711 als Quartiermeister im Heer Augusts des Starken in Gefangenschaft. Nach seiner Flucht bereiste er als Hofmeister eines englischen Adligen Holland, England, Irland, Frankreich und Italien und ließ sich 1717 als freier Publizist in Leipzig nieder. Wegen Schwierigkeiten mit der sächsischen Zensurbehörde ging er 1725 an den Hof Friedrich Wilhelms I. nach Berlin, wurde 1726 „Zeitungsreferent" dort, schlug jedoch 1731 das Angebot, als Nachfolger Jacob Paul von →Gundlings Präsident der Kgl. Societät der Wissenschaften zu werden, aus und kehrte nach Leipzig zurück. F. etablierte sich als Erfolgsautor mit den häufig plagiierten *Gesprächen in dem Reiche derer Todten [...]*, 1718-39), in denen er verstorbene Persönlichkeiten über historische, philosophische und politische Ereignisse plaudern ließ. Er entzog sich der (sächsischen) Zensur, indem er nach Berlin ging.

Feder, Johann Georg Heinrich, Philosoph, Bibliothekar, * 15.5.1740 Schornweisach bei Neustadt/Aisch, † 22.5.1821 Hannover.
F., Sohn eines Pfarrers und Schüler des Wolffianers Simon Gabriel Suckow, war nach dem Studium der Philosophie, Theologie und Pädagogik in Erlangen (1757-60) Hauslehrer in Polsingen. 1765 aufgrund der Arbeit *Homo natura non ferens*, in der er sich mit dem Pessimismus Rousseaus auseinandersetzte, promoviert, wurde er im selben Jahr Prof. der Metaphysik und der orientalischen Sprachen, später der Logik, Metaphysik und praktischen Philosophie am Casimirianum in Coburg. 1767 erhielt F. einen Ruf nach Göttingen und wurde 1782 zum Hofrat ernannt. Er war wie Christoph →Meiners, mit dem er die „Philosophische Bibliothek" (1788-91) herausgab, ein Gegner →Kants. Die Kontroverse zwischen beiden erreichte ihren Höhepunkt, nachdem F. in seiner Eigenschaft als Redakteur der „Göttinger Gelehrten Anzeigen" eine Rezension der *Kritik der reinen Vernunft* durch →Garve entstellend umänderte. 1797 verließ F. Göttingen und ging nach Hannover, wo er Direktor der Pagenschule der Stadt, Georgianum genannt, und 1802 auch Leiter der kgl. Bibliothek wurde. 1806 zum Direktor der Hofschule und Ritter des Guelfenordens ernannt, wurde er 1819 Geheimer Justizrat. F. schrieb einige erfolgreiche Lehrbücher, u.a. *Grundriß der Philosophischen Wissenschaften nebst der nötigen Geschichte* (1767, ²1769), *Logik und Metaphysik* (1769, ⁸1794 unter dem Titel *Grundsätze der Logik und Metaphysik*; lat. Ausg. 1777, ⁴1797) und *Lehrbuch der praktischen Philosophie* (1770, erschien ab der 5. Auflage unter dem Titel *Grundlehren zur Kenntniß des menschlichen Willens und der natürlichen Gesetze des Rechtsverhaltens*, 1783, ³1789). In seinem Hauptwerk *Untersuchungen über den menschlichen Willen* (4 Tle., 1779-93) legte er eine erste psychologische Typenlehre dar. F.s Autobiographie wurde 1825 von Karl August Ludwig Feder unter dem Titel *J. G. H. Feder's Leben, Natur und Grundsätze. Zur Belehrung und Ermunterung seiner lieben Nachkommen, auch Anderer die Nutzbares daraus aufzunehmen geneigt sind* (Nachdruck 1968) herausgegeben.
WEITERE WERKE: De morte voluntaria. Bd. 1, Erlangen 1765. Bd. 2, Coburg 1766. – Neuer Emil oder von der Erziehung nach bewährten Grundsätzen. 2 Tle., Erlangen 1768-74, ²1790. – Ueber Raum und Caussalität, zur Prüfung der Kantischen Philosophie. Göttingen 1787. Nachdruck Brüssel 1968. – Abhandlungen über die allgemeinen Grundsätze der praktischen Philosophie. Lemgo 1792. – Über das moralische Gefühl. Kopenhagen 1792.
LITERATUR: Gottlob August Tittel: Erläuterungen der theoretischen und praktischen Philosophie nach Herrn F.s Ordnung. Frankfurt/Main 1783, ³1794. Nachdruck Frankfurt/Main 1993. – Erich Pachaly: F.s Erkenntnistheorie und Metaphysik. Leipzig 1906. – Wilhelm Stietz: F. als Gegner Immanuel Kants. Diss. Rostock 1924. – Walther Ch. Zimmerli: „Schwere Rüstung" des Dogmatismus und „anwendbare Eklektik". J. G. H. F. und die Göttinger Philosophie des ausgehenden 18. Jahrhunderts. In: Studia Leibnitiana XV/1 (1983) S. 58-71. – Kurt Röttgers: J. G. H. F. – Beitrag zu einer Verhinderungsgeschichte eines deutschen Empirismus. In: Kant-Studien 75 (1984) S. 420-441. – Zwi Batscha: „Despotismus von jeder Art reizt zur Widersetzlichkeit". Die Französische Revolution in der deutschen Popularphilosophie. Frankfurt/Main 1989. – Reinhard Brand: F. und Kant. In: Kant-Studien 80 (1989) S. 249-264.

Felbiger, Johann Ignatz von, Augustiner-Chorherr, Pädagoge, * 6.1.1724 Glogau (Schlesien), † 17.5.1788 Preßburg.
Der Sohn eines Postmeisters schloß das Studium 1744 in Breslau ab, unterrichtete zwei Jahre als Hauslehrer und trat 1746 in das Augustiner-Chorherrenstift Sagan ein, dessen Erzpriester und Abt er seit 1758 war. Nach 1760 widmete er sich der Reform des kath. Schulwesens. Nach dem Vorbild des evangelisch-pietistischen Schulsystems Johann Julius →Heckers führte F. 1765 ein von →Friedrich dem Großen gebilligtes Generallandschulregiment für die römisch-katholischen Schulen des Herzogtums Schlesien und der Grafschaft Glatz ein. Durch einheitliche Lehrpläne, Lehrsysteme und die Lehrerausbildung am neuerrichteten Lehrerseminar Breslau wurde gleichzeitig die Eingliederung jener Landesteile in den preuß. Staat gefördert. Im Einverständnis mit Friedrich wurde F. 1773 von Maria Theresia nach Wien berufen, um das österr. Schulwesen zu reformieren (Allgemeiner Schulplan für die deutschen Schulen in den k. u. k. Erblanden, 1774; *Methodenbuch [...]*, 1774; *Die wahre Sagansche Lehrart [...]*, 1774). 1776 trat er als Abt zurück und wurde österr. Untertan. Seit 1777 richtete er die Normalschule in St. Anna bei Wien als Musterschule ein und widmete sich nach 1782 von Preßburg aus dem ungarischen Schulwesen. F. gilt als Bahnbrecher aufklärerischer Volkserziehungsbestrebungen im 18. Jahrhundert.
LITERATUR: Ulrich Krömer: J. I. v. F. Leben und Werk. Freiburg/Breisgau u. a. 1966 (mit Bibliographie).

Fellenberg, Philipp Emanuel von, schweizer. Agronom, Sozialpädagoge, * 15.6.1771 Bern, † 21.11.1844 Hofwyl (heute zu Münchenbuchsee, Kt. Bern).
F. stammte aus einem der Aufklärung aufgeschlossenen Berner Patriziergeschlecht, studierte seit 1789 in Tübingen Rechtswissenschaften, Politik und Philosophie. Auf Reisen durch Deutschland und die Schweiz sowie nach Paris beschäftigte er sich mit den politischen und sozialen Verhältnissen der Zeit. 1799 begründete er in Hofwyl pädagogische Musteranstalten. Nach ständischem Prinzip richtete er eine Landwirtschaftsschule, Industrieschule, Realschule, Kleinkinder- und Haushaltungsschule sowie eine Lehrerbildungsstätte ein. Er gab die Zeitschriften „Landwirtschaftliche Blätter von Hofwyl" und „Pädagogische Blätter von Hofwyl" heraus. Seine von → Pestalozzi, → Kant und → Fichte beeinflußte Bildungsidee sah in der umfassenden Erziehung die Basis für eine Erneuerung der Menschheit in Koexistenz der Stände und moralisch-religiöser Vollkommenheit. F.s Erziehungsstaat zerfiel zwar bald nach seinem Tod, beeinflußte jedoch die Gründung zahlreicher Bildungsinstitutionen in Europa und Übersee; durch → Goethe (*Wilhelm Meisters Wanderjahre*) und Jeremias Gotthelf fand er Eingang in die Literatur.

Fernow, Carl Ludwig, Kunsttheoretiker, Bibliothekar, * 19.11.1763 Blumenhagen bei Stettin, † 4.12.1808 Weimar.
Der Sohn eines Bauern studierte nach einer Apothekerlehre und Versuchen in der Porträtmalerei 1791-93 bei Karl Leonhard → Reinhold in Jena Philosophie. 1794-1803 lebte er in Rom, erhielt auf Vermittlung → Goethes eine außerordentliche Professur für Ästhetik in Jena und wurde 1804 Bibliothekar am Weimarer Hof. Während seines Aufenthalts in Italien entwickelte F. eine klassizistische Kunsttheorie, die mangels einer systematischen Darstellung aus den *Römischen Studien* (3 Tle., 1806-08) erschlossen werden muß. Über Johann Joachim → Winckelmanns Phänomenologie hinausgehend, stellte er mit → Kant und → Schiller Ideal und Kunstschönheit gegen Einzelerscheinung und Naturschönheit. F. veröffentlichte neben Künstlerbiographien eine *Italienische Sprachlehre für Deutsche* (2 Tle., 1804, ³1829).
LITERATUR: Irmgard Fernow: C. L. F. als Ästhetiker. Diss. Würzburg 1936 (mit Bibliographie). – Georg Luck: C. L. F. Bern 1984. – Rainer Bens: Einige „Aussteiger aus der Pharmazie". Stuttgart 1989. – Harald Tausch: Entfernung der Antike. C. L. F. im Kontext der Kunsttheorie um 1800. Tübingen 2000.

Feßler, Ignaz Aurelius, kath., später evang. Theologe, Orientalist, Schriftsteller, * 18.5.1756 Zurndorf (Burgenland), † 15.12.1839 St. Petersburg.
F. trat 1773 in den Kapuzinerorden ein und wurde 1779 zum Priester geweiht. Eine öffentliche Anzeige heimlich betriebener Klostergefängnisse brachte ihn in Konflikt mit seinem Orden. Er studierte in Wien Theologie, wurde 1783 promoviert und ging 1784 als Prof. der Orientalistik nach Lemberg. 1787 aus dem Kapuzinerorden entlassen, arbeitete er 1788-96 als Bibliothekar im schlesischen Carolath. 1791 zum evang. Glauben übergetreten, wurde F. 1798 preuß. Staatsbeamter in Berlin, wo er als Erzähler, Publizist und Reformer der preuß. Freimaurerei tätig war. → Jean Paul, → Fichte, → Schelling und die Brüder → Schlegel zählten zu seinen Bekannten. 1809 ging F. als Prof. der Orientalistik nach St. Petersburg, wurde 1819 Bischof der deutschen Gemeinde in Rußland und war zuletzt Superintendent in St. Petersburg. Er schrieb zahlreiche historische Romane (u. a. *Marc-Aurel*, 4 Bde., 1790-92). Seine Autobiographie erschien 1824 unter dem Titel *Dr. Fesslers Rückblicke auf seine siebzigjährige Pilgerschaft*.
LITERATUR: Peter F. Barton: I. F. Vom katholischen Frühaufklärer zum Protestanten. In: Michael Benedikt u. a. (Hrsg.): Verdrängter Humanismus – verzögerte Aufklärung. Österreichische Philosophie zur Zeit der Revolution und Restauration (1750-1820). Wien 1992, S. 368-384 (mit Literatur). – Erik Amburger: Pastoren der evangelischen Kirchen Rußlands. Vom Ende des 16. Jahrhunderts bis 1937. Lüneburg 1998.

Feuerbach, Paul Johann Anselm Ritter von, Jurist, * 14.11.1775 Hainichen bei Jena, † 29.5.1833 Frankfurt/Main.
F., einer der streitbarsten Juristen und bedeutendsten Strafrechtler des 19. Jh., wuchs als Sproß einer alten Juristenfamilie in Frankfurt/Main auf. 1792 flüchtete er vor dem Vater zu Verwandten nach Jena, wo er alsbald das Philosophiestudium aufnahm und 1795 mit der Promotion beendete. Aus finanzieller Not begann F. 1796 mit dem Jurastudium (besonders bei → Hufeland und Schnaubert). 1799 wurde er zum Dr. jur. promoviert.
1801 erschien F.s später von Carl Joseph Anton → Mittermaier fortgeführtes, über Jahrzehnte konkurrenzloses *Lehrbuch des gemeinen in Deutschland gültigen peinlichen Rechts*, in dem erstmals die Formulierung „nulla poena, nullum crimen sine lege" verwendet wurde. 1802 folgte er Anton Friedrich Justus → Thibaut auf dessen Kieler Lehrstuhl. Als Reaktion auf seine *Critik des Kleinschrodischen Entwurfs zu einem peinlichen Gesetzbuche für die Chur-Pfalz-Bayrischen Staaten* wurde er 1803 als einer der ersten Protestanten an die Univ. Landshut berufen. Seine dortige Tätigkeit litt jedoch bald unter der Feindschaft mit seinem Fakultätskollegen → Gönner. F. zog sich 1805 für immer aus der Lehre zurück, um sich als bayerischer Justizministerialbeamter ganz der von ihm schon 1804 begonnenen Gesetzgebungsarbeit zu widmen. 1806 gelang es F., die Aufhebung der Folter in Bayern durchzusetzen. 1813 trat das maßgeblich auf seine Entwürfe zurückgehende bayerische Strafgesetzbuch in Kraft, das mit seiner auf Generalprävention abzielenden Straftheorie vom psychologischen Zwang, seiner begrifflich scharfen Fixierung der Straftatbestände sowie dem Wegfall von reinen Sittlichkeitsdelikten, qualifizierten Todesstrafen und verstümmelnden Strafen lange Zeit für die deutsche Strafrechtsgesetzgebung vorbildlich blieb. Zeitgleich wurde F. der persönliche Adel verliehen. Verschiedene frankreichkritische Schriften zogen F. 1813/14 den Unwillen des Ministeriums → Mont-

gelas zu, weshalb er 1814 an das Appellationsgericht Bamberg abgeschoben wurde. Nach Kompetenzkonflikten fand er 1816 als Präsident des Appellationsgerichts Ansbach einen angemesseneren Wirkungskreis. Auch als Richter behielt F. seine vielfältige wissenschaftliche Tätigkeit bei. Bleibende Bedeutung erlangte F. durch sein Eintreten für eine rechtsstaatlich-liberale Strafjustiz; insbesondere forderte er die Einführung einer Staatsanwaltschaft sowie Öffentlichkeit und Mündlichkeit der Rechtsprechung. Zwiespältig war hingegen seine Einstellung zu den Geschworenengerichten. Anläßlich eines Besuchs in Frankfurt/Main erlag F. 1833 seinem dritten Schlaganfall.

WEITERE WERKE: Über die Strafe als Sicherungsmittel vor künftigen Beleidigungen des Verbrechers. Chemnitz 1800. – Anti-Hobbes oder über die Grenzen der höchsten Gewalt und das Zwangsrecht der Bürger gegen den Oberherrn. Erfurt 1798. – Über Philosophie und Empirie in ihrem Verhältnis zur positiven Rechtswissenschaft. Landshut 1804. – Themis oder Beiträge zur Gesetzgebung. Landshut 1812. – Betrachtungen über das Geschworenen-Gericht. Landshut 1813. – Betrachtungen über die Öffentlichkeit und Mündlichkeit der Gerechtigkeitspflege. Gießen 1821. – Entwurf zu einem Strafgesetzbuch für das Königreich Bayern aus dem Jahre 1824. Ediert von G. Schubert. Berlin 1978. – Über die Gerichtsverfassung und das gerichtliche Verfahren Frankreichs. Gießen 1825. Reprint Aalen 1969. – Kleine Schriften vermischten Inhalts. Nürnberg 1833.

LITERATUR: Eberhard Kipper: J. P. A. F. Sein Leben als Denker, Gesetzgeber und Richter. Köln/München u. a. ²1989. – Gerd Kleinheyer/Jan Schröder: Deutsche Juristen aus fünf Jahrhunderten. Heidelberg ³1989, S. 82 ff. – Bibliographie der Werke von und über Feuerbach im Anhang zu: Naturrecht und positives Recht. Ausgewählte Texte von P. J. A. F. Hrsg. v. Gerhard Haney. Freiburg u. a. 1993, S. 371 ff.

Ina Ebert

Fichte, Johann Gottlieb, Philosoph, * 19. 5. 1762 Rammenau (Oberlausitz), † 29. 1. 1814 Berlin.
Aus einer Bandmacherfamilie stammend, verließ das älteste Kind einer großen Geschwisterschar das dörfliche Milieu mit acht Jahren, als ein adliger Förderer den Knaben in seine Obhut nahm. F. erhielt eine gelehrte Erziehung im Pfarrhaus von Niederau, auf der Lateinschule in Meißen und 1774-80 auf der Fürstenschule in Pforta bei Naumburg. F.s Studium der Theologie und Jurisprudenz in Jena, Wittenberg und Leipzig führte zu keinem erfolgreichen Abschluß. Nach Abbruch des Studiums etwa 1784 war er für ein Jahrzehnt Hauslehrer in Leipzig, Zürich, Warschau und nahe Danzig.
Die Begegnung mit Immanuel →Kant brachte die zweite Wende in F.s Lebenslauf. Die Lektüre der kritischen Schriften Kants 1790 wirkte wie ein Bekehrungserlebnis und ließ F. von einer deterministischen zu einer freiheitlichen Grundüberzeugung übergehen. Er wurde ein begeisterter Verfechter der Transzendentalphilosophie und kritischen Freiheitslehre. Bei einem Besuch 1791 in Königsberg legte er seine Schrift *Versuch einer Critik aller Offenbarung* Kant zur Begutachtung vor. Kant gab eine Buchempfehlung an seinen Verleger. Als das Buch zur Ostermesse 1792 teilweise anonym erschien, wurde zunächst Kant als Autor vermutet. Indem Kant diese Vermutung in einer öffentlichen Erklärung korrigierte, wurde F. schlagartig berühmt.
Die Ereignisse im revolutionären Frankreich führten F. zu einer Konkretisierung der Kantischen Freiheitslehre. Seine politischen Überzeugungen legte er anonym in den beiden Flugschriften *Zurückforderung der Denkfreiheit von den Fürsten Europas, die sie bisher unterdrückten* (1793) und *Beitrag zur Berichtigung der Urtheile des Publikums über die französische Revolution* (1793) nieder.
F. heiratete in Zürich am 22. 10. 1793 Marie Johanne Rahn (1755-1819). Ihnen wurde 1796 ein Sohn, der spätere Philosoph Immanuel Hermann F., geboren.
Im Frühjahr 1794 wurde F. Nachfolger des Kantianers Karl Leonhard →Reinhold in der Philosophieprofessur an der Univ. Jena. Das folgende Jahrfünft bis zum Frühjahr 1799 stand im Zeichen beispiellosen universitären Lehrerfolgs und größter literarischer Produktivität, aber auch kämpferischer Auseinandersetzungen.
Sein Programm (*Über den Begriff der Wissenschaftslehre*, 1794) arbeitete F. in seiner Jenaer Professur systematisch aus. Die wirkmächtige erste Darstellung *Grundlage der gesammten Wissenschaftslehre* (1794/95), die er 1795 durch die Schrift *Grundriß des Eigenthümlichen der Wissenschaftslehre in Rücksicht auf das theoretische Vermögen* ergänzte und die wegen der Zentralstellung der produktiven Ich-Evidenz heftige Diskussionen auslöste, machte ihn zum Wortführer der von Kant inaugurierten kritischen Philosophie in Deutschland. Bei seiner ersten Vorlesungsreihe über ein allgemeinwissenschaftliches Thema (*Einige Vorlesungen über die Bestimmung des Gelehrten*, 1794) konnte kein Hörsaal die Studentenscharen fassen. Entsprechend seiner systematischen Grundkonzeption zog F. die Grundgedanken der Wissenschaftslehre in die Rechtslehre (*Grundlage des Naturrechts*, 1796) und in die Ethik (*Das System der Sittenlehre*, 1798) aus, wobei er die Prinzipien der wechselseitigen personalen Anerkennung und der moralischen Selbstgesetzgebung ins Zentrum stellte.
Als Mitherausgeber der Zeitschrift „Philosophisches Journal einer Gesellschaft Teutscher Gelehrten" veröffentlichte F. 1798 den Aufsatz *Ueber den Grund unseres Glaubens an eine göttliche Weltregierung* zur korrigierenden Begleitung des Aufsatzes *Entwickelung des Begriffs der Religion* von Friedrich Karl Forberg. Mit Jahresbeginn 1799 trug F. den Streit um den Atheismusvorwurf in die literarische Öffentlichkeit, die mit großer Heftigkeit diesen Fall behandelte. Die ministeriellen Untersuchungen des Weimarer Hofs führten Ende März 1799 zur Entlassung F.s aus seiner Jenaer Professur.
Der Atheismusstreit markiert in F.s beruflichem und philosophischem Werdegang einen Einschnitt. Beruflich mußte er sich eine neue Wirkungsstätte suchen; er fand diese in Berlin, wo er seit Sommer 1799

als Privatgelehrter lebte. Philosophisch verstärkte der Atheismusstreit F.s Bemühungen um eine vertiefte Ausarbeitung und evidente Darstellung der Wissenschaftslehre.

In Berlin äußerte er sich populär zu anthropologischen Grundfragen (*Die Bestimmung des Menschen*, 1800), lieferte einen rechtsphilosophisch-politischen Entwurf (*Der geschloßne Handelsstaat*, 1800), warb kämpferisch für seine philosophische Grundposition (*Sonnenklarer Bericht an das größere Publikum über das eigentliche Wesen der neuesten Philosophie*, 1801) und zog erfolgreich gegen das höchst einflußreiche Schulhaupt der Berliner Aufklärung zu Felde (*Friedrich Nicolai's Leben und sonderbare Meinungen*, 1801).

Die internen Auseinandersetzungen mit den Frühromantikern und der Bruch mit Schelling (1801/02) beeinträchtigten F.s Beziehung zur literarischen Öffentlichkeit nachhaltig. Die Anfang 1801 angekündigte neue Darstellung der Wissenschaftslehre unterblieb. Seine jahrelangen Bemühungen um die Wissenschaftslehre, die er 1804 in ihren Prinzipien für vollendet ansah, trug F. nur mündlich vor. Dadurch blieb F.s Entwicklung nach Art und Grund weithin der Öffentlichkeit verborgen.

F.s Privatgelehrtendasein endete mit dem Sommersemester 1805, als er Prof. der Philosophie an der damals preuß. Univ. Erlangen wurde, seinen Berliner Wirkungskreis aber beibehielt. Er veröffentlichte 1806 drei populäre Vorlesungsreihen (*Ueber das Wesen des Gelehrten*, *Die Grundzüge des gegenwärtigen Zeitalters* und *Die Anweisung zum seeligen Leben*). Nach der militärischen Niederlage Preußens gegen Frankreich beteiligte er sich nachdrücklich an den preuß. Reformbemühungen. Große Wirkung hatte er als Freiheitsrufer mit seinen *Reden an die deutsche Nation* (1808), in denen er eine Erneuerung des politisch-gesellschaftlichen Lebens im Sinne nationaler Freiheit propagierte.

An der 1810 neugegründeten Berliner Univ., auf deren Organisation er durch eine Denkschrift Einfluß zu nehmen versucht hatte, erhielt F. die Professur für Philosophie. Zunächst Dekan der Philosophischen Fakultät, wurde er 1811 erster gewählter Rektor der Berliner Univ., legte aber 1812 dieses Amt vorzeitig nieder, weil er für seine Disziplinarmaßnahmen gegen studentische Händel keine Mehrheit fand. Der Beginn des Befreiungskriegs gegen Napoleon führte im März 1813 zum Abbruch der Vorlesungstätigkeit, die F. aber im Herbst 1813 mit neuem Elan und neuen Impulsen wieder aufnahm. Er starb im Januar 1814 an einem Nervenfieber.

WEITERE WERKE: Nachgelassene Werke. Hrsg. v. Immanuel Hermann Fichte. 3 Bde., Bonn 1834/35. Fotomechanischer Nachdruck Berlin 1971. – Sämmtliche Werke. Hrsg. v. Immanuel Hermann Fichte. 8 Bde., Berlin 1845/46. Fotomechanischer Nachdruck Berlin 1971. – Gesamtausgabe der Bayerischen Akademie der Wissenschaften. Hrsg. v. Reinhard Lauth/Hans Jacob/Hans Gliwitzky. Bisher 26 Bde. in 4 Reihen. Stuttgart-Bad Cannstatt 1962 ff.

LITERATUR: Hans Michael Baumgartner/Wilhelm G(ustav) Jacobs: J. G. F.-Bibliographie. Stuttgart-Bad Cannstatt 1968. – Sabine Doyé: J. G. F.-Bibliographie (1968-1992/93). Fichte-Studien-Supplementa 3. Amsterdam/Atlanta 1993. – Peter Baumanns: J. G. F. Kritische Gesamtdarstellung seiner Philosophie. Freiburg/Breisgau 1990. – Christoph Asmuth (Hrsg.): Sein – Reflexion – Freiheit. Aspekte der Philosophie J. G. F.s. Amsterdam 1997. – Anthony La Vopa: F. The Self and the Calling of Philosophy, 1762-1799. Cambridge, Mass. 2001. *Günter Meckenstock*

Filtsch, Johann, evang. Theologe, * 16.12.1753 Hermannstadt, † 13.10.1836 Hermannstadt.
F. studierte an den Universitäten Erlangen und Göttingen, unterrichtete seit 1781 als Gymnasialprofessor in Hermannstadt und wurde dort 1784 Prediger. Seit 1791 Pfarrer in Heltau, von 1797 an in Urwegen, war er 1805-35 Stadtpfarrer in seiner Heimatstadt, 1809-17 Dechant des dortigen Kapitels. F. war Initiator und Mitarbeiter der *Kritischen Sammlungen zur Geschichte der Deutschen in Siebenbürgen* (1795-97) August Ludwig von → Schlözers und hatte Anteil an der Errichtung des Bruckenthal-Museums in Hermannstadt 1817. 1790-1801 war er Herausgeber des „Siebenbürgischen Quartalsheftes", 1805-24 der „Provinzblätter".

Fiorillo, Johann Dominicus, Maler, Kunsthistoriker, * 13.10.1748 Hamburg, † 10.9.1821 Göttingen.
Der Sohn eines italienischen Musikers besuchte seit 1759 die Friedrichs-Akademie zu Bayreuth und erhielt eine künstlerische Ausbildung. Dreizehnjährig ging er 1761 nach Rom und trat in die Werkstätten Pompeo Girolamo Batonis und Giuseppe Bottanis ein, ehe er an die Bologneser Akademie wechselte. 1769 kehrte er nach Braunschweig zurück, erhielt eine Anstellung als Historienmaler am dortigen Hof und heiratete Sophie Piepenbrink. Ein Lotteriebetrug zog eine Haftstrafe und die Ausweisung nach sich, so daß sich F. 1781 in Göttingen niederließ, wo er sich an der Georgia Augusta für Mathematik immatrikulierte.
Von dem Altertumskundler und Bibliotheksleiter Christian Gottlob → Heyne protegiert, stieg F. 1784 zum Aufseher des Kupferstichkabinetts der Universität sowie zum Leiter der Kunstsammlung auf und gab künstlerische und kunsthistorische Kurse an der Philosophischen Fakultät. 1799 wurde der bis dahin in unsteten sozialen Verhältnissen lebende F. zum a. o., 1814 zum o. Professor ernannt. Es handelt sich um die früheste Berufung eines Kunsthistorikers an eine deutsche Universität, als es das Fach als solches noch nicht gab.
Parallel zu seiner von mäßiger Begabung zeugenden Kunst, u. a. Vorlagen für die Druckillustrationen der Heyneschen Vergilausgabe (1797-89), begann F. eine rege Publikation kunsthistorischer Schriften. Nach Arbeiten über Salvator Rosa (1785) und die Groteske (1791) edierte er 1798-1808 sein Hauptwerk, eine *Geschichte der zeichnenden Künste*, bei der es sich strenggenommen um eine

europäische Malereigeschichte (Italien, Frankreich, Spanien, Großbritannien) handelt. Auf sie folgte 1815-20 die *Geschichte der zeichnenden Künste in Deutschland und den vereinigten Niederlanden* in 4 Bänden. Orientiert am italienischen Modell der „Storia dell'Arte" (Antonio Maria Zanetti, Luigi Lanzi), trug ihm die historisierende und entästhetisierende Methode viel Kritik ein. Das Kunstwerk als historische Quelle und weniger als Erbauungsort aufzufassen, bedeutete einen Bruch mit → Winckelmann und half, neue Epochen – besonders das deutsche Mittelalter und die italienische Renaissance – zu entdecken. Hierin lag der größte Einfluß F.s auf seine ‚romantischen Schüler' Carl Friedrich von Rumohr, Ludwig → Tieck und Wilhelm Heinrich Wackenroder. Der romantischen Bewegung in Deutschland stand F. jedoch kritisch gegenüber. Als Begründer einer an die Historiographie angelehnten Kunstgeschichte mit einem erstaunlich breiten Œuvre (*Kleine Schriften artistischen Inhalts*, 1803) wurde sein kunsthistorische Werk lange Zeit gering geschätzt und erst jüngst wiederentdeckt.

WERKE: Sämtliche Schriften. Nachdruck. Hildesheim 1997 ff.

LITERATUR: Wilhelm Waetzold: Deutsche Kunsthistoriker. Bd. 1. Leipzig 1921, S. 287-292. – Heinrich Dilly: Kunstgeschichte als Institution. Frankfurt/Main 1979, S. 174-83. – Antje Middeldorf Kosegarten (Hrsg.): J. D. F. Göttingen 1997.

Stefan Schweizer

Firmian, Karl Gotthard Graf und Herr zu, österr. Staatsmann, * 5. 8. 1718 Deutschmetz (heute Mezzocorona), † 20. 7. 1782 Mailand.

Der Neffe des Erzbischofs von Salzburg, Leopold Anton von F., studierte in Innsbruck, Salzburg und Leiden und wurde 1746 Reichshofrat. Seit 1743 österr. Botschafter in Neapel, wurde er 1756 Vizegouverneur von Mailand und bevollmächtigter Minister für die Lombardei, 1759 Wirklicher Geheimer Rat, 1763 Ritter des Goldenen Vlieses. Als Diplomat und Verwaltungsbeamter war F. an zahlreichen Reformen im Wirtschafts- und Justizwesen sowie der Behörden beteiligt; er regelte u. a. 1763 die Graubündner Grenzfrage. F., der mit → Winckelmann und Angelika Kauffmann befreundet war, gilt als bedeutender Mäzen; er erhob u. a. 1773 die Scuola Palatina zur Akademie, eröffnete die Accademia di Belle Arti sowie die erste große öffentliche Bibliothek Mailands und besaß selbst eine rund 40 000 Bände umfassende Bibliothek.

Fischer, Christian Gabriel, evang. Theologe, Physiker, Philosoph, * 8. 10. 1686 Königsberg, † 15. 12. 1751 Königsberg.

F. studierte seit 1703 Theologie und orientalische Sprachen in Königsberg, wurde 1710 in Jena Magister der Philosophie und beendete seine Studien in Rostock. Seit 1711 hielt er in Königsberg Vorlesungen über Theologie, philologische und philosophische Themen sowie über Naturwissenschaften. 1715 wurde er zum a. o. Prof. der Physik ernannt. F. war ein Schüler Christian → Wolffs, dessen Schriften er verteidigte (*Quaestio philosophica an spiritus sint in loco?*, 1723). Mit dem aufkommenden Pietismus in Konflikt geraten, wurde er 1725 zusammen mit Wolff aus Königsberg und dem Land ausgewiesen. F. hielt einige Zeit Vorlesungen in Danzig und unternahm nach Italien, Frankreich und England. 1736 kehrte er nach Königsberg zurück und lebte seitdem zurückgezogen. F. veröffentlichte u. a. *Lapidum in agro Prussico sine praeiudicio contemplandorum explicatio* (1715), *Anderer Versuch für die Historie des unterirdischen Preußens* (1715), *Mutmaßung von dem aufgehenden Monde* (1717), *Demonstratio solida de obligatione hominis ad religionem et naturalem et revelatam* (1736) und *Vernünftige Gedanken von der Natur, was sie sei* (1743).

LITERATUR: August Kurz: Über C. G. F.s Venünftige Gedanken von der Natur. Halle 1908. – Carl von Prantl: F. In: ADB 7, 1877, S. 49-50.

Fischer, Gottlob Nathanael, Pädagoge, Schriftsteller, * 12. 1. 1748 Graba bei Saalfeld, † 20. 3. 1800 Halberstadt.

F., Sohn eines Pfarrers und einer Pfarrerstochter, erhielt seinen ersten Unterricht durch seinen Vater. Nach dessen Versetzung (1758) besuchte F. die Saalfelder Stadtschule. 1763 wurde er nach dem Tod des Vaters in das Hallische Waisenhaus aufgenommen. F. studierte nach 1766 an der Univ. Halle Theologie, vor allem aber Philologie, Geschichte und Naturwissenschaften, da er nicht Pfarrer, sondern Lehrer werden wollte. F., der schon als Student unterrichtet hatte, wurde 1769 Lehrer am Pädagogium der Franckeschen Stiftungen. Durch die Bekanntschaft mit Johann Wilhelm Ludwig → Gleim 1775 an das Halberstädter Martinum berufen, wurde er 1778 zum Rektor der Domschule ernannt. Berufungen an die Universitäten Halle und Breslau lehnte er ab. Der engagierte Pädagoge setzte sich zugleich für die Verbreitung der Aufklärung ein. F. war neben Gleim der engagierteste Förderer des Halberstädter literarischen Lebens. Als Initiator und Leiter der „Halberstädter literarischen Gesellschaft" redigierte er nicht nur zwischen 1785 und 1800 deren Zeitschrift, „Die Halberstädter gemeinnützigen Blätter", sondern war auch deren eifrigster Autor. Sein aufklärerisches Engagement spiegelte sich auch in den weiteren Zeitschriften, die er mitherausgab („Fliegende Blätter für Freunde der Toleranz", „Aufklärung und Menschenveredelung", 1783/84; „Beiträge zur Verbesserung des öffentlichen Gottesdienstes der Christen", 1785-88; „Berlinisches Journal für Aufklärung", 1788-90; „Deutsche Monatsschrift", 1790-94). Wie viele Aufklärer im Umfeld Gleims war auch F. ein großer Verehrer → Friedrichs II. Wenige Tage nach seiner Ernennung zum preuß. Konsistorialrat (11. 3. 1800) starb F. am 20. 3. 1800.

WEITERE WERKE: Olavides und Rochow. Halberstadt 1779. – Parodien auf die Xenien. Halberstadt 1797. – G. N. F.s auserlesene Gedichte. Hrsg. v. Christian Friedrich Bernhard Augustin. Halberstadt 1805.

LITERATUR: Anneliese Schmitt: Die „Halberstädtischen gemeinnützigen Blätter zum Besten der Armen" (1785-1810). Inhalte und Probleme einer Zeitschrift der Popularaufklärung in der Periode des Übergangs vom Feudalismus zum Kapitalismus. In: Rudolf Weinhold (Hrsg.): Volksleben zwischen Zunft und Fabrik. Berlin 1982, S. 369-422.

Hans Erich Bödeker

Flatt, Johann Friedrich, evang. Theologe,
* 20. 2. 1759 Tübingen, † 24. 11. 1821 Tübingen.

F., Sohn eines Theologen, studierte in Tübingen Philosophie, Theologie und Mathematik, unternahm 1784/85 eine Bildungsreise nach Göttingen und kehrte 1785 als a. o. Prof. der Philosophie nach Tübingen zurück, wo er 1792 a. o., 1798 o. Prof. der Theologie wurde. F. gehörte zusammen mit seinem Bruder Karl Christian F. und Friedrich Gottlieb Süskind zur sogenannten „Älteren Tübinger Schule" um Gottlob Christian Storr. Er gilt als Anhänger des biblisch begründeten rationalen Supranaturalismus. F. beschäftigte sich vor allem mit der Philosophie Immanuel → Kants, über den er als erster in Tübingen Vorlesungen hielt, sowie mit Ethik und biblischer Exegese. Christliche Sittenlehre begründete er streng biblizistisch als genaue Befolgung der durch Jesus mitgeteilten „Belehrungen" der Gebote Gottes. Es finden sich bei ihm auch Ansätze einer philosophischen Behandlung der Dogmengeschichte. F. veröffentlichte u. a. *Briefe über den moralischen Erkenntnisgrund der Religion überhaupt und besonders in Beziehung auf die Kantische Philosophie* (1789) und *Observationes quaedam ad comparandam Kantianam disciplinam cum Christiana doctrina pertinentes* (1792). 1796 begründete er das „Magazin für christliche Dogmatik und Moral", das er bis 1802 herausgab.

WEITERE WERKE: Fragmentarische Beyträge zur Bestimmung und Deduction des Begriffes von Causalität und zur Grundlegung der natürlichen Theologie in Beziehung auf die Kantische Philosophie. Leipzig 1788. – Commentatio, in qua symbolica ecclesiae nostrae de deitate Christi sententia probatur et vindicatur. Göttingen 1788. – Vermischte Versuche theologisch-kritisch-philosophischen Inhalts. Leipzig 1795. – Fragmentarische Bemerkungen gegen den Kantischen und Kiesewetterschen Grundriß der reinen allgemeinen Logik. Tübingen 1802. – Vorlesungen über christliche Moral. Hrsg. v. Johann Christian Friedrich Steudel. Tübingen 1823. – Opuscula academica. Gesammelt von C. F. Süsskind. Tübingen 1826.
LITERATUR: Heinrich Döring: Die gelehrten Theologen Deutschlands im 18. und 19. Jahrhundert. Bd. 1. Neustadt a. d. O. 1831, S. 408-411 (mit Bibliographie). – Wilhelm Gass: Geschichte der christlichen Ethik. Bd. 2,2. Berlin 1887, S. 134-138. – Eberhard H. Pältz: F., J. F. In: NDB 5, 1961, S. 223-224.

Flögel, Karl Friedrich, Literaturhistoriker,
* 13. 12. 1729 Jauer (Schlesien), † 7. 3. 1788 Liegnitz.

F., Sohn eines Lehrers, besuchte zunächst das Gymnasium in Jauer, dann (1748) das Gymnasium St. Maria Magdalena in Breslau. Seit 1752 studierte er Theologie in Halle bei Siegmund Jakob →Baumgarten, bei Christan →Wolff Philosophie und bei Georg Friedrich →Meier Philosophie und Ästhetik. Damals war er auch Mitglied der von Johann Gottlieb →Schummel und Gottlob Samuel Nicolai gegründeten studentischen „Gesellschaft der Freunde der schönen Wissenschaften". 1754 kehrte er als cand. theol. nach Jauer zurück. Nach längerer Zeit als Hauslehrer in Schlesien wurde er 1761 Lehrer am Gymnasium Magdalenanum in Breslau und bereits ein Jahr später Prorektor. 1773 wurde er zum Rektor des Gymnasiums in Jauer ernannt, 1774 zum Prof. der Philosophie an der Ritterakademie in Liegnitz berufen. F. wurde bekannt durch die erste deutsche Gesamtdarstellung einer *Geschichte der komischen Literatur* (4 Bde., 1784-87). Als Fortsetzung seiner Arbeiten erschien nach seinem Tod 1788 eine *Geschichte des Groteskkomischen. Ein Beitrag zur Geschichte der Menschheit, eine Geschichte der Hofnarren* (1789) und schließlich eine *Geschichte des Burlesken* (1794). Seine Studien waren partiell Voraussetzung für die deutsche humanistische Literatur um 1800. Seinen Fragestellungen und seinen Ansätzen nach muß er zu den aufklärerischen Kulturhistorikern gezählt werden. Zugleich war er durch seine frühe *Geschichte des menschlichen Verstandes* (1765, ²1773, ³1776) einer der profiliertesten Vertreter einer aufklärerischen empirischen Anthropologie.

WEITERE WERKE: Einleitung in die Erfindungskunst. Breslau/Leipzig 1760. – Versuch über den Geschmack von Alexander Gerard, nebst zwei Abhandlungen über diese Materie von Herrn von Voltaire und Herrn von Alembert, aus dem Englischen übersetzt. Breslau 1766.
LITERATUR: Killy.

Hans Erich Bödeker

Floerke, Heinrich Gustav, Botaniker,
* 24. 12. 1764 Alt-Kalen (Mecklenburg),
† 6. 11. 1835 Rostock.

F. war nach dem Studium der Theologie und einer Tätigkeit als Hauslehrer drei Jahre lang Pfarrer in Mecklenburg. 1797 gab er sein Amt auf und kam über das Studium der Medizin zur Botanik. Sechzehn Jahre lang arbeitete F. an der Fortsetzung der *Ökonomisch-technologischen Encyklopädie* von Johann Georg → Krünitz. Daneben war er Bibliothekar der Gesellschaft der Naturforschenden Freunde in Berlin und gab verschiedene kurzlebige Zeitschriften heraus. 1816 wurde F. in der Nachfolge von Ludolf Christian Treviranus Prof. der Naturgeschichte an der Univ. Rostock. F.s Forschungsinteresse galt der systematischen Botanik, vor allem den Flechten. Zahlreiche Flechtenarten wurden nach ihm benannt.

Florinus, eigentl. Franz Philipp Pfalzgraf bei Rhein, Schriftsteller, * 29. 1. 1630 Sulzbach (Oberpfalz), † 4. 4. 1703 Nürnberg.

F. trat während des Dreißigjährigen Kriegs in den Dienst des kaiserlichen Heeres und wurde Feldmarschall. Nach Beendigung seiner militärischen Laufbahn zog er sich auf ein Gut in der Nähe von Nürnberg zurück und widmete sich der systematischen Darstellung der Landwirtschaft. 1702 erschien sein neunbändiges Werk *Oeconomicus prudens*, ein Lehrbuch über Landwirtschaft und Haushaltsführung, Ackerbau und Viehzucht, Bauwesen und Baumaterialien sowie Tieranatomie und Tiermedizin. F.' Werk, das als der Höhepunkt der deutschen Hausväterliteratur gilt, wandte sich gegen den ländlichen Aberglauben und markiert den Übergang zur Literatur der Aufklärung.

Forberg, Friedrich Karl, Philosoph, Bibliothekar, * 30. 8. 1770 Meuselwitz bei Altenburg, † 1. 1. 1848 Hildburghausen.

F. war aufgrund der Arbeit *De aesthetica transcendentali* seit 1792 Privatdozent an der Philosophischen Fakultät in Jena, wurde im folgenden Jahr dort Adjunkt und war seit 1797 Konrektor, später Rektor in Saalfeld/Saale. Seit 1802 im gelehrten Hof- und Staatsdienst, wurde er zunächst Archivrat, 1806 Geheimer Kanzleirat in Coburg, 1807 Aufseher der herzoglichen Hofbibliothek. F., Schüler Johann Gottlieb →Fichtes, veröffentlichte 1798 in dessen „Philosophischem Journal" den Aufsatz *Entwickelung des Begriffs Religion*, der den Beginn des zur Entlassung Fichtes führenden Atheismusstreites markierte. 1799 verteidigte sich F. mit der Schrift *Apologie eines angeblichen Atheismus*.

WEITERE WERKE *Über die Gründe und Gesetze freier Handlungen*. Jena/Leipzig 1795.

LITERATUR: Heinrich Rickert: Fichtes Atheismusstreit und die kantische Philosophie. Eine Säkularbetrachtung. Berlin 1899. – Anton Wesselsky: F. und Kant. Wien 1913.

Forcart-Weiss, Johann Rudolf, schweizer. Fabrikant, Bankier, * 25. 12. 1749 Basel, † 17. 8. 1834 Basel.

F.-W. absolvierte 1765-68 eine Kaufmannslehre in Lyon und blieb bis 1772 in Frankreich. 1773 trat er in Basel in die Seidenbandfabrik seines Schwiegervaters ein. 1792 übernahm er die Firma, in der seit 1800 auch seine drei Söhne tätig waren. Die Absatzgebiete der Seidenbänder reichten bis nach Rußland, Indien und beide Amerika. Daneben betrieb die Firma umfangreiche Spekulations- und Kreditgeschäfte. F.-W. zählte zu den bedeutendsten Figuren des aufgeklärten Basler Unternehmertums an der Wende des 18. zum 19. Jahrhundert. Er gehörte zu den Mitbegründern der Helvetischen Gesellschaft (1773) und der Gesellschaft zur Beförderung für das Gute und Gemeinnützige (1777). 1779 rief er die Freimaurerloge „Zur vollkommnen Freundschaft" ins Leben. 1800-11 war F.-W. Mitglied des Basler Handelskomitees, 1816-24 des Großen Rats.

Forkel, Johann Nikolaus, Musikwissenschaftler, * 22. 2. 1749 Meeder bei Coburg, † 20. 3. 1818 Göttingen.

Der Sohn eines Schuhmachers erhielt ersten Musikunterricht bei dem Kantor von Meeder; 1766 wurde er Schüler des Lüneburger Johanneums sowie Chorknabe und im folgenden Jahr in Schwerin Präfekt am Domchor. Mit Unterstützung des Herzogs Friedrich Franz I. studierte F. seit 1769 an der Univ. Göttingen, übernahm 1770 die Stelle des Universitätsorganisten und hielt 1772 erstmals privat eine Vorlesung über Melodie- und Harmonielehre. Er war rund zehn Jahre als Student immatrikuliert, verdiente seinen Lebensunterhalt durch Privatstunden und hatte 1779-1815 das Amt des Universitäts-Musikdirektors inne. F., der als Begründer der modernen Musikwissenschaft gilt, verfaßte u. a. eine *Allgemeine Geschichte der Musik* (2 Bde., 1788-1801, unvollendet) sowie die erste musikwissenschaftliche Bibliographie (*Allgemeine Litteratur der Musik*, 1792). Durch seine Biographie über Johann Sebastian Bach erreichte er dessen Wiederentdeckung im 19. Jahrhunderts.

Formey, Johann Heinrich Samuel, reformierter Theologe, Philosoph, Schriftsteller, * 31. 5. 1711 Berlin, † 8. 3. 1797 Berlin.

Nach theologischen und philosophischen Studien wurde F., der aus einer Familie der französischen Flüchtlinge in Berlin stammte, reformierter Prediger in Brandenburg, wechselte 1737 als Lehrer an das Französische Gymnasium in Berlin und wurde 1739 Philosophielehrer. Bei der Reorganisation der Berliner Akademie als Historiograph herangezogen, wurde er dort 1748 Sekretär, übernahm 1778 noch das Sekretariatsamt bei der Prinzessin Henriette Marie und war seit 1788 Direktor der Philosophischen Klasse der Akademie. Er hatte den Titel eines preuß. Geheimen Rats. F. war ein Anhänger der Philosophie von →Leibniz und →Wolff, neigte sich aber auch zum englischen Empirismus. Er repräsentierte die eklektische Richtung der Berliner Akademie. F. veröffentlichte u. a. *La belle Wolfienne* (6 Bde., 1741-53), *Choix des mémoires et abrégé de l'histoire de l'Académie de Berlin* (4 Bde., 1761), *Anti-Émile* (1763, dt. 1763) und *Émile chrétien* (4 Bde., 1764).

WEITERE WERKE: Elementa philosophiae s. medulla Wolfiana. Berlin 1747. – Pensées raisonnables opposées aux pensées philosophiques. Berlin 1749-56. – Le sytème du vrai bonheur. Berlin 1750. – Le philosophie chretien. 4 Bde., Leiden 1750-56. Dt.: Der christliche Philosoph. 4 Bde., Frankfurt/Main 1753-57. – Abrégé du droit de la nature et des gens tiré de l'œuvre latin de Wolf. Principes du droit de la nature et des gens. Extrait du grand ouvrage latin de M. de Wolf. 3 Bde., Amsterdam 1758. – Abrégé de l'histoire de la philosophie. 1760. Dt.: Kurzgefaßte Historie der Philosophie. Berlin 1763. – Grundsätze der Sittenlehre. 2 Bde., Berlin 1762.

Formey, Johann Ludwig, Mediziner, * 7. 2. 1766 Berlin, † 23. 6. 1823.

F., Sohn des reformierten Theologen und Philosophen Johann Heinrich Samuel F., schloß das Medizinstudium an den Universitäten Halle und Göttingen 1788 mit der Promotion (*Circa systematis absorbentis pathologiam*) ab und vervollkommnete seine Kenntnisse in Straßburg, Paris und Wien. 1794 nahm er als Feldarzt am Feldzug nach Polen teil. 1796 wurde F. Leibarzt des preuß. Königs Friedrich Wilhelm II., 1798 Prof. am Collegium Medico-Chirurgicum in Berlin, 1809 Prof. an der neugegründeten Medizinisch-Chirurgischen Akademie. Seit 1817 war er Vortragender Rat in der Medizinal-Abteilung des Innenministeriums. F., der unter ständigen Magenschmerzen zu leiden („scripsi in doloribus") und selbst die Sektion seines Körpers nach dem Tod angeordnet hatte („Ich

bedaure nur, daß ich nicht selbst dabei seyn kann"), veröffentlichte u. a. den *Versuch einer medicinischen Topographie von Berlin* (1796) sowie *Über den gegenwärtigen Zustand der Medicin in Hinsicht auf die Bildung künftiger Ärzte* (1809).
WEITERE WERKE: Über den Kropf. Berlin 1820. – Versuch einer Würdigung des Pulses. Berlin 1823.

Forster, (Johann) Georg (Adam), Schriftsteller, Natur- und Völkerkundler, * 27. 11. 1754 Nassenhuben bei Danzig, † 10. 1. 1794 Paris.
Seine umfassende realienkundliche und sprachliche Bildung verdankte F. ausschließlich seinem Vater Reinhold →F. und den großen Foschungsexpeditionen, die er mit ihm unternahm. Bereits als Zehnjähriger bereiste er die Wolga-Kolonien (1765/66), ging in St. Petersburg kurzzeitig in die Schule und siedelte mit seinem Vater nach England über (1766-78). F. eignete sich als Übersetzer, Biologe und Völkerkundler jene Kenntnisse an, die er brauchte, um mit seinem Vater an der zweiten Weltreise James Cooks (1772-75) teilnehmen zu können. Wissenschaftliches Ergebnis dieser Reise ist die Erkenntnis, daß es keinen Südkontinent (terra australis) gibt. F. veröffentlichte unter Verwertung des wissenschaftlichen Tagebuchs seines Vaters das epochemachende Werk *A voyage round the world* (1778, dt. 1778-80). Als Anhänger Buffons und Kritiker Rousseaus deutete F. die Erdoberfläche als Ort koexistierender Stufen der Menschheitsentwicklung. Er entwickelte die Methode der „teilnehmenden Beobachtung": Empfindungen und Erfahrungskorrekturen des Autors werden im Text protokolliert. Von 1779 bis 1784 war er Prof. der Naturkunde in Kassel, von 1784 bis 1787 in Wilna und seit 1788 Bibliothekar in Mainz. 1780 wurde F. in die Deutsche Akademie der Naturforscher Leopoldina aufgenommen. 1787 zerschlug sich das Angebot der russischen Regierung, eine Weltreise zu leiten. 1790 reiste F. mit Alexander von →Humboldt durch die Niederlande, England und Frankreich. In seinen *Ansichten vom Niederrhein* (3 Bde., 1791-94) kritisierte er mit der Beschreibung der westeuropäischen Zivilisation den deutschen Feudalismus und Absolutismus. Die alternierende Kompositionsform der *Ansichten* revolutionierte die Gattung der Reisebeschreibung. Mit der Einnahme von Mainz durch französische Revolutionstruppen (21. 10. 1792) wurde F. zum aktiven Revolutionär, agitierte die Mainzer Handwerker und Bauern und wurde zum Deputierten des „Deutschen Nationalkonvents", in dessen Auftrag er nach Paris ging, um den Anschluß der linksrheinischen Gebiete an Frankreich zu erwirken. F. beschrieb in seinen *Parisischen Umrissen* die Revolution als eine gewaltsame, vom Volk ausgehende „Naturgeschichte".
Das Werk F.s erschien „versteckt" in Übersetzungen, Kommentierungen, Einleitungen, Rezensionen sowie in der von ihm bevorzugten Form der Essays (u. a. *Ein Blick in das Ganze der Natur*; *Über Leckereyen*; *Cook, der Entdecker*; *Die Kunst und das Zeitalter*; *Über lokale und allgemeine Bildung*; *Über die Beziehung der Staatskunst auf das Glück der Menschheit*). Er wurde zum „gesellschaftlichen Schriftsteller" Deutschlands (Friedrich Schlegel). Die Verbindung von Natur- und Menschheitsgeschichte, die Analyse der bildenden Künste, die Diskussion ästhetischer Fragen sowie seine ethnologische Anthropologie- und Kulturkonzeption sind in Deutschland beispiellos. F. kombinierte eine hypothesengeleitete mit einer wahrnehmungsästhetischen Schreibart, er praktizierte einen konstruktiven Empirismus mit reflektierter Standortwahl, durch den er den „Dogmatismus" und „Systemgeist" des älteren Rationalismus kritisierte.
WEITERE WERKE: G. F.s Werke. Sämtliche Schriften, Tagebücher, Briefe. (= Akademie-Ausgabe). 18 Bde., Berlin 1958 ff.
LITERATUR: Ludwig Uhlig: G. F. Einheit und Mannigfaltigkeit in seiner geistigen Welt. Tübingen 1965. – G. F. in interdisziplinärer Perspektive. Hrsg. v. Claus-Volker Klenke. Berlin 1994. – Weltbürger – Europäer – Deutscher – Franke. G. F. zum 200. Todestag. Ausstellungskatalog. Mainz 1994. *Jörn Garber*

Forster, (Johann) Reinhold, Naturforscher, * 22. 10. 1729 Dirschau/Weichsel, † 9. 12. 1798 Halle/Saale.
F., der ursprünglich Mediziner werden wollte, studierte an der Univ. Halle Theologie und wurde 1751 Kandidat, 1753 Pfarrer in Nassenhuben bei Danzig. Beruflich und finanziell unzufrieden, nahm er 1765 einen einjährigen Urlaub und bereiste mit seinem Sohn Georg →F. Rußland, um im Auftrag der russischen Regierung das Kolonialwesen in Saratow/Wolga zu untersuchen. F. ging nach Beendigung seiner Forschungsarbeit 1766 nach England, war u. a. als Lehrer, Übersetzer sowie Schriftsteller tätig und lebte seit 1770 in London. 1772-75 nahm er zusammen mit seinem Sohn Georg an der zweiten Cookschen Weltumsegelung teil, überwarf sich wegen der Auswertung der Reise mit der britischen Admiralität (die Niederschrift und Herausgabe des Berichtes übernahm sein Sohn) und folgte 1780 einem Ruf als Prof. der Naturgeschichte und Mineralogie nach Halle. F. wirkte insbesondere auf den Gebieten der Länder- und Völkerkunde sowie der wissenschaftlichen Reisebeschreibung und war Mitglied mehrerer Gesellschaften. F. veröffentlichte u. a. die *Flora Americae septentrionalis* (1771) und gab 1790-1800 das „Magazin von merkwürdigen neuen Reisebeschreibungen" heraus.

Francke, August Hermann, evang. Theologe, * 12. oder 22. 3. 1663 Lübeck, † 8. 6. 1727 Halle/Saale.
Als Sohn des Juristen Johannes F. (1625-1670) und der Bürgermeisterstochter Anna F. geb. Gloxin (1635-1709) geboren und früh zum Theologiestudium bestimmt, erlebte F. im Elternhaus eine religiöse Atmosphäre, die durch die „pietistische" Frömmigkeit ebenso bestimmt war wie vom Geist der damals weitverbreiteten, auf Heiligung des Lebens und Bewährung des Glaubens drängenden englischen Erbauungsliteratur. Seit 1666 lebte die Familie in Gotha, wohin der Vater als Hof- und Justizrat berufen worden war.
F. begann sein Studium im benachbarten Erfurt. Danach ging F. nach Kiel, wo Christian Kortholt, ein vertrauter Briefpartner Philipp Jakob →Speners, sein

bevorzugter Lehrer war. Zugleich befaßte er sich mit der Polyhistorie, wie sie in Kiel von Daniel Morhof vertreten wurde. Nach einem kurzen Aufenthalt in Hamburg, wo er bei dem als Hebraisten bekannten Pfarrer Esdras Edzard die hebräische Sprache studierte (1682), und einer längeren Zwangspause im heimatlichen Gotha (1682-84) konnte F. 1684 seine Studien in Leipzig fortsetzen, wo er im Haus des Professors Adam Rechenberg, eines Schwiegersohns Speners, wohnte. 1685 erwarb er den Magistergrad mit einer Dissertation zur hebräischen Grammatik. F. wurde Mitbegründer des „Collegium Philobiblicum" (Juli 1686), einer philologisch-exegetischen Arbeitsgemeinschaft, die sich dem gründlichen Studium biblischer Texte in den Ursprachen Hebräisch und Griechisch widmete. In diesem Collegium begegnete F. erstmals Spener (April 1687), der von nun an sein väterlicher Freund und Gönner wurde. Unter dem Einfluß Speners öffnete sich das Collegium einer stärker erbaulichen Interpretation der Bibeltexte.

Im Herbst 1687 reiste F. nach Lüneburg, wo er bei dem Superintendenten Caspar Hermann Sandhagen exegetische Studien treiben sollte. Bei der Vorbereitung einer Gastpredigt geriet F. in eine Glaubenskrise, die ihn am Sinn seines bisherigen Studiums zweifeln ließ und an den Rand des Atheismus führte. Die plötzliche Befreiung aus diesen Zweifeln und die Gewinnung fester Glaubensgewißheit wertete F. als unmittelbares Eingreifen Gottes. Die Folgen dieses „Bekehrungserlebnisses" beschränkten sich nicht auf die Sphäre der Innerlichkeit religiösen Lebens, sondern führten F. zur Abkehr vom Ideal barocker Gelehrsamkeit und setzten ungeheure Energie sozialer und pädagogischer Leistungen frei, die ihn zu einem der bedeutendsten Reformer des beginnenden 18. Jh. werden ließ.

Nach einem Aufenthalt in Hamburg (1688) kehrte F. Anfang 1689 nach Leipzig zurück. Seine Vorlesungen über biblische Bücher zogen Hörer über den Kreis der Studenten hinaus an. In der Stadt bildeten sich pietistische Konventikel. Darüber entstanden Streitigkeiten mit der orthodoxen Theologenschaft. Die Unruhen endeten mit dem Verbot der Konventikel und mit Ausweisungen aus der Stadt.

F., der sich zu dieser Zeit schon nicht mehr in Leipzig aufhielt, trat 1690 eine Predigerstelle an der Augustinerkirche in Erfurt an. Im September 1691 wurde F. aus dem Dienst entlassen und aus Erfurt ausgewiesen. In dieser Situation erwirkte Spener, seit 1691 Propst und Konsistorialrat in Berlin, für F. ebenso wie für Breithaupt Berufungen an die gerade entstehende Friedrichs-Universität zu Halle. F. wurde zum Pfarrer an der verwahrlosten St.-Georgen-Gemeinde in der Halleschen Vorstadt Glaucha und zugleich zum Prof. für die griechische und die orientalische Sprache an der Univ. ernannt. Am 7.1.1692 traf er in Halle ein. Am 4.6.1694 heiratete er Anna Magdalena von Wurm (1670-1734).

Auch in Halle erhob sich zunächst heftiger Widerstand gegen die pietistischen Theologen. Die Pfarrerschaft entfachte eine heftige Polemik gegen die neuberufenen Professoren, wobei ihr die pietistischen Streitigkeiten in Leipzig und Erfurt sowie eine anfängliche Sympathie F.s für enthusiastische Formen des Pietismus die Argumente lieferten. F. konnte jedoch seine Position durch die Unterstützung des brandenburgisch-preußischen Herrscherhauses behaupten.

Als Universitätslehrer zunächst Angehöriger der Philosophischen Fakultät, wurde F. 1698 zum Prof. der Theologie ernannt. Er strebte nach Realisierung einer bibelbezogenen und praxisorientierten Theologenausbildung, wie sie Spener in seinen *Pia Desideria* (1675) konzipiert hatte. F. verfaßte eine Reihe von Schriften zur Einführung in das Theologiestudium. Neben seine exegetischen und hermeneutischen Vorlesungen traten als Besonderheit die auf die Lebensführung und die künftige pfarramtliche Praxis der Studenten ausgerichteten „paränetischen" Vorlesungen.

Sein Lebenswerk schuf F. als Begründer der später so genannten „Franckeschen Stiftungen". Ausgehend von der Sorge für verwahrloste Kinder seiner Gemeinde, gründete F. eine Armenschule und ein Waisenhaus (1695), aus denen im Verlauf der folgenden Jahrzehnte eine umfassende Schulstadt mit Schulen für Kinder aller Stände entstand. Mit einer auf „Gottseligkeit und christliche Klugheit" abzielenden Konzeption, in die er Ansätze der Reformpädagogik aufnahm, verfolgte F. das Ziel einer Gesellschaftsreform im christlichen Sinne. Die Schulen gewannen schnell internationales Ansehen.

Indem er die Versorgung armer Studenten durch „Freitische" mit Lehrtätigkeit in den Anstaltsschulen verband, schuf F. eine praxisbezogene pädagogische Ausbildung. Durch die Einbeziehung von Medizinstudenten in die Krankenversorgung der Stiftungen realisierten F. und die ihm freundschaftlich verbundenen Mediziner Georg Ernst → Stahl und Friedrich Hoffmann eine frühe Form von „Unterricht am Krankenbett".

Mit der Errichtung eines eigenen Waisen- und Schulhauses (1698-1700), das auf den Erfahrungen der vorbildlichen niederländischen Waisenpflege basierte, begann eine über 50 Jahre sich erstreckende rege Bautätigkeit zur Deckung des stets steigenden Raumbedarfs der Anstalten. Durch kurfürstliches Privileg (1698) erhielten sie dann eigene erwerbende Betriebe (Waisenhaus-Buchdruckerei und Verlag; Apotheke), die zeitweise beträchtliche Einkünfte erwirtschaften konnten. F. gelang es, eine Reihe hochqualifizierter, sich selbstlos einsetzender Mitarbeiter für seine Anstalten zu gewinnen. Wichtigster Verbindungsmann zum Berliner Hof wurde nach Speners Tod (1705) der Freiherr Carl Hildebrand von Canstein, der zur Intensivierung der Bibelverbreitung mit F. gemeinsam 1710 die später so genannte „von Cansteinsche Bibelanstalt" gründete.

Über die Arbeit in Halle hinaus wurden F.s Anstalten ein Zentrum der pietistischen Bewegung. In großangelegten „Projekten" (*Project zu einem Seminario Universali*, 1701) verstand F. selbst sein Unternehmen schon bald nach den ersten Anfängen als Ausgangspunkt einer überregionalen, ja weltweiten

"Generalreformation" (*Großer Aufsatz*, 1704). Halle wurde Mittelpunkt eines weitgespannten Kommunikationsnetzes und Zentrum von Übersetzungen der Bibel und pietistischer Literatur in zahlreiche europäische und außereuropäische Sprachen. Weltweite Dimensionen gewann der hallische Pietismus durch seine Beteiligung an den dänischen Bestrebungen zur Mission in den indischen Kolonialgebieten.

WEITERE WERKE: *Sammlungen:* Oeffentliches Zeugniß vom Werck/Wort und Dienst Gottes. 3 Tle., Halle 1702/03. – Sonn- Fest- und Aposteltagspredigten. 3 Tle., Halle 1704. – Predigten und Tractätlein. 4 Tle., Halle 1724 ff. – *Neuere Ausgaben:* Werke in Auswahl. Hrsg. v. Erhard Peschke. Berlin [1969]. – Schriften und Predigten. Hrsg. v. Erhard Peschke. Berlin/New York 1981 ff. (10 Bde. geplant, davon 3 erschienen, 2 im Druck).

LITERATUR: A. H. F. 1663-1727. Bibliographie seiner Schriften. Bearb. v. Paul Raabe und Almut Pfeiffer. Tübingen 2001. – Gustav Kramer: A. H. F. Ein Lebensbild. 2 Bde., Halle/Saale 1880-82. – Erich Beyreuther: A. H. F. 1663-1727. Zeuge des lebendigen Gottes. Stuttgart 1956 (Neudruck Marburg 1987). – Ders.: A. H. F. und die Anfänge der ökumenischen Bewegung. Hamburg-Bergstedt 1957. – Erhard Peschke: Studien zur Theologie A. H. F.s 2 Bde., Berlin 1964-66. – Ders.: Bekehrung und Reform. Ansatz und Wurzeln der Theologie A. H. F.s Bielefeld 1975 (Arbeiten zur Geschichte des Pietismus, 15). – Ders.: Die frühen Katechismuspredigten A. H. F.s 1693-1695. Göttingen 1992 (Arbeiten zur Geschichte des Pietismus, 28). – Johannes Wallmann: A. H. F. und der hallische Pietismus. In: Ders.: Der Pietismus. Göttingen 1990 (Die Kirche in ihrer Geschichte. Bd. 4, Lfg. O 1), S. 59-79. – Martin Brecht: A. H. F. und der Hallische Pietismus. In: Der Pietismus vom siebzehnten bis zum frühen achtzehnten Jahrhundert. Hrsg. v. Martin Brecht. Göttingen 1993 (Geschichte des Pietismus, Bd. 1), S. 439-539. *Udo Sträter*

Francke, Gotthilf August, evang. Theologe, * 1.4.1696 Glaucha (heute zu Halle/Saale), † 2.9.1769 Glaucha.
Seit 1727 o. Prof. der Theologie an der Univ. Halle, übernahm der Sohn August Hermann →F.s als Direktor die Leitung der Franckeschen Stiftungen. Hierzu gehörte die Unterstützung der luth. Kirche in Pennsylvanien sowie die Betreuung und Erweiterung der Missionsarbeit in Indien. Durch den preuß. König Friedrich Wilhelm I. gefördert, erlebte F. die größte Entfaltung, jedoch auch den beginnenden Niedergang des hallischen Anstaltspietismus. Während der Notzeiten unter → Friedrich II. löste er einen großen Teil der Stiftungsrücklagen auf und unterstützte Tausende von Schülern und Kranken.

Frank, Johann (Peter), Mediziner, * 19.3.1745 Rodalben (Baden), † 24.4.1821 Wien.
F. war das elfte von vierzehn Kindern eines Kaufmanns. Seine schulische Ausbildung erhielt er in Eußertal bei Landau, auf der Lateinschule in Rastatt und in der Jesuitenschule von Boucquenon (Lothringen). Er begann ein Studium der Rhetorik in Baden, das er 1761 in Metz und nach einem Jahr an der Jesuitenuniversität in Pont-à-Mousson fortsetzte. Hier wurde er zum Dr. phil. promoviert (*De cunis infantum*). 1763 nahm er das Studium der Medizin in Heidelberg auf, vermißte aber die praktische Ausbildung an Kranken. Diese erwarb er sich in den Hospitälern Straßburgs, wo er seit 1765 studierte (Promotion 1766 in Heidelberg). F. ließ sich als praktischer Arzt in Bitsch nieder. 1769 wurde er Hofmedikus in Rastatt. 1722 wechselte er als Stadt- und Landphysikus, dann als Hofmedikus zum Fürstbischof nach Speyer. 1784 erreichten ihn drei Berufungen: nach Mainz für „Physiologische Medizin und medizinische Polizei", nach Pavia und Göttingen für „Medizinische Praxis". Göttingen verließ er nach zwei Semestern, weil ihm der Unterricht zu praxisfern war. Diese Möglichkeit praktischer Ausbildung zog ihn 1785 nach Pavia; dort folgte er Simon-André Tissot nach, einem Klassiker medizinischer Volksaufklärung als Mittel zur Hebung des Gesundheitszustandes der Bevölkerung (*Avis au peuple sur sa santé*, 1761). 1795 wurde F. Direktor des 1784 von Kaiser →Joseph II. als Reformwerk gedachten Allgemeinen Krankenhauses in Wien und Prof. der praktischen Medizin. Enttäuscht von Widerständen gegen seine vielfältigen Reformideen, nahm F. 1804 eine Berufung Zar Alexanders II. nach Wilna und St. Petersburg (1805) für „Spezielle Therapie und ärztliche Klinik" an. 1811 kehrte F. nach Wien zurück.

Was heute Hygiene und Sozialmedizin, neuerdings auch Gesundheitswissenschaften genannt wird, hat in F. seinen ersten überragenden Systematiker gefunden. Die Ideen lagen seit der Frühaufklärung bereit (Gottfried Wilhelm →Leibniz, Christian →Wolff). Handlungsleitend war der Gedanke einer wechselseitigen Bedingtheit von öffentlicher Wohlfahrt und persönlichem Wohlergehen, von dem Nutzen gesunder Bürger für den Staat, von der Verantwortung der Staatsführung für gesundheitserhaltende Lebensbedingungen, für den Zusammenhang von Sittlichkeit und Gesundheit. Das Programm einer Krankheiten vorbeugenden Lebensordnung war in der antiken Diätetik vorgeformt. Seine Spuren durchziehen F.s Hauptwerk *System einer vollständigen medizinischen Polizey* (6 Bde., 1779-1819; 3 Supplementbände 1812-27, hrsg. von G. C. G. Voigt). F. bevorzugte den Weg einer „obrigkeitlichen Vorsorge" mit Hilfe „gemeinnütziger Gesundheitsanstalten". F.s Werk richtet sich aber auch an den verständigen, zur Selbstverantwortung fähigen, zu solcher erziehbaren Bürger.

An allen Wirkungsstätten hat F. im Sinne aufgeklärter und aufklärender Medizin als Reformer gewirkt. Dabei vertraute er mehr einer vernunftgeleiteten Obrigkeit als der natürlichen Vernunft der Menschen. F.s Glaubwürdigkeit gründete in seiner umfangreichen Erfahrung als Arzt und als Ausbilder von Ärzten. Der akademische Lehrer F. führte die Studenten ans Krankenbett, richtete Famulaturen ein und schrieb für sie ein bedeutendes, ganz aufs Praktische gerichtetes Lehrbuch *De curandis hominum morbis Epitome, praelectionibus academicis dictata* (6 Bde.,

1792-1821; dt. *Behandlung der Krankheiten des Menschen*, 10 Bde., 1830-34).
WEITERE WERKE: Biographie des J. P. F. ... von ihm selbst geschrieben. Wien 1802.
LITERATUR: Heinrich Rohlfs: J. P. F., der Gründer der Medicinalpolizei. In: Die Medicinischen Klassiker Deutschlands. 2. Abt., Stuttgart 1880, S. 127-211. – Karl Doll: J. P. F. 1745-1821. Der Begründer der Medizinalpolizei und der Hygiene. Ein Lebensbild. Karlsruhe 1909. – Erna Lesky: J. P. F. als Organisator des Medizinischen Unterrichts. In: Sudhoffs Archiv 39 (1955) S. 1-29. – Erna Lesky (Hrsg.): J. P. F. Akademische Rede vom Volkselend als Mutter der Krankheiten (Pavia 1790). Sudhoffs Klassiker der Medizin, Bd. 34. Leipzig 1960. – Eduard Seidler: J. P. F. In: Klassiker der Medizin. Hrsg. v. Dietrich von Engelhardt/Fritz Hartmann. Bd. 1, München 1991, S. 291-308. *Fritz Hartmann*

Fridrich, Karl Julius, Lyriker, * 1756 Sagan (Schlesien), † 28. 1. 1837 Wien.
F. lebte in Berlin und kam Anfang der achtziger Jahre nach Wien, wo er in Beziehung zu den Autoren um den „Wiener Musenalmanach", u. a. Alois →Blumauer und Joseph Franz →Ratschky, trat. Er wurde Mitglied der Freimaurerloge „Zur wahren Eintracht". Bis zu seiner Pensionierung 1804 war F. als Sekretär des Protestantischen Konsistoriums in Wien tätig. 1782 wurde er mit seinen von der aufklärerischen Popularphilosophie beeinflußten lehrgedichtähnlichen Hochstilmonologen *Situationen oder Versuche in philosophischen Gedichten* bekannt. 1787 erschienen seine empfindsamen *Lieder der Liebe und Freude* im Stil des „Wiener Musenalmanachs".

Friedel, Johann, österr. Theaterdirektor, Schriftsteller, * 17. 8. 1755 Temesvar, † 31. 3. 1789 Klagenfurt.
Der Sohn eines Offiziers arbeitete nach seinem Abschied von der Armee 1778 zunächst als Buchhändler, brachte eine Wochenschrift heraus und schrieb einige Dramen. Seit 1779 war F. auch als Schauspieler tätig, gehörte wahrscheinlich 1783-85 der Schauspielertruppe Emanuel →Schikaneders an und lebte zunächst als Theaterdirektor in Wien, wo er 1789 das Theater an der Wieden leitete. Während eines Aufenthaltes in Berlin veröffentlichte F. *Eleonore, kein Roman, eine wahre Geschichte in Briefen* (1780/81, ⁶1791), ein Werk, in dem er die Merkmale des empfindsamen Romans mit kirchenkritischem Engagement im Sinn des Josephinismus verband. 1783 und 1785 verfaßte er die satirischen Broschüren *Briefe aus Wien* und *Briefe aus dem Monde*. Zu seinen Dramen zählt das 1789 entstandene Lustspiel *Gutherzigkeit und Eigensinn*.

Friedländer, David (Joachim), Schriftsteller, * 6. 12. 1750 Königsberg, † 25. 12. 1834 Berlin.
Der Sohn eines jüdischen Silberhändlers kam 1771 nach Berlin, wo er zunächst bei seinem späteren Schwiegervater, dem Bankier Daniel Itzig, tätig war und 1776 eine Seidenfabrik gründete, die ihn bald zu einem der wohlhabendsten Berliner Kaufleute machte. Als Schüler und Freund Moses →Mendelssohns trat F. publizistisch für die Emanzipation der Juden ein, u. a. in seinen 1793 anonym erschienenen *Aktenstücken, die Reform der jüdischen Kolonien in den preußischen Staaten betreffend.* Er strebte eine radikale Erneuerung des Judentums an, um durch eine weitgehende Assimilation eine bürgerliche Gleichstellung seiner Glaubensbrüder zu erreichen. 1778 gehörte F. zu den Mitbegründern einer jüdischen Freischule, erregte jedoch selbst in den Kreisen des liberalen Judentums Widerstand, als er die Existenz einer jüdischen Nation negierte, für die Aufhebung der Zeremonialgesetze eintrat und in seinem *Sendschreiben an Propst Teller zu Berlin, von einigen Hausvätern jüdischer Religion* (1799) sogar den Übertritt zum Christentum anbot, was auch von kirchlicher und staatlicher Seite heftig abgelehnt wurde. 1799 von den Berliner Stadtverordneten als erster Jude zum unbesoldeten Stadtrat gewählt, war F. 1806-12 als Ältester der Judenschaft in Berlin tätig und erwirkte für sie 1812 das Bürgerrecht.

Friedrich Karl, Frh. von Erthal, Kurfürst und Erzbischof von *Mainz,* * 3. 1. 1719 Mainz, † 25. 7. 1802 Aschaffenburg.
Verwandtschaftliche Beziehungen im rheinischen und fränkischen Adel verschafften F. K., der in Mainz, Würzburg und Wien studiert hatte, zahlreiche Dompräbenden. Seit 1731 Dignitär der Mainzer Kirche, wurde er 1758 Präsident des kurfürstlichen Regierungsrats. Als Rektor der Mainzer Univ. war er seit 1764 um eine Verbesserung der philosophischen und theologischen Studien bemüht. Nach diplomatischen Missionen wurde er 1774 zum Erzbischof von Mainz und Bischof von Worms gewählt. Das Verbot des Jesuitenordens ermöglichte ihm sowohl an der Univ. wie auch im Domkapitel durchgreifende Reformen im Sinne der Aufklärung. Im Einklang mit anderen rheinischen Kirchenfürsten setzte er sich für eine größere Unabhängigkeit von Rom ein; so war er an der Emser Punktation 1786 beteiligt. Die Verhandlungen um die Wahl des Weihbischofs Carl Theodor von →Dalberg und der Widerstand der Bischöfe der Mainzer Kirchenprovinz zwangen F. K. bei seinen kirchenrechtlichen Bestrebungen zu Kompromissen. Auch seine Bemühungen um die Stärkung seiner Position als Reichskanzler gegen die österreichisch-preußische Koalition gegen die französischen Revolutionsheere scheiterten. Die Besetzung der linksrheinischen Gebiete des Erzbistums zwang F. K. 1792, in seine rechtsrheinische Residenz in Aschaffenburg auszuweichen.

Friedrich II. der Große, König in, seit 1772 von *Preußen,* * 24. 1. 1712 Berlin, † 17. 8. 1786 Potsdam.
Das historische Urteil über die Gestalt dieses in jeder Hinsicht außerordentlichen und bedeutenden Monarchen ist seit seinen Lebenszeiten kontrovers. Widersprüchlich aber waren die Persönlichkeit F. und sein Regiment selbst. Wie kein anderer Monarch seiner Zeit war er bewundert und gehaßt, verehrt und

gefürchtet, auf distanzierte Weise populär und einsam. Wie auf keine andere Herrschaft als die seine paßt der in sich widersprüchliche Begriff „aufgeklärter Absolutismus"; wie bei keinem anderen verbanden sich bei ihm Feldherrn-, Künstler- und Literatentum, Pflichtbewußtsein, Fleiß, Rücksichtslosigkeit in den Anforderungen an sich selbst und an andere, Ehrgeiz und Zynismus; wie kein anderer übte er ein persönliches Regiment aus. Widersprüchlich auch das „friderizianische" Preußen: eine überanstrengte „Großmacht" auf zu schmaler materieller Grundlage, ein in mancher Hinsicht als Leitbild dienender, aber auch gefürchteter und heftig kritisierter Militär- und Verwaltungsstaat. Ein expansiver Machtstaat, auf den sich in Deutschland und Europa ebenso große Erwartungen wie Sorgen richteten, der jedoch zwei Jahrzehnte nach dem Tod seines großen Königs eine vernichtende politische und militärische Niederlage erfuhr, die die Katastrophe des friderizianischen Regierungssystems bedeutete. Gleichwohl ist F. die Symbolgestalt Preußens geblieben.

Die Jugendgeschichte F.s hat zu vielen wissenschaftlichen Deutungen, literarischen und populären Darstellungen und Versuchen Anlaß gegeben, in ihr einen Schlüssel für die Erklärung seines späteren Handelns zu finden. Kein Zweifel, daß die strenge, ja gewalttätige Erziehung durch den Vater bei ihm tiefe Verletzungen hinterlassen hat. Der Versuch F.s, sich 1730 dem Druck des Vaters, der ihn zum guten Christen und zum Soldaten machen wollte, durch die Flucht nach England zu entziehen, führte zur Katastrophe: Gefangensetzung auf der Festung Küstrin, lange Verhöre wegen Desertation und Hochverrat. F. war gezwungen, in subalterner Stellung bei der Kriegs- und Domänenkammer in Küstrin zu arbeiten, wurde 1732 Chef eines Infanterieregiments in Ruppin und mußte im selben Jahr die von seinem Vater ausgewählte Prinzessin Elisabeth Christine von Braunschweig-Bevern heiraten, während seine Mutter, Sophie-Dorothea, Tochter Georgs I. von England, für ihn und F.s Schwester Wilhelmine eine englische Doppelhochzeit angestrebt hatte.

F. vermied nunmehr offene Konflikte und möglichst jede Begegnung mit seinem Vater, stellte sich ihm als gehorsamer und pflichteifriger Sohn dar: ein Verhalten berechnender Klugheit, entschlossener Selbstbehauptung und des Abwartens, hinter dem sich das Ruhmverlangen und der Ehrgeiz einer starken Persönlichkeit verbargen. Nach der Eheschließung (1732) konnte er einen eigenen Haushalt führen und Freunde um sich versammeln, 1736 Schloß Rheinsberg beziehen und ausbauen und eine Geselligkeit pflegen, wie es sie im nüchternen Militär- und Verwaltungsstaat des „Soldatenkönigs" sonst nicht gab. Musik, Theater, Literatur, geistreiche französische Konversation bestimmten den Tag, dazu aber auch ein intensives, freilich etwas wahlloses Selbststudium des hochbegabten Kronprinzen, der bis dahin keine gründliche intellektuelle Ausbildung erfahren hatte. Er las kein Latein, sprach zeit seines Lebens schlechtes Deutsch, schrieb auch das Französische nicht fehlerfrei. Die von ihm geschätzten antiken Schriftsteller kannte er in französischer Übersetzung; seine philosophischen und persönlichen Briefe, seine historischen und staatsphilosophischen Werke verfaßte er in französischer Sprache. F. hat nie ein positives Verhältnis zur deutschen Literatur gewonnen; die Kenntnislosigkeit und Geringschätzung, die aus seiner Schrift *De la littérature Allemande* (1780) spricht, ist ein Ärgernis schon für Zeitgenossen gewesen und für die deutsche Nachwelt geblieben.

Gewiß war F. als Philosoph, Kriegs- und Zeithistoriker und Komponist nicht originell, unter den europäischen Herrschern seiner Zeit gleichwohl eine Ausnahmeerscheinung: In seinem Denken der (vornehmlich französischen) Aufklärung, in seinem Kunstgeschmack dem Rokoko zugehörig, ein Rationalist und Deist, ein Fürst, der Flöte spielte und komponierte und (1739) einen *Antimachiavell* schrieb, in dem er das ideale und hochmoralische Bild eines aufgeklärten Herrschers entwarf.

Daß eben dieser Fürst ein Jahr später – sein Vater starb am 30. Mai – seine Herrschaft ganz „machiavellistisch" mit dem auf fragwürdige Erbansprüche sich berufenden Einfall in Schlesien (16. 10. 1740) begann, erklärt sich aus dem aufgestauten Handlungswillen und dem Ruhmverlangen des jungen Königs, aus der Verfügung über eine große, gut ausgebildete Armee und aus der politischen Situation, die mit dem Tod Kaiser Karls VI. (20. Oktober) eintrat. Nach dem schnellen Erfolg im 1. Schlesischen Krieg (1740-42) rückte F., als Österreich zum erfolgreichen Angriff auf seine anderen Gegner (Bayern, Frankreich) übergegangen war, 1744 in Böhmen ein. Bei seiner Rückkehr aus dem wechselvollen, schließlich durch bedeutende Siege über die österr. und sächsischen Heere entschiedenen 2. Schlesischen Krieg (Friede von Dresden, 25. 12. 1745) soll er in Berlin zuerst als „der Große" begrüßt worden sein. Politische Entscheidungskraft und kriegerischer Ruhm – er hatte seine Armeen persönlich befehligt – trugen ihm europäische Bewunderung ein, ebenso die schon 1740 begonnenen und nun verstärkt fortgeführten Reformen im Justizwesen (Aufhebung der Folter, Reform des Zivilprozeßrechts), im Wirtschaftsleben (Kanalbau, Ansiedlung von Kolonisten, Bauernschutz), Erneuerung und Ausbau der Berliner Akademie der Wissenschaften, die einen dominierend französischen Charakter erhielt, verstärkte Bautätigkeit in Berlin und Potsdam, wo F. in dem neuerrichteten Schoß Sanssouci eine berühmt gewordene Tafelrunde um sich versammelte, der u. a. Voltaire (1750-53) angehörte.

Als F. am 16. 1. 1756 die Westminster-Konvention mit England schloß und Frankreich dadurch seinen alten Verbündeten Preußen verlor, entschloß es sich zu einem Verteidigungsbündnis mit Österreich; zugleich rüstete Rußland. Unter dem Eindruck eines unmittelbar bevorstehenden Angriffs entschied sich F. für Krieg und fiel im August 1756 in Sachsen ein. Seine Erwartung, mit schnellen Schlägen die Koalition der Gegner verhindern zu können, erfüllte sich nicht; Rußland, Schweden, schließlich das Reich traten der österreichisch-französischen Allianz bei; die preuß.

Friedrich

Armeen mußten Böhmen wieder räumen, Schlesien war bedroht, die Russen drangen in Ostpreußen ein, die Österreicher bis vor Berlin, die Schweden in Pommern vor, die verbündeten Engländer setzten zeitweilig ihre Subsidienzahlung aus. In der Abfolge von eindrucksvollen Siegen (Leuthen, Zorndorf) und schweren Niederlagen (Hochkirch, Kunersdorf) bewährten sich F.s Feldherrntum und seine auch gegen sich selbst rücksichtslose Durchhaltekraft. Seit 1759 in strategischer Defensive, auf die letzten Ressourcen seines Landes zurückgreifend, hoffte er vergebens auf einen Sonderfrieden mit einem der Gegner. Erst der Thronwechsel in Rußland 1762 und das Ausscheiden des Zarenreiches aus dem Krieg verhinderte die Niederlage Preußens. Letzte militärische Erfolge F.s, vor allem aber die allgemeine Kriegsmüdigkeit machten den Frieden von Hubertusburg (15.2.1763) auf der Grundlage des Status quo ante möglich.

Auch nach dem Krieg galt die größte Aufmerksamkeit F.s der Armee. Nur aufgrund ihrer Stärke, so war er überzeugt, könne sich Preußen als Macht unter größeren Mächten behaupten; er rechnete mit neuen Kriegen, in denen Ostpreußen und die westlichen Gebiete nicht zu verteidigen sein würden, und er hielt weitere, in seinen beiden bedeutenden *Politischen Testamenten* (1752, 1768) genannte territoriale Erwerbungen für wünschenswert, ohne jedoch einen Krieg zu wollen. Der Gewinn Westpreußens (ohne Danzig und Thorn) und Ermlandes aus der (1.) polnischen Teilung (1772) – das Ergebnis einer Europa erschreckenden Machtdiplomatie Rußlands, Preußens und Österreichs – brachte die erstrebte Landverbindung mit Ostpreußen. Trotz zweier Treffen mit Kaiser → Joseph II. (1769 und 1770) blieb F. mißtrauisch gegenüber Österreich. Als Joseph beim Tod des Kurfürsten Maximilian Joseph und dem Übergang Bayerns an die kurpfälzische Linie des Hauses Wittelsbach Ansprüche auf Niederbayern stellte, ließ F. 1778 seine Armeen aufmarschieren, ohne daß es jedoch in diesem „bayerischen Erbfolgekrieg" zu größeren Kriegshandlungen kam. In direkten Verhandlungen zwischen Maria Theresia und F. kam unter russischer Vermittlung der Teschener Frieden (13.5.1779) zustande. Die von Joseph II. erstrebte Machtausdehnung Österreichs im Reich zu verhindern, blieb F. auch in seinen letzten Lebensjahren bemüht, in denen sich Preußen zunehmend außenpolitisch isoliert fand. Aus diesem Grund trat er, gleichsam als Verteidiger der Reichsverfassung, dem von Joseph geplanten Tausch Bayerns gegen die österr. Niederlande entgegen und machte den kurzlebigen Deutschen Fürstenbund (1785) zum Instrument seiner Politik.

Die zweite Hälfte der Regierungszeit F.s von 1763 bis 1786 kannte nicht mehr den Glanz und die Leichtigkeit des Lebens in Rheinsberg und Potsdam. Das Hofleben kam weitgehend zum Erliegen; der unermüdlich tätige König, der seit langem von seiner Gattin getrennt lebte, vereinsamte; Schroffheit und Skepsis gegenüber den Menschen nahmen zu, vor allem gegenüber Amtsträgern, von denen er unerbittlich Pflichterfüllung und Diensteifer verlangte. Er regierte „aus dem Kabinett", behielt sich alle Entscheidungen vor, war „allgegenwärtig"; seine Inspektionsreisen und militärischen Besichtigungen waren gefürchtet. Ständig in Uniform, verstand er sich als „ersten Diener" seines Staates. Der Wiederaufbau der vom Krieg betroffenen Provinzen und der Landesausbau wurden energisch vorangetrieben, die schon 1740 in Gang gebrachte Reform der Gerichtsverfassung und des Zivilrechts wurde wieder aufgenommen; sie hat im „Allgemeinen Landrecht für die preußischen Staaten" ihren krönenden Abschluß gefunden: einer Kodifikation aus dem Geiste des späten Natur- und Vernunftrechts und des friderizianischen aufgeklärten Absolutismus, die allerdings erst 1794 in Kraft gesetzt wurde, dann jedoch, unter dem Eindruck der Französischen Revolution und anti-aufklärerischer Tendenzen in der preuß. Regierung, um wichtige Rechtsgarantien reduziert, wie auch die Pressezensur schon bald nach dem Tod F.s verschärft wurde.

Der Thronwechsel von 1786 bedeutete keinen abrupten Bruch in der Geschichte Preußens. Zwar war Friedrich Wilhelm II. nicht in der Lage, das Herrschaftssystem seines Oheims wirksam fortzuführen, was für einen Staat, der ganz auf das persönliche Regiment des Monarchen eingestellt war, zumal in der europäischen Krise des ausgehenden Jahrhunderts, eine folgenreiche innere Schwächung mit sich brachte. F.s Regiment war schon in seinen letzten Jahren zwar leistungsfähig, aber doch auch starr geworden. In Sorge um die äußere Sicherheit Preußens, die nach seiner Überzeugung nur bei Unterhaltung einer überdimensionierten Armee und als Voraussetzung dafür bei rigider Finanz- und Staatswirtschaftspolitik, strikter administrativer Sozialkontrolle und ständischer Gliederung der Staatsgesellschaft gewährleistet sei, ließ er, der Modellfürst des aufgeklärten Absolutismus, weitergehende Reformen nicht zu. So erwarteten gerade jüngere Beamte und Offiziere, Gelehrte und Schriftsteller beim Thronwechsel 1786 eine Lockerung staatlicher Bevormundungen und Anforderungen, neue Reformanstrengungen und ein neues Aufblühen des künstlerischen und geselligen Lebens in der Hauptstadt, und die ersten Jahre Friedrich Wilhelms II. schienen diese Erwartung zu erfüllen. Die sich bald herausstellende Führungsschwäche der neuen Regierung, die zweifellos zu der Staatskrise Preußens in den neunziger Jahren des 18. Jh. entscheidend beitrug, war jedoch auch – und noch mehr – eine Funktionskrise des „friderizianischen" Systems.

Geblieben ist und hat weitergewirkt das Beispiel eines Herrschers, der sein ganzes Tun in den Dienst des Staates stellte, sich mit diesem identifizierte und im Besitz unbeschränkter Macht diese als Auftrag der Regierten und als staatspatriotische Pflicht verstand, eines Herrschers, dessen geschichtlicher Wirkung weder Harmonisierung der Widersprüche noch Monumentalisierung der Leistung gerecht werden können. Dem Außerordentlichen der historischen Gestalt F.s haben sich seine Gegner wie seine Kritiker bis heute nicht entziehen können. Seinem Wunsch entsprechend ist er, allein und schlicht, auf der Terrasse von Schloß

Sanssouci beigesetzt worden – allerdings erst am 17.9.1991, nach der deutschen Wiedervereinigung.
WERKE: Die Werke F.s des Großen. In deutscher Übersetzung. Hrsg. v. Gustav Berthold Volz. 10 Bde., Berlin 1912-14. – Politische Correspondenz F.s des Großen. Bearb. v. Reinhold Koser/Albert Naudé/Kurt Treusch von Buttler/O. Hermann/Gustav Berthold Volz. 46 Bde., Berlin 1879-1939. – Die politischen Testamente F.s des Großen. Hrsg. v. Gustav Berthold Volz. Berlin 1920. – Briefwechsel mit Voltaire 1736-1778. Hrsg. v. Reinhold Koser/Hans Droysen. 3 Bde., Leipzig 1908-11. – Gespräche F.s des Großen. Hrsg. v. Friedrich von Oppeln-Bronikowski/Gustav Berthold Volz. Berlin ³1926. – Gespräche mit Henri de Catt. Übersetzt und hrsg. v. Wilhelm Schüßler. München 1981. – Friedrich der Große. Hrsg. v. Otto Bardong. (Ausgewählte Quellen zur Deutschen Geschichte der Neuzeit, Bd. 22). Darmstadt 1982. – Hans Pleschinski (Hrsg.): Voltaire – F. der Große. Aus dem Briefwechsel. Zürich 1992.
LITERATUR: Reinhold Koser: Geschichte F.s des Großen. 4 Bde., Stuttgart/Berlin ⁴⁻⁵1912-14. – Arnold Berney: F. der Große. Entwicklungsgeschichte eines Staatsmanns. Tübingen 1934. – Gerhard Ritter: F. der Große. Ein historisches Profil. Heidelberg ³1954. – Ingrid Mittenzwei: F. II. von Preußen. Köln 1980. – Theodor Schieder: F. der Große. Ein Königtum der Widersprüche. Berlin/Wien 1983. – Wilhelm Treue (Hrsg.): Preußens großer König. Leben und Werk F.s des Großen. Eine Ploetz-Biographie. Freiburg/Würzburg 1986. *Rudolf Vierhaus*

Friedrich III., Herzog von *Sachsen-Gotha-Altenburg,* * 14.4.1699 Gotha, † 10.3.1772 Gotha.
Durch Unterstützung seiner leitenden Beamten konnte der Sohn Herzog Friedrichs II. von Sachsen-Gotha-Altenburg die Stellung des Landes während seiner vierzigjährigen Herrschaft als des am besten verwalteten der thüringischen Kleinstaaten bewahren. Seine Gemahlin Louise Dorothea stand u.a. mit Voltaire, Rousseau, Johann Christoph →Gottsched, Melchior →Grimm und →Friedrich dem Großen in Gedankenaustausch und machten damit den Gothaer Hof zu einem Zentrum der Aufklärung. Die religiöse Toleranz der Herzogin beeinflußte die Regierungsweise F.s, der u.a. die Herrnhuter Niederlassung in Neudietendorf zuließ.

Friedrich Christian II., Herzog von *Schleswig-Holstein-Sonderburg-Augustenburg,* * 28.9.1765 Augustenburg, † 14.6.1814 Augustenburg.
Nach dem Studium an der Univ. Leipzig heiratete der Sohn Herzog Friedrich Christians I. 1786 die dänische Erbprinzessin Louise Auguste und trat in den dänischen Staatsrat ein. Er reformierte das Schulwesen, für das auf sein Betreiben 1805 eine Unterrichtsbehörde geschaffen wurde; 1791-96 unterstützte er →Schiller mit einer beträchtlichen Pension. Nach der Auflösung des Deutschen Reiches 1806 konnte F. C. die Eingliederung Holsteins in das Dänische Reich verhindern und verzichtete 1810 zugunsten seines Schwagers König Friedrich VI. von Dänemark auf die schwedische Thronkandidatur. F. C. legte seine dänischen Ämter nieder und verbrachte seine letzten Lebensjahre in Augustenburg.

Fries, Jakob Friedrich, Philosoph, * 23.8.1773 Barby/Elbe, † 10.8.1843 Jena.
Nach seiner schulischen Bildung in Anstalten der Herrnhuter Brüdergemeine begann F., Sohn eines Pfarrers, 1795 das Studium der Rechtswissenschaften an der Univ. Leipzig, studierte seit 1796 Philosophie in Jena, u.a. als Schüler Johann Gottlieb →Fichtes, und wurde 1801 mit der Dissertation *De intuitu intellectuali* zum Dr. phil. promoviert. Ebenfalls 1801 habilitierte er sich und wurde 1805 gleichzeitig mit Hegel zum a. o. Prof. der Philosophie ernannt. Noch im selben Jahr folgte F. einem Ruf als o. Prof. der Philosophie (seit 1812 auch der Physik) an die Univ. Heidelberg und lehrte seit 1816 erneut in Jena. Mit seinem Eintreten für Verfassungsgebung und Staatsreform wurde er zu einem Wortführer der Burschenschaften und nahm 1817 am Wartburgfest teil. 1819 in die Untersuchungen um die Ermordung →Kotzebues verwickelt, wurde F. unter Belassung seines Gehaltes suspendiert und erhielt erst wieder 1824 die Lehrerlaubnis für Physik und Mathematik, 1837 auch wieder für Philosophie. Als Philosoph gab F. der kantischen Transzendentalphilosophie eine empirisch-psychologische Wendung, da die Grundlage der Erkenntniskritik für ihn die Bewußtseinsanalyse ist, die sich auf Selbstbeobachtung stützt. Gegen die idealistischen Systementwürfe Fichtes, Hegels und Schellings grenzte er sich scharf ab. Zu Hauptwerken F.s, der alle Bereiche der Philosophie behandelte, zählen *System der Philosophie als evidente Wissenschaft aufgestellt* (1804), *Wissen, Glaube und Ahndung* (1805, ²1808, Neudruck 1905, ²1931), *Neue oder anthropologische Kritik der Vernunft* (3 Bde., 1807, ²1828-31, Neudruck 1935), *System der Logik* (1811, ³1837, Neudruck 1914), *Handbuch der praktischen Philosophie oder philosophische Zwecklehre* (2 Tle., 1818-32), *Handbuch der psychischen Anthropologie oder Lehre von der Natur des menschlichen Geistes* (2 Bde., 1820/21, ²1837-39), *Die mathematische Naturphilosophie, nach philosophischer Methode bearbeitet* (1822), *Die Geschichte der Philosophie* (2 Bde., 1837-40) und *Politik oder philosophische Staatslehre* (1848, hrsg. v. E. F. Apelt, Neudruck 1962). Nachwirkungen seiner Philosophie finden sich im Kreis seiner Schüler um Apelt, der die sogenannte erste „Friessche Schule" bildete, und bei Leonard Nelson und der von ihm 1904 gegründeten „Neufriesschen Schule".
WEITERE WERKE: Philosophische Rechtslehre und Kritik aller positiven Gesetzgebung, mit Beleuchtung der gewöhnlichen Fehler in der Bearbeitung des Naturrechts. Jena 1803. Nachdruck Leipzig 1914. – Reinhold, Fichte und Schelling. Leipzig 1803. – Fichte's und Schelling's neueste Lehren von Gott und der Welt. Heidelberg 1807. – Grundriß der Logik. Heidelberg 1811, ³1837. – Von deutscher Philosophie, Art und Kunst. Ein Votum für Friedrich Heinrich Jacobi gegen F. W. J. Schelling. Heidelberg 1812. –

Entwurf des Systems der theoretischen Physik. Heidelberg 1813. – System der Metaphysik. Heidelberg 1824. – Lehrbuch der Naturlehre. Teil 1: Experimentalphysik. Jena 1826. – Versuch einer Kritik der Prinzipien der Wahrscheinlichkeitsrechnung. Braunschweig 1842. – Sämtliche Schriften. Hrsg. v. Lutz Geldsetzer und Gert König. 26 Bde., Aalen 1967-82.
LITERATUR: Thomas Glasmacher: F. – Apelt – Schleiden. Verzeichnis der Primär- und Sekundärliteratur 1798-1988. Köln 1989. – Ernst Ludwig Theodor Henke: J. F. F. Aus seinem handschriftlichen Nachlasse dargestellt. Leipzig 1867. Berlin ²1937. – Rudolf Otto: Kantisch-F.'sche Religionsphilosophie und ihre Anwendung auf die Theologie. Tübingen 1909, ³1928. – Meinhard Hasselbladt: J. F. F. Seine Philosophie und seine Persönlichkeit. München 1922. – Walter Dubislav: Die F.'sche Lehre von der Begründung. Darstellung und Kritik. Dömitz 1926. – Josef Hasenfuß: Die Religionsphilosophie bei J. F. F. Würzburg 1935. – Karl Heinz Bloching: J. F. F.' Philosophie als Theorie der Subjektivität. Münster 1971. – Hans Kraft: J. F. F. im Urteil der Philosophiegeschichte. Düsseldorf 1980. – Gerald Hubmann: Ethische Überzeugung und politisches Handeln. J. F. F. und die deutsche Tradition der Gesinnungsethik. Heidelberg 1997. – Wolfram Hogrebe/Kay Herrmann (Hrsg.): J. F. F. Philosoph, Naturwissenschaftler und Mathematiker. Frankfurt/Main u. a. 1999.

Frisch, Johann Leonhard, Schulmann, Sprach- und Naturforscher, Entomologe, * 19. 3. 1666 Sulzbach bei Nürnberg, † 21. 3. 1743 Berlin.
F. studierte an den Universitäten Altdorf, Jena und Straßburg Orientalistik und Theologie, daneben auch Naturwissenschaften. Seit 1691 lebte er als Hilfsprediger in Ungarn, widmete sich nach seiner Rückkehr 1693 der Landwirtschaft und ging 1699 als Gymnasiallehrer ans Graue Kloster nach Berlin, wo er 1708 Konrektor wurde und 1727-43 das Rektorat innehatte. Seit 1706 war F. Mitglied der Berliner Societät der Wissenschaften, deren historisch-philosophische Klasse er seit 1731 leitete. 1725 erfolgte die Aufnahme in die Deutsche Akademie der Naturforscher Leopoldina. Er arbeitete auf dem Gebiet der Sprachwissenschaft, insbesondere der Komparatistik. Sein Hauptwerk *Historia linguae Slavonicae* (6 Abh., 1727-36) wurde grundlegend für die Slawistik in Deutschland. Daneben beschäftigte sich F. mit Naturwissenschaften und begann 1720 die *Beschreibung von allerlei Insekten in Deutschland* (13 Hefte bis 1738).

Fritsch, Thomas, Verleger, * 15. 12. 1666 Leipzig, † 19. 12. 1726 Leipzig.
Der Sohn eines Buchhändlers, der Geschäftsführer der Firma Schürers Erben und Götze in Leipzig wurde, übernahm diese als alleiniger Eigentümer. Sein Verlag expandierte bald, so daß F. Filialen in Frankfurt/Main und Prag errichtete. 1694-1726 verlegte er 993 Werke. Er war der Vater von Thomas von →F.

Fritsch, Thomas Frh. von, Staatsmann, * 26. 9. 1700 Leipzig, † 1. 12. 1775 Dresden.
Nach dem rechtswissenschaftlichen Studium an der Univ. Leipzig 1717-21, das er mit der Promotion zum Dr. jur. abschloß, unternahm der Sohn des Verlagsbuchhändlers Thomas →F. bis 1724 Studienreisen durch Deutschland, Frankreich, Holland und England und erhielt 1724 eine Anstellung im Geheimen Kabinett in Dresden. Seit 1725 als sächsischer Legationssekretär in Wien tätig, wurde F. 1727 Hof- und Justitienrat in Dresden, 1732 Geheimer Referendar, 1740 Geheimer Kriegsrat. 1741 verkaufte er die väterliche Buchhandlung, weilte mehrmals in diplomatischer Mission in Paris und schied 1742 vorübergehend aus sächsischen Diensten aus, um als Reichshofrat nach Frankfurt/Main zu gehen. Seit 1745 war er Reichspfennigmeister im Ober- und im Niedersächsischen Reichskreis und sächsischer Geheimer Rat. 1762 wurde er, der in zahlreichen Denkschriften finanzielle, wirtschaftliche und politische Reformen vorgeschlagen hatte, Leiter einer Kommission für die Reorganisation Sachsens und führte als sächsischer Bevollmächtigter 1762/63 die Friedensverhandlungen in Hubertusburg. 1763 erfolgte seine Ernennung zum Wirklichen Geheimen Rat und Konferenzminister; er hat entscheidend den Wiederaufbau Sachsens nach dem Siebenjährigen Krieg vorangetrieben.

Frölich, Carl Wilhelm, Beamter, Gutsherr, sozialistischer Utopist, * Dezember 1759 Landsberg (Brandenburg), † 23. 5. 1828 Berlin.
F.s Vater war Feldprediger, dann Pastor, sein Großvater Leinewebermeister. Er studierte Jura in Halle und wurde 1789 Geheim-Sekretär im Generalpostamt in Berlin. Im Mai 1789 heiratete er Henriette Rauthe (→Frölich). Sie hatten Verbindung zum literarischen Berlin, insbesondere zur Lehrerschaft am Berliner Gymnasium zum Grauen Kloster, zu Anton Friedrich →Büsching, Friedrich →Gedike und Georg Ludwig Spalding, dem Sohn Johann Joachim →Spaldings. 1792 veröffentliche F. seinen sozialistischen Traktat *Über den Menschen und seine Verhältnisse* und erwarb für 12 500 Taler mit dem Heiratsgut seiner Frau das Erbpachtgut Scharfenbrück. Aufs Land gegangen mit den Hamburger Jakobinern Heinrich Christoph →Albrecht und Friedrich Wilhelm von →Schütz, war seine Gutsherrnzeit, sei es aufgrund schwieriger Agrarverhältnisse, sei es aufgrund der Verwüstung der Güter 1801 durch französische Truppen, sei es aufgrund mangelnder Erfahrung, praktisch ein Mißerfolg. Literarisch regte F. agrarische Verbesserungen, den Ausbau eines Tierarztwesens, Handwerker- und Sonntagsschulen an. 1813 kehrte er nach Berlin zurück und eröffnete 1814 ein Lesekabinett, nachdem es ihm nicht gelungen war, in den Staatsdienst zurückzukehren. Verarmt starb er 1828 in Charlottenburg. F.s dialogisch verfaßtes Hauptwerk *Über den Menschen* sucht zunächst über Erziehungsfragen nach der Menschwerdung des Menschen – der Mensch als Zweck – und findet dann in der Gleichheit und in der Abschaffung des Privateigentums die Voraussetzungen dazu. Den sozialistischen Utopien Morellys und Gabriel Bonnot de

Mablys in vielem nahestehend, ohne deren Konkretion zu erreichen, verbleibt F.s Sozialismus, der „Traum" für spätere Jahrhunderte, moralischer Appell. Ohne über die ökonomische Bedeutung von Eigentum zu reflektieren, bemüht er sich, Eigentum als Quelle individuellen Machtstrebens, sozialer Ungleich- und Unfreiheit und damit als Barriere sittlicher Menschwerdung vorzuführen.

WEITERE WERKE: Thierarzneibuch für den Landmann und Oekonomen. Berlin 1801. – Gemälde nach der Natur. Berlin 1802.

LITERATUR: Gerhard Steiner: Der Traum vom Menschenglück. Leben und literarische Wirksamkeit von C. W. und Henriette F. Berlin 1959. – Marie-Luise Römer: C. W. F. – preußischer Beamter und sozialistischer Theoretiker. In: Wolfgang Förster (Hrsg.): Aufklärung in Berlin. Berlin 1989, S. 387-403.

Martin Gierl

Frölich, Henriette, eigentl. Dorothea Friederica Henrietta F., geb. Rauthe, Pseud. Jerta, Schriftstellerin, * 28. 7. 1768 Zehdenick, † 5. 4. 1833 Berlin.

Gutbürgerlich, mit französischer Gouvernante, aufgewachsen, heiratete sie Carl Wilhelm → F. und veröffentlichte Gedichte im „Berliner Musenalmanach". Von 1792 bis 1813 lebte F. auf dem vom Heiratsgut für 12 500 Taler erworbenen Erbpachtgut Scharfenbrück. Geprägt von Arbeit auf dem Gut und der Erziehung von zehn Kindern, schrieb sie das großenteils verloren gegangene Lustspiel *Das Rosenmädchen*. 1820 wurde F.s Hauptwerk, der Roman *Virginia oder die Kolonie von Kentucky. Mehr Wahrheit als Dichtung,* veröffentlicht. In dessen ersten Teil schildert Virginia, die am 14. Juli 1789 „gebohrene Republikanerinn, und stolz auf Freiheit, Gleichheit und Menschenwerth", die auch die Verantwortung der europäischen Monarchien im Terreur sieht und Napoleon verehrt, mit ihrer Jugend die revolutionäre Frankreich von 1775 bis zur Bourbonenrestauration 1814. Im zweiten Teil skizziert die nach Amerika – dem Ort neuer Zukunfts- und Freiheitshoffnung – emigrierte Virginia die sozialistisch demokratische Verfassung der idealen Agrarkolonie von Kentucky, in der man Geld und Priester abgeschafft und Deismus eingeführt hat, in der man die Dinge gemeinsam entscheidet und auch die Frauen wenigstens eine halbe Stimme besitzen, in der man harmonisch mit der Natur lebt und sich mit Indianern und afroamerikanischen Arbeitern brüderlich verständigt.

WEITERE WERKE: Das Vorgefühl. Erzählung. In: Der Freimüthige für Deutschland 86-91 (April/Mai 1820).

LITERATUR: Gerhard Steiner: Der Traum vom Menschenglück. Leben und literarische Wirksamkeit von Carl Wilhelm und H. F. Berlin 1959. – Mechthilde Vahsen: Die Politisierung des weiblichen Subjekts. Deutsche Romanautorinnen und die Französische Revolution 1790-1820. Berlin 2000.

Martin Gierl

Frommann, (Carl) Friedrich (Ernst), Verleger, * 14. 9. 1765 Züllichau, † 12. 6. 1837 Jena.

F. absolvierte seine Lehrzeit bei Mylius und Vieweg in Berlin und übernahm nach dem Tod seines Vaters 1786 die Leitung der F.schen Buchhandlung in Züllichau, die seit 1785 im Besitz der Familie war. F. baute das Unternehmen zum führenden Schul- und Wörterbuchverlag aus; u. a. erschien in seinem Haus das erste griechisch-deutsche Wörterbuch von Johann Gottlob Saxo Schneider (1797). 1798 verkaufte F. das Sortiment und siedelte mit dem Verlag nach Jena über, wo er in Kontakt mit Gelehrten und Schriftstellern stand. Als Mitglied des Evergetenbundes verlegte F. auch freimaurerische Literatur. 1800 verband er seinen Verlag mit der Druckerei seines Schwagers Carl Wesselhöft, in der zahlreiche Ausgaben für → Cotta und → Perthes entstanden. Später konzentrierte er sich auf die bereits eingeführten Schulbücher.

Frorath, Wilhelm, Lehrer, * 18. 1. 1776 auf dem Forsthof bei Hammerstein/Rhein, † 14. 7. 1839 Hadamar.

Nach dem Studium in Würzburg unterrichtete F. seit 1806 Philosophie und Mathematik am Gymnasium in Montabaur, dessen Rektor er 1817 wurde. Als überzeugter Anhänger der Philosophie → Kants gehörte er zu dem Montabaurer Aufklärerkreis und hatte Einfluß auf den Kampf gegen die Limburger Franziskaner-Akademie. Seine Veröffentlichungen beziehen sich vor allem auf Vermessungskunde, Mathematik und Logik (*Leicht faßliche Lehren aus der Psychologie und Logik*, 1833).

Fülleborn, Georg Gustav, Philosoph, Philologe, Schriftsteller, * 2. 3. 1769 Groß-Glogau, † 16. 2. 1803 Breslau.

F., Sohn eines Hof- und Kriminalrats, studierte 1786-89 Theologie, Philosophie und Philologie an der Univ. Halle, war 1789-91 als Diakon in der luth. Gemeinde Groß-Glogau tätig und wurde 1791 als Prof. der lateinischen, griechischen und hebräischen Sprache an das Elisabethengymnasium nach Breslau berufen. Er fungierte als zweiter Inspektor des Seminars für städtische Schulen und gehörte der pädagogischen Examinationskommission an. Er veröffentlichte u. a. *Kurze Theorie des lateinischen Styls, als Leitfaden beym Unterricht* (1793), *Beiträge zur Geschichte der Philosophie* (3 Bde. in 12 Stücken, 1791-99) und *Encyclopaedia philologica* (1805).

LITERATUR: Hermann Palm: A. In: ADB 8, 1878, S. 194-195.

Fürstenberg, Franz Friedrich Wilhelm Maria Frh. von, Staatsmann, * 7. 8. 1729 Herdringen bei Arnsberg, † 16. 9. 1810 Münster.

F. studierte in Köln und Salzburg die Rechte. Nach kurzem Aufenthalt in Rom wurde er 1749/50 Mitglied des Domkapitels in Münster und Paderborn, 1762 Minister, 1770 Generalvikar des Erzbischofs von Köln im Bistum Münster. Er ordnete in seiner Amtszeit die Verwaltung des Fürstbistums, reorganisierte das Steuer-, Polizei- und Medizinalwesen, förderte Bau, Handel und Landwirtschaft und führte im Schulwesen fortschrittliche Unterrichtsmethoden ein. 1773 gründete F. die Univ. Münster, bat jedoch nach der Wahl von Erzherzog Maximilian Franz zum Koadjutor 1780 um seine Entlassung; er blieb bis 1805 noch als Kurator der Univ., bis 1807 als Generalvikar tätig. Der um ihn und die Fürstin →Gallitzin sich sammelnde Kreis wurde für die kath. Erneuerungsbewegung in Westfalen bedeutsam.

Füssli, Hans Heinrich, schweizer. Historiker, Staatsmann, Verleger, * 7.12.1745 Zürich, † 26.12.1832 Zürich.
Der Sohn des Malers Rudolf F. des Jüngeren war Schüler von Johann Jakob →Bodmer, unternahm 1763/64 Studienreisen nach Rom und Genf und wurde 1775 als Nachfolger seines Lehrers Prof. der vaterländischen Geschichte in Zürich. Er schrieb 1770 die *Briefe des Conte di Sant'Alessandro* (1940 von Emil Ermatinger veröffentlicht) und verfaßte Texte zur Schweizer Geschichte wie *Johann Waldmann, Ritter, Burgermeister der Stadt Zürich* (1780). F. rief 1783 die Zeitschrift „Schweizerisches Museum", 1793 das „Neue Schweizerische Museum" ins Leben und war Teilhaber des Verlags Orell, Geßner, Füßli und Co. Er gehörte dem Großen, seit 1785 auch dem Kleinen Rat von Zürich an und war 1802 Initiator des unitarischen Staatsstreichs sowie Zweiter Statthalter. Zu seinem Freundeskreis zählte Johannes von →Müller.

Füssli, Johann Heinrich, engl. Henry Fuseli, Maler, Zeichner, Schriftsteller, Kunsttheoretiker, * 6.2.1741 Zürich, † 16.4.1825 Putney Hill (heute zu London).
F. entstammte einer Zürcher Künstlerfamilie. Von seinem Vater Hans Kaspar F., einem Porträtmaler und Kunsthistoriker, erhielt er erste künstlerische Anregungen, wurde jedoch von ihm gezwungen, Theologie zu studieren. Seine Lehrer Johann Jakob →Bodmer und Johann Jacob →Breitinger machten ihn mit dem Geist des Sturm und Drang vertraut und begeisterten ihn für die Dichtung Shakespeares, John Miltons, aber auch Friedrich Gottlieb →Klopstocks. Die Schriften Jean-Jacques Rousseaus beeinflußten F. nachhaltig. 1763 sah er sich gemeinsam mit Johann Caspar →Lavater gezwungen, Zürich zu verlassen, nachdem sie in einem Pamphlet den Landvogt von Grüningen wegen schwerer Amtsverfehlungen angegriffen hatten. Sie begaben sich zunächst zu dem Probst Johann Joachim →Spalding nach Barth (Pommern). 1764 übersiedelte F. auf Anraten Bodmers nach London, um dort als Vermittler zwischen englischer und deutschsprachiger Literatur und Wissenschaft zu wirken. Die beim Abschied von Lavater entstandenen *Klagen* machten auf →Goethe, der als Sammler für F. wichtig wurde, und →Herder Eindruck.

Erst 1768 entschloß sich F., die Künstlerlaufbahn einzuschlagen. Von 1770 bis 1778 hielt er sich in Rom auf, wo er sich autodidaktisch weiterbildete. Die antiken Bildhauer und Michelangelo waren seine Leitbilder. 1778 kehrte er für immer nach London zurück. Als Historienmaler erregte er bald Aufsehen durch Bilder wie *Dido auf dem Scheiterhaufen, Die Nachtmahr* und die schlafwandelnde *Lady Macbeth.* F. spürte in seinem Werk den Phänomenen des Traumes, des Wunderbaren und der Triebnatur des Menschen nach. Nicht nur durch seine Motivik, auch durch seine Expressivität im Bereich der Komposition und des Helldunkels hob er sich von der Kunstproduktion in England ab. Sein ausdrucksstarker Figurenstil galt schon Zeitgenossen als manieriert, doch wurde er als kongenialer Geist Shakespeares bezeichnet, dessen Dichtung ihm häufig als Vorlage diente. 1790 wurde er Mitglied der Royal Academy. 1799 und 1800 stellte er in London die *Milton Gallery,* 47 zum Teil großformatige Gemälde mit Szenen aus verschiedenen Dichtungen John Miltons, aus.

1799 wurde F. zum Prof. für Malerei in die Royal Academy gewählt. In seinen theoretischen Äußerungen ging er von klassizistischen Schriften aus (u.a. Anton Raphael Mengs, Johann Joachim →Winckelmann), integrierte aber auch Positionen des Sturm und Drang und die Kategorien des Erhabenen, des Verborgenen und der Bewegung, die er zum Teil in den Schriften Edmund Burkes fand. 1804 wurde er zum Keeper der Royal Academy ernannt und hatte damit das zweithöchste Amt dieser Institution inne, obgleich er den demokratisch gesinnten Kreisen um den Verleger Joseph Johnson, nahestand. 1816 wurde er zum Mitglied der Akademie S. Luca in Rom gewählt. In Deutschland fand F. als künstlerischer Mitarbeiter an Lavaters *Physiognomischen Fragmenten* Beachtung, hatte allerdings nur in dem frühverstorbenen Theodor Matthias von Holst einen unmittelbaren Nachfolger.

WEITERE WERKE: The Life and Writings of Henry Fuseli. Hrsg. v. John Knowls. 3 Bde., London 1831. – Briefe. Hrsg. v. Walter Muschg. Basel 1942. – Sämtliche Gedichte. Hrsg. v. Martin Bircher/Karl S. Guthke. Zürich 1973. – The Collected English Letters. Hrsg. v. David H. Weinglass. New York/London 1982.

LITERATUR: Gert Schiff: J.H.F. 1741-1825. 2 Bde., Zürich/München 1973. – Gert Schiff: J.H.F. Ausstellungskatalog, Kunsthalle. Hamburg 1974. – David H. Weinglass: Prints and Engraved Illustrations by and after Henry Fuseli. Aldershot 1994.

Matthias Vogel

G

Gabler, Johann Philipp, evang. Theologe, * 4. 6. 1753 Frankfurt/Main, † 17. 2. 1826 Jena.
G. studierte 1772-78 Theologie u. a. bei Johann Gottfried →Eichhorn und Johann Jakob →Griesbach an der Univ. Jena, wurde 1780 Repetent in Göttingen, 1783 Prof. am Archigymnasium in Dortmund und 1785 o. Prof. der Theologie und Diakon an der Univ. Altdorf. 1804 folgte er der Berufung an die Univ. Jena, wo er seit 1812 Nachfolger Griesbachs als Lehrstuhlinhaber war. G. war rationalistischer Theologe und an der Einführung des Mythosbegriffs in die Bibelwissenschaft beteiligt. Er veröffentlichte u. a. in den von ihm herausgegebenen „Journalen" (18 Bde., 1788-1811).

Gädicke, Johann Christian, Buchhändler, Publizist, * 14. 12. 1763, † 21. 10. 1837.
G. gründete 1789 in Weimar den „Verlag Gebrüder Gädicke", der 1804 nach Berlin verlegt wurde. G. profilierte sich als buchhändlerischer Fachschriftsteller, verfaßte zahlreiche Beiträge für das „Wochenblatt für Buchhändler", das „Börsenblatt für den Deutschen Buchhandel" und das „Organ des Deutschen Buchhandels", gab statistische Arbeiten und Hilfsmittel für Buchhändler heraus und veröffentlichte u. a. *Der Buchhandel von mehreren Seiten betrachtet* (1803).

Gärtner, Karl Christian, Schriftsteller, * 24. 11. 1712 Freiberg, † 14. 2. 1791 Braunschweig.
Seit der Schulzeit in Meißen mit →Gellert, →Rabener und Johann Andreas →Cramer befreundet, studierte G. an der Univ. Leipzig bei →Gottsched und war Mitarbeiter an dessen Übersetzung von Pierre Bayles *Dictionnaire historique et critique* und den von Johann Joachim →Schwabe herausgegebenen „Belustigungen des Verstandes und des Witzes". In kritischer Distanz zur Person Gottsched wie zum polemischen Grundton der „Belustigungen" gründete er gemeinsam mit Cramer, Rabener und Johann Adolf →Schlegel 1744 die „Neuen Beytrage zum Vergnügen des Verstandes und Witzes", nach der aus Bremen datierten Vorrede kurz „Bremer Beiträge" genannt, deren Herausgeber er bis 1748 war. 1747 kam G. als Hofmeister an das neugegründete Collegium Carolinum nach Braunschweig und wurde dort 1748 Prof. der Moral und der Beredsamkeit. Seit 1775 war er Kanonikus des Stifts St. Blasius, seit 1780 herzoglicher Hofrat. G. schrieb u. a. das Schäferspiel *Die geprüfte Treue*.

Gaheis, Franz (Anton) de Paula, österr. Schriftsteller, Pädagoge, * 1. 4. 1763 Krems, † 25. 8. 1809 Wien.
G. wurde Buchdrucker, trat 1780 in den Piaristenorden ein, studierte Philosophie und Theologie und übernahm 1788, aus dem Orden ausgetreten, das Direktorat der josephinischen Reformschule in Korneuburg. Seit 1798 war er Registrator, später Sekretär des Wiener Magistrats. G. schrieb Kinderbücher, heimatgeographische Werke (*Wanderungen und Spazierfahrten in die Gegenden um Wien*, 25 Hefte, 1797-1800) und gab in der Nachfolge Joachim Heinrich →Campes die „Neue Kinderbibliothek" (1788-96) heraus. Seine pädagogischen Studien (u. a. *Handbuch einer praktischen Methodik des ersten Unterrichts*, 1797, und *Entwurf zu einem Institut für blinde Kinder*, 1802) weisen ihn als Anhänger →Pestalozzis und Reformpädagogen aus.

Gallitzin, (Adelheid) Amalie Fürstin von, geb. Gräfin von Schmettau, * 28. 8. 1748 Berlin, † 27. 4. 1806 Münster.
Seit 1766 Hofdame der Prinzessin Louise von Preußen, heiratete G. 1768 den späteren russischen Gesandten in Den Haag, Fürst Dmitrij Golicyn, und trat in den Niederlanden in Verbindung mit den französischen Enzyklopädisten. Nach dem Scheitern ihrer Ehe 1774 zunächst auf dem Land lebend, siedelte sie 1779 durch Vermittlung des befreundeten Philosophen Frans Hemsterhuis zur Erziehung ihrer beiden Kinder nach Münster über, wo sie in enger Verbindung mit dem Schulreformer und Generalvikar in Münster Franz von →Fürstenberg Einfluß auf den sogenannten „Kreis von Münster" gewann einen stark pädagogisch orientierten Zirkel, in dem sich orthodoxer Katholizismus und erbauliche Mystik in präromantischer Weise verbanden. Sie stand in Kontakt u. a. mit Friedrich Heinrich →Jacobi, →Goethe, Matthias →Claudius und Friedrich Leopold Graf Stolberg, bekannte sich 1786 zur kath. Kirche und betreute nach der Französischen Revolution zahlreiche Emigranten. 1800 fand in ihrer Hauskapelle in Münster die aufsehenerregende Konversion F. L. Stolbergs zum Katholizismus statt. In ihrem Garten war 1788 Johann Georg →Hamann beerdigt worden.

Garve, Christian, Philosoph, * 7. 1. 1742 Breslau, † 1. 12. 1798 Breslau.
G., Sohn eines Waid- und Schönfärbers, studierte seit 1762 Theologie, Philosophie und Mathematik in Frankfurt/Oder und Halle, u. a. bei Alexander Gottlieb →Baumgarten und Georg Friedrich →Meier, kam nach dem Erwerb des Magistergrads 1766 nach Leipzig und wurde in die Familie Christian Fürchtegott →Gellerts aufgenommen. Er verkehrte freundschaftlich mit Christian Felix →Weiße und dem Theologen Georg Joachim →Zollikofer und wurde 1768 a. o. Prof. der Philosophie. 1772 kehrte er

aus gesundheitlichen Gründen nach Breslau zurück und lebte dort bis zu seinem Tod. G. vertrat eine empirisch-induktive, populäre „Philosophie des Lebens". Seine u. a. von →Schiller hochgeschätzten Essays befassen sich in erstaunlich moderner Weise (u. a. *Über die öffentliche Meinung*, 1802) mit Soziologie, Politik, Psychologie, Religion und Ästhetik. Er schrieb Charaktergemälde und vielbeachtete Rezensionen (u. a. von →Lessings *Laokoon*) und veröffentlichte Übersetzungen sowie Kommentare philosophischer Schriften. Seine auf Anregung →Friedrichs II. entstandene Übersetzung von Ciceros *De officiis* (*Abhandlung von den menschlichen Pflichten*) erschien 1783. G.s Hauptwerk sind *Versuche über verschiedene Gegenstände aus der Moral, der Litteratur und dem gesellschaftlichen Leben* (5 Tle., 1792-1802, ²1802-04). Er übersetzte u. a. Adam Smith, Edmund Burke und Adam Ferguson.

WEITERE WERKE: Abhandlung über die Verbindung der Moral mit der Politik. Breslau 1788. – Über Gesellschaft und Einsamkeit. 2 Bde., Breslau 1797-1800. – Eigene Betrachtungen über die allgemeinen Grundsätze der Sittenlehre. Breslau 1798. – Sämmtliche Werke. 18 Bde., Breslau 1801-04. – Briefe an Christian Felix Weiße und einige andere Freunde. Breslau 1803. – Popularphilosophische Schriften. Hrsg. v. Kurt Wölfel. 2 Bde., Stuttgart 1974. – Gesammelte Werke. Hrsg. v. Kurt Wölfel. 15 Bde., Hildesheim u. a. 1985-89 (Bibliographie in Bd. 15).

LITERATUR: Paul Müller: C. G.s Moralphilosophie und seine Stellungnahme zu Kants Ethik. Borna-Leipzig 1905. – Günter Schulz: C. G. und Immanuel Kant. In: Jahrbuch der Schlesischen Friedrich-Wilhelms-Universität Breslau 5 (1960) S. 123-188. – Gotthardt Frühsorge: Vom ‚Umgang' und von den Büchern. Zu C. G.s Reflexionen bürgerlicher Existenz. In Euphorion 81 (1987) S. 66-80. – Zwi Batscha: „Despotismus von jeder Art reizt zur Widersetzlichkeit". Die Französische Revolution in der deutschen Popularphilosophie. Frankfurt/Main 1989. – Claus Altmayr: Aufklärung als Popularphilosophie. Bürgerliches Individuum und Öffentlichkeit bei C. G. St. Ingbert 1992. – Franz Nauen: G. – ein Philosoph in der echten Bedeutung des Wortes. In: Kant-Studien 87 (1996) S. 184-197.

Gasser, Simon Peter, Jurist, * 13. 5. 1676 Kolberg (Pommern), † 22. 11. 1745 Halle.
Nach Abschluß juristischer Studien an den Universitäten Leipzig und Halle 1694-99 war G. Hofmeister, folgte 1710 einem Ruf als a. o. Prof. der Rechte an die Univ. Halle und ging 1716 als Kammerrat nach Magdeburg. Seit 1721 o. Prof. der Rechte in Halle, wurde er Kriegs- und Domänenrat in der neugeschaffenen Salz- und Bergwerksdeputation und 1727 erster Inhaber des neuen Lehrstuhls für Ökonomie der Univ. Halle. Neben juristischen Abhandlungen veröffentlichte er eine *Einleitung zu den ökonomischen, politischen und Kameralwissenschaften* (1729).

Gatterer, Christoph (Wilhelm Jakob), Kameralist, Forstwirt, * 2. 12. 1759 Göttingen, † 11. 9. 1838 Heidelberg.
Der Sohn Johann Christoph →G.s studierte Kameralwissenschaft an der Univ. Göttingen, war nach der Promotion zunächst Privatlehrer für Naturwissenschaften und folgte 1787 einem Ruf als Prof. der Kameralwissenschaften und der Technologie an die Univ. Heidelberg. 1790 zum wirklichen Bergrat ernannt, übernahm er 1797 zusätzlich die Professur der Diplomatik und war seit 1805 Oberforstrat. Als vielseitiger und produktiver Schriftsteller befaßte er sich mit Zoologie, Berg-, Forst- und Handelswesen und Technologie. G. gab zahlreiche bibliographische Arbeiten heraus (u. a. *Allgemeines Repertorium der forst- und jagdwissenschaftlichen Litteratur nebst kritischen Bemerkungen über den Werth der einzelnen Schriften*, 1796).

Gatterer, Johann Christoph, Historiker, * 13. 7. 1727 Lichtenau bei Ansbach, † 5. 4. 1799 Göttingen.
Aus einfachen Verhältnissen stammend, studierte G. seit 1747 in Altdorf Theologie, Orientalistik, Philosophie und Mathematik und wurde 1752 Lehrer der Geographie und Historie am Gymnasium in Nürnberg, 1756 zusätzlich Prof. der Reichsgeschichte und Diplomatik am dortigen Auditorium Aegidianum. 1759 folgte er einem Ruf als Prof. der Geschichte nach Göttingen, gründete 1764 die „Historische Akademie", seit 1766 „Historisches Institut", vor allem zur Edition mittelalterlicher Geschichtsquellen, und war maßgeblich an der Herausgabe wissenschaftlicher Zeitschriften (u. a. „Allgemeine historische Bibliothek", 16 Bde., 1767-71) beteiligt. G. etablierte die historischen Hilfswissenschaften, vor allem Genealogie und Diplomatik, an den deutschen Universitäten und verfaßte zahlreiche grundlegende Werke über einzelne Disziplinen sowie historische Abrisse (u. a. *Handbuch der Universalhistorie*, 1765; *Ideal einer allgemeinen Weltstatistik*, 1773). Er war der Vater von Christoph →G.

Gaum, Johann Ferdinand, evang. Theologe, * 15. 10. 1738 Herrenberg (Württemberg), † 16. 11. 1814 Calw.
G. studierte 1757-62 Theologie in Tübingen, wurde 1764 Vikar am Collegio Alumnorum und in Bebenhausen und war 1766-68 Repetitor am Tübinger Stift. Danach Vikar an der Stuttgarter Hauptkirche, wurde er 1770 Dekan in Markgröningen, 1777 zweiter und 1785 erster Prof. in Blaubeuren; seit 1796 war er Stadtpfarrer und Superintendent in Calw. G. verfaßte eine große Zahl meist anonymer Schriften (u. a. *Neue Briefe für und wider das Mönchswesen*, 4 Bde., 1781/82), in denen er für Aufklärung der Bevölkerung, religiöse Toleranz und Stärkung der kaiserlichen Macht gegenüber der kath. Kirche und dem Papst eintrat.

Gebler, Tobias Philipp Frh. von, Dramatiker, Staatsmann, * 2. 11. 1726 Zeulenroda (Thüringen), † 9. 10. 1786 Wien.
Nach seinem Studium in Jena, Göttingen und Halle wurde G. 1748 niederländischer Legationssekretär am preuß. Hof. 1752 konvertierte er in Wien zum kath. Glauben, trat 1753 in österr. Dienste und wurde 1759 Referent für Münz- und Bergwerksangelegenheiten in der Hofkammer, 1768 Staatsrat, 1782 Vizekanzler der böhmisch-österreichischen Hofkanzlei. G. war als Dramatiker und Übersetzer tätig; am erfolgreichsten war sein mehrmals aufgelegtes Stück *Der Minister* (1771). →Mozart komponierte die Bühnenmusik zu G.s heroischem Drama *Thamos, König in Egypten* (1773).

Gedike, Friedrich, Schulmann, * 15. 1. 1754 Boberow bei Lenzen (Prignitz), † 2. 5. 1803 Berlin.
Nach dem Studium der Theologie und der alten Sprachen in Frankfurt/Oder war G. als Privatlehrer in Berlin tätig und wurde 1776 Subrektor, 1779 Rektor des Friedrich-Werder-Gymnasium. Als führender Vertreter der Berliner Aufklärung (Mitglied der Berliner „Mittwochsgesellschaft") gab er zusammen mit Johann Erich →Biester 1783-91 die „Berlinische Monatsschrift" heraus. Seit 1784 Oberkonsistorialrat, war G. 1787 als Oberschulrat Gründungsmitglied des Oberschulkollegiums, richtete das erste schulpraktische Ausbildungsseminar ein und übernahm 1793 die alleinige Leitung des Berlinisch-Köllnischen Gymnasiums. G. war u. a. Förderer von →Schleiermacher und machte sich als Verfasser zahlreicher pädagogisch-methodischer Schriften sowie von Lehr- und Lesebüchern neuhumanistischer Ausrichtung verdient. Seine Autobiographie wurde 1808 von Franz Horn herausgegeben.

Geier, Peter Philipp, Kameralist, * 1773 Friesenhausen (Bayern), † 2. 7. 1847 Würzburg.
Zunächst als österr. Oberfeldarzt tätig, wurde G. Prof. der Kameralenzyklopädie, der Forstwissenschaft, Bergkunde, Technologie und Handelswissenschaft an der Univ. Würzburg. Zudem unterrichtete er als Landwirtschaftslehrer am Würzburger Klerikal- und Schullehrerseminar und veröffentlichte zahlreiche landwirtschaftliche und wirtschaftswissenschaftliche Schriften, u. a. 1806 die preisgekrönte Abhandlung *Wie ist das Fabrikwesen in den Rheingegenden am wirksamsten zu beleben*.

Gellert, Christian Fürchtegott, Dichter, * 4. 7. 1715 Hainichen/Erzgebirge, † 13. 12. 1769 Leipzig.
G. wurde als fünfter Sohn einer Pastorenfamilie geboren, die in ärmlichen Verhältnissen lebte. Der Vierzehnjährige konnte die Fürstenschule St. Afra in Meißen besuchen, wo er → Gärtner und → Rabener, mit denen ihn eine lebenslange Freundschaft verband, kennenlernte. 1734-38 studierte er an der Leipziger Universität, mußte 1739 aus Geldmangel das Studium unterbrechen und nahm eine Hofmeisterstelle in Dresden an. 1740 konnte er sein Studium wieder aufnehmen, das er 1744 mit einer Dissertation über Theorie und Geschichte der Fabel abschloß. Gleichzeitig publizierte er seine ersten literarischen Arbeiten, Fabeln und Erzählungen sowie zwei Schäferspiele. Während der Leipziger Studienzeit lernte er noch →Cramer, Johann Elias und Johann Adolf →Schlegel, →Ebert, →Giseke und →Klopstock kennen, die zum Teil maßgeblichen Einfluß auf sein literarisches Werk hatten. 1751 wurde G. zum a. o. Prof. der Philosophie ernannt. Bis zu seinem Tod wirkte er als Hochschullehrer, dessen Vorlesungen und Übungen über Poetik und Stilkunde, vor allem aber über Moral (*Moralische Vorlesungen*, 1770) zu den Attraktionen der Leipziger Univ. zählten. →Goethe bezeichnete die Morallehre einmal als „Fundament der deutschen sittlichen Kultur".

G. ist eine Übergangsgestalt in der deutschen Literatur des 18. Jahrhunderts. Meistgelesener Schriftsteller um die Mitte des 18. Jh., hat er mit seinem gesamten literarischen Werk entscheidenden Einfluß auf dem Weg von der Aufklärung zur Empfindsamkeit und schließlich zum Sturm und Drang ausgeübt. Sein Werk entstand in einem runden Jahrzehnt zwischen 1740 und 1750. Zu ihm zählt neben Fabeln und Erzählungen, die eine beinahe in Vergessenheit geratene literarische Form wieder popularisieren, eine Reihe von Lustspielen (u. a. *Die Betschwester, Das Loos in der Lotterie, Die zärtlichen Schwestern*), die, von G. als „rührende Lustspiele" bezeichnet und theoretisch begründet (*Pro comoedia commovente*), →Lessing den Weg bereiteten. G.s einziger Roman *Leben der Schwedischen Gräfin von G****, der eine durch die barocke Tradition in Mißkredit geratene Gattung aufwertete, erschien 1747/48 in zwei Teilen. G. schrieb *Geistliche Oden und Lieder* sowie eine stattliche Zahl von poetologischen und moralischen Abhandlungen, Reden und Vorlesungen, sodann einen populären Briefsteller, *Briefe, nebst einer Praktischen Abhandlung von dem guten Geschmacke in Briefen* (1751), die das Programm und Projekt des Aufklärers G. – auf das Herz und die Sitten zu wirken, die Menschen auf umfassende Weise zu erziehen und zu bilden – vertreten.

AUSGABEN: *Ausgabe letzter Hand:* C. F. G.s sämtliche Schriften. 10 Tle., Leipzig 1769-74. Neudruck Hildesheim 1968. – *Kritische Ausgabe:* Gesammelte Schriften. Hrsg. v. Bernd Witte u. a. 6 Bde., Berlin/New York 1988 ff. – Briefwechsel. Hrsg. v. John F. Reynolds. 4 Bde., Berlin/New York 1983 ff.
LITERATUR: Carsten Schlingmann: G. Eine literarhistorische Revision. Bad Homburg/Berlin/Zürich 1967. – Eckhardt Meyer-Krentler: Der andere Roman. G.s „Schwedische Gräfin". Göppingen 1974. – Bernd Witte (Hrsg.): „Ein Lehrer der ganzen Nation". Leben und Werk C. F. G.s. München 1990. – Werner Jung: Zur Reform des deutschen Briefstils im 18. Jhdt. Ein Beitrag zu C. F. G.s Epistolographie. In: Zeitschrift für deutsche Philologie, H. 4, 1995, S. 1-19.
Werner Jung

Gemmingen-Hornberg, Otto Heinrich Frh. von, Schriftsteller, * 5. 11. 1755 Heilbronn, † 15. 3. 1836 Heidelberg.
G.-H. stammte aus einem alten Reichsfreiherrengeschlecht und nahm nach dem Jurastudium 1777 eine

Tätigkeit als kurpfälzischer Kämmerer auf, wechselte aber schon bald zum Theater über. Als Dramaturg und Stückeschreiber machte sich der Freund Wolfgang Heribert →Dalbergs bald einen Namen. Seine Diderot-Bearbeitung *Der deutsche Hausvater oder die Familie* (1780), ein bürgerlich-moralisierendes Familiendrama, das auch Motive aus dem Sturm und Drang aufnahm und für →Schillers *Kabale und Liebe* richtungweisend war, wurde damals häufig gespielt. Nach dem Vorbild G. E. →Lessings schrieb G.-H. eine *Mannheimer Dramaturgie* (1780). In der Zeit der josephinischen Aufklärung ging der antiklerikal gesinnte Freimaurer 1782 nach Wien, wo er mehrere Zeitschriften gründete („Der Weltmann", 1782/83; „Magazin für Wissenschaft und Literatur", 1784/85; „Wiener Ephemeriden", 1786). 1799-1805 war G.-H. badischer Gesandter in Wien.

Gentz, Friedrich, Publizist, Politiker, * 2.5.1764 Breslau, † 9.6.1832 Wien.

G., Sohn des späteren Direktors der königlich-preußischen Münze in Berlin und mütterlicherseits der bedeutenden hugenottischen Predigerfamilie Ancillon entstammend, studierte 1783-85 in Königsberg, wo →Kant den größten Einfluß auf ihn ausübte, und trat bereits früh in Kontakt mit Vertretern der preuß. Spätaufklärung (Christian →Garve, Johann Jakob →Engel). Seit 1785 preuß. Staatsbeamter, schied G. 1793 als Kriegsrat aus dem Staatsdienst wieder aus, um sich ganz der politischen Schriftstellerei zu widmen.

Unter dem Einfluß der Begegnung mit Wilhelm von →Humboldt, der Lektüre Montesquieus und vor allem Edmund Burkes, hatte sich G. von der – anfangs lebhaft begrüßten – Französischen Revolution wieder abgewandt und war zu einem ihrer prononciertesten und wortmächtigsten deutschen Gegner geworden; seine 1793 veröffentlichte kommentierte Übersetzung von Burkes *Reflections on the Revolution in France* übte starken Einfluß auf die deutsche politische Meinungsbildung der Zeit aus. Bis 1800 publizierte G. neben eigenen Arbeiten weitere Übersetzungen antirevolutionärer Publikationen (Mallet du Pan, Mounier, d'Ivernois); sein hauptsächlich von der preuß. Regierung finanziertes antirevolutionäres „Historisches Journal" brachte es allerdings nur auf zwei Jahrgänge (1799/1800). G. verstand sich in seinen politischen Schriften keinesfalls als Gegenaufklärer, sondern er vertrat die Idee einer rationalen Prinzipien folgenden, die Idee der Kontinuität in den Mittelpunkt stellenden Reformpolitik, die jedem Umsturz und jeder Revolution vorbeugen sollte. Die „Ideen von 1789", also Menschenrechte, Volkssouveränität, allgemeine Freiheit und Gleichheit, lehnte G. als unhistorisch und alle Prinzipien von Geschichtlichkeit und Tradition verleugnend strikt ab.

Als G. nach 1800 wegen seiner weiterhin konsequent antifranzösischen und antinapoleonischen Publizistik Schwierigkeiten mit der preuß. Regierung bekam, trat er 1802 in österr. Dienste und ging nach Wien, wo er – zeitweilig auch von London aus finanziell unterstützt – geistiger Mittelpunkt aller antinapoleonischen Kräfte wurde. Doch seine Bemühungen, die in der Streitschrift *Fragmente aus der neuesten Geschichte des politischen Gleichgewichts in Europa* (1806) und in dem von ihm verfaßten österr. Kriegsmanifest von 1809 gipfelten, verfehlten mit der österr. Niederlage gegen Napoleon (1809/10) ihr Ziel. G. ging nun allerdings nicht in das – zeitweilig erwogene – Exil nach England, sondern blieb in Wien, wo er seit 1810 eng mit Metternich zusammenarbeitete.

Die Befreiungskriege ließen G. den Höhepunkt seiner politischen Karriere erreichen: Als Erster Sekretär leitete er die Verhandlungen des Wiener Kongresses (1814/15), und auch auf den späteren Monarchen- und Ministerkonferenzen der frühen Restaurationszeit spielte er als einflußreichster Diplomat Österreichs eine führende Rolle. Als politischer Publizist blieb G. ein scharfer Gegner des deutschen Frühliberalismus; seine berühmte Entgegensetzung von „ständischer" und „repräsentativer" Verfassung (die letztere lehnte er als revolutionär ab) sollte die Entwicklung des frühen deutschen Parlamentarismus in der Ära zwischen 1819 und 1848 negativ beeinflussen. In den letzten Lebensjahren schwand G.' politischer Einfluß, wofür Konflikte mit Metternich – u. a. die Einschätzung der Julirevolution von 1830 – ausschlaggebend waren.

WEITERE WERKE: Ausgewählte Schriften. Hrsg. v. Wilderich Weick. 5 Bde., Stuttgart u. a. 1836-38. – Schriften. Ein Denkmal. Hrsg. v. Gustav Schlesier. 5 Bde., Mannheim 1838-40. – Aus dem Nachlasse F.s v. G. Hrsg. v. Anton Graf Prokesch-Osten. 2 Bde., Wien 1867/68. – Tagebücher und Briefe von F. v. G. [Hrsg. v. Ludmilla Assing]. 4 Bde., Leipzig 1873/74. – Briefe von und an F. v. G. Hrsg. v. Friedrich Carl Wittichen/Ernst Salzer. 4 Bde., München u. a. 1909-13. – Tagebücher von F. v. G. (1829-1831). Hrsg. v. August Fournier/Arnold Winkler. Wien 1920. – Staatsschriften und Briefe. Hrsg. v. Hans von Eckardt. 2 Bde., München 1921. – Gesammelte Schriften. Hrsg. v. Günther Kronenbitter. 7 Bde., Hildesheim 1997-99.

LITERATUR: Eugen Guglia: F. v. G. Wien 1901. – Frieda Braune: Edmund Burke in Deutschland. Heidelberg 1917. – Paul R. Sweet: F. v. G. Defender of the Old Order. Madison (Wisconsin) 1941. – Golo Mann: F. v. G. Frankfurt/Main u. a. 1972. – Klaus Epstein: Die Ursprünge des Konservativismus in Deutschland. Der Ausgangspunkt: Die Herausforderung durch die Französische Revolution 1770-1806. Frankfurt/Main, Berlin 1973. – Günther Kronenbitter: Wort und Macht. F. v. G. als politischer Schriftsteller. Berlin 1994.

Hans-Christof Kraus

Georgi, Theophil, Buchhändler, Bibliograph, * 19.4.1674 Eibenstock/Erzgebirge, † 8.6.1762 Leipzig.

G. arbeitete als Geselle bei J. G. Cotta in Tübingen, ehe er 1705 das Leipziger Bürgerrecht erwarb und sich dort als Verleger und Buchhändler niederließ. Er verfaßte und verlegte die erste umfassende buchhändlerische Bibliographie, das *Allgemeine Europäische Bücher-Lexicon*. Das Werk, 1742-58 in fünf Teilen und drei Supplementen erschienen, verzeichnet

120 000 deutsche, lateinische und französische Buchtitel von den Anfängen des Buchdrucks bis zum Jahr 1739. Laut eigenen Angaben im Vorwort der Bibliographie hatte G. bereits während seiner Lehrzeit mit der Aufzeichnung der Buchtitel begonnen.

Gerbert von Hornau, Martin, kath. Theologe, Fürstabt von St. Blasien, Musikhistoriker, * 11. 8. 1720 Horb/Neckar, † 13. 5. 1793 St. Blasien.
G. v. H. trat 1736 in St. Blasien in den Benediktinerorden ein, erhielt nach theologischen und philosophischen Studien 1744 die Priesterweihe, wurde 1755 zum Bibliothekar bestellt und bald zum Prof. der Theologie und Philosophie ernannt. Von 1764 bis zu seinem Lebensende war er Fürstabt des Klosters St. Blasien. Er verteidigte seine Abtei gegen die Aufhebungstendenzen des Josephinismus, baute sie nach dem Brand von 1768 im klassizistischen Stil wieder auf und förderte ihre Entwicklung zur angesehenen Gelehrtenakademie. Auf Archivreisen, die ihn nach Frankreich, in die Schweiz, nach Süddeutschland, Österreich und Italien führten, sammelte G. v. H. umfangreiches Material zur Liturgie- und Musikgeschichte. Seine kirchenmusikalischen Werke fanden neben seinen theologischen Publikationen besondere Beachtung (*Monumenta veteris liturgiae Alemannica*, 2 Bde., 1777-79).

Germershausen, Christian Friedrich, evang. Theologe, Schriftsteller, * 18. 2. 1725 Schlalach bei Treuenbrietzen, † 22. 5. 1810 Schlalach.
Der einer Pastorenfamilie entstammende G. studierte Theologie und gilt als der letzte Repräsentant der eigentlichen Hausväterliteratur in Deutschland. Mit seinem 1777-81 erschienen Hauptwerk *Die Hausmutter in allen ihren Geschäften* verselbständigte G. einerseits die ländliche Hauswirtschaft, die bisher nur einen Teil der Hausväterliteratur darstellte. Andererseits pervertierte er mit diesem Werk die gesamte Ökonomik. Denn diese Schrift handelt nicht nur von den Arbeitsbereichen des Gutshaushalts und der Kindererziehung, sondern auch von dem Einsatz der Religion zur Unterdrückung der Dienstboten in privatem und staatlichem Interesse.

Gersdorff, Adolf Traugott von, Naturforscher, * 24. 3. 1744 Niederrengersdorf (Oberlausitz), † 16. 6. 1807 Meffersdorf (Kr. Lauban, Schlesien).
Der Sohn eines kursächsischen Obersten studierte 1761-67 Philosophie, Philologie, Geschichte, Physik, Botanik und Ökonomie an der Univ. Leipzig und wurde 1776 in Wittenberg promoviert. Als Gutsbesitzer unternahm G. seit 1765 landeskundliche Reisen, um sich praktische ökonomische Kenntnisse zu erwerben und die Landwirtschaft in der Oberlausitz zu verbessern, und hob das Fron- und Laßgutsystem weitgehend auf. 1779 stiftete er zusammen mit Karl Gottlob von → Anton die Oberlausitzer Gesellschaft der Wissenschaften in Görlitz, widmete sich astronomischen und meteorologischen Untersuchungen und unternahm 1787-1808 mineralogische und geologische Studienreisen durch Mitteleuropa, deren Forschungsergebnisse er in zahlreichen Arbeiten veröffentlichte.

Gerstenberg, Heinrich Wilhelm von, Pseud. Ohle Madsen, Schriftsteller, * 3. 1. 1737 Tondern, † 1. 11. 1823 Altona (heute zu Hamburg).
Der Sohn eines dänischen Offiziers studierte 1751-57 Rechtswissenschaften in Jena, wo er Mitglied der „Deutschen Gesellschaft" wurde und erste literarische Versuche veröffentlichte, darunter die anakreontischen *Tändeleyen* (1759). 1760 trat er in den dänischen Militärdienst ein und wurde Rittmeister. 1762 verfaßte er seine *Kriegslieder eines königlich dänischen Grenadiers* und übersiedelte nach seiner Heirat 1765 nach Kopenhagen, wo er zu dem Kreis der deutschen Literaten um F. G. → Klopstock gehörte, der ihm die altnordische Dichtung und Mythologie erschloß. In dieser Zeit erschienen sein *Gedicht eines Skalden* (1766). Mit seinen Shakespeare-Aufsätzen in *Die Braut* (1765) und in den von ihm herausgegebenen *Briefen über Merkwürdigkeiten der Litteratur* (3 Bde., 1766-70) brach er der Produktionsästhetik des Genies in Sturm und Drang Bahn, der auch sein Hauptwerk, das 1768 erschienene analytische Drama *Ugolino*, zuzurechnen ist. Von Kopenhagen aus stand G. in Briefkontakt u. a. mit → Nicolai und → Herder sowie Mitglieder des Göttinger Hain. 1767 entstand die Kantate *Ariadne auf Naxos*. G. war 1775-83 dänischer Konsul in Lübeck, 1789-1812 Direktor des Lottos in Altona. Zuletzt widmete er sich der Popularisierung der Philosophie → Kants.

Gesner, Johann Matthias, Altphilologe, Pädagoge, * 9. 4. 1691 Roth bei Nürnberg, † 3. 8. 1761 Göttingen.
Der Sohn eines Pfarrers studierte seit 1710 klassische Philologie und Pädagogik an der Univ. Jena und wurde 1715 Konrektor in Weimar, wo er auch als Verwalter der herzoglichen Bibliothek und Münzsammlung tätig war. Seit 1729 Rektor in Ansbach, übernahm G. 1730 das Rektorat der Thomasschule in Leipzig, ging 1734 als o. Prof. der Poesie und Beredsamkeit an die neugegründete Univ. Göttingen und wurde Direktor des von ihm eingerichteten Philologischen Seminars sowie erster Bibliothekar der Universitätsbibliothek. 1738 gründete er die „Teutsche Gesellschaft zu Göttingen" und war 1751 als Sekretär sowie 1753 als Direktor der neugegründeten „Königlichen Societät der Wissenschaften" tätig. G., der den Unterricht an den gelehrten Schulen reformierte, gilt als einer der bedeutendsten Wegbereiter des Neuhumanismus. Er veröffentlichte u. a. *Schulordnung für die Braunschweigisch-Lüneburgischen Lande* (1738) und *Novus linguae et eruditionis Latinae thesaurus* (4 Bde., 1746-48).

Gessner, Salomon, schweizer. Dichter, Maler, Kupferstecher, Verleger, * 1. 4. 1730 Zürich, † 2. 3. 1788 Zürich.
Der einzige Sohn des Zürcher Verlegers, Buchhändlers und Ratsherrn Konrad G. sollte auf Wunsch des Vaters bei Spener in Berlin den Buchhandel erlernen. Dieser Plan scheiterte jedoch am Widerstand

G.s, der sich ganz der Kunst zu widmen beschloß und seinen Lebensunterhalt durch Landschaftsmalerei und Radieren bestritt, bis er sich mit seinen Eltern aussöhnte und 1751 nach Zürich zurückkehrte, wo er – von kleinen Reisen abgesehen – bis zu seinem Tod blieb. In den folgenden Jahren bis zu seiner Heirat mit der Patriziertochter Judith Heidegger 1761 war G. dichterisch tätig. Nach dem Prosagedicht *Die Nacht* (1753) und dem Hirtenroman *Daphnis* (1754) brachten vor allem seine *Idyllen* (1756) dem Autor Ruhm ein. G. hat es verstanden, in den dialogischen Texten, die eine bukolische Welt spiegeln, empfindsam-moralisches Aufklärungsethos mit zivilisationskritischer Intention zu verbinden. Die kunstvoll inszenierte Naivität entwirft ein Gegenbild zu den Frivolitäten der höfischen Welt des Rokoko. Sie galt als Ideal der wiedergewonnenen Natürlichkeit und fand in Deutschland wie in vielen anderen europäischen Ländern begeisterte Nachahmer, bis diese arkadische Idyllendichtung durch lebensnähere, auch stärker gegenwartsbezogene Muster im Sturm und Drang abgelöst und durch → Schillers Abhandlung *Über naive und sentimentalische Dichtung* (1795) auch theoretisch in Frage gestellt wurde. Sie entsprach nämlich aufgrund ihrer Zeitabgewandtheit nicht dessen humanistischer Vorstellung der Idylle als einem in zeitgemäßer Begrenzung dargestellten Entwurf zukünftiger befreiter und versöhnter Menschheit. Die ebenfalls 1756 erschienene Prosadichtung *Inkle und Yariko*, eine Fortsetzung von → Bodmers Gedicht gleichen Titels, gibt die aufklärerischen Tugendideale in einem negativen Beispiel wieder: Der Schiffbruch erleidende Engländer Inkle verkauft die Indianerin Yariko, die ihn gerettet hatte, in die Sklaverei. In dem Prosaepos *Der Tod* (1758) aktualisiert G. einen alttestamentlichen Stoff. Das Hirtendrama *Evander und Alcimna* (1762) konfrontiert die als schlecht empfundene Wirklichkeit mit dem positiven idyllisch-naturhaften Gegenbild. Nach dem auf → Winckelmanns *Gedanken über die Nachahmung der Griechischen Werke in der Mahlerey und Bildhauer-Kunst* zurückgehenden *Brief über die Landschaftsmahlerey* (1770) trat G. noch einmal mit seinen *Neuen Idyllen* (1772) an die Öffentlichkeit. Mittlerweile hatte G. auch im bürgerlichen Beruf Fuß gefaßt: als Verleger wirkte er im väterlichen Geschäft, 1761 wurde er Teilhaber bei Orell, Gessner und Comp., 1763 Teilhaber einer Porzellanfabrik. Er war Mitglied im Großen (1765), zwei Jahre später im Kleinen Rat der Zürcher Stadtregierung und bekleidete mehrere richterliche Ämter und machte sich einen Namen als Verleger und Herausgeber der „Zürcher Zeitung".

WEITERE WERKE: Sämtliche Schriften. Hrsg. v. Martin Bircher. 3 Bde., Zürich 1972-74. – Idyllen. Kritische Ausgabe von Ernst Theodor Voss. Stuttgart 1973.

LITERATUR: Heinrich Wölfflin: S. G. Frauenfeld 1889. – Fritz Bergemann: S. G. München 1913. – Paul Leemann-von Elck: S. G. Zürich 1930. – Ernst Theodor Voss: S. G. In: Benno von Wiese (Hrsg.): Deutsche Dichter des 18. Jahrhunderts. Berlin 1977, S. 249-279. – Maler und Dichter der Idylle. S. G. 1730-1788. Ausstellungskatalog. Wolfenbüttel 1980. – Martin Bircher/Bruno Weber: S. G. Zürich 1982.   *Günter Häntzschel*

Gibsone, Alexander, Kaufmann, Diplomat, * um 1770 Edinburgh, † 8. 1. 1836 Danzig.
Der einem schottischen Adelsgeschlecht entstammende Kaufmannssohn kam zusammen mit seinem Bruder John nach Danzig, wo sie in das Getreidegroßhandelsgeschäft ihres Oheims eintraten und dessen Nachfolger wurden. G. war Mitglied des Tugendbundes und erwarb sich während der napoleonischen Kriege Verdienste um die Sache Preußens, vor allem um die notleidende Bevölkerung, für die er in seiner Heimat sammeln ließ. 1814 wurde er zum britischen Konsul in Danzig ernannt. G. veröffentlichte anonym politische Schriften, u. a. *Über die natürlichen Grundsätze des Staatsvereins. Schreiben eines Ausländers an einen preußischen Staatsbeamten* (1820). G. verband eine lebenslange Freundschaft mit Gneisenau, dem er durch sein Verhandlungsgeschick zwischen der preuß. und der englischen Regierung wichtige Dienste leistete.

Gildemeister, Johann, Kaufmann, Naturforscher, * 11. 9. 1753 Bremen, † 9. 2. 1837 Bremen.
G. absolvierte seit 1771 eine kaufmännische Ausbildung in Holland und England und kehrte nach dem Tod seines Vaters 1776 nach Bremen zurück, um dessen Tuchwarenhandlung zu übernehmen. Neben seiner kaufmännischen Tätigkeit betrieb er zusammen mit Wilhelm → Olbers naturwissenschaftliche Studien und widmete sich 1790-98 der trigonometrischen Vermessung des Bremer Staates sowie astronomischen Messungen. Seit 1788 amtierte G. als Ratsherr seiner Heimatstadt.

Girtanner, Christoph, schweizer. Mediziner, Chemiker, Schriftsteller, * 7. 12. 1760 St. Gallen, † 17. 5. 1800 Göttingen.
Der Sohn eines Kaufmanns und Bankiers studierte an der Univ. Göttingen Chemie, Physik und Medizin, wurde 1783 mit einer chemischen Arbeit promoviert (*De terra calcarea cruda et calcinata*) und ließ sich als praktischer Arzt in seiner Heimatstadt nieder. G. unternahm Studienreisen durch die Schweiz und Oberitalien, nach Paris, Edinburgh und London, wo er seine medizinische und chemische Ausbildung fortsetzte. 1787 nach Göttingen zurückgekehrt, freundete er sich mit Georg Christoph Lichtenberg an, gab nach dessen Tod den „Göttingischen Taschenkalender" heraus und begab sich 1788/89 erneut auf eine Reise nach England, Holland und Frankreich. Nach seiner Rückkehr lebte G. bis zu seinem Tod in Göttingen, hielt Privatvorlesungen und widmete sich seiner literarischen Tätigkeit. Neben Darstellungen der neuen Chemie von Lavoisier sowie der medizinischen Systeme von John Brown und Erasmus Darwin veröffentlichte er 1794 eine *Abhandlung über die Krankheiten der Kinder und über die physische Erziehung derselben* (2 Bde.) und 1792-1803 *Historische Nachrichten und Betrachtungen über die französische Revolution*.

LITERATUR: Hans-Peter Tränkle: Der rühmlich bekannte philosophische Arzt und politische Schriftsteller C. B. Untersuchungen zu seinem Leben und Werk. Diss. Tübingen 1986. – Andrea H. Bosch-Schöpf: C. G. (1760-1800) und seine Auffassung vom Kind. Diss. Freiburg 1992.

Giseke, Nikolaus Dietrich, Dichter, * 2.4.1724 Nemes-Caoo bei Güns (Westungarn), † 23.2.1765 Sondershausen.
Nach dem frühen Tod seines Vaters wuchs der Pfarrerssohn in Hamburg auf, wo er zusammen mit Johann Arnold Ebert und →Basedow die Schule besuchte und von →Brockes und →Hagedorn in seinen dichterischen Talenten gefördert wurde. Seit 1745 studierte G. Theologie in Leipzig, freundete sich dort u. a. mit Johann Andreas →Cramer, Karl Christian →Gärtner, Johann Adolf →Schlegel, →Gellert und →Klopstock an und arbeitete an den „Neuen Beiträgen zum Vergnügen des Verstandes und Witzes" mit, deren Redaktion er 1747 übernahm. 1747/48 gab G. zusammen mit J. A. Cramer und J. A. Ebert die moralische Wochenschrift „Der Jüngling" heraus. Seit 1748 Hauslehrer in Hannover, später in Braunschweig, wurde G. 1753 Prediger in Trautenstein/Harz, trat 1754 die Nachfolge Cramers als Hofprediger in Quedlinburg an und wurde 1760 Superintendent und Konsistorialrat in Sondershausen. Er schrieb Gelegenheitsgedichte, Oden und Lieder, die zu seinen Lebzeiten jedoch nur vereinzelt erschienen, u. a. in der von ihm selbst als Fortsetzung der „Neuen Beiträge" herausgegebenen „Sammlung vermischter Schriften, von den Verfassern der bremischen neuen Beiträge" (3 Bde., 1748-57).

Glafey, Adam Friedrich, Jurist, * 17.1.1692 Reichenbach, † 14.7.1753 Dresden.
G. studierte an der Univ. Jena, begleitete anschließend zwei Adlige auf Reisen durch Deutschland und habilitierte sich in Leipzig für Rechtswissenschaft. Zum kursächsischen Hof- und Justizrat ernannt, kam er nach Dresden und war dort auch als Geheimer Archivar tätig. Von Rousseau und →Leibniz beeinflußt, veröffentlichte G. zahlreiche Schriften zur Rechtsphilosophie, zum Naturrecht und zur deutschen Geschichte, u. a. *Die Grundsätze der bürgerlichen Rechtsgelehrsamkeit* (1720), erregten bei der sächsischen Regierung solchen Anstoß, daß das Buch auf ihren Befehl vernichtet wurde), *Vernunfft- und Völkerrecht* (1723, ³1746), *Vollständige Geschichte des Rechts der Vernunft* (1739; 2. Aufl., 2 Tle., 1746) und *Kern der Geschichte des Chur- und Fürstlichen Hauses zu Sachsen* (1721, ⁴1753).

Gleditsch, Johann Friedrich, Verleger, Buchhändler, * 15.8.1653 Eschdorf bei Dresden, † 26.3.1716 Leipzig.
Der Bruder Johann Ludwig →G.s kam nach dem frühen Tod seines Vaters auf Veranlassung seines Onkels J. C. Nicolai nach Leipzig, absolvierte eine Buchhandelslehre in Wittenberg und trat 1681 in die Buchhandlung Fritsch ein. Im selben Jahr heiratete er die Witwe des Besitzers Johann Friedrich Fritschs, eine Enkelin des Kupferstechers Matthäus Merian d. Ä., und übernahm die Leitung des Unternehmens, welches rasch an Bedeutung gewann. G. verlegte u. a. die erste deutsche Gelehrtenzeitschrift „Acta Eruditorum" (bis 1691 zusammen mit Johann Grosse) sowie zahlreiche juristische und theologische Werke. 1694 übergab er das 1594 von Thomas Schüerer, dem Urgroßvater seiner Frau, gegründete Geschäft seinem Stiefsohn Thomas →Fritsch, gründete eine eigene Sortiments- und Verlagsbuchhandlung und verlegte theologische, genealogische, naturwissenschaftliche sowie lexikalische Werke, u. a. Johann →Hübners Schulbuch *Zwey mal zweyundfünfzig biblische Geschichten* (1704, ¹⁰⁸1873) und seit 1715 das *Gelehrten-Lexikon*, das später von Christian Gottlieb →Jöcher fortgeführt wurde. G. war der Vater des Buchhändlers Johann Gottlieb →G.

Gleditsch, Johann Gottlieb, Buchhändler, * 18.6.1688 Leipzig, † 25.8.1738 Leipzig.
Der Sohn Johann Friedrich →G.s wurde in der väterlichen Buchhandlung ausgebildet, unternahm ausgedehnte Reisen durch West- und Osteuropa und trat 1711 in die von seinem Vater 1694 gegründete Sortiments- und Verlagsbuchhandlung ein. Nach dessen Tod (1716) leitete er die Firma allein; die Sortimentsbuchhandlung entwickelte sich zu einer der größten Europas. G. hatte engen Kontakt zu dänischen und niederländischen Buchhändlern und verlegte juristische, theologische, naturwissenschaftliche und technische Bücher. Der „Gleditschkatalog" aus dem Jahr 1725 umfaßt auf 155 Seiten annähernd alle damals verkäuflichen wissenschaftlichen Werke ganz Europas. Zwischen 1710 und 1740 war die Firma das bedeutendste Verlagsunternehmen Deutschlands. Nach G.s Tod übernahm sein Sohn Johann Friedrich III. das Geschäft.

Gleditsch, Johann Ludwig, Buchhändler, * 24.3.1663 Eschdorf bei Dresden, † 20.1.1741 Leipzig.
G. machte nach dem Besuch der Meißener Fürstenschule eine Buchhandelslehre in Leipzig bei Johann Friedrich Fritsch und blieb, nachdem sein Bruder Johann Friedrich →G. die Buchhandlung 1681 übernommen hatte, dessen engster Mitarbeiter. 1694 übernahm er nach Heirat mit der Witwe des Buchhändlers Moritz Georg Weidmann dessen Buchhandlung und führte das 1680 gegründete Unternehmen mit großem Erfolg weiter. G. verlegte theologische Werke, Schriften des klassischen Altertums sowie zahlreiche Lexika; 1695-1718 erschienen insgesamt 775 Werke. 1718 übergab er seinem Stiefsohn Moritz Weidmann die Firma.

Gleim, Betty, eigentl. Ilsabetha G., Pädagogin, Schriftstellerin, * 13.8.1781 Bremen, † 27.3.1827 Bremen.
Die Großnichte von Johann Wilhelm Ludwig →G. gründete in Bremen 1806 und 1819 Mädchen-Lehranstalten, 1819 in Elberfeld eine lithographische Anstalt und war als Pädagogin tätig. In ihrem Werk

Erziehung und Unterricht des weiblichen Geschlechts (1810) setzte sie sich im Sinne → Schleiermachers für eine Erziehung „in der Zeit für die Ewigkeit" ein, unter Vermeidung der „elenden Mittelmäßigkeit".

Gleim, Johann Wilhelm Ludwig, Schriftsteller, * 2. 4. 1719 Ermsleben bei Halberstadt, † 18. 2. 1803 Halberstadt.
G., Sohn eines Obersteuereinnehmers, studierte 1738-40 an der Univ. Halle Philosophie und Rechtswissenschaft und schloß einen dichterischen Freundschaftsbund mit seinen Kommilitonen Johann Peter → Uz und Nikolaus Götz. Er und seine Freunde nahmen, beeinflußt von der Lyrik Friedrich von → Hagedorns und der Ästhetik Alexander Gottlieb → Baumgartens, den griechischen Lyriker Anakreon zum Vorbild für ihre eigenen Dichtungen. Nach seinem Weggang von Halle 1743 war G. zunächst Hauslehrer, später Stabssekretär des Prinzen Wilhelm von Brandenburg-Schwedt in Berlin, wo er Freundschaft mit Ewald von → Kleist, Johann Georg → Sulzer und Karl Wilhelm → Ramler schloß. 1747 wurde G. Sekretär des Domkapitels in Halberstadt, erhielt 1756 das Kanonikat des Stifts Walbeck bei Helmstedt und konnte durch seine finanziell abgesicherte Position seinen Traum von einem anakreontischen Leben verwirklichen. Er war nun – allseits als „Papa Gleim" verehrt – vor allem als literarischer Vermittler tätig, hielt freundschaftlichen Kontakt zu → Claudius, → Herder, → Lessing und → Klopstock, widmete sich der „Förderung von bedürftigen Talenten" (Goethe) und unterstützte u. a. → Goeckingk, Wilhelm → Heinse und → Jean Paul. Durch seine Lyrikbände *Versuch in Scherzhaften Liedern* (2 Tle., 1744/45), welche sich metrisch und formal an Anakreon orientierten, gelangte G. zu großer Popularität und galt allgemein als deutscher Anakreon. Seine Lyrik blieb zeit seines Lebens dem anakreontischen Stil verhaftet. Zum volkstümlichsten seiner Werke wurden die *Preußischen Kriegslieder in den Feldzügen 1756 und 1757 von einem Grenadier* (1758, hrsg. von G. E. Lessing). G. schrieb auch *Romanzen* (1756) und *Fabeln* (2 Bde., 1756/57).

Globig, (Hans) Ernst von, Jurist, * 2. 11. 1755 Grauwinkel bei Wittenberg, † 21. 11. 1826 Dresden.
Einem kursächsischen Adelsgeschlecht angehörend, war G. für den höheren Staatsdienst bestimmt, studierte an der Univ. Wittenberg und war danach beim Leipziger Oberhofgericht und bei der kursächsischen Gesandtschaft in Regensburg praktisch juristisch tätig. 1778-89 Richter beim Appellationsgericht in Dresden, später beim Reichskammergericht in Wetzlar, trat G. 1799 als Gesandter in Regensburg wieder in kursächsische Dienste und wurde 1806 Geheimrat, Konferenzminister und Direktor der Gesetzeskommission in Dresden. Historische Bedeutung erlangte er durch mehrere vom Geist der Aufklärung bestimmte theoretische Abhandlungen zu Fragen einer Strafrechtsreform, darunter eine zusammen mit Johann Georg Huster verfaßte *Abhandlung von der Kriminalgesetzgebung*, die in einem von Voltaire und der Berner Ökonomischen Gesellschaft ausgelobten Wettbewerb „für den vollständigsten und ausführlichsten Plan einer guten Kriminalgesetzgebung" 1782 den ersten Preis erhielt.

Gmeiner, Franz Xaver, österr. kath. Theologe, * 6. 1. 1752 Studenitz bei Windischfeistritz, † 27. 3. 1828 Graz.
G. studierte an der Univ. Graz Theologie, empfing 1774 die Priesterweihe und lehrte nach der Promotion 1775 als a. o. Prof. Kirchenrecht. Seit 1787 o. Prof. der Kirchengeschichte in Graz, war er 1791/92 Rektor der Hochschule, anschließend Präsident des Studienkonsesses und 1802-18 Direktor der philosophischen Studien. In seinen Schriften, die auch im Ausland Verbreitung fanden, zeigte sich G. als einer der vielseitigsten Theologen der Aufklärungszeit. Er verfaßte mehrere Lehrbücher, die bis in das 19. Jh. benutzt wurden (u. a. *Lehrbuch der Dogmatik*, 1783, ³1807). In kleineren Abhandlungen unterstützte G. das josephinische Staatskirchentum, besonders die Maßnahmen → Josephs II. gegen die Klöster.
WEITERE WERKE: Litterargeschichte des Ursprungs und Fortganges der Philosophie, wie auch aller philosophischen Sekten und Systemen. 2 Bde., Graz 1788/89.

Gobel, Jean Baptiste Joseph, kath. Theologe, * 1. 9. 1727 Thann (Elsaß), † 13. 4. 1794 Paris.
Nach dem Besuch der Jesuitenkollegien in Porrentruy und Colmar studierte G. seit 1743 am Collegium Germanicum in Rom und wurde 1747 promoviert. 1750 zum Priester geweiht, wurde er 1772 Titularbischof von Lydda und Weihbischof der Diözese Basel. Als Kirchenpolitiker verhandelte er 1779/80 erfolgreich mit Frankreich über Grenzbereinigungen und Beistand. Vom Klerus von Hüningen und Belfort 1789 in die französische Nationalversammlung gewählt, legte er 1791 den Eid auf die republikanische Verfassung ab und wurde im selben Jahr zum konstitutionellen Bischof von Paris ernannt. 1793 legte er seine Ämter nieder, wurde kurz darauf wegen vermeintlicher Verschwörung gegen die Republik verhaftet und 1794 hingerichtet.

Göchhausen, Ernst August Anton Frh. von, Publizist, * 15. 7. 1740 Weimar, † 23. 3. 1824 Eisenach.
G. war seit 1758 Page des Prinzen → Heinrich von Preußen und blieb nach der Teilnahme am Siebenjährigen Krieg in der preuß. Armee. 1769 wechselte er nach Eisenach in sachsen-weimarische Dienste, wo er zuletzt Kammerdiener und Geheimer Rat war. G. arbeitete 1795-98 an der antidemokratischen Zeitschrift „Eudämonia" mit und publizierte anonym eine Reihe von Schriften, in denen seine Zugehörigkeit zur politischen Reaktion und seine Ablehnung von Aufklärung, Emanzipation und Revolution deutlich wurde (u. a. die gegen den Illuminaten-Orden und Adolph → Knigge gerichtete Warnschrift *Enthüllung des Systems der Weltbürger-Republik*, 1786).

Goeckingk, Leopold Friedrich Günther von, Schriftsteller, Beamter, * 13. 7. 1748 Gröningen bei Halberstadt, † 18. 2. 1828 Deutsch-Wartenberg (Schlesien).
Nach Abschluß des Studiums der Rechtswissenschaften und der Kameralistik an der Univ. Halle 1768 war G. Referendar in Halberstadt und schloß sich dem Dichterkreis um Johann Wilhelm Ludwig → Gleim an. 1770 wurde er Kanzleidirektor in Ellrich/Harz, 1786 Kriegs- und Domänenrat in Magdeburg und 1788 Kriegs-, Steuer- und Landrat der Grafschaft Wernigerode. 1789 geadelt, war er seit 1793 Geheimer Finanzrat in Berlin, wo er u. a. die Finanzverwaltung der Provinz Posen einrichtete und das Berliner Polizeiwesen reorganisierte. G. wurde mit seinen unter den – zwei Autoren vortäuschenden – Pseudonymen Amaranth und Nantchen veröffentlichten *Liedern zweier Liebenden* (1777) bekannt. Er war 1776-78 Redakteur des Göttinger, 1780-88 Mitherausgeber des Hamburger „Musen-Almanachs", Mitarbeiter einer Reihe von Journalen der Aufklärung sowie Gründer (1784) und Herausgeber des „Journals von und für Deutschland". G. sichtete und ordnete die literarischen Nachlässe Karl Wilhelm → Ramlers und Friedrich → Nicolais.

Gönner, Nikolaus (Thaddäus) Ritter von, Jurist, * 18. 12. 1764 Bamberg, † 18. 4. 1827 München.
Nach Abschluß humanistischer Studien an der Univ. Bamberg (Promotion 1781) studierte G. bis 1787 Rechtswissenschaft in Göttingen und wurde 1789 o. Prof. der Institutionen sowie Beisitzer der Juristischen Fakultät der Univ. Bamberg. 1791 erfolgte die Ernennung zum Prof. der Pandekten, 1796 zum Prof. des deutschen Staatsrechts. 1799 wechselte G. als Staatsrechtslehrer an die Univ. Ingolstadt und war nach deren Verlegung nach Landshut 1800 neben dem beibehaltenen Lehramt Prokanzler und Rektor. Wissenschaftliche Kontroversen führte er mit Paul Johann Anselm von → Feuerbach, mit dem er das bayerische Strafgesetzbuch von 1813 ausarbeitete, und Friedrich Carl von Savigny. Seit 1808 Ritter des bayerischen Zivilverdienstordens, wurde G. 1811 in die Gesetzgebungskommission berufen, nahm 1812 seinen Abschied von der Univ. und wurde Direktor des Appellationsgerichts Isarkreis in München; seit 1820 war er Staatsrat im ordentlichen Dienst. G. arbeitete an der Entwicklung preuß., österr., sächsischer und russischer Gesetze mit. Er veröffentlichte u. a. *Deutsches Staatsrecht* (1804).

Görres, (Johann) Joseph von, Publizist, Schriftsteller, * 25. 1. 1776 Koblenz, † 29. 1. 1848 München.
Nach dem Besuch eines von aufklärerischen Jesuiten geleiteten Gymnasiums 1786-93 verschrieb sich G. – Sohn einer mittelständischen Holzhändlerfamilie – den Naturwissenschaften, der Medizin und der Geschichte. Mit dem kath. Glauben brechend, hing er seit 1792 revolutionärem, republikanischem Gedankengut an. Beleg dafür waren seine frühen Schriften (*Der allgemeine Friede ein Ideal*, 1798; Beiträge in den Zeitschriften „Das Rothe Blatt" 1798/99 und „Der Rübezahl" 1799). G.' Ziel war die „Amalgamation" der französischen Revolution in der Politik und der deutschen in der Philosophie. So sollte jener Zustand „der höchsten Kultur" erreicht werden, „bei dem die Menschenwürde in ihrer ganzen Majestät verwirklicht, das Sittengesetz auf den Thron erhoben ist und der Verstand unbeschränkt gebietet". Im November 1799 – G. war als Beauftragter der Koblenzer Patrioten in Paris – erlebte er seine große Enttäuschung: der Staatsstreich Napoleons hatte die politische Szene verwandelt, seine Mission blieb erfolglos. Für 13 Jahre verschwand G. aus der Politik.
Eine Stellung als Lehrer der Naturwissenschaften an der Secondairschule Koblenz gab ihm die wirtschaftliche Basis für seine Ehe mit Katharina von Lassaulx (1801). Philosophisch geriet er in diesen zurückgezogenen Jahren unter den Einfluß Schellings, beschäftigte sich mit den Mythen und Religionen der Völker (*Glaube und Wissen*, 1805) und begegnete der jüngeren Romantik. 1804 begann er, auf Einladung von Johann Christoph von → Aretin an der Zeitschrift „Aurora" mitzuarbeiten. Von 1806 bis 1808 lehrte er als Privatdozent an der Univ. Heidelberg. G. las ein breites Programm; seine Ziele waren die universale Darstellung der gesamten Geistes- und Naturwissenschaft und eine mythische Weltdeutung. „Ein einsiedlerischer Zauberer, Himmel und Erde, Vergangenheit und Zukunft mit seinen magischen Kreisen umschreibend", so charakterisierte ihn der junge Eichendorff. Die Beschäftigung mit der altdeutschen Geschichte, den verschütteten Traditionen des katholisch geprägten Mittelalters, ließen den jakobinischen Weltbürger zum deutschen Patrioten werden. Er vertrat den Gedanken einer überkonfessionellen Universalreligion, einer katholisch-protestantischen Doppelkirche, ließ er 1807 seine beiden Kinder nachträglich taufen, 1808 wurde das dritte Kind getauft.
Als die linksrheinischen Gebiete von der Herrschaft Napoleons befreit wurden, brach G.' zweites „öffentliches Leben" an. Im Januar 1814 gründete er den „Rheinischen Merkur"; das Blatt gewann rasch geistigen, politischen Einfluß. Mit beißendem Spott schrieb G. gegen Napoleon, für Deutschland forderte er eine „starke Einheit in freier Vielheit", einen friedlichen Dualismus Preußen-Österreich, warnte vor Reaktion und Liberalismus. Herausgefordert durch die schlechte ökonomische Situation der Rheinprovinz, bezeichnete G. die soziale Frage als die Zukunftsfrage des deutschen Katholizismus.
Als G. die Siegermächte heftig angriff, was 1816 zum Verbot des „Rheinischen Merkur" und zur Entlassung aus dem Schuldienst führte, G. antwortete mit dem Manifest *Teutschland und die Revolution* (1819). Diese Anklage gegen die politische Reaktion wurde zur Hauptzäsur in G.' Lebenslauf: dem Haftbefehl der preuß. Regierung konnte er sich nur durch die Flucht nach Straßburg entziehen (Oktober 1820). Die acht Exiljahre sollten die Inkubationszeit des späten G., des Christen, Mystikers, Kämpfers für die kath. Sache sein. Mit der Aufnahme der Arbeit am „Katholik" im Herbst 1824,

die den neuen, von der katholisch-demokratischen Bewegung Frankreichs geprägten Zusammenklang von Katholizität, Freiheitsbewegung und erneuertem publizistisch-historischem Schaffen zeigte, schloß G. auch seine Rückkehr zur kath. Kirche ab.

1827 begann G. seine Tätigkeit als „ordentlicher Professor der allgemeinen und Litterärgeschichte" in München. Das Hauptwerk der Münchner Zeit war die *Christliche Mystik* (4 Bde., 1836-42). G.' Haus war Treffpunkt aller „legitim und katholisch gesinnten Männer". Die Gefangennahme des Kölner Erzbischofs Clemens August von Droste zu Vischering am 20.11.1837 wegen des Mischehenstreits trieb G. noch einmal zu publizistischer Aktivität; er verfaßte den *Athanasius*, das „erste große Dokument des politischen Katholizismus"; Kirche und Staat sollten voneinander unabhängig, doch in „höherer Ordnung der Dinge zu gemeinsamem Gedeihen verbunden sein". 1842 zog er das Fazit des Kampfes in der Schrift *Kirche und Staat nach Ablauf der Kölner Irrung*.

Der archimedische Punkt in G.' Leben ist sein politischer Moralismus, sein Wille zu Freiheit, Gerechtigkeit und Wahrheit. Sein Standort wechselte mehrfach. Er hat stets Partei bezogen und dies auch von jedermann verlangt.

WEITERE WERKE: Gesammelte Schriften. Hrsg. v. Marie Görres. 1. Abt.: Politische Schriften. 6 Bde., München 1854-60. 2. Abt.: Gesammelte Briefe. Hrsg. v. Marie Görres/Franz Binder. 3 Bde., München 1858-74. - Kritische Neuausgabe: J. G. Gesammelte Schriften. Hrsg. im Auftrage der Görres-Gesellschaft v. Wilhelm Schellberg/Adolf Dyroff, fortgeführt v. Leo Just/Heribert Raab. Bd. 1-16, Köln 1926-84; Erg.-Bde. 1 und 2, Paderborn 1985-93. - Ausgewählte Werke. Hrsg. v. Wolfgang Frühwald. 2 Bde., Freiburg/Basel/Wien 1978. - J. G. Ein Leben für Freiheit und Recht. Auswahl aus seinem Werk, Urteile von Zeitgenossen, Einführung und Bibliographie. Hrsg. v. Heribert Raab. Paderborn 1978.
LITERATUR: Bibliographie. In: Ergänzungsband 2 der Gesammelten Schriften. Bearb. v. Albert Portmann-Tinguely. Paderborn 1993. - Biographie und Bibliographie in (s. o.) Wolfgang Frühwald, Bd. 2 (1978) und Heribert Raab (1978). - Görres-Studien. Festschrift zum 150. Todesjahr. Hrsg. v. Harald Dickerhof. Paderborn 1999. *Hans Maier*

Göschen, Georg Joachim, Verleger, * 22.4.1752 Bremen, † 5.4.1828 Grimma.
Nach Abschluß einer Buchhandelslehre bei Johann Henrich Cramer in Bremen erhielt G. 1772 eine erste Anstellung bei der Leipziger Buchhandlung von Siegfried Leberecht Crusius, die 15 Jahre währte, ihn mit angesehenen Leipziger Familien zusammenführte und die fruchtbare Freundschaft mit Christian Gottfried Körner vermittelte. 1783 nahm er eine Stelle als Faktor in der als genossenschaftliches Selbstverlagsunternehmen der Autoren gegründeten „Buchhandlung der Gelehrten" in Dessau an, schied aber 1785 wieder aus, um mit finanzieller Hilfe Körners einen eigenen Verlag zu gründen. Eine Reise 1785 nach Gotha und Weimar brachte ihm feste Verbindungen mit Johann → Bode, → Musäus und → Wieland. Wichtig wurde die Bekanntschaft mit → Bertuch, der ihm → Goethe zuführte, und die Freundschaft mit → Schiller. Der wirtschaftlich erfolgreiche Verlag hat bis 1838, als er in den Besitz der J. C. Cottaschen Buchhandlung überging, zahlreiche Autoren herausgebracht. Neben Schiller, Goethe, Wieland, → Klopstock, → Lessing, Johann Jakob → Griesbach, Friedrich August → Wolf, Johann Gottfried → Seume, August Wilhelm → Iffland sind heute fast vergessene wie Johann Baptist von → Alxinger, Valentin Wilhelm Neubeck, Charpentier, → Thümmel, von Houwald, Kind, → Küttner, Müllner vertreten. Bei ihm erschien die von Schiller begründete „Thalia" 1780-91, die „Neue Thalia" bis 1794, Wielands „Teutscher Merkur" (in Kommission), die erste rechtmäßige Ausgabe der Werke Goethes 1787-90, 1787 Schillers *Don Carlos* und 1802 davon der typographisch beste Druck, 1788 mit 30000 Exemplaren das *Noth- und Hülfs-Büchlein für Bauersleute* seines Freundes Rudolf Zacharias → Becker, seit 1790 der „Historische Kalender für Damen", in dem Schillers *Geschichte des Dreißigjährigen Krieges* erstmals veröffentlicht wurde.

Wichtigster Autor für G. aber wurde Christoph Martin Wieland, der ihm die Ausgabe seines Gesamtwerkes anvertraut hatte; für sie leistete er Bahnbrechendes. In einem langwierigen Prozeß gegen die Weidmannsche Buchhandlung, bei der zuvor 17 Einzeltitel Wielands erschienen waren, konnte die Auffassung durchgesetzt werden, daß der Autor nach Nutzung seines Manuskripts durch den Verleger sein Eigentum zurückfordern und weiter frei vergeben dürfe. Damit war für G. der Weg frei, eine auch typographisch vorbildliche Gestaltung der *Sämmtlichen Werke* zu erreichen. Unzufrieden mit den Leistungen Leipziger Buchdrucker, hatte er schon 1793 für eine eigene Druckerei um eine „Concession zur Erlangung einer Buchdruckerei mit lateinischen Schriften nach Didot" ersucht und sie erhalten. Mit der Ausstattung mit modernsten Pressen und Maschinen und mit einer eigenen, von Carl Ludwig Prillwitz geschnittenen klassizistischen Antiqua der Anschluß an die von William Caslon, John Baskerville und Giambattista Bodoni gefundene, klassizistisch reine Form der neuen Buchkunst, die nur durch typographische Mittel wirkt. Die mustergültige Gestaltung kam aber nicht nur einer Prachtausgabe Wielands 1794-1802 zugute; auch die Parallelausgaben in Oktav auf Velinpapier, im Taschenformat auf Velinpapier zweiter Wahl und eine einfache Ausgabe in Oktav auf Druckpapier konnten alle Käuferschichten mit vorbildlich gedruckten Ausgaben erreichen. Gleiche Sorgfalt ließ G. den Werken Klopstocks 1798-1809, ebenfalls in vier Ausstattungen, der Neuausgabe des *Novum Testamentum Graece* (1803-07) durch Johann Jakob Griesbach und Homers *Ilias* (1806) durch Friedrich August Wolf in einer von Prillwitz neugeschnittenen griechischen Schrift angedeihen.

Seine noble Auffassung von den Aufgaben und Pflichten eines Verlegers faßte er 1802 in seiner Denkschrift zur Gründung eines Börsenvereins der

Buchhändler (*Meine Gedanken über den Buchhandel und über dessen Mängel*) zusammen.

LITERATUR: Christian Gottlob Lorenz: Zur Erinnerung an G. J. G. Grimma 1861. – Karl Buchner: Wieland und G. J. G. Berlin 1871. – George Joachim Viscount Goschen: The Life and Time of G. J. G. London 1903, dt. Leipzig 1905. – Johann Goldfriedrich: Aus den Briefen der Göschensammlung des Börsenvereins der Deutschen Buchhändler. Leipzig 1918. – Dietmar Debes: G. J. G. Die typographische Leistung des Verlegers. Leipzig 1965.   *Dietmar Debes*

Goethe, Johann Wolfgang von, Dichter, Staatsmann, Naturforscher, * 28. 8. 1749 Frankfurt/Main, † 22. 3. 1832 Weimar.

G. war der älteste Sohn Johann Caspar G.s und seiner Frau Catharina Elisabeth G. Der Vater, kaiserlicher Rat, entstammte einer thüringischen Handwerkerfamilie; er konnte ein Leben als „Particulier" führen. Die Mutter, geborene Textor, Tochter des Frankfurter Schultheißen, gehörte einer südwestdeutschen Gelehrten- und Beamtenfamilie an. Von den fünf nach ihm geborenen Geschwistern wuchs nur die Schwester Cornelia G. mit ihm auf. Den Elementarunterricht der Kinder übernahm zunächst der Vater. Bald aber überließ er den Unterricht in den Naturwissenschaften und in der Mathematik sowie im Lateinischen, Griechischen, Französischen, Englischen und Hebräischen eigenen Lehrern. Daneben lief die Unterrichtung im Zeichnen, Klavierspielen, Fechten und Reiten.

G. ging 1765 auf Drängen des Vaters zum Studium der Rechte nach Leipzig. G.s anfängliches Interesse an den juristischen Kollegs erlahmte; bald auch stellte sich Kritik an den Gellertschen wie den Gottschedschen Vorlesungen ein. Er fühlte sich mehr zum Bildenden Künstler berufen als zum Dichter und nahm Zeichenunterricht bei Adam Friedrich Oeser. Johann Joachim → Winckelmanns *Geschichte der Kunst des Altertums* (1764) wurde G. zur lebenslangen Grundlage seines Antikenverständnisses.

Wie ein „Schiffbrüchiger" fühlte sich G. 1768 beim Wiedereintritt in sein Vaterhaus. Die leichte Tuberkulose klang im Frühjahr 1769 allmählich ab. Für die langsamer heilende seelische Überreizung war eine Freundin der Mutter hilfreich: Susanne Katharina von Klettenberg, Urbild der „schönen Seele", deren Lebensbekenntnisse G. später seinem Roman *Wilhelm Meisters Lehrjahre* einfügte. Mit ihr und der Mutter studierte G. pansophische Schriften. In Straßburg, wohin G. im Frühjahr 1770 aufbrach, war er zu einem neuen Leben wie zu einem ernsthaft betriebenen Studium entschlossen. Die „Ephemerides", Eintragungen von Lesefrüchten und Buchtiteln, zeugen von einer immensen Lektüre. Wichtiger aber waren andere Eindrücke: das gotische Münster und die elsässische Landschaft. In dieser Gemütsverfassung machte die Begegnung mit Johann Gottfried → Herder „Epoche". Auch diesem ging es um ein neues Erfassen des Schöpferischen. G.s Antwort darauf war eine intensive Homerlektüre, die Beschäftigung mit Ossian und die Skizzierung eines Aufsatzes über das Straßburger Münster (*Von deutscher Baukunst*, 1773 ausgeführt). Schon 1770 war ihm in Sesenheim die Pfarrerstochter Friederike Brion begegnet. Aus der Liebe zu ihr entstanden Gedichte, von denen einige zu den persönlichsten G.scher Liebeslyrik gehören.

Als Lizentiat der Rechte Ende August 1771 wieder nach Frankfurt zurückgekehrt, entschloß er sich ab September zu einer Tätigkeit als Anwalt. Wenige Wochen danach begann er mit der Niederschrift des historischen Dramas *Geschichte Gottfriedens von Berlichingen mit der Eisernen Hand*, wozu ihn Shakespeare angeregt hatte. Der neugewonnene Freund Johann Heinrich → Merck sorgte für ein rasches Erscheinen im Juni 1773. Merck gewann G. und Herder zur Mitarbeit an den „Frankfurter Gelehrten Anzeigen". – Im Mai 1772 ging G. auf Anraten des Vaters an das Reichskammergericht in Wetzlar, um als Praktikant das Verfahren des Reichsprozesses kennenzulernen. In dieser Zeit entstanden die großen Hymnen: u. a. *Mahomets Gesang*, *An Schwager Kronos*, *Prometheus*, *Ganymed*. Schon in seinen ersten Wetzlarer Wochen war er G. der verlobten Amtmannstochter Charlotte Buff begegnet. G. schloß Freundschaft mit beiden Brautleuten, aber die Zuneigung für Lotte wurde doch „leidenschaftlicher als billig". – Um sich, wieder in Frankfurt, von den schmerzlichen Erfahrungen des Sommers 1772 zu befreien, brachte er 1774 die *Leiden des jungen Werthers* zu Papier. Der Roman war ein Welterfolg. Mit der Tochter Anna Elisabeth (Lili) Schönemann entspann sich bald eine leidenschaftliche Beziehung; um die Ostermesse 1775 kam es zur Verlobung; um die Herbstmesse jedoch löste man sich wieder voneinander. Eine Einladung des Herzogs → Karl August von Sachsen-Weimar-Eisenach kam gerade recht. G. nahm sie an und traf am 7. 11. 1775 nach einer Reise in die Schweiz in Weimar ein. In der Schweiz hatte G. Johann Kaspar → Lavater getroffen.

Daß G. sich schon im Januar 1776 zu der ihm angebotenen ministeriellen Tätigkeit entschloß, war nicht unüberlegt. Er wußte wohl, daß er sich damit auf einen „Platz" stellte, von dem aus „das durchaus Scheissige dieser zeitlichen Herrlichkeit" erkennbar wurde. – 1776 Geheimer Legationsrat und Mitglied des Geheimen Conseils, 1779 Geheimer Rat, 1782 geadelt – übernahm den Vorsitz der neugegründeten Bergwerkskommission, bald auch den der Wegebaukommission, schließlich die Leitung der Staatsfinanzen: Aufgaben, die er sehr ernst und effektiv wahrnahm. Schon im Herbst 1776 hatte er sich des Theaters angenommen; es kamen eigene frühere Sprechstücke und Singspiele zur Aufführung. Den Höhepunkt dieser Aufführungen bildete 1779 die *Iphigenie*.

G.s Verhältnis zum Herzog entwickelte sich zu einer beständigen, zugleich vertrauten und respektvollen Freundschaft. Eine enge Bindung hatte sich gleich anfangs zu Charlotte von Stein geknüpft, der glücklos verheirateten Frau des Oberstallmeisters Ernst Josias von Stein. Zur inneren Entfernung kam es durch G.s auch ihr verschwiegenen Entschluß, für unbestimmte Zeit nach Italien zu gehen. In der Lebenskrise, in die er durch Arbeitsüberlastung und die einengende Liebesbindung geraten war, schien es ihm notwendig, die Basis seiner Existenz noch einmal neu zu gründen. In den zwei italienischen Jahren (September 1786 bis Mitte 1788) hat er nicht nur Rom mit seinen antiken Bau- und Kunstwerken und in Neapel das Volksleben gründlich kennengelernt, nicht nur in Sizilien gewissermaßen Griechenland erfahren, sondern sich selbst wiedergefunden. Poetische Frucht dieser Jahre war die Umsetzung der *Iphigenie* in Blankverse und die Vollendung des noch in Frankfurt begonnenen *Egmont*-Dramas.

Der aus Italien Zurückgekehrte wurde von den laufenden Regierungsgeschäften entbunden. Erst 1791 wieder fiel ihm die Leitung des neugegründeten Hoftheaters zu, der er sich bis 1817 unterzog. Er vollendete jetzt das aus Rom mitgebrachte *Tasso*-Drama wie auch den wohl schon in Rom begonnenen Gedichtzyklus der *Römischen Elegien*. Das sinnlich-antike Lebensgefühl, aus dem sie sich nährten, erfuhr neue Belebung durch die Beziehung zu Christiane Vulpius. Aus ihr entwickelte sich eine lebenslange Verbindung; Weihnachten 1789 kam der Sohn Julius August Walther zur Welt, jedoch erst 1806 wurde die Ehe geschlossen, auch als ein Zeichen des Dankes für Christianes mutiges Verhalten während der Einnahme Weimars durch die Franzosen (1806). Das Mißbehagen an Freunden und Umwelt, das G. seit seiner Rückkehr nicht verloren hatte, kompensierte er durch intensive Beschäftigung mit der botanischen und zoologischen Morphologie wie mit der Farbenlehre. Dieser auf das Normative gerichtete Sinn war es wohl vor allem, der G. den Ausbruch der Französischen Revolution als das „schrecklichste aller Ereignisse" erfahren ließ. Dabei war er kein Anhänger des „ancien régime". – Es folgten unruhige Jahre: 1790 eine Reise nach Venedig, um → Anna Amalia, die Mutter Karl Augusts, abzuholen, und drei weitere Reisen zur Begleitung des Herzogs: der Aufbruch ins schlesische Feldlager anläßlich der Reichenbacher Konvention 1790, die Teilnahme an der Campagne in Frankreich 1792 und an der Belagerung von Mainz 1793.

1794, auf dem Höhepunkt der Revolution in Paris, entschloß sich Friedrich → Schiller zur Gründung der Monatsschrift „Die Horen" und bat G. um Mitarbeit. Damit begann das Jahrzehnt ihrer fruchtbaren Zusammenarbeit: die Epoche der deutschen literarischen Klassik – parallel zum Jahrzehnt der Frühromantik. Zu dem antirevolutionären Programm der „Horen", dem es gleichwohl um Verbesserung des gesellschaftlichen Zustandes ging, lieferte G. einen programmatischen Beitrag mit dem Novellenzyklus *Unterhaltungen deutscher Ausgewanderten*. Schon um die Jahreswende 1795/96 zeichnete sich jedoch der Mißerfolg der Zeitschrift ab. Als G. und Schiller in über 900 *Xenien*, bissigen Zwei- und Vierzeilern, mit der Urteilsunfähigkeit von Kritikern und Zeitgenossen abrechneten, war „alles in Aufruhr". Schillers Tod im Mai 1805 war für G. ein Verlust ohnegleichen; erst nach Wochen konnte er sich wieder zur Arbeit an der *Farbenlehre* und auch zur Fortsetzung des *Faust*-Fragments entschließen, das, schon aus Frankfurt mitgebracht, erst 1806 vollendet wurde. Napoleons Sieg bei Jena und Auerstedt 1806 und die harten Folgen für das Land überschatteten auch G.s literarische Tätigkeit, unterbrachen sie aber nicht. Er hat das politische System des Rheinbundes unter napoleonischem Protektorat (1805) miterlebt, die Auflösung des Alten Reiches nicht bedauert. Seine Audienz bei Napoleon (Erfurter Fürstentag 1808) rechnete er zu den höchsten Augenblicken seines Lebens.

Im ersten Friedensjahr 1814 beschloß G., nach 17 Jahren sein „Freies Geburtsland" endlich wiederzusehen und zur Kur nach Wiesbaden zu gehen. Es war der Aufbruch zu neuer Produktivität. Mitverursacht wurde sie durch die Lektüre des persischen Dichters Hafis (14. Jh.). Als der *West-Östliche Divan* 1819 erschien, war er zu zwölf Büchern angewachsen, aus denen sich das *Suleika*-Buch durch die Fülle seiner Gedichte heraushebt. Sie waren 1815 aus der Liebe zu Marianne, der Frau des befreundeten Frankfurter Bankiers Johann Jacob von Willemer, entstanden.

1816 wurde G. bei der Modernisierung der Verwaltung des zum Großherzogtum erhobenen Kleinstaates Sachsen-Weimar die Oberaufsicht über alle Landesanstalten für Kunst und Wissenschaft übertragen, die er – mit dem Titel eines Staatsministers – bis zu seinem Tod ausübte. Ein Jahr nach dem Tod Christianes (1816) zog der Sohn August von G. mit seiner Frau Ottilie, geb. von Pogwisch, in das Haus am Frauenplan. August von G. starb noch vor seinem Vater 1830 in Rom. – Die Kurreisen gingen nun seit 1821 nach Marienbad, wo G. 1823 von der jungen Ulrike von Levetzow stark angezogen wurde. Der vom Großherzog überbrachte Heiratsantrag blieb erfolglos. Es war G.s letzte große Reise. Fortan beschäftigte ihn die Vorbereitung der vollständigen Ausgabe seiner Werke, die er 1831, unterstützt von Johann Peter Eckermann, abschließen konnte. „Hauptgeschäft" der letzten Jahre war die Fortsetzung des *Faust* und der *Lehrjahre*. 1829 erschien die neubearbeitete Fassung von *Wilhelm Meisters Wanderjahren*. Für die Fortsetzung des *Faust* knüpfte G. an die 1800 verfaßten Verse einer *Helena*-Dichtung in veränderter Weise an; die verbleibenden Akte konnte er vollenden. Am 22. März 1832, mittags um halb zwölf, starb G.

AUSGABEN: G.s Werke. Abt. 1-4. Zusammen 133 Bde. Weimar 1887-1919. Nachdr. München 1987, nebst 3 Nachtragsbänden, hrsg. v. Paul Raabe. [Weimarer Ausg.] – Die Schriften zur Naturwissenschaft. Hrsg. im Auftrag der Deutschen Akademie der Naturforscher. Weimar 1947 ff. – Gedenkausgabe. Hrsg. v. Ernst Beutler. 24 Bde. nebst 3 Ergänzungsbänden, Zürich 1948-71. – Werke. Hrsg. v. der Deutschen Akademie der Wissenschaften zu Berlin. Berlin 1952-75. [Akademie-Ausg., abgebrochen] – Werke. Hamburger Ausgabe. Hrsg. v. Erich Trunz. Hamburg 1960-71; Neuaufl. seit 1952, seit 1972: München. – Sämtliche Werke. Briefe, Tagebücher und Gespräche. Frankfurter Ausgabe. 40 Bde., Frankfurt/Main 1985 ff. – Sämtliche Werke nach Epochen seines Schaffens. Münchner Ausgabe. 21 in 26 Bänden, München 1985 ff. – Corpus der Goethe-

zeichnungen. Bearb. v. Gerhard Femmel. 7 Bde., München ²1972-79.
LITERATUR: *Bibliographien:* G.-Bibliographie. Begründet von Hans Pyritz ... 2 Bde., Heidelberg 1965-68. – G.-Bibliographie. In: Jahrbuch der G.-Gesellschaft bzw. G.-Jahrbuch. – Internationale Bibliographie zur Deutschen Klassik. Weimar 1959 ff. – *Biographien:* Emil Staiger: G. 3 Bde., Zürich/Freiburg 1952-54. – Kurt Robert Eissler: G. Eine psychoanalytische Studie. Basel/Frankfurt 1983. – Karl Otto Conrady: G. Leben und Werk. Frankfurt/Main 1987. – Dorothea Hölscher-Lohmeyer: J. W. G. München 1991. – Heinrich Meyer: G. Das Leben im Werk. Zürich 1994. – Nicholas Boyle: G. Der Dichter in seiner Zeit. Bd. 1, München 1995. – *Studien:* Wolfgang Schadewaldt: Goethestudien. Zürich 1963. – Ernst Beutler: Essays um G. Zürich/München ⁷1980. – Albrecht Schöne: G.s Farbentheologie. München 1987. – Victor Lange: G. Stuttgart 1989. – Friedrich Sengle: Das Genie und sein Fürst. Die Geschichte der Lebensgemeinschaft G.s mit dem Herzog Carl August von Sachsen-Weimar-Eisenach. Stuttgart/Weimar 1993. – G.-Handbuch. 4 Bde., Stuttgart 1996 ff.
Dorothea Hölscher-Lohmeyer

Goetten, Gabriel Wilhelm, Pseud. Gottlieb Musenhold, evang. Theologe, Publizist, * 4.12.1708 Magdeburg, † 28.8.1781 Hannover.
G. studierte seit 1724 Theologie an den Universitäten Halle und Helmstedt und trat während seiner Zeit als Hauslehrer u. a. mit einer Ditton-Übersetzung (*Die Wahrheit der christlichen Religion [...]*, 1732) hervor. Seit 1730 war er Mitglied der Deutschen Gesellschaft in Leipzig. 1732 wurde er Pastor an St. Michael in Hildesheim, 1736 in Celle, 1741 Superintendent in Lüneburg, 1746 Hofprediger und Konsistorialrat in Hannover, wo er ein Schullehrerseminar einrichtete und leitete. G.s Hauptwerk *Das jetzt lebende gelehrte Europa* (3 Tle., 1735-40, Nachdruck 1975) gilt als eines der ersten bio-bibliographischen Nachschlagewerke über Zeitgenossen.
WEITERE WERKE: Der frühzeitige Student. Hamburg 1737.

Goldschmidt, Johann Baptista, eigentl. Heymann Joseph G., Mediziner, * 1761 Baiersdorf bei Kulmbach, † 18./19.11.1835.
G. studierte Medizin an der Univ. Königsberg, wurde mit der Arbeit *Momenta quaedam ad comparationem pathologiae humoralis cum nervosa* promoviert und setzte seine Studien in Berlin fort. 1792 ließ er sich als Arzt in Frankfurt/Main nieder, wurde Armenarzt und praktizierte am dortigen Israelitischen Krankenhaus. G. gehörte zu den ersten, die sich um die Einführung der Kuhpockenimpfung in Frankfurt bemühten (*Allgemeine Übersicht der Geschichte der Kuhpocken und deren Einimpfung als das sicherste und heilsamste Mittel zur gänzlichen Ausrottung der Menschenblattern usw.*, 1801). G. konvertierte zum Katholizismus und war 1817-31 städtischer Armenarzt.

Goltstein, Johann Ludwig Franz (Anton Joseph Adam) Graf von, Staatsmann, * um 5.10.1719 Düsseldorf, † 5.9.1776 Düsseldorf.
G. stammte aus einem alten Adelsgeschlecht und wurde nach dem Studium an der Univ. Leiden (1737-39) wie seine Vorfahren kurpfälzischer Beamter. Seit 1740 Jülicher Landkommissar, wurde er 1751 Vizepräsident, 1757 Präsident der jülich-bergischen Hofkammer in Düsseldorf. Seit 1768 Statthalter der Herzogtümer Jülich und Berg, kümmerte er sich um die Verbesserung der Verkehrswege und des Rheinhandels, um Bergbau, Industrie und Bauwesen und um das kulturelle Leben und die Volksaufklärung. 1774 ging G. als Finanzminister nach Mannheim, kehrte aber im folgenden Jahr an den Niederrhein zurück.

Gomperz, Aaron ben Salman Emmerich, Mediziner, Philosoph, Schriftsteller, * 10.12.1723 Berlin, † 10.4.1769 Hamburg.
G. studierte Religionsphilosophie, Mathematik und Naturwissenschaften, verkehrte am Hof Friedrichs des Großen und erarbeitete die astronomischen und kalendarischen Berechnungen für den jüdischen Kalender, der regelmäßig in Berlin erschien. 1751 in Frankfurt/Oder promoviert (*De temperamentis*), unternahm er seit 1754 Studienreisen. 1761 ließ er sich in Hamburg nieder und war für wohltätige Stiftungen tätig. G. beschäftigte sich mit der geschichtlichen Entwicklung der Wissenschaften und veröffentlichte *Megalle sod* (1765).

Gottsched, Johann Christoph, Literaturtheoretiker, Publizist, * 2.2.1700 Juditten (heute zu Königsberg), † 12.12.1766 Leipzig.
Der Sohn eines Pfarrers studierte an der Königsberger Univ. Theologie und Philosophie. 1724 floh er aus seiner Heimat, um einer Aushebung als Soldat zu entgehen. Geprägt von der Philosophie → Wolffs und → Leibnizens, bot ihm das Buchhandelszentrum Leipzig ideale Voraussetzungen, sein kulturpolitisches und pädagogisches Reformprogramm durchzusetzen, das nicht nur auf eine deutsche Nationalsprache und Nationalliteratur abzielte, sondern auch gegen Aberglaube und Orthodoxie gerichtet war. So bildete der Leipziger Prof. der Poesie (1730) und der Logik und Metaphysik (1734) eine Allianz mit dem gering geachteten Stand der Theaterleute (Theaterreform mit Friederike Caroline und Johann Neuber) und schrieb die Regeltragödie *Sterbender Cato* (1732).
G. bestimmte als Senior der Leipziger Deutschen Gesellschaft (1727-38) und als Zeitschriftenherausgeber (seit 1725) das literarische Leben der frühen Aufklärung. Er veröffentlichte zwei Moralische Wochenschriften („Die Vernünftigen Tadlerinnen", 1725/26; „Der Biedermann", 1727-29) und drei literaturkritische Journale („Beyträge zur Critischen Historie der deutschen Sprache, Poesie und Beredsamkeit", 1732-44; „Neuer Büchersaal der schönen Wissenschaften und freyen Künste", 1745-50; „Das Neueste aus der anmuthigen Gelehrsamkeit", 1751-62), die an ein bürgerliches Publikum

Gottsched

adressiert waren. Seine Hauptmitarbeiterin und Ehefrau Luise Adelgunde Victorie →G. arbeitete in seinem Sinne als Übersetzerin, Rezensentin und Dramenautorin. G. stand mit etwa neunhundert Gelehrten in Europa in Kontakt und initiierte bzw. unterstützte zahlreiche gelehrte Gesellschaften.

Sein universalistisches Œuvre ist an den Hauptwerken, der Poetik *Versuch einer Critischen Dichtkunst* (1729, datiert 1730), der Philosophie *Erste Gründe der gesammten Weltweisheit* (1733/34), der Rhetorik *Ausführliche Redekunst* (1736), der Grammatik *Deutsche Sprachkunst* (1748) und der Dramensammlung *Die Deutsche Schaubühne* (1741-45), ablesbar. G. gilt auch als wichtiger Vermittler und Popularisator naturwissenschaftlicher Kenntnisse. Somit verbindet G. erstmals barocke Gelehrsamkeit mit aufklärerischer Breitenwirkung. Literarhistorische Bedeutung erlangte er durch die *Critische Dichtkunst*, in der er eine rationalistische, auf Naturnachahmung basierende Poetik propagierte. An Miltons *Paradise Lost* entzündete sich der „Literaturstreit" mit den Schweizern Johann Jakob →Bodmer und Johann Jacob →Breitinger, in dem G. unterlag und der ihn in der Folge zum Gespött der Nachwelt werden ließ (so zum Beispiel in →Lessings 17. Literaturbrief). G.s Leistungen hinsichtlich der „Organisation eines überregionalen Literaturbetriebes" bleiben davon unberührt.

WEITERE WERKE: Ausgewählte Werke. Hrsg. v. Joachim Birke/P. M. Mitchell. Berlin/New York 1968-95. – Schriften zu Theorie und Praxis aufklärender Literatur. Hrsg. v. Uwe-K. Ketelsen. Reinbek bei Hamburg 1970. – Schriften zur Literatur. Hrsg. v. Horst Steinmetz. Stuttgart 1972. – Reden, Vorreden, Schriften. Hrsg. v. Marianne Wehr. Leipzig 1974. – Der Biedermann. Hrsg. v. Wolfgang Martens. Stuttgart 1975. – Die Vernünftigen Tadlerinnen. Hrsg. v. Helga Brandes. Hildesheim 1993.

LITERATUR: Theodor Wilhelm Danzel: G. und seine Zeit. Auszüge aus seinem Briefwechsel. Leipzig 1848. – Gustav Waniek: G. und die deutsche Litteratur seiner Zeit. Leipzig 1897. – Werner Rieck: J. C. G. Eine kritische Würdigung seines Werkes. Berlin (Ost) 1972. – Hans Otto Horch/Georg-Michael Schulz: Das Wunderbare und die Poetik der Frühaufklärung. G. und die Schweizer. Darmstadt 1988. – Heide Hollmer: Anmuth und Nutzen. Die Originaltrauerspiele in G.s 'Deutscher Schaubühne'. Tübingen 1994. – P. M. Mitchell: J. C. G. (1700-1766). Harbinger of German Classicism. Columbia, S. C. 1995. – Gabriele Ball: Moralische Küsse. G. als Zeitschriftenherausgeber und literarischer Vermittler. Göttingen 2000.

Gabriele Ball

Gottsched, Luise (Adelgunde Victorie), geb. Kulmus, genannt Gottschedin, Schriftstellerin, * 11.4.1713 Danzig, † 26.6.1762 Leipzig.

Auf einer Reise lernte die Tochter eines Arztes Johann Christoph →G. kennen und heiratete ihn 1735. „Musterhafte Gehilfin" ihres Mannes und Mitarbeiterin an dessen Zeitschriften, vor allem aber unermüdliche Übersetzerin englischer und französischer Autoren, verdankte er ihr den Abschluß zahlreicher literarischer und wissenschaftlicher Unternehmungen, z. B. der Übersetzung der englischen Moral Weeklies „Spectator" und „Guardian" von Joseph Addison und Richard Steele, die zu Vorbildern für die Moralischen Wochenschriften wurden, und der deutschen Fassung des *Historischen und Critischen Wörterbuchs* von Pierre Bayle (4 Bde., 1741-44, Nachdr. 1974-78). Mit Übersetzungen von Molière, Voltaire u. a. war sie an J. C. G.s Sammlung *Die deutsche Schaubühne* (1741-45, ²1746-50) beteiligt. Sie verfaßte, ihrem Mann an literarischem Talent überlegen, auch eigene Lustspiele, darunter die anonym erschienene Komödie *Die Pietisterey im Fischbein-Rocke* (1736), die als eine frühe sächsische Typenkomödie das Frömmlertum verspottet. Ihre Briefe (3 Bde.) wurden zuerst 1771-73 von Dorothea Henriette von Runckel herausgegeben.

Graff, Anton, schweizer. Maler, * 18.11.1736 Winterthur, † 22.6.1813 Dresden.

G. erhielt in Winterthur seine erste Ausbildung zum Maler bei Johann Ulrich Schellenberg und arbeitete 1756-65, unterbrochen durch Studienaufenthalte in Ansbach und Nürnberg, bei Johann Jakob Haid in Augsburg. Seit 1766 war er Hofmaler des sächsischen Kurfürsten und Lehrer an der Kunstakademie in Dresden. Unter seinen über 2000 nachweisbaren Werken befinden sich neben Porträts aus adligen Kreisen erstmals in wesentlicher Zahl Bildnisse von Repräsentanten des aufstrebenden Bürgertums, u. a. von Heinrich von →Kleist, Christian Fürchtegott →Gellert und Theodor Körner. G.s Landschaften beeinflußten u. a. Philipp Otto Runge und Caspar David Friedrich. Die Maltechnik seiner letzten Schaffensperiode verweist in einigen Details auf den Impressionismus.

Gramberg, Gerhard Anton, Mediziner, Schriftsteller, * 5.11.1744 Tettens bei Jever, † 10.3.1818 Oldenburg.

Der Pastorensohn studierte 1762-66 in Göttingen Medizin (Promotion 1766, *De haemoptysi in genere et speciatim eius nexu cum varia adversa exhypochondriis valetudine*) und ließ sich 1767 als Arzt in Oldenburg nieder. Seit 1778 Hof- und Garnisonsarzt, erhielt er 1783 den Titel eines Kanzleirats und war seit 1794 Landphysikus des Herzogtums Oldenburg. Der Aufklärung verpflichtet, veröffentlichte er in den von ihm mitherausgegebenen Zeitschriften „Blätter vermischten Inhalts" (1787-97) und „Oldenburgische Zeitschrift" (1804-07) zahlreiche populärwissenschaftliche, historische, biographische, musikalische und numismatische Beiträge. G. war mit Friedrich →Nicolai befreundet und Mitarbeiter an dessen „Allgemeiner deutscher Bibliothek" (1765-1805). Er war der Vater von Gerhard Anton Hermann →G.

WEITERE WERKE: Maßregeln gegen die Verbreitung einer Pocken-Epedemie. Oldenburg 1814.

Gramberg, Gerhard Anton Hermann, Jurist, Schriftsteller, * 18.9.1772 Oldenburg, † 10.5.1816 Oldenburg.

Der Sohn Gerhard Anton →G.s studierte seit 1790 in Jena und Erlangen Rechtswissenschaften und ließ sich 1793 als Anwalt in seiner Heimatstadt nieder. Als Sekretär des Kammerkollegiums 1799 in den Staatsdienst eingetreten, war er 1808-11 Assessor am oldenburgischen Landgericht. Unter der französischen Besatzung wurde er Rat am Kaiserlichen Oberappellationsgericht in Hamburg. Mit der Wiederherstellung der alten Ordnung 1813 kehrte G. nach Oldenburg in die Justizkanzlei und das Konsistorium zurück. Er war Mitglied der Literarischen Gesellschaft und schrieb Gedichte (*Kränze*, 5 Bde., 1801-17), Verserzählungen, Schauspiele und Aufsätze.

Graßmann, Gottfried Ludolf, evang. Theologe, Agrarschriftsteller, * 3. 4. 1738 Landsberg/Warthe, † 31. 8. 1798 Sinzlow bei Stettin.
Nach dem Theologiestudium und der Betreuung von Pfarrstellen in Wittmannsdorf und Stargard war G. seit 1768 in Sinzlow und Kortenhagen tätig. Er widmete sich landwirtschaftlichen Studien und brachte u. a. seit 1774 das Periodikum „Berliner Beiträge zur Agrarwissenschaft" heraus. Wegen seiner Verdienste um die Behebung von Mißständen in der pommerschen Dreifelderwirtschaft ernannte ihn die preuß. Regierung zum königlichen Regierungskommissar in Landeskulturangelegenheiten. Die Arbeit *Über die allgemeine Stallfütterung des Viehs [...]* (1788) wurde von der Preußischen Akademie der Wissenschaften mit einem Preis ausgezeichnet.

Greiling, Johann Christoph, evang. Theologe, Pädagoge, * 21. 12. 1765 Sonneberg (Thüringen), † 3. 4. 1840 Aschersleben.
Der Sohn eines Orgelbauers wurde mit 15 Jahren Kandidat des Schulamtes und studierte danach an der Univ. Jena Philosophie und Theologie. 1788 trat er als Hofmeister in den Dienst eines kursächsischen Oberlandjägermeisters. 1797 wurde er Pastor in Schochwitz, später in Neugattersleben bei Magdeburg, 1805 Oberhofprediger in Aschersleben. G. verfaßte Kanzelvorträge und philosophisch-pädagogische Schriften, in denen er versuchte, die Grundsätze der Philosophie → Kants auf die Erziehungslehre anzuwenden. Sein Buch *Philosophische Briefe über die Grundsätze der religiös-sittlichen Erziehung* (1794) fand zu seiner Zeit große Verbreitung.

Grellmann, Heinrich Moritz Gottlieb, Historiker, * 7. 12. 1756 Jena, † 13. 10. 1804 Moskau.
G. besuchte das Gymnasium in Weimar und studierte von 1776 bis 1781 Theologie in Jena. Nach der Erlangung der Magisterwürde an der Philosophischen Fakultät wechselte er an die Univ. Göttingen, wo er 1787 a. o. und 1791 o. Prof. für Philosophie und Statistik wurde. 1804 als Prof. der Statistik an die Univ. Moskau berufen, starb G. dort bereits wenige Monate nach seiner Ankunft. In Göttingen lebte G. zunächst im Haus des Natur- und Sprachforschers Christian Wilhelm → Büttner. Nach dessen Übersiedlung nach Jena zog G. 1783 zu → Lichtenberg, in dessen „Göttinger Taschenkalender" er auch publizierte. Von Büttner hat G. Anregungen erhalten für seine Veröffentlichung *Die Zigeuner: ein historischer Versuch ueber die Lebensart und Verfassung, Sitten und Schicksale dieses Volkes in Europa, nebst ihrem Ursprung* (1783), die G. berühmt machte. Eine zweite, veränderte Auflage folgte 1787; das Buch wurde ins Englische (1787 bzw. 1807), Französische (1788 bzw. 1810) und Holländische (1791) übersetzt. Der erste, kompilierende, ethnographische Teil des Buches stellt die Zigeuner als ein unzivilisiertes, orientalisches Volk den Europäern gegenüber. G. beschreibt die von ihm wahrgenommene „moralische Verdorbenheit" der „Zigeuner" als Resultat ihrer rechtlichen und sozialen Isolation. Er hielt Verbesserung durch Assimilation für möglich, eine Hoffnung, die in den Ansätzen der theresianischen Reformen gründeten. Im zweiten Teil des Buches weist G., sich auf Büttners und Johann Christoph Rüdigers einschlägige Schrift stützend, vor allem aus sprachgeschichtlichen Gründen die Herkunft der Roma und Sinti aus Indien nach. Er interpretierte sie dann jedoch ethnisch als Abkömmlinge der Parias. Trotz des Erfolges blieb G.s ethnographischer Ansatz nicht unkritisiert. G.s Buch ist im 19. und 20. Jh. immer wieder für rassistische Zwecke benutzt worden.

WEITERE WERKE: Kurze Geschichte der Stol Gebühren oder geistlichen Accidenzien, nebst andern Hebungen, nach ihrer Entstehung in allmählicher Entwicklung abgehandelt. Göttingen 1785. Staatskunde der vornehmsten welt – und geistlichen Staaten von Teutschland. Ein Grundriß zum Gebrauch seiner Vorlesungen. Th. 1: Beschreibung des teutschen Reichs. Göttingen 1790. – Gegenwärtiger Zustand des päpstlichen Staats, vorzüglichen Hinsicht seiner Justizpflege und Ökonomie. Helmstadt 1792. – Historische Kleinigkeiten zum Vergnügen und Unterricht aus der Zerstreuung gesammelt. Göttingen 1794. – Statistische Aufklärungen über wichtige Theile und Gegenstände der österreichischen Monarchie. 3 Bde., Göttingen 1795-1802. – Historisch-statistisches Handbuch von Teutschland und den vorzüglichsten seiner besonderen Staaten. 2 Bde., Göttingen 1807-09. – G. schrieb rund 85 Rezensionen für die „Göttingischen Gelehrten Anzeigen".

LITERATUR: Martin Ruch: Zur Wissenschaftsgeschichte der deutschsprachigen Zigeunerforschung von den Anfängen bis 1900. Diss. Freiburg/Breisgau 1986, S. 94-127. – Katrin Ufen: Aus Zigeunern Menschen machen. H. M. G. G. und das Zigeunerbild der Aufklärung. In: Wulf D. Hund (Hrsg.): Zigeuner. Geschichte und Struktur einer rassischen Konstruktion. Duisburg 1986. – Claudia Breger: H. M. G. G. – Überlegungen zur Entstehung und Funktion rassischer Deutungsmuster im Diskurs der Aufklärung. In: Historische Rassismusforschung. Ideologen, Täter, Opfer. Hrsg. v. Barbara Danckwortt/Torsten Querg/Claudia Schöning. Hamburg 1995, S. 34-69. – Wim Willens: In Search of the True Gipsy. From enlightenment to Final Solution. London/Portland, Or. 1997.
Johan van der Zande

Griesbach, Johann Jakob, evang. Theologe, * 4. 1. 1745 Butzbach (Hessen), † 12. 3. 1812 Jena.
Der Pfarrersohn studierte in Tübingen, Leipzig und Halle, wo er 1768 Magister der Philosophie wurde. Auf einer Studienreise durch Deutschland, Holland,

England und Frankreich erarbeitete er sich eine große Sammlung von Lesarten neutestamentlicher Handschriften, Kirchenväterzitaten und wenig bekannten Übersetzungen, die den Grundstock seiner Forschungsarbeit bildete. Zurückgekehrt, habilitierte er sich 1771 in Halle und wurde 1773 Prof. des Neuen Testaments. 1775 folgte er einem Ruf nach Jena, wo er bis zu seinem Tod lehrte. Aufbauend auf der Arbeit Johann Albrecht Bengels, begründete G. die neutestamentliche Textkritik und Textgeschichte. 1774/75 gab er die erste textkritische Ausgabe des Neuen Testaments heraus, die an über 350 Stellen vom überlieferten „textus receptus" abwich. G. führte für die ersten drei Evangelien den Begriff „Synoptiker" ein und veröffentlichte die erste Ausgabe in Parallelkolumnen. Er verkehrte freundschaftlich mit → Goethe, → Schiller und → Wieland. G. war seit 1781 sachsenweimarischer Kirchenrat, seit 1784 Geheimer Kirchenrat.

Griesheim, Christian Ludwig von, Kameralist, * 1709, † 10.10.1767 Ullersdorf bei Görlitz.
In wohlhabenden Verhältnissen aufgewachsenen, widmete sich G. nach dem Studium der Agrarverwaltung und unternahm Studienreisen durch Deutschland, Ungarn, Böhmen und Dänemark, bevor er in den sachsen-gothaischen Dienst eintrat. Er brachte es bis zum Oberamtshauptmann, Hof- und Konsistorialrat, wurde jedoch 1752 aus nicht geklärten Gründen entlassen. Danach lebte er in verschiedenen Orten und veröffentlichte u. a. *Die Stadt Hamburg in ihren politischen, ökonomischen und sittlichen Zuständen* (1759) und *Beiträge zur Aufnahme des blühenden Wohlstands der Staaten* (2 Bde., 1762-67).

Grimm, (Friedrich) Melchior Frh. von, Schriftsteller, Diplomat, * 26.12.1723 Regensburg, † 18.12.1807 Gotha.
G. stammte aus einer Pfarrersfamilie und schrieb schon als Schüler Lyrik sowie die 1748 in → Gottscheds „Schaubühne" abgedruckte Romandramatisierung *Banise*. 1742-45 studierte er in Leipzig Literatur, Geschichte und öffentliches Recht. Nach drei Jahren als Hauslehrer in Regensburg übersiedelte er 1749 nach Paris, wo er mit den wichtigsten Vertretern der intellektuellen Szene, darunter Denis Diderot und Jean-Jacques Rousseau, verkehrte, Beiträge zur *Encyclopédie* lieferte und sich mit der Polemik *Le petite Prophète de Boehmisch-Broda* (1753) im damaligen Opernstreit einen Namen machte. Kurz nach Veröffentlichung dieser Streitschrift begann G. in der Nachfolge des Abbé Raynal die *Correspondance littéraire, philosophique et critique [...]* als vierzehntägig versandtes Periodikum mit Berichten über das künstlerische Leben der Metropole, später zunehmend auch über die politischen und gesellschaftlichen Zustände in Frankreich. Abonnenten waren ausschließlich europäische Fürstenhöfe. Zwar konnte G. durch die Form der Geheimkorrespondenz keine öffentliche Wirkung erzielen, aber sie ermöglichte ihm eine unerhörte Berichterstattung, die als Dokument der Geistes-, Kultur- und Sozialgeschichte des vorrevolutionären Frankreich von unschätzbarem Wert ist. 1774 überließ G. die Redaktion seiner Korrespondenz Jakob Heinrich → Meister und trat in diplomatischen Dienst von Sachsen-Gotha und Katharinas II., deren Emigrantenfonds er, 1792 aus Paris geflohen und nach Deutschland zurückgekehrt, verwaltete.

Gröll, Michael, Verleger, Buchhändler, * 11.12.1722 Nürnberg, † 2.9.1798 Warschau.
G. lebte bis 1750 in Dresden, war seit 1755 Mitgesellschafter, seit 1756 Eigentümer einer Verlagsbuchhandlung und ging 1759 als königlicher Kommissionär und Buchauktionator nach Warschau. Seit 1778 besaß er dort die damals modernste polnische Druckerei. In seinem Verlag erschienen die Werke der bedeutendsten zeitgenössischen polnischen Schriftsteller, Übersetzungen ausländischer Autoren (u. a. Voltaire, Defoe, Rousseau, Molière), die wichtigste literarische Zeitung der polnischen Aufklärung „Zabawy Przyjemne i Pozyteczne" (Angenehme und nützliche Belustigungen) sowie Schulbücher, Kalender, wissenschaftliche Abhandlungen, Zeitungen und Kataloge. G. betrieb seit 1788 die erste Warschauer Leihbibliothek mit einer Lesehalle. Die Stadtbibliothek Nürnberg besitzt große Teile seiner Privatbibliothek.

Grohmann, (Johann) Christian August, Philosoph, * 7.8.1769 Großkorbetha bei Weißenfels, † 3.7.1847 Dresden.
G., Sohn eines Pastors, studierte seit 1786 Theologie und Philosophie in Leipzig und wurde 1790 promoviert. 1792 habilitierte er sich in Wittenberg (*Dissertatio de generationis atque temperatorum legibus*), erhielt 1798 eine außerordentliche Professur und wurde 1803 o. Prof. der Logik und Metaphysik. 1810 folgte er einem Ruf an das Hamburger Akademische Gymnasium, wo er bis zu seiner Pensionierung 1833 unterrichtete. Mit Werken wie *Ideen zu einer physiognomischen Anthropologie* (1791), *Philosophie der Medizin* (1808), *Ideen zur Entwickelung des kindlichen Alters* (1812) und *Ästhetik als Wissenschaft* (1830) versuchte G. eine Vermittlung zwischen Natur- und Geisteswissenschaft, speziell zwischen den medizinischen und anthropologischen Erkenntnissen und dem philosophischen Diskussionsstand der Zeit, und bereitete so den Weg für die moderne Entwicklungspsychologie.
WEITERE WERKE: Neue Beiträge zur kritischen Philosophie und insbesondere zur Logik. Leipzig 1796. – Über den Begriff der Geschichte der Philosophie. Wittenberg 1797. – Neue Beiträge zur kritischen Philosophie und insbesondere zur Geschichte der Philosophie. Berlin 1798 (mit Karl Heinrich Ludwig Pölitz). – Über das Verhältnis der Kritik zur Metakritik. Leipzig 1802. – Dem Andenken Kant's oder die neuern philosophischen Systeme in ihrer Nichtigkeit dargestellt. Berlin 1804.
LITERATUR: Werner Leibbrand: G., J. C. A. In: NDB 7, 1966, S. 119-120.

Grolmann, Heinrich Dietrich von, Jurist,
* 31. 12. 1740 Bochum, † 21. 10. 1840 Berlin.
G. studierte in Halle und Göttingen Rechtswissenschaften und trat 1765 als Kammergerichtsrat in den preuß. Staatsdienst ein. 1786 geadelt und zum Geheimen Justizrat ernannt, war er in den folgenden Jahren wesentlich an der Ausarbeitung des Allgemeinen Landrechts beteiligt und wurde 1804 Präsident des Geheimen Obertribunals. 1817-32 gehörte G. dem neueingerichteten Staatsrat an.

Groskurd, Christian Heinrich, Lehrer, * 2. 6. 1747 Hullersen (heute zu Einbeck), † 7. 2. 1806 Stralsund.
Der Sohn eines Pfarrers studierte 1767-70 in Göttingen Philologie und unterrichtete danach als Subrektor am Lyzeum in Stockholm. Seit 1775 war er Konrektor, 1779-1804 Rektor in Stralsund. Während seiner Zeit in Stockholm widmete sich G. intensiv der schwedischen Sprache und Literatur, übersetzte schwedische Reiseberichte und schrieb eine *Geschichte der schwedischen Bibelübersetzung*. Daneben veröffentlichte er Schulbücher und pädagogische Abhandlungen wie *Gedanken über die gemeinnützigste Einrichtung einer Schule* (1771).

Groß, Johann Gottfried, Journalist, * 8. 10. 1703 Uehlfeld bei Neustadt/Aisch (Mittelfranken), † 12. 7. 1768 Erlangen.
G. studierte in Halle und Leipzig evang. Theologie, Philosophie, Philologie, Statistik und Politik. Er war Hauslehrer, Prediger und Lehrer in Köthen, Bergen bei Magdeburg und Halle und wurde 1740 Prof. an der Erlanger Ritterakademie. 1741 gründete er in Erlangen das Periodikum „Auszug der neuesten Weltgeschichte", für das er fast sämtliche Beiträge selbst verfaßte. Als eine der ersten Zeitschriften im Sinne des modernen Journalismus mit Unterhaltungsartikeln, Anekdoten, politischen Berichten sowie klar und selbständig urteilenden Kommentaren fand sie ihre Leserschaft auch im europäischen Ausland und in den USA; sie erreichte die damals sehr hohe Auflage von bis zu 18 000 Exemplaren. Für einige Zeit wich G. mit seiner Zeitschrift nach Nürnberg aus, betätigte sich dort auch als politischer Agent Maria Theresias und kehrte 1753 nach Erlangen zurück. Er war auch ein engagierter Förderer der Landesgeschichte.

Grosser, Samuel, Pädagoge, Schriftsteller,
* 18. 2. 1664 Paschkerwitz (Schlesien), † 24. 6. 1736 Görlitz.
G. studierte 1683-88 in Leipzig und unterrichtete seit 1690 an der dortigen Nikolaischule. 1691 übernahm er eine Rektorenstelle in Altenburg, bis er 1695 Rektor am Gymnasium in Görlitz wurde. Als Pädagoge setzte sich G. vor allem für den Deutschunterricht und die mathematischen und philosophischen Fächer ein. Seine landeskundlichen, pädagogischen und grammatischen Studien trugen ihm 1712 die Aufnahme in die Preußische Akademie der Wissenschaften ein. G. veröffentlichte u. a. eine *Vita Christiani Weisii* (1710) und *Historisch-politische und andere Merckwürdigkeiten der beyden Marckgrafthümer Ober- und Niederlausitz* (1714).

Großmann, Gustav Friedrich Wilhelm, Schauspieler, Theaterleiter, Dramatiker,
* 30. 11. 1743 Berlin, † 20. 5. 1796 Hannover.
Nach dem Jurastudium wurde G. 1767 preuß. Legationsrat in Danzig, trat aber 1772 von dem Amt zurück, um sich in Berlin unter dem Einfluß von Karl Theophil Doebbelin ganz dem Theater zu widmen. Er schrieb Rezensionen und eigene Stücke, gab Zeitschriften heraus und ließ sich 1774 als Schauspieler der Wandergruppe des Abel Seyler engagieren. 1778 gründete er in Hannover die erste eigene Gesellschaft, machte sich bald einen Namen und erhielt an verschiedenen Höfen zum Teil mehrjährige Aufführungsprivilegien. 1787-96 Direktor in Hannover, riskierte er während der neunziger Jahre im Kampf für die Ideen und Ziele der Französischen Revolution den Konflikt mit den Behörden und starb schließlich an den Folgen einer kurzzeitigen Haftstrafe. G. förderte und verteidigte das moderne zeitgenössische Sturm-und-Drang-Drama, bewunderte und bevorzugte →Lessings Stücke und besorgte mehrere Uraufführungen des jungen →Schiller. Seine eigenen Stücke, u. a. *Nicht mehr als sechs Schüsseln* (Uraufführung 1780), waren meist bürgerlich-empfindsame Familiendramen von starker Bühnenwirksamkeit.

Gruber, Johann Gottfried, Pseud. Adolph Grimm, Joseph aus der Grube, Lexikograph, * 29. 11. 1774 Naumburg/Saale, † 7. 8. 1851 Halle/Saale.
Nach polyhistorischen Studien an der Univ. Leipzig wurde G. 1793 Magister, verzichtete zunächst auf eine akademische Laufbahn und lebte als Publizist und Schriftsteller. 1803 habilitierte, ging er 1805 nach Weimar und schloß sich insbesondere Christoph Martin →Wieland an, dessen Herausgeber (*Sämmtliche Werke*, 53 Bde., 1818-28), Interpret und Biograph er wurde. Während der Napoleonischen Kriege arbeitete er u. a. für die „Allgemeine Literaturzeitung" und verfaßte zahlreiche wissenschaftliche Werke. 1811 wurde G. Prof. der historischen Hilfswissenschaften in Wittenberg. Als Unterhändler der preuß. Regierung bewies er taktisches Geschick bei den Verhandlungen zur Zusammenlegung der Universitäten Wittenberg und Halle. Seit 1815 lehrte er an der Univ. Halle/Saale, deren Rektorat er 1817-21 innehatte. G. war seit 1815 lexikographischer Mitarbeiter an →Brockhaus' *Konversationslexikon*, seit 1818 neben Johann Samuel →Ersch Mitherausgeber, für die Bände 28-54 alleiniger Herausgeber der *Allgemeinen Encyklopädie der Wissenschaften und Künste* (168 Bde., 1818-50), des zum damaligen Zeitpunkt umfangreichsten, alle Wissensgebiete umfassenden Nachschlagewerkes. G.s Interesse galt insbesondere universalhistorischen Studien (u. a. *Geist und Geschichte aller Religionen. Ein Lehrbuch*, 1806). Er schrieb auch Romane.

Günther, Christian August, Jurist, * 1758 Schönstedt bei Langensalza, † 16. 7. 1839 Berlin.
Nach dem Studium der Rechtswissenschaften habilitierte sich G. 1781 an der Univ. Leipzig und folgte 1786 einem Ruf als a.o. Prof. der Rechte an die

Univ. Helmstedt, wo er zwei Jahre später zum o. Prof. und herzoglich braunschweigischen Hofrat ernannt wurde. 1804 übersiedelte er als Appellationrat nach Dresden und lebte seit 1815 als Oberlandesgerichtsrat in Naumburg. G. gab das „Magazin für Rechtsgelehrte" (4 Bde., 1784-86, mit C. F. Otto) und das „Archiv für die theoretische und praktische Rechtsgelehrsamkeit" (6 Bde., 1788-92, mit Theodor Hagemann) heraus.

Günther, Johann Arnold, Jurist, * 9. 4. 1755 Hamburg, † 20. 8. 1805 Hamburg.
Der Sohn eines Kaufmanns studierte Rechts- und Staatswissenschaften, Geschichte, Politik und Statistik an der Univ. Göttingen. Nach kurzer Tätigkeit am Reichskammergericht in Wetzlar und einer Studienreise durch Deutschland, Böhmen und Ungarn praktizierte er in seiner Heimatstadt als Rechtsanwalt. 1792 wurde G. in den Senat berufen, wo er sich vor allem gemeinnützigen Tätigkeiten zuwandte und u. a. 1788 die Gründung der Allgemeinen Armenanstalt initiierte. Er gehörte der „Patriotischen Gesellschaft" und dem einflußreichen Zirkel der „Donnerstags-Gesellschaft" an. G. veröffentlichte zahlreiche Schriften zu Themen der Staatswissenschaft, Nationalökonomie und des Handels.

Gundling, Jacob Paul Frh. von, Historiker, * 19. 8. 1673 Hersbruck (Mittelfranken), † 11. 4. 1731 Potsdam.
Der Bruder Nicolaus →G.s studierte an den Universitäten Altdorf, Helmstedt, Jena und wahrscheinlich auch Halle, unternahm als Hofmeister Reisen nach Holland und England und folgte 1705 einem Ruf an die neugegründete Ritterakademie in Berlin sowie als Historiograph an das kgl. Oberheroldsamt. Nach der Auflösung beider Institute durch König Friedrich Wilhelm I. wurde G. entlassen und 1713 zum Zeitungsreferenten bestellt. Er wirkte an der Verwaltungs- und Wirtschaftsreform wie auch an der Bereisung des Landes mit, aus der der *Brandenburgische Atlas* (1724) und andere wirtschaftsgeographische und historische Beschreibungen der preuß. Gebiete hervorgingen. 1718 wurde G. als Nachfolger von →Leibniz Präsident der Preußischen Akademie der Wissenschaften. Die immer wieder kolportierte Behauptung, er habe die Rolle eines Hofnarren spielen müssen, ist wahrscheinlich auf persönliche Widersacher zurückzuführen.

Gundling, Nicolaus (Hieronymus), Philosoph, Jurist, * 25. 2. 1671 Kirchensittenbach (Mittelfranken), † 9. 12. 1729 Halle/Saale.
Der Bruder Jakob Paul von →G.s studierte Theologie an den Universitäten Altdorf, Jena und Leipzig und erwarb 1695 in Altdorf das theologische Lizentiat. Anschließend Predigeramtskandidat in Nürnberg, ging er 1699 als Hofmeister nach Halle, wo er unter dem Einfluß von Christian →Thomasius Rechtswissenschaften und praktische Philosophie studierte und 1703 zum Dr. jur. promoviert wurde. Seit 1705 a. o. Prof. der Philosophie in Halle, übernahm er 1707 dort die Professur der Eloquenz, später die des Natur- und Völkerrechts und wurde zum Konsistorialrat und preuß. Geheimen Rat ernannt. In Anlehnung an die naturrechtlichen Gedanken des Thomasius trat G. zunächst als kritischer Journalist hervor und verfaßte 1702 anonym seine „Neuen Unterredungen", die vermutlich als Fortsetzung der Thomasischen „Monatsgespräche" konzipiert waren, jedoch bald wieder eingestellt werden mußten. Daneben gehörte er zu den führenden Mitarbeitern der „Observationes selectae ad rem litterariam spectantes" (1700-05) und leitete einige Jahre die „Neue Bibliothek". G. veröffentlichte u. a. *Historia philosophiae moralis* (Teil 1, 1706), *Abriß zu einer rechten Reichs-Historie* (1708, ²1724) und *Iurisprudentia sive Ius naturae et gentium* (1715, ²1728).

WEITERE WERKE: Dissertatio de statu naturali Hobbesii. Halle 1706. – Gundlingiana [...] allerhand zur Jurisprudentz, Philosophie, Historie, Critic, Litteratur und übrigen Gelehrsamkeit gehörige Sachen. Halle 1715-32. – Historie der Gelahrtheit. Hrsg. v. Christian Friedrich Hempel. 3 Tle., 1734-46. – Umständliches Leben und Schriften, Collegia, Studia, Inventa und eigene Meinungen. Hrsg. v. Christian Friedrich Hempel. Frankfurt 1736 (mit Biographie). – Collegium historico-literarium. 2 Bde., Bremen 1738-42. – Rechtliche Ausarbeitungen. Hrsg. v. Carl Ferdinand Hommel. 2 Bde., Halle 1772/73.
LITERATUR: Herbert Eichler: Von Ludewig und G. zur Romantik. In: Historische Vierteljahrsschrift 25 (1931) S. 214 ff. – Rolf Lieberwirth: G., N. H. In: NDB 7, 1966, S. 318-319.

Guts Muths, Johann Christoph Friedrich, Pädagoge, Turnlehrer, * 9. 8. 1759 Quedlinburg, † 21. 5. 1839 Ibenhain (heute zu Waltershausen).
G. studierte 1779-82 Theologie, Mathematik, Physik, Geschichte und neuere Sprachen an der Univ. Halle, war Hauslehrer und unterrichtete 1785-1839 an der Anstalt Schnepfenthal (Thüringen). Sein besonderes Interesse galt der philanthropischen Leibeserziehung. Er setzte sich für Spiele und das Schwimmen im Turnunterricht ein und ließ in Schnepfenthal den ersten Sportplatz in Deutschland einrichten. Durch sein Werk *Gymnastik für die Jugend* (1793, ²1804, Neuauflage 1957) trug G. zur Entwicklung und Verbreitung der Leibesübungen im In- und Ausland bei.
LITERATUR: Festschrift zum 200. Geburtstage von J. C. F. G. M. Hrsg. vom Wissenschaftlichen Rat des Staatlichen Komitees für Körperkultur und Sport beim Ministerrat der DDR. Bearb. v. Wilhelm Beier. Berlin 1959.

H

Hacker, Benedikt, Verleger, Komponist, * 30.5.1769 Metten (Niederbayern), † 2.5.1829 Salzburg.
H. ging zunächst bei einem Arzt in die Lehre, gab seine Medizinstudien aber bald zugunsten der Musik auf. Er erhielt bei Johann Baptist Sternkopf, dem Direktor der Musikschule in Metten, Orgel- und Klavierunterricht und ging 1783 nach Salzburg. Dort wurde er Geigenschüler Leopold Mozarts und Klavierschüler Michael Haydns. H. verdiente seinen Lebensunterhalt als Violinist des Nonnberger Stiftschors, bis er 1786 als Verkäufer in die Salzburger Hof- und akademische Waisenhausbuchhandlung eintrat. Nach einer Tätigkeit als Buchhalter der Mayrischen Buchhandlung eröffnete er eine Musikalienhandlung nebst einer Notenleihanstalt und einem Musiksaal. Als Verleger widmete er sich insbesondere der weltlichen Vokalmusik Michael Haydns, dem er freundschaftlich verbunden blieb. H. komponierte u. a. die Karnevalsoper *List wider List oder der Teufel im Waldschloß* (1801). H. beging Selbstmord.

Häberlin, Karl Friedrich, Jurist, Diplomat, * 5.8.1756 Helmstedt, † 16.8.1808 Helmstedt.
Der Sohn des Historikers Franz Dominicus H. studierte seit 1773 Jura in Helmstedt, erwarb 1777 das Auditoriat und ging als Praktikant an das Reichskammergericht nach Wetzlar, wo er die Interessen des Herzogs von Braunschweig vertrat. 1782 wurde er als o. Prof. der Rechte an die Univ. Erlangen berufen und hatte seit 1786 den Lehrstuhl für Deutsches Staatsrecht in Helmstedt inne. Als diplomatischer Beobachter nahm H. an der Kaiserwahl von 1790, 1797 als braunschweigischer Geschäftsträger an den Friedensverhandlungen in Rastatt teil. In seinen staatsrechtlichen Arbeiten (*Handbuch des Teutschen Staatsrechts*, 3 Bde., 1794-97) setzte er sich mit der Verfassungstheorie Montesquieus auseinander und befürwortete eine vorsichtige Übernahme der Errungenschaften der Aufklärung und Französischen Revolution, ohne die deutsche Staatsverfassung grundsätzlich in Frage zu stellen. H., der die Nobilitierung ablehnte, nahm 1808 seine Wahl in die Kriminaljustizkommission der Reichsstände im Königreich Westfalen an.

Härtel, Gottfried Christoph, Verleger, * 27.1.1763 Schneeberg/Erzgebirge, † 25.7.1827 Cotta bei Pirna.
Nach dem Studium der Rechtswissenschaften in Leipzig war H. Hauslehrer in Glauchau und Privatsekretär in Dresden. 1795 wurde er Teilhaber und im folgenden Jahr Alleininhaber des Musikverlags Breitkopf in Leipzig. Er begann mit der Herausgabe der Gesamtwerke → Mozarts und → Haydns; später kamen auch die „Œuvres complètes" weniger bekannter Komponisten hinzu. 1898 rief H. die „Allgemeine Musikalische Zeitung" ins Leben, die zunächst von Johann Friedrich Rochlitz und 1819-27 von H. selbst redigiert wurde. H. setzte sich für die Verbesserung der Drucktechniken, insbesondere der Notenlithographie, ein. 1816 errichtete er eine Klavierfabrik innerhalb des Verlagsunternehmens, die noch bis 1874 bestand.

Hagedorn, Friedrich von, Schriftsteller, * 23.4.1708 Hamburg, † 28.10.1754 Hamburg.
H. schrieb bereits als Kind Gedichte, die noch der früh verstorbene Vater veröffentlichte. 1726/27 war er an der Univ. Jena zum Studium der Rechtswissenschaften und der Literatur eingeschrieben; Schulden zwangen ihn jedoch, den Aufenthalt abzubrechen. H. war 1729-31 Privatsekretär eines dänischen Gesandten in London und nahm anschließend eine Stelle als Hofmeisters an. Seit 1733 Sekretär am English Court, einer englischen Handelsgesellschaft in Hamburg, fand er daneben Zeit für seine Studien, dichterischen Projekte und gesellschaftlichen Kontakte. H. war ein von Horaz, englischen (u. a. Prior, Gay, Shaftesbury), später französischen (vor allem La Fontaine) Autoren inspirierter anakreontischer Lyriker und Fabeldichter. Er reformierte die literarische Sprache und beschwor in seinen Werken bürgerliche Freiheit und Lebensfreude. H. schrieb zahlreiche Gelegenheitsgedichte und Epigramme. Er gilt als Begründer des literarischen Rokoko in Deutschland und hatte großen Einfluß auf → Lessing und den jungen → Goethe. Zu H.s Werken zählen *Versuch einiger Gedichte* (1729), *Versuch in poetischen Fabeln und Erzählungen* (1738), *Sammlung Neuer Oden und Lieder* (3 Bde., 1742-52) und *Moralische Gedichte* (1750).

Halem, Gerhard Anton von, Historiker, Schriftsteller, Jurist, * 2.3.1752 Oldenburg, † 4.1.1819 Eutin.
Der Bruder Ludwig von →H.s studierte 1768-70 Rechtswissenschaften an der Univ. Frankfurt/Oder, wurde in Kopenhagen 1770 promoviert und übernahm nach seiner Kavalierstour die väterliche Advokatur. 1775 wechselte er in den oldenburgischen Staatsdienst, wurde Assessor, später Kanzleirat, und war 1807-11 Direktor der Justizkanzlei und des Konsistoriums in Oldenburg. Danach Mitglied des kaiserlich-französischen Gerichtshofs in Hamburg, wurde H. 1813 als Regierungsrat nach Eutin versetzt. Als einer der herausragenden Vermittler aufklärerischen Gedankenguts in Nordwestdeutschland gründete er 1779 die „Literarische Gesellschaft" in Oldenburg, gab mehrere Zeitschriften (u. a. „Blätter

vermischten Inhalts", 1787-97) heraus und führte einen umfangreichen Briefwechsel mit Persönlichkeiten seiner Zeit. H.s Schriften, darunter historische Epen und Dramen, Lyrik und theologische Abhandlungen, weisen häufig einen didaktischen Zug auf. Als seine bedeutendsten Werke gelten die *Blicke auf einen Teil Deutschlands, der Schweiz und Frankreichs, bei einer Reise im Jahre 1790* (1791), mit den radikalen Republikanertum sympathisierende Augenzeugenberichte, und die historiographischen Arbeiten, u. a. eine *Geschichte des Herzogthums Oldenburg* (3 Bde., 1794-96).

Halem, Ludwig (Wilhelm Christian) von, Bibliothekar, Historiograph, * 3. 9. 1758 Oldenburg, † 5. 6. 1839 Oldenburg.
Der Bruder Gerhard Anton von → H.s war nach dem Theologie- und Philologiestudium an den Universitäten Halle und Göttingen Hauslehrer in Den Haag und Estland und wurde 1786 Kabinetts- und Privatsekretär des Herzog Peter Friedrich Ludwig in Oldenburg, 1792 Leiter der neugegründeten herzoglichen öffentlichen Bibliothek in Oldenburg. H. wurde 1783 Mitglied, 1816 Sekretär der Literarischen Gesellschaft und war seit 1783 Mitglied, 1793-1833 Meister vom Stuhl der Loge „Zum goldenen Hirsch". Er veröffentlichte *Bibliographische Unterhaltungen* (2 Bde., 1794-96).

Haller, Albrecht von, schweizer. Mediziner, Dichter, Naturforscher, Staatsmann, * 16. 10. 1708 Bern, † 12. 12. 1777 Bern.
Aus einer seit 1550 zur Stadtbürgerschaft von Bern gehörenden Familie stammend, studierte H. in Tübingen, später in Leiden bei Herman Boerhaave und Bernhard Siegfried Albinus Medizin und wurde 1727 zum Dr. med. promoviert. Nach einer Studienreise nach London, Paris und Basel praktizierte er 1729-36 in Bern als Arzt, betrieb Anatomie und Botanik und wurde Stadtbibliothekar. 1736 als Prof. der Anatomie, Botanik und Chirurgie nach Göttingen berufen, trug H. durch seine Lehr-, Forschungs- und Publikationstätigkeit maßgeblich zum Aufschwung der neugegründeten Univ. bei. 1753 kehrte H. nach Bern zurück, um die Stelle eines Rathausammanns anzunehmen. Eine erneute Berufung nach Göttingen lehnte H. ab, als er 1769 zum „Assessor perpetuus" des bernischen Sanitätsrats ernannt wurde. In seinen letzten Lebensjahren litt er an einer schmerzhaften Harnwegserkrankung und an den Folgen der Behandlung mit Opium. Kaiser Franz I. erhob ihn 1749 in den erblichen Adelsstand. H. war Mitglied zahlreicher Akademien (u. a. 1739 Royal Society London, 1747 Stockholm, 1749 Berlin, 1750 Leopoldina, 1754 Académie des Sciences, Paris). Er war dreimal verheiratet und hatte elf Kinder.
In der 1. Hälfte des 18. Jh. war H. einer der meistgelesenen deutschen Dichter (*Versuch Schweizerischer Gedichten*, 1732, bis 1777 elf Auflagen). Er verband prägnanten sprachlichen Ausdruck mit eigenständiger Beobachtung und Gedankentiefe (u. a. im Versepos *Die Alpen*, 1729). Als Mediziner und Naturforscher legte H. besonderes Gewicht auf wiederholt durchgeführte eigene Beobachtungen und Experimente sowie auf gründliche Kenntnis der wissenschaftlichen Literatur. Dank umfangreichem Autopsie-Material stellten seine anatomischen Abbildungen erstmals den typischen Verlauf der Arterien im menschlichen Körper dar (*Icones anatomicae*, 1743-54). Die Physiologie verstand H. als belebte Anatomie. Zunächst Boerhaave folgend und dessen Schriften herausgebend, verfaßte H. 1747 ein eigenes Lehrbuch, das bis zum Ende des 18. Jh. große Verbreitung fand (*Primae lineae physiologiae*). Als Forscher wies H. mit Hilfe zahlreicher Tierversuche den Sitz biologischer Elementarkräfte bestimmten Strukturen zu: die Sensibilität den Nerven, die Irritabilität (Reizbarkeit) den Muskeln (*De partibus corporis humani sensilibus et irritabilibus*, 1752). Weitere Studien galten der Strömung des Blutes und der Embryonalentwicklung. Das ganze anatomisch-physiologische Wissen bis auf seine Zeit stellte H. kritisch sichtend in einem monumentalen Werk (*Elementa physiologiae corporis humani*, 8 Bde., 1757-66) dar, das für die weitere Entwicklung der Physiologie grundlegend wurde. Als Botaniker gab H. die bisher vollständigste Schweizer Flora heraus (*Enumeratio methodica stirpium Helvetiae indigenarum*, 1742, überarbeitet 1768). Systematische Arbeitsweise und außerordentliche Schaffenskraft befähigten ihn zu ausgedehnter Korrespondenz und immenser Lektüre, die in über 9000 Buchbesprechungen (meist in den „Göttingischen Anzeigen von Gelehrten Sachen") ihren Niederschlag fand, ebenso in den *Bibliothecae* (1771-88), in denen er die Entwicklung der medizinischen Wissenschaft anhand des Schrifttums von den Anfängen bis auf seine Zeit würdigte. Im Alter verteidigte H. in seinen Staatsromanen die aristokratisch-republikanische Staatsform gegen die Angriffe der Neuerer (*Usong*, 1771; *Alfred*, 1773; *Fabius und Cato*, 1774). Hatte er in seiner Jugend der frühen Aufklärung nahegestanden, so trat er nun in *Briefen über die wichtigsten Wahrheiten der Offenbarung* (1772) den Freigeistern entgegen.
WEITERE WERKE: Opuscula botanica. Göttingen 1749. – Opera minora [anatomica]. 3 Bde., Lausanne 1763-68. – Bibliotheca botanica. 2 Bde., Zürich 1771/72. – Bibliotheca chirurgica. 2 Bde., Basel 1774/75. – Bibliotheca anatomica. 2 Bde., Zürich 1774-77. – Bibliotheca medicinae practicae. 4 Bde., Bern 1776-88. – Beiträge zu den Supplementbänden der Encyclopédie von Paris und Yverdon. – *Herausgeber:* H. Boerhaave: Praelectiones academicae [...]. 7 Bde., Göttingen 1739-44. – H. Boerhaave: Methodus studii medici. Amsterdam 1751.
LITERATUR: Zusammengestellt bis 1966 in: Christoph Siegrist: A. v. H. Stuttgart 1967. – Susanna Lundsgaard-Hansen-von Fischer: Verzeichnis der gedruckten Schriften A. v. H.s. Bern 1959. – Letizia Pecorella Vergnano: Il Fondo Halleriano della Biblioteca Nazionale Braidense di Milano. Milano 1965. – Maria Teresa Monti (Hrsg.): Catalogo del Fondo Haller della Biblioteca Nazionale Braidense di Milano. 13 Bde., Milano 1983-94. – Erich Hintzsche (Hrsg.): A. H.s Tagebuch seiner Studienreise nach London,

Paris, Straßburg und Basel 1727-1728. Bern/Stuttgart ²1968. – Ders.: A. H.s Tagebücher seiner Reisen nach Deutschland, Holland und England 1723-1727. Bern/Stuttgart/Wien ²1971. – Ders.: A. v. H.s Briefe an A. Tissot. Bern/Stuttgart/Wien 1977. – Otto Sonntag (Hrsg.): The Correspondence between A. v. H. and Charles Bonnet. Bern/Stuttgart/Wien 1983. – Ders.: The Correspondence between A. v. H. and H.-B. de Saussure. Bern/Stuttgart/Toronto 1990. – Heinz Balmer: A. v. H. Bern 1977. – Franz R. Kempf: A. v. H.s Ruhm als Dichter. New York/Bern/Frankfurt 1986. – Maria Teresa Monti: Congettura ed esperienza nella fisiologia di Haller. Firenze 1990. – Urs Boschung (Hrsg.): H. in Göttingen 1736-1753. Bern 1994. – Frank William Peter Dougherty (Ed.): Christian Gottlob Heyne's Correspondence with A. and Gottlieb Emanuel v. H. Göttingen 1997. – Hubert Steinke (Hrsg.): Der nützliche Brief. Die Korrespondenz zwischen A. v. H. und Christoph Jakob Trew 1733-1763. Basel 1999. – Otto Sonntag (Ed.): John Pringle's Correspondence with A. v. H. Basel 1999. – Maria Teresa Monti: A. v. H., Commentarius de formatione cordis in ovo incubato, edizione critica. Basel 2000. – Repertorium zu A. v. H.s Korrespondenz, 1724-1777. Hrsg. von Urs Boschung, Barbara Braun-Bucher, Stefan Hächler, Anne Kathrin Ott, Hubert Steinke und Martin Stuber. Basel 2002.

Urs Boschung

Hamann, Johann Georg d. Ä., Schriftsteller,
* zwischen 10.7. und 15.11.1697 Wendisch-Ossig (Oberlausitz), † 14.7.1733 Hamburg.
H. studierte 1719-27 in Leipzig Rechtswissenschaft und ließ sich vermutlich anschließend in Hamburg nieder, wo er bis zu seinem frühen Tod als Schriftsteller lebte. Er war Hauslehrer in der Familie von Hagedorn, gab mehrere Moralische Wochenschriften, u. a. die „Hamburgischen Auszüge aus den neuen Büchern" (1728/29), heraus und war 1731/32 Redakteur des „Hamburgischen unparteiischen Correspondenten". H. schrieb Oden und Operntexte, zu denen Georg Philipp Telemann die Musik komponierte, Kirchenlieder und (anonym) Fortsetzungen zu Barockromanen. Als sein bekanntestes Werk gilt das *Poetische Lexicon* (1725, ⁴1765), das in Abgrenzung zu ähnlichen Unternehmungen anderer Autoren neben der Barock- auch die zeitgenössische Literatur berücksichtigte. H. war der Onkel des philosophischen Schriftstellers Johann Georg → H.

Hamann, Johann Georg, Schriftsteller,
* 27.8.1730 Königsberg, † 21.6.1788 Münster (Westfalen).
Der Sohn des städtischen Baders tat sich schwer mit einer bürgerlichen Existenz. Das Studium von Theologie, Philosophie, Jurisprudenz und schöner Literatur brach er bald ab. Auf zwei baltischen Hauslehrerstellen scheiterte er, schon ganz literarischer Tätigkeit und einem unersättlichen Lesehunger hingegeben. Eine mißlungene, wohl handelspolitische Mission nach London (1757/58) führte zu einer Lebenskrise, die mit intensiver Bibellektüre, ihn lebenslang

bestimmend, und einer Kehre zu lebendiger christlicher Frömmigkeit überwunden wurde. H. fand bei der Niederschrift der nicht zur Veröffentlichung bestimmten *Biblischen Betrachtungen eines Christen* zu seinem Lebensthema, der Kondeszendenz Gottes in die Menschensprache (insbesondere der Bibel), und zu seiner religiös motivierten Autorschaft.
Sie erhielt ihren ersten öffentlichen Ausdruck in der von Kontroversen mit aufgeklärten Freunden (u. a. Immanuel → Kant) begleiteten Schrift *Sokratische Denkwürdigkeiten* (1759), einer hintergründigen typologischen Deutung der Sokrates-Gestalt und zugleich kritischen Abrechnung mit dem Zeitgeist. Es folgten einige kleine, gedanklich verdichtete und ironisch verrätselte Traktate, die 1762 in dem Sammelband *Kreuzzüge des Philologen* erschienen. In dessen Mitte steht die schnell berühmte *Aesthetica in nuce*, die als schöpfungstheologisch und eschatologisch orientierter Essay H.s gewaltige Einwirkung auf Sturm und Drang, den jungen → Goethe und die Romantik bis hin zu → Jean Paul vermittelte.
Mit dieser und den folgenden kryptischen Druckschriften wurde der „Magus in Norden" (Carl Friedrich von → Moser) zum einflußreichen christlichen Schriftsteller in betonter Frontstellung zum Zeitalter der Aufklärung, um dessen Brieffreundschaft sich bald führende Geister bewarben (u. a. → Herder, Kant, → Jacobi, → Lavater, → Claudius, → Nicolai). Seine Gedankenkeime sind zu epochaler Wirkung besonders durch Herder gelangt, der sie auch an Goethe weitervermittelte. Dieser wollte in H. sogar den hellsten Kopf seiner Zeit sehen.
H.s persönliche Existenz in Königsberg festigte sich nur mühsam. Seit 1777 war er Packhofverwalter beim Zoll, und er lebte in nie gesetzlich legitimierter, glücklicher „Gewissensehe" mit einer einfachen Frau, die ihm vier Kinder gebar. Die untergeordnete berufliche Stellung, die er typologisch stilisierte (Mt 9,9), erlaubte ihm, eine ungeheure Belesenheit in allen erreichbaren Literaturen zu erwerben, und witzig verfremdend und tiefsinnig fromm in Zitatmontagen seiner schriftstellerischen Strategie dienstbar zu machen wußte. Diese „Autorhandlungen" waren meist auf das Ziel gerichtet, die religiöse Leidenschaft und Tiefe des Christentums im Sinne von Luthers Glaubensdenken den Lesern nahezubringen. Seine literarischen Fehden als Kritiker des Aufklärungsdenkens und der friderizianischen Politik eröffneten u. a. die Auseinandersetzung mit der historisch-kritischen Theologie (Johann David → Michaelis), mit Herders Theorie des Sprachursprungs (*Des Ritters von Rosenkreuz letzte Willensmeynung [...]*, 1772), mit dem religionsgeschichtlichen Synkretismus eines Johann August → Starck (*Hierophantische Briefe*), mit Theodor Gottlieb → Hippels Eheverständnis (*Versuch einer Sibylle über die Ehe*), mit zeitgenössischer Ästhetik (*Fünf Hirtenbriefe das Schuldrama betreffend*) und mit Moses → Mendelssohns Berufung auf das Judentum (*Golgatha und Scheblimini*, 1784). Einen Höhepunkt bildete H.s Auseinandersetzung mit Kants gerade erschienener *Kritik der reinen Vernunft* (1787) in der kleinen Schrift *Metakritik über den Purismus der*

Vernunft (gedruckt 1800), die, scharfsinnig und ungemein komplex, auch gegenwärtig Philosophen und Sprachdenker beschäftigt.

Aus H.s nicht unkritischer Freundschaft mit Friedrich Heinrich Jacobi, die vor allem im Briefwechsel der letzten Jahre dokumentiert ist (Spinozismus-Debatte), erwuchs der Plan einer Reise H.s nach Westdeutschland und Weimar. Seine Urlaubsgesuche wurden schließlich mit der Entlassung aus dem Dienst beantwortet. Er besuchte 1787 Jacobi in Düsseldorf und hielt sich einige Zeit in Münster in dem ihn verehrenden Kreis um die Fürstin Galitzin auf. Dort starb der kaum Achtundfünfzigjährige nach kurzer Krankheit.

WEITERE WERKE: Sämtliche Werke. Hrsg. v. Josef Nadler. 6 Bde., Wien 1949-57. – J. G. H.s Hauptschriften erklärt. Hrsg. v. Fritz Blanke/Lothar Schreiner. 5 Bde., Gütersloh 1956-63. – Briefwechsel. Hrsg. v. Walther Ziesemer/Arthur Henkel. 7 Bde., Frankfurt/Main 1955-79. – J. G. H.: Sokratische Denkwürdigkeiten. Aethetica in nuce. Stuttgart 1968.
LITERATUR: Josef Nadler: J. G. H. Der Zeuge des Corpus mysticum. Salzburg 1949. – Sven-Aage Jørgensen: J. G. H. Stuttgart 1976. – Bernhard Gajek (Hrsg.): Acta des Internationalen Hamann-Colloquiums. Marburg 1983 ff. (bisher 5 Bde.). – Oswald Bayer: Zeitgenosse im Widerspruch. J. G. H. als radikaler Aufklärer. München 1988. – Bernhard Gajek (Hrsg.): J. G. H., Autor und Autorschaft. Acta des Sechsten Internationalen Hamann-Kolloquiums im Herder-Institut zu Marburg/Lahn 1992. Bern u. a. 1996. – Isaiah Berlin: The Magus of the North: J. G. H. and the Origin of Modern Irrationalism. London 1993. Dt.: Der Magus in Norden. J. G. H. und der Ursprung des modernen Irrationalismus. Berlin 1995. – Oswald Bayer (Hrsg.): J. G. H. „Der hellste Kopf seiner Zeit". Tübingen 1998. *Joachim Ringleben*

Hamberger, Georg Christoph, Bibliothekar, * 28. 3. 1726 Feuchtwangen, † 8. 2. 1773 Göttingen.
H. begann 1746, Philologie zu studieren, wurde bereits im folgenden Jahr auf Empfehlung seines Onkels Johann Matthias → Gesner Kustosadjunkt an der Göttinger Universitätsbibliothek und begann parallel zu dem in Hannover betreuten Generalregister der Bibliothek mit der Anlage eines Manuals in Göttingen. 1755 zum a. o. Prof. der Philologie an der Univ. Göttingen ernannt, wurde er 1763 o. Prof. und Zweiter Bibliothekar. Als H.s Hauptwerk gilt das von Johann Georg → Meusel fortgesetzte *Gelehrte Teutschland* (1756 ff.).

Hammerdörfer, Karl, Schriftsteller, * 1758 Leipzig, † 17. 4. 1794 Jena.
Nach dem Studium an der Univ. Leipzig lebte H. dort bis 1787 als freier Schriftsteller, siedelte anläßlich seiner Berufung zum a. o. Prof. der Philosophie nach Jena über, wurde dort jedoch aus ungeklärten Gründen nicht in sein Amt eingeführt und lebte zuletzt in Armut. 1787/88 Mitarbeiter der „Allgemeinen Politischen Zeitung" in Halle, war er Mitherausgeber der „Historischen und geographischen Monatsschrift" (1788), übersetzte aus dem Französischen und Russischen und verfaßte historische und geografische Abhandlungen in unterhaltsamer Form. Sein *Leben Friedrichs II., des Großen* (1786) erschien auch in schwedischer und französischer Übersetzung.

Hanow, Michael Christoph, auch Hanov, Hanovius, Polyhistor, * 12. 12. 1695 Zamborst bei Stettin, † 22. 9. 1773 Danzig.
H., Sohn eines Predigers, absolvierte in Wittenberg und Leipzig ein Studium generale, hörte insbesondere Theologie, Philosophie und Naturwissenschaften und wurde nach dem Erwerb der Magisterwürde (1720) Hofmeister. 1727-71 lehrte er als Prof. der Philosophie am Akademischen Gymnasium in Danzig und war Bibliothekar der dortigen Universität. Neben Schriften, Dissertationen und Disputationen aus fast allen Wissenschaftsbereichen verfaßte H. den *Catalogus alphabeticus universalis bibliothecae [...] senatus Gedanensis [...]* (1728) und *Philosophia naturalis sive physica dogmatica* (4 Bde., 1762-65).
LITERATUR: Karl Prantl: H. In: ADB 10, 1879, S. 525-526.

Hansch, Michael Gottlieb, Philosoph, * 22. 9. 1683 Müggenhahl bei Danzig, † 1749 Wien.
H., Sohn eines Theologen, studierte Theologie und Philosophie in Danzig und Leipzig und wurde 1703 zum Magister promoviert. Er hatte persönlichen Kontakt zu Christian → Wolff und → Leibniz. 1710/11 hielt er Vorlesungen in Leipzig und lebte, seit 1718 kaiserlicher Rat, in Dresden, Prag, Wien, Frankfurt/ Main und Frankfurt/Oder. H. kaufte noch in Danzig den handschriftlichen Nachlaß Johann Keplers, wovon er den ersten Teil unter dem Titel *Operum Joannis Kepleri tomus I* (1718) herausgab. Er verfaßte ferner naturwissenschaftliche, philosophische und theologische Schriften, u. a. *Selecta moralia* (1720).
WEITERE WERKE: Diatriba de Enthusiasmo Platonico. Leipzig 1716. – Theoremata metaphysica ex philosophia Leibnitiana selecta. Frankfurt 1725. – Medicina mentis et corporis. Nürnberg 1728. Wien ^{2}1750.
LITERATUR: Th. Hirsch: H. In: ADB 10, 1879, S. 527-528.

Hardenberg, Friedrich Karl, von, Staatsmann, * 6. 1. 1696 Burg Hardenberg, † 24. 5. 1763.
H., Sohn eines Licentkommissars, kam 1704 in die Obhut seines Onkels Christian Ulrich von H., des damaligen Schloßhauptmanns am hannoverschen Hof, studierte seit 1712 in Helmstedt Rechtswissenschaft, Mathematik, alte Sprachen, Theologie und Geschichte, wechselte 1716 nach Halle und wurde nach einer Kavaliersreise Auditor bei der hannoverschen Justizkanzlei, 1722 auch bei der Kammer. 1728 wurde H. zum Geheimen Kammerrat und zum Baudirektor befördert. 1741 trat er aus der Kammer aus, erhielt den Titel eines Geheimen Rats, war 1741/42 in geheimer Mission in Paris, wurde nach seiner Rückkehr Oberhofbau- und Gartendirektor und schuf mit Hilfe des Gärtners J. W. Tatter ein Zentrum botanischer Sammler- und Experimentiertätigkeit. 1744/45 hielt er sich in England auf, dessen wissenschaftlich-technischen und ökonomischen Entwicklungsstand er

studierte. H. war Förderer der Univ. Göttingen und ihrer 1751 gegründeten Akademie der Wissenschaften, deren Ehrenmitglied er wurde. Im Sinne eines barocken Universalgelehrtentums legte der aufgeklärt denkende H., dessen Hauptinteresse den Naturwissenschaften sowie der Finanz- und Wirtschaftspolitik galt, *Collectanea Historica, Chronologica, Geographica, Physica, Philosophica, Theologica, Mathematica, Philologica* an. Er betätigte sich als Berater der hannoverschen Regierung in wirtschaftlichen Fragen, plädierte ohne Erfolg für die Gründung eines Commerzkollegiums und einer Geschäftsbank. Seine Ansichten über eine moderne Wirtschaftspolitik legte er u. a. in *Notata von Commercien* und in *Gedanken vom Gelde* (1751) nieder. In der ersten Zeit des Dreißigjährigen Krieges bildete H. mit dem Geheimen Rat Levin Adolf von Hake eine Art Notregierung. Er schrieb das Lehrbuch *Sentiments sur la peinture et sur les peintres les plus fameux* und stellte eine Materialsammlung für lateinische, englische und französische Sprachstudien zusammen. 1762 wurde H. zum Wirklichen Geheimen Rat und zum Kriegspräsidenten ernannt. Er hinterließ Reisetagebücher und eine umfangreiche Korrespondenz sowie selbstverfaßte Lexika zur Botanik, Architektur, Malerei und Literatur.

Hardenberg, Karl August Fürst, Staatsmann, * 31. 5. 1750 Essenrode bei Gifhorn, † 26. 11. 1822 Genua.
Von 1766 bis 1770 studierte H., ältester Sohn des hannoverschen Feldmarschalls Christian Ludwig von H., in Göttingen und Leipzig Jura und Staatswissenschaften. Seine berufliche Laufbahn begann er 1771 in der hannoverschen Verwaltung. Seit 1783 engagierte sich H. als braunschweigischer Minister für die Reform des Schulwesens und die Errichtung eines staatlichen Schuldirektoriums. Damit förderte er nicht nur die Erziehungslehren aufgeklärter Reformpädagogen wie → Campe, Stuve und Trapp, sondern suchte die fürstliche, bürokratisch-zentralistische Verwaltung gegenüber den ständisch-korporativen Partikulargewalten in den Konsistorien durchzusetzen.
Seit 1790 Minister des Markgrafen von Ansbach und Bayreuth, der 1792 abdankte, leitete H. den Übergang der beiden Markgrafschaften in den preuß. Gesamtstaat. Seine „Revindikationen" der Landeshoheit bildeten die Voraussetzung für eine umfassende Verwaltungsreform, die den rationalen Anforderungen des zeitgenössischen Staatsrechts entsprach und durch Maßnahmen zur Wirtschaftsförderung und „Volksaufklärung" ergänzt wurde. Seit 1804 war H. preuß. Außenminister. Nach Preußens Kriegseintritt und Niederlage wurde er 1807 für kurze Zeit leitender Minister, erhielt aber auf Napoleons Verlangen mit dem Frieden von Tilsit (1807) seine Entlassung. In königlichem Auftrag erarbeitete H. zusammen mit → Altenstein, unter Mitwirkung von Schön und Niebuhr, die sog. „Rigaer Denkschrift" (1807) zur Reorganisation des preuß. Staates, die zusammen mit Steins „Nassauer Denkschrift" den Grundkatalog der preuß. Reformen umfaßte. Über die Überwindung der Kriegsfolgen hinaus planten die Initiatoren eine Verfassungs-, Wirtschafts- und Gesellschaftsreform, die ein modernes, innerhalb europäischer Zusammenhänge konkurrenzfähiges staatliches System etablieren sollte. Kernforderung dieses Programms war die Herstellung von „demokratischen Grundsätzen in einer monarchischen Regierung". Staatsbürgerliche Gleichheit und Freiheit sollten sich u. a. in der Abschaffung der bäuerlichen Erbuntertänigkeit und der Adelsprivilegien verwirklichen, Gewerbe- und Handelsfreiheit in der Aufhebung der Zunftmonopole und einer Revision des Handels-, Zoll- und Steuersystems. Eine Umstrukturierung der gesamten Staatsverwaltung nach systematischen Kriterien bildete die Voraussetzung des Reformwerks; eine „Repräsentation des Volkes" sollte dessen Umsetzung befördern.
1810 wurde H. zum preuß. Staatskanzler ernannt. Verglichen mit den vorangegangenen Regierungen, enthielten seine Reformgesetze zukunftsweisendes sozialpolitisches Innovationspotential: Steins Agrargesetzgebung orientierte sich an Vorbildern des 18. Jahrhunderts, seine Städteordnung nahm ständische Traditionen auf; das Ministerium Dohna-Altenstein trug mit der Humboldtschen Bildungsreform ausschließlich den Ansprüchen der Bildungselite Rechnung. Dagegen fiel fast die gesamte sozial- und wirtschaftspolitische Reformgesetzgebung in Hardenbergs Amtszeit: Gewerbefreiheit (Gewerbesteueredikte 1810 und 1811), Zoll- und Steuergesetzgebung (u. a. Finanzedikt 1810, Verpflegungsedikt 1812), Agrargesetze (Regulierungsedikt 1811), Emanzipation der Juden (1812). Dem Verfassungsversprechen, das bereits das Finanzedikt von 1810 enthalten hatte, gab H. 1811 durch die Einberufung einer Notablenversammlung provisorisch Realität. Nach dem 1. Pariser Frieden (30. 5. 1814) verhandelten H. und Wilhelm von → Humboldt als Vertreter Preußens auf dem Wiener Kongreß (1814/15) über die Neuordnung Europas. Im Zusammenhang mit der Bedrohung durch Napoleons Rückkehr konnte H. den preuß. König erneut zu einem Verfassungsversprechen veranlassen (22. 5. 1815).
Die preuß. Innenpolitik nach 1815 prägten jedoch die Integrationsprobleme der neuen Provinzen sowie der „reaktionäre Schub", den die enge Kooperation mit Österreich begünstigte. Beides wirkte einer konsequenten Fortsetzung der Reformpolitik entgegen, deren Gegner bei Hof und in der Verwaltung an Einfluß gewannen. So ließ das „Regulierungsedikt" (1816) wesentliche Abstriche an der Agrargesetzgebung zu. Erst 1817 konnte H. den König zur Bildung eines Staatsrats und zur Einberufung einer Verfassungskommission bewegen. Angesichts seines zunehmenden Kompetenzverlustes verhalf ihm jedoch auch die Mitwirkung an den Karlsbader Beschlüssen (1819) und den Demagogenverfolgungen nicht zur Realisierung der Reform- und Verfassungspläne. Zwar erneuerte Friedrich Wilhelm III. in der Verordnung zum Staatsschuldenwesen (1820) sein Verfassungsversprechen. 1821 verlor H. den Vorsitz in der Verfassungskommission; im selben Jahr beschränkte der preuß. König die Verfassungsreform auf die Einrichtung von

Provinzialständen. Mit H.s Tod 1822 erlosch das Amt des Staatskanzlers in Preußen.

H.s Zielvorstellungen zählten zu den anspruchsvollsten in Deutschland am Beginn des 19. Jahrhunderts. Inhalte und strategische Durchsetzung zeigten Parallelen zum Modell Napoleons und der Rheinbundstaaten, was ihm den Vorwurf der „Staatskanzlerdiktatur" einbrachte. Sein Reformprogramm umfaßte staatsbürgerliche Gleichheit und politische Freiheit, die in einer Repräsentation ihren Ausdruck finden sollte. Der Forderung nach Gewerbefreiheit lag ein wirtschaftliches Reformkonzept zugrunde, das Volkswirtschaft und Staat regenerieren und den Entwicklungsrückstand zu den europäischen Großmächten aufholen sollte. Dieses Programm scheiterte an der ungebrochenen politischen Macht des preuß. Adels. „Dadurch stockte der Staatsbildungsprozeß in Preußen sowohl im Hinblick auf die volle Staatssouveränität als auch in der Partizipationsfrage." (Barbara Vogel)

LITERATUR: Barbara Vogel: Allgemeine Gewerbefreiheit. Die Reformpolitik des preußischen Staatskanzlers H. (1810-1820). Göttingen 1983. – Andrea Hofmeister-Hunger: Pressepolitik und Staatsreform. Die Institutionalisierung staatlicher Öffentlichkeitsarbeit bei K. A. v. H. (1792-1822). Göttingen 1994.

Andrea Hofmeister

Harl, Johann Paul Ritter von, österr. Kameralist, * 9. 7. 1772/73 Hof bei Salzburg, † 27. 11. 1842 Nürnberg.

H. war nach dem Theologiestudium Priester und Pädagogiklehrer in Salzburg, gab diese Stellung jedoch bald auf und ging nach Berlin, wo er Philosophie und Kameralwissenschaft studierte. 1805 erhielt er einen Ruf als Prof. der Philosophie und Kameralwissenschaft nach Erlangen. H., von dem bayerischen Minister Maximilian Joseph von → Montgelas gefördert, erhielt den Hofratstitel. Er war Herausgeber der Zeitschrift „Cameral-Correspondent" (1805-12), gründete die „Kameralistisch-ökonomische Gesellschaft" (1808) und schrieb u. a. ein *Vollständiges Handbuch der Kriegspolizeiwissenschaft und Militärökonomie* (2 Bde., 1812). H. starb durch Selbstmord.

Harscher von Almendingen, Ludwig, Jurist, Staatsmann, * 25. 3. 1766 Paris, † 16. 1. 1827 Dillingen.

H. v. A., Sohn des hessen-darmstädtischen Gesandten in Paris, studierte 1789-92 in Göttingen, wurde zum Dr. jur. promoviert und lehrte seit 1794 als Prof. der Rechte in Herborn. 1804-11 war er Rat am nassauischen Oberappellationsgericht Hadamar, danach Geheimer Rat und Vizedirektor am Hofgericht Wiesbaden und gehörte der Gesetzgebungskommission an. Seit 1816 Vizepräsident des Hofgerichts in Dillingen, wurde H. v. A. 1822 aufgrund seiner Stellungnahme gegen den „Preßzwang" pensioniert. Er veröffentlichte u. a. *Politische Ansichten über Deutschlands Vergangenheit, Gegenwart und Zukunft* (1814).

Hartel, Sebastian, österr. Verleger, * 1742 Wien, † 13. 7. 1805 Mödling (Niederösterreich).

H. war neben dem Buchhändler Grund einer der bedeutendsten Verleger der Wiener Aufklärungsperiode. Er verlegte 1780-90 rund 800 meinungsbildender Flugschriften, die sogenannte „Broschürenliteratur". Diese Broschüren behandelten das Tagesgeschehen sowie alle gesellschaftlichen und politischen Ereignisse. Zeitgenössische Schriftsteller setzten sich seit 1785 gegen diese Form der Literatur zur Wehr, → Leopold II. stellte das Erscheinen der Broschüren durch das „Pressegesetz" ein.

Hartknoch, Johann Friedrich, Verleger, * 28. 9. 1740 Goldap (Ostpreußen), † 12. 4. 1789 Riga.

H. studierte seit 1755 Theologie und Rechtswissenschaft in Königsberg, wandte sich dann unter dem Einfluß Johann Jakob → Kanters dem Buchhandel zu und wurde 1761 Angestellter in dessen Buchhandlung in Königsberg. Seit 1762 leitete er die Kantersche Filialbuchhandlung in Mitau, bis 1767 als Geschäftspartner und dann bis 1769 selbständig. In Riga eröffnete H. 1765 seine eigene Buchhandlung, die sich durch intensive Kontakte zu Firmen in Königsberg, Leipzig, Berlin, St. Petersburg und Moskau zu einem wichtigen Mittelpunkt der Literaturvermittlung im nordosteuropäischen Raum entwickelte. In seinem etwa zur gleichen Zeit gegründeten Verlag ließ er neben baltischer und lettischer Regionalliteratur russische Autoren und zahlreiche Werke deutscher Gelehrter, u. a. die Immanuel → Kants sowie Johann Gottfried → Herders, erscheinen. H. gehörte zu den bedeutendsten Verlegern des 18. Jahrhunderts.

Hartleben, Franz Joseph, Jurist, * 23. 9. 1740 Düsseldorf, † 1808 Wien.

H. studierte an der Univ. Heidelberg Rechtswissenschaft, wurde 1769 promoviert und war seit 1772 Syndikus in Mainz. 1779 erhielt er eine Professur für Zivilrecht an der dortigen Univ. und gehörte – inzwischen Hof- und Regierungsrat – dem kurfürstlichen Revisionsgericht an. H. leitete die liberale „Lesegesellschaft", gab die „Neue juristische Litteratur" (1784-87, 1787-89, 1791) heraus und schrieb u. a. eine Arbeit über die Mainzer Gerichtsverfassung (*Jurisdictio Moguntina civilis ordinaria synoptice delineata*, 1784).

Hartmann, (Johann Georg) August, Kameralist, * 5. 10. 1764 Stuttgart, † 4. 4. 1849 Stuttgart.

Der Sohn eines Schriftstellers und Kameralisten besuchte die Hohe Karlsschule, studierte seit 1782 Rechtswissenschaften in Tübingen und erlernte 1784 in Plochingen den württembergischen Verwaltungsdienst. 1785 schloß er das Studium der Kameralwissenschaft in Heidelberg an und erhielt 1788 eine Professur an der Ökonomischen Fakultät der Hohen Karlsschule. H., zunächst doctor legens, dann a. o., seit 1792 o. Prof., lehrte Hauswirtschaft, ferner Forst- und Jagdwissenschaft und Handlungswissenschaft. 1794 wurde er Rat in der Rentenkammer, 1796 der Kirchenkammer und 1806 des Oberlandes-Ökonomiekollegiums sowie der Forstdirektion. 1811 wurde er Abteilungschef der Domänenverwaltung und gehörte seit 1812 dem Staatsrat an, dem späteren Konferenzministerium. Seit 1817 war er Präsident der Oberrechnungskammer und übernahm 1819 die Leitung des „Katharinenstifts". H. erwarb sich Verdienste bei der Gründung der württembergischen Landessparkasse und der Landwirtschaftlichen Hochschule in Hohenheim.

Hartmann, Leopold Frh. von, Jurist, Landwirt, * 1734 Wien, † 24.2.1791.
H. wuchs in Wien auf, wo sein Vater pfälzischer Geschäftsträger am kaiserlichen Hof war, studierte an der Univ. Ingolstadt Rechtswissenschaft und wurde 1754 Regierungsrat in Burghausen. Seit 1769 war er Vizepräsident der „Gesellschaft der Wissenschaften", die 1772 auf seine Veranlassung hin als „Churbayrische landwirtschaftliche Gesellschaft" nach Burghausen übersiedelte. H. verfaßte philosophische, politische und vor allem landwirtschaftliche Schriften, u. a. *Abhandlungen von einigen nützlichen Verbesserungen in der Stadt- und Landwirthschaft in Bayern* (1785).

Hartung, Georg Friedrich, Verleger, * 18.12.1782 Königsberg, † 19.4.1849 Königsberg.
H. erlernte 1797-99 im Geschäft seines Vaters Gottlieb Lebrecht →H. die Buchdruckerei, studierte dann Philosophie und Jura an der Univ. Königsberg und arbeitete seit 1801 im väterlichen Betrieb. Gemeinsam mit seiner Mutter gelang es ihm, Druckerei, Verlag und Zeitung auszubauen; seit 1817 leitete er selbständig das Unternehmen. Seit 1807 stand die „Kgl. privilegierte Preußische Staats-, Kriegs- und Friedenszeitung" unter dem Einfluß des Generalgouverneurs Ernst Wilhelm Friedrich von Rüchel; 1813-16 redigierte →Kotzebue das Blatt. Seit 1830 auf Schnellpressen gedruckt, erschien die Zeitung seit 1831 täglich. H. verlegte darüber hinaus insbesondere Gesang- und Schulbücher. Er gründete die „Stadtrat Hartungsche Sophienstiftung", die der Unterstützung ehemaliger Buchdrucker seiner Druckerei diente. 1848 übergab er das Geschäft an Hermann Johann Friedrich H.

Hartung, Gottlieb Lebrecht, Verleger, Drucker, * 12.8.1747 Königsberg, † 29.11.1797.
H., der aus der zweiten Ehe seines Vaters Johann Heinrich →H. stammte, war seit 1759 Lehrling im väterlichen Betrieb und wurde 1763 freigesprochen. Er übernahm dessen Geschäft erst nach dem Tod seines älteren Bruders und seines Stiefvaters, 1766 die Buchhandlung und 1774 die Druckerei. Seit 1771 besaß H. die vom König übertragenen Druckprivilegien. Es gelang ihm, den Betrieb zu sanieren und der Konkurrenz Johann Jakob →Kanters zu begegnen, dessen Buchhandlung er 1787 übernahm. Dies führte zu einer wesentlichen Erweiterung des Verlagsgeschäftes, jedoch auch zu einer finanziellen Überanstrengung. Nach seinem Tod sanierte seine Witwe Sophia Charlotte H. das Unternehmen, indem sie die Buchhandlung an die Firma Göbbels und Unzer verkaufte, Verlag, Druckerei und Zeitung weiterleitete, bis ihr Sohn Georg Friedrich →H. 1817 die Firma übernahm.

Hartung, Johann Heinrich, Verleger, Drucker, * 17.8.1699 Erfurt, † 5.5.1756 Leipzig.
H. arbeitete nach der Ausbildung zum Buchdrucker in Erfurt und Leipzig, wechselte 1727 nach Königsberg zu Johann Stelter und heiratete dessen Tochter. Nach dem Tod seines Schwiegervaters übernahm er 1734 die Druckerei, erhielt 1745 ein Buchhändlerprivileg und kaufte 1746 die Buchhandlung Christoph Gottfried Eckarts. 1751 erwarb H. die privilegierte Druckerei Johann Reusners und damit die 1640 gegründete Zeitung, die unter wechselnden Namen, zuletzt als „Königsberger Hartungsche Zeitung" (KHZ) bis 1933 bestand. H. hatte eine fast monopolartige Stellung im Königsberger Buch- und Verlagsgeschäft; neben zahlreichen deutschen Werken erschienen Bücher in lateinischer, lettischer, litauischer und polnischer Sprache. Nach seinem Tod führte zunächst seine Witwe, dann sein Sohn Gottlieb Lebrecht →H. die Firma weiter.

Haschka, Lorenz Leopold, österr. Schriftsteller, * 1.9.1749 Wien, † 3.8.1827 Wien.
Seit 1765 Jesuit, unterrichtete H. im Jesuitenkollegium Krems Grammatik, lebte seit der Aufhebung des Ordens 1773 in Wien und wurde Privatsekretär bei Franz Sales von Greiner. Durch seine Freundschaft mit Michael →Denis kam er zur Bardenlyrik und sicherte sich als Initiator des (später von Karoline Greiner, verh. →Pichler weitergeführten) literarischen Salons im Hause Greiner eine führende Stellung im Wiener Literaturbetrieb. H.s Oden – mit politischem, teils antiklerikalem Inhalt – erschienen als Einzeldrucke sowie in den führenden Wiener und deutschen Periodika. Während H. noch Anfang der achtziger Jahre als republikanisch gesinnt galt, wurde er später Mitarbeiter der reaktionären „Wiener Zeitschrift" sowie des „Magazins der Kunst und Literatur" und etablierte sich mit der von Joseph →Haydn vertonten Volkshymne *Gott! erhalte Franz den Kaiser* (1797) als offiziöser Dichter der Restaurationsära in Österreich. 1797 wurde er Kustos an der Wiener Universitätsbibliothek, 1798 Prof. der Ästhetik am Theresianum (bis 1822). H. führte eine umfangreiche Korrespondenz, u. a. mit →Klopstock, →Wieland und →Lavater.

Haude, Ambrosius, Verleger, * 4.4.1690 Schweidnitz, † 17.5.1748 Berlin.
Nach sorgfältiger Ausbildung übernahm H. als privilegierter „Buchführer" 1723 eine zuletzt von Johann Christoph Papan geleitete Berliner Buchhandlung, die er zu einem der bedeutendsten Verlagshäuser Deutschlands machte. Gegen den Willen König Friedrich Wilhelms I. förderte er die literarischen Interessen des Kronprinzen Friedrich, des späteren →Friedrich des Großen, der den Mentor nach seiner Regierungsübernahme 1740 vielfältig unterstützte. H. gab seit 1740 das französischsprachige „Journal de Berlin" sowie „Berlinische Nachrichten von Staats-

und gelehrten Sachen", die spätere „Haude & Spenersche Zeitung" heraus, übernahm 1744 das Verlagsrecht für alle Periodika der Preußischen Akademie der Wissenschaften und verlegte u. a. eine besonders ausgestattete Klassikerausgabe. Nach H.s Tod nahm seine Witwe ihren Bruder Johann Carl Spener d. Ä. als Teilhaber auf. Das Geschäft firmierte von da an als Haude & Spener.

Haug, Balthasar, Schriftsteller, * 4.7.1731 Stammheim bei Calw, † 3.1.1792 Stuttgart.
H. studierte als Angehöriger des Tübinger Stifts Theologie und kam nach Abschluß des Studiums an die Pfarrei Niederstotzingen, 1763 nach Magstadt. 1761 zum Dichter gekrönt, folgte er 1766 der Berufung Herzog → Karl Eugens von Württemberg als Hofdichter nach Ludwigsburg und wurde Prof. der Theologie und Beredsamkeit am Stuttgarter Gymnasium; 1769 erfolgte die Ernennung zum kaiserlichen Comes palatinus. H. wurde 1776 Prof. an der herzoglichen Militärakademie in Stuttgart, der späteren Hohen Karlsschule, und lehrte Philosophiegeschichte, schöne Wissenschaften und deutschen Stil. Er förderte die schwäbische wissenschaftliche und schöne Literatur, gründete literarische Zeitschriften, gab das bio-bibliographische Handbuch *Das gelehrte Wirtemberg* (1790) heraus und schrieb geistliche Lehrgedichte (*Der Christ am Sabbath*, 3 Tle., 1763/64).

Haydn, (Franz) Joseph, Komponist, * 31.3.1732 Rohrau (Niederösterreich), † 31.5.1809 Wien.
H. entstammte einer niederösterreichischen Handwerkerfamilie. Er war das zweite von zwölf Kindern aus der Ehe von Mathias H. mit Anna Maria Koller. Im Alter von etwa sechs Jahren wurde H. ins nahegelegene Hainburg zu dem Schulrektor Johann Mathias Franck geschickt. Als Chorknabe Georg Reuter d. J., dem Kapellmeister am Wiener Stephansdom, anempfohlen, gelangte H. 1740 nach Wien, wo er sich bis 1761 aufhielt. H. wurde im Singen gut ausgebildet, seine weitere musikalische und sonstige Bildung war stark autodidaktisch geprägt. In Wien boten sich H. vielfältige musikalische Eindrücke: traditionelle barocke Kirchenmusik, Singspieltradition, italienische Instrumentalmusik, Opera seria und Opera buffa, Volksmusik und die verschiedenen Nationalstile der im habsburgischen Reich zusammengeschlossenen Länder. Der Bekanntschaft mit dem Dichter Pietro Metastasio und dem Gesangslehrer und Komponisten Nicola Porpora verdankte er wichtige Einflüsse.
Von 1761 bis an sein Lebensende stand H. in den Diensten der Familie Esterházy, eines der bedeutendsten ungarischen Fürstengeschlechter. In den ersten Jahren komponierte H. vor allem Symphonien, Konzerte und Kammermusik. Für den Fürsten, der selber Baryton spielte, schrieb H. in der Besetzung Baryton, Viola und Violoncello 126 Trios – Musik weniger für den „Kenner" denn für den „Liebhaber". Für die größer besetzten Werke hatte H. ein Ensemble von etwa 15 Musikern zur Verfügung, darunter hervorragende Solisten. Die symphonischen Werke dieser Jahre zeigten eine Vielfalt unterschiedlicher Traditionen.
1766 zog der fürstliche Hof von Eisenstadt nach Schloß Eszterháza, das bis 1790 H.s hauptsächlicher Aufenthaltsort werden sollte. H. mußte nun auch den Bereich kirchenmusikalischer Kompositionen betreuen. Zu den Werken dieser Jahre gehören die *Cäcilienmesse* (1766) und das *Stabat mater* (1767), außerdem zahlreiche Symphonien, die durch stilistische Vielfalt, expressiven Charakter und kompositorische Brillanz gekennzeichnet waren, in denen H. gleichzeitig aber auch einen neuen Gattungscharakter herausbildete: vier Sätze, als zweiter meist ein Adagio, als dritter ein Menuett, seit etwa 1770 auch in den langsamen Sätzen Bläser, Schlußsätze mit zunehmendem Gewicht gegenüber den Eingangssätzen. Kompositorisch traditioneller gehalten waren einige Opere buffe für das Hoftheater. Drei Streichquartettserien (op. 9, 17 und 20), die schon kurz nach ihrem Entstehen in verschiedenen Verlagen gedruckt erschienen, zeigten ähnlich wie die Symphonien und die Klaviersonaten neue kompositorische Elemente, auch hier Normen setzend.
Im Mittelpunkt von H.s Arbeit am fürstlichen Hof stand von 1775 bis etwa 1785 die Oper. Als Opernkapellmeister erarbeitete er nicht nur die Werke zahlreicher Zeitgenossen, sondern schrieb auch eigene Werke.
Da H. seit 1779 nicht mehr an das Haus Esterházy gebunden war, sondern selber Kontakt mit Verlegern und Auftraggebern aufnehmen konnte, entsprachen seine Werke nun weniger den Wünschen des Fürsten denn dem allgemeinen Publikumsgeschmack: er schrieb vor allem Klaviertrios, Klaviersonaten, Quartette, Lieder und Symphonien. Wichtige Auftragskompositionen waren die von einem Pariser Konzertunternehmen bestellten sechs *Pariser Symphonien* (1785/86). 1787 erschienen die *Preußischen Quartette* op. 50; die *Tost-Quartette* op. 54/55 und op. 64 wurden 1788-90 komponiert und kurz darauf veröffentlicht. Die Tost-Symphonien (Johann Tost war Geiger beim Fürsten Esterházy) Nr. 88 und 89 sowie drei weitere Symphonien für Paris (Nr. 90-92) entstanden in den späten achtziger Jahren. Die Werke H.s wurden in ganz Europa gespielt und verlegt, H. war eine internationale Berühmtheit.
H.s enge Verbindung zum Haus Esterházy zeigte sich selbst in den von H.s beiden Reisen nach London bestimmten Jahren 1791-95. H. schloß mit dem in London als Konzertmanager lebenden Geiger Johann Peter Salomon einen Vertrag über die Komposition und Aufführung verschiedener Werke, darunter sechs Symphonien. Von Januar 1791 bis Ende Juni 1792 hielt er sich in England auf, vom dortigen Publikum gefeiert und mit der Ehrendoktorwürde der Univ. Oxford ausgezeichnet. Die zweite London-Reise trat H. im Januar 1794 an; er führte dort eine zweite Serie von sechs Symphonien auf und kehrte im August 1795 zurück; die zwölf *Londoner Symphonien* (Nr. 93-104) bedeuten den unmittelbaren Ertrag dieser Londoner Jahre.

In den letzten Jahren aktiven Schaffens entstanden die *Heiligmesse, Paukenmesse, Nelsonmesse, Theresienmesse, Schöpfungsmesse* und die *Harmoniemesse*. Auf Libretti von Gottfried van → Swieten (Direktor der Wiener Hofbibliothek) und unter dem Einfluß der Händelschen Oratorienkompositionen schrieb H. 1798 *Die Schöpfung* und 1801 *Die Jahreszeiten*, in denen Charakteristika des italienischen Oratoriums und H.s symphonischer Spätstil eine überzeugende Einheit bildeten.

Zu den wichtigen Kammermusikwerken aus H.s späteren Jahren gehören die *Apponyi-Quartette* op. 74, die *Erdödy-Quartette* op. 76 (darin das sogenannte *Kaiserquartett* op. 76/3) und die *Lobkowitz-Quartette* op. 77, außerdem Klaviertrios, Lieder und Bearbeitungen englischer Volkslieder.

In H.s letzten Lebensjahren gab es erste Bemühungen um das Sichten und Sammeln seiner Werke (so u. a. das *Haydn-Verzeichnis* durch H.s Kopisten Johann Elßler, die *Œuvres complettes* in 12 (!) Bänden durch den Verlag Breitkopf & Härtel, Leipzig, und eine Ausgabe der Streichquartette bei Pleyel, Paris). H. starb 1809 in Wien.

H., in unglücklicher Ehe mit Maria Anna Aloysia Apollonia Keller verheiratet (gestorben 1800), und seit 1779 in langjähriger Verbindung zu der Sängerin Luigia Polzelli stehend, litt immer wieder unter der Enge seines Wirkungskreises in Eisenstadt/Eszterháza. Von größter Bedeutung für seine kompositorische Entwicklung war die Bekanntschaft mit Mozart, der seit 1781 in Wien lebte. Der junge → Beethoven kam im November 1792 als Schüler H.s nach Wien; das Lehrer-Schüler-Verhältnis war aber nur von kurzer Dauer.

WEITERE WERKE: J. H.s Werke. Hrsg. v. Eusebius Mandyczewski u. a. 11 Bde., Leipzig 1907-33. – J. H. Kritische Gesamtausgabe. Hrsg. v. Jens Peter Larsen. 4 Bde., Boston/Wien 1950/51. – J. H. Werke. Hrsg. v. J. H.-Institut Köln. Bisher 78 Bde. München 1958 ff. – The Collected Correspondence and London Notebooks of J. H. Hrsg. v. Howard Chandler Robbins Landon. London 1959. – J. H. Gesammelte Briefe und Aufzeichnungen. Hrsg. v. Dénes Bartha. Kassel 1965.

LITERATUR: Albert Christoph Dies: Biographische Nachrichten von J. H. Wien 1810 (neu hrsg. v. Horst Seeger. Berlin 1959). – J. H. (Biographie). Bd. 1, Berlin 1875. Bd. 2, Leipzig 1882. Bd. 3 (unter Benutzung der von Carl Ferdinand Pohl hinterlassenen Materialien weitergeführt v. Hugo Botstiber), Leipzig 1927 (Reprint Wiesbaden 1970/71). – Karl Geiringer: H. A Creative Life in Music. New York 1946. Dt.: J. H. Der schöpferische Werdegang eines Meisters der Klassik. Mainz 1959. ²1986. – Anthony van Hoboken: J. H. Thematisch-bibliographisches Werkverzeichnis. 3 Bde., Mainz 1957-78. – The H. Yearbook/Das H. Jahrbuch. Hrsg. v. H. C. Robbins Landon. Bisher 22 Bde. 1962 ff. – H.-Studien. Veröffentlichungen des J. H.-Instituts Köln. Bisher 8 Bde. München 1965 ff., einzelne Hefte zugleich Haydn-Bibliographie. – H. C. Robbins Landon: H. Chronicle and Works. 5 Bde., London 1976-80. – Karl F. Stock/Rudolf Heilinger/Marylène Stock: H.-Bibliographie. Bibliographieverzeichnisse großer Österreicher in Einzelbänden. Selbständige und versteckte Bibliographien und Nachschlagewerke zu Leben und Werk der Brüder Joseph und Michael Haydn. Graz 1991. – Jens Peter Larsen/Georg Feder: H. Aus dem Englischen v. Ullrich Scheideler. Stuttgart 1994.

Dorothee Göbel

Hecker, August Friedrich, Mediziner, Medizinhistoriker, * 1. 7. 1763 Kitten bei Halle, † 11. 10. 1811 Berlin.

Nach dem Medizinstudium in Halle und der Promotion 1787 (*qua morbum syphiliticum et scrophulosum unum eundemque morbum esse, evincere conatur*) war H. praktischer Arzt in Frankenhausen an der Wipper. 1790 erhielt er einen Ruf als Prof. der Medizin nach Erfurt und ging 1805 in gleicher Funktion an das Medizinisch-Chirurgisches Collegium nach Berlin, wo er gleichzeitig zum Hofrat ernannt wurde. H. veröffentlichte zahlreiche Hand- und Lehrbücher sowie historische Abhandlungen (*Die Heilkunst auf ihren Wegen zur Gewißheit*, 1802, ⁴1819) und gab u. a. das „Journal der Erfindungen, Theorien und Widersprüche in der gesammten Natur- und Arzneiwissenschaft" (11 Bde., 1798-1809) heraus.

WEITERE WERKE: Die Kunst, den Ausgang der Krankheiten vorher zu sagen. Erfurt 1820. – Practische Arzneimittellehre. Erfurt 1814, ⁴1838.

LITERATUR: Hansbodo Schimmelpfeng: A. F. H. und seine Werke über Militärmedizin. Diss. Düsseldorf 1975. – Martina Kröplin: Die Tätigkeit von Prof. Dr. A. F. H. (1763-1811) in Erfurt während der Jahre 1790-1805. Med. Diss. Erfurt 1983.

Hecker, (Johann) Julius, Pädagoge, * 2. 11. 1707 Werden/Ruhr, † 24. 6. 1768 Berlin.

H. studierte in Jena und Halle Theologie und erhielt im Seminarium selectum eine pädagogische Ausbildung. Vor vor allem August Hermann → Francke, an dessen Pädagogium H. 1729-35 Lehrer verschiedener Fächer war, hatte maßgeblichen Einfluß auf ihn. 1735 wurde H. Lehrer und Schulinspektor am Militärwaisenhaus in Potsdam, 1739 Prediger an der Dreifaltigkeitskirche in Berlin. Dort widmete er sich dem Volksschulwesen, errichtete sechs vierklassige Schulen und gründete 1747 seine „Ökonomisch-mathematische-Realschule", in der junge Leute in allen für das bürgerliche Leben nützlichen Fächern unterrichtet wurden. Aus einem Seminar für Lehrer ging 1753 das erste „Kurmärkische Landschullehrerseminar" hervor. Auch am „General-Landschul-Reglement" von 1763, dem ersten allgemeinen preuß. Volksschulgesetz, wirkte H. federführend mit.

Hedderich, Philipp, eigentl. Franz Anton H., Pseud. Arminius Seld, Minorit, Kanonist, * 7. 11. 1744 Bodenheim bei Mainz, † 20. 8. 1808 Düsseldorf.

H. besuchte die Jesuitenschule in Mainz, trat 1759 in Köln in den Minoritenorden ein und studierte an der dortigen Univ. sowie in Trier Theologie und Rechtswissenschaft, wobei ihn insbesondere Johann

Nikolaus von → Hontheim maßgeblich beeinflußte. 1774 wurde H. Kanonist an der neugegründeten Akademie in Bonn und gehörte bald zu den führenden Vertretern des Febronianismus. In zahlreichen Kampfschriften entwickelte er ein dem Gallikanismus verwandtes, auf den deutschen Konkordaten beruhendes deutsches Kirchenrecht, das er u. a. in seinem vierbändigen Hauptwerk *Elementa iuris canonici ad statum ecclesiarum Germaniae [...] accomodata* (1778 ff.) darlegte. Obgleich mehrere seiner Schriften vom Papst indiziert wurden, genoß H. bei den Kölner Erzbischöfen Maximilian Friedrich von Königsegg und Rothenfels und Maximilian Franz großen Einfluß und wurde Prof. und zweiter Rektor an der ohne päpstliche Zustimmung gegründeten Bonner Universität. Nach dem Franzoseneinmarsch verließ H. Bonn und wurde 1803 Prof. des Kirchenrechts (später der Theologie) an der Rechtsakademie in Düsseldorf.

Heeren, Arnold (Hermann Ludwig), Historiker, * 25. 10. 1760 Arbergen bei Bremen, † 6. 3. 1842 Göttingen.
Der Sohn eines Dompastors in Bremen studierte in Göttingen Theologie, Geschichte und Philologie und war Schüler Ludwig Timotheus → Spittlers und seines späteren Schwiegervaters Christian Gottlob → Heyne. 1784 habilitiert, wurde er 1787 a. o., 1799 o. Prof. der Geschichte in Göttingen und wirkte maßgeblich an der Entwicklung seiner Wissenschaft im Sinne der „Göttinger Schule". Von herausragender Bedeutung unter H.s mehrfach aufgelegten und übersetzten Werken ist u. a. sein *Handbuch der Geschichte des europäischen Staatensystems und seiner Colonien* (1809). Beeinflußt von Adam Smith, vertrat er die Ansicht einer Interdependenz zwischen der stabilen Verfassung und der florierenden Wirtschaft eines Landes. Grundlegend für das erstrebenswerte Gleichgewicht zwischen den Staaten seien die Kolonien und das Freihandelssystem. H.s *Historische Werke* (15 Bde.) erschienen 1821-26.

Hegewisch, Dietrich Hermann, Historiker, * 15. 12. 1746 Quakenbrügge bei Osnabrück, † 4. 4. 1812 Kiel.
H. studierte in Göttingen Theologie, war als Hauslehrer tätig und ließ sich 1775 in Hamburg nieder, wo er u. a. als Zeitungsredakteur tätig war. Aufgrund seines 1777 veröffentlichten *Versuches einer Geschichte Karls des Großen* (1791, [3]1818) wurde er 1780 a. o. Prof. der Geschichte in Kiel, 1782 o. Professor. Zu seinen Werken zählen u. a. eine *Geschichte der Regierung Maximilians I.* (2 Bde., 1782/83, [2]1818) und die Fortsetzung von Wilhelm Ernst → Christianis *Geschichte der Herzogthümer Schleswig und Holstein* (Bd. 3 und 4, 1801/02). H. war Mitglied der Kopenhagener und der Bayerischen Akademie der Wissenschaften.

Heidegger, Gotthard, auch Winckelriedt, schweizer. reformierter Theologe, Pädagoge, * 5. 8. 1666 Stein/Rhein, † 22. 5. 1711 Zürich.
H. besuchte seit 1681 das Alumnat in Zürich, ging 1688 als Pfarrer nach Langrickenbach (Kt. Thurgau) und wurde Pfarrer in St. Margarethen im Rheintal. 1696 wurde er wegen eines Schreibens gegen den Kapuziner Rudolf Gasser von seinem Amt abberufen. 1705 wurde H. Inspektor des Alumnats in Zürich. Er führte seit 1710 die Redaktion der Monatsschrift „Mercurius Historicus" und verfaßte mehrere Lehrbücher. H. schrieb Abhandlungen zur Gesundheitslehre wie *Heilsame und unverwerfliche Kunst-Regeln* (1703) und humanistische Lehrwerke (u. a. *Apophoreta moralia,* 1707), ferner die Polemik gegen die Romanliteratur *Mythoscopia romantica oder Discours von den so benannten Romans* (1698, Neuausg. 1969).
LITERATUR: Ursula Hitzig: G. H., 1666-1711. Winterthur 1954.

Heineccius, Johann Gottlieb, luth. Theologe, Jurist, * 11. 9. 1681 Eisenberg, † 31. 8. 1741 Halle/Saale.
Nach dem Theologiestudium in Leipzig wandte sich H., Sohn eines Lehrers, 1703 unter Samuel Stryk und Christian → Thomasius dem Jurastudium zu. 1708 wurde er Adjunkt der Philosophischen Fakultät, 1713 o. Prof. der Philosophie und 1716 zum Dr. jur. promoviert. 1720 a. o. Prof., wurde H. 1721 o. Prof. der Rechte, Assessor und Hofrat. Seit 1723 in Franeker, erhielt er 1725 einen Lehrstuhl in Frankfurt/Oder und wurde 1731 zum Geheimrat ernannt. 1733 folgte er einem Ruf an die Univ. Halle, wo er Vorlesungen über Hugo Grotius und Samuel → Pufendorf hielt und ein eigenes Naturrechtssystem entwickelte (*Elementa iuris naturae et gentium,* 1737, dt. 1994), dessen oberstes, von Samuel von Cocceji übernommenes Prinzip die Liebe als Gebot Gottes ist. H. beschäftigte sich mit fast allen Bereichen der Rechtswissenschaft, insbesondere mit dem Zivilrecht. Er veröffentlichte u. a. *Antiquitatum Romanarum syntagma* (1719; [20]1841, hrsg. v. Ch. F. Mühlenbruch), *Elementa iuris civilis secundum ordinem Institutionum* (1725) und *Elementa iuris civilis secundum ordinem Pandectarum* (1727). Seine *Elementa iuris Germanici* (2 Bde., 1735/36) waren das erste vollständige Lehrbuch des deutschen Privatrechts. H.' Schriften fanden auch im Ausland, vor allem in den romanischen Ländern, weite Verbreitung.
WEITERE WERKE: Elementa philosophiae rationalis et moralis. 1728. – Elementa historiae philosophicae. Berlin 1743. – Opera omnia. Hrsg. v. Johann Christian Gottlieb Heineccius. 8 Bde., Genf 1744-49. 12 Bde., Neapel 1759-77. 9 Bde., Genf 1765-71 (jeweils mit einer Lebensbeschreibung von H.). – Anfangsgründe des bürgerlichen Rechtes nach der Ordnung der Institutionen. Goldbach 1999 (Nachdruck der Ausg. Leipzig 1766). – Opuscula minora. Amsterdam 1768. – Akademische Reden über desselben Elementa iuris civilis secundum ordinem Institutionum. Goldbach 1999.
LITERATUR: E. Bussi: H. In: HRG 2, 1978, S. 55-57. – Rolf Lieberwirth: H., J. G. In: NDB 8, 1969, S. 296-297. – Christoph Bergfeld: Einleitung. In: J. G. H.: Grundlagen des Natur- und Völkerrechts. Hrsg. v. Christoph Bergfeld. Frankfurt/Main 1994.

Heinicke, Samuel, Pädagoge, Taubstummenlehrer, * 10.4.1727 Nautschütz bei Weißenfels, † 30.4.1790 Leipzig.
Zunächst Leibgardist, studierte H. später an der Univ. Jena Philosophie, Naturlehre und Mathematik, war Privatlehrer in Altona und ging 1768 als Schulhalter und Küster nach Eppendorf. Dort gewann er Erfahrungen im Unterricht von taubstummen Schülern und eröffnete 1778 die erste deutsche Anstalt für Taubstumme. H. entwickelte die deutsche Lautsprachmethode für Taubstumme, die 1880 internationale Anerkennung fand. Er veröffentlichte u. a. *Beobachtungen über Stumme und über die menschliche Sprache* (1778) und *Über die Denkart der Taubstummen und die Mißhandlungen, welchen sie durch unsinnige Kuren und Lehrarten ausgesetzt sind* (1780).

Heinrich, Prinz von *Preußen*, Militär, * 18.1.1726 Berlin, † 5.8.1802 Schloß Rheinsberg.
Der Sohn König Friedrich Wilhelms I. nahm als junger Stabsoffizier mit Auszeichnung an beiden Schlesischen Kriegen teil. Nach der Heirat 1752 mit Wilhelmine, der Tochter des Landgrafen Maximilian von Hessen-Kassel, lebte H. in dem ihm von seinem Bruder →Friedrich II. geschenkten Schloß Rheinsberg, wo er seinen künstlerischen Interessen folgte und ein Orchester sowie ein eigenes Theater unterhielt. Im Siebenjährigen Krieg trat er als einer der führenden preuß. Heerführer hervor; er leitete 1757 erfolgreich den Rückzug aus Böhmen, war zwar über die Entlassung seines zweitältesten Bruders, des präsumtiven Thronfolgers August Wilhelm, aus dem Heer verbittert, hatte jedoch in unerschütterlicher Loyalität zum König entscheidenden Anteil am Durchstehen des Kriegs. Er verhandelte mit der Zarin Katharina II. über die erste Teilung Polens (1772) und führte im Bayerischen Erfolgekrieg 1779 eine Armee. Seit 1784 in Paris lebend, drängte er, die Bedeutung der Französischen Revolution erfassend, auf den Abschluß des Sonderfriedens von Basel (1795). H., der in der Geschichtsschreibung zu lange und zu Unrecht im Schatten des Königs gestanden hat, erwarb sich als Heerführer wie Diplomat bleibende Verdienste um Preußen.

Heinse, (Johann Jakob) Wilhelm, eigentl. J. J. W. Hein(t)ze, Schriftsteller, * 15.2.1746 Langewiesen bei Ilmenau (Thüringen), † 22.6.1803 Aschaffenburg.
H. studierte in Jena und Erfurt Jura, widmete sich vorrangig jedoch seinen literarischen Interessen und nahm, gefördert von Johann Wilhelm Ludwig →Gleim, 1772 eine Hofmeisterstelle in Halberstadt an. 1774 ging H. als Mitherausgeber der Zeitschrift „Iris" nach Düsseldorf, wo er im Haus der Brüder Johann Georg und Friedrich Heinrich →Jacobi lebte und mit dem Sturm-und-Drang-Autor Friedrich Maximilian →Klinger befreundet war. Von nachhaltiger Wirkung waren die 1776/77 in →Wielands „Teutschem Merkur" veröffentlichten Briefe *Über einige Gemälde der Düsseldorfer Galerie*, in denen H., u. a. an Rubens, die Zeitbedingtheit des Schönheitsideals erläutert und eine Abkehr von der durch Johann Joachim →Winckelmann bewirkten klassizistischen Normen einleitet. Prägend für H.s Kunstauffassung und Werk war eine 1780-83 unternommene Italienreise, auf der er in Rom mit Friedrich (Maler) →Müller zusammentraf. Nach seiner Rückkehr wurde er Vorleser, dann (zusammen mit G. →Forster) Bibliothekar des Mainzer Erzbischofs →Friedrich Karl von Erthal und übersiedelte unter dessen Nachfolger Carl Theodor von →Dalberg 1795 mit dem kurfürstlichen Hof und der Bibliothek nach Aschaffenburg. Bereits in seinem ersten Roman *Laidion oder die Eleusinischen Geheimnisse* (1774, ²1799) geht H. über sein Vorbild Wieland hinaus. Seine von einem „pantheistischen Vitalismus" bestimmte Weltanschauung und seine Sprachgewalt zeigen sich besonders in seinem als Briefroman angelegten Hauptwerk *Ardinghello und die glückseeligen Inseln* (2 Bde., 1787, 1794), dem ersten deutschen Künstlerroman, der, von den Klassikern abgelehnt, bei →Hölderlin und den Romantikern eine intensive Rezeption fand. Bleibende Bedeutung für die Musikgeschichte erlangte der Roman *Hildegard von Hohenthal* (1795/96) aufgrund der inmitten einer dürftigen Handlung enthaltenen Ausführungen zur Geschichte der italienischen Oper und der Gesangskunst. Einen Einblick in H.s weitgespannte Interessen und seine antiklerikalen und libertinen Anschauungen bieten die 1925 in der Gesamtausgabe herausgegebenen „Aphorismen", tagebuchartige Aufzeichnungen aus den Jahren 1774 bis 1803.

Heinsius, (Johann) Wilhelm (Immanuel), Buchhändler, Bibliograph, * 28.7.1768 Leipzig, † 1.10.1817 Gera.
H. ging als Begründer der deutschen nationalen Allgemeinbibliographie in die Geschichte des Buchwesens ein. Grundlage seines Werks *Allgemeinen Bücher-Lexicons oder alphabetisches Verzeichnis der in Deutschland und den angrenzenden Ländern gedruckten Bücher*, das 1793-98 in vier Bänden erschien und für den Zeitraum 1700-50 die einzig brauchbare deutsche Bibliographie bildete, waren die von seinem Großvater und Vater herausgegebenen „Universal-Bücher-Cataloge" von 1748 und 1760. Die von seinem Großvater 1725 gegründete Buchhandlung führte H. bis 1805 weiter und verkaufte sie dann an Enoch Richter. H. eröffnete 1810 in Gera eine eigene Buchhandlung und brachte noch einen fünften Band seiner Bibliographie heraus, der den Zeitraum 1811-15 umfaßt.

Heinzmann, Johann Georg, Buchhändler, Essayist, Journalist, * 27.11.1757 Ulm, † 23.11.1802 Basel.
Nach dem vorzeitigen Abbruch seiner Gymnasialausbildung arbeitete H. seit 1770 als Buchhandelsgehilfe bei Löffler in Mannheim und bei Stettin in Ulm. 1778 ging er nach Bern, war hier Kommis der Hallerschen Buchhandlung und auch selbst umfangreich schriftstellerisch tätig. Aufgrund seiner revolutionären Gesinnung wurde er 1798 beim Versuch, in die Heimat zurückzukehren, ausgewiesen und war zuletzt Geschäftsführer der Typographischen Gesellschaft Bern.

Heise

H. gilt als typischer Schnell- und Vielschreiber seiner Zeit. Neben Jugendbüchern, Lexika, Reiseliteratur, aber auch Textsammlungen (u. a. *Feyerstunden der Grazien*, 6 Bde., 1780-89) veröffentlichte er 1795 die Streitschrift *Über die Pest der deutschen Literatur. Appel an meine Nation*, in der er den norddeutschen Rationalismus, u. a. Friedrich → Nicolais, als antichristliche Verschwörung darstellte und damit auf die spätere Restaurationsideologie vorbereitete.

Heise, Johann Arnold, Bürgermeister von Hamburg, * 5. 2. 1747 Hamburg, † 5. 3. 1834 Hamburg.
Nach dem Studium in Leipzig, Göttingen und Kiel wurde H. Advokat in Hamburg. Dort nahm er an dem bedeutenden literarischen Leben jener Zeit teil und stand u. a. in Kontakt mit → Klopstock, → Claudius und Friedrich Ludwig Schröder. 1794 wurde er Amtsmann in Ritzebüttel und bewährte sich in den schwierigen politischen Verhältnissen nach Ausbruch der Französischen Revolution. Nach Hamburg zurückgekehrt, wurde H. 1807 Bürgermeister und erwarb sich unter der französischen Besatzung als Maire und Mitglied des Generalconseils des Departements der Elbmündungen große Verdienste um seine Heimatstadt.

Held, Hans (Heinrich Ludwig) von, Beamter, Schriftsteller, * 15. 11. 1764 Auras bei Breslau, † 30. 5. 1842 Berlin.
Der Sohn eines preuß. Offiziers studierte seit 1784 in Frankfurt/Oder, Halle und Helmstedt Rechts- und Staatswissenschaften. Nach Tätigkeiten in Glogau und Küstrin wurde er 1793 Assessor und später Zollrat in Posen. 1801 veröffentlichte H. die gegen Minister Karl Georg Heinrich Hoym gerichtete Anklageschrift *Die wahren Jakobiner im preußischen Staate*, aufgrund deren er seines Amtes enthoben und zu 18 Monaten Haft in Kolberg verurteilt wurde. Hier setzte er seine frühere literarische Tätigkeit mit Gedichten und mit politischen Schriften fort. Unter → Hardenberg 1812 als Salzfaktor in Berlin angestellt, verübte er, außerstande, einen durch Diebstahl verursachten Verlust der ihm anvertrauten Salzkasse zu ersetzen, 1842 Selbstmord.

Henke, Heinrich Philipp (Konrad), evang. Theologe, * 3. 7. 1752 Hehlen bei Braunschweig, † 2. 5. 1809 Helmstedt.
Der Pfarrerssohn studierte 1772 an der Univ. Helmstedt Theologie und Philologie, wurde 1776 promoviert und lehrte dort seit dem folgenden Jahr. 1778 wurde er a. o., 1780 o. Prof. der Theologie. Seit 1786 Abt des Predigerseminars Michaelstein bei Blankenburg/Harz, wurde er 1804 Vizepräsident des Konsistoriums des Collegium Carolinum in Braunschweig. Als Dogmenkritiker und Theologe rationalistischer Prägung war er stets bemüht, die Kirchengeschichte von Verfälschungen und Überladungen zu befreien. H. veröffentlichte u. a. eine *Allgemeine Geschichte der christlichen Kirche* (6 Bde., 1788-1804).

Henle, Elkan, eigentl. H. Buttenwies(er), Kaufmann, * 7. 12. 1761 Fürth, † 14. 10. 1833 Fürth.
H. stammte aus einer jüdischen Kaufmannsfamilie und verfaßte zunächst anonym 1803 eine Schrift über die Verbesserung des Judentums, die die jüdische Reformbewegung in Bayern miteinleiten half. Von den Ideen der jüdischen Aufklärung beeinflußt, wie sie vor allem Moses → Mendelssohn vertrat, forderte er als einer der ersten in Bayern nicht nur die bürgerliche Gleichstellung der Juden und den freien Zugang zum Bildungssystem, sondern erwartete im Gegenzug vom orthodoxen Landjudentum die Aufgabe des traditionellen Gemeindelebens. Von großem Einfluß auf die weitere Entwicklung der bayerischen Judenemanzipation war das 1811 erschienene Buch *Über die Verfassung der Juden im Königreiche Baiern und die Verbesserung derselben zum Nutzen des Staates*.

Hennings, (Adolph Friedrich) August von, Publizist, * 19. 7. 1746 Pinneberg, † 17. 5. 1826 Rantzau.
H. studierte seit 1763 in Göttingen Jura, wurde 1766 promoviert und begleitete 1768 Ernst von Schimmelmann, Sohn des dänischen Schatzmeisters, nach Kopenhagen, wo er 1771 Archivsekretär der Rentenkammer wurde. 1772 ging er als Legationssekretär der dänischen Gesandtschaft nach Berlin, kam dort in Verbindung mit → Mendelssohn und war 1774-76 als Chargé d'affaires in Dresden am sächsischen Hof tätig. Danach ließ er sich wieder in Kopenhagen nieder und stieg bis 1784 zum Kammerherrn im Commerzcollegium auf. H., der als Anhänger einer aufklärerischen und frühliberalen Strömung politisch unbequem geworden war, mußte Dänemark verlassen und war seit 1787 Amtmann in Plön, seit 1807 Administrator der Grafschaft Rantzau. Er veröffentlichte u. a. *Vorurtheilsfreie Gedanken über Adelsgeist und Aristokratism* (1792) und wurde durch die Herausgabe mehrerer Zeitschriften (u. a. „Der Genius der Zeit", 1794-1800), in denen er für Pressefreiheit eintrat, zu einem der wichtigsten und häufig – u. a. durch → Goethe – angefeindeten politischen Publizisten seiner Zeit.

Henzi, Samuel, auch S. Hentzi, schweizer. Schriftsteller, * um 19. 4. 1701 Bümpliz bei Bern, † 17. 7. 1749 Bern.
Der Pfarrerssohn war 1715-30 Schreiber in der Bernischen Salzkammer, danach in einem Basler Handelshaus. 1741-43 war er Hauptmann beim Herzog von Modena, kehrte aber nach Bern zurück und wurde Privatlehrer. 1744 gehörte er zu einer Gruppe, die im sogenannten Memorial die Zulassung aller Bürger zu den Ämtern forderte, und wurde deshalb für fünf Jahre aus Bern verbannt. Er ließ sich in Neuenburg nieder, wo er als Redakteur arbeitete. Nach seiner vorzeitigen Begnadigung 1748 wieder in Bern ansässig, war H., der die Tellgeschichte zum ersten Mal in dramatische Form brachte (postum 1762 erschienen als *Grisler ou l'ambition punie*), im folgenden Jahr am „Burgerlärm zu Bern" beteiligt. Bei dieser sogenannten Henzi-Verschwörung forderten etwa 60 Berner in einer von H. verfaßten Denkschrift den Sturz des Patriziats. Deshalb wurden er und zwei

Mitverschwörer zum Tod verurteilt und geköpft; das als Justizmord angeprangerte Urteil erregte seinerzeit großes Aufsehen.

Herbart, Johann Friedrich, Philosoph, Pädagoge, * 4.5.1776 Oldenburg, † 14.8.1841 Göttingen.
H., Sohn eines Justiz- und Regierungsrats, studierte 1794-97 in Jena Philosophie bei → Fichte und wandelte sich von einem begeisterten Schüler zu einem entschiedenen Opponenten des bewußtseinsphilosophischen Idealismus. Bis 1800 Hauslehrer in Bern, lernte er → Pestalozzi kennen und nahm einiges von ihm in seine Pädagogik auf. 1800-02 hielt er sich als Erzieher und Privatgelehrter in Bremen auf. 1802 wurde er in Göttingen promoviert und habilitierte sich, war seit 1805 a. o. Prof. der Philosophie und Pädagogik und erhielt 1809 den Lehrstuhl → Kants an der Univ. Königsberg. H. gründete dort ein pädagogisches Seminar, dem er ein kleines Internat als Versuchsschule angliederte. Er wurde Direktor der von Wilhelm von → Humboldt berufenen wissenschaftlichen Deputation und der Kgl. Prüfungskommission, Schulrat und Ehrenmitglied des ostpreußischen Provinzialschulkollegiums und hatte Einfluß auf das Schulwesen der Provinz. 1833 kehrte H. als o. Prof. der Philosophie nach Göttingen zurück. Als Dekan seiner Fakultät mißbilligte er 1837 die Haltung der Göttinger Sieben. Als Gegner der ‚idealistischen‘ Richtung des Kantianismus und von → Leibniz beeinflußt, lehrte H., daß es viele einfache Wesen („Reale") gäbe, die unveränderliche und dauernde Eigenschaften besäßen (*Hauptpunkte der Metaphysik*, 1806; *Allgemeine Metaphysik, nebst den Anfängen der philosophischen Naturlehre*, 2 Bde., 1828/29). Die Anwendung dieses Modells auf die Seele führte ihn zu einer Erklärung der psychischen Prozesse als Vorstellungsmechanik (*Lehrbuch der Psychologie*, 1816, ⁶1900; *Psychologie als Wissenschaft, neu gegründet auf Erfahrung, Metaphysik und Mathematik*, 2 Bde., 1824/25). Auf die von seiner „realistischen Metaphysik" auf die Psychologie übertragene Lehre gründete H. eine Pädagogik (*Allgemeine Pädagogik* 1806; *Umriß pädagogischer Vorlesungen*, 1835, ²1841). Ihr Grundbegriff ist die „Bildsamkeit", die dem Menschen eigentümlich ist. Aufgabe der Erziehung sei es, den Menschen zur sittlichen Selbstbestimmung zu befähigen. H.s intellektualistisch-mechanistische Pädagogik erlangte durch ihn und seine Schüler starken Einfluß auf das deutsche und österr. Schulwesen.

WEITERE WERKE: Über die ästhetische Darstellung der Welt als das Hauptgeschäft der Erziehung. Göttingen 1804. – Allgemeine praktische Philosophie. Göttingen 1808. – Lehrbuch zur Einleitung in die Philosophie. Königsberg 1813, ⁴1837, ⁸1912. Textkritisch revidierte Ausg. hrsg. v. Wolfhart Henckmann. Hamburg 1993. – Sämmtliche Werke. Hrsg. v. Gustav Hartenstein. 12 Bde., Leipzig 1850-52. 2. Aufl. mit einem zusätzlichen Bd. 13, Hamburg 1883-93. – Sämtliche Werke. In chronologischer Reihenfolge. Hrsg. v. Karl Kehrbach und Otto Flügel. 19 Bde., Langensalza 1887-1912. Neudruck Aalen 1964. – Pädagogische Schriften. Hrsg. v. Walter Asmus. 3 Bde., Düsseldorf/München 1964/65.

LITERATUR: Josef Nikolaus Schmitz: H.-Bibliographie 1842-1963. Weinheim 1964. – Walter Asmus: J. F. H. Eine pädagogische Biographie. 2 Bde., Heidelberg 1968-70. – Friedrich W. Busch/Hans-Dietrich Raapke (Hrsg.): J. F. H.s Leben und Werk in den Widersprüchen seiner Zeit. Oldenburg 1976. – Josef Kühne: Der Begriff der Bildsamkeit und die Begründung der Ethik bei H. Zürich 1976. – Rudolf Lassahn (Hrsg.): Tendenzen internationaler H.-Rezeption. Kastellaun 1978. – Franz Träger: H.s realistisches Denken. Würzburg/Amsterdam 1982. – Alfred Langewand: Moralische Verbindlichkeit oder Erziehung. H.s frühe Subjektivitätskritik und die Entstehung des ethisch-edukativen Dilemmas. Freiburg/Breisgau 1991. – Matthias Heesch: J. F. H. zur Einführung. Hamburg 1999. – Lothar Schneider/Andreas Hoeschen (Hrsg.): H.s Kultursystem. Perspektiven der Transdisziplinarität im 19. Jahrhundert. Würzburg 2000.

Herchenhahn, Johann Christian, Redakteur, Diplomat, Historiker, * 31.5.1754 Coburg, † 23.4.1795 Wien.
Der Sohn eines Ratsherrn studierte 1777-79 an der Univ. Jena, kam anschließend als Erzieher nach Wien und übernahm die Redaktion der „Wiener Realzeitung", ein Organ der Josephinischen Aufklärung. Seit 1772 Reichshofratsagent, begann er 1789 seine diplomatische Laufbahn als Legationsrat für Sachsen-Meiningen und Schwarzburg-Rudolstadt, starb aber bereits wenige Jahre später. H. veröffentlichte u. a. eine *Geschichte der Entstehung, Bildung und gegenwärtigen Verfassung des kaiserlichen Reichshofrathes, nebst der Behandlungsart der bei demselben vorkommenden Geschäfte* (3 Bde., 1792/93).

Herder, Johann Gottfried, evang. Theologe, Philosoph, Schriftsteller, * 25.8.1744 Mohrungen (heute Morąg, Polen), † 18.12.1803 Weimar.
Sohn eines Kantors und Lehrers, gab sich H. früh extensiver Lektüre der Bibel, griechischer und römischer Klassiker sowie zeitgenössischer Dichter hin. Von einem Arzt der nach der Besetzung Ostpreußens 1758-62 abziehenden russischen Truppen wurde er zum Studium der Medizin nach Königsberg eingeladen. Sofort zur Theologie wechselnd, konzentrierte sich H. auf die philosophischen Vorlesungen Immanuel → Kants, der ihm auch Gedanken von David Hume und Jean-Jacques Rousseau vermittelte. Von großer Bedeutung war für H. die Bibelwissenschaft, wie sie der Göttinger Orientalist Johann David → Michaelis mit seinen Schriften betrieb. Ein Gegengewicht zum akademischen Studium war seit 1764 H.s Freundschaft mit Johann Georg → Hamann, die bis zu dessen Tod andauern sollte. In zwei ungedruckten frühen Manuskripten setzte sich H. kritisch sowohl mit Kants erkenntniskritischer Rationalität als auch mit Hamanns offenbarungsgläubiger Irrationalität auseinander, indem er die spezifische Evidenz menschlicher

Herder

Existenzerfahrung zu interpretieren und mit den Charakteristika aufgeklärter Kultur zu korrelieren suchte (1764/65).

Von November 1764 bis Mai 1769 war H. Lehrer an der Domschule zu Riga, seit Juli 1767 auch Pastor an zwei Vorstadtkirchen. H. entwarf in dieser Zeit eine Geschichte der Dichtung der Antike in universalgeschichtlichem Horizont, bevor er als „Beilage" zu den 1759-65 geschriebenen *Briefen, die neueste Literatur betreffend* seine kommentierenden „Fragmente" *Über die neuere deutsche Literatur* (1766/67) veröffentlichte. Dieses erste Hauptwerk entwarf die Sprache einer Dichtung, die nicht kultivierte Nachahmung, sondern aktueller, wesentlicher Ausdruck von Empfindung und Welterschließung sein sollte. Ergänzt wurden diese „Fragmente" durch *Kritische Wälder*, die eine Diskussion von → Lessings *Laokoon* enthielt. Umfangreiche Manuskripte zur Sprachtheorie und Ästhetik sowie zur orientalischen – in H.s Augen der menschheitlich ältesten – Poesie in der Bibel (Gen 1-11) blieben ungedruckt für spätere Umarbeitungen liegen.

Im Mai 1769 brach H. zu Schiff zu einer Reise nach Deutschland auf, die ihn dort für sein weiteres Leben festhalten sollte. Er begleitete zunächst einen befreundeten Kaufmann nach Nantes, wo er einen viermonatigen Aufenthalt für ausgreifende Lektüre der französischen Aufklärer und die Abfassung eines Reisejournals nutzte (*Journal meiner Reise im Jahr 1769*, Erstdruck 1846). In diesem skizzierte er Gedanken über die Konstruktion einer universalen Ideengeschichte und ihre Transformation in pädagogische und verfassungsrechtliche Konzeptionen. Bis März 1770 führte ihn die von seinem Verleger Johann Friedrich → Hartknoch finanzierte Reise weiter über Paris, Brüssel, Antwerpen, Leiden, Amsterdam und Hamburg nach Eutin. Blieb H. in Paris in kritischer Reserve gegenüber dem französischen Kunstleben und dem Kreis der Enzyklopädisten, so begeisterte ihn in Hamburg die Begegnung mit Lessing.

H. sollte den Sohn des Fürstbischofs von Lübeck auf seiner „grand tour" begleiten, verließ jedoch die Reisegesellschaft im September 1770 in Straßburg, nachdem er in Darmstadt die Bekanntschaft mit Johann Heinrich → Merck und mit seiner späteren Frau Karoline Flachsland (1750-1809) gemacht hatte. 1771 gewann er mit seiner *Abhandlung über den Ursprung der Sprache* einen von der Berliner Akademie der Wissenschaften ausgesetzten Preis. Das Werk verfocht eine historische Auffassung der Sprache und befreite die Theorie des Sprachursprungs vom Offenbarungsbegriff der kirchlichen Orthodoxie, hielt aber die Möglichkeit einer Offenbarungsreligion als eine Dimension der Anthropologie offen.

Von April 1771 bis September 1776 war H. Konsistorialrat des Grafen von Schaumburg-Lippe in Bückeburg, eine Stellung, die ihm im Mai 1773 zu heiraten erlaubte. In seiner Sammlung *Von deutscher Art und Kunst* (1773) formulierte er ein Kunstideal der starken Leidenschaft, das im „Sturm und Drang" wirksam wurde. Trotz seiner Freundschaft mit Christian Gottlob → Heyne in Göttingen trug H. in einer Serie von Rezensionen und Werken 1772-76 seine geschichtsphilosophischen und theologischen Gedanken mit solch vehementer Polemik gegen zeitgenössische Gelehrte (u. a. August Ludwig von → Schlözer, J. D. Michaelis, Johann Joachim → Spalding) vor, daß eine Berufung als Prof. der Theologie an die Univ. Göttingen scheiterte.

Schöpfungstheologie auf den Ursprung der Kultur der Menschheit hin interpretierend, wollte H. die biblische Tradition und damit die Würde des Menschen als Ebenbild Gottes gegen den säkularen Fortschrittsoptimismus und die auf Moral zentrierte Funktionalisierung der Kirche verteidigen. Sein Buch *Älteste Urkunde des Menschengeschlechts* (4 Tle., 1774-76) begleitete er deshalb mit zwei Pamphleten: *Auch eine Philosophie der Geschichte zur Bildung der Menschheit* und *An Prediger. Funfzehn Provinzialblätter*. Indem er von einer Hermeneutik des Historischen forderte, die jeweilige, sich aus ihren Traditionslinien heraus entfaltende Eigenheit bestimmter Epochen und Kulturen anzuerkennen, gab er hier seine kritische Antwort auf Philosophen europäischen Ranges. Mit einer weiteren Schrift näherte sich H. dem Problem der in seine universalgeschichtlichen Untersuchungen verflochtenen Anthropologie von seiten einer psychologischen Erkenntnislehre (*Vom Erkennen und Empfinden der Menschlichen Seele*, Manuskript 1774/75, Druckfassung 1778).

Im Oktober 1776 wurde H. durch Vermittlung Goethes Generalsuperintendent des Herzogtums Sachsen-Weimar. Bis 1783 widmete sich H. überwiegend theologischen Arbeiten. Daneben gewann er 1778 einen Preis der Bayerischen Akademie der Wissenschaften mit einem Essay *Über die Wirkung der Dichtkunst auf die Sitten der Völker*, sodann mit einem Essay *Vom Einfluß der Regierung auf die Wissenschaften* 1780 ein weiteres Mal den Preis der Berliner Akademie, die ihn 1787 zu ihrem auswärtigen Ehrenmitglied ernannte. In diese Zeit fielen der Abbruch seiner Korrespondenz mit Johann Caspar → Lavater, aber auch Besuche bei Johann Wilhelm Ludwig → Gleim, Matthias → Claudius und Friedrich Gottlieb → Klopstock.

Bis 1788 entstanden die ersten drei Teile von H.s berühmtestem Werk, den *Ideen zur Philosophie der Geschichte der Menschheit*. Aus einer als Naturgeschichte entworfenen Kosmologie entwickelte H. hier die Grundbestimmung des Menschen zu Humanität und Religion, die er durch Bezug auf die biblische Tradition absicherte (1. und 2. Teil, 1784/85). Von Kant wurde er für dieses Projekt in zwei Rezensionen scharf kritisiert. Mit seinem Zentralbegriff „Humanität" gelang es H., vom Menschen so zu sprechen, daß er für die individuelle Ausbildung der menschlichen Bestimmung eine Orientierung fand, die den Menschen einerseits in die Gesellschaft einwies, andererseits aber auch zur Transzendenz hin öffnete. Die religionsphilosophischen Implikationen des Werkes führte H. in seinem Beitrag zu dem von Friedrich Heinrich → Jacobi angestoßenen Streit um Spinoza und den Pantheismus weiter aus (*Gott. Einige Gespräche*, 1787). Mit dem dritten Teil der *Ideen*

(1787) legte er universalgeschichtlich orientierte Reflexionen über die Völker der Antike vor. Nach einer Italienreise von August 1788 bis Juli 1789 erschien ein bis zum Mittelalter führender vierter Teil der *Ideen* (1791), während H. die Darstellung der neueren europäischen Geschichte, nicht zuletzt wegen politischer Differenzen in Weimar im Urteil über die von ihm zunächst offen begrüßte Französische Revolution, aufgab.

Mit publizistischem Geschick beteiligte sich H. an der literarischen Konversation der Zeit mit sechs Sammlungen *Zerstreuter Blätter* (1785-97), poetischer, philosophischer und historischer Beiträge. Weitere Werke dieser Art waren die *Briefe zu Beförderung der Humanität* (1793-97) und die Zeitschrift „Adrastea" (1801-03), die Literaturkritik und kulturgeschichtliches Bildungsgut miteinander verbanden und mit aufgeklärt-moralischem Impetus durchdrangen. Als Theologe veröffentlichte er Schriften zu Traditionen und zum Wesen des Christentums sowie zur Evangelienkritik in fünf Teilen *Christlicher Schriften* (1794-98). Mißtrauen gegenüber der Rezeption der Philosophie Kants veranlaßte H. zu umfassender, aber unkonzentrierter Kritik (*Metakritik*, 1799; *Kalligone*, 1800).

WEITERE WERKE: Sämmtliche Werke. Hrsg. v. Bernhard Suphan u. a. 33 Bde., Berlin 1877-1913. Nachdruck Hildesheim 1967. – Briefe 1763-1803. Gesamtausgabe. Hrsg. v. Wilhelm Dobbek/Günter Arnold. 10 Bde., Weimar 1977-96. – Werke (kommentierte Ausgabe). Hrsg. v. Wolfgang Proß/Pierre Pénisson. 3 Bde., München 1984 ff. – Werke (kommentierte Ausgabe). Hrsg. v. Ulrich Gaier u. a. 10 Bde., Frankfurt/Main 1985 ff.

LITERATUR: Gottfried Günther/Albina A. Volgina/ Siegfried Seifert (Hrsg.): H.-Bibliographie. Berlin/ Weimar 1978. – Doris Kuhles: H. Bibliographie 1977-1992. Stuttgart/Weimar 1994. – H.-Jahrbuch/ Yearbook. Hrsg. v. Wilfried Malsch. Stuttgart/Weimar 1992 ff. – Rudolf Haym: H. nach seinem Leben und seinen Werken. 2 Bde., Berlin 1877-85. Nachdruck Osnabrück 1978. – Hugh Barr Nisbet: H. and the Philosophy and History of Science. Cambridge 1970. – Isaiah Berlin: Vico and Herder. London/New York 1976. – Wulf Koepke: J. G. H. Boston 1987. – Gerhard Sauder (Hrsg.): J. G. H. 1744-1803. Hamburg 1987. – Günter Arnold: J. G. H. Leipzig 1988. – Ulrich Gaier: H.s Sprachphilosophie und Erkenntniskritik. Stuttgart/Bad Cannstatt 1988. – Kurt Mueller-Vollmer (Hrsg.): H. Today. Berlin/New York 1990. – Hans Adler: Die Prägnanz des Dunklen. Gnoseologie – Ästhetik – Geschichtsphilosophie bei J. G. H. Hamburg 1990. – Pierre Pénisson: J. G. H. La Raison dans les Peuples. Paris 1992. – Martin Bollacher (Hrsg.): J. G. H.: Geschichte und Kultur. Würzburg 1994. – Egon Freitag/Christian Juranek (Hrsg.): J. G. H.: Ahndung künftiger Bestimmung (Ausstellungskatalog). Stuttgart/Weimar 1994. – Thomas Zippert: Bildung durch Offenbarung. Marburg 1994. – Jens Heise: J. G. H. zur Einführung. Hamburg 1998.

Christoph Bultmann

Hermes, Johann August, evang. Theologe, Schriftsteller, * 24. 8. 1736 Magdeburg, † 6. 1. 1822 Quedlinburg.

Schon während des Studiums der evang. Theologie an der Univ. Halle entfremdete sich H. zunehmend von dem damals herrschenden Pietismus und wandte sich der Neologie zu. Seit 1757 in verschiedenen Mecklenburger Pfarreien tätig, trat er in seinen *Wöchentlichen Beiträgen zur Beförderung der Gottseligkeit* (2 Bde., 1771/72) für eine aufgeklärte Frömmigkeit ein, geriet dadurch in Konflikt mit dem Konsistorium, wurde aber 1777 von der Äbtissin Amalie von Quedlinburg in deren Stift berufen, wo er 1780 Konsistorialrat und Oberprediger von St. Nikolai, 1800 Oberhofprediger und Pastor der Stiftsgemeinde wurde. H. war ein bekannter Prediger und Erbauungsschriftsteller der Aufklärung. Er verfaßte ein *Handbuch der Religion* (1779), das in mehrere Sprachen übersetzt wurde, sowie ein *Gesangbuch für den öffentlichen Gottesdienst im Stifte Quedlinburg* (1787).

Hermes, Johann Timotheus, Pseud. F. Bothe, Cyllenius, Heinrich Meister, T. S. Jemehr, evang. Theologe, Schriftsteller, * 31. 5. 1738 Petznick bei Stargard, † 24. 7. 1821 Breslau.

H. studierte 1757-61 an der Univ. Königsberg Theologie und wurde 1764 Lehrer an der Ritterakademie in Brandenburg, 1766 Feldprediger beim Krockowschen Dragonerregiment in Lüben (Schlesien) und 1769 Hofprediger, deutscher Pastor und Schulinspektor in Pleß (Oberschlesien). Seit 1772 Pfarrer und Gymnasialprofessor, später Propst in Breslau, war er seit 1808 Superintendent des Fürstentums Breslau, Oberkonsistorialrat, Prof. der Theologie an zwei Gymnasien und Pastor primarius an St. Elisabeth. H. verfaßte zahlreiche Romane, in denen er, beeinflußt vom englischen Familien- und Gesellschaftsroman, moralische Themen im Sinne der Aufklärung dichterisch bearbeitete. Sein Hauptwerk *Sophiens Reise von Memel nach Sachsen* (5 Bde., 1769-73) war zu H.' Lebzeiten eines der meistgelesenen Werke.

Hertzberg, Ewald Friedrich Graf von, Staatsmann, * 2. 9. 1725 Lottin (Hinterpommern), † 27. 5. 1795 Berlin.

Der einem pommerschen Adelsgeschlecht entstammende Sohn eines Gutsherrn studierte seit 1742 Rechts- und Staatswissenschaften sowie als Schüler Christian → Wolffs Philosophie an der Univ. Halle, wurde 1745 zum Dr. jur. promoviert und war anschließend als Hilfsarbeiter im preuß. Geheimen Kabinettsarchiv tätig, dessen Leitung er 1750 übernahm. Er wurde 1752 zum Geheimen Legationsrat ernannt und nahm seit 1754 als expeditierender Sekretär an der Ausfertigung aller wichtigen Depeschen im Kabinettsministerium teil. 1758 verfaßte H. das den preuß. Einzug in Sachsen legitimierende *Mémoire raisonné*, war 1763 preuß. Unterhändler bei den Friedensverhandlungen von Hubertusburg und wurde im selben Jahr neben Karl Wilhelm Finck von Finckenstein zweiter Staats- und Kabinettsminister. Sein Einfluß auf die preuß. Außenpolitik unter → Friedrich dem Großen war begrenzt, weil der König diese persönlich führte; trotzdem hatte sein anti-österreichischer Kurs Einfluß auf die Politik, die zur ersten Teilung Polens (1772), zum Bayerischen Erbfolgekrieg (1778/79) und zur Bildung des Deutschen Fürstenbundes von 1785 führte. Als Leiter der Außenpolitik unter König Friedrich Wilhelm II. versuchte H., der österreichisch-französischen Allianz seit 1786 eine Koalition Preußens mit den Seemächten, Rußland und Skandinavien entgegenzustellen und Österreich durch einen Gebietsaustausch auf den Balkan zu verweisen. Dieser Plan scheiterte mit der Annäherung Preußens an Österreich seit der Konvention von Reichenbach 1790. 1791 schied H. als Kabinettsminister aus und blieb bis zu seinem Tod in dem 1786 übernommenen Amt des Kurators der Preußischen Akademie der Wissenschaften. Seine an deren Gedenktagen 1780 und 1793 gehaltenen berühmten Reden bezeichnen die preuß. Monarchie als „Vernunftstaat", in dem unter der Herrschaft der Gesetze die bürgerliche Freiheit bestmöglich gesichert sei.

Herz, Henriette (Julie), geb. de Lemos, * 5. 9. 1764 Berlin, † 22. 10. 1847 Berlin.
Die Tochter eines Mediziners stammte aus einer aus Portugal eingewanderten jüdischen Familie und heiratete 1779 den Arzt Markus → H. In ihrem Berliner Salon, in dem ihr Mann Vorlesungen über → Kants Philosophie sowie wissenschaftliche Gesprächskreise organisierte, empfing H. neben Persönlichkeiten aus allen Bereichen der Wissenschaft und Kultur zahlreiche junge literaturinteressierte Menschen aller Stände. Ihr Haus wurde damit zu einem Mittelpunkt des geistigen und kulturellen Berliner Lebens, und seine Zirkel beeinflußten vor allem die Frühromantiker. Zu ihren häufigen Gästen zählten Friedrich → Schleiermacher, Friedrich von → Schlegel, Alexander und Wilhelm von → Humboldt und Moses → Mendelssohn. 1787 gehörte H. zu den Gründern des Tugendbundes. Nach dem Tod ihres Mannes 1803 verschlechterte sich ihre finanzielle Lage, so daß sie ihren Salon schließlich ganz aufgeben mußte. 1817-19 lebte H. in Rom. Ihre Erinnerungen, die sie dem späteren Herausgeber Joseph Fürst teilweise diktierte, erschienen 1850 unter dem Titel *Henriette Herz. Ihr Leben und ihre Erinnerungen* (Neuausg. 1977).
LITERATUR: H., H. In: Lexikon deutsch-jüdischer Autoren. Redaktionelle Leitung: Renate Heuer. Bd. 11. München 2002, S. 158-167.

Herz, (Naphtali) Markus, Mediziner, Philosoph, * 17. 1. 1747 Berlin, † 19. 1. 1803 Berlin.
Der aus ärmlichen Verhältnissen stammende H., Sohn eines Thoraschreibers der jüdischen Gemeinde in Berlin, begann 1766 nach einer abgebrochenen kaufmännischen Lehre das Studium der Philosophie und Medizin an der Univ. Königsberg, wo er Schüler → Kants war. 1770 kehrte H. nach Berlin zurück, schloß sich dem Kreis der jüdischen Aufklärer um Moses → Mendelssohn an und konnte mit der Unterstützung David → Friedländers sein Medizinstudium an der Univ. Halle fortsetzen, das er 1774 mit der Promotion zum Dr. med. abschloß. Anschließend wirkte H. am neugegründeten jüdischen Krankenhaus in Berlin. Mit seiner Frau Henriette → H., mit der er seit 1779 verheiratet war, unterhielt H. einen Salon, der einen geistigen Mittelpunkt Berlins darstellte. 1785 wurde er zum Hofrat und Leibarzt, 1787 von Friedrich Wilhelm II. zum Prof. der Philosophie ernannt. H. hielt philosophische Privatvorlesungen und veröffentlichte u. a. *Betrachtungen aus der spekulativen Weltweisheit* (1771, Neuausg. 1990) und *Versuch über den Geschmack und die Ursachen seiner Verschiedenheit* (1776). Er war ein Vorkämpfer der Emanzipation der Juden in Deutschland und übersetzte 1782 zusammen mit Mendelssohn *Vindiciae Judaeorum* von Manasse ben Israel aus dem Jahr 1656.
LITERATUR: B. Ibing: M. H. Münster 1984. – Martin L. Davies: Identity or history? M. H. and the end of the Enlightenment. Detroit, Mich. 1995. – H., M. In: Lexikon deutsch-jüdischer Autoren. Redaktionelle Leitung: Renate Heuer. Bd. 11. München 2002, S. 168-174.

Heß, Heinrich Ludwig von, Publizist, Schriftsteller, * 27. 11. 1719 vermutlich Göteborg, † 11. 4. 1784 Berlin.
Nach dem Studium an den Universitäten Greifswald und Leipzig war H. als Beamter in Wismar tätig, mußte diese Anstellung jedoch wegen einer gegen den Stralsunder Magistrat gerichteten Satire 1746 wieder aufgeben. 1767 wurde ihm aus ähnlichen Gründen der Titel eines kgl. dänischen Justizrats in Altona aberkannt, und H. mußte infolge drohender Verhaftung aus der Stadt fliehen. 1771 ließ er sich in Hamburg nieder, wo sein Kommentar zur dortigen Verfassung *Unwiderrufliches Fundamentalgesetz [...]* auf Verlangen des Senats verbrannt wurde. Seit 1772 schwedischer Regierungsrat, lebte H. kurze Zeit in Erfurt und übersiedelte schließlich nach Berlin. Er verfaßte zahlreiche satirische und politische Schriften, darunter auch Auftragsschriften für das dänische und schwedische Königshaus. Die Sammlung seiner bedeutendsten politischen Schriften erschien in zwei Bänden mit den Titeln *Des Regierungsraths Ludewig von Heß Staatsschriften* (1772) und *Freimüthige Gedanken über Staatssachen* (1775).

Heß, Jonas Ludwig von, Publizist, Arzt, Politiker, * 8. 7. 1756 Stralsund, † 20. 2. 1823 Hamburg.
Seine Herkunft ist in Dunkel gehüllt, es steht nicht einmal sein Geburtsort eindeutig fest; H. könnte, älteren Angaben nach, auch in Stockholm das Licht der Welt erblickt haben. Ebenso sind die Nachrichten, die wir über sein Leben bis zum ersten Auftreten in Hamburg (1780) besitzen, von großer Dürftigkeit. Wegen eines unglücklich verlaufenen Duells habe er als Offizier die schwedische Armee verlassen müssen, hieß es später. Die von H. offenbar selbst behauptete Blutsverwandtschaft mit dem Schriftsteller Heinrich Ludwig von → Heß läßt sich kaum mehr nachweisen. Auch ist sein Adelsprädikat von einiger Fragwürdigkeit.
Es verwundert heute noch, daß dieser so gut wie unbekannte, wenn auch über ein beträchtliches

Vermögen verfügende Mann sehr schnell in die hamburgische Gesellschaft Aufnahme fand. Aufgeklärte Kreise, in denen sich herumsprach, daß der junge Literat aus dem Pommerschen Feuer in die politisch-sozialen Diskussionen der Zeit trug, sahen ihn gerne. So die Familie des liberal gesinnten Großkaufmannes Georg Heinrich → Sieveking. H. wurde einer breiteren Öffentlichkeit spätestens zu Anfang des Jahres 1786 bekannt, als er begann, mit dem „Journal aller Journale" eine deutsche wie internationale Periodika auswertende Zeitschrift herauszugeben. Ein zweiter publizistischer Erfolg H.s war die zwischen 1787 und 1792 edierte hamburgische Sozialtopographie (*Hamburg topographisch, politisch und historisch beschrieben*), in der er in drei Bänden mit großer Sorgfalt ermittelte Angaben über die Bauten der Stadt, über die Bevölkerung, über Handel, Gewerbe und Handwerk und vieles andere ausgebreitet hatte. Die Arbeit erschien 1810/11 erweitert in zweiter Auflage.

H., der erst 1801 das hamburgische Bürgerrecht erwarb, war ein Anhänger der Stadtrepubliken. Ende der achtziger Jahre begann er eine Wanderung, die ihn in fünfzehn Freie Reichsstädte führte, deren soziale und politische Befindlichkeit er kennenzulernen wünschte. Das Ergebnis legte er unter dem Titel *Durchflüge durch Deutschland, die Niederlande und Frankreich* zwischen 1789 und 1797 in sieben Bänden vor. Sie offenbaren seine Vorliebe für alle Formen städtisch-bürgerlicher Selbstverwaltung, entbehren aber auch nicht kritischer Kommentare. H., der im Sommer 1792 in Paris gewesen war und zu den deutschen Anhängern der Französischen Revolution gehört hatte, schrieb 1797 und 1800 unter dem Titel *Versuche zu sehen* zwei Bände, in denen er den revolutionären Terror ebenso kritisch sah und verurteilte wie die Taten der reaktionären Gegenseite. Er blieb entschiedener Republikaner. 1800 ließ sich H. an der Univ. Königsberg einschreiben und legte binnen Jahresfrist eine medizinische Doktorarbeit vor. In Königsberg lernte er → Kant kennen. Ein Jahr später kam er nach Hamburg zurück. Als Arzt arbeitete er kaum, von „unentgeltlicher Hilfe für Arme" (Joist Grolle) abgesehen. 1805 heiratete er Thusnelda Hudtwalcker, die erst einundzwanzigjährige Tochter Johann Michael → Hudtwalckers, der wie H. zum Kreis aufgeklärter hamburgischer Stadtbürger zählte. Die Turbulenzen während und nach der sogenannten „Franzosenzeit" in Hamburg, die sich bis in den Mai 1813 hinzogen und während derer sich H. einer „Bürgergarde" als Kommandant zur Verfügung gestellt hatte, zwangen ihn zur Flucht. H. ging nach London und sammelte Unterstützung für die „Hanseatische Legion", die sich an der Seite von Preußen und Russen am Kampf gegen Napoleon beteiligen sollte. Zugleich verfaßte er eine ein Jahr später in Deutsch und Englisch publizierte Schrift, die den *Werth und die Wichtigkeit der Freiheit der Hanse-Städte* behandelte, 1815 dem Wiener Kongreß vorlag und die Unabhängigkeit von Hamburg, Lübeck und Bremen sichern half. Schon in einem noch während seiner englischen Zeit verfaßten Manuskript hatte H. die Meinung vertreten, daß man 1813 in Hamburg die Chancen zu einer hamburgischen Verfassungsreform verpaßt hätte. Als das Buch (*Agonien der Republik im Frühjahr 1813*) 1815 erschien, kam es zu einer kontroversen Diskussion. Doch H. blieb loyaler hamburgischer Bürger und diente der Stadt vier Jahre lang als ihr Interessenvertreter in Paris. Vor seinem Tod verfügte er die Errichtung eines Wohnheims für augenkranke oder blinde Mädchen, eine wohltätige Stiftung, die seine Frau, die ihn um dreiundvierzig Jahre überlebte, weiterführte.

LITERATUR: Beneke: H. In: ADB, Bd. 12, Leipzig 1880, S. 292 ff. – Joist Grolle: Eine Republik wird besichtigt. Das Hamburg-Bild des Aufklärers J. L. v. H. In: Zeitschrift des Vereins für hamburgische Geschichte 79 (1993) S. 1 ff. – Ders.: Republikanische Wanderungen. Die Fußreisen des J. L. v. H. aus Hamburg durch die „Freien deutschen Reichsstädte" 1789-1800. In: Zeitschrift des Vereins für hamburgische Geschichte 83 (1997) S. 299 ff. – Ders.: H. In: Hamburgische Biographie. Personenlexikon. Bd. 1. Hamburg 2002, S. 132 ff. *Peter Schumann*

Heumann, Christoph August, luth. Theologe, * 3.8.1681 Allstedt (Thüringen), † 1.5.1764 Göttingen.

H. studierte in Jena Philosophie und Theologie, lehrte dort 1702-09 Philosophie und predigte in der Universitätskirche. Danach Inspektor des Theologischen Seminars und Kollaborator am Gymnasium in Eisenach, ging er 1717 als Inspektor und Prof. an das Gymnasium in Göttingen. Mit Errichtung der Univ. und gleichzeitiger Aufhebung des Gymnasiums wurde er als dessen letzter Rektor 1734 o. Prof. der Literaturgeschichte und a. o. Prof., seit 1745 o. Prof. der Theologie. H. hielt vor allem Vorlesungen über Kirchengeschichte und Exegese des Alten und des Neuen Testaments. Seine Verteidigung der reformierten Abendmahlslehre führte 1754 zu seiner Zwangsemeritierung. Gegen das nach seinem Willen postum erschienene Werk *Erweis, daß die Lehre der reformierten Kirche von dem heiligen Abendmahle die rechte und wahre sei* (1764) richteten sich zahlreiche Streitschriften.

Heun, Carl → **Clauren,** Heinrich

Heusinger, Johann Heinrich Gottlob, Pädagoge, Philosoph, Schriftsteller, * 1.8.1767 Römhild bei Meiningen, † 13.4.1837 Dresden.

H. studierte seit 1787 in Jena Theologie und Philosophie, arbeitete seit 1789 als Hauslehrer und Privatlehrer bei Gera sowie in Dresden und wurde 1795 Dozent der Philosophie in Jena. 1797 wechselte er als Lehrer, Erzieher und Privatgelehrter erst nach Eisenach und später nach Dresden, wo er von 1810 bis zu seiner Pensionierung 1831 als Prof. an der Militärakademie Geographie, Geschichte, Deutsch und Enzyklopädie lehrte. H. veröffentlichte neben Erzählungen und Romanen pädagogische, ästhetische und philosophische Arbeiten, u. a. *Über die Benutzung des bey Kindern so thätigen Triebes, beschäftigt zu seyn* (1797), *Handbuch der Ästhetik* (2 Bde., 1797-1800)

Heydenreich

und *Über das idealistische und atheistische System des Professors Fichte* (1799).
WEITERE WERKE: Versuch einer Encyklopädie der Philosophie, verbunden mit einer praktischen Anleitung zu dem Studium der kritischen Philosophie. 2 Tle., Weimar 1796. – Besuche bei Todten und Lebenden. Leipzig 1834. – Die Grundlehren der Größenkunst. Leipzig 1835.
LITERATUR: Carl von Prantl: H. In: ADB 12, 1880, S. 335-336.

Heydenreich, Karl Heinrich, Philosoph, Schriftsteller, * 19.2.1764 Stolpen bei Dresden, † 26.4.1801 Burgwerben bei Weißenfels.
H., Sohn eines Pfarrers, studierte in Leipzig Philologie und Philosophie, erwarb 1785 den Magistergrad und lehrte seit 1789 als Prof. in Leipzig, mußte aber, wegen Schulden in Wechselarrest genommen, 1798 sein Lehramt niederlegen. Er hinterließ ein umfangreiches schriftstellerisches Werk, darunter Gedichte, Maximen und Popularphilosophisches wie *Vesta. Kleine Schriften zur Philosophie des Lebens, besonders des häuslichen* (5 Bde., 1798-1801). H. war ein Anhänger der Philosophie →Kants; wegen seiner Kritik an dessen ästhetischem Formalismus im Sinne der Empfindsamkeit zog er sich die Gegnerschaft →Goethes und →Schillers zu. Mit *Natur und Gott nach Spinoza* (1789) wandte er sich im sogenannten Pantheismusstreit gegen →Herder.
WEITERE WERKE: System der Ästhetik. Leipzig 1790. – Betrachtungen über die Philosophie der natürlichen Religion. 2 Bde., Leipzig 1790/91, ²1805. – Originalideen über die interessantesten Gegenstände der Philosophie. 3 Tle., Leipzig 1793-95. – System des Naturrechts nach kritischen Principien. 2 Tle., 1794/95, ²1801.
LITERATUR: Karl Gottlob Schelle: K. H. H.s Charakteristik als Menschen und Schriftsteller. Leipzig 1802. – J. Franck: H. In: ADB 12, 1880, S. 355-356. – Paul Schlüter: K. H. H.s Systematik der Ästhetik. Halle 1939.

Heyne, Christian Gottlob, klassischer Philologe, Bibliothekar, * 25.9.1729 Chemnitz, † 14.7.1812 Göttingen.
Nach juristischen und altphilologischen Studien an der Univ. Leipzig wurde der Sohn eines Leinewebers 1752 promoviert und trat 1753 als Kopist in die Brühlsche Bibliothek in Dresden ein. Dort traf er mit Johann Joachim →Winckelmann zusammen, von dessen Kunsttheorie er sich jedoch bald abkehrte, und machte in den folgenden Jahren mit Editionen von Tibull und Epiktet auf sich aufmerksam. In den Wirren des Siebenjährigen Kriegs verlor H. 1757 seine Stellung und arbeitete als Hofmeister und Gelegenheitsübersetzer, bis er 1763 als Nachfolger von Johann Matthias →Gesner zum Prof. der Poesie und Beredsamkeit, Direktor des Philologischen Seminars und Bibliothekar der Universitätsbibliothek nach Göttingen berufen wurde. Seit 1770 auch Sekretär der Göttinger Akademie und Redaktor der „Göttinger gelehrten Anzeigen", trug er wesentlich zum Ruf der jungen Universiät bei. Unter seiner Leitung wuchs die Bibliothek auf etwa 200 000 Bände an. Unter H. wurde durch benutzerfreundliche Organisation in Göttingen die moderne Bibliotheksentwicklung eingeleitet. Als einer der bedeutendsten klassischen Philologen seiner Zeit gab er mit seinen vor allem auf textliche Authentizität gerichteten Editionen antiker Werke der geistigen Bewegung des Neuhumanismus entscheidende Anstöße; sein reiches Werk umfaßt auch ausgedehnte Korrespondenzen und zahlreiche Rezensionen für den „Anzeiger". Mit seinen Archäologie-Vorlesungen (seit 1767) verankerte H. die neue Disziplin an der Universität.
LITERATUR: C. G. H. zum 250. Geburtstag. Sechs akademische Reden. Göttingen 1981. – Fee-Alexandra Haase: C. G. H. (1729-1812). Ein begriffsgeschichtlicher Beitrag zur Philologie im 18. Jahrhundert zur wissenschaftlichen Kritik. In: Aufklärung und Kritik 7 (2000), Heft 2, S. 135-145.

Heynitz, Friedrich Anton von, auch Heinitz, Oberberghauptmann, Staatsmann, * 14.5.1725 Dröschkau bei Belgern (Sachsen), † 15.5.1802 Berlin.
H. besuchte die Schule in Pforta und studierte kurze Zeit Naturwissenschaften in Dresden, bevor er sich 1744/45 in Freiberg (Sachsen) mit dem Erzbergbau und dem Metallhüttenwesen befaßte. Nach Studienreisen ins sächsische Erzgebirge und durch Böhmen trat er 1746 als Bergassessor in braunschweigische Dienste. Seit 1748 Kammerrat, seit 1753 Vizeberghauptmann, übernahm er 1763 die Leitung des Bergbauwesens in Sachsen und begründete 1765 die Freiberger Bergakademie. Seit 1777 Leiter des preuß. Bergwerks- und Hüttendepartements, übernahm er 1782 auch die Zuständigkeit für Handel und Fabriken und 1783 das Zoll- und Akzisedepartement. Unter Friedrich Wilhelm II. stand H. der Regierung der rheinisch-westfälischen Landesteile und Neuenburgs vor und leitete das Münz- und Salzwesen des Königreiches. Als einflußreichster preuß. Wirtschaftspolitiker seiner Zeit versuchte er die heimischen Produktionsgewerbe nach den merkantilistischen Grundsätzen der Zeit zu stärken und gegen auswärtige Konkurrenz abzuschirmen. H. veröffentlichte u. a. *Essai d'économie politique* (1785).

Hippel, Theodor Gottlieb von, Pseud. Johann Heinrich Friedrich Quitenbaum, Staatsmann, Schriftsteller, * 31.1.1741 Gerdauen (Ostpreußen), † 23.4.1796 Königsberg.
Ursprünglich zum Geistlichen bestimmt, studierte H. seit 1756 Theologie an der Univ. Königsberg. Eine 1760/61 unternommene Reise nach Rußland veranlaßte ihn, die theologische Laufbahn abzubrechen und Rechtswissenschaften zu studieren. Seit 1768 Advokat am Königsberger Stadtgericht, wurde H. später Direktor des Kriminalgerichts und Stadtrat, 1780 Mitglied der preuß. Landrechtskommission und im selben Jahr Bürgermeister von Königsberg und Kriegsrat. Seit 1786 Geheimer Kriegsrat und Stadtpräsident, wurde er 1795 mit der Einführung der preuß. Verwaltung in Danzig betraut. H., der u. a. mit Johann Georg →Hamann und →Kant befreundet war, spielte eine

wichtige Rolle im gesellschaftlichen Leben Königsbergs. Er verfaßte Lustspiele (u. a. *Der Mann nach der Uhr*, 1766) und eine für seine Zeit revolutionäre Emanzipationsschrift *Über die bürgerliche Verbesserung der Weiber* (1792), die in krassem Gegensatz zur ursprünglichen Fassung seines früher geschriebenen Traktats *Über die Ehe* (1774, ⁴1793) stand. 1778-81 entstand H.s Hauptwerk, der vierbändige Roman *Lebensläufe nach Aufsteigender Linie*, in dem sich satirische und empfindsame Züge mischten. H.s gesamtes literarisches Werk erschien anonym.
LITERATUR: Joseph Kohnen: T. G. v. H. 1741-1796. L'homme et l'œuvre. 2 Bde., Bern u. a. 1983.

Hippel, Theodor Gottlieb von, Beamter, * 13. 12. 1775 Gerdauen (Ostpreußen), † 10. 6. 1843 Bromberg.
H. wurde bei seinem Onkel Theodor Gottlieb von →H. erzogen, studierte seit 1791 Rechts- und Staatswissenschaften in Königsberg und hatte bis 1804 verschiedene Beamtenstellungen im preuß. Staatsdienst inne. Nach dem Tod seines Onkels erbte er 1796 neben einem beträchtlichen Vermögen einige Güter. 1798 nahm er als ritterschaftlich Deputierter am Landtag in Königsberg teil, kam in dieser Stellung 1811 nach Berlin und wurde zum Vortragenden Rat im Staatsministerium ernannt. H. wirkte an den preuß. Reformen mit und verfaßte neben staatswissenschaftlichen Denkschriften 1813 den Aufruf Friedrich Wilhelms III. *An mein Volk.* Seit 1814 Präsident der Regierung in Marienwerder, wurde er 1823 nach Oppeln versetzt.

Hirschfeld, Christian Cay Lorenz, Philosoph, Theoretiker der Gartenkunst, * 16. 2. 1742 Kirchnüchel bei Eutin, † 20. 2. 1792 Kiel.
H., Sohn eines Pastors, begann 1760 das Theologiestudium an der Univ. Halle, wo er Schüler Georg Friedrich →Meiers war. 1764 wurde er Hauslehrer zweier Prinzen von Holstein-Gottorf und begleitete sie 1765 nach Bern, wo er bis 1767 blieb. 1770 wurde H. Magister und Sekretär des akademischen Kuratelkollegiums in Kiel, war seit 1773 o. Prof. der Philosophie und der Schönen Wissenschaften an der Univ. und wurde 1777 zum Kgl. Dänischen Wirklichen Justizrat ernannt. Er befaßte sich intensiv mit der Gartenkunst und leitete seit 1784 die von ihm gegründete Obstbaumschule in Düsternbrook bei Kiel. Berühmt wurde H., angeregt von dem schottischen Philosophen Henry Home und dem englischen Landschaftsgarten, mit seiner fünfbändigen *Theorie der Gartenkunst* (1779-85, auch frz.; Nachdruck 1973). Diesem Lehrbuch, in dem H. in ästhetisch-psychologischen und moralphilosophischen Betrachtungen Stimmungskategorien auf konkrete Landschafts- und Gartenelemente anwendet, waren *Anmerkungen über die Landhäuser und die Gartenkunst* (1773) und eine einbändige *Theorie der Gartenkunst* (1775) vorausgegangen. Von H. stammt der erste der Gartenkunst gewidmete Almanach („Gartenkalender", auch unter anderen Titeln, 1782-90).

WEITERE WERKE: Das Landleben. Bern 1767. Leipzig ⁵1828. – Betrachtung über die heroischen Tugenden. Kiel 1770. – Vom guten Geschmack in der Philosophie. Lübeck 1770. – Plan der Geschichte, Poesie, Beredsamkeit, Musik, Malerey und Bildhauerkunst unter den Griechen. Kiel 1770. – Von der moralischen Einwürkung der bildenden Künste. Leipzig 1775.
LITERATUR: Wolfgang Schepers: H.s Theorie der Gartenkunst 1779-1785. Worms 1980. – Wolfgang Kehn: „Natur und Tugend führen zu Gott". Metaphysik und Moralphilosophie in der Gartenkunst der deutschen Spätaufklärung. In: Das Gartenamt 1985, Heft 2, S. 77-82. – Ders.: C. C. L. H. 1742-1792. Eine Biographie. Worms 1992 (mit Bibliographie). – Michael Breckwoldt: „Das Landleben" als Grundlage für eine Gartentheorie. Eine literaturhistorische Analyse der Schriften von C. C. L. H. München 1995.

Hirsching, Friedrich Karl Gottlob, Lexikograph, * 21. 12. 1762 Uffenheim, † 11. 3. 1800 Erlangen.
Der Sohn eines Stadtphysikus studierte seit 1782 Rechtswissenschaften in Erlangen, besuchte daneben Vorlesungen in Geschichte, Naturkunde und Ökonomie und erwarb 1788 den Magistergrad. Seit 1792 a. o. Prof. der Philosophie an der Univ. Erlangen, wurde er 1796 Mitglied der Akademie der nützlichen Künste in Erfurt. Aufgrund seiner polyhistorischen Neigungen entwickelte sich H. zu einem Lexikographen auf zahlreichen Fachgebieten, insbesondere der Gelehrtengeschichte, und verfaßte mehrere vielbändige Handbücher, u. a. *Versuch einer Beschreibung sehenswürdiger Bibliotheken [...]* (4 Bde., 1786-91) und *Historisch-kritisches Handbuch berühmter und denkwürdiger Personen [...]* (17 Bde., 1794-1815, ab Bd. 6 fortgeführt von J. H. M. Ernesti).

Hirzel, Hans Caspar d. Ä., schweizer. Mediziner, Staatsmann, * 21. 3. 1725 Zürich, † 18. 2. 1803 Zürich.
Der Kaufmannssohn und Bruder des Staatsmann Salomon →H. beendete das Medizinstudium 1746 in Leiden (*De animi laeti et erecti efficacia in corpore sano et aegro, speciatim grassantibus morbis epidemicis*), hielt sich dann in Potsdam und Berlin auf und kehrte 1747 in seine Heimatstadt zurück, wo er seit 1751 als Stadtarzt wirkte. H. war seit 1763 Mitglied des Großen Rats, gehörte seit 1778 dem Kleinen und dem Geheimen Rat an und übte diese Ämter bis zum Zusammenbruch der alten Eidgenossenschaft 1798 aus. 1788 wurde er Obervogt im Neuamt und war 1762 Mitbegründer und erster Präsident der Helvetischen Gesellschaft. Seit ihrer Gründung 1776 war H. Mitglied der Physikalischen Gesellschaft, deren Präsident er 1790 wurde, und setzte sich hier als Mitglied der Landwirtschaftlichen Kommission für die Förderung der Landwirtschaft ein. Seine 1761 (²1774) erschienene Schrift *Die Wirtschaft eines philosophischen Bauern* war weit verbreitet. H. war u. a. mit Friedrich Gottlieb →Klopstock, Christoph Martin →Wieland und Salomon →Gessner befreundet.
WEITERE WERKE: Catechetische Anleitung zu den gesellschaftlichen Pflichten. 1776. – H. an Gleim

über Sulzer, den Weltweisen. 2 Bde., Winterthur 1779. – Auserlesene Schriften zur Beförderung der Landwirthschaft und der häuslichen und bürgerlichen Wohlfahrt. Winterthur 1792. – H., der Greis, an seinen Freund Heinrich Meister über wahre Religiosität. Zürich 1800.
LITERATUR: Bruno Hirzel: Johann C. H., der Ältere; seine Werdejahre. In: Neujahrsblatt der Zentralbibliothek Zürich 1916. Zürich 1917. – Auguste Bouvier: Le „Socrate rustique" de J. G. H. Genf 1920. – Martin Hürlimann: Die Aufklärung in Zürich. Leipzig 1925. – Werner Ganz: H., H. C. In: NDB 9, 1972, S. 244-245.

Hirzel, Salomon, schweizer. Staatsmann, Historiker, * 13. 5. 1727 Zürich, † 15. 11. 1818 Zürich. Der Bruder des Mediziners Hans Caspar →H. d. Ä. besuchte das Collegium Humanitatis und das Carolinum in seiner Heimatstadt, ging zum Studium der Rechtswissenschaften an die Univ. Halle und hatte nach seiner Rückkehr wiederholt hohe Staatsämter inne. H. beteiligte sich an der Gründung der Helvetischen Gesellschaft und wurde 1762 Vorsteher der Staatskanzlei, 1768 Mitglied des Kleinen und 1773 des Geheimen Rats. 1785 amtierte er als Standessäckelmeister, wurde jedoch während der Schweizer Revolution 1798 vorübergehend aus allen öffentlichen Ämtern verdrängt und erst 1803 Mitglied des Großen Rats. Neben naturkundlichen Schriften verfaßte H. historische Arbeiten sowie das republikanische Trauerspiel *Junius Brutus* (1761) und gab das „Zürcherische Jahrbuch" (seit 1814) heraus.

Hißmann, Michael, Philosoph, * 25. 9. 1752 Hermannstadt (Siebenbürgen), † 14. 8. 1784 Göttingen.
H. studierte Theologie und Philosophie in Erlangen und Göttingen, wo er 1776 zum Dr. phil. promoviert wurde (*De Infinito*). Seit 1782 a. o. Prof., wurde er kurz vor seinem Tod 1784 o. Professor. H., Anhänger des englisch-französischen Sensualismus und Gegner der Wolffianer, veröffentlichte u. a. *Geschichte der Lehre von der Association der Ideen* (1776), *Psychologische Versuche* (1777, ²1788), *Untersuchungen über den Stand der Natur* (1780) und *Versuch über das Leben des Freiherren von Leibnitz* (1783). Er war Herausgeber des „Magazins für die Philosophie" (6 Bde., 1778-83; Bd. 7, 1789, hrsg. von Johann Hermann Pfingsten).
WEITERE WERKE: Briefe über Gegenstände der Philosophie an Leserinnen und Leser. 1778. – Anleitung zur Kenntniß der auserlesenen Literatur in allen Theilen der Philosophie. 1778.
LITERATUR: Karl von Prantl: H. In: ADB 12, 1880, S. 503.

Hölderlin, (Johann Christian) Friedrich, Dichter, * 20. 3. 1770 Lauffen/Neckar, † 7. 6. 1843 Tübingen.
H.s Vater und Stiefvater starben früh; seine Mutter, nach zwei vorteilhaften Heiraten eine wohlhabende Frau, hielt ihn über ihren eigenen Tod (1828) hinaus in finanzieller Abhängigkeit. Seine Erziehung auf den Klosterschulen Denkendorf und Maulbronn und im Tübinger Stift bestimmte ihn für das Amt des evang. Pfarrers. H. widerstrebte, ging, wie auch seine Kommilitonen Hegel und Schelling, „ins Ausland" und versuchte dort, mit weniger Erfolg als sie, Fuß zu fassen und Zeit und Raum für seine wahre Berufung zu gewinnen.
Viermal nahm er „draußen" Hofmeisterstellen an. Dieser Beruf, ein für den Absolventen der Universität damals normaler erster Schritt, brachte soziale Probleme mit sich, worunter H., besonders in Frankfurt, sehr litt.
H.s früheste Gedichte, die er selbst ordnete und sammelte, als er im Herbst 1788 Maulbronn verließ, stehen unter dem Einfluß von →Klopstock, Young und →Schiller; sie sind pietistisch, ossianisch, vaterländisch gefärbt. Einen eigenen Ton trifft er vor allem dann, wenn er in konkreten Bildern Orte seiner Heimat und Szenen aus seiner Kindheit darstellt. In Tübingen geriet er immer mehr unter den Einfluß Schillers und schrieb Hymnen an Abstraktionen, hinter denen jedoch reelle politische Forderungen erkennbar sind. Die Stimmung im Stift war „äußerst democratisch". Dazu kamen das Studium der Philosophie →Kants, der als radikaler Skeptiker und Befürworter der Mündigkeit den Stiftlern in ihrer Auflehnung gegen die tote Ordnung der Institution ein Verbündeter schien. Kurz nach der Kanonade von Valmy im ersten Koalitionskrieg gegen Frankreich (September 1792) fing H. seinen *Hyperion* an, dessen zweites Buch erst 1799, kurz nach Napoleons Staatsstreich, erschien. Zu seinen Freunden zählten die radikalen Publizisten Gotthold Friedrich →Stäudlin und Christian Friedrich Daniel →Schubart. Schiller, der ihm, wie vielen seiner Generation, als Freiheitskämpfer galt, verehrte er, und es dauerte lang, bis er sich in einem schmerzvollen Prozeß unabhängig machte.
Ende 1793 verließ H. das Stift. Er betreute den neunjährigen Sohn Charlotte von →Kalbs, schrieb wenig Lyrik, arbeitete an seinem Roman fort und ließ sich in ein Verhältnis mit Wilhelmine Kirms ein, Charlottes Gesellschafterin. Die Lehrtätigkeit nahm ihn sehr mit. Charlotte, besorgt um ihr in der Tat schwieriges Kind, entließ H., zwar in großzügiger Weise (sie ermöglichte ihm den Aufenthalt in Jena), bemerkte aber auch „eine Verworrenheit des Verstandes" in ihm. Jena bot H. eine erste Gelegenheit, sich in literarischen Kreisen bekannt zu machen. Einige Gedichte und ein Stück seines Romans hatte er bereits in Zeitschriften veröffentlicht. Er besuchte Schiller, traf bei ihm gelegentlich →Goethe. Die erste Selbständigkeit endete schon Ende Mai 1795.
H. wurde Ende Dezember Hofmeister in Frankfurt im Haus des Jakob Gontard, dessen Frau zu H.s Diotima wurde. In der Liebe zu ihr erlebte H. den Durchbruch zu eigenem unverwechselbarem dichterischen Ton. Unter Susette Gontards Einwirkung arbeitete er den *Hyperion* noch einmal um und brachte ihn in zwei Bänden (1797, 1799) mit der Widmung „Wem sonst als Dir" heraus. Diotima, die an der Zeit, an der Enttäuschung und am grausamen Idealismus ihres Geliebten Hyperion hinwelkt und stirbt, erscheint

in den Gedichten der Frankfurter und der Homburger Zeit (1796-1800). Sie verkörpert Ideale, die dem entmenschten Zeitalter radikal widersprechen, und erscheint als Fremdlingin, die aus einer besseren Zeit „sich recht in diß arme geist- und ordnungslose Jahrhundert verirrt" hat.

September 1798 kam es zu Auseinandersetzungen im Haus Gontard, die H.s Situation unmöglich machten. Er übersiedelte nach Homburg vor der Höhe, führte von dort aus das Verhältnis mit Susette bis Mai 1800 fort, aber unter Schwierigkeiten, die beide als erniedrigend empfanden.

Die Homburger Zeit war für H.s dichterische Entwicklung von großer Wichtigkeit. Unglücklich in seinem persönlichen Leben trotz der freundlichen Zuwendung der landgräflichen Familie und der Freundschaft zu Isaak von → Sinclair, erfolglos beim Versuch, durch Gründung einer Zeitschrift („Iduna") seine materielle Existenz zu sichern. In Briefen und langen, verwickelten Aufsätzen, die nie zur Veröffentlichung bestimmt waren, klärte er sich selber über Sinn und Praxis der Poesie auf und fragte, was, aufs höchste getrieben, von der Dichtung „in dürftiger Zeit" verlangt werden kann. Er brachte seinen *Empedokles* durch drei Fassungen und gab ihn dann auf. Im Frühling 1800 entstand das Hexametergedicht *Der Archipelagus*, worin im Bild des Sieges von Athen über die Perser die Hoffnungen der Jahrhundertwende auf Demokratie und Freiheit dargestellt werden.

Susette Gontard und H. trennten sich endgültig im Sommer 1800, und er kehrte in das Haus seiner Mutter, in die Abhängigkeit heim. Die Rückkehr war wieder einmal ein Scheitern; aber H. gelang es, bedeutende Lyrik hervorzubringen. Vieles wurde angefangen – ein für ihn charakteristischer Arbeitsprozeß –, um später weitergeführt und vollendet zu werden. In der Gattung der Ode und der Elegie war er nun Meister. Seine häusliche und bürgerliche Situation war, wie immer, unbefriedigend; er sah sich nach einer neuen Hofmeisterstelle um und machte sich im Januar 1801 auf den Weg nach Hauptwyl bei St. Gallen. Dort blieb er nur drei Monate, bis ihm gekündigt wurde. In Hauptwyl stand er an der Schwelle seiner bedeutendsten Lyrik, und nach einer letzten Elegie (*Heimkunft*) brachte er lange, vielschichtige, lyrisch durchkomponierte Gedichte hervor – *Der Rhein, Die Wanderung, Germanien*.

Ende 1801 nahm H. in feierlichen Briefen von Freunden, Familie und Heimat Abschied und machte eine letzte Winterreise ins Ausland, nach Bordeaux. Ende Januar 1802 kam er an, Mitte Mai reiste er wieder ab. H. durchreiste Frankreich und sah in Paris die Antiken, die Napoleon in Italien geraubt hatte. Ende Juni oder Anfang Juli erschien er in Nürtingen und wurde von seiner Familie und seinen Freunden für verrückt gehalten.

Die Krankheit legte sich; er arbeitete unablässig. *Friedensfeier, Patmos* konnte er noch vollenden. Kennzeichnend für diese Periode ist ein Zurückkehren zu schon vollendeten Gedichten: er ‚übersetzte' sie in die drastische Sprache seiner Spätzeit. Davon sind die *Nachtgesänge*, die er im Winter 1803/04 für den Druck fertigstellte, das ergreifendste Beispiel. Gleichzeitig übersetzte er aus dem Griechischen und veröffentlichte im April 1804 die Sophokles-Übertragungen *Oedipus* und *Antigone*.

Isaak von Sinclair holte den kranken Freund im Juni 1804 nach Homburg und verschaffte ihm eine Sinekure als Hofbibliothekar. Dort wurden Sinclair und durch ihn auch H. in einen Hochverratsprozeß verwickelt. Er galt nunmehr als wahnsinnig und wurde am 11.9.1806 aus Homburg ins Autenriethsche Klinikum in Tübingen transportiert. Nach einer Behandlung, die ihm nur Schaden zufügte, wurde er im folgenden Sommer entlassen.

H. hatte das Glück, bei der Familie des Tübinger Schreinermeisters Ernst Zimmer eine Unterkunft zu finden, und wohnte bei ihnen im Neckar-Turm noch 37 Jahre. 1843, am 7. Juni, starb H.

AUSGABEN: Sämtliche Werke. Große Stuttgarter Ausgabe. Hrsg. v. Friedrich Beißner/Adolf Beck. 8 Bde., Stuttgart 1943-85. – Historisch-kritische Ausgabe. Hrsg. v. Dietrich Sattler. Frankfurt/Main 1975 ff.
LITERATUR: Adolf Beck/Paul Raabe: H. Eine Chronik in Text und Bild. Frankfurt/Main 1970. – Jochen Schmidt (Hrsg.): Über H. Frankfurt/Main 1970. – Peter Szondi: H.-Studien. Frankfurt/Main 1970. – Thomas Beckermann/Volker Canaris (Hrsg.): Der andere H. Frankfurt/Main 1972. – Peter Härtling: H. Ein Roman. Darmstadt 1976. – Pierre Bertaux: F. H. Frankfurt/Main 1978. – David Constantine: F. H. München 1992. – Ulrich Gaier: H. Tübingen/Basel 1993. – Ursula Breuer: Isaac von Sinclair. Stuttgart 1993. – Gregor Wittkop: H. der Pflegesohn. Stuttgart 1993.

David Constantine

Höpfner, Ludwig Julius Friedrich, Jurist, * 3.11.1743 Gießen, † 2.4.1797 Darmstadt.
Als Dreizehnjähriger bezog H. die Univ. seiner Heimatstadt, wurde nach Abschluß seiner Studien 1764 Erzieher und folgte 1767 einem Ruf als Prof. der Rechte nach Kassel. 1771 wurde er an der Univ. Gießen promoviert und übernahm dort eine juristische Professur. H. lehnte mehrere Berufungen, u.a. der Univ. Jena, ab und wurde Rat am Darmstädter Oberappellationsgericht mit der Aufgabe, das hessische Landrecht zu reformieren. Er war zu seiner Zeit einer der herausragenden juristischen Publizisten und schrieb u.a. einen weitverbreiteten *Commentar zu den Institutionen des Heineccius* (1783, [8]1817).

Hoffmann, Ernst Emil, Politiker, * 17.1.1785 Darmstadt, † 22.5.1847 Darmstadt.
Nach einer kaufmännischen Ausbildung in Hamburg und Mannheim gründete H. 1805 ein eigenes Unternehmen und erwarb ein bedeutendes Vermögen, das er zur Unterstützung der politischen Freiheitsbewegungen in Deutschland und Griechenland, später für Katastrophenopfer im In- und Ausland verwendete. Als einer der Wortführer der freiheitlichen Partei in Hessen wirkte er am Zustandekommen der Hessischen Verfassung mit und wurde 1826 in die Zweite Kammer der Landstände gewählt. Durch verschiedene Anklagen gelang es der Regierung, den unbequemen Politiker bis 1829 von der Übernahme des

Hoffmann

Mandats abzuhalten und es ihm seit 1835 ganz zu entziehen. H. wirkte 1828-42 als Darmstädter Gemeinderat und gab 1832/33 das „Hessische Volksblatt" heraus, das 1833 verboten.

Hoffmann, Johann Adolf, Schriftsteller, * 26. 8. 1676 Zarpen bei Lübeck, † 17. 11. 1731 Hamburg.

H. studierte nach dem Besuch des Lübecker Katharineums 1698-1701 Theologie, Philosophie und Philologie an der Univ. Wittenberg, seit 1702 an der Univ. Kopenhagen und reiste als Hofmeister einige Jahre durch Europa. Anschließend ließ er sich als Kunst- und Juwelenhändler in Amsterdam nieder, trieb daneben private Studien und kam 1719 nach Hamburg, wo er 1723 Mitglied der ersten Patriotischen Gesellschaft wurde. H.s der Frühaufklärung verpflichtete Schriften (u. a. *Zwey Bücher von der Zufriedenheit nach den Gründen der Vernunft und des Glaubens*, 1722, [10]1766) zählten zu den am weitesten verbreiteten popularphilosophischen Werken der ersten Hälfte des 18. Jahrhunderts. Er befaßte sich auch mit volkswirtschaftlichen Theorien und schrieb Beiträge für die moralische Wochenschrift „Der Patriot".

WEITERE WERKE: Politische Anmerkung der wahren und falschen Staatskunst. Hamburg 1758.

LITERATUR: Werkverzeichnis in: Hans Schröder: Lexikon der hamburgischen Schriftsteller bis zur Gegenwart. Bd. 3, Hamburg 1857, S. 316-319. – Hans M. Wolff: Die Weltanschauung der deutschen Aufklärung in geschichtlicher Entwicklung. Bern 1949, [2]1963, S. 46-60.

Hoffmann, Johann Gottfried, Statistiker, Staatswissenschaftler, * 19. 7. 1765 Breslau, † 12. 11. 1847 Berlin.

H. studierte Mathematik, Statistik, Rechts- und Naturwissenschaft in Halle, Leipzig und Königsberg, wurde Magister am Collegium Fridericianum in Königsberg und betätigte sich zwischenzeitlich (1792-98) als Unternehmer. Durch Publikationen wies er sich auf bautechnischem Gebiet aus, wurde 1803 Bauassessor bei der Kriegs- und Domänenkammer in Königsberg und folgte 1807 einem Ruf auf den dortigen Lehrstuhl für Staatswissenschaft. 1808 wurde H. Staatsrat und Leiter der Sektion Gewerbepolizei des preuß. Innenministeriums, übernahm 1810 den staatswissenschaftlichen Lehrstuhl der neugegründeten Univ. Berlin sowie das Direktorium des nach seinen Plänen eingerichteten statistischen Büros, das er bis 1844 innehatte. Als Vertrauter Karl August →Hardenbergs während der Befreiungskriege in Paris und Wien tätig, legte er vorübergehend seine Professur nieder. Er wurde 1816 ins Außenministerium versetzt und 1817 in den Staatsrat berufen. H., seit 1832 ordentliches Mitglied der Preußischen Akademie der Wissenschaften, schrieb u. a. *Die Macht des Geldes* (1845).

Hoffmann, Karl, Staatsmann, * 17. 7. 1770 Rödelheim bei Frankfurt/Main, † 8. 6. 1829 Geroldsgrün (Oberfranken).

H. war Advokat in seiner Geburtsstadt, wurde 1791 Regierungssekretär des Grafen Volrat zu Solms-Rödelheim, leitete die gräfliche Gerichts- und Verwaltungsbehörde, wurde Justizrat und Vertrauter des Grafen und später Landrichter in Rödelheim. Seit 1810 Frankfurter Bürger und approbierter Advokat, war er 1821-29 Mitglied der Ständigen Bürgervertretung der Stadt. Bereits 1796 arbeitete er Pläne für eine bewaffnete Volkserhebung aus, trat auf Veranlassung des Freiherrn vom Stein 1813 in die Allgemeine Deutsche Bewaffnungskommission ein und organisierte den Landsturm in Fulda und Aschaffenburg. 1814 wurde er Oberst und Generaladjutant des Grafen Ingelheim. H. war einer der herausragenden Agitatoren des „Deutschen Bundes" (1814/15), der nach ihm auch „Hoffmannscher Bund" genannt wurde. Er schrieb u. a. *Aufforderung an Frankfurts teutschgesinnte Bewohner* (1814). H., der seit 1827 unter dem Verdacht stand, Gelder unterschlagen zu haben, wählte den Freitod.

Hoffmann, Leopold Alois, österr. Schriftsteller, Publizist, * 29. 1. 1760 Niederwittig bei Kratzau (Nordböhmen), † 2. 9. 1806 Wiener Neustadt (Niederösterreich).

H. studierte kurze Zeit in Breslau und Wien Philosophie und Rechtswissenschaft, ließ sich 1777 in Prag nieder und veröffentlichte Gedichte und Zeitschriftenartikel im Sinne der josephinischen Aufklärung. Seit 1782 in Wien ansässig, gab er aufklärerische Zeitschriften und Broschüren, darunter „Wöchentliche Wahrheiten für und über die Prediger in Wien" (1782-84), heraus. Seit 1785 Prof. der deutschen Sprache an der Univ. Pest, gründete er das „Pester Wochenblatt" und wurde 1790 durch Kaiser →Leopold II. an die Univ. Wien berufen. H. war 1791-93 Herausgeber der „Wiener Zeitschrift" und agitierte als einer der schärfsten Gegner der Aufklärung. Nach dem Tod seines kaiserlichen Gönners zog er sich nach Wiener Neustadt zurück. Zu seinen belletristischen Werken zählt das Lustspiel *Das Werther-Fieber* (1785).

Hofmann, Andreas Joseph, Politiker, * 14. 7. 1752 Zell bei Würzburg, † 6. 9. 1849 Winkel (Rheingau). Nach Abschluß seiner Studien an den Universitäten Würzburg, Mainz und Erlangen wurde H. Dozent an der Univ. Wien, erhielt eine Professur an der Univ. Lemberg, wurde jedoch vor deren Antritt wegen seiner aufklärerischen politischen Schriften des Landes verwiesen. 1784 folgte er einem Ruf als Prof. der philosophischen Geschichte an die Univ. Mainz, hielt seit 1791 auch Vorlesungen über Naturrecht und übernahm nach dem Einmarsch der Revolutionsarmee 1792 als „Klubist" eine führende politische Rolle in Mainz. 1793 war er Präsident des rheinischen Nationalkonvents, floh nach der Kapitulation von Mainz nach Frankreich und reiste im Dienst der Revolutionsregierung 1793/94 und 1794/95 nach England. 1798-1803 war er General-Einnehmer beim französischen Departement Donnersberg. H. gab 1792/93 die Wochenschrift „Der fränkische Republikaner" heraus und schrieb u. a. *Über Fürstenregiment und Landstände* (1792).

Hohenthal, Peter Graf von, Landwirt, Pädagoge, * 2.9.1726 Leipzig, † 14.8.1794 Herrnhut.
H. studierte an der Univ. Leipzig und erwarb im Laufe der Jahre durch Kauf und Heirat umfängliche Ländereien in Meißen und der Oberlausitz. Als Hauptmann des sächsischen Kurkreises (seit 1746) und Oberaufseher der Grafschaft Barby schuf er u. a. Deichbauten an Elbe und Saale. H. wurde 1763 Vizepräsident des Oberkonsistoriums in Dresden und 1764 Vizedirektor der neuerrichteten Landes-Ökonomie-Deputation; 1778 trat er von beiden Ämtern zurück. Er engagierte sich für Schulreformen und begründete 1756 die erste kursächsische Realschule, der ein Waisenhaus und ein Lehrerseminar angeschlossen waren und an der neben technisch-naturwissenschaftlichen Fächern auch Ökonomie und Handwerk gelehrt wurden. Die kursächsischen Schulordnungen von 1773 gehen ebenso auf seine Initiative zurück wie die Realschule in Dresden (1784). In der Landwirtschaft führte er den Klee- und Luzerne-Anbau ein; 1765 war er Mitbegründer der Leipziger Ökonomischen Societät und Herausgeber landwirtschaftlicher Periodika. H. schrieb u. a. *Gedanken von der großen Landwirtschaft* (1757).

Holbach, Paul (Heinrich) Thiry (Dietrich) Baron von, Pseud. J. B. de Mirabaud, Philosoph, * getauft 8.12.1723 Edesheim bei Landau/Pfalz, † 21.1.1789 Paris.
Von seinem vermögenden Onkel mütterlicherseits, dessen Namen und Titel er nach der Adoption trug, wurde H., Sohn eines Weinbauern, seit 1731 in Paris eine höhere Ausbildung ermöglicht. 1744-48 studierte er Rechts- und Naturwissenschaften, vermutlich auch Sprachen an der Univ. Leiden und kehrte danach nach Paris zurück. In seinem Pariser Salon sowie auf seinem Landsitz Grandval verkehrte die europäische Geisteswelt, darunter Rousseau, Helvetius, David Hume, Garrick, Melchior →Grimm und vor allem Diderot, dessen *Encyclopédie* H. mitfinanzierte und für die er mindestens 400 Artikel verfaßte. Außerdem übersetzte er deutschsprachige Werke aus den Bereichen Glasherstellung, Mineralogie und Metallurgie ins Französische. Seit 1760 befaßte sich H. bevorzugt mit Religionskritik und entwickelte in seinem unter Pseudonym und mit fingiertem Druckort erschienenen Hauptwerk *Système de la nature, ou, des loix du monde physique et du monde moral* (2 Bde., 1770; dt. 1783) seine Vorstellungen einer idealen Gesellschaft. Das Werk, in dem H. einen materialistisch fundierten Atheismus vertrat, wurde von den Behörden verboten, öffentlich verbrannt und stieß auf harte Kritik Voltaires, →Friedrichs II. und →Goethes. Zu den Werken H.s, dem es vor allem um die Begründung einer natürlichen, vernünftigen Moral und um die Entwicklung eines strikt materialistischen Tugendbegriffs ging, gehören außerdem *Le christianisme dévoilé, ou, Examen des principes et des effets de la religion chrétienne* (1766, dt. 1970), *Eléments de la morale universelle* (1773), *La Morale universelle* (1776, dt. 1898) und *Ethocratie* (1776). Bleibenden Einfluß hatte H. auf die Religionskritik des 19. Jh. (Ludwig Feuerbach, Karl Marx).

WEITERE WERKE: Le vrai du système de la nature. Leiden (recte Amsterdam) 1774. Dt. Frankfurt/Main 1783. – Ausgewählte Texte. Hrsg. v. Manfred Naumann. Berlin 1959. – System der Natur [...]. Hrsg. v. Manfred Neumann, übersetzt v. Fritz Georg Voigt. Berlin 1960. – Religionskritische Schriften. Das entschleierte Christentum. Taschentheologie. Briefe an Eugénie. Hrsg. v. Manfred Naumann. Berlin 1970.
LITERATUR: Hubert Röck: Kritisches Verzeichnis der philosophischen Schriften H.s. In: Archiv für Geschichte der Philosophie N. F. 23 (1917) S. 270-290. – Jeroom Vercruysse: Bibliographie descriptive des écrits du Baron d'H. Paris 1971. – Pierre Naville: P. T. d'H. et la philosophie scientifique au XVIIIe siècle. Paris 1934. Revidierte und erweiterte Neuaufl. Paris 1967. – Rudolf Besthorn: Textkritische Studien zum Werk. Berlin 1969. – Hermann Sauter: H., P. T. v. In: NDB 9, 1972, S. 510-512. – Alan Charles Kors: D'H.'s Coterie. An Enlightenment in Paris, Princeton, NJ 1976. – Michael Haupt: Von H. zu Marx. Materialistischer Diskurs und ideologische Praxis. Hamburg 1987. – Jeroom Vercruysse: P. T. B. v. H. 1723-1789. Philosoph der französischen Aufklärung. Speyer 1991.

Hollmann, Samuel Christian, Philosoph, Naturforscher, * 3.12.1696 Stettin, † 4.9.1787 Göttingen.
H. studierte seit 1718 Theologie, Philosophie und Naturwissenschaften an den Universitäten Königsberg und Wittenberg, erwarb 1720 den Magistergrad, lehrte an den Univ. Jena, Greifswald und Wittenberg und wurde 1724 Adjunkt, 1726 a. o. Prof. an der Univ. Wittenberg. 1734 wurde er als erster o. Prof. der Philosophie an die neugegründete Univ. Göttingen berufen, an der er bis 1784 zunächst philosophische, später überwiegend naturwissenschaftliche Vorlesungen hielt. Gemeinsam mit Albrecht von →Haller war er Mitbegründer der Göttinger Sozietät der Wissenschaften und 1751-61 einer ihrer Direktoren. H., Anhänger Christian →Wolffs, verfaßte philosophische Abhandlungen und Lehrbücher, die zu ihrer Zeit populär waren, sowie naturwissenschaftliche, vor allem meteorologische Schriften, u. a. *Grundlinien der Physica experimentalis* (1742).
WEITERE WERKE: Institutiones pneumatologiae et theologiae naturalis. Göttingen 1740. – Philosophiae naturalis primae lineae. Göttingen 1753.
LITERATUR: Wagenmann: H. In: ADB 12, 1880, S. 760-762.

Homberg, Herz, österr. Pädagoge, * September 1749 Lieben bei Prag, † 24.8.1841 Prag.
H. besuchte die Rabbinerschulen in Prag, Preßburg und Groß-Glogau, studierte Sprach- und Literaturwissenschaft in Berlin, Breslau und Hamburg und war 1778-82 Erzieher im Haus Moses →Mendelssohns. Nach Erlaß des Toleranzpatents Kaiser →Josephs II. ging H. nach Wien, lehrte 1783/84 an den jüdischen Schulen in Triest und Görz und erwarb 1784 als erster Jude einen philosophischen Universitätsabschluß in Wien. Er wurde Oberaufseher der deutsch-jüdischen Schulen in Galizien und

begründete 1784-88 über 100 „deutsch-jüdische Elementarschulen" sowie ein jüdisches Lehrerseminar in Lemberg. Die Maßnahmen der josephinischen Politik und ihr ausführender Beamter H. stießen in Galizien zunehmend auf Ablehnung, so daß dieser, auch Mitverfasser der Normen zur Regelung der politischen und religiösen Verfassung der österr. Israeliten (1797), abberufen und die deutsch-jüdischen Elementarschulen in Galizien aufgehoben wurden. Seit 1806 Zensor der jüdischen Bücher, wurde er 1818 Lehrer der religiösen Moral und k. k. Schulrat in Prag. Sein Hauptwerk ist *Imre Sepher. Ein religiös-moralisches Lesebuch* (1808).

Hommel, Karl Ferdinand, Pseud. Alexander von Joch, Jurist, Rechtsphilosoph, * 6. 1. 1722 Leipzig, † 16. 5. 1781 Leipzig.

H., Sohn eines Professors der Institutionen, schloß das Studium an den Universitäten Leipzig und Halle 1744 mit der Promotion ab (*De legum civilium et naturalium natura*) und wurde Oberhofgerichtsadvokat, 1750 a. o. Prof. des Staatsrechts an der Univ. Leipzig. Seit 1752 war er Prof. des Lehnrechts, seit 1756 der Institutionen sowie Beisitzer des Spruchkollegiums, dessen Leitung er 1763 gleichzeitig mit dem juristischen Ordinariat und dem Amt des Ersten Beisitzers der Gelehrtenbank des Oberhofgerichts übernahm. H., einflußreicher Aufklärungsjurist in der Nachfolge von Christian → Thomasius, schrieb naturrechtliche Werke (u. a. *Propositum de novo systemate juris naturae et gentium*, 1747), beschäftigte sich mit dem Strafrecht, seiner Vereinheitlichung und Reform (*Principes cura leges*, 1765, Neudruck 1975) und veröffentlichte 1778 die von ihm mit Anmerkungen versehene Übersetzung *Des Marquis von Beccaria unsterbliches Werk von Verbrechen und Strafen* (Neudruck 1966). 1763 erschien als Anleitung zur Verbesserung des juristischen Urteilsstils sein *Teutscher Flavius* (⁴1800), 1770 unter Pseudonym sein strafrechtsphilosophisches Hauptwerk *Über Belohnung und Strafen nach türkischen Gesetzen* (²1772, Neudruck 1970). Ausgehend vom luth. Determinismus, vertrat H. ein Strafrecht mit dem Ziel der Besserung, Abschreckung und Verbrechensverhütung, hielt jedoch im Gegensatz zu Beccaria an der Todesstrafe fest. Seine *Philosophischen Gedanken über das Criminalrecht* wurden 1784 von seinem Schwiegersohn und Schüler Karl Gottlob Rössig herausgegeben.

WEITERE WERKE: Selbstdarstellung in: Christoph Weidlich: Zuverlässige Nachrichten von denen jetztlebenden Rechtsgelehrten. 4. Teil. Halle 1760, S. 249-280. – Litteratura juris. 1761, ²1779. – Rhapsodia quaestionum in foro quotidie obvenientium neque tamen legibus decisarum. 7 Bde., 1766-87. – De differentia causarum, politiae et justitiae. Leipzig 1770. – Opuscula iuris universi et imprimis elegantoris selecta Pars I. 1785.

LITERATUR: Schriftenverzeichnis in: Rhapsodia quaestionum 7 (1787) S. 79-96 (von Karl Gottlob Rössig). – Alfred Rosenbaum: C. F. H. in seinen Beziehungen zum Naturrecht und zur juristischen Aufklärung im 18. Jahrhundert. Diss. Leipzig 1907. – Karl von Zahn: C. F. H. als Strafrechtsphilosoph und Strafrechtslehrer. Leipzig 1911. – Hans Gerats: Das „Neue System des Naturrechts" des Leipziger Gelehrten H. In: Festschrift für Erwin Jacobi. Berlin 1957, S. 103-148. – Rainer Polley: Die Lehre vom gerechten Strafmaß bei K. F. H. und Benedikt Carpzov. Diss. Kiel 1972.

Hontheim, (Johann) Nikolaus von, Pseud. Justinus Febronius, kath. Theologe, * 27. 1. 1701 Trier, † 2. 9. 1790 Montquintin (Luxemburg).

H. studierte Rechtswissenschaften in Trier, Löwen und Leiden, hielt sich an der Kurie in Rom auf und wurde nach der Priesterweihe 1728 Beisitzer am Generalvikariat und 1732 Prof. der Pandekten in Trier. 1738 als Offizial nach Koblenz berufen, wurde er 1748 Weihbischof der Erzdiözese Trier und Prokanzler der Univ. Trier. H. schrieb Abhandlungen zur Geschichte Triers (u. a. *Historia Trevirensis*, 3 Bde., 1750) sowie unter Pseudonym das aufsehenerregende Werk *De statu ecclesiae et legitima potestate Romani Pontificis* (1763), das für eine radikale Einschränkung der päpstlichen Gewalt eintrat. Diese Schrift, die indiziert wurde, fand weite Verbreitung im deutschen Katholizismus und wurde zur Grundlage des Episkopalismus (Febronianismus). Nachdem H.s Autorschaft entdeckt wurde, nahm er 1778 seine Thesen offiziell zurück, vertrat sie jedoch weiterhin öffentlich. An der Emser Punktation von 1784 hatte er wesentlichen Anteil.

Huber, Fridolin, kath. Theologe, * 21. 10. 1763 Hochsal, † 17. 10. 1841 Deißlingen.

Der Sohn armer Eltern studierte Theologie, wurde 1793 an der Univ. Freiburg/Breisgau promoviert und war zunächst Pfarrer in Waldmössingen, von 1809 bis zu seinem Tod in Deißlingen. Unter Beibehaltung seines Pfarramtes bekleidete er 1827/28 das Amt des Regens am Rottenburger Priesterseminar und wurde 1839 Kirchenrat. H., ein Freund Ignaz Heinrich von → Wessenbergs, war ein bedeutender Aufklärungstheologe; er verfaßte u. a. einen *Leitfaden des christlichen religiösen Unterrichts für den Sonntagsschüler*.

Huber, Ludwig Ferdinand, Schriftsteller, * 14. 9. 1764 Paris, † 24. 12. 1804 Ulm.

Der Sohn des Sprachlehrers und Übersetzes Michael H. wuchs in Paris und Leipzig auf, wo er seit 1782 in Verbindung zu Christian Gottfried Körner, Minna und Dora Stock und → Schiller stand, unter dessen Einfluß er das Drama *Das heimliche Gericht* (1790) verfaßte. 1788 ging er als sächsischer Legationssekretär nach Mainz, wurde 1789 Ministerialresident und lernte Georg und Therese → Forster kennen. Als Befürworter der Französischen Revolution geriet H. in den Verdacht der Konspiration und zog, inzwischen mit Therese Forster liiert (Heirat 1794), in die Schweiz. Während des Aufenthalts in Neuchâtel und Bôle war er als Übersetzer tätig und gab u. a. die Zeitschrift „Friedens-Präliminarien" (1794-96) heraus. Nach Deutschland zurückgekehrt, wirkte er seit 1798 als Redakteur von Cottas „Neuester Weltkunde" in Tübingen und redigierte bis zu seinem Tod das Nachfolgeorgan „Allgemeine Zeitung" in Stuttgart.

1804 übernahm H. das Amt des Landesdirektionsrats der Provinz Schwaben in der Schulabteilung. Als Dramatiker wenig erfolgreich, hatte er als literarischer Kritiker und politischer Publizist Bedeutung.

Huber, (Marie) Therese (Wilhelmine), geb. Heyne, verwitwete Forster, Pseud. Ludwig Ferdinand H., Schriftstellerin, Redakteurin, * 7. 5. 1764 Göttingen, † 15. 6. 1829 Augsburg.
Die Tochter des klassischen Philologen Christian Gottlob → Heyne eignete sich in ihrer Jugend, trotz fehlender systematischer Schulbildung, umfangreiches historisches und philosophisches Wissen an. 1784 heiratete sie in erster Ehe den Naturwissenschaftler Georg → Forster und lebte mit ihm in Wilna, Göttingen und 1788-92 in Mainz. Dort lernte sie Ludwig Ferdinand → H. kennen, den sie nach längerer Beziehung nach dem Tod Forsters 1794 heiratete. Aus beiden Ehen gingen insgesamt zehn Kinder hervor, von denen vier das Erwachsenenalter erreichten. Seit 1792 in der Schweiz ansässig, unterstützte H. ihren zweiten Ehemann bei Übersetzungen und veröffentlichte unter Pseudonym Romane und Erzählungen. 1798 übersiedelte die Familie nach Tübingen, dann nach Stuttgart, 1803 nach Ulm; nach dem Tod ihres zweiten Ehemanns lebte sie u. a. in Günzburg. H. etablierte sich als Berufsschriftstellerin und leitete seit 1816 die Redaktion des „Kunstblatts", seit 1817 die des „Morgenblatts für gebildete Stände", dessen inhaltliche Neuorientierung von einem biederen Organ zu einem allen Wissenschaften aufgeschlossenen Journal mit der Folge drastischer Auflagenerhöhung sie bewirkte. Sie stand in Verbindung mit Ludwig Börne, den Brüdern → Humboldt, → Jean Paul, Ludwig Uhland u. a. In ihrem umfangreichen schriftstellerischen Werk thematisierte sie den Konflikt zwischen Vernunft und Gefühl, individueller Neigung und gesellschaftlicher Forderung, u. a. in dem Roman *Die Ehelosen* (1826).

Hudtwalcker, Johann Michael, Kaufmann, * 21. 9. 1747 Hamburg, † 14. 12. 1818 Hamburg.
H., der „in entscheidendem Maße" (A.-Ch. Trepp) dazu beigetragen hat, die Grundzüge aufklärerischen Denkens in der hamburgischen und norddeutschen Kaufmannschaft zu verbreiten, das Gedankengut von Dichtern und Philosophen gewissermaßen zu popularisieren, gehörte jener Gruppe von Aufklärern an, denen die Förderung der Gemeinnützigkeit als praktische Umsetzung ethisch-moralischer Ziele am Herzen lag. Ihre Auffassung von Aufklärung hatte eine wirkungsmächtige soziale Komponente protestantischer Prägung. Man wollte helfen, zur Selbsthilfe erziehen, sollte aber auch durch eigenes Verhalten Vorbild sein, wie H. nach einem Vortrag Georg Heinrich → Sievekings am 17. 11. 1791 in der hamburgischen Patriotischen Gesellschaft zu bedenken gegeben hatte.
H., Sohn eines erfolgreichen Kaufmannes und hamburgischen Oberalten, hatte als Kind und Jugendlicher eine gediegene Ausbildung erhalten, die ihn früh in den Stand setzte, eigene Entscheidungen zu treffen, sich in der Öffentlichkeit zu Wort zu melden. Als H. zwölf Jahre alt wurde, kam Französisch dazu. Das für Hamburger Kaufmannssöhne unabdingbare Englische lernte H. beim Protokollanten der Commerzdeputation.
Das Lesen, zu dem er angehalten wurde, verschaffte ihm über → Gellerts und → Hagedorns Schriften Zugang zur Dichtung. Nach 1760 gehörte H. zum Leserstamm der Berliner „Literaturbriefe" und der Leipziger „Bibliothek der schönen Wissenschaften". So machte sich schon der junge Mann mit der literarischen Kultur seiner Zeit vertraut, griff als Älterer selbst zur Feder und hinterließ neben sozialpolitischen Schriften auch etliche Gedichte. Er gehörte zu den Gründern eines literarischen Vereins und einer Lesegesellschaft in Hamburg. Seit 1783 traf sich H. in einer Tischgesellschaft mit Gelehrten, Juristen und Kaufleuten, die sich zu einem Zentrum der Meinungsbildung im Stadtstaat entwickelte. H. wurde 1788 in den Senat gewählt. Am Ende der „Franzosenzeit" und nach der Wiederherstellung der alten hamburgischen Verfassung trat er 1814 zurück.
Doch nicht allein im öffentlichen Engagement – auf dem Felde der Armenfürsorge etwa – zeigte sich H.s aufklärerisch-soziale Grundeinstellung. Auch in seiner eigenen Familie war sein Verhalten konsequent. Er, der die unzureichende Ausbildung der Frauen im 18. Jh. am Beispiel seiner eigenen Mutter beklagte, behandelte seine Frau als beinahe gleichberechtigte Partnerin. Er beteiligte sie an seiner Lektüre, reiste sogar mit ihr, um ihr Talent als Malerin zu fördern, sechs Wochen lang zu den bedeutendsten deutschen Museen, hob den Verstand seiner Frau hervor und begrüßte es, daß sie Bücher über Kindererziehung zu Rate zog.
Nur in der „Judenfrage" seiner Zeit blieb er unzugänglich. Reformvorschlägen, die der Bürgermeister Abendroth 1814 zur Staatsverfassung vorgelegt hatte, stimmte er zu; die Gleichstellung der Juden als Bürger ging ihm zu weit.
LITERATUR: Mittheilungen aus dem handschriftlichen Nachlaß des Senators J. M. H. ... Hrsg. v. Oskar L. Tesdorpf. In: Zeitschrift für hamburgische Geschichte 9 (1894) S. 150 ff. – Franklin Kopitzsch: Grundzüge einer Sozialgeschichte der Aufklärung in Hamburg und Altona. Hamburg 1982. – Anne-Charlott Trepp: Sanfte Männlichkeit und selbständige Weiblichkeit. Frauen und Männer im Hamburger Bürgertum zwischen 1770 und 1840. Göttingen 1996.
Peter Schumann

Hübner, Johann, Pädagoge, Schriftsteller, * 15. 4. 1668 Türchau bei Hirschfeld (Oberlausitz, heute Turoszów), † 21. 5. 1731 Hamburg.
H. studierte an der Univ. Leipzig Theologie, legte 1691 das Magisterexamen ab und lehrte anschließend an der Universität vor allem in den „politischen" Disziplinen. Seit 1694 war er Rektor des Merseburger Gymnasiums und leitete von 1711 bis zu seinem Tod das Hamburger Johanneum. H., der zu den frühen „sokratischen" Lehrmethodikern zählt, lieferte mit seinen geschichtlichen, geographischen, kartographischen, genealogischen, staatskundlichen, religiösen und rhetorischen Schriften Material zur Förderung der

Bildung des Bürgertums im 18. Jahrhundert. Sie wurden in alle wichtigen europäischen Sprachen übersetzt, u. a. das Lehrbuch *Kurze Fragen aus der Neuen und Alten Geographie* (1693), das es auf über fünfzig Auflagen brachte.

Hübner, Lorenz, Jesuit, Theologe, Publizist, * 2. 8. 1751 Donauwörth, † 9. 2. 1807 München.
H. schloß das Theologiestudium mit der Promotion ab und empfing 1774 die Priesterweihe. Seit 1775 unterrichtete er Französisch und Italienisch in Burghausen und wurde dort Prof. der Rhetorik. 1779 übernahm H. die Redaktion der „Münchner Staatszeitung" und die der „Münchner gelehrten Beiträge". Während der Illuminatenverfolgung unter Kurfürst Karl Theodor von Bayern übersiedelte er nach Salzburg und leitete seit 1784 die „Oberteutsche Staatszeitung", seit 1791 das „Räsonnierende Magazin des Wichtigsten aus der Zeitgeschichte". Darüber hinaus betreute er die Redaktion der „Oberteutschen Allgemeinen Literatur-Zeitung", die als bedeutsamstes Organ der deutschen kath. Aufklärung galt. 1799 ließ er sich als Publizist wieder in München nieder, war Mitglied der Bayerischen Akademie der Wissenschaften und verfaßte neben Dramen u. a. eine *Beschreibung der kurbaierischen Haupt- und Residenzstadt München und ihrer Umgebungen, verbunden mit ihrer Geschichte* (1805).

Hülsen, August Ludwig, Philosoph, * 2. 3. 1765 Aken/Elbe, † 24. 9. 1809 Lentzke bei Fehrbellin.
Der aus einer märkischen Pfarrersfamilie stammende H. studierte in Halle Theologie und Philologie und war danach Hauslehrer bei der Familie Fouqué. Seit 1795 gehörte er in Jena zu einem sich um →Fichte und die Brüder →Schlegel sammelnden philosophisch-literarischen Kreis und war Mitglied der „Gesellschaft der freien Männer". Die Jahre 1796-98 verbrachte H. in der Schweiz und kehrte dann in seine märkische Heimat zurück, wo er als Lehrer bei Freunden und Verwandten wirkte. Sein Versuch, im Fouquéschen Landhaus in Lentzke, wie auch schon zuvor in der Schweiz, ein privates Erziehungsinstitut zu errichten, schlug fehl. 1803 übernahm er ein Gut in Wagersrott bei Schleswig. H. vollzog in seinem philosophischen Denken den Übergang vom Fichte-Schüler zum Vertreter einer an die Frühromantik angelehnten pantheistischen Bewußtseinshaltung.
WERKE: Prüfung der von der Akademie der Wissenschaften zu Berlin aufgestellten Preisfrage: Was hat die Metaphysik seit Leibnitz und Wolf für Progressen gemacht? Altona 1796. – Über die natürliche Gleichheit der Menschen. In: Athenaeum 2,1 (1799) S. 152-180. – Philosophische Fragmente, aus H.s literarischem Nachlaß. Hrsg. v. Fouque. In: Allgemeine Zeitschrift von Deutschen für Deutsche 2 (1813) S. 264-302.
LITERATUR: Karl Obenauer: A. L. H. Seine Schriften und seine Beziehungen zur Romantik. Diss. München 1910. – Wilhelm Flitner: A. L. H. und der Bund der freien Männer. Jena 1913. – Johannes Richter: Die Religionsphilosophie der Fichteschen Schule. Berlin 1931. – Wilhelm Flitner: H., A. In: NDB 9, 1972, S. 734-736. – Martin Oesch: H.s idealistische Romantik. In: Gisela Dischner/Richard Faber (Hrsg.): Romantische Utopie – Utopische Romantik. Hildesheim 1979, S. 106-118.

Hufeland, Christoph Wilhelm, Mediziner, * 12. 8. 1762 Langensalza (Thüringen), † 25. 8. 1836 Berlin.
Der aus einer thüringischen Arztfamilie stammende H. studierte von 1780 bis 1783 Medizin in Jena und Göttingen, wo er 1783 unter Anleitung von Georg Christoph →Lichtenberg über die Wirkung elektrischer Reizung bei scheintoten Tieren promoviert wurde. Danach war H. bis 1793 als Landarzt in der väterlichen Praxis, später auch als herzoglicher Hofarzt in Weimar tätig. Hier wurde er u. a. mit →Goethe, →Schiller, →Wieland und →Herder bekannt. 1790 erfolgte die Aufnahme in die Deutsche Akademie der Naturforscher Leopoldina. 1793-1801 wirkte er als Prof. an der Jenaer Univ. und gab seit 1795 das „Journal der practischen Arzneykunde und Wundarzneykunst" heraus (seit 1808 „Journal für practische Heilkunde"). Seine in Jena gehaltenen diätetischen Vorlesungen veröffentlichte er 1796 als Buch unter dem Titel *Makrobiotik oder Die Kunst das menschliche Leben zu verlängern*. Das Werk erlebte zahlreiche Auflagen und Übersetzungen in nahezu alle europäischen Sprachen. Es wurde zu einer der erfolgreichsten populärmedizinischen Schriften des 19. Jahrhunderts. 1801 folgte er Christian Gottlieb →Selle als Leibarzt an den preuß. Hof. Damit war zugleich die Leitung der militär- und wundärztlichen Ausbildungsstätte, des seit 1724 bestehenden Collegium medico-chirurgicum, sowie die Position des ersten Arztes der Berliner Charité verbunden. Neben eigener umfangreicher ärztlicher Praxis bemühte sich H. um das Berliner Armenwesen und förderte die Einführung der Jennerschen Kuhpockenimpfung. 1806 begleitete er nach der Schlacht von Jena und Auerstedt als Leibarzt die königliche Familie nach Königsberg und Memel. 1809 kehrte H. nach Berlin zurück.

H. war 1810 – in diesem Jahr wurde er auch Mitglied der Preußischen Akademie der Wissenschaften zu Berlin – an der Gründung der Berliner Univ. beteiligt und übernahm als erster das Dekanat der Medizinischen Fakultät. Er hatte den Lehrstuhl für spezielle Pathologie und Therapie inne und richtete 1810 für den praktischen ärztlichen Unterricht eine Poliklinik für unbemittelte Kranke in Berlin ein. H. wurde Staatsrat, wirkte in der Armendirektion mit, verfaßte eine Armen-Pharmakopoe und gründete eine Medicinisch-chirurgische Gesellschaft (seit 1833 „Hufelandsche Gesellschaft"). Während der Befreiungskriegs 1813/14 hielt sich H. mit dem Hof in Breslau auf. Es folgten weitere wissenschaftliche, sozialmedizinische und gesundheitserzieherische Publikationen sowie 1830 die Gründung der „Hufelandschen Stiftung" für notleidende Ärzte und 1836 der Stiftung zur Unterstützung von Arztwitwen. Seit 1830 war seine ärztliche Tätigkeit durch ein zunehmendes Augenleiden und dysurische Beschwerden stark eingeschränkt.

WEITERE WERKE: Ideen über Pathogenie und Einfluß der Lebenskraft auf Entstehung und Form der Krankheiten. Jena 1895. – Enchiridion medicum, oder Anleitung zur medicinischen Praxis. Vermächtnis einer fünfzigjährigen Erfahrung. Berlin 1836. ^{5}1839. – Selbstbiographie. Neu hrsg. v. Walter von Brunn. Stuttgart 1937.
LITERATUR: Adolph Carl Peter Callisen: Medicinisches Schriftsteller-Lexikon. Bd. 9, Kopenhagen 1832, S. 221-280. Bd. 29 (Nachtrag zu Bd. 9), Altona 1841, S. 76-92. – Klaus Pfeifer: C. W. H., Mensch und Werk. Halle 1968. – Markwart Michler: H. In: NDB, Bd. 10, 1974, S. 1-7. – Wolfgang Genschorek: C. W. H. Der Arzt, der das Leben verlängern half. Leipzig ^{6}1986. – Josef N. Neumann: C. W. H. In: Klassiker der Medizin. Hrsg. v. Dietrich von Engelhardt/Fritz Hartmann. Bd. 1, München 1991, S. 339-359.   *Peter Schneck*

Hufeland, Gottlieb, Rechtsgelehrter, * 19. 10. 1760 Danzig, † 18. 2. 1817 Halle/Saale.
Eine Spezialstudie über diesen unter den deutschen Juristen seiner Zeit möglicherweise bedeutendsten fehlt. Schon wenige Jahre nach seinem Ableben war diesem „höchst ausgezeichneten Mann" (E. F. Vogel), der ein umfangreiches Werk aus allen Bereichen der Rechtswissenschaft und des Rechts hinterlassen hatte, zwar fundierte Fachgelehrsamkeit auf philosophischer Grundlage attestiert worden, doch die aufgeregten Zeitläufte am Ende des alten und am Beginn des neuen Jahrhunderts und die nach 1815 einsetzende Phase von Restauration und Reaktion mögen zu seinem Vergessen beigetragen haben. Erst neuerdings scheint sich das Interesse deutscher Rechtshistoriker wieder der von H. wesentlich mitgetragenen Erneuerung der Rechtswissenschaft um die Wende vom 18. zum 19. Jh. zuzuwenden.
H., über die väterliche Seite ein Onkel des berühmten Mediziners Christoph Wilhelm →H., war der Sohn eines Kaufmanns und Danziger Senators. Er besuchte das akademische Gymnasium seiner Heimatstadt und ging im Herbst 1780 zum Studium nach Leipzig. Er belegte philosophische und rechtswissenschaftliche Vorlesungen, hörte aber auch naturwissenschaftliche Vorträge. Zwischen 1782 und 1783 führte ihn eine gemeinsam mit einem vermögenden Danziger Landsmann unternommene Bildungsreise durch Deutschland und Österreich, durch die Niederlande, durch Frankreich und die Schweiz. 1783 bezog der Student die Universität Göttingen und lernte dabei juristische und staatswissenschaftliche Kapazitäten wie Georg Ludwig Böhmer, Johann Stephan →Pütter, August Ludwig →Schlözer und Ludwig Thimoteus →Spittler kennen. Im Oktober 1784 ließ sich H. in Jena einschreiben.
Er hatte sich wohl schon früh für die akademische Laufbahn entschieden. 1785 wurde er zuerst im Fach Philosophie promoviert und ließ kurze Zeit später das juristische Doktorat folgen. Ein von ihm noch im selben Jahr in Leipzig publizierter *Versuch über den Grundsatz des Naturrechts* fand beifällige Aufnahme, u. a. bei Immanuel →Kant, der in der „Allgemeinen Literaturzeitung" eine zustimmende Rezension schrieb. 1788 erhielt H. eine außerordentliche juristische jenaische Professur; wenige Jahre später war er Ordinarius und wurde 1796 zum sachsenweimarischen Justizrat ernannt.
Ihm ging schon seit seinen ersten Veröffentlichungen – so hatte er 1790 dem *Versuch* über das Naturrecht ein *Lehrbuch* folgen lassen – der Ruf eines ebenso vielseitig gebildeten Gelehrten wie scharfsinnigen Denkers voraus. 1803 berief ihn die Universität Würzburg. H. folgte, verließ die Stadt am Main wegen ihrer Abtrennung von Bayern jedoch drei Jahre später wieder und ging nach Landshut. 1808 wurde aus Danzig an ihn die Bitte herangetragen, sich seiner Vaterstadt als Präsident des Senats und Erster Bürgermeister zur Verfügung zu stellen. H. sagte zu, agierte in dem 1807 gebildeten Freistaat unter französischer Abhängigkeit aber glücklos. Im März 1812 resignierte er und kehrte nach Landshut zurück. Hier kam es zu heute kaum noch zu klärenden Mißhelligkeiten. Der Rechtsgelehrte und Rechtslehrer H. hat noch kurz vor seinem Tod dazu im „Rheinischen Merkur" Stellung bezogen. 1816 nahm er einen Ruf nach Halle an und begann zu lesen. Nach wenigen Monaten beendete ein Infarkt sein Leben.
Die Liste der Veröffentlichungen H.s zeigt eine ungewöhnliche Vielfalt. Sie reicht von methodologischen Darstellungen über solche des geltenden deutschen und römischen Rechts bis zu staatswissenschaftlichen Titeln; eine gilt gar der *Lehre vom Gelde und Geldumlaufe* (1798, neue Aufl. 1820). Daß H. in seinem Rechts- und Staatsverständnis ein Schüler der kantischen Lehren gewesen ist, war schon zu seinen Lebzeiten unbestritten.
LITERATUR: Emil Ferdinand Vogel: H. In: Allgemeine Enzyklopädie der Wissenschaften und Künste („Ersch-Gruber"). II. Section, 11. Teil. Leipzig 1834, S. 370 ff. – Eisenhart: H. In: ADB, Bd. 13, Leipzig 1881, S. 296 ff. – Hans-Ulrich Stühler: Die Diskussion um die Erneuerung der Rechtswissenschaften von 1780-1815. Berlin 1978, bes. S. 128 ff. – Norbert Hinske/Erhard Lange/Horst Schröpfer (Hrsg.): Der Aufbruch in den Kantianismus. Der Frühkantianismus an der Universität Jena von 1785-1800 und seine Vorgeschichte. Stuttgart-Bad Cannstatt 1995, bes. S. 191 ff.   *Peter Schumann*

Hugo, Gustav, Jurist, * 23. 11. 1764 Lörrach, † 15. 9. 1844 Göttingen.
H., Sohn eines Ministerialbeamten und Hofgerichtsbeisitzers, studierte in Göttingen Rechtswissenschaft, gewann 1785 den Preis der Juristischen Fakultät und wurde anschließend Erzieher der Prinzen am Hof von Dessau. Nach der Promotion 1788 in Halle folgte er im selben Jahr einem Ruf als a. o. Prof. an die Univ. Göttingen, wo er seit 1792 als o. Prof. lehrte. H. stellte in mehrfach überarbeiteten Kompendien das gesamte Privatrecht vor. Er veröffentlichte u. a. *Lehrbuch der Geschichte des römischen Rechts* (1790, ^{11}1832), *Lehrbuch und Chrestomathie des klassischen Pandektenrechts* (1790), *Lehrbuch der juristischen Encyklöpädie* (1792, ^{8}1835) und *Civilistische Literärgeschichte* (1812, ^{3}1830). Seine Rechtsphilosophie legte er im *Lehrbuch des Naturrechts als ei-*

ner Philosophie des positiven Rechts (1797, ⁴1819, Nachdruck 1971) dar. Zu H.s Leistungen gehört neben der Entdeckung des Eigenwerts des römischen Privatrechts die Zurückführung des materialen Naturrechts auf eine naturrechtliche „juristische Anthropologie" mit kritischer Funktion für das historisch gewachsene positive Recht.

LITERATUR: Fritz Eichengrün: Die Rechtsphilosophie G. H.s. Haag 1935. – G. Marini: L'opera di G. H. nella crisi del giusnaturalismo tedesco. Milano 1969. – Jürgen Blühdorn: Naturrechtskritik und „Philosophie des positiven Rechts". Zur Begründung der Jurisprudenz als positiver Fachwissenschaft durch G. H. In: Tijdschrift vorr Rechtsgeschiedenis 41 (1973) S. 3-17. – Klaus Luig: H., G. In: NDB 10, 1974, S. 26-27. – HRG 2, 1978, S. 252-254. – Malte Dießelhorst: G. H. (1764-1844) oder: Was bedeutet es, wenn ein Jurist Philosoph wird? In: Fritz Loos (Hrsg.): Rechtswissenschaft in Göttingen. Göttinger Juristen aus 250 Jahren. Göttingen 1987, S. 146-165. – Jan Schröder: G. H. In: Gerd Kleinheyer/Jan Schröder (Hrsg.): Deutsche und Europäische Juristen aus neun Jahrhunderten. Heidelberg ⁴1996, S. 207-211.

Humboldt, Alexander Frh. von, Geograph, Forschungsreisender, * 14. 9. 1769 Berlin, † 6. 5. 1859 Berlin.

Aus jung geadelter, recht begüterter Familie stammend, wurde H. zusammen mit seinem zwei Jahre älteren Bruder Wilhelm von →H. von bedeutenden Hauslehrern (u. a. von Johann Jakob →Engel und Christian Wilhelm von →Dohm) erzogen. Er studierte kurze Zeit (1787/88) in Frankfurt/Oder, danach in Göttingen (1789/90), an der Handelshochschule in Hamburg (1790/91) und an der Bergakademie Freiberg (Sachsen, 1791/92). Er wurde Assessor im preuß. Bergdepartement, 1793 Oberbergmeister in Franken, 1795 Oberbergrat und verließ 1796 den Staatsdienst. Früh hatte ihn das Werk des Botanikers Karl Ludwig Willdenow zum Nachdenken über Ausbreitungsvorgänge der Pflanzen und zur Geographie der Vegetabilien geführt. Schon vorher hatte ihn die Sehnsucht nach den Tropen der Neuen Welt erfaßt, die ihn 1793 zu einem schließlich dreistufigen Forschungsprogramm, einer Methodologie in Auseinandersetzung mit → Kants „Physischer Geographie" und zum Beginn einer sechsjährigen Vorbereitung auf das Reiseziel führte. Nach Kants Vorbild trennte er Geschichte und Geographie; den Kern seiner Arbeit bildete eine Physikalische Geographie (Erdkunde, Theorie und Physik der Erde). H. stieg zum führenden Geographen in der präklassischen Epoche seiner Disziplin (1750-99) auf. 1793 erfolgte die Aufnahme in die Deutsche Akademie der Naturforscher Leopoldina.

Nachdem sich H. die Beherrschung der modernsten Meßinstrumente angeeignet und die spanische Sprache erlernt hatte, öffnete er sich und Aimé Bonpland 1799 am spanischen Hof den Weg in die Neue Welt. Die Forschungsreise begann 1799 in La Coruña und führte über die Kanarischen Inseln in das Gebiet der heutigen Staaten Venezuela, Kuba, Kolumbien, Ecuador, Peru, von da auf dem Seeweg nach Acapulco (Mexiko), auf dem Landweg nach Mexiko-Stadt und Veracruz. Von hier aus reiste er über Kuba in die USA. Mit der Landung in Bordeaux am 3. 8. 1804 war die künftig beispielgebende Forschungsreise abgeschlossen. Danach meist in Paris arbeitend und von Preußen großzügig unterstützt, edierte H. von 1805 bis 1839 das größte private Reisewerk der Geschichte in 34 Bänden, äußerlich in der Form eines Prachtwerkes des ancien régime, innerlich jedoch bestimmt von modernstem geographischen Denken und von den Menschenrechtsideen der Französischen Revolution. H. schuf neue Formen moderner Landeskunde und überwand die Monotonie der vorherrschenden Politischen Geographie. Die von ihm erreichte Problemorientierung in der Behandlung des Menschen, der Wirtschaft, des Verkehrs, der Siedlungen, des Bergbaus und der Landwirtschaft sowie die eindeutige Behandlung der heute Sozialgeographie genannten Erscheinungen waren bahnbrechend. Erst H. hat die bisher fast allein auf den Menschen bezogene Geographie um die Berücksichtigung der Natur ergänzt.

Bis heute lehrreich ist seine Profillehre aufgrund barometrischer Nivellements geblieben. Sie erlaubte ihm die erste Profilierung eines europäischen (Spaniens 1799) und eines außereuropäischen Landes (Mexikos 1803/04). Er fand die Folge der Lebensformen der Neuen Welt und erkannte die Möglichkeit einer sozialgeographischen Darstellung Venezuelas. In einem ersten Überblick widerlegte er die angenommene Ausnahmeerscheinung tropischer Gesteine. Klimatologisch belegte er den Einfluß der Regen- und Trockenzeit. Er entwickelte bemerkenswerte Ideen zur Sukzession der Pflanzen. Die „Hauptergebnisse" faßte er in einem großen Naturgemälde-Profil zusammen, das er in seinen *Ideen zu einer Geographie der Pflanzen* (1805-07) erörterte. Es führte zu einer Zusammenarbeit mit →Goethe, der das Profil in eigenem Gedankenspiel entwarf. Die Messung der Naturphänomene ergänzte H. in der Geographie des Menschen durch eine Tabellenstatistik, z. B. in der sozialen Aufgliederung einer tropischen Stadt (Havanna), ebenso durch Feststellungen zur Bevölkerung, zur Wirtschaft und zum Handel und, soweit möglich, durch die Statistik aller amerikanischen Länder. Dabei vertraute er nie allein seinen Beobachtungen als Forschungsreisenden, sondern bemühte sich noch Jahrzehnte später um Ergänzung und Abrundung seiner Resultate aufgrund neuester Forschungsergebnisse.

Nach seiner russisch-sibirischen Forschungsreise 1829 erreichte H.s physikalisch-geographisches Denken eine weitere Dimension (*Central-Asien*, 3 Teile in 2 Bänden, 1844). Gleiches gilt für den *Kosmos* (5 Bde., 1845-62), sein bekanntestes Werk, mit dem er seine Laufbahn beendete. Leitmotiv der Darstellung war „das Ganze der Natur".

Höher als all seine wissenschaftlichen Leistungen stellte H. die Behauptung der Menschenrechte und den Kampf gegen Sklaverei und Unterdrückung. Seine landeskundlichen Werke über Kuba und Me-

xiko zählen noch heute zu den Grundlagen des südamerikanischen Unabhängigkeitskampfes.
1805 wurde H. ordentliches Mitglied der Preußischen Akademie der Wissenschaften mit Gehalt. Trotz seiner liberalen politischen Einstellung verkehrte er am Berliner Hof, begleitete Friedrich Wilhelm III. und Friedrich Wilhelm IV. auf Reisen und war nach 1830 wiederholt in diplomatischer Mission in Paris. 1840 wurde er Mitglied des preuß. Staatsrats, 1842 erster Kanzler der Friedensklasse des Ordens Pour le mérite. Im Alter von fast neunzig Jahren starb er – unverheiratet geblieben – hochgeehrt in Berlin.

WEITERE WERKE: Voyage aux régions équinoxiales du Nouveau Continent. 34 Bde., Paris 1805-38. – *Briefwechsel:* Jugendbriefe; Briefe mit Carl Friedrich Gauß, Heinrich Christian Schumacher, Peter Gustav Lejeune-Dirichlet, Friedrich Wilhelm Bessel, an das preuß. Kulturministerium, mit Carl Gustav Jacob Jacobi; Briefe aus Amerika. Siehe Beiträge zur A. v. H.-Forschung. Bd. 2 ff., Berlin 1973 ff.

LITERATUR: *Bibliographien:* Karl Bruhns (Hrsg.): A. v. H. 3 Bde., Leipzig 1872, Bd. 2, S. 485-552. – Hanno Beck: A. v. H. 2 Bde., Wiesbaden 1959-61, Bd. 2, S. 345-380. – *Weitere Titel:* H. Beck: A. v. H.s amerikanische Reise. Stuttgart 1985. ²1988. – Ders.: A. v. H.s Reise durchs Baltikum nach Rußland und Sibirien. Stuttgart ³1985. – Herbert Kessler (Hrsg.): Die Dioskuren. Probleme in Leben und Werk der Brüder H. Mannheim 1986. – H. Beck/Wolfgang-Hagen Hein: A. v. H.s Naturgemälde und Goethes ideale Landschaft. Stuttgart 1989. – Kurt R. Biermann: A. v. H. Leipzig ⁴1990. *Hanno Beck*

Humboldt, Wilhelm von, Gelehrter, Staatsmann, * 22.6.1767 Potsdam, † 8.4.1835 Tegel (heute zu Berlin).
Der ältere Sohn des Majors und Kammerherrn Alexander Georg von H. aus einer Grundbesitzer-Familie von jungem Adel und der Marie-Elisabeth von Colombe, Nachfahrin südfranzösisch-hugenottischer Kaufleute, erhielt zusammen mit seinem Bruder Alexander von →H. eine gründliche Adels- und Gelehrtenbildung. Nach dem Tod des Vaters sorgte die Mutter für anspruchsvolle Privatlehrer und Hofmeister, zu denen der Ökonom Christian Wilhelm von Dohm, der Jurist Ernst Ferdinand →Klein, der Philosoph Johann Jakob →Engel, der Pädagoge Johann Heinrich →Campe und der Philologe Gottlob Johann Christian →Kunth gehörten. H. verkehrte in Kreisen der Berliner Aufklärung, vor allem in dem Salon der Henriette →Herz. Dort wurde er Mitglied eines schwärmerischen Freundeszirkels, der sich „Tugendbund" nannte.
Zwanzigjährig bezog H. 1787, noch unter hofmeisterlicher Aufsicht, mit seinem Bruder Alexander die Univ. Frankfurt/Oder, wechselte 1788 an die Univ. Göttingen über und widmete sich dort nicht so sehr den Fächern der vorgesehenen Staatslaufbahn wie dem Vorträgen bedeutender Gelehrter. Er hörte bei Georg Christoph →Lichtenberg physikalische, bei August Ludwig von →Schlözer historische, bei Christian Gottlob →Heyne gräzistische Kollegs. Von Göttingen aus stattete H. dem Gut Burgörner bei Hettstedt einen Besuch ab, bei dem er Karoline von Dacheröden kennenlernte und von ihr tief beeindruckt war.
Es folgten Reisen nach Mainz, wo er Georg und Therese →Forster, und nach Pempelfort bei Düsseldorf, wo er Friedrich Heinrich →Jacobi besuchte. Nach vier Semestern sah er seine Universitätsstudien als hinreichend an und brach 1789 zu einer Bildungsreise über Aachen und Lüttich nach Paris auf, begleitet von seinem ehemaligen Hauslehrer Campe. Während dieser in überschwenglichen Briefen von den Revolutionsereignissen berichtete, zeigen H.s Tagebucheintragungen und Briefe eine distanzierte, ja fast kühle Betrachtung des brodelnden Paris. Ende August wurde die Besuchsreise fortgesetzt: nach Mainz wiederum zu Forsters, nach Mannheim, wo er August Wilhelm →Iffland verfehlte, nach Stuttgart, wo er den von langer Festungshaft gezeichneten Christian Friedrich Daniel →Schubart aufsuchte. In Zürich ging er bei Johann Kaspar →Lavater ein und aus, nahm jedoch dessen Physiognomik sehr kritisch auf. Noch am Tag seiner Ankunft in Erfurt am 16.12.1789 verlobte er sich mit Karoline von Dacheröden. Über sie lernte er →Schiller kennen. Besuche in Weimar und Jena, erste Begegnungen mit →Goethe und →Herder schlossen sich an.
1790 bewarb sich H. um eine Stellung im preuß. Staatsdienst. Schon im Mai 1791 nahm er seinen Abschied, um sich ganz seiner Bildung und seinen schriftstellerischen Plänen zu widmen. H. lebte mit seiner Frau auf den Dacherödenschen Besitzungen Burgörner und Auleben, auch in Erfurt. Gemeinsam besuchten sie Weimar, Jena und Berlin. Es entstanden seine ersten politischen Schriften, vor allem die *Ideen über Staatsverfassung* und die Abhandlung *Ideen zu einem Versuch, die Grenzen der Wirksamkeit des Staats zu bestimmen,* von der einzelne Teile 1792 in Schillers „Neuer Thalia" und in der „Berlinischen Monatsschrift" publiziert wurden, die im ganzen aber erst postum (1851) bekannt geworden ist und seither als eine klassische Urkunde des staatskritischen Liberalismus gilt. Ausschlaggebend für H.s wissenschaftliche Tätigkeit in dieser Zeit wurde der Verkehr mit dem bedeutenden Philologen Friedrich August →Wolf. Eine begeisterte Zusammenarbeit im Lesen und Erarbeiten griechischer Texte während eines Besuchs von Wolf in Auleben, Weihnachten 1792, legte das Fundament für eine lebenslange Beziehung.
Im Frühjahr 1794 entschlossen sich die H.s, ganz nach Jena zu übersiedeln, um in täglichem Verkehr mit Schiller zu sein. Den wechselseitigen Einfluß kann man kaum überschätzen. In Jena war in diesen Jahren durch Johann Gottlieb →Fichte, Heinrich Eberhard Gottlob Paulus, Christian Gottfried →Schütz, Christoph Wilhelm →Hufeland und die Brüder A. W. und F. →Schlegel eine dichte Atmosphäre geistigen Austauschs entstanden. Goethe kam oft herüber oder ließ sich in Weimar besuchen. Auch Alexander von H. reiste aus Coburg herbei und regte zu anatomischen, physiologischen und minera-

logischen Studien an. Im August 1796 führte nach längerem Aufenthalt in Tegel eine Reise Wilhelm und Karoline H. nach Greifswald, Stralsund, Lübeck, Eutin und Hamburg, auf der Johann Heinrich → Voß, Friedrich Gottlieb → Klopstock, Matthias → Claudius und Friedrich Heinrich Jacobi besucht wurden.

Pläne für einen längeren Aufenthalt in Italien wurden durch die Kriege zerschlagen. So ließen sich die Humboldts vom November 1797 an in Paris nieder. Ihr Haus wurde bald zu einem Zentrum geistiger Geselligkeit, in dem deutsche und französische Literaten und Maler ein und aus gingen. Von Paris aus wurden zwei Spanienreisen unternommen. Im Baskenland traf H. nicht nur auf eine archaische Kultur mit alten Rechts- und Agrarformen, die er mit allen Mitteln volkskundlichen Interesses zu registrieren suchte, sondern vor allem auf eine nicht-indogermanische Sprache und ihr kulturelles Umfeld – eine Begegnung, die für seine weiteren universalen Sprachstudien eine Schlüsselbedeutung bekam.

Im August 1801 kehrte die Familie zurück. In Berlin, das H. jetzt recht provinziell erschien, bewarb er sich um die freiwerdende Stelle des preuß. Residenten beim Vatikan. Im November 1802 brach er mit der Familie nach Rom auf. Die politisch-diplomatische Bedeutung dieser Stelle war gering. Wilhelm und Karoline von H. haben jedoch die römischen Jahre von 1802 bis 1808 als zentrales Erlebnis ihrer Bildung, ihrer Auseinandersetzung mit der Antike, ihres Umgangs mit Künstlern angesehen. Trotz persönlichen Leids – des Todes zweier Kinder – galten ihnen diese Jahre stets als der Höhepunkt ihres geistigen und geselligen Lebens.

1808 wurde H. nach Berlin gerufen. Vor allem die Notlage Preußens waren Anlaß für den Freiherrn vom Stein, H.s Mitarbeit im preuß. Reformkabinett zu suchen. Am 10.2.1809 wurde H. zum Leiter der Sektion für Kultus und Unterricht im Ministerium des Innern bestellt. Bis Juni 1810, nur knapp sechzehn Monate, hatte er dieses Amt inne. Die Gründung der Berliner Univ. (1811) und die Reform des Gymnasiums gelten als die wichtigsten Leistungen dieser Zeit. Als Gesandter und bevollmächtigter Minister in Wien bestimmte er, vom September 1810 an, in den folgenden Jahren die Allianzpolitik wesentlich mit, die zum Sieg über Napoleon 1813 und 1815 führte. Danach arbeitete er an der Neuordnung Europas mit. In Frankfurt, Châtillon, Wien (als zweiter Vertreter Preußens neben → Hardenberg), Paris, London, Berlin und Aachen gestaltete er in den folgenden Jahren die Friedensschlüsse und die europäischen Territorialveränderungen mit. Die Gesandtenstelle in London 1817/18 empfand er als eine Abschiebung durch Hardenberg. 1819 war er für einige Monate als Minister für ständische Angelegenheiten Kabinettsmitglied. Der Niedergang liberaler Politik im Zeichen Metternichs, wie er in den Karlsbader Beschlüssen vom 20.9.1819 zum Ausdruck kam, veranlaßten H. zum Protest bei der Krone und führten zu seiner Entlassung aus dem Staatsdienst zum Jahresende 1819. Von da an hat sich H. nach Tegel zurückgezogen und sich seinen gelehrten Arbeiten, vor allem seinem universalen Sprachstudium, gewidmet. Nach dem Tod Karolines (1829) sehr vereinsamt, übernahm er auch wieder öffentliche Ämter, so den Vorsitz der Kommission für die Errichtung des Neuen Museums (1829) und eine erneute Mitgliedschaft im Staatsrat (1830). Die Arbeit der letzten Lebensjahre galt dem großen sprachwissenschaftlichen Hauptwerk *Über die Kawi-Sprache auf der Insel Java* und seiner komparatistischen Einleitung *Über die Verschiedenheit des menschlichen Sprachbaus*. Die Veröffentlichung erlebte er nicht mehr.

WEITERE WERKE: Gesammelte Schriften. Hrsg. von der Kgl. Preußischen Akademie der Wissenschaften. 17 Bde., Berlin 1903-36 (Nachdr. Berlin 1968). – Werke in 5 Bänden Hrsg. v. Andreas Flitner/Klaus Giel. (Erweiterte Neuausgabe) Darmstadt 2002. – Schriften zur Sprachwissenschaft. Hrsg. v. Kurt Mueller-Vollmer u. a. Paderborn 1994 ff. – Menschenbildung und Staatsverfassung. Texte zur Rechtsphilosophie. Hrsg. v. Hermann Klenner. Freiburg 1994. – Über die Sprache. Reden vor der Akademie. Hrsg. v. Jürgen Trabant. Tübingen 1994. – W. v. H. Aus Briefen und Tagebüchern. Hrsg. v. Rudolf Freese. Darmstadt 1986. – W. und Caroline v. H. in ihren Briefen. Hrsg. v. Anna von Sydow. 7 Bde., Berlin 1906-16. – Goethes Briefwechsel mit W. und Alexander v. H. Hrsg. v. Ludwig Geiger. Berlin 1909. – Der Briefwechsel zwischen Friedrich Schiller und W. v. H. Hrsg. v. Siegfried Seidel. 2 Bde., Berlin 1962. – W. v. H. Briefe an Friedrich August Wolf. Hrsg. v. Philip Mattson. Berlin/New York 1990. – Philip Mattson: Verzeichnis des Briefwechsels W. v. H.s. Heidelberg 1980. – Kurt Mueller-Vollmer: W. v. H.s Sprachwissenschaft. Ein kommentiertes Verzeichnis des sprachwissenschaftlichen Nachlasses. Paderborn 1993. –

LITERATUR: Eduard Spranger: W. v. H. und die Humanitätsidee. Berlin 1909. – Siegfried A. Kaehler: W. v. H. und der Staat. München 1927. – Ernst Howald: W. v. H. Erlenbach/Zürich 1944. – Friedrich Schaffstein: W. v. H. Ein Lebensbild. Frankfurt/Main 1952. – Clemens Menze: Die Bildungsreform W. v. H.s. Hannover 1975. – Jürgen Trabant: Apeliotes oder der Sinn der Sprache. W. v. H.s Sprach-Bild. München 1986. – Tilman Borsche: W. v. H. München 1990. – Jürgen Trabant: Traditionen H.s. Frankfurt/Main 1990. – Helmut Müller-Sievers: Epigenesis. Naturphilosophie im Sprachdenken W. v. H.s. Paderborn 1993. – Erhard Wicke/Wolfgang Neuser/Wolfdietrich Schmied-Kowarzik (Hrsg.): Menschheit und Individualität. Zur Bildungstheorie und Philosophie W. v. H.s. Weinheim 1997. – Hans-Ernst Schiller: Die Sprache der realen Freiheit. Sprache und Sozialphilosophie bei W. v. H. Würzburg 1998. – Heinz Steinberg: W. v. H. Berlin 2001. *Andreas Flitner*

I

Ickstatt, Johann Adam Frh. von, Jurist,
* 6.1.1702 Vockenhausen bei Eppstein/Taunus,
† 17.8.1776 Waldsassen (Oberpfalz).
I. studierte 1725-27 Mathematik und Philosophie bei Christian →Wolff in Marburg und absolvierte anschließend ein Jurastudium an den Universitäten Marburg und Mainz, wo er 1730 promoviert wurde. Seit 1730/31 war er Prof. der Rechte an der Univ. Würzburg und wurde dort zum führenden Staatsrechtslehrer des kath. Deutschland, ehe er 1741 als Erzieher des späteren Kurfürsten Maximilian III. Joseph von Bayern und als Berater König bzw. (seit 1742) Kaiser Karls VII. Albrecht nach München kam. Von 1746 an widmete sich I. als Direktor der Univ. Ingolstadt sowie als ranghöchster Ordinarius der Juristischen Fakultät der Studienreform dieser Hochschule, war aber weiterhin als Berater des Kurfürsten, u. a. in Fragen der Kirchenhoheit, in München, tätig. I., zu seiner Zeit eine der führenden Persönlichkeiten der bayerischen Bildungspolitik, zählt zu den Bahnbrechern der kath. Aufklärung und Reformpolitik in Bayern. In dem Bestreben, den wissenschaftlich-pädagogischen Rückstand des kath. Deutschland gegenüber den protestantischen Territorien aufzuholen, machte er sich vor allem durch die gegen den Widerstand der Jesuiten durchgeführte Modernisierung der Univ. Ingolstadt verdient. Als ordentliches Mitglied der 1759 von seinem Schüler Johann Georg →Lori gegründeten Bayerischen Akademie der Wissenschaften sprach er sich gegen das neuhumanistische Bildungsideal Heinrich →Brauns für eine Schulreform im Geiste des Rationalismus und Utilitarismus aus.

Iffland, August Wilhelm, Schauspieler, Dramatiker, Regisseur, Intendant, * 19.4.1759 Hannover,
† 22.9.1814 Berlin.
Die Physiologie des 18. Jh. widmete sich der Frage nach dem Beziehungsgefüge von Körper und Seele. Die Ergebnisse dieser Forschung beeinflußten auch die Schauspielkunst. Zweifellos kam ihr die Funktion zu, die Kenntnis des Zuschauers über die menschliche Seele beträchtlich zu erweitern. Der vom Schauspieler geschaffene seelische Ausdruck mußte eine entsprechende körperliche Übereinstimmung hervorbringen. In Deutschland war es außer Conrad →Ekhof vor allem I., dessen Rollenporträts dem psychologischen Wissen der Zeit Rechnung trugen.
I., Sohn eines Registrators bei der kgl. Kanzlei in Hannover, sollte nach den Plänen des Vaters Theologie studieren. Gastspiele der Ackermannschen und Seylerschen Truppe erregten jedoch seine Begeisterung für das Theater. Nach einem heftigen Streit mit dem Vater verließ er das Elternhaus und floh 1777 ans Hoftheater in Gotha, wo Conrad Ekhof, der Leiter dieser Bühne, das Talent des jungen I. erkannte. Als nach Ekhofs Tod das Hoftheater aufgelöst wurde, übernahm 1779 Wolfgang Heribert von Dalberg, der Leiter des Mannheimer Nationaltheaters, das Gothaer Ensemble fast geschlossen an sein Haus. Hier entwickelte sich I. zum Charakterdarsteller und prägte einen Stil, der im Unterschied zur deklamatorischen Weimarer Spielweise auf das realistische Detail aufbaute. Nicht der literarische Wert des Stückes stand im Vordergrund, sondern die psychologisch-realistische Schauspielkunst, welche die Kenntnis der Seele beim Schauspieler zur Voraussetzung und beim Publikum zum Ziel hat. Seinen größten Erfolg feierte I. als Franz Moor in der Uraufführung von →Schillers *Die Räuber* (1782).
I. trat auch selbst als Dramatiker hervor, vor allem mit den Stücken *Verbrechen aus Ehrsucht* (1784), *Der Jäger* (1785) und *Die Hagestolzen* (1793). In Gastvorstellungen spielte I. auch am Weimarer Hoftheater. Von 1796 bis 1813 war er Direktor des Berliner Nationaltheaters (seit 1811 Generaldirektor der Königlichen Schauspiele) und setzte den Neubau des Theaters am Gendarmenmarkt durch, der 1802 mit →Kotzebues *Kreuzfahrern* eröffnet wurde. Den Vorwürfen, insbesondere Dalbergs, die mit I.s Weggang aus Mannheim verbunden waren, begegnete I. mit seiner autobiographischen Verteidigungsschrift *Meine theatralische Laufbahn* (1798). Unter I.s Leitung wurde das Berliner Nationaltheater zu einer der führenden deutschen Bühnen. I. bemühte sich als Theaterdirektor und Regisseur besonders um die Dramen von Schiller (1799 *Die Piccolomini* und *Wallensteins Tod*), wovon auch der literaturhistorisch wichtige Briefwechsel zwischen beiden zeugt. Daneben bestimmten Dramen von →Goethe den Spielplan, ferner Stücke von Corneille, Molière, Voltaire, →Lessing und Shakespeare. Den Schwerpunkt bildeten jedoch Werke von August von Kotzebue und vor allem I.s eigene Dramen. Als Verfasser von wertkonservativen, rührselig-komischen, moralisch-belehrenden Schauspielen beherrschte I. über Jahrzehnte hinweg die Bühne. Da I. auch Huldigungsstücke für regierende Fürstenhäuser verfaßte, nannten ihn einige Kritiker einen Fürstendiener. Obgleich I. mit den eigenen Werken Publikumserfolge feierte und seine Stücke bis weit ins 19. Jh. häufiger gespielt wurden als die der Weimarer Klassiker, liegt die theaterhistorische Bedeutung I.s im Bereich der Schauspielkunst.
LITERATUR: Heinrich Härle: I.s Schauspielkunst. Berlin 1925. – Korbinian Braun: I.s Schauspielkunst. Diss. München 1956. – Horst A. Glaser: Das bürgerliche Rührstück. Stuttgart 1969. – Sigrid Salehi: A. W. I.s dramatisches Werk. Frankfurt/Main 1990.
Brigitte Marschall

Irwing, Karl Franz von, Schulmann, Oberkonsistorialrat, * 28. 11. 1728, † 17. 12. 1801 Berlin.
I.s Vater war Jurist beim Oberkonsistorium in Berlin und wurde wenige Jahre vor seinem Tod geadelt. 1760 wurde er als Rat und Pronotar ins Oberkonsistorium gewählt. Er war einer der drei weltlichen Mitglieder, die zusammen mit sechs Theologen das Oberkonsistorium bildeten, das bis zu seiner Auflösung 1808 zum geistlichen Departement des Justizministeriums Preußen gehörte. Dem Oberkonsistorium unterstand das höhere Schulwesen; I. war Rat beim Direktorium des Joachimsthalschen Gymnasiums. Seine weltliche Kollegen im Oberkonsistorium waren Friedrich Anton → Büsching und Friedrich → Gedike. Zweifellos gehört I. zu den bis heute zu wenig beachteten Popularphilosophen. Er publizierte Gedanken über die *Lehrmethoden in der Philosophie* (1775) und *Versuch über den Ursprung der Erkenntnis der Wahrheit und der Wissenschaften. Ein Beytrag zur philosophischen Geschichte der Menschheit* (1781). Sein bekanntestes Werk, *Erfahrungen und Untersuchungen über den Menschen*, behandelt in den ersten zwei Bänden (1770, 1777; der erste Band wurde 1777 erweitert neu aufgelegt) die Entwicklung der mentalen Fähigkeit des Menschen. Im dritten und vierten Band (1779, 1785) geht I. darüber hinaus und fragt, was den Menschen veranlaßt, „seinen Verstand zu gebrauchen, zu üben und auszubilden, oder überhaupt denselben zu kultivieren". Den kulturellen Fortschritt des Menschen, der ihn von der Tierwelt abhebt, faßt I., im Unterschied zur bloßen „Politur", als einen geistig-emotionalen, von gesellschaftlichen Umständen determinierten Prozeß von der Entdeckung der Sprache bis zur Pflege der Künste und Wissenschaften auf. I. stützte sich in seiner Darstellung dieses Prozesses häufig auf William Robertsons *Geschichte von Amerika* (1777). Im *Fragment der Naturmoral, oder Betrachtung über die natürliche Glückseligkeit, bei Gelegenheit der Mannheimer Preisaufgabe, über die Mittel dem Kindermord Einhalt zu tun* (1782) bemerkt I., daß es keine Lösung des Problems des Kindermordes geben werde.
LITERATUR: Karl Themel: Die Mitglieder und die Leitung des Berliner Konsistoriums vom Regierungsantritt des Kurfürsten Johann Sigismund 1608 bis zur Aufhebung des Königlichen Preußischen Oberkonsistoriums 1809. In: Jahrbuch für Brandenburgische Kirchengeschichte 4 (1966) S. 52-111, insbes. S. 88-89.   *Johan van der Zande*

Iselin, Isaak, schweizer. Philosoph, * 17. 3. 1728 Basel, † 15. 6. 1782 Basel.
I., Sohn Jacob Christoph → I.s, studierte seit 1742 an der Philosophischen Fakultät in Basel, wo er 1745 den Grad eines Magister artium erwarb, dann dort und in Göttingen Rechtswissenschaften. Er lernte Albrecht von → Haller, während eines Aufenthalts in Paris auch Rousseau und Buffon kennen. 1755 wurde I. zum Dr. beider Rechte promoviert. Seit 1754 war er Mitglied des Großen Rats in Basel und arbeitete von 1756 bis zu seinem Tod als Ratsschreiber.
Er gehörte 1761 zu den Begründern der Helvetischen Gesellschaft, rief 1777 in Basel die Gesellschaft zur Beförderung des Guten und Gemeinnützigen ins Leben, der er einen Teil seines Vermögens vermachte, und gab die „Ephemeriden der Menschheit", eine Zeitschrift für „Sittenlehre und Politik" heraus (1776-82, von Rudolf Zacharias → Becker bis 1786 fortgesetzt), die bald zu den führenden Zeitschriften im deutschsprachigen Raum zählte. In seinen Schriften setzte sich I. vor allem mit Rousseau auseinander, zunächst in der 1755 anonym erschienenen Arbeit *Philosophische und patriotische Träume eines Menschenfreundes* (²1784), und trat für die humanistisch-philanthropische Linie der Aufklärung sowie für pädagogische, religiöse und sozialpolitische Reformen ein. Seine *Philosophischen Muthmaßungen über die Geschichte der Menschheit* (2 Bde., 1764, ⁷1791, Nachdruck 1976), die → Herder als Vorarbeit dienten, stellten die Geschichte als fortwährende Entwicklung des Menschen zur Humanität dar. I., hochgeschätzt u. a. von Moses → Mendelssohn, war ein Freund und Förderer Johann Heinrich → Pestalozzis.
WEITERE WERKE: Philosophische und Politische Versuche. Zürich 1760, ²1767. – Vermischte Schriften. 2 Tle., Zürich 1770, ²1787. – Einige Briefe über das Basedowsche Elementarwerk (zusammen mit Lavater). Zürich 1771. – Pädagogische Schriften. Hrsg. v. Hugo Göring. Langensalza 1882. – Pariser Tagebuch 1752. Bearb. v. Ferdinand Schwarz. Basel 1919.
LITERATUR: Meinrad Alois Regli: I. I.s „Geschichte der Menschheit". Eine Vorarbeit zu Johann Gottfried Herders „Ideen zur Philosophie der Geschichte der Menschheit"? Borna-Leipzig 1919. – Ulrich Im Hof: I. I. Sein Leben und die Entwicklung seines Denkens bis zur Abfassung der „Geschichte der Menschheit" von 1764. 2 Bde., Basel 1947 (mit Bibliographie). – Ders.: I. I. und die Spätaufklärung. Bern 1967 (mit Bibliographie). – Holger Jacob-Friesen: Profile der Aufklärung: Friedrich Nicolai – I. I., Briefwechsel (1767-1782). Edition, Analyse, Kommentar. Bern u. a. 1997.

Iselin, Jacob Christoph, schweizer. reformierter Theologe, Historiker, * 12. 6. 1681 Basel, † 13. / 14. 4. 1737 Basel.
I. studierte 1694-98 in Basel und Genf Griechisch, Latein und Theologie, später auch altorientalische Sprachen und wurde 1705 Prof. der Geschichte und Eloquenz an der Univ. Marburg. 1707 folgte er einem Ruf als Prof. an die Univ. Basel, wo er bis 1711 Geschichte und Altertumskunde und 1711-37 Dogmatik lehrte. Seit 1716 wirkte er auch als Universitätsbibliothekar. I. verfaßte zahlreiche historische und theologische Arbeiten und besorgte die Ausgabe des *Baslerischen, neu vermehrten Historischen und Geographischen allgemeinen Lexicons* (4 Bde., 1726/27). Er war der Vater von Issak → I.

Isenbiehl, Johann Lorenz, kath. Theologe, * 20. 12. 1744 Heiligenstadt/Eichsfeld, † 26. 12. 1818 Oestrich (Rheingau).
I. studierte Theologie an der Univ. Mainz, wurde 1769 zum Priester geweiht und war danach als Seel-

sorger in Göttingen tätig, wo er gleichzeitig orientalische Sprachen studierte. 1773 wurde er zum o. Prof. der Bibelwissenschaft an der Univ. Mainz ernannt, jedoch bereits im folgenden Jahr wegen seiner aufklärerischen 140 Thesen zum Matthäus-Evangelium suspendiert und zu zweijährigen Studien im Priesterseminar angewiesen. 1777 verteidigte I. in der Schrift *Neuer Versuch über die Weissagung von Emmanuel* seine Thesen und löste eine heftige theologische Kontroverse aus, in deren Verlauf er von mehreren theologischen Fakultäten zum Teil scharf kritisiert wurde. 1777 wurde er erneut suspendiert und 1778 zu Exerzitien im Kloster Eberbach gezwungen. Nach seiner Verurteilung durch Papst Pius VI. widerrief I. seine Thesen und lebte seit 1780 als Kanonikus in Amöneburg, seit 1788 als Vikar von St. Alban in Mainz.

Ith, Johann Samuel, schweizer. reformierter Theologe, Pädagoge, * 11. 7. 1747 Bern, † 8. 10. 1813 Bern.
I. wurde 1770 in das Berner Predigeramt aufgenommen und hielt sich zu theologischen und philosophischen Studien in Göttingen, Leipzig und Berlin auf, wo er mit den Ideen der Aufklärung in Berührung kam. 1778-86 war er Oberbibliothekar an der Stadtbibliothek von Bern, seit 1781 außerdem Philosophieprofessor an der dortigen Hohen Schule, der er 1783-86 als Rektor vorstand. 1787 wurde auf seine Initiative hin das Politische Institut zur Ausbildung der späteren Beamten und Offiziere gegründet. Seit 1799 war er Pfarrer und Dekan am Berner Münster. I., der nach dem Sturz der alten Eidgenossenschaft für eine Erneuerung des gesamten Bildungswesens und für eine Verbesserung der höheren Ausbildung eintrat, schuf durch seine philosophisch-pädagogischen Werke die theoretischen Grundlagen zu → Pestalozzis praktischer Erzieherarbeit. Sein Hauptwerk ist *Versuch einer Anthropologie oder Philosophie des Menschen nach seinen körperlichen Anlagen* (2 Bde., 1794/95, ²1803).

Itzig, Isaak Daniel, Bankier, Beamter, * 20. 12. 1750 Berlin, † 7. 7. 1806 Berlin.
Der Sohn des Bankiers Daniel I. betätigte sich zunächst vorwiegend als Münzfaktor seines Vaters und wurde von König → Friedrich II. zum Oberhofbankier ernannt. Nachdem er 1791 das Naturalisationspatent erhalten hatte und damit zu einem gleichberechtigten preuß. Staatsbürger geworden war, stieg er zum Hofbaurat auf und wurde 1793 Dezernent für den Chausseebau im Generaldirektorium. I., der zusammen mit seinem Schwager David → Friedländer an der Spitze der preuß. Judenschaft stand, trat für die Emanzipation der Juden ein. Er war Mitbegründer der Jüdischen Freischule in Berlin und und bis zu seinem Tod ihr Direktor.

J

Jablonski, Daniel Ernst, evang. Theologe,
* 20. 11. 1660 Nassenhuben bei Danzig,
† 25. 5. 1741 Berlin.
Nach dem Studium der Theologie in Frankfurt/Oder und Oxford ging J., Sohn des Seniors der böhmischen Brüder-Unität Peter Figulus J. und der Tochter des Pädagogen J. A. Comenius, 1683 als reformierter Pfarrer und Feldprediger nach Magdeburg und wurde 1686 Pfarrer und Rektor des Gymnasiums im polnischen Lissa. 1691 wurde er als Hofprediger nach Königsberg berufen, 1693 an den Berliner Dom. 1699 wurde er zum Senior der Brüderunität von Großpolen und Preußen bestimmt und empfing im selben Jahr die Bischofsweihe. Er vereinte die böhmisch-mährische Brüderkirche mit der Herrnhuter Brüdergemeine, indem er 1735 den Herrnhuter David Nitschmann und 1737 Graf Nikolaus Ludwig von Zinzendorf zum Bischof weihte. verlieh. Gemeinsam mit Gottfried Wilhelm →Leibniz war J. um die Zusammenführung der protestantischen Konfessionen bemüht. 1700 wurde er Gründungsmitglied der Berliner Akademie der Wissenschaften, deren Präsident er 1733-41 war. J. schrieb *Jura et libertates dissidentium in regno Poloniae* (1708) und *Historia consensus Sendomiriensis* (1731).
LITERATUR: Werner Korthaase/Leonhard Stroux/Manfred Richter (Hrsg.): Der Akademiepräsident und Hofprediger D. E. J. und seine Zeit (in Vorbereitung).

Jachmann, Reinhold Bernhard, Pädagoge,
* 16. 8. 1767 Königsberg, † 28. 9. 1843 Thorn.
J., Sohn eines Schuhmachermeisters, studierte seit 1783 in Königsberg, legte 1787 die Magisterprüfung ab und ging 1794 als dritter Prediger und Rektor der Gelehrtenschule nach Marienburg. 1801 wurde er Direktor der Erziehungsanstalt zu Jenkau bei Danzig, 1814 Regierungsrat von Gumbinnen, wo er die „Friedensgesellschaft zur Unterstützung begabter Jünglinge" gründete. Seit 1832 war er Geheimer Regierungsrat am Provinzschulkollegium in Königsberg. J. war einer der drei frühesten Kant-Biographen (u. a. *Immanuel Kant, geschildert in Briefen an einen Freund,* 1804). Gemeinsam mit Franz Passow gab er das *Archiv Deutscher Nationalbildung* (1814) heraus.
WEITERE WERKE: Prüfung der Kantischen Religionsphilosophie in Hinsicht auf dei ihr beygelegte Aehnlichkeit mit dem reinen Mysticismus. Mit einer Einleitung von Immanuel Kant. Königsberg 1800.
LITERATUR: Karl Vorländer: Die ältesten Kant-Biographien. Eine kritische Studie. Berlin 1918. Neudr. Vaduz 1978. – Ernst W. Orth: J., R. B. In: NDB 10, 1974, S. 213-215. – Karl-Franz Göstemeyer: Pädagogik und gesellschaftliche Synthesis. Zur Dialektik von Menschheits- und Gesellschaftsbildung bei Hobbes, Sextro und Jachmann. Frankfurt/Main u. a. 1989.

Jacobi, Friedrich Heinrich, Kaufmann, Beamter, Schriftsteller, Philosoph, * 25. 1. 1743 Düsseldorf, † 10. 3. 1819 München.
J. stammte aus einer wohlhabenden Düsseldorfer Fabrikanten- und Kaufmannsfamilie, erhielt zunächst in Frankfurt/Main und Genf eine Ausbildung, die ihn zur Übernahme der Geschäfte des Vaters qualifizieren sollte. Bereits in Genf entwickelte er Interesse an philosophischen und wissenschaftlichen Themen, wurde bekannt mit dem Mathematiker Georges-Louis Lesage und studierte Jean-Jacques Rousseau sowie die französischen Enzyklopädisten. 1764 übernahm er die Leitung der väterlichen Zuckerfabrik, die er 1772 wieder aufgab, hatte ein Amt in der Verwaltung des Herzogtums Jülich und Berg inne und war dann Referent für Zoll- und Wirtschaftsfragen im bayerischen Innenministerium. Sein Landsitz in Pempelfort bei Düsseldorf wurde bald zu einem Zentrum literarischen und kulturellen Lebens, das u. a. Denis Diderot, →Goethe, die Brüder →Humboldt, Frans Hemsterhuis und Johann Georg →Hamann anzog. Einem größeren Publikum wurde J. durch seinen Briefroman *Aus Eduard Allwills Papieren* bekannt, dessen erster Teil 1775 und dessen zweiter Teil 1776 in C. M. →Wielands „Teutschem Merkur" erschien. Einen zweiten Briefroman veröffentlichte J. 1777 unter dem Titel *Freundschaft und Liebe* und erneut 1779 unter dem Titel *Woldemar. Eine Seltenheit aus der Naturgeschichte.*
Für die philosophische Diskussion der Zeit wurde J. zunächst durch seine Rolle im sogenannten „Pantheismusstreit" bedeutsam, den er durch seine Schrift *Über die Lehre des Spinoza, in Briefen an den Herrn Moses Mendelssohn* (1785, 2. erw. Aufl. 1789) auslöste. In diesem Werk kritisierte er die Philosophie Spinozas als eine Theorie, die notwendig zu Nihilismus, Fatalismus und Atheismus führe, und gab dieser Kritik eine antiaufklärerische Pointe dadurch, daß er Gotthold Ephraim →Lessing als Anhänger eines pantheistisch verklärten Spinozismus darstellte. In die sich anschließende Debatte über Lessings Spinozismus, allgemeiner über die Frage, was die Konsequenzen der Aufklärung für das Weltbild der Menschen seien, wurden viele führende Intellektuelle der Zeit einbezogen, allen voran Moses →Mendelssohn und auch →Kant. Gegen den von seinen Gegnern in dieser Kontroverse erhobenen Vorwurf, er rede irrationalistischen Vorstellungen und einer Philosophie des Gefühls und des Glaubens das Wort, verwahrte sich J. in seiner Schrift *David Hume, über den Glau-*

Jacobi

ben, oder Idealismus und Realismus* (1787), in der er darauf insistierte, daß sein Begriff des Glaubens keineswegs irrationalistischer, sondern moderner, empiristischer Herkunft sei. Dieser Streit beeinflußte stark die philosophischen Ansätze der Hauptvertreter des „Deutschen Idealismus", →Fichtes, Schellings und Hegels.
1794 floh J. vor den anrückenden französischen Truppen aus Pempelfort zunächst nach Hamburg und dann nach Eutin, wo er sich für die nächsten zehn Jahre niederließ. Im Jahr 1805 zog J. nach München und war 1807-12 Präsident der dortigen Akademie der Wissenschaften. J. blieb ein kritischer Beobachter der neueren Philosophie seiner Zeit. 1799 nahm er in einem offenen Brief *Jacobi an Fichte* im sogenannten „Atheismusstreit" gegen Fichte Stellung, 1801 wandte er sich kritisch gegen die Kantische Philosophie in seiner Schrift *Über das Unternehmen des Kritizismus, die Vernunft zu Verstande zu bringen*, und 1811 veröffentlichte er, gegen Schelling gerichtet, die Abhandlung *Von den göttlichen Dingen und ihrer Offenbarung*. J.s gesamtes Werk ist von einem tiefen Mißtrauen gegen die wahrheitserschließende Kraft wissenschaftlich-logischen Beweisens und Begründens geprägt. Wahrheiten über das Leben und die Welt können ihm zufolge nur durch Glauben und Offenbarung enthüllt werden.
WERKE: Werke. Hrsg. v. Friedrich Roth/Friedrich Köppen. 6 Bde., Leipzig 1812-25 (Nachdr. Darmstadt 1968). – Werke. Hrsg. v. Klaus Hammacher und Walter Jaeschke. Hamburg 1998 ff. – Briefwechsel. Gesamtausgabe. Begründet von Michael Brüggen und Siegfried Sudhof. Hrsg. v. Michael Brüggen, Heinz Gockel und Peter-Paul Schneider. Stuttgart 1981 ff.
LITERATUR: Ulrich Rose: F. H. J. Eine Bibliographie. Stuttgart/Weimar 1993. – Günther Baum: Vernunft und Erkenntnis. Die Philosophie F. H. J.s. Bonn 1969. – Klaus Hammacher: Die Philosophie F. H. J.s. München 1969. – Karl Homann: F. H. J.s Philosophie der Freiheit. Freiburg/München 1973. – Peter-Paul Schneider: Die „Denkbücher" F. H. J.s. Stuttgart 1986. – F. H. J. Dokumente zu Leben und Werk. Hrsg. v. Michael Brüggen, Heinz Gockel und Peter-Paul Schneider. Stuttgart 1989 ff. – Kurt Christ: F. H. J. Rousseaus deutscher Adept. Würzburg 1998. – Klaus Hammacher (Hrsg.): Fichte und J. Amsterdam u. a. 1998. – Susanna Kahlefeld: Dialektik und Sprung in J.s Philosophie. Würzburg 2000. – Birgit Sandkaulen: Grund und Ursache. Die Vernunftkritik J.s. München 2000.   *Rolf-Peter Horstmann*

Jacobi, Johann Georg, Schriftsteller, * 2. 9. 1740 Düsseldorf, † 4. 1. 1814 Freiburg/Breisgau.
Das 1758 in Göttingen begonnene Studium der Theologie entsprach ebenso wenig J.s literarischen Neigungen wie das Jurastudium, zu dem er 1761 nach Helmstedt wechselte. Nach Düsseldorf zurückgekehrt, machte ihn sein Bruder Friedrich Heinrich →J. mit der neueren französischen Literatur bekannt. Seit 1762 wieder in Göttingen, wandte er sich unter dem Einfluß von Christian Adolph →Klotz den schönen Wissenschaften zu. 1766 erhielt J. in Halle eine Professur für Philosophie und Beredsamkeit. Im selben Jahr lernte er →Wieland und →Gleim kennen; letzterer zog ihn in den Halberstädter Dichterkreis und verschaffte ihm eine Stelle als Kanonikus. 1774 gründete J. in Düsseldorf die Zeitschrift „Iris" (1803-13 unter dem Titel „Iris. Ein Taschenbuch für Frauenzimmer"), zu der →Goethe Beiträge lieferte. 1784 wurde er zum Prof. der schönen Wissenschaften in Freiburg/Breisgau ernannt. Der Lyriker J. dichtete im Stil der Anakreontik unter dem Einfluß von Wieland und Gleim sowie englischer und französischer Vorbilder. So sind in *Winterreise* (1769) und *Sommerreise* (1770) Anklänge an Technik und Komposition Lawrence Sternes unverkennbar. Von den Stürmern und Drängern wurde J. verspottet, Friedrich →Nicolai bezeichnete ihn im *Sebaldus Nothanker* als „Herr von Säugling".

Jacobson, Israel, Bankier, * 17. 10. 1768 Halberstadt, † 13./14. 9. 1828 Berlin.
Der ursprünglich zum Rabbiner bestimmte J. trat nach der Gründung seines Handelshauses in Braunschweig 1795 die Nachfolge seines Schwiegervaters Herz Samson als braunschweigischer Hoffaktor und Kammeragent an. 1796-1804 hatte er die Pacht der Waisenhaus-Lotterie inne und eröffnete 1801 eine Erziehungsanstalt und Handwerkerschule für christliche und jüdische Kinder in Seesen am Harz. 1803 erreichte er die Absetzung des Leibzolls der Juden von Braunschweig, 1804 der badischen Juden. Im selben Jahr erwarb J. alle Untertanenrechte, 1805 auch die Bürgerrechte der Stadt Braunschweig. 1808 erhielten die Juden auf sein Bestreben hin beschränkte Bürgerrechte. 1806/07 wurde J. Finanzrat des Königs Jérôme von Westfalen in Kassel. Seit 1807 vermittelte er Millionen-Anleihen an den König und konnte wegen dessen Zahlungsunfähigkeit zu niedrigen Preis säkularisierte Klostergüter erwerben. 1814 ließ er sich in Berlin nieder, wo er als einer der wohlhabendsten jüdischen Bürger an den Berliner Anleihen teilhatte. 1814 eröffnete J. eine Reformsynagoge und erwarb 1816 mehrere mecklenburgische Besitztümer. J. war mecklenburg-schwerinischer Geheimer Finanzrat, badischer Hofagent und hessen-darmstädtischer Kommerzienrat.

Jagemann, Christian Joseph, Literarhistoriker, Romanist, Bibliothekar, * 1735 Dingelstädt, † 4. oder 5. 2. 1804 Weimar.
Von den Eltern gegen seinen Willen zum Mönch bestimmt, floh J. als Novize aus dem Augustinerkloster in Erfurt und ging als Hauslehrer nach Dänemark. Nach der Versöhnung mit seinen Eltern begab er sich auf eine Pilgerfahrt nach Rom, um beim Papst Dispens zu erlangen, blieb als Weltgeistlicher und Beichtvater der Deutschen in Florenz und wurde schließlich 1774 Direktor des kath. Gymnasiums in Erfurt. Bereits im folgenden Jahr ging er als Bibliothekar der Herzogin →Anna Amalia nach Weimar, konvertierte dort zum Protestantismus und wurde 1785 zum herzoglichen Rat ernannt. J. machte sich um die Förderung der italienischen Sprache und Literatur in Deutschland verdient, schrieb eine dreibändige *Geschichte der freien Künste*

und Wissenschaften in Italien (1777-81) und gab u. a. das achtbändige „Magazin der italienischen Literatur und Künste" (1780-85) sowie in italienischer Sprache 1787-89 die Wochenzeitung „Gazetta di Weimar" (Faksimile 1999) heraus.

Jakob, Ludwig Heinrich von, Philosoph, Staatswissenschaftler, * 26. 2. 1759 Wettin, † 22. 7. 1827 Bad Lauchstädt.
J., Sohn eines Posamentierers und Kleinbauern, studierte seit 1777 an der Univ. Halle Theologie, Philologie und Philosophie und wurde 1782 Lehrer am Stadtgymnasium. 1785 habilitierte er sich an der dortigen Univ. für Philosophie und wurde 1789 a. o., 1791 o. Prof. der Philosophie; seit 1804 lehrte er auch Staatswissenschaft. 1806 folgte er einem Ruf als Prof. der Politischen Ökonomie und Staatskunst an die Univ. Charkow, ging 1809 als Mitglied einer Finanzkommission nach St. Petersburg, um an der Verfassungs- und Verwaltungsreform des Russischen Reiches mitzuarbeiten, wurde 1816 nobilitiert und kehrte im selben Jahr als Prof. der Staatswissenschaften an die Univ. Halle zurück. Als Nationalökonom vertrat J. die Grundgedanken des theoretischen Systems von Adam Smith. Seine volkswirtschaftlichen Hauptwerke sind *Grundsätze der National-Oekonomie oder National-Wirthschaftslehre* (1805; 3., sehr vermehrte und verbesserte Aufl. unter dem Titel *Grundsätze der National-Oekonomie oder Theorie des National-Reichthums*), *Grundsätze der Polizei-Gesetzgebung und der Polizei-Anstalten* (2 Bde., 1809, ²1837) und *Staatsfinanzwissenschaft* (2 Bde., 1821). Als Philosoph in der Tradition →Kants stehend und um die Verbreitung von dessen Lehren bemüht, veröffentlichte er u. a. *Prolegomena zur praktischen Philosophie* (1787), *Grundriß der allgemeinen Logik und kritische Anfangsgründe der Metaphysik* (1788) und *Grundriß der Erfahrungs-Seelenlehre* (1791, ⁴1810). J. übersetzte Werke von David Hume und Pierre Jean George Cabanis ins Deutsche und gab die „Annalen der Philosophie und des philosophischen Geistes" (1795-97, Neudruck 1969) heraus.
WEITERE WERKE: Prüfung der Mendelssohnschen Morgenstunden. Leipzig 1786. Neudruck Brüssel 1968. – Über das moralische Gefühl. Halle 1788. – Antimachiavel, oder über die Grenzen des bürgerlichen Gehorsams. Halle 1794, ²1796. – Philosophische Sittenlehre. Halle 1794. Neudruck Brüssel 1969. – Philosophische Rechtslehre, oder Naturrecht. Halle 1795, ²1796. – Vermischte philosophische Abhandlungen aus der Teleologie, Politik, Religionslehre und Moral. Halle 1797. – Grundsätze der Weisheit des menschlichen Lebens. Halle 1800. – Einleitung in das Studium der Staatswissenschaften. Halle 1819.
LITERATUR: Hans Pototzky: L. H. v. J. als Nationalökonom. Straßburg 1905. – Marie-Elisabeth Vopelius: L. H. v. J. In: NDB 10, 1974, S. 216-217. – Michael Stolleis: Staatsraison, Recht und Moral in philosophischen Texten des späten 18. Jahrhunderts. Meisenheim/Glan 1972. – Zwi Batscha: L. H. J.s frühbürgerliches Widerstandsrecht. In: Ders.: Studien zur politischen Theorie des deutschen Frühliberalismus. Frankfurt/Main 1981, S. 128-162.

Jariges, Philipp Joseph von, eigentl. Pandin de Jariges, Staatsmann, * 13. 11. 1706 Berlin, † 9. 11. 1770 Berlin.
Aus einer Hugenottenfamilie stammend, studierte J. seit 1722 Rechtswissenschaften in Halle und wurde 1727 von Friedrich Wilhelm I. zum Hof- und Kriminalrat ernannt. 1729 erfolgte seine Berufung in die Geheime Revisionskammer, 1735 als Rat in das Französische Oberkonsistorium. 1740 wurde J. Direktor des Französischen Obergerichts, war unter →Friedrich dem Großen seit 1748 Präsident des Kammergerichts, folgte Samuel von →Cocceji als Großkanzler und setzte als solcher 1755 die Jurisdiktionskommission und die Examinationskommission ein. 1733-48 war er Sekretar der Kgl. Akademie der Wissenschaften, die ihn 1748 zu ihrem Ehrenmitglied ernannte.

Jean Paul, eigentl. Johann Paul Friedrich Richter, Schriftsteller, Philosoph, * 21. 3. 1763 Wunsiedel, † 14. 11. 1825 Bayreuth.
Als Sohn und Enkel von Pastoren und Schulmeistern wuchs J. P. im Fichtelgebirgsstädtchen Wunsiedel, im Dorf Joditz (bei Hof) und in Schwarzenbach/Saale in dürftigen Verhältnissen auf. Die früh einsetzende Lektüre von Büchern aus allen Wissensgebieten rief seinen Hang zum Sammeln von Lesefrüchten und deren Übertragung ins Werk hervor. Der autodidaktische Zug seines Lernens setzte sich auch fort, als er in Hof das Gymnasium (1779/80) und in Leipzig die Universität (1781-84) besuchte. Der Not gehorchend, mußte er Theologie studieren; doch war ihm mit 18 Jahren schon klar, daß er Schriftsteller werden würde, und trotz langer Erfolglosigkeit hielt er an diesem Ziel fest. In Leipzig, wo er sein Studium aus Geldmangel abbrechen mußte, und dann in Hof bei der Mutter verfaßte er gesellschaftskritische Satiren in einem schwerverständlichen, mit Bilderreichtum und gelehrtem Witz prunkenden Stil. In zehn Hungerjahren fanden nur zwei Satirensammlungen einen Verleger (*Grönländische Prozesse*, anonym, 1783; *Auswahl aus des Teufels Papieren*, unter dem Pseudonym J. P. F. Hasus, 1789), und auch diese nahm die Öffentlichkeit kaum wahr. Viele der ungedruckten Satiren streute er später in den erzählenden Werke ein. Nach einer durch philosophische Studien ausgelösten Glaubenskrise, die 1789 in der Schreckensvision einer gottlosen Welt (*Rede des toten Christus vom Weltgebäude herab, daß kein Gott sei*) ihren Ausdruck fand, begann er seit 1790, erzählende Prosa zu schreiben, auf der seine Bedeutung vor allem beruht. Nach der ersten Erzählung *Leben des vergnügten Schulmeisterleins Maria Wutz in Auenthal* (1793) entstanden die Romane *Die unsichtbare Loge* (1793) und *Hesperus oder 45 Hundsposttage* (1795). Der *Hesperus* machte ihn mit einem Schlage berühmt.
Nach einem Besuch in Jena und Weimar (1796), wo er auch →Goethe und →Schiller kennenlernte und sich mit →Herder anfreundete, begannen seine Wanderjahre, die ihn von Hof über Leipzig und Weimar

(1798-1800) nach Berlin führten (1800/01), wo er Karoline Mayer heiratete, mit der er über Meiningen (1801/02) und Coburg (1803/04) seinen Rückzug in die Heimat antrat: in das von ihm schon mehrfach poetisch verklärte Bayreuth.

Während der Wanderjahre waren auch der erste deutsche Eheroman *Blumen-, Frucht- und Dornenstücke oder Ehestand, Tod und Hochzeit des Armenadvokaten F. St. Siebenkäs* (1796/97), der vierbändige *Titan* (1800-03) und die fragmentarischen *Flegeljahre* (1804) entstanden. In Bayreuth kamen zu weiteren erzählenden Werken (*Dr. Katzenbergers Badereise*, 1809; *Der Komet oder Nikolaus Marggraf*, 1820-22) theoretische Schriften (*Vorschule der Ästhetik*, 1804; *Levana oder Erziehlehre*, 1806), Rezensionen und politische Abhandlungen hinzu. Trotz seines biedermeierlich anmutenden Lebensstils verfolgte J. P. das geistige und politische Leben und griff in die Tageskämpfe ein. Sein letztes Werk war ein philosophisch-religiöses (*Selina oder über die Unsterblichkeit*, 1827), doch blieb es, wie manches andere von ihm, Fragment.

Er erzählt selten direkt einer Handlung folgend, sondern meist auf dem Umweg über die durch die Handlung im Autor ausgelöste Reflexion. Es ist eine offene Form, die Abschweifungen Raum gibt und an die Stelle des Linearen die Arabeske setzt. Handlungsarm sind seine erzählenden Werke aber nicht. Im *Schulmeisterlein Wutz* und im *Leben des Quintus Fixlein* (1796), wo arme Leute den widrigen Umständen ein bißchen Glück abzutrotzen versuchen, werden ganze Lebensgeschichten erzählt; in den Romanen gibt es Mord und Kindesentführung, Befreiung aus Ehefesseln, verzwickte Erbschaftsfälle und viele Liebesgeschichten. Doch ist das alles für J. P. nur Vehikel, um Innenwelten zu zeigen und Satiren und Naturschwärmereien unterzubringen. Mit Recht wurden seine Romane enzyklopädisch genannt.

J. P.s politische Intentionen waren eng mit seinen sozialen Erfahrungen und mit den Einflüssen der Aufklärung verbunden. Seine anfängliche Begeisterung für die Französische Revolution verkehrte sich in Ablehnung. Er schrieb eine *Friedenspredigt* (1808) und eine *Kriegserklärung gegen den Krieg* (1809), polemisierte im *Freiheitsbüchlein* (1805) gegen die Zensur und wurde auch in den Befreiungskriegen kein Nationalist. Auch seine Publizistik hat künstlerischen Charakter; sie ist witzig und gefühlsbeladen, keiner Partei verpflichtet.

Ästhetisch sah sich J. P. als Widerpart der Klassik Goethes und Schillers; er polemisierte aber auch gegen die Romantik, zu der er nie gehörte, sich ihr aber zeitweise annäherte und Einfluß auf sie ausübte. Die größte Wirkung hatte J. P.s Werk zwischen 1815 und 1850.

AUSGABEN: Sämtliche Werke. Historisch-kritische Ausg. Hrsg. von der Preußischen (Deutschen) Akademie der Wissenschaften. In 3 Abteilungen mit insgesamt 33 Bänden. Weimar 1927-44, Berlin 1952 ff. (noch nicht abgeschlossen). Neudr. Leipzig 1975. – Werke [seit 1974: Sämtliche Werke] in 10 Bänden. München 1959-85.

LITERATUR: Eduard Berend: J. P.-Bibliographie. Neubearbeitet und ergänzt von Johannes Krogoll. Stuttgart 1963. – Jahrbuch der J.-P.-Gesellschaft. Bayreuth/München 1966 ff. – Eduard Berend: J. P.s Persönlichkeit in Berichten seiner Zeitgenossen. Berlin/Weimar 1956. – Uwe Schweikert/Wilhelm Schmidt-Biggemann/Gabriele Schweikert: J.-P.-Chronik. München 1975. – Gert Ueding: J. P. München 1993. – Gustav Lohmann: J. P. Entwicklung zum Dichter. Würzburg 1999. *Günter de Bruyn*

Jenisch, Daniel, evang. Theologe, Polyhistor, * 2. 4. 1762 Heiligenbeil (Ostpreußen), † 9. 2. 1804 (?) Berlin.

Nach dem Studium der Theologie und Philosophie (u. a. bei → Kant) in Königsberg und dem Erwerb des Grades eines Magisters ging J. 1786 nach Berlin, wo er 1788 dritter Prediger an der Marienkirche wurde. Seit 1792 vierter Diakon an St. Nicolai, übernahm er in den folgenden Jahren die Professuren für Altertümer an der Berliner Akademie der bildenden Künste, für Geschäftsstil an der Bauakademie und für deutsche Literatur am Französischen Gymnasium. J. veröffentlichte zahlreiche theologische, philosophische, philologische und historische Schriften, übersetzte englische und französische Werke ins Deutsche und publizierte Beiträge in Berliner Zeitschriften der Spätaufklärung sowie im „Teutschen Merkur" und im „Magazin zur Erfahrungsseelenkunde". 1794 erschien sein Preußenepos über → Friedrich II. *Borussia in 12 Gesängen*, 1800/01 *Geist und Charakter des 18. Jahrhunderts, politisch, moralisch, ästhetisch und wissenschaftlich betrachtet* (3 Tle.), 1802 seine *Theorie der Lebensbeschreibung*, 1804 seine *Kritik des dogmatischen, idealistischen und hyper-idealistischen Religions- und Moral-Systems*. Ungesichert ist, ob sich J., vermutlich in einem Anfall von Schwermut, in die Spree stürzte.

WEITERE WERKE: Ueber Grund und Werth der Entdeckungen des Herrn Professor Kant in der Metaphysik, Moral und Aesthetik. Berlin 1786. Neudruck Brüssel 1973. – Threnodie auf die französische Revolution. Leipzig 1794. – Diogenes-Laterne. Leipzig 1799. – Universalhistorischer Überblick der Entwickelung des Menschengeschlechts, als eines sich fort bildenden Ganzen. Eine Philosophie der Kulturgeschichte. 2 Bde., Berlin 1801.

LITERATUR: Gerhard Sauder: Popularphilosophie und Kant-Exegese: D. J. In: Christoph Jamme/Gerhard Kurz (Hrsg.): Idealismus und Aufklärung. Kontinuität und Kritik der Aufklärung in Philosophie und Poesie um 1800. Stuttgart 1988, S. 162-178.

Jerusalem, Johann Friedrich Wilhelm, luth. Theologe, * 22. 1. 1709 Osnabrück, † 2. 9. 1789 Braunschweig.

J., Sohn eines Theologen, studierte seit 1727 Theologie in Leipzig, hörte dort auch philosophische, historische und mathematische Vorlesungen und stand besonders unter dem Einfluß von Johann Christoph → Gottsched, dessen „Deutscher Gesellschaft" er angehörte. 1731 legte J. die Magisterprüfung in Wittenberg ab, unternahm eine zweijährige Studienrei-

se nach Holland, um seine naturwissenschaftlichen Kenntnisse zu vervollkommen, und war 1734-37 Hofmeister in Göttingen. Anschließend hielt er sich mehrere Jahre in England auf, wurde 1742 Erzieher der Söhne Herzog Karls I. von Braunschweig und Hofprediger in Wolfenbüttel und gehörte zu den Begründern des Collegium Carolinum, dessen Direktor er 1745-70 war. Von 1752 bis zu seinem Tod hatte er die Leitung des braunschweigischen Predigerseminars inne, erhielt damit die Würde des Abts von Riddagshausen und wurde 1771 Vizepräsident des Konsistoriums in Wolfenbüttel. J. war mit seinen Predigten, die von Gottscheds Rhetorik beeinflußt waren, und seinen religionsphilosophischen Schriften (u. a. *Betrachtungen über die vornehmsten Wahrheiten der Religion*, 2 Bde., 1768-79), besonders mit seiner Ablehnung der Trinitätstheologie, ein hochangesehener Vertreter der theologischen Aufklärung. Er war der Vater von Karl Wilhelm →J.
WEITERE WERKE: Sammlung einiger Predigten. Braunschweig Bd. 1, 1745, ⁷1788; Bd. 2, 1752, ⁴1789. – Briefe über die Mosaischen Schriften und Philosophie. Braunschweig 1762, ³1783. – Nachgelassene Schriften. 2 Bde., Braunschweig 1792/93.
LITERATUR: Wolfgang Erich Müller: J. F. W. J. Eine Untersuchung zur Theologie der „Betrachtungen über die vornehmsten Wahrheiten der Religion". Berlin/New York 1984 (mit Bibliographie). – Ders.: Theologische Aufklärung. J. F. W. J. (1709-1789). In: Profile des neuzeitlichen Protestantismus. Hrsg. v. Friedrich Wilhelm Graf. Gütersloh 1990, S. 55-70. – Klaus E. Pollmann (Hrsg.): Abt J. F. W. J. (1709-1789). Beiträge zu einem Colloquium anläßlich seines 200. Todestages. Braunschweig 1991.

Jerusalem, Karl Wilhelm, Jurist, Schriftsteller, * 21. 3. 1747 Wolfenbüttel, † 30. 10. 1772 Wetzlar.
Der Sohn Johann Friedrich Wilhelm →J.s fand 1760 Aufnahme in das Collegium Carolinum, studierte Rechtswissenschaften an den Universitäten Leipzig und Göttingen und wurde 1770 Assessor bei der Justizkanzlei in Wolfenbüttel. Seit 1771 war er Legationssekretär bei der Braunschweigischen Vertretung am Reichskammergericht in Wetzlar, wo er infolge von Auseinandersetzungen mit seinem Vorgesetzten und einer unerfüllten Liebe in schwere Depressionen fiel und sich erschoß. Seine *Philosophischen Aufsätze*, in denen er sich u. a. mit der Frage nach dem Ursprung der Sprachen, der Erkenntnistheorie, der Freiheit und gemischten Empfindungen beschäftigte, wurden 1776 von →Lessing herausgegeben (Neudruck 1900, hrsg. von Paul Beer), dem er freundschaftlich verbunden war. J.s Schicksal gab den Anlaß zu →Goethes Roman *Die Leiden des jungen Werthers* (1774).
WEITERE WERKE: Aufsätze und Briefe. Hrsg. v. Heinrich Schneider. Heidelberg 1925.
LITERATUR: Heinrich Schneider: Werther-Jerusalem als Freund Lessings. In: Ders.: Lessing. Zwölf biographische Studien. Bern 1951, S. 94-109. – Adalbert Elschenbroich: J., K. W. In: NDB 10, 1974, S. 415-417. – Roger Paulin: Der Fall W. J. Zum Selbstmordproblem zwischen Aufklärung und Empfindsamkeit. Göttingen 1999.

Jöcher, Christian Gottlieb, Polyhistor, Lexikograph, * 20. 7. 1694 Leipzig, † 10. 5. 1758 Leipzig.
Der Kaufmannssohn studierte seit 1712 an der Univ. Leipzig, erwarb 1714 den Magistergrad und war seit 1716 Baccalaureus der Theologie. 1717 erhielt er als Anhänger Christian →Wolffs einen Lehrauftrag an der dortigen Philosophischen Fakultät. Seit 1730 o. Prof. der Philosophie, wurde er 1732 o. Prof. der Geschichte und 1735 zum Dr. theol. promoviert. 1742 erhielt er die Oberaufsicht der Universitätsbibliothek. Seit 1720 gab J. die „Teutschen Acta Eruditorum" heraus und unterstützte J. B. →Mencke bei Edition der lateinischen „Acta Eruditorum". 1725 gab er die zweite Auflage des von Mencke begründeten *Compendiösem Gelehrten Lexikons* heraus, das 1750 in abschließender vierter Auflage erschien und unter dem Titel *Jöchers Allgemeines Gelehrten Lexikon* bekannt wurde.

Jordan, Charles Etienne, evang. Theologe, Bibliothekar, * 27. 8. 1700 Berlin, † 24. 5. 1745 Berlin.
Aus einer Hugenottenfamilie stammend, studierte J. 1718-21 Theologie in Genf und Lausanne und wandte sich seit seiner Rückkehr nach Berlin sprachlichen und literarischen Studien zu. 1725 übernahm er seine erste Pfarrstelle in Potzlow, wurde 1727 Pastor der französischen Gemeinde in Prenzlau und unternahm 1733 eine Studienreise durch Frankreich, England und Holland, nachdem er um Entlassung aus seinem Amt gebeten hatte. 1735/36 war er als Erzieher in Frankfurt/Oder tätig, wirkte seit 1736 als Gesellschafter, Bibliothekar und Sekretär des damaligen Kronprinzen Friedrich in Rheinsberg und wurde nach dessen Regierungsantritt 1740 Mitglied des französischen Oberdirektoriums und zum Geheimen Rat ernannt. 1743 gehörte J. zu den Begründern einer Société littéraire und widmete sich zuletzt gelehrten Studien. Seine enge Freundschaft zu König →Friedrich II. dokumentiert ein umfangreicher Briefwechsel.

Joseph II., römisch-deutscher Kaiser, Erzherzog von Österreich, König von Böhmen und von Ungarn, * 13. 3. 1741 Wien, † 20. 2. 1790 Wien.
Der erste Sohn von Maria Theresia und Kaiser Franz I. Stephan erhielt bis 1761 Unterricht in Latein, Deutsch, Französisch, Italienisch, auch in Ungarisch und Tschechisch, in Mathematik, Philosophie, Geschichte, Natur-, Reichs- und Kirchenrecht und in Verfassung, Ökonomie und Politik aller habsburgischen Länder. Die Lehrinhalte waren von dem am Hofe waltenden Reformgeist, seine religiöse Erziehung von der jansenistisch inspirierten Frömmigkeit des Vaters geprägt. 1760 wurde er in Wien mit Isabella von Parma (1742-1763), einer Enkelin Ludwigs XV. von Frankreich, vermählt. Der glücklichen Ehe entsprang eine Tochter. Unglücklich war die zweite, 1765 mit Josepha Maria Antonia von Bayern (1739-1767) geschlossene Ehe. Von 1760 bis 1765

Joseph

nahm er in einer Art Lehrzeit an den Beratungen der obersten Regierungsinstanzen der Monarchie teil. In Memoranden setzte er sich kritisch mit Finanzen und Wirtschaft, der Stellung der Länder und der Stände, den Funktionen von Adel, Klerus und Bürokratie, dem Bildungswesen und den Aufgaben eines Herrschers auseinander.

Am 3.4.1764 wurde J. in Frankfurt zum römischen König gewählt. Nach dem Tod seines Vaters am 18.8.1765 folgte er ihm als Kaiser im Reich und als Mitregent in der Österreichischen Monarchie nach. Als Kaiser versuchte er bis um 1770, das Reichskammergericht, den Reichshofrat, die Reichshofkanzlei und die kaiserliche Bücherzensurkommission zu reformieren: weithin ohne Erfolg, was den Rückzug des Kaisertums aus dem Reich beschleunigte. Die Mitregentschaft war durch Spannungen zwischen Mutter und Sohn gekennzeichnet. Von 1766 bis 1787 bereiste er als Herrscher systematisch sämtliche Länder der Monarchie. Wiederholt reiste er nach Italien, 1777 nach Frankreich und 1781 in die Niederlande, 1780 und 1787 nach Rußland. Inkognito reisend unter dem Namen „Graf von Falkenstein", wußte er, wie öffentlichkeitswirksam Begegnungen mit Leuten aus dem Volk waren. Als Alleinherrscher seit dem 29.11.1780 polarisierte er die in- und ausländische Öffentlichkeit. Seine Maßnahmen zur wirtschaftlichen Aufwertung der in internationale Verträge eingebundenen Österreichischen Niederlande (Belgiens) und Pläne zum Tausch mit Bayern irritierten zwischen 1781 und 1785 die Westmächte und das Reich. Im Inland war der Reformdruck in den siebziger Jahren stark gewachsen. Das am 8.6.1781 erlassene Zensurgesetz liberalisierte das Buch- und Zeitungswesen. In Wien folgte eine „Broschürenflut", Symptom und zugleich Katalysator von Politisierung und Volksaufklärung.

Das geistige Profil, das organisatorische Gefüge, die sozialen und wirtschaftlichen Aufgaben der kath. Kirche wurden verändert. Seit dem 31.10.1781 durch Toleranzpatente für Protestanten, Griechisch-Orthodoxe und Juden; durch Aufhebung von etwa 700 bis 800 beschaulichen Klöstern; durch Errichtung neuer Diözesen und Pfarren; durch Vereinfachung von Gottesdienst und Begräbnis, Verbot von Brauchtum und Prozessionen und Auflösung von Bruderschaften; durch staatlich kontrollierte Fonds für Armenfürsorge und Unterhalt der Seelsorger seit 1782; durch Priesterausbildung unter staatlicher Aufsicht; durch die Ehegesetzgebung (1783) und die Professionalisierung der Krankenfürsorge (z. B. Allgemeines Krankenhaus Wien). Im Bildungswesen setzte er den Akzent auf Berufserfordernisse und eine regionale Aufgabenteilung der Universitäten; im Allgemeinen Bürgerlichen und im Strafgesetzbuch wurden 1787 lokale und geburtsständische Prinzipien beseitegetz. Seit 1783 wurde die Verwaltung in den Städten modernisiert. Ausbau der Infrastruktur, Ankurbelung des Wettbewerbs durch Liberalisierung im Innern und Protektionismus im Außenhandel kennzeichnen seine Gewerbe- und Handelspolitik. Als „Bauernbefreiung" wird die weitere Reduzierung der Erbuntertänigkeit in den österreichischen und die Aufhebung der Leibeigenschaft in den böhmischen (1781) und ungarischen Erbländern (1785) bezeichnet. 1784/85 wurde für alle Länder die gleichmäßige Besteuerung sämtlichen Grundbesitzes eingeleitet, am 10.2.1789 die Steuerleistung der Bauern an Grundherrn und Landesfürsten neu geregelt.

Wie in Belgien riefen in Ungarn seit 1784 die Neugliederung der Verwaltung, die Einführung des Deutschen als Amtssprache und die Steuerreformen offene Auflehnung hervor. In allen Ländern formierte sich eine ständische Opposition gegen J.s Zentralisierungs- und Uniformierungspolitik, und die allgemeine Unzufriedenheit wuchs. Von der Tuberkulose gezeichnet, widerrief J. seine Reformen partiell und übergab wenige Tage vor seinem Tod die Regierung einer Konferenz unter Kaunitz.

LITERATUR: Paul von Mitrofanow: J. II. Seine politische und kulturelle Tätigkeit. Wien 1910. – Amt der Niederösterreichischen Landesregierung (Hrsg.): Österreich zur Zeit Kaiser J.s II. Wien 1980. – Horst Haselsteiner: J. II. und die Komitate Ungarns. Wien 1983. – Joseph Karniel: Die Toleranzpolitik Kaiser J.s II. Gerlingen 1985. – Richard Plaschka / Grete Klingenstein (Hrsg.): Österreich im Europa der Aufklärung. 2 Bde., Wien 1985. – Derek Beales: J. II. In the shadow of Maria Theresia 1741-1780. Cambridge 1987. – T. C. W. Blanning: J. II. London 1994. – Franz A. Szabo: Kaunitz and enlightened absolutism. Cambridge 1994. – Leslie Bodi: Tauwetter in Wien. Wien ²1995. – Harm Klueting (Hrsg.): Der Josephinismus. Darmstadt 1995. *Grete Klingenstein*

Joseph Maria, Graf von Thun-Hohenstein, Bischof von *Passau*, * 24.5.1713 Trient, † 15.6.1763 Mattighofen (Oberösterreich).
J. M. war seit 1729 Domherr in Salzburg, seit 1731 in Passau, gehörte zu den Vertrauten Kaiser Karls VI. und Maria Theresias und spielte 1739-44 als kaiserlicher Minister und Auditor Rotae in Rom bei der Wahl Papst Benedikts XIV. eine maßgebende diplomatische Rolle. 1741-61 Bischof von Gurk, wurde er 1761 Fürstbischof von Passau und betrieb in seinem Herrschaftsgebiet eine merkantilistische Wirtschaftspolitik. In seinem Amt als Bischof galt er als früher Vertreter der kath. Aufklärung.

Jung-Stilling, Johann Heinrich, eigentl. J. H. Jung, Mediziner, Kameralist, Schriftsteller, * 12.9.1740 Grund bei Hilchenbach (Kr. Siegen), † 2.4.1817 Karlsruhe.
Nach enttäuschenden beruflichen Anläufen als Junglehrer und Schneidergeselle (1755-62), Kaufmannsgehilfe und Verwalter (1763-70) studierte der vielseitig begabte, autodidaktisch gebildete Sohn einer armen Kleinbauernfamilie noch als Dreißigjähriger Medizin in Straßburg, wo er mit → Goethe und → Herder Bekanntschaft schloß. In Elberfeld als Arzt glücklos und hochverschuldet, erlangte er als Prof. der Kameralwissenschaft in Kaiserslautern (1778), Heidelberg (1784) und Marburg (1787-1803) berufliche Anerkennung, zumal als Autor von fachwissenschaftlichen Lehrbüchern. Einem breiteren Leserkreis machte er sich durch zwei moralische Zeitschriften und vier

religiös getönte Romane bekannt, am eindrücklichsten aber durch seine von dem festen Glauben an die göttliche Vorsehung und Fügung seines Lebenswegs getragene Autobiographie *Heinrich Stillings Jugend* (1777), *Jünglingsjahre, Wanderschaft* (1778), *Häusliches Leben* (1789) und *Lehr-Jahre* (1804), deren erstes Bändchen Goethe redigierte und ohne Wissen des Autors zum Druck brachte. Von Jugend auf im evangelisch-reformierten Bekenntnis erzogen und vom Pietismus geprägt, in seinen mittleren Lebensjahren von der Aufklärung berührt und bedrängt, stellte J.-S. seit der Französischen Revolution, die er als böse Frucht gottlosen Denkens und Auftakt zu der biblisch verbürgten endzeitlichen Unterdrückung des Christentums beurteilte, seine Schriften, insbesondere sein Bildungsroman *Das Heimweh* (1794-96) und *Die Siegsgeschichte der christlichen Religion* (1799), in den Dienst der Erweckung. Aus seinem Lehramt in Marburg berief ihn → Karl Friedrich von Baden nach Heidelberg (1803) und Karlsruhe (1807) mit dem besonderen Auftrag, Religion und praktisches Christenthum zu befördern„ – für J.-S. seine Lebensarbeit krönende Aufgabe. Die vier Zeitschriften dieser Spätphase waren vom beständigen Aufruf zur Umkehr bestimmt. Freunde, voran Max von Schenkendorf, und gleichgesinnte Leser legten dem frommen Mahner den Ehrentitel eines "Patriarchen der Erweckung„ bei. J.-S.s *Theorie der Geister-Kunde* (1808) steht im Kontext des zeitgenössischen Okkultismus und entspricht seinem Verständnis von → Kants *Kritik der reinen Vernunft*, die J.-S. zufolge nicht die Unmöglichkeit metaphysischer Aussagen, sondern die Nichtigkeit von Vernunfteinwänden gegen solche erwiesen habe.

AUSGABEN: J. H. Jung's gen. Stilling sämmtliche Schriften. 13 Bde. und Ergänzungsband. Stuttgart 1835-38. Neudr. Hildesheim 1979. – Laufende Neueditionen, auch der nichtreligiösen Schriften, durch die J.-S.-Gesellschaft e. V., Siegen.
LITERATUR: Max Geiger: Aufklärung und Erweckung. Beiträge zur Erforschung J. H. J.-S.s und der Erweckungstheologie. Basel 1963. – Gerd Propach: J. H. J.-S. (1740-1817) als Arzt. Köln 1983. – Otto W. Hahn: J.-S. zwischen Pietismus und Aufklärung. Frankfurt/Main 1988. – Gerhard Merk: J.-S. Ein Umriß seines Lebens. Kreuztal 1989. – J.-S. Hrsg. von der Badischen Landesbibliothek Karlsruhe. Karlsruhe 1990. – Rainer Vinke: J.-S.-Forschung von 1983 bis 1990. In: Pietismus und Neuzeit 17 (1991) S. 178-228. – Blicke auf J.-S. Hrsg. v. Michael Frost. Kreuztal 1991. – J.-S.s Welt. Das Lebenswerk eines Universalgelehrten in interdisziplinärer Perspektive. Hrsg. v. Hans Günter Krüsselberg/Wolfgang Lück. Krefeld 1992. – Erich Mertens: J.-S. im Bergischen Land. Siegen 1995. *Gustav Adolf Benrath*

Junius, Johann Friedrich, Buchhändler, Verleger, * 1725 Leipzig, † 3.11.1794 Leipzig.
J. absolvierte eine Lehre bei Philipp Erasmus → Reich in der Weidmannschen Buchhandlung in Leipzig und gründete 1763 durch den Kauf der Buchhandlung Johann Friedrich Lanckisch ein eigenes Unternehmen, das sich bald zu einem der bedeutendsten Verlage der deutschen Aufklärung entwickelte. 1790 erbte J. die Weidmannsche Buchhandlung, die bis 1802 von Ernst Martin Gräff weitergeführt wurde.

Justi, Johann Heinrich Gottlob von, Volkswirtschaftler, * 28.12.1717 Brücken bei Sangerhausen, † 28.12.1771 Küstrin.
J. studierte in Wittenberg, Jena und Leipzig Rechts-, Staats- und Montanwissenschaft, nachdem er zuvor in sächsischen Kriegsdiensten gestanden hatte. Er arbeitete als Privatsekretär, Advokat und Rat der Herzogin von Sachsen-Eisenach und wurde 1751 Prof. der Rhetorik und der Kameralistik am Theresianum in Wien. Er war einer der bedeutendsten Kameralisten, insbesondere wegen seiner systematischen Trennung der Kameral- von den Polizeiwissenschaften. Seine Lehren, die am Leitbild einer durch Grundgesetze gemilderten und rational verwalteten absoluten Monarchie orientiert waren, beeinflußten die Reformen → Josephs II. J. veröffentlichte u. a. *Staatswirtschaft oder systematische Abhandlung aller ökonomischen und Cameralwissenschaften* (1755). Fehlspekulationen im Silberbergbau zwangen ihn 1754, aus dem österr. Dienst auszuscheiden. Er begab sich zunächst nach Göttingen, wo er als Polizeidirektor und Bergrat wirkte, scheiterte aber bald erneut aufgrund finanzieller Probleme. Nach kurzer Zeit in dänischen Diensten wurde er 1765 vom preuß. König zum Leiter der staatlichen Bergwerke ernannt, drei Jahre später jedoch wegen angeblicher Unterschlagungen seines Amtes enthoben und in der Festung Küstrin inhaftiert, wo er nach einigen Jahren starb. Von seinen zahlreichen Veröffentlichungen seien noch genannt: *Grundzüge der Polizeiwissenschaft* (1756), *Der Grundriß einer guten Regierung* (5 Bde., 1759), *Die Natur und das Wesen der Staates* (1760).

WEITERE WERKE: Die Grundfeste zu der Macht und Glückseligkeit der Staaten. Königsberg 1760.
LITERATUR: Rolf Albert Koch: J. H. G. v. J.s philosophische Satiren. In: Kant-Studien 53 (1961/62) S. 490-506. – Karl Schwarz: Vom Nutzen einer christlichen Toleranz für den Staat. Bemerkungen zum Stellenwert der Religion bei den Spät-Kameralisten J. und Sonnenfels. In: Peter F. Barton (Hrsg.): Im Zeichen der Toleranz. Aufsätze zur Toleranzgesetzgebung des 18. Jahrhunderts in den Reichen Josephs II., ihren Voraussetzungen und ihren Folgen. Wien 1981, S. 76 ff. – Marcus Obert: Die naturrechtliche „politische Metaphysik" des J. H. G. v. J. (1717-1771). Frankfurt/Main u. a. 1992.

Justus, Friederich, Kaufmann, * 29.9.1722 Neukalen (Mecklenburg), † 16.5.1784 Hamburg.
J. übernahm 1745 die Leitung der von seinem Vater in Neukalen gegründeten Firma Friederich Justus und verlagerte sie nach Hamburg, wo er ein Patrizierhaus als Wohn- und Geschäftshaus kaufte. Er spezialisierte sich auf den An- und Verkauf und die Herstellung von Rauchtabak, der bald im In- und Ausland berühmt wurde. Als einer der ersten verkaufte

Justus

er seine Produkte ausschließlich unter nur von ihm geführten Handelsmarken, deren Nachahmung er gerichtlich zu verhindern suchte. Außerdem betrieb J. das Charter- und Reedereigeschäft, Seeversicherungen sowie Speditionen und gab Dralehen. 1778/79 war er Präses der Hamburger Commerz Deputation, der späteren Handelskammer, 1783 wurde er in das Gremium der Oberalten gewählt. Unter dem Namen Friederich Justus & Co. blieb die Firma bis in die Gegenwart im Familienbesitz.

K

Kaempfer, Engelbert, Mediziner, Ostasienforscher, * 16.9.1651 Lemgo, † 2.11.1716 Lieme bei Lemgo.
Nach dem Studium in Thorn, Krakau, Königsberg und Uppsala, währenddessen er umfangreiche Sprachkenntnisse und eine naturwissenschaftliche und medizinische Ausbildung erwarb, ging K. 1683 als Arzt und Sekretär einer schwedischen Gesandtschaft nach Rußland und Persien und kam schließlich im Dienst der Niederländisch-Ostindischen Kompanie nach Japan. 1690-92 arbeitete er dort als Arzt, betrieb naturkundliche und historische Studien, wurde 1694 in Leiden promoviert (*Sistens decadem observationum exoticarum*) und war danach Leibarzt des Grafen zur Lippe. 1712 veröffentlichte K. einen Teil der Forschungsergebnisse seiner Reisen durch Persien, Ostindien und Japan unter dem Titel *Amoenitates exoticae*. 1727 erschien postum *The History of Japan*. K.s Werke über seinen Japanaufenthalt blieben für Europas Japanverständnis bis ins 19. Jh. hinein maßgebend.
LITERATUR: Karl Meier-Lemgo: E. K., der erste deutsche Forschungsreisende, 1651-1716. Stuttgart 1937. – E. K. (1651-1716). Philipp Franz von Siebold (1786-1866). Gedenkschrift. Tokyo 1966. – Karl Meier-Lemgo (Hrsg.): Die Reisetagebücher E. K. Wiesbaden 1968.

Kästner, Abraham Gotthelf, Mathematiker, Schriftsteller, * 29.9.1719 Leipzig, † 20.6.1800 Göttingen.
Auf Wunsch seines Vaters, eines Professors der Rechtswissenschaften, studierte K. zunächst Jura an der Univ. Leipzig. Gleichzeitig verfolgte er naturwissenschaftliche und literarische Interessen. Nach Abschluß des Jurastudiums (1737) widmete er sich hauptsächlich der Mathematik. In diesem Fach erwarb er 1739 den Doktorgrad, die Voraussetzung für seine Tätigkeit als Universitätslehrer. Er hielt mathematische, philosophische und juristische Vorlesungen und wurde 1746 zum Prof. ernannt. Zehn Jahre später folgte er einem Ruf auf eine Professur an der Univ. Göttingen, wo er 1763 auch die Leitung der Sternwarte übernahm.
In seinem umfangreichen Schriftenverzeichnis halten sich mathematisch-naturwissenschaftliche und literarisch-poetische Veröffentlichungen die Waage. Aus seinen Vorlesungen gingen die *Mathematischen Anfangsgründe* hervor, ein an den Lehrbüchern von Christian → Wolff orientiertes, siebenbändiges Lehrbuch der reinen und angewandten Mathematik (1758-91); dazu kamen zahlreiche Schriften zur Astronomie und ein vierbändiges wissenschaftshistorisches Werk (*Geschichte der Mathematik seit der Wiederherstellung der Wissenschaften bis an das Ende des achtzehnten Jahrhunderts*, 1796-1800). K.s physikalische Publikationen und Rezensionen waren ein wichtiger Beitrag zur Newton-Rezeption in Deutschland. Als Schriftsteller und Poet wurde er vor allem durch Lehrgedichte und zugespitzte und boshafte Epigramme bekannt, die sein Bemühen um die Verbindung von Literatur, Wissenschaft und Sprachpflege dokumentieren (*Philosophisches Gedichte von den Kometen*, 1744). Insbesondere in den Naturwissenschaften propagierte er den Gebrauch des Deutschen (*Über den Vortrag gelehrter Kenntnisse in der deutschen Sprache*, 1787). K. war ein überaus fruchtbarer Übersetzer philosophischer und naturwissenschaftlicher Werke aus verschiedenen Sprachen; seine bekanntesten Übersetzungen galten Montesquieus *Esprit des lois* (1753) und den Abhandlungen der Schwedischen Akademie der Wissenschaften (seit 1749). Dazu kam eine intensive Herausgebertätigkeit; er redigierte u. a. das „Hamburgische Magazin" und die von seinem Freund Christlob → Mylius begründeten „Physikalischen Belustigungen".
In seiner Vielseitigkeit (wenn auch nicht in seiner Originalität) ist K. mit Albrecht von → Haller und Jean d'Alembert vergleichbar. Als herausragender Vertreter der deutschen Spätaufklärung stand er bei seinen Zeitgenossen in hohem Ansehen; da seine Leistungen jedoch weder genial noch einzigartig waren, „umfaßt das Nachleben A. G. Kästners und seiner Werke zuvörderst die Geschichte eines Vergessensprozesses" (R. Baasner).
WEITERE WERKE: Gesammelte poetische und schönwissenschaftliche Werke. Berlin 1841. Nachdr. 1971.
LITERATUR: Rainer Baasner: A. G. K., Aufklärer (1719 bis 1800). Tübingen 1991. *Andreas Kleinert*

Kahle, Ludwig Martin, Jurist, Philosoph, * 6.5.1712 Magdeburg, † 5.4.1775 Berlin.
K. studierte Theologie, Philosophie und Rechtswissenschaft in Jena und Halle, erwarb 1734 die Magisterwürde und wurde 1735 Adjunkt der Philosophischen Fakultät. Seit 1737 Prof. der Philosophie in Göttingen, wurde er 1744 zum Dr. jur. promoviert und war seit 1747 a. o. Prof. der Rechte. Seit 1750 lehrte er als landgräflich hessischer Hofrat an der Moserschen Staatsakademie in Hanau Staatsrecht, folgte 1751 einem Ruf als o. Prof. nach Marburg und ging 1753 als Hof- und Kammergerichtsrat nach Berlin, wo er 1764 zum Geheimen Rat und Justitiarius des Generalfinanzdirektoriums befördert wurde. L. veröffentlichte u. a. *Commentatio [...] de trutina Europae, quae vulgo appellatur Die Balance von Europa, praecipua belli et pacis norma* (1744) und *Elementa juris canonico-pontificio-ecclesiastici, tum veteris tum hodierni* (2 Tle., 1743/44). Seine *Vergleichung der Leibnitzischen und Newtonschen Meta-*

161

physik, wie auch verschiedene andere philosophische und mathematische Lehrn beyder Weltweisen (1740) richtet sich gegen Voltaire. K. gab die *Bibliothecae philosophicae* (2 Bde., 1740) von Burkhard Gotthelf → Struve heraus.

WEITERE WERKE: Elementa logicae probabilium methodo mathematica. Halle 1735. – Neue Erläuterung der Europäischen Balance, als der vornehmsten Richtschnur des Krieges und des Friedens. Hannover 1746. – Opuscula minora. Frankfurt/Main 1751.

LITERATUR: Albert Teichmann: K. In: ADB 14, 1881, S. 795.

Kalb, Charlotte (Sophie Juliane) von, geb. Freiin Marschalk von Ostheim, Schriftstellerin, * 25. 7. 1761 Waltershausen (heute zu Saal/Saale, Kr. Rhön-Grabfeld), † 12. 5. 1843 Berlin.
Aus wohlhabendem Hause stammend, wurde K. bereits achtjährig Vollwaise und mußte zusammen mit ihren Geschwistern das elterliche Schloß verlassen. 1783 wurde sie zur Ehe mit dem in französischen Diensten stehenden Offizier Heinrich von K. genötigt und lernte im folgenden Jahr in Mannheim Friedrich → Schiller kennen, mit dem K. bis zu dessen Abreise nach Leipzig 1785 eine enge Beziehung einging. Sie war Schillers Muse und Gönnerin, führte den Dichter in die höheren Gesellschaftskreise ein und machte ihn mit den französischen Tragikern bekannt. 1786 lebte K. auf dem Besitz ihres Schwiegervaters in Kalbsrieth in Thüringen, ließ sich 1787 in Weimar nieder und nahm dort erneut Verbindung zu Schiller auf, der ihr jetzt allerdings Charlotte von Lengefeld vorzog. 1792-94 hielt sich K. auf ihrem Gut Waltershausen im Grabfeld auf, wo sie sich mit Friedrich → Hölderlin befreundete, der dort als Hauslehrer ihres Sohnes wirkte. Nach ihrer Rückkehr nach Weimar ging K. 1796 ein schwärmerisch-sentimentales Verhältnis zu → Jean Paul ein, der ihr in seinem Roman *Titan* (1800-03) in der Gestalt der Linda ein literarisches Denkmal setzte, sich aber einer engeren Bindung entzog. Nach dem Verlust ihres Vermögens 1804 und den Selbstmorden ihres Mannes und ihres ältesten Sohnes lebte sie als Kurzwaren- und Teehändlerin in ärmlichen Verhältnissen in Berlin, wo sie 1820, völlig erblindet, eine kleine Wohnung im kgl. Schloß erhielt und ihre Memoiren *Charlotte* (1851 erschienen) und den Roman *Cornelia* (1851 erschienen) diktierte. Ihre Briefe geben kritische Einsichten über Ehe und Familie und die Emanzipation der Frau.

Kant, Immanuel, Philosoph, * 22. 4. 1724 Königsberg (Preußen), † 12. 2. 1804 Königsberg.
Der Sohn eines unbemittelten Handwerksmeisters und einer pietistisch-frommen Mutter besuchte von 1732 bis 1740 das nach den Erziehungsprinzipien August Hermann → Franckes organisierte Collegium Fridericianum und studierte von 1740 bis 1746 an der Univ. seiner Heimatstadt. Entscheidende Anregungen empfing K. durch die philosophischen, mathematischen und naturwissenschaftlichen Vorlesungen und Disputierübungen des Extraordinarius Martin → Knutzen. Nach langen Hauslehrerjahren im Ostpreußischen hatte K. erst 1755 zum Magister promoviert und habilitierte sich im selben Jahr daselbst mit einer Untersuchung über den Status und die Funktion des Satzes des Widerspruchs und des Satzes vom Grund in der Metaphysik der Schule von → Leibniz und Christian → Wolff. 1755 erschien zudem die *Allgemeine Naturgeschichte und Theorie des Himmels*, in der K. die Entstehung des Universums auf der Basis der Mechanik Newtons durch die Hypothese der Zusammenballung ursprünglich durch den Weltraum zerstreuter Elemente der Materie zu erklären versuchte und damit spätere Überlegungen von Laplace vorwegnahm (Kant-Laplace'sche Theorie). Als unbesoldeter Privatdozent hatte K. über 10 Jahre von den Einnahmen aus seinen freilich erfolgreichen Vorlesungen zu leben. 1766 erlangte er die Stelle eines Unterbibliothekars an der Königsberger Schloßbibliothek. Mehrere Bewerbungen auf erledigte Professorenstellen an der Albertina schlugen jedoch fehl. Trotz seiner beengten Lage lehnte K. 1769 und 1770 Berufungen nach Erlangen und Jena ab. Erst 1770 gelang ihm der Übergang auf ein Ordinariat für Logik und Metaphysik an seiner Heimatuniversität, die er trotz eines 1778 durch seinen Förderer, den Minister Karl Abraham von → Zedlitz, vermittelten lukrativen Rufs nach Halle nie verlassen hat. K. war mehrfach Dekan, 1786 und 1788 Rektor.
K.s vorkritische Schriften der sechziger Jahre behandelten zumeist spezielle Probleme der Logik, der rationalen Theologie, der Theorie des Geschmacks und der Moralphilosophie unter dem Einfluß Rousseaus und der britischen ,moral sense'-Philosophie. Sie galten aber auch schon der Aufklärung des Gewißheitsgrades der mathematischen, moralischen und metaphysischen Erkenntnis, so insbesondere die Preisschrift *Über die Deutlichkeit der Grundsätze der natürlichen Theologie und der Moral* von 1764. In der bei Antritt seines Ordinariats verteidigten Inauguraldissertation hat K. die für seine spätere Erkenntnistheorie verbindlich bleibende Lehre von Raum und Zeit als apriorischen Formen der Anschauung, in denen uns die empirischen Inhalte der Sinne gegeben werden, entwickelt.
Mit seiner 1781 (^{2}1787) erschienenen *Kritik der reinen Vernunft*, die er nach zehnjähriger Gedankenarbeit in wenigen Monaten niederschrieb, hat K. die philosophische Theorielage seiner Zeit revolutioniert. Das Buch setzt dem Empirismus und Rationalismus des 18. Jh. unter dem Namen ,Transzendentalphilosophie' eine völlig neue Konzeption von den Aufgaben und Möglichkeiten der theoretischen Philosophie entgegen. Ihre kritische Hauptfrage: „Wie sind synthetische Urteile a priori möglich?" gilt der Aufklärung des Geltungsgrundes von Urteilen, die beanspruchen, streng allgemein zu gelten, deren Wahrheit jedoch nicht durch die Anwendung der logischen Regel des Satzes vom Widerspruch eingesehen werden kann. K. weist einerseits den erkenntnistheoretischen Empirismus zurück, kritisiert aber zugleich die Überzeugung der rationalistischen Metaphysik, mit Begriffen und Urteilen a priori, die jeden Erfahrungsgebrauch transzendieren, objektive Erkenntnis erwerben zu können.

Metaphysik als Wissenschaft vom ‚Übersinnlichen'
ist unmöglich.

Die von K. intendierte „Revolution der Denkungsart"
hat sich nur mühsam und allmählich durchgesetzt.
Erst im letzten Drittel der achtziger Jahre begann
der Siegeszug der ‚Kritischen Philosophie', nicht zuletzt
infolge ihrer Propagierung durch Karl Leonhard
→ Reinhold, den ‚Apostel' K.s, und durch die von
Christian Gottfried → Schütz herausgegebene „Jenaische
Allgemeine Literaturzeitung".

Ein weiterer Grund hierfür war der rasche Erfolg von
K.s Hauptschriften zur praktischen Philosophie, der
Grundlegung zur Metaphysik der Sitten von 1785
und der *Kritik der praktischen Vernunft* von 1788.
K.s kritische Ethik setzt allen Versuchen einer sich
auf anthropologische Tatsachen gründenden Rechtfertigung
moralischer Normen „reine praktische Vernunft"
durch die Auszeichnung des uns in der Form
des „kategorischen Imperativs" bewußten Sittengesetzes
entgegen. Die Formel des kategorischen Imperativs:
„Handle so, daß die Maxime Deines Willens jederzeit
zugleich als Prinzip einer allgemeinen Gesetzgebung
gelten könne", verlangt von moralisch erlaubten
Handlungen, daß jedermann die Maxime, nach
der er handeln will, daraufhin überprüft, ob sie seine
Maxime auch unter der Bedingung bleiben könnte,
wenn sie die Maxime aller Handelnden wäre. Mit
diesem Universalisierungsprinzip ist der Rigorismus
der ethischen Theorie K.s verbunden, die schließlich
zu den in praktischer Vernunft gegründeten Postulaten
der Freiheit, der Unsterblichkeit der Seele und
der Existenz Gottes führt. So gelingt der Vernunft in
ihrem praktischen Gebrauch, was ihr im theoretischen
mißlingen muß. In seiner späten *Metaphysik der Sitten*
von 1797 hat K. seine Theorie von Freiheit und
Autonomie für eine a priori verfahrende Bestimmung
des Begriffs des Rechts und seiner internen Gliederung
sowie der menschlichen Grundpflichten nutzbar
gemacht.

In der *Kritik der Urteilskraft* von 1790 hat K. seinen
philosophischen Apriorismus auf die Bestimmung der
Struktur und des Geltungsanspruchs des ästhetischen
Urteils über das Natur- und Kunstschöne ausgedehnt
und dargelegt, daß dieser Anspruch zwar mit Notwendigkeit
erhoben wird, aber nicht in intersubjektiv
nachprüfbarer und entscheidbarer Begriffsform unter
Beweis gestellt werden kann. Darüber hinaus entwickelt
K. hier eine Theorie des Organischen mit
dem Konzept einer Zweckmäßigkeit, die in unserer
bloß subjektiven, aber gleichwohl notwendigen Deutung
der Natur durch ‚regulative Ideen' ihren Grund
hat.

Die Freiheitstheorie und die Postulatenlehre seiner
Moralphilosophie machten es für K. dringlich, dem
religiösen Bewußtsein in der *Religion innerhalb der
Grenzen der bloßen Vernunft* von 1793 seinen Ort im
System des Kritizismus anzuweisen. Die Publikation
dieser Schrift stand in offensichtlichem Konflikt mit
dem → Wöllnerschen Religionsedikt von 1788 und
führte 1794 zur Maßregelung K.s durch eine Kabinettsorder
Friedrich Wilhelms II. und zu einem Publikationsverbot
in Sachen der Religion. Im Vorwort
zum *Streit der Fakultäten* von 1798 hat K. den Vorgang
selber dokumentiert.

K.s kleinere Abhandlungen der achtziger und neunziger
Jahre (u. a. *Was ist Aufklärung?* 1784; *Über
den Gemeinspruch: Das mag in der Theorie richtig
sein, taugt aber nicht für die Praxis*, 1793; *Zum
ewigen Frieden*, 1795) galten der Konkretisierung
der Grundgedanken seines Kritizismus in geschichts-,
staats- und kulturphilosophischen Kontexten. Gegen
die Auffassung seiner sich in den neunziger Jahren
zu Kritikern wandelnden frühen Anhänger, daß der
‚Geist' der kritischen Philosophie von ihrem ‚Buchstaben'
zu trennen sei und K. nur die ‚Resultate',
nicht aber die ‚Prämissen' zum System der Transzendentalphilosophie
geliefert habe, verhielt sich K.
schroff ablehnend. Die Frühphase der philosophischen
Entwicklung des Deutschen Idealismus, die
doch ganz von seiner Philosophie ihren Ausgang genommen
hatte, nahm er nur noch von ferne wahr. Sie
galt ihm als ein neuer Mystizismus.

K. war insbesondere in seinen Magisterjahren ein
gesuchter und geistvoller Gesellschafter. Als der
fast Achtzigjährige körperlich und geistig entkräftet
starb, war sein bis heute andauernder Weltruhm fest
begründet. Seine ostpreußische Heimat hat er niemals
verlassen.

WERKE: K.s Schriften. Begonnen von der Königlich
Preußischen Akademie der Wissenschaften (Akademieausgabe).
Berlin 1910 ff. (Werke; Briefe; Handschriftlicher
Nachlaß; Vorlesungen – noch nicht abgeschlossen).

LITERATUR: Kant-Bibliographie 1945 bis 1990. Begründet
von Rudolf Malter. Hrsg. v. Margit Ruffing.
Frankfurt/Main 1998. – Karl Vorländer: I. K.s
Leben. Leipzig 1912. Hamburg ³1974. – Ernst Cassirer:
K.s Leben und Lehre. Berlin 1918. Nachdr.
Darmstadt 1977. – Jens Kulenkampff: Materialien zu
K.s ‚Kritik der Urteilskraft'. Frankfurt/Main 1974. –
Rüdiger Bittner/Konrad Cramer (Hrsg.): Materialien
zu K.s ‚Kritik der praktischen Vernunft'. Frankfurt/
Main 1975. – Arsenij Gulyga: I. K. Frankfurt/Main
1981. – Otfried Höffe: I. K. München 1983, ⁵2000. –
Heinz Eidam: Dasein und Bestimmung. K.s Grund-Problem.
Berlin 2000. – Hans Friedrich Fulda/Jürgen
Stolzenberg (Hrsg.): Architektonik und System in der
Philosophie Kants. Bd. 1. Hamburg 2001. – Gerd Irrlitz:
Kant-Handbuch. Leben – Werk – Wirkung. Stuttgart/Weimar 2001.

Konrad Cramer

Kanter, Johann Jakob, Buchhändler, * 24. 9. 1738
Königsberg, † 18. 4. 1786 Königsberg.

Seine buchhändlerische Ausbildung absolvierte K.
in Leipzig und eröffnete 1760 mit einem Privileg
der russischen Besatzungsbehörde, das 1763 von
→ Friedrich II. von Preußen bestätigt wurde, eine
Buchhandlung mit Buchverlag in Königsberg, der er
1765 eine Leihbücherei angliederte. Seit 1764 gab er
die „Königsbergschen Gelehrten und Politischen Zeitungen"
heraus. K. gründete Filialen in Elbing und
Mitau, wurde 1769 auch Lotteriedirektor und errichtete
1772 eine Hofbuchdruckerei, später eine Schriftgießerei
in Marienwerder. 1775 erwarb er das Gut

Trutenau mit dazugehöriger Papiermühle und baute dort eine Preßspanfabrik, mußte jedoch 1781 seine Buchhandlung aus finanziellen Gründen verkaufen.

Karl Friedrich, Markgraf, Großherzog von *Baden,* * 22.11.1728 Karlsruhe, † 10.6.1811 Karlsruhe.

Nach dem Tod des Großvaters Markgraf Karl Wilhelm von Baden (1738), der sein kleines fürstliches Territorium am Oberrhein, die „oberen Lande" vor den Toren Basels und am südlichen Schwarzwaldrand sowie die „unteren Lande" mit den Residenzen Pforzheim, Durlach und dem 1715 gegründeten Karlsruhe durch die Wirren der Franzosenkriege steuerte, übernahm K. F. 1746 die Regierung der Markgrafschaft Baden-Durlach, die er 65 Jahre lang innehatte. Er schuf in dieser Zeit einen Musterstaat, der den Prinzipien des aufgeklärten Absolutismus noch nahestand, der aber doch die Errungenschaften des 19. Jh. in einer Weise vorausnahm, wie dies sonst in kaum einem Staat des Alten Reiches geschah. Die Nachbarschaft zu Frankreich machte ihn besonders empfänglich für die dort entwickelten vorrevolutionären Staatsideen und auch für die wirtschaftliche Lehre der Physiokratie, die er in seinem Herrschaftsbereich erfolgreich anwandte. Eiserne Sparpolitik verband sich mit vielerlei Versuchen, Gewerbe und Landwirtschaft ertragreicher zu gestalten. Die Abschaffung der Folter in Baden-Durlach (1767) leitete eine Reihe weiterer Reformmaßnahmen ein, die in der Abschaffung der Leibeigenschaft und der Leibabgaben gipfelte (1783). Die Überschaubarkeit seines Territoriums gestattete ihm, seinen Verwaltungsapparat und eine ausgesuchte, leistungsfähige Beamtenschaft selbst zu kontrollieren; eine strenge luth. Ethik, die wie alle seine Maßnahmen von großer Toleranz auch im kirchlichen Bereich begleitet war, bestimmte sein politisches Denken. Auch seine Hofhaltung war davon betroffen; der Neubau seines Residenzschlosses in Karlsruhe ist fern von allen barocken Repräsentationsbedürfnissen. K. gab sich das Ansehen eines schlichten, etwas hausbackenen Landesvaters. Im fortgeschrittenen Alter waren es → Lavater und → Jung-Stilling, die seiner geistigen Welt entsprachen und mit denen er engen Kontakt pflegte.

Bis zu ihrem Tod bestimmte seine erste Gemahlin Karoline Luise von Hessen-Darmstadt das geistige Klima des Hofes und brachte ihn durch vielseitige künstlerische Interessen und durch ihre naturwissenschaftlichen, vor allem botanischen Studien zu hohem Ansehen. Die einander ergänzenden Interessen des Fürstenpaares fanden Ausdruck in wirtschaftlichen Unternehmungen, die, wenn auch nicht zum Teil erfolgreich, doch von innovativem Geist getragen waren, der die Hebung der Wohlfahrt des Landes zum Ziel hatte.

In seinen politischen Maßnahmen war K. F. vom Glück begünstigt. Durch einen Erbvertrag konnte er 1771 sein Herrschaftsgebiet zu einem Mittelstaat erweitern, der in den Auseinandersetzungen mit dem revolutionären Frankreich wie in den napoleonischen Kriegen zu einem beachtlichen politischen Faktor wurde (Rastatter Kongreß 1797-99).

Der Frieden von Lunéville und der Reichsdeputationshauptschluß, der Eintritt in den Rheinbund Napoleons ließen sein Land die Auflösung des Heiligen Römischen Reiches überdauern; trotz einer persönlich fast antifranzösischen Haltung ließ sich K. F. in das Satellitensystem Napoleons in Süddeutschland einbeziehen und wurde 1802 zum Kurfürsten, 1806 zum Großherzog von Baden erhoben. Sein Land vervierfachte seine Fläche wie seine Bevölkerungszahl und hatte sich, als K. F. 1811 starb, zu jenem Land Baden ausgebildet, das trotz zufälliger Grenzziehungen und unnatürlich wirkender Gebietszuteilungen bis zum Ende der Monarchie als Großherzogtum und ein weiteres Vierteljahrhundert als Land Baden Bestand haben sollte.

LITERATUR: Eine moderne Biographie K. F.s fehlt; vgl. Klaus Gerteis: K. F. von Baden. In: NDB, Bd. 11, 1977, S. 221-223. – Friedrich Lautenschlager: Bibliographie der badischen Geschichte. Bd. 1, Stuttgart 1929, S. 50-55, 70-75 und 320-327. – Willy Andreas: Geschichte der badischen Verwaltungsorganisation und Verfassung in den Jahren 1802-1818. Bd. 1, Leipzig 1913. – Franz Schnabel: Sigismund von Reitzenstein. Heidelberg 1927. – Carl F. und seine Zeit. Hrsg. von den Markgräflich Badischen Museen. Ausstellung im Neuen Schloß Baden-Baden. Karlsruhe 1981 (mit Bibliographie, S. 101-106). – Jan Lauts: Karoline Luise von Baden. Ein Lebensbild aus der Zeit der Aufklärung. Karlsruhe 1980. – Baden und Württemberg im Zeitalter Napoleons. Hrsg. vom Württembergischen Landesmuseum Stuttgart. 3 Bde., Stuttgart 1987, insbesondere Bd. 2, S. 9ff. und 41 ff.

Hansmartin Schwarzmaier

Karl Wilhelm Ferdinand, Herzog von *Braunschweig*-Lüneburg(-Wolfenbüttel), * 9.10.1735 Wolfenbüttel, † 10.11.1806 Ottensen.

Der Neffe → Friedrichs des Großen nahm unter dem Oberbefehl seines Oheims, des Herzogs Ferdinand von Braunschweig, am Siebenjährigen Krieg teil, war seit 1773 preuß. General und wurde im Bayerischen Erbfolgekrieg Generalfeldmarschall. 1780 übernahm K. W. F. die Regierung, nachdem er noch zu Lebzeiten seines Vaters, des Herzogs Karl I. von Braunschweig und Lüneburg, durch Gründung eines Finanzkollegiums und weitere Reformen das Land vor dem drohenden Staatsbankrott gerettet hatte. 1792 wurde er Oberbefehlshaber der Koalitionstruppen im Ersten Koalitionskrieg gegen die französischen Revolutionsheere, legte sein Kommando wegen ständiger Differenzen mit dem österr. Oberbefehlshaber nieder. Seit 1806 führte er erneut die preußisch-sächsischen Truppen. K. W. F. war für die Niederlage von Jena und Auerstedt verantwortlich, wurde schwer verwundet und starb, erblindet, auf der Flucht vor den Franzosen nach der Besetzung seines Herzogtums.

Karl August, Herzog, seit 1815 Großherzog von *Sachsen-Weimar-Eisenach,* * 3.9.1757 Weimar, † 14.6.1828 Schloß Graditz bei Torgau.

Der Sohn des bereits 1758 verstorbenen Herzogs Ernst August II. von Sachsen-Weimar-Eisenach wuchs unter der Vormundschaft seiner Mutter

→Anna Amalia auf, in deren Händen bis zu seiner Volljährigkeit auch die Regentschaft lag. Für die Erziehung des begabten und temperamentvollen Erbprinzen sorgten Graf Johann Eustach Görtz von Schlitz, Christoph Martin →Wieland und Karl Ludwig von →Knebel. Nach der Kavalierstour, die ihn durch Süddeutschland und nach Paris führte, trat K. A. am 3.9.1775 seine Herrschaft im Herzogtum an. Vier Wochen später heiratete er Luise von Hessen-Darmstadt, kurz darauf holte er Johann Wolfgang von →Goethe nach Weimar. Dessen Eintritt ins Geheime Consilium 1776 sowie die im selben Jahr erfolgte Berufung Johann Gottfried →Herders zum Generalsuperintendenten standen am Anfang einer Reformära, die für das Herzogtum eine Neuordnung des Kirchen- und Schulwesens, eine Finanzreform und die Verringerung des Militärs, aber auch Straßenbaumaßnahmen sowie Neuerungen in Landwirtschaft, Bergbau, Gewerbe und Handel brachte. Aufmerksamkeit widmete der von Goethe beratene K. A. auch der Förderung der Univ. Jena, zu deren vier Erhalterstaaten Sachsen-Weimar-Eisenach zählte. In Weimar setzte K. A. die von Anna Amalia begonnene Ausgestaltung der Residenz zu einem „Musenhof" fort. Dies, der 1796 erlangte Anschluß an die norddeutsche Neutralität sowie das gleichsam symbiotische Verhältnis Weimars zur Univ. Jena bildeten wesentliche Voraussetzungen für die Entwicklung der „Weimarer Klassik" am Ende des 18. Jahrhunderts. Als führendes Mitglied des 1785 gegründeten Fürstenbundes trat er Kaiser →Joseph II. entgegen, dessen Plan eines Tausches der österr. Niederlande gegen Bayern K. A. als Bedrohung der Reichsverfassung empfand. Mit dem Fürstenbund verfolgten K. A. und weitere deutsche Fürsten, unter ihnen Friedrich Wilhelm II. von Preußen, Versuche zu einer Reichsreform. Diese richteten sich u. a. auf das Justiz- und Verteidigungswesen, waren aber letztlich zum Scheitern verurteilt. In den Jahren 1792 und 1793 nahm K. A. als preuß. General am Feldzug gegen Frankreich sowie an der Belagerung der Mainzer Republik teil. Der Sieg der Franzosen in der Schlacht von Jena und Auerstedt 1806 brachte K. A., der noch immer im preuß. Militärdienst stand, zeitweise in erhebliche Bedrängnis. Am 15.12.1806 trat er mit seinem Herzogtum dem Rheinbund bei, schloß sich jedoch 1813 der antinapoleonischen Allianz an und befehligte ein Armeekorps in den Niederlanden. Auf dem Wiener Kongreß erlangte K. A. die Erhebung zum Großherzog und eine beträchtliche Erweiterung seines Territoriums. Im Mai 1816 gewährte K. A. das „Grundgesetz einer Landständischen Verfassung für das Großherzogtum Sachsen-Weimar-Eisenach", mit dem er als einer der ersten deutschen Fürsten das Verfassungsversprechen aus Artikel 13 der „Deutschen Bundesakte" einlöste. In den zwanziger Jahren engagierte er sich u. a. in der Zoll- und Handelspolitik, für die er einen „deutschen Gesamtverein" anstrebte. Insgesamt war K. A. jetzt politisch stärker an Preußen orientiert.

QUELLEN: Politischer Briefwechsel des Herzogs und Großherzogs Carl August von Weimar. Hrsg. von Willy Andreas. 3 Bde., Stuttgart 1954-73.
LITERATUR: Hans Tümmler: Carl August von Weimar, Goethes Freund. Eine vorwiegend politische Biographie. Stuttgart 1978. – Friedrich Sengle: Das Genie und sein Fürst. Die Geschichte der Lebensgemeinschaft Goethes mit dem Herzog Carl August von Sachsen-Weimar-Eisenach. Ein Beitrag zum Spätfeudalismus und zu einem vernachlässigten Thema der Goetheforschung. Stuttgart/Weimar 1993.
Werner Greiling

Karl Eugen, Herzog von *Württemberg,*
* 11.2.1728 Brüssel, † 24.10.1793 Schloß Hohenheim (heute zu Stuttgart).
K. E. war mit einer über ein halbes Jahrhundert währenden Regierungszeit (1737, selbständig 1774-93) der am längsten amtierende Herzog Württembergs. Zu seinem teils höfisch orientierten, teils aufgeklärten absolutistischen Regierungsstil, der gelegentlich despotische Züge trug, fand die bürgerliche Oberschicht des ständisch geprägten Herzogtums nur schwer Zugang.
Seine erzieherische Prägung erhielt der kath. Sohn Karl Alexanders und der Maria Augusta von Thurn und Taxis zum größten Teil außerhalb des evang. Württemberg: bis 1736 in Brüssel und seit 1741 auf Drängen der vormundschaftlichen Regierung am Hof König →Friedrichs II. von Preußen in Berlin, um ihn kaiserlichen Einflüssen zu entziehen. In Berlin, wo sich Friedrich II. mit Interesse seiner Erziehung annahm, beeindruckte ihn der preuß. und französische höfische Stil. Um auf den zur Selbständigkeit und zur Rückkehr nach Stuttgart drängenden Prinzen Einfluß zu behalten, erwirkte Friedrich II. beim Kaiser die vorzeitige Mündigkeitserklärung. Auf der Rückfahrt nach Stuttgart verlobte sich K. E. mit der neunjährigen Elisabeth Friederike Sophie von Brandenburg-Bayreuth. 1748 wurde die Ehe in Bayreuth glanzvoll geschlossen, doch schon 1756 verließ ihn die Gattin.
In einer ersten Phase (1737-55) überließ er bewährten Räten (Friedrich August von →Hardenberg, Georg Bernhard →Bilfinger, Zech, Johann Eberhard Georgii) die Regierung und entfaltete ein das Land finanziell überforderndes Hofleben, das im bürgerlichen protestantischen Württemberg ohne einen zum Hof Verbindung schaffenden Adel Befremden erregte. Subsidienzahlungen aus Frankreich seit 1752 verschleierten zunächst die finanziellen Probleme. Württemberg erreichte unter ihm einen künstlerischen Zenit. Namhafte Musiker, Sänger und Tänzer sowie Künstler wurden berufen, in Ludwigsburg eine Porzellanfabrik gegründet (1758) und eine Académie des Arts eröffnet (1761). 1765 machte K. E. seine Hofbibliothek mit 100 000 Bänden öffentlich zugänglich. 1746 legte er den Grundstein zum Neuen Schloß in Stuttgart. In Ludwigsburg entstand 1764 das größte Opernhaus Europas.
K. E. übernahm 1756 selbst die Regierungsgeschäfte. Die Finanzkrise wegen der Überschuldung des Landes, neuartige Steuern und deren gewaltsame und ver-

fassungswidrige Eintreibung, der Konfessionsunterschied zwischen Herzog und Land, Unverständnis im Umgang mit den Landständen und die Gefangensetzung des Landschaftskonsulenten Johann Jakob Moser ließen Neuerungen, die in anderen Territorien zur Staatsmodernisierung geführt hatten, als Verfassungsbruch erscheinen, gegen den sich die württembergischen Landstände mit einer Klage vor dem Reichshofrat zur Wehr setzten (30.6.1764). 1770 kam es zum sogenannten Erbvergleich. Er bestätigte im wesentlichen die altständische Verfassung gegen absolutistische Neuerungen K. E.s und wurde von ihm im wesentlichen eingehalten, auch wenn es bis 1780 immer wieder zu gravierenden Beschwerden wegen Vertragsverletzungen kam.

Der Erbvergleich markiert eine Zäsur in Lebens- und Herrschaftsform K. E.s, der nunmehr im Stil des aufgeklärten Absolutismus regierte, nicht zuletzt unter dem Einfluß seiner Mätresse und späteren Gemahlin Franziska von Hohenheim. Nachdrücklich förderte er die Wirtschaft seines Landes, Handel und Gewerbe, Viehzucht und Straßenbau, bemühte sich um eine Verbesserung der Rechtspflege, richtete 1773 eine Feuerversicherung ein. Mit der 1770 gegründeten Militärakademie, der nachmaligen Hohen Karlsschule (1781-94), schuf er eine Hochschule im Universitätsrang, deren hervorragende Absolventen (→ Schiller, Cuvier, Dannecker) einen wesentlichen Teil der Modernisierung Württembergs trugen.

Die Finanznot blieb in der zweiten Regierungshälfte K. E.s erhalten; sie ließ ihn 1786 einen Subsidienvertrag mit der Ostindischen Kompanie schließen. In öffentliche Kritik geriet er durch die zehnjährige Gefangensetzung Christian Friedrich Daniel → Schubarts auf dem Hohenasperg (1777).

Der Französischen Revolution stand er abwartend, nach eigenem Erleben in Paris mit Abscheu gegenüber, zumal Württemberg seine linksrheinischen Besitzungen verlor, die durch K. E.s Erwerbungen (Justingen, Limpurg, Bönnigheim) bei weitem nicht kompensiert wurden.

1793 verstarb er in Hohenheim, ohne Kinder zu hinterlassen.

QUELLEN: Freiherr Ernst von Ziegesar (Hrsg.): Tagebuch des Herzoglich Württembergischen Generaladjutanten Freiherrn von Buwinghausen-Wallmerode über die ‚Land-Reisen' des Herzogs Karl Eugen von Württemberg in der Zeit von 1767-1773. Stuttgart 1911. – Robert Uhland (Hrsg.): Herzog Carl Eugen von Württemberg. Tagbücher seiner Rayßen ... Tübingen 1968. – Italienische Reisen. Herzog Carl Eugen von Württemberg in Italien. Weissenhorn 1993.
LITERATUR: Herzog K. E. und seine Zeit. Hrsg. vom Württembergischen Geschichts- und Altertumsverein. 2 Bde., Esslingen 1907-09. – Gerhard Storz: K. E. Der Fürst und das „alte gute Recht". Stuttgart 1981. – Gerhard Storz: Herzog Carl Eugen (1737-1793). In: Robert Uhland (Hrsg.): 900 Jahre Haus Württemberg. Leben und Leistung für Land und Volk. Stuttgart 1984, S. 237-266. – Gabriele Haug-Moritz: Württembergischer Ständekonflikt und deutscher Dualismus. Ein Beitrag zur Geschichte des Reichsverbandes in der Mitte des 18. Jahrhunderts. Stuttgart 1992. – Karlheinz Wagner: Herzog K. E. von Württemberg. Modernisierer zwischen Absolutismus und Aufklärung. Stuttgart u. a. 2001. *Franz Quarthal*

Karoline, Kurfürstin von *Hannover*, Königin von Großbritannien, geb. Markgräfin zu Brandenburg-Ansbach, * 1.3.1683 Ansbach, † 20.11.1737 London.
Seit 1696 Vollwaise, erhielt K. ihre weitere Erziehung am Berliner Hof und heiratete 1705 den Kurprinzen → Georg August von Hannover. Als die britische Krone an Hannover fiel, wurde sie 1714 Prinzessin von Wales. Nachdem ihr Gemahl 1727 als Georg II. die Herrschaft in Großbritannien übernommen hatte, beteiligte sich K. an politischen Entscheidungen und war bei monatelangen Aufenthalten des Königs in Hannover Regentin Großbritanniens. Sie regte Strafrechtsreformen an, befaßte sich mit Problemen der amerikanischen Kolonien und initiierte soziale Maßnahmen. K. stand in Kontakt mit → Leibniz, Newton und Sloane und förderte u. a. Voltaire.

Karoline, Landgräfin von *Hessen-Darmstadt*, geb. Pfalzgräfin zu Zweibrücken, * 9.3.1721 Straßburg, † 30.3.1774 Darmstadt.
Die Tochter Herzog Christians III. von Pfalz-Zweibrücken-Birkenfeld heiratete 1741 den Erbprinzen Ludwig (IX.) von Hessen-Darmstadt, den sogenannten „Soldaten-Landgrafen", und machte den Darmstädter Hof zu einem Zentrum der literarischen, musischen und wissenschaftlichen Strömungen der Zeit, an dem u. a. Christoph Willibald von Gluck, Johann Gottfried → Herder, → Goethe, Christoph Martin → Wieland und Sophie von → La Roche verkehrten. K. stand mit zahlreichen Persönlichkeiten in regem Briefwechsel. Ihre Tochter Luise heiratete 1775 Herzog → Karl August von Sachsen-Weimar.

Karsch, Anna Luise, geb. Dürbach, genannt Karschin, Dichterin, * 1.12.1722 „Der Hammer" (zwischen Züllichau und Krossen, Niederschlesien), † 12.10.1791 Berlin.
Früh Halbwaise geworden, lernte K. bei einem Großonkel lesen und schreiben, kehrte jedoch als Zehnjährige zu ihrer inzwischen wiederverheirateten Mutter zurück, bei der sie als Magd und Viehhirtin arbeiten mußte. Mit fünfzehn Jahren wurde K. mit einem Tuchweber verheiratet, der sich nach elfjähriger Ehe während ihrer vierten Schwangerschaft von ihr scheiden ließ. Von der Mutter dazu gezwungen, heiratete K. wenige Monate später einen trunksüchtigen Schneidergesellen, mit dem sie nach Fraustadt (Polen) ging und drei weitere Kinder hatte. K. mußte die Kinder als Verfasserin von Gelegenheitsversen ernähren, konnte dann mit Hilfe des dortigen Lehrers und Pfarrers 1755 nach Glogau übersiedeln und schrieb während des Siebenjährigen Kriegs Gesänge auf die Siege → Friedrichs des Großen, die in Form von Flugblättern verbreitet wurden. Nachdem man in Berlin auf sie aufmerksam geworden war, befreiten Gönner K. von ihrem gewalttätigen Ehemann und ermöglichten 1761 ihren

Umzug nach Berlin, wo sie mit ihren Stegreifliedern große Erfolge hatte. Von Johann Georg →Sulzer, Karl Wilhelm →Ramler und Moses →Mendelssohn gefördert und als „deutsche Sappho" gefeiert, wurde K. in Halberstadt zur Dichterin gekrönt und knüpfte in Magdeburg enge Beziehungen zum Hof der dorthin geflohenen preuß. Königin. Da sie jedoch nicht das ihr vom König zugesicherte Haus und die Jahrespension erhielt, lebte K. nach ihrer Rückkehr nach Berlin 1762 wieder in ärmlichen Verhältnissen und mußte zudem ein niederschmetterndes Urteil der Kritiker über ihre *Auserlesenen Gedichte* (1764, recte: 1763) hinnehmen. Dennoch verfaßte K. in den folgenden Jahren zahlreiche Huldigungsgesänge und Gelegenheitsgedichte und stand mit vielen führenden zeitgenössischen Schriftstellern in Briefwechsel, besonders mit Johann Wilhelm Ludwig →Gleim („*Mein Bruder in Apoll". Briefwechsel zwischen A. L. K. und J. W. G.* Hrsg. von Regina Nörtemann und Ute Pott. 2 Bde., 1996), dem sie in Gedichten eine unerwiderte Liebe entgegenbrachte. Ihre Tochter Karoline von Klencke, die K. zuletzt betreute, gab 1792 postum ihre *Gedichte* heraus.

Karsten, Lorenz, Kameralist, * 3.4.1751 Pohnstorf (Mecklenburg), † 28.2.1829 Rostock.
Nach einer mehrjährigen kaufmännischen und landwirtschaftlichen Tätigkeit studierte K. Mathematik und Naturwissenschaften an der Akademie in Bützow, wurde dort 1778 promoviert und war seit 1780 a. o., seit 1783 o. Prof. der Kameralistik. Als die Akademie 1789 aufgehoben und die Lehrbeauftragten von der Univ. Rostock übernommen wurden, wandte er sich zunehmend der Landwirtschaft zu und errichtete 1793 mit eigenen finanziellen Mitteln ein „Ökonomisches Institut" in Neuenwerder bei Rostock, das als die früheste landwirtschaftliche Versuchsanstalt in Deutschland galt. In der angeschlossenen Lehranstalt bildete K. junge Landwirte aus und gründete 1798 zusammen mit Graf Görtz von Schlitz die Mecklenburgische Landwirtschaftsgesellschaft, deren Zeitschrift „Annalen" (1803 ff.) er als erster Sekretär redigierte.

Kaunitz, Wenzel Anton Fürst von, seit 1764 Fürst von Kaunitz-Rietberg, österr. Staatsmann, * 2.2.1711 Wien, † 27.6.1794 Wien.
K. trat 1735 in den österr. Staatsdienst ein, war 1742-44 Gesandter in Turin, 1744-46 Berater beim Generalgouvernement der österr. Niederlande und 1748 Bevollmächtigter auf dem Friedenskongreß in Aachen. Nach seiner Tätigkeit als Gesandter in Paris 1750-53 wurde er 1753 von Kaiserin Maria Theresia zum Staatskanzler ernannt und brachte als entschiedener Gegner Preußens 1756 im Vertrag von Versailles ein französisch-österreichisches Verteidigungsbündnis zustande, dem nach Ausbruch des Siebenjährigen Kriegs 1757 auch Rußland beitrat (Renversement des alliances). Bis zu seiner Abdankung 1793 bestimmte K. maßgeblich die österr. Außenpolitik und setzte innenpolitisch – auf der Basis des zentralistisch-gesamtstaatlichen Absolutismus und an den Ideen der rationalistischen Aufklärung orientiert – zahlreiche Reformen durch, u. a. die Reorganisation der Staatskanzlei, das aufgeklärte Staatskirchentum sowie Schulreformen im Sinne der Aufklärung. Der in den Reichsfürstenstand erhobene, elegante, französisch geprägte Staatsmann verlor seit 1780 an Einfluß, den er zunächst auf →Joseph II. hatte. in dreiundvierzigjähriger Amtszeit hat er Entscheidungen für die Machtstellung und die Modernisierung der Habsburgermonarchie geleitet.
LITERATUR: Grete Klingenstein: Der Aufstieg des Hauses Kaunitz. Studien zur Herkunft und Bildung des Staatskanzlers W. A. Göttingen 1975.

Kennedy, Ildephons, Benediktiner, Naturforscher, * 20.7.1722 Grafschaft Perthshire (Schottland), † 9.4.1804 München.
Als Katholik vom Besuch höherer Schulen in seiner Heimat ausgeschlossen, kam K. 1735 in das Missionsseminar der schottischen Benediktinerabtei St. Jakob, deren Konvent er 1741 beitrat. Im folgenden Jahr wurde er in Erfurt immatrikuliert. Nach Studium und Priesterweihe kehrte K. als Lehrer für Mathematik und Physik nach Regensburg zurück und übernahm 1753 das Amt des Ökonomen und 1756 auch die Leitung des Seminars. 1759 wurde er zum Mitglied der neugegründeten Bayerischen Akademie der Wissenschaften ernannt und zwei Jahre später auf Intervention des Kurfürsten Maximilian III. Joseph als Akademiesekretär nach München berufen. In dieser Position übte K., verstärkt durch einige wichtige Ämter im Bereich der Zensur und Kultur, im Sinne der kath. Aufklärung jahrzehntelang großen Einfluß auf die bayerische Kultur- und Bildungspolitik zugunsten von utilitaristisch-philanthropischen Reformen aus, u. a. im Bereich des Real- und Berufsschulwesens. K. zählt zu den entscheidenden Personen der europäischen Akademiebewegung des 18. Jahrhunderts.

Kerner, Johann (Georg), Journalist, * 9.4.1770 Ludwigsburg, † 7.4.1812 Hamburg.
Der Sohn einer württembergischen Honoratiorenfamilie studierte seit 1779 an der Hohen Karlsschule in Stuttgart Medizin und ging 1791 nach der Promotion über Straßburg nach Paris. Von der Revolution begeistert, schloß er sich dort den Gironde an, wurde 1794 selbst auf eine Haftliste gesetzt, konnte jedoch in die Schweiz entkommen. 1795 ging K. als Privatsekretär des französischen Gesandten bei den Hansestädten, Karl Friedrich Reinhardt, nach Hamburg. Dort kritisierte er in zahlreichen Artikeln die Terrorherrschaft der Jakobiner sowie Napoleons Verrat der republikanischen Idee, verbreitete aber in der von ihm mitbegründeten „Philanthropischen Gesellschaft" weiter die demokratischen Ideale. 1801 schied K., resigniert über Napoleons Alleinherrschaft und Machtpolitik, aus französischen Diensten aus und arbeitete bis zu seinem Tod als Armenarzt in Hamburg.

Keyßler, Johann Georg, Altertumskundler, Schriftsteller, * 13.4.1693 Thurnau (Oberfranken), † 21.6.1743 Gut Stintenburg am Schaalsee.
Der Sohn eines Hofrats studierte seit 1711 Rechtswissenschaften und germanische Altertumskunde in Halle und diente der Familie von Bernstorff seit

1716 auf deren Stammgut in Gartow/Wendland als Gutsverwalter, Hauslehrer und Bibliothekar. Der umfassend gebildete K. war Mitglied der Londoner Royal Society und verfaßte altertumskundliche Abhandlungen, wie etwa *Antiquitates Selectae Septentrionales et Celticae* (1720). Bedeutend ist seine musterhafte, polyhistorisch-enzyklopädische Reisebeschreibung einer Kavalierstour der beiden Grafen von Bernstorff *Neueste Reisen durch Teutschland, Böhmen, Ungarn, die Schweiz, Italien und Lothringen* (2 Bde., 1740/41).

Kiesewetter, Johann Gottfried Karl Christian, Philosoph, * 4.11.1766 Berlin, † 9.7.1819 Berlin. Als kurmärkischer Stipendiat studierte K., Sohn eines Lehrers, an der Univ. Halle Theologie, Mathematik, Philosophie und Philologie. Er nahm Kontakt mit Immanuel → Kant auf, ging nach Königsberg und wurde dessen Schüler und Tischgenosse. 1790 in Halle zum Dr. phil. promoviert, begann K. in Berlin eine umfassende Lehrtätigkeit als Kantianer. Zunächst als Privatlehrer tätig, erhielt er 1793 eine Professur für Philosophie und 1798 eine ordentliche Professur für Logik, neben der er einen Lehrauftrag für Philosophie und Mathematik am Collegium Medico-Chirurgicum der Pepinière (seit 1798 Abteilung der Militärakademie) wahrnahm. Er setzte dort seine Lehrtätigkeit für Mathematik auch nach der Auflösung der Akademie (1807) und der Umwandlung in eine Kriegsschule bis 1813 fort. K. trug maßgeblich zur Verbreitung der Lehre Kants bei. Er veröffentlichte u. a. *Über den ersten Grundsatz der Moralphilosophie, nebst einer Abhandlung über die Freyheit* (2 Bde., 1788-90).
WEITERE WERKE: Grundriß einer allgemeinen Logik nach Kantischen Grundsätzen. 2 Bde., Berlin 1791-96. – Versuch einer faßlichen Darstellung der wichtigsten Wahrheiten der neuern Philosophie für Uneingeweihte. 2 Bde., Berlin. 1795-1803. – Prüfung der Herderschen Metakritik. 2 Bde., 1799/1800. – Erläuterung der ersten Anfangsgründe der reinen Mathematik zum Gebrauch beim Unterricht. Berlin 1802, ⁴1819. – Kurzer Abriß der Erfahrungsseelenlehre. Berlin 1806.
LITERATUR: Friedbert Holz: K., J. G. K. C. In: NDB 11, 1977, S. 597.

Kindermann, Ferdinand Ritter von Schulstein, kath. Theologe, Bischof von Leitmeritz, Schulreformer, * 27.9.1740 Königswalde bei Schluckenau (Böhmen), † 25.5.1801 Leitmeritz.
K. studierte in Prag Theologie und Philosophie, empfing 1765 die Priesterweihe und wurde 1766 zum Dr. theol. promoviert. Bis 1771 Hauslehrer und Katechet, bildete er sich in den Fächern Ästhetik, Moraltheologie und Pädagogik weiter und übernahm die Pfarrei Kaplitz im Böhmerwald. Die Kaplitzer Schule gewann Vorbildcharakter für die böhmische Schulreform. Kaiserin Maria Theresia beauftragte ihn mit der Schuloberaufsicht in Böhmen, 1774 wurde er in die Schulkommission für Böhmen berufen. Seit 1775 Gymnasialprofessor für Pädagogik in Prag, eröffnete er im selben Jahr die Prager Normalschule, eine Lehrerbildungsanstalt, mit der vielbeachteten Rede *Über den Einfluß der niederen Schulen auf das gemeinsame Leben, auf die mittleren und höheren Schulen* (1776). Nach seiner Ernennung zum Bischof von Leitmeritz 1790 errichtete er dort eine Dompfarrschule. K. verbesserte maßgeblich, zum Teil in Verbindung mit Johann Ignatz von → Felbiger, die Schulen und die Lehrerbildung in Böhmen und organisierte die Grundschulen als „Industrieschulen", indem er den Arbeitsunterricht einführte.

Kircheisen, Friedrich Leopold von, Staatsmann, * 28.6.1749 Berlin, † 18.3.1825 Berlin.
K., Sohn eines Polizeibeamten, studierte in Halle Rechtswissenschaft, trat anschließend in den preuß. Justizdienst ein und wurde 1773 Kammergerichtsrat. Dem Oberrevisionskollegium gehörte er seit 1776 als Assessor, seit 1777 als Oberrevisionsrat an. Bei der von König → Friedrich II. und Johann Heinrich Kasimir von → Carmer eingeleiteten Rechtsreform erwarb sich K., vor allem durch Ausarbeitung des „Allgemeinen Landrechts", Verdienste. Seit 1787 Direktor des Instruktionssenats, wurde er 1795 zum Vizepräsidenten, 1809 zum Präsidenten des Kammergerichts ernannt. Unter Staatskanzler Karl August von → Hardenberg wurde K. 1810 Justizminister und hatte dieses Amt bis zu seinem Lebensende inne.

Klarmann, Georg (Adam), kath. Theologe, Schriftsteller, * 22.8.1761 Eltmann/Main, † 19. oder 21.4.1840 Rockenhausen (Pfalz).
Der Sohn eines Ratsherrn studierte 1786-89 Theologie, anschließend Rechtswissenschaften in Würzburg, wurde 1791 Instruktor bei Geheimrat Sartorius und war Mitarbeiter am „Journal von und für Franken". Wegen des Verdachts der Kritik am zeitgenössischen Kirchenwesen mußte er im selben Jahr aus Würzburg fliehen, hielt sich dann in Erlangen und Nürnberg auf und wurde 1792 Vikar im Unterelsaß. Seit 1793 arbeitete er für die Zeitschrift „Argos", legte die Priesterwürde infolge der Religionspolitik des Konvents von 1793 nieder und heiratete. 1794 wurde K. in Straßburg verhaftet und in Paris eingekerkert, dann jedoch freigesprochen. Später war er vermutlich in Straßburg literarisch tätig, arbeitete 1798 als Gemeindeschreiber und war 1805-08 Friedensrichter in Rockenhausen. K. veröffentlichte u. a. die Bearbeitung einer älteren *Geschichte des Hochstifts Würzburg*.

Klein, Ernst Ferdinand, Jurist, * 3.9.1744 Breslau, † 18.3.1810 Berlin.
K. studierte Jura an der Univ. Halle und war danach als Advokat in Breslau tätig. Seine Vorschläge zur Reform der zivilrechtlichen Verfahren weckten die Aufmerksamkeit des Großkanzlers Johann Heinrich Kasimir von → Carmer, der ihn 1781 zur Mitarbeit am Entwurf des Preußischen Allgemeinen Landrechts (ALR) nach Berlin berief. K. gehörte zu den bedeutendsten preuß. Juristen im Zeitalter der Aufklärung; er war Mitglied der Berliner „Mittwochsgesellschaft" und der Akademie der Wissenschaften. Seit 1791 o. Prof. und Direktor an der Univ. Halle, kehrte er

1800 als Mitglied des Obertribunals und der Gesetzkommission nach Berlin zurück. K. beschäftigte sich vor allem mit Fragen des Strafrechts. Das von ihm entwickelte zweispurige System von Strafe und vorbeugenden Maßnahmen nahm die moderne Form der Sicherungsverwahrung vorweg, konnte sich jedoch nicht gegen die zeitgenössische Praxis durchsetzen.

Kleinschrod, Gallus Aloysius Caspar, Jurist, * 6.1.1762 Würzburg, † 17.11.1824 Würzburg.
K. studierte Rechtswissenschaften an der Univ. Würzburg und erwarb 1784 das Lizentiat. Nach kurzem Aufenthalt in Göttingen und Wetzlar erhielt er 1785 einen Ruf als o. Prof. des römischen und des peinlichen Rechts an die Univ. Würzburg. 1792 wurde er mit der Prüfung des Bamberger Strafrechts beauftragt, 1802 mit dem Entwurf eines Strafgesetzbuches für die pfalz-bayerischen Staaten. 1806 Prorektor der Univ. Würzburg, arbeitete er seit 1813 an der Revision des österr. Strafrechts. Geprägt durch das Gedankengut der Aufklärung und die Naturrechtslehre bemühte sich K. um die Humanisierung des Strafrechts, blieb jedoch der Gesetzgebungsmethode des 18. Jh. verpflichtet. 1814 wurde er mit dem Civilverdiensorden der Bayerischen Krone ausgezeichnet.

Kleist, Ewald Christian von, Dichter, * 7.3.1715 Zeblin bei Köslin (Pommern), † 24.8.1759 Frankfurt/Oder.
K. studierte in Königsberg Jura, Philosophie und Mathematik. Die finanzielle Notlage seiner Familie zwang den sensiblen K., 1736 die militärische Laufbahn einzuschlagen. Zunächst in dänischen Diensten, wechselte er 1740 in die preuß. Armee. In Potsdam entstanden seine ersten Dichtungen. Entscheidende Anregungen erhielt K. 1743 durch die Begegnung mit Johann Wilhelm Ludwig →Gleim, der auch die Entstehung von K.s Hauptwerk *Der Frühling* (1749) begleitete, einer in viele Sprachen übersetzten Versdichtung. Als Kommandant des Feldlazertts in Leipzig stand K. 1757 im Mittelpunkt eines literarischen Freundeskreises, dem u. a. →Lessing angehörte. K. war Adressat der von Lessing verfaßten *Briefe, die neueste Litteratur betreffend* und u. a. Vorbild für die Figur des Tellheim in *Minna von Barnhelm.* Er starb an den Folgen einer Kriegsverletzung.

Kleist, (Bernd) Heinrich (Wilhelm) von, Dichter, * 18. (oder 10.) 10. 1777 Frankfurt/Oder, † 21. 11. 1811 Wannsee bei Berlin.
K. entstammte einem pommerschen Adelsgeschlecht, dessen Angehörige über Jahrhunderte hinweg dem brandenburgisch-preußischen Staat Beamte und Offiziere stellten. K., ältester Sohn Joachim Friedrich von K.s, trat mit fünfzehn Jahren ins Heer ein, nahm 1793 an der Belagerung von Mainz teil und kehrte nach dem Friedensschluß 1795 nach Potsdam zurück. Zunehmende Distanzierung vom Militär brachte K. dazu, seinen Abschied einzureichen, um sich seiner wissenschaftlichen Bildung zu widmen. Im April 1799 wurde er an der Philosophischen Fakultät der Univ. Frankfurt/Oder immatrikuliert, wo er Physik, Mathematik, Geschichte und Naturrecht hörte. Noch im Sommer 1800 brach K. nach drei Semestern sein Studium ab. Die fluchtartig angetretene Reise fand nach Aufenthalten in Berlin, Leipzig und Dresden ihr Ende in Würzburg.
Zurückgekehrt nach Potsdam, bewarb sich K. um eine Hospitantenstelle bei der Technischen Deputation, die ihm auch bewilligt wurde. Im April 1801 bereits nahm er Urlaub und reiste, nach einem längeren Aufenthalt in Dresden, in Begleitung seiner Schwester Ulrike nach Paris. Dieser Aufenthalt, der sein Bild der Französischen Revolution beeinflußte, währte bis Mitte November. Auf der Rückreise trennte sich K. in Frankfurt/Main von seiner Schwester und zog in die Schweiz, wo er Ende des Jahres in Bern eintraf. K. plante, sich dauernd in der Schweiz niederzulassen und ein Landgut am Thuner See zu kaufen. Im Spätherbst 1803 schon begab sich K. auf die Rückreise nach Deutschland und hielt sich im November und Dezember in Weimar auf. Bezeugt ist für diesen Aufenthalt, der sich bis Ende Februar 1803 erstreckte, die Arbeit an *Robert Guiskard.* Das weitere Jahr hindurch reiste K. unruhig durch Europa: Leipzig, Dresden, Bern, Thun, Bellinzona, Mailand, Paris (wo er das Manuskript des *Robert Guiskard* verbrannt haben soll) waren die Stationen. In St. Omer versuchte K. vergeblich, ins französische Heer einzutreten und an der geplanten Invasion Englands teilzunehmen. Ein gegen ihn erhobener Spionageverdacht zwang ihn zur Rückreise nach Deutschland, wo er in Mainz (oder in Kreuznach) nach einer schweren Erkrankung mehrere Monate lang gepflegt werden mußte. Zurückgekehrt nach Berlin, führte er das ganze Jahr 1804 hindurch Verhandlungen über eine Anstellung im Zivildienst und erhielt Anfang 1805 eine Ausbildung im Finanzdepartement, die er im Mai 1805 als Diätar an der Kriegs- und Domänenkammer in Königsberg fortsetzte. Dort besuchte er Vorlesungen u. a. bei Christian Jakob →Kraus, einem prominenten Vertreter der Ideen Adam Smiths. Die Königsberger Zeit ist für K.s dichterische Produktion von großer Bedeutung gewesen. Viele seiner in den folgenden Jahren publizierten Werke (u. a. *Der zerbrochne Krug* und *Amphitryon*) scheinen hier einem Abschluß entgegen zu sein. Gesundheitliche Probleme und die politischen Verhältnisse brachten K. dazu, auch diesen Versuch einer Existenzgründung aufzugeben. Kurz nachdem Hof und Verwaltung des preuß. Staats sich im Oktober 1806 nach Königsberg zurückgezogen hatten, brach K. – vielleicht in amtlichem Auftrag – von Königsberg nach Dresden auf. Auf dem Weg dorthin wurde er im französisch besetzten Berlin (30. 1. 1807) unter Spionageverdacht verhaftet und bis Juli 1807 interniert. Ohne Mitwirkung K.s an der Drucklegung erschien Anfang Mai in Dresden sein *Amphitryon.* Nach der Freilassung wandte er sich nach Dresden. Es gelang ihm, Anschluß an die Dresdner Salonwelt zu finden, in der er Diplomaten, Literaten und Maler kennenlernte. Im September erschien eine erste Erzählung K.s im Druck, *Jeronimo und Josephe. Eine Scene aus dem Erdbeben zu Chili vom Jahr 1647.* Übrig blieb der im Eigenverlag hergestellte „Phöbus", eine Monatsschrift, die

K. mit Müller zusammen herausgab und deren erste Lieferung (Januar 1808) von K. das *Organische Fragment aus dem Trauerspiel: Penthesilea* enthielt. Nach zwölf Lieferungen, in denen K. u. a. *Die Marquise von O....*, Bruchstücke aus *Michael Kohlhaas*, *Robert Guiskard*, *Das Käthchen von Heilbronn* und Fragmente des *Zerbrochnen Krugs* publizierte, mußte das „Phöbus"-Projekt Mitte März 1809 aus finanziellen Gründen eingestellt werden. Das zunächst ebenfalls im Eigenverlag gedruckte Trauerspiel *Penthesilea* erschien im Sommer 1808 bei Cotta.
Ende des Jahres 1809 war K. wieder in Berlin. Die Beziehung zum Verleger Georg Andreas → Reimer ermöglichte 1810 den Druck des *Käthchen von Heilbronn* (Uraufführung im Theater an der Wien im März 1810) und eines Bandes von *Erzählungen* (*Michael Kohlhaas*, *Die Marquise von O....*, *Das Erdbeben in Chili*). Kurz darauf erschien, herausgegeben von K., mit dem 1.10.1810 die erste Lieferung der „Berliner Abendblätter", einer Tageszeitung. Mit ihrer Mischung aus poetischen Texten, politischen Diskussionen (etwa der künftigen Finanz- und Agrarpolitik), Theater- und Kunstkritik und Berichten von lokalen Tagesereignissen war sie im ersten Quartal ihres Bestehens ein Publikationsorgan, das wegen seiner Aktualität auch finanziell ein Erfolg wurde. Nachdem einige Artikel, in denen sich die konservative Opposition gegen → Hardenberg zu Wort gemeldet hatte, zu einer Verschärfung der Zensuraufsicht geführt hatten und Anfang Dezember der Abdruck von Theaterberichten und Theaterkritiken gänzlich untersagt worden war, sank das Interesse des Publikums rapide. Im März 1811 mußte er die Einstellung seiner Zeitung bekanntgeben.
Von Erlösen wie für das Anfang Februar erschienene Lustspiel *Der zerbrochne Krug* oder den zweiten Band der *Erzählungen* (*Die Verlobung in St. Domingo*, *Das Bettelweib von Locarno*, *Der Findling*, *Die heilige Cäcilie, oder die Gewalt der Musik*, *Der Zweikampf*; erschienen Anfang August) konnte K. nicht leben; so zogen sich wie ein roter Faden durch K.s letztes Lebensjahr Bittbriefe an hochgestellte Personen um eine feste Anstellung. Demütigende Bittgänge zu seinen Geschwistern und Gesuche an Hardenberg blieben erfolglos. Irgendwann im Herbst 1811 wird K. den Entschluß gefaßt haben, seinem Leben ein Ende zu setzen. Die in diese Zeit fallende Bekanntschaft mit der gleichaltrigen, krebskranken Adolphine Sophie Henriette Vogel, geb. Keber, die ebenfalls an Freitod dachte, mag ihn darin bestärkt haben. Am 21.11.1811 gegen 16 Uhr, erschoß K. Henriette Vogel und sich selbst.

AUSGABEN: Sämtliche Werke und Briefe. In 4 Bänden. Hrsg. v. Ilse-Marie Barth u. a. Frankfurt/Main 1986 ff. – Brandenburger Ausgabe. Kritische Edition sämtlicher Texte... Hrsg. v. Roland Reuß/Peter Staengle. Basel/Frankfurt 1988 ff. – Sämtliche Werke und Briefe. Hrsg. v. Helmut Sembdner. 2 Bde., München [9]1993.
LITERATUR: Katharina Mommsen: K.s Kampf mit Goethe. Frankfurt/Main 1979. – H. v. K. Text + Kritik. Sonderband. München 1993. Darin Bibliographie und ausführliche Chronik. – Gerhard Gönner: Von „zerspaltenen Herzen" und der „gebrechlichen Einrichtung der Welt". Stuttgart 1981. – Hermann F. Weiss: Funde und Studien zu H. v. K. Tübingen 1984. – Bettina Schulte: Unmittelbarkeit und Vermittlung im Werk H. v. K.s. Göttingen/Zürich 1988. – H. v. K.s Lebensspuren. Hrsg. v. Helmut Sembdner. Frankfurt/Main und Leipzig [6]1992. *Roland Reuß*

Klinger, Friedrich Maximilian von, Schriftsteller, Militär, * 17.2.1752 Frankfurt/Main, † 25.2.1831 Tartu (Estland).
K. wuchs in armen Verhältnissen auf, konnte jedoch das Gymnasium besuchen und studierte 1774-76, zum Teil mit finanzieller Unterstützung seines Jugendfreundes → Goethe, an der Univ. Gießen Jura, Theologie und Philologie. 1775/76 veröffentlichte K. mehrere Dramen, darunter das ursprünglich *Wirrwarr* betitelte Stück, das, auf Anraten Christoph Kaufmanns in *Sturm und Drang* (1776) umbenannt, der Epoche ihren Namen gab. Nach dem Studium schloß sich K. der Theatertruppe Abel Seylers an. Während der folgenden zweijährigen Wanderschaft als Schauspieler und Theaterdichter traf er in Wolfenbüttel mit → Lessing zusammen und befreundete sich in Düsseldorf mit den → Jacobis und mit → Heinse. Durch Vermittlung Johann Georg → Schlossers, Goethes Schwager, trat K. 1778 als Leutnant in das österr. Militär ein. Nach seiner Teilnahme am Bayerischen Erbfolgekrieg 1779 verabschiedet, betätigte sich er sich wieder als Theaterautor und lebte kurze Zeit in der Schweiz. Schlosser vermittelte ihm 1780 eine weitere Stelle beim Militär, diesmal in den Diensten des russischen Thronfolgers Großfürst Paul in Petersburg, mit dem K. 1781/82 eine Europareise unternahm. Nach St. Petersburg zurückgekehrt, verheiratete sich K. mit Elisabeta Alexandrowna, der Tochter eines russischen Obersten, und stieg im Militär bis zum Leiter des Kadettenkorps und Generalleutnant (1811) auf. Außerdem wirkte er im Ministerium für Volksbildung und war seit 1803 Kurator des Schulbezirks und der Univ. Dorpat. Im Zusammenhang mit der beginnenden Restauration mußte K. diese Stellung 1817 aufgeben und zog sich weitgehend aus dem öffentlichen Leben zurück. Auch in Rußland war K. literarisch sehr produktiv; in den achziger Jahren verfaßte er mehrere Historienspiele, Komödien und antikisierende Dramen. Sein Roman *Fausts Leben, Thaten und Höllenfahrt in fünf Büchern* (1791) ist Teil eines Zyklus von zehn Romanen, von denen acht und ein Teil des zehnten erschienen sind. Die *Betrachtungen und Gedanken über verschiedene Gegenstände der Welt und der Literatur* (3 Bde., 1803-05) bilden den Abschluß von K.s literarischer Tätigkeit.

Klopstock, Friedrich Gottlieb, Dichter, Literaturtheoretiker, * 2.7.1724 Quedlinburg, † 14.3.1803 Hamburg.
K. wurde als ältestes von 17 Kindern geboren. Sein Vater war seit 1736 in Quedlinburg Stiftsadvokat und fürstlich-mansfeldischer Kommissionsrat. Seit 1736 besuchte K. das Gymnasium in Quedlinburg, danach

die Fürstenschule Pforta. Von 1745 an studierte er in Jena Theologie und Philosophie, seit 1746 in Leipzig. 1748 nahm er in Langensalza bei Verwandten eine Hofmeisterstelle an. Im Juli 1750 folgte er einer Einladung Johann Jakob → Bodmers nach Zürich. Wegen persönlicher Verstimmungen verließ er bereits im Februar 1751 die Schweiz, um eine Einladung nach Dänemark anzunehmen. Friedrich V. setzte ihm eine jährliche Pension von anfangs 400, später von 600 Talern aus, damit er den *Messias* vollende. In Hamburg hatte er auf der Durchreise die Bekanntschaft der Kaufmannstochter Margareta (Meta) Moller (geb. 1728) gemacht. K. heiratete sie im Juni 1754; sie starb nach der Geburt eines toten Kindes 1758. Außer den Jahren 1762-64 und einigen Reisen in Deutschland lebte K. bis 1770 in Dänemark. Er hatte in Kopenhagen einen Freundeskreis, zu dem Johann Andreas → Cramer, Heinrich Wilhelm von → Gerstenberg, Helfrich Peter → Sturz, die Grafen Stolberg und Johann Bernhard → Basedow gehörten. Von 1770 bis zu seinem Tod hielt er Hamburg mit wenigen Unterbrechungen die Treue. Im Herbst 1774 erhielt er vom Markgrafen → Karl Friedrich von Baden das Angebot einer fürstlichen Pension. K. reiste im September nach Baden. Intrigen einiger Höflinge machten ihm allerdings den Abschied im März 1775 leicht. Auf der Heimreise nach Hamburg besuchte er in Frankfurt auch → Goethe und seine Göttinger Verehrer, die Mitglieder des Hainbundes. In Hamburg wurde K. geistiger und geselliger Mittelpunkt eines großen Kreises von Freunden (Matthias → Claudius, Johann Heinrich → Voß, Gerstenberg und die Grafen Stolberg). Seit 1776 lebte er bei einer Nichte seiner verstorbenen Frau, der verwitweten Johanna Elisabeth von Winthem (1747-1821). Er heiratete sie 1791. Wegen seiner republikanischen Einstellung ernannte ihn die französische Republik am 26.8.1792 zum Ehrenbürger.

Die gründliche Lektüre von John Miltons *Paradise Lost* inspirierte ihn zu einem deutschen Epos, das er allerdings erst 1772 vollenden konnte. Für die Gesamtausgaben von 1781 und 1798 überarbeitete er das Werk erneut. Die Leidensgeschichte Christi wird vom Einzug in Jerusalem bis zur Himmelfahrt erzählt. Der Messias ist „Mittler" zwischen Vatergott und sündiger Menschheit. Das Christusbild K.s entspricht weder dem der Hl. Schrift noch dem der luth. Orthodoxie. K. versuchte eine Psychologisierung und Vergöttlichung der Passion. Dabei hat die Betrachtung des Heilsgeschehens Vorrang vor der meist knapp dargestellten Handlung.

K. hat versucht, seinen frühen Ruhm als *Messias*-Sänger auch zur Verbesserung der literarischen Verhältnisse einzusetzen. 1768 entwickelte er einen Plan *Zur Unterstützung der Wissenschaften in Deutschland*, der zur Förderung der Künste und Wissenschaften durch Kaiser → Joseph II. aufrief. Wie bei diesem „Wiener Plan" verbarg sich K. auch bei der *Deutschen Gelehrtenrepublik* als Autor hinter fingierten Herausgebern. Das Buch ist aus verschiedenartigen Elementen zusammengesetzt und nicht zuletzt wegen seiner poetologischen Grundsätze bedeutsam. So läßt sich die *Gelehrtenrepublik* als Poetik für „Originalgenies" lesen, die mit Zentralbegriffen wie „Handlung", „Leidenschaft" oder „Darstellung" aus der Erfahrung schöpfen sollten.

K. schuf einen neuen Typ des vaterländischen Dramas, das „Bardiet". K. verzichtet auf Akteinteilung, wahrt aber die Einheit von Ort, Zeit und Handlung. K. hat drei „Bardiete" für die Schaubühne geschaffen, in welchen der Sieg des Cheruskerfürsten Hermann über die von Varus geführten Römer, die Niederlage Hermanns im Kampf gegen Germanicus und sein Tod durch die verbündeten Stammesfürsten dargestellt wird: *Hermanns Schlacht* (1769), *Hermann und die Fürsten* (1784), *Hermanns Tod* (1787). In den biblischen Trauerspielen K.s machte sich der Lyriker bemerkbar, indem er die Handlung weitgehend zurücknahm und die „Bewegung" des Stücks auf Gedanken und Empfindungen beschränkte: *Der Tod Adams* (1757), *Salomo* (1764), *David* (1772).

Bevor sich K. mit seinen Oden und Elegien als Lyriker einen Namen machte, veröffentlichte er 1758 *Geistliche Lieder*. Mit ihnen wollte er zur Erneuerung des protestantischen Gemeindegesangs beitragen. Seine Freundschaft mit Komponisten (Carl Philipp Emanuel → Bach, Christoph Willibald Gluck) führte zur fruchtbaren Zusammenarbeit. K. begann seine lyrische Produktion mit Oden um 1747. Mit seinen Oden und Hymnen hat K. der Lyrik prosodisch neue Wege gewiesen. Er begründete eine eigene „vokative" Tradition. Seine Poetik der „herzrührenden Schreibart" brachte mit Fragen des „Ausdrucks", der „Darstellung" und einer Theorie der Wortbewegung Elemente einer vormodernen Poetik in den Blick. Mit seinem Dichter-Verständnis bereitete K. die Genie-Ästhetik vor.

AUSGABEN: Sämmtliche Werke. 18 Bde. und Supplementband. Leipzig 1823-30. – Werke und Briefe. Historisch-kritische Ausg. Hrsg. v. Horst Gronemeyer/Elisabeth Höpker-Herberg/Klaus Hurlebusch/Rose-Maria Hurlebusch. Berlin/New York 1974 ff. (= Hamburger K.-Ausgabe).

LITERATUR: Gerhard Burkhardt/Heinz Nicolai: K.-Bibliographie. Redaktion Helmut Riege. Berlin/New York 1975 (= Hamburger K.-Ausgabe, Addenda 1). – K. an der Grenze der Epochen. Hrsg. v. Kevin Hilliard/Katrin Kohl. Mit K.-Bibliographie 1972-1992 von Helmut Riege. Berlin/New York 1995. – Gerhard Kaiser: K. Religion und Dichtung. Gütersloh 1963. – F. G. K. Text + Kritik. München 1981. – Kevin Hilliard: Philosophy, Letters, and the Fine Arts in K.'s Thought. London 1987. – Harro Zimmermann: Freiheit und Geschichte. F. G. K. als historischer Dichter und Denker. Heidelberg 1987. – Katrin M. Kohl: Rhetoric, the Bible, and the Origins of Free Verse. The Early ‚Hymns' of F. G. K. Berlin/New York 1990. – Das Erhabene in der Dichtung: K. und die Folgen. Vortragstexte des Kolloquiums F. G. K. 1. und 2. Juli 1995 Quedlinburg. Halle 1997. – Helmut Pape: K.: die „Sprache des Herzens" neu entdeckt. Die Befreiung des Lesers aus seiner emotionalen Unmündigkeit. Idee und Wirklichkeit dichterischer Existenz um 1750. Frankfurt/Main

u. a. 1998. – Katrin M. Kohl: F. G. K. Stuttgart/Weimar 2000. – Klaus Hurlebusch: K. und Goethe oder die „Erweckung des Genies". Eine Revision ihres geistigen Vehältnisses. Halle 2000. *Gerhard Sauder*

Klotz, Christian Adolph, Philologe, * 13. 11. 1738 Bischofswerda (Lausitz), † 31. 12. 1771 Halle/Saale.
K. studierte in Leipzig und Jena, trat bereits als Student mit zahlreichen philologischen Abhandlungen, lateinischen Gedichten und satirischen Schriften zum akademischen Leben hervor und folgte 1762 einem Ruf nach Göttingen, wo er 1763 Ordinarius wurde. 1765 ging K. als o. Prof. der Philosophie und Beredsamkeit nach Halle, machte sich mit seinen Essays über das klassische Altertum einen Namen und gab die „Acta litteraria" (1764-72), die „Neuen Hallischen gelehrten Zeitungen" (1766-71) und die „Deutsche Bibliothek der schönen Wissenschaften" (1767-72) heraus. In verschiedenen Schriften polemisierte er gegen → Lessing und → Herder, die wiederum ihn heftig kritisierten. 1766 erschien von K. die Abhandlung *Über das Studium des Alterthums*.

Klüber, Johann Ludwig, Jurist, Diplomat, * 16. 2. 1762 Tann/Rhön, † 16. 2. 1837 Frankfurt/Main.
K. studierte seit 1780 in Erlangen, Gießen und Leipzig und wurde 1785 in Erlangen promoviert. Anschließend lehrte er an der dortigen Univ. als Privatdozent, seit 1786 als a. o. und seit 1787 als o. Prof. Rechtswissenschaft. Seit 1791 übernahm er im Auftrag → Hardenbergs, diplomatische und staatsrechtliche Aufgaben. 1804 folgte er dem Ruf des Kurfürsten → Karl Friedrich von Baden nach Karlsruhe, wo er als Kabinetts- und Staatsrat sowie als Staatsrechtslehrer des Erbprinzen wirkte. Seit 1807 o. Prof. der Rechte in Heidelberg, publizierte K. zahlreiche staatsrechtliche Werke und edierte u. a. die *Akten des Wiener Kongresses* (8 Bde., 1815-18), an dem er selbst teilgenommen hatte. 1817 trat K. als Geheimer Legationsrat in preuß. Dienste und wurde u. a. als Bevollmächtigter bei den Auflösungsverhandlungen für das Großherzogtum Frankfurt 1822 verwandt. Wegen seines Werks *Öffentliches Recht des Deutschen Bundes*, das 1822 in zweiter Auflage erschien, wurde K. in ein Untersuchungsverfahren verwickelt und nahm seinen Abschied. Seit 1824 lebte er als Privatgelehrter, Rechtsberater und Gutachter in Frankfurt/Main.

Knebel, Karl Ludwig von, Schriftsteller, * 30. 11. 1744 Schloß Wallerstein bei Nördlingen, † 23. 2. 1834 Jena.
Nach einer humanistischen Schulbildung studierte K. Jura in Halle und trat 1765 in das Regiment des Prinzen von Preußen in Potsdam ein. Er machte die Bekanntschaft von Johann Wilhelm Ludwig → Gleim, Karl Wilhelm → Ramler, Moses → Mendelssohn und Friedrich → Nicolai; 1773 quittierte er den Militärdienst und wirkte 1774-80 als Erzieher der Prinzen Constantin und → Karl August in Weimar. 1774 lernte K. → Goethe kennen; er war einer der ersten engen Freunde Goethes in Weimar und wurde von diesem als „Urfreund" bezeichnet. Seit 1780 lebte er, inzwischen Major, aber ohne dienstliche Verpflichtungen, abwechselnd in Ansbach, Jena und Weimar, nach der Heirat mit der Sängerin Luise von Rudorf in Ilmenau und seit 1805 endgültig in Jena. K. übersetzte aus dem Lateinischen und Italienischen, übertrug u. a. *Die Natur der Dinge* von Lukrez, und verfaßte Gedichte sowie Epigramme, darunter *Lebensblüthen* (1826).

Knigge, Adolph Frh., Schriftsteller, * 16. 10. 1752 Gut Bredenbeck bei Hannover, † 6. 5. 1796 Bremen.
Der einzige Sohn des Hofgerichtsrats Philipp Carl von K. (1723-1766) wuchs auf den elterlichen Gütern Bredenbeck und Pattensen auf und wurde zeitweise von Johann Adolf und Johann August → Schlegel unterrichtet. Der Vater hinterließ bei seinem Tod 100 000 Rth. Schulden, seine Güter kamen in Zwangsverwaltung. Der junge K. studierte 1769-71 Jura in Göttingen und trat dann als Hofjunker und Assessor in den Dienst des hessischen Landgrafen in Kassel. Er heiratete 1773 die Hofdame Henriette von Baumbach (1749-1808), im folgenden Jahr wurde die einzige Tochter, die spätere Schriftstellerin Philippine Frfr. von Reden (1774-1841), geboren. Nachdem K. 1775 wegen Intrigen am Kasseler Hof seinen Abschied genommen hatte, versuchte er vergeblich, eine angemessene Stellung am preuß. Hof zu erhalten. Herzog → Karl August von Sachsen-Weimar-Eisenach verlieh ihm 1776 zwar den Titel eines Kammerherrn, nahm ihn aber nicht in seine Dienste. Im Sommer 1776 siedelte die Familie nach Hanau über. Am Hof des Erbprinzen Wilhelm von Hessen gründete K. 1777/78 ein Liebhabertheater, organisierte Feste und widmete sich der Freimaurerei. Er übersetzte französische Theaterstücke, schrieb seit 1779 Rezensionen für Friedrich → Nicolais „Allgemeine Deutsche Bibliothek" und zog 1780 nach Frankfurt/Main. Hier erschien 1780-82 sein *Roman meines Lebens*, in dem er heftige Kritik des Lebens an den Fürstenhöfen vortrug. Er schloß sich dem Illuminatenorden an, den er nach seiner Bekanntschaft mit Adam → Weishaupt reformieren wollte. 1782 nahm er an dem Wilhelmsbader Freimaurerkonvent teil. Ein Jahr später kam es zum Bruch mit Weishaupt: K. gab 1784 seine Ordenstätigkeit auf, über die er 1788 in seiner Schrift *Philos endliche Erklärung [...] seine Verbindung mit dem Orden der Illuminaten betreffend* öffentlich Rechenschaft ablegte.
Seit 1783 erschienen weitere Romane, in denen K. sein aufklärerisches Weltbild darstellte (*Geschichte Peter Clausens*, 1783-85; *Geschichte des armen Herrn von Mildenburg*, 1789/90 u. a.). Sein komischer Roman *Die Reise nach Braunschweig* (1792) wurde ein großer Erfolg.
K. siedelte mit seiner Familie 1787 nach Hannover über. Dort erschien 1788 die erste Auflage seines *Umgangs mit Menschen*, in dem er Lebensregeln für den gesellschaftlichen Verkehr aufstellte. Das Buch, das den Autor berühmt machte, erschien zu Lebzeiten in fünf Auflagen und nach seinem Tod in vielen gekürzten und verfälschten Ausgaben: aus einem Aufklärungsbuch wurde ein Handbuch mit Anstandsregeln.

In Hannover gab K. eine Theaterzeitschrift („Dramaturgische Blätter", 1788/89) heraus. Seine satirischen Schriften gegen Johann Georg → Zimmermann und Johann Caspar → Lavater trugen ihm Feindschaft und Verleumdungen der konservativen Zeitgenossen ein. Im November 1790 wurde K. zum Kurfürstlich-Braunschweigischen (Hannoverschen) Oberhauptmann in Bremen ernannt. Diese Jahre in halbwegs gesicherter finanzieller Position waren trotz zunehmender schwerer Krankheit die glücklichste Zeit des für Freiheit und Toleranz eintretenden Schriftstellers. Er hatte die Französische Revolution begrüßt und trat in seinen politischen Schriften (*Benjamin Noldmanns Geschichte der Aufklärung in Abyssinien*, 1791; *Schaafskopfs hinterlassene Papiere*, 1792; *Josephs von Wurmbrand politisches Glaubensbekenntnis*, 1792) für gesellschaftliche Reformen ein. Im Alter von 43 Jahren starb K. Er wurde im Bremer Dom beigesetzt.

K. war ein typischer Vertreter der Spätaufklärung, der auf der Grundlage des Fürstenstaats für eine freiheitliche Lebensform eintrat und nach → Lessings Vorbild zeitlebens für die Erziehung des Menschengeschlechts wirkte.

WERKE: Sämtliche Werke. Hrsg. v. Paul Raabe. 24 Bde., München 1992/93. – A. Frh. K. in Bremen. Texte und Briefe. Hrsg. und kommentiert von Michael Rüppel und Walter Weber. Bremen 1996.
LITERATUR: Joseph Popp: Weltanschauung und Hauptwerke des Frh. A. K. Leipzig 1931. – Barbara Zaehle: K.s Umgang mit Menschen und seine Vorläufer. Heidelberg 1933. – Ob Baron K. auch wirklich todt ist? Ausstellungskatalog. Wolfenbüttel 1977. – Pierre André Bois: A. Frh. K. De la „nouvelle religion" aux Droits de l'homme. Wiesbaden 1990. – Anke Bethmann/Gerhard Dongowski: A. Frh. K. an der Schwelle der Moderne. Hannover 1994. – Karl-Heinz Göttert: K. oder: Von den Illusionen des anständigen Lebens. München 1995. – Ernst August Frh. Knigge: K.s Werke. Bibliographie. Göttingen 1996. – A. Frh. K. Neue Studien. Hrsg. v. Harro Zimmermann. Bremen 1997. *Paul Raabe*

Knutzen, Martin, Philosoph, * 14. 12. 1713 Königsberg, † 29. 1. 1751 Königsberg.
Nach dem frühen Tod der Eltern wuchs K., Sohn eines Kaufmanns, bei Verwandten auf und studierte seit 1728 an der Univ. Königsberg Philologie, Geschichte, Philosophie, Mathematik und Theologie. 1733 mit der Arbeit *Dissertatio metaphysica de aeternitate mundi impossibili* promoviert, wurde er 1734 a. o. Prof. der Logik und Metaphysik. Seit 1744 war K. auch Adjunkt an der Schloßbibliothek und Oberinspektor des akademischen Kollegs. In seinem philosophischen Denken wandte er sich vom Aristotelismus und Eklektizismus ab und dem Leibniz-Wolffschen Rationalismus zu. K. verfaßte neben philosophischen (u. a. *Systema causarum efficientium*, 1745; *Elementa philosophicae rationalis seu logicae cum generalis tum specialioris mathematica methodo demonstrata*, 1747, Nachdruck 1991) theologische, mathematische und naturwissenschaftliche Arbeiten. Als Universitätslehrer → Kants übte er auf diesen entscheidenden Einfluß aus, indem er ihn in die mathematischen und philosophischen Studien sowie die Werke Newtons einführte.

WEITERE WERKE: Commentatio philosophica de commercio mentis et corporis per influxum physicum explicando. Königsberg 1735. – Philosophischer Beweis von der Wahrheit der christlichen Religion. Königsberg 1740. – Commentatio philosophica de humane mentis individua natura sive immaterialitate. Königsberg 1741.
LITERATUR: Benno Erdmann: M. K. und seine Zeit. Ein Beitrag zur Geschichte der Wolfischen Schule und insbesondere zur Entwicklungsgeschichte Kants. Leipzig 1876. Neudruck Hildesheim 1973. – M. van Biéma: M. K. La Critique de l'harmonie préétablie. Paris 1908. – Friedbert Holz: K., M. In: NDB 12, 1980, S. 231 232.

König, Eva (Katharina), geb. Hahn, * 22. 3. 1736 Heidelberg, † 10. 1. 1778 Braunschweig.
Die Kaufmannstochter heiratete zwanzigjährig einen Hamburger Seidenhändler, wurde 1769 Witwe und mußte die Tapeten- und Seidenfabriken ihres Mannes in Wien verkaufen, um die finanzielle Zukunft seiner Kinder aus erster Ehe zu sichern. K. war seit 1769 mit → Lessing bekannt und verlobte sich 1771 mit ihm. Die Hochzeit fand 1777 statt. Bereits im folgenden Jahr starb K. im Kindbett. Ihr Briefwechsel mit Lessing aus den Jahren 1770-77 gilt als bedeutendes Dokument aufklärerischen Geistes.

König, Johann Ulrich von, Dichter, * 8. 10. 1688 Esslingen, † 14. 3. 1744 Dresden.
Der Pfarrerssohn studierte, wahrscheinlich in Tübingen, Theologie, dann Rechtswissenschaften in Heidelberg und bemühte sich, ohne Studienabschluß, um 1706 vergeblich um eine Anstellung am Wolfenbütteler Hof und in Hamburg. K. reiste schließlich als Hofmeister eines Grafen nach Brabant und Flandern, kehrte 1710 nach Hamburg zurück, wo er mit Hilfe namhafter Gönner eine leitende Stellung am dortigen Opernhaus erhielt, und gehörte zusammen mit Barthold Hinrich → Brockes und Michael → Richey zu den Initiatoren der 1715 gegründeten Teutsch-übenden Gesellschaft. 1716 verließ K. Hamburg, wurde 1719 Geheimsekretär und Hofdichter Augusts des Starken in Dresden und später zum Hofrat und Zeremonienmeister ernannt. 1730 wurde er in die Preuß. Societät der Wissenschaften aufgenommen und trat im folgenden Jahr der Hamburgischen Patriotischen Gesellschaft bei. Seine Nobilitierung erfolgte 1741. K. war vor allem Autor, Bearbeiter und Übersetzer von Opern- und Oratorientexten, die u. a. Karl Heinrich Graun, Georg Kaspar Schürmann und Georg Philipp Telemann vertonten. Ferner verfaßte er zahlreiche Gelegenheitsgedichte (u. a. das Heldengedicht *August im Lager*, 1731) und Theaterstücke (u. a. die

musikalische Komödie *Der geduldige Socrates*, 1721, und die satirische Komödie *Der Dreßdner Frauen Schlendrian*, 1725) und machte sich um die Erneuerung des deutschen Lustspiels verdient. Von K. erschienen auch einige literaturästhetische Schriften, u. a. zur Metrik.

König, (Johann) Samuel, Mathematiker, Physiker, Philosoph, Jurist, * 31. 7. 1712 Büdingen (Hessen), † 21. 8. 1757 Zuilenstein (Niederlande).
Der Sohn des Pietisten und Mathematikers Samuel K. studierte seit 1730 Mathematik bei Johann und Daniel → Bernoulli in Basel, seit 1735 bei Christian → Wolff in Marburg und praktizierte 1738 als Rechtsanwalt in Bern. 1739-45 war er Mathematik- und Physiklehrer der Marquise de Châtelet, Voltaires Freundin. K. kehrte dann als Jurist nach Bern zurück, unterzeichnete ein von seinem Freund Samuel → Henzi initiiertes politisch liberales Memorial und mußte deswegen eine zehnjährige Verbannung auf sich nehmen. Er erhielt 1745 eine Professur für Philosophie, 1747 auch für Mathematik an der Univ. Franeker in den Niederlanden und wurde 1748 Rat und Bibliothekar des Erbstatthalters Prinzen von Oranien, 1749 auch Prof. an der Kriegsakademie in Den Haag. Seit 1740 war er korrespondierendes Mitglied der Pariser Akademie der Wissenschaften, seit 1749 der Berliner Akademie der Wissenschaften und seit 1751 der Royal Society (London). 1751 zeigte er in einer kleinen Abhandlung (*Dissertatio de universali principio aequilibri et motus, in vi viva reperto, deque nexu inter vim vivam et actionm*) die Schwächen der → Maupertuisschen Konzeption des Prinzips der kleinen Wirkung auf und wies darauf hin, daß → Leibniz dieses Prinzip bereits 1707 in einem Brief an Jakob Hermann formuliert hatte. Es folgte ein heftiger Gelehrtenstreit, an dem sich auch Leonhard → Euler beteiligte. Nachdem die Akademie 1752 den Brief für eine Fälschung erklärt hatte, schickte K. seine Ernennungsurkunde zurück. Nach K. ist ein Satz über die kinetische Energie der Relativbewegung eines Massenpunktsystems bezüglich seines Schwerpunkts benannt.
LITERATUR: Eugen Dühring: Kritische Geschichte der Principien der Mechanik. Berlin 1873. – Adolph Mayer: Geschichte der Principien der kleinsten Action. Leipzig 1877. – Günther: K. In: ADB 16, 1882, S. 521-522. – Willy Kabitz: Über eine in Gotha aufgefundene Abschrift des von S. K. in seinem Streite mit Maupertuis und der Akademie veröffentlichten, seinerzeit für unecht erklärten Leibnizbriefes. In: Sitzungsberichte der Königlich Preußischen Akademie der Wissenschaften zu Berlin, 1913, S. 632-638. – Herbert Breger: Über den von S. K. veröffentlichten Brief zum Prinzip der kleinsten Wirkung. In: Hartmut Hecht (Hrsg.): Pierre Louis Moreau de Maupertuis. Eine Bilanz nach 300 Jahren. Berlin / Baden-Baden 1999, S. 363-381. – Ursula Goldenbaum: Die Bedeutung der öffentlichen Debatte über das ‚Jugement' der Berliner Akademie für die Wissenschaftsgeschichte. Eine kritische Sichtung hartnäckiger Vorurteile. Ebd., S. 383-417.

Köpken, Friedrich von, Lyriker, Übersetzer, Publizist, * 9. 12. 1737 Magdeburg, † 4. 10. 1811 Magdeburg.
Der Sohn eines Magdeburger Kanonikus studierte 1756-59 Rechtswissenschaften in Halle, wurde 1761 Advokat in Magdeburg und wirkte hier später auch als Syndikus. Literarisch umfassend gebildet, gründete K. 1760 u. a. zusammen mit August Friedrich Wilhelm Sack den Gelehrten Club, der später in Mittwochsgesellschaft umbenannt wurde, seit 1775 Literarische Gesellschaft hieß und bald eine bedeutende Stellung im Magdeburger literarischen Leben einnahm. K. veröffentlichte seit 1760 Rezensionen sowie kleine poetische und prosaische Schriften, vorwiegend Übersetzungen, in der Wochenschrift „Der Greis" und verfaßte erst seit 1792 einige, für seine Freunde bestimmte, lyrische Sammlungen, die neben seinem Hauptwerk, dem Singstück *Hymnus auf Gott* geistliche Lieder, Gedichte, poetische Episteln und Trinklieder enthalten. 1787-97 schrieb er Beiträge für den „Teutschen Merkur" und übersetzte französische Komödien für das Magdeburger Theater.

Köster, He(i)nrich Martin Gottfried, Historiker, Publizist, * 11. 11. 1734 Guntersblum am Oberrhein (Grafschaft Leiningen), † 6. 12. 1802 Gießen.
Nachdem er in Jena (1752-54) ein Theologiestudium absolviert hatte, bekleidete K., Sohn eines luth. Predigers, eine Pfarrstelle in Wallertheim im Leiningischen; seit 1761 war er Prediger und zugleich Prorektor des Gymnasiums in Weilburg. 1773 wurde er als Ordinarius für Geschichte, Politik und Kameralwissenschaften an die Univ. Gießen berufen. Im Nebenamt (1785-99) war er Lehrer am Gießener Pädagogium, des örtlichen Gymnasiums, seit 1786 dessen Pädagogiarch (Leiter).
K. hat mit Beginn der sechziger Jahre eine Reihe von Schriften über historische, theologische und pädagogische Themen veröffentlicht, darunter einige Handbücher zur Geschichte sowie eine geschichtstheoretische Programmschrift. In dem für das Selbstverständnis der deutschen Aufklärung wichtigen Streit über die Existenz des Teufels spielte er eine führende Rolle. (Im Gegensatz zu Johann Salomo → Semler bejahte er die Existenz des Teufels, lehnte aber die Exorzismus-Praktiken des orthodoxen Katholizismus ab.) Seit Ende der siebziger Jahre war er erster Redakteur der *Deutschen Encyclopädie*, eines großangelegten Lexikon-Unternehmens, das freilich unvollendet blieb (es bricht 1804 mit Bd. 23 und dem Buchstaben K ab). Im Rahmen dieser Enzyklopädie hat er in Form einer vielseitigen Artikelserie eine wahrhaft „enzyklopädische" Historik publiziert, die zwar rezeptionsgeschichtlich wirkungslos geblieben ist, die aber gleichwohl den geschichtstheoretischen Reflexionsstand zur Zeit der Spätaufklärung vorzüglich widerspiegelt, d. h. zusammenfaßt und auf den Punkt bringt.
WERKE: Auszug der politischen Geschichte von dem Ursprung aller Völker bis auf die lezte Friedensschlüsse, zum Gebrauch der Jugend. Frankfurt/Leipzig 1764. – Die politische Geschichte der vornehmsten Völker aller Zeiten in einem Auszug. Frankfurt/

Main ²1776. – Geschichte der heutigen Europäischen Staaten in einem Auszug, mit genealogischen Tabellen. Gießen 1774. – Über die Philosophie der Historie. Gießen 1775. – Die neuesten Weltangelegenheiten, zuverläßig erzählt, auf das Jahr 1781. Gießen 1782. – Historische Encyclopädie. Gesammelte Artikel über Historik und Didaktik aus der „Deutschen Encyclopädie". Hrsg., eingeleitet und kommentiert v. Horst Walter Blanke und Dirk Fleischer. 2 Bde., Waltrop 2002 (Wissen und Kritik, Bd. 9) [enthält auch seine Schrift „Über die Philosophie der Geschichte" (1774) und die Streitschriften zum sog. Zweiten Teufelsstreit]. – *Zeitschriften-Herausgeber:* Die neuesten Staatsbegebenheiten, mit historischen und philosophischen Anmerkungen. 6 Bde., Frankfurt/Main 1775-81. – Die neuesten Religionsbegebenheiten, mit unpartheyischen Anmerkungen. 9 Bde., Gießen 1778-86. – Die neuesten Erziehungsbegebenheiten, mit practischen Anmerkungen. 2 Bde., Gießen 1780 f.
LITERATUR: Bibliographie: Friedrich Wilhelm Strieder: Grundlage zu einer Hessischen Gelehrten- und Schriftsteller-Geschichte. Bd. 7. Göttingen 1787, S. 243-55, hier S. 246 ff. – Horst Walter Blanke / Dirk Feischer: Durchschnittlichkeit als Programm. Auch eine Einleitung in die Edition … In: Heinrich Martin Gottfried Köster: Historische Encyclopädie. Gesammelte Artikel über Historik und Didaktik aus der „Deutschen Encyclopädie". Hrsg., eingeleitet und kommentiert v. Horst Walter Blanke und Dirk Fleischer. Bd. 1, Waltrop 2002, S. XI-LXXXIII.

Horst Walter Blanke

Kohlbrenner, Johann Franz Seraph, Publizist, * 17. 10. 1728 Traunstein (Oberbayern), † 6. 1. 1783 München.
Zunächst im bayerischen Salzwesen tätig, erhielt K. 1753 die Mitaufsicht über die Registratur der kurfürstlichen Hofkammer in München und leitete daneben die Arbeiten und Verhandlungen im bayerischen Salinen- und Forstwesen. 1773 wurde er zum Wirklichen Hofkammer- und Kommerzienrat ernannt und 1778 in den Reichsritterstand erhoben. Große Bedeutung erlangte K. als Herausgeber des „Churbayerischen Intelligenzblatts" (seit 1776), das sich zum führenden kritisch-aufklärerischen Organ des 18. Jh. in Bayern entwickelte und mit wirtschaftlichen, agrikulturellen, statistischen und pädagogischen Themen befaßte. K. trat auch als politischer Publizist hervor.

Kordes, Berend, Bibliothekar, * 27. 10. 1762 Lübeck, † 5. 2. 1823 Kiel.
K. studierte seit 1783 Philologie und Theologie in Kiel und Leipzig, wo er 1786 promoviert wurde, und habilitierte sich im folgenden Jahr in Jena. 1789 kehrte er nach Kiel zurück, wurde dort 1791 Adjunkt der Univ. und 1792 a. o. Professor. Seit 1792 an der Universitätsbibliothek tätig, wurde K. 1793 erster Kustos und 1810 zum Bibliothekar ernannt. Seine Hauptleistung war die 1797-1806 durchgeführte systematische Aufstellung der Bibliothek, mit der er den Übergang von der akademischen Gelehrtenbibliothek zur Gebrauchsbibliothek des 19. Jh. einleitete.

Korn, Johann Gottlieb, Buchhändler, * 4. 10. 1765 Breslau, † 23. 8. 1837 Breslau.
Der Sohn des Verlegers Wilhelm Gottlieb → K. übernahm 1790 den von seinem Großvater Johann Jacob → K. gegründeten Verlag und erlangte 1795 das Privileg zur Gründung einer Buchhandlung in Posen. K. gliederte der Firma ein französisches Sortiment an, errichtete ein Kunst- und Buchantiquariat, das große Gewinne erzielte, und baute den polnischen Buchverlag systematisch auf, so daß er bald eine Art Monopolstellung für das Verlegen polnischer Schulbücher, Atlanten und Lehrbücher hatte.

Korn, Johann Jacob, Buchhändler, Verleger, getauft 20. 7. 1702 Neustadt bei Coburg, † 16. 12. 1756 Breslau.
Nach einer Buchhändlerlehre in Coburg ließ sich K. 1729 als selbständiger Buchhändler in Berlin nieder und heiratete dort 1732 die Tochter des damals bedeutendsten Berliner Buchhändlers und Zeitungsverlegers J. A. Rüdiger. Im selben Jahr erwarb er das Breslauer Bürgerrecht und eröffnete ein Buchgewölbe. K. entwickelte sich in kurzer Zeit zum führenden Verleger Breslaus, bekam 1737 die Erlaubnis zur Herausgabe eines Intelligenzblatts und besaß eine eigene Buchlotterie. 1741 erhielt er das Privileg, jährlich vier Bücherauktionen in Schlesien zu veranstalten, war alleiniger Verleger aller amtlichen Drucksachen und gab mit der „Schlesischen Privilegierten Staats-, Kriegs- und Friedenszeitung" die einzige Zeitung Schlesiens heraus. K. verlegte Werke aller bedeutenden schlesischen evang. Theologen, Ärzte und Juristen und spezialisierte sich auf Polonica. 1762 übernahm sein Sohn Wilhelm Gottlieb → K. den Verlag.

Korn, Wilhelm Gottlieb, Verleger, * 26. 12. 1739 Breslau, † 4. 9. 1806 Breslau.
K. übernahm 1762 den von seinem Vater Johann Jacob → K. gegründeten Breslauer Verlag, der sich zunehmend zu einem Spezialverlag für polnische Literatur entwickelte, und gab u. a. die „Breslauischen Nachrichten von Schriften und Schriftstellern", das „Theologische Wochenblatt" (1772) und die „Ökonomischen Nachrichten" (1773-84) der patriotischen Gesellschaft in Schlesien heraus. 1790 zog sich K. von der Geschäftsleitung zurück, die er seinem Sohn Johann Gottlieb → K. übergab.

Kortum, Carl Arnold → **Cortüm,** Karl Arnold

Kotzebue, August (Friedrich) von, Schriftsteller, * 3. 5. 1761 Weimar, † 23. 3. 1819 Mannheim.
Als Sohn eines Legationsrats entstammte K. einer angesehenen Weimarer Familie. Nach dem Jurastudium in Duisburg und Jena (1777-81) ging er nach Rußland, wo er hohe Ämter bekleidete. 1785 wurde er in den russischen Dienstadel erhoben. Als Gründer und Leiter des Liebhabertheaters in Reval schrieb er das Rührstück *Menschenhass und Reue* (1789), das in der Folge auf zahlreichen Bühnen gespielt wurde und den Grundstein zu seinem Ruf als populärster Dramatiker seiner Zeit legte. Während einer Reise nach

Pyrmont und Weimar 1790 griff K. in den literarischen Streit zwischen dem Arzt Georg Zimmermann, einem erklärten Aufklärungsgegner, und dem Theologen und radikalen Aufklärer Carl Friedrich → Bahrdt ein. Mit dem derb-zotigen Pasquill *Doctor Bahrdt mit der eisernen Stirn, oder die deutsche Union gegen Zimmermann* (1790) provozierte er einen Skandal, der ihn innerhalb der „Gelehrtenrepublik" diskreditierte. Nach einem Aufenthalt in Paris kehrte K. 1792 nach Rußland zurück, bevor er 1798 als Theaterdichter an das Burgtheater in Wien berufen wurde. Schon bald sah er sich allerdings gezwungen, um seine Dienstentlassung zu bitten. Bei seiner erneuten Rückkehr nach Rußland wurde er unter dem Verdacht, Jakobiner zu sein, nach Sibirien verbannt (*Das merkwürdigste Jahr meines Lebens*, 2 Bde., 1801), nach vier Monaten jedoch von Zar Paul I. begnadigt und zum Direktor des Deutschen Hofschauspiels in St. Petersburg ernannt. 1801, nach der Ermordung des Zaren, reiste K. erneut nach Weimar. Über der Inszenierung seines Lustspiels *Die deutschen Kleinstädter* (1803), in der K. ironische Seitenhiebe auf die Romantiker verwirklicht sehen wollte, kam es zum endgültigen Zerwürfnis mit → Goethe.

Nach Napoleons Sieg 1806 zog sich K. nach Estland zurück, von wo aus er antinapoleonische Zeitschriften herausgab. 1817 kehrte er ein letztes Mal nach Weimar zurück, wo er das „Litterarische Wochenblatt" gründete, in dem er gegen die studentischen Turnerbünde und Burschenschaften und deren politische Ziele, wie vor allem gegen Pressefreiheit und Demokratie, polemisierte. Beim Wartburgfest im Oktober 1817 wurden auch Schriften K.s verbrannt, der noch dazu im Verdacht stand, ein Spion des Zaren zu sein. Bevor K. nach Estland zurückkehren konnte, wurde er am 23.3.1819 in Mannheim von dem Jenaer Burschenschafter Karl Ludwig Sand erstochen, der damit Metternich Anlaß gab, die sogenannten „Karlsbader Beschlüsse" als Bundesgesetz (Universitätsgesetz, Preßgesetz, Gesetz betr. Demagogen-Verfolgung) durchzusetzen (20.9.1819). Obgleich von den Rezensenten wegen der Trivialität seiner Stücke kritisiert, war K. der meistgespielte Theaterdichter seiner Zeit, dessen Werk auch internationale Wirkung erzielte, so daß er einer der wenigen Autoren seiner Zeit war, der nicht nur durch lukrative Ämter, sondern auch durch sein äußerst produktives literarisches Schaffen ein finanzielles Auskommen hatte.

AUSGABEN: Theater. Mit biographischen Nachrichten. 40 Bde., Wien/Leipzig 1840/41. – Ausgewählte prosaische Schriften. 45 Bde., Wien 1842/43. – Schauspiele. Hrsg. und kommentiert von Jürg Mathes. Mit einer Einführung von Benno von Wiese. Frankfurt/Main 1972.

LITERATUR: Karl-Heinz Klingenberg: Iffland und K. als Dramatiker. Weimar 1962. – Walter Hinck: Das deutsche Lustspiel des 17. und 18. Jahrhunderts. Stuttgart 1965. – Horst Albert Glaser: Das bürgerliche Rührstück. Stuttgart 1969. – Frithjof Stock: K. im literarischen Leben der Goethezeit. Düsseldorf 1971. – Peter Brückner: „... bewahre uns Gott in Deutschland vor irgendeiner Revolution!' Die Ermordung des Staatsrats v. K. durch den Studenten Sand. Berlin 1975. – Doris Maurer: A. v. K. Ursachen seines Erfolges. Bonn 1979. – Peter Kaeding: A. v. K. Auch ein deutsches Dichterleben. Berlin 1985. – Sylvester Linus Kreilein: A. v. K.'s Critical Reception in New York City (1798-1805). A Study in Early American Theatre Criticism. Ann Arbor 1989.   *Sabine Lorenz*

Kraus, Christian Jakob, auch Krause, Philosoph, Staatswissenschaftler, * 27.7.1753 Osterode (Ostpreußen), † 25.8.1807 Königsberg (Ostpreußen).
Der Sohn eines Chirurgen studierte seit 1770 Philosophie bei Immanuel → Kant an der Univ. Königsberg und übernahm 1773 eine Hauslehrerstelle. 1774/75 lernte er Hans Jakob von → Auerswald und Johann Georg → Hamann kennen und reiste zum Abschluß seiner Studien 1778 über Berlin nach Göttingen. Dort hörte K. Christian Gottlob → Heyne und August Ludwig → Schlözer, erwarb 1780 in Halle die Magisterwürde und wurde 1781 in Königsberg Prof. der praktischen Philosophie und Kameralistik. Seine Lehrtätigkeit umfaßte neben Philologie Sprachtheorie und praktische Philosophie angelsächsischer Tradition. Philosophisch den erkenntnistheoretischen Skeptizismus Humes repräsentierend, entfernte er sich zunehmend von Kant. Seit den neunziger Jahren beschäftigte sich K. vermehrt mit Finanz- und Wirtschaftsfragen und las über Verwaltungs- und Handelskunde sowie Gewerbe- und Landwirtschaftskunde. Er gehörte zu den einflußreichsten „politischen Professoren" Preußens und Deutschlands und engagierte sich für eine konsequent liberale Wirtschaftspolitik. K. übersetzte das Hauptwerk von Adam Smith (*An Inquiry into the Nature and Causes of the Wealth of Nations*, zuerst 1776). Seine *Vermischten Schriften über staatswirtschaftliche, philosophische und andere Gegenstände* (8 Tle., 1808-19) wurden von Hans von Auerswald herausgegeben.

WEITERE WERKE: Staatswirtschaft. Hrsg. v. Hans von Auerswald. 5 Tle., Königsberg 1808-11. 6 Bde., Breslau ²1837.

LITERATUR: J. Voigt: Das Leben des Professors C. J. K. Königsberg 1819 (= C. J. K: Vermischte Schriften ... Bd. 8). – Gottlieb Krause: Beiträge zum Leben v. C. J. K. In: Altpreußische Monatsschrift 18 (1881) S. 53-96 und 193-224. – Benny Dobbriner: C. J. K. Diss. Frankfurt/Main 1926. – Georg Viereck: C. J. K.' Moralphilosophie in ihrem Verhältnis zu Adam Smith's ‚Theory of Moral Sentiments'. Borna-Leipzig 1940. – Hermann Lehmann: Die ökonomischen Auffassungen des C. J. K. In: Jahrbuch für Wirtschaftsgeschichte 1976, Teil 2, S. 109-131. – Fritz Milkowski: K., C. J. In: NDB 12, 1980, S. 681-682. – Hartwig Franke/Kristina Franke: Ganzheitliche Sprachforschung [...]. C. J. K. In: Integrale Linguistik, 1985, S. 21-40.

Krause, (Georg) Friedrich, Nationalökonom, Forstwissenschaftler, * 2.4.1768 Prenzlau (Uckermark), † 22.11.1838 Weimar.
Bis zum frühen Tod seines Vaters besuchte K. das Gymnasium, begann dann eine kaufmännische Lehre

und ging sechzehnjährig ohne Abschluß zur Artillerie. 1794 wurde er Offizier, beschäftigte sich mit Kriegswissenschaft, Topographie, Staatswissenschaft, Mathematik und Forstwissenschaft und unterrichtete die beiden letztgenannten Fächer bei den Feldjägern. Aufgrund seines *Handbuchs der mathematischen Forstwissenschaft* (1800) und eines Aufsatzes über die Neuorganisation des preuß. Forstwesens wurde K. nach seinem Ausscheiden aus dem Militär Oberforstrat und Direktor der Forstkartenkammer in Berlin. Seit 1809 war er Staatsrat und Oberforstmeister. 1813 trat er bei der Bildung der schlesischen Landwehr hervor. 1816 verließ er den Staatsdienst, widmete sich forst- und finanzwissenschaftlichen Problemen und wirkte u. a. bei der Errichtung der Österreichischen Landesbank in Wien mit. K. veröffentlichte u. a. *Der große preußisch-deutsche Zollverein in Beziehung auf den thüringischen Zollverband* (1834).

Krebel, Gottlieb Friedrich, Schriftsteller, * 30. 6. 1729 Naumburg, † 2. 7. 1793 Naumburg.
K. war als kurfürstlich sächsischer Finanzbeamter in Leipzig und Dresden tätig. Bekannt wurde er vor allem als Herausgeber des meistaufgelegten deutschsprachigen Reiseführers des 18. Jh., *Die vornehmsten europäischen Reisen, wie solche durch Teutschland, Frankreich, Italien [...] vermittels der dazu verfertigten Reise-Carten nach den bequemsten Post-Wegen anzustellen und was auf solchen Curioses zu bemerken*. K. bearbeitete die 12.-16. Auflage des 1703 erstmals von Peter Ambrosius Lehmann veröffentlichten Reiseführers, der wegen seiner Handlichkeit und Aktualität geschätzt wurde.

Kreittmayr, (Wiguläus Xaverius) Aloysius Frh. von, Jurist, Politiker, * 14. 12. 1705 München, † 27. 10. 1790 München.
K. studierte Philosophie, Jura und Geschichte in Salzburg, Ingolstadt, Leiden und Utrecht. Er praktizierte zunächst am Reichskammergericht in Wetzlar und wurde 1725 kurbayerischer Hofrat. 1741 zum Beisitzer am Reichsvikariatshofgericht und im folgenden Jahr vom Kaiser zum Reichshofrat ernannt, entschied er sich 1745 für den bayerischen Staatsdienst. In den Reichsfreiherrenstand erhoben, wurde er bayerischer Hofratskanzler. Als Wirklicher Geheimer Kanzler und Oberlehenspropst stand er seit 1758 an der Spitze der gesamten kurbayerischen Staatsverwaltung. Seine größte Leistung war die Reform des bayerischen Straf- und Zivilrechts. K. gehörte zum Kreis der Aufklärer um Kurfürst Maximilian III. Joseph und war Mitbegründer der Bayerischen Akademie der Wissenschaften. Er verfaßte u. a. einen *Grundriß des allgemeinen deutschen und bayerischen Staatsrechts* (1769).

Kretschmann, Theodor von, Jurist, Politiker, * 8. 11. 1762 Bayreuth, † 15. 1. 1820 Kassel.
K. studierte Jura in Erlangen und Jena und trat 1793 in den preuß. Staatsdienst ein. Als Bayreuther Regierungsrat sowie als Vortragender Rat in Ansbach (seit 1795) war er für die rechtliche Regelung des Übergangs der fränkischen Fürstentümer an Preußen verantwortlich und wurde 1801 nobilitiert. Im selben Jahr trat er in den Dienst des Herzogs von Sachsen-Coburg-Saalfeld über, der ihn mit der Reorganisation der Landesverwaltung und der Sanierung der Finanzen des Herzogtums beauftragte. Nach dem Tod des Landesherrn 1808 entlassen, wurde K. als Rechtsberater für mediatisierte Standesherren tätig. 1817 deswegen vom preuß. Gouvernement zu einer Geld- oder wahlweise Gefängnisstrafe verurteilt, wurde er 1819 auf Intervention →Hardenbergs begnadigt. Der um seine Rehabilitierung kämpfende K. starb während einer Reise nach Franken.

Krieger, Johann Christian, Verleger, Buchhändler, * 29. 3. 1746 Gießen, † 31. 12. 1825 Marburg.
Nach einer Buchhändlerlehre gründete K. in Gießen eine eigene Buchhandlung. 1783 eröffnete er eine Buchhandlung mit Druckerei in Marburg, die bis heute unter dem Namen N. G. Elwert Universitätsbuchhandlung besteht. K. war seit 1820 Herausgeber des „Wochenblatts für Buchhändler, Musikhändler, Buchdrucker und Antiquare", eines wichtigen Vorläufers des „Börsenblatts für den deutschen Buchhandel". Wenige Jahre nach K.s Tod wurde der Firmensitz nach Kassel verlegt, 1836 trennten sich Sortiment und Verlag.
LITERATUR: Gottlieb Braun: 150 Jahre N. G. Elwert'sche Universitäts- und Verlagsbuchhandlung in Marburg. 1783-1933. Marburg 1933 (mit zahlreichen Briefen K.s).

Krüger, Johann Gottlob, Naturforscher, Mediziner, Philosoph, * 15. 6. 1715 Halle, † 6. 10. 1759 Braunschweig.
K. studierte seit 1731 in Halle Naturwissenschaften, Mathematik und Medizin und wurde 1737 zum Magister (*De nonnullis ad motum globuli e sclopeto explosi pertinentibus*), 1742 zum Dr. med. promoviert (*De sensatione*). 1743 wurde K., der bereits während seiner Studienjahre philosophische Vorlesungen gehalten hatte, zum Prof. der „Weltweisheit und Arzneygelahrtheit" ernannt; seit 1751 lehrte er als Prof. der Medizin und Philosophie an der Univ. Helmstedt. 1745 erfolgte die Aufnahme in die Deutsche Akademie der Naturforscher Leopoldina. K., von der pietistischen Tradition Halles und der philosophischen Schule Christian →Wolffs geprägt, verfaßte neben naturwissenschaftlichen Abhandlungen (*Naturlehre*, 3 Tle., 1740-49; 4 Tle., 1771-74) auch populärwissenschaftliche Schriften im Sinne der Volksaufklärung (*Diät oder Lebensordnung*, 1751, ²1763; *Gedanken von der Erziehung der Kinder*, 1751, ²1760; *Träume*, 1754, veränderte Ausgabe durch Johann August →Eberhard, 1785).
WEITERE WERKE: Die Regeln der Sprache des Herzens. Halle 1750. – Versuch einer Experimentalseelenlehre. Halle 1756. – Gedanken von Gott. Halle 1757.

Krünitz

LITERATUR: Wolfram Mauser: J. G. K.s „Träume". Zu einer wenig beachteten literarischen Gattung des 18. Jahrhunderts. In: Adrien Finck/Gertrud Gréciano (Hrsg.): Germanistik aus interkultureller Perspektive. Straßburg 1988, S. 49-59.

Krünitz, Johann Georg, Mediziner, Lexikograph, * 28. 3. 1728 Berlin, † 20. 12. 1796 Berlin.

Der Kaufmannssohn studierte zunächst in Göttingen und anschließend in Frankfurt/Oder Medizin sowie Philosophie, Mathematik und Chemie. Bereits 1749 wurde er dort promoviert (*De matrimonio multorum morborum remedio*), heiratete 1752 eine Frankfurter Kaufmannstochter, praktizierte als Arzt, hielt Privatvorlesungen und veröffentlichte physikalische und medizinische Artikel in Zeitschriften. Da K. offenbar keine Chancen sah, in Frankfurt/Oder an der Univ. zu lehren, zog er 1759 nach Berlin, wo er sich als freier Schriftsteller niederließ und sein hauptsächliches Einkommen durch die Übersetzung von englischen und französischen naturwissenschaftlichen und medizinischen Werken sowie das Korrekturlesen für Berliner Verlage bezog. So erschien 1772 seine deutsche Übersetzung der *Geschichte der Electricität* von Joseph Priestley. 1792 wurde K. in die Deutsche Akademie der Naturforscher Leopoldina aufgenommen. Doch K. wäre wohl längst vergessen, hätte er sich nicht mit einem Werk ein Denkmal gesetzt, das immer noch eine der wichtigsten Quellen zur Geschichte des 18. und frühen 19. Jh. darstellt: *Oekonomisch-technologische Encyklopädie, oder allgemeines System der Staats-, Stadt-, Haus- und Landwirthschaft und der Kunstgeschichte in alphabetischer Ordnung*. Der Ausgangspunkt war die Übersetzung einer in Yverdon (Schweiz) erschienenen sechzehnbändigen *Encyclopédie Oeconomique*, die K. allerdings mit Ergänzungen versehen wollte. Doch schon ab dem dritten Band wurde daraus ein eigenständiges Werk, das bei seinem Tod bereits 73 Bände mit einem durchschnittlichen Umfang von 600 Seiten umfaßte und jeweils mit einem Porträtkupfer und zahlreichen Kupferstichen im Anhang versehen war. Dank einem immer wieder in Preußen erneuerten Privileg für den Verleger und seine Nachfolger konnte die Veröffentlichung fortgesetzt werden, bis schließlich im Jahr 1858 mit dem 242. Band die Enzyklopädie abgeschlossen war.

K., den Gedanken der Spätaufklärung verbunden, stellte den Nützlichkeitsaspekt in den Vordergrund, bemühte sich, alle Wissensgebiete, soweit sie mit dem programmatischen Titel der Enzyklopädie in Zusammenhang standen, zu erfassen, machte auf Mißstände aufmerksam, ohne jedoch die bestehende Gesellschaftsform in Frage zu stellen. Aufgrund seines breiten Wissens, seiner Sprachkenntnisse, seiner Kontakte zu zahlreichen Gelehrten und seiner großen Privatbibliothek war er in der Lage, für jeden Fachartikel die relevante in- und ausländische Literatur des 18. Jh. kritisch auszuwählen und die eigene Position darzustellen. Die von ihm verfaßten Bände stellen für die Sozial-, Wirtschafts- und Technikgeschichte, aber auch die Geographie-, Biologie- und Medizingeschichte sowie die Rechts- und Verwaltungsgeschichte eine bei weitem noch nicht ausgeschöpfte Fundgrube zum 18. Jh. dar.

LITERATUR: Johann W. A. Kosmann: Leben des verstorbenen Herrn Doktor J. G. K. In: Denkwürdigkeiten und Tagesgeschichte der Mark Brandenburg, Bd. 3 (1797) S. 372-391. – Ulrich Troitzsch: J. G. K. In: Wilhelm Treue/Wolfgang König (Hrsg.): Berlinische Lebensbilder. Techniker. Berlin 1990, S. 1-14. – Annette Fröhner: Technologie und Enzyklopädismus. J. G. K. (1728-1796) und seine Oekonomisch-technologische Encyklopädie. Mannheim 1994.

Ulrich Troitzsch

Krug, Leopold, Nationalökonom, Statistiker, * 7. 7. 1770 Halle/Saale, † 16. 4. 1843 Gut Mühlenbeck bei Berlin.

Nach dem Studium der Theologie in Halle (1787-92) war K. Katechet in Bernburg. Später wandte er sich der Geographie, Statistik und Nationalökonomie zu und erhielt 1800 eine staatliche Anstellung als Registrator. Er war wesentlich an der Einrichtung und dem Ausbau des „Preußischen Statistischen Bureaus" in Berlin beteiligt (1805-34) und verfaßte zahlreiche statistische und volkswirtschaftliche Studien. An den Werken Mirabeaus, Adam Smiths und anderer orientiert, befaßte sich K. insbesondere mit Armut, Leibeigenschaft und Erbuntertänigkeit und veröffentlichte u. a. *Betrachtungen über den Nationalreichtum des preußischen Staats und über den Wohlstand seiner Bewohner* (2 Bde., 1805). 1804/05 gab er zusammen mit Ludwig Heinrich → Jakob die „Annalen der preußischen Staatswirtschaft und Statistik" heraus.

Krug, Wilhelm Traugott, Pseud. Urceus, Kantaros, Beatus Lucifer, Philosoph, * 22. 6. 1770 Radis bei Wittenberg, † 12. 1. 1842 Leipzig.

K., Sohn eines Gutspächters, studierte nach dem Besuch der Fürstenschule in Pforta Theologie und Philosophie in Wittenberg (bei Franz Volkmar → Reinhard), legte 1791 das Magisterexamen ab und setzte das Studium in Jena (bei Karl Leonhard → Reinhold) und Göttingen fort. 1794 habilitierte er sich in Wittenberg (*De pace inter philosophos*) und wurde Adjunkt der Philosophischen Fakultät. 1801 ging er als a. o. Prof. der Philosophie nach Frankfurt/Oder, wo er Wilhelmine Zenge, die ehemalige Verlobte Heinrich von → Kleists, heiratete und seine anonym veröffentlichten *Briefe über die Perfektibilität der geoffenbarten Religion* (1795) Anstoß erregten. Seit 1805 als Nachfolger → Kants in Königsberg, lehrte er 1809-34 an der Univ. Leipzig, zu deren Rektor er 1813 und 1830 gewählt wurde und um deren Reform er sich verdient machte (*Entwurf zur Wiedergeburt der Universität Leipzig und anderer Hochschulen, welcher ihr mehr oder weniger ähnlich sind*, 1829). Durch das Studium der kritischen Schriften Kants geprägt, distanzierte sich K. vom Deutschen Idealismus (*Briefe über die Wissenschaftslehre*, 1800; *Briefe über den neuesten Idealismus*, 8101, Nachdruck 1968). Er vertrat einen von ihm als Weiterentwicklung der Transzendentalphilosophie Kants aufgefaßten „transzendentalen Synthetizismus". K. verfaßte zahlreiche Schriften philoso-

phischen, theologischen, politischen, juristischen und enzyklopädischen Inhalts. Zu seinen Hauptwerken zählen *Fundamentalphilosophie oder urwissenschaftliche Grundlehre* (1803, ³1827, Nachdruck 1968), *System der theoretischen Philosophie* (3 Bde., 1806-10, ⁴1833), *Geschmackslehre oder Aesthetik* (1810), *System der praktischen Philosophie* (3 Bde., 1817-19), *Handbuch der Philosophie und der philosophischen Literatur* (2 Bde., 1820/21, ²1828, Nachdruck 1969) und *Allgemeines Handwörterbuch der philosophischen Wissenschaften, nebst ihrer Literatur und Geschichte* (5 Bde., 1827-29, ²1832-38, Nachdruck 1969 und 1970). Seine unter dem Pseudonym Urceus erschienene Autobiografie *Meine Lebensreise* (1825, ²1842) wurde später ergänzt durch *Leipziger Freuden und Leiden im Jahre 1830 oder das merkwürdigste Jahr meines Lebens* (1831).
WEITERE WERKE: Kleine philosophische Schriften. Leipzig 1796. – Aphorismen zur Philosophie des Rechts. Jena/Leipzig 1800. – Philosophie der Ehe. Ein Beitrag zur Philosophie des Lebens für beide Geschlechter. Leipzig 1800 (anonym). – Bruchstücke aus meiner Lebensphilosophie. Berlin/Stettin 1800/01. – Entwurf eines neuen Organons der Philosophie oder Versuch über die Principien der philosophischen Erkenntniß. Meißen/Lübben 1801. Nachdruck Brüssel 1969. – De poetica philosophandi ratione. Leipzig 1809. – Grundlage zu einer neuen Theorie der Gefühle und des sogenannten Gefühlsvermögens. Königsberg 1823. – Gesammelte Schriften. 12 Bde., Braunschweig/Leipzig 1830-41. – Der neue Pythagoras. Leipzig 1836. – Commentationes academicae partim ad theologiam partim ad philosophiam huiusque imprimis historiam spectantes. Leipzig 1838. – Drei Beiträge zur Philosophie des 19. Jahrhunderts. Leipzig 1839.
LITERATUR: Alfred Fiedler: Die staatswissenschaftlichen Anschauungen und die politisch-publizistische Tätigkeit des Nachkantianers W. T. K. Diss. Dresden 1933. – Ludwig Hasler: Gesunder Menschenverstand und Philosophie. Vom systematischen Sinn der Auseinandersetzung Hegels mit W. T. K. In: Hegel-Jahrbuch 1977/78, S. 239-248. – Friedbert Holz: K., W. T. In: NDB 13, 1982, S. 114-115. – Adolf Kemper: Gesunder Menschenverstand und transzendentaler Synthetismus. W. T. K. Philosoph zwischen Aufklärung und Idealismus. Münster 1988 (mit Bibliographie).

Kruse, Christian (Karsten) Hinrich, Pädagoge, Historiker, * 9.8.1753 Hiddigwarden, † 4.1.1827 Leipzig.
K. kam mit zehn Jahren in ein Waisenhaus in Halle, studierte 1773-75 Theologie und Geschichte an der dortigen Univ., unterrichtete daneben an der Mädchenschule des Waisenhauses, wurde Lehrer an der Lateinschule in Oldenburg und gehörte dort zu dem intellektuellen Kreis um Gerhard Anton von → Halem und 1779 zu den Begründern der Literarischen Gesellschaft. Seit 1788 war er Lehrer der beiden Söhne Herzog Peter Friedrich Ludwigs. K. trat in das Konsistorium ein und übernahm die Leitung des Gymnasiums und des Lehrerseminars in Oldenburg. Nach der Besetzung durch die Franzosen 1811 wurde er Prof. der historischen Hilfswissenschaften an der Univ. Leipzig. K. veröffentlichte u. a. einen *Atlas zur Uebersicht der Geographie und Geschichte der Europäischen Staaten* (1802-18).

Kütner, Karl August, Schriftsteller, Philologe, * 29.11.1748 Görlitz, † 1.1.1800 Mitau (Kurland).
K. studierte in Leipzig bis 1772 Philologie, war ein Jahr als Hofmeister in Rußland tätig und wurde nach seiner Rückkehr Lehrer, später Rektor an der Stadtschule von Mitau. 1775 ernannte ihn Peter von Biron, Herzog von Kurland, zum Prof. der griechischen Sprache an der neugegründeten Academia Petrina in Mitau. Er widmete sich vor allem der Pflege der kurländischen Literatur- und Kulturgeschichte und gab 1784/85 die „Mitausche Monatsschrift" heraus. K., der bereits in Leipzig Oden geschrieben hatte, setzte diese Tätigkeit in Mitau fort und veröffentlichte Gelegenheitsgedichte und Kantaten (*Kuronia oder Dichtungen und Gemälde aus den älteren kurländischen Zeiten*, 1791). Darüber hinaus schrieb er literaturgeschichtliche Untersuchungen und in Prosa abgefaßte Übersetzungen u. a. der *Ilias* und der *Argonauten*. → Lessing und → Klopstock waren seine Vorbilder als Philologen und Dichter.

Küttner, Carl Gottlob, Schriftsteller, * 18.2.1753 Wiedemar bei Leipzig, † 14.2.1805 Leipzig.
Der Pfarrerssohn studierte in Leipzig Philosophie und klassische Philologie, übernahm vor dem Abschluß des Studiums 1776 eine Hauslehrerstelle in der Schweiz und ging 1783 als Hofmeister nach England. Eigene Beobachtungen und intensive Quellenstudien verarbeitete er in den *Beyträgen zur Kenntniß vorzüglich des Innern von England und seiner Einwohner* (5 Bde., 1791-96). Als einer der ersten deutschen Reisenden beschrieb K. auch detailliert die Verhältnisse in Irland (*Briefe über Irland*, 1785). Nach Frankreichreisen (1787-91), deren Beschreibung er mit einer zeittypischen positiven Darstellung der Französischen Revolution verband, lebte er seit 1793 als Mitarbeiter und Übersetzer von Zeitschriften und Literaturzeitungen in Leipzig, unternahm aber auch weitere Reisen mit seinen englischen Zöglingen durch Italien und Nordeuropa.

Kummer, Paul Gotthelf, Buchhändler, Verleger, * 29.12.1750 Mutzschen bei Grimma, † 25.2.1835 Leipzig.
Bei J. S. Heinsius in Leipzig zum Buchhändler ausgebildet, wurde K. Gehilfe in Leipzig und Zürich und gründete 1776 einen eigenen Verlag in Leipzig, der seit 1784 mit Einzelausgaben und Sammlungen der Schriften August von → Kotzebues (insgesamt 106 Titel) bekannt wurde und darüber hinaus Schriften Leipziger Universitätsprofessoren verlegte. Wirtschaftlich befriedigend wurde jedoch erst seine 1790 gegründete Kommissionsbuchhandlung. K. ging 1789 vom Tauschverkehr zur Barzahlung über und begründete 1792 ein kurzlebiges Verkehrslokal für die Buchhändler, das sich jedoch erst

1798 als von Karl Christian Horvath gegründete „Buchhändler-Börse" durchsetzte. 1801 wurde er Mitglied im Redaktionsausschuß der Buchhändlerdeputation und war 1811-33 Vorsitzender des Ausschusses für Zensur- und Raubdruckfragen der sächsischen Bücherkommission in Leipzig. 1817 rief er zur Bildung einer neuen Interessenvertretung des Buchhandels auf, schloß sich jedoch wie die meisten Leipziger Buchhändler dem 1825 gegründeten „Börsenverein der Deutschen Buchhändler zu Leipzig" nicht an.

Kunth, (Gottlob Johann) Christian, Gewerbepolitiker, * 12. 6. 1757 Baruth, † 22. 11. 1829 Berlin. K. mußte das Jurastudium aus finanziellen Gründen 1776 abbrechen und wurde Erzieher Wilhelm und Alexander von → Humboldts in Berlin. 1789 trat er in den Staatsdienst ein, wurde Assessor beim Manufaktur- und Kommerzkollegium, bald darauf Leiter der technischen Deputation und 1801 des gesamten Kollegiums beim Generaldirektorium. Nach der Neugliederung der obersten Regierungsbehörden in Preußen übernahm er 1809 die Leitung der Sektion Gewerbepolizei, die er 1816 abgeben und mit der Stellung eines Generalhandelskommissars vertauschen mußte. Unter K. vollzog sich der Übergang der preuß. Gewerbepolitik von streng merkantilistisch ausgerichteten, bevormundenden Maßnahmen zur Freihandelspolitik. Er war stellvertretender Vorsitzender des Vereins zur Beförderung des Gewerbefleißes in Preußen, Herausgeber des „Gemeinnützigen Anzeigers" als Technik-Beilage zum „Intelligenzblatt", und schrieb *Über Nutzen und Schaden der Maschinen besonders in Fabriken* (1820). Die freihändlerische Fassung des Zollgesetzes von 1818 geht wesentlich auf K. zurück.

L

Lafontaine, August (Heinrich Julius), Pseud. Gustav Freier, Miltenberg, Selchow, Schriftsteller, * 5.10.1758 Braunschweig, † 20.4.1831 Halle/Saale.
L. studierte 1777-80 in Helmstedt Theologie, war danach Erzieher und Hauslehrer in Bartensleben, seit 1786 Hofmeister in Halle/Saale und wurde 1789 Feldprediger. 1801 gab L. dieses Amt auf und zog sich auf ein Landgut bei Halle zurück, wo er sich fortan der Schriftstellerei widmete. Als Günstling Friedrich Wilhelms III. hatte er kurzzeitig ein Kanonikat am Magdeburger Domstift inne. L. war einer der fruchtbarsten und meistgelesenen Autoren seiner Zeit. Er schrieb rund 160 Romane und Erzählungen, die fast alle dem Genre der trivial-sentimentalen Familien- und Gesellschaftsgeschichte zuzurechnen sind (u. a. *Familiengeschichten*, 12 Bde., 1797-04). L.s Werke erschienen durch zahlreiche Übersetzungen auch in Frankreich.
LITERATUR: Dirk Sangmeister: Bibliographie A. L. Bielefeld 1996. – Ders.: A. L. oder Die Vergänglichkeit des Erfolges. Leben und Werk eines Bestsellerautors der Spätaufklärung. Tübingen 1998.

Lambert, Johann Heinrich, Mathematiker, Naturwissenschaftler, Philosoph, getauft 26. (?) 8. 1728 Mülhausen (Elsaß), † 25. 9. 1777 Berlin.
Als Sohn eines hugenottischen Schneiders fand L. unter den damaligen gesellschaftlichen Bedingungen nur mühevoll Anerkennung, auf dem Wege über vorwiegend autodidaktische Aneignung von Bildung und moderner Wissenschaft, als Sekretär, Hauslehrer, Reisebegleiter. Die Suche nach angemessener wissenschaftlicher Tätigkeit führte ihn durch weite Teile Europas, in Deutschland u. a. nach Göttingen, Augsburg, München und Leipzig, ehe er 1765 Mitglied der Berliner Akademie und schließlich 1770 preuß. Oberbaurat wurde. Übertriebene Religiosität und Exzentrizität in Kleidung und Umgangsformen machten L. zu einer vielfach aufsehenerregenden Persönlichkeit.
Das wissenschaftliche Werk vom L. ist weitgefächert und umfaßt mehr als 150 Publikationen. In der Mathematik verdankt man ihm die Entwicklung der Funktionen Tangens und Tangens hyperbolicus in Kettenbrüche, den Beweis der Irrationalität von e und π (1767). L. leistete bedeutende Beiträge zur Theorie der Parallellinien und zur nichteuklidischen Geometrie. Er dürfte als erster die Bedingungen für winkeltreue bzw. flächentreue Kartenprojektionen formuliert haben. Eine die späteren darstellenden und projektiven Geometrien eng berührende und deren Ergebnisse vorwegnehmende Publikation *Die freye Perspektive oder Anweisung, jeden perspektivischen Aufriss von freyen Stücken und ohne Grundriss zu verfertigen* (1759) erlangte einige Verbreitung und sollte zugleich eine Konstruktionshilfe für bildende Künstler abgeben. Als umfangreichste mathematische Publikation erschienen 1765-72 die *Beyträge zum Gebrauch der Mathematik und deren Anwendung*, eine Sammlung vermischten Inhalts in vier Bänden.
L.s Beiträge zur Astronomie und insbesondere zur Kosmologie machten seinen Namen weithin bekannt. Neben seinen Studien über die Kometenbahnen waren es insbesondere seine *Cosmologischen Briefe über die Einrichtung des Weltbaues* (1761), die Aufsehen erregten. So erkannte L. die Milchstraße als eine Ansammlung von Tausenden von Sonnen und damit als astronomische Einheit höherer Ordnung, behauptete aber zugleich, daß sogar die Kometen und überhaupt das ganze Universum von menschenähnlichen Lebewesen bewohnt seien. Ferner war L. einer der Begründer des „Berliner Astronomischen Jahrbuchs oder Ephemeriden", das in der Folgezeit eine zentrale Rolle in der Kommunikation auf astronomischem Gebiet spielen sollte.
Zahlreiche physikalische Arbeiten L.s stellten sich das Ziel, objektive, vom Sinneseindruck unabhängige Meßmethoden einzuführen und mathematische Gesetzmäßigkeiten aufzustellen.
In seinen philosophischen Hauptwerken *Neues Organon oder Gedanken über die Erforschung und Bezeichnung des Wahren und dessen Unterscheidung von Irrthum und Schein* (1764) und *Anlage zur Architectonic, oder Theorie des Einfachen und des Ersten in der philosophischen und mathematischen Erkenntnis* (1771) strebte L. eine methodologische Verallgemeinerung seiner philosophischen und wissenschaftstheoretischen Ansichten an, wobei Logik und symbolische Bezeichnungen unter Bezug auf →Leibniz eine wesentliche Rolle spielten. Jedoch erfuhren seine philosophischen Positionen zwischen dem Rationalismus →Wolffs und dem Kritizismus →Kants bis jüngste Zeit höchst unterschiedliche Beurteilungen. Im Jahr 1752 begann L. sein *Monatsbuch*, in dem er, bis zu seinem Tod, die von ihm monatlich gemachten Entdeckungen und Hauptthemen seiner Studien festhielt.
WEITERE WERKE: Schriften zur Perspektive. Hrsg. v. Max Steck. Berlin 1943. – Opera mathematica. Hrsg. v. Andreas Speiser. 2 Bde., Zürich 1946-48. – Philosophische Schriften. Hrsg. v. Hans-Werner Arndt. Nachdruck Hildesheim 1965 ff. – J. H. L.s deutscher gelehrter Briefwechsel. Hrsg. v. Johann Bernoulli. 5 Bde., Berlin 1781-87.
LITERATUR: Max Steck: Bibliographia Lambertiana. Hildesheim 1970. – Ders.: Der handschriftliche Nachlaß von J. H. L. (1728-1777). Basel 1977. – Robert Zimmermann: L., der Vorgänger Kants. Wien 1879. – Johannes Lepsius: J. H. L. Eine Darstellung seiner kosmologischen und philosophischen Leistun-

gen. München 1881. – Otto Baensch: J. H. L.s Philosophie und seine Stellung zu Kant. Tübingen 1902. Nachdruck Hildesheim 1978. – Christoph J. Scriba: J. H. L. In: DSB, Bd. 7, 1973, S. 595-600. – Norbert Hinske: Stellenindex zu J. H. L. 4 Bde., Stuttgart 1983-87. – P. Schreiber: J. H. L. In: Lexikon bedeutender Mathematiker. Leipzig 1990, S. 270-271. – Gesine Leonore Schiewer: Cognitio symbolica. L.s semiotische Wissenschaft und ihre Diskussion bei Herder, Jean Paul und Novalis. Tübingen 1996.

Hans Wußing

Lamey, Andreas, Bibliothekar, Historiker, * 20. 10. 1726 Münster (Elsaß), † 17. 3. 1802 Mannheim.
L. studierte an der Univ. Straßburg Theologie, Philosophie und Mathematik, wurde Amanuensis von Johann Daniel → Schöpflin und 1761 Bibliothekar an der Straßburger Universitätsbibliothek. 1763 berief ihn Kurfürst Karl Theodor von der Pfalz an die neugegründete kurpfälzische Akademie der Wissenschaften in Mannheim. Seit 1766 nahm L. die Bücher- und Zeitungszensur wahr und gab von 1767 an die „Mannheimer Zeitung" heraus. Er verfaßte zahlreiche Schriften zur pfälzischen Regionalgeschichte und zur provinzialrömischen Archäologie und gab das Lorscher Urkundenbuch (*Codex Laureshamensis*, 3 Bde., 1768-70) heraus.

Lamprecht, Jakob Friedrich, Schriftsteller, * 1. 10. 1707 Hamburg, † 8. 12. 1744 Berlin.
L. studierte Philosophie und Jura an der Univ. Leipzig und wurde, von Johann Christoph → Gottsched gefördert, Mitglied der Deutschen Gesellschaft und 1737 Redakteur des „Hamburgischen Correspondenten". Seit 1740 lebte er in Berlin, wo er als Mitarbeiter der „Berlinischen Nachrichten" und Herausgeber der Wochenschrift „Der Weltbürger" tätig war. 1742 wurde L. zum Geheimen Sekretär des Königs → Friedrich II. im Departement der auswärtigen Angelegenheiten ernannt und 1744 in die Kgl. Akademie der Wissenschaften aufgenommen. L.s schriftstellerisches Werk umfaßt u. a. patriotische Texte (*Lobrede auf die alten Teutschen*, 1735), Gelegenheitsgedichte und Übersetzungen aus dem Französischen.

Lang, Karl Heinrich Ritter von, Historiker, Archivar, Schriftsteller, * 7. 7. 1764 Balgheim bei Nördlingen, † 26. 3. 1835 Ansbach.
Der früh verwaiste Pfarrerssohn studierte 1782-85 Rechtswissenschaften in Altdorf und trat 1786 in den Dienst der Fürstlich Oettingenschen Regierung. 1788-90 unternahm er Reisen nach Wien, Ungarn und Amsterdam, war zeitweise als Hofmeister tätig und wurde 1790 Sekretär beim Fürsten von Öttingen-Wallerstein. 1792 setzte er sein Studium in Göttingen fort; 1795 erhielt er auf Vermittlung → Hardenbergs die Stelle eines Archivars in Bayreuth, wurde 1798 Kriegs- und Domänenrat im preuß. Ansbach. Seit 1806 stand L. als Regierungsdirektor des Rezatkreises in bayerischen Diensten, wurde 1810 nach München versetzt und war Direktor des Landes-, seit 1812 des Reichsarchivs. 1815 kehrte er in sein altes Amt nach Ansbach zurück und nahm nach dem Sturz → Montgelas', für den L. publizistisch eingetreten war, 1817 seinen Abschied. Seit 1811 war er Mitglied der Bayerischen Akademie der Wissenschaften. In Quellenwerken und historischen Studien (u. a. *Neuere Geschichte des Fürstenthums Baireuth*, 3 Bde., 1798-1811) legte L. Grundlagen der neuzeitlichen Landesgeschichte. Seine oft satirischen *Memoiren* (2 Bde.) erschienen postum 1842 und sind spät von der Forschung als wichtige Quelle anerkannt worden.

Lange, Martin, Mediziner, * 12. 9. 1753 Kronstadt, † 17. 6. 1791 Bodok.
Das Studium der Rechtswissenschaften brach L. ab, um in Göttingen, Wien und Thyrnau Medizin zu studieren, und wurde in Erlangen promoviert. Er ließ sich als praktischer Arzt in seiner Heimatstadt nieder und wurde 1783 zweiter Stadtphysikus, 1786 Physikus des Háromszéker Komitats. 1789 erfolgte seine Aufnahme in die Deutsche Akademie der Naturforscher Leopoldina. Durch seine schriftstellerische Tätigkeit machte sich L. besonders um die medizinische Aufklärung verdient. Er veröffentlichte u. a. *Ueber die Lebensordnung zur Zeit epidemisch grassirender Faulfieber und besonders der Pest* (1786).
WEITERE WERKE: Rudimenta doctrinae de peste. Wien 1784. Offenbach 1791. – Ueber die häufigen Viehseuchen in Siebenbürgen. Hermannstadt 1791.

Lange, Samuel Gottlieb, evang. Theologe, Philosoph, * 5. 4. 1767 Ohra bei Danzig, † 15. 6. 1823 Rostock.
Der Pfarrerssohn studierte Theologie und Philosophie in Jena, habilitierte sich 1795 und wurde im selben Jahr Adjunkt an der Philosophischen Fakultät. Seit 1796 a. o. Prof. der Philosophie, wurde L. 1798 a. o. Prof. der Theologie und ging im selben Jahr als o. Prof. der Theologie und Prediger an der Heiliggeistkirche nach Rostock. In seinen Werken *System der theologischen Moral* (1801) und *Versuch einer Apologie der Offenbarung* (1794) erweist sich L. als Anhänger des Kantischen Realismus.
WEITERE WERKE: Über die Bedürfnisse eines neuen Systems der christlichen Theologie. Rostock 1804. – Lehrbuch der reinen Elementarlogik. Rostock 1820, ²1821.

Langer, Ernst Theodor, Bibliothekar, * 23. 8. 1743 Breslau, † 24. 2. 1820 Wolfenbüttel.
Der Kaufmannssohn schlug zunächst die militärische Laufbahn ein, wurde Offizier, mußte jedoch infolge einer schweren Verwundung seinen Dienst quittieren und war nach Fortsetzung seiner Studien als Hofmeister tätig. In Leipzig, wohin L. einen seiner Schüler an die Univ. begleitete, lernte er → Goethe kennen, übernahm 1771 eine Stelle als Erzieher in St. Petersburg und erhielt auf Vermittlung → Lessings 1781 die Stelle des Bibliothekars an der Herzoglichen Bibliothek in Wolfenbüttel. Bis 1820 dort tätig, befaßte er sich vor allem mit bibliographischen und literaturgeschichtlichen Forschungen.

La Roche, (Marie) Sophie von, geb. Gutermann Edle von Gutershofen, Schriftstellerin, * 6.12.1730 Kaufbeuren, † 15.2.1807 Offenbach.
Die in pietistischem Geist erzogene L. wurde 1754 gegen ihren Willen mit Georg Michael Frank von L. verheiratet. Ihrer unerfüllten Ehe und den gesellschaftlichen Verpflichtungen, die sich aus der Stellung ihres Mannes als kurmainzischen Hofrats ergaben, suchte L. durch schriftstellerische Tätigkeit zu entfliehen. Unter Anteilnahme Christoph Martin → Wielands, mit dem sie seit langem eine tiefe Freundschaft verband, entstand die in Anlehnung an Richardsons Briefromane konzipierte *Geschichte des Fräuleins von Sternheim* (1771). L. verband darin aufklärerische Ziele mit einer bisher unbekannten intensiven Schilderung erlebter Gefühle und Empfindungen. Durch ihren Erstlingsroman schlagartig berühmt geworden, führte L. in den folgenden Jahren in Ehrenbreitstein einen literarischen Salon, der u. a. von → Goethe und Johann Caspar → Lavater frequentiert wurde. Ihr umfangreiches Werk war wegbereitend für die Entwicklung der modernen Unterhaltungsliteratur und erschloß mit den Frauen aus dem gebildeten Bürgertum ein neues Lesepublikum. L. war Herausgeberin der Zeitschrift „Pomona für Deutschlands Töchter". Sie lebte zuletzt in Offenbach.

Lassaulx, Franz von, auch Lasaulx, Jurist, Publizist, * 21.7.1781 Koblenz, † 2.4.1818 Nancy.
Der unter dem Eindruck der Französischen Revolution und ihrer militärischen und sozialen Folgen in Koblenz aufgewachsene L. gründete 1797 mit Gleichgesinnten einen republikanischen Klub. Nach Abtretung der Rheinprovinz an Frankreich wurde er 1798 Übersetzer am Koblenzer Kriminalgericht, gab dieses Amt jedoch nach dem napoleonischen Staatsstreich bereits 1799 wieder auf. Danach war er als freischaffender Publizist und Advokat tätig. In der durch seinen Vater erworbenen Druckerei brachte er u. a. 1801-03 die „Koblenzer Zeitung" heraus. Seine Vorbereitungen zur Herausgabe einer deutschen Fassung des *Code Napoléon* (4 Bde., 1808-15) führten 1806 zu seiner Berufung auf den Lehrstuhl für Zivilrecht der neueingerichteten Koblenzer Schule für Rechtswissenschaft. 1813 wurde er Generalinspektor der Kaiserlichen Univ. für die Rechtsfakultäten und übersiedelte noch im selben Jahr nach Frankreich. L. war mit Achim von Arnim und Clemens Brentano befreundet.

Lau, Theodor Ludwig, Philosoph, Politiker, * 15.6.1670 Königsberg (Preußen), † Februar 1740 Altona (heute zu Hamburg).
L. studierte in Königsberg und seit 1694 in Halle, wo er bei Christian → Thomasius Vorlesungen über Jura und Volkswirtschaftslehre hörte. 1695 brach er zu einer Reise auf, die ihn nach Holland, England und Frankreich führte, kehrte 1701 zurück, trat in die Dienste Herzog Friedrich Wilhelms von Kurland und wurde Staats- und Ordensrat sowie Kabinettsdirektor. Nach dem Tod des Herzogs 1711 verließ er den Hof. 1717 verfaßte L. in Frankfurt/Main die Schrift *De Deo, Mundo, Homine*, die konfisziert wurde und ihm eine Klage wegen Atheismus einbrachte. 1719 veröffentlichte er eine ähnliche Schrift und ein nationalökonomisches Werk. 1722 wurde L. aus Frankfurt ausgewiesen, 1725 in Erfurt promoviert und verbrachte seit 1727 einige Jahre in Königsberg. Seit 1736 ist er in Altona nachgewiesen. L. schrieb zahlreiche Arbeiten politischen, wirtschaftlichen und philosophischen Inhalts. Er ist dem Kameralismus zuzuordnen; in der Philosophie war er ein Schüler Spinozas.
WERKE: T. L. L. Dokumente. Mit einer Einleitung hrsg. v. Martin Pott. Stuttgart-Bad Cannstatt 1992.
LITERATUR: Materialisten der Leibniz-Zeit. Ausgewählte Texte. Hrsg. v. Gottfried Stiehler. Berlin 1966.

Laukhard, Friedrich Christian (Heinrich), evang. Theologe, Schriftsteller, * 7.6.1757 Wendelsheim bei Alzey (Pfalz), † 28.4.1822 Kreuznach.
L. studierte Theologie in Gießen und Göttingen, fand jedoch nach Abschluß seiner Studien keine feste Anstellung, so daß er sich 1783 für den Eintritt in die preuß. Armee entschied. 1793 in französische Gefangenschaft geraten, lernte er das revolutionäre Frankreich kennen und schloß sich für kurze Zeit der Revolutionsarmee an. Nach seiner Rückkehr nach Deutschland 1795 finanzierte L. seinen Lebensunterhalt als freier Schriftsteller und Privatlehrer. 1804-11 war er Pfarrer in Veitsrodt im Saardepartement und zog danach wieder ruhelos durch das Land. L. veröffentlichte u. a. eine Autobiographie *Leben und Schicksale, von ihm selbst beschrieben* (5 Tle. in 6 Bänden, 1792-1802).

Lavater, Johann Caspar, evangelisch-reformierter Theologe, Schriftsteller, * 15.11.1741 Zürich, † 2.1.1801 Zürich.
Sohn eines angesehenen Zürcher Arztes, wurde L. nach humanistischer Schulbildung und Theologiestudium am Collegium Carolinum ordiniert (1762). Seine erste Anstellung erhielt er erst 1769, und erst spät wurde er Diakon (1778) und Pfarrer (1786) an St. Peter in Zürich. Nach der erfolgreichen Klage gegen den korrupten Regierungsbeamten Felix Grebel (*Der ungerechte Landvogt*, 1762) verbrachte er neun Monate bei dem Propst Johann Joachim → Spalding in Barth (Vorpommern), ohne sich jedoch mit dessen theologischen Positionen anzufreunden. Gegenüber Orthodoxie, Pietismus und Neologie nahm L. vielmehr eine selbständige Stellung ein. Im Gegensatz zur Vernunftgläubigkeit seiner Zeit ebenso wie zur kirchlichen Lehre postulierte er, von der Autorität der biblischen Offenbarung überzeugt, die fortdauernde Möglichkeit der Offenbarung nicht allein geistlicher und moralischer Wahrheiten, sondern auch physisch wahrnehmbarer, das natürliche Leben verwandelnder göttlicher Kräfte, wie sie Jesus Christus einst zur Verfügung standen und wie er sie seinen gläubigen Jüngern aller Zeiten verbürgt habe. L. fand damit zu einem vertieften und umfassenden Verständnis von Erlösung zurück: Christus als Mittler wurde ihm zum Medium einer Steigerung der Natur und zum Modell der Gottebenbildlichkeit des Menschen.

Seine *Aussichten in die Ewigkeit* (1768-78) und sein *Geheimes Tagebuch* (1771) fanden begeisterte Leser. Seine *Physiognomischen Fragmente* (1775-78), in denen er anhand von Bildbeispielen die Entsprechung der äußeren Gesichtszüge und der inneren Wesenszüge der Menschen nachzuweisen versuchte, weckten Bewunderung und Kritik, letztere besonders von Georg Christoph →Lichtenberg. Die ausgebreitete Korrespondenz, die er pflegte, machte ihn weithin bekannt. Mit seiner anhaltenden, geradezu schwärmerischen Suche nach unbezweifelbaren Wirkungen des Übernatürlichen zum Zweck eines sicheren Gottesbeweises wurde er wiederholt zum Opfer von Betrügern (Gassner, Cagliostro u. a.). Selbst die langjährige Freundschaft mit →Goethe (seit 1773) ließ er darüber zerbrechen (1786). In Predigt und Seelsorge widmete er sich treulich den Forderungen seines städtischen Pfarramtes. So leistete er zuletzt Widerstand gegen die Besetzung der Schweiz durch die Truppen der Französischen Revolution (1798). Nach langem Leiden erlag er der Schußverletzung durch einen ihrer Soldaten. Weit mehr als nur „ein frommer Außenseiter" (Emanuel Hirsch), hat L. seine Zeitgenossen religiös stark angeregt.

WERKE: Ausgewählte Werke. Hrsg. v. Ernst Staehelin. 4 Bde., Zürich 1943. – Eine Neuedition ist in Zürich in Vorbereitung.
LITERATUR: Heinrich Funck (Hrsg.): Goethe und L. Weimar 1901. – Paul Wernle: Der schweizerische Protestantismus im XVIII. Jahrhundert. Bd. 3, Tübingen 1925. – Hubert Schiel: Sailer und L. Köln 1928. – Horst Weigelt: L., Leben, Werk und Wirkung. Göttingen 1991. – Gerhard Ebeling: Genie des Herzens unter dem genius saeculi. L. als Theologe. In: Zeitschrift für Theologie und Kirche 89 (1992) S. 59-97. – Karl Pestalozzi (Hrsg.): Das Antlitz Gottes im Antlitz des Menschen. Zugänge zu J. C. L. Göttingen 1994.

Gustav Adolf Benrath

Lehne, (Johann) Friedrich (Franz), Bibliothekar, Schriftsteller, * 8. 9. 1771 Gernsheim, † 15. 2. 1836 Mainz.
L. wuchs in Mainz auf, wo er Geschichte und „belles lettres" studierte. Seit 1792, nach der Eroberung von Mainz, gehörte er dem Jakobinerklub an und arbeitete in der neuen Verwaltung. Nach der Rückeroberung von Mainz 1793 floh L. nach Paris, kehrte 1798 nach Mainz zurück, war kurzzeitig Redakteur des „Beobachters vom Donnersberg" und wurde 1799 Prof. der Schönen Wissenschaften, 1814 Stadtbibliothekar. 1816-22 schrieb er für die „Mainzer Zeitung". L. verfaßte anfangs revolutionär-demokratische Lyrik (u. a. *Versuche republikanischer Gedichte*, 1796), später lokalhistorische Schriften.

Leibniz, Gottfried Wilhelm, Universalgelehrter, * 21. 6. 1646 Leipzig, † 14. 11. 1716 Hannover.
Der Sohn eines Professors der Moral studierte in Leipzig und Jena und wurde 1667 an der Univ. Altdorf zum Doktor beider Rechte promoviert. Er schlug die ihm angebotene Professur aus, da ihm die praktische Wirksamkeit ebenso wichtig war wie die theoretischen Studien, und trat als Rechtsberater in die Dienste des Mainzer Kurfürsten. Naturphilosophische Gedanken veröffentlichte er 1671 in der *Hypothesis physica nova*. 1672 reiste er in diplomatischer Mission nach Paris, wo er mit dem *Consilium Aegyptiacum* vergeblich versuchte, das gegen die Niederlande und Deutschland gerichtete Expansionsstreben Ludwigs XIV. auf das Osmanische Reich umzulenken. Der Kontakt mit den Pariser Gelehrten (Antoine Arnauld, Christiaan Huygens, Nicolas Malebranche, Edme Mariotte u. a.) war von prägender Bedeutung. Bei einer Reise nach London (1673) stellte er ein erstes Modell seiner Rechenmaschine vor und wurde zum Mitglied der Royal Society gewählt. 1675 entwickelte er die Differential- und Integralrechnung. In Paris lernte er auch den sächsischen Gelehrten Ehrenfried Walther von →Tschirnhaus kennen, mit dem ihn eine lebenslange Freundschaft verband. 1676 reiste L. über London und die Niederlande – wo er mit Spinoza zusammentraf – nach Hannover, um dort als Bibliothekar und (seit 1678) als Hofrat in den Dienst des Herzogs Johann Friedrich zu treten; er blieb auch unter den Nachfolgern des Herzogs bis zu seinem Lebensende in diesem Amt.
L.' jahrelange Bemühungen, mit Hilfe von Windmühlen die Harzer Silberbergwerke zu entwässern, führten nicht zum Erfolg. 1686 verfaßte L. den *Discours de métaphysique*, die erste zusammenfassende Darstellung seiner reifen Philosophie, mit der er auf die Substanzlehren von Descartes und Spinoza antwortete. Im Mittelpunkt dieser erst nach seinem Tod veröffentlichten Abhandlung steht die einfache Substanz (seit 1695: Monade); sie ist die Empfindungsfähigkeit (bei höheren Lebewesen: Seele) eines individuellen Lebewesens. Die Abläufe in Körper und Seele stehen in exakter Entsprechung zueinander, ohne daß eine wechselseitige Beeinflussung vorläge. 1685 beauftragte ihn Herzog Ernst August – dessen politische Bestrebungen (u. a. Erwerb der Kurfürstenwürde) er unterstützte – mit der Abfassung einer Geschichte des Welfenhauses. Von 1687 bis 1690 unternahm er eine Forschungsreise nach Süddeutschland, Österreich und Italien, um in den dortigen Archiven zu arbeiten.
L. arbeitete bis zu seinem Tod an der Welfengeschichte, ohne sie zu vollenden. Im Zusammenhang damit gab er eine Anzahl mittelalterlicher Geschichtsquellen (*Accessiones historicae, Scriptores rerum Brunsvicensium*) heraus, die teilweise bis heute in keiner anderen Ausgabe vorliegen.
Ende der achtziger und in den neunziger Jahren stellten sich die führenden Mathematiker Europas (neben L. vor allem Huygens, Newton, Jakob und Johann →Bernoulli) gegenseitig eine Reihe von Problemen, die mit der von Newton und L. unabhängig voneinander entwickelten Differential- und Integralrechnung gelöst werden konnten und die L.' Ruhm als Mathematiker begründeten. 1700 wurde L. als auswärtiges Mitglied in die Académie des Sciences aufgenommen. L. konzipierte als erster eine Rechenmaschine, die auf dem binären Zahlensystem beruhte; sie blieb jedoch Entwurf. Seine Arbeiten zur Determinanten-

rechnung und zur Analysis situs teilte er nur einigen Briefpartnern mit.

Seit Anfang der neunziger Jahre war L. auch als Bibliothekar in Wolfenbüttel tätig; aus den dortigen Beständen gab er Quellen zum Völkerrecht (*Codex juris gentium*) heraus. 1696 wurde er in Hannover zum Geheimen Justizrat ernannt. Gemeinsam mit dem Loccumer Abt Gerard Wolter Molanus bemühte er sich seit 1683 in Gesprächen und in der Korrespondenz mit kath. Bischöfen lange Jahre um eine Wiedervereinigung der Lutheraner und Katholiken, seit 1698 auch um die Vereinigung der Lutheraner und Reformierten. In Hannover war die Kurfürstin → Sophie für L. eine wichtige Gesprächs- und Briefpartnerin. Nach der Veröffentlichung der *Novissima sinica* 1697, in denen er zum Studium der chinesischen Kultur aufforderte, dehnte sich sein Briefwechsel mit Jesuitenmissionaren in China aus. Bei seinen häufigen Aufenthalten in Berlin führte er philosophische Gespräche mit Königin Sophie Charlotte, die sich als seine Schülerin bezeichnete. Mit ihrer Hilfe hatte er den brandenburgischen Kurfürsten Friedrich III. für die Gründung der Akademie der Wissenschaften in Berlin gewinnen können, deren erster Präsident er 1700 wurde. Als Antwort auf den englischen Philosophen John Locke entstanden 1703-05 die *Nouveaux Essais sur l'entendement humain*; wegen Lockes Tod verzichtete L. jedoch auf die Veröffentlichung, so daß das erkenntnistheoretische Fragen behandelnde Werk erst 1765 gedruckt wurde. In der Auseinandersetzung mit dem Skeptiker Pierre Bayle entstand die 1710 gedruckte *Théodicée*, die in den folgenden Generationen als Grundbuch der Gebildeten galt und in der die These von der besten aller möglichen Welten als Rechtfertigung Gottes angesichts des Übels in der Welt entwickelt wurde.

L.' Anregungen und Pläne zur Gründung von Akademien in St. Petersburg, Dresden und Wien wurden zu seinen Lebzeiten nicht realisiert. Er unternahm zahlreiche Reisen, mitunter trotz ausdrücklichen Verbots des Kurfürsten Georg Ludwig, der über das langsame Fortschreiten der Welfengeschichte verärgert war. L. traf 1711, 1712 und 1716 mit Zar Peter dem Großen zusammen. Er entwickelte Vorschläge zur Rechtsreform und zum Bildungswesen in Rußland. 1712 ernannte Kaiser Karl VI. ihn zum Reichshofrat. Zu seinen Vorschlägen für das „allgemeine Beste", die er dem Kaiser ebenso wie anderen Fürsten machte, zählen Entwürfe zur Förderung der Manufakturen, zur Münzreform, zur Einrichtung von Versicherungen und einer Medizinalbehörde. Für Prinz Eugen von Savoyen, mit dem L. in Wien Gespräche führte, verfaßte er die *Principes de la nature et de la grâce fondés en raison* als eine kurze Zusammenfassung seiner Philosophie. 1714 entstand seine wohl bekannteste Schrift, die sogenannte *Monadologie*. Ein Prioritätsstreit mit Newton um die Entwicklung der Differential- und Integralrechnung machte ihm in seinen letzten Lebensjahren zu schaffen. 1715/16 führte er mit Samuel Clarke, der die naturphilosophischen Ansichten Newtons vertrat, eine Korrespondenz über Raum und Zeit sowie den Begriff des Naturgesetzes.

Seine Arbeiten zur Sprachwissenschaft standen in enger Verbindung mit seinen historischen Forschungen (u. a. zur Völkerwanderung); die *Collectanea etymologica* erschienen erst kurz nach seinem Tod. Durch seinen Schüler Christian → Wolff erlangte L. im 18. Jh. eine einflußreiche Stellung in der Philosophie der Aufklärung, vor allem in Deutschland. L. gilt als der letzte Universalgelehrte.

AUSGABEN: Sämtliche Schriften und Briefe (Akademie-Ausgabe). Darmstadt (später Berlin) 1923 ff. (bisher 37 Bde.). – Mathematische Schriften. Hrsg. v. Carl Immanuel Gerhardt. 7 Bde., Berlin (später Halle) 1849-60. – Werke. Hrsg. v. Onno Klopp. 11 Bde., Hannover 1864-84. – Philosophische Schriften. Hrsg. v. Carl Immanuel Gerhardt. 7 Bde., Berlin 1875-90. – Philosophische Schriften. Hrsg. v. Hans Heinz Holz/ Wolf von Engelhardt/Herbert Herring. 4 Bde., Frankfurt/Main 1965-92. Neuausg. 1996. – Hauptschriften zur Grundlegung der Philosophie. Hrsg. v. Ernst Cassirer. 2 Bde., Hamburg ⁴1996. – Leibniz: Philosophische Schriften und Briefe. Hrsg. v. Ursula Goldenbaum. Berlin 1992.

LITERATUR: Emile Ravier: Bibliographie des œuvres de L. Paris 1937. – Albert Heinekamp (Hrsg.): L.-Bibliographie. [Bd. 1], Frankfurt/Main ²1983. Bd. 2, Frankfurt/Main 1996 (erfaßt die Sekundärliteratur). – Eduard Bodemann: Die L.-Handschriften in der Bibliothek zu Hannover. Hannover/Leipzig 1895. – Eduard Bodemann: Der Briefwechsel des G. W. L. in der Bibliothek zu Hannover. Hildesheim 1895. – Wilhelm Totok/Carl Haase (Hrsg.): L. Sein Leben – sein Wirken – seine Welt. Hannover 1966. – Kurt Müller/Gisela Krönert: Leben und Werk von L. Eine Chronik. Frankfurt/Main 1969. – Albert Heinekamp/ Franz Schupp (Hrsg.): L.' Logik und Metaphysik. Darmstadt 1988. – Klaus Erich Kaehler: L.' Position der Rationalität. Freiburg/Breisgau 1989. – Eric J. Aiton: G. W. L. Eine Biographie. Frankfurt/Main 1991. – Michael Fichant (hrsg.): L. De l'horizon de la doctrine humaine. Paris 1991. – Michael Thomas Liske: L. München 2000. *Herbert Breger*

Leisewitz, Johann Anton, Schriftsteller, * 9.5.1752 Hannover, † 10.9.1806 Braunschweig. L. studierte Rechtswissenschaften in Göttingen, wo er durch die Bekanntschaft mit Gottfried August → Bürger, Ludwig Christoph Heinrich Hölty und Heinrich Christian → Boie 1774 Aufnahme in den „Göttinger Hain" fand. Die Unzufriedenheit mit dem Anwaltsberuf, den er seit 1774 in Hannover ausübte, veranlaßte ihn, sich im folgenden Jahr an einem Dramenwettbewerb in Hamburg zu beteiligen. Das von ihm eingereichte Trauerspiel *Julius von Tarent* über einen Bruderzwist unterlag, wurde allerdings 1776 in Berlin von der Doebbelinschen Truppe uraufgeführt. Das formal an der dramaturgischen Geschlossenheit → Lessings orientierte Drama wurde von der Kritik positiv aufgenommen und mehrfach nachgedruckt. Auf → Schiller übte es großen Einfluß aus. Es blieb jedoch das einzige vollendete Werk L.', der seit 1778 in braunschweigischen Diensten stand. Als Lehrer des

Erbprinzen gewann er seit 1786 das Vertrauen des Herzogs von Braunschweig, der ihn 1790 zum Hofrat, 1801 zum Geheimen Justizrat und 1805 zum Präsidenten des Obersanitätskollegiums ernannte.

Lenz, Jakob (Michael Reinhold), Schriftsteller, * 23. 1. 1751 Seßwegen (Livland; heute Casvaine, Lettland), † 3./4. 6. 1792 Moskau.

Der neben →Goethe und →Schiller bedeutendste Dichter des Sturm und Drang, Sohn eines Pfarrers und einer Pfarrerstochter, wuchs in Dorpat auf, studierte seit 1768 in Königsberg Theologie und besuchte Philosophie-Vorlesungen von →Kant. 1771 brach er das Studium ab und reiste als Begleiter der Barone von Kleist nach Straßburg. Dort befreundete er sich mit Goethe, Heinrich Leopold Wagner, Johann Heinrich →Jung-Stilling u. a. im Umkreis der „Sozietät", dem Lese- und Diskussionskreis Johann Daniel Salzmanns. Seit 1774 als freier Schriftsteller tätig, seit April 1776 in Weimar, wurde er dort nach einer Indiskretion gegenüber Goethe am 1.12.1776 ultimativ ausgewiesen. Mitte November 1777 brach eine Psychose aus. Es folgten Aufenthalte bei Johann Georg →Schlosser in Emmendingen/Breisgau und bei dem Pfarrer Johann Friedrich →Oberlin in Waldersbach (Elsaß). Mitte 1779, relativ geheilt, nach Riga ins Elternhaus zurückgeholt, wurde er vom Vater gezwungen, Livland zu verlassen. Zwei Versuche, in St. Petersburg eine Existenz aufzubauen, scheiterten. Er mußte nach Moskau übersiedeln, wo er bis zu seinem Tod blieb. L. verliebte sich mehrmals in Frauen, die seine Liebe nicht erwiderten; er blieb unverheiratet. Bekannt mit vielen bedeutenden Persönlichkeiten seiner Zeit, waren neben Goethe die wichtigsten Freunde Johann Gottfried →Herder und Johann Caspar →Lavater.

L. ist einer der Begründer des Sturm und Drang. Die *Anmerkungen übers Theater* (1774) wenden sich in pointierter Sprache gegen die herrschende Regelpoetik und treten für eine vom Genie bestimmte freie Form des Dramas ein. Die Dramen *Der Hofmeister* (1774), *Der neue Menoza* (1774), *Die Soldaten* (1776), *Die Freunde machen den Philosophen* (1776) verbinden eine psychologisierende Darstellung bürgerlicher Familien- und Liebeskonflikte mit Gesellschaftskritik. Die tragische Dimension seiner Komödien macht L. zum Begründer der deutschen Tragikomödie. Die Novelle *Zerbin oder die neuere Philosophie* ergreift – als einzige der Dichtungen über Kindsmord – Partei für die Mutter. Liebesleid und der drohende psychische Zusammenbruch sind Hauptthemen seiner Lyrik. Konflikte zwischen sinnlicher Liebe und Askese, Selbstverwirklichung und Gehorsam behandeln moralisch-theologische Schriften. Der „radikalste Vertreter" der Sturm-und-Drang-Epoche (Sigrid Damm) ist zugleich ihr einziger sozialkritischer Protagonist. Viel stärker als die befreundeten Dichter hat er seine literarische Oppositionsrolle als politische verstanden. In der Literatursatire *Pandämonium Germanicum* (entstanden 1775) verherrlichte er Goethe als Dichtergenie, wehrte sich dann gegen dessen beginnenden Konservatismus im Dienst des Herzogs →Karl August Ende 1775 und kritisierte ihn in dem Roman *Der Waldbruder* (entstanden 1776) als angepaßten Epikuräer. Die scharfe Kritik am Absolutismus in der Schrift *Über die Soldatenehen* (entstanden 1776) veranlaßte Goethe, deren Veröffentlichung zu verhindern. In Moskau schloß er sich den russischen Oppositionellen um Nikolai Iwanowitsch Nowikow an, deren Verfolgung durch die russische Regierung 1792 zum Verlust seiner Wohnung und zum Tod auf der Straße führte.

WEITERE WERKE: Das Tagebuch (Roman, entstanden 1774). – Moralische Bekehrung eines Poeten (Erzählung, entstanden 1775). – Die beiden Alten (Komödie, 1776). – Der Engländer (Tragödie, 1777). – Der Landprediger (Erzählung, 1777). – Etwas über Philotas' Charakter (Erzählung, 1781). – Die sizilianische Vesper (Tragödie, 1781). – J. M. R. L. Werke und Briefe. Hrsg. v. Sigrid Damm. 3 Bde., Leipzig/München/Wien 1987. – Die historisch-kritische Ausgabe ist in Vorbereitung.

LITERATUR: Matvej N. Rosanow: J. M. R. L. Leipzig 1909. Neudr. Leipzig 1972. – Sigrid Damm: Vögel, die verkünden Land. Das Leben des J. M. R. L. Berlin/Weimar 1985. – Hans Gerd-Winter: J. M. R. L. Stuttgart 1987. – L.-Jahrbuch. Bd. 1 ff., St. Ingbert 1991 ff. *Rüdiger Scholz*

Leopold II., Erzherzog von Österreich, Großherzog von Toskana (Pietro Leopoldo), König von Ungarn, römisch-deutscher Kaiser, * 5. 5. 1747 Schönbrunn bei Wien, † 1. 3. 1792 Wien.

Als dritter Sohn des Kaisers Franz I. und Maria Theresias war L. zunächst zur Vermählung mit der Erbin von Modena bestimmt. Nach dem Tod seines älteren Bruders Karl 1761 trat er jedoch an dessen Stelle als Brautwerber der spanischen Infantin Maria Luisa und Anwärter auf die Regentschaft in seines Vaters Großherzogtum Toskana. Die Vermählung fand 1765 in Innsbruck statt. Der Ehe entstammten 16 Kinder. Als geschickter und wißbegieriger Schüler vortrefflicher Lehrer war L. für seinen Beruf gut qualifiziert. Er betraute die reformfreudigen Aufklärer Pompeo Neri, Angelo Tavanti und Francesco Gianni mit den wichtigsten Regierungsstellen. Graf Rosenberg-Orsini vertrat die gesamthabsburgischen Interessen. L. begann seine Reformen mit der Einführung des Freihandels für Getreide und Brot (1767) und der Aufhebung der von seinem Vater eingeführten Generalpacht aller Steuern, die in staatliche Eigenregie übernommen wurden (1769). Er stellte in jedem Polizeibezirk einen Arzt und eine Hebamme zur unentgeltlichen Betreuung der Armen an. Er proklamierte die Neutralität der Toskana, löste das Heer auf und ersetzte es durch eine Bürgermiliz. Durch das 1786 erlassene Kriminalgesetz verschwanden Todesstrafe, Folter und Vermögenseinziehung von der Liste der Strafen und das Majestätsverbrechen von der Liste der strafbaren Verbrechen.

Physiokraten und Aufklärer rühmten die Toskana unter L.s Herrschaft als Musterland einer aufgeklärten Monarchie. Nach Ausbruch der Amerikanischen Revolution 1775/76 begann L. die absolute Monarchie als die für die Realisierung aufgeklärter Reformen geeignetste Staatsform in Frage zu stellen. In den Jah-

ren 1778-82 befaßte er sich intensiv mit einem Verfassungsprojekt, das seinen Untertanen ein Mitspracherecht und repräsentative Institutionen eingeräumt hätte. Das Projekt mußte jedoch angesichts des Widerspruchs Josephs II. „schubladiert" werden.
Nach dem Tod des kinderlosen Bruders übernahm L. Anfang 1790 sein Erbe. Die Monarchie befand sich wegen Josephs umstrittener Reformen und des seit 1788 geführten Türkenkriegs in einer schweren Krise. L. entschärfte die Krise, indem er die umstrittensten Reformen, vor allem die Steuer- und Agrarreform und die theologischen Generalseminarien, rückgängig machte und eine Verständigung mit Preußen aushandelte, die die innere Opposition isolierte (Konvention von Reichenbach, Juli 1790). Der Preis war die Verpflichtung, mit den Türken auf der Grundlage des status quo Frieden zu schließen (Friede von Sistowa, Juli 1791). Die Verständigung mit Preußen ermöglichte die Wahl L.s zum römisch-deutschen Kaiser (Krönung Oktober 1790). Nach Wiederherstellung der inneren Ruhe begann L. mit aufgeklärten Reformen in Österreich.
Bald überschattete die aus Frankreich wahrgenommene revolutionäre Gefahr alles andere. Um ihr zu begegnen, forcierte L. gegen den Willen des Staatskanzlers → Kaunitz ein Bündnis mit Preußen. Nach der Flucht des Königspaares aus Paris im Juni 1791 traf sich L. mit dem Preußenkönig Friedrich Wilhelm II. in Pillnitz. Die dort erlassene Erklärung sollte die revolutionären Kräfte in Frankreich einschüchtern. Dem Drängen auf einen sofortigen Interventionskrieg gab L. nicht nach. Auf Einschüchterung setzte L. auch hinsichtlich der radikal-aufklärerischen Schriftsteller, deren Einfluß man zu fürchten begann. Er führte gegen sie einen publizistischen Feldzug, der seinen Ruf als eines aufgeklärten Herrschers erschütterte. L. starb plötzlich am 1.3.1792 an einer unsachgemäß behandelten Krankheit.
LITERATUR: Adam Wandruszka: L. II., Erzherzog von Österreich, Großherzog von Toskana, König von Ungarn und Böhmen, Römischer Kaiser. 2 Bde., Wien 1963-65. – Ernst Wangermann: From Joseph II to the Jacobin Trials. Oxford ²1969 (dt. Wien/Frankfurt 1966). – Gerda Lettner: Das Rückzugsgefecht der Aufklärung in Wien. 1790-1792. Frankfurt 1988.
Ernst Wangermann

Leopold III. Friedrich Franz, Fürst, seit 1807 Herzog von *Anhalt-Dessau,* „Vater Franz",
* 10.8.1740 Dessau, † 9.8.1817 Luisium bei Dessau.
Nach dem Tod seiner Eltern stand der Sohn Leopolds II. Maximilian von Anhalt-Dessau zunächst unter vormundschaftlicher Regierung. 1755 trat er in das Regiment seines Vaters in Halle ein, diente in den ersten Jahren des Siebenjährigen Kriegs in der preuß. Armee, betrieb dann seine Entlassung aus dem Kriegsdienst, um sich dem Wiederaufbau seines Landes zu widmen. Er förderte Kunst und Wissenschaft sowie Bau- und Gartenkunst und unternahm seit 1763 zusammen mit seinem Kunstberater und Baumeister Friedrich Wilhelm Erdmannsdorff Bildungsreisen nach Italien und England, wo sich L. mit neuen Methoden des Landbaus befaßte, die er in seinem Fürstentum erfolgreich zur Anwendung brachte. Er ließ – erstmals auf dem Kontinent – in Wörlitz einen Park nach dem englischen Gartenstil anlegen und 1774 ein Liebhabertheater, 1794 das Dessauer Theater errichten. L. setzte sich für die Schaffung eines einheitlichen staatlichen Schulwesens ein und gewährte Zensurfreiheit. Unter seiner Regierung entwickelte sich Dessau zu einem Zentrum der Aufklärung. 1807 trat L. dem Rheinbund bei und nahm den Titel eines Herzogs an.

Less, Gottfried, luth. Theologe, * 31.1.1736 Konitz (Pommerellen), † 28.8.1797 Hannover.
L. studierte seit 1752 Theologie in Jena und Halle, war seit 1757 Kandidat, seit 1761 a. o. Prof. der Theologie am Akademischen Gymnasium in Danzig und ging 1763 a. o. Prof. und Universitätsprediger nach Göttingen, wo er 1765 o. Prof. und 1784 Primarius wurde. Seit 1791 Hofprediger, Konsistorialrat und Superintendent in Hannover, übernahm er kurz vor seinem Tod die Leitung der dortigen Hof- und Töchterschule. L. war ein Vertreter der Aufklärungstheologie und schrieb u. a. ein *Handbuch der Christlichen Religionstheorie für Aufgeklärtere, Oder Versuch einer Praktischen Dogmatik* (³1789).

Lessing, Gotthold Ephraim, Schriftsteller, Kritiker, Philosoph, * 22.1.1729 Kamenz (Kursachsen), † 15.2.1781 Braunschweig.
Wie so viele Schriftsteller des mittleren und späten 18. Jh. stammt auch L. aus einem luth. Pfarrhaus. Nach Absolvierung der städtischen Lateinschule in Kamenz verbrachte L. fünf Jahre (1741-46) in dem angesehenen Internat St. Afra in Meißen. L.s früheste poetische Versuche reichen in diese Zeit zurück, vielleicht auch die Neigung zur „Rettung" von Verkannten.
Von 1746 bis 1748 studierte L. in Leipzig, zuerst Theologie, dann Medizin, doch in der Hauptsache „Schöne Wissenschaften". Sein „Vetter", der Journalist Christlob → Mylius, ebnete die Wege zur Veröffentlichung erster Gedichte: Fabeln und anakreontischer Lieder. Die Neubersche Truppe führte im Januar 1748 L.s Typenkomödie *Der junge Gelehrte* auf, eine Satire auf das „schulfüchsische" Gelehrtenideal des Barock. Bedeutender, auch selbständiger war die Verbindung von Lustspiel und Problemstück in *Die Juden* und *Der Freigeist* (gedruckt erst 1754 bzw. 1755 in den *Schriften*): Vorurteile werden mit Engagement komisch entlarvt.
In den Berliner Jahren, 1748-55, die nur durch ein Studienjahr (1752) an der Univ. Wittenberg unterbrochen waren, führte L. das Leben eines freien Schriftstellers. Die sechs Bände gesammelter *Schriften* (1753-55) dokumentieren, daß er sich einen Namen gemacht hatte. Mit Witz und Lust am „Unterscheiden", namentlich in *Pope ein Metaphysiker!* (ein Dichter ist kein Philosoph), dazu mit Neigung zum Widerspruch gegen gängige Urteile setzte L. Maßstäbe, besonders für die Dramenkritik. Durch Kritik, ausgesprochen in der neuen Gattung der Theaterzeitschrift, war die deutsche Bühne über den

unoriginellen Moralismus der →Gottschedschen „Reinigung" hinaus zu reformieren. L. selbst trug dazu sein erstes, noch heute gespieltes Stück bei: *Miss Sara Sampson* (1755). Angeregt von englischen „domestic tragedies", begründete es für Deutschland die Gattung des „bürgerlichen Trauerspiels".
Die Theorie dieser Gattung entwickelte L. 1756/57 in seiner zweiten Leipziger Zeit, bevor er 1758 nach Berlin zurückkehrte, im Briefwechsel mit Moses →Mendelssohn und Friedrich →Nicolai. Der Einakter *Philotas* (1759) entsprach dieser Konzeption, nicht zuletzt auch als Polemik gegen das Heldendrama. Ein *Faust*-Plan, gedacht als Plädoyer für den Anschluß an die volkstümliche deutsche Theatertradition, blieb liegen. Einer damals populären Gattung gab L. 1759 Auftrieb durch seine *Fabeln*. Kritik und Theorie verbanden auch die mit Mendelssohn, Nicolai u. a. verfaßten *Literaturbriefe* über zeitgenössische Bücher vielerlei Art (1759-65).
Abschiedslos reiste L. 1760 aus Berlin nach Breslau. Er wurde Sekretär des preuß. Generals Bogislaw Friedrich von Tauentzien, der nach Ende des Siebenjährigen Kriegs Gouverneur von Schlesien war. Offizierskasino, Wirtshaus, Theater, Spieltisch waren dort L.s Welt. Die Arbeit galt in der Breslauer und der Berliner Zeit (1765-67) der Abhandlung *Laokoon* (1766) und dem Lustspiel *Minna von Barnhelm* (1767). Zwar war an L.s Unterscheidung bildender und „redender" Künste kaum etwas originell; wichtig war sie als Weiterführung von L.s Eintreten für die empfindsame Dichtung. *Minna von Barnhelm* gilt als die erste deutsche Komödie. Am Rande ist das Erbe der satirischen Komödie mit ihren auf Figuren gebrachten Eigenschaften in diesem realistisch-zeitgenössischen Lustspiel vom „Soldatenglück" noch vorhanden. Doch aus Typen sind Charaktere geworden: vielseitige, differenzierte Gestalten, die nicht mehr verächtlich verlacht, sondern mit humorvollem Verständnis präsentiert werden.
Aufgeführt wurde *Minna* auf dem ersten deutschen Nationaltheater, in Hamburg, wo L. seit 1767 (bis zur Schließung 1769) als Aufführungskritiker, als „Dramaturg" tätig war. Als laufender Kommentar zu den Vorstellungen der ersten Saison (Sommer 1767) wurden die einzelnen „Stücke" der *Hamburgischen Dramaturgie* in unregelmäßigen Abständen bis zur Ostermesse 1769 gedruckt, als auch die Gesamtausgabe erschien. Seinen Kampf gegen die regeltreue Bewunderungstragödie und für die empfindsame „bürgerliche" Dramatik führte L. auch hier weiter. Aus dieser Zeit stammen auch die *Antiquarischen Briefe* (2 Bde., 1768/69), eine polemische Gemmenkunde, und *Wie die Alten den Tod gebildet* (1769).
Das letzte Jahrzehnt, vom Mai 1770 an, verbrachte L. in Wolfenbüttel als Leiter der berühmten herzoglichen Bibliothek. Über die Vereinsamung in der Kleinstadt halfen ihm Reisen (Wien, Italien), Besuche bedeutender Gelehrter sowie der Braunschweiger Freundeskreis um Johann Joachim →Eschenburg hinweg, auch die Beziehung zu Eva →König, die nach fünfjähriger Verlobungszeit 1776 seine Frau wurde, doch bereits Anfang 1778 bei der Geburt eines Sohnes starb. Als Bibliothekar verstand sich L. nicht nur als Hüter, sondern auch als wissenschaftlicher Bearbeiter der Bestände. Es entstanden lexikographisch-sprachgeschichtliche, literaturgeschichtlich-philologische, auch historische und theologische Studien, zum Teil erschienen in einer Buchreihe der Bibliothek. Die aufsehenerregendsten Beiträge darin waren 1774 und 1777 die von L. kritisch kommentierten Fragmente aus Hermann Samuel →Reimarus' *Apologie oder Schutzschrift für die vernünftigen Verehrer Gottes*, einem Werk radikal rationalistischer Bibelkritik. Die dadurch entfachte Kontroverse, vor allem mit dem orthodox luth. Hamburger Pastor Johann Melchior Goeze, wurde zum Skandal. Der Braunschweiger Herzog verbot L. die Fortsetzung des theologischen Streits.
L.s *Nathan* (1779) führte die Kontroverse weiter im Zensurschutz der Literatur. Vorausgegangen war 1772 *Emilia Galotti*, ein bürgerliches „Trauerspiel", das zumindest indirekt die absolutistische Herrschaft an einem nach Italien verlegten Hof anprangert. Als eines der großen Zeugnisse der Humanität und aufgeklärten Toleranz sieht der *Nathan* die Frage nach der „wahren" Religion im Bild des Wettstreits von Judentum, Christentum und Islam. In einem ähnlichen Zukunftsaspekt gipfeln *Die Erziehung des Menschengeschlechts* (1780) und die Freimaurergespräche *Ernst und Falk* (1778-81).

WERKE: Sämtliche Schriften. Hrsg. v. Karl Lachmann. 3. Aufl., besorgt durch Franz Muncker. 23 Bde., Stuttgart, später Leipzig 1886-1924. Nachdr. Berlin 1968. – Werke. Vollständige Ausgabe in 25 Teilen. Hrsg. v. Julius Petersen/Waldemar von Olshausen. Berlin 1925-35. Nachdr. Hildesheim/New York 1970. – Werke. Hrsg. v. Herbert G. Göpfert u. a. 8 Bde., München 1970-78. – Werke und Briefe. Hrsg. v. Wilfried Barner u. a. Frankfurt/Main 1985 ff.
LITERATUR: Erich Schmidt: L. Berlin 1884-92, [4]1923. Nachdr. Hildesheim 1983. – Paul Rilla: L. und sein Zeitalter. Berlin 1958. – Karl S. Guthke: G. E. L. Stuttgart 1967, [3]1979. – Wilfried Barner u. a.: L. Epoche – Werk – Wirkung. München 1975, [5]1987. – Edward Harris/Richard Schade (Hrsg.): L. in heutiger Sicht. Bremen 1977. – Dieter Hildebrandt: L. Biographie einer Emanzipation. München/Wien 1979. – Wilfried Barner/Albert Reh (Hrsg.): Nation und Gelehrtenrepublik. L. im europäischen Zusammenhang. München 1984. – Jürgen Jacobs: L. Eine Einführung. München/Zürich 1986. – Dietrich Harth: G. E. L. oder die Paradoxien der Selbsterkenntnis. München 1993. – Wolfgang Kröger: G. E. L. Stuttgart 1995. – Wolfgang Albrecht: G. E. L. Stuttgart 1996. – L. Yearbook. München 1969 ff. *Karl S. Guthke*

Lessing, Karl Gotthelf, Schriftsteller, Münzdirektor, * 10. 7. 1740 Kamenz (Kursachsen), † 17. 2. 1812 Breslau.
Der Sohn des luth. Theologen Gottfried L. und Bruder Gotthold Ephraim →L.s studierte seit 1761 Medizin in Leipzig, wechselte 1763 an die Juristische Fakultät, widmete sich dann vorwiegend seinen literarischen und schöngeistigen Interessen und verließ die Univ. 1764 ohne Studienabschluß. 1765-79 lebte

L. bei seinem Bruder in Berlin, wo er 1768 sein erstes Lustpiel *Der stumme Plauderer* veröffentlichte, und schrieb Kritiken und Gelegenheitsgedichte, die in der „Vossischen Zeitung" erschienen. L. war auch Übersetzer aus dem Französischen und Englischen und schuf 1777 eine Bühnenbearbeitung von Heinrich Leopold Wagners Drama *Die Kindermörderin*. Seit 1770 Assistent des Berliner Generalmünzdirektors, heiratete er 1776 Marie Friederike Voß, die Tochter von Christian Friedrich → Voß, und übersiedelte 1779 als Kgl. Münzdirektor nach Breslau. Nach dem Tod seines Bruders begann L., dessen *Sämtliche Werke* (1793-1825) herauszugeben, veröffentlichte Teile des Nachlasses und des Briefwechsels und war mit dem dreiteiligen Werk *Gotthold Ephraim Lessings Leben, nebst seinem noch übrigen litterarischen Nachlasse* (1793-95) dessen erster Biograph.

Leuchs, Johann Michael, Nationalökonom, Publizist, * 2. 7. 1763 Bechhofen (Mittelfranken), † 19. 12. 1836 Nürnberg.
Der Sohn eines Bierbrauers und Gastwirts unternahm nach einer Lehre in einer Spezereiwarenhandlung eine zweijährige Studienreise durch Deutschland, die Niederlande und Frankreich und hörte in Wien Vorlesungen über Kameralwissenschaften. 1784 kehrte er nach Nürnberg zurück, wurde Kommis im Handlungshaus Kießling und erhielt 1791 das Bürgerrecht. 1793 gründete L. eine Manufaktur-, Material- und Farbenhandlung. Seit 1794 gab er die „Allgemeine Handelszeitung", 1797-1812 den „Verkünder oder Wochenschrift zur Belehrung, Unterhaltung und Bekanntmachung für alle Stände" heraus. L. setzte sich für eine fortschrittliche kaufmännische Ausbildung ein und gründete 1791 in Nürnberg eine Akademie-, Lehr- und Pensions-Anstalt der Handlung sowie 1802 ein „Museum", in dem man gegen Eintrittsgeld Zeitungen und die wichtigsten Nachschlagewerke einsehen konnte. Er schrieb u. a. *System des Handels* (2 Bde., 1791, erw. 1804, ^{3}1822).

Leuchsenring, Franz (Michael), auch Lizern, Liserin, Leisring, Leysering, Schriftsteller, * 13. 4. 1746 Kandel (Elsaß), † Anfang Februar 1827 Paris.
Der aus wohlhabendem Hause stammende Sohn eines Apothekers trat 1768 als Unterhofmeister in darmstädtische Dienste und war seit 1771 am Hof der Herzogin Karoline von Pfalz-Zweibrücken in Bergzabern und seit 1773 am Hof Friedrichs V. von Hessen-Homburg. L. unternahm Reisen in die Niederlande, in die Schweiz und nach Frankreich, trat in Paris u. a. in Kontakt zu Rousseau und gab 1775-79 das zwölfbändige „Journal de Lecture" heraus. Er etablierte sich als Homme de lettres, hielt sich seit 1782 wieder in Berlin und Homburg auf und wurde 1784 Philosophielehrer des preuß. Kronprinzen in Potsdam. Eine Intrige machte dieser Tätigkeit bald ein Ende. 1792 wurde er wegen seiner Verbindung zu Jakobinern aus Preußen ausgewiesen und verbrachte seine letzten Lebensjahre in Paris. L. stand in Verbindung mit bedeutenden Persönlichkeiten des zeitgenössischen Geisteslebens, u. a. mit Christoph Martin → Wieland, Johann Gottfried → Herder und → Goethe.

Lichtenberg, Georg Christoph, Naturforscher, Schriftsteller, * 1. 7. 1742 Ober-Ramstadt bei Darmstadt, † 24. 2. 1799 Göttingen.
L. stammte aus der bis ins 15. Jh. nachweisbaren südwestdeutschen Geistlichen-, Gelehrten- und Beamtenfamilie Lichtenberger (erst sein Großvater, ein erweckter Pietist, trennte sich von dem jüdisch klingenden Namenssuffix). Sein Vater Johann Conrad L., der zum höchsten geistlichen Amt in der Landgrafschaft Hessen-Darmstadt aufstieg, verschwägerte die Familie mit der bürgerlichen Beamtenschicht.
L. war das 17. Kind seiner Mutter; außer ihm überlebten nur vier Geschwister die ersten Lebensjahre. Von Geburt an schwächlich, seit frühesten Kindertagen bucklig, war der physisch Zurückgebliebene nicht nur für körperliche Arbeiten untauglich, sondern wählte überdies die in der Familie ungewöhnliche Laufbahn eines Universitätsprofessors. In der Residenz des Fürstentums Hessen-Darmstadt, wohin das geistliche Amt 1745 die Familie geführt hatte, besuchte L. 1752-61 das ‚Pädagogium'. 1763 wurde er als ‚Mathematum et Physices Studiosus' an der Univ. Göttingen immatrikuliert. Die Tätigkeit als Hofmeister englischer Studenten wurde für seine Berufung nach Göttingen entscheidend: 1770 von einem Zögling nach England eingeladen, lernte er König Georg III. kennen und wurde durch dessen Intervention zum a. o. Prof., 1775 zum Ordinarius in Göttingen ernannt. Zuvor schickte ihn königliche Ordre 1772/73 nach Hannover, Osnabrück und Stade zur astronomischen Bestimmung dieser Orte. Hernach verbrachte L. anderthalb Jahre in England. Dieser Aufenthalt sollte von nachhaltiger Bedeutung für sein ganzes Leben, Denken und Werk werden.
Sein Aussehen und sein geringes Einkommen hinderten ihn lange an einer bürgerlichen Haushaltung; 1780 nahm er die fünfzehnjährige Maria Dorothea Stechard als Geliebte zu sich; sie starb 1782. Nicht viel älter war seine nächste Geliebte Margarete Elisabeth Kellner, die er 1789 heiratete; sie überlebte ihn um 49 Jahre.
Anfang 1778, bald nach Entdeckung der später nach ihm benannten Staubfiguren, übertrug ihm sein Lehrer und Kollege Abraham Gotthelf → Kästner die Hauptvorlesung Experimentalphysik, die L. auf einen neuen Standard brachte und bis zu seinem Lebensende jedes Semester las. Sie wurde zu einer der größten Attraktionen der Göttinger Universität. Bedeutende Entdeckungen machte er nach den Staubfiguren nicht mehr; dazu fehlten in Göttingen und der kargen Universität die Mittel und die Zeit. Umso mehr versuchte er zeitlebens, Wissenschaft zu popularisieren. Von 1778 bis 1799 gab er den auflagenstarken „Göttinger Taschen Calender" heraus. Mit leichter Hand gelang es ihm, auch komplizierte Sachverhalte der Aufklärung verständlich darzubieten. Ausführlicher zu erörternde Gegenstände behandelte er in Heinrich Christian → Boies „Deutschem Museum", 1780-85 im von ihm redigierten und zusammen mit Georg

Lichtwer

→Forster herausgegebenen „Göttingischen Magazin der Wissenschaften und Litteratur", danach im „Hannoverischen Magazin". Viermal überarbeitete er das Lehrbuch von Johann Christian Polycarp Erxleben, *Anfangsgründe der Naturlehre*; den Plan, ein eigenes Lehrbuch nach kantischen Grundsätzen vorzulegen, hat er nicht verwirklicht. Wie er überhaupt mehr geplant als vollendet hat: einen satirischen Roman, eine Autobiographie, Abhandlungen zum ‚Hydrostatischen Paradox', zu Problemen der Wahrscheinlichkeitsrechnung, zur Wärmereflexion. Als er unter dem Pseudonym Conrad Photorin im *Timorus* (1773) Johann Caspar →Lavater bekriegte, weil dieser den Juden Moses →Mendelssohn aufgefordert hatte, zum christlichen Glauben überzutreten, begann man ihn zu fürchten. 1776 mischte er sich in die Diskussion über den Büchernachdruck mit den *Episteln an Tobias Göbhard* ein. 1777/78 griff er Lavaters Theorie der ‚Physiognomik' an. 1781/82 geißelte er Johann Heinrich →Voß, als dieser seine Transkription des griechischen Eta als ‚ä' durchsetzen wollte. In ihm fand er zwar keinen ebenbürtigen, wohl aber unnachgiebigen Widerpart, dem er das letzte Wort ließ.

Im 19. Jh. sorgte seine *Ausführliche Erklärung der Hogarthischen Kupferstiche* (Hefte 1-11, 1794-1809; bis 14 von anderen fortgesetzt) für Berühmtheit. Schon im Zusammenhang mit Physiognomik hatte er sich mit Bilderfolgen befaßt. Für den „Göttinger Taschen Calender" erläuterte er die damals üblichen Monatskupfer. 1784 begann er mit der Erklärung ausgewählter Bildausschnitte. In groben Zügen faßte er die im Bild gebotene Handlung zusammen, um dann eingehender die Kopien ,physiognostisch' zu erläutern und die mannigfachen Anspielungen des Künstlers zu entziffern. Seit 1794 brachte L. die Kalender-Erläuterungen als Buch heraus.

Vor allem aber wurde L. geschätzt wegen jener erst postum veröffentlichten 1500 Druckseiten Notizen aus 35 Jahren, die gern, doch nicht alle zu Recht, ‚Aphorismen' genannt werden: bloße Lesefrüchte und Exzerpte, fremde und (öfter) eigene oder doch sprachlich angeeignete witzige und paradoxe Formulierungen, Metaphern und Wortspiele; nachdenkliche Einfälle und Überlegungen, auch naturwissenschaftlich-philosophische Fragen und Betrachtungen aus allen Bereichen des Lebens und des Geistes. Merkbücher, die zunächst noch ganz in der Tradition der ‚Florilegien' humanistischer Rhetoriker standen, dann aber in ihrer Regelmäßigkeit geprägt sind vom Bekenntnisbuch der pietistischen Vorfahren L.s sowie seinem eigenen astronomischen und experimentellen Beobachtungsbuch. Hierin zeigt sich sein Anliegen, die schon damals zerfallende Einheit der Wissenschaft zu restituieren.

WERKE: Vermischte Schriften. Hrsg. v. Ludwig Christian Lichtenberg/Friedrich Kries. 9 Bde., Göttingen 1800-06. Vermehrte Neuausg. 14 Bde., Göttingen 1844-53. – Aphorismen. Hrsg. v. Albert Leitzmann. 5 Bde., Berlin 1902-08. – Schriften und Briefe. Hrsg. v. Wolfgang Promies. 4 Bde., Kommentarband zu Bd. 1 und 2 sowie zu Bd. 3. München 1967-92. – Briefwechsel. Hrsg. v. Ulrich Joost/Albrecht Schöne. 5 Bde., München 1983 ff. (Bd. 1-4 erschienen).

LITERATUR: Rudolf Jung: L.-Literatur. Heidelberg 1972. – Otto Deneke: L. München 1944 (nur Bd. 1). – Wolfgang Promies: L. Reinbek 1964, [4]1992. – Franz H. Mautner: L. Geschichte seines Geistes. Berlin 1968. – Albrecht Schöne: Aufklärung aus dem Geist der Experimentalphysik. L.s Konjunktive. München 1982, [3]1993. – L.-Jahrbuch. Hrsg. v. Wolfgang Promies/Ulrich Joost. Saarbrücken 1989 ff. (mit fortlaufender Bibliographie). – Ulrich Joost: L. – der Briefschreiber. Göttingen 1993. – Rudolf Jung: Studien zur Sprachauffassung G. C. L.s. Versuch einer Interpretation der sprachphilosophischen Aphorismen. Egelsbach 1993.

Ulrich Joost

Lichtwer, Gottfried Magnus, Schriftsteller, * 30. 1. 1719 Wurzen (Sachsen), † 7. 7. 1783 Halberstadt.

Aus einer wohlhabenden Familie stammend, studierte L. in Leipzig und Wittenberg Rechtswissenschaft und Philosophie und hielt nach der Promotion in beiden Disziplinen 1747/48 philosophische Vorlesungen in Wittenberg. 1749 wurde er Referendar, 1752 preuß. Wirklicher Regierungsrat bei der Landesregierung in Halberstadt und war Mitglied des Vormundschaftsgerichts und des Kriminalsenats. L.s Nachruhm gründet sich auf *Vier Bücher Äsopischer Fabeln, in gebundener Schreib-Art* (1748), die populär wurden und literarische Anerkennung fanden, nachdem sie von →Gottsched 1751 in „Das Neueste aus der anmuthigen Gelehrsamkeit" enthusiastisch gewürdigt worden waren.

Liebeskind, August Jacob, Schriftsteller, * 1758, † 12. 2. 1793 Oßmannstedt.

Nach dem Studium der Theologie war L. in Weimar Hofmeister u. a. in den Familien →Wielands und →Herders, wurde durch Herders Vermittlung 1787 Pfarrer in Oßmannstedt und heiratete im folgenden Jahr Amalie Wieland. Er schrieb einige Artikel für den „Teutschen Merkur" und war Mitarbeiter an Wielands Märchensammlung *Dschinnistan* (zu ihr steuerte er u. a. *Lulu oder Die Zauberflöte* bei, ein Märchen, das lange Zeit irrtümlich für die Quelle von Emanuel →Schikaneders *Zauberflöte* gehalten wurde) und seiner Lukian-Übersetzung. L.s Hauptwerk ist seine auf Anregung Carolina Herders begonnene Anthologie orientalischer Erzählungen, die er vor allem aus englischen und französischen Quellen zusammenstellte und für die Jugend bearbeitete. Die teilweise postum erschienenen *Palmblätter* (4 Bde., 1786-1800) entwickelten sich im 19. Jh. zu einem Klassiker der Jugendliteratur und wurden in zahlreichen Auswahlausgaben wiederaufgelegt (u. a. 1913 von Hermann Hesse).

Likavetz, Joseph Kalasanz, Taufname Franz Xaver, Piarist, Theologe, Philosoph, Bibliothekar, * 25. 11. 1773 Žinkau (Böhmen), † 13. 1. 1850 Laibach.

Seit 1791 Mitglied des Piaristenordens, empfing L. 1798 die Priesterweihe, war bis 1802 Prof. am Gymnasium in Leitomischl, 1803/04 Präfekt und Prof.

der Philosophie am Löwenburger Konvikt in Wien und folgte 1805 einem Ruf als Prof. der Rhetorik an die Univ. Prag. 1809-15 lehrte er in Brünn, anschließend als Prof. der theoretischen und praktischen Philosophie am Lyzeum in Graz, war dort seit 1817 auch Prediger an der Stadtpfarrkirche und hielt 1822/23 philosophische Vorlesungen. L. wurde 1825 an der Univ. Graz zum Dr. phil. promoviert und war 1827/28 deren erster Rektor. 1831-35 stand er als Direktor dem Grazer Gymnasium vor und wurde dann Bibliothekar der Lyzealbibliothek in Laibach, 1843 Vizedirektor des dortigen Gymnasiums, 1844 Direktor der illyrischen Provinzialgymnasien. L. war ein Anhänger → Kants, vor allem aber Wilhelm Traugott → Krugs. Er veröffentlichte u. a. *Elementa philosophiae in unum auditorum philosophiae adumbrata* (5 Bde., 1812-14, ²1818-20), *Elementa iuris naturae* (1817) und *Grundriss der Denklehre oder Logik* (1828). Seine Werke standen zeitweise auf dem Index.

WEITERE WERKE: Grundriß der Erfahrungs-Seelenlehre oder empirische Psychologie. Graz 1827.

Linbrunn, Johann Georg Dominicus von, Beamter, * 10. 1. 1714 Viechtach (Niederbayern), † 14. 6. 1787 München.
Nach dem Jurastudium in Prag, Salzburg und Ingolstadt wurde L. Pflegamtsschreiber in Neumarkt und Viechtach und befaßte sich mit Physik, Mineralogie und Bergwerkskunde. Seit 1750 Münz- und Bergrat in München, wurde er 1757 vom Kaiser geadelt. L. war neben Johann Georg von → Lori Begründer der Bayerischen Akademie der Wissenschaft, seit 1759 erster Direktor der Philosophischen Klasse und veröffentlichte in deren „Abhandlungen" (u. a. *Versuch einer Verbesserung der Landcharten von Bayern*, 1764).

Lindner, Johann Gotthelf, Schriftsteller, * 11. 9. 1729 Schmolsin bei Stolp (Hinterpommern), † 29. 3. 1776 Königsberg.
L. schloß sein Studium in Königsberg als Magister der Philosophie ab, war seit 1755 Rektor und Inspektor der Domschule in Riga und seit 1765 o. Prof. der Dichtkunst in Königsberg. 1773 wurde er zum Dr. theol. promoviert und 1775 zum Kirchen- und Schulrat ernannt. In Königsberg eines der wichtigsten Mitglieder der Deutschen Gesellschaft, zählte er zum engsten Kreis um Johann Georg → Hamann, Theodor Gottlieb von → Hippel und Immanuel → Kant, war mit seinen Schriften in Gedichtsammlungen und Moralischen Wochenschriften, den „Rigischen Anzeigen" und der „Gelehrten und politischen Zeitung" in Königsberg vertreten. Er verfaßte außerdem Schuldramen und das Lehrbuch *Kurzer Inbegriff der Ästhetik, Redekunst und Dichtkunst* (2 Bde., 1771/72).

Liscow, Christian Ludwig, Schriftsteller, * 29. 4. 1701 Wittenburg (Mecklenburg), † 30. 10. 1760 Gut Berg bei Eilenburg (Sachsen).
Nach dem Studium der Rechtswissenschaft und Theologie in Rostock, Jena und Halle war L. seit 1729 Hauslehrer in Lübeck, später Sekretär und übernahm 1735/36 in Diensten Herzog Karl Leopolds von Mecklenburg-Schwerin diplomatische Missionen. 1740 in Frankfurt, 1741 in Dresden tätig, war er dort seit 1745 Kriegsrat und wurde 1749 wegen kritischer Äußerungen entlassen und verhaftet. L.s satirische Schriften gegen Einzelpersonen (u. a. Magister Heinrich Jakob Sivers und Prof. Johann Ernst → Philippi) sowie allgemeine Mißstände (*Die Vortrefflichkeit und Nothwendigkeit der elenden Scribenten gründlich erwiesen*, 1734) entstanden sämtlich bis zum Beginn seiner beruflichen Tätigkeit in Diplomatie und Politik. Seine witzig-scharfen Satiren wurden von den Zeitgenossen gelobt und fanden nach der zurückhaltenden Aufnahme durch → Goethe erst in neuerer Zeit wieder größerer Aufmerksamkeit.

Loen, Johann Michael von, Pseud. Chrisolocosmopophilopax, Sylvander von Edelleben, Christian Gottlob von Friedensheim, Jurist, reformierter Theologe, Staatswissenschaftler, Historiker, Schriftsteller, * 11. 12. 1694 Frankfurt/Main, † 24. 7. 1776 Lingen/Ems.
Nach dem Studium der Rechtswissenschaften in Marburg und Halle gewann L. auf einer ausgedehnten Reise durch Deutschland Einblick in das höfische Leben. Eine beträchtliche Erbschaft ermöglichte ihm häufige Auslandsreisen und seit 1724 ein ungebundenes Leben als Privatgelehrter und Schriftsteller in Frankfurt. Seit 1752 als Regierungspräsident der Grafschaften Lingen und Tecklenburg im Dienst des preuß. Königs → Friedrich II., geriet er im Siebenjährigen Krieg in französische Gefangenschaft, aus der er nach vier Jahren befreit wurde. L. entfaltete eine vielseitige literarische Tätigkeit. Neben Reiseschilderungen verfaßte er populärphilosophische Abhandlungen. Der Staatsroman *Der redliche Mann bei Hofe* (1740) ist von aufklärerischem Gedankengut geprägt und weist dabei deutlich pietistische und empfindsame Züge auf. In der populärtheologischen Abhandlung *Die einzige wahre Religion* (2 Bde., 1750/51) bemühte sich L. in Anlehnung an die englischen Deisten um eine Rückführung aller Glaubenslehren auf ihren eigentlichen Kern, die „natürliche" Religion. L. war ein Großonkel → Goethes.

Loewe, Joel, auch J. Löwe, jüdischer Exeget, Schriftsteller, * 27. 2. 1762 Berlin, † 11. 2. 1802 Breslau.
Der ursprünglich zum Kaufmann bestimmte L. war seit 1780 Lehrer im Haus David → Friedländers, durch den er Anschluß an den Kreis jüdischer Aufklärer um Moses → Mendelssohn fand. 1790 wurde er als Inspektor und Oberlehrer an die Kgl. Wilhelmsschule in Breslau berufen und im folgenden Jahr zum Prof. ernannt. L. hielt öffentliche Vorlesungen über → Kant und wirkte auch publizistisch für die Verbreitung des Gedankenguts der Aufklärung. Er war Mitherausgeber des „Sammlers" (1784-97), der Monatsschrift der von ihm mitbegründeten „Gesellschaft der Hebräischen Literatur-Freunde", und verfaßte Kommentare zu den biblischen Büchern, insbesondere zu den Psalmen, zum Hohen Lied, zum

Prediger und zum Buch Jona. L. veröffentlichte u. a. *Etwas über Chronologie zur Jüdischen Geschichte* (1796) und *Assaph, über ächte und unächte Religiosität* (1797). Postum erschienen seine *Beiträge zur Kritik der deutschen Sprache* (1803).

Löwen, Johann Friedrich, Theaterleiter, Schriftsteller, * 13. 9. 1727 Clausthal, † 23. 12. 1771 Rostock.
L. besuchte das Braunschweiger Carolinum und studierte Theologie und Philologie in Helmstedt und Göttingen. Nach journalistischer und literarischer Tätigkeit in Hamburg ging er 1753 mit der Theatertruppe Johann Friedrich Schönemanns nach Schwerin, wo er sich weiterhin als Lyriker, Dramatiker und Theaterkritiker versuchte. 1757 fand er als Sekretär am Hof von Mecklenburg-Schwerin eine feste Anstellung. Seit 1766 wieder in Hamburg tätig, regte L. die Gründung eines Nationaltheaters an, zu dessen erstem Direktor er 1767 bestellt wurde. Für die dramaturgische Mitarbeit konnte er Gotthold Ephraim →Lessing gewinnen. Trotz des Scheiterns der sogenannten Hamburger „Entreprise" 1768 ging L. als Protagonist der Nationaltheaterbewegung in die deutsche Theatergeschichte ein. Seine mit Lessing übereinstimmenden theaterreformerischen Anliegen legte er in seiner *Geschichte des deutschen Theaters* (1766) dar. Als Registraturangestellter in Rostock führte er zuletzt ein bescheidenes Dasein.

Logau, Friedrich Frh. von, Pseud. Salomon von Golaw, Dichter, * Juni 1604 Dürr Brockuth bei Strehlen (Schlesien), † 24. 7. 1655 Liegnitz.
L. studierte Jura an der Univ. Altdorf und übernahm 1633 die Verwaltung des Familienguts Dürr-Brockuth. Finanzielle Probleme zwangen ihn, 1644 eine Stelle als Regierungsrat am Hof des Herzogs Ludwig IV. von Brieg anzunehmen, mit dem er 1654 nach Liegnitz übersiedelte. L.s Bedeutung gründet sich auf drei Sammlungen satirischer Sinngedichte (u. a. *Deutscher Sinn-Getichte Drey Tausend,* 1654), in denen er sich gegen die religiösen, moralischen und sozialen Mißstände der Zeit wandte. 1648 wurde er in die Fruchtbringende Gesellschaft aufgenommen. Nach seinem Tod geriet L. in Vergessenheit. →Lessing erneuerte als Mitherausgeber einer Werkauswahl das Andenken dieses zu den bedeutendsten Epigrammatikern des deutschen Barock zählenden Dichters.

Lori, Johann Georg von, Jurist, Staatsmann, * 17. 7. 1723 Prem bei Steingaden, † 23. 3. 1787 Neuburg/Donau.
L. studierte Rechtswissenschaften in Dillingen und Würzburg, folgte 1746 seinem Lehrer Johann Georg Weishaupt an die Univ. Ingolstadt und wurde 1748 promoviert. Seit 1749 a. o. Prof. des Kriminalrechts und der Rechtsgeschichte, geriet er als Anhänger Christian →Wolffs in Konflikt mit den Jesuiten und wurde 1752 an das Münz- und Bergkollegium nach München abgeschoben. Durch Johann Adam von →Ickstatt, den Direktor der Ingolstädter Univ., hatte er die Unterstützung des Münchner Gelehrtenkreises um den Hofbibliothekar Andreas Felix Oefele für sein Projekt einer „Bayerischen gelehrten Gesellschaft" gewonnen, das er 1758 in München realisieren konnte. An der 1759 gegründeten Kurbayerischen Akademie der Wissenschaften war L. bis 1760 Leiter der Historischen Klasse und bis 1761 Sekretär. Danach diplomatisch tätig, führte er u. a. die Friedensverhandlungen mit Preußen (1762/63). Seit 1764 Leiter des Äußeren Archivs, bereitete L. umfangreiche Quelleneditionen vor, wirkte für innen- und kirchenpolitische Reformen, u. a. für die Universitäts- und Schulreform sowie die Wissenschaftsförderung. 1768 wurde er nobilitiert und zum Wirklichen Geheimen Rat ernannt. Nach der Aufhebung der Gesellschaft Jesu 1773 nahm L. Einfluß auf die Verteilung des Ordensvermögens und die Ersetzung der Jesuiten an den Universitäten und Gymnasien. Seit 1775 wirkte er neben Ickstatt als Konrektor der Univ. Ingolstadt und übernahm nach dessen Tod 1776 die Leitung der Juristischen Fakultät. Wegen seines Widerstands gegen die Tauschpläne des neuen Landesherrn Karl Theodor von der Pfalz fiel er in Ungnade und wurde 1779 nach Neuburg verbannt. Bis an sein Lebensende hoffte L. vergeblich auf seine Rehabilitierung.

Lossius, Johann Christian, Philosoph, * 22. 4. 1743 Liebstedt, † 18. 1. 1813 Erfurt.
L. studierte in Jena Philosophie und Theologie, wurde 1770 o. Prof. der Philosophie in Erfurt, hatte zudem einen theologischen Lehrstuhl inne und übte das Amt eines Oberschulrats aus. In der Erkenntnistheorie war er stark von Charles Bonnet und dessen materialistischer Sinnesphysiologie beeinflußt. L. veröffentlichte u. a. *Physische Ursache des Wahren* (1775), worin er die Berechtigung einer Metaphysik gegen →Basedow verneint, *Hannibal. Ein physiognomisches Fragment* (1776), *Unterricht der gesunden Vernunft* (2 Tle., 1777), *Etwas über Kantische Philosophie, in Hinsicht des Beweises vom Daseyn Gottes* (1789) und *Neues philosophisches allgemeines Reallexikon* (4 Bde., 1803).
WEITERE WERKE: De physiognomica Aristotelis. Erfurt 1778. – Neueste philosophische Literatur. 7 Tle., Halle. 1778-82. – Übersicht der neuesten philosophischen Literatur. 3 Hefte, Gera 1784/85. – Die Gallische Schädellehre. Frankfurt/Main 1808.
LITERATUR: Carl von Prantl: L. In: ADB 19, 1884, S. 218.

Louis Ferdinand von Hohenzollern, Prinz von *Preußen,* eigentl. Friedrich Ludwig Christian, Militär, Komponist, * 18. 11. 1772 Friedrichsfelde (Berlin), † 10. 10. 1806 Saalfeld.
Der Sohn des Prinzen August Ferdinand von Preußen und Neffe des preuß. Königs →Friedrich II. schlug die für preuß. Prinzen übliche Militärlaufbahn ein. Seine militärische Karriere begann der auch musikalisch hochbegabte Prinz 1792 im Feldzug gegen das revolutionäre Frankreich, wo er durch wagemutige Manöver und die spektakuläre Rettung von Kriegskameraden Popularität erlangte. Sein heftiger Widerstand gegen den preuß. Separatfrieden mit Frankreich (Basel 1795) führte dazu, daß man den als impulsiv

und unzuverlässig geltenden Regimentschef für mehrere Jahre in der Provinz kaltstellte. Ein Aufenthalt in Hamburg brachte ihn 1799 in Kontakt mit der als „republikanisch" verschrieenen Hamburger Bildungselite und am preuß. Hof erneut in Mißkredit. Auch entsprach sein Lebenswandel, der durch verschwenderisches Finanzgebaren und häufig wechselnde Liebesbeziehungen charakterisiert war, nicht den strengen Moralvorstellungen des preuß. Königs Friedrich Wilhelm III. In Magdeburg stationiert, reiste L. F. in den folgenden Jahren regelmäßig nach Berlin und arbeitete unter Anleitung des böhmischen Komponisten Johann Ludwig Dussek an seiner musikalischen und mit Unterstützung Johannes von → Müllers an seiner historischen Ausbildung. Im Salon Rahel Levins (→ Varnhagen), einem Brennpunkt der aufgeklärtgebildeten Geselligkeit Berlins, war er ein häufiger Gast. Die Kompositionen L. F.s kamen in Berliner Konzerten zur Aufführung.

In den folgenden Jahren sammelte sich um ihn die Opposition gegen die preuß. Neutralitätspolitik. Seine außenpolitischen Analysen, die er vor allem in Briefen an seine Schwester Louise Radziwill formulierte, prognostizierten die preuß. Niederlage von 1806 und benannten klarsichtig ihre Ursachen. In seinem letzten Lebensjahr beschäftigte sich der Prinz mit militärischen Reformplänen und der Fortbildung seiner Regimentsoffiziere; in seinem Berliner Haus gingen Gelehrte wie Johannes von Müller und Alexander von → Humboldt ein und aus. Napoleons Absicht, England das an Preußen überlassene Hannover zurückzugeben, führte 1806 zur Mobilmachung der preuß. Armee. In einer von L. F. initiierten Denkschrift beschworen führende Militärs und Politiker, u. a. der Freiherr vom Stein, Friedrich Wilhelm III. erfolglos, sein napoleonfreundliches Kabinett zu entlassen. Kurz nach Kriegsbeginn ist der Prinz, der das Desaster Preußens voraussah und es nicht zu überleben wünschte, bei Saalfeld gefallen.

L. F.s eigentliche Bedeutung liegt in der Faszination, die seine schillernde Persönlichkeit auf Mitund Nachwelt ausübte. Sie bot Stoff zu zahlreichen patriotisch-nationalen Stilisierungen. Der schöne, begabte und exzessive Prinz, der sich über Standesetikette hinwegsetzte und mit aufgeklärten, ja revolutionären Ideen sympathisierte, blieb ein Kind des Ancien Régime und, nach eigenen Worten, „Royalist".

LITERATUR: Paul Bailleu: Ludwig Ferdinand. In: ADB, Bd. 19, 1884, S. 582-587. – Eckart Kleßmann: Prinz L. F. von Preußen. Soldat – Musiker – Idol. München 1995. *Andrea Hofmeister*

Luca, Ignaz de, Jurist, Publizist, * 29. 1. 1746 Wien, † 24. 4. 1799 Wien.
L. studierte an der Univ. Wien Rechtswissenschaften und war seit 1770 Lehrer für Politik am Theresianum. 1771 ging er als Prof. der politischen Wissenschaften an das Lyzeum in Linz, wo er 1775 Beisitzer der Studienhofkommission, 1778 Zensor und 1779 Kustos der Bibliothek für das weltliche Fach wurde. 1779 wechselte er als Prof. nach Innsbruck, kehrte 1784 als Ruheständler nach Wien zurück und wurde 1795 Ordinarius für europäisches und österr. Staatsrecht. L. veröffentlichte u. a. eine *Österreichische Staatenkunde* (2 Bde., 1786-89).

Luden, Heinrich, Historiker, politischer Publizist, * 10. 4. 1778 Loxstedt bei Bremen, † 23. 5. 1847 Jena.
Der Bauernsohn studierte 1799-1802 in Göttingen Theologie und Geschichte. Während einer Tätigkeit als Hauslehrer in Berlin 1804-06 wandte er sich dem historischen Studium zu, wurde 1805 promoviert und veröffentlichte Biographien von Christian → Thomasius (1805), Hugo Grotius (1806) und Sir William Temple (1808). Seit 1805 a. o. Prof., ging er 1810 als o. Prof. der Geschichte nach Jena. Seine Vorlesungen (u. a. *Die Geschichte des deutschen Volks*) übten in der Zeit der französischen Besatzung und der Befreiungskriege große Wirkung auf die Studenten und vor allem die Burschenschaften aus. L. forderte konstitutionelle Monarchie und landständische Verfassung nach dem Leitbild eines romantisch idealisierten deutschen Mittelalters mit Anleihen beim englischen parlamentarischen System als Staatsform eines künftigen einheitlichen Deutschland. Nach Beginn der Restauration in Deutschland zog sich L. resigniert auf sein akademisches Lehramt zurück. Er veröffentlichte u. a. eine *Allgemeine Geschichte der Völker und Staaten* (3 Bde., 1814-22).
LITERATUR: Jörg Echternkamp: Erinnerung an Freiheit. Zum Verhältnis von Frühliberalismus und Nationalismus in der Geschichtsschreibung Karl von Rottecks und H. L.s: In: Jahruch zur Liberalismus-Forschung 8 (1996) S. 69-88.

Ludewig, Johann Peter von, Jurist, Historiker, * 5. 8. 1668 Honhardt (Ortsteil von Frankenhardt) bei Schwäbisch Hall) † 7. 9. 1743 Halle/Saale.
L. studierte seit 1688 in Wittenberg und Tübingen Theologie, habilitierte sich in Halle für Geschichte und Philosophie und erhielt dort 1695 eine Professur für theoretische Philosophie. 1703 übernahm er den historischen und nach seiner juristischen Promotion 1705 den rechtswissenschaftlichen Lehrstuhl. L., der seit 1709 königlich preuß. Heroldsrat und seit 1721 Kanzler der Univ. war, galt als einer der besten Kenner der Rechtsgeschichte. Seine wissenschaftliche Rechtfertigung der Annexion Schlesiens durch → Friedrich II. brachte ihm einen zweifelhaften Ruf. Das Staatshandbuch zu den deutschen Territorien *Germania Princeps* (1711) galt den Zeitgenossen gleichwohl als grundlegend. Mit der Einbeziehung geographischer, ethnologischer und volkswirtschaftlicher Gesichtspunkte in die Historiographie war L. seiner Zeit voraus.

Ludovici, Carl Günther, Handelswissenschaftler, Lexikograph, * 7. 8. 1707 Leipzig, † 5. 7. 1778 Leipzig.
Der Sohn eines Orientalisten studierte an der Univ. Leipzig Philosophie und Theologie, wurde 1725 Baccalaureus und 1728 Magister an der Philosophischen Fakultät. Seit 1731 Assessor, wurde er 1733 Prof. der Weltweisheit in Leipzig und lehrte

seit 1761 aristotelische Logik. Neben philosophischen Werken erarbeitete L. als Enzyklopädist die Bände 19-64 des →Zedlerschen *Universal-Lexicons aller Wissenschaften und Künste*. Als sein Hauptwerk gilt die *Eröffnete Akademie der Kaufleute* (5 Bde., 1752-56), die als erstes deutschsprachiges Handelslexikon Vorbild für die modernen Nachschlagewerke der Wirtschaftswissenschaften wurde und im fünften Band einen erstmaligen Grundriß betriebswirtschaftlicher Probleme in wissenschaftlicher Systematik enthielt. Zu L.s philosophiehistorischen Arbeiten zählen *Ausführlicher Entwurff einer vollständigen Historie der Wolfischen Philosophie* (3 Tle., 1737/38, Nachdruck 1977), *Ausführlicher Entwurff einer vollständigen Historie der Leibnitzischen Philosophie* (2 Bde., 1737, Nachdruck 1966) und *Neueste Merkwürdigkeiten der Leibnitz-Wolfischen Philosophie* (1738, Nachdruck 1973).
WEITERE WERKE: Autoritas Augustanae confessionis demonstrata. Leipzig 1730. – De perfectionibus sermonis aestheticis. Leipzig 1764. – Continuatio prolusionis de perfectionibus sermonis aestheticis. Leipzig 1764.
LITERATUR: Peter Koch: L., C. G. In: NDB 15, 1987, S. 305-306.

Lueder, August Ferdinand, Wirtschafts- und Staatswissenschaftler, * Oktober 1760 Bielefeld, † 27. 2. 1819 Jena.
L. wurde 1786 Prof. am Collegium Carolinum in Braunschweig und 1797 zum Hofrat ernannt. 1810 ging er als Prof. der Philosophie nach Göttingen und war 1817-19 Honorarprofessor in Jena. L. bemühte sich als einer der ersten in Deutschland um die Rezeption des Werks von Adam Smith (*Nationalindustrie und Staatswissenschaft, nach Adam Smith bearbeitet*, 8 Tle., 1800-04), veröffentlichte Arbeiten über Statistik (*Kritische Geschichte der Statistik*, 1817) und übersetzte Reisebeschreibungen aus dem Holländischen, Englischen und Französischen.
LITERATUR: Leser: L. In: ADB 19, 1884, S. 377-378.

Lüders, Philipp Ernst, Landwirtschaftsreformer, * 6. 10. 1702 Angeln (Schleswig), † 20. 12. 1786 Glücksburg.
Der Sohn eines glücksburgischen Oberförsters studierte 1721-24 in Wittenberg und Jena Theologie, wurde 1728 zweiter Prediger in Munkbrarup und war seit 1730 Hofprediger bei Herzog Friedrich von Schleswig-Holstein-Glücksburg. 1755 übernahm er zusätzlich die glücksburgischen Propsteigeschäfte. Aus ländlichen Verhältnissen stammend, interessierte er sich besonders für die Nöte der Bauern und versuchte, mit landwirtschaftlichen Schriften deren Subsistenzfähigkeit zu stärken. L. verfaßte aufklärerische Schriften (u. a. *Kurzes Gespräch zwischen einem Landmanne und einem Prediger*, 1784), die er zum Teil auf eigene Kosten drucken und verteilen ließ. Er gründete gemeinnützige Vereine, die ihn bei der Hebung der agronomischen und agrarökonomischen Kenntnisse der Landbevölkerung unterstützten. Viele seiner Schriften wurden ins Dänische übersetzt.

Lüdke, Friedrich Germanus, evang. Theologe, * 10. 4. 1730 Stendal, † 8. 3. 1792 Berlin.
Das Studium der Theologie in Halle unterbrach L., um als Feldprediger am Siebenjährigen Krieg teilzunehmen. 1765 wurde er Diakon, später Archidiakon an St. Nikolai in Berlin. Als Anhänger biblizistischer Neologie bestrebt, die theologische Lehrart mit dem Kenntnisstand der Zeit in Einklang zu bringen, zählte L. zu den wichtigsten Vertretern popularphilosophischer Aufklärung in Deutschland. Als theologischer Hauptrezensent an Friedrich →Nicolais „Allgemeiner Deutscher Bibliothek" sorgte er vor allem für die Rezeption neologischer Gedanken, etwa im Fragmentenstreit und in der Auseinandersetzung um →Reimarus. L. veröffentlichte u. a. *Über Toleranz und Gewissensfreiheit* (1774) und *Gespräche über die Abschaffung des geistlichen Standes* (1784).
LITERATUR: Wagenmann: L. In: ADB 19, 1884, S. 383-384.

Lünig, Johann Christian, Jurist, Rechtshistoriker, * 14. 10. 1662 Schwalenberg (Grafschaft Lippe), † 14. 9. 1740 Leipzig.
L. studierte in Jena und Helmstedt Rechtswissenschaften und reiste anschließend als Hofmeister zweier Adliger durch Italien, England, die Niederlande und Frankreich. Nach kurzer Zeit als Verwaltungsmitarbeiter seines Onkels im fränkischen Hartenstein unternahm er Reisen nach Rußland, Dänemark und Schweden. Später trat er in Wien in militärische Dienste, wurde nach der Teilnahme am Pfälzischen Krieg Amtmann in Eilenburg (Sachsen) und war vor Anfang des 18. Jh. bis zu seinem Tod Stadtschreiber in Leipzig. L. zählt zu den bedeutendsten Kompilatoren des deutschen Verwaltungsrechts. Seine 1710-22 veröffentlichte Sammlung von Reichsakten *Teutsches Reichs-Archiv* (TRA, 24 Bde.) gilt heute noch als unentbehrlich.

Lüthy, Urs Joseph, schweizer. Staatsmann, Geschichtsforscher, * 22. 10. 1765 Solothurn, † 13. 1. 1837 Solothurn.
Der Sohn eines Bäckermeisters besuchte das Jesuitenkolleg seiner Heimatstadt. Wegen der anonymen Publikation der satirisch-kritischen Briefe *Theodorus Rabiosus über den schweizerischen Freistaat Solothurn* (1785) wurde er zu einem Jahr Zuchthaus und achtjähriger Verbannung aus der Eidgenossenschaft verurteilt. Vorzeitig entlassen, studierte L. 1788/89 in Wien Philosophie, Rechtswissenschaften und Geschichte. 1791 kehrte er nach Solothurn zurück und ließ sich 1794 als Notar nieder. Aus erneuter Haft wegen Kritik an der patrizischen Regierung durch die Franzosen befreit, wurde er 1798 Generalsekretär der provisorischen Regierung und Mitglied des helvetischen Senats. In den Jahren bis zum reaktionären Staatsstreich 1814 gehörte L. zu den Initiatoren der Entwicklung eines modernen Gemeinwesens in der Schweiz. Er reformierte u. a. das Bildungs- und Sozialwesen, das Gerichtswesen und das Wirtschaftsrecht, installierte eine moderne Forstgesetzgebung und begründete eine Brandversicherungsanstalt.

Luise Dorothea, Herzogin von *Sachsen-Gotha-Altenburg*, geb. Prinzessin von Sachsen-Meiningen, * 10.8.1710 Coburg, † 22.10.1767 Gotha.
1729 wurde L. D. mit Herzog Friedrich III. von Sachsen-Gotha-Altenburg verheiratet, dem sie als intellektuell überlegene und klug zurückhaltende Beraterin zur Seite stand. Als Landesmutter, die in religiösen wie in wirtschaftlichen Fragen Einfluß nahm, genoß sie hohes Ansehen. Von Bedeutung war L. D. als Mittelpunkt philosophisch-literarischen Gedankenaustausches. Sie veranlaßte 1739 die Gründung eines Salons mit dem Titel „Ordre des Hermites de bonne humeur", stand u. a. mit Rousseau, d'Alembert, Diderot, Voltaire im Briefwechsel, korrespondierte mit →Friedrich dem Großen und war mit Johann Christoph →Gottsched befreundet.

Lux, Adam, Politiker, * 27.12.1766 Obernburg bei Aschaffenburg, † 4.11.1793 Paris.
L. studierte in Mainz Medizin und Philosophie, wurde 1784 promoviert und war Hauslehrer in Mainz. Von den Idealen Rousseaus durchdrungen, zog er sich mit seiner Familie auf eine Mühle bei Kostheim zurück, hielt aber Kontakt zu den gelehrten Kreisen in Mainz. Nach der Besetzung von Mainz durch die Revolutionsarmeen 1792 engagierte er sich für die Revolution, wurde in Mainz Mitglied des Korrespondenzkomitees und Subkommissar für Speyer und Umgebung. L. wurde als Abgeordneter für Voixheim in den Rheinisch-Deutschen Nationalkonvent gewählt und dort Mitglied des Unterrichtsausschusses. Als Befürworter der Vereinigung mit Frankreich wurde er im März 1793 mit Georg →Forster und anderen nach Paris entsandt, wo er nach der Einnahme von Mainz durch die Alliierten und der Zerstörung seines Hauses als Emigrant blieb. Der Pariser Augenschein desillusionierte ihn rasch; im Juli führte er durch Publikation zweier Schriften absichtlich seine Verhaftung und spätere Hinrichtung herbei.
LITERATUR: Alfred Börckel: A. L., ein Opfer der Schreckenszeit. Mainz 1892.

M

Maass, Johann Gebhard Ehrenreich, Philosoph, * 26.2.1766 Crottendorf bei Halberstadt, † 23.12.1823 Halle.
Neben dem Studium der Theologie und Philosophie an der Univ. Halle unterrichtete M. Hebräisch und Mathematik am Pädagogium und am Waisenhaus. 1787 habilitierte er sich, wurde 1791 a. o., 1798 o. Prof. der Rhetorik und Mathematik und war 1806 Rektor der Universität. 1813-15 leitete er die städtischen Lazarette und das städtische Armenwesen. M. schrieb zahlreiche Artikel für Johann August → Eberhards „Philosophisches Magazin", verteidigte die → Leibnizsche Philosophie gegen → Kant und veröffentlichte Grundlagenwerke (u. a. *Grundriß der Logik,* 1793, ⁵1826; *Grundriß des Naturrechts,* 1808), anonym Prosa und zuletzt lexikographische Schriften zur Synonymik.
WEITERE WERKE: Briefe über die Antinomie der Vernunft. Halle 1788. – Über die Ähnlichkeit der christlichen und der neuern philosophischen Sittenlehre. Leipzig 1791. – Kritische Theorie der Offenbarung. Halle 1792. Nachdruck Brüssel 1969. – Versuch über die Einbildungskraft. Halle 1792. – Grundriß der reinen Mathematik. Halle 1795. – Versuch über die Leidenschaften. 2 Bde., 1805-07. – Versuch über die Gefühle, besonders über die Affecten. 2 Tle., Halle 1811.

Magenau, Rudolf Friedrich Heinrich von, Pseud. Stomachogäus, Agathon, Schriftsteller, * 5.12.1767 Markgröningen (Württemberg), † 23.4.1846 Hermaringen/Brenz.
M. studierte 1786-91 am Tübinger Stift, war Hauslehrer und Vikar in Markgröningen, Tamm und Vaihingen/Enz und übernahm 1794 die Pfarrei Niederstotzingen. Seit seiner Studienzeit literarisch tätig, gründete er 1788 mit Friedrich → Hölderlin und Ludwig Neuffer einen Freundesbund, den sie durch „Aldermannstage" und ein poetisches „Bundsbuch" pflegten. 1791 erhielt er ein Diplom als „Kaiserlicher gekrönter Poet". M. wurde 1810 Inspektor der protestantischen Schulen im Landgericht Günzburg und Burgau, engagierte sich für eine Unterrichts- und Schulreform in Schwaben und verfaßte praktische und theoretische Schriften zu diesem Thema; 1819 wurde er Pfarrer in Hermaringen. M. war seit 1797 regelmäßiger Beiträger zu den politischen Publikationen Johann Gottfried Pahls, betätigte sich als Lokalhistoriker und Topograph und schrieb Gedichte, Satiren, Lieder und Idyllen (u. a. *Wend Unmuth,* 1798). Seine die Jahre 1793-1823 umfassende autobiographische *Skizze meines Lebens* blieb ungedruckt. M. wurde 1844 geadelt.
LITERATUR: Erhard Lenk: Mag. R. F. H. M. In: Ludwigsburger Geschichtsblätter 17 (1965) S. 118-146.

Maimon, Salomon, eigentl. Salomon ben Josua, Philosoph, * 1753 Sukowiborg bei Mirz (Polnisch-Litauen), † 22.11.1800 Nieder-Siegersdorf (Niederschlesien).
Der Sohn eines Rabbiners wurde jüdisch-orthodox erzogen und besuchte die Talmudschulen in Mirz und Iwenez. Als M. elfjährig den Ausbildungsstand eines Rabbiners erreichte, wurde er von seinem Vater gegen ein beträchtliches Entgelt verheiratet, lebte jedoch wegen ständiger Auseinandersetzungen mit seiner Schwiegermutter meist außer Haus und arbeitete als Hauslehrer. Als Vierzehnjähriger wurde M. Vater eines Sohnes. Nachdem er die lateinische Sprache erlernt hatte, verließ er 1777 Heimat und Familie und kam über Königsberg und Stettin nach Berlin, wo es ihm erst 1780 mit der Unterstützung Moses → Mendelssohns gelang, Fuß zu fassen und eine Apothekerlehre zu absolvieren. Mit einem Empfehlungsschreiben Mendelssohns ging er nach Hamburg, versuchte vergeblich, zum Christentum zu konvertieren, und besuchte mit Hilfe wohlhabender Bürger 1783-85 das Gymnasium Christianeum in Altona. M. begann ein Medizinstudium in Breslau, das er jedoch bald wieder abbrach, arbeitete erneut als Hauslehrer und kehrte 1786 nach Berlin zurück. Mit der Unterstützung Lazarus → Bendavids studierte er → Kants *Kritik der reinen Vernunft* und veröffentlichte 1790 sein bedeutendstes philosophisches Werk *Versuch über die Transcendentalphilosophie mit einem Anhang über die symbolische Erkenntniß und Anmerkungen* (Nachdruck 1963); sein *Philosophisches Wörterbuch oder Beleuchtung der wichtigsten Gegenstände der Philosophie in alphabetischer Ordnung* (1791) behandelt die wichtigsten Aspekte des *Versuchs* in prägnanter Form. 1792 erschien seine *Lebensgeschichte* (2 Bde., hrsg. v. Karl Philipp → Moritz, Nachdruck 1960), die mit der Darstellung des Judentums im Zeitalter der Aufklärung ein wichtiges kulturhistorisches Dokument ist. M. verbrachte seine letzten Lebensjahre auf dem Gut des Grafen von Kalckreuth in Nieder-Siegersdorf.
WEITERE WERKE: Versuch einer neuern Logik, oder Theorie des Denkens. Berlin 1792, ²1794. Neuausgabe in den Neudrucken seltener philosophischer Werke. Hrsg. v. der Kant-Gesellschaft. Bd. 3. Berlin 1912. – Streifereien im Gebiete der Philosophie. Berlin 1793. – Kritische Untersuchungen über den menschlichen Geist, oder das höhere Erkenntnis- und Willensvermögen. Leipzig 1797. – Gesammelte Werke. Hrsg. v. Valerio Verra. 7 Bde., Hildesheim 1965-76. 2. Reprint 2000.
LITERATUR: Friedrich Kuntze: Die Philosophie S. M.s. Heidelberg 1912. – Albert Zubersky: S. M. und der kritische Idealismus. Leipzig 1925. – Samuel

Mallinckrodt

Atlas: From Critical to Speculative Idealism: The Philosophy of S. M. Den Haag 1964. – Samuel Hugo Bergmann: The Philosophy of S. M. Jerusalem 1967. London ²1968. – Francesco Moiso: La filosofia di S. M. Mailand 1972. – Noah J. Jacobs: Schrifttum über S. M. Eine Bibliographie mit Anmerkungen. In: Judentum im Zeitalter der Aufklärung. Bremen/Wolfenbüttel 1977, S. 353-398. – Josef Rauscher: Auf der Suche nach Universalität – S. M.s (1753-1800) sprachphilosophische Streifereien. In: Brigitte Asbach-Schnitker/Johannes Roggenhofer (Hrsg.): Neuere Forschungen zur Wortbildung und Historiographie der Linguistik. Tübingen 1987, S. 339-352. – Achim Engstler: Untersuchungen zum Idealismus S. M.s. Stuttgart 1990. – Konrad Pfaff: S. M.: Hiob der Aufklärung. Mosaiksteine zu seinem Bildnis. Hildesheim u. a. 1995.

Mallinckrodt, Arnold (Andreas Friedrich), Publizist, Jurist, * 27. 3. 1768 Dortmund, † 12. 7. 1825 Dortmund.
M. studierte Rechtswissenschaften in Jena, wurde 1788 promoviert, trat 1794 in den regierenden Rat von Dortmund ein und gab seit 1796 die Zeitschrift „Magazin von und für Dortmund" heraus, die 1797-99 vierteljährlich als „Magazin für Westfalen" erschien. 1798 gründete er den zweimal wöchentlich erscheinenden „Westfälischen Anzeiger"; 1809 trat er infolge verschärfter Zensur als Herausgeber zurück. Seit 1803 war M. Regierungs- und Präfekturrat in Dortmund, praktizierte als Rechtsanwalt und war 1799-1816 Teilhaber einer Verlagsbuchhandlung, in der u. a. seine zweibändige Schrift *Was thun bei Deutschlands, bei Europas Wiedergeburt?* (1814) erschien. 1817 habilitierte sich M. für Rechtswissenschaften, war bis 1819 Privatdozent in Jena und wurde nach vergeblichen Bemühungen um eine Professur 1819 Redakteur des „Rheinischen Merkur".

Manso, Johann Caspar Friedrich, Philologe, Übersetzer, Dichter, Historiograph, * 26. 5. 1759 oder 1760 Blasienzell (Thüringen), † 9. 6. 1826 Breslau.
M., Sohn eines thüringischen Landrichters, studierte Theologie und Philologie in Jena, war seit 1783 Gymnasiallehrer in Gotha und wurde 1793 Rektor des Maria-Magdalenen-Gymnasiums in Breslau. Er trat als Übersetzer antiker und italienischer Dichter sowie als Verfasser von Abhandlungen zur antiken Mythologie hervor und schrieb Lehrgedichte. Als Vertreter einer rationalistischen Aufklärung wurde M. einer der Hauptgegner in der von → Goethe und → Schiller ausgelösten Xenien-Affäre und brachte zusammen mit dem Verleger Johann Gottfried → Dyck *Gegengeschenke an die Sudelkönige in Weimar und Jena von einigen dankbaren Gästen* (1797) heraus, eine Sammlung von Anti-Xenien. Nach 1800 beschäftigte er sich vornehmlich mit ästhetisch-literarhistorischen und geschichtlichen Themen und verfaßte u. a. *Sparta. Ein Versuch zur Aufklärung der Geschichte und Verfassung dieses Staates* (3 Bde., 1800-05).
LITERATUR: Konrad Lux: J. K. F. M. Der schlesische Schulmann, Dichter und Historiker. Leipzig 1908.

Manteuffel, Ernst Christoph Graf von, Staatsmann, * 22. 7. 1676 Pommern, † 30. 1. 1749 Leipzig.
Der Sohn eines preuß. Landrats trat nach dem Studium der Rechtswissenschaften in Leipzig 1699 in kurbrandenburgische, 1701 in kursächsische Dienste und war seit 1704 Legationsrat, seit 1709 Gesandter in Kopenhagen und 1711-16 sächsisch-polnischer Gesandter in Berlin. 1716 wurde M. Kabinettsminister Augusts des Starken, der ihn 1719 in den Grafenstand erhob, und leitete seit 1728 die Außenpolitik. 1730 quittierte er, hochverschuldet, den sächsischen Staatsdienst, übersiedelte 1733 nach Berlin und war bis zu seiner Ausweisung durch → Friedrich den Großen als Agent für die Höfe in Dresden und Wien tätig. M. war Mitglied der Royal Society in London sowie der Preußischen Akademie der Wissenschaften in Berlin und stand in regem Briefwechsel mit bedeutenden Gelehrten seiner Zeit, u. a. mit Johann Christoph → Gottsched.

Marezoll, Johann Gottlob, evang. Theologe, * 25. 12. 1761 Plauen (Vogtland), † 15. 1. 1828 Jena.
1775 an der Univ. Leipzig immatrikuliert, studierte M. Philosophie und Theologie und wurde zum Dr. theol. promoviert. Er war Hauslehrer, Universitätsprediger in Göttingen und wurde 1790 a. o. Prof. der Theologie. 1794 ging er als Hauptpastor an St. Petri nach Kopenhagen. 1803 wurde M. durch Vermittlung Johann Gottfried → Herders Konsistorialrat, Superintendent und Oberpfarrer in Jena sowie Honorarprofessor an der Universität. Er veröffentlichte u. a. *Predigten in Rücksicht auf den Geist und die Bedürfnisse unseres Zeitalters* (2 Bde., 1790-92).

Marperger, Paul Jacob, Kameralist, * 27. 6. 1656 Nürnberg, † 27. 10. 1730 Dresden.
M. soll bereits seit 1666 an der Univ. Altdorf Theologie, Jura und die Realienfächer studiert haben. Später war er in einem Handelshaus in Lyon tätig und beschäftigte sich mit Fragen des Handels- und Gewerbelebens. Er hielt sich in Genf, Wien, Stockholm, St. Petersburg und Moskau auf. 1698 zum Kaiserlichen Dichter gekrönt, gehörte M. seit 1708 der Berliner Akademie der Wissenschaften an. Seit 1724 lebte er als kursächsischer Hofrat und Mitglied der Commerzien-Deputation in Dresden. M., der zu den produktivsten und meistgelesenen Autoren des deutschen Kameralismus zählt, verfaßte zahlreiche Schriften, die sich auf die Gebiete „Manufacturen, Commerzien, Policey- und Cameral-Sachen" erstrecken, u. a. *Neu eröffnetes Kauffmanns-Magazin* (1704) und *Moscowitischer Kauffmann* (1705).

Marpurg, Friedrich Wilhelm, Musiktheoretiker, Komponist, * 21. 11. 1718 Gut Seehof bei Seehausen (Altmark), † 22. 5. 1795 Berlin.
Der Sohn eines Landwirts hielt sich 1746 als Sekretär des Generals von Rothenburg in Paris auf, wo er die Theorien Jean-Philippe Rameaus kennenlernte. Nach einem kurzen Aufenthalt in Hamburg kam M. nach Berlin, wurde 1763 Direktor der Kgl. Lotterie und erhielt den Titel Kriegsrat. Als Komponist zahlreicher Lieder, Oden und Klavierstücke stand er in

der Tradition der Berliner Schule. Die musikalische Bildung förderte er durch die Herausgabe u. a. der Wochenschrift „Der critische Musicus an der Spree" (1749/50). Ausgehend von der Musiktheorie Rameaus und von dem Geist der Aufklärung beeinflußt, bemühte sich M. um eine Rationalisierung der Musikwissenschaft und eine Vereinheitlichung der Affektenlehre. Er gab Liedersammlungen und Klavieranthologien heraus und veröffentlichte musiktheoretische Schriften, u. a. *Abhandlung von der Fuge* (2 Tle., 1753/54).

Martens, Georg Friedrich von, Jurist, Diplomat, * 22. 2. 1756 Hamburg, † 21. 2. 1821 Frankfurt/Main.
M. studierte Rechtswissenschaft, wurde 1780 promoviert, 1783 a. o., 1784 o. Prof. des Naturrechts und des Völkerrechts an der Univ. Göttingen. M. entfaltete eine praxisbezogene Lehre, legte den Schwerpunkt auf Völker- und Handelsrecht und trat, unter Aufgabe seiner akademischen Tätigkeit, in den diplomatischen Dienst ein. Zunächst Staatsrat im Königreich Westfalen, wurde er nach der Restauration Geheimer Kabinettsrat im neuen Königreich Hannover; seit 1816 war er hannoverscher Repräsentant in Frankfurt. M. gilt als „Vater des positiven Völkerrechts"; er veröffentlichte u. a. das umfangreiche Quellenwerk *Receuil des principaux traités...* (7 Bde., 1791 ff., 4 Ergänzungsbände, 1802 ff.).

Martini, Friedrich Heinrich Wilhelm, Mediziner, Naturforscher, * 31. 8. 1729 Ohrdruf, † 27. 6. 1778 Berlin.
M. studierte Theologie und Medizin, wurde 1757 in Frankfurt/Oder promoviert und ließ sich als Physikus in Artern nieder. 1764 ging er nach Berlin, praktizierte als Arzt und widmete sich seinen naturwissenschaftlichen Forschungen. 1769 wurde M. in die Deutsche Akademie der Naturforscher Leopoldina gewählt. Zur Verbreitung naturwissenschaftlicher Erkenntnisse gab M. u. a. „Das Berlinische Magazin" (1765-69) und die „Berlinische Sammlung zur Beförderung der Arzneiwissenschaften, der Naturgeschichte" (1769-79) heraus. Er übersetzte Georges Louis Leclerc de Buffons *Allgemeine Naturgeschichte* (1771-77) und begründete 1768 das *Neue systematische Conchyliencabinet*, das nach seinem Tod von Johann Hieronymus Chemnitz fortgesetzt wurde.
LITERATUR: Johann August Goeze: F. H. W. M.'s Leben. Berlin 1779.

Martinovics, Ignaz Joseph, Jakobiner, * 22. 7. 1755 Pest (heute zu Budapest), † 20. 5. 1795 Buda (heute zu Budapest).
M. trat im Alter von 16 Jahren in den Franziskanerorden ein, studierte seit 1775 an der Univ. Buda, empfing 1778 die Priesterweihe und wurde 1779 promoviert. Er unterrichtete an der Franziskanerschule in Buda, wechselte nach Brod und ging ohne Erlaubnis als Feldkaplan nach Czernowitz. 1782 aus dem Orden entlassen, wurde M. Mitglied der Freimaurerloge und von Kaiser → Joseph II. als Prof. der Experimentalphysik an die Univ. Lemberg berufen. Nach dessen Tod verließ er Lemberg, bemühte sich vergeblich um eine Anstellung an der Univ. Pest und trat 1791 in den geheimen Mitarbeiterkreis Kaiser → Leopolds II. ein. Dieser ernannte M. zum Hofchemiker und 1792 zum Titularabt von Szászvár. Aus diesen Positionen von Kaiser Franz II. entlassen, schloß er sich den radikalen Demokraten an und organisierte die ungarische Jakobinerverschwörung. 1794 wurde M. in Wien verhaftet, angeklagt und wegen Hochverrats zum Tod verurteilt.

Mattheson, Johann, Komponist, Musikschriftsteller, Diplomat, * 28. 9. 1681 Hamburg, † 17. 4. 1764 Hamburg.
Bereits im Alter von neun Jahren trat M. als musikalisches Wunderkind auf; er erhielt am Johanneum und durch Privatunterricht eine umfassende Ausbildung, die ihn auf die Laufbahn eines hohen Staatsbeamten vorbereiten sollte. Nach ersten Erfolgen als Diskantsänger an der 1678 gegründeten Hamburger Gänsemarkt-Oper verzichtete er auf das vorgesehene Studium der Jurisprudenz, um seine Bühnenkarriere als Tenor fortzusetzen, die bis 1705 andauerte. 1699 kam M.s erste Oper *Die Plejades oder Das Sieben-Gestirn* zur Aufführung, der bis 1711 vier weitere Opern folgten, darunter die erste Vertonung des „Boris Godunow"-Sujets. Daneben war M. als Übersetzer und Bearbeiter fremder Bühnenwerke tätig. 1703 zog Georg Friedrich Händel nach Hamburg und wurde M.s Protegé. Eifersüchteleien führten 1705 zu einem Duell zwischen den beiden ehrgeizigen jungen Musikern; es endete unblutig, und die Versöhnung folgte bald darauf.
Mit der Ernennung zum Hauslehrer von Cyril Wych, dem Sohn des englischen Residenten in Hamburg, gelangte M. 1704 in die Diplomatie. 1706 zum Botschaftssekretär ernannt, entwickelte er sich zum Fachmann für englisches Recht und zum Vermittler in Hamburgs Handelsbeziehungen zu England. M. hatte diese gut besoldete Stelle bis 1750 inne, ohne zunächst seine aktive Rolle im Musikleben der Stadt aufzugeben. 1715 wurde er Musikdirektor am Dom, wo er bis 1727 insgesamt 26 eigene Oratorien und Passionen aufführte. Dann zwang ihn zunehmende Schwerhörigkeit, auf das öffentliche Musizieren zu verzichten. M.s unverminderte Produktivität verlagerte sich in diesen Jahren (1735 war er völlig taub) auf die Schriftstellerei. Nach der ersten deutschen Musikzeitschrift „Critica musica" (1722-25) und einer vehementen Verteidigung der Oper (*Der Musicalische Patriot*, 1728) erschien 1739 sein musiktheoretisches und -ästhetisches Hauptwerk *Der Vollkommene Capellmeister*. Dieses Kompendium des Wissens seiner Zeit über Musik blieb ein Jahrhundert lang als Standardwerk im Gebrauch. M. zeigt sich darin ebenso als aufklärerischer Kritiker der seit der Antike tradierten, auf mathematischen Proportionen basierenden Musiklehre wie als Autor, dessen eleganter Stil von Witz und Ironie geprägt ist. 1740 veröffentlichte M. mit der *Grundlage einer Ehrenpforte* eine Sammlung von 149 Musikbiographien, die zum Teil einzigartigen dokumentarischen Wert

besitzen. *Capellmeister* und *Ehrenpforte* begründeten, neben einer Vielzahl von kleineren Schriften und Aufsätzen, M.s Ruf als des bedeutendsten Musikschriftstellers Deutschlands in der ersten Hälfte des 18. Jahrhunderts. Seine kriegsbedingt nach Armenien verlagerten Kompositionen sind bis auf wenige Ausnahmen 1998 aus Eriwan in die Staats- und Universitätsbibliothek Hamburg zurückgekehrt.

WEITERE WERKE: Cleopatra. Hamburg 1704 (Oper; Neuausgabe 1975). – Das Lied des Lammes. Hamburg 1723 (Oratorium; Neuausgabe 1971). – Das neu-eröffnete Orchestre. Hamburg 1713. – Grosse Generalbass-Schule. Hamburg 1731. Reprint 1968. – Kern melodischer Wissenschaft. Hamburg 1737. Reprint 1976.

LITERATUR: Beekman C. Cannon: J. M. Spectator in Music. New Haven 1947. Reprint 1968. – Hans Joachim Marx: J. M. (1681-1764). Lebensbeschreibung des Hamburger Musikers, Schriftstellers und Diplomaten. Hamburg 1982. – George J. Buelow/Hans Joachim Marx (Hrsg.): New M. Studies. Cambridge 1983. – Jürgen Neubacher: Rückführung von Hamburger Musikhandschriften aus Eriwan. In: Die Musikforschung 52 (1999) S. 89-90. – Richard Charteris: Thomas Bever and Rediscovered Sources in the Staats- und Universitätsbibliothek Hamburg. In: Music & Letters, vol. LXXXI (2000) S. 177-201.

Dorothea Schröder

Mauchart, Manuel David, Theologe, Pädagoge, Schriftsteller, * 2. 6. 1764 Tübingen, † Februar 1826 Neuffen.

M. besuchte 1777-80 das Gymnasium in Stuttgart. 1780-82 studierte er am Theologischen Stift in Tübingen. Dort erhielt er 1782 die philosophische Doktorwürde. 1789 wurde er zum Repetenten am Tübinger Stift und 1793 zum Diakon in Nürttingen ernannt. Dort war er bis 1803 zweiter Stadtpfarrer; seit 1805 wirkte er als Spezialsuperintendent in Neuffen. 1791 wurde M. zum Mitglied der literarischen Gesellschaft in Halberstadt ernannt. Von M.s aufklärerischen Engagement zeugen seine zahlreichen Veröffentlichungen unterschiedlicher Gattungen über unterschiedliche anthropologische Themen in Zeitschriften und Monographien. Besonderes Interesse entwickelte M. im Anschluß an Karl Philipp →Moritz für Psychologie und Erfahrungsseelenkunde, die er in belehrender Form weitervermittelte. M. verband seine psychologische Argumentation durchgehend mit pädagogischen Intentionen. In seiner Sicht war Pädagogik angewandte Psychologie. Dabei waren für ihn empirische Kenntnisse aufgrund von Beobachtung menschlichen, insbesondere kindlichen Verhaltens von entscheidender Bedeutung.

WEITERE WERKE: Neben zahlreichen Aufsätzen in verschiedenen zeitgenössischen Zeitschriften: Phänomene der menschlichen Seele. Eine Materialien-Sammlung zur künftigen Aufklärung der Erfahrungs-Seelenlehre. Stuttgart 1789. – Anhang zu den ersten sechs Bänden des Magazins zur Erfahrungsseelenkunde. In einem Schreiben an die Herrn Herausgeber dieses Magazins Prof. Moritz und Prof. Pockels. Stuttgart 1789. – Allgemeines Repertorium für empirische Psychologie und angewandte Wissenschaften. Nürnberg 1792.

LITERATUR: Heidrun Diele: „Man kann sich nur immer mehr mit ihr abgeben ...“ Tagebuch eines Vaters über seine 1794 geborene Tochter. In: Bios 13 (2000) S. 124-146.

Hans Erich Bödeker

Maupertuis, Pierre-Louis de Moreau, Polyhistor, * 28. 9. 1698 Saint-Malo (Bretagne), † 27. 7. 1759 Basel.

M., Sohn eines Marineoffiziers und Abgeordneten des Conseil de Commerce, studierte 1714-16 in Paris unter der Leitung des Cartesianers Le Blond Philosophie, seit 1717 Musik, vor allem aber Mathematik. 1718-20 gehörte er als Offizier der französischen Armee an. M. war seit 1723 Mitarbeiter, seit 1725 Mitglied der Académie des Sciences in Paris, seit 1728 Mitglied der Royal Society in London, leitete 1736/37 die französische Lappland-Expedition zur Durchführung einer genauen Gradmessung in hohen Breiten und hielt sich mehrmals in Basel auf, wo er 1729/30 bei Johann I →Bernoulli Mathematik und Mechanik studierte. Seit 1732 trat M. offen für den Newtonschen Standpunkt ein (*Discours sur les différentes figures des astres,* erschienen 1735). 1741 wurde er von →Friedrich dem Großen mit der Reorganisation der Königlich Preußischen Societät der Wissenschaften, der M. seit 1735 als auswärtiges Mitglied angehörte, beauftragt (seit 1744: Académie Royale des Sciences et Belles-Lettres). Seit 1746 deren ständiger Präsident, entwickelte er eine intensive wissenschaftliche und organisatorische Tätigkeit und holte bedeutende Gelehrte nach Berlin (u. a. Julien Offray de La Mettrie, Johann Friedrich Meckel). 1743 wurde er in die Académie Française gewählt. Nach dem Streit über die Priorität des Prinzips der kleinsten Wirkung – entstanden nachdem Samuel →König in einer kleinen Abhandlung (1751) einen Brief von →Leibniz zitierte, in dem dieser jenes Prinzip bereits formuliert habe –, an dem sich auch →Euler und Voltaire beteiligten, zog sich M. 1753/54 nach Saint-Malo zurück. Danach bis 1756 wieder in Berlin, lebte er anschließend nochmals in Frankreich. M., zunächst hauptsächlich Mathematiker, Physiker und Biologe, befaßte sich später auch mit philosophischen Themen (Problem der Gottesbeweise, Erkenntnistheorie, Sprachphilosophie, Ethik). Er veröffentlichte u. a. *Sur la forme des instruments de musique* (1724), *Sur une question de maximis et minimis* (1726) und *Venus Physique* (1745). Zu seinen philosophischen Hauptwerken zählen *Réflexions philosophiques sur l'origines des langues et la signification des mots* (1748), *Essai de philosophie morale* (1749), *Essai de cosmologie* (1750), *Lettres* (1752), *Système de la nature* (1754) und *Examen philosophique de la preuve de l'excistence de Dieu employée dans l'Essai de cosmologie* (1758).

WEITERE WERKE: Œuvres. 4 Bde., Lyon 1768. Nachdruck Hildesheim 1965-74. – Sprachphilosophische Schriften. Übersetzt und hrsg. v. Winfried Franzen. Hamburg 1988 (mit Bibliographie).

LITERATUR: Pierre Brunet: M. 2 Bde., Paris 1929. – Leon Velluz: M. Paris 1969. – La pensée philosophique de M. Son milieu et ses sources. Éd. posthume par Claudio Cesa. Hildesheim u. a. 1987. – Dominique Bourel: P. L. M. de M. In: Berlinische Lebensbilder. Bd. 3: Wissenschaftspolitik in Berlin. Hrsg. v. Wolfgang Treue und Karlfried Gründer. Berlin 1987, S. 17-31. – David Beeson: M. An intellectual biography. Oxford 1992 (mit Bibliographie). – Renate Wahnser/Horst-Heino von Borzeszkowski: M. Eine metaphysische Diskussion über eine neue Physik. Berlin 1998. – Hartmut Hecht (Hrsg.): P. L. M. de M. Eine Bilanz nach 300 Jahren. Berlin/Baden-Baden 1999 (mit Bibliographie).

Maus, Isaak, Bauer, Lyriker, * 8. (?) 9. 1748 Badenheim bei Kreuznach, † 31. 12. 1833 Badenheim.
Der Sohn eines wohlhabenden Bauern übernahm nach dem Tod seines Vaters den elterlichen Hof, den er bis ins hohe Alter bewirtschaftete. Als „Naturdichter" begann M., autodidaktisch zu schreiben, wurde dann von dem Anakreontiker Johann Nikolaus Götz geschult und schrieb rund 310 Gedichte und Versepisteln, die fast vollständig in den drei Gedichtbänden *Gedichte und Briefe* (1786), *Poetische Briefe* (1819) und *Lyrische Gedichte* (1821) enthalten sind. M. unterhielt einen regen Briefwechsel mit zeitgenössischen Dichtern. 1809-25 war er Bürgermeister von Badenheim und gehörte 1818-25 dem Rheinhessischen Provinziallandtag an. 1794 schrieb M. den *Versuch einer Apologie der Deutschen Bürger und Landleute, welche [...] den Freiheitseid geleistet haben,* nachdem er die Französische Revolution zunächst begeistert begrüßt, sich dann jedoch von ihr distanziert hatte, als die französische Besatzungsmacht von der rheinpfälzischen Bevölkerung den Eid auf die Republik erzwingen wollte.

Mauvillon, Jacob, Kriegswissenschaftler, Schriftsteller, * 8. 3. 1743 Leipzig, † 11. 1. 1794 Braunschweig.
Trotz einer körperlichen Mißbildung trat M. in den Militärdienst ein, nahm als Kriegsbauingenieur am Siebenjährigen Krieg teil und wurde – als eine Offizierskarriere aussichtslos erschien – 1766 Fremdsprachenlehrer am Pädagogium zu Ilfeld. 1771 erhielt er eine Professur für Kriegsbaukunst am Kasseler Collegium Carolinum und wandte sich verstärkt schriftstellerischer Tätigkeit zu. Die Übersetzung französischer Werke bildete die Grundlage für eigene philosophische und historische Untersuchungen, seine *Physiokratischen Briefe* (1780) setzten sich mit den volkswirtschaftlichen Argumenten Christian Conrad von →Dohms auseinander, mit dem er engen Kontakt hatte. M.s militärische Ambitionen waren 1778 mit der Berufung zum stellvertretenden Leiter des Kasseler Kadettenkorps und der Ernennung zum Hauptmann erfolgreich; dieses Amt führte zu verstärkter Beschäftigung mit militärgeschichtlichen und -theoretischen Themen. Seine *Einleitung in die sämmtlichen militärischen Wissenschaften* (1784) war eines der ersten, alle Bereiche des Militärwesens beschreibenden Lehrbücher. Mit der Ernennung zum Oberstleutnant und Prof. der Kriegswissenschaften und -baukunst am Collegium Carolinum in Braunschweig war M. auf dem Höhepunkt seiner militärischen Laufbahn angelangt. In Zusammenarbeit mit Mirabeau entstand das achtbändige Werk *De la Monarchie Prussiene sous Frédéric le Grand* (1788). In den letzten Lebensjahren führte diese Kooperation jedoch zu zunehmender gesellschaftlicher und politischer Isolierung M.s, da konservative Kreise ihn als angeblichen Kopf einer illuminatisch-jakobinischen Verschwörung für die revolutionären Umtriebe in Frankreich und Deutschland mitverantwortlich machten.
LITERATUR: Jochen Hoffmann: J. M. Ein Offizier und Schriftsteller im Zeitalter der bürgerlichen Emanzipationsbewegung. Berlin 1981.

Mayer, Johann (Georg) Friedrich (Hartmann), evang. Theologe, Landwirtschaftsreformer, * 21. 9. 1719 Herbsthausen bei Mergentheim, † 17. 3. 1798 Kupferzell (Hohenlohe).
Der Sohn eines Schultheißen, Richters und Gastwirts studierte 1737-40 Theologie in Jena, erhielt 1741 die Pfarrstelle in Riedbach und wurde 1745 Pfarrer in Kupferzell, wo er auch als Landwirt und Landwirtschaftsreformer wirkte. M. gab die Zeitschrift „Beyträge und Abhandlungen zur Aufnahme der Land- und Haußwirtschaft nach den Grundsätzen der Naturlehre und der Erfahrung entworfen" (1769-86) heraus und veröffentlichte u. a. ein *Lehrbuch für die Land- und Haußwirthe* (1773) sowie eine *Gallerie von Schilderungen guter und böser Hauswirthe in ihren Lebensläufen* (1781). M. gehörte zu den am meisten gelesenen Agrarschriftstellern der Spätaufklärung und war als Berater von Fürsten und der Kaiserin Maria Theresia gesucht. Zwei Rufe nach Wien lehnte er jedoch ab.

Mayr, Beda, eigentl. Felix M., Benediktiner, Theologe, Dramatiker, * 15. 1. 1742 Taiting bei Augsburg, † 28. 4. 1794 Donauwörth.
Der Bauernsohn besuchte das Gymnasium im Kloster Scheyern, studierte Philosophie am Lyzeum in München und Mathematik in Freiburg/Breisgau und trat 1761 im Hl. Kreuzkloster in Donauwörth in den Benediktinerorden ein. 1762 setzte M. seine Studien im Kloster Benediktbeuern fort und wurde 1766 zum Priester geweiht. Er war Prof. der Theologie und Philosophie in Donauwörth, lehrte auch Rhetorik, Poesie, Kirchenrecht und Mathematik und betreute 1772-76 als Seelsorger die Pfarrei Mündling. M. war mit Johann Michael →Sailer befreundet, setzte sich für die Verständigung und Wiedervereinigung der Konfessionen ein und teilte seine Gedanken brieflich dem Theologen Heinrich →Braun in München mit. Als dieser die Briefe ohne M.s Wissen 1778 publizierte, wurden M. vom fürstbischöflichen Ordinariat die theologischen Vorlesungen verboten. Neben seinem Hauptwerk *Vertheidigung der natürlichen, christlichen und katholischen Religion nach den Bedürfnissen unserer Zeiten* (3 Tle., 1787-90) schrieb M. Gelegenheitsgedichte und Dramen.

Medicus, Friedrich Casimir, Mediziner, Botaniker, * 6. 1. 1736 Grumbach bei St. Wendel (Saarland), † 15. 7. 1808 Mannheim.
M. studierte in Tübingen, Straßburg und Heidelberg Medizin, ließ sich nach der Promotion 1758 als Arzt in Mannheim nieder und wurde 1759 Garnisonsphysikus. Er war Hofmedikus Herzog Christians IV. von Pfalz-Zweibrücken, der ihn zum Hofrat und später zum Regierungsrat ernannte. 1764 wurde M., seit 1762 Mitglied der Deutschen Akademie der Naturforscher Leopoldina, ordentliches Mitglied der Mannheimer Akademie der Wissenschaften für das Fach Botanik. Auf seine Anregung wurde der Botanische Garten in Mannheim eingerichtet, dessen Leitung er später übernahm. M. setzte sich für die Einführung amerikanischer Forstbäume – besonders der Robinie – ein, von der er sich eine Hebung der deutschen Forstwirtschaft versprach (*Über nordamerikanische Bäume und Sträucher als Gegenstände der deutschen Forstwirtschaft*, 1792). M. war Direktor der 1769/70 in Lautern gegründeten „Physikalisch-ökonomischen Gesellschaft". Mit seiner Studie *Von der Lebenskraft* (1774) verwandte M. zum ersten Mal diesen Begriff in einer deutschen Monographie.
WEITERE WERKE: Sammlung von Beobachtungen aus der Arzneywissenschaft. Zürich 1776.

Meggenhofen, Ferdinand Frh. von, österr. Beamter, Illuminat, * 14. 2. 1760 Schloß Teuffenbach bei Taufkirchen/Pram (Oberösterreich), † 26. 10. 1790 Stubenberg bei Simbach/Inn.
M. studierte Jura in Ingolstadt, wo er 1779 unter dem Einfluß seines Lehrers Adam → Weishaupt dem Illuminatenorden beitrat. Seit 1779 als Regimentsauditor in Burghausen tätig, übernahm er die Leitung der Minervalklasse des Geheimbundes. Ein von den kurbayerischen Behörden 1785 eingeleitetes Untersuchungsverfahren führte zu seiner Suspendierung und Einweisung in das Franziskanerkloster in München. Nach kurzer Haft begnadigt, reiste er nach Wien; nach einjährigem Aufenthalt ging er als Schulkommissär nach Ried im Innviertel. Seine Autobiographie *Meine Geschichte und Apologie* (1786) stellt eine wertvolle Quelle für die Geschichte des Illuminatenordens dar.

Mehring, Daniel Gottlieb Gebhard, evang. Theologe, Pädagoge, Publizist, * 27. 3. 1759 Wenzeslaushagen (Neumark), † 29. 4. 1829 Berlin.
Nach dem Studium der Theologie in Halle war M. kurzzeitig Schulrektor und Dorfpfarrer in Pommern, Feldprediger und seit 1797 Prediger an der Friedrichswerderschen und Dorotheenstädtischen Kirche in Berlin. In seinen zahlreichen Schriften behandelte er – beeinflußt von friderizianischer und Berliner Aufklärung – popularphilosophische Themen und verarbeitete in umfangreichen pädagogischen Abhandlungen (u. a. *Der Geist der Schule oder Wie wird einzig ein kräftiges Volk gebildet?*, 1816) und Lehrgedichten wie *Thauma oder Der Gang durch's Leben* (1826) Pestalozzisches Gedankengut. 1795 gab M. mit Valentin Heinrich Schmidt das biographische Lexikon *Neuestes gelehrtes Berlin* heraus.

Meier, Georg Friedrich, Philosoph, * 29. 3. 1718 Ammendorf bei Halle/Saale, † 21. 6. 1777 Giebichenstein (heute zu Halle/Saale).
M., Sohn eines Pfarrers, studierte evang. Theologie und Philosophie an der Univ. Halle und wurde 1739 promoviert. Im folgenden Jahr trat er die Nachfolge seines ehemaligen Lehrers Alexander Gottlieb → Baumgarten an und wurde 1746 zum a. o., 1748 zum o. Prof. der Philosophie ernannt. Obgleich als Schüler Baumgartens in der Tradition der Leibniz-Wolffschen Metaphysik stehend, entwickelte sich M. unter dem Einfluß Lockes zu einem Anhänger des praktischen Vernunftbegriffs der Aufklärung. Zur Förderung der Vernunft in allen Bereichen des menschlichen Lebens trat er für ein praxisorientiertes Erkenntnisstreben der Wissenschaft und eine für jedermann verständliche Darstellung wissenschaftlicher Erkenntnis ein. Mit den *Anfangsgründen aller schönen Wissenschaften* (3 Bde., 1748-50, ²1754-59, Nachdruck 1976) legte M. ein systematisches Werk zur Ästhetik vor. Er schrieb eine *Vernunftlehre* (1752, Nachdruck 1997), die in der Tradition des Wolffianismus wie der antiken Rhetorik bestimmt ist; den *Auszug aus der Vernunftlehre* (1752) benutzte → Kant für seine Logikvorlesungen. Wie in der Ästhetik war M. auch in der Ethik (*Philosophische Sittenlehre*, 5 Bde., 1753-61, ²1762-74), der Metaphysik (*Metaphysik*, 4 Bde., 1755-59) und der praktischen Philosophie (*Allgemeine praktische Weltweisheit*, 1764) Baumgarten verpflichtet, dessen erster Biograph er wurde (*Leben des Professors Alexander Gottlieb Baumgarten*, 1763). Zusammen mit Samuel Gotthold → Lange gab er 1751-56 die Moralische Wochenschrift „Der Mensch" heraus (Nachdruck 1992).
WEITERE WERKE: Beweis von der vorher bestimmten Übereinstimmung. Halle 1743, ²1752. – Theoretische Lehre von der Gemüthsbewegung überhaupt. Halle 1744, ²1759. Nachdruck Frankfurt/Main 1971. – Abbildung eines wahren Weltweisen. Halle 1745. – Abbildung eines Kunstrichters. Halle 1745. – Beurtheilung der Gottschedischen Dichtkunst. 6 Tle., Halle 1747-49. Nachdruck Hildesheim/New York 1975. – Gedanken vom Zustand der Seele nach dem Tode. Halle 1749. – Versuch einer allgemeinen Auslegekunst. Halle 1756. Nachdruck mit einem Vorwort von Lutz Geldsetzer. Düsseldorf 1965. Mit einer Einleitung und Anmerkungen hrsg. v. Axel Bühler. Hamburg 1996. – Betrachtungen über den ersten Grundsatz aller schönen Künste und Wissenschaften. Halle 1757. – Gedanken von dem Verhältniß der Philosophie gegen die geoffenbarte Religion. Halle 1759.
LITERATUR: Ernst Bergmann: Die Begründung der deutschen Ästhetik durch A. G. Baumgarten und G. F. M. Leipzig 1911. – Josef Schaffrath: Die Philosophie des G. F. M. Ein Beitrag zur Geschichte der Aufklärungsphilosophie. Eschweiler 1940. – Leonard P. Wessell jr.: G. F. M. and the Genesis of philsophical Theodicees of History in the 18th Century Germany. In: Lessing Yearbook 12 (1980) S. 63-84. – Uwe Möller: Rhetorische Überlieferung und Dichtungstheorie im frühen 18. Jahrhundert. Studien zu Gottsched, Breitinger und G. F. M. München 1983. –

Günter Schenk: Leben und Werk des Halleschen Aufklärers G. F. M. Halle/Saale 1994. – Riccardo Pozzo: G. F. M.s „Vernunftlehre". Stuttgart 2000.

Meiners, Christoph, Historiker, Ethnograph,
* 31. 7. 1747 Warstade (Land Hadeln), † 1. 5. 1810 Göttingen.
Der Sohn eines Postmeisters lehrte seit 1772 Weltweisheit an der Univ. Göttingen und schrieb eine Vielzahl von Büchern und Aufsätzen, überwiegend zu religionsgeschichtlichen (*Allgemeine kritische Geschichte der Religionen*, 2 Bde., 1806/07), kulturgeschichtlichen und völkerkundlichen Themen. Bekannt wurde M. durch seinen *Grundriss der Geschichte der Menschheit* (1785, ²1793, Neudr. 1981); hier und in den *Untersuchungen über die Verschiedenheiten der Menschennaturen in Asien und den Südländern, in den ostindischen und Südseeinseln [...]* (3 Bde., 1811-15) vertrat er die bereits von Georg → Forster und Johann Gottfried → Herder kritisierte These einer grundsätzlichen Verschiedenheit des „schönen" weißen Stammes und der „häßlichen" farbigen Völker. Wie sein Lehrer Johann Georg Heinrich → Feder vertrat M. eine psychologische Auffassung der Philosophie (*Grundriß der Seelenlehre*, 1773, ²1786; *Grundriß der Ethik oder Lebenswissenschaft*, 1801; *Untersuchungen über die Denkkräfte und Willenskräfte des Menschen*, 1806). Zusammen mit Feder gab er die „Philosophische Bibliothek" (4 Bde., 1788-91) heraus.
WEITERE WERKE: Kurzer Abriß der Psychologie. Göttingen 1773. – Versuch über die Religionsgeschichte der ältesten Völker, besonders der Egyptier. Göttingen 1775. – Vermischte philosophische Schriften. 3 Tle., Leipzig 1775-78. – Beyträge zur Geschichte der Denkart des ersten Jahrhunderts n. Chr. Leipzig 1782. – Geschichte des weiblichen Geschlechts. 4 Bde., Hannover 1788-1800. – Allgemeine Geschichte der ältern und neuern Ethik oder Lebenswissenschaft. 2 Tle., 1800/01. – Allgemeine Geschichte der Religionen. 2 Bde., 1806.
LITERATUR: Britta Rupp-Eisenreich: Des choses occultes en historie des sciences humaines: le destin de la „science nouvelle" de C. M. In: L'Ethnographie 79 (1983) Nr. 90/91, S. 131-183. – Friedrich Lotter: C. M. und die Lehre von der unterschiedlichen Wertigkeit der Menschenrassen. In: Hartmut Boockmann/Hermann Wellenreuther (Hrsg.): Geschichtswissenschaft in Göttingen. Göttingen 1987, S. 30-75. – Sabine Vetter: Wissenschaftlicher Reduktionismus und die Rassentheorie von C. M. Ein Beitrag zur Geschichte der verlorenen Metaphysik in der Anthropologie. Aachen 1997.

Meißner, August Gottlieb, Schriftsteller,
* 3. 11. 1753 Bautzen, † 18. 2. 1807 Fulda.
Nach dem Jurastudium in Wittenberg und Leipzig war M. seit 1776 Kanzlist des Geheimen Consiliums, später Registrator am Geheimen Archiv in Dresden. 1785 wurde er Prof. der Ästhetik an der Univ. Prag, 1805 Konsistorialrat und Direktor des Lyzeums in Fulda. M. versuchte sich seit seiner Studienzeit als Lyriker, übersetzte französische Sing- und Lustspiele und verfaßte auch eigene Bühnenwerke. Bekannt wurde er jedoch vor allem als Prosaautor. Seine *Skizzen* (14 Bde., 1778-96), eine Sammlung unterhaltender und belehrender Erzählungen, fanden weite Verbreitung. Er schrieb auch Biographien zu bedeutenden Persönlichkeiten der italienischen Renaissance und der griechisch-römischen Antike (u. a. *Alcibiades*, 4 Bde., 1781-88).

Meister, Jakob Heinrich, schweizer. Schriftsteller,
* 6. 8. 1744 Bückeburg, † 9. 11. 1826 Zürich.
M. kam als Dreizehnjähriger mit seinen Eltern nach Küsnacht. Nach dem Besuch der Zürcher Gelehrtenschule wurde er 1763 zum Geistlichen ordiniert. Aufenthalte in Genf und Paris (1764 und 1766/67) sowie persönliche Kontakte zu Voltaire und Rousseau vermittelten ihm das Gedankengut der Aufklärung. Die Veroffentlichung der aufklarerischen Schrift *De l'origine des principes religieux* führte zum Entzug des Zürcher Bürgerrechts. Seit 1769 in Paris lebend, war M. 1773-93 Redaktionsleiter der „Correspondance littéraire, philosophique et critique" von Melchior von → Grimm. Der Verlauf der Französischen Revolution veranlaßte ihn 1794 zur Rückkehr in seine Heimatstadt Zürich, mit der er sich bereits 1772 ausgesöhnt hatte. Bei gleichzeitiger Fortführung seiner publizistischen Tätigkeit war M. in den folgenden Jahren mehrfach in eidgenössischem Auftrag in politischer Mission unterwegs. Napoleon ernannte ihn 1803 zum Präsidenten der Regierungskommission für die Einführung der Mediationsakte im Kanton Zürich. M. korrespondierte mit bedeutenden Persönlichkeiten, u. a. mit Germaine de Staël.

Mellin, George Samuel Albert, Philosoph,
* 13. 6. 1755 Halle, † 11. 2. 1825 Magdeburg.
M. studierte Theologie, Mathematik, Physik und Philosophie und erwarb 1816 die theologische Doktorwürde. Er wurde Konsistorialrat und erster Prediger der deutsch-reformierten Kirche in Magdeburg. M. veröffentlichte zahlreiche durch die Philosophie → Kants beeinflußte Arbeiten, u. a. *Grundlegung zur Metaphysik der Rechte oder der positiven Gesetzgebung* (1796, ²1798, Nachdruck 1969), *Marginalien zu Kants metaphysischen Anfangsgründen der Sittenlehre* (2 Tle., 1801), *Encyclopädisches Wörterbuch der Kritischen Philosophie* (6 Bde., 1797-1804) und *Allgemeines Wörterbuch der Philosophie* (2 Bde., 1805-07).
WEITERE WERKE: Marginalien und Register zu Kants Kritik der reinen Vernunft. Züllichau 1794. Neuherausgegeben v. Ludwig Goldschmidt. Gotha 1900. – Marginalien und Register zu Kants Kritik der Erkenntnisvermögen. Züllichau 1795. Neuherausgegeben v. Ludwig Goldschmidt. Gotha 1902. Neudruck Aalen 1969. – Kunstsprache der kritischen Philosophie. Jena/Leipzig 1798. – Anhang zur Kunstsprache der Kantischen Philosophie. Jena 1800.

Mencke, Johann Burkhard, auch J. Burchard M., Pseud. Philander von der Linde, Historiker, Übersetzer, Lyriker, * 8. 4. 1674 Leipzig, † 1. 4. 1732 Leipzig.
M., Sohn Otto →M.s, studierte Philosophie und Theologie an der Univ. Leipzig. 1699 trat er als Prof. der Geschichte die Nachfolge Adam Rechenbergs an der Leipziger Univ. an. Das gleichzeitig aufgenommene Jurastudium schloß er 1701 mit der Promotion ab. Nach dem Tod seines Vaters 1707 übernahm M. die Herausgabe der „Acta Eruditorum". Er edierte spätmittelalterliche Geschichtsquellen, schrieb u. a. eine Biographie Kaiser Leopolds I. (1707) und leistete wichtige Vorarbeiten für Christian Gottlieb →Jöchers Gelehrtenlexikon. In seinen satirischen Gedichten profilierte er sich als Verteidiger und Kritiker der Gelehrtenrepublik. Berühmtheit erlangte er durch seine 1713 und 1715 gehaltenen Reden *De charlataneria eruditorum*, die in mehrere Sprachen übersetzt und wiederholt aufgelegt wurden. M. war Gründer und Förderer der Görlitzer poetischen Gesellschaft, die sein Schüler und Mitarbeiter Johann Christoph →Gottsched 1727 zur Deutschen Gesellschaft ausbaute.

Mencke, Otto, Philosoph, * 22. 3. 1644 Oldenburg, † 29. 1. 1707 Leipzig.
M. studierte an der Univ. Leipzig und erwarb 1664 den Grad eines Magister artium. Nach Reisen durch Holland und England kehrte er 1667 als Assessor der Philosophischen Fakultät nach Leipzig zurück. Seit 1669 Prof. der Philosophie an der Leipziger Univ., gründete er 1682 die „Acta Eruditorum", die erste wissenschaftliche Zeitschrift in Deutschland, die unter seiner Leitung internationales Ansehen erlangte. Ihr Schwerpunkt lag bei den Naturwissenschaften. M., der die führenden Gelehrten Leipzigs und anderer Städte zur Mitarbeit gewann, war seit 1697 Decemvir der Univ. und wurde 1700 in das große Fürsten-Collegium aufgenommen. Die Herausgeberschaft der „Acta Eruditorum" ging nach M.s Tod zunächst an seinen Sohn Johann Burkhard →M. und später an seinen Enkel über.

Mencken, Anastasius Ludwig, Staatsmann, Beamter, * 2. 8. 1752 Helmstedt, † 5. 8. 1801 Potsdam.
Nach dem Jurastudium in Helmstedt und Leipzig war M. seit 1777 preuß. Legationssekretär in Stockholm. Von König →Friedrich II. 1782 zum Geheimen Kabinettssekretär ernannt, gewann der als politisch liberal und aufgeklärt geltende M. bald großen Einfluß als Interpret des kgl. Willens. Unter Friedrich Wilhelm II. verlor er 1792 vorübergehend seine Vertrauensstellung. 1796 wurde er mit der Ausarbeitung der Instruktionen für die sog. südpreußische Organisierungskommission beauftragt und bereitete als erster Kabinettsrat Friedrich Wilhelms III. (1797-1800) viele später realisierte Reformprojekte vor. M. regte u. a. die Selbständigkeit und Verantwortlichkeit der Minister sowie die straffere Geschäftsorganisation des Kabinetts an. Er war der Großvater von Otto von Bismarck.

Mendelssohn, Moses, Philosoph, Schriftsteller, Übersetzer, Kritiker, Fabrikant, * 6. 9. 1729 Dessau, † 4. 1. 1786 Berlin.
Als Kind eines armen jüdischen Gemeindeschreibers gelang es M. unter schwierigen materiellen Bedingungen, zu einem der führenden Vertreter der deutschen Spätaufklärung, einer der überragenden Gestalten des zeitgenössischen Judentums und einem höchst erfolgreichen Kaufmann aufzusteigen. M.s Leben ist ein staunenswertes Beispiel eines sozialen Aufstiegs durch Talent, intensive Arbeit und Willen.
M. wurde durch den Dessauer Rabbiner David Fränkel, der ihn u. a. auf die Schriften des jüdischen Philosophen Moses Maimonides aufmerksam machte, in das Talmud-Studium eingeführt. Um diese Studien fortzusetzen, folgte er 1743 seinem Lehrer nach Berlin. Die ihn zu einem Rabbinat befähigende Ausbildung hat M. niemals verleugnet. Im unermüdlichen Selbststudium eignete er sich zunächst das Deutsche, dann das Lateinische, Französische und Englische an. Als ihn der jüdische Arzt Aaron Emmerich Gumpertz in das Berliner intellektuelle Leben einführte, war M. bereits ein Kenner der zeitgenössischen Philosophie und Literatur. Aus der Begegnung mit dem gleichaltrigen Gotthold Ephraim →Lessing (1753), der ihm 1779 in seinem *Nathan* ein bleibendes Denkmal gesetzt hat, und dem Verleger Friedrich →Nicolai entwickelten sich lebenslange Freundschaften, die in den ersten Jahren den Stil und den Ort der Publikationen M.s beeinflußten. Er wurde rasch zu einer der profiliertesten Gestalten der Berliner Aufklärung. Bis 1750 lebte M., der seinen Unterhalt zunächst durch das Abschreiben hebräischer Texte verdiente, in großer finanzieller Unsicherheit. Sie wurde beendet, als er (1750) eine Anstellung als Hauslehrer der Kinder des jüdischen Seidenwarenhändlers Isaak Bernhard erhielt, der ihn 1754 zudem zum Buchhalter seiner inzwischen gegründeten Seidenmanufaktur machte, die er nach 1761 mehr oder minder selbständig leitete. Nach Isaak Bernhards Tod (1768) führte M. mit dessen Witwe die Seidenmanufaktur höchst erfolgreich weiter. Diese Stellung sicherte ihm zwar ein gutes Auskommen, ließ ihm für private Studien aber stets nur begrenzte Zeit.
1762 heiratete M. Fromet Gugenheim, die Tochter eines armen jüdischen Hamburger Kaufmanns. 1763 erhielt er, nach langem Bemühen, durch Vermittlung des Marquis d'Argens das Privileg eines außerordentlichen Schutzjuden, das ihm und seiner Frau, nicht aber seinen Kindern, den Aufenthalt in Preußen sicherte. Der literarisch äußerst erfolgreiche M. wurde 1771 zum ordentlichen Mitglied der Berliner Akademie der Wissenschaften vorgeschlagen. →Friedrich II. verweigerte ihm allerdings die Ernennung. Eine schwere Nerven- bzw. Herzkrankheit überschattete seit 1771 M.s Leben und verhinderte über Jahre hinweg schriftstellerische Aktivitäten. In ihr gründete auch eine verstärkte Neuorientierung seiner Interessen, insbesondere eine neuerstarkte Vertiefung in die Quellen seines jüdischen Glaubens.
In M.s schriftstellerischer Produktion lassen sich vier Schwerpunkte unterscheiden: Metaphysik, Ästhe-

tik, Literaturkritik und jüdische Studien. Seine erste Veröffentlichung, die *Philosophischen Gespräche* (1755), nahm zentrale Themen der → Wolffschen Metaphysik auf. Ihnen folgten die *Briefe ueber die Empfindungen* (1755) und die zusammen mit Lessing verfaßte Kampfschrift *Pope ein Metaphysiker!* (1755), die gegen die Akademie der Wissenschaften in Berlin gerichtet war. Gleichzeitig übersetzte er Rousseau und Shaftesbury ins Deutsche. Sein Essay *Abhandlungen über die Evidenz in metaphysischen Wissenschaften* (1764) gewann den ersten Preis im Preisausschreiben der Berliner Akademie.

1757 begann M., zusammen mit Nicolai und Lessing, seine unermüdliche Tätigkeit als Literaturkritiker in den zeitgenössischen großen Rezensionsorganen, „Bibliothek der Schönen Wissenschaften", „Briefe, die neueste Literatur betreffend", „Allgemeine deutsche Bibliothek". Zu seinen wichtigsten Beiträgen als Literaturkritiker zählte seine Stellungnahme zu der *Bestimmung des Menschen* (1748) des luth. Aufklärungstheologen Johann Joachim → Spalding. Aus der Auseinandersetzung M.s mit Thomas → Abbt über diese Schrift ging schließlich das Werk hervor, das M.s europäischen Ruhm begründete und ihm den Titel des „deutschen Sokrates" eingetragen hat: *Phaedon oder über die Unsterblichkeit der Seele*.

In seinen jüdischen Schriften, die ihn als exzellenten jüdischen Denker seiner Zeit auszeichneten, benutzte M. Wolffsche Kategorien und Terminologien, um die Traditionen jüdischer Philosophie und Exegese neu zu formulieren. M. schuf jüdische Äquivalente zu Wolffschen Kategorien, um zentrale theologische Themen angemessener diskutieren zu können. Seine Bemühungen um die Quellen seines jüdischen Glaubens setzte er fort in dem Traktat über die Unsterblichkeit der Seele (*Sefer ha-Nefesh*, 1769). In seinem 1770 erschienenen Kommentar zu Ecclesiastes (*Biur Megalit Kohelet*) nutzte er Wolffsche Kategorien, um Unsterblichkeit und Vorsehung zu diskutieren und jüdische Traditionen einer vielschichtigen Exegese zu verteidigen. Als ihn 1769/70 der Schweizer Theologe Johann Caspar → Lavater aufforderte, seinen Glauben zu rechtfertigen oder zum Christentum zu konvertieren, beantwortete M. diese Herausforderung mit einem Plädoyer für Toleranz. Damals begann M. auch die Übersetzung und Kommentierung biblischer Texte. Seine exegetischen Bemühungen gipfelten in der deutschen Übersetzung des Pentateuch (*Sefer Netivot ha-Shalom*, 1783). Die Einleitung setzte bei dem mündlichen Charakter der hebräischen Sprache an, um die Authentizität des masoretischen Textes zu verteidigen. M. bedeutendstes Werk zu Fragen des Judentums ist *Jerusalem, oder ueber religiöse Macht des Judentums* (1783), in dem er seine bekannte Definition des Judentums als „göttlicher Gesetzgebung" und nicht als einer „geoffenbarten Religion" formulierte.

Durch Friedrich Heinrich → Jacobis Behauptung, Lessing habe sich zum Pantheismus bekannt, wurde M. in den sogenannten „Pantheismusstreit" hineingezogen. Sein Beitrag zu dieser Auseinandersetzung waren die *Morgenstunden* (1785), in denen er Lessing zu verteidigen und Gottes Existenz zu beweisen suchte.

M.s Ruhm machte ihn seit den späten sechziger Jahren des 18. Jh. zum Sprecher der Juden. Er veröffentlichte ein Kompendium jüdischer Gesetze, *Ritualgesetze der Juden* (1778), zum Gebrauch vor deutschen Gerichten. M.s Intervention zugunsten der elsässischen Juden wurde in engster Zusammenarbeit von Christian Wilhelm → Dohm zu dessen Buch *Über die bürgerliche Verbesserung der Juden* (1781) ausgebaut. Dohms Argumentation zielte ab auf Rechtsgleichheit, Erwerbsfreiheit, Erwerbsrecht, Handelsfreiheit, Zugang zu Wissenschaften und öffentlichen Ämtern, Kultusfreiheit und religiös-rechtliche Autonomie der Juden.

WERKE: Gesammelte Schriften. Jubiläumsausgabe. 27 Bde. in 36 Bänden. Stuttgart-Bad Cannstatt 1971 ff.

LITERATUR: Alexander Altmann: M. M. A biographical study. Philadelphia 1973. – Michael Albrecht: M. M. Ein Forschungsbericht. In: Deutsche Vierteljahrsschrift für Literaturwissenschaft und Geistesgeschichte 57 (1983) S. 64-166. – David Sorkin: M. M. and the religious enlightenment. London 1996. Dt.: M. M. und die theologische Aufklärung. Wien 1999. – Michael Albrecht/Eva Engel: M. M. im Spannungsfeld der Aufklärung. Stuttgart 2000.   *David Sorkin*

Merck, Johann Heinrich, Pseud. J. H. Reimhart d. J., Schriftsteller, Kritiker, * 11. 4. 1741 Darmstadt, † 27. 6. 1791 Darmstadt.

M. studierte seit 1757 in Gießen und Erlangen, bereiste Süddeutschland und ging 1762 an die Dresdner Kunstakademie. Als Hofmeister kam er in die Schweiz, heiratete 1766, ließ sich in Darmstadt nieder und wurde 1767 Sekretär der Geheimen Kanzlei, 1768 Kriegszahlmeister und 1774 Kriegsrat. Er kam auf beruflichen Reisen nach Kassel (1767) und St. Petersburg (1773) und war Kunstführer im Gefolge der Herzoginmutter → Anna Amalia von Sachsen-Weimar-Eisenach auf deren Rheinreise 1778. M. veröffentlichte bereits als Student literarische Übersetzungen aus dem Englischen, gründete 1771 einen Verlag zunächst für preiswerte Nachdrucke westeuropäischer Literatur in der Originalsprache, später auch für zeitgenössische deutsche Werke. Er war Herausgeber des für die Geschichte der Literaturkritik bedeutenden Jahrgangs der „Frankfurter gelehrten Anzeigers" 1772 und schrieb Beiträge zur „Allgemeinen deutschen Bibliothek" und zum „Teutschen Merkur". M.s literarische Arbeiten begleiteten die Entwicklung der deutschen Literatur von der Aufklärung bis zur Klassik (u. a. *Die Geschichte des Herrn Oheim*, in: Teutscher Merkur, 1777). Seit 1782 befaßte er sich überwiegend mit naturwissenschaftlichen Fragen und unternahm Forschungsreisen in die Schweiz und nach Holland. Er stand in regem Briefwechsel und freundschaftlichen Beziehungen zu vielen bedeutenden Zeitgenossen (u. a. → Goethe, → Herder, → Klopstock, → Lenz, → Claudius) und schloß sich 1790 in Paris

dem Jakobinerklub an. Von französischen Emigranten darob angefeindet, beging M. Selbstmord.
LITERATUR: Walter Schübler: J. H. M. 1741-1791. Biographie. Weimar 2001.

Merckel, Friedrich Theodor von, Staatsmann, * 4.11.1775 Breslau, † 10.4.1846 Breslau.
Nach dem Studium der Rechts- und Staatswissenschaften in Halle übernahm M. 1797 die Justizverwaltung der gräflich von Althanschen Fideikommißgüter, wurde 1798 Justizkommissar und Notar und 1799 Assessor bei der Justizkommission der Kriegs- und Domänenkammer in Breslau. Seit 1800 Hof- und Kriminalrat beim Kriminalkolleg in Breslau, wurde er 1801 Oberlandschaftssyndikus bei der schlesischen Haupt-Landschaftsdirektion und 1804 Kriegs- und Domänenrat bei der Breslauer Kammer. 1809 in Königsberg mit der Durchführung von Reformen in Schlesien beauftragt, kehrte er als Regierungs-Vizepräsident nach Breslau zurück, wurde 1813 Chefpräsident der Regierung in Breslau und 1816 Oberpräsident der schlesischen Provinz. M. galt als liberal und reformfreudig. Nach mehrfachen Einschränkungen im Amt zog er sich 1820 ins Privatleben zurück, trat jedoch 1825 sein früheres Amt wieder an und nahm 1845 seinen Abschied.

Merian, Johann Bernhard, Bibliothekar, Philologe, * 28.9.1723 Liestal bei Basel, † 12.2.1807 Berlin.
M. studierte 1737-40 Philologie und Philosophie an der Univ. Basel. 1749 als Mitglied der Preußischen Akademie der Wissenschaften vorgeschlagen, wurde er 1757 deren Bibliothekar und 1769 außerdem Inspektor und Prof. der Philosophie am Französischen Kollegium in Berlin. M. war 1771-1807 Direktor der Philologischen Klasse der Akademie und und 1797-1807 ständiger Sekretär der Akademie. Er zählte zu den Beratern → Friedrichs des Großen. Seit 1773 war er auch Visitator des Joachimthalschen Gymnasiums in Berlin. M. schrieb u. a. *Sur l'identité numerique* (1755).

Merkel, Garlieb (Helwig), Schriftsteller, * 31.10.1769 Pastorat Loddiger (Livland), † 9.5.1850 Gut Depkinshof bei Riga.
M. wurde 1786 Gerichtskanzlist, später Hofmeister und begann Anfang der neunziger Jahre, literarische, politische und historische Schriften zu verfassen. Er war Mitglied des Rigaer „Prophetenclubs", kam über Leipzig und Jena 1797 nach Weimar und 1799 nach Berlin. M. gab hier mehrere Zeitschriften (u. a. das Unterhaltungsblatt „Ernst und Scherz") heraus, trat publizistisch gegen die napoleonische Fremdherrschaft auf, mußte 1806 aus Berlin fliehen und kehrte in die Nähe von Riga zurück. In seinen *Briefen an ein Frauenzimmer über die neuesten Produkte der schönen Litteratur in Deutschland* (1800-03) griff er Ludwig → Tieck und die Brüder → Schlegel an und äußerte sich kritisch über Werke → Schillers und → Goethes. Die Schrift *Die Letten, vorzüglich in Liefland, am Ende des philosophischen Jahrhunderts* (1796) weist M. als einen der frühesten und schärfsten Kritiker der Leibeigenschaft aus. Darüber hinaus schrieb er Reiseliteratur und Autobiographisches (*Skizzen aus meinem Erinnerungsbuche*, 4 Hefte, 1812-16; *Darstellungen und Charakteristiken aus meinem Leben*, 2 Bde., 1839/40).

Mesmer, Franz Anton, Mediziner, * 23.5.1734 Iznang/Bodensee, † 5.3.1815 Meersburg.
M. stammte aus einer kath. Familie, die im Bodenseeraum beheimatet war; sein Vater Jakob M. war Jägermeister, seine Mutter Maria Ursula M. eine Handwerkerstochter. Nach dem Besuch des Jesuitengymnasiums 1744-50 studierte er an der Jesuitenuniversität in Dillingen und der Univ. Ingolstadt Philosophie und Theologie und begab sich 1759 zum Studium zunächst der Jurisprudenz, dann der Medizin nach Wien. 1766 wurde er mit einer Dissertation über den Einfluß der Planeten auf den menschlichen Körper promoviert (*De planetarum influxu*); hier ist bereits die Rede von der „animalischen Schwerkraft" (gravitas animalis). Nach seiner Heirat mit Anna von Bosch eröffnete M. in Wien eine Praxis und entwickelte seine Lehre des „tierischen Magnetismus". 1775 erschien das erste *Sendschreiben über die Magnetkur*, dem weitere folgten, die auch in andere Sprachen übersetzt wurden. 1777/78 begab er sich nach Paris. Dort setzte er seine Therapie mit großem Zuspruch in der höheren Gesellschaft und Verbreitung durch zahlreiche Schüler fort; allerdings kam es auch hier zu Widerstand und Kritik von Gelehrten und Ärzten. 1779 publizierte M. ein *Mémoire sur la découverte du magnétisme animal* (dt.: *Abhandlung über die Entdeckung des thierischen Magnetismus*, 1781). 1783 gründete er eine Société de l'Harmonie für Anhänger und Interessierte seiner Lehre, der ähnliche Gesellschaften auch an anderen Orten folgten. Eine von der Pariser Académie des Sciences eingesetzte Kommission von Medizinern und Naturforschern, zu der auch Benjamin Franklin und Antoine Lavoisier gehörten, gelangte 1784 (*Rapport des commissaires, chargés par le Roy, de l'examen du magnétisme animal*, dt. 1787) zu dem Schluß, daß dem tierischen Magnetismus keine physikalische Kraft oder materielle Substanz zugrundeliege, die beobachteten Ergebnisse vielmehr Auswirkungen der Berührung und Einbildungskraft seien. In einem geheimen Bericht für den König wurde auf die Gefahren der Erotisierung der Arzt-Patienten-Beziehung hingewiesen. Ein ähnlich negatives Urteil fällte die Kommission der Société Royale de Médecine. Die Französische Revolution vertrieb M. unter Verlust seines Vermögens aus Paris; er hielt sich an verschiedenen Orten in der Schweiz und Deutschland sowie kurzfristig in Wien auf, wo er 1793 als Jakobiner verhaftet und aus der Stadt verwiesen wurde. 1798 begab sich M. noch einmal nach Frankreich und erreichte einen Vergleich mit der Regierung. 1800 veröffentlichte M. *Über meine Entdeckungen* (frz. 1799). Zahlreiche Mediziner in verschiedenen Ländern griffen seine Therapie auf. Seit 1803 lebte M. bis zu seinem Tod am Bodensee, zunächst in Meersburg, wohin er nach mehrfachem Ortswechsel schließlich wieder zurückkehrte und wo er auch beerdigt wurde.

Beeinflußt von verbreiteten zeitgenössischen Vorstellungen des Mikro-Makrokosmos-Parallelismus und der Magnetkur, ging M. von einem feinen physischen Fluidum („Allflut") aus, das das ganze Weltall durchströmte und dessen Hemmungen oder Stockungen über die Nerven im Körper des Menschen Krankheit verursachten. M. sprach von animalischem Magnetismus oder Lebensmagnetismus, um den Unterschied zum physikalischen Magnetismus zu betonen.

Eine Renaissance erlebte M. mit seiner Lehre seit 1810 bei den Romantikern, während er sich selbst stets als Aufklärer verstand. Der Mesmerismus spielte bei den Naturphilosophen und vor allem bei den Medizinern der Romantik eine Rolle und wurde auch in der Öffentlichkeit beachtet.

WEITERE WERKE: Beschwerden und Vorstellungen an das Parlament zu Paris wider den Bericht des Kgl. Commissionärs vom thierischen Magnetismus. Wien 1785 – Sammlung der neuesten gedruckten und geschriebenen Nachrichten von Magnetcuren vorzüglich der Mesmerischen. Leipzig 1798.

LITERATUR: Justinus Kerner: F. A. M. aus Schwaben, Entdecker des thierischen Magnetismus. Frankfurt/Main 1856. – Josef Vliegen: Von M. bis Breuer. In: Psychologie des 20. Jahrhunderts. Bd. 1, Zürich 1976, S. 687-700. – Robert Darnton: Der Mesmerismus und das Ende der Aufklärung in Frankreich. München 1983. – Heinz Schott (Hrsg.): F. A. M. und die Geschichte des Mesmerismus. Stuttgart 1985. – Gereon Wolters (Hrsg.): F. A. M. und der Mesmerismus. Konstanz 1988. – Heinrich Feldt: Der Begriff Kraft im Mesmerismus. Med. Diss. Bonn 1990. – Jürgen Barkhoff: Magnetische Fiktionen. Literarisierung des Mesmerismus in der Romantik. Stuttgart 1995.
Dietrich von Engelhardt

Metternich, Mathias, Mathematiker, Publizist, Politiker, * 8.5.1747 Steinefrenz (Westerwald), † 13.9.1825 Mainz.

M. besuchte nach dem Jesuitengymnasium in Hadamar die Schullehrerakademie in Mainz. Seit 1776 Lehrer an verschiedenen Mainzer Schulen, studierte er seit Anfang der achtziger Jahre Mathematik und Physik in Mainz und Göttingen. 1768 wurde er zum Prof. der Mathematik und Physik an der Univ. Mainz berufen. M. gehörte zu den Mainzer Aufklärern, die, von der Kulturpolitik des Mainzer Kurfürsten beeinflußt, sich seit etwa 1790 immer kritischer äußerten. Er war Mitglied des Mainzer Illuminatenordens und der Mainzer Lesegesellschaften. 1792/93 stellte er sich nach dem Einmarsch der Franzosen sofort auf die Seite der Revolution. Er war führendes Gründungsmitglied des Mainzer Jakobinerklubs (23.10.1792) und wurde dessen Präsident (Februar und März/April 1793). M. war Mitglied wichtiger Klubausschüsse. Der Verfasser zahlreicher revolutionsfreundlicher Flugschriften redigierte die Zeitung „Der Bürgerfreund" (26.10.1792 bis 16.4.1793). Daneben engagierte er sich energisch in der politischen Agitation in Stadt und Umland. M. gehörte der Mainzer Municipalität und dem Rheinisch-Deutschen Nationalkonvent an, dessen Vizepräsident er seit dem 25.3.1793 war. Am 24.7.1793 wurde er nach der Belagerung von Mainz von preuß. Truppen verhaftet und am 2.2.1795 nach Frankreich abgeschoben. Ende März 1795 von den Franzosen aus Paris abgeschoben, wurde M. im Oktober 1796 durch die kaiserlichen Truppen erneut verhaftet. 1797/98 unterstützte M. die cisrhenanische Bewegung. Ende Januar 1798 kehrte er in das von den französischen Truppen wiederbesetzte Mainz zurück. M. beteiligte sich an der Pflanzung des Mainzer Freiheitsbaums. 1799 wurde er Prof. an der Mainzer Zentralschule. Von Oktober 1799 bis März 1800 war er Mitglied der Zentralverwaltung des Departements Donnersberg. Dann zog er sich aus der Politik zurück und beschränkte sich ganz auf seinen Beruf als Mathematikprofessor und veröffentlichte drei Mathematiklehrbücher.

WERKE: Der Aristokrat auf Seichtheiten und Lügen ertappt. Mainz 1792/93. – Beschwerden des Landmannes über die langsame Entschließung der Bürger zu Mainz. Mainz 1792. – Der Bürgerfreund (35 Stücke, 26.10.1792 – 16.4.1793, Mainz). – (Neue) Politische Unterhaltungen am linken Rheinufer (Juli/Dezember 1797; Januar – April 1798). – Aufruf an die Bewohner des linken Rheinufers. o.O. 1797.

LITERATUR: Franz Dumont: Die Mitglieder des Rheinisch-Deutschen Nationalkonvents in Mainz. In: Archiv für hessische Geschichte und Altertumskunde 40 (1982) S. 143-85. – Franz Dumont: Die Mainzer Republik von 1792/93. Studien zur Revolutionierung in Rheinhessen und der Pfalz. Alzey 1982. – Mano Keller: Rund um den Freiheitsbaum. Die Bewegung von unten und ihr Sprecher M. M. in der Zeit der Mainzer Republik (1789-1799). Frankfurt/Main 1988.
Hans Erich Bödeker

Meusel, Johann Georg, Historiker, Lexikograph, Bibliograph, * 17.3.1743 Eyrichshof bei Bamberg, † 19.9.1820 Erlangen.

M. studierte seit 1764 klassische Philologie und Geschichte an der Univ. Göttingen, wurde 1766 an der Univ. Halle-Wittenberg promoviert und 1768 als o. Prof. der Geschichte an die Univ. Erfurt berufen; 1779 wechselte er an die Univ. Erlangen. M., Mitglied mehrerer Akademien der Wissenschaften, arbeitete u.a. über die europäische Staatengeschichte (*Anleitung zur Kenntnis der europäischen Staatenhistorie*, 1775, ⁵1816), die Gelehrten- und Literaturgeschichte sowie die geschichtlichen Hilfswissenschaften und vertrat das Fach Statistik an der Univ. Erlangen. An dem 1767 von Georg Christoph → Hamberger begonnenen Werk *Das gelehrte Teutschland oder Lexikon der jetztlebenden teutschen Schriftsteller* (⁵1796-1834), einem Lexikon zu rund 15 000 deutschen Autoren, wirkte M. von 1773 an bis zu seinem Tod mit.

Meyer, Friedrich Johann Lorenz, Schriftsteller, * 22.1.1760 Hamburg, † 21.10.1844 Hamburg.
M., Sohn eines Weinhändlers, studierte in Göttingen und wurde 1782 zum Dr. jur. promoviert. Durch das Erbe seiner Mutter finanziell unabhängig, unternahm er eine Bildungsreise durch die Schweiz, Ita-

lien und Frankreich und heiratete 1785 die Tochter seines Göttinger Professors Georg Ludwig Böhmer. M., der mit Friedrich Gottlieb → Klopstock befreundet war, arbeitete als Anwalt und bis 1825 als Sekretär der „Hamburgischen Gesellschaft zur Beförderung der Künste und nützlichen Gewerbe" und nahm an Hamburger diplomatischen Missionen nach Frankreich teil (1796, 1801). Nach mehreren Reisen durch Deutschland fuhr er 1828 nach Rußland, wo er Zutritt zum Hof hatte. Die Eindrücke seiner Reisen verwertete er literarisch u. a. in *Fragmenten aus Paris im IVten Jahr der französischen Republik* (2 Bde., 1797) und *Darstellungen aus Rußlands Kaiserstadt und ihrer Umgebung* (1829).

Meyer, Friedrich Ludwig Wilhelm, Schriftsteller, * 26. (28. ?) 1. 1758 (1759 ?) Harburg, † 1. 9. 1840 Gut Bramstedt (Holstein).
Der Sohn eines Oberpostmeisters war nach dem Jurastudium Privatsekretär in St. Petersburg, Berlin und Wien. 1783 übernahm er die Stelle eines Regierungsauditors am Justizkollegium Stade und wechselte 1785 als Bibliothekar an die Göttinger Universitätsbibliothek. Während dieser Zeit zudem als Erzieher englischer Prinzen tätig, unternahm er einige Reisen und knüpfte Kontakte zu literarischen Kreisen, u. a. zu Friedrich → Schiller. Nach Aufgabe der Bibliotheksstelle (1788) bereiste er Großbritannien, Frankreich und Italien und hielt sich seit 1791 als freier Schriftsteller in Berlin auf. Als sein Bruder Friedrich Albrecht Anton M. 1795 starb, verbesserte sich M.s finanzielle Situation, so daß er 1797 das Gut Bramstedt kaufen konnte, wo er bis zu seinem Tod lebte. Er veröffentlichte Lyrik (u. a. im „Vossischen Musenalmanach") und Bühnenstücke (u. a. *Neue Theaterstücke*, 1782) und übersetzte englische, französische und italienische Werke. M. bearbeitete Stücke von Friedrich Ludwig Schröder und war dessen erster Biograph (*Friedrich Ludwig Schröder*, 2 Bde., 1819).

Meyer, Georg Conrad, Pseud. Sincerus Gallus, Publizist, * 1. 4. 1774 Flensburg, † 18. 7. 1816 Flensburg.
M., Sohn eines Zollbeamten, begann 1792 an der Univ. Kiel das Studium der Rechte und nahm 1794 an einer Sympathiekundgebung für den wegen revolutionsfreundlicher Einstellung entlassenen Professor Karl Friedrich → Cramer teil. Von der Univ. relegiert, kehrte er ohne Studienabschluß nach Hause zurück und gab seit 1796 die Wochenschrift „Der neue Mensch" heraus, die zu den radikalsten Revolutionsorganen Deutschlands zählte. M. forderte u. a. die Volkssouveränität, verfassungsmäßige Verankerung der Menschenrechte, Abschaffung der ständischen Privilegien und Judenemanzipation. Nach einer Anklage wegen monarchiefeindlicher Grundsätze stellte er die Zeitschrift 1797 ein, war kurzzeitig Schauspieler und gab 1801 das patriotische Blatt „Der Feind Englands" heraus. Seine moralisierenden Epigramme erschienen unter dem Titel *Versuch in Grabschriften* (1816).

Meyer, (Johann) Heinrich, genannt Goethe-Meyer, Kunst-Meyer, schweizer. Maler, Kunstschriftsteller, * 16. 3. 1760 Zürich, † 11. 10. 1832 Jena.
M. verlebte seine Kindheit in Stäfa (bei Zürich) und erhielt bei Hans Kaspar Füssli Zeichenunterricht, der ihn mit der Gedankenwelt Johann Joachim → Winckelmanns bekannt machte. 1784 reiste er nach Rom, wo er 1786 bei einem Besuch der Gemäldesammlung des Quirinalspalastes → Goethe kennenlernte. Zwischen M. und Goethe entwickelte sich eine fast vierzig Jahre dauernde Freundschaft, während der M. Goethe in Kunstfragen beriet. 1791 reiste er auf Einladung Goethes nach Weimar und bezog in dessen Haus eine Wohnung. 1795-97 hielt sich M. nochmals zur Materialsammlung für eine geplante italienische Kunstgeschichte in Rom und Florenz auf und unterrichtete danach an der Freien Zeichenschule in Weimar, deren Leitung er 1806 übernahm. Mit Goethe gründete er die Kunstzeitschrift „Propyläen" zur Verbesserung des allgemeinen Kunstgeschmacks. M. verfaßte u. a. für Goethes Sammelwerk *Winckelmann und sein Jahrhundert* (1805) den Aufsatz *Entwurf einer Kunstgeschichte des 18. Jahrhunderts*. Seine *Geschichte der Kunst* entstand 1809-15 (aus dem Nachlaß hrsg. von H. Holzhauer und R. Schlichting, 1974).
LITERATUR: Jochen Klauß: Der Kunschtmeyer. J. H. M. Freund und Orakel Goethes. Weimar 2001.

Meyern, Wilhelm Friedrich von, eigentl. W. F. Meyer, auch Mayer, Mayern, österr. Militär, Schriftsteller, * 26. 1. 1762 bei Ansbach, † 13. 5. 1829 Frankfurt/Main.
Der Sohn eines Zollbeamten studierte seit 1780 in Altdorf Jura und Geographie. 1783-86 diente er in der österr. Armee, unternahm Reisen nach Großbritannien, Italien, Griechenland, Sizilien und in die Türkei. 1809-12 organisierte er Landwehr und Landsturm. Nach mehrjähriger diplomatischer Tätigkeit in Madrid wirkte M. zuletzt in der Militärkommission der Bundesversammlung in Frankfurt/Main. Er erlangte Bekanntheit durch den in Indien und Nepal spielenden phantastischen Roman *Dya-Na-Sore, oder die Wanderer* (3 Bde., 1787-91), worin er die Gründung eines utopischen Staats beschrieb. Der Roman beeinflußte u. a. → Jean Paul bei dessen *Hesperus oder 45 Hundspostage. Eine Lebensbeschreibung* (1795). Aus M.s Nachlaß erschien ein Teil seiner wissenschafts- und staatstheoretischen Abhandlungen unter dem Titel *Hinterlassene kleine Schriften* (3 Bde., 1842).
LITERATUR: Claudia Michels: Idealstaat ohne Volk. Die skeptische Utopie des W. F. v. M. Stuttgart 1999.

Michaelis, Johann Benjamin, Dichter, * 31. 12. 1746 Zittau, † 30. 9. 1772 Halberstadt.
Der aus einer verarmten Tuchhändlerfamilie stammende M. nahm 1764 das Studium der Medizin an der Univ. Leipzig auf, brach es jedoch aus finanziellen Gründen nach wenigen Jahren ab und lebte vorwiegend von seinen literarischen Werken und Gelegenheitsdichtungen. Nur jeweils kurze Zeit bekleidete

er Stellen als Hofmeister in Leipzig (1769), Redakteur des „Hamburgischen Correspondenten" (1770) und Theaterdichter bei der Seylerschen Schauspielgesellschaft (1770/71). 1771 folgte M. einer Einladung Johann Wilhelm Ludwig →Gleims nach Halberstadt, wo er die letzten Monate vor seinem Tod verbrachte. Literarische Bedeutung erlangte M. vor allem durch seine Fabeln und Verssatiren (*Fabeln, Lieder und Satiren*, 1766) sowie durch seine Singspieltexte für komische Opern und Operetten (*Walmir und Gertraud*, 1766), in denen er auch Stoffe aus der Welt der Wunder und der Mythologie verarbeitete.

Michaelis, Johann David, evang. Theologe, Orientalist, * 27. 2. 1717 Halle/Saale, † 22. 8. 1791 Göttingen.
Der Sohn des Theologen und Orientalisten Christian Benedikt M. studierte seit 1733 als Schüler seines Vaters und Siegmund Jakob →Baumgartens an der Univ. Halle, erwarb 1739 den Grad eines Magister artium und trat 1741 eine längere Reise nach Holland und England an. Nach seiner Rückkehr 1742 lehrte M. als Privatdozent an der Univ. Halle und wurde 1746 a. o., 1750 o. Prof. der Philosophie an der Univ. Göttingen. Seit 1751 gehörte er der Göttinger Gesellschaft der Wissenschaften an und war 1761-70 ihr Direktor. 1771 begründete er die „Orientalische und Exegetische Bibliothek". M. schrieb u. a. eine *Einleitung in die göttlichen Schriften des Neuen Bundes* (1750, ⁴1788) mit einem historisch-kritischen Ansatz und das von Montesquieu beeinflußte *Mosaische Recht* (6 Bde., 1770-75, ²1785). Weite Verbreitung fand seine Übersetzung des Alten und Neuen Testament mit „Anmerkungen für Ungelehrte" (19 Tle., 1772-93). An den Lebensverhältnissen der biblisch-orientalischen Welt interessiert, war M. maßgeblich an der Planung der dänischen Arabienexpedition (1761-68) beteiligt.

Mieg, Johann Friedrich, reformierter Theologe, * 25. 5. 1744 Lingen, † 14. 12. 1819 Heidelberg.
M. studierte Philosophie und Theologie in Herborn und Groningen und ging 1767 als niederländischer Gesandtschaftsprediger nach Wien. Dort zählte er bald zum Kreis der führenden Aufklärer und trat 1773 den Freimaurern bei. 1776 siedelte er als reformierter Kirchenrat der Kurpfalz und Prediger an der Heiliggeistkirche nach Heidelberg über, wo er sich in zahlreichen Predigten und Publikationen für interkonfessionellen Ausgleich, Emanzipation des Dritten Standes und patriotische Kindererziehung einsetzte. M. gab u. a. die Wochenschrift „Der Rheinische Zuschauer" und das *Neue Gesangbuch der reformierten Gemeinde der Kurpfalz* (1785) heraus. Als rheinpfälzischer Provinzial des Illuminatenordens gelang M. die Ausbreitung des Geheimbundes in ganz Südwestdeutschland.

Milbiller, Joseph (Anton), kath. Theologe, Historiker, Schriftsteller, * 5. 10. 1733 München, † 28. 5. 1816 Landshut.
M. studierte in München und Ingolstadt Rechtswissenschaften sowie Theologie und lebte nach der Priesterweihe in München. Er machte mit der Mönchssatire *Nachrichten von Klostersachen* (1777) und dem *Lehrbuch für die Jugend von reiferem Alter* (1778) als freisinniger Aufklärer und kritischer Publizist auf sich aufmerksam und gab mit anderen die satirischen Monatsschriften „Der Zuschauer in Baiern" und „Der beste Nachbar" heraus, die beide einem obrigkeitlichem Verbot zum Opfer fielen. 1785 aus München ausgewiesen, ging er als Lehrer für Geschichte, Rhetorik und Dichtkunst nach Passau. Wegen seiner aufklärerischen Polemik 1794 auch dort entlassen, lebte M. zeitweilig in Wien und wurde 1799 Prof. der europäischen Geschichte, Statistik und Geographie in Ingolstadt. M. veröffentlichte popularisierende Arbeiten zur deutschen, bayerischen und österr. Geschichte und Kirchengeschichte sowie das *Handbuch der Statistik der Europäischen Staaten* (2 Bde., 1811).

Miller, Johann Martin, Schriftsteller, * 3. 12. 1750 Ulm, † 21. 6. 1814 Ulm.
Der Sohn eines Ulmer Münsterpredigers und Gymnasiallehrers und Neffe Johann Peter →M.s begann schon in früher Jugend, Gedichte vorzutragen sowie Schäferstücke und Tragödien zu verfassen, und publizierte während seiner Göttinger Studienzeit u. a. in Heinrich Christian →Boies „Musenalmanach" (u. a. *Klagelied eines Bauren*, 1772). Dem Göttinger Hain gehörte M. unter dem Bundesnamen „Minnehold" sowie als Sekretär des Bundesjournals an. 1775 schloß er sein Studium als Magister ab, kehrte nach Ulm zurück und wurde Vikar und Gymnasiallehrer. Seit 1780 Pfarrer in Jungingen, wurde er 1783 Münsterprediger in Ulm, 1804 Konsistorialrat, 1810 Geistlicher Rat und Dekan für Ulm. Mit seinen Gedichten, Aufsätzen, Predigten und Prosawerken wurde M. zu einem der bekanntesten Vertreter der Empfindsamkeit. Sein in zahlreichen Auflagen und Übersetzungen rezipiertes Werk *Siegwart. Eine Klostergeschichte* zeigt exemplarisch die Ersetzung inhaltlicher und poetischer Substanz durch die Behauptung von Gefühlen.

Miller, Johann Peter, evang. Theologe, Pädagoge, Schriftsteller, * 26. 4. 1725 Leipheim bei Ulm, † 29. 5. 1789 Göttingen.
M. studierte in Helmstedt und Göttingen, wo er 1748 mit einer Dissertation zum Thema der Armenfürsorge und -erziehung promoviert wurde. Seit 1751 Rektor am Helmstedter Gymnasium, wechselte er 1756 nach Halle/Saale und wurde 1765 Prof. der Dogmatik an der Univ. Göttingen. M. versuchte zwischen Orthodoxie, Pietismus und Aufklärung zu vermitteln. Mit Schriften wie *Grundsätze einer weisen und christlichen Erziehungskunst* (1769) und *Die Hoffnung besserer Zeiten für Schulen* (1765) gab er Anstöße für die Aufklärungspädagogik sowie zu einer Schulreform im Sinne einer von ihm 1765 in Göttingen eingerichteten Musterschule. M.s *Historisch-moralische Schilderungen zur Bildung eines edlen Herzens in der Schule* (5 Bde., 1754) bildeten mit anderen Veröffentlichungen den Grundstock einer speziellen Kinder- und Jugendliteratur.

Mizler von Kolof, Lorenz, auch Mitzler v. K., Komponist, Musikschriftsteller, * 25. 7. 1711 Heidenheim (Mittelfranken), † März 1778 Warschau.

M. v. K. studierte in Leipzig u. a. bei Johann Sebastian Bach Klavier- und Kompositionslehre, wurde 1734 mit der *Dissertatio, quod musica ars sit pars eruditionis philosophicae* zum Magister promoviert und habilitierte sich 1736 für Mathematik, Philosophie und Musik. Er beschäftigte sich vor allem mit den mathematisch-philosophischen Implikationen von Musik, gab Musikzeitschriften heraus und gründete 1738 die „Societät der musikalischen Wissenschaften", zu deren insgesamt zwanzig Mitgliedern u. a. Bach und Leopold Mozart zählten. 1743 ging M. v. K. als Hauslehrer nach Polen, wo er später in den Adelsstand erhoben wurde.

Moehsen, Johann Carl Wilhelm, Mediziner, Medizinhistoriker, * 9. 5. 1722 Berlin, † 22. 9. 1795 Berlin.

M. wuchs im Haushalt seines Großvaters Christoph Horch, der Berliner Leib- und Hofmedikus war, auf, studierte Medizin in Berlin, Halle und Jena (Promotion 1742, *De passionis iliacae causis et curatione*) und ließ sich anschließend in Berlin nieder. Er wurde Arzt am Joachimsthalschen Gymnasium, 1747 Mitglied des Obercollegium Medicum und 1766 Arzt beim Kgl. Kadettenkorps und an der Ritterakademie. Seit 1777 Adjunkt des Kreisphysikus, wurde M., ein Befürworter naturheilkundlicher Behandlungsmethoden, 1778 Leibarzt → Friedrichs II. M. legte eine bedeutende Sammlung von Münzen und Medaillen an und verfaßte u. a. eine *Geschichte der Wissenschaft in der Mark Brandenburg, besonders der Arzneiwissenschaft, von den ältesten Zeiten an bis zu Ende des 16. Jahrhunderts, in welcher zugleich die Gedächtnismünzen berühmter Aerzte, welche zu diesem Zeitraume in der Mark gelebt haben, beschrieben werden [...]* (1781). M. war seit 1745 Mitglied der Deutschen Akademie der Naturforscher Leopoldina und seit 1787 der Akademie der Wissenschaften in Berlin.

WEITERE WERKE: Versuch einer historischen Nachricht von der künstlichen Gold- und Silber-Arbeit in denen ältesten Zeiten. o. O. 1757.

Möser, Justus, Jurist, Historiker, Schriftsteller, * 14. 12. 1720 Osnabrück, † 8. 1. 1794 Osnabrück.

M.s Vater Johann Zacharias M. war Kanzleidirektor und Konsistorialpräsident in Osnabrück; die Mutter war die Tochter eines Ratsmitglieds und Bürgermeisters. Nach dem Besuch des Ratsgymnasiums in Osnabrück studierte er 1740-43 in Jena und Göttingen die Rechte. Schon 1741 zum Sekretär der Osnabrücker Ritterschaft bestimmt, trat er sein Amt 1744 an. Der freiberufliche Advokat wurde 1747 Vertreter des Staats in Rechtsangelegenheiten, und 1756 auch Syndikus der Ritterschaft. Während des Siebenjährigen Kriegs führte er die Kontributionsverhandlungen mit den jeweils das Fürstbistum Osnabrück besetzenden Armeen. Lange Reisen in die wechselnden Hauptquartiere wurden nötig, zuletzt nach London 1763/64.

Aufgrund der verfassungsrechtlichen Konstruktion des Fürstbistums nach der abwechselnd ein katholischer und ein evangelischer – aus dem Hause Braunschweig-Lüneburg stammender – Fürstbischof das Hochstift regieren, bestimmte Georg III. von England 1763 seinen halbjährigen Sohn Friedrich von York zum Nachfolger des 1761 verstorbenen kath. Fürstbischofs und Kurerzbischofs von Köln Clemens August von Bayern. Während Friedrichs Minderjährigkeit nahm M. eine herausragende Stellung in der Osnabrücker Politik ein. De facto lag die Regierung des Hochstifts in seinen Händen, zumal die ihm vorgesetzten Geheimen Räte als Landfremde mit den einheimischen Rechten nicht vertraut waren.

Als Schriftsteller begann M. mit Gelegenheitsdichtungen. Ernsthaftere Formen nahm sein Bemühen um sprachlichen Ausdruck an, als er im Januar 1743 Mitglied der Deutschen Gesellschaft in Göttingen wurde. 1746 gab er in Hannover und Göttingen die Moralische Wochenschrift „Ein Wochenblatt" heraus, die 1747 unter dem Titel *Versuch einiger Gemählde von den Sitten unsrer Zeit* als Buch erschien. Mit 15 Stücken beteiligt war M. an der Fortsetzung des Wochenblatts „Die Deutsche Zuschauerin" (Buchausgabe mit einer Vorrede 1748). Sowohl die Casualgedichte M.s als auch seine Wochenschriftenbeiträge zeigen wenig eigenes Profil. Originell dagegen ist M.s Schrift *Harlekin, oder Vertheidigung des Groteske-Komischen* (1761; neue, verbesserte Aufl. 1777), in der die komische Figur auf der Bühne gegen die Angriffe → Gottscheds witzig gerechtfertigt wird. Als Nachspiel schrieb M. 1763 die Komödie *Die Tugend auf der Schaubühne, oder: Harlekins Heirath* (1798). M. hat sich zeitlebens für die Geschichte und Bräuche seiner westfälischen Heimat interessiert, die er bis in die Zeit des Tacitus zurückverfolgte. 1749 erschien das mißglückte Trauerspiel *Arminius* und die Schrift *De veterum Germanorum et Gallorum theologia mystica et populari*. Die bedeutende Vorrede seiner *Osnabrückischen Geschichte* (1768), die sich an der politisch-wirtschaftlichen Entwicklung des Territoriums orientiert, wurde unter dem Titel *Deutsche Geschichte* von → Herder in die Programmschrift der Sturm-und-Drang-Bewegung (*Von Deutscher Art und Kunst*, 1773) aufgenommen. Der Aufsatz *Von dem Faustrechte* (1770) beeinflußte → Goethe bei der Abfassung des *Götz von Berlichingen*.

Das literarische Hauptwerk M.s ist die von seiner Tochter Jenny von Voigts herausgegebene Sammlung *Patriotische Phantasien* (4 Bde., 1774-86), die 287 Aufsätze aus den Beilagen der von M. redigierten „Wöchentlichen Osnabrückischen Anzeigen" enthält. M.s unverwechselbare Manier der unterhaltend dargebotenen Belehrung und Erklärung ökonomischer und politischer Zusammenhänge, der psychologischen Einsicht in privates und gesellschaftliches Verhalten beeindruckte die Zeitgenossen stark, zumal die Darlegungen realitätsbezogen und in Stil und literarischer Form variationsreich waren.

M. gab 1781 auf die Schrift →Friedrichs II. zur deutschen Literatur von 1780, die einseitig das Vorbild der französischen Sprache empfahl, die souveräne Antwort *Über die deutsche Sprache und Litteratur*: Kultur beruhe nicht auf der Nachahmung fremder Regeln, sondern auf der Entfaltung der eigenen Art. Mit der Französischen Revolution setzte sich M. kritisch auseinander: Es gebe zwar eine Gleichheit von Natur aus und vor Gott, der Staat jedoch bedürfe der ständischen Differenzierung.

Als Jurist und Landespolitiker blieb M. aufgeklärter, wirklichkeitsorientierter Patriot, der sich in Respekt vor den geschichtlich gewachsenen Verhältnissen und Institutionen für das Wohl der Menschen des Fürstbistums einsetzte. Er gilt aufgrund seiner Geschichtsauffassung als Wegbereiter des Historismus.

WERKE: Sämtliche Werke. Historisch-kritische Ausgabe in 14 Bänden Hrsg. von der Akademie der Wissenschaften zu Göttingen. Oldenburg u. a. 1943-90. – Briefwechsel. Neu bearb. v. William F. Sheldon in Zusammenarbeit mit Horst Rüdiger Jarck, Theodor Penners und Gisela Wagner. Hannover 1992.
LITERATUR: M.-Bibliographie 1730-1990. Hrsg. v. Winfried Woesler. Tübingen 1997. – Ludwig Bäte: J. M. Advocatus patriae. Frankfurt/Bonn 1961. – Joachim Runge: J. M.s Gewerbetheorie und Gewerbepolitik im Fürstbistum Osnabrück in der zweiten Hälfte des 18. Jahrhunderts. Berlin 1966. – Reinhard Renger: Landesherr und Landstände im Hochstift Osnabrück in der Mitte des 18. Jahrhunderts. Göttingen 1968. – William F. Sheldon: The Intellectual Development of J. M. The Growth of a German Patriot. Osnabrück 1970. – Peter Schmidt: Studien zu J. M. als Historiker. Göppingen 1975. – Jean Moes: J. M. et la France. Habilitationsschrift. Metz 1981. Osnabrück ²1990. – Gisela Wagner: Zum Stand der Möserforschung (Juli 1981). In: Osnabrücker Mitteilungen 87 (1981) S. 114-136. – Jonathan B. Knudsen: J. M. and the German Enlightenment. Cambridge u. a. 1986. – Jan Schröder: J. M. als Jurist. Köln u. a. 1986. – Renate Stauf: J. M.s Konzept einer deutschen Nationalidentität. Mit einem Ausblick auf Goethe. Tübingen 1991. – „Patriotische Phantasien". J. M. 1720-1794. Aufklärer in der Ständegesellschaft (Katalog bearb. v. Henning Buck). Bramsche 1994. – Manfred Rudersdorf: „Das Glück der Bettler". J. M. und die Welt der Armen. Mentalität und soziale Frage im Fürstbistum Osnabrück zwischen Aufklärung und Säkularisation. Münster 1995. – Karl H. L. Welker: Rechtsgeschichte als Rechtspolitik. J. M. als Jurist und Staatsmann. Osnabrück 1996. – Stefan Efler: Der Einfluß J. M.s auf das poetische Werk Goethes. Hannover 1999. – *Periodikum:* M.-Forum. Bd. 1, 1989; Bd. 2, 1994; Bd. 3, 1998. *Winfried Woesler*

Montag, Eugen, Taufname Georg Philipp Wilhelm, Zisterzienser, Theologe, Historiker, * 5. 3. 1741 Ebrach/Steigerwald, † 5. 3. 1811 Oberschwappach (Landkreis Haßfurt).
M., Sohn eines Rechtskonsulenten, trat 1760 in die Zisterzienserabtei Ebrach ein, studierte in Würzburg Theologie, beide Rechte sowie Geschichte und empfing 1765 die Priesterweihe. Er war im Kloster Lehrer der Theologie und des kanonischen Rechts sowie u. a. Kanzleidirektor und wurde 1791 zum Abt gewählt. Als rechtskundiger Gelehrter und Verfasser historisch-juristischer Schriften setzte sich M. für Reichsunmittelbarkeit und Exemtion des Klosters ein und faßte seine verfassungsgeschichtlichen Studien u. a. in dem Werk *Geschichte der deutschen staatsbürgerlichen Freyheit, oder die Rechte des gemeinen Freyen, des Adels und der Kirchen Deutschlands* (2 Bde., 1812-14) zusammen.

Montgelas, Maximilian Joseph Frh., seit 1809 Graf von, Staatsmann, * 12. 9. 1759 München, † 14. 6. 1838 München.
M., Sohn eines aus Savoyen stammenden bayerischen Generals und Diplomaten und einer aus Freising stammenden Mutter, wurde in Nancy erzogen, studierte in Straßburg und legte 1779 in Ingolstadt die juristische Staatsprüfung ab. Er war geprägt durch die Kultur der französischen Aufklärung. Seit 1779 unbesoldeter Hofrat in München, zog er sich die Ungnade des Kurfürsten Karl Theodor zu, als 1785 seine Mitgliedschaft im Geheimbund der Illuminaten festgestellt wurde. Seit 1786 stand M. im Dienst der Herzöge von Zweibrücken. 1793-95 war er als Sympathisant der Französischen Revolution auch bei diesen Herzögen in Ungnade gefallen. 1796 legte er Maximilian Joseph ein Programm für die zukünftigen Reformen in Bayern vor (*Ansbacher Mémoire*). Als Maximilian Joseph 1799 Kurfürst von Bayern wurde, berief er M. als Außen- (bis 1817), später auch als Innen- (1806-17) und als Finanzminister (1803-06 und 1809-17).
M.' Ziel war die Erhaltung, territoriale Vergrößerung und innere Modernisierung Bayerns. Durch das Bündnis mit Frankreich von 1805, zu dem ihm auch Preußen geraten hatte, sicherte er die Existenz und Vergrößerung des Staats. Zusammen mit Württemberg verhinderte Bayern jedoch, daß der Rheinbund dem Wunsch Napoleons entsprechend zu einem Bundesstaat unter französischer Führung ausgebaut wurde. Vor der Völkerschlacht bei Leipzig 1813 gelang M. rechtzeitig der Absprung von der Partei Napoleons, nachdem Österreich und seine Verbündeten Bayern seinen neuen Besitzstand garantiert hatten. Wiederum, wie schon 1805, folgten seinem Beispiel die anderen süddeutschen Staaten.
Im Inneren führte M. trotz der Finanznot umwälzende Reformen durch, wie z. B. die weitgehende Abschaffung der Steuerprivilegien des Adels, die Brechung des Adelsmonopols für höhere Staatsstellungen, die grundsätzliche Herstellung der Gleichheit vor dem Gesetz, den Beginn der Bauernbefreiung. Besonders stark war die persönliche Initiative M.' auch bei der Einführung der Toleranz und der Parität der christlichen Konfessionen. Das Judenedikt von 1813 verbesserte die Rechtsstellung der Israeliten. Die Unabhängigkeit der Gerichte wurde gesichert, der Instanzenzug verbessert, die Trennung zwischen Justiz und Verwaltung wenigstens auf der oberen und

der mittleren Ebene durchgeführt. 1813 trat das von Paul Johann Anselm →Feuerbach ausgearbeitete humanere Strafrecht in Kraft. Bayern wurde seit 1807 durch Beseitigung der Binnenzölle zu einem einheitlichen Wirtschaftsraum. Die Regierung trieb eine liberale Handelspolitik, bis Napoleons Kontinentalsperre sie seit 1810 daran hinderte. Das Handwerk wurde vom Zunftzwang befreit.

Alle Neuerungen konnten nur mit Hilfe eines neuen, reformfreudigen und qualifizierten Beamtentums durchgeführt werden. Es wurde in seiner Stellung und Existenz gesichert durch die für Deutschland vorbildliche Staatsdienerpragmatik von 1805. Grundlegende Verbesserungen wurden auf M.' Initiative auch im Schulwesen sowie hinsichtlich der Universitäten und Akademien durchgeführt, ferner im Salzbergbau, in der Armen- und Krankenfürsorge, im Gesundheitswesen, der Agrarwissenschaft usw. Durch Berufung bedeutender auswärtiger Gelehrter förderte M. die geistigen Kontakte zum übrigen Deutschland. Als Hauptfehler der Regierung M. galten immer die radikale und kunstfeindliche Aufhebung sämtlicher Klöster, die allerdings grundsätzlich durch den Reichsdeputationshauptschluß von 1803 gedeckt war, sowie die übermäßige Zentralisierung des Staats und die Aufhebung der gemeindlichen Selbstverwaltung (1818 wieder begrenzt eingeführt). Die Integration von etwa 300 neuerworbenen, ehemals reichsunmittelbaren Gebieten, besonders in Franken und Schwaben, wäre jedoch ohne straffen Zentralismus nicht durchzuführen gewesen.

Höhepunkte der Reformtätigkeit von M. waren die Konstitution von 1808 und die sie ergänzenden organischen Edikte von 1808/09. Seit 1814 ließ M. eine neue Verfassung vorbereiten, die aber erst nach seiner Entlassung 1818 verkündet werden konnte. 1817 entließ der König M., dem er 21 Jahre voll vertraut hatte.

QUELLEN: Denkwürdigkeiten des bayerischen Staatsministers M. Grafen von M. Im Auszug aus dem Französischen übersetzt ..., hrsg. v. Ludwig Graf von Montgelas. Stuttgart 1887 (Außenpolitik). – Denkwürdigkeiten des Grafen M. J. v. M. über die innere Staatsverwaltung Bayerns. Hrsg. v. Georg Laubmann/Michael Doeberl. München 1908. – Eberhard Weis: M.' innenpolitisches Reformprogramm. Das Ansbacher Mémoire für den Herzog vom 30. 9. 1796. In: Zeitschrift für bayerische Landesgeschichte 33 (1970) S. 219-256. – Maria Schimke: Regierungsakten des Kurfürstentums und Königreiches Bayern 1799-1815. München 1996.

LITERATUR: Eberhard Weis: Die Begründung des modernen bayerischen Staates unter König Max I. (1799-1825). In: Max Spindler (Hrsg.): Handbuch der bayerischen Geschichte Bd. IV/1, München 1974, S. 3-86. Neubearb. München 2003. – Walter Demel: Der bayerische Staatsabsolutismus 1806/08-1817. München 1983. – Josef A. Weiß: Die Integration der Gemeinden in den modernen bayerischen Staat... (1799-1818). München 1986. – Eberhard Weis: M. Bd. 1: 1759-1799. München ²1988. Bd. 2 voraussichtlich 2003.
Eberhard Weis

Morawitzky, Theodor (Heinrich) Graf von, Staatsmann, * 21. 10. 1735 München, † 14. 8. 1810 München.
Nach dem Studium der Rechtswissenschaften an der Univ. Ingolstadt trat M. 1758 in bayerische Dienste; 1759-65 war er bei der Regierung in Amberg, später als Hofrat in München tätig. 1766 wurde er Wirklicher Geheimer Rat, 1778 Präsident der Hofkammer, 1779 der neugeschaffenen Oberen Landesregierung. Von den Gedanken der christlichen Aufklärung durchdrungen, wurde er Mitglied der ersten Münchner Freimaurerloge, die er jedoch 1775 verließ, um eine eigene Loge zu gründen. 1799 wurde er zum Minister für geistliche Angelegenheiten berufen. 1808 legte M. in Vorbereitung des neuen bayerischen Zivilgesetzbuches einen Entwurf zur Ablösung der Feudallasten und zur künftigen Gestaltung der grundherrlichen Verhältnisse vor. M.s Theaterstücke waren beim Münchner Publikum äußerst beliebt.

Moritz, Karl Philipp, Schriftsteller, Kunsttheoretiker, Psychologe, Pädagoge, * 15. 9. 1756 Hameln, † 26. 6. 1793 Berlin.
Der Sohn eines hannoveranischen Militärmusikers wuchs in bitterer Armut auf. Im *Anton Reiser* schildert M. seine bedrückende Kindheit im von eiferndem und engem Pietismus beherrschten Elternhaus, die qualvolle Hutmacherlehre bei einem bigotten Quietisten in Braunschweig (Abbruch nach Selbstmordversuch), die demütigende Gymnasialzeit in Hannover, die M. gegen den Willen der Eltern mit einem Stipendium, aber in äußerst ärmlichen Verhältnissen absolvierte, seine vergeblichen Versuche, Schauspieler zu werden und schließlich sein nach wenigen Monaten abgebrochenes Theologiestudium in Erfurt. Nach einem Aufenthalt bei der Herrnhuter Brüdergemeine in Barby und einem wiederum abgebrochenen Studium in Wittenberg bemühte er sich vergeblich um eine Anstellung an →Basedows Philanthropin in Dessau, war einige Monate Informator am Potsdamer Militär-Waisenhaus, wurde 1778 Lehrer an der Unteren Schule des Gymnasiums zum Grauen Kloster in Berlin und, nachdem er nachträglich in Wittenberg den Magistergrad erworben hatte, Konrektor. Seit Herbst 1779 war M. Freimaurer. Sein Schauspiel *Blunt oder der Gast* (1780) gilt als die erste deutsche Schicksalstragödie. In den Jahren zwischen 1780 und 1786 gehörte M. dem Kreis der Berliner Aufklärer (Friedrich →Gedike, Johann Erich →Biester, Anton Friedrich →Büsching, Moses →Mendelssohn, Henriette und Marcus →Herz u. a.) an und veröffentlichte in rascher Folge Schriften aufklärerischen Inhalts, insbesondere auch über die deutsche Sprache (u. a. *Deutsche Sprachlehre für die Damen*, 1782). Anfang 1784 wurde er zum Gymnasialprofessor befördert und übernahm im selben Jahr die Redaktion der „Vossischen Zeitung" (bis Sommer 1785).
Seit 1783 gab M. das „Magazin zur Erfahrungsseelenkunde" (10 Bde. bis 1793) heraus, die erste deutsche Zeitschrift für Psychologie, und druckte darin vorab Kapitel seines *Anton Reiser. Ein psychologischer Roman* (4 Tle., 1785-90). M.' Hauptwerk ist

zugleich Autobiographie, realistischer Roman, individualpsychologische Analyse mangelnden „Selbstgefühls" und sozialpsychologische Fallgeschichte im Zeichen der sich neu formierenden Wissenschaft der Anthropologie. Überaus produktiv, schrieb M. gleichzeitig den allegorischen Roman *Andreas Hartknopf* (2 Bde., 1786-90), eine *Kinderlogik* (1786), den *Versuch einer deutschen Prosodie* (1786), der → Goethe bei der Verfassung der *Iphigenie* als „Leitstern" diente, und zahlreiche kleinere Schriften. Dabei wurde M. immer wieder heimgesucht von Schüben eines Lungenleidens und von Anfällen grüblerischer Schwermut.

Wiederholt brach er zu überstürzten Reisen auf: durch England, mehrmals durch Deutschland, schließlich – ohne regulären Urlaub – 1786 nach Italien. Er lebte dort im Kreis der deutschen Künstler, pflog engen Umgang mit Goethe und entwickelte eine klassizistische Ästhetik (*Über die bildende Nachahmung des Schönen*, 1788), die Goethe auszugsweise in seine *Italienische Reise* aufnahm. Auf geschichtsphilosophischer Grundlage korrigierte M. die Aufklärungsästhetik: Nicht an der Wirkung des aufklärerischen fabula docet messe sich die Qualität eines Kunstwerks, sondern an seiner inneren Vollendung und Autonomie. Ein solches Kunstwerk sei der Höhepunkt der Natur selbst. Der Gedanke des „in sich selbst Vollendeten" bildet auch die Basis von M.' Gesellschaftskritik: Der einzelne dürfe im sozialen Leben nicht nur als nützliches Mittel, sondern müsse stets als „Zweck" betrachtet werden. Resultat des Aufenthalts in Italien sind außerdem M.' Werke über Altertumskunde und Mythologie in den folgenden Jahren (*Anthousa oder Roms Altertümer*, 1791; *Götterlehre oder mythologische Dichtungen der Alten*, 1791). Auf der Rückreise im Herbst 1788 war er zwei Monate Gast in Goethes Haus in Weimar. Durch Vermittlung → Karl Augusts, den er in der herzoglichen Kutsche nach Berlin begleiten durfte, wurde er 1789 Prof. der Theorie der schönen Künste an der Akademie der Künste, 1791 Hofrat und Mitglied der Akademie der Wissenschaften und Prof. an der Militärakademie. Wilhelm Heinrich Wackenroder, Ludwig → Tieck und Alexander von → Humboldt zählten zu seinen Hörern. Den literarischen Rang des noch unbekannten → Jean Paul, der ihm ein Manuskript zusandte, erkannte er als erster.

WEITERE WERKE: Schriften zur Ästhetik und Poetik. Kritische Ausgabe. Hrsg. v. Hans Joachim Schrimpf. Tübingen 1962. – Magazin zur Erfahrungsseelenkunde. Hrsg. v. Anke Bennholdt-Thomsen/Alfredo Guzzoni. Lindau 1978-79. – Werke. Hrsg. v. Horst Günther. 3 Bde., Frankfurt/Main 1981. – Anton Reiser/Andreas Hartknopf. Hrsg. v. Kirsten Erwentraut. Düsseldorf/Zürich 1996. – Anton Reiser. Hrsg. v. Ernst-Peter Wieckenberg. München ²1997.

LITERATUR: Hans Joachim Schrimpf: K. P. M. Stuttgart 1980. – Jürgen Jahnke: Neues zu K. P. M. Sammelrezension mit ergänzender Bibliographie (1980-1987). In: Das achtzehnte Jahrhundert 12,1 (1988) S. 186-193. – Heide Hollmer/Albert Meier: Bibliographie. In: Text + Kritik 118/119 (1993) S. 135-140. – Hans Amstutz: Bibliographie neuerer Literatur zu K. P. M. ab 1983. In: Annelies Häcki Buhofer: K. P. M. Tübingen/Basel 1994, S. 129-141. – Alo Allkemper: Ästhetische Lösungen. Studien zu K. P. M. München 1990. – Alessandro Costazza: Schönheit und Nützlichkeit. K. P. M. und die Ästhetik des 18. Jahrhunderts. Bern u. a. 1996.

Raimund Bezold

Moser, Friedrich Carl Frh. von, Politiker, Publizist, * 18. 12. 1723 Stuttgart, † 11. 11. 1798 Ludwigsburg.

Als ältester Sohn des Juristem Johann Jacob M. erhielt M. eine pietistische Erziehung an der Klosterschule Bergen und in der Brüdergemeine von Ebersdorf (Reuß). Nach dem Jurastudium in Jena betrat er 1743 als Gehilfe seines Vaters sein juristisches und diplomatisches Wirkungsfeld: die Vorderen Reichskreise. 1751-67 lebte er in Frankfurt und vertrat u. a. Hessen-Darmstadt und Hessen-Kassel beim Oberrheinischen Kreis. 1762 gelang ihm die Beilegung des hanauischen Erbschaftsstreits und 1764 die Rückführung Hessen-Kassels in den Oberrheinischen Kreis. 1767-70 war er Reichshofrat in Wien (1769 Freiherr) und 1770-72 Verwalter der kaiserlichen Grafschaft Falkenstein in Winnweiler (Pfalz). 1772 berief Ludwig IX. von Hessen-Darmstadt ihn zum Ersten Minister, Präsidenten aller Landeskollegien und Kanzler mit dem Auftrag, die zerrütteten Staatsfinanzen zu sanieren. M. erreichte eine Schuldenregelung (1772/79), gründete die erste deutsche Ökonomische Fakultät in Gießen (1777) und suchte durch eine Landkommission die Kommunalfinanzen zu ordnen und Landwirtschaft und Gewerbe zu fördern (1777, aufgehoben 1780). Sein selbstherrlicher Regierungsstil und das rüde Vorgehen der Landkommissare machten ihm viele Feinde. Sein Abschied 1780, als der Landgraf zur Finanzierung seiner Soldatenspielerei das von M. abgeschaffte Lotto per Kabinettsordre wieder einführte, und seine Landesverweisung 1782 wegen Untreue und Eigenmächtigkeit führten zu einem Rechtsstreit, der erst 1790 nach dem Tod des Landgrafen beigelegt wurde. 1783-90 lebte M. in Mannheim, dann in Ludwigsburg. 1749 heiratete er Ernestine von Rottenhoff, geb. von Herdt, 1779 Freiin Luise von Wurmser.

1747-67 und wieder 1782-98 entfaltete M. eine rege publizistische Tätigkeit. Er begann mit Rechtsquellensammlungen, Kanzleilehrbüchern und Rechtsbüchern (u. a. *Teutsches Hofrecht*, 1754). In Frankfurt, wo ihn die Begegnung mit Susanne von Klettenberg und dem pietistischen Kreis der „Stillen im Lande" prägte, schrieb er auch religiöse Werke (*Der Christ in der Freundschaft*, 1754; *Daniel in der Löwen-Grube*, 1763; *Geistliche Gedichte*, 1763), später eine *Actenmäßige Geschichte der Waldenser* (1798). Wichtiger waren seine zeitkritischen Schriften. Anonym erschienen u. a. *Der Herr und der Diener, geschildert mit patriotischer Freiheit* (1759, bald ins Französische und Russische übersetzt), *Der Hof in Fabeln* (1761), *Von dem deutschen Nationalgeist* (1765), *Patriotische Briefe* (1767) und *Über den*

Diensthandel deutscher Fürsten (1786), unter seinem Namen u. a. *Die Ministerschule* (1762), *Gesammelte moralische und politische Schriften* (1763/64) und *Über die Regierung der geistlichen Staaten in Deutschland* (1787). Seine eigenen Erfahrungen verarbeitete er u. a. in dem Buch über Necker, den französischen Reformminister (anonym 1782), *Über Regenten, Regierung und Ministers* (1784) und *Politische Wahrheiten* (1796). Im „Patriotischen Archiv für Deutschland" (1784-90, fortgesetzt als „Neues Patriotisches Archiv", 1792-94) stellte er vorbildliche ältere und neuere Staatsmänner und Staatseinrichtungen vor. Anekdotisch, ohne strenge wissenschaftliche Systematik, aber von praktischer Vernunft durchdrungen, aufklärend, aber nicht revolutionär, wollten seine Schriften weniger auf den Verstand als auf das Herz des Lesers einwirken. Als „christlicher Patriot" prangerte er Despotismus, Korruption und Militarismus an den Fürstenhöfen, wollte die Unterwürfigkeit und (von den Kirchen geförderte) Unwissenheit des Volkes überwinden und stellte hohe Ansprüche an Gewissen und Pflichtbewußtsein der leitenden Staatsdiener. Angesichts der Französischen Revolution blieb er einem ständisch geprägten Rechtsstaatsdenken treu.

LITERATUR: Anne Marie Wolf: Das politische Denken F. C. v. M.s. Diss. Köln 1951. – Ludwig Hepding: Die Brüder Moser in Selbstzeugnissen. In: Archiv für hessische Geschichte und Altertumskunde 39 (1981) S. 183-257. – Angela Stirken: Der Herr und der Diener. F. C. v. M. und das Beamtenwesen seiner Zeit. Bonn 1984 (mit Werkverzeichnis M.s).

Günter Hollenberg

Moshammer Ritter von Mosham, Franz Xaver, Staatswissenschaftler, * 12. 11. 1756 Burghausen, † 27. 9. 1826 Penzing bei Wasserburg.
M. studierte Kameral- und Polizeiwissenschaften in Wien und Göttingen. 1780 wurde er in Ingolstadt a. o., 1783 o. Prof. der Kameralwissenschaften. Seit 1797 war er Assessor am kurbayerischen Spruchkollegium, seit 1799 Mitglied des neugegründeten Kameralinstituts, der späteren Staatswirtschaftlichen Fakultät. 1800 wechselte M. mit der Univ. nach Landshut. Zu seinen Schriften zählen *Gedanken über die neuesten Anstalten teutscher Fürsten, die Cameralwissenschaften auf hohen Schulen in Flor zu bringen* (1782) und *Europäisches Gesandtschaftsrecht* (1806).

WEITERE WERKE: Grundsätze der Polizei-, Handlungs- und Finanzwissenschaft nach Sonnenfels abgekürzt und in Tabellen gebracht. München 1787. Tübingen ³1820.

Mosheim, Johann Lorenz von, evang. Theologe, Kirchenhistoriker, * 9. 10. 1693 Lübeck, † 9. 9. 1755 Göttingen.
Die Herkunft M.s ist nicht gänzlich geklärt. Er selbst leitete sich von einer österr. Adelsfamilie her und führte seit 1729 deren Wappen. Doch ist über seine Eltern – der Vater war Ballmeister – sowie über seine Jugend, abgesehen von späteren Erinnerungen an dürftigste materielle Verhältnisse, kaum etwas bekannt. Erst seit seiner durch Gönner ermöglichten späten Immatrikulation an der Univ. Kiel 1716 tritt er voll in unser Blickfeld, und als hochbegabter, ehrgeiziger und ungemein produktiver Autor gelehrter Schriften. Allgemeineres Aufsehen erregte er erstmals mit den 1720 erschienenen *Vindiciae antiquae Christianorum disciplinae*, einer Streitschrift gegen den englischen Deisten John Toland (²1722), die ihm 1723 die Berufung auf einen theologischen Lehrstuhl der Univ. Helmstedt eintrug. In Helmstedt verbrachte M. die folgenden 24 Jahre, in denen er zum berühmtesten deutschen Theologen seiner Zeit wurde. In weit über 100 selbständigen Schriften bearbeitete er hier das gesamte Spektrum der Theologie mit Ausnahme des Alten Testamentes. Besonders erfolgreich waren seine gedruckten Predigten (*Heilige Reden über wichtige Wahrheiten der Lehre Jesu Christi*, 6 Bde., 1725-39; zahlreiche Nachdrucke) sowie seine *Sittenlehre der Heiligen Schrift*, die seit 1735 in insgesamt 9 Bänden erschien, am nachhaltigsten wirksam aber seine Arbeiten zur Kirchengeschichte. Mit seiner wissenschaftlichen Souveränität, seiner Mitwirkung am internationalen Gelehrtendiskurs der Zeit sowie mit der sprachlichen Eleganz seiner Schriften (1732 wurde er Präsident von Johann Christoph → Gottscheds Deutscher Gesellschaft in Leipzig) repräsentierte M. die Frühaufklärung in der Theologie in einer besonders anziehenden Form. Schon im 18. Jh. wurde ihm der Ehrenname „Vater der neueren Kirchengeschichte" zuteil, den er sich durch seine Anwendung der „pragmatischen" Methode, die nur den irdischen Beweggründen des Geschehens nachfragte, und durch seine „Unparteilichkeit", d. h. (im Unterschied zu Gottfried → Arnold) das Bemühen um allseitige Gerechtigkeit des Urteils, verdiente. Sein Lehrbuch *Institutiones historiae ecclesiasticae* (erstmals 1726, letzte Bearbeitung durch den Autor 1755) hatte vor allem in englischer Übersetzung einen beispiellosen literarischen Erfolg (mindestens 71 Auflagen bis 1892). Seit 1747 war M. Prof. an der jungen Univ. Göttingen, an deren Gründung durch Gerlach Adolf von → Münchhausen (1737) er bereits als Berater mitgewirkt hatte, und wurde ihr erster und in der älteren Zeit einziger Kanzler.

WEITERE WERKE: De theologo non contentioso. Helmstedt 1723. – Erklärung des ersten Briefes des heiligen Apostels Pauli an die Gemeine zu Corinthus. Altona 1741. – Historia Tartarorum ecclesiastica. Helmstedt 1741. – Versuch einer unpartheyischen und gründlichen Ketzergeschichte. Helmstedt 1746. – Anderweitiger Versuch einer vollständigen und unpartheyischen Ketzergeschichte. Helmstedt 1748. – Beschreibung der neuesten Chinesischen Kirchengeschichte. Rostock 1748. – De rebus Christianorum ante Constantinum Magnum Commentarii. Helmstedt 1753. – Allgemeines Kirchenrecht der Protestanten. Helmstedt 1760.

LITERATUR: Karl Heussi: J. L. v. M. Ein Beitrag zur Kirchengeschichte des 18. Jahrhunderts. Tübingen 1906. – Siegfried Körsgen: Das Bild der Reformation in der Kirchengeschichtsschreibung J. L. v. M.s. Diss. Tübingen 1966. – Bernd Moeller: J. L. v. M. und die Gründung der Göttinger Universität. In: Theologie in Göttingen. Hrsg. v. Bernd Moeller. Göttingen 1987, S. 9-40. – Konrad Hammann: M.s Traupredigt für Friedrich (II.) von Preußen ... In: Zeitschrift für Theologie und Kirche 98 (2001) S. 422-448.

Bernd Moeller

Mozart, Wolfgang Amadeus, getauft Johannes Chrysostomus Wolfgang Gottlieb bzw. Theophil, Komponist, * 27. 1. 1756 Salzburg, † 5. 12. 1791 Wien.

Der Vater Leopold M., erzbischöflicher Kammermusikus, erteilte seinen Kindern (auch Maria Anna M., „Nannerl") Musikunterricht. M. begann 1761, auf dem Klavier erste Werke zu improvisieren; der Vater hielt wichtige Etappen dieses frühen Komponierens schriftlich fest. 1762 reiste er nach München, um seine Kinder am bayerischen Kurfürstenhof zu präsentieren. 1762/63 folgte eine Reise nach Wien (mit mehreren Besuchen bei Kaiserin Maria Theresia), 1763-66 nach Paris, London und Den Haag. In Paris erschienen M.s erste Werke im Druck (Sonaten für Klavier und Violine); in London komponierte er seine ersten Symphonien und Opernarien. Nach der Rückkehr trat M. in Salzburg als Komponist von musikdramatischen Werken hervor (*Apollo et Hyacinthus*; *Die Schuldigkeit des ersten Gebots*), ehe die Familie zu einer neuerlichen Reise nach Wien aufbrach (1767-69), in deren Verlauf M. eine erste Messe komponierte, ebenso die Oper *La finta semplice*. Im November 1769 wurde M. zum unbesoldeten 3. Konzertmeister der Salzburger Hofkapelle ernannt. 1769-71 reisten M. und sein Vater nach Italien, u. a. nach Mailand (Uraufführung der Oper *Mitridate*), Bologna (Besuch beim Musiktheoretiker Giambattista Martini), Florenz, Rom und Neapel. Weitere Italienreisen schlossen sich aufgrund von Opernkontrakten im Herbst 1771 sowie 1772/73 an, jeweils nach Mailand.

M.s Reisetätigkeit ließ nach dem Tod des Erzbischofs Sigismund von Schrattenbach (1771) nach; dessen Nachfolger Hieronymus Graf von Colloredo band M. enger an den Hof und ernannte ihn 1772 zum besoldeten Konzertmeister. Abgesehen von kürzeren Reisen nach Wien (1773) und München (1774/75) war er hauptsächlich in Salzburg tätig. 1773 schrieb er seine ersten Konzerte, ehe 1775 die meisten der übrigen Violinkonzerte M.s entstanden. Auch andere musikalische Gattungen rückten nun verstärkt in M.s Blickfeld: Messen, Divertimenti und Serenaden, die großenteils im Auftrag Salzburger Adelsfamilien entstanden. Auch die meisten seiner Symphonien schrieb M. in jener Zeit. 1777 erwirkte M. die Entlassung aus den Diensten des Erzbischofs und reiste (gemeinsam mit seiner Mutter) über München, Augsburg und Mannheim nach Paris. Seine Bemühungen um eine Anstellung blieben erfolglos. In Mannheim lernte er die Sängerin Aloysia Weber kennen. In Paris starb 1778 M.s Mutter Anna Maria.

1779 kehrte M. als Hoforganist in die Dienste Erzbischof Colloredos zurück. Zu den Werken der Folgezeit gehören die *Sinfonia concertante* KV 364 und die *Krönungsmesse*. 1780/81 hielt sich M. für die Komposition und Aufführung der Oper *Idomeneo* in München auf. Von Colloredo aufgefordert, zu seinem Hofstaat nach Wien zu stoßen, ließ es M. zum Bruch mit dem Erzbischof kommen; gegen den Rat des Vaters gründete er seine Wiener Existenz auf Komponieren, Vertrieb gedruckter Werke, freie Konzerttätigkeit und Klavierunterricht. Bei Baron Gottfried van →Swieten lernte M. die Musik Georg Friedrich Händels und Johann Sebastian Bachs kennen; durch den Theaterdichter Gottlieb Stephanie gelang es ihm, über das Singspiel *Die Entführung aus dem Serail* (uraufgeführt 1782) Kontakte zum Wiener Hoftheater herzustellen.

1782 heiratete M. Konstanze Weber (1762-1842), die er – ebenso wie ihre Schwester – 1777/78 in Mannheim kennengelernt hatte. In Salzburg führte M. die fertiggestellten Teile der Fragment gebliebenen c-Moll-Messe auf; in Linz komponierte er die Linzer Symphonie KV 425. 1784 begann M., ein Werkverzeichnis zu führen; dessen Beginn fiel damit zusammen, daß die Reihe seiner „großen Wiener Klavierkonzerte" einsetzte (12 Werke zwischen KV 449 und 503, entstanden bis Ende 1786). In dieser Zeit schloß M. auch die sechs Streichquartette ab, deren Druck er 1785 Joseph →Haydn widmete. Nachdem M. Ende 1784 Freimaurer geworden war, entstand eine Reihe von Logenkompositionen. Seit Sommer 1785 intensivierten sich M.s Kontakte zum Hoftheater; nach kleineren Arbeiten schrieb er 1786 *Der Schauspieldirektor* sowie *Le Nozze di Figaro*. Mit dieser Oper begann M.s erfolgreiche Zusammenarbeit mit dem Librettisten Lorenzo Da Ponte. Die Übernahme der Oper durch das Prager Ständetheater Ende 1786 war außerordentlich erfolgreich; M. reiste in deren Folge nach Prag, wo er den Auftrag zur Komposition der Oper *Don Giovanni* erhielt, die Ende 1787 uraufgeführt wurde und 1788 auch in Wien erfolgreich war. Im Dezember 1787 wurde M. zum k. k. Kammerkompositeur ernannt.

Seit 1786 befaßte sich M. auch mit unterschiedlichsten Formen kammermusikalischer Besetzungen (Streich- und Klaviertrios, Klavierquartette, Streichquintette). Es entstanden u. a. *Ein musikalischer Spaß* KV 522 und *Eine kleine Nachtmusik* KV 525 (beide 1787). Im Sommer 1788 schrieb M. seine drei letzten Symphonien (Es-Dur KV 543, g-Moll KV 550, *Jupiter-Symphonie* C-Dur KV 551). Im Herbst desselben Jahres begann die Reihe von M.s Bearbeitungen Händelscher Oratorien (1789 Aufführung des *Messias*).

1789 unternahm M. in Begleitung Karl von Lichnowskys eine Reise über Dresden und Leipzig an den preuß. Hof. Vermutlich angeregt durch die Leidenschaft König Friedrich Wilhelms II. für das Cellospiel, schrieb M. die drei *Preußischen Quartette*, in denen das Cello herausragende musikalische Funktionen übernimmt. Die Reise blieb ohne greifbares Ergebnis, ebenso die Reise im Herbst 1790 nach Frankfurt/Main anläßlich der Kaiserkrönung →Leopolds II. Joseph II. war im Frühjahr 1790 gestorben, kurz nach der Uraufführung von M.s Oper

Così fan tutte, dem dritten gemeinsamen Werk mit Lorenzo Da Ponte.
Der Thronwechsel veränderte die Arbeitsbedingungen der Künstler am Wiener Hof nachhaltig. Lorenzo Da Ponte verlor seine Stellung; M. hingegen erhielt den Auftrag, für Leopolds Krönung zum böhmischen König (September 1791) die Oper *La clemenza di Tito* zu schreiben. Gleichzeitig schrieb M. *Die Zauberflöte* für das „Theater auf der Wieden" seines Bekannten Emanuel → Schikaneder, der auch den Text der Oper verfaßt hatte. Wenig später begann M. mit der Komposition des *Requiem*, das Franz Graf Wallsegg-Stuppach zum Gedächtnis seiner Frau aufführen wollte; die Komposition blieb unvollendet und wurde nach M.s Tod durch seinen Schüler Franz Xaver Süßmayr fertiggestellt. Als M.s Todesursache wurde „hitziges Frieselfieber" protokolliert.
Nach M.s Tod gelang es seiner Witwe, sein Werk vor dem Vergessen so zu bewahren, daß es in kürzester Zeit zu einem Gegenstand weltweiten Interesses werden konnte. Man bewunderte die Klarheit von M.s musikalischer Sprache ebenso wie das Dämonische in ihr (E. T. A. Hoffmann). Im Sinne des Geniedenkens wurde schon um 1810 vom Dreigestirn der Wiener Klassik gesprochen, in dem M. zwischen Joseph Haydn und Ludwig van → Beethoven eingerahmt erscheint.

AUSGABEN: W. A. M. Neue Ausgabe sämtlicher Werke. Hrsg. von der Internationalen Stiftung Mozarteum Salzburg. Kassel/Basel 1955 ff. – M. Dokumente seines Lebens. Hrsg. v. Otto Erich Deutsch u. a. Kassel/Basel 1961. – M. Briefe und Aufzeichnungen. Hrsg. von der internationalen Stiftung Mozarteum Salzburg. 7 Bde., Kassel/Basel 1962-75.
LITERATUR: Hermann Abert: W. A. M. 2 Bde., Leipzig [11]1989/90. – Alfred Einstein: M. Sein Charakter, sein Werk. 4. dt. Aufl. Kassel 1960. – Wolfgang Hildesheimer: M. Frankfurt/Main 1977. – Stefan Kunze: M.s Opern. Stuttgart 1984. – Volkmar Braunbehrens: M. in Wien. München 1986. – Neal A. Zaslaw: M.'s Symphonies. Oxford 1989. – Konrad Küster: M. – eine musikalische Biographie. Stuttgart 1990.

Konrad Küster

Müller, Adam Heinrich Ritter von Nittersdorf, politisch-philosophischer Schriftsteller, Diplomat, * 30. 6. 1779 Berlin, † 17. 1. 1829 Wien.
Kleinen Verhältnissen entstammend – sein Vater war untergeordneter Finanzbeamter in Berlin –, konnte sich M. durch den Besuch des Gymnasiums zum Grauen Kloster (1795-98) eine umfassende Schulbildung erwerben. In Göttingen studierte er 1798-1801 Rechtswissenschaften und Geschichte; zu seinen dortigen Lehrern zählten der Jurist Gustav → Hugo und die Historiker August Ludwig von → Schlözer und Arnold Hermann Ludwig → Heeren, die auf den jungen M. großen Einfluß ausübten. Am tiefsten wurde er jedoch durch Friedrich → Gentz geprägt, der insbesondere die eigene Anglophilie auf den jungen M. übertrug. Nach kurzer Tätigkeit als Rechtsreferendar in Berlin wurde er Hauslehrer in Posen; hier verfaßte er 1805 sein erstes Buch *Die Lehre vom Gegensatz*. Während einer Reise zu Gentz nach Wien konvertierte M. im Frühjahr 1805 zum Katholizismus.
Von Ende 1805 bis 1809 lebte M. in Dresden, wo er durch seine 1806 gehaltenen *Vorlesungen über deutsche Wissenschaft und Literatur* berühmt wurde; den von ihm propagierten Gedanken eines Ausgleichs der Gegensätze wandte er hier auf Dichtung, Philosophie, aber auch politisches Denken an. Seine zentralen politischen Ideen entwickelte er in seinen 1808/09 gehaltenen Vorlesungen, die er 1811 unter dem Titel *Die Elemente der Staatskunst* publizierte. M. propagierte die Grundgedanken der politischen Romantik, als deren Hauptwerk die *Elemente* anzusehen sind: Gegen die moderne Vertragstheorie setzte er die Idee des organisch gewachsenen, monarchischen Ständestaats; gegen die moderne Wirtschaftstheorie des (von M. zeitlebens angefeindeten) Adam Smith propagierte er den Gedanken einer strengen sozialen Bindung des Eigentums. Seine ebenso bewunderte wie angefeindete Definition des Staats darin lautet: Der Staat sei keine „Manufaktur ... oder merkantilische Sozietät, er ist die innigste Verbindung der gesamten physischen und geistigen Bedürfnisse, des gesamten physischen und geistigen Reichtums, des gesamten inneren und äußeren Lebens einer Nation, zu einem großen, energischen, unendlich bewegten und lebendigen Ganzen".
1809 ging M., nachdem er sich mit Sophie von Haza verheiratet hatte, nach Berlin, wo er weitere historisch-politische Vorlesungen hielt und mit Heinrich von → Kleist die „Berliner Abendblätter" (1810/11) herausgab. M., nun wieder formell im preuß. Staatsdienst, lehnte die Reformbestrebungen der seit 1810 amtierenden Staatskanzlers → Hardenberg ab und versuchte, mit seinen regierungskritischen Artikeln eine öffentliche Diskussion über die Reformpolitik auszulösen. 1811 fungierte er zudem als enger politischer Berater des Führers der preuß. Adelsopposition. Doch Hardenberg zerschlug die Opposition: Die „Abendblätter" mußten ihr Erscheinen einstellen und M. wurde als diplomatischer Berichterstatter nach Wien abgeschoben.
Von 1813 bis 1815 war er für die österr. Armee – als Herausgeber des „Boten in Tirol" – publizistisch tätig, 1815 wurde er in den Stab Metternichs aufgenommen, der ihm von 1815-26 den Posten eines österr. Generalkonsuls für Norddeutschland mit Sitz in Leipzig verschaffte. Hier entwickelte M. zahlreiche publizistische und politische Aktivitäten, u. a. gab er von 1816 bis 1818 die „Deutschen Staatsanzeigen" heraus. Als Diplomat agierte M. jedoch weitgehend glücklos; seine Kritik des Reformationsjubiläums von 1817 führte zu ersten öffentlichen Auseinandersetzungen um seine Person, und nach dem von ihm nicht unbeeinflußten Übertritt des Herzogspaares von Anhalt-Köthen zum Katholizismus im Jahr 1825 konnte ihn Metternich nicht mehr halten. M. kehrte nach Wien zurück, wo er immerhin den persönlichen Adel erhielt und seine drei letzten Lebensjahre als Hofrat in kaiserlichen Diensten – befaßt mit „offiziöser Publizistik" – verbrachte.

WEITERE WERKE: Über Friedrich II. und die Natur, Würde und Bestimmung der Preußischen Monarchie. Berlin 1810. – Vermischte Schriften über Staat, Philosophie und Kunst. 2 Bde., Wien 1812. – Zwölf Reden über die Beredsamkeit und deren Verfall in Deutschland. Leipzig 1816. – Ausgewählte Abhandlungen. Hrsg. v. Jakob Baxa. Jena 1921. – Kritische, ästhetische und philosophische Schriften. Hrsg. v. Walter Schroeder / Werner Siebert. 2 Bde., Neuwied 1967.
LITERATUR: Alfred von Martin: Die politische Ideenwelt A. M.s. In: Festschrift für Walter Goetz. Leipzig / Berlin 1927, S. 305-327. – Jakob Baxa: A. M. Ein Lebensbild aus den Befreiungskriegen und aus der deutschen Restauration. Jena 1930. – Ernst Rudolf Huber: A. M. und Preußen. In: Ders.: Nationalstaat und Verfassungsstaat. Stuttgart 1965, S. 48-70. – Jakob Baxa: A. M.s Lebenszeugnisse. 2 Bde., München / Paderborn / Wien 1966. – Benedikt Koehler: Ästhetik der Politik. A. M. und die politische Romantik. Stuttgart 1980. – Jochen Marquardt: ,Vermittelte Geschichte'. Zum Verhältnis von ästhetischer Theorie und historischem Denken bei A. H. M. Stuttgart 1993.

Hans-Christof Kraus

Müller, Friedrich, genannt Maler Müller, Maler, Dichter, * 13. 1. 1749 Kreuznach, † 23. 4. 1825 Rom.

M., Sohn eines Bäckers und Gastwirts, besuchte das reformierte Gymnasium in Kreuznach nur von 1759 bis 1763. 1765 oder 1766 ging er zu dem Hofmaler Daniel Hien nach Zweibrücken in die Lehre. Seine Zeichnungen und Tierradierungen machten ihn früh berühmt. 1768 lernte er an der Mannheimer Zeichnungsakademie bei Peter Anton Verschaffelt. Seit 1772 arbeitete er unter dem Hofmaler Johann Christian Mannlich in Zweibrücken. Die ersten dichterischen Anfänge reichen in das Jahr 1773 zurück. Im Göttinger Musenalmanach 1774 erschien sein von → Klopstock korrigiertes *Lied eines bluttrunknen Wodanadlers.* Seit 1775 wohnte M. in Mannheim und wurde mit → Goethe, → Lessing, → Wieland, Friedrich Heinrich → Jacobi, Jakob Michael Reinhold → Lenz, Heinrich Leopold Wagner, Friedrich Maximilian → Klinger und Christoph Kaufmann bekannt. Mit den Mannheimern Wolfgang Heribert von → Dalberg und Otto Heinrich von → Gemmingen und dem Buchhändler Christian Friedrich → Schwan schloß er Freundschaft. Neben Radierungen trat M. mit Idyllen und Gedichten hervor. Erste Szenen zu *Faust* und *Genovefa* entstanden. 1777 wurde er durch den Kurfürsten Karl Theodor zum Kabinettsmaler ernannt.

Im August 1778 brach M. nach Italien auf und lebte von einer jährlichen Pension von 500 Gulden und einem einmaligen Zuschuß von Freunden aus Weimar, den Goethe gesammelt hatte. In Rom studierte er die Werke Raffaels und Michelangelos und wandte sich der Historienmalerei zu. Mit den deutschen Künstlern in Rom stand M. nicht in bestem Einvernehmen. Die Kompositionen mit biblischen und historischen Stoffen, die er nach Weimar schickte, stießen auf Ablehnung. M. studierte die römischen Kunstdenkmäler und wurde dabei zum Kunsthistoriker. Wirtschaftliche Schwierigkeiten konnte er als Antiquar und Cicerone vornehmer Reisender mit Mühe überwinden. 1798/99 wurde er von der napoleonischen Besatzung wegen seines angeblichen Monarchismus nach Tivoli verbannt, seine römische Wohnung mit zahlreichen Zeichnungen, Gemälden und Briefen geplündert. Als Ludwig → Tieck 1805 in Rom weilte, versprach er M. die Vorbereitung einer Ausgabe seiner Werke. Der Kontakt mit den Brüdern → Schlegel führte zu einigen Veröffentlichungen. Durch Mannlichs Aufträge war M. seit 1804 bayerischer Hof-Kunstagent in Rom. 1805 führte er den Kronprinzen Ludwig, den späteren König Ludwig I. von Bayern, zu den römischen Kunstdenkmälern und wurde dessen Kunstagent. Seit 1806 war M. „Königlich Bayerischer Hofmaler". Nach dem Erscheinen von *Mahler Müllers Werken* (3 Bde., 1811) war M. literarisch in Deutschland wieder präsent. Sein bedeutendstes dramatisches Werk, *Golo und Genovefa,* brachte ihm späten Ruhm. Allerdings wurde auch immer deutlicher, daß sich sein Stil überlebt hatte; sein Lebenswerk, der metrische *Faust,* bei Cotta erscheinen, wurde aber 1823 überraschend abgelehnt. Nach mehreren Schlaganfällen starb M. 1825.

WEITERE WERKE: Dichtungen. Mit Einleitung hrsg. v. Hermann Hettner. 2 Tle., Leipzig 1868. Nachdr. Bern 1968. – Idyllen. Nach den Erstdrucken revidierter Text. Hrsg. v. Peter Erich Neuser. Stuttgart 1977. – Fausts Leben. Nach Handschriften und Erstdrucken hrsg. v. Johannes Mahr. Stuttgart 1979. – Werke und Briefe. Hrsg. v. Rolf Paulus und Gerhard Sauder. Heidelberg 1996 ff.
LITERATUR: Rolf Paulus / Eckhard Faul: Maler-M.-Bibliographie. Heidelberg 2000. – Maler-M.-Almanach. Landau 1980. 1983. Bad Kreuznach 1987. 1988. Pfaffen-Schwabenheim 1995. – Ingrid Sattel Bernardini / Wolfgang Schlegel: F. M. 1749-1825. Der Maler. Landau / Pfalz 1986. – Ulrike Leuschner: Maler M. und der Sturm und Drang in Mannheim. In: Christoph Perels (Hrsg.): Sturm und Drang. Katalog der Ausstellung im Freien Deutschen Hochstift. Frankfurt / Main 1988, S. 202-222. – Gerhard Sauder / Rolf Paulus / Christoph Weiß (Hrsg.): Maler M. in neuer Sicht [...]. St. Ingbert 1990.

Gerhard Sauder

Müller, (Johann) Georg, schweizer. reformierter Theologe, Schriftsteller, * 3. 9. 1759 Neunkirch (Kt. Schaffhausen), † 20. 11. 1819 Schaffhausen. Während des 1779 begonnenen Theologiestudiums in Zürich machte M. die Bekanntschaft Johann Caspar → Lavaters. Nach Schaffhausen zurückgekehrt, wurde er 1788 Katechet, 1794 Prof. des Griechischen und Hebräischen am Collegium humanitatis. Während der Revolution unterstützte M. das Landvolk, wurde Repräsentant der Landschaft und Mitglied der Nationalversammlung. 1801-19 war er Oberschulherr und Kirchenrat in Schaffhausen. Mit seinem Bruder Johannes von → M. gab er 1803 nach dem Tod → Herders dessen Werke heraus. 1810-19 veröffentlichte M. in 27 Bänden sämtliche

Schriften seines verstorbenen Bruders. Zu seinen eigenen Veröffentlichungen gehören die *Bekenntnisse merkwürdiger Männer von sich selbst* (1789) und *Unterhaltungen mit Serena moralischen Inhalts* (1793).
LITERATUR: Karl Stokar: J. G. M. [...]. Basel 1885 (mit J. G. M.s Autobiographie).

Müller, Gerhard Friedrich von, Forschungsreisender, Historiograph, * 29.10.1705 Herford, † 22.10.1783 Moskau.
Nach dem Studium an den Universitäten Rinteln und Leipzig war M. seit 1725 Latein-, Geschichts- und Geographielehrer an der Petersburger Akademie der Wissenschaften. Seit 1731 dort Prof. der Geschichte, nahm er 1733-43 an einer Kamtschatka-Expedition teil, aus der umfangreiche Studien zur Geschichte, Geographie und Kultur Sibiriens hervorgingen. Der für seine 1750 veröffentlichte *Geschichte Sibiriens* 1747 zum offiziellen Historiographen Rußlands und zum Rektor der Univ. St. Petersburg ernannte M. galt als eigentlicher „Vater der russischen Geschichtsforschung". Er publizierte u.a. in Johann Gustav Gottlieb Büschings „Wöchentlichen Nachrichten" sowie in Johann Christoph → Gottscheds Zeitschrift „Das Neueste aus der anmuthigen Gelehrsamkeit" und pflegte über August Ludwig von → Schlözer den Kontakt nach Deutschland. Zeitweilig war M. Herausgeber der deutschen und russischen „Petersburger Zeitung". Seit 1765 leitete er das Archiv des Außenministeriums in Moskau.

Müller, Heinrich August, Schriftsteller, * 1766 Greußen bei Erfurt, † 2.8.1833 Wolmirsleben bei Magdeburg.
Nach dem Theologiestudium war M. seit 1797 Prediger in Menz bei Magdeburg und trat seit 1798 auch schriftstellerisch hervor. Neben Unterhaltungsliteratur, die vor allem Schauer- und Räubergeschichten umfaßte, veröffentlichte er für Kinder und Jugendliche bestimmte Schriften und Erzählungen in erzieherisch-aufklärerischer Absicht. Insbesondere seine Lehr- und Lesebücher (u.a. *Bitte! Bitte! Liebe Mutter! [...] schenke mir das allerliebste Buch mit den schönen Kupfern. Ein neues ABC- und Lesebuch nach Pestalozzi*, 1811) erzielten eine über seinen Tod hinausreichende Breitenwirkung. Nachdem er als preuß. Feldprediger 1813/14 an den Befreiungskriegen teilgenommen hatte, lebte M. seit 1815 als Prediger in Wolmirsleben.

Müller, Johann Gottwerth, genannt Müller von Itzehoe, Schriftsteller, Buchhändler, Verleger, * 17.5.1743 Hamburg, † 23.6.1828 Itzehoe.
Der ursprünglich für den Arztberuf bestimmte M. brach sein Medizinstudium 1770 ab, um sich ganz einer schriftstellerischen Tätigkeit zu widmen. Seine ersten Werke veröffentlichte er in Zusammenarbeit mit dem Magdeburger Verleger Daniel Christian Hechtel, dessen Tochter er 1771 heiratete. Im selben Jahr machte er sich als Buchhändler und Verleger in Hamburg selbständig. 1773 gründete er eine Verlagsbuchhandlung in Itzehoe, die er jedoch 1783 aus wirtschaftlichen und gesundheitlichen Gründen wieder aufgab, um sich nun ausschließlich seiner literarischen Tätigkeit zu widmen. M. war vor allem mit komisch-satirischen Romanen nach dem Vorbild des englischen Autors Henry Fielding erfolgreich, die den Geschmack der bürgerlichen Leserschaft trafen. In dem satirischen Roman *Siegfried von Lindenberg* (1779, Neuausg. 1966) verspottete er Empfindsamkeit und Geniekult. M. veröffentlichte außerdem *Gedichte* (2 Tle., 1770/71), *Komische Romane* (8 Bde., 1786-91) und den Roman *Sara Reinert* (4 Bde., 1796).

Müller, Johann Samuel, Schriftsteller, * 24.2.1701 Braunschweig, † 7.5.1773 Hamburg.
Nach umfassenden mathematisch-naturwissenschaftlichen und philosophisch-theologischen sowie philologischen Studien in Helmstedt und Leipzig war M. Hofmeister in Dresden und Hamburg, später Lektor an der Lateinschule in Uelzen. Seit 1730 Konrektor der Altstädter Schule in Hannover, wurde er 1732 Rektor des Hamburger Johanneums. Unter seiner Führung gelangte die Gelehrtenschule als Stätte der Frühaufklärung zu neuer Blüte. Zu den Schülern des mit Gotthold Ephraim → Lessing und Friedrich Gottlieb → Klopstock bekannten M. gehörten u.a. → Basedow und Johann Georg → Büsch. Neben altphilologischen, theologischen und historischen Arbeiten trat M. mit lyrischen und dramatischen Werken hervor. Er schrieb u.a. zehn Opernlibretti und Gelegenheitsgedichte sowie Redeübungen für seine Schüler (u.a. *Gespräche der alten Weltweisen*, 1733), die diese unter großer öffentlicher Anteilnahme im Johanneum aufführten.

Müller, Johannes von, Historiker, Staatsmann, * 3.1.1752 Schaffhausen, † 29.5.1809 Kassel.
Der aus einer Schaffhauser Theologenfamilie stammende M. nahm 1769 das Theologiestudium in Göttingen auf, wandte sich jedoch unter dem Eindruck August Ludwig von → Schlözers dem Geschichtsstudium zu. Seit 1772 war er als Griechischlehrer in Schaffhausen, seit 1774 als Hauslehrer in Genf tätig. Dort stand er in Kontakt mit Schweizer Gelehrten, arbeitete als Rezensent und hielt erfolgreiche weltgeschichtliche Vorlesungen, die die Grundlage für die späteren *Vier und zwanzig Bücher Allgemeiner Geschichten besonders der Europäischen Menschheit* (postum 1810) bildeten. 1780 erschien der erste Band seines Lebenswerks *Die Geschichten der Schweizer* (unter dem endgültigen Titel: *Geschichten schweizerischer Eidgenossenschaft*, 5 Bde., 1786-1808). Mit dem Wunsch, in den Dienst → Friedrichs II. von Preußen zu treten, reiste er noch im selben Jahr nach Berlin. Hier ohne Erfolg, erhielt er 1781 eine Professur am Collegium Carolinum in Kassel, wurde 1786 als Bibliothekar und später als Hofrat des Erzbischofs Friedrich Karl von Erthal nach Mainz berufen, wo er 1787 seine *Darstellung des Fürstenbunds* publizierte. 1791 geadelt, wurde M. 1793 nach dem Fall der Stadt Mainz an die Wiener Staatskanzlei berufen, mußte sich dort allerdings mit

einer untergeordneten Stellung zufriedengeben. 1800 wechselte er an die Hofbibliothek als deren erster Kustos. Von 1804 bis 1807 war er in Berlin Akademiemitglied und Hofhistoriograph der Hohenzollern. Seine spektakuläre politische Wendung auf die Seite Napoleons brachte ihm 1807 die Stelle des Außenministers im neuen Königreich Westfalen ein, die er jedoch schon bald zugunsten des Amtes als Unterrichtsdirektor in Kassel abtreten mußte. Dabei vertrat M. vornehmlich die Interessen der Universitäten, insbesondere diejenigen Göttingens. In seinen letzten Jahren befaßte sich M. mit der Herausgabe der Werke → Herders, der ihn selbst stark geprägt hatte.
Als Geschichtsschreiber nimmt M. eine Stellung zwischen Aufklärung und Historismus ein. Die Hauptaufgabe des Geschichtsschreibers besteht für ihn darin, sich „in die alte Zeit hineinzufühlen" und dies dem Leser durch eine wirkungsvolle Darstellung zu vermitteln, wozu er einen betont archaisierenden Stil gebrauchte. Eine philosophisch geprägte hermeneutische Geschichtsdeutung lehnt er hingegen strikt ab. Mit seiner „Schweizergeschichte" schuf er eine deutsche Geschichtsprosa, die bei seinen Zeitgenossen auf Begeisterung stieß. An die Stelle einer trockenen Gelehrtenhistorie setzte M. das Ideal einer patriotischbelehrenden Geschichtsschreibung. M. trug zur Verfestigung des Schweiz-Mythos und auch in Deutschland mit seiner Vorstellung der „Kulturnation" zur Schaffung eines nationalen historischen Bewußtseins bei. Eine transzendente Sinndeutung gewinnt im Laufe seines Schaffens zunehmend an Bedeutung, ohne daß sie mit M.s empirischem Wahrheitsanspruch in Einklang zu bringen wäre. Neben historischen Darstellungen werden neuerdings die Rezensionen und Briefe M.s (über 20000) stärker berücksichtigt, der mit zahlreichen Großen seiner Zeit (Christian Gottlob → Heyne, Johann Gottfried Herder, Johann Wolfgang von → Goethe u. a.) in Korrespondenz stand. Als Politiker entwickelte M. eine Gleichgewichtsidee, die er in einem Fürstenbund verwirklicht sah, wie er 1785 geschlossen wurde. M. trat damit als Verfechter einer politischen wie kulturellen Reorganisation des Reiches auf. Sein Gesinnungswandel, mit dem er schließlich in Napoleon den Verwirklicher eines göttlichen Heilsplans erkannte, wurde im 19. Jh. als Verrat angesehen. Die neuere Forschung sieht darin vielmehr einen Ausdruck seiner zunehmenden Religiosität sowie einer politischen Desillusionierung infolge der Französischen Revolution.
WEITERE WERKE: Bellum Cimbricum. Zürich 1772. – Essais historiques. Berlin 1781. – Die Reisen der Päpste. o. O. 1782. – De la gloire de Frédéric. Berlin 1807. – J. v. M. Sämtliche Werke. Hrsg. v. Johann Georg Müller. 40 Bde., Stuttgart u. a. ²1831-35. – J. v. M. Schriften in Auswahl. Hrsg. v. Edgar Bonjour. Basel ²1955. – J. v. M. Briefe in Auswahl. Hrsg. v. Edgar Bonjour. Basel ²1954.
LITERATUR: Ernst Schellenberg: J. v. M.-Bibliographie. In: Schaffhauser Beiträge zur vaterländischen Geschichte 29 (1952) S. 161-216 und 37 (1960) S. 227-268. – Paul Requadt: J. v. M. und der Frühhistorismus. München 1929. – Edgar Bonjour: Studien zu J. v. M. Basel/Stuttgart 1957. – Karl Schib: J. v. M. 1752-1809. Thayngen/Konstanz 1967. – Christoph Jamme/Otto Pöggeler (Hrsg.): J. v. M. – Geschichtsschreiber der Goethezeit. Schaffhausen 1986. – Michael Gottlob: Geschichtsschreibung zwischen Aufklärung und Historismus. J. v. M. und Friedrich Christoph Schlosser. Frankfurt/Main 1989. – Matthias Pape: J. v. M. Seine geistige und politische Umwelt in Wien und Berlin 1793-1806. Bern/Stuttgart 1989.
Tonja Schewe

Münchhausen, Gerlach Adolf Frh. von, Staatsmann, * 5. 10. 1688 Berlin, † 26. 11. 1770 Hannover. Nach dem Jurastudium in Jena, Halle und Utrecht trat M. 1714 in den kursächsischen, 1716 in den hannoverschen Justizdienst ein. Er war Oberappellationsgerichtsrat in Celle, seit 1726 kurhannoverscher Comitialgesandter am Reichstag in Regensburg, wurde 1728 in den Geheimen Rat in Hannover und 1732 außerdem zum Großvogt in Celle berufen. M. erwarb sich als Begründer und erster Kurator der Göttinger Univ. (gegründet 1734-37), der damals modernsten Universität Europas, große Verdienste um die Förderung der Wissenschaft. Infolge der ständigen Abwesenheit des in London residierenden Königs stieg M. zu einem der einflußreichsten hannoverschen Staatsmänner auf. Wahlbotschafter Hannovers bei den Kaiserwahlen 1742 und 1745, wurde er 1753 Kammerpräsident und 1765 Premierminister. In diesen Stellungen trug er maßgeblich zum Ausbau der Herrschaft der Landstände bei. Die Intervention zugunsten Preußens im Siebenjährigen Krieg mißbilligte er. Seiner Initiative verdankte die Göttinger Gesellschaft der Wissenschaften ihre Entstehung (1751).

Münter, Friedrich (Christian Karl Heinrich), evang. Theologe, Schriftsteller, Numismatiker, * 14. 10. 1761 Gotha, † 9. 4. 1830 Kopenhagen. Der Sohn eines Pfarrers und Bruder der Dichterin Sophie Christiane Friederike Brun wuchs seit 1765 in Kopenhagen auf. Durch den Umgang mit dem im Elternhaus verkehrenden Friedrich Gottlieb → Klopstock wurde er zu eigenen Dichtungen ermutigt und konnte mit Hilfe Friedrich Leopold von Stolbergs noch während seines Theologiestudiums in Kopenhagen einige Dramen veröffentlichen. Nach einer Reise durch Deutschland 1781/82 bezog M. die Univ. Göttingen, wo er Aufnahme in den Illuminatenorden fand. 1784 wurde M. in Fulda zum Dr. phil. promoviert. Während eines Aufenthalts in Italien 1784-87 trat M. mit bedeutenden Künstlern und Gelehrten seiner Zeit in Verbindung und wurde nach seiner Rückkehr nach Kopenhagen 1788 a. o. Prof., 1790 o. Prof. der Theologie, 1796 Rektor der Universität. Seit 1808 war er Bischof des Stiftes Seeland. M. verfaßte auch kirchen- und religionsgeschichtliche Arbeiten und hinterließ mit seinen später veröffentlichten Briefen und *Tagebüchern* (3 Bde., 1937) wertvolle kulturhistorische Quellen. Seine umfangreiche Sammlung antiker Münzen sicherte ihm auch als Numismatiker Ansehen in Europa.

Muralt, Beat Ludwig von, auch Béat Louis de M., schweizer. Schriftsteller, getauft 9. 1. 1665 Bern, bestattet 20. 11. 1749 Colombier.
Nach Studien in Genf trat M. als Offizier in französische Kriegsdienste und unternahm nach seiner Entlassung 1694/95 eine Reise nach England und Frankreich. Um 1698 kehrte er in seine Heimatstadt zurück, wurde wegen seiner Hinwendung zum Pietismus, die ihn veranlaßte, dem öffentlichen Gottesdienst fernzubleiben, jedoch 1701 aus Bern vertrieben. Er ließ sich daraufhin auf einem Landgut in Colombier im preuß. Fürstentum Neuenburg nieder, wo er sich bis zu seinem Tod philosophischen und religiösen Studien widmete. Mit seinen zunächst nur handschriftlich verbreiteten *Lettres sur les Anglois et les François* (1725), die sich gegen die politische und kulturelle Vorherrschaft Frankreichs wandten, bereitete M. den Boden für die wenig später einsetzende Entdeckung der englischen Kulturnation. Der nachhaltige Einfluß des mehrfach aufgelegten und auch ins Englische und Deutsche übersetzten Werks läßt sich u. a. anhand von Voltaires *Lettres philosophiques [...] sur les Anglais* und Rousseaus *Nouvelle Héloise* nachweisen.

Murr, Christoph Gottlieb von, Polyhistor, * 6. 8. 1733 Nürnberg, † 8. 4. 1811 Nürnberg.
M. studierte Jura in Altdorf und wurde 1754 promoviert. Während seiner Studienreisen, die ihn 1756-61 durch die Niederlande, England, Österreich und Italien führten, knüpfte er Kontakte zu zahlreichen Gelehrten und erwarb eine bedeutende Kunst- und Autographensammlung. Nach seiner Rückkehr wurde er Zoll- und Waagamtmann in Nürnberg. M. trat vor allem mit literar- und kunsthistorischen Schriften sowie allgemeinhistorischen Beiträgen hervor. Er gab das „Journal zur Kunstgeschichte und zur allgemeinen Literatur heraus" (17 Bde., 1775-89) und veröffentlichte mit der *Bibliothèque de peinture, de sculpture, et de gravure* (2 Bde., 1770) einen vielbeachteten Überblick über die ältere und zeitgenössische Kunstliteratur. Nachhaltige Wirkung erzielten auch seine *Beyträge zur Geschichte des dreyßigjährigen Krieges* (1790), die → Schiller für die Bearbeitung des *Wallenstein* vorlagen.

Musäus, Johann Karl August, Schriftsteller, Literaturkritiker, * 29. 3. 1735 Jena, † 28. 10. 1787 Weimar.
Nach dem Theologiestudium in Jena 1754-58 wandte sich der Sohn eines Landrichters der klassischen Philologie zu, war seit 1763 Pagenhofmeister am Weimarer Hof und wurde 1769 Gymnasialprofessor in Weimar. Seit 1766 war M. Literaturkritiker der „Allgemeinen deutschen Bibliothek". 1760-62 erschien anonym sein erster Roman *Grandison der Zweite, oder Geschichte des Herrn von N.**** (3 Bde.), dem 1778/79 der erfolgreiche vierbändige satirische Roman *Physiognomische Reisen* folgte, der sich gegen den Geniekult des Sturm und Drang richtete. Berühmt wurde M. durch seine *Volksmärchen der Deutschen* (5 Tle., 1782-86), eine Bearbeitung von Legenden-, Sagen- und Märchenstoffen, in der ironische und satirische Zeitbezüge eingearbeitet wurden, und von denen die *Legenden von Rübezahl* am bekanntesten wurden.

Mutschelle, Sebastian, kath. Theologe, * 18. 1. 1749 Allershausen bei Freising, † 28. 11. 1800 München.
M. besuchte das Jesuitengymnasium in München und wurde 1763 Novize in Landsberg/Lech. Nach der Aufhebung des Ordens 1773 setzte er seine Studien in Ingolstadt fort, empfing 1774 die Priesterweihe und wurde 1779 Kanonikus am Kollegiatstift St. Veit in Freising. Im selben Jahr erhielt er als Konsistorialrat das Schulkommissariat in Freising, wo er sich für eine Bildungsreform einsetzte. Wegen seiner aufklärerischen Aktivitäten in Mißkredit geraten, legte er 1793 seine Ämter nieder und zog sich auf die Pfarrei Baumkirchen bei München zurück. Dort widmete er sich neben der Seelsorge, die er im Dienst der Volkserziehung betrieb, auch dem Studium der Philosophie → Kants, deren Grundsätze er mit der christlichen Theologie zu vereinen suchte. Rehabilitiert wurde er 1799 Prof. der Moral am Münchner Lyzeum. M. veröffentlichte u. a. *Versuch einer [...] faßlichen Darstellung der Kantischen Philosophie* (1794) und *Moraltheologie* (2 Tle., 1800-03).
WEITERE WERKE: Über das sittlich Gute. München 1788, ²1801. – Beiträge zur Metaphysik, in einer Prüfung der Stattler-antikantischen. München 1795, ²1800. – Vermischte Schriften, oder philosophische Gedanken und Abhandlungen. 4 Bde., München 1799/1800.
LITERATUR: Kajetan von Weiller: S. M.'s Leben. München 1803. – Walter Hunscheidt: S. M. 1749 bis 1800. Ein kantianischer Moraltheologe, Moralphilosoph und Moralpädagoge. Bonn 1948.

Mutzenbecher, Esdras Heinrich, evang. Theologe, * 23. 3. 1744 Hamburg, † 21. 12. 1801 Oldenburg.
M. studierte seit 1765 Theologie in Göttingen und kam 1770 als Begleiter Ernst Georg von Steinbergs, dessen Familie ihn als Hofmeister verpflichtet hatte, nach Braunschweig. Seit 1772 wieder in Göttingen, widmete er sich juristischen Studien und wurde 1773 zweiter Universitätsprediger. 1775-80 war er deutscher Prediger der luth. Gemeinde in Den Haag, danach in Amsterdam. Seine wichtigste Lebensstellung erlangte er seit 1789 als Generalsuperintendent in Oldenburg, wo ihn Herzog Peter Friedrich Ludwig mit der Reformierung des Kirchen- und Schulwesens betraute. M. wandelte die Oldenburger Lateinschule in ein Gymnasium mit erweitertem Fächerkanon um, richtete ein Lehrerbildungsseminar ein und modernisierte die Liturgie und Katechese. Neben einem neuen Kirchengesangbuch (1791) führte er mit seiner *Sammlung von Gebeten und Formularen* (1795) eine neue Agende ein. M. entwarf auch einen neuen Katechismus (1797) für den Unterricht in Schule und Kirche.

Mylius, Christlob, Journalist, Naturforscher, Dichter, * 11.11.1722 Reichenbach (Oberlausitz), † 6. oder 7.3.1754 London.
M. studierte Naturwissenschaften und Philosophie an der Univ. Leipzig. Zu seinen Lehrern gehörten u. a. Abraham Gotthelf → Kästner und Johann Christoph → Gottsched, unter deren Einfluß er sich seit 1743 journalistisch betätigte. Er war Mitherausgeber der „Bemühungen zur Beförderung der Critik und des guten Geschmacks" und arbeitete an verschiedenen literarischen Zeitschriften seines Vetters Gotthold Ephraim → Lessing mit. Seit 1747 widmete sich M. vor allem naturkundlichen Themen. Als Herausgeber des „Naturforschers" (1747/48), Redakteur der Berliner „Vossischen Zeitung" (1748-50, 1752), deren Wissenschaftsrubrik er gestaltete, und Leiter der „Critischen Nachrichten aus dem Reiche der Gelehrsamkeit" (1751) entwickelte er sich zu einem der bedeutendsten und populärsten Wissenschaftsjournalisten der Aufklärung. M. trat auch als Lustspieldichter (u. a. *Die Ärzte*, 1745) hervor. Eine Forschungsreise nach Nordamerika und Ostindien, die er mit finanzieller Unterstützung zahlreicher Gelehrter plante, kam wegen seines plötzlichen Tods nicht mehr zur Ausführung.

Mylius, Gottlieb Friedrich, Jurist, Naturforscher, * 7.4.1675 Halle/Saale, † 6.8.1726 Leipzig.
Nach rechtswissenschaftlichen Studien in Halle und Leipzig ließ sich M. als Advokat beider Rechte in Leipzig nieder und wurde Oberaktuarius beim kurfürstlich-sächsischen Gerichtshof sowie Sekretär Kurfürst Friedrich August I. von Sachsen. Er sammelte Mineralien, Gesteine und Fossilien, stellte in seinem *Memorabilium Saxoniae subterraneae, i. e. Des unterirdischen Sachsens seltsame Wunder der Natur* (2 Bde., 1709-18) erstmals fossile Pflanzen aus Mitteldeutschland dar und machte das thüringische Manebach als reiches Fundgebiet fossiler Rotliegendpflanzen bekannt. M. stand in Kontakt mit Johann Jakob → Scheuchzer und schuf Abbildungstafeln für dessen *Herbarium diluvianum* (1709), aufgrund derer Scheuchzer irrtümlich als Begründer der thüringischen Paläobotanik galt. M.' 5197 Nummern zählendes Naturalienkabinett wurde um 1716 an Johann Heinrich Linck verkauft und kam später in das Heimatmuseum Waldenburg (Sachsen).

N

Nagel, Anton, kath. Theologe, Schriftsteller, * 6.5.1742 Moosburg/Isar, † 20.7.1812 Moosburg/Isar.
Nach dem Besuch des Lyzeums in Freising arbeitete N. in München als Erzieher und wurde 1775 Kaplan in Marching/Donau. 1790 erhielt er eine Pfarrstelle in Rohr/Ilm, wo er auch als Schulinspektor wirkte. Als Schriftsteller engagierte sich N. im Sinne der kath. Aufklärung. Zu seinen Werken gehören historische Prosastücke, Gedichte und Dramen (u. a. *Der Bürgeraufruhr in Landshut*, 1782). Seit 1803 war N. Mitglied der Bayerischen Akademie der Wissenschaften. Nachdem 1803 ein Brand im Pfarrhaus alle seine Manuskripte zerstört hatte, gab N. im folgenden Jahr sein Pfarramt auf und lebte bei seinem Freund Anton von → Bucher, bis ihm 1807 ein Benefizium in Moosburg zuteil wurde. N. war Mitarbeiter des „Münchener Intelligenzblatts".

Nau, Bernhard Sebastian von, Naturwissenschaftler, Staatsmann, * 13.3.1766 Mainz, † 15.2.1845 Mainz.
N. schloß das Studium an der Mainzer Univ. mit der Promotion ab und habilitierte sich 1786 für Naturwissenschaften. Seit 1791 war er o. Prof. der Polizeiwissenschaft und Statistik sowie der Naturgeschichte in Mainz. Seit 1790 auch Hofgerichtsrat, wurde er 1795 Regierungsrat beim österr. Militärgouvernement in Mainz. 1797 gab N. seine Lehrtätigkeit auf und wurde als Legationssekretär zum Rastatter Kongreß entsandt. 1807 gründete er die Forstlehranstalt in Aschaffenburg, an der er als Prof. lehrte. 1810 wurde er Präsident des Landrats und Sekretär der Landstände des Großherzogtums Hessen in Frankfurt/Main. Er war seit 1815 Mitglied der österreichisch-bayerischen Regierung in Worms, anschließend bayerischer Bevollmächtigter bei der Rheinschiffahrts-Zentralkommission in Mainz und wurde 1831 zum Wirklichen Geheimen Rat ernannt. N. veröffentlichte naturwissenschaftliche, juristische und historische Beiträge sowie Abhandlungen über Weinbau, Schiffahrt, Land- und Forstwirtschaft, ferner ein *Handbuch der Ökonomie* (2 Bde., 1792).

Neeb, Johannes, Philosoph, Pädagoge, * 1.9.1767 Steinheim bei Hanau, † 13.6.1843 Steinheim.
N. studierte seit 1782 Philosophie und Theologie in Mainz, empfing die Priesterweihe, wurde 1791 zum Dr. phil. und Dr. theol. promoviert und war als Gymnasiallehrer in Aschaffenburg tätig. 1792-94 lehrte er als Prof. der Philosophie in Bonn und unterrichtete 1798-1803 an der Zentralschule in Mainz. 1803 trat N. aus dem Priesterstand aus und lebte nach seiner Heirat auf einem Gut bei Mainz. Er war Bürgermeister von Steinheim/Main und Abgeordneter im hessischen Landtag. N. veröffentlichte u. a. *Über Kants Verdienste um das Interesse der philosophierenden Vernunft* (1792, ²1795), *System der kritischen Philosophie auf den Satz des Bewußtseins gegründet* (2 Tle., 1795/96) und *Vernunft gegen Vernunft, oder die Rechtfertigung des Glaubens* (1797).
WEITERE WERKE: Über das Verhältniß der stoischen Philosophie zur Moral. Mainz 1791. – Vermischte Schriften. 2 Tle., Frankfurt/Main 1817-21. – Hinterlassene Schriften. Mainz 1845.
LITERATUR: Gerhard Jentgens: Der philosophische Entwicklungsgang des J. N. (1767-1843). Düsseldorf 1922.

Nemeitz, Joachim Christoph, auch Nemeiz, Hofmeister, Schriftsteller, * 4.4.1679 Wismar, † 8.6.1753 Straßburg.
Nach dem Studium der Philosophie und Rechtswissenschaften in Rostock wurde N. 1707 Hofmeister bei Graf Magnus von Stenbock, dessen Söhne er auf die Univ. Lund begleitete, wo er selbst Vorlesungen über Geschichte und Staatskunst hielt. Er nahm dann als Feldsekretär am Schwedisch-Dänischen Krieg teil, wurde 1715 Prinzenerzieher am Hof des Fürsten von Waldeck, der ihn 1720 zum Hofrat ernannte, und hielt sich 1730-37 als Hofmeister am Hof des Pfalzgrafen Christian III. von Zweibrücken-Birkenfeld auf. N. übersiedelte dann nach Frankfurt/Main und ließ sich 1743 in Straßburg nieder. Als Hofmeister und Reisebegleiter lernte er die politischen und kulturellen Zentren in Europa kennen und veröffentlichte u. a. die Reiseführer *Séjour de Paris* (1718) und *Nachlese besonderer Nachrichten von Italien* (1726). Seine in lateinischer Sprache abgefaßte, handschriftlich überlieferte Autobiographie von 1741 dokumentiert die Jahre von 1712 bis 1734.

Nettelbladt, Daniel, Jurist, * 14.1.1719 Rostock, † 4.9.1791 Halle/Saale.
Der Kaufmannssohn studierte seit 1733 Theologie, später Rechtswissenschaften in Rostock und ging 1740 nach Marburg, 1741 nach Halle, wo er 1744 promoviert wurde. Seit 1746 Prof. der Rechte an der Univ. Halle, war er 1775-91 Präses der Juristischen Fakultät und wurde 1765 zum Geheimrat ernannt. N., einer der einflußreichsten Juristen seiner Zeit, versuchte als Schüler von Christian → Wolff, die gesamte Rechtswissenschaft deduktiv in einem geschlossenen System darzustellen. Er veröffentlichte u. a. *Systema elementare universae jurisprudentiae naturalis* (1749, ⁵1785), *Systema elementare universae jurisprudentiae positivae* (1749) und die biobibliographischen Studien *Initia historiae literariae juridicae universalis* (1764).

Neuber, Friederike Caroline, geb. Weißenborn, genannt Neuberin, Schauspielerin, Prinzipalin, * 8. 3. 1697 Reichenbach/Vogtland, † 30. 11. 1760 Laubegast (heute zu Dresden).
N., deren Name untrennbar mit der Reform der deutschen Bühne im 18. Jh. verbunden ist, verbrachte ihre Jugendzeit in Unstimmigkeiten mit ihrem Vater, einem angesehenen Notar. 1717 gelang ihr die Flucht aus dem Haus des Vaters. Gemeinsam mit ihrem Bräutigam Friedrich Neuber schloß sie sich der Spiegelbergschen Wandertruppe in Weißenfels an. Nach der Heirat 1718 in Braunschweig spielte das Ehepaar Neuber bei der angesehenen Elenson-Haakschen Schauspielergesellschaft. In ihren Bestrebungen, das Theater der Wandertruppen zu reformieren, wurde N. von ihrem Kollegen Friedrich Kohlhardt unterstützt. 1724 lernte sie Johann Christoph →Gottsched kennen. 1727 gründete N. ihre eigene Truppe. Die Schauspielerin war somit auch zur Prinzipalin geworden, die mit Gottsched zusammenarbeitete. Dieser verordnete dem deutschen Theater in zahlreichen Schriften eine strenge Literarisierung, die französische Klassik wurde zum Vorbild. Französische Tragödien wurden ins Repertoire der Neuberschen Truppe übernommen. N. übersetzte und schrieb selbst literarisch gehobene Dramen und kämpfte für die Anerkennung des Schauspielerstandes. Sie schulte ihre Truppe moralisch wie künstlerisch. 1731 wurde Gottscheds Mustertragödie *Der sterbende Cato* von der Neuberschen Truppe in Leipzig aufgeführt.
N. entwickelte (Werbe-)Strategien, um ihre Reformideen umzusetzen. So gab sie im Prolog die notwendigen Erklärungen für das nachfolgende Stück. Potentielle Besucher sollten über den Nutzen der Schaubühne unterrichtet werden. Ihre Reformpläne scheiterten jedoch nicht zuletzt an den pedantisch-lehrhaften Stücken Gottscheds. Obgleich die Neubersche Trupppe in Dresden bei Hof aufgetreten war und ein sächsisches Privileg ihr ein bevorzugtes Auftrittsrecht in Leipzig einräumte, erwuchs ihr durch die Truppe des Harlekins Joseph Ferdinand Müller eine mächtige Konkurrenz. Als die Neubersche Truppe 1739 in Hamburg auftrat, bevorzugte das Publikum die Darbietungen und Belustigungen anderer Komödianten und Schausteller. Verbittert verabschiedete sich N. mit Schmähreden und folgte 1740 einer Einladung der Zarin Anna nach St. Petersburg. Auch nach dem Bruch mit Gottsched (1741) setzte N. ihre Reformpläne fort. Ins Repertoire aufgenommen wurden nun auch die Lustspiele Christian Fürchtegott →Gellerts. 1748 wurde →Lessings *Der junge Gelehrte* aufgeführt. Doch der Erfolg blieb weiterhin aus, und N. mußte ihre Truppe 1755 auflösen. Die Auswirkungen des Siebenjährigen Kriegs überschatteten ihre letzten Lebensjahre.
LITERATUR: Friedrich Johann von Reden-Esbeck: C. N. und ihre Zeitgenossen. Leipzig 1881. – Richard Daunicht/Lieselotte Scholz (Hrsg.): Die Neuberin. Materialien zur Theatergeschichte des 18. Jahrhunderts. Berlin 1956. – Petra Oelker: Nichts als eine Komödiantin. Die Lebensgeschichte der F. C. N. Weinheim/Basel 1993. – Bärbel Rudin/Marion Schulz (Hrsg.): F. C. N. Das Lebenswerk der Bühnenreformerin. Poetische Urkunden 1. Teil. Reichenbach/Vogtland 1997. *Brigitte Marschall*

Neubur, Friedrich Christian, Jurist, Schriftsteller, Übersetzer, * 30. 3. 1683 Parchim, † 4. 8. 1744 Göttingen.
N. studierte seit 1700 Theologie in Rostock und Leipzig, seit 1706 Rechtswissenschaften in Halle, Wittenberg, Jena und Rostock und war seit 1708 Hauslehrer in Hannover und Helmstedt, wo er das Jurastudium fortsetzte. Seit 1716 Untersuchungsrichter am Oberappellationsgericht in Celle, wurde er 1720 kgl. Britischer und kurfürstlich Braunschweigisch-Lüneburgischer Gerichtsschulze in Göttingen und 1737 zum Dr. jur. promoviert. Als nichtbedienteter Privatdozent hielt er juristische Vorlesungen. N. war Mitglied der Deutschen Gesellschaft in Leipzig und 1740-44 Senior der Deutschen Gesellschaft in Göttingen. Er gab die moralischen Wochenschriften „Der Bürger" (1732/33) und „Der Sammler" (1736) heraus und verfaßte eine *Teutsche Uebersetzung von Senecas Satyre auf den Tod und die Vergötterung des Kaisers Claudius* (1729).

Neukirch, Benjamin, Dichter, * 27. 3. 1665 Roniken bei Guhrau (Schlesien), † 15. 8. 1729 Ansbach.
Der Sohn eines Juristen und Ratsherrn wuchs in ärmlichen Verhältnissen auf, konnte aber mit der finanziellen Unterstützung von Gönnern die Gymnasien in Breslau und Thorn besuchen, wo er nach dem Vorbild von Martin Opitz und Christian Hofmann von Hoffmannswaldau zu dichten begann. Seit 1684 studierte er Rechtswissenschaften, Geschichte und Staatswissenschaften in Frankfurt/Oder. 1687-91 lebte N. als Advokat in Breslau, gewann mit seinen ersten Gelegenheitsgedichten Anerkennung am Hof Friedrichs III. und lehrte seit 1691 Poesie und Rhetorik in Frankfurt/Oder. Ende 1692 übersiedelte er nach Berlin, war dann als Hofmeister und Reisebegleiter junger Adliger tätig und lehrte 1703-18 als Prof. der Poesie und Rhetorik an der Ritterakademie in Berlin. Nach deren Schließung wurde N. als Hofrat und Erzieher des Erbprinzen Karl Wilhelm Friedrich nach Ansbach berufen und trat 1728 in den Ruhestand. Großes Ansehen erlangte er durch die Veröffentlichung der Anthologie *Herrn von Hoffmannswaldau und andrer Deutschen [...] Gedichte erster Theil* (1695) und der beiden folgenden Bände, die 1697 und 1703 erschienen. N. verfaßte ferner u. a. *Unterricht von Teutschen Briefen* (1707) und war auch als Übersetzer tätig.

Neumann, Caspar, evang. Theologe, Schriftsteller, * 14. 9. 1648 Breslau, † 21. 1. 1715 Breslau.
Der Kaufmannssohn studierte seit 1667 Theologie und Philosophie in Jena, hielt dort seit 1670 als Magister legens Vorlesungen in Rhetorik und Politik und war 1673-75 Begleiter des Erbprinzen Christian auf einer Reise durch Süddeutschland, die Schweiz, Südfrankreich und Italien. 1675 ging N. als Hofprediger nach Altenburg. 1678 wurde er Diakon,

1689 Pastor an St. Maria Magdalena in Breslau, 1697 Pastor primarius an der Hauptkirche St. Elisabeth und Inspektor der schlesischen Kirchen und Schulen. Sein vor 1680 anonym erschienenes Gebetbuch *Kern aller Gebete* erlebte zahlreiche Neuauflagen und wurde in viele europäische Sprachen übersetzt. N. verfaßte zahlreiche Predigten, Kirchenlieder und asketische Schriften. Zusammen mit anderen Breslauer Gelehrten betrieb er mathematisch-naturwissenschaftliche Studien, korrespondierte mit Gottfried Wilhelm →Leibniz und versuchte, die mathematische Methode auf die Theologie zu übertragen. N. zählte zu den Repräsentanten der deutschen Frühaufklärung und bildete den Mittelpunkt eines Gelehrtenkreises, der die Physikotheologie als richtigen Weg zur natürlichen Gotteserkenntnis empfahl.

Nicolai, (Christoph) Friedrich, Buchhändler, Verleger, Herausgeber, Literaturkritiker, Erzähler, * 18. 3. 1733 Berlin, † 8. 1. 1811 Berlin.
N., Sohn eines Buchhändlers und Verlegers, trat nach dem Besuch der Real-Schule 1749 in Frankfurt/Oder eine Buchhandelslehre an. Er bildete sich autodidaktisch weiter, lernte Englisch und beschäftigte sich mit den griechischen Klassikern sowie mit Pierre Bayles *Dictionnaire critique*. 1752 trat er nach dem Tod des Vaters in die elterliche Buchhandlung ein, die er 1758 übernahm. 1754 begann N.s Freundschaft mit →Lessing und →Mendelssohn, mit denen er gemeinsam 1755 die *Briefe über den itzigen Zustand der schönen Wissenschaften in Deutschland* herausgab. 1756/57 entstand der *Briefwechsel über das Trauerspiel*, und im eigenen Verlag erschienen 1759-65 die *Briefe, die Neueste Literatur betreffend*. In den achtziger und neunziger Jahren gehörte N. der Berliner Mittwochgesellschaft an, zu der sich hohe Staatsbeamte, Künstler und Wissenschaftler trafen, vor allem praktisch-politische Reformen zu diskutieren; 55 Jahre war N. auch Teilnehmer des Montag-Clubs, wo sich Künstler, Gelehrte und Schriftsteller versammelten. N. starb als geachteter Unternehmer und Bürger Berlins.
Zeitlebens hat N. in der Literatur vor allem ein Instrument gesehen, das praktischen sozialen und moralischen Zwecken dient. Deshalb hat er auch die Klarheit und Verständlichkeit im literarischen wie wissenschaftlichen Diskurs eingefordert.
N.s ehrgeizigstes Unternehmen war seine im Anschluß an die *Literaturbriefe* gegründete „Allgemeine deutsche Bibliothek", ein im 18. Jh. einzigartiges Rezensionsorgan, in dem während der 40 Jahre seines Erscheinens (1765-1805) in 28 Bänden mehr als 80 000 Bücher besprochen wurden. 433 Mitarbeiter haben an dieser Zeitschrift mitgearbeitet, die einen Überblick über den zeitgenössischen Wissensstand vermittelte und zu dem repräsentativen Organ der Aufklärung aufstieg. Ein Werk enzyklopädischen Ausmaßes ist auch die zwölfbändige *Beschreibung einer Reise durch Deutschland und die Schweiz im Jahre 1781* (1783-96), in der N. neben zahllosen Daten kameralistischer Art, bevölkerungspolitischen und nationalökonomischen Statistiken einen Querschnitt durch die theologischen und geistigen Debatten im kath. süddeutschen Raum vermittelt. Neben N.s gewaltigem kritischen und essayistischen Werk nimmt sich sein im engeren Sinne literarisches Schaffen eher bescheiden aus. Zumeist verfolgt es kritische Zwecke wie die Parodie *Freuden des jungen Werthers. Leiden und Freuden Werthers des Mannes* (1775), in dem der Werther-Kult entlarvt wird, oder wie der satirische Roman *Vertraute Briefe von Adelheid B. an ihre Freundin Julie S.* (1799), der die Geniesucht der Frühromantik anprangert, und *Leben und Meinungen Sempronius Gundibert's eines deutschen Philosophen* (1798), worin die Transzendentalphilosophie aufs Korn genommen wird. Anders als diese Texte hat N.s Romanerstling *Leben und Meinungen des Herrn Magisters Sebaldus Nothanker* (1773-76) beachtliche Verbreitung (vier Auflagen bis 1799) erfahren, ein Musterstück aufklärerischer Prosa. Neben den zeit- und gesellschaftskritischen Aspekten des Romans (Kritik am Adel und an der protestantischen Orthodoxie, am expandierenden Buchmarkt sowie an Armut und Elend in der Großstadt Berlin) verdienen insbesondere die selbstkritischen Reflexionen N.s hervorgehoben zu werden. Denn auf dem Höhepunkt der Berliner Aufklärung diskutiert N. zugleich den dialektischen Charakter einer Bewegung, die, obgleich sie maßgeblich zur Ausbildung einer bürgerlichen Öffentlichkeit, bürgerlichen Kultur und einer Lesegesellschaft beigetragen, ebenso den Prozeß ihrer Trivialisierung eingeleitet hat.
WERKE: Gesammelte Werke in Neudrucken. Hrsg. v. Bernhard Fabian/Marie-Luise Spiekermann. Hildesheim u. a. 1985 ff. – Kritik ist überall, zumal in Deutschland nötig. Satiren und Schriften zur Literatur. Hrsg. v. Wolfgang Albrecht. München 1987.
LITERATUR: Leopold Friedrich Günther v. Goeckingk: F. N.s Leben und literarischer Nachlaß. Berlin 1820. – Karl Aner: Der Aufklärer F. N. Gießen 1912. – Horst Möller: Aufklärung in Preußen. Der Verleger, Publizist und Geschichtsschreiber F. N. Berlin 1974. – Bernhard Fabian (Hrsg.): F. N. 1733-1811. Essays zum 250. Geburtstag. Berlin. 1983. – Paul Raabe (Hrsg.): F. N. Die Verlagswerke eines preußischen Buchhändlers. Wolfenbüttel 1983. *Werner Jung*

Nicolay, Ludwig Heinrich Frh. von, auch Nicolai, Schriftsteller, Übersetzer, * 27. 12. 1737 Straßburg, † 28. 11. 1820 Schloß Monrepos bei Wyborg (Finnland).
N. studierte 1752-60 an der Univ. Straßburg Jura, hielt sich danach einige Zeit in Paris auf und unternahm teils privat, teils als Gesandtschaftssekretär Reisen durch Europa, auf denen er mit bedeutenden literarischen und künstlerischen Persönlichkeiten (u. a. d'Alembert, Diderot und Voltaire) zusammentraf. Seit 1769 Lehrer und Erzieher des Großfürsten Paul von Rußland, diente er diesem seit 1773 als Kabinettssekretär und Bibliothekar und wurde 1798 Präsident der Petersburger Akademie der Wissenschaften. Nach Pauls Ermordung zog er sich auf das Schloß Monrepos in Finnland zurück. N., der schon im Alter von 13 Jahren erste Gedichte veröffentlichte, schrieb vorwiegend Epen und Prosaerzählungen. Als seine wichtigsten Werke gelten die zwischen 1773

und 1784 entstandenen Ritterepen (u. a. *Eine Rittergeschichte*, 1773) in der Tradition der Orlando-Dichtungen Boiards und Ariosts. N. schrieb auch klassizistische Dramen (*Theatralische Werke*, 2 Bde., 1811) und übersetzte Schauspiele Goldonis, Racines und Molières (u. a. *Die gelehrten Weiber*, 1817).

Nicolovius, Georg Heinrich Ludwig, Beamter, * 13. 1. 1767 Königsberg, † 24. 10. 1839 Berlin.
N. studierte Jura, Philosophie und Theologie an der Univ. Königsberg, lernte auf Reisen durch Norddeutschland, die Niederlande und England Johann Georg → Hamann, Friedrich Heinrich → Jacobi, Johann Heinrich → Pestalozzi und Amalie von → Gallitzin kennen, begleitete 1791-93 Friedrich Leopold von Stolberg auf seiner Reise durch Deutschland, die Schweiz und Italien und war 1797-1805 Erster Sekretär bei der evang. Bischöflichen Kammer in Eutin. Danach wirkte er als Kammerassessor und Konsistorialrat in Königsberg, ehe er 1808 zum Staatsrat und Leiter der Sektion Kultus und öffentlicher Unterricht in das preuß. Ministerium des Innern berufen wurde, wo er als engster Mitarbeiter Wilhelm von → Humboldts an der Reform des preuß. Kirchen- und Schulwesens mitwirkte. Nach Humboldts Rücktritt wurde N. 1817 Ministerialdirigent im neuerrichteten Kultusministerium unter Karl von → Altenstein und leitete dort bis 1839 die Kultusabteilung.

Niebuhr, Carsten, Forschungsreisender, * 17. 3. 1733 Lüdingworth (heute zu Cuxhaven), † 26. 4. 1815 Meldorf (Dithmarschen).
Der aus einer Bauernfamilie stammende N. studierte seit 1757 Mathematik und Astronomie an der Univ. Göttingen und trat 1761 als Mitglied einer dänischen Expedition eine Reise an, die ihn über Ägypten, Jemen und Syrien bis nach Indien führte. Als einziger Überlebender dieser Reise kehrte er 1767 über Mesopotamien, Iran und Kleinasien nach Deutschland zurück. In den folgenden Jahren widmete sich N. der Auswertung des gesammelten Materials und der Arbeit an seiner *Reisebeschreibung nach Arabien* (3 Bde., 1774-78). 1778 trat er die Stelle eines Landschreibers in Meldorf an. N. war der Vater des Staatsmannes und Historikers Barthold Georg N.

Niemann, August (Christian Heinrich), Staatswissenschaftler, * 30. 1. 1761 Altona (heute zu Hamburg), † 21. 5. 1832 Kiel.
N. studierte Philosophie, Staatenkunde, Rechts- und Kameralwissenschaften an den Universitäten Jena, Kiel und Göttingen, wo er promovierte und sich habilitierte 1795 an der Philosophischen Fakultät der Univ. Kiel. 1787 wurde er dort a. o. Prof. und zugleich Lehrer an der neugegründeten Forstlehranstalt, 1794 o. Prof. der Kameralwissenschaften. N., der es als Ziel der Kameralwissenschaften ansah, zur „Erhöhung des gesellschaftlichen Lebensgenusses oder physischen Gemeinwohls, als Vorbereitung des sittlichen" beizutragen, verhalf der Statistik und der Wirtschaftswissenschaft an der Univ. Kiel zu Ansehen. Er verfaßte einen *Abris des sogenannten Kameralstudiums [...]* (1792) und gab seit 1786 die „Schleswig-holstein'schen Provinzialberichte" heraus, die später unter dem Titel „Schleswig-Holstein'sche Blätter für Polizei und Kultur" bzw. „Blätter für Polizei und Kultur" erschienen.

Niemeyer, August Hermann, evang. Theologe, Pädagoge, * 1. 9. 1754 Halle/Saale, † 7. 7. 1828 Halle/Saale.
N., ein Urenkel August Hermann → Franckes, studierte seit 1771 Philosophie, Theologie und klassische Philologie an der Univ. Halle, wurde dort 1779 a. o., 1784 o. Prof. der Theologie und war zugleich Inspektor des Pädagogicums. 1785 wurde er Mitdirektor, 1799 Direktor der von seinem Urgroßvater gegründeten Waisen- und Schulhäuser und führte diese zu neuer Blüte. Als Kanzler und Rektor der Univ. Halle (1808-15) lenkte N. deren Geschicke während der Zeit der napoleonischen Besatzung und wirkte nach der Auflösung der Univ. maßgeblich an ihrer Vereinigung mit der Univ. Wittenberg sowie ihrem Ausbau mit. In seinem theologischen Hauptwerk *Charakterstick der Bibel* (5 Bde., 1775-82) tritt N., Schüler Johann Salomo → Semlers, für einen aufgeklärten Rationalismus und zugleich für eine stark gefühlsbetonte Christlichkeit ein. Aufgabe der Pädagogik sollte nach N. sein, die Verbindung von christlicher Sittlichkeit und menschlicher Selbstvervollkommnung herzustellen und so einen Weg zur dies- und jenseitigen Glückseligkeit zu weisen. Sein Werk *Grundsätze der Erziehung und des Unterrichts* (1796, Neudr. 1970), die erste systematische Darstellung der Pädagogik in Deutschland, zählt zu den Klassikern dieser Wissenschaft.

Niethammer, Friedrich Immanuel, evang. Theologe, Philosoph, Pädagoge, * 26. 3. 1766 Beilstein (Württemberg), † 1. 4. 1848 München.
Der aus einer württembergischen Gelehrtenfamilie stammende N. studierte Theologie und Philosophie als Angehöriger des Tübinger Stifts an der dortigen Univ. (1784-89) und seit 1790 an der Univ. Jena, wo er sich 1792 habilitierte (*De vero revelationis fundamento*). 1793 wurde er dort a. o. Prof. der Philosophie, 1798 Prof. der Theologie und stand u. a. mit → Goethe, → Schiller, → Fichte und Wilhelm von → Humboldt in Kontakt. 1804 wurde N. von Maximilian Joseph → Montgelas zur Reform der evangelisch-lutherischen Landeskirche in bayerische Dienste berufen. Er war Konsistorialrat und o. Prof. der Theologie an der Univ. Würzburg, Zentralschulrat der protestantischen Konfession (1807), Oberkirchenrat (1808) und Oberkonsistorialrat (1818) in München. Als Pädagoge versuchte N., Aufklärung und Neuhumanismus zu versöhnen. 1808 wurde er mit der Reform der höheren Schulen in Bayern beauftragt und führte mit dem „Allgemeinen Normativ für Bayern" die Trennung der Realanstalten und der humanistischen Gymnasien herbei, die jedoch bereits 1816 wieder aufgehoben wurde. N.s programmatische Schrift *Der Streit des Philanthropinismus und Hu-*

manismus in der Theorie des Erziehungs-Unterrichts unsrer Zeit erschien 1808 (Neudr. 1968).
WEITERE WERKE: Ueber den Versuch einer Kritik aller Offenbarungen. Jena 1792. – Versuch einer Ableitung des moralischen Gesetzes aus der Form der reinen Vernunft. Jena 1793. – Ueber Religion als Wissenschaft zur Bestimmung des Inhalts der Religionen und der Behandlungsart ihrer Urkunden. Neustrelitz 1795. – Versuch einer Begründung des vernünftigen Offenbarungsglaubens. Jena 1798. – Schelling's Briefwechsel mit N. Hrsg. v. Georg Dammköhler. Leipzig 1913. – Korrespondenz mit dem Klagenfurter Herbert-Kreis. Hrsg. v. Wilhelm Baum. Wien 1995.
LITERATUR: Johannes Richter: Die Religionsphilosophie der Fichteschen Schule. Berlin 1931. – Ernst Hojer: Die Bildungslehre F. I. N.s. Frankfurt/Main 1965. – Gerhard Lindner: F. I. N. als Christ und Theologe. Seine Entwicklung vom deutschen Idealismus zum konfessionellen Luthertum. Nürnberg 1971. – Peter Euler: Pädagogik und Universalienstreit. Zur Bedeutung von F. I. N.s pädagogischer „Streitschrift". Weinheim 1989. – Roswitha Thomas: Schillers Einfluß auf die Bildungsphilosophie des Neuhumanismus. Untersuchung zum ideengeschichtlichen Zusammenhang zwischen Schillers philosophischen Schriften und F. I. N.s Erziehungsentwurf. Diss. Stuttgart 1993.

Nonne, Johann Gottfried Christian, Lehrer, Schriftsteller, * 20. 2. 1749 Hildburghausen, † 18. 6. 1821 Duisburg.
N. studierte in Jena und wurde 1770 zum Dr. phil. promoviert. Seit 1774 war er Gymnasiallehrer in Lippstadt, 1796 in Duisburg. Zeitweilig arbeitete er als Redakteur an der „Lippstädtischen Politischen Zeitung" mit. Neben Gedichten (*Vermischte Gedichte*, 1770) veröffentlichte N. u. a. *Amors Reise nach Fockzana zum Friedenskongreß* (1773) und *Ephemeriden aus den Gärten des Epikur, zur Theorie der Freude* (3 Bde., 1793-96). 1771 gab er die Wochenschrift „Beobachter des Herzens, der Sitten und des Geschmacks" heraus.

Norrmann, Gerhard Philipp Heinrich, Geograph, Historiker, * 24. 2. 1753 Hamburg, † 13. 1. 1837 Rostock.
N., Sohn eines Futteralmachers, studierte Staatswissenschaften und Geschichte in Göttingen. 1778 wurde er Lehrer an der Handelsakademie Hamburg, 1782 Subrektor am Johanneum in Hamburg und 1789 o. Prof. der Geschichte, Statistik, Staatswissenschaften und Politik an der Univ. Rostock. N. veröffentlichte u. a. eine *Kurze Geschichte der älteren deutschen Nationalverfassung* (1782) und ein *Geographisches und Historisches Handbuch der Länder-, Völker- und Staatenkunde* (3 Bde., 1785-88).

O

Obereit, Jakob Hermann, Mediziner, Alchemist, Philosoph, * 2.12.1725 Arbon (Schweiz), † 2.2.1798 Jena.
Der Sohn eines Anhängers der Mystikerin Madame Guyon befaßte sich seit seiner Jugend mit theosophisch-pansophischen Spekulationen. Nach einer praktischen Ausbildung bei einem Wundarzt in Arbon und dem Medizinstudium in Halle und Berlin ließ sich O. 1750 in Lindau nieder und trat als Operateur und Medicinae Practicus in den Dienst der Stadt. In Lindau schloß er sich dem Kreis um Johann Jakob →Bodmer an und befreundete sich mit Christoph Martin →Wieland. 1755 fand O. auf Schloß Hohenems die Handschrift C des *Nibelungenlieds*. 1776 begann er ein Wanderleben und kam schließlich über Leipzig nach Jena. 1786-91 war er „Hof- und Cabinetsphilosoph" in Meiningen. Bekannt wurde O. durch den Streit mit Johann Georg →Zimmermann über die Einsamkeit (*Vertheidigung der Mystik und des Einsiedlerlebens gegen Herrn Zimmermann in Hannover*, 1775; *Die Einsamkeit der Weltüberwinder nach inneren Gründen erwogen von einem lakonischen Philanthropen*, 1781). In seinen letzten Lebensjahren setzte er sich mit der Philosophie Immanuel →Kants und Johann Gottlieb →Fichtes, in dessen Haus in Jena er starb, auseinander und veröffentlichte u. a. *Beobachtungen über die Quelle der Metaphysik, von alten Zuschauern, veranlaßt durch Kant's Kritik der reinen Vernunft* (1791) und *Finale Vernunftkritik für das gerade Herz. Zum Kommentar Herrn M. Zwanzigers über Kants Kritik der praktischen Vernunft* (1796).
WEITERE WERKE: Ursprünglicher Geister- und Körperzusammenhang nach Newtonischem Geiste an die Tiefdenker in der Philosophie. Augsburg 1776. – Gamaliel's, eines philosophischen Juden, Spatziergänge über die Berlinischen Wundergaben. o. O. 1780. – Supplike an philosophische Damen, zur Besänftigung der großen flammenden Autorschaft über die Einsamkeit des Herrn Hofrat und Leibarztes Zimmermann in Hannover. In drey Aufwartungen. Leipzig 1786. – Die verzweifelte Metaphysik. o. O. 1786. – Erz-Räthsel der Vernunft-Kritik und der verzweifelten Metaphysik; in der Unmöglichkeit eines Beweises und Nichtbeweises vom Daseyn Gottes aus Wesensbegriffen. Meiningen 1789.
LITERATUR: Friso Melzer: O.-Studien. In: Zeitschrift für deutsche Philologie 55 (1930) S. 209-230 (mit Bibliographie). – Werner Milch: Die Einsamkeit. Zimmermann und O. im Kampf um die Überwindung der Aufklärung. Frauenfeld/Leipzig 1937. – Robert-Henri Blaser: Un Suisse. J. H. O. 1725-1798. Médecin et Philosophe, tire d'oubli la Chanson des Nibelungen. Bern 1965. – Werner Dobras: Leben und Werk des Entdeckers der Nibelungen-Handschrift J. H. O. In: Montfort 34 (1982) S. 154-162. – Werner Dobras: O., J. H. In: NDB 19, 1999, S. 382-383.

Oberlin, Jeremias Jacob, Philologe, * 7.8.1735 Straßburg, † 10.10.1806 Straßburg.
O., Bruder Johann Friedrich →O.s, studierte Philosophie und Theologie in Straßburg und wurde 1758 zum Magister der Philosophie promoviert. Bereits seit 1755 unterrichtete er am Straßburger Gymnasium. Seit 1763 war er Kustos an der akademischen Bibliothek. Seit demselben Jahr hielt O. Vorlesungen über die lateinische Sprache an der Univ., wurde 1770 Adjunkt der Philosophischen Fakultät mit einem Lehrauftrag für Literaturgeschichte, Denkmälerkunde, Heraldik und Diplomatik und war seit 1778 a. o. Professor. 1782 wurde er Ordinarius für Logik und Metaphysik. O. veröffentlichte u. a. *Alsatia Litterata sub Celtis Romanis Francis* (1786).

Oberlin, Johann Friedrich, evang. Theologe, * 31.8.1740 Straßburg, † 1.6.1826 Waldersbach im Steintal (Vogesen).
Der Bruder Jeremias Jacob →O.s befaßte sich vor und während seines Theologiestudiums in Straßburg (1755-61) ausführlich mit Naturkunde und Medizin. Über die Mutter kam er in Kontakt mit dem Pietismus. Nach der philosophischen Promotion wurde er Hauslehrer (1762-65) bei dem Straßburger Arzt Daniel Gottlieb Ziegenhagen, wo er sich medizinische, vor allem chirurgische Fähigkeiten aneignete. 1767 wurde O. Pfarrer in Waldersbach. In dieser verarmten Gemeinde setzte er sich erfolgreich für die geistige, soziale und wirtschaftliche Entwicklung ein und gründete seit 1770 Mädchenstrick- und Kinderschulen, wobei er seit 1779 von Luise Scheppler unterstützt wurde. Er gründete einen landwirtschaftlichen Verein sowie Spar-, Leih- und Entschuldungskassen und förderte den Straßen- und Brückenbau. O. stand mit Johann Caspar →Lavater in Verbindung, der seine Neuerungen enthusiastisch pries. Für einige Zeit hielt sich bei O. auch der geisteskranke Dichter Jakob →Lenz auf, worüber er auch einen Bericht verfaßte. Seine Predigttexte, Tagebuchaufzeichnungen und Handlungsanleitungen hat O. nicht veröffentlicht. O.s Wirken hatte Einfluß u. a. auf Johann Heinrich →Pestalozzi, Robert Owen, Theodor Fliedner und Johann Hinrich Wichern.
WEITERE WERKE: Zion und Jerusalem. Nebst einem Anhang über den goldenen Rauchaltar und die levitischen Schaubrode; ein Vermächtnis für die Gläubigen, die in Christo wandeln und sich nach der ewigen Heimath sehnen. Stuttgart 1841, ²1858.
LITERATUR: Friedrich Bodemann: J. F. O, Pfarrer in Steintal. Stuttgart 1879. – John W. Kurtz: J. F. O. Sein

Leben und Wirken 1740-1826. Metzingen ²1988. – Malou Schneider/Marie-Jeanne Geyer: J. F. O. Le divin ordre du monde, 1740-1826. Steinbrunn-le-Haut, France 1991.

Oberthür, Franz, kath. Theologe, * 6. 8. 1745 Würzburg, † 30. 8. 1831 Würzburg.
Der Sohn eines Gärtners studierte Theologie in Würzburg, wurde 1764 zum Dr. phil., 1774 zum Dr. jur. utr. und 1776 zum Dr. theol. promoviert und empfing 1769 die Priesterweihe. 1771-73 unternahm O. Studienreisen nach Rom, wurde 1773 Wirklicher Vikariats- und Konsistorialrat und lehrte danach als Prof. der Dogmatik in Würzburg. 1780 erfolgte seine Ernennung zum Direktor der gesamten Stadtschulen, 1782 zum Wirklichen Geistlichen Rat. Seit 1821 Domkapitular, wurde O. 1829 geheimer Geistlicher Rat. Er gehörte zu den wichtigsten kath. Theologen der Aufklärungszeit und setzte sich für eine biblisch-historische Fundierung systematisch-theologischer Aussagen sowie für eine anthropologische Orientierung der Theologie ein. O. schrieb u. a. eine *Biblische Anthropologie* (4 Bde., 1807-10).

Ochs, Peter, schweizer. Politiker, Jurist, Historiker, * 20. 8. 1752 Nantes, † 19. 6. 1821 Basel.
Der aus einer Basler Großkaufmanns- und Ratsherrnfamilie stammende O. wuchs seit 1756 in Hamburg in Hugenottenkreisen auf, übersiedelte 1769 nach Basel und studierte hier seit 1774 Rechtswissenschaften. 1776 zum Dr. jur. promoviert, setzte er das Studium in Leiden fort und wurde 1782 Ratsschreiber in Basel. Seit 1790 Stadtschreiber, hielt er sich mehrmals als Gesandter in Paris auf und entwarf hier eine Verfassung der mit französischer Hilfeleistung zu errichtenden eidgenössischen Einheitsrepublik. 1795 vermittelte O. den Frieden von Basel, wurde 1796 Oberzunftmeister und proklamierte 1798 als Führer der Revolution die Helvetische Republik, in der er Senatspräsident, dann Mitglied des Direktoriums wurde. 1799 wurde O. von Laharpe gestürzt, verlor sein Vermögen und wurde für die französische Invasion und das Scheitern der Helvetik verantwortlich gemacht. Seit 1803 war er Mitglied der Basler Regierung und machte sich um die Gesetzgebung, die Landschulen und die Universitätsreform verdient. O. schrieb *Geschichte der Stadt und Landschaft Basel* (8 Bde., 1786-1822).

Oeder, Georg Christian von, Botaniker, Nationalökonom, Mediziner, * 3. 2. 1728 Ansbach, † 28. 1. 1791 Oldenburg.
Der aus einer fränkischen Theologenfamilie stammende O. studierte seit 1746 Medizin in Göttingen, wo er 1749 promoviert wurde, und ließ sich als Arzt in Schleswig nieder. Daneben widmete er sich botanischen Studien, wurde 1752 zur Errichtung eines neuen Botanischen Gartens nach Kopenhagen berufen und war seit 1754 Kgl. Prof. der Botanik. Er unternahm Studienreisen durch Deutschland, Frankreich, England und die Niederlande und gab seit Anfang der sechziger Jahre die mehrteilige *Flora danica* heraus. Seit 1770 wurde O. in Dänemark auch mit verschiedenen nationalökonomischen Aufgaben betraut, u. a. der Auswertung der ersten dänischen Volkszählung von 1769. 1771 wurde er zum Finanzrat ernannt. 1773 übersiedelte O. als Landvogt nach Oldenburg, initiierte hier u. a. die Einrichtung einer Versorgungsanstalt, einer Witwenkasse sowie einer Sparkasse für die einfachere Bevölkerung und wurde 1789 in den Ritterstand erhoben.
WEITERE WERKE: Einleitung zu der Kräuterkenntniß. 2 Bde., Kopenhagen 1764-66. – Nomenclator botanicus. Kopenhagen 1769. Leipzig 1772. – Bedenken über die Frage: Wie dem Bauernstande Freyheit und Eigenthum in den Ländern, wo ihm beydes fehlet, verschaffet werden könne? Frankfurt/Main 1769, ²1771.
LITERATUR: Carl Haase: G. C. v. O. Oldenburger Zeit. Oldenburg 1965.

Oelsner, Konrad Engelbert, Diplomat, * 13. 5. 1764 Goldberg (Preuß.-Schlesien), † 20. 12. 1828 Paris.
O. studierte in Frankfurt/Oder und Göttingen, war Reisebegleiter eines jungen Edelmanns und hielt sich bei Ausbruch der Französischen Revolution in Paris auf. Von hier aus war er Korrespondent des Journals „Minerva" von Johann Wilhelm von → Archenholtz, wurde Geschäftsträger der Stadt Frankfurt/Main in Paris und redigierte 1817 die Zeitschrift „Die Bundeslade". 1817 war O. als Legationsrat in Berlin und Frankfurt/Main tätig, 1818-25 in der Gesandtschaft in Paris. Seine *Politischen Denkwürdigkeiten* erschienen 1848.

Olbers, (Heinrich) Wilhelm (Matthias), Mediziner, Astronom, * 11. 10. 1758 Arbergen (heute zu Bremen), † 2. 3. 1840 Bremen.
Bereits während seiner Schulzeit trieb O. autodidaktisch astronomische und mathematische Studien, die er während seines Medizinstudiums in Göttingen (1777-80) fortsetzte. 1780 wurde er promoviert (*De oculi mutationibus internis*), unternahm 1781 eine Studienreise nach Wien und ließ sich im selben Jahr als praktischer Arzt in Bremen nieder. Seit 1820 widmete er sich jedoch fast ausschließlich seinen astronomischen Forschungen. O. beobachtete den Kometen von 1779 und entwickelte eine einfache Methode, aus drei Örtern die Bahn eines Kometen exakt zu berechnen (*Abhandlung über die leichteste und bequemste Methode, die Bahn eines Kometen zu berechnen*, 1797), die mehr als 100 Jahre lang Verwendung fand. Er entdeckte die Planetoiden Pallas (1802) und Vesta (1807) sowie sechs Kometen, von denen einer (1815) seinen Namen erhielt (Olbers'-Komet), und leistete Pionierarbeit über Meteore. 1826 warf O. die als Olberssches Paradoxon bekannt gewordene, mit den Vorstellungen der klassischen Physik unlösbare, Frage auf, warum der Nachthimmel trotz der unermeßlichen Zahl von leuchtenden Sternen dunkel ist. Seit 1797 war O. Mitglied der Deutschen Akademie der Naturforscher Leopoldina und seit 1830 auswärtiges Mitglied der Preußischen Akademie der Wissenschaften. O. förderte Friedrich Wilhelm Bessel und war ein wichtiger Briefpartner für Carl Friedrich Gauß.

WEITERE WERKE: Ueber die Gefahren, die unsere Erde von den Cometen leiden könnte. Gotha 1810.
LITERATUR: Carl Schilling (Hrsg.): W. O. Sein Leben und seine Werke. Berlin 1894. – Diedrich Wattenberg: W. O. im Briefwechsel mit Astronomen seiner Zeit. Stuttgart 1994.

Opiz, Johann Ferdinand, auch Opitz, Schriftsteller, Journalist, * 11.10.1741 Prag, † 11.1.1812 Čáslau (Böhmen).
O. trat 1757 in Prag in die Gesellschaft Jesu ein, empfing 1761 in Olmütz die niederen Weihen und studierte nach dem Austritt aus dem Orden 1762 Rechtswissenschaften. Später kam er in die Dienste des Grafen Clary in Dobritschan, wurde dann Kanzlist und Bibliothekar des Fürsten Karl Egon zu Fürstenberg und war zuletzt als Finanzbeamter in Čáslau tätig. O. war Herausgeber der Wochenschrift „Der Philosoph ohne Zwang" (1768-69), der „Prager Ephemeriden" und der Moralischen Wochenschrift „Wöchentlich etwas" (1774). Seine Lobgedichte, Aufsätze und Polemiken standen im Dienst einer kämpferischen, antiklerikalen Volksaufklärung im Sinne des Reformprogramms →Josephs II., ebenso sein satirischer Roman *Wer war und wie hieß Melchisedeks Vater? Eine gelehrte Dorfgeschichte* (1792). Sein umfangreiches Werk übermittelt ein Sitten- und Kulturbild Böhmens im 18. Jahrhundert.

Orell, Hans Conrad, Landvogt, * 19.11.1714 Zürich, † 10./13.2.1785 Zürich.
O. war Stiftsschreiber des Chorherrenstifts zum Großmünster in Zürich und gelangte in den Rat der Zweihundert. Im Alter von 45 Jahren übertrug ihm der Rat die Landvogtei Wädenswil zur Verwaltung. O. vertauschte sie später gegen die Obervogtei im sogenannten Neuamt und war seit 1777 Obmann gemeiner Klöster. Auf Wunsch seines Oheims Johann Jakob →Bodmer war O. 1735 in eine mit einem Verlagsgeschäft verbundene Druckerei eingetreten. Das Unternehmen, hervorgegangen aus der von Christoph Froschauer 1519 gegründeten Offizin, firmierte 1735-61 als „Conrad Orell & Co.", 1761-70 als „Orell, Geßner & Co." und 1770-98 als „Orell, Geßner, Füssli & Co.". Von 1798 an hieß die Firma, die 1780 die „Neue Zürcher Zeitung" gegründet hatte, „Orell, Füssli & Co.".

P

Pallas, Peter Simon, Naturforscher, Forschungsreisender, Mediziner, * 22. 9. 1741 Berlin, † 8. 9. 1811 Berlin.
P. besuchte von 1754 bis 1758 medizinische Vorlesungen am Collegium medico-chirurgicum in Berlin, wo sein Vater Simon P. als Prof. für Chirurgie wirkte. Darüber hinaus trieb er autodidaktisch naturwissenschaftliche, insbesondere zoologische Studien. Von 1758 bis 1760 studierte er Naturwissenschaften, Mathematik und Medizin in Halle, Göttingen und Leiden. Dort wurde er 1760 mit einer medizinischen Dissertation promoviert, in der er die Infektionskette bei menschlichen Wurmerkrankungen nachwies. Studienreisen führten ihn nach London und zu meereskundlichen Forschungen an die englische Seeküste. 1761 war er für kurze Zeit in Berlin als Arzt tätig, ging aber bald wieder nach Holland. Dort veröffentlichte er zoologische Abhandlungen, mit denen er seinen wissenschaftlichen Ruf so festigte, daß ihn 1763 die Royal Society in London und ein Jahr später die Deutsche Akademie der Naturforscher Leopoldina als Mitglied aufnahmen.
Da er weder in seiner Heimat noch in England und in den Niederlanden eine Anstellung erhielt, folgte er 1767 einer Einladung der Petersburger Akademie der Wissenschaften, an einer Expedition in den Ural und nach Sibirien teilzunehmen. P. trat zunächst als Adjunkt in die russische Akademie ein und wurde bald darauf zum Prof. der Naturgeschichte berufen. In den Jahren 1768 bis 1774 leitete er eine der Akademie-Expeditionen nach Sibirien und in das Wolgagebiet. Die dabei gewonnenen botanischen, zoologischen, geographischen, geologischen und ethnographischen Erkenntnisse legte er in einem mehrbändigen Expeditionsbericht und in zahlreichen weiteren Veröffentlichungen nieder. Mit seinen Forschungen gehört er zu den Begründern der Biogeographie sowie der botanischen und zoologischen Ökologie. Er trug damit wesentlich zur Erschließung der Naturschätze Sibiriens bei. 1793/94 unternahm er eine weitere Reise durch Taurien, die Halbinsel Krim und den Kaukasus. 1795 erhielt P. als Dank ein Haus in Simferopol auf der Krim sowie Ländereien und Weinberge. Hier wertete er die Sammlungen und Materialien seiner Expeditionen aus und arbeitete an dem grundlegenden Werk *Zoographia Rosso-Asiatica*, das erst nach seinem Tod vollständig im Druck erschien. 1810 kehrte P. nach Berlin zurück, wo er im folgenden Jahr verstarb.
WEITERE WERKE: Elenchus Zoophytorum. Den Haag 1766. – Reise durch verschiedene Provinzen des Russischen Reichs. 3 Tle., St. Petersburg 1771-76. – Sammlungen historischer Nachrichten über die Mongolischen Völkerschaften. 2 Tle., St. Petersburg 1776-1801. – Linguarum totius orbis vocabularia comparativa. 2 Bde., St. Petersburg 1787-89. – Bemerkungen auf einer Reise in die südlichen Statthalterschaften des Russischen Reichs in den Jahren 1793 und 1794. 2 Bde., Leipzig 1799-1801. – Zoographia Rosso-Asiatica. 3 Bde., St. Petersburg 1811-14.
LITERATUR: Friedrich Ratzel: P. S. P. In: ADB, Bd. 25, 1887, S. 81-98. – Georgij P. Dementjev: P. S. P. In: Ljudi russkoj nauki. Moskva 1963, S. 34-44. – Vasiliy A. Esakov: P. S. P. In: DSB, Bd. 9, 1981, S. 283-285. – Doris Posselt: P. S. P. In: Fachlexikon abc Forscher und Erfinder. Thun/Frankfurt 1992, S. 443. – Folkwart Wendland: P. S. P. (1741-1811). Materialien einer Biographie. 2 Tle., Berlin/New York 1992.
Peter Schneck

Palm, Johann Philipp, Verleger, * 18. 11. 1766 Schorndorf, † 26. 8. 1806 Braunau/Inn.
Der Sohn eines Chirurgen machte eine Buchhändlerlehre in der Erlanger Buchhandlung seines Onkels Johann Jacob P., arbeitete dann als Gehilfe in Frankfurt/Main, Göttingen und Erlangen und heiratete 1796 die Tochter des Buchhändlers Johann Adam Stein in Nürnberg. Seit 1800 war P. Alleininhaber der Steinschen Verlagsbuchhandlung in Nürnberg. 1806 verlegte er die anonyme antifranzösische Flugschrift *Deutschland in seiner tiefen Erniedrigung*, die die napoleonische Eroberungspolitik sowie das Verhalten Preußens und Österreichs scharf kritisierte, und wurde deswegen auf Befehl Napoleons verhaftet. Da er den Namen des Verfassers nicht preisgab, wurde P. in Braunau vor ein Kriegsgericht gestellt und standrechtlich erschossen. Sein Sohn gründete die Palmsche Hofbuchhandlung in München.
LITERATUR: Martin Riegel: Der Buchhändler J. P. P. Hamburg 1938.

Pape, Georg Friedrich, Jurist, Publizist, * 1766 Arnsberg (Westfalen), † 11. 5. 1816 Trier.
Zunächst Prämonstratenserzögling, studierte P. in Bonn Rechtswissenschaften und Theologie, trat 1784 in das Kloster Wedinghausen ein und war Lehrer. Er setzte seine Ausbildung in Bonn fort, schloß sich dem ehemaligen Franziskanermönch Eulogius → Schneider an und trat aus seinem Orden aus. 1792 wurde P. Prof. am Seminar in Colmar, übersiedelte im selben Jahr nach Mainz und war Herausgeber der antiklerikalen revolutionären „Mainzer Nationalzeitung". Bekannt wurde er durch seine 1792 verfaßte *Offenherzige Zuschrift an Friedrich Wilhelm Hohenzollern, dermalen König aus Preußen*, in der er von einem Zug gegen das republikanische Mainz abzuhalten versuchte. Nach der Einnahme der Stadt floh P. nach Köln und wurde Präsident des Peinlichen Gerichts. Später war er als Advokat in Paris und Trier tätig.

233

Pappenheimer, Heymann (Chaim) Salomon, Publizist, Kaufmann, * 12. 4. 1769 Lublinitz (Schlesien), † 2. 7. 1832 München.
Erste Einflüsse von Literatur und Gelehrsamkeit mögen den wißbegierigen jüdischen Knaben schon im Elternhaus erreicht haben. Der Vater, ein in seinen späteren Jahren zur Orthodoxie zurückfindender Rabbiner, hatte Gedichte geschrieben und darüber hinaus in Hebräisch und Deutsch Traktate über Sprache und Philosophie publiziert. In der zweiten Hälfte der achtziger Jahre geriet P. durch eine rasch enger werdende Schüler-Bindung an den aus Hamburg stammenden Hartwig → Wessely, der zu Moses → Mendelssohns engsten Mitarbeitern zählte, in Kontakt mit dem aufklärerisch-emanzipatorischen Gedankengut von dessen Berliner Kreis. Es ist wohl Wessely gewesen, der dem nicht über finanziellen Rückhalt gebietenden P. Ende des Jahrzehnts die Hauslehrerstelle in der Familie des Altonaer Pferdehändlers Julius verschaffte, der zur Gruppe der für die Emanzipation ihrer Glaubensgenossen bedeutsam gewordenen „Hofjuden" gehörte. In der zweiten Hälfte seines Lebens trat P. selbst in deren Kreis ein.
Anfang der neunziger Jahre fand der unter dem Eindruck der Französischen Revolution stehende junge schreibgewandte Intellektuelle Zugang zu Altonaer und Hamburger demokratischen Zirkeln. Die christlich-jüdische Freimaurerloge „Einigkeit und Toleranz" nahm ihn als Mitglied auf, und in dem im Ruf des „Jakobinertums" stehenden „Kantischen Club" führte der belesene und beredte P. zeitweise gar den Vorsitz. Mit dem Personenkreis um die Gelehrtenschule „Christianeum", die als Zentrum norddeutscher und protestantischer Aufklärung galt, hielt P. ebenfalls enge Verbindung. 1792 holte ihn der liberale Publizist Johann Wilhelm von → Archenholtz in die Redaktion seines politischen Journals „Minerva". P. schrieb dort einige Jahre lang zahlreiche Artikel und verfaßte Übersetzungen von Revolutionsdokumenten. Im Winter 1795/96 trat P., der inzwischen Sozius von Julius geworden war, eine Handelsreise nach Paris an. Die Kontakte, die er hierbei knüpfte, und seine enge Verbindung mit dem ebenfalls in Paris tätigen hamburgischen Großkaufmann Georg Heinrich → Sieveking machten P., der seit 1796 seine Wohnung zeitweise ganz in Paris nahm, zum geeigneten Mittelsmann zwischen französischer Republik und der Handels- und Hansestadt. 1798 hatte er in Paris seine wenig später von Wilhelm von → Humboldt äußerst wohlwollend aufgenommene Analyse *Sur la situation politique et financière de l'Angleterre* drucken und verbreiten lassen. Ihre Übersetzung erschien wenig später in der „Minerva". Bemühungen in dieser Zeit, französischer Staatsbürger zu werden und ganz in den Dienst der Republik zu treten, zerschlugen sich.
1802 wurde P. Pariser Handelsbevollmächtigter der Mannheimer Bankiers Schmalz und Seligmann. Letzterer, bayerischer Armeelieferant und Hoffaktor, war von P.s Fähigkeiten so angetan, daß er dessen Heirat mit seiner Tochter Fanni zustimmte. Das Haus des Paares in der französischen Hauptstadt wurde zum Treffpunkt der Deutschen.
1803 folgten P. und seine Frau dem Schwiegervater nach München. Während der napoleonischen Kriege diente P. König Maximilian I. als Heereslieferant. Der Monarch, der 1814 seinem Oberhoffaktor Seligmann die Würde eines „Freiherrn von Eichtal" verliehen hatte, nobilitierte drei Jahre später auch dessen Schwiegersohn. P., der zuvor mit seiner Familie zum Katholizismus hatte übertreten müssen, erhielt Wappen und Rang eines „Edlen von Kerstorf". Als drei seiner Töchter in adelige Familien einheirateten, darunter die Arentins, hatte der Rabbinersohn aus der schlesischen Provinz den Weg der jüdischen Emanzipation und Assimilation kraft seiner intellektuellen Tüchtigkeit und seines Fleißes mit beispielloser Konsequenz zurückgelegt. P. reiste weiterhin viel, hielt Kontakt mit geistigen Größen seiner Zeit und äußerte sich wiederholt zu ökonomisch-politischen Fragen seiner Zeit. 1832 beschloß er sein Leben als hochgeachteter Mann und Gutsherr von Andechs.
LITERATUR: Alain Ruiz: Leben und politische Publizistik H. S. P.s in Hamburg zur Zeit der Französischen Revolution. In: Jahrbuch des Instituts für Deutsche Geschichte. Bd. 12. Tel-Aviv 1983, S. 129ff. – Ders.: H. (C.) S. P., Edler von Kerstorf (1769-1832), „Großhändler und Banquier". In: Geschichte und Kultur der Juden in Bayern. Bd. 2. Lebensläufe. München 1988, S. 71ff. – Franz Menges: P. In: NDB, Bd. 20, Berlin 2001, S. 55.
Peter Schumann

Patzke, Johann Samuel, evang. Theologe, Schriftsteller, * 24. 10. 1727 Frankfurt/Oder, † 14. 12. 1787 Magdeburg.
Der Sohn eines mittellosen Zollbeamten konnte mit der finanziellen Unterstützung von Gönnern Theologie in Frankfurt/Oder und Halle studieren und war seit 1755 Pfarrer, seit 1762 in Magdeburg. P. trat vor allem als Kanzelredner mit volksbildnerischem Impetus hervor und war Herausgeber der Wochenschriften „Der Greis" (1763-79), „Der Wohltäter" (1772/73) und „Wöchentliche Unterhaltungen" (1777-79). Er schrieb Gelegenheitsgedichte sowie Dramen mit biblischer und antiker Thematik (u. a. die Tragödie *Virginia*, 1755) und übersetzte Terenz und Tacitus.

Pauline Christine Wilhelmine, Fürstin zur *Lippe,* * 23. 2. 1769 Schloß Ballenstedt/Harz, † 29. 12. 1820 Detmold.
Die Tochter Friedrich Albrechts von Anhalt-Bernburg heiratete 1796 den Erbgrafen Leopold I. zur Lippe und trat nach dessen Tod 1802 für ihren Sohn Leopold II. die Regentschaft an, die sie bis 1820 innehatte. Während ihres aufgeklärten Regiments setzte sie bis 1809 die Aufhebung der Leibeigenschaft durch, setzte sich für die Verbesserung der Verkehrswege sowie für die Armen- und Kinderfürsorge ein und ließ 1810 eine erste Heil- und Pflegeanstalt für geistig Kranke errichten. Sie wußte die Mediatisierung Lippes zu verhindern und den Bestand des Fürstentums durch Eintritt in den Rheinbund zu sichern. 1816 erhielt Lippe eine moderne Gerichtsverfassung, aber der Versuch, eine Verfassung ein-

zuführen, scheiterte 1819 am Widerstand des Bundestages, nachdem P. 1815 dem Deutschen Bund beigetreten war.

Paullini, Christian Franz, Mediziner, Polyhistor, * 25. (26.?) 2. 1643 Eisenach, † 10. 1. 1712 Eisenach.
P. studierte Theologie, Medizin und andere Fächer in Danzig, Königsberg und Kopenhagen, wurde in Jena zum Poeta laureatus gekrönt und erwarb in Wittenberg den Magistergrad. 1672 unternahm er eine Bildungsreise nach London, Oxford und Leiden, wo er 1673 zum Dr. med. promoviert wurde, und ließ sich im selben Jahr als praktischer Arzt in Hamburg nieder. 1675 wurde er Leibarzt Bernhard von Galens, des Bischofs von Münster, im Stift Corvey und 1677 auch Historiograph des Stifts. 1681-88 stand P. als Arzt und Historiograph im Dienst Rudolf Augusts von Braunschweig-Wolfenbüttel und wirkte dann bis an sein Lebensende als Stadtphysikus in Eisenach. Er war Mitglied des Pegnesischen Blumenordens, der Fruchtbringenden Gesellschaft und seit 1675 der Deutschen Akademie der Naturforscher Leopoldina. P. verfaßte medizinische, naturphilosophische, historische und populärwissenschaftliche Schriften, u. a. *Philosophischer Feyerabend [...] Realien und merckwürdige Begebenheiten* (1700) und *Kleine doch curieuse Bauern-Physic* (1705).
LITERATUR: Georg Metze: C. F. P., Leben und Wirken. Diss. Halle 1968.

Pauw, (Franz) Kornelius de, Philosoph, * 18. 8. 1739 Amsterdam, † 7. 7. 1799 Xanten.
P., Sohn eines Kaufmanns, erhielt 1761 bei den Jesuiten in Lüttich erzogen, erhielt 1761 ein Kanonikat in Xanten und wurde dort 1765 Subdiakon und Bibliothekar des Stifts St. Victor. 1767/68 lernte er in Berlin durch Vermittlung von Karl Theophil von Guichard → Friedrich den Großen kennen und wurde für kurze Zeit dessen Vorleser. Obgleich ihm der preuß. König zuerst eine Stelle an der Berliner Akademie, dann ein Domkanonikat in Breslau anbot, kehrte P. nach einem zweiten Besuch in Potsdam 1775/76 nach Xanten zurück. Ämter, die ihm von der französischen Besatzung angetragen wurden, lehnte P. größtenteils Teil ab, war jedoch Vorsitzender der Unterrichtskommission in Kleve und erhielt 1792 das französische Bürgerrecht. Mit seinen enzyklopädischen, ins Deutsche, Holländische und Englische übersetzten Untersuchungen *Recherches philosophiques sur les Américains* (2 Bde., 1768/69, Neuausgabe 1991; dt. 1769; 1777 auf den Index gesetzt), *Recherches philosophiques sur les Égyptiens et les Chinois* (2 Bde., 1773; dt. 1774) und *Recherches philosophiques sur les Grecs* (2 Bde., 1787; dt. 1789) unternahm er den Versuch, eine umfassende Natur- und Kulturgeschichte des Menschen zu verfassen und der verbreiteten Idealisierung Chinas (Voltaire) und Spartas zu widersprechen.
WEITERE WERKE: Défense des „Recherches philosophiques sur les Américains". Berlin 1770. – De Solonis legibus. 4 Bde., Berlin 1787/88. – Œuvres philosophiques. 7 Bde. Paris 1795.
LITERATUR: Peter Frowein: P., F. K. In: NDB 20, 2001, S. 140-141.

Perthes, Friedrich Christoph, Buchhändler, Verleger, * 21. 4. 1772 Rudolstadt (Thüringen), † 18. 5. 1843 Gotha.
Der Neffe des Verlegers Justus →P. machte eine Buchhändlerlehre in Leipzig und wurde anschließend Gehilfe in Hamburg, wo er 1796 die erste „reine Sortimentsbuchhandlung" in Deutschland eröffnete. Sie entwickelte sich in den folgenden Jahren zur führenden Buchhandlung im norddeutschen Raum. Nach dem Tod seiner ersten Frau Caroline, einer Tochter von Matthias →Claudius, zog er 1822 nach Gotha um und verlegte dort mit ebenfalls großem Erfolg vor allem historische und wissenschaftlich-theologische Werke. P. gilt als Begründer des modernen Buchhandels in Deutschland. Er war wesentlich an der Gründung des Börsenvereins der deutschen Buchhändler zu Leipzig (1825) beteiligt und initiierte den Bau der Deutschen Buchhändlerbörse. Auch die Errichtung der Buchhändler-Lehranstalt und die spätere gesetzliche Fixierung der Urheber- und Verlagsrechte gehen auf seine Pläne zurück. In der programmatischen Eingabe an die Bundesversammlung 1816 *Der deutsche Buchhandel als Bedingung des Daseyns einer deutschen Literatur* wies er seinem Berufsstand mit der Herstellung und Wahrung der sprachlichen und kulturellen Einheit Deutschlands zugleich gesellschaftliche Aufgabe und verpflichtendes berufsständisches Ethos zu.

Perthes, (Johann Georg) Justus, Buchhändler, Verleger, * 11. 9. 1749 Rudolstadt, † 1. 5. 1816 Gotha.
P., Sohn eines Fürstlichen Leibarztes in Rudolstadt, gründete 1778 in Gotha mit C. W. →Ettinger und J. F. Dürfeld eine „Handlungs-Societät" zur Weiterführung der Ettingerschen Buchhandlung. Von dieser übernahm P. den im 24. Jahrgang stehenden „Almanach de Gotha" sowie den „Gothaischen Hofkalender" und gründete 1785 in Gotha ein Verlagsgeschäft auf eigene Rechnung, die „Geographische Verlagsanstalt Justus Perthes", die später vor allem durch ihre geographischen und kartographischen Veröffentlichungen bekannt wurde (u. a. Handatlas von Adolph Stieler, seit 1817; Heinrich Berghaus' *Großer Physikalischer Atlas*, seit 1838; Herausgabe von „Petermanns Geographischen Mitteilungen", seit 1855, durch August Petermann; Emil von Sydows *Schulmethodischer Wand-Atlas*, 1838; Schulwandkarten von Hermann Haack, seit 1897). P. verlegte auch den *Nekrolog, enthaltend Nachrichten von dem Leben merkwürdiger verstorbener Deutscher* (28 Bde., 1791-1806). Nach dem Tod von P. trat dessen Sohn Wilhelm die Nachfolge im Geschäft an.

Pestalozzi, Johann Heinrich, Pädagoge, * 12. 1. 1746 Zürich, † 17. 2. 1827 Brugg (Kt. Aargau).
P., Sohn eines früh verstorbenen Chirurgen, wuchs in ärmlichen Verhältnissen auf. An den Besuch der La-

teinschule und des Collegium Humanitatis schloß sich ein abgebrochenes Theologie- und Rechtsstudium am Zürcher Carolinum an. Unter dem Einfluß der Physiokraten wandte sich P. 1767 der Landwirtschaft zu und erwarb ein eigenes Gut in Neuhof (Kt. Aargau). 1769 heiratete er Anna Schultheß, die Tochter eines wohlhabenden Zürcher Kaufmanns. Nach dem Scheitern seines landwirtschaftlichen Unternehmens folgten zahlreiche weitere, erfolglose Projekte. So wandelte P., der in der Nachfolge von Rousseau und unter dem Eindruck →Lavaters die Pädagogik reformieren wollte, sein Gut 1775 in eine Anstalt für arme Kinder um, um diese zur Selbständigkeit zu erziehen. Eine Finanzierung allein durch die Arbeit der Kinder scheiterte jedoch, so daß es 1780 zur Schließung der Anstalt kam. 1798 wurde der durch seine pädagogischen Schriften bereits bekannt gewordene P. zum Direktor des Waisenhauses in Stans bestellt, mußte jedoch diese Aufgabe aufgrund der Kriegsereignisse schon ein Jahr später wieder aufgeben. 1800 erweiterte er die Elementarschule in Burgdorf im Kanton Bern zu einem Lehrerseminar, in dem er seine didaktischen Methoden weiter entwickeln und erproben konnte. 1804 zog er mit dem Seminar in das ehemalige Kloster Münchenbuchsee um. Schließlich trat er in die Lehrerbildungsanstalt in Yverdon ein, die einen neuen Lehrertyp hervorbrachte und P. in ganz Europa Berühmtheit verschaffte. Als sie sich jedoch immer mehr aus höheren Ständen rekrutierte, ließ P. 1825 die Anstalt schließen und zog sich auf seinen Neuhof zurück. Von P.s zahlreichen Schriften, in denen er sich u. a. auch zu politischen Fragen äußerte (u. a. zur Französischen Revolution in *Ja oder Nein*, 1793), erreichte insbesondere *Lienhard und Gertrud*, ein 1781 erschienener Volksroman (neu hrsg. von Albert Reble, [4]1993) in der Tradition von Rousseaus *Émile*, ein breiteres Publikum.

Trotz wiederholten Scheiterns seiner Vorhaben war P. ein erstaunlicher Wirkungserfolg beschieden, der nicht zuletzt aus der Nachfrage nach neuen pädagogischen Konzeptionen zu erklären ist, die sich aus dem Verlust des exklusiven Charakters von Wissen als ständischem Privileg ergab. P.s Verdienst bestand darin, daß er zum einen ein Konzept für die Ausbildung eines neuen Lehrerstandes entwickelte, zum anderen eine neue Unterrichtsmethode schuf, die, von der Natur des Menschen ausgehend, Kopf, Herz und Hand gleichermaßen ausbilden sollte und der Schulbildung eine ganz neue Bedeutung verlieh. P.s Methode, mit der ihm um 1800 der internationale Durchbruch gelang, basiert auf der Annahme, daß sich alles Wissen aus einer elementaren Ordnung herleiten lasse und durch innere Reflexion desselben eine neue Ordnung entstehe. P.s Erziehungskonzept geht dabei von der stufenmäßigen Erlangung einer formalen Elementarbildung aus, die im wesentlichen auf Anschauung beruhen und mittels repetitiver Übungen erfolgen sollte. Eine solche – bereits im häuslichen Bereich einsetzende – Erziehung zur Selbsterziehung war primär für die unteren Stände vorgesehen, ohne daß eine Verbesserung der ökonomischen Verhältnisse angestrebt wurde. Ziel war jedoch für P. nicht allein eine Schulreform, sondern vielmehr die Volksbildung als Menschheitsaufgabe gemäß dem Erziehungsideal der Sittlichkeit, wobei er unter dem Eindruck der französischen Jakobinerherrschaft die Versittlichung auf einen rein individuellen Vorgang reduzierte. Grundlage einer versittlichten Gesellschaft bildete für P. das Dorf mit seinen familialen Beziehungen als umfassende, in sich geschlossene erzieherische Ordnung. Mit seinen Ideen stand P. durchaus in der Tradition Schweizer Reformer, die sich in den Patriotischen Gesellschaften Zürichs zusammenfanden.

WEITERE WERKE: Über Volksbildung und Industrie (1806). Neuausgabe mit einer Einleitung v. Heinz Mühlmeyer. Heidelberg 1964. – Werke (nach dem Text der Erstdrucke hrsg. und kommentiert v. Gertrude Cepl-Kaufmann). Zürich 1986. – Politische Schriften. Basel 1991. – Meine Nachforschungen über den Gang der Natur in der Entwicklung des Menschengeschlechtes (1797). Neu hrsg. v. Arnold Stenzel. Bad Heilbrunn [4]1993. – Wie Gertrud ihre Kinder lehrt: ein Versuch, den Müttern Anleitung zu geben, ihre Kinder selbst zu unterrichten, in Briefen. Hrsg. v. Albert Reble. Bad Heilbrunn [5]1994. – Sämtliche Werke und Briefe auf CD-ROM. Wiesbaden 1994.

LITERATUR: Herman Nohl: J. H. P. 1746-1827. In: Die großen Deutschen. Hrsg. v. Theodor Heuss/Benno Greifenberg. Bd. 2, Nachdruck Frankfurt/Main u. a. 1983, S. 283-297. – Peter Stadler: P. Geschichtliche Biographie. 2 Bde., Zürich 1988-93. – Fritz-Peter Hager/Daniel Tröhler: Philosophie und Religion bei P. Bern 1994 (mit Bibliographie). – Jürgen Oelkers/Fritz Osterwalder (Hrsg.): P. – Umfeld und Rezeption. Studien zur Historisierung einer Legende. Weinheim 1995. – Sigurd Hebenstreit: J. H. P. Leben und Schriften. Freiburg 1996. – Fritz Osterwalder: P. – ein pädagogischer Kult. P.s Wirkungsgeschichte in der Herausbildung der modernen Pädagogik. Weinheim/Basel 1996. – Gerd-Bodo Reinert u. a.: J. H. P.: Anthropologisches Denken und Handeln. Ein pädagogisches Konzept über die Zeiten. Donauwörth [2]1996. – Fritz Osterwalder: Zum 250. Geburtstag P.s – rationale Argumentation oder Kult des Pädagogischen. In: Zeitschrift für Pädagogik 42 (1996) Heft 2, S. 149-163.   *Tonja Schewe*

Petersen, Johann Wilhelm, Bibliothekar, * 24. 2. 1758 Bergzabern, † 26. 12. 1815 Stuttgart. Der Sohn eines Konsistorialrats studierte an der Karlsakademie in Stuttgart Rechtswissenschaften, schloß Freundschaft mit Friedrich →Schiller und wurde 1779 Unterbibliothekar an der herzoglichen Bibliothek. Seit 1786 Bibliothekar, lehrte P. von 1789 bis zur Aufhebung der Karlsschule 1794 als Prof. der Diplomatik und Heraldik. Ebenfalls 1794 aus politischen Gründen als Bibliothekar entlassen, wurde er 1795 rehabilitiert und wieder eingestellt. Als der Aufklärung verpflichteter Kulturhistoriker und Volkskundler veröffentlichte P. u. a. anonym *Geschichte der deutschen National-Neigung zum Trunke* (1782).

Pezzl, Johann, Schriftsteller, * 30. 11. 1756 Mallersdorf (Niederbayern), † 9. 6. 1823 Oberdöbling (heute zu Wien).
Der Sohn eines Klosterbäckers trat 1775 in Oberaltaich in den Benediktinerorden ein, den er jedoch nach einjährigem Noviziat in Scheyern wieder verließ, und studierte seit 1776 Rechtswissenschaften in Salzburg. 1780-82 erschien sein dreibändiger Roman *Briefe aus dem Noviziat*, in dem er seine Klostererfahrungen schilderte und dem weltabgewandten Mönch das Ideal des aufgeklärten Bürgers entgegenstellte. Das Werk wurde in Kurbayern sofort verboten. Als 1780 eine geistliche Untersuchungskommission gegen ihn ermittelte, verließ P. Salzburg, wurde Zeitungsredakteur und Übersetzer bei der Verlagsbuchhandlung Orell, Füssli, Gessner und Cie. in Zürich und veröffentlichte hier 1783 seinen Roman *Faustin oder das philosophische Jahrhundert*, der eine lange Apologie des Reformmonarchen Kaiser → Joseph II. enthielt, auf den P. alle Hoffnungen setzte. 1783 kam er nach Wien, hatte hier bald Zugang zu freimaurerisch-literarischen Kreisen, war seit 1785 Vorleser, Bibliothekar und Sekretär von Wenzel Anton Graf von → Kaunitz und wurde 1791 Beamter in der Hofchiffrierkanzlei. P.s wichtigstes Werk der Wiener Jahre ist eine *Skizze von Wien* (6 Hefte, 1786-90, Neudr. 1923), eine feuilletonistisch geschriebene Kultur- und Sozialgeschichte.
LITERATUR: Edith Rosenstrauch-Königsberg: Die Philosophie der österreichischen Illuminaten, abgelesen an P.s „Faustin". In: Michael Benedikt u. a. (Hrsg.): Verdrängter Humanismus – verzögerte Aufklärung. Österreichische Philosophie zur Zeit der Revolution und Restauration (1750-1820). Wien 1992, S. 747-763.

Pfeffel, Gottlieb Konrad, Schriftsteller, Pädagoge, * 28. 6. 1736 Colmar, † 1. 5. 1809 Colmar.
P. studierte seit 1751 Jura in Halle. Infolge eines Augenleidens, das 1758 zu seiner völligen Erblindung führte, war er 1753 gezwungen, das Studium abzubrechen, und kehrte 1754 nach Colmar zurück. 1773 gründete P., der sich stark an Rousseau orientierte, die „École militaire" (seit 1782 „Académie militaire") für evangelische, meist adlige Jugendliche. Als er diese, vom Colmarer Jakobinerklub bedroht, 1792 schließen mußte, war er auf literarische Auftragsarbeiten angewiesen, bis ihm Napoleon 1806 eine Pension aussetzte. Seit 1803 war P. Präsident des evang. Konsistoriums in Colmar, seit 1785 der Helvetischen Gesellschaft in Schinznach. 1788 wurde er in die Preußische Akademie der Künste aufgenommen und 1808 zum Ehrenmitglied der Bayerischen Akademie der Wissenschaften. P. trat seit den sechziger Jahren des 18. Jh. als Schriftsteller, Herausgeber und Übersetzer hervor. Zu seinen Werken zählen neben einigen Dramen vor allem pädagogisch-aufklärerische Erzählungen, Fabeln und Gedichte, von denen einige volkstümlich wurden (*Poetische Versuche*, 1761).
LITERATUR: G. K. P. Satiriker und Philanthrop (1736-1809). Karlsruhe 1986 (Ausstellungskatalog mit Bibliographie).

Pfeiffer, Johann Friedrich von, Wirtschafts- und Kameralwissenschaftler, * 1718 Berlin, † 5. 3. 1787 Mainz.
P. trat in den Militärdienst ein, wurde preuß. Kriegs- und Domänenrat und wurde dann in den zivilen Staatsdienst übernommen. 1747-50 war er Direktor der Auseinandersetzungskommission und der Siedlungen in der Kurmark, dann preuß. Gesandter an den Höfen verschiedener Reichsfürsten und wurde zum Wirklichen Geheimen Rat ernannt. Als Privatgelehrter setzte er sich mit naturwissenschaftlichen und landwirtschaftlichen Problemen auseinander und wurde 1782 Ordinarius für Ökonomie und Kameralwissenschaft an der Univ. Mainz. Zu den Werken P.s, der wesentlich an der Entwicklung der Mainzer Politisch-Kameralistischen Fakultät beteiligt war, gehören die *Grundsätze der Universalcameralwissenschaft* (2 Bde., 1782/83).

Pfenninger, Johann Caspar, schweizer. Mediziner, Politiker, * 22. 9. 1760 Stäfa, † 1. 2. 1838 Zürich.
P. gehörte Ende des 18. Jh. zu den Führern der Protestbewegung, die sich in der Zürcher Landschaft gegen die Vorherrschaft der Stadt Zürich erhob. 1795 als Staatsverbrecher verurteilt und verbannt, wurde er nach der Errichtung der Helvetischen Republik 1798 in die Landeskommission und die provisorische Regierung aufgenommen und als Präsident des Kantonsgerichts und Regierungsstatthalter des Kantons Zürich eingesetzt. Seit 1799 Statthalter des Kantons Baden, wurde er 1801 Mitglied der Helvetischen Tagsatzung und des Senats, 1802 der Helvetischen Consulta in Paris. P. gehörte 1803-38 dem Großen Rat und 1803-30 auch dem Kleinen Rat von Zürich an; 1830-38 war er Regierungsrat.
WEITERE WERKE: Von der in einigen Orten des Cantons Zürich in der Schweiz herrschenden Ruhrepidemie in den Jahren 1791, 1792, 1793 und 1794. Bregenz 1796.
LITERATUR: Lebensgeschichte des J. C. P. von Stäfa, Arzt u. d. Z. Regierungsr. d. Kantons Zürich. Zürich 1835.

Philippi, Johann Ernst, Jurist, Philosoph, * um 1700 Merseburg, † Oktober 1758 Halle.
Nach dem Jura- und Philosophiestudium in Leipzig ging P. 1727 nach Halle, wo er zum Dr. jur. promoviert wurde. Er war Anwalt in Merseburg, bis ihn eine drohende Haftstrafe wegen Verstoßes gegen das Duellmandat zur Flucht veranlaßte. Dank der Protektion seines Vaters, des sächsischen Hofpredigers Ernst Christian P., wurde er 1731 anstelle von Johann Christoph → Gottsched auf den Hallenser Lehrstuhl für Beredsamkeit berufen. Durch seine Polemik gegen Christian → Wolff (*Mathematischer Versuch von der Unmöglichkeit einer ewigen Welt, sammt einem kurzen Auszug der allerneuesten Schriften, so in der bekannten Wolfischen Controvers darüber gewechselt worden, mit unparteyischer Critik beurtheilt*, 1733) und Gottsched und durch die schlechte Qualität seiner Publikationen machte er sich viele Gegner unter der Hallenser Professorenschaft, die um den Ruf ihrer Univ. fürchteten, insbesondere nach den *Sechs*

Pichler

deutschen Reden über allerhand auserlesene Fälle, nach den Regeln einer natürlichen, männlichen und heroischen Beredsamkeit ausgearbeitet (1732). Die von Christian Ludwig →Liscow über ihn verfaßten Satiren (u. a. *Briontes der Jüngere*, 1732) gaben P. der Lächerlichkeit preis. Für die Univ. Halle untragbar geworden, bemühte er sich vergeblich um andere Stellungen und wurde 1740 als geistesgestört in Gewahrsam genommen. Über das weitere Schicksal des durch Liscow als eines Prototypen des „elenden Scribenten" bekannt gewordenen P. ist nichts bekannt.
LITERATUR: Berthold Litzmann: Christian Ludwig Liscow. Hamburg/Leipzig 1883, S. 47-97. – Jürgen Manthey (Hrsg.): Christian Ludwig Liscow: Vortrefflichkeit und Nohtwendigkeit der elenden Scribenten. Frankfurt/Main 1968.

Pichler, Karoline, geb. von Greiner, österr. Schriftstellerin, * 7. 9. 1769 Wien, † 9. 7. 1843 Wien.
P., Tochter einer Vorleserin bei Kaiserin Maria Theresia und eines Hofrats, erhielt früh künstlerische Anregungen. Sie wurde in Sprachen und Literatur ausgebildet, →Mozart und →Haydn unterrichteten sie in Gesang und Klavierspiel. Zum Zeitpunkt ihrer Heirat mit dem Regierungsrat Andreas P. (1796) zählte sie zu den ersten Klavierspielerinnen Wiens. P.s Haus, wo sich u. a. Franz Grillparzer, →Beethoven und Schubert trafen, wurde zum kulturellen Mittelpunkt des biedermeierlichen Wiens. P. schrieb Balladen, „Charakterromane" mit historischem Hintergrund (u. a. *Agathocles. Kulturgeschichtlicher Roman aus der Römerzeit*, 3 Bde., 1808) und Dramen (u. a. *Dramatische Dichtungen*, 3 Bde., 1815-18). Als literatur- und kulturgeschichtlich interessant gelten ihre postum erschienenen *Denkwürdigkeiten aus meinem Leben* (4 Bde., 1844).

Planck, Gottlieb Jakob, evang. Theologe, Kirchenhistoriker, * 15. 11. 1751 Nürtingen/Neckar, † 31. 8. 1833 Göttingen.
P., das älteste von 16 Kindern eines Stadt- und Landschreibers, studierte 1765-74 als herzoglicher Stipendiat Theologie in Tübingen, wo er nach dem theologischen Examen 1775-80 Stiftsrepetent war. 1781-84 wirkte er als Prediger und a. o. Prof. an der Hohen Karlsschule in Stuttgart und ging dann als o. Prof. der Kirchengeschichte nach Göttingen. 1791 wurde er Konsistorialrat, 1805 Generalsuperintendent und 1830 Oberkonsistorialrat. P., der als Begründer der modernen evang. Dogmengeschichte und der komparativen Symbolik gilt, bezeichnete seinen theologischen Standpunkt als den eines „rationellen Supranaturalismus". Er schrieb eine *Geschichte der Entstehung, der Veränderungen und der Bildung des protestantischen Lehrbegriffs vom Anfang der Reformation bis zur Einführung der Concordienformel* (6 Bde., 1781-1800) sowie eine *Geschichte der christlich-kirchlichen Gesellschafts-Verfassung* (5 Bde., 1803-09).

Platner, Ernst, auch Plattner, Mediziner, Philosoph, * 11. 6. 1744 Leipzig, † 27. 12. 1818 Leipzig.
Der Sohn eines Mediziners studierte Medizin und Philosophie und wurde 1767 promoviert (*De vi corporis in memoria*). Seit 1770 a. o. Prof. der Medizin in Leipzig, wurde er 1780 o. Prof. der Physiologie und 1801 der Philosophie. 1783 und 1789 übernahm er das Rektoramt. Zunächst von →Leibniz beeinflußt, trat P. in Auseinandersetzung mit der Philosophie →Kants für die Entstehung einer neuen, aus Philosophie und Medizin bestehenden wissenschaftlichen Disziplin, der „Anthropologie", ein (u. a. *Anthropologie für Aerzte und Weltweise*, 1772, Nachdruck 1998; *Neue Anthropologie für Aerzte und Weltweise*, 1790; *Lehrbuch der Logik und Metaphysik*, 1793). Seine *Philosophischen Aphorismen* (2 Bde., 1776-82) beeinflußten insbesondere →Jean Paul.
WEITERE WERKE: Über den Atheismus. Leipzig 1783. – Opuscula academica. Berlin 1824.
LITERATUR: Paul Bergemann: E. P. als Moralphilosoph und sein Verhältnis zur Kant'schen Ethik. Halle 1891. – Ernst Bergmann: E. P. und die Kunstphilosophie des 18. Jahrhunderts. Nach ungedruckten Quellen dargestellt. Im Anhang: P.'s Briefwechsel mit dem Herzog von Augustenburg über die Kantische Philosophie u. a. Leipzig 1913. – Alexander Košenina: E. P.s Anthropologie und Philosophie. Der ‚philosophische Arzt' und seine Wirkung auf Johann Karl Wezel und Jean Paul. Würzburg 1989 (mit Bibliographie).

Plessing, Friedrich Viktor Lebrecht, Philosoph, * 20. 12. 1749 Belleben, † 8. 2. 1806 Duisburg.
P., Sohn eines Pfarrers, studierte Rechtswissenschaft und Theologie in Göttingen, Wittenberg, Halle und Leipzig. Er nahm mit →Goethe brieflich Kontakt auf. 1777 besuchte dieser ihn in Wernigerode und berichtete darüber im Gedicht *Harzreise im Winter*. 1779 begann P. an der Univ. Königsberg das Philosophiestudium, erwarb 1783 den Grad eines Magisters und war dann in Wernigerode schriftstellerisch tätig. 1788 wurde er Prof. der Philosophie an der Univ. Königsberg. P. veröffentlichte u. a. *Historische und philosophische Untersuchungen über die Denkart, Theologie und Philosophie der ältesten Völker, besonders der Griechen bis auf Aristoteles Zeiten* (1785), *Memnonium oder Versuche zur Enthüllung des Geheimnisses des Alterthums* (2 Bde., 1787), *Osiris und Sokrates* (1783) und *Versuche zur Aufklärung der Philosophie des ältesten Alterthums* (2 Tle. in 3 Bänden, 1788-90).
WEITERE WERKE: Beweis und Nothwendigkeit des Uebels und der Schmerzen bei fühlenden und vernünftigen Geschöpfen. Dessau 1783.
LITERATUR: E. Jacobs: P. In: ADB 26, 1888, S. 277 bis 281.

Ploucquet, Gottfried, evang. Theologe, Philosoph, * 25. 8. 1716 Stuttgart, † 13. 9. 1790 Tübingen.
Der aus einer nach Württemberg emigrierten Hugenottenfamilie stammende P., Sohn eines Gastwirts, war nach dem Studium der Philosophie (Magister 1734) und Theologie (bis 1738) in Tübingen als Vikar und Hauslehrer tätig. Anschließend war er Pfarrer in Röthenburg und seit 1746 Diakon in Freudenstadt. Aufgrund einiger Veröffentlichungen (u. a. *Primaria monadologiae capita*, 1748) wurde er 1748

auswärtiges Mitglied der Kgl. Preußischen Akademie der Wissenschaften zu Berlin. 1750-82 war er o. Prof. der Logik und Metaphysik in Tübingen, 1758 für ein Jahr an der Stuttgarter Militärakademie (u. a. als Lehrer Friedrich → Schillers). Er beschäftigte sich mit rationaler Psychologie, bemühte sich um eine christlich-pietistische Interpretation der Leibniz-Wolffschen Philosophie und kommentierte antike Autoren (Thales, Anaxagoras, Demokrit). P., einer der bedeutendsten Logiker des 18. Jh., fand unter Verwendung einer neuen Symbolik ein Kalkül für die Ableitung der syllogistischen Modi. Er schrieb u. a. *Principia de substantiis et phaenomenis* (1752, ²1764), *Methodus calculandi in logicis* (1763) und *Institutiones philosophiae theoreticae* (1772, editio ultima unter dem Titel *Expositiones philosophiae theoreticae*, 1782). 1766 erschien eine *Sammlung der Schriften, welche den logischen Calcul Herrn Prof. Ploucquets betreffen, mit neuen Zusäzen* (hrsg. v. August Friedrich Böck, Nachdruck 1970).
WEITERE WERKE: Methodus tractandi infinita in metaphysicis. Berlin 1748. – Fundamenta philosophiae sepculativae. Tübingen 1759. – Elementa philosophiae contemplativae. Stuttgart 1778. – Commentationes philosophiae selectiores. Hrsg. v. J. F. Clossius. Straßburg 1781.
LITERATUR: Paul Bornstein: G. P.s Erkenntnistheorie und Metaphysik. Potsdam 1898 (Diss. Erlangen 1894). – Karl Aner: G. P.s Leben und Schriften. Halle 1909. Neudruck Hildesheim 1999. – Friedrich Rülf: G. P.s Urteilslehre. Erlangen 1922. – Albert Menne: Zur Logik von G. P. In: Akten des XIV. Internationalen Kongresses für Philosophie in Wien [...] 1968. Bd. 3. Wien 1969, S. 45-49. – Burkhard Gerlach: Wer war der „große Mann", der die Raumtheorie des transzendentalen Idealismus vorbereitet hat? In: Kant-Studien 89 (1998) S. 1-34.

Pockels, Karl Friedrich, Pädagoge, Anthropologe, * 15. 11. 1757 Wörmlitz bei Halle, † 29. 10. 1814 Braunschweig.
Der aus einer Pastorenfamilie stammende P. studierte 1776-79 Theologie und Philosophie in Halle, war hier u. a. Schüler August Hermann → Niemeyers und Johann August → Eberhards und wurde entscheidend von dem Schulreformer Friedrich von → Rochow beeinflußt, durch dessen Empfehlung ihm Herzog → Karl Wilhelm Ferdinand von Braunschweig 1780 die Erziehung seiner Söhne August und Friedrich Wilhelm anvertraute. 1787 folgte er Herzog August als Haus- und Hofmeister in den hannoverschen Militärdienst. 1790 wurde er Kgl. Großbritannischer Rat, 1800 Herzoglich Braunschweigischer Hofrat, 1814 Kurator des Presse- und Publikationswesens. P. verfaßte popularphilosophische Schriften (u. a. *Beiträge zur Beförderung der Menschenkenntnis*, 2 Hefte, 1788/89; *Neue Beyträge zur Bereicherung der Menschenkunde überhaupt und der Erfahrungsseelenlehre insbesonders*, 1798) und bearbeitete gemeinsam mit Karl Philipp → Moritz einige Bände des „Magazins zur Erfahrungsseelenkunde". P. war auch Mitarbeiter des „Vossischen Musenalmanachs" und des „Neuen Teutschen Merkurs" und veröffentlichte 1809 anonym ein *Biographisches Gemälde des Herzogs Karl Wilhelm Ferdinand von Braunschweig-Lüneburg*.
WEITERE WERKE: Versuch einer Charakteristik des weiblichen Geschlechts. 5 Bde., Hannover 1799 bis 1802. – Denkwürdigkeiten zur Bereicherung der Erfahrungsseelenlehre und Charakterkunde. Halle 1794. – Denkwürdigkeiten zur Beförderung des Edlen und Schönen. 2 Bde., Berlin 1786-88 (mit Karl Philipp Moritz). – Aphorismen zu einem Charaktergemälde des weiblichen Geschlechts. Hannover 1802. – Der Mann. Ein anthropologisches Caraktergemälde seines Geschlechts. 4 Bde., Hannover 1805-08.
LITERATUR: Karl Georg Wilhelm Schiller: Braunschweigs schöne Litteratur in den Jahren 1745 bis 1800 [...]. Zum 100jährigen Stiftungsfeste des Collegii Carolini. Wolfenbüttel 1845, S. 126-131. – Günter Schulz: C. F. P. und die Erziehung in der frühen Kindheit. In: Ders. (Hrsg.): Wolfenbütteler Studien zur Aufklärung. Bd. 3., Bremen/Wolfenbüttel 1976, S. 259-272.

Pölitz, Karl Heinrich Ludwig, Staatswissenschaftler, Historiker, * 17. 8. 1772 Ernstthal (Sachsen), † 27. 2. 1838 Leipzig.
P., Sohn eines Pfarrers, besuchte das Lyzeum in Chemnitz, studierte Philosophie, Geschichte und Theologie in Leipzig und wurde 1793 zum Dr. phil. promoviert. Seit 1794 hielt er philosophische Vorlesungen. 1795 wurde er Prof. der Moral und Geschichte an der Ritterakademie in Dresden, 1803 a. o. Prof. der Philosophie in Leipzig und 1804 o. Prof. des Natur- und Völkerrechts in Wittenberg. 1815 kehrte P. als o. Prof. der sächsischen Geschichte und Statistik nach Leipzig zurück und übernahm 1820 die Professur für Staatswissenschaften. 1825 wurde er zum Sächsischen Hofrat, 1833 zum Großherzoglichen hessischen Geheimen Rat ernannt. P., der zu den Vertretern der vernunftrechtlichen Linie zählte, schrieb rund 150 Bücher und gab sechs Zeitschriften und Journale heraus. Sein Hauptwerk ist *Die Staatswissenschaften im Lichte unserer Zeit* (5 Bde., 1823/24, ²1827/28). Vom monarchischen Prinzip ausgehend, plädierte er für einen repräsentativen Konstitutionalismus. Zu seinen historischen Werken zählen ein *Handbuch der Weltgeschichte* (3 Bde., 1806; 2. Aufl. als *Die Weltgeschichte für gebildete Leser und Studirende*, 4 Bde., 1813) und ein *Handbuch der souveränen Staaten des Rheinbundes* (2 Bde., 1811). Verdienstvoll war die Herausgabe des Werkes *Die Constitutionen der europäischen Staaten seit den letzten 25 Jahren* (4 Bde., 1817-25, anonym; 2. Aufl. als *Die europäischen Verfassungen seit dem Jahre 1789 bis auf die neueste Zeit*, 1832/33). Die 1828 begründeten „Jahrbücher der Geschichte der Staatskunst" erschienen seit 1837 als „Jahrbücher der Geschichte und Politik" und seit 1838 als „Neue Jahrbücher der Geschichte, der Staats- und Cameralwissenschaften" (fortgesetzt von Friedrich Bülau).
WEITERE WERKE: Die Erziehungswissenschaft, aus dem Zwecke der Menschheit und des Staats prak-

tisch dargestellt. 2 Bde., Leipzig 1806. – Geschichte, Statistik und Erdbeschreibung des Königsreichs Sachsen und des Herzogthums Warschau. 3 Bde., Leipzig 1808-10. – Franz Volkmar Reinhard, nach seinem Leben und Wirken. 2 Bde., Leipzig/Altenburg 1811-15. – Die Regierung Friedrich Augusts, König von Sachsen. 2 Bde., Leipzig 1830. – Das constitutionelle Leben, nach seinen Formen und Bedingungen dargestellt. Leipzig 1831. – Österreichische Geschichte. Neu hrsg. v. Ottokar Lorenz. Wien ³1877.
LITERATUR: Friedrich Hofmann: K. H. L. P. als Pädagoge. Diss. München 1914. – Peter Pohle: System der Staats- und Nationalerziehung bei K. H. L. P. und ihre philosophischen Grundanschauungen. Diss. Bonn 1936. – Daniel Patrick Connerton: K. H. L. P. and the Politics of the juste milieu in Germany, 1794-1838. Diss. Chapel Hill 1973. – Reinhard Blänkner: Verfassungsgeschichte als aufgeklärte Kulturgeschichte. K. H. L. P.' Programm einer vergleichenden konstitutionellen Verfassungstheorie. In: Ders./Horst Günther (Hrsg.): Europakonzeptionen in Deutschland um 1800 (in Vorbereitung).

Pörschke, Karl Ludwig, Philosoph, * 10. 1. 1752 Molsehnen bei Königsberg (Preußen), † 24. 9. 1812 Königsberg.
P. studierte Philosophie und Naturwissenschaften in Königsberg, Halle und Göttingen, habilitierte sich 1787 in Königsberg und wurde dort 1795 a. o. Prof. der Philosophie. Seit 1803 war er o. Prof. der Poesie, seit 1806 der Schönen Wissenschaften, der Pädagogik und Beredsamkeit und übernahm 1809 den Lehrstuhl für praktische Philosophie in Königsberg. P. verfaßte ethische und metaphysische Schriften, u. a. *Gedanken über einige Gegenstände der Philosophie des Schönen* (2 Bde., 1794-96) und *Briefe über die Metaphysik der Natur* (1800).
WEITERE WERKE: Vorbereitungen zu einem populären Naturrechte. Königsberg 1795. – Einleitung in die Moral. Libau 1797. – Anthropologische Abhandlungen. Königsberg 1801.

Posselt, Ernst Ludwig, Historiker, Publizist, * 22. 1. 1763 Durlach (heute zu Karlsruhe), † 11. 6. 1804 Heidelberg.
P. studierte Rechts- und Staatswissenschaften und Geschichte in Göttingen und Straßburg, wo er zum Dr. jur. utr. promoviert wurde, und war als Regierungsadvokat tätig. Seit 1784 unterrichtete er als Prof. der Rechte und Beredsamkeit am Gymnasium in Karlsruhe, war geheimer Sekretär des regierenden Markgrafen und wurde 1791 Amtmann in Gernsbach bei Baden-Baden. Seit 1796 wirkte er unter Ernennung zum Legationsrat mit dem Titel eines Hofrats als Historiograph des markgräflichen Hauses Baden. P. gab u. a. das „Wissenschaftliche Magazin der Aufklärung" (1785-88), das „Archiv für ältere und neuere, vorzüglich deutsche Geschichte, Staatsklugheit und Erdkunde" (1790-92) sowie die „Europäischen Annalen" (1794-1804) heraus. P. redigierte die „Neueste Weltkunde", die später als „Allgemeine Zeitung" bei Cotta erschien.

Pratje, Johann Hinrich, evang. Theologe, * 17. 9. 1710 Horneburg bei Stade, † 1. 2. 1791 Stade.
Der aus bescheidenen Verhältnissen stammende P. studierte seit 1729 Theologie an der Univ. Helmstedt und war dort u. a. Schüler Johann Lorenz von → Mosheims. Seit 1733 war er Pastor in Horneburg, seit 1743 in Stade. Hier übernahm er 1749 die Generalsuperintendentur für die Herzogtümer Bremen und Verden, die er bis zu seinem Tod innehatte. In seiner jahrzehntelangen Tätigkeit in diesem Amt wirkte er maßgeblich an der Einführung aufklärerischer Reformen in dem luth. Kirchenwesen des Landes zwischen Elbe und Weser mit, wobei er schroffe Neuerungen vermied. Sein *Brem- und Verdisches Gesangbuch* von 1788 allerdings erlangte eine umstrittene Berühmtheit, weil er den Text älterer Lieder teilweise eingreifend verändert hatte. P. hinterließ ein ausgedehntes literarisches Werk, zu dem auch Schriften zur Landesgeschichte gehörten (*Altes und Neues aus den Herzogthümern Bremen und Verden*, 12 Bde., 1769-81).

Pütter, Johann Stephan, Jurist, * 23. oder 25. 6. 1725 Iserlohn, † 12. 8. 1807 Göttingen.
P. wurde als achtes Kind eines Kaufmanns geboren. Als er sieben Jahre alt war, übernahm wegen des Todes des Vaters sein zwanzig Jahre älterer Bruder die weitere Erziehung und Ausbildung. Nach privatem Unterricht bezog er 1738 die Univ. Marburg, wo er u. a. bei Christian → Wolff reine Mathematik und Metaphysik hörte. 1739 wechselte er an die Univ. Halle, wo Johann Gottlieb → Heineccius und Georg Ludwig Böhmer zu seinen Lehrern gehörten. 1741/42 in Jena, folgte er seinem dortigen Lehrer Johann Georg → Estor 1742 wieder nach Marburg. 1744 erwarb P. mit einer Dissertation über das Reichsprozeßrecht (*De praeventione atque inde nata praescriptione fori*) die juristische Lizentiatenwürde und nahm mit Vorlesungen über römische Altertümer, die Institutionen des Römischen Rechts, Deutsches Privatrecht und Naturrecht seine Lehrtätigkeit auf. Seine Verteidigung eines adligen Offiziers in einem Totschlagsprozeß machte ihn weithin bekannt und verhalf ihm u. a. zu den zeitlebens von ihm gesuchten und gepflegten „nützlichen Bekanntschaften". 1746 berief ihn der hannoversche Minister Gerlach Adolf von → Münchhausen an die Reformuniversität Göttingen, zunächst als Extraordinarius und seit Dezember 1753 als Ordinarius, wo er 1757 die ordentliche Professur für Öffentliches Recht übernahm. Der Univ. Göttingen blieb er bis zu seinem Tod treu, obwohl an ihn anderweitige Rufe ergingen.
1746/47 unternahm P. eine längere gelehrte Reise, die ihn u. a. nach Wetzlar und an das Reichskammergericht, nach Regensburg als Sitz des immerwährenden Reichstags und nach Wien, Sitz des Reichshofrats, führte. Seine Göttinger Vorlesungstätigkeit eröffnete P. 1747/48 mit Vorlesungen über den Reichsprozeß und Deutsches Privatrecht. Ein Novum bildeten seine zu den Vorlesungen selbstverfaßten Kompendien. Ein Naturrechtslehrbuch verfaßte er zusammen mit seinem

Freund Gottfried → Achenwall. Die von ihm etablierten Praktika begründeten den „mos Gottingensis": praktische Übungsstunden, in denen die Studenten anhand von tatsächlichen Rechtsfällen und Akten mit Fragen des (Reichs- und Territorial-) Staats- und Prozeßrechts vertraut gemacht wurden. Die Teilnehmerzahl an seinen Übungen betrug in den achtziger und neunziger Jahren über 100. 1762/63 führte ihn eine Einladung für ein Jahr an den Hof von Sachsen-Gotha, wo er die Prinzen in Reichs- und Staatsgeschichte unterrichtete und die Bekanntschaft → Friedrichs des Großen machte. 1764 und 1790 begleitete P. den Hannoverschen Wahlbotschafter zu den Kaiserwahlen → Josephs II. und → Leopolds II. nach Frankfurt.

P. ist die Entwicklung eines liberalen, die Gefahrenabwehr betonenden Polizeibegriffs zu verdanken, der die Funktionen der Gefahrenabwehr und der Wohlfahrtsförderung voneinander trennt. In seinem staatsrechtlichen Werk, das mit dem Ende des Reiches an praktischer Bedeutung verlor, erhob er das Gemeinwohl zum ordnenden Prinzip seiner Staatszwecklehre. Weiterhin vertrat P. eine funktionale Sichtweise von Hoheitsrechten und räumte dem Reichsrecht den Vorrang gegenüber dem Landesrecht ein. Dem Naturrecht schenkte er nur als Zeitströmung Beachtung und distanzierte sich von der Methode Wolffs, dem er jedoch eine oft unbemerkte Beeinflussung der zeitgenössischen Rechtsgelehrten zugestand. P. war der bedeutendste der Staatsrechtler, die eine Brücke von der historisch-pragmatisch ausgerichteten Reichspublizistik zu einem geschichtlichen Rechtsverständnis schlugen, was ihn jedoch nicht zu einem Vorläufer der Historischen Rechtsschule machte. In der Darstellung zeigte er einen Hang zur Systematisierung.

WEITERE WERKE: Grundriß der Staatsveränderungen des Teutschen Reichs. Göttingen 1753, ^{7}1795. – Elementa iuris publici Germanici. Göttingen 1754, ^{4}1766. – Kurzer Begriff des Teutschen Staatsrechts. Göttingen 1764, ^{2}1768. – Primae lineae iuris privati principum speciatim Germaniae. Göttingen 1768, ^{3}1789. – Institutiones iuris publici Germanici. Göttingen 1770, ^{6}1802. – Der Büchernachdruck, nach ächten Grundsätzen des Rechts geprüft. Göttingen 1774. – Teutsche Reichsgeschichte in ihren Hauptfäden entwickelt. Göttingen 1778, ^{3}1793. – Beyträge zur nähern Erläuterung des Teutschen Staats- und Fürstenrechts. 2 Bde., Göttingen 1777-79. – Literatur des Teutschen Staatsrechts. 3 Bde., Göttingen 1776-83. Bd. 4 fortgesetzt v. Johann Ludwig Klüber 1791. – Historische Entwicklung der heutigen Staatsverfassung des Teutschen Reichs. 3 Bde., Göttingen 1786/87, ^{3}1798. – Selbstbiographie. 2 Bde., Göttingen 1798.

LITERATUR: Ferdinand Frensdorff: P. In: ADB, Bd. 26, 1888, S. 749-777. – Wilhelm Ebel: Der Göttinger Professor J. S. P. aus Iserlohn. Göttingen 1975. – Christoph Link: J. S. P. In: Staatsdenker in der frühen Neuzeit. Hrsg. v. Michael Stolleis. München 1995, S. 310-331. – Gerd Kleinheyer: J. S. P. In: Gerd Kleinheyer/Jan Schröder (Hrsg.): Deutsche Juristen aus fünf Jahrhunderten. Karlsruhe ^{3}1989, S. 219-222. – Dietmar Willoweit: P., J. S. In: Handwörterbuch zur deutschen Rechtsgeschichte. Hrsg. v. Adalbert Erler/Ekkehard Kaufmann. Bd. 4, Berlin 1990, Sp. 114-117.   *Ekkehard Jost*

Pufendorf, Samuel Frh. von, Jurist, * 8. 1. 1632 Dorfchemnitz (Sachsen), † 26. 10. 1694 Berlin.
Der Sohn eines luth. Pastors besuchte seit 1645 die Fürstenschule in Grimma. 1650 nahm er in Leipzig das Studium der Theologie auf, verlegte sich jedoch bald auf juristisch-philosophische Studien. 1656 setzte er sein Studium in Jena fort. Hier traf er auf seinen wichtigsten Lehrer, den Philosophen und Mathematiker Erhard Weigel, der ihn mit den Gedanken von Hugo Grotius und Thomas Hobbes vertraut machte. 1658 verließ er Jena mit dem Magistergrad, um durch Vermittlung seines Bruders Hauslehrer bei dem schwedischen Gesandten in Kopenhagen, Baron von Coyet, zu werden. Dort geriet er für acht Monate in dänische Gefangenschaft, die er zur Abfassung seines ersten größeren Werks, *Elementorum Jurisprudentiae Universalis libri duo* (1660), nutzte. Nach seiner Freilassung 1659 folgte P. der Familie Coyet nach Holland, wo er Peter de Groot, Sohn von Hugo Grotius, kennenlernte. Auf dessen Empfehlung hin erteilte ihm Kurfürst Karl Ludwig von der Pfalz einen Ruf nach Heidelberg auf den ersten Lehrstuhl für Natur- und Völkerrecht. Hier heiratete P. 1665 Katharina Elisabeth von Palthen.

Die bedeutendste seiner verfassungsrechtlichen Abhandlungen dieser Zeit war die 1667 unter dem Pseudonym Severinus de Monzambano veröffentlichte Schrift *De statu Imperii Germanici ad Laelium fratrem, dominum Trezolani, liber unus*. Hieraus stammt die berühmte Beschreibung des damaligen Reiches als eines (im Sinne der aristotelischen Staatsformenlehre) irregulären, einem „Monstrum" ähnlichen Gebildes. 1670 folgte P. einem Ruf an die schwedische Univ. Lund, womit auch der erstrebte Wechsel an die Juristische Fakultät verbunden war. Kurz darauf entstanden seine beiden Hauptwerke: *De Iure Naturae et Gentium libri octo* (1672) und *De officio hominis et civis ipsi praescribuntur lege naturali* (1673), in denen er sein für über hundert Jahre maßgebliches Naturrechtssystem entwickelte. Dieses beruhte auf der Vorstellung, aus der Hilflosigkeit des einzelnen Menschen (imbecillitas) ergebe sich die Notwendigkeit zum Gemeinschaftsleben (socialitas), welches durch Verträge (u. a. Gesellschafts-/Unterwerfungsvertrag) abgesichert wird. Weitere wichtige Aspekte waren die Unterscheidung zwischen relativem und absolutem Naturrecht sowie dessen weitgehende Säkularisierung. Dank zahlreicher Übersetzungen konnten diese Gedanken international großen Einfluß erzielen. Langfristig förderten die Gedanken P.s im Zivilrecht die Herausbildung eines Allgemeinen Teils, im Strafrecht die Entwicklung des Schuldstrafrechts und die stärkere Berücksichtigung von Abschreckung und Erziehung (statt bloßer Vergeltung) bei der Definierung des Strafzwecks.

Nach der Besetzung Lunds durch die Dänen ernannte König Karl XI. P. 1676 in Stockholm zu seinem Hof-

Pufendorf

historiographen. Früchte dieser Tätigkeit waren zwei Untersuchungen zur schwedischen Reichsgeschichte (*Commentariorum de rebus Suecicis ab expeditione Gustavi Adolphi in Germaniam ad abdicationem usque Christinae*, 1686; *De rebus a Carolo Gustavo Sueciae rege gestis*, 1696) sowie die *Einleitung zu der Historie der vornehmsten Reiche und Staaten, so itziger Zeit in Europa sich befinden* (1682-85). Die Beschäftigung P.s mit Fragen des Staatskirchenrechts weckte das Interesse des Großen Kurfürsten, der sich daher bemühte, ihn als Hofhistoriker für Brandenburg-Preußen zu gewinnen.

1688 siedelte P. nach Berlin über. Hier verfaßte er vor allem die Geschichte der Regierungszeit des Großen Kurfürsten (*De rebus gestis Friderici Wilhelmi Magni Electoris Brandenburgici commentariorum*, 1695) und begann mit einer ähnlichen Arbeit über dessen Nachfolger (1784 unter dem Titel *De rebus gestis Friderici III Electoris Brandenburgici* erschienen). Nach einer erneuten Reise nach Schweden, in deren Verlauf er in den schwedischen Freiherrnstand erhoben worden war, verstarb P. 1694 in Berlin, wo er im Chor der Nicolai-Kirche beigesetzt wurde.

WEITERE WERKE: De Obligatione erga patriam. 1663. – De rebus gestis Philippi Amynthae. 1663. – Dissertatio de Republica irregulari. Lund 1668. – Eris scandica, qua adversus libros de Iure Naturae et Gentium obiecta diluuntur. Frankfurt/Main 1668. – Dissertationes Academicae Selectiores. Uppsala 1677. – Über die Natur und Eigenschaft der christlichen Religion und Kirche in Ansehung des bürgerlichen Lebens und Staats. 1687. – Jus feciale Divinum sive de consensu et dissensu protestantium. Lübeck 1695. – Gesammelte Werke. Hrsg. v. Wilhelm Schmidt-Biggemann. Berlin 1996 ff.

LITERATUR: Bibliographie der Literatur zu P. in: Detlef Döring: Pufendorf-Studien. Berlin 1992, S. 214 ff. – Erik Wolf: Große Rechtsdenker der deutschen Geistesgeschichte. Tübingen ^{4}1963, S. 311 ff. – Malte Dießelhorst: Zum Vermögensrechtssystem S. P.s. Göttingen 1976. – Albrecht Randelzhofer: Die Pflichtenlehre bei S. v. P. Berlin 1983. – Armin Angat: Die Aufnahme der Lehren S. v. P.s (1632-1694) in das Recht der Vereinigten Staaten von Amerika. Kiel 1985. – Kjell A. Modéer (Hrsg.): S. v. P. 1632-1982. Stockholm 1986. – Dietmar Willoweit: P., S. In: Handwörterbuch zur deutschen Rechtsgeschichte. Hrsg. v. Adalbert Erler/Ekkehard Kaufmann. Bd. 4, Berlin 1990, Sp. 105-109. – Detlef Döring: P.-Studien. Beiträge zur Biographie S. v. P.s und zu seiner Entwicklung als Historiker und theologischer Schriftsteller. Berlin 1992. – Thomas Behme: S. v. P.: Naturrecht und Staat. Göttingen 1995. – Hagen Hof: S. P. In: Gerd Kleinheyer/Jan Schröder: Deutsche und Europäische Juristen aus neun Jahrhunderten. Karlsruhe ^{4}1996, S. 335-340. – Fiammetta Palladini/Gerald Hartung (Hrsg.): S. P. und die europäische Frühaufklärung. Berlin 1996. *Ina Ebert*

R

Rabener, Gottlieb Wilhelm, Schriftsteller, * 17. 9. 1714 Wachau bei Leipzig, † 22. 3. 1771 Dresden.
Der Sohn eines Juristen wuchs auf dem väterlichen Rittergut auf, studierte nach dem Besuch der Fürstenschule in Meißen 1734-37 Rechtswissenschaften und die schönen Wissenschaften in Leipzig und war dann bei einem Steuereinnehmer tätig. Seit 1741 war R. Steuerrevisor für den Kreis Leipzig, trat mit ersten satirischen Beiträgen in der von Johann Joachim → Schwabe redigierten Zeitschrift „Belustigungen des Verstandes und Witzes" hervor und wurde 1744 Mitarbeiter der „Neuen Beyträge zum Vergnügen des Verstandes und des Witzes". 1747/48 war er Mitherausgeber der Wochenschrift „Der Jüngling", schloß Freundschaft mit Christian Fürchtegott → Gellert und Christian Felix → Weiße und ging 1753 als erster Steuersekretär nach Dresden, wo er 1763 zum Steuerrat ernannt wurde. 1751/52 veröffentlichte R. die ersten drei Bände seiner *Sammlung satyrischer Schriften* (Bd. 4, 1755), die zahlreiche Auflagen erlebte. Seine maßvollen Satiren richten sich gegen verschiedene Gruppen des Bürgertums, deren individuelle Schwächen und Modetorheiten aufgezeigt werden.

Rambach, Friedrich Eberhard, Pseud. Ottokar Sturm, Hugo Lenz, klassischer Philologe, Schriftsteller, * 14. 7. 1767 Quedlinburg, † 13. 7. 1826 Reval.
R. war seit 1791 Lehrer am Friedrichwerderschen Gymnasium in Berlin, folgte 1803 einem Ruf als Prof. der klassischen Philologie nach Dorpat, wo er später Finanz- und Kameralwissenschaft lehrte, und wurde 1822 Staatsrat. 1795-98 war er Mitherausgeber des „Berlinischen Archivs der Zeit und ihres Geschmacks" und 1798-1801 Herausgeber der „Jahrbücher der Preußischen Monarchie". R. schrieb Schauspiele und Romane, u. a. den Schauerroman *Die eiserne Maske. Eine Schottische Geschichte* (1792).

Ramdohr, Friedrich Wilhelm Basilius von, Jurist, Diplomat, Schriftsteller, * 21. 7. 1757 Hoya/Weser, † 26. 7. 1822 Neapel.
R. studierte Rechts- und Altertumswissenschaften in Göttingen und war 1778-87 Hofgerichtsassessor in Hannover. Bekannt wurde er durch sein Werk *Ueber Mahlerei und Bildhauerarbeit in Rom* (3 Bde., 1787), in dem er die Ergebnisse seiner Kunststudien zusammenfaßte. 1787/88 wurde er an das Oberappellationsgericht in Celle delegiert, wechselte 1806 in den preuß. Staatsdienst und wurde 1810 zweiter preuß. Gesandter beim Vatikan. Seit 1816 war R. außerordentlicher Gesandter am Hof von Neapel und verfaßte während dieser Zeit Kunstnachrichten für Cottas „Morgenblatt". Sein Hauptwerk *Charis oder Ueber das Schöne und die Schönheit in den nachbildenden Künsten* (2 Bde.) erschien 1793. R. trat auch als Epiker und Dramatiker hervor.

Ramler, Karl Wilhelm, Dichter, Übersetzer, Herausgeber, * 23. 2. 1725 Kolberg (Hinterpommern), † 11. 4. 1798 Berlin.
Der Sohn eines Steuerinspektors studierte 1742-44 auf Wunsch seines Vaters Theologie in Halle, wechselte 1745 in Berlin zur Medizin und lernte Johann Wilhelm Ludwig → Gleim kennen, der ihm 1746 eine Hauslehrerstelle auf der Domäne Lähme bei Werneuchen vermittelte, die R. jedoch nur einige Monate innehatte. Seit 1747 wieder in Berlin, war er 1748-90 Maître de la Philosophie an der Kadettenschule und 1786-96 neben Johann Jakob → Engel Direktor der Kgl. Schauspiele. 1786 wurde er in die Akademie der Wissenschaften aufgenommen. 1746-66 veröffentlichte R. Oden in Zeitschriften, trat als Übersetzer lateinischer (vor allem Horaz) und griechischer Klassiker hervor und gab gemeinsam mit Johann Georg → Sulzer die *Kritischen Nachrichten aus dem Reiche der Gelehrsamkeit* (1750) heraus. *Die Lyrische Bluhmenlese* (2 Tle., 1774-78) war mit etwa 400 Texten sein größtes Sammelwerk. R.s streng an antiken Vorbildern orientierte Oden waren verbindliches formales Vorbild für viele Zeitgenossen.
LITERATUR: Wilhelm Eggebrecht: K. W. R. In: Pommersche Lebensbilder. Bd. 4. Köln/Graz 1966, S. 153 bis 167.

Ratschky, Joseph Franz von, österr. Schriftsteller, * 21. 8. 1757 Wien, † 31. 5. 1810 Wien.
Der Beamtensohn trat nach dem Studium der Philosophie in Wien 1776 in den Staatsdienst ein, wurde Hofkonzipist und war seit 1787 Präsidialsekretär des oberösterreichischen Regierungspräsidenten in Linz. Seit 1895 Hofsekretär, wurde R. 1806 Hofrat und 1807 Staats- und Konferenzrat. 1777 gründete er mit Gottlieb → Leon den „Wienerischen Musenalmanach" (seit 1786 „Wiener Musenalmanach"), in dem seit 1781 alle bedeutenden Wiener Schriftsteller vertreten waren. R. veröffentlichte ein erfolgreiches empfindsames Singspiel *Weiß und Rosenfarb* (1777) und trat vor allem als Lyriker hervor. Seine Gedichte, die der deutschen Aufklärungsliteratur verpflichtet sind, erschienen auch im „Göttinger" und im „Voßschen Musenalmanach", im „Deutschen Museum", im „Teutschen Merkur" sowie im „Taschenbuch zum geselligen Vergnügen". In seinem Hauptwerk, dem „heroischepischen Gedicht für Freunde der Freyheit und Gleichheit" *Melchior Striegel* (1793-95) versuchte er, aus seiner josephinischen Sicht zur Französischen Revolution Stellung zu nehmen.

Rautenstrauch, Franz Stephan, Benediktiner, Theologe, * 29. 7. 1734 Blottendorf bei Böhmisch-Leipa, † 30. 9. 1785 Erlau (Ungarn).
R. trat 1750 in das Benediktinerstift Braunau (bei Prag) ein, lehrte hier seit 1762 als Prof. der Philosophie, der Theologie und des Kirchenrechts und wurde 1773 zum Abt gewählt. Seit 1774 war er Direktor der Theologischen Fakultät in Prag, seit 1775 auch in Wien und reorganisierte im Zuge der theresianisch-josephinischen Studienreform das theologische Studium in den kaiserlichen Erblanden. Im Auftrag Kaiser → Josephs II. gründete R. seit 1782 die Generalseminarien. Sein 1782 verfaßter und bis 1857 gültiger *Entwurf zur Einrichtung der theologischen Schulen [...]* war von der Aufklärungspädagogik geprägt, stellte statt scholastischer Bildung die Pastoraltheologie in den Vordergrund und bezog auch die Erkenntnisse der Natur- und Geschichtswissenschaften sowie das Quellenstudium ein. R. veröffentlichte *Anleitung und Grundriß der systematisch-dogmatischen Theologie* (1774) und *Synopsis juris ecclesiastici publici et privati [...]* (1776).

Rautenstrauch, Johann, Pseud. Arnold, Ehrlich, Ritterheim, Salzmann, Schriftsteller, * 10. 1. 1746 Erlangen, † 8. 12. 1801 Wien.
R. kam 1768 nach Straßburg, schrieb zahlreiche Gedichte und gab die „Realzeitung von Straßburg" heraus. Im selben Jahr reiste er nach Wien, wo er zum Katholizismus konvertierte. R. studierte Rechtswissenschaften, wandte sich dann dem Theater zu und kaufte 1789 das Landstraßer Theater, das jedoch nach kurzer Zeit schließen mußte. Er war Anhänger der Reformpolitik Kaiser → Josephs II. R. schrieb Dramen, Lyrik und erzählende Prosa. Am erfolgreichsten war sein Lustspiel *Der Jurist und der Bauer* (1773). R. verfaßte auch historische (u. a. *Der Oesterreichische Kriegs-Almanach,* 1778/79; *Biographie Marien Theresiens,* 1779) und kirchenpolitische Schriften (u. a. *Traum von einem Hirtenbrief,* 1783).

Rebmann, Andreas Georg Friedrich, Pseud. Anselmus Rabiosus der Jüngere, Publizist, * 23. 11. 1768 Sugenheim (Mittelfranken), † 16. 9. 1824 Wiesbaden.
Der Sohn eines Finanzbeamten studierte in Erlangen und Jena Rechts- und Staatswissenschaften und war nach der Promotion (1789) als Prokurator in Erlangen tätig. Als Anhänger der Französischen Revolution und leidenschaftlicher Verfechter der Menschenrechte entlassen, wandte er sich als Demokrat der politischen Publizistik zu und war seit 1792, wiederholt zur Flucht genötigt, Redakteur und Herausgeber politischer Zeitschriften (u. a. des an Wilhelm Ludwig → Wekhrlins Zeitschrift anknüpfenden revolutionären Blatts „Das neue graue Ungeheuer") in Dresden, Erfurt, Altona und Paris. R.s *Kosmopolitische Wanderungen durch einen Teil Deutschlands* (1793) schildern das Elend der handarbeitenden Plebejer. Nach der Annexion des Rheinlands durch Frankreich wurde R. 1797 Richter am Kriminalgericht in Mainz, wo er 1803 als dessen Präsident den Prozeß gegen Johannes Bückler (Schinderhannes) führte, 1810 Präsident des Gerichtshofs in Trier. Nach dem Sturz Napoleons wurde er in den Justizdienst Pfalzbayerns übernommen und war zuletzt Oberpräsident des Appellationsgerichtshofs in Zweibrücken. R. übersetzte und veröffentlichte Robespierres Rede vom 18. 11. 1793 unter dem Titel *Neuestes Manifest der Frankenrepublik an alle Völker der Welt* (1794). Er verfaßte zahlreiche politische Kampfschriften (*Wahrheiten ohne Schminke,* 1794; *Bruchstücke aus meinem politischen Glaubensbekenntnis,* 1796), utopische Romane (u. a. *Empfindsame Reise nach Schilda,* 1793; *Hans Kiekindiewelts Reisen in alle vier Weltteile und den Mond,* 1794) und die *Vollständige Geschichte meiner Verfolgungen und meiner Leiden* (1796).

Reche, Johann Wilhelm, evang. Theologe, Liederdichter, * 3. 11. 1764 Lennep (Westfalen), † 9. 1. 1835 Lülsdorf bei Köln.
R. war seit 1786 Pfarrer in Hückeswagen, seit 1796 Pastor in Mülheim/Rhein und gehörte dem Konsistorium in Köln an. Als begeisterter Anhänger → Kants versuchte er, dessen Rationalismus in die evang. Kirche einzuführen. Er schrieb u. a. *Erinnerungen an wichtige Wahrheiten und Lebensregeln in einer Auswahl christlicher Religionsvorträge* (3 Bde., 1805-31). R. gab das *Christliche Gesangbuch für die evangelischen Gemeinden im Großherzogtum Berg* (1800) heraus, das auch 64 von ihm selbst gedichtete Lieder enthielt.

Recke, Elisa(beth) Charlotte Konstantia von der, geb. Reichsgräfin von Medem, Pseud. Elisa, Elise, Schriftstellerin, * 1. 6. 1754 Schloß Schönberg (Kurland), † 13. 4. 1833 Dresden.
Die Tochter eines Gutsbesitzers im Herzogtum Kurland wuchs nach dem frühen Tod der Mutter (1758) zunächst bei ihrer Großmutter, später bei ihrem Vater auf und erhielt eine fundierte literarische Bildung. Die 1771 geschlossene Ehe mit Baron Georg Peter Magnus von der R. verlief unglücklich und wurde 1781 geschieden. In den folgenden Jahrzehnten unternahm R. mehrere Reisen durch Deutschland, Italien, Rußland und die Schweiz. Seit 1819 lebte sie mit dem Schriftsteller Christoph August Tiedge in Dresden. R. schrieb geistliche Lieder und Gedichte (u. a. *Geistliche Lieder einer vornehmen Churländischen Dame,* 1780) sowie Reiseberichte und Tagebücher (*Tagebuch einer Reise durch einen Theil Deutschlands und durch Italien in den Jahren 1804 bis 1806,* 4 Bde., 1815-17). Aufsehen erregte ihre *Nachricht von des berüchtigten Cagliostro Aufenthalte in Mitau, im Jahre 1779, und von dessen dortigen magischen Operationen* (1787), in der sie über ihre persönlichen Erfahrungen mit dem Geisterbeschwörer berichtete, von dem sie sich unter dem Eindruck von → Lessings *Nathan* distanzierte und einen öffentlichen Meinungsstreit über Aberglauben und Mystizismus auslöste. R., Schwester der Herzogin von Kurland, lebte zwischen Adel und Bürgertum und stand in Verbindung mit zahlreichen Aufklärungsschriftstellern.

Rehberg, August Wilhelm, Publizist, Beamter, * 13.1.1757 Hannover, † 10.8.1836 Göttingen.
R., Sohn eines landständischen Beamten, studierte von 1774 bis 1779 in Göttingen und Leipzig Philosophie, Literatur und Geschichte. Mißtrauen gegen diesen Bildungsgang verhinderte zunächst eine Anstellung in Hannover. Eine Beschäftigung als Sekretär des evang. Bischofs von Osnabrück (1783), die ihn in Kontakt mit Justus → Möser brachte, führte schließlich zu R.s Übernahme in den hannoverschen Staatsdienst, in dem er seit 1786 für das kalenbergische Steuerwesen zuständig war. Wie sein Freund Ernst → Brandes wurde R. frühzeitig 1789 zu einem Kritiker der Französischen Revolution (*Untersuchungen über die französische Revolution*, 2 Bde., 1793). Die Entwicklung der Revolution bewies für R. die Unmöglichkeit, eine historisch gewachsene Gesellschaft auf der Grundlage von Vernunftprinzipien neu zu konstituieren. Dies führte zu einer Debatte über das Verhältnis von Theorie und Praxis, in der Immanuel → Kant und Johann Gottlieb → Fichte seine Kontrahenten waren. R. setzte dem Anspruch der Vernunft ein Modell pragmatischer Anpassung entgegen, das er am Vorbild der englischen Verfassungsgeschichte entwickelte. Damit wurde er zu einem der ersten Vertreter eines Konservatismus nach der Französischen Revolution. Kritisch betrachtete er die Strömungen, die nach seiner Ansicht auch in Deutschland die Grundlagen der ständischen Gesellschaft unterhöhlten, namentlich die aufklärerische Pädagogik (*Prüfung der Erziehungskunst*, 1792) und die physiokratische Wirtschaftslehre. R. verteidigte die Einheit von Staat, Wirtschaft und Religion, von Moral und Politik. Gleichzeitig plädierte er für solche Reformen, die die Grundlagen der zunehmend bedrohten Gesellschaftsordnung zu bewahren vermochten. Den Adel forderte er auf, nicht mehr gerechtfertigte Privilegien und seine soziale Abschließung aufzugeben, um so eine führende gesellschaftliche Stellung zu behaupten (*Über den deutschen Adel*, 1803). Die preuß. Niederlage von 1806 veranlaßte ihn zu einer Kritik des friderizianischen Staatswesens. Zur Festigung der Beziehung zwischen Regierung und Volk propagierte R. eine Erneuerung der Ständeversammlungen durch die Einbeziehung der bürgerlichen Staatsdiener und die Ausweitung der Öffentlichkeit (*Über die Staatsverwaltung deutscher Länder*, 1807).
Seine Loyalität zum Herrscherhaus während der französischen Okkupation Hannovers verschaffte R. eine Schlüsselstellung in der zurückgekehrten Regierung. Als Geheimer Kabinettsrat konnte er seit 1814 seine Vorstellungen von der Vereinigung der Stände zu einer gemeinsamen Landesvertretung ansatzweise verwirklichen. R. scheiterte am Widerstand eines Teils des Adels, der 1818/19 den führenden Minister Ernst Graf zu Münster auf seine Seite ziehen konnte. 1820 faktisch aus dem Dienst geschieden, verzögerte eine kleinliche Untersuchung seiner Amtsführung den endgültigen Abschied bis 1825.
Seit 1826 lebte R. in Dresden und Italien, seit 1830 in Göttingen. Von 1828 bis 1831 gab er in drei Bänden seine *Sämmtlichen Schriften* heraus. Durch seine Erläuterungen bilden sie zugleich eine intellektuelle Autobiographie. Befreit von den Zwängen des Amtes, kam darin das kritische, aufklärerische Element in R.s Denken wieder stärker zur Geltung. Nach der „Januarrevolution" im Königreich Hannover (1831) arbeitete R. an der von Georg Heinrich Pertz gegründeten „Hannoverschen Zeitung" mit. Seine Aufsätze zur Unterstützung einer konservativen Reformpolitik erschienen gesammelt als *Constitutionelle Phantasieen eines alten Steuermannes im Sturme des Jahres 1832* (1832).
WEITERE WERKE: Über den Code Napoleon und dessen Einführung in Deutschland. Hannover 1814. – Zur Geschichte des Königsreichs Hannover in den ersten Jahren nach der Befreiung von der westphälischen und französischen Herrschaft. Göttingen 1826. – Lord Porchester's Aufenthalt in Spanien während des Jahres 1820. Braunschweig 1834. – Die Erwartungen der Deutschen von dem Bunde ihrer Fürsten. Jena 1835.
LITERATUR: Ursula Vogel: Konservative Kritik an der bürgerlichen Revolution. A. W. R. Darmstadt 1972. – Mijndert Bertram: Staatseinheit und Landesvertretung. Die erste oder provisorische Ständeversammlung des Königreichs Hannover und ihre definitive Organisation (1814-1819). Diss. Hannover 1986.
Jörg H. Lampe

Reich, Philipp Erasmus, Buchhändler, Verleger, * 1.12.1716 Laubach/Wetterau, † 3.12.1787 Leipzig.
R., Leiter und seit 1762 Teilhaber der Weidmannschen Verlagsbuchhandlung in Leipzig, war einer der einflußreichsten Verleger seiner Zeit und an der organisatorischen Entwicklung des deutschen Buchhandels führend beteiligt. Er verlegte u. a. die Werke von Christian Fürchtegott → Gellert, Christoph Martin → Wieland und Sophie von → La Roche. R. bekämpfte den Raubdruck und den damals im Buchhandel üblichen Tauschverkehr. Mit der Buchhandelsgesellschaft in Deutschland gründete er 1765 eine Vorläuferorganisation des Börsenvereins des Deutschen Buchhandels. Zu seinen Freunden gehörte u. a. der schweizer. Maler Anton → Graff.

Reichard, Heinrich August Ottokar, Schriftsteller, * 3.3.1751 Gotha, † 17.10.1828 Gotha.
Nach dem Jurastudium in Göttingen, Leipzig und Jena wandte sich R. dem Theater zu und übernahm 1775 mit Conrad → Ekhof die Leitung des Hoftheaters in Gotha. 1780-1814 betreute er die Privatbibliothek Herzog → Ernst Ludwigs II. von Sachsen-Gotha. Als Mitglied einer Freimaurervereinigung war R. Mitherausgeber des ersten deutschen Freimaurer-Almanachs (*Sammlung für die freien und angenommenen Maurer in Deutschland*, 1776). Bekannt wurde er vor allem durch politische Schriften und Reisehandbücher sowie als Herausgeber von Theater-Zeitschriften, u. a. des „Theater-Kalenders" (1775-99) und des „Theater-Journals für Deutschland" (1777-84). Sein *Guide de voyageurs en Europe* (2 Bde., 1793) war eines seiner erfolgreichsten Reisebücher. Die Französische Revolution veranlaßte den u. a. mit August von

→ Kotzebue und Friedrich → Schiller befreundeten R. zur Veröffentlichung patriotischer Flugschriften an die Deutschen; bis 1798 gab er den „Revolutions-Almanach" heraus. Er war ferner Herausgeber einer *Bibliothek der Romane* (21 Bde., 1773-94).

Reichardt, Johann Friedrich, Komponist, Musikschriftsteller, * 25. 11. 1752 Königsberg, † 27. 6. 1814 Giebichenstein (heute zu Halle/Saale). Der Sohn und Schüler Johann R.s wurde nach einer Konzertreise durch Deutschland (1771-74), in deren Verlauf er u. a. die Förderung von Johann Adam Hiller und Gottfried August Homilius erfuhr, 1775 kgl.-preuß. Hofkapellmeister in Potsdam. Seine ihn künstlerisch nicht befriedigende Tätigkeit bei Hof veranlaßte ihn in den folgenden Jahren zu zahlreichen Reisen, u. a. nach Italien, Wien, Paris und London. Unter dem Einfluß der Weimarer Klassik widmete er sich seit Ende der achtziger Jahre vor allem der Komposition und Verbreitung von deutschen Lieder- und Singspielen (u. a. *Lieb' und Treu*, 1800), denen häufig Texte von → Goethe, → Schiller und → Herder zugrundelagen. 1794 wegen seiner Begeisterung für die Ziele der Französischen Revolution aus kgl. Diensten entlassen, zog sich R. auf sein Gut in Giebichenstein zurück, das sich zu einem Ort der Begegnung zahlreicher junger Künstler der frühen Romantik (u. a. Clemens Brentano, Achim von Arnim, Novalis und Ludwig → Tieck) entwickelte. Von der Freundschaft mit Wilhelm Grimm zeugt ein Briefwechsel. 1806 floh er vor den napoleonischen Truppen nach Danzig und wurde 1808 vorübergehend Hofkapellmeister des Königs Jérôme Bonaparte in Kassel. Seine letzte größere Reise machte R. noch im selben Jahr nach Wien, wo ihn die Begegnung mit → Haydn und → Beethoven veranlaßte, sich auch den Werken der Wiener Klassik zu öffnen. R., der in seiner künstlerischen Entwicklung von den unterschiedlichsten Stilrichtungen beeinflußt wurde und ein außerordentlich vielfältiges Werk hinterließ, wurde vor allem als Lieder- und Singspielkomponist bekannt. Er komponierte ferner kirchen- und kammermusikalische Werke, Symphonien, Opern und Bühnenmusiken. R. war einer der bedeutendsten Musikschriftsteller des 18. und frühen 19. Jahrhunderts. Er veröffentlichte u. a. *Briefe eines aufmerksamen Reisenden die Musik betreffend* (2 Tle., 1774-76), *Schreiben über die Berliner Musik* (1775), *Schreiben an das musikalische Publikum* (1786) und *Vertraute Briefe aus Paris* (3 Bde., 1804/05).

Reiffenstein, Johann Friedrich, Publizist, Maler, Altertumsforscher, * 22. 5. 1719 Ragnit, † 6. 10. 1793 Rom.
R. studierte seit 1735 Jura in Königsberg, wandte sich aber bald der Kunst und der Literatur zu, beeinflußt u. a. durch die 1743 gegründete Kgl. Deutsche Gesellschaft in Königsberg und durch → Gottsched. 1745-60 wirkte er als Hofmeister am Pageninstitut in Kassel und lebte seit 1762 in Rom, wo er Direktor des Erziehungsinstituts für russische Künstler wurde. Im Sinne der Aufklärung förderte er insbesondere die Entwicklung der Kunstzeitschrift. Als Künstler trat er u. a. mit einem Porträt Gottscheds sowie als Erneuerer der enkaustischen Malerei hervor. Der mit Johann Joachim → Winckelmann befreundete R. war als Sammler von Antiquitäten u. a. im Auftrag der Zarin Katharina II. tätig.

Reil, Johann Christian, Physiologe, Hirnanatom, * 20. 2. 1759 Rhaude (Ostfriesland), † 22. 11. 1813 Halle/Saale.
Aus einem evang. Pfarrhaus stammend, studierte R. seit 1779 Medizin in Göttingen und Halle, wo er seine wissenschaftliche Prägung durch Philipp Friedrich Theodor Meckel und Johann Friedrich Gottlieb Goldhagen erhielt. Nach der Promotion 1782 über Gallenerkrankungen (*Tractatus de polycholia*) ging er entsprechend der preuß. Medizinalordnung für ein Jahr an das Collegium Physico-Chirurgicum nach Berlin, wo er im Haus des Direktors des Jüdischen Krankenhauses, Marcus → Herz, wohnte, von dem er in die Denkwelt der Aufklärung und des Kantianismus eingeführt wurde. Danach war R. kurze Zeit praktizierender Arzt in der ostfriesischen Stadt Norden, ehe er 1787 nach Halle zurückkehrte und ein Extraordinariat an der Schola clinica erhielt; nach Goldhagens Tod 1788 übernahm er dessen Ordinariat. In Halle hatte R. großen Anteil an der Verbesserung des öffentlichen Gesundheitswesens und setzte sich für die unentgeltliche medizinische Versorgung der Armen ein. Hier reiften die Pläne für die Reform des medizinischen Unterrichts, die R. über die Errichtung einer Schule für die Ausbildung „ärztlicher Routiniers", ein verkürztes Studium generell umzusetzen suchte. Die poliklinisch-internistische Ausbildung, das Heranführen der Studenten an das Krankenbett, gehörte neben einer soliden theoretischen und naturphilosophischen Grundausbildung zum Hauptanliegen dieser Reformpläne. R. setzte sich für die Nutzung chemischer Untersuchungsmethoden ein, die er gegen damalige Krankheitslehren richtete. In seiner ersten bedeutenden Schrift *Von der Lebenskraft* (1796) entwickelte er eine von Friedrich Albert Carl Gren beeinflußte chemische Lebenstheorie, die gegen die Annahme von wissenschaftlich nicht faßbaren „Lebenskräften" gerichtet war. An die Stelle des älteren mechanischen Materiekonzepts setzte er einen von Spinoza und Georg Ernst → Stahl beeinflußten Begriff der lebenden Substanz, die durch „qualitative Potentialität" ausgezeichnet ist. 1796 begründete R. das „Archiv für Physiologie", die erste physiologische Zeitschrift der Welt.
In dem Mammutwerk *Ueber die Erkenntniß und Cur der Fieber* (1799-1815) hat R. das Konzept einer neuen naturwissenschaftlich fundierten Krankheitslehre ausgebaut und mit ausgeprägten sozialmedizinischen Forderungen ergänzt. Wichtigstes Resultat dieses Anliegens war die bekannteste Schrift R.s, die *Rhapsodieen über die Anwendung der psychischen Curmethode auf Geisteszerrüttungen* (1803), in der er die damals gängige Einweisung der Geisteskranken in Zuchthäuser scharf kritisierte und menschenwürdige Unterbringung und medizinische Behandlung forderte. In den nachgelassenen Schriften *Entwurf einer allgemeinen Pathologie* (3 Bde., 1815/16) und

Entwurf einer allgemeinen Therapie (1816) wird die Krankheitslehre romantisch-naturphilosophisch überlagert. In der Therapie-Schrift entwickelte R. das Konzept einer ärztlichen Euthanasie, die das Ziel haben müsse, die letzte Stunde für die auf dem Totenbett liegenden unheilbar Erkrankten menschenwürdig zu gestalten.
Der Übergang zur romantischen Naturanschauung nach 1806 war für R. auch eine politische Entscheidung, denn er erblickte in ihr eine wichtige Quelle für die Erneuerung des nationalen Geistes nach der Niederlage Preußens gegen Napoleon 1806. R. blieb nach der Besetzung Halles durch die französischen Truppen bis zu seinem Übertritt an die neugegründete Berliner Univ. in Halle und war als Gründer öffentlicher Badeanstalten, von Qualm- und Solbädern sowie als Mitbegründer des Halleschen Theaters vielfältig aktiv. An seiner neuen Wirkungsstätte in Berlin kam R. jedoch nicht wie gewünscht zur Geltung. Während der Völkerschlacht 1813 stellte er sich als ärztlicher Leiter der linkselbischen Lazarette den vereinigten Armeen zur Verfügung. An einer Typhusinfektion verstarb er im Haus seiner Schwester in Halle. Während der Medizintheoretiker R. der große Anreger war, der in seiner Zeit große Bedeutung erlangte, sind vor allem seine hirnanatomischen Arbeiten fundamental für die weitere Entwicklung der Medizin geblieben.

LITERATUR: Max Neuburger: J. C. R. Gedenkrede. Stuttgart 1913. – Rudolph Zaunick (Hrsg.): J. C. R. 1759-1813. Nova Acta Leopoldina, N. F., 144/22, Leipzig 1960. – Wolfram Kaiser/Arina Völker (Hrsg.): J. C. R. (1759-1813) und seine Zeit. Halle/Saale 1989. – Reinhard Mocek: J. C. R. (1759-1813). Das Problem des Übergangs von der Spätaufklärung zur Romantik in Biologie und Medizin in Deutschland. Frankfurt/Main u. a. 1995. *Reinhard Mocek*

Reimarus, Hermann Samuel, Orientalist, Philosoph, * 22. 12. 1694 Hamburg, † 1. 3. 1768 Hamburg.
Nach seiner Schulbildung am Hamburger Gymnasium, wo u. a. Johann Albert →Fabricius und Johann Christoph Wolf seine Lehrer waren, studierte R. an den Universitäten Jena und Wittenberg. 1717/18 wurde er mit hebraistischen Arbeiten zum Magister promoviert. Eine Bibliotheksreise führte ihn 1720/21 nach Leiden und Oxford. Von 1723 bis 1728 war R. Schulrektor in Wismar, bevor er 1728 als Prof. der orientalischen Sprachen an das Gymnasium seiner Heimatstadt zurückkehrte und im selben Jahr Johanna Friderike Fabricius heiratete. Hier unterrichtete er Hebräisch, biblische Hermeneutik und Kulturgeschichte des antiken Israel. Als letzte Publikation auf dem Gebiet der Orientalistik legte R. 1734 eine Paraphrase mit Anmerkungen zum Buch Hiob vor. Eine vergleichbare philologische Leistung war 1750-52 die Vollendung von Johann Albert Fabricius' Ausgabe der römischen Geschichte des Dio Cassius.
Seit 1735 verfolgte R. das religionsphilosophische und offenbarungskritische Projekt, das ihm einen Platz in der Geistesgeschichte der Aufklärung gesichert hat. Mit einer unter dem Einfluß des englischen Deismus entstandenen Verteidigungsschrift für die „Freiheit eines vernünftigen Gottesdienstes" im christlich-konfessionellen Europa wollte er eine von der Vernunft ausschließlich aufgrund der natürlichen Erkennbarkeit Gottes und seiner Vollkommenheiten entworfene Religion sowie die damit korrespondierende Ablehnung jeder Offenbarungstradition rechtfertigen. Da R. zu Lebzeiten nur seine von den Zeitgenossen als Prolegomena zur Offenbarungsreligion verstandene Begründung der natürlichen Religion erscheinen ließ (*Die vornehmsten Wahrheiten der natürlichen Religion*, 1754), galt er als populärer Religionsphilosoph, der dem physikotheologischen Argument eine wirkungsvolle Fassung gegeben habe. Nur wenigen Freunden war die komplementäre Bibelkritik bekannt, in der R. drei Hauptargumente entfaltete: Erstens trügen die biblischen Überlieferungen keine Kennzeichen einer göttlichen Offenbarung. Zweitens sei der Zusammenhang zwischen Altem und Neuem Testament unerweisbar. Drittens sei der wesentlich politische Charakter des Wirkens Jesu durch die urchristliche Traditionsbildung sowohl der Evangelien wie der Briefe des Apostels Paulus zum Ausgangspunkt einer Erlösungsreligion verfälscht worden (*Apologie oder Schutzschrift für die vernünftigen Verehrer Gottes*. Hrsg. von Gerhard Alexander. 1972).
Die postume Veröffentlichung von Teilen dieser Kritik durch →Lessing 1774-78 löste den sogenannten Fragmentenstreit aus, der die im dogmatisch erstarrten Protestantismus gängig gewordene Deutung der Bibel, die die historischen Mitteilungen für Tatsachenbeweise hielt, erschütterte. Indem Lessing R.' imaginative historisierende Bibelkritik als Material nutzte, um daraus eine Kritik der christlichen Hermeneutik abzuleiten, transformierte er dessen stumpfe Verwerfung der Traditionen Israels und der frühen Kirche und befreite die Theologie zu einem reflektierten historischen Verständnis der biblischen Überlieferung. Erst durch Lessing gewann R. den Rang eines Wegbereiters des religiösen Toleranzdenkens und der biblischen Exegese nach der Aufklärung.

WEITERE WERKE: Vernunftlehre. Hrsg. v. Frieder Lötzsch. München 1979. – Allgemeine Betrachtungen über die Triebe der Tiere. Hrsg. v. Jürgen von Kempski. Göttingen 1982. – Vindicatio dictorum Veteris Testamenti in Novo allegatorum 1731. Hrsg. v. Peter Stemmer. Göttingen 1983. – Die vornehmsten Wahrheiten der natürlichen Religion. Hrsg. v. Günter Gawlick. Göttingen 1985. – Neueste Ausgabe der „Fragmente" in: Gotthold Ephraim Lessing: Werke und Briefe. Hrsg. v. Wilfried Barner u. a. Bd. 8, Frankfurt/Main 1989. Bd. 9, Frankfurt/Main 1993. – Kleine gelehrte Schriften/Vorstufen zur Apologie. Hrsg. v. Wilhelm Schmidt-Biggemann. Göttingen 1994.
LITERATUR: Wilhelm Schmidt-Biggemann: H. S. R. – Handschriftenverzeichnis und Bibliographie. Göttingen 1979. – David Friedrich Strauß: H. S. R. und seine Schutzschrift für die vernünftigen Verehrer Gottes. Nachdruck der Ausgabe Leipzig 1862. Hildesheim 1991. – H. S. R. (1694-1768) ein „bekannter

Unbekannter" der Aufklärung in Hamburg. Veröffentlichung der Joachim-Jungius-Gesellschaft der Wissenschaften Hamburg. Göttingen 1973. – Peter Stemmer: Weissagung und Kritik. Eine Studie zur Hermeneutik bei H. S. R. Göttingen 1983. – Gerhard Freund: Theologie im Widerspruch. Die Lessing-Goeze-Kontroverse. Stuttgart 1989. – Wolfgang Walter (Hrsg.): H. R. S. 1694-1768. Beiträge zur R.-Renaissance in der Gegenwart. Göttingen 1998.

Christoph Bultmann

Reimarus, Johann Albert Heinrich, Mediziner, Naturforscher, Philosoph, * 11. 11. 1729 Hamburg, † 6. 6. 1814 Rantzau (Holstein).

Der Sohn von Hermann Samuel →R. studierte Medizin in Göttingen, Leiden und London. Nach der Promotion 1757 (*De tumore ligamentorum circa articulos, fungo articulorum dicto*) kehrte er nach Hamburg zurück, wo er als praktischer Arzt mit großem Erfolg wirkte. Er führte u. a. die Blatternimpfung und die Anwendung der Belladonna bei Staroperationen ein. Neben seiner medizinischen Tätigkeit galt sein Interesse theologisch-moralischen und philosophischen Fragen (u. a. *Über die Gründe der menschlichen Erkenntnis und der natürlichen Religion*, 1787) sowie wirtschaftlichen, rechtlichen und naturwissenschaftlichen Problemen. R. trat u. a. als Verfechter des Freihandelsgedankens hervor. Auf naturwissenschaftlichem Gebiet profilierte er sich insbesondere durch seine Ausführungen zur Anlage von Blitzableitern (*Vom Blitze, dessen Bahn und Wirkung*, 1778). Seine aufgeklärte, republikanische Gesinnung verband ihn mit →Lichtenberg und →Lessing. 1814 erschien R.' *Lebensbeschreibung von ihm selbst aufgesetzt*.

WEITERE WERKE: Über die zweckmäßige Einrichtung in allen Reichen der Natur, Teleologie genannt. Hamburg 1817.

LITERATUR: Gerhard Alexander: J. A. H. R. und Elise Reimarus in ihren Beziehungen zu Lessing. In: Günther Schulz (Hrsg.): Lessing und der Kreis seiner Freunde. Heidelberg 1985.

Reimarus, Margaretha Elisabeth, genannt Elise, * 22. 1. 1735 Hamburg, † 2. 9. 1805 Hamburg.

Die Tochter des Bibelkritikers Hermann Samuel →R. erhielt zwar nicht die umfassende Universitätsbildung ihres älteren Bruders Johann Albert Heinrich →R., mit dem sie zeitlebens eng verbunden blieb, genoß aber dennoch eine gründliche Erziehung. Unverheiratet und finanziell unabhängig, literarisch und philosophisch gebildet, leitete R. mit ihrer Schwägerin Sophie R., geborene Hennings, nach Mitte der siebziger Jahre den „Taetisch", einen literarischen Salon, als einen der sozialen Knotenpunkte der Hamburger Aufklärer. R. war mit Moses →Mendelssohn, Johann Heinrich →Campe und Friedrich Heinrich →Jacobi sowie mit Friedrich Gottlieb →Klopstock, Matthias →Claudius, August von →Hennings, dem Schwager ihres Bruders, und vielen anderen Aufklärern persönlich bekannt. Befreundet war sie mit Gotthold Ephraim →Lessing, für dessen Nathan sie in Hamburg Subkribenten sammelte. Sie unterstützte Lessing in dem „Fragmentenstreit", im Anschluß an dessen anonyme Publikation der Schutzschrift ihres Vaters, die die Geschwister R. Lessing vermittelt hatten. R. bedauerte, unbedachterweise den Streit um Lessings angeblichen Spinozismus ausgelöst zu haben. Fast völlig unbekannt war bis vor kurzem ihre eigene literarische Produktion. Sie schrieb 30 Gedichte, von denen nur eines publiziert wurde. Ihre Übersetzung von Addisons *Cato* blieb unveröffentlicht; hingegen wurden ihre Übersetzungen von Voltaires *Zaire* und Madame Graffignys *Cénie* in Hamburg aufgeführt. Ihre 30 Beiträge, meist in Dialogform in J. H. Campes „Kleiner Kinderbibliothek" (1778-85) machten R. zur vielgelesenen anonymen Autorin. R. soll auch die Autorin des ihrem Bruder zugeschriebenen Revolutionspamphlets *Freiheit* (1791) gewesen sein. Sie führte u. a. einen Briefwechsel mit Sophie Becker (Schwarz), der Begleiterin der Elise von der →Recke. Im brieflichen Kontakt mit Karl Gustav →Brinckmann wurde sie über das literarische Leben in Berlin informiert.

KORRESPONDENZ: Sechs Briefe von M. E., E. R. (1735-1805). Hrsg. und mit Anmerkungen versehen von Anke Bennholdt-Thomson und Alfredo Guzzoni. In: Querelles. Jahrbuch für Frauenforschung 1 (1996) S. 196-210. – Karin Sträter: „Es ist doch ein herrlich Ding um Ehrlichkeit und Freundschaft ..." Sophie Becker und E. R. in: Querelles. Jahrbuch für Frauenforschung 3 (1998) S. 258-265.

LITERATUR: Berta Badt-Strauss: E. R. und Moses Mendelssohn (nach ungedruckten Quellen). In: Zeitschrift für die Geschichte der Juden in Deutschland 4 (1932) S. 173-189. – Heinrich Sieveking: E. R. in den geistigen Kämpfen ihrer Zeit. In: Zeitschrift des Vereins für Hamburger Geschichte 39 (1940) S. 86-138. – Eva Horvath: Die Frau im gesellschaftlichen Leben Hamburgs – Meta Klopstock, Eva König, E. R. In: Wolfenbütteler Studien zur Aufklärung 3 (1976) S. 175-194. – Gerhard Alexander: Johann Albrecht Heinrich Reimarus und E. R. in ihren Beziehungen zu Lessing. In: Lessing und der Kreis seiner Freunde. Wolfenbütteler Studien zur Aufklärung 8 (1985) S. 129-150. – Karin Sträter: Frauenbriefe als Medium bürgerlicher Öffentlichkeit. Eine Untersuchung anhand von Quellen aus dem Hamburger Raum in der zweiten Hälfte des 18. Jahrhunderts. Frankfurt am Main/Bern 1991. – Almut Spalding: Zwischen Bühne und Almanach: E. R. bei der 'Erziehung des Menschengeschlechts'. In: Frühe Neuzeit in Mittel- und Osteuropa. Festschrift für Günter Mühlpfordt. Hrsg. v. Erich Donnert. Bd. 4. Köln/Weimar/Wien 1997, S. 309-323. – Rudolf Vierhaus: Lessing und E. R. In: Lessing Yearbook 30 (1998) S. 161-170. – Almut Spalding: E. R. (1735-1804), the Muse of Hamburg. A Woman of the German Enlightenment. Diss. Ms. University of Illinois at Urbana Champaign 2001 (mit der Transkription der Gedichte und einer vollständigen Liste von R.s Werke).

Johan van der Zande

Reimer, Georg Andreas, Buchhändler, Verleger, * 27. 8. 1776 Greifswald, † 26. 4. 1842 Berlin.

R. übernahm 1800 in Berlin die 1749 gegründete „Buchhandlung der Königlichen Realschule", die er seit 1819 unter seinem eigenen Namen fortführte und um eine Druckerei erweiterte. 1822 erwarb er die Weidmannsche Buchhandlung in Leipzig, deren Leitung er seinem Sohn Karl August R. und seinem Schwiegersohn Salomon → Hirzel übertrug. Sie wurde später nach Berlin verlegt. Als bedeutendster Verleger der deutschen Romantiker war R. u. a. mit Ernst Moritz Arndt, → Fichte, den Brüdern → Schlegel, → Schleiermacher und den Brüdern Grimm befreundet.

Reimmann, Jakob Friedrich, auch Reimann, evang. Theologe, Schulmann, Schriftsteller, * 22. 1. 1668 Gröningen bei Halberstadt, † 1. 2. 1743 Hildesheim.
Der Sohn eines Schulmeisters bildete sich nach dem Besuch des Gymnasiums weitgehend autodidaktisch weiter. Zunächst Hauslehrer, war er seit 1702 Hilfsinspektor der halberstädtischen Schulen, entschloß sich 1704 zum Übertritt in den geistlichen Stand und wirkte als Pastor in Ermsleben und Domprediger in Magdeburg. 1717 wurde er Superintendent und Leiter der Schulverwaltung in Hildesheim. R.s Bedeutung beruht auf seinen zahlreichen Beiträgen zur Historia Litteraria, der Disziplinen- und Gelehrtengeschichte sowie der historischen Bibliographie. Er veröffentlichte u. a. den *Versuch einer Einleitung in die Historiam literariam so wohl insgemein als auch in die Historiam literariam derer Teutschen* (1708-13), *Historia universalis atheismi et atheorum falso et merito suspectorum* (1725; neu hrsg. v. Winfried Schröder, 1992) und einen *Catalogus Bibliothecae Theologicae systematico-criticus* (1731-39). Mit → Leibniz verband ihn ein reger Briefkontakt. R.s *Eigene Lebensbeschreibung* erschien 1745 (hrsg. v. Friedrich Heinrich Theunen).
WEITERE WERKE: Versuch einer Einleitung in die Historiam litterariam antediluvianam, darinnen dieselbe methodo scientifica entworffen. Halle 1709. – Versuch einer Einleitung in die Historie der Theologie insgemein und der Jüdischen Theologie insbesondere. Magdeburg/Leipzig 1717. – Historia philosophiae Sinensis, nova methodo tradita. Braunschweig 1727, ²1741.
LITERATUR: Winfried Schröder: Einleitung. In: J. F. R.: Historia univeralis atheismi et atheorum falso et merito suspectorum. Hrsg. v. Winfried Schröder. Stuttgart-Bad Cannstatt 1992, S. 7-37. – Martin Mulsow/Herbert Zedelmaier (Hrsg.): Skepsis, Providenz, Polyhistorie. J. F. R. (1668-1743). Tübingen 1998.

Reinhard, Franz Volkmar, luth. Theologe, * 12. 3. 1753 Vohenstrauß (Oberpfalz), † 6. 9. 1812 Dresden.
R., Sohn eines Predigers, studierte Theologie an der Univ. Wittenberg und habilitierte sich 1777 für Philosophie und Philologie. Im folgenden Jahr erwarb er auch das Baccalaureat der Theologie und wurde 1780 Prof. der Philosophie, 1782 auch der Theologie in Wittenberg, wo er seit 1784 Propst an der Schloßkirche war. Von 1792 bis zu seinem Tod wirkte er als Oberhofprediger und Oberkonsistorialrat in Dresden. R. gilt als einer der bedeutendsten deutschen Prediger im Zeitalter der Aufklärung. Seine jährlich veröffentlichten und häufig kopierten Predigten beabsichtigten im Sinne der Aufklärung eine moralische Besserung der Menschen. In der Auseinandersetzung mit der Philosophie → Kants entwickelte sich R. zu einem Wortführer des Supranaturalismus, der durch die Begründung übernatürlicher Offenbarungswahrheiten den unbedingten Vernunftglauben zu begrenzen suchte. Der stark von → Crusius beeinflußte R. zählte zu den Kritikern der Moralphilosophie → Wolffs. Er veröffentlichte u. a. ein *System der christlichen Moral* (5 Bde., 1802-16).
WEITERE WERKE: Oratiuncula de ratione docendi Socratica in institutis philosophiae academicis imitanda. Wittenberg 1780. – Darstellung der philosophischen und theologischen Lehrsätze. Amberg/Sulzbach 1801-04. – Opuscula academica. Hrsg. v. Carl Heinrich Ludwig Pölitz. 2 Bde., Leipzig 1808/09.
LITERATUR: E. Förstemann: R. In: ADB 28, 1889, S. 32-33.

Reinhard, Johann Jakob, Beamter, * 11. 9. 1714 Diez, † 4. 9. 1772 Karlsruhe.
Der Sohn eines nassauisch-oranischen Kanzleirats studierte Medizin und Jura in Herborn und Halle und war seit 1734 nassauischer Regierungs- und Kammerassessor. Seit 1740 stand er im Dienst des Grafen zu Wied und ließ sich als Anwalt in Wetzlar nieder. 1743 wechselte er in den Dienst des Markgrafen von Baden und wurde noch im selben Jahr als badischer Hofrat an das Reichskammergericht in Wetzlar entsandt. Seit 1746 wirkte er in Karlsruhe, wo er 1759 zum Wirklichen Geheimen Rat ernannt wurde. R. trat als Landwirtschafts- und Sozialreformer hervor. Er veröffentlichte staats- und agrarwissenschaftliche Schriften.

Reinhard, Karl Friedrich Graf von, Diplomat, Schriftsteller, * 2. 10. 1761 Schorndorf (Württemberg), † 25. 12. 1837 Paris.
Nach dem Studium der Theologie in Tübingen wirkte R., Bruder Philipp Christian → R.s, einige Jahre im württembergischen Kirchendienst, bis er 1787 eine Hauslehrerstelle in Bordeaux antrat. Seit 1791 lebte er in Paris, wo er 1792 in den diplomatischen Dienst der Girondisten um Talleyrand trat und sich auf verschiedenen Gesandtschaftsposten bewährte. Er war u. a. französischer Gesandter in Hamburg (1795) und Florenz (1797) und wurde 1799 Nachfolger Talleyrands im Außenministerium. 1803 erneut nach Hamburg entsandt, fiel er wegen seiner Kritik an der napoleonischen Politik in Ungnade und wurde 1806 nach Jassy versetzt. Dort von russischen Truppen vorübergehend gefangengesetzt, verbrachte er das folgende Jahr zur Erholung in Karlsbad, wo er → Goethe kennenlernte, mit dem ihn seither ein reger Briefwechsel verband (*Goethe und Reinhard. Briefwechsel in den Jahren 1807-1832. Mit einer Vorrede des Kanzlers Friedrich von Müller*, 1847). Seit 1808 war R. Gesandter Napoleons am Hof König Jérômes von Westfalen. Nach der alliierten Besetzung Kassels fand er unter König Ludwig XVIII. Verwendung in diplomatischen

Missionen, 1815-29 als Gesandter bei der deutschen Bundesversammlung in Frankfurt/Main. Nach kurzer Tätigkeit am sächsischen Hof in Dresden wurde der bereits 1815 nobilitierte R. 1832 mit den Würden eines Pairs von Frankreich verabschiedet.

Reinhard, Philipp Christian, Philosoph, * 2. 12. 1764 Schorndorf (Württemberg), † 7. 11. 1812 Nischni-Nowgorod.
R., Bruder Karl Friedrich von → R.s, studierte evang. Theologie in Tübingen und war 1788-94 als Hauslehrer in Wetzlar tätig. Danach lebte er als Privatgelehrter in Marburg, Hamburg und Jena, wo er u. a. mit August Wilhelm und Friedrich → Schlegel in Verbindung trat. Von den Ideen der Französischen Revolution begeistert, war R. seit 1798 an der Neuordnung der politischen Verhältnisse in Köln beteiligt. Er gab u. a. die Zeitung „Beobachter im Ruhrdepartement" heraus und lehrte seit 1799 als Prof. der Geschichte an der Kölner Zentralschule. Von der politischen Entwicklung unter Napoleon enttäuscht, zog sich R. 1803 nach Moskau zurück, wo er bis 1812 als Prof. der Philosophie wirkte. Er veröffentlichte u. a. *Abriß einer Geschichte der Entstehung und Ausbildung der religiösen Ideen* (1794) und *Versuche einer Theorie des gesellschaftlichen Menschen* (1797, Neudr. 1979).
WEITERE WERKE: Neue Organisation des Religionswesens in Frankreich. Köln 1803.

Reinhold, Karl Leonhard, auch Carl L. R., Philosoph, * 26. 10. 1757 Wien, † 10. 4. 1823 Kiel.
In seiner Geburtsstadt durchlief R. seit 1772 bei den Jesuiten und Barnabiten die Ausbildung zum Novizenmeister und Lehrer der Philosophie. Seiner aufklärerischen Haltung folgend, schloß er sich 1783 den Illuminaten an. Um sich dem Konflikt zwischen klerikaler und freimaurerischer Aktivität zu entziehen, floh R. nach Leipzig und Weimar. 1784 wurde er Mitherausgeber von Christoph Martin → Wielands „Teutschem Merkur". Im selben Jahre trat er zum Protestantismus über. Der 1785 ausbrechende Streit zwischen → Kant und → Herder wurde Anlaß für R.s philosophisches Engagement. Vor allem mit den vorkritischen Rationalismus vertraut, verteidigte er zunächst Herder, entdeckte sodann die Kantische Philosophie, die bald zu seinem „Evangelium" wurde. Seit 1786 publizierte er die vielbeachteten *Briefe über die Kantische Philosophie*, 1787 wurde er in Jena zum Prof. der Philosophie ernannt. Dort betätigte er sich als Verbreiter und scharfsinniger Kritiker der Kantischen Vernunftkritik, allem voran mit dem *Versuch einer neuen Theorie des menschlichen Vorstellungsvermögens* von 1789.
Mit seinem mehrmals revidierten System der „Elementarphilosophie" bemühte sich R., Kants theoretische und praktische Vernunftkritik durch einen obersten Grundsatz, den „Satz des Bewußtseins", zu vereinheitlichen und neu zu fundieren. Er bereitete damit den Weg zur Prinzipien- und Ich-Philosophie → Fichtes und des jungen Schelling vor. 1794 folgte R. einem Ruf an die Univ. Kiel. Standen seine ersten Kieler Jahre im Zeichen einer Annäherung und vorübergehenden Übereinstimmung mit Fichtes Wissenschaftslehre, wandte sich R. Ende des Jahrhunderts der Glaubens- und Seinsphilosophie Friedrich Heinrich → Jacobis zu, bevor er 1800 eine weitere Wandlung vollzog, die einer Abrechnung mit der gesamten nachkantischen Bewußtseins- und Ich-Philosophie gleichkam. R. vertrat die Lehre eines „Logischen" oder „Rationalen Realismus". Nach der Ausarbeitung dieser Lehre, die in Konkurrenz zur frühen Identitätsphilosophie Schellings und Hegels stand und die zudem den reifen Hegel positiv anregte, konzentrierte sich R. bis zu seinem Tod ganz auf die Aufgabe einer philosophischen Sprachkritik. Die Sprachkritik sollte, wie das Hauptwerk von R.s Spätphase, die *Grundlegung der Synonymik für den allgemeinen Sprachgebrauch in den philosophischen Wissenschaften* (1812), dokumentiert, die Logik in der Rolle einer *prima philosophia* ablösen.
WEITERE WERKE: Beiträge zur Berichtigung der Mißverständnisse der Philosophen. 2 Bde., Jena 1790-94. – Über das Fundament des philosophischen Wissens. Jena 1791. – Sendschreiben an J. C. Lavater und J. G. Fichte über den Glauben an Gott. Hamburg 1799. – Beiträge zur Übersicht des Zustandes der Philosophie beim Anfange des 19. Jahrhunderts. Hamburg 1801-03.
LITERATUR: Alexander von Schönborn: K. L. R. Eine annotierte Bibliographie. Stuttgart-Bad Cannstatt 1991. – Alfred Klemmt: K. L. R.s Elementarphilosophie. Eine Studie über den Ursprung des spekulativen deutschen Idealismus. Hamburg 1958. – Reinhard Lauth (Hrsg.): Philosophie aus einem Prinzip. K. L. R. Bonn 1974. – Gerhard W. Fuchs: K. L. R. – Illuminat und Philosoph. Bern u. a. 1994. – Martin Bondeli: Das Anfangsproblem bei K. L. R. Eine systematische und entwicklungsgeschichtliche Untersuchung zur Philosophie R.s in der Zeit von 1789 bis 1803. Frankfurt/Main 1995. – Martin Bondeli/Wolfgang H. Schrader (Hrsg.): Die Philosophie K. L. R.s. Amsterdam/Atlanta, GA 2002. *Martin Bondeli*

Reitzenstein, Sigismund (Karl Johann) Frh. von, Diplomat, Staatsmann, * 3. 2. 1766 Nemmersdorf (heute zu Goldkronach), † 5. 3. 1847 Karlsruhe.
Nach dem Jurastudium in Göttingen und Erlangen trat R. 1788 in den badischen Staatsdienst ein und schloß als Landvogt der Herrschaft Rötteln 1796 in Lörrach den badischen Separatfrieden mit Frankreich. Daraufhin wurde er als badischer Gesandter nach Paris entsandt, wo er sich erfolgreich um die im Reichsdeputationshauptschluß 1803 festgelegte Vergrößerung des badischen Staatsgebiets bemühte. R. war Reorganisator der Heidelberger Univ. nach ihrer Neugründung 1803. 1809 erstmals zum Staatsminister des Großherzogtums Baden ernannt, widmete sich R. dem Aufbau einer zentralistischen Verwaltungsorganisation nach französischem Vorbild und behielt auch nach seiner Entlassung 1810 starken Einfluß auf den durch Krankheit geschwächten Großherzog. Nach seiner neuerlichen Berufung 1813 konnte er in einem Staatsvertrag mit Österreich den territorialen Status quo des Großherzogtums sichern, der auf dem Wiener Kongreß nicht angetastet wurde.

Die liberale Verfassung von 1818 sorgte für die innere Konsolidierung Badens, die jedoch in der dritten Amtsperiode R.s (1832-42) durch eine Politik der Restauration untergraben wurde.

Remer, Julius August, Pseud. Wieland der ältere, Historiker, getauft 31. 7. 1738 Braunschweig, † 26. 8. 1803 Helmstedt.
R. studierte Theologie und Geschichte an den Universitäten Helmstedt und Göttingen und wurde Magister der Philosophie. Seit 1763 war er Hofmeister am Collegium Carolinum in Braunschweig und lehrte dort seit 1770 allgemeine Geschichte. 1774 wurde er Prof. und Direktor des fürstlichen Intelligenzwesens und war Herausgeber der „Gelehrten Beyträge" zu den „Braunschweiger Anzeigen" und der „Neuen Braunschweiger politischen Zeitung". R. las seit 1779 am Collegium über Universal- und Staatengeschichte und nahm 1787 die Berufung zum o. Prof. der Geschichte und Statistik an die Univ. Helmstedt an; 1796 wurde er zum Hofrat ernannt. R. gab 1786-94 die *Tabellarische Uebersicht der wichtigsten statistischen Veränderungen in den vornehmsten europäischen Staaten* heraus, übersetzte englische und französische Werke und schrieb Lehrbücher, u. a. eine *Geschichte der französischen Constitutionen* (1795).

Rengger, Albrecht, schweizer. Mediziner, Politiker, * 8. 7. 1764 Gebenstorf, † 23. 12. 1835 Aarau.
Nach dem Theologiestudium in Bern war R. Hauslehrer Philipp Emanuel von →Fellenbergs, studierte 1785-88 Medizin in Göttingen, wurde mit der Arbeit *Constitutiones aevi nostri febris quaedam momenta* promoviert und ließ sich 1790 als Arzt in Bern nieder. 1791 wurde er Mitglied der Helvetischen Gesellschaft, trat für die Ideen der Französischen Revolution ein und beteiligte sich als Innenminister der Helvetischen Republik (1798-1803) wesentlich am Aufbau des neuen Einheitsstaats. 1803 verließ R. den Aargau und eröffnete eine Arztpraxis in Lausanne. Er nahm am Wiener Kongreß teil, kehrte 1815 nach Aarau zurück und war bis 1821 Mitglied der Regierung. R. lehnte die Regenerationsbewegung 1830 ab. Er befaßte sich mit naturwissenschaftlichen Studien und gab die Schriften seines Neffen und Adoptivsohns Johann R. heraus.
WEITERE WERKE: Bericht über die Armen-Erziehungs-Anstalt in Hofwyl. Tübingen 1815, London 1820. Nachdruck Taipei 1995.
LITERATUR: Ferdinand Wydler: Leben und Briefwechsel von A. R. Minister des Innern der helvetischen Republik. Zürich o. J.

Resewitz, Friedrich Gabriel, evang. Theologe, Pädagoge, * 9. 3. 1729 Berlin, † 30. 10. 1806 Magdeburg.
R. studierte 1747-50 bei Siegmund Jakob →Baumgarten in Halle Theologie und nahm nach seiner Rückkehr nach Berlin an den monatlichen Versammlungen des von Moses →Mendelssohn und Friedrich →Nicolai begründeten „Gelehrten Kaffeehauses" teil. 1756 erhielt er die Stelle des ersten Predigers an der Benediktinerkirche in Quedlinburg. R. trat nach dem Ausscheiden Gotthold Ephraim →Lessings 1764 als Rezensent in die Redaktion der *Briefe, die neueste Literatur betreffend* ein. 1765-79 war er Mitarbeiter der „Allgemeinen deutschen Bibliothek" Nicolais, veröffentlichte 1766 eine *Sammlung einiger Predigten* und wurde im folgenden Jahr Prediger an der St. Petrikirche in Kopenhagen, wo er sich den Kreisen um Friedrich Gottlieb →Klopstock, Johann Andreas →Cramer und Gottfried Benedict Funk anschloß. Er wurde mit der Verwaltung des Armenwesens und der Gründung und Einrichtung einer Realschule betraut und schrieb hier seine wichtigsten pädagogischen Werke *Ueber die Versorgung der Armen* (1769) und *Die Erziehung des Bürgers zum Gebrauch des gesunden Verstandes* (1773). 1774 wurde er von Minister Karl Abraham von →Zedlitz zum Abt des Klosters Berge bei Magdeburg und Rektor des dortigen Pädagogiums ernannt mit dem Auftrag, eine Neugestaltung der veralteten Schule durchzuführen. R. scheiterte mit seinen Reformversuchen und wurde 1796 seines Amtes enthoben.

Retzer, Joseph Friedrich Frh. von, österr. Schriftsteller, * 25. 6. 1754 Krems, † 15. 10. 1824 Wien.
Nach dem Besuch der Theresianischen Ritterakademie in Wien (1762-74), wo er Schüler von Michael →Denis und Sigmund Anton Graf von Hohenwart war, trat R. 1774 in den Staatsdienst, wurde 1782 Hofkonzipist und erhielt nach der Veröffentlichung seines Gedichts *Auf die verstorbene Kaiserinn, Beschützerinn der Wissenschaften* (1782) die Stelle eines Bücherzensors. Seit 1787 war er Hofsekretär. 1801 wurde ihm die Zensur historisch-politischer Bücher, 1819 das Zensorenamt vollständig entzogen. R. war seit 1782 Mitglied, später Meister der Loge „Zur wahren Eintracht". Er förderte als Zensor aufklärerisches Schrifttum, war Mitarbeiter der Zeitschrift „Literarische Monate", später des „Wiener Musenalmanachs" und veröffentlichte Gedichte u. a. im „Teutschen Merkur" und im „Deutschen Museum". R. korrespondierte mit Gelehrten und Dichtern, darunter jahrzehntelang mit Friedrich →Nicolai, übersetzte aus dem Lateinischen und Französischen und machte sich als Herausgeber deutscher und fremdsprachiger Werke verdient (u. a. *Choice of the Best Poetical Pieces of the Most Eminent English Poets*, 6 Bde., 1783-86).

Rhode, Johann Gottlieb, Pseud. Mahler Anton, Publizist, Lehrer, * 1762 im Halberstädtischen, † 23. 8. 1827 Breslau.
Nach dem Studium in Helmstedt war R. Hauslehrer in Marienthal bei Helmstedt, Braunschweig und in Estland, leitete zeitweise ein privates Erziehungsinstitut in Reval und lebte 1789 wieder in Braunschweig. 1797 war er in Berlin Mitherausgeber der „Eunomia. Zeitschrift für das 19. Jahrhundert" sowie Redakteur der „Vossischen Zeitung". R. wurde 1800 Hauslehrer in Breslau, gab 1800 die „Allgemeine Theaterzeitung", 1803/04 den „Breslauer Erzähler" heraus und war Dramaturg am Breslauer Theater. Seit 1809

war er Lehrer der Geschichte und deutschen Sprache an der Kriegsschule in Breslau sowie Redakteur der „Schlesischen privilegierten Zeitung". Seine zahlreichen Veröffentlichungen erschienen überwiegend in Zeitschriften; unter den selbständig erschienenen sind naturwissenschaftliche und dramatische Arbeiten, eine Übersetzung des Ossian (1800, 1817) sowie *Die heilige Sage und das gesammte Religionssystem der alten Baktrer, Meder und Perser und des Zendvolkes* (1820).

Ribov, Georg Heinrich, evang. Theologe, Philosoph, * 8. 2. 1703 Lüchow, † 22. 8. 1774 Hannover.
R. studierte Philosophie, Mathematik und Theologie an der Univ. Halle, war Hauslehrer und Gymnasiallehrer in Bremen, erwarb den Magistergrad in Wittenberg und habilitierte sich in Helmstedt. 1731 Adjunkt der Philosophischen Fakultät, wurde er 1732 Pastor primarius in Quedlinburg, wo er 1733 mit dem Titel eines Konsistorial- und Kirchenrats eine Anstellung als Hofprediger annahm. Seit 1736 war R. Prediger an St. Johannis und Superintendent in Göttingen. 1737 zum Dr. theol. promoviert, wurde er 1739 o. Prof. der Philosophie, 1742 a. o. und 1745 o. Prof. der Theologie an der Univ. Göttingen. 1759 ging er als Konsistorialrat und Generalsuperintendent nach Hannover. In der Tradition Christian → Wolffs stehend, veröffentlichte R. u. a. *Erläuterung der Wolfischen Metaphysik* (1726), *Fernere Erläuterung der vernünfftigen Gedanken Wolfens von Gott, der Welt und der Seele* (1726) und *Institutiones theologiae dogmaticae methodo demonstrativa traditae* (1740, unvollendet).
WEITERE WERKE: De anima brutorum. Helmstedt 1728. – Beweis, daß die geoffenbarte Religion nicht aus der Vernunft ist. Göttingen 1740. – De superstitionis, qua differt ab idolatria, moralitate. Göttingen 1751.
LITERATUR: Wagenmann: R. In: ADB 28, 1889, S. 804-805.

Richey, Michael, Lyriker, Polyhistor, * 1. 10. 1678 Hamburg, † 10. 5. 1761 Hamburg.
Seit 1696 studierte R. am Akademischen Gymnasium in Hamburg, wechselte 1699 zum Studium der Theologie, Naturlehre, Mathematik, Geschichte und schönen Wissenschaften nach Wittenberg und wurde im selben Jahr zum Magister promoviert. 1701 nach Hamburg zurückgekehrt, setzte er u. a. bei Johann Albert → Fabricius seine orientalischen Studien fort und wurde 1704 Rektor des Gymnasiums in Stade. 1712 floh R. vor den Dänen nach Hamburg und übernahm 1717 den Lehrstuhl für Geschichte und griechische Sprache am Akademischen Gymnasium, dessen Rektor er siebenmal wurde. Zu seinen Schülern zählten u. a. Friedrich von → Hagedorn und Johann Georg → Büsch. Zusammen mit Fabricius und Johann → Hübner gehörte R. der Gesprächsrunde „Bibliotheca Historica" (1715-29) und der „Teutsch-übenden Gesellschaft" (1715-1717) an. Sein *Idiotikon Hamburgense* (1743, ²1754; Neudr. 1975) ist das erste niederdeutsche Wörterbuch. Seit 1724 war er Redakteur des Hamburger „Patrioten". R. schrieb Lyrik für Christian Friedrich → Weichmanns *Poesie der Nieder-Sachsen* (1721-38). Sein Hauptwerk sind die *Deutschen Gedichte* (3 Bde., 1764-66, hrsg. von Gottfried Schütze) mit Lob-, Hochzeits-, Trauer-, Sinn-, Sing- und vermischten Gedichten.

Richter, Christoph Gottlieb, Jurist, Schriftsteller, * 17. 9. 1717 Nürnberg, † 23. 9. 1774 Nürnberg.
R., Sohn eines Kaufmanns, begann 1735 in Altdorf juristische und philosophische Studien, setzte diese in Marburg fort und kehrte 1740 nach Nürnberg zurück. 1743 erhielt er in Altdorf die Lehrerlaubnis für Jura, lebte aber in Nürnberg, ohne Aufnahme im Kollegium der Advokaten zu finden. Nach Fälschung einer Urkunde wurde er mit Gefängnisstrafe belegt. Als ihm jede juristische Tätigkeit in Nürnberg untersagt wurde, ging er nach Fürth und ließ sich als Anwalt nieder. R. war Mitarbeiter der „Erlanger Realzeitung" und der „Nürnbergischen Reichs-Postzeitung". Im Mittelpunkt seines literarischen Schaffens stehen politisch-historiographische Werke, u. a. *Lebens- und Staatsgeschichte Der [...] Maria Theresia* (1744) und *Helden-Lied für die Königin von Ungarn und Ihre Gnade gegen die Juden von Löwle Kemmel* (1745). R. veröffentlichte auch Romane und Wochenschriften.

Riedel, Andreas Frh. von, auch Riedl, Ridel, österr. Staatsmann, Schriftsteller, * 12. 9. 1748 Wien, † 15. 2. 1837 Paris.
R. besuchte 1764-70 die Theresianische Militärakademie in Wien, nahm 1772-74 an Landvermessungen in Ostgalizien und der Moldau teil und lehrte dann an der Akademie in Wiener Neustadt. Seit 1779 wirkte er in Florenz als Mathematiklehrer und Erzieher der Söhne des Großherzogs → Leopold, kehrte 1790 nach Wien zurück. Als Mitarbeiter Kaiser Leopolds II. erarbeitete er einen Verfassungsentwurf zur Umgestaltung der Habsburgermonarchie. Er gehörte zum Kreis der „Wiener Jakobiner" und verfaßte den anonym verbreiteteten *Aufruf an alle Deutsche zu einem antiaristokratischen Gleichheitsbund* (1792). 1794 verhaftet, wurde er im folgenden Jahr zu 60 Jahren Kerker verurteilt und 1806 in Brünn inhaftiert. Nach der Befreiung durch französische Truppen (1809) lebte er seit 1811 in Frankreich.
LITERATUR: Alfred Körner: A. R. Ein politisches Schicksal im Zeitalter der Französischen Revolution. Köln 1969 (Diss.).

Riedel, Friedrich Just(us), Schriftsteller, * 10. 7. 1742 Vieselbach bei Erfurt, † 2. 3. 1785 Wien.
Der Sohn eines Pfarrers studierte an den Universitäten Jena, Leipzig und Halle Philosophie und Rechtswissenschaft und wurde von Christian Adolph → Klotz für die Schönen Wissenschaften gewonnen. Nach Erwerb des Grades eines Magisters lehrte R. in Jena Philosophie, seit 1768 an der Univ. Erfurt, wo er eine Reform der Univ. im Sinne der Aufklärung anstrebte. Die Berufung an die Kaiserliche Akademie der Künste (1772) nach Wien scheiterte an Intrigen

seiner Erfurter Professorenkollegen. R. ging trotzdem nach Wien, gab verschiedene Zeitschriften heraus (u. a. „Der Einsiedler", 1773/74; „Litterarische Monate", 1776/77) und war literarisch tätig. Er veröffentlichte u. a. eine *Theorie der schönen Künste und Wissenschaften* (1767, ²1774) und begründete in seinen fiktiven Briefen *Ueber das Publicum* (1768) eine gegenüber → Bodmer subjektivere Ästhetik.

WEITERE WERKE: Metaphysicae Darjesianae tenuia rudimenta per tabulas exposita. Jena 1766. – Philosophische Bibliothek. 4 Tle., Halle 1768/69. – Briefwechsel mit dem Antikritikus. Hrsg. v. J. G. C. Gleichmann. Halle 1768. – Philosophische Schriften. 3 Bde., Wien 1786. – Satyrische, moralische und kritische Schriften, nebst Briefen. 5 Tle., Wien 1786/87. – Briefe über das Publikum. Hrsg. v. Eckart Feldmeier. Wien 1973.

LITERATUR: Erich Schmidt: R. In: ADB 28, 1889, S. 521 ff. – Filip Kasimir Wize: F. J. R. und seine Ästhetik. Berlin 1907. – Richard Wilhelm: F. J. R. und die Ästhetik der Aufklärung. Heidelberg 1933. – Rita Terras: Wieland. In: Hansjörg Schelle (Hrsg.): Christoph Martin Wieland. Tübingen 1984.

Riegger, Paul Joseph Ritter von, Jurist, * 29. 6. 1705 Freiburg/Breisgau, † 2. 12. 1775 Wien.
R., Sohn eines Registrators der vorderösterreichischen Regierung, wurde 1722 zum Mag. phil. und 1733 zum Dr. jur. promoviert und im selben Jahr Prof. des Natur-, Völker- und öffentlichen deutschen Rechts an der Univ. Innsbruck. 1751 folgte er einem Ruf an das Theresianum in Wien, erhielt 1753 die Professur für geistliches Recht, später auch für Staatsrecht und kanonisches Recht. Zu seinen Schülern zählten Karl Anton von Martini und Joseph von → Sonnenfels. R. war Referent für Geistliche Angelegenheiten bei der böhmischen Hofkanzlei und Mitglied der Bücherzensurkommission. 1764 wurde er von Kaiserin Maria Theresia in den erblichen Ritterstand erhoben. R., Wegbereiter und einflußreicher Verfechter des josephinischen Staatskirchentums, schrieb u. a. *Institutiones jurisprudentiae ecclesiasticae* (4 Bde., 1768-72).

Riem, Andreas, reformierter Theologe, Schriftsteller, * 22. 8. 1749 Frankenthal, † 21. 3. 1814 Speyer.
R., Sohn des Rektors Philipp R., studierte vermutlich in Heidelberg Theologie, war seit 1776 reformierter Pfarrer in Friedrichswalde und seit 1782 am Friedrichshospital in Berlin. 1789 wurde er Sekretär der Akademie der Künste und mechanischen Wissenschaften in Berlin und 1791 Kanonikus in Herford. 1793 aufgrund seines Eintretens für eine Anlehnung der preuß. Außenpolitik an Frankreich aus Preußen ausgewiesen, bereiste er ganz Europa. 1796-1800 war R. Diplomatischer Geschäftsträger der Französischen Republik, 1802-14 Advokat in Speyer. Er veröffentlichte *Fragmente über Aufklärung* (1788) und *Reisen durch Deutschland, Frankreich, England und Holland besonders in politischer Hinsicht in den Jahren 1785-1797* (8 Bde., 1795-1801) und war Mitherausgeber der Monatsschrift „Berlinisches Journal für Aufklärung" (8 Bde., 1788-90).

Riesbeck, Johann Kaspar, auch Risbeck, Journalist, Schriftsteller, * 12. 1. 1754 Höchst, † 8. 2. 1786 Aarau.
Der Sohn eines Webers und Schnupftuchfabrikanten studierte in Mainz und Gießen als Vorbereitung für den höheren Verwaltungsdienst Jura. 1775 verließ R. Mainz und reiste über Nürnberg nach Wien, wo er Bühnenstücke bearbeitete und als Schauspieler auftrat. 1777 kam er nach Salzburg, verdiente seinen Lebensunterhalt als freier Schriftsteller und wurde 1780 auf Vermittlung → Goethes Redakteur der „Zürcher Zeitung". Daneben arbeitete R. als Lektor, Korrektor und Übersetzer englischer und französischer Reisebeschreibungen. 1783 mußte er wegen seiner die gesellschaftliche Doppelmoral anklagenden Artikel die Stadt verlassen. In Aarau beendete er seine *Briefe eines reisenden Franzosen über Deutschland an seinen Bruder in Paris* (2 Bde., 1783), die anonym erschienen und durch mehrfache Auflagen sowie Übersetzungen ins Englische, Französische, Italienische, Niederländische und Schwedische weite Verbreitung fanden.

Rinck, Friedrich Theodor, evang. Theologe, Philosoph, Orientalist, * 8. 4. 1770 Schlawe (Pommern), † 27. 4. 1821 Danzig.
R. war seit 1792 Privatdozent an der Univ. Königsberg und wurde 1793 zum o. Prof. der Philosophie ernannt. 1800 übernahm er die theologische Professur und wurde 1801 zum Dr. theol. promoviert. Seit demselben Jahr wirkte er als Oberpfarrer und Lehrer der Theologie am Gymnasium in Danzig. R., der bei dem holländischen Arabisten Albert Schultens studiert hatte, war Herausgeber und Kommentator arabischer Handschriften (*Neue Sammlung der Reisen nach dem Orient, in Auszügen und Übersetzungen,* 1801) und verfaßte mehrere biographische Werke, vor allem über Immanuel → Kant (*Biographie Immanuel Kants,* 2 Bde., 1804; *Ansichten über Immanuel Kants Leben,* 1805). 1800 gab er die *Sammlung einiger bisher unbekannt gebliebener kleiner Schriften von Immanuel Kant* heraus.

LITERATUR: C. Siegfried: R. In: ADB 28, 1889, S. 625 bis 626.

Rochow, Friedrich (Eberhard) Frh. von, Pädagoge, Sozialreformer, * 11. 10. 1734 Berlin, † 16. 5. 1805 Gut Reckahn bei Brandenburg.
Der Sohn eines preuß. Staatsministers trat nach dem Besuch der Ritterakademie in Brandenburg 1750 in den preuß. Militärdienst ein, nahm als Offizier am Siebenjährigen Krieg teil und schied 1758 nach einer Verwundung, die er sich bei einem Duell zugezogen hatte, aus dem Heeresdienst aus. 1760 übernahm R. die Familiengüter Reckahn, Gettin und Krahne in der Mark Brandenburg, wurde 1762 Domherr von Halberstadt und leitete seit dem Tod seines Vaters 1764 auch die Familiengüter in der Provinz Preußen, nachdem seine dreizehn Geschwister frühzeitig verstorben waren. R. bildete sich autodidaktisch in alten und neuen Sprachen, Geschichte und Naturgeschichte weiter und setzte sich in aufklärerisch-humanitärem

Geist für Armenfürsorge, Volksgesundheit und Verbesserungen der Landwirtschaft ein, besonders aber für Reformen des ländlichen Schulwesens. R. richtete auf seinen Gütern Volksschulen ein, veröffentlichte 1772 den *Versuch eines Schulbuchs für Kinder der Landleute*, in dem er seine Reformprogramm im Sinne des selbständig-praktischen Denkens formulierte, und bemühte sich auch um Lehrerausbildung. Sein Schulbuch *Der Kinderfreund. Ein Lesebuch zum Gebrauch in Landschulen* (2 Bde., 1776-80) erlebte zahlreiche Auflagen und war lange Zeit weit verbreitet.

Rohr, Julius Bernhard von, Schriftsteller,
* 28. 3. 1688 Elsterwerda bei Dresden, † 18. 4. 1742 Leipzig.
Der Sohn eines kursächsischen Kammerherrn und Erzieher des späteren Kurfürsten Friedrich August I. studierte 1705-10 u. a. bei Christian → Wolff in Leipzig, dem er 1712 nach Halle folgte. Seit 1713 war R. Beisitzer in der Merseburgischen Stifts- und Erbland-Regierung, die er 1726-31 in der Niederlausitz als Regierungsrat vertrat, und wurde 1723 Landkammerrat in Merseburg. R. verfaßte philosophisch-moralische und ökonomische Schriften, u. a. *Einleitung der Klugheit zu leben* (1715) und *Einleitung zum allgemeinen bürgerlichen Recht* (1731).

Rosenmüller, Johann Georg, evang. Theologe,
* 18. 12. 1736 Ummerstadt bei Hildburghausen,
† 14. 3. 1815 Leipzig.
Nach dem Studium der Theologie in Altdorf war R. Hauslehrer, seit 1767 Pfarrer in Hildburghausen und in Heßberg. 1772 wurde er Diakon in Königsberg (Franken), 1773 Prof. der Theologie und Pastor in Erlangen, 1783 o. Prof., Superintendent und Konsistorialassessor in Gießen, 1785 Ordinarius und Präsident des Oberkonsistoriums in Leipzig, 1793 Domherr und 1806 Prälat des Hochstifts Meißen. R., ein bedeutender Predigt- und Erbauungsschriftsteller, setzte sich neben einer Umgestaltung der Kirche im Sinne der Aufklärung (er forderte u. a. die Abschaffung des Exorzismus, der Privatbeichte und ein neues Gesangbuch) für die Verbesserung des Schulwesens ein. Er veröffentlichte u. a. *Scholia in Novum Testamentum* (6 Bde., 1777-82) und *Historia interpretationis librorum sacrorum in ecclesia christiana* (5 Bde., 1795-1814).

Rost, Johann Christoph, Schriftsteller, getauft 7. 4. 1717 Leipzig, † 19. 7. 1765 Dresden.
Der Sohn des Küsters an der Leipziger Thomaskirche studierte an der dortigen Univ. Jura, Philosophie und schöne Wissenschaften und erhielt 1740 durch Vermittlung seines Lehrers Johann Christoph → Gottsched eine Anstellung als Redakteur der „Haude und Spenerschen Zeitung" in Berlin. 1742 ging R. nach Dresden und arbeitete zunächst an den „Dresdnischen Nachrichten von Staats- und gelehrten Sachen" mit, wurde jedoch bald Beamter im Dienst des Grafen Brühl; zuletzt war er Obersteuer-Sekretär. Sein literarisches Schaffen umfaßt Lyrik, Epen und Satiren. Anfangs von Gottsched beeinflußt, den er später erbittert bekämpfte, verspottete er diesen in den Satiren *Das Vorspiel* (1742) und *Der Teufel. An den Kunstrichter der Leipziger Schaubühne* (1753). R. schrieb Schäfergedichte und -spiele, die meistens anonym erschienen, u. a. *Schäfererzählungen* (1742) und das Schäferspiel *Die gelernte Liebe* (1742).

Rotteck, Karl Wenzeslaus Rodecker von, Historiker, Staatswissenschaftler, liberaler Publizist, Politiker, * 18. 7. 1775 Freiburg/Breisgau,
† 26. 11. 1840 Freiburg/Breisgau.
Der Sohn eines von Kaiser → Joseph II. 1789 geadelten Arztes und Professors der Medizin und einer aus französisch-lothringischem Adelsgeschlecht stammenden Mutter bezog bereits im Alter von 15 Jahren die Univ. Freiburg/Breisgau. Nach Abschluß des philosophischen und rechtswissenschaftlichen Studiums und der juristischen Promotion 1797 wurde R. im nachfolgenden Jahr zum Prof. für „Weltgeschichte" an der Freiburger Univ. ernannt. Sein Beitrag zur geschichtswissenschaftlichen Forschung blieb gering. Ungewöhnlich erfolgreich war R. hingegen als Geschichtsdarsteller. Seine im Geist der Aufklärungshistorie geschriebene neunbändige *Allgemeine Geschichte vom Anfang der historischen Kenntnis bis auf unsere Zeiten* (1812-26) und die gekürzte vierbändige *Allgemeine Weltgeschichte für alle Stände* (1830-34) trafen den Geschmack des gebildeten Publikums. Beide Werke, die nach R.s Tod fortgeführt und in andere Sprachen übersetzt wurden, erlebten bis 1875 zahlreiche Auflagen. 1818 tauschte R. die Professur für Weltgeschichte gegen jene der „Staatswissenschaften, des natürlichen Privat-, Staats- und Völkerrechts". Rasch erwarb er sich den Ruf eines führenden Theoretikers des noch dem aufgeklärten Naturrecht verpflichteten Verfassungskonzepts. In Fortführung des *Staatsrechts der konstitutionellen Monarchie* (2 Bde., 1824-28) des 1824 verstorbenen Johann Christoph von → Aretin, vor allem aber in seinem theoretischen Hauptwerk *Lehrbuch des Vernunftrechts und der Staatswissenschaften* (4 Bde., 1829-35) legte R. sein vornehmlich in Auseinandersetzung mit Immanuel → Kant, Jean-Jacques Rousseau, Abbé Sieyes und Benjamin Constant formuliertes Begründungsprogramm des Konstitutionalismus dar. Hauptgedanken dieses noch vorparlamentarischen aufgeklärt-liberalen Konstitutionalismus waren Garantie der Grundrechte, Rechtsstaatlichkeit, Gewaltenteilung und politische Repräsentation.
Durch die allgemeine Politisierung der Aufklärung seit dem ausgehenden 18. Jh., vor allem aber durch die Französische Revolution und deren Folgen geriet R. frühzeitig und dauerhaft in den Bann der Politik. Als das Großherzogtum Baden 1818 den Übergang zum Verfassungsstaat vollzog, wurde R. als Abgeordneter der Freiburger Univ. in die Erste Kammer des badischen Landtags gewählt. Bei den Wahlen 1831 erhielt er ein Abgeordnetenmandat für die Zweite Landtagskammer, das er bis zu seinem Tod 1840 ausübte. Seine politische Tätigkeit als Abgeordne-

ter stand ganz im Zeichen der Verteidigung und des Ausbaus der konstitutionellen Verfassung. Daneben entfaltete R. eine reichhaltige publizistische Tätigkeit. Seine *Ideen über Landstände* (1819), die er zur Eröffnung des Badischen Landtags vorlegte, wurden zu einer programmatischen Kampfschrift gegen das altständische System. Neben der Mitarbeit an zahlreichen Zeitschriften und Enzyklopädien trat R. auch selbst als Herausgeber und Redakteur hervor, u. a. der „Allgemeinen Politischen Annalen" (1830-32) und des „Freisinnigen" (1832). 1832 wurde R. selbst, wie auch sein Freiburger Kollege Karl Theodor Welcker, bis 1840 vom akademischen Lehramt suspendiert. Gemeinsam mit Welcker gab R. seit 1834 das *Staats-Lexikon oder Encyclopädie der Staatswissenschaften* heraus, das zum wichtigsten Kompendium des vormärzlichen Liberalismus wurde.

R.s politische Wirksamkeit beschränkte sich nicht auf Baden. Durch seine überregionale Bedeutung als politischer Publizist und sein weitverzweigtes Korrespondenznetz wurde er zu einer herausragenden Integrationsfigur des aufgeklärten Liberalismus in Deutschland.

WEITERE WERKE: Über stehende Heere und Nationalmiliz. Freiburg 1816. – Sammlung kleiner Schriften, meist historischen oder politischen Inhalts. 5 Bde., Stuttgart 1829-35. – Dr. Karl von Rottecks gesammelte und nachgelassene Schriften mit Biographie und Briefwechsel. Hrsg. v. Hermann von Rotteck. 5 Bde., Pforzheim 1841-43.

LITERATUR: Horst Ehmke: K. v. R., der ‚politische Professor'. Karlsruhe 1964. – Ursula Herdt: Die Verfassungstheorie K. v. R.s. Diss. phil. Heidelberg 1967. – Rüdiger von Treskow: Erlauchter Verteidiger der Menschenrechte! Die Korrespondenz K. v. R.s 2 Bde., Freiburg/Breisgau 1990. – Gerhard Göhler: Volkssouveränität und konstitutionelle Monarchie: K. v. R. In: Hans J. Lieber (Hrsg.): Politische Theorien von der Antike bis zur Gegenwart. München 1991, S. 387-411. *Reinhard Blänkner*

Rudolphi, Karoline (Christiane Louise), Pädagogin, Lyrikerin, * 24. 8. 1754 Magdeburg, † 15. 4. 1811 Heidelberg.
R. mußte u. a. mit Handarbeiten den Lebensunterhalt für sich und ihre Mutter verdienen. Sie bildete sich autodidaktisch und begann früh, religiöse Jahreszeiten-, Morgen- und Abendlieder sowie kleine Fabeln, Gelegenheits- und Widmungsgedichte in Journalen zu veröffentlichen, die 1781 als *Gedichte. Erste Sammlung* erschienen. R. arbeitete als Familienerzieherin in Trollenhagen bei Neubrandenburg und gründete 1785 in Hamm (heute zu Hamburg) ein eigenes Mädchenpensionat. 1803 verlegte sie ihr Institut nach Heidelberg, wo sie u. a. mit Georg Friedrich Creuzer, Joseph von →Görres, Achim von Arnim und Clemens Brentano verkehrte. Neben weiteren Gedichtsammlungen veröffentlichte sie das literarische Pädagogium *Gemälde weiblicher Erziehung* (2 Bde., 1807). Ihr *Schriftlicher Nachlaß* (1835) enthält auch die Schrift *Aus meinem Leben*.

Rüdiger, (Johann) Andreas, Arzt, Philosoph, * 1. 11. 1673 Rochlitz, † 6. 6. 1731 Leipzig.
Aus ärmlichen Verhältnissen stammend, studierte R. seit 1692 in Halle Philosophie und Theologie, unterrichtete im Haus seines Lehrers Christian →Thomasius und setzte sein Studium 1696 in Jena und Leipzig fort, wo er auch juristische und medizinische Vorlesungen hörte. Seit 1700 Magister der Philosophie, wurde er 1703 zum Dr. med. promoviert (*De regressu sanguinis per venas mechanico*) und war 1707-12 als Arzt und Universitätslehrer in Halle tätig. Seit 1712 in Leipzig ansässig, eröffnete er eine Praxis und wurde 1716 kurfürstlicher Rat und Leibarzt. Neben der ärztlichen Praxis entwickelte er seit 1700 in Privatvorlesungen und Schriften eine an John Locke angelehnte empirische Erkenntnisphilosophie, die über Christian August →Crusius auch auf Immanuel →Kant wirkte. R. schrieb u. a. *Disputatio de eo, quod omnes ideae oriuntur a sensione* (1704), *De sensu veri et falsi* (1709, ³1741) und *Anweisung zur Zufriedenheit der menschlichen Seele als das höchste Gute dieses zeitlichen Lebens* (1721). Sein philosophisches Hauptwerk ist *Philosophia synthetica* (1706/07), die er 1711 und 1717 als *Institutiones eruditionis*, 1723 und 1729 als *Philosophia pragmatica* jeweils neu herausbrachte.

WEITERE WERKE: Physica divina, recta via, eademque inter superstitionem et atheismum media ad utramque hominis felicitatem naturalem atque moralem ducens. Frankfurt 1716. – Herrn Christian Wolffens Meinung von dem Wesen der Seele und eines Geistes überhaupt und A. R.s Gegenmeinung. Leipzig 1727.

LITERATUR: Wilhelm Carls: A. R.s Moralphilosophie. Halle 1894. Nachdruck Hildesheim 1999. – Heinrich Schepers: A. R.s Methodologie und ihre Voraussetzungen. Ein Beitrag zur Geschichte der deutschen Schulphilosophie im 18. Jahrhundert. Köln 1959 (Kant-Studien, Ergänzungsheft 78) (mit Bibliographie). – Raffaele Ciafardone: Von der Kritik an Wolff zum vorkritischen Kant. Wolff-Kritik bei R. und Crusius. In: Werner Schneiders (Hrsg.): Christian Wolff 1679-1754. Hamburg 1983, S. 289-305. – Ulrich Gottfried Leinsle: Reformversuche protestantischer Metaphysik im Zeitalter des Rationalismus. Augsburg 1988, bes. S. 206-226.

Rüdiger, Johann Christian Christoph, Kameralist, Sprachwissenschaftler, * 9. 5. 1751 Burg (Sachsen-Anhalt), † 21. 10. 1822 Halle/Saale.
R. war Assessor des Salzamtes in Halle/Saale und seit 1791 o. Professor an der dortigen Universität. Er schrieb u. a. *Über die systematische Theorie der Kameralwissenschaften* (1778), *Grundriß einer Geschichte der menschlichen Sprache nach allen bekannten Mund- und Schriftarten mit Proben und Bücherkenntnis* (1782) und *Anfangsgründe der allgemeinen Staatslehre mit einem kurzen Lehrbegriff der ökonomischen Polizei* (1795).

Ruef, Johann Caspar Adam, Jurist, Bibliothekar, * 6. 1. 1748 Ehingen/Donau, † 25. 1. 1825 Freiburg/Breisgau.
R. studierte seit 1764 Theologie in Freiburg/Breisgau, dann Jura. Nach einem Studienaufenthalt in

Wien wurde er 1776 Lehrer der Poetik, 1778 auch des Griechischen am Akademischen Gymnasium in Freiburg und war seit 1780 außerdem zweiter Universitätsbibliothekar. 1785 wurde er zum Dr. jur. promoviert und 1786 zum Ersten Bibliothekar ernannt. Seit 1797 war er Prof. des römischen Zivilrechts; von 1818 bis zu seiner Emeritierung 1820 las er auch Kirchenrecht. R. gab als Aufklärer und Kirchenliberaler die Zeitschrift „Der Freymüthige" (1782-87) und die „Freyburger Beyträge zur Beförderung des ältesten Christentums und der neuen Philosophie" (1788/89) heraus.

Rühle von Lilienstern, (Johann) August Friedemann, Jurist, Redakteur, * 22. 2. 1743 Heldburg (Thüringen), † 7. 5. 1828 Dillenburg.
Nach dem Besuch des Pädagogiums in Herborn studierte R. v. L. seit 1759 dort, in Jena und Marburg Rechtswissenschaften und wurde 1765 fürstlich wiedrunkelscher Auditeur. Seit 1766 Amtmann in Isenburg und Dierdorf, wurde er in Dillenburg 1769 Advokat, 1775 Amtmann, 1800 Rat und 1802 Justizrat. R. v. L. redigierte 1772-1809 die „Dillenburgischen Intelligenznachrichten", 1810-13 die „Neuen Intelligenznachrichten für das Siegdepartment". Er war Herausgeber des *Corpus constitutionum Nassovicarum* (4 Bde., 1796).

Rumford, Benjamin Thompson, Beamter, Physiker, * 26. 3. 1753 Woburn (Massachusetts, USA), † 21. 8. 1814 Antieul bei Paris.
R. studierte Mathematik und Physik und lehrte in Rumford (Massachusetts, USA), bevor er 1773 als Major in englische Dienste trat. Er kämpfte im Unabhängigkeitskrieg gegen die amerikanischen Kolonisten, ließ sich nach dem Frieden von Paris 1783 als Oberst beurlauben und lernte auf Reisen Kurfürst Karl Theodor von der Pfalz, seit 1777 Kurfürst von Bayern, kennen. 1784 trat R. als Staatsrat und pfalzbayerischer Oberst in dessen Dienste und wirkte in den folgenden Jahren als nachhaltiger Reformator des bayerischen Staats. Als Kriegsminister führte R. die Reorganisation des bayerischen Heeres durch. Er gründete Arbeitshäuser, ließ den Englischen Garten in München anlegen und führte die Kartoffel in Bayern ein. Auf seine Initiative wurde die Armen- und Massenspeisung mit einer nahrhaften, billigen Suppe (Rumford-Suppe) eingerichtet. Als Reichsgraf und Generalleutnant verließ er nach dem Tod des Kurfürsten 1799 Bayern und ging nach Paris. R. stellte Untersuchungen über die Umsetzung mechanischer in thermische Energie, insbesondere über die Entstehung der Reibungswärme (1798), an und konstruierte ein Kalorimeter und ein Photometer. Die Gründung der Royal Institution of Great Britain (1799) geht auf R. zurück.

Runde, Christian Ludwig, Jurist, * 26. 4. 1773 Kassel, † 25. 5. 1849 Oldenburg.
Der Sohn von Justus Friedrich → R. studierte 1791-95 Jura und Geschichte in Göttingen, wurde 1796 promoviert und hielt nach der Habilitation Vorlesungen, u. a. über Kirchenrecht und preuß. Land- und Handelsrecht. 1799 wurde R. Landesarchivar in Oldenburg, 1801 auch Assessor bei der Regierungskanzlei und Mitglied des Konsistoriums, 1806 Kanzlei- und Regierungsrat, 1817 Direktor der Justizkanzlei und des Konsistoriums. Seit 1830 Präsident des Oberappellationsgerichts, übte er seit 1814 entscheidenden Einfluß auf die Neugestaltung des oldenburgischen Justizwesens aus. R. veröffentlichte u. a. *Die Rechtslehre von der Leibzucht* (2 Bde., 1805) und *Kurzgefaßte Oldenburgische Chronik* (1823).

Runde, Justus Friedrich, Jurist, Historiker, * 27. 5. 1741 Wernigerode/Harz, † 28. 2. 1807 Göttingen.
R. studierte in Halle und Göttingen Theologie und Rechtswissenschaften, wurde 1770 promoviert und war seit 1771 Prof. juris civilis et publici am Collegium Carolinum in Kassel. 1785 wurde er o. Prof. an der Univ. Göttingen. R. veröffentlichte u. a. *Allgemeines deutsches Privatrecht* (1791, [8]1829). Er war der Vater von Christian Ludwig → R.

Runge, Conrad Heinrich, reformierter Theologe, * 12. 10. 1731 Bremen, † 2. 6. 1792 Bremen.
Der Sohn des Mediziners Ludolph Heinrich R. studierte Theologie in Frankfurt/Oder und Göttingen, wo er 1758 zum Dr. theol. promoviert wurde. Seit 1758 Pastor der deutsch-reformierten Gemeinde in Celle, wurde er 1770 Prediger an St. Ansgarii in Bremen. R., engagierter Aufklärer, veröffentlichte u. a. *Die Größe des Menschen. Ein Lehrgedicht* (1760) und als Ergebnis eines kontroversen Briefwechsels mit Johann Caspar → Lavater *Des Herrn Diaconus Lavaters eigentliche Meynung von den Gaben des Heiligen Geistes, der Kraft des Glaubens und des Gebetes [...]* (3 Bde., 1775-77).

S

Sack, Friedrich Samuel Gottfried, reformierter Theologe, Bischof von Berlin, * 4. 9. 1738 Magdeburg, † 2. 10. 1817 Berlin.
S. studierte Theologie in Frankfurt/Oder, unternahm Studienreisen nach Holland und England und war als Hauslehrer tätig, bis er 1769 das reformierte Pfarramt in Magdeburg übernahm. Seit 1777 fünfter Hof- und Domprediger in Berlin, wurde er 1780 Kirchenrat und Mitglied des reformierten Kirchendirektoriums, 1786 Oberkonsistorialrat für die Reformierten und 1804 Oberschulrat. 1816 wurde ihm von König Friedrich Wilhelm III. die Würde eines Bischofs verliehen. Seit 1817 war er Staatsrat und gehörte seit 1819 dem Departement für Kultus und Unterricht an. S. machte sich um die Verbesserung des Kirchen- und Schulwesens verdient und trat nachdrücklich für die Union zwischen Lutheranern und Reformierten ein.

Sailer, Johann Michael von, kath. Theologe, Bischof von Regensburg, * 17. 11. 1751 Aresing bei Schrobenhausen, † 20. 5. 1832 Regensburg.
Der Sohn armer Schusters- und Güterseheleute, der für seine Gymnasialausbildung in München auf Kostplätze und Freitische angewiesen war, trat 1770 in das Noviziat der Jesuiten ein. Die Aufhebung des Jesuitenordens 1773 beendete seine Ordenszugehörigkeit. 1775 wurde S. in Augsburg zum Priester geweiht, schlug die akademische Laufbahn ein und war seit 1780/81 zweiter Prof. der Dogmatik in Ingolstadt, 1784-94 Prof. der Pastoraltheologie und Ethik in Dillingen, seit 1799 Prof. der Moral- und Pastoraltheologie in Ingolstadt (seit 1800 in Landshut). Seine unehrenvolle Entlassung als angeblicher Aufklärer 1794 in Dillingen und seine Berufung als vermeintlicher Aufklärer an die neue Landesuniversität spiegelt die beiden Pole seiner Einschätzung in Kirche und Öffentlichkeit. Seine wiederholt in Aussicht genommene Berufung auf einen Bischöflichen Stuhl scheiterte an der Reserve Roms. Erst 1829 wurde er Bischof von Regensburg; seit 1822 hatte er als Weihbischof die Diözese unter schwierigen Umständen geleitet. 1825 erhielt er das Prädikat des bayerischen Personaladels.
Ausgehend von der kath. Aufklärung, hat er gegenüber einer dem Nützlichkeitsdenken verpflichteten Theologie und ihrer Indienstnahme als Vollzugsorgan des Staatsapparats diese auf die Grundlage der Offenbarungsreligion gestellt. Er verstand es, einen eigenen Weg zu gehen zwischen Verdächtigungen als Spätaufklärer und dem genau entgegengesetzten als Mystizist. Einem Bedürfnis der Zeit entsprach sein *Vollständiges Lese- und Betbuch zum Gebrauche von Katholiken* (1783; zahlreiche Auflagen), das in protestantischen Kreisen eine der Quellen der Erweckungsbewegung wurde. 1785 erschien sein philosophisches Hauptwerk *Vernunftlehre für Menschen, wie sie sind* (1785). Daran schlossen sich die *Vorlesungen aus der Pastoraltheologie* (3 Bde., 1788/89) und sein *Handbuch der christlichen Moral* (1817) an. Ein Volksbuch wurde seine Übersetzung der spätmittelalterlichen *Nachfolge Christi* (1794); weite Verbreitung fanden auch seine *Briefe aus allen Jahrhunderten christlicher Zeitrechnung* (6 Bde., 1800-04). Außerdem verfaßte er zahlreiche Gelegenheitsschriften, Hirtenbriefe, Predigten, Lesungen für die Sonntage des Kirchenjahres und religionspädagogische Schriften. S. erreichte als akademischer Lehrer mit charismatischer Ausstrahlung alle Stände über den kath. Konfessionsbereich hinaus.

WEITERE WERKE: J. M. S.'s sämmtliche Werke. Unter Anleitung des Verfassers hrsg. v. Joseph Widmer. 40 Bde., Sulzbach 1830-41. Supplementband, 1855.

LITERATUR: Christoph von Schmid: Erinnerungen aus meinem Leben. Bd. 2: Der hochselige Bischof J. M. v. S. Augsburg 1853. – Hubert Schiel: J. M. S.s Leben und Briefe. Bd. 1: Leben und Persönlichkeit in Selbstzeugnissen, Gesprächen und Erinnerungen der Zeitgenossen. Bd. 2: J. M. S. Briefe (hier S. 641-665: Verzeichnis des Schrifttums von S., S. 666-680: Verzeichnis des Schrifttums über S. bis 1952). Regensburg 1948-52. – Franz Georg Friemel: J. M. S. und das Problem der Konfession. Leipzig 1972. – Manfred Probst: Gottesdienst in Geist und Wahrheit. Die liturgischen Ansichten und Bestrebungen J. M. S.s (1751-1832). Regensburg 1976. – Georg Schwaiger: J. M. S. Der bayerische Kirchenvater. München/Zürich 1982. – Georg Schwaiger/Paul Mai (Hrsg.): J. M. S. und seine Zeit. Regensburg 1982. – Hans Bungert (Hrsg.): J. M. S. Theologe, Pädagoge und Bischof zwischen Aufklärung und Romantik. Regensburg 1983. – Raimund Lachner: S. In: Bautz, Bd. 8, 1994, Sp. 1182-1197. – Hubert Wolf: J. M. S. Das postume Inquisitionsverfahren. (Römische Inquisition und Indexkongregation 2). Paderborn 2002.

Victor Conzemius

Sailer, Sebastian, Taufname Johann Valentin S., Prämonstratenser, Mundartdichter, * 17. 2. 1714 Weißenhorn (Bayrisch-Schwaben), † 7. 3. 1777 Obermarchtal/Donau.
Der Sohn eines Fuggerschen Amtsschreibers erhielt seine Ausbildung im Prämonstratenserkloster Obermarchtal, legte dort 1732 die Ordensgelübde ab und empfing 1738 die Priesterweihe. Anschließend lehrte S. dort kanonisches Recht, war später u. a. Pfarrer in Dieterskirch (1757-73) und trat als Kanzel- und Wanderprediger hervor, u. a. 1767 in Wien, wo er von Kaiserin Maria Theresia als ein Cicero Suevicus geehrt wurde. Neben geistlichen Werken (u. a. *Maria-*

nisches Orakel, 2 Bde., 1764-70) verfaßte S. Kantaten, weltliche und geistliche Schwänke sowie Burlesken in schwäbischer Mundart, die er selbst vortrug. Sein berühmtestes Werk war das Dialektspiel *Die Schöpfung*, ein Melodram in drei Akten und Rezitativen, das er 1743 für den Geburtstag des Abtes von Schussenried schrieb.

Salat, Jakob, kath. Theologe, Philosoph,
* 22. 8. 1766 Abtsgmünd bei Ellwangen,
† 11. 2. 1851 Landshut.
Der Bauernsohn studierte u. a. als Schüler Johann Michael → Sailers Philosophie und Theologie am Klerikalseminar in Dillingen, wurde 1790 zum Priester geweiht und war dann in der Seelsorge tätig, zunächst als Pfarrvikar in Ellwangen, seit 1793 in der Pfarrei Zusamzell. 1802 übernahm S. die Professur für Moral- und Pastoraltheologie am kgl. Lyzeum in München, war daneben Pfarrer in Arsbach bei Dachau und wurde 1807 Prof. der Philosophie in Landshut. Er veröffentlichte u. a. *Vernunft und Verstand* (2 Bde., 1808), *Die Moralphilosophie* (1810), *Die Religionsphilosophie* (1811, ²1821), *Lehrbuch der höheren Seelenkunde. Oder: Die psychologische Anthropologie* (1820), *Grundzüge der allgemeinen Philosophie* (1820), *Die Hauptgebrechen der deutschen Philosophie als Wissenschaft* (1834) und *Denkwürdigkeiten aus meinem Leben* (1850).
WEITERE WERKE: Die Philosophie mit Oscuranten und Sophisten im Kampfe. Ulm 1802. – Darstellung der Moralphilosophie. 2 Bde., Landshut 1813/14. – Versuche über Supernaturalismus und Mystizismus (im Verhältnis zum Rationalismus). Sulzbach 1823. – Denkwürdigkeiten betreffend den Gang der Wissenschaft und Aufklärung im südlichen Deutschland. Landshut 1823.
LITERATUR: Adam Seigfried: Vernunft und Offenbarung bei dem Spätaufklärer J. S. Innsbruck/Wien 1983 (mit Bibliographie). – Peter Segl: S., J. In: Biographisches Lexikon der Ludwig-Maximilians-Universität München. Hrsg. v. Laetitia Boehm u. a. Teil 1: Ingolstadt-Landshut 1472-1826. Berlin 1998, S. 362-363.

Saltzmann, Friedrich Rudolf, auch Frédéric-Rodolphe S., Publizist, * 8. 3. 1749 Straßburg,
† 7. 10. 1821 Straßburg.
S. studierte 1770-73 Theologie, dann Rechtswissenschaften in Straßburg, wo er die Bekanntschaft → Goethes machte und sich Johann Heinrich → Jung-Stilling anschloß, und war 1774 in Göttingen Erzieher des Freiherrn vom Stein. Nach der Rückkehr nach Straßburg gründete er 1775 gemeinsam mit Jakob Michael Reinhold → Lenz die "Deutsche Gesellschaft", war seit 1779 Buchhändler und Publizist und schrieb für den "Bürgerfreund" und die "Gelehrten Kunstnachrichten". S. förderte publizistisch die deutsch-französischen Literaturbeziehungen im Elsaß und war als Übersetzer tätig. Nach der Französischen Revolution propagierte er als Theosoph pietistisch-mystische Ideen. 1802-10 erschienen einige seiner mystischen Schriften unter dem Titel *Es wird alles neu werden*.

Salzmann, Christian Gotthilf, Pädagoge, Schriftsteller, * 1. 6. 1744 Sömmerda bei Erfurt,
† 31. 10. 1811 Schnepfenthal/Thüringer Wald.
Aufgewachsen in Ärmlichkeit und orthodoxer Frömmigkeit (Pfarrerfamilie), studierte S. 1761-64 Theologie in Jena. Für seine Pädagogik wurde das Studium bei dem Philosophen und Kameralisten Joachim Georg → Darjes besonders wichtig. Darjes hatte das Schulwesen seiner Zeit kritisiert, 1762 einen frühen Industrieschulversuch begonnen und diesen in die akademische Lehre integriert. 1768-72 war er Pfarrer in Rohrborn bei Erfurt. Konfrontiert mit der sozialen Notlage der Landbevölkerung, entwickelte sich hier Hilfsbereitschaft für die Armen und sprachliche Nähe zu den Mittel- und Unterschichten. Selbst Landwirt, bemühte er sich um eine Verbesserung der Agrarproduktion. 1772-81 war S. Diakon, später Pfarrer in Erfurt. Hier besuchte er regelmäßig Schulen und Waisenhäuser, Armen- und Krankenhäuser, Gefängnisse und Zuchthäuser. Als Ursache des Elends wurden Unwissenheit und schlechte Erziehung diagnostiziert. Nach heftigen Auseinandersetzungen mit der orthodoxen Geistlichkeit wechselte S. 1781 als Liturg und Religionslehrer an das Dessauer Philanthropin.
Das 1784 von S. eröffnete Philanthropin auf dem Gut Schnepfenthal bei Gotha war die pädagogisch erfolgreichste und beständigste Musterschule der Spätaufklärung. Gründung und Ausbau erfolgten mit großzügiger Unterstützung Herzog Ernsts II. von Sachsen-Gotha und der dortigen Freimaurerloge, in die S. 1783 aufgenommen wurde. Die Französische Revolution begrüßte S. nur in ihrer Anfangsphase: Am 15. 8. 1789 wurde während des Mittagessens in der Schnepfenthaler Erziehungsanstalt die neue Französische Verfassung mit den Menschenrechten vorgelesen. Bereits 1790 warnte S. in *Über die Erlösung der Menschen vom Elend durch Jesum* davor, das französische Beispiel auf Deutschland zu übertragen. Der „Klassiker der Pädagogik" hat als Anwalt des Kindes Schnepfenthal bis zu seinem Tod mit schulpädagogischem Leben erfüllt. Die Refomschule wurde durch S.s Nachkommen bis 1945 weitergeführt; sie steht heute noch in baulich fast unveränderter Form.
Unter den Philanthropen war S. der herausragende praktische Erzieher. Seine pädagogischen und methodischen Gedanken hat er u. a. im *Krebs-Büchlein* (1780), *Ameisen-Büchlein* (1806) und im *Konrad Kiefer* (1794) niedergeschrieben. Die Rohrborner und Erfurter Erlebnisse bilden den Hintergrund für das sozialkritische Werk *Carl von Carlsberg oder über das menschliche Elend* (6 Bde., 1783-87). Von 1788 bis zu seinem Tod gab S. zunächst wöchentlich, dann monatlich die Volkszeitung „Bote aus Thüringen" heraus (um 1800 hatte sie rund 6000 Bezieher), deren Beiträge er überwiegend selbst schrieb.
LITERATUR: Wolfgang Pfauch und Reinhard Röder (Hrsg.): C. G. S.-Bibliographie. Unter Berücksichtigung von Besitznachweisen in Bibliotheken. Weimar 1981. – Aus C. G. S.s Schulreden. Ausgewählt und eingeleitet v. Wolfgang Pfauch unter Mitarbeit von Johanna Teurich. In: Jahrbuch für Erziehungs-

und Schulgeschichte 30 (1990) S. 126-165. – Roswitha Grosse: C. G. S.s „Der Bote aus Thüringen", Schnepfenthal 1788-1816. Frankfurt/Main u. a. 1989. – Hanno Schmitt: Politische Reaktionen auf die Französische Revolution in der philanthropischen Erziehungsbewegung in Deutschland. In: Ulrich Herrmann/Jürgen Oelkers (Hrsg.): Französische Revolution und Pädagogik der Moderne. Weinheim/Basel 1990, S. 163-184. – Christiane Schaubs: S.s Schulgründung im Lichte der Illuminaten. In: Herwart Kemper/Ulrich Seidelmann (Hrsg.): Menschenbild und Bildungsverständnis bei C. G. S. Weinheim 1995, S. 103-129. *Hanno Schmitt*

Sander, Heinrich, Schriftsteller, * 25. 11. 1754 Köndringen bei Freiburg/Breisgau, † 5. 10. 1782 Köndringen.
S. studierte Theologie in Tübingen, Ökonomie in Göttingen, wurde 1775 Prof. der Naturgeschichte und Beredsamkeit am Gymnasium in Karlsruhe und unternahm mehrere größere Reisen, auf denen er u. a. die Bekanntschaft →Klopstocks, →Wielands, →Goethes und →Lessings machte. S. verfaßte Erbauungsschriften und volksaufklärerische Werke, u. a. *Oekonomische Naturgeschichte für den deutschen Landmann und die Jugend* (3 Bde., 1781/82). Bekannt wurde er vor allem durch seine Reiseberichte (*Beschreibung seiner Reisen durch Frankreich, die Niederlande, Holland, Deutschland und Italien*, 2 Tle., 1781/82).

Sander, Johann Daniel, Buchhändler, Schriftsteller, * 1759 Magdeburg, † 27. 1. 1825 Berlin.
Nach dem Theologiestudium in Halle, das er 1780 abschloß, war S. Lehrer in Berlin und 1785-89 Redakteur der „Berliner Zeitung". Er wurde Berater, Vertreter und schließlich Teilhaber der Vossischen Verlagsbuchhandlung, machte sich 1798 durch den Ankauf der Weverschen Verlags- und Sortimentsbuchhandlung selbständig und verlegte die Werke August von →Kotzebues. S. war Mitglied der Mittwochsgesellschaft. Er veröffentlichte u. a. *Kleine Romane, Erzählungen und Schwänke* (6 Bde., 1783-89, mit Wilhelm Christhelf Siegmund Mylius u. a.).

Sarasin, Jacob, schweizer. Fabrikant, Schriftsteller, * 26. 1. 1742 Basel, † 10. 9. 1802 Basel.
Nach einer kaufmännischen Lehre in Augsburg (1758-60) arbeitete S. in der Firma Pestalozzi & Cie. in Bergamo, unternahm eine längere Italienreise und trat dann in die elterliche Seidenbandfabrik ein. Er machte sich als Philanthrop einen Namen, wurde 1774 Mitglied der Helvetischen Gesellschaft, deren Präsident er 1794 war, gehörte 1777 zu den Gründern der Basler Gesellschaft zur Beförderung des Guten und Gemeinnützigen und versammelte in seinem Haus bedeutende Persönlichkeiten seiner Zeit, u. a. Johann Heinrich →Pestalozzi, Jakob Michael Reinhold →Lenz, Johann Georg →Jacobi und Sophie von →La Roche. 1784 wurde S. in den Großen Rat gewählt, war später Appellationsrichter und wurde 1798 Mitglied der Nationalversammlung in Basel. Gemeinsam mit Friedrich Maximilian von →Klinger und Johann Caspar →Lavater schrieb er die ersten Kapitel der Satire *Plimplamplasko* (1780).

Sartorius von Waltershausen, Georg (Friedrich) Frh., Historiker, Nationalökonom, * 25. 8. 1765 Kassel, † 24. 8. 1828 Göttingen.
S. v. W. studierte 1783-88 Theologie, dann Geschichte in Göttingen, war seit 1786 an der Göttinger Bibliothek tätig und hielt seit 1792 als Privatdozent Vorlesungen über Politik. Seit 1797 a. o. Prof., wurde er 1802 o. Prof. der Philosophie, 1814 der Politik und war 1815-17 für die Univ. Mitglied der hannoverschen Ständeversammlung. S. v. W. gehörte zu den Vermittlern der nationalökonomischen Theorien von Adam Smith und war einer der ersten Vertreter der „Politik" als eigener Disziplin. Er schrieb eine *Geschichte des hanseatischen Bundes* (3 Bde., 1802-08). 1827 wurde er nobilitiert. S. und seine Frau standen in Brief- und Besuchskontakt mit →Goethe.

Schade, Georg, Philosoph, Jurist, * 8. 5. 1712 Apenrade, † 10. 4. 1795 Altona (heute zu Hamburg).
S. studierte Rechtswissenschaft in Kiel, Leiden und Utrecht, war Advokat in einer Kanzlei in Sonderburg und übernahm 1741 eine eigene Kanzlei in Hadersleben. 1754 nach Sonderburg zurückgekehrt, ging er 1756 als Ober- und Landgerichtsadvokat nach Altona. Sein eigentliches Interesse galt der Philosophie. Der Wolffianer S. gilt als ein Pionier der Aufklärung. Um 1750 gründete er in Anlehnung an die Freimaurer eine Geheimgesellschaft, die „Allgemeine Gesellschaft der Wissenschaft und Tugend", in der er Anhänger der Monadenlehre um sich versammelte. Er erwarb in Altona eine eigene Druckerpresse und erhielt das Zeitungsprivileg, das er für Veröffentlichungen seiner Gesellschaft zu nutzen gedachte. Vorübergehend gab er die „Staats- und Gelehrten-Neuigkeiten" heraus. Religionskritische Artikel sowie seine streng deistische Schrift *Die unwandelbare und ewige Religion der ältesten Naturforscher und sog. Adepten, oder geometrischer Beweis, daß die Metaphysik die wahre theoretische, und die Moral die wahre praktische Gottesgelahrtheit sei* (1760, Nachdruck 1999), die in den interessierten Kreisen heftige Kontroversen auslöste (Peder Rosenstand Goiske, Johann August →Ernesti, Moses →Mendelssohn), brachten ihm die Verbannung zunächst auf die Insel Christiansoe bei Bornholm, dann auf Bornholm. Um 1772 hielt sich S. wieder in Kopenhagen auf und war seit etwa 1781 als Regierungs- und Obergerichtsadvokat in Kiel tätig. Vieles, was er schrieb, blieb wohl ungedruckt oder ist nicht mehr auffindbar. Überliefert ist sein Hauptwerk *Einleitung in die höhere Weltweisheit der allgemeinen Gesellschaft der Wissenschaften* (1752/53) wie auch die Abhandlungen *Historische Nachricht* (1757) und *Auszug aus dem Plan zu der angenehmsten und vorteilhaftesten Verbindung des vernünftigsten Teils des ganzen menschlichen Geschlechts* (1759).
LITERATUR: Martin Mulsow: Monadenlehre, Hermetik und Deismus. G. S.s geheime Aufklärungsgesellschaft 1747-1760. Hamburg 1998.

Schadow, Johann Gottfried, Bildhauer, Zeichner, Graphiker, * 20. 5. 1764 Berlin, † 21. 1. 1850 Berlin.
Der Sohn eines Schneiders kam 1778 als Gehilfe in die Hofbildhauerwerkstatt von Jean Pierre Antoine Tassaerts und bildete sich daneben an der Akademie. Radierungen belegen seine früh entwickelten Fähigkeiten als Zeichner. 1785 verließ er Berlin fluchtartig mit der katholisch getauften Jüdin Marianne Devidels und heiratete sie in Rom, nachdem er zum Katholizismus konvertiert war. Hier trat er in die Werkstatt von Alexander Trippel ein, schloß Freundschaft mit Antonio Canova und gewann im Concorso Balestra einen Preis. Anläßlich des Todes → Friedrichs II. von Preußen entwarf er zwei Denkmäler. 1787 kehrte er nach Berlin zurück, wurde wieder Protestant und erhielt nach dem Tod Tassaerts 1788 die Leitung der Hofbildhauerwerkstatt. Nach einer Idee des Malers Johann Gottlieb Puhlmann schuf er 1790 als sein frühestes Hauptwerk das Grabmal des Grafen Alexander von der Mark. Damit legte er den Grund zur Berliner Bildhauerschule des Klassizismus. Von Friedrich Wilhelm II. gefördert, entstanden in rascher Folge weitere wichtige Werke, so das Standbild Friedrichs II. für Stettin 1792, die Quadriga und anderer bildhauerischer Schmuck für das Brandenburger Tor, das Standbild Hans Joachim von Zietens 1794, die Prinzessinnengruppe 1795-97, das Standbild des Fürsten → Leopold von Anhalt-Dessau 1800, daneben zahlreiche Bildnisbüsten und Grabdenkmäler. Zur Vorbereitung des geplanten Reiterdenkmals Friedrichs II. unternahm er 1791/92 eine Studienreise nach Schweden, Rußland und Dänemark. Die Ausführung kam nicht zustande.
Unter dem seit 1797 regierenden Friedrich Wilhelm III. gingen die Aufträge, auch infolge der Kriegsbedrohung, zurück. Nach Zeichnungen Friedrich Gillys entstand 1800 der Fries für das Münzgebäude. 1807 setzten die Aufträge (Büsten berühmter Deutscher) des Kronprinzen Ludwig von Bayern für die Walhalla ein. Eine schwere Erkrankung 1810 beraubte ihn der Chance, den Auftrag für das Grabdenkmal der Königin Luise zu erhalten, mit dessen Aufstellung 1815 der Aufstieg Christian Daniel Rauchs zum führenden Berliner Bildhauer begann. In diesem Jahr wurde S. Direktor der Kunstakademie, deren Geschicke er seitdem mit allmählich schwächer werdender Hand leitete. 1815 erhielt er den Auftrag für das in Bronze gegossene Denkmal Gebhard Leberecht Blüchers in Rostock, bei dem ihn → Goethe beriet. Sein letztes Standbild war das 1821 enthüllte Martin Luthers in Wittenberg.
Nachlassende Sehkraft und die Dominanz jüngerer Künstler hemmten S.s Produktion als Bildhauer, nicht jedoch als Zeichner. Er wandte sich der Lithographie und dem Zinkdruck zu und gab 1834 und 1835 zwei Werke heraus, die das Charakteristische des Menschen in exakten Messungen wiederzugeben suchten: *Polyclet oder von den Maßen der Menschen...* und *Nationalphysiognomien*. 1849 erschienen seine Memoiren *Kunst-Werke und Kunst-Ansichten*, die mehr eine Chronik der Berliner Kunst seiner Zeit als die Darstellung des eigenen Lebens sind.

S.s Denken war noch stark von der Zeit Friedrichs II. geprägt. In allen seinen Werken kommen künstlerische Vernunft, Originalität und eine zur Volkstümlichkeit tendierende Menschlichkeit, manchmal auch ein schlagender Witz zum Ausdruck.
LITERATUR: Julius Friedlaender (Hrsg.): G. S. Aufsätze und Briefe. Stuttgart ²1890. – Hans Mackowsky: J. G. S. Jugend und Aufstieg. 1764-1797. Berlin 1927. – Hans Mackowsky: S.s Graphik. Berlin 1936. – Hans Mackowsky: Die Bildwerke G. S.s. Berlin 1951. – Götz Eckardt (Hrsg.): J. G. S. Kunstwerke und Kunstansichten. Ein Quellenwerk zur Berliner Kunst- und Kulturgeschichte zwischen 1780 und 1845. Berlin 1987. – Götz Eckardt: J. G. S. 1764-1850. Der Bildhauer. Leipzig 1990. – Ulrike Krenzlin: J. G. S. Berlin 1990. – J. G. S. und die Kunst seiner Zeit. Ausstellungskatalog Kunsthalle Düsseldorf, Germanisches Nationalmuseum Nürnberg, Nationalgalerie Berlin. 1994.
Helmut Börsch-Supan

Scheffner, Johann George, Schriftsteller, Beamter, * 8. 8. 1736 Königsberg, † 16. 8. 1820 Königsberg.
Nach dem Jurastudium in Königsberg und der Teilnahme am Siebenjährigen Krieg war S. seit 1765 Sekretär der Kriegs- und Domänenkammer in Königsberg. 1767 wurde er Kriegs- und Steuerrat in Gumbinnen, 1770 in Königsberg und 1772 in Marienwerder. 1775 schied er aus dem preuß. Saatsdienst aus, bewirtschaftete seine Güter und lebte seit 1795 dauerhaft in Königsberg. Dort widmete er sich vor allem der publizistischen Verbreitung der Ideen Hans Jakob von → Auerswalds und des Freiherrn vom Stein. Literarhistorisch bedeutsam wurde S. durch seinen Briefwechsel mit Christoph Otto von Schönaich, Karl Wilhelm → Ramler, → Herder, Theodor Gottlieb von → Hippel und → Kant. S. schrieb u. a. *Gedichte im Geschmack des Grécourt* (1771-73, ⁴1792), *Erotische Gedichte* (1780) und *Natürlichkeiten der sinnlichen und empfindsamen Liebe* (1798).

Scheibe, Johann Adolph, Komponist, Musikjournalist, Übersetzer, getauft 5. 5. 1708 Leipzig, † 22. 4. 1776 Kopenhagen.
Nach dem Abbruch des Studiums der Rechtswissenschaften und der Philosophie in Leipzig aus finanziellen Gründen erwarb S., Sohn des Orgelbauers Johann S., autodidaktisch eine umfassende musische, ästhetische und philosophische Bildung. Seit 1736 lebte er als Musiklehrer und Komponist in Hamburg, wo er mit Unterstützung Georg Philipp Telemanns 1737 den „Critischen Musikus" (2 Tle., 1737-40), die erste Zeitschrift für Musikästhetik in Deutschland, begründete. In Anlehnung an → Gottsched und die Kunstästhetik der französischen Aufklärung suchte S. allgemeinverständliche musikalische Geschmacksregeln zu entwickeln. Wegweisend waren insbesondere seine Forderungen nach Einfachheit, Wahrheit der Empfindung durch sprechende Melodik und Nachahmung der Natur. Seit 1740 Kapellmeister am holsteinischen Hof, wirkte S. 1744-48 in gleicher Eigenschaft in Kopenhagen, wo er engen

Kontakt zu Heinrich Wilhelm → Gerstenberg pflegte. Danach lebte er in Sonderburg, wo er eine Musikschule gründete und Bücher aus dem Dänischen übersetzte, u. a. zwei Werke Ludvig Holbergs (*Peter Paars ein comisches Heldengedicht*, 1750; *Moralische Fabeln [...]*, 1752). 1769 kehrte S. als Hofkomponist nach Kopenhagen zurück. Er komponierte Sonaten, Lieder, Kantaten und Messen.

Schelling, (Dorothea) Caroline (Albertina) von, geb. Michaelis, auch Schlegel-Schelling, Schriftstellerin, * 2. 9. 1763 Göttingen, † 7. 9. 1809 Maulbronn.
Die Tochter von Johann David → Michaelis lebte nach dem Tod ihres ersten Mannes Johann Franz Wilhelm Böhmer seit 1788 wieder in Göttingen, später auch in Marburg. 1792 ging sie nach Mainz, wo sie sich unter dem Einfluß Georg → Forsters für die republikanischen Ideen der Französischen Revolution begeisterte und deshalb 1793 für mehrere Monate in Königstein/Taunus unter Arrest gestellt wurde. Nach Aufenthalten in Gotha, Göttingen und Dresden heiratete sie 1796 in Braunschweig August Wilhelm → Schlegel, dem sie nach Jena folgte und mit dem sie im Mittelpunkt der Jenaer Literaten und Intellektuellen stand. S. schrieb belletristische Rezensionen und nahm regen Anteil an den philologischen Studien ihres Mannes. Maßgeblich beteiligt war sie auch an dessen Shakespeare-Übersetzungen. Literaturgeschichtlich bedeutsam ist ihr in mehreren Ausgaben vorliegender Briefwechsel. Nach ihrer Scheidung von Schlegel 1803 heiratete S. im selben Jahr Friedrich Wilhelm Joseph S., mit dem sie seit 1804 in München lebte.

Schenk, (Johann) Heinrich Ritter von, * 17. 4. 1748 Düsseldorf, † 1. 5. 1813 München.
Aus einfachen Verhältnissen stammend, trat S. in den kurpfälzischen Militärdienst ein und wurde Privatsekretär, später Freund und Mitarbeiter Friedrich Heinrich → Jacobis. Er erhielt die Möglichkeit zum Universitätsstudium, erwarb an der Univ. Duisburg den Grad eines Lizentiaten der Rechte und wurde 1787 Syndikus der Ritterschaft des Herzogtums Berg, 1793 Militär-Ökonomierat der Herzogtümer Jülich und Berg. 1795 reiste er in diplomatischer Mission nach Paris, 1798 mit Johann Wilhelm von Hompesch-Bollheim nach Rastatt und trat 1799 in die bayerische Finanzverwaltung ein. Seit 1806 Referent im Innenministerium, wurde er 1808 Geheimer Rat und 1809 Generaldirektor unter → Montgelas. S. verschaffte Jacobi 1802 eine staatliche Pension und betrieb dessen Übersiedlung nach München (1805).

Scheuchzer, Johann Jakob, schweizer. Mediziner, Naturforscher, * 2. 8. 1672 Zürich, † 23. 6. 1733 Zürich.
Nach dem Studium an der Univ. Altdorf wurde S. 1694 an der Univ. Utrecht zum Dr. med. promoviert, studierte Mathematik und Astronomie in Altdorf, befaßte sich mit Botanik und Anatomie und sammelte Fossilien. 1697 wurde S. in die Deutsche Akademie der Naturforscher Leopoldina gewählt. 1699 kehrte er als Stadtarzt nach Zürich zurück und wurde unter dem Eindruck der Schriften John Woodwards Verfechter der Sintfluttheorie. S. hielt den von ihm entdeckten Schwanzlurch sowie Saurierwirbel für Reste des vorsintflutlichen Menschen. 1702-11 unternahm er neun große Reisen, auf denen er die Schweiz systematisch naturgeschichtlich erforschte. Zu seinen Hauptwerken zählt die ursprünglich lateinische *Natur-Historie des Schweizerlandes* (30 Bde., 20 verschollen, Bd. 1-3, deutsch, 1716-18). Mit *Herbarium diluvianum* (1709), eines der ersten Bücher mit Abbildungen fossiler Pflanzen, wurde er zu einem der Begründer der Paläobotanik. S. war Mitglied der Deutschen Akademie der Naturforscher Leopoldina (1697), der Royal Society in London (1705) und der Preußischen Akademie der Wissenschaften (1706). 1733 wurde er in Zürich Erster Stadtarzt, Prof. der Mathematik und Physik am Carolinum und Chorherr.
LITERATUR: Rudolf Steiger: J. J. S. 1672-1733. Zürich 1927. – Hans Fischer: J. J. S. Zürich 1973.

Schikaneder, Emanuel, Schauspieler, Theaterdirektor, Dramatiker, * 1. 9. 1751 Straubing, † 21. 9. 1812 Wien.
Der in einfachen Verhältnissen aufgewachsene S. war seit 1773 als Schauspieler und Sänger in verschiedenen Wandertruppen tätig. Nach der erfolgreichen Augsburger Aufführung seiner komischen Oper *Die Lyranten* 1776 wurde er vor allem als Theaterdichter bekannt. Mit der 1778 von Josef Moser übernommenen Wanderbühne trat er u. a. in Bayern und Salzburg auf, wo er 1780 die Familie → Mozart kennenlernte. 1784/85 wirkte er in Wien als Schauspieler und Sänger am Kärntnertortheater, war dort danach am Nationaltheater tätig und wurde 1787 Leiter des Hoftheaters in Regensburg. Nach dem Tod von Johann → Friedel übernahm S. 1789 mit dessen Witwe, seiner ehemaligen Frau Eleonore S., die Leitung des Wiener Freihaustheaters (Theater auf der Wieden) und hatte in den folgenden Jahren große Erfolge. 1801 gründete er das Theater an der Wien, von dessen Leitung er nach finanziellen Mißerfolgen 1806 zurücktrat. 1807-09 leitete er das Theater in Brünn. S. starb verarmt und im Wahnsinn. Als Theaterdichter galt S.s Interesse vor allem dem deutschen Singspiel und der deutschen Oper. Von seinen rund 100 Zauber- und Ritterstücken, Lokalpossen, Volksstücken und Singspielen ist das Libretto zu Mozarts Oper *Die Zauberflöte* hervorzuheben; bei der Uraufführung der Oper 1791 sang S. den Papageno.

Schiller, (Johann Christoph) Friedrich von, Dichter, Schriftsteller, Kritiker, Historiker, * 10. 11. 1759 Marbach/Neckar, † 9. 5. 1805 Weimar.
S. entstammte einer eher kleinbürgerlichen Familie; sein Vater, Feldscher im Dienste des Herzogs von Württemberg, wurde 1775 Aufseher der Gartenanlagen auf Schloß Solitude. Er besuchte zuerst die Ludwigsburger Lateinschule; 1773 brachte ihn sein Vater auf die neuerrichtete „militärische Pflanzschule" (später Hohe Karlsschule) auf Schloß Solitude; S. besuchte diese Akademie (seit 1775 in Stuttgart) bis 1780. Bei aller Strenge des Lebens erhielt

er doch eine erstklassige Ausbildung; ihn, den Medizinstudenten, beeindruckten vor allem philosophische Vorlesungen seines Lehrers Jakob Friedrich → Abel. Seine zweite Dissertation wurde 1780 gedruckt. Sie läßt bereits S.s Interesse für eine spekulative Naturbetrachtung erkennen und präformiert spätere Theorien über die sinnlich-geistige Doppelnatur des Menschen. S. wurde Regimentsmedikus in Stuttgart.

S. hatte bereits 1776/77 mit der Arbeit an den *Räubern* begonnen. Sein erstes Drama war 1780 fertig; S. reiste ohne Erlaubnis zur spektakulären Uraufführung (13.1.1782) nach Mannheim, wurde nach einer zweiten Reise nach Mannheim vom Herzog mit Arrest und dem Verbot weiterer schriftstellerischer Betätigung bestraft. S. floh am 22.9.1782 endgültig aus dem Herrschaftsbereich des Herzogs.

Das Stück läßt Einflüsse aus der zeitgenössischen Literatur erkennen, aber auch solche der theologischen Tradition. S.s *Räuber* sind ebenso ein Angriff auf die Familienideologie des 18. Jh. wie auf die Glückseligkeitsphilosophie der Aufklärung. Dramentheoretisch gesehen waren *Die Räuber* ein wichtiger Schritt auf die neue Gattung des Charakterdramas hin.

S. hat sich in der Folgezeit mit einem historischen Drama (*Fiesko*, 1783), einem „bürgerlichen Trauerspiel" (*Kabale und Liebe*, 1784), das im Ständekonflikt Grenzen und Gefährdungen der bürgerlichen Welt und noch einmal am Ende das Bild einer am Ende vaterlosen Gesellschaft aufzeigt, und erneut mit einem historischen Drama (*Don Karlos*, Buchfassung als *Dom Karlos, Infant von Spanien*, Hamburger Bühnenfassung 1787, *Don Karlos, Infant von Spanien, Ein dramatisches Gedicht*, 1805) befaßt. Er hat in seiner Mannheimer Zeit (1782-85) auch zwei bedeutsame Theaterschriften verfaßt (*Über das teutsche Theater*, 1782; *Was kann eine gute stehende Schaubühne eigentlich wirken?*, 1785, später unter dem Titel *Die Schaubühne als moralische Anstalt betrachtet*, 1802). Für sein Verhältnis zur bildenden Kunst und seine Antikenauffassung wurde der Besuch im Mannheimer Antikensaal bedeutsam (*Brief eines reisenden Dänen*, 1785). 1786 erschienen die für seine aufklärerische Grundhaltung wichtigen *Philosophischen Briefe*.

1785 war S. auf Einladung Christian Gottfried Körners nach Leipzig bzw. Dresden gezogen; es war der Beginn einer für S. lebenslang wichtig gebliebenen Freundschaft. 1787 ging S. nach Weimar. Durch → Goethes Vermittlung – ursprünglich hatte dieser S.s Werk als befremdlich empfunden – erhielt er Ende 1788 eine Professur an der Univ. Jena. Nach der spektakulären Antrittsvorlesung (*Was heißt und zu welchem Ende studiert man Universalgeschichte?*, 1789) folgten historische Vorlesungen bzw. Essays. Der Geschichtsschreiber hat für ihn (in Anlehnung an → Kant) die Aufgabe, die „isolierten Fakta" der Geschichte zu einem kohärenten System zu ordnen. Seine beiden großen historischen Darstellungen (*Geschichte des Abfalls der Vereinigten Niederlande von der spanischen Regierung*, 1788; *Geschichte des Dreißigjährigen Kriegs*, 1790/92) zeigen S.s weiterhin waches Interesse für Rebellionen – die anfängliche Begeisterung für die Französische Revolution

(1792 erhielt S. sogar das französische Bürgerrecht) war aber bereits 1793 angesichts der terreur verflogen – und zeugen von guter historischer Quellenkenntnis ebenso wie von seinen großen historiographischen Fähigkeiten. 1791 begann S. mit dem Studium von Kants *Kritik der Urteilskraft*; 1793 folgte sein berühmtes Bekenntnis zu Kant, das auch S.s Bekenntnis zur Aufklärung enthielt; er sah Kants Philosophie konzentriert in dem Satz: „Bestimme Dich aus Dir selbst". S. hat diesen Satz zum Kern seiner eigenen ästhetischen Vorstellungen gemacht, die er in *Über Anmuth und Würde* (1793) mit der Idee, daß Schönheit Freiheit in der Erscheinung sei (so in den vorhergehenden sog. *Kallias*-Briefen an Körner), entwickelte. *Über die ästhetische Erziehung des Menschen, in einer Reihe von Briefen* (1795) dokumentiert S.s Kritik an der Französischen Revolution und deren Folgeereignissen; seine Bestimmung des Menschen als eines freien, d.h. keinerlei Zwängen unterworfenen Wesens konzentriert sich in Begriffen wie „ästhetischer Schein" und „Spiel". Wie *Über Anmuth und Würde* erschien auch die zweite ästhetische Schrift *Über naive und sentimentalische Dichtung* (1795/96) in den mit Goethe zusammen herausgegebenen „Horen" (1795-98). S. heiratete Charlotte von Lengefeld am 22.2.1790.

1794 begann die freundschaftliche Beziehung mit Goethe nach einem Gespräch in der „Naturforschenden Gesellschaft" in Jena über die Urpflanze. Der für S. und Goethe lebenswichtige Austausch in Gesprächen und Briefen, der sich seit S.s Übersiedlung nach Weimar (1799) im persönlichen Umgang noch verstärkte, bestimmte bis zu S.s Tod seine Arbeiten entscheidend mit. Deutliche Spuren zeigt die Abhandlung *Über naive und sentimentalische Dichtung*, die nicht nur grundsätzliche dichtungstheoretische Kategorien aufstellt, sondern auch zur kritischen Bestandsaufnahme der neueren Literatur wird. In der Beziehung mit Goethe entwickelte sich das, was als „deutsche Klassik" das Bild des ausgehenden 18. Jh. immer noch bestimmt. Dazu gehören S.s klassische Balladen (z.B. *Die Kraniche des Ibykus*, *Die Bürgschaft*) und seine „philosophischen Gedichte", die häufig kulturgeschichtliche Stoffe behandeln. Von S.s und Goethes gemeinsamer Frontstellung gegen die literarische Mittelmäßigkeit seiner Zeit zeugen ebenso die zusammen verfaßten *Xenien* (1796) wie die geplante größere Schrift über den Dilettantismus (1799). S. hatte seine strengen kritischen Maßstäbe bereits in grundsätzlichen Bemerkungen in einer Rezension *Über Bürgers Gedichte* (1791) entwickelt.

Goethes Einfluß wurde produktiv wirksam in S.s *Wallenstein*, seinem bedeutendsten Drama mit der geheimnisvollen Gestalt des Feldherrn im Mittelpunkt. S.s letzte Jahre – neben der Herausgeberschaft des „Musenalmanachs" (1796-1800) – sind durch eine unermüdliche Dramenproduktion gekennzeichnet. *Maria Stuart* (1800) spiegelt seine Bemühung, in einer Doppeltragödie mit gemischten Charakteren dem strengen Bau der griechischen Tragödie in analytischer Technik ein modernes Gegenstück entgegenzusetzen. *Die Jungfrau von Orleans* (1801) ist explizit eine „romantische Tragödie". *Die Braut von Messina* (1803) ist ein erneuter Versuch S.s, der Tragödie des Euripides ein modernes Äquivalent entgegenzustellen. S.s letztes vollendetes Drama *Wilhelm Tell* enthält Zustimmung zur und Ablehnung der Französischen Revolution gleichermaßen – die Idee der Selbstbestimmung wird am (überzeugenden) Beispiel eines Einzelnen und am (wenig überzeugenden) Verhalten der Versammelten auf dem Rütli gezeigt. *Demetrius* ist nur als Torso (neben einer Reihe anderer Dramenentwürfe) erhalten.

Seit 1791 durch eine Lungenentzündung geschwächt, war S. in seinen letzten 15 Lebensjahren immer wieder gesundheitlich beeinträchtigt. Zunehmend als Bedrückung hatte er – 1802 nobilitiert – die „engen kleinen Verhältnisse" in Weimar empfunden, denen sich zu entziehen S. jedoch nicht mehr die Kraft aufbrachte.

AUSGABEN: Sämmtliche Werke. Hrsg. v. Christian Gottfried Körner. 12 Bde., Stuttgart/Tübingen 1812-15. – Sämmtliche Schriften. Historisch-kritische Ausgabe. Hrsg. v. Karl Goedeke. 15 Tle. in 17 Bden, 1867-76. – Briefe. Kritische Gesammtausgabe in der Schreibweise der Originale. Hrsg. v. Fritz Jonas. 7 Bde., Stuttgart 1892-96. – Werke. Nationalausgabe. Begründet von Julius Petersen, fortgesetzt von Lieselotte Blumenthal und Benno von Wiese, seit 1980 von Norbert Oellers und Siegfried Seidel. Weimar 1943 ff.
LITERATUR: Fortlaufende Bibliographie im Jahrbuch der Deutschen Schillergesellschaft, zuletzt 1987, 1995. – Gerhard Storz: Der Dichter F. S. Stuttgart 1959. – Benno von Wiese: F. S. Stuttgart 1959. – Emil Staiger: F. S. Zürich 1967. – S.s Dramen. Hrsg. v. Walter Hinderer. Stuttgart 1979. 2. verb. und veränd. Aufl. 1992. – Terence James Reed: S. Oxford 1991. – Lesley Sharpe: F. S. Drama, Thought and Politics. Cambridge 1991. – Karl S. Guthke: S.s Dramen. Idealismus und Skepsis. Tübingen 1994. – Ulfried Schaefer: Philosophie und Essayistik bei F. S. Würzburg 1996. – Hans-Jürgen Schings: Die Brüder des Marquis Posa. S. und der Geheimbund der Illuminaten. Tübingen 1996. – S.-Handbuch. Hrsg. v. Helmut Koopmann. Stuttgart 1998 (mit umfangreichem Forschungsbericht). *Helmut Koopmann*

Schinkel, Karl Friedrich, Architekt, Stadtplaner, Maler, Zeichner, * 13.3.1781 Neuruppin, † 9.10.1841 Berlin.
S.s Vater, Pfarrer in Neuruppin, starb 1787 beim Brand der Stadt. 1794 zog die Familie nach Berlin, wo S. das Gymnasium besuchte. Beeindruckt von Friedrich Gillys monumentalem Entwurf zum Denkmal →Friedrichs d. Gr. (1797), wählte er den Architektenberuf. Als Schüler Gillys führte er nach dessen frühem Tod 1801 einige Bauaufträge zu Ende und schuf auch eigene Werke in dem einfachstrengen frühklassizistischen Stil des Lehrers. Auf der Italienreise 1803-05 entwickelte sich S. auch zum Architektur- und Landschaftszeichner. Dies befähigte ihn, als nach der Niederlage Preußens 1806 Bauaufträge fehlten, zur Tätigkeit als Dioramenmaler. Seine Gemälde gotischer Kirchen als Stadt- oder Landschaftskronen stellen religiöse und patriotische Gesellschaftsmodelle im Sinne der Romantik dar. Die seit etwa 1809 durchdachte Idee eines ‚religiösen Gebäudes' gipfelte im Entwurf zum Dom als Denkmal der Befreiungskriege (1814). Seit 1810 war er in der preuß. Oberbaudeputation angestellt. Das ergab einen mit der wirtschaftlichen Erholung des Staats nach 1820 wachsenden Aufgabenbereich (Entwürfe, Gutachten, Korrekturen, Denkmalschutz) in allen Provinzen.

Mit Beginn seiner Bautätigkeit in Berlin 1816 wendete sich S. wieder vornehmlich klassizistischen Formen zu, nun aber einen reifen, eleganten Stil ausbildend, der die strengen Baukörper als konstruktiv gegliederte, mit Schmuckformen belebte Organismen auffaßt. Mit Neuer Wache, Schauspielhaus, Schloßbrücke, Museum prägt S. bis 1830 den Charakter des Zentrums Berlins. Hinzu kamen Bauten für Angehörige des Königshauses; Stadtpalais mit bis ins Detail durchgebildeten Innenräumen, Schlösser in der Umgebung von Potsdam (Charlottenhof, Glienicke, Babelsberg). Diese fügen sich harmonisch in die von Peter Joseph Lenné gestalteten Landschaftsgärten ein, in kleinen Bauten auch in freier asymmetrischer Bauweise.

In seinen Kirchenentwürfen für den Berliner Norden (1828) suchte S. moderne Lösungen für den protestantischen Predigtraum. Wegweisend war sein Eintreten für den Ziegelbau als dauerhafte, entwicklungsfähige Technik. Das Hauptwerk dieser Richtung, die Bauakademie (1832-36), war zugleich Inkunabel einer neuartigen sachlichen Architektur und mit ihren figürlichen Terrakottareliefs auch Bekenntnis S.s zur antiken Tradition.

Infolge ständiger Arbeitsüberlastung kränkelte S. Ende der dreißiger Jahre und starb nach einjährigem Siechtum. Er war der bedeutendste deutsche Architekt der ersten Hälfte des 19. Jahrhunderts. Durch seine klare, bis zu einem gewissen Grad lehrbare Formensprache wirkte er weit über das damalige Preußen hinaus. Als universeller Künstler, mit Entwürfen für Bühnenbilder, Bauplastik, Glas- und Wandmalerei, Möbel, Gefäße, Stoffe etc. prägte S. einen allgemein gültigen Stil.

SCHRIFTEN: Sammlung architectonischer Entwürfe. Berlin 1819-40. – Decorationen auf den beiden Königlichen Theatern in Berlin. Berlin 1819-24. – Werke der höheren Baukunst. Potsdam 1840-48. – Aus S.s Nachlaß. Hrsg. v. Alfred von Wolzogen: 4 Bde., Berlin 1862-64 (Bd. 4 = Katalog des Schinkel-Museums). Reprint München 1981. – K. F. S. Briefe, Tagebücher, Gedanken. Hrsg. v. Hans Mackowsky. Berlin 1922.
LITERATUR: August Grisebach: C. F. S. Leipzig 1924. Reprint Frankfurt/Berlin/Wien 1981. – Paul Ortwin Rave: S.-Schrifttum. Berlin 1935 (Schrifttum der deutschen Kunst, Beiheft). – K. F. S. Lebenswerk. Hrsg. 1939-62 von Paul Ortwin Rave und 1962-95 von Margarete Kühn. Bisher sind erschienen 16 Bde., Berlin, seit 1968 München/Berlin. – Ortwin Rave: K. F. S. Berlin 1953. 2. veränd. Aufl. München 1981. – K. F. S. 1781-1841. Katalog. Hrsg. v. Staatliche Museen zu Berlin/Hauptstadt der

DDR, Staatliche Schlösser und Gärten Potsdam. Berlin 1980. – K. F. S. Architektur, Malerei, Kunstgewerbe. Katalog. Hrsg. v. Staatliche Schlösser und Gärten Schloß Charlottenburg und der Nationalgalerie Berlin (West). Berlin 1981. (Beide Kataloge zugleich Handbücher, beide mit Bibliographie). – Paul Julius Posener (Hrsg.): Festreden. S. zu Ehren. 1846-1980. Berlin 1981. *Eva Börsch-Supan*

Schinz, Hans Rudolf, schweizer. Schriftsteller, * 30. 5. 1745 Zürich, † 12. 1. 1790 Uetikon.
Nach dem Theologiestudium wirkte S. seit 1778 als Pfarrer in Uetikon. Er wurde als Autor von landwirtschaftlichen Anleitungen für die bäuerliche Bevölkerung und Reiseschilderungen bekannt, die er in aufklärerischer Absicht verfaßte. S. war Mitglied der Asketischen Gesellschaft, eines Zusammenschlusses aufklärerisch orientierter Geistlicher, und gehörte der um den Abbau konfessioneller Schranken bemühten Helvetischen Gesellschaft an. Seit 1778 war er auch Sekretär der Zürcher Naturforschenden Gesellschaft. Sein Bericht *Die vergnügte Schweizerreise* (1773) und seine auch politische und wirtschaftliche Informationen enthaltenden *Beyträge zur nähern Kenntnis des Schweizerlandes* (5 Hefte, 1783-87) waren bemerkenswerte Beiträge zur zeitgenössischen Diskussion innerhalb der helvetischen Gesellschaft über die erzieherische Bedeutung des Reisens.

Schirach, Gottlob Benedikt, Historiker, Publizist, * 13. 6. 1743 Tiefenfurt, † 7. 12. 1804 Altona (heute zu Hamburg).
S. begann ein Studium der evang. Theologie in Leipzig, wandte sich aber bald den alten Sprachen und der Geschichtswissenschaft zu. 1765 in Halle 1765 promoviert, habilitierte er sich dort und folgte 1769 einem Ruf an die Univ. Helmstedt, an der er zunächst als a. o. Prof. der Philosophie, seit 1771 als o. Prof. der Moral und Politik lehrte. Für sein Werk *Pragmatisches Leben Kaiser Karls VI.* (1776) wurde S. von Kaiserin Maria Theresia 1776 in den erbländischen österr. Adelsstand erhoben. Seine Schrift *Über das Königlich dänischen Indigenatrecht und einige Gegenstände der Staatswissenschaft* (1779) veranlaßte 1780 die dänische Regierung, ihn als Legationsrat nach Altona zu berufen. Seit 1783 führte S. den Titel eines kgl. dänischen Staatsrats. Er war Gründer und langjähriger Herausgeber des weit verbreiteten „Politischen Journals" (1781).

Schlabrendorff, Ernst Wilhelm von, Staatsmann, * 4. 2. 1719 Gröben (Kr. Teltow), † 14. 12. 1769 Breslau.
S. trat nach dem Studium der Kameralwissenschaften an der Univ. Halle in den preuß. Staatsdienst ein, wurde 1740 Kriegsrat bei der Kammer in Gumbinnen, 1745 Geheimer Rat und Direktor der Pommerschen Kammer in Stettin. 1754 ernannte ihn König →Friedrich II. zum Präsidenten der Magdeburger Kammer, 1755 als Wirklichen Geheimen Rat zum Etatminister für Schlesien und Präsidenten der schlesischen Kammern. Er organisierte die Verteidigung Schlesiens während des Siebenjährigen Kriegs sowie nach Friedensschluß den Wiederaufbau der Provinz. Bedeutung erlangte er auch als Förderer von Manufakturen, insbesondere der Leinen- und Tuchfabrikation, sowie durch den Bau von Volksschulen.

Schlabrendorff, Gustav Graf von, Schriftsteller, Philanthrop, * 22. 3. 1750 Stettin, † 21. 8. 1824 Batignolles bei Paris.
Der Sohn Ernst Wilhelm von →S.s studierte in Frankfurt/Oder und Halle Jura und Philosophie, wurde 1772 von König →Friedrich II. in den Grafenstand erhoben und lebte danach, aufgrund des von seinem Vater geerbten Vermögens finanziell unabhängig, seinen literarischen und philanthropischen Neigungen. Nach mehrjährigem Aufenthalt in England übersiedelte er 1790, angezogen von der Französischen Revolution, nach Paris, wo er 1793 als Anhänger der Girondisten verhaftet wurde und nur knapp der Guillotine entkam. Nach seiner Freilassung lebte er bis kurz vor seinem Tode in einem kleinen, schmutzigen Zimmer im Hotel des deux Siciles, wo er sich vielfältigen Studien und der Schriftstellerei widmete und aufgrund seiner finanziellen Großzügigkeit als Gastgeber sehr geschätzt war. S. verfaßte die antinapoleonische Schrift *Napoleon Bonaparte und das französische Volk unter seinem Konsulat* (1804). Einen großen Teil seines Gutsvermögens vermachte er einer schlesischen Stiftung für Waisenhäuser und Seminare beider Konfessionen.

Schlegel, August Wilhelm von, Übersetzer, Philologe, Kritiker, * 8. 9. 1767 Hannover, † 12. 5. 1845 Bonn.
Der vierte Sohn Johann Adolf →S.s studierte zunächst in Göttingen Theologie und Philologie. Dort fand er in Gottfried August →Bürger einen Mentor, der ihm Einblicke in die Übersetzungspraxis aus klassischen sowie neueren Sprachen vermittelte. Schon als Hauslehrer in Amsterdam 1791-95 wurde er als Kritiker und Rezensent tätig, vor allem dann in Jena (1795-1801, 1798-1801 Professor), wo er im Kreise um seine Frau Caroline S., geb. Michaelis, seines Bruders Friedrich →S. und dessen Frau Dorothea →S., um →Fichte und später →Tieck und Novalis die neue „romantische" Schule bestimmend prägte. Im Sinne dieser neuen kritisch-poetologischen Richtung wirkte 1798-1800 die Zeitschrift „Athenaeum", von ihm und seinem Bruder Friedrich herausgegeben. Schon 1796 hatte S. seine Übersetzung der Dramen Shakespeares angekündigt, die 1797-1810 erschien und 14 Stücke umfaßte. Diese Übertragung, später durch Dorothea Tieck und Wolf von Baudissin ergänzt, ist bis heute die deutsche Standardversion. Durch Mißerfolge (Ende 1801 fiel sein klassizistisches Schauspiel *Ion* in Weimar durch) und Polemiken verunsichert, zog S. 1801 nach Berlin. Dort hielt er die Vorlesungsreihe *Über schöne Litteratur und Kunst* (1884 veröffentlicht), in der er die Literaturen des klassischen Altertums, des germanischen und provenzalischen Mittelalters und der romanischen (besonders spanischen und italienischen) Neuzeit als ebenbürtig darstellte.

Nach der Auflösung seiner Ehe 1803 war S. bis 1817 Hausfreund und Begleiter von Madame de Staël, in Coppet, in Italien, sowie auf längeren Reisen durch Deutschland, Österreich und Rußland, nach Dänemark und Schweden. Höhepunkt dieser Jahre waren die berühmten *Vorlesungen über dramatische Kunst und Literatur*, 1808 in Wien gehalten (1809-11 veröffentlicht); daran anknüpfend stellen sie die Prinzipien klassischer und romantischer Dramenkunst im Sinne religiöser und formeller Gegensätze, aber auch der Gleichwertigkeit alter und neuer Traditionen dar. S. war trotz seiner Akribie als Altphilologe und Metriker und trotz seiner Nähe zur Weimarer Klassik bereit, die Autorität der großen romantischen „Erzpoeten" Dante, Cervantes, Calderón und Shakespeare als Modelle moderner, organischer, phantasievoller Poesie zu bezeichnen. In seinen späteren Jahren, vor allem nach seiner Berufung als Prof. der Literatur an die Univ. Bonn 1818, wandte sich S. wieder der Philologie zu, insbesondere der indischen (1829-46 *Râmâyana*-Übersetzung). Er gehört zu den Gründern der modernen komparativen Linguistik. 1815 wurde S. in den Adelsstand erhoben.

WEITERE WERKE: Sämmtliche Werke. Hrsg. v. Eduard Böcking. 12 Bde., Leipzig 1846/47. – Œuvres écrites en français. 3 Bde., Leipzig 1846. – Opuscula Latine scripta. Leipzig 1848. – Kritische Schriften und Briefe. Hrsg. v. Edgar Lohner. 7 Bde., Stuttgart 1962-74. – Kritische Ausgabe der Vorlesungen. Hrsg. v. Ernst Behler/Frank Jolles. Bd. 1 ff. Paderborn u. a. 1989 ff. – Briefe von und an A. W. S. Hrsg. v. Josef Körner. 2 Bde., Zürich/Leipzig/Wien 1930. – Krisenjahre der Frühromantik. Hrsg. v. Josef Körner. 3 Bde., Brünn/Wien/Leipzig 1936/37. Bern 1958.

LITERATUR: Bernard von Brentano: A. W. S. Stuttgart 1943. Frankfurt ³1986. – Peter Gebhardt: A. W. S.s Shakespeare-Übersetzungen. Göttingen 1970. – Ralph W. Ewton: The Literary Theories of A. W. S. Den Haag 1971. – Ruth Schirmer: A. W. S. und seine Zeit. Bonn 1986. *Roger Paulin*

Schlegel von Gottleben, Dorothea von, geb. Brendel Mendelssohn, Schriftstellerin, * 24. 10. 1764 Berlin, † 3. 8. 1839 Frankfurt/Main.
Die Tochter des Philosophen Moses → Mendelssohn erhielt eine fundierte Ausbildung und heiratete 1784 den Bankier Simon Veit. Sie verkehrte in den von Henriette → Herz und Rahel Levin (→ Varnhagen) geführten literarischen Salons in Berlin und lernte dort 1797 Friedrich → S. kennen, mit dem sie nach ihrer Scheidung (1799) in Jena und Paris lebte. 1804 heiratete sie Friedrich S. und konvertierte 1808 mit ihm zum Katholizismus. Seit 1809 in Wien lebend, bildeten sie dort den Mittelpunkt eines literarischen Kreises, in dem u. a. Karoline → Pichler und zeitweilig auch Joseph von Eichendorff verkehrten. Nach dem Tod ihres Mannes erhielt S. auf Vermittlung Metternichs vom österr. Kaiser eine Rente und lebte seit 1830 bei ihrem Sohn, dem Maler Philipp Veit, in Frankfurt/Main. Neben literarischen Arbeiten zur Unterstützung ihres Mannes schrieb S. den von → Goethes *Wilhelm Meister* beeinflußten Roman *Florentin* (1801) und war auch als Übersetzerin tätig, u. a. von Madame de Staëls *Corinne* (4 Bde., 1807).

Schlegel, (Karl Wilhelm) Friedrich von, Schriftsteller, Kritiker, Philosoph, * 10. 3. 1772 Hannover, † 12. 1. 1829 Dresden.
Der jüngste Sohn Johann Adolf → S.s wurde zunächst für die Banklehre bestimmt, gab diese bald auf, holte in febriler Lesewut Versäumtes nach und machte 1789 sein Abitur. Er studierte zunächst in Göttingen, dann in Leipzig Philosophie, Geschichte und Philologie und schloß sich 1796 seinem Bruder August Wilhelm → S. in Jena an. Als der philosophischere Kopf hat S. die neue „romantische" Schule spekulativen und radikalen Denkens in Jena weitgehend bestimmt. Schon vor seinem Auftritt in Jena hatte er in Johann Friedrich → Reichardts Journalen „Deutschland" und „Lycaeum" zur zeitgenössischen Literatur (Friedrich Heinrich → Jacobi) und der deutschen kritischen Tradition (→ Lessing, Georg → Forster) Stellung genommen. Vor allem hatte er sich mit der Literatur des klassischen Altertums auseinandergesetzt. Dieses Interesse gipfelte in dem Aufsatz *Über das Studium der griechischen Poesie* (1797) und in dem berühmten Gegensatzpaar „objektiv" und „interessant" für die griechische bzw. moderne Poesie. Dieses „Interessante" des Modernen wie das politische Phänomen der Französischen Revolution sind typisch für das In-Frage-Stellen aller kritischen und ästhetischen Werte, das sein bekanntestes Unternehmen dieser Zeit charakterisiert: „Athenaeum. Eine Zeitschrift", 1798-1800 mit seinem Bruder August Wilhelm herausgegeben. S.s Fragmente – eine Auswahl wurde ins „Athenaeum" aufgenommen – sind keine ‚Definitionen', sondern eher der ironische Versuch, sowohl die Grenzen des Wissens und Denkens anzuerkennen als auch sie kühn zu überschreiten und ins Unendliche fortzusetzen. In diesem Sinne sind auch das berühmte *Gespräch über die Poesie* und die Rezension von → Goethes *Wilhelm Meister* zu verstehen. Skandal erregte sein erotischer Roman *Lucinde* (1799), nicht nur wegen der deutlichen autobiographischen Züge (seit 1797 lebte S. mit Dorothea Veit, geb. Mendelssohn zusammen), sondern an der dort geforderten Einheit von sinnlicher und übersinnlicher Liebe, während S.s Freund F. → Schleiermacher in einer Rezension den Roman gerade wegen der scheinbar anstößigen Themen rühmte.
Nach der Auflösung des Jenaer Kreises zog S. mit Dorothea – noch vor ihrer Heirat 1804 – 1801 nach Paris, wo er die Grundlagen seiner Sanskritkenntnisse erwarb und die Zeitschrift „Europa" (1803-5) herausgab. Hier, auch in dem mißglückten Trauerspiel *Alarcos* (1802) und in den privaten Vorlesungsreihen, die er den Brüdern Sulpiz und Melchior Boisserée in Paris und in Köln hielt, zeigt sich S.s Orientierung an einer christlich-abendländischen Literatur- und Wertetradition. Das drückt sich auch in dem für die komparative Sprachwissenschaft bedeutenden Werk *Über die Sprache und Weisheit der Indier* (1808) aus, vor allem aber in der Konversion des Ehepaars S. zum Katholizismus im selben Jahr. 1808 zog S. als Hofsekretär nach Wien, nahm am Wiener Kongreß und

am Frankfurter Bundestag 1815-18 teil, verkehrte in konservativen Kreisen und war in deren Sinne schriftstellerisch und publizistisch tätig. S.s Vorlesungen (*Über die neuere Geschichte*, 1811; *Geschichte der alten und neuen Litteratur*, 1815; *Philosophie des Lebens*, 1828; *Philosophie der Geschichte*, 1829; *Philosophie der Sprache und des Wortes*, 1830) sowie seine Zeitschriften „Deutsches Museum" (1812/13) und „Concordia" (1820-23) sind von kulturkonservativem, restaurativem, zum Teil auch mystischem Denken geprägt. 1815 wurde S. in den Adelsstand erhoben.

WERKE: Kritische Friedrich Schlegel-Ausgabe. Hrsg. v. Ernst Behler u. a. 35 Bde. geplant. München u. a. 1958 ff.

LITERATUR: Klaus Peter: F. S.s ästhetischer Intellektualismus. Studien über die paradoxe Einheit von Philosophie und Kunst in den Jahren vor 1800. Diss. Frankfurt 1965. Egelsbach 1994. – Ernst Behler: F. S. Reinbek bei Hamburg 1966. – Ingrid Strohschneider-Kohrs: Die romantische Ironie in Theorie und Gestaltung. Tübingen ²1977. – Ernst Behler: Studien zur Romantik und zur idealistischen Philosophie. Paderborn 1988. – Manfred Frank: Einführung in die frühromantische Ästhetik. Frankfurt/Main 1989. – Ulrike Zeuch: Das Unendliche – „höchste Fülle" oder Nichts? Zur Problematik von F. S.s Geist-Begriff und dessen geistesgeschichtlichen Voraussetzungen. Würzburg 1991. – Michael Elsässer: F. S.s Kritik am Ding. Hamburg 1994. *Roger Paulin*

Schlegel, Johann Adolf, Pseud. Nisus, Hanns Görge, evang. Theologe, Schriftsteller, * 18. 9. 1721 Meißen, † 16. 9. 1793 Hannover.
S., Bruder Johann Elias →S.s, studierte seit 1741 Theologie an der Univ. Leipzig, war 1745-51 Kandidat in Strehla und Leipzig und danach Diakon in Schulpforta. 1754 wurde er Pastor und Prof. am Gymnasium in Zerbst, 1759 Pastor primarius in Hannover, 1782 Generalsuperintendent für die Grafschaft Hoya und 1787 für das Fürstentum Calenberg. S. schrieb religiöse und moralisch-didaktische Lehrgedichte und war Mitbegründer der „Bremer Beiträge" (1744-48). Sein Werk *Die schönen Künste aus einem Grundsatz hergeleitet* (1751, ³1770), eine um eigene kritische Zusätze erweiterte Übersetzung von Charles Batteux' *Traité sur les beaux-arts réduits à un même principe* (1746), hatte großen Einfluß auf die deutsche Kunstauffassung seiner Zeit. S. war der Vater von August Wilhelm und Friedrich →S.

Schlegel, Johann Elias, Jurist, Schriftsteller, * 17. 1. 1719 Meißen, † 13. 8. 1749 Sorø (Dänemark).
S., Bruder Johann Adolf →S.s, studierte 1739-42 Jura an der Univ. Leipzig und trat 1743 die Stelle eines Privatsekretärs beim sächsischen Gesandten in Dänemark an. 1748 wurde er a. o. Prof. der Politik und des öffentlichen Rechts an der Ritterakademie in Sorø. S. gilt als der bedeutendste Dramatiker des 18. Jh. vor →Lessing. Er schrieb u. a. die Tragödie *Herrmann*, mit der 1766 das Leipziger Theater neu eröffnet wurde, und das Lustspiel *Der Triumph der guten Frauen* (1748). Zu erwähnen sind auch S.s Beiträge zur Poetik und Dramentheorie. Ursprünglich Mitarbeiter Johann Christoph →Gottscheds, stellte er später dessen Lehre von der Nachahmung als allein gültige ästhetische Norm in Frage und strebte eine philosophische Fundierung der Dichtkunst an. S.s *Vergleichung Shakespears und Andreas Gryphs* (1741) gab der Shakespeare-Rezeption des 18. Jh. bedeutende Impulse.

Schleiermacher, Friedrich Daniel Ernst, evang. Theologe, Philosoph, * 21. 11. 1768 Breslau, † 12. 2. 1834 Berlin.
S. war das zweitälteste von drei Kindern des preuß. Feldpredigers reformierten Bekenntnisses, Gottlieb Schleyermacher. Seine Kindheit verbrachte er in Breslau, Pleß und Anhalt (Oberschlesien). Von 1783 bis 1785 besuchte er das Pädagogium der Herrnhuter in Niesky (Lausitz), dann das Seminarium in Barby/Elbe. Von den Glaubens- und Denkformen der Herrnhuter beengt, setzte er bei seinem Vater im Frühjahr 1787 den Abbruch seiner Studien in Barby durch und schrieb sich an der Univ. Halle ein. Herrnhut und die Aufklärung prägten S.s religiöse und intellektuelle Physiognomie. Der Einfluß der Romantik und Impulse des Deutschen Idealismus traten später hinzu. In Halle studierte S. vom Sommersemester 1787 bis zum Wintersemester 1788/89 Theologie. Sein wichtigster akademischer Lehrer war jedoch der Philosoph Johann August →Eberhard, der ihn in die griechische Philosophie einführte. S.s früheste Arbeiten sind Anmerkungen und eine Übersetzung des 8. und 9. Buches der *Nikomachischen Ethik*. Die Philosophie der Griechen beschäftigte S. lebenslang, als Interpret und als Übersetzer. Eberhard bezog S. auch in die Auseinandersetzungen der wolffianischen Schulphilosophie mit der Philosophie →Kants ein.
Von Mai 1789 bis Frühherbst 1790 lebte S. in Drossen bei Frankfurt/Oder. Diese Zeit diente der Vorbereitung und Absolvierung des Examens. Zwischenzeitlich war S. bei dem Grafen zu Dohna in Schlobitten als Hauslehrer angestellt. In Schlobitten entstanden größere Teile der Abhandlung *Über die Freiheit* und die Schrift *Über den Wert des Lebens*. Die Schlobittener Zeit endete im Mai 1793 mit einem Zerwürfnis. Wahrscheinlich standen nicht nur pädagogische Differenzen im Hintergrund, sondern auch politische Meinungsverschiedenheiten: S. war Anhänger der Französischen Revolution. Nach neuerlichem Aufenthalt in Drossen erhielt S. einen Platz als Lehramtskandidat an Friedrich →Gedikes Seminar für gelehrte Schulen in Berlin (Winter 1793/94). Als Lehramtsanwärter schrieb er die Abhandlung *Über den Geschichtsunterricht* (1793). Während der Tätigkeit an Gedikes Seminar beschäftigte er sich auch mit Friedrich Heinrich →Jacobis Spinozaschriften. S. verfaßte eine *Kurze Darstellung des Spinozistischen Systems* (1793/94) und Ausarbeitungen über Jacobis Philosophie.
Im April 1794 führte S.s Weg ins Pfarramt, zunächst als Adjunkt an die Konkordienkirche nach Landsberg/Warthe, sodann seit September 1796 als Prediger an die Berliner Charité. Von 1802 bis 1804

amtierte er als Hofprediger in Stolp. Die Jahre in Stolp erlebte S. als „Exil". Tatsächlich glich die Versetzung einer Verbannung. S.s kirchliche Vorgesetzte mißbilligten seinen Umgang mit der literarischen Avantgarde Berlins und seine jüdischen Freundschaften (u. a. mit Henriette →Herz). Die Jahre im Predigeramt 1794-1804 ließen viel Zeit für literarische Arbeiten. In Berlin nahm die (in dieser Hinsicht allerdings mißglückte) Arbeitsgemeinschaft mit Friedrich →Schlegel bei der Übersetzung Platons ihren Anfang. Die ersten drei Bände der von S. dann allein ausgeführten Übersetzung erschienen 1804/05. Zum selbständigen Schriftsteller bildete sich S. unter dem Einfluß der Frühromantik heran. 1797 war Friedrich Schlegel nach Berlin gekommen. Aus der Freundschaft zwischen ihm und S. entwickelte sich eine fast zweijährige Wohngemeinschaft und der geistige Verbund mit den Brüdern Schlegel, Novalis und weiteren Schriftstellern. Friedrich Schlegel gewann S. als Autor für das „Athenaeum" (1798-1800).

S.s Hauptbeitrag zur frühromantischen Literatur, gleichzeitig die Grundschrift einer neuen Epoche der Theologie, waren die Reden *Über die Religion*. Jenseits der Systeme von Metaphysik und Moral sei Religion das unmittelbare Innewerden des Unendlichen im Endlichen. Zugleich skizzierte S. die Elemente einer religiösen Erziehungslehre und ein antihierarchisches Verständnis von religiöser Gemeinschaft, das in ein Programm zur Reform der Kirche einmündete. 1800 folgten die *Monologen*, das Manifest einer Ethik der Individualität. In *Die Weihnachtsfeier. Ein Gespräch* (1806) wird in Anlehnung an Platons Dialoge ein bürgerlicher Weihnachtsabend erzählt, an dem Ursprung und Wesen des christlichen Glaubens erörtert werden. Weitere Schriften S.s aus jenen Jahren waren der *Versuch einer Theorie des geselligen Betragens* (1799), *Die Briefe bei Gelegenheit der politisch-theologischen Aufgabe* (1799), ein Plädoyer für die bürgerliche Emanzipation der Juden ohne Taufzwang, sowie die Verteidigungsschrift für Schlegels skandalumwitterten Roman (*Vertraute Briefe über Friedrich Schlegels Lucinde*, 1800). S.s erste große wissenschaftliche Schrift entstand im Stolper „Exil": *Grundlinien einer Kritik der bisherigen Sittenlehre* (1803), eine Analyse ethischer Theorien von der Antike bis zu →Fichte und Kant.

1804 berief ihn die preuß. Regierung als Extraordinarius und Universitätsprediger nach Halle. Die Anforderungen der Lehrtätigkeit zwangen S. zur Erweiterung und Vertiefung seines wissenschaftlichen Spektrums. Vom Winter 1804 bis Sommer 1806 legte S. die Fundamente für alles Künftige. Er konzipierte die Entwürfe seiner philosophischen Ethik, seiner christlichen Sittenlehre, seiner Lehre des Verstehens von Texten (die ihn zu einem Pionier der modernen Hermeneutik machte), seiner Glaubenslehre und sein Verständnis des Theologiestudiums. Bedeutenden Raum nahm die Exegese des Neuen Testaments ein.

Als 1806 die Univ. Halle geschlossen wurde, ging er nach Berlin und nahm hier an den Arbeiten der Staatsreformer teil. Auf Wunsch des Freiherrn vom Stein erarbeitete er den *Entwurf einer neuen Kirchenordnung der Preußischen Monarchie* (1808); ebenfalls 1808 legte er *Gelegentliche Gedanken über Universitäten im deutschen Sinn. Nebst einem Anhang über neu zu errichtende* vor. Die zu gründende Berliner Universität sollte nach seiner Vorstellung Volluniversität und unabhängig vom Staat sein. Als Mitglied der Unterrichtssektion im Innenministerium wirkte S. von 1810 bis 1814 an der Schulreform mit. Im Mai 1809 wurde er Prediger an der Dreifaltigkeitskirche, 1810 Prof. an der neuen Univ. und erster Dekan der Theologischen Fakultät. Im preuß. Befreiungskampf betätigte sich S. neben Pfarramt und Professur als politischer Journalist. Während der Restaurationszeit politisch beargwöhnt, stieg S. gleichwohl zu bedeutenden Ehren auf. 1815/16 war er Rektor der Universität, seit 1810 Mitglied der Königlich Preußischen Akademie der Wissenschaften.

Das Vierteljahrhundert von 1809/10 bis zu S.s Tod 1834 war überreich an Aufgaben: im Pfarramt, in der Synode, in Universität und Akademie. Das erklärt, warum S.s literarische Produktion nicht mit der Fülle dessen Schritt zu halten vermochte, was er als akademischer Lehrer bot. Die Menge des zu Lebzeiten Veröffentlichten war gleichwohl beträchtlich. 1811 erschien der enzyklopädische Aufriß *Kurze Darstellung des theologischen Studiums* (überarbeitet 1830), 1821/22 S.s theologisches Hauptwerk *Der christliche Glaube nach den Grundsätzen der evangelischen Kirche im Zusammenhange dargestellt* (umgearbeitet 1830/31). Kirchenpolitisch diente die *Glaubenslehre* der Zusammenführung der Reformierten und Lutheraner in Preußen, wie sich S. denn auch große Verdienste bei der Entstehung der preuß. Kirchenunion seit 1817 erwarb. Als Anwalt kirchlicher Eigenständigkeit scheute er den Konflikt selbst mit dem König nicht. Am 12.2.1834 erlag S. einer schweren Lungenentzündung.

WEITERE WERKE: Sämmtliche Werke. Erste Abtheilung: Zur Theologie (13 Bde.); Zweite Abtheilung: Predigten (10 Bde.); Dritte Abtheilung: Zur Philosophie (9 Bde.). Berlin 1834-64. – Kritische Gesamtausgabe (KGA). Hrsg. v. Hans-Joachim Birkner (†), Victor Selge u. a. Berlin 1980 ff.

LITERATUR: Terrence N. Tice: S. Bibliography. With Brief Introductions, Annotations and Index. Princeton (New Jersey) 1966 (Fortsetzungen 1985, 1987, 1990). – Wichmann von Meding (Bearb.): Bibliographie der Schriften S.s nebst einer Zusammenstellung und Datierung seiner gedruckten Predigten. Berlin/New York 1992. – Wilhelm Dilthey: Leben S.s. Hrsg. v. Martin Redeker. 2 Bde. (je zwei Halbbände), Göttingen 1966-70 (Dilthey: Gesammelte Schriften. Bd. XIII/1.2, 1970; Bd. XIV/1.2, 1966). – Dietz Lange (Hrsg.): F. S. 1768-1834. Theologe, Philosoph, Pädagoge. Göttingen 1985. – Kurt Nowak: S. und die Frühromantik. Weimar/Göttingen 1986. – Günter Meckenstock/Joachim Ringleben (Hrsg.): S. und die wissenschaftliche Kultur des Christentums. Berlin/New York 1991. – Gunter Scholtz: Ethik und Hermeneutik. S.s Grundlegung der Geisteswissenschaften. Frankfurt/Main 1995. – Dieter Burdorf/Reinold Schmücker (Hrsg.): Dialogische Wissenschaft. Perspektiven der Philosophie S.s. Paderborn 1998.

Kurt Nowak

Schlettwein, Johann August, Nationalökonom, * 8. 8. 1731 Weimar, † 24. 4. 1802 Dahlen (Mecklenburg).
S. studierte Rechts- und Kameralwissenschaften in Jena, versuchte als Rat der fürstlichen Rentkammer des Markgrafen → Karl Friedrich von Baden physiokratische Ideen in die agrarwirtschaftliche Praxis umzusetzen, wurde jedoch 1773 entlassen. Er ging nach Wien, war 1776/77 Prof. an der Univ. Basel und seit 1777 Prof. der Kameral- und Finanzwissenschaften an der Ökonomischen Fakultät der Univ. Gießen. 1785 zog er sich auf die Güter seiner Frau in Mecklenburg zurück und lehrte seit 1790 an der Univ. Greifswald. Einer der führenden Ökonomen seiner Zeit, vertrat S. als erster Wissenschaftler die Physiokratie in Deutschland. Neben ökonomischen Werken (u. a. *Grundfeste der Staaten, oder die politische Oekonomie*, 1778) veröffentlichte er anonym *Briefe an eine Freundinn über die Leiden des jungen Werthers* (1775) und *Des jungen Werthers Zuruf aus der Ewigkeit an die noch lebenden Menschen auf der Erde* (1775).

Schlez, Johann (Friedrich) Ferdinand, evang. Theologe, Schriftsteller, * 27. 6. 1759 Voit bei Ippesheim (Franken), † 7. 9. 1839 Schlitz (Hessen).
Nach dem Studium der Theologie, Philosophie und Literaturgeschichte in Jena wurde S. Amtsnachfolger seines Vaters als Pfarrer in Ippesheim. Seit der Studienzeit der Aufklärung verpflichtet, profilierte er sich als Publizist im Dienst der Volksaufklärung, gab seit 1797 „Fliegende Volksblätter" heraus, verfaßte Schulbücher in der Nachfolge Friedrich von → Rochows (*Der Denkfreund*, 1811, [22]1860) und schrieb Romane (*Geschichte des Dörfleins Traubenheim*, 2 Bde., 1791/92, [3]1817). 1799 wurde S. Erster Pfarrer, Kirchen- und Schulinspektor und Konsistorialrat in der Grafschaft Schlitz, verwirklichte dort eine Reihe von Reformen in Kirche und Schule und gestaltete das moderne Volksschulwesen entscheidend mit. Seine pädagogischen Anweisungen, u. a. das *Handbuch für Volksschullehrer* (5 Bde., 1815-21), wurden zu Klassikern.

Schlözer, August Ludwig von, Historiker, Staatsrechtler, Schriftsteller, Publizist, * 5. 7. 1735 Gaggstadt (Grafschaft Hohenlohe-Kirchberg, heute Kirchberg an der Jagst), † 9. 9. 1809 Göttingen.
Als Sohn und Enkel hohenlohischer Pfarrer begann S. 1751 ein Theologiestudium in Wittenberg. Dem Ruf des berühmten Orientalisten Johann David → Michaelis folgend, setzte er seine Studien in Göttingen fort. Um sein Bibelverständnis zu vertiefen, studierte er Geographie und Sprachen des Orients zur Vorbereitung einer Reise nach Palästina. Dieses Vorhaben, das er lange intensiv verfolgte, ist bezeichnend für die Art seines Denkens: Für ein theoretisches Problem suchte er durch praktische Erprobung eine vertiefte Erkenntnis. Er war außerordentlich begabt, Fremdes produktiv aufzunehmen; hinzu trat sachliches Engagement und eine ungewöhnliche Arbeitskraft. So studierte er auch Medizin und Staatswissenschaften. Drei Jahre als Hauslehrer in Schweden genügten ihm, um in schwedischer Sprache wissenschaftliche Arbeiten schreiben zu können. Sein *Versuch einer allgemeinen Geschichte der Handlung und Seefahrt in den ältesten Zeiten* (1758) ist, 1761 ins Deutsche übersetzt, ein interessantes Beispiel seiner Geschichtsschreibung, die lebensweltliche mit ökonomischen und politischen Faktoren verbindet, um zu einer vollständigeren geschichtlichen Erkenntnis zu gelangen. Von 1761 bis 1770 in Rußland, zunächst als Hauslehrer, dann als Adjunkt der Akademie und Lehrer für russische Geschichte, vertiefte er sich in die Quellen zur russischen Geschichte. Aus dieser Beschäftigung entstand sein Hauptwerk, die Edition der altrussischen Nestor-Chronik (1802-09), die genaue Kenntnis und Reflexion der historischen Methode belegt. Zar Alexander würdigte seine Verdienste um die russische Geschichte durch Nobilitierung. Mit seiner Berufung zum o. Prof. in der Philosophischen Fakultät der Göttinger Univ. hatte S. seine Bestimmung gefunden. Er lehrte zunächst Universalgeschichte, nach dem Tod Gottfried → Achenwalls auch Statistik, Politik, neuere Staatengeschichte und Staatsrecht. Als Lehrer faszinierte er seine Studenten durch sein didaktisches Geschick, die Gegenwartsbedeutung historischer Erkenntnis offenzulegen, seine freimütige Kritik an jeder obrigkeitlichen Willkür und sein leidenschaftliches politisches Temperament.
Aus der Fülle seiner Werke ist die *Vorstellung seiner Universalgeschichte* (1772) zu nennen, ein Geschichtsentwurf, der die Fortentwicklung der Menschheit dem verantwortungsvollen Handeln des Menschen zuschreibt. Geschichte und Politik waren in seinem Verständnis aufeinander bezogen. Im Kontext der entstehenden bürgerlichen Öffentlichkeit nehmen Autor und Leser an einem historischen Diskurs teil, den S. durch explizite Anreden an den Leser eröffnet. Grundlegend für seine staatsrechtlichen und politischen Vorstellungen ist seine Schrift *Stats-Gelartheit* (1804), die neben dem allgemeinen Staatsrecht und der Staatsverfassungslehre eine „Metapolitik" genannte Reflexion und eine Theorie der Statistik enthält. Sein Verständnis der Statistik, die er einmal als „stillstehende Geschichte" im Unterschied zu der als „fortlaufende Statistik" charakterisierten Geschichte definierte, hatte Einfluß auf sein berühmtes Unternehmen: „A. L. Schlözers Briefwechsel meist historischen und politischen Inhalts" (1778-82) und „Staatsanzeigen" (1782-93). Es kam ihm darauf an, alle Informationen zu sammeln, die die Verhältnisse eines Landes beschreiben und erklären konnten. Wie der Historiker vergangene Welten erforscht, so verfuhr der „Statistiker" S. als Herausgeber seiner Zeitschriften mit dem Ziel der Aufklärung der Gegenwart. Sein Unternehmen war außerordentlich erfolgreich, seine „Publizität" wurde von den Mächtigen gefürchtet. S. hat als Lehrer, Schriftsteller und Publizist die öffentliche Diskussion über die Normen und Werte

der Politik und des menschlichen Zusammenlebens angeregt und die Entwicklung bürgerlicher Emanzipation gefördert, eine Leistung, die er selbst – müde und verbittert am Ende seines Lebens – kritisch beurteilte.
LITERATUR: Bernd Warlich: A. L. v. S. 1735-1809 zwischen Reform und Revolution. Ein Beitrag zur Pathogenese frühliberalen Staatsdenkens im späten 18. Jahrhundert. Diss. Erlangen-Nürnberg 1972. – Ursula A. J. Becher: A. L. v. S. In: Hans-Ulrich Wehler (Hrsg.): Deutsche Historiker. Bd. 7, Göttingen 1980, S. 7-23. – Ursula A. J. Becher: A. L. v. S. – Analyse eines historischen Diskurses. In: Hans E. Bödeker u. a. (Hrsg.): Aufklärung und Geschichte. Göttingen 1986, S. 344-362. – Richard Saage: A. L. S. als politischer Theoretiker. In: Hans-Georg Herrlitz/Horst Kern (Hrsg.): Anfänge Göttinger Sozialwissenschaft. Göttingen 1987, S. 13-54. – Martin Peters: Möglichkeiten und Grenzen der Rezeption Rousseaus in der deutschen Historiographie. Das Beispiel der Göttinger Professoren A. L. v. S. und Christoph Meiners. In: Herbert Jaumann (Hrsg.): Rousseau in Deutschland. Berlin/New York 1995, S. 267-289.
Ursula A. J. Becher

Schlözer, Dorothea von, verh. Rodde, * 10. 8. 1770 Göttingen, † 12. 7. 1825 Avignon.
S. wurde von ihrem Vater August Ludwig von → S. gefördert. Sie beherrschte sechs Fremdsprachen und bestand 1787 in Göttingen als erste weibliche Kandidatin das philosophische Doktorexamen. Nach der Promotion half S. ihrem Vater bei der Erarbeitung der *Münz- Geld- und Bergwerksgeschichte des Russischen Kaiserthums von 1700-1789* (1791). 1792 heiratete sie den Lübecker Kaufmann und späteren Senator Matthäus Rodde, dessen Haus sie in den folgenden Jahren zu einem gesellschaftlichen Zentrum der Hansestadt machte. Nachdem er 1810 bankrott gemacht hatte, zog die Familie nach Göttingen. S. starb auf der Heimreise von Marseille, wohin sie ihre Tochter Dorothea zur Kur begleitet hatte, an den Folgen einer Erkältung.
LITERATUR: Leopold von Schlözer: D. v. S. Ein eutsches Frauenleben um die Jahrhundertwende. 1770-1825. Göttingen 1937. – Bärbel Kern/Horst Kern: Madame Doctorin S. Ein Frauenleben in den Widersprüchen der Aufklärung. München 1988.

Schlosser, Friedrich Christoph, evang. Theologe, Bibliothekar, Historiker, * 17. 11. 1776 Jever, † 23. 9. 1861 Heidelberg.
Der Sohn eines Rechtsanwalts studierte 1794-97 in Göttingen Theologie, war Pfarrverweser, Lehrer und Hauslehrer in Jever und Frankfurt/Main und wurde 1819 in Gießen promoviert. 1812-15 unterrichtete er am Lyzeum in Frankfurt Geschichte und Philosophie und publizierte u. a. eine *Geschichte der bilderstürmenden Kaiser des oströmischen Reiches* (1812) sowie eine *Weltgeschichte in zusammenhängender Erzählung* (1815). Die Arbeiten trugen S. Anerkennung und nach der Auflösung des Lyzeums das Amt des Frankfurter Stadtbibliothekars und 1817 den Ruf auf den Heidelberger Lehrstuhl für Geschichte ein. Dort leitete er bis 1825 auch die Universitätsbibliothek. S. schrieb weiterhin eine *Geschichte des achtzehnten Jahrhunderts [...] mit steter Beziehung auf die völlige Veränderung der Denk- und Regierungsweise am Ende derselben* (2 Bde., 1823) und eine *Weltgeschichte für das deutsche Volk* (19 Bde., 1843-57; 5. Aufl. 20 Bde., 1901-04).

Schlosser, Johann Georg, Jurist, Schriftsteller, * 9. 12. 1739 Frankfurt/Main, † 17. 10. 1799 Frankfurt/Main.
S. studierte in Jena und Altdorf Rechtswissenschaften, wurde 1762 promoviert und ließ sich anschließend als Rechtsanwalt in seiner Heimatstadt nieder. 1766-69 arbeitete er als Geheimsekretär und Erzieher bei Prinz Eugen von Württemberg. 1773 heiratete er in Frankfurt → Goethes Schwester Cornelia und nahm eine Stellung als Hof- und Regierungsrat bei Markgraf → Karl Friedrich von Baden an. Er amtierte als Oberamtsverweser der Markgrafschaft Hochberg in Emmendingen und Hofrat in Karlsruhe sowie seit 1790 als Direktor des dortigen Hofgerichts und zog sich 1794 als Privatmann nach Ansbach zurück. Ein Jahr vor seinem Tod wurde er als Stadtsyndikus nach Frankfurt berufen. Als Justizreformator, Aufklärer, Literat und Kirchenkritiker hinterließ S. ein umfangreiches aufklärerisches Werk. Neben zahlreichen Übersetzungen aus dem Griechischen, Englischen und Italienischen veröffentlichte er u. a. *Katechismus der Sittenlehre für das Landvolk* (1771) und *Vorschlag und Versuch einer Verbesserung des deutschen bürgerlichen Rechts ohne Abschaffung des römischen Gesetzbuchs* (1777, Neudr. 1973).

Schmauß, Johann Jakob, Jurist, Rechtsphilosoph, * 10. 3. 1690 Landau (Elsaß), † 8. 4. 1757 Göttingen.
S. studierte 1707 in Straßburg und Halle, wo er über mehrere Jahre Collegia abhielt. 1721 wurde er Durlachischer Hofrat, 1728 Geheimer Rat. Zugleich arbeitete er für den Kardinal von Rohan. 1734 erhielt er eine Professur (iuris naturae et gentium ordinarius) in Göttingen, 1737 den Hofratstitel. Im selben Jahr wurde er zum Dr. phil., 1743 zum Dr. jur. promoviert. S. veröffentlichte zahlreiche Schriften, besonders historischen oder geschichtsphilosophischen Inhalts, u. a. *Staat des Erzbistums Salzburg* (1712), *Der neueste Staat des Königreichs Portugall* (1714), *Curieuses Bücher- und Staats-Cabinet. Journal* (wurde von S. ab 1713 einige Jahre herausgegeben unter den Namen Anton Paullini), *Historisches Staats- und Helden-Cabinet* (1718f.), *Heiligenlexikon* (1719), *Leben und Helden-Thaten Königs Karl des XII. von Schweden* (2 Bde., 1720), *Entwurf einer Lebens-Beschreibung Seiner jetzt-regierenden kaiserl. Majestät Karl des VI.* (1720), *Geheime Historie des spanischen Hofes* (1720), *Genealogische Historie des Hauses Gramont* (1721), *Kurzer Begriff der Reichshistorie* (1720), *Corpus Iuris publici S.R.I. Academicum* (1722, ²1727), *Corpus Iuris Gentium Academicum* (1730), *Knipschildii* (1734), *Vorstellung des wahren Begriffs von einem Recht der Natur* (1748), *Unparteiische Vorstellung desjenigen, was wegen der Wahl*

eines Römischen Königs Rechtens ist (1751), *Historisches ius publicum des Teutschen Reiches* (1752), *Neues Systema des Rechts der Natur* (1754), *Kurzer Begriff der Historie der vornehmsten Europäischen Reiche und Staaten* (1755).

Schmettow, Woldemar Friedrich Graf von, auch Schmettau, Diplomat, * 25. 2. 1749 Celle, † 7. 7. 1794 Plön.
S. war 1767-69 Gesandtschaftssekretär im Auftrag des dänischen Königs in Madrid und Warschau, wurde 1771 Geschäftsträger der Gesandtschaft in Dresden und wechselte 1773 in kurpfälzische Dienste, die er nach einem Jahr wieder verließ. Nach mehrjährigen Reisen ließ sich S. 1778 in Plön nieder. Er verfaßte Abhandlungen und Monographien über staatswissenschaftliche und staatsrechtliche Themen, u. a. die Schrift *Beantwortung der Frage: Welches sind die sichersten [...] Mittel, die Heerstraßen wider Räubereyen und Gewaltthätigkeiten zu sichern?*, die 1788 von der Kgl. Societät der Wissenschaften in Göttingen mit dem ersten Preis ausgezeichnet wurde.

Schmid, Karl Christian Erhard, auch Schmidt, evang. Theologe, Philosoph, * 14. 4. 1761 Heilsberg bei Remda, † 10. 4. 1812 Jena.
S. studierte seit 1778 Theologie, Geschichte, Philosophie, Physik, Staatskunde, Psychologie, Philologie und Naturgeschichte in Jena, legte 1780 in Weimar das theologische Examen ab und wurde 1782 Hauslehrer Novalis', den er auch als Studenten betreute. 1784 wurde S. Magister der Philosophie in Jena, hielt seit 1785 exegetische Vorlesungen und trug durch seine Vorlesungen über Immanuel → Kant dazu bei, daß Jena Ende des 18. Jh. zum wichtigsten Zentrum der Kant-Rezeption im deutschen Sprachraum wurde. Neben seiner Lehrtätigkeit übernahm er 1787 eine Stelle als Vikar in Wenigenjena, wurde 1791 Ordinarius für Logik und Metaphysik in Gießen und kehrte 1793 als Ordinarius für Philosophie, Diakonus an der Stadtkirche und Garnisonsprediger nach Jena zurück. 1804 wurde S. zum Herzoglich Sachsen-Gothaischen Kirchenrat ernannt. 1796-98 gab er das von ihm gegründete „Psychologische Magazin", 1803/04 das „Anthropologische Journal" heraus. S. veröffentlichte u. a. *Kritik der reinen Vernunft im Grundrisse zu Vorlesungen* (1786, ⁴1798), *Wörterbuch zum Gebrauch der Kantischen Schriften* (1786, ⁴1798), *Versuch einer Moralphilosphie* (2 Bde., 1790, ⁴1802), *Empirische Psychologie* (Teil 1, 1791, ²1796), *Grundriß der Moralphilosophie* (1793, ²1800), *Grundriß des Naturrechts* (1795), *Philosophische Dogmatik im Grundriß* (1796, ²1799), *Grundriß der Logik* (1797), *Physiologie, philosophisch bearbeitet* (3 Bde., 1798-1801), *Grundriß der Metaphysik* (1799) und *Grundriß der allgemeinen Enzyklopädie und Methodologie aller theologischen Wissenschaften* (1810).
WEITERE WERKE: Philosophische und theologische Aufsätze. Jena 1802. – Adiaphora. Philosophisch, theologisch und historisch untersucht. Leipzig 1809.
LITERATUR: Ernst Bergmann: Fichte und K. C. E. S. Leipzig 1926. – Lothar Sennewald: C. C. E. S. und sein Verhältnis zu Fichte. Diss. Leipzig 1929. – Horst Schröpfer: C. C. E. S. Der ,bedeutendste' Kantianer an der Universität Jena im 18. Jahrhundert. In: Norbert Hinske u. a. (Hrsg.): Der Aufbruch in den Kantianismus. Stuttgart 1998, S. 37-83. – Georg Graf von Wallwitz: Die Interpretationen und Ausformungen von Kants Philosophie durch C. C. E. S. (1762-1812). Diss. Aachen 1998. – Temilo van Zantwijk/Paul Ziche: Fundamentalphilosophie oder empirische Psychologie. Das Selbst und die Wissenschaften bei Fichte und C. C. E. S. In: Zeitschrift für philosophische Forschung 54 (2000) S. 557-580.

Schmidt, Michael Ignaz, kath. Theologe, Historiker, * 30. 1. 1736 Arnstein (Unterfranken), † 1. 11. 1794 Wien.
S. studierte Theologie in Würzburg und wurde zum Lic. theol. promoviert. 1759 zum Priester geweiht, wirkte er kurze Zeit als Seelsorger und war seit 1761 als Hofmeister in Bamberg und Stuttgart tätig. 1766 wurde er in Würzburg Verweser des adligen Seminars, 1771 Universitätsbibliothekar und 1773 Prof. der deutschen Reichsgeschichte. 1774 wurde er zum geistlichen Rat ernannt. S. war Mitarbeiter des „Fränkischen Zuschauers", der ersten kritischen Zeitschrift des kath. Deutschland. 1780 ging er als Direktor des Haus-, Hof- und Staatsarchivs nach Wien. S. schrieb u. a. eine erfolgreiche *Geschichte der Deutschen* (Bd. 1-12, 1778-93; fortgeführt von Joseph → Milbiller, Bd. 13-22, 1800-08), die ein überkonfessionelles Bild des mittelalterlichen Reiches als Grundlage für die Reform des Reiches in der Gegenwart entwarf.

Schmieder, Heinrich Gottlieb, Schriftsteller, Theaterdirektor, * 3. 6. 1763 Dresden, † 1828 St. Petersburg.
Bereits während des Studiums der Rechtswissenschaften, das er 1786 mit der Promotion abschloß, verfaßte S. kleinere dramatische und Prosawerke. 1786 trat er in den sächsischen Militärdienst ein, aus dem er 1788 wegen einer Anstellung als Theaterdichter in Mainz wieder ausschied, und ging nach Aufenthalten in Mannheim und Stuttgart 1795 nach Altona. Dort war S. bis 1797 Regisseur und Theaterdichter am neuen Nationaltheaters und 1803 Direktor des neuen Theaters im Hamburger Vorstadt St. Georg. 1804 ging er als Übersetzer und Regisseur an das Deutsche Theater in St. Petersburg. S. veröffentlichte u. a. das Lustspiel *Gestorben und Entführt* (1789) und den Roman *Der Seelenverkäufer* (1807). Er trat auch als Bearbeiter und Übersetzer von Singspielen und Opern sowie als Herausgeber von Theaterjournalen (u. a. „Allgemeines Theaterjournal", 1792) hervor.

Schmohl, Johann Christian, Pädagoge, Schriftsteller, * 12. 8. 1756 Pülzig bei Coswig (Anhalt), † 1783 Bermudas.
Der Bauernsohn studierte in Wittenberg, war 1777 am Dessauer Philantropin tätig und lehrte dann vermutlich an der Univ. Halle. 1781 veröffentlichte S. die *Sammlung von Aufsätzen verschiedener Verfasser, besonders für Freunde der Kameralwissenschaften und der Staatswirtschaft*, deren Beiträge wahrscheinlich

alle von ihm stammen. In ihnen wird die absolutistische Willkür in Anhalt-Zerbst heftig angegriffen. Dem drohenden Prozeß entzog sich S. vermutlich durch Flucht nach England. 1782 hielt er sich in Königsberg auf, wo er Kontakt mit Johann Georg → Hamann hatte, und publizierte im selben Jahr anonym die Schrift *Ueber Nordamerika und Demokratie. Ein Brief aus England*, in der er für die amerikanische Revolution Partei ergriff. Als er nach Amerika auswandern wollte, um am Unabhängigkeitskrieg teilzunehmen, ertrank er während eines Aufenthalts auf den Bermudas.

Schneider, Eulogius, Taufname: Johann Georg, Franziskaner, Religionsphilosoph, Staatsmann, * 20. 10. 1756 Wipfeld/Main bei Würzburg, † 1. 4. 1794 Paris.
Der Sohn eines Weinbauern trat nach abgebrochenem Jurastudium 1777 in Bamberg als Novize in den Franziskanerorden ein und studierte Philosophie in Augsburg und 1778-80 Theologie in Salzburg. 1780 zum Priester geweiht, war S. seit 1784 Lektor für Philosophie und geistliche Beredsamkeit in Augsburg. Nach anakreontischen Gedichten und einer Predigt gegen den „fanatischen Pfaffengeist" mußte er das Kloster verlassen und erhielt am württembergischen Hof eine Anstellung als Prediger. Wegen seines Eintretens für die Rechte der Untertanen geriet er in Opposition zu Hofkreisen und ging 1789 als Prof. der schönen Wissenschaften an die Univ. Bonn. Von der Französischen Revolution begeistert und als Jakobiner amtsenthoben, ging er 1791 in das Elsaß, lehrte in Straßburg Kirchengeschichte und geistliche Beredsamkeit und wirkte als Vikar des konstitutionellen Bischofs. S. wurde bald zum Haupt der deutschsprachigen Jakobiner im Elsaß und gab zweimal wöchentlich die Zeitschrift „Argos, oder der Mann mit hundert Augen" heraus. 1793 legte er sein Vikariat nieder, war vorübergehend Bürgermeister von Hagenau und dann öffentlicher Ankläger des Revolutionstribunals. Aufgrund seiner Parteinahme für die Sansculotten kam er im Dezember 1793 in Haft und wurde als konterrevolutionärer Verschwörer hingerichtet. Zu seinem umfangreichen literarischen Werk gehören u. a. *Predigt über die christliche Toleranz* (1785) und *Gedichte* (1790).
LITERATUR: Ludger Lütkehaus: Der Marat von Straßburg. Das revolutionäre Leben und Sterben des E. S. In: Allmende 15, Heft 46/47 (1995) S. 103-118.

Schöpflin, Johann Daniel, Historiker, * 6. 9. 1694 Sulzburg (Baden), † 7. 8. 1771 Straßburg.
Der Sohn eines badischen Beamten und einer Elsässerin studierte seit 1707 Geschichte in Basel, seit 1711 evang. Theologie in Straßburg und wurde dort 1720 Prof. der Geschichte und Rhetorik. S. unternahm ausgedehnte Reisen, auf denen er Kontakte zur europäischen Gelehrtenwelt knüpfte, hielt sich 1726 in Paris auf, reiste anschließend nach Italien und, in diplomatischer Mission, weiter nach England. S. wurde Mitglied der Académie des Inscriptions et Belles Lettres und der Royal Society, hielt sich 1731 in den Niederlanden auf und besuchte 1738 zahlreiche deutsche Fürstenhöfe und Universitäten; dabei lernte er u. a. Johann Christoph → Gottsched kennen. 1741 erhielt S. den Titel eines Historiograph et Conseiller du Roy. 1752 gründete er eine Diplomatenschule an der Univ. Straßburg, die von seinem Schüler Christoph Wilhelm von Koch weitergeführt und Anziehungspunkt für den europäischen Adel wurde. Auch die Gründung der Kurpfälzischen Akademie der Wissenschaften 1763 geht auf S. zurück. Er veröffentlichte u. a. *Alsatia illustrata [...]* (2 Bde., 752-62), *Historia Zaringo-Badensis* (7 Bde., 1763-66) und *Alsatia [...] diplomatica* (2 Bde., 1772-75).

Schrank, Franz de Paula von, auch Schranck, Jesuit, Theologe, Naturforscher, * 21. 8. 1747 Vornbach/Inn, † 23. 12. 1835 München.
S. trat 1762 in Wien in die Gesellschaft Jesu ein, studierte 1765-69 in Raab, Tyrnau und Wien, wurde 1774 zum Priester geweiht und wandte sich dann zunehmend naturkundlichen Forschungen zu. Nach der Promotion zum Dr. theol. (1776) war er Prof. der Mathematik und Physik und seit 1779 Prof. der Rhetorik am Gymnasium in Burghausen. 1784 wurde S. Prof. der Land-, Berg- und Forstwirtschaft an der Univ. Ingolstadt und wirkte nach deren Verlegung nach Landshut (1800) dort als Prof. der Botanik. 1809 wurde er Direktor des von ihm angelegten Botanischen Gartens in München. S., ein erklärter Gegner der Aufklärung und Anhänger des Kreises um Johann Michael von → Sailer und Friedrich Carl von Savigny, verfaßte mehr als 200 naturwissenschaftliche Schriften (u. a. das Standardwerk *Baierische Flora*, 2 Bde., 1789/90), theologische Abhandlungen und biographische Skizzen. Seine Berichte über Studienreisen durch Bayern (u. a. *Baiersche Reise*, 1786) sind bis heute eine wichtige kulturgeschichtliche Quelle. S. war seit 1778 Mitglied der Bayerischen Akademie der Wissenschaften, seit 1816 der Deutschen Akademie der Naturforscher Leopoldina und wurde 1808 nobilitiert.

Schreyvogel, Joseph, Pseud. Thomas West, Karl August West, C. A. West u. a., österr. Schriftsteller, Dramaturg, * 27. 3. 1768 Wien, † 28. 7. 1832 Wien.
Der Sohn eines wohlhabenden Holzhändlers schrieb nach einem abgebrochenen Jurastudium u. a. für die „Wiener Zeitschrift" und die „Österreichische Monatsschrift". Des Jakobinismus verdächtigt, ging er 1794 nach Jena, später nach Weimar, arbeitete an der „Allgemeinen Literatur-Zeitung" mit und pflegte Bekanntschaft mit → Schiller, → Goethe und → Wieland. 1797 kehrte er nach Wien zurück und gab 1807-09 das „Sonntagsblatt, oder Unterhaltungen von Thomas West" heraus, das, der Aufklärung verpflichtet, die klassizistische Kunstanschauung gegen die Romantik, insbesondere gegenüber den Brüdern → Schlegel, vertrat. 1802-04 und 1814-32 war S. Hoftheatersekretär und Dramaturg der vereinigten k. k. Hoftheater. Mit Werken von Schiller und Goethe, Bearbeitungen Shakespeares und spa-

nischer Klassiker sowie Aufführungen von Dramen Franz Grillparzers und Eduard von Bauernfelds führte er das Wiener Burgtheater zu einer ersten Blüte und begründete dessen typischen Bühnenstil. S. schrieb u. a. das Lustspiel *Die Wittwe* (1795), den Briefroman *Der Neue Teutsche Lovelace* (1795/96), die Komödie *Donna Diana* (1819), die autobiographisch gefärbte Novelle *Samuel Brink's letzte Liebesgeschichte* (1820) und die Tragödie *Don Gutierre* (postum 1834).

Schröckh, Johann Matthias, evang. Theologe, Historiker, * 26. 7. 1733 Wien, † 2. 8. 1808 Wittenberg.
S. studierte seit 1751 in Göttingen und Leipzig u. a. bei Johann Lorenz von →Mosheim, Johann David →Michaelis und Johann August →Ernesti und erwarb 1756 an der Univ. Leipzig mit der Abhandlung *De Hebraea lingua minime ambigua* die Magisterwürde und das Recht, Vorlesungen zu halten. 1761 wurde er zum a. o. Prof. ernannt. Seit 1767 lehrte er an der Univ. Wittenberg, zunächst als Prof. der Dichtkunst und seit 1775 als Nachfolger Johann Daniel Ritters als Prof. der Geschichte. Er beschäftigte sich u. a. mit der Geschichte der Literatur, der Kirche, der Reformation, der Theologie und des christlichen Altertums sowie mit deutscher, europäischer und sächsischer Geschichte. S. vertrat in seinen außerordentlich umfangreichen Werken einen gemäßigt aufklärerischen, offenbarungsgläubigen Standpunkt, verwandte die pragmatische Methode in der Kirchengeschichtsschreibung und verzichtete auf die Zenturieneinteilung. Er beeinflußte damit nachhaltig das Studium der Kirchengeschichte, auch das der katholischen. Sein Hauptwerk ist die *Christliche Kirchengeschichte* (35 Bde., 1768-1803; Bd. 1-13, [2]1772-1802), woran sich die *Kirchengeschichte seit der Reformation* (10 Bde., 1804-12) anschloß, die vom 9. Band an von Heinrich Gottlieb →Tzschirner fortgesetzt wurde. S. veröffentlichte außerdem *Lebensbeschreibungen berühmter Gelehrten* (3 Bde., 1764-69; 2 Bde., [2]1790), *Historia religionis et ecclesiae christianae* (1777, [7]1828), *Allgemeine Biographie* (8 Bde., 1767-91; 6 Bde., 1785-87), *Lehrbuch der allgemeinen Weltgeschichte zum Gebrauch beim ersten Unterricht der Jugend* (1774, [6]1816) und *Allgemeine Weltgeschichte für Kinder* (4 Bde., 1779-84).

Schubart, Christian Friedrich Daniel, Schriftsteller, Komponist, * 24. 3. 1739 Obersontheim (Grafschaft Limpurg, Schwaben), † 10. 10. 1791 Stuttgart.
Der Sohn eines luth. Geistlichen und Musikdirektors brach 1760 sein 1758 begonnenes Theologiestudium in Erlangen ab, wurde 1763 Lehrer in Geislingen bei Ulm und 1769 herzoglich-württembergischer Organist und Musikdirektor in Ludwigsburg. S., der auch als Klaviervirtuose hervortrat, wurde 1773 wegen seines ausschweifenden Lebenswandels entlassen und des Landes verwiesen. 1774 ließ er sich in Augsburg nieder und gab dort die mit dem Buchhändler und Verleger Conrad Heinrich Stage gegründete „Deutsche Chronik" (seit 1776 „Teutsche Chronik", 1787 „Schubarts Vaterländische Chronik", 1788 „Vaterlandschronik", 1790 „Chronik") heraus. S. propagierte in dem zweimal wöchentlich erscheinenden, überwiegend von ihm selbst geschriebenen Journal eine freie Publizistik nach britischem Vorbild und berichtete kritisch über aktuelle Themen der Zeit. Noch 1774 mußte er, vor allem wegen seiner Kritik an den klerikalen Zuständen in Augsburg, den Druckort, 1775 auch seinen Wohnort nach Ulm verlegen. S. forderte gleiche Rechte für Juden, Abschaffung der Sklaverei und des europäischen Menschenhandels zu Zwecken des Kriegsdienstes und begrüßte das Verbot der Folter und der Leibeigenschaft durch Kaiser →Joseph II. 1777 wurde er auf Betreiben des Herzogs →Karl Eugen von Württemberg verhaftet und ohne Gerichtsverfahren zehn Jahre auf der Feste Hohenasperg interniert. Nach vier Jahren durfte er erstmals wieder schreiben, nach acht Jahren seine Familie wiedersehen. Während der Haft entstanden die berühmtesten seiner Gedichte (u. a. *Die Fürstengruft*, 1780; *Die Forelle*, 1783, von S. selbst, später auch von Franz Schubert vertont); seine Autobiographie *Schubarts Leben und Gesinnungen* (2 Bde., 1791-93) sowie die musikhistorischen und -theoretischen *Ideen zu einer Aesthetik der Tonkunst* (1806). S. wurde 1787 entlassen und zum herzoglichen Theater- und Musikdirektor in Stuttgart ernannt. Seine „Chronik", mit der er eine überaus breite Leserschaft erreichte, erschien seitdem, nur Karl Eugen persönlich unterstellt, in Stuttgart. Einen Tag vor S.s Tod 1791 wurde die Zensurfreiheit für die „Chronik" aufgehoben.

Schubart, Johann Christian Edler von Kleefeld, Landwirt, * 24. 2. 1734 Zeitz, † 23. 4. 1787 Würchwitz bei Zeitz.
S., Sohn eines Webers, war Gerichts- und Anwaltsschreiber in Dresden und Schlesien, Kopist beim Wiener Reichshofrat, im Siebenjährigen Krieg Sekretär bei preuß. Generälen und 1760 Kriegs- und Marschkommissar bei den englischen Truppen des Herzogs von Braunschweig. Er schloß sich 1762 den Freimaurern an, wurde von der Braunschweiger Loge zum Studium einer Ordensreform 1763-67 auf eine ausgedehnte Reise durch Nord- und Westeuropa, Rußland und in die evang. deutschen Residenzen entsandt und erhielt 1767 in Darmstadt den Hofratstitel. S., 1769 durch Heirat vermögend geworden, erwarb das Gut Würchwitz bei Zeitz, betätigte sich nach ökonomischen Studien seit 1771 als Landwirt und erwarb 1774 zwei weitere Güter. Er entwickelte eine Musterwirtschaft, experimentierte mit Futtermittelanbau (vor allem Rotklee) und Brachlandkultivierung und trug dadurch wesentlich zur Einführung der Stallfütterung in Mitteleuropa bei. Aufgrund einer von der Berliner Akademie preisgekrönten Schrift zum Futterkräuteranbau wurde er 1784 von Kaiser →Joseph II. nobilitiert. Begeisterte Nachahmung fanden seine in den *Ökonomisch-kameralistischen Schriften* (6 Bde., 1783/84) und im *Ökonomischen Briefwechsel* (4 Hefte, 1786) dargelegten Kulturmethoden.

Schuckmann, (Kaspar) Friedrich Frh. von, Staatsmann, * 25. 12. 1755 Mölln bei Neubrandenburg (Mecklenburg), † 17. 9. 1834 Berlin.

Der Sohn eines dänischen Offiziers studierte Rechts- und Staatswissenschaften in Halle, kam 1779 an das Berliner Kammergericht, 1786 als Rat bei der Oberamtsregierung und beim Konsistorium nach Breslau und wurde 1787 Mitglied der Kammergerichtsdeputation. 1790 zum schlesischen Oberbergrichter ernannt, leitete er seit 1795 als Kammerpräsident der fränkischen Provinzen Preußens in Bayreuth (seit 1796 in Ansbach) die innen- und außenpolitische Neuordnung der ehemaligen fränkischen Markgrafschaften. S. wurde 1798 Geheimer Oberfinanz-, Kriegs- und Domänenrat mit Sitz und Stimme im Berliner Provinzialdepartement und war von 1806 bis Kriegsbeginn Kammerpräsident in Pommern. 1810 von → Hardenberg als Geheimer Staatsrat und Abteilungsvorstand in das preuß. Innenministerium berufen, wurde er 1814 Innenminister in der Regierung Hardenberg, 1830 teilweise amtsentlastet, 1834 in den Freiherrenstand erhoben und in den Ruhestand versetzt.

Schütz, Christian Gottfried, Philosoph, Philologe, * 19. 5. 1747 Dedenstedt (Mansfeld), † 7. 5. 1832 Halle/Saale.

Als ältester Sohn eines Pastors erhielt S. seine erste Ausbildung in Aschersleben; anschließend war er Schüler des Halleschen Waisenhauses. 1765 begann er in Halle sein Studium der Theologie bei Johann Salomo → Semler. 1768 erwarb er den Grad eines Magisters. Aus finanziellen Gründen nahm er die Stelle als Mathematiklehrer an der Ritterakademie in Brandenburg an. Aber bereits 1769 erhielt er die Stelle eines Inspektors des Theologischen Seminars in Halle. 1773 wurde er zum a. o. Prof. und 1777 zum o. Prof. an der Univ. Halle berufen. 1779 nahm er den Ruf als Prof. für Poesie und Beredsamkeit in Jena an. Wenig erfolgreicher Lehrer, gründete S. zusammen mit anderen die wichtige „Allgemeine Literaturzeitung" (1785), die ihm Ansehen verschaffte und seine finanzielle Lage verbesserte. S. hat diese Zeitschrift, die für die Verbreitung der Kantischen Philosophie eintrat, bis in sein hohes Alter mit großem Erfolg geführt. Diese Zeitschrift trat für Polarisierung ein. Seine Fähigkeit als Übersetzer antiker Texte machte ihn nicht zu einen einflußreichen philologischen Lehrer. Seine philologischen Werke entsprachen nicht immer den damaligen wissenschaftlichen Standards. 1804 nahm er wegen der Konkurrenz August Wilhelm → Schlegels in Jena den Ruf als Prof. der Beredsamkeit in Halle an, wohin er die „Allgemeine Literaturzeitung" mitnehmen konnte. In den preußisch-französischen Auseinandersetzungen 1806 litt S. besonders. Er mußte sogar einen namhaften Teil seiner Bibliothek verkaufen. Nach der Wiederherstellung der Univ. Halle/Wittenberg suchte S. die „Allgemeine Literaturzeitung" wiederzubeleben. Die Sammlung seiner *Opuscula philologica* (1830) zeigt seine wissenschaftliche Traditionalität.

LITERATUR: R. Hoche: S. In: ADB 33, 1891, S. 111 bis 115. *Hans Erich Bödeker*

Schütz, Friedrich Wilhelm von, Publizist, * 25. 4. 1756 Erdmannsdorf bei Chemnitz, † 9. 3. 1834 Zerbst.

S. studierte 1777-79 Rechtswissenschaft in Leipzig, wurde Freimaurer und trat früh für die Emanzipation der Juden ein. 1787 ging er nach Altona, gab bis 1791 die Monatsschrift „Archiv der Schwärmerei und Aufklärung" heraus (1796 „Neues Archiv der Schwärmerei und Aufklärung") und war 1792/93 in der Loge „Einigkeit und Toleranz", der ersten in Deutschland, die Juden aufnahm, Meister vom Stuhl. S. veröffentlichte 1792 sechs Monate lang die bedeutende demokratische Wochenschrift „Niedersächsischer Merkur" (1793 „Neuer Proteus", 1797 „Neuer Niedersächsischer Merkur"), in der er eigene Freiheitsgedichte und Reden abdruckte, war 1798-1800 Schauspieler, zeitweise auch Teilhaber des Altonaer Nationaltheaters und gab eine „Theater- und Literaturzeitschrift" sowie eine Sammlung von Schauspielen heraus. Nach der Aufhebung der Pressefreiheit in Altona lebte er 1805-19 in Hamburg und danach in Zerbst, wo er erneut einer Loge beitrat (*Bekenntnisse eines Veteranen der Maurerei*, 1824; *Maurerische Ansichten*, 2 Bde., 1825-27).

Schultz, Franz Albert, evang. Theologe, * 25. 9. 1692 Neustettin (Pommern), † 19. 5. 1763 Königsberg.

Nach dem Studium bei Christian → Wolff und August Hermann → Francke an der Univ. Halle hielt S. dort philosophische und mathematische Vorlesungen, wurde 1723 Erzieher an der Berliner Kadettenanstalt, 1724 Feldprediger, 1728 Superintendent in Rastenburg und 1729 Propst in Stolp. 1731 kam er als Pfarrer und Konsistorialrat nach Königsberg und wurde 1732 Prof. der Theologie, Mitglied der Kirchen- und Schulkommission und Direktor des Friedrichskollegs, das er zum ersten Gymnasium Ostpreußens ausbaute. S. wurde vom preuß. König mit dem Aufbau des Schulwesens in Ostpreußen und Litauen beauftragt und hatte gemeinsam mit dem Oberhofprediger Johann Jacob Quandt die Generalinspektion über das Kirchen-, Schul- und Armenwesen in Preußen inne. Zu seinen Schülern zählten Johann Georg → Hamann, Ernst Ludwig von Borowski und Immanuel → Kant.

Schulze, Gottlob Ernst, genannt Aenesidemus, Philosoph, * 23. 8. 1761 Heldrungen (Thüringen), † 14. (oder 26. ?) 1. 1833 Göttingen.

S. studierte Theologie und Philosophie in Wittenberg, erwarb 1783 den Grad eines Magisters und war seit 1786 Diakon an der Schloß- und Universitätskirche sowie Adjunkt in der Philosophischen Fakultät. 1788 wurde er als o. Prof. der Philosophie an die Univ. Helmstedt berufen, nach deren Aufhebung 1810 an die Univ. Göttingen, wo Arthur Schopenhauer zu seinen Schülern zählte. In Anlehnung an David Hume vertrat S. einen gemäßigten, an den gesunden Menschenverstand appellierenden Skeptizismus. Seinen Beinamen verdankte S. seiner anonym erschienenen, bedeutendsten Schrift *Aenesidemus oder über die Fundamente der von dem Herrn Professor*

Schummel

Reinhold in Jena gelieferten Elementar-Philosophie. Nebst einer Vertheidigung des Skepticismus gegen die Anmaaßungen der Vernunftkritik (1792, Nachdruck 1911 und 1969, Neuausgabe 1996). Zu seinen Werken gehören ferner ein *Grundriß der philosophischen Wissenschaften* (2 Bde., 1788-90, Nachdruck 1970), *Einige Bemerkungen über Kants philosophische Religionslehre* (1795, Nachdruck 1973), *Kritik der theoretischen Philosophie* (2 Bde., 1801, Nachdruck 1973), *Grundsätze der allgemeinen Logik* (1802, ^{5}1831), *Encyklopädie der philosophischen Wissenschaften* (1814, ^{3}1824, Nachdruck 1968), *Psychische Anthropologie* (1816, ^{3}1826, Nachdruck 1968) und *Über die menschliche Erkenntnis* (1832, Nachdruck 1970).
WEITERE WERKE: Über den höchsten Zweck des Studiums der Philosophie. Leipzig 1789. – Leitfaden der Entwicklung der philosophischen Principien des bürgerlichen und peinlichen Rechts. Göttingen 1813. – Psychische Anthropologie. 2 Bde., Göttingen 1815/16, ^{3}1826. – Grundriß der philosophischen Tugendlehre. Göttingen 1816.
LITERATUR: Eugen Kühlemann: S. In: ADB 32, 1891, S. 776-780. – Heinrich Wiegershausen: Aenesidem-Schulze, der Gegner Kants, und seine Bedeutung im Neukantianismus. Berlin 1910 (= Kantstudien, Ergänzungsheft 17). – Karel Eugen Boullart: G. E. S. (1761-1833). Positivist van het Duitse idealisme. Brussel 1978 (mit Biliographie). – Günther Baum: Aenesidemus oder der Satz vom Grunde. Eine Studie zur Vorgeschichte der Wissenschaftstheorie. In: Zeitschrift für philosophische Forschung 33 (1979) S. 352-370.

Schummel, Johann Gottlieb, Schriftsteller, Pädagoge, * 8.5.1748 Seitendorf bei Hirschberg, † 23.12.1813 Breslau.
Der aus ärmlichen Verhältnissen stammende S. studierte 1767-69 Theologie in Halle und eignete sich im Selbststudium moderne Sprachen und Naturkunde an. Nach Abbruch des Studiums war er Hauslehrer in Aken bei Zerbst, erhielt 1772 die Präzeptorenstelle im Kloster Unserer lieben Frau in Magdeburg, wurde 1779 vom preuß. Kultusminister Karl Abraham von → Zedlitz an die Ritterakademie Liegnitz berufen und ging 1788 als Prorektor und Prof. der Geschichte an das Elisabeth-Gymnasium in Breslau. Seit 1789 war er auch Inspektor des dortigen Lehrerseminars, lehrte an der Artillerie-Akademie und wirkte an staatlichen Schulprogrammen mit. S. trat seit Anfang der siebziger Jahre als Autor von Romanen, Lustspielen und Jugendbüchern hervor. In seinen pädagogischen Schriften bekannte er sich zunächst zum Philanthropismus; später forderte er praxisorientierte Reformen, so in seinem vor allem als Personalsatire rezipiertem Hauptwerk *Spitzbart. Eine komi-tragische Geschichte für unser pädagogisches Jahrhundert* (1779).

Schwab, Johann Christoph, Schriftsteller, Philosoph, * 10.12.1743 Ilsfeld (Württemberg), † 15.4.1821 Stuttgart.
S. studierte Theologie und Philosophie in Tübingen, erwarb 1764 die Magisterwürde (*De reductione Theologiae Naturalis an unum principium*) und ging 1767 als Hauslehrer in die französische Schweiz. Seit 1778 war er Prof. für Logik und Metaphysik, seit 1781 auch für die schönen Wissenschaften an Karlsschule in Stuttgart. 1785 wurde er Geheimer Sekretär und Hofrat des Herzogs → Karl Eugen und war 1893-95 Vorstand des geheimen Kabinetts und wirklicher Geheimer Hofrat des Herzogs Ludwig Eugen, nach dessen Tod er entlassen wurde. Seit 1816 war S. Inspektor sämtlicher Lehranstalten. Er veröffentlichte u. a. *Über den Eid* (1797), *Noch etwas über den Kantischen Begriff vom gerichtlichen Eid* (1797), *Neun Gespräche zwischen Christian Wolf und einem Kantianer, über Kants metaphysische Anfangsgründe der Rechtslage und der Tugendlehre* (1798), *Vergleichung des Kantischen Moralprincips mit dem Leibnitz-Wolfischen* (1800) und *Von den dunklen Vorstellungen. Ein Beytrag zu der Lehre von dem Ursprunge der menschlichen Erkenntnis. Nebst einem Anhange über die Frage: Inwiefern die Klugheit eine Tugend sey?* (1813). S. war auch als Lyriker tätig (u. a. *Zwölf Gedichte*, 1775).
WEITERE WERKE: Prüfung des Campeschen Versuchs eines neuen Beweises für die Unsterblichkeit der Seele. Stuttgart 1782. – Über die Aufklärung unseres Jahrhunderts. Stuttgart 1785. – Acht Briefe über einige Widersprüche und Inconsequenzen in Herrn Professor Kants neuesten Schriften; nebst einem Postscripte betreffend zwei Beispiele von Herrn Kants und Herrn Fichtes mathematischen Kenntnissen. Stettin 1799. Neudruck Hildesheim 1981. – Über die Wahrheit der Kantischen Philosophie, und über die Wahrheitsliebe der allgemeinen Litteraturzeitung zu Jena, in Ansehung dieser Philosophie. Berlin 1803. – Prüfung der Kantischen Begriffe von der Undurchdringlichkeit, der Anziehung und der Zurückstoßung der Körper. Leipzig 1807.

Schwabe, Johann Joachim, Übersetzer, Herausgeber, Publizist, * 29.9.1714 Magdeburg, † 12.8.(4.?)1784 Leipzig.
Nach dem Studium der Theologie in Leipzig war S. zunächst Privatlehrer und Hofmeister, seit 1750 Kustos der Universitätsbibliothek. 1765 wurde er a. o. Prof. der Philosophie an der Univ. Leipzig. Der überzeugte Anhänger von → Gottscheds poetischen Lehren war einer der vielseitigsten Übersetzer, Herausgeber und Publizisten der deutschen Aufklärung. Er übersetzte Werke von Voltaire und Swift, ferner pädagogische, geographische und naturwissenschaftliche Schriften und publizierte 1747 eine Neuausgabe von Daniel Georg Morhofs *Polyhistor*. Für Gottscheds unvollendete Literaturgeschichte bearbeitete er das Kapitel über den Roman. Als Herausgeber der „Belustigungen des Verstandes und des Witzes" bot er ein Forum für kritische Beiträge von Karl Christian → Gärtner, Johann Adolf und Johann Elias → Schlegel, Christian Fürchtegott → Gellert und Friedrich Wilhelm → Zachariae. S. veröffentlichte u. a. *Neueste Staatshistorie, welche die heutigen Begebenheiten der Welt in sich fasset* (16 Stücke, 1746-48).

Schwager, Johann Moritz, evang. Theologe, Schriftsteller, * 24. 9. 1738 Gut Kalkkuhl bei Gimborn (Westfalen), † 29. 4. 1804 Jöllenbeck bei Bielefeld.
Der Sohn wohlhabender Bauern studierte 1759-62 in Halle und Jena Theologie, hörte auch philosophische und medizinische Vorlesungen, war Hauslehrer in Remscheid, Aachen und Groningen und seit 1768 Pfarrer in Jöllenbeck. Er wurde zum Volksaufklärer, auch zum weltlichen Wortführer seiner Gemeinde und trat für Verbesserungen der Landwirtschaft, des Schulwesens und besonders für die Pockenschutzimpfung ein. S. schrieb u. a. den Pfarrerroman *Leben und Schicksale des Martin Dickius* (3 Bde., 1775/76), *Die Leiden des jungen Franken, eines Genies* (1777, Nachdruck 1913), mit dem er → Goethes *Werther* parodierte, und *Bemerkungen auf einer Reise durch Westphalen bis an und über den Rhein* (1804). S. war Mitarbeiter u. a. der „Berlinischen Monatsschrift", des „Westphälischen Magazins", des „Deutschen Museums" und des „Jahrbuchs für die Menschheit".

Schwan, Christian Friedrich, Buchhändler, Verleger, Publizist, * 12. 12. 1733 Prenzlau (Uckermark), † 29. 6. 1815 Heidelberg.
Nach abgebrochenem Theologiestudium, mehrjähriger Tätigkeit als Hofmeister in Mecklenburg und anspruchsvollen Stellungen in preuß. und russischen Diensten ließ sich S. 1764 in Frankfurt/Main nieder. Dort gab er die moralische Wochenschrift „Der Unsichtbare" und die „Neuen Auszüge aus den besten ausländischen Wochen- und Monatsschriften" heraus. Nach seiner Heirat mit der Tochter Johann Georg → Eßlingers leitete S. seit 1765 die Mannheimer Buchhandlung seines Schwiegervaters, die er zur bedeutendsten im südwestdeutschen Raum entwickelte. Von S.s literarischer und kultureller Vermittlertätigkeit profitierte u. a. → Schiller, dem er die Aufführung seines Schauspiels *Die Räuber* (1782) am Mannheimer Nationaltheater ermöglichte. S. war auch der erste Verleger von Schillers Werk *Die Verschwörung des Fiesko zu Genua* (1783) sowie von *Kabale und Liebe* (1784). Er stand außerdem mit → Lessing, → Wieland, → Herder und → Goethe in Verbindung. S.s eigenes schriftstellerisches Schaffen umfaßt vor allem Übersetzungen französischer Bühnenwerke. Nach der Besetzung Mannheims durch französische Truppen 1794 zog sich S. nach Stuttgart zurück und lebte zuletzt in Heidelberg.

Schwarzkopf, Joachim von, auch Schwartzkopf, Diplomat, Zeitungshistoriker, * 23. 3. 1766 Steinhorst (Lauenburg), † 1. 7. 1806 Paris.
Der Sohn eines Amtmanns war Kgl. Großbritannischer und Kurfürstlich Braunschweig-Lüneburgischer Kanzlei- und Legationssekretär in Berlin, wurde 1792 durch das kursächsische Reichsvikariat geadelt und war seit 1796 Ministerresident beim kur- und oberrheinischen Kreis und der Stadt Frankfurt. Seit 1804 war S. zusätzlich Herzoglich Mecklenburg-Strelitzscher Geheimer Legationsrat und Kgl. Preußischer Canonicus in Minden. Mit Schriften wie *Ueber Zeitungen, ein Beytrag zur Staatswissenschaft* (1795) und *Ueber politische und gelehrte Zeitungen, Messrelationen, Intelligenzblätter und über Flugschriften zu Frankfurt am Mayn, ein Beytrag zu der Geschichte dieser Reichs-Stadt* (1802) gehörte S. zu den Begründern der Zeitungswissenschaft.

Seckendorff, Veit Ludwig von, Staatsmann, Gelehrter, * 20. 12. 1626 Herzogenaurach (Franken), † 18. 12. 1692 Halle/Saale.
Der aus einem alten fränkischen Ministerial- und reichsstädtischen Geschlecht stammende S., Sohn eines brandenburgischen Amtmanns und Landeshauptmanns, studierte 1642-45 in Straßburg Philosophie, Rechtswissenschaften, Geschichte und Theologie, trat dann in die Dienste Herzog → Ernsts I. von Sachsen-Gotha (des „Frommen") und wurde 1646 Hofjunker, 1648 Kammerherr und 1651 Hof- und Justizrat, 1663 Kanzler, Geheimrat, Kammerdirektor und Präsident des Konsistoriums; im August 1664 nahm er seinen Abschied. Bereits zu Beginn 1665 war er als Kanzler und Präsident des Konsistoriums in Diensten des Herzogs Moritz von Sachsen-Naumburg-Zeitz. 1669 zum kursächsischen Geheimrat ernannt, wurde er 1676 Landschaftsdirektor in Sachsen-Gotha und 1680 zusätzlich Landschafts- und Steuerdirektor von Sachsen-Altenburg. Das letzte Amt beibehaltend, lebte S. seit 1681 auf seinem Gut in Meuselwitz, pflegte intensiven Briefwechsel mit Gottfried Wilhelm → Leibniz, Samuel von → Pufendorf und Philipp Jakob → Spener und verfaßte zahlreiche Rezensionen für Otto → Menckes „Acta Eruditorum". Zum kurbrandenburgischen Geheimrat ernannt, übernahm S. 1692 das Amt des Kanzlers der neugegründeten Univ. Halle. Neben theologischen, philologischen und staatsrechtlichen Schriften waren vor allem seine staatstheoretischen Werke von großer Bedeutung, in denen er den deutschen Territorialstaat als Organisation wohlwollend-paternalistischer Reglementierung des Individuums beschrieb. Sein Hauptwerk *Teutscher Fürsten-Staat* (1656), in dem S., Vertreter des Kameralismus, u. a. eine Theorie der Wirtschaftspolitik gab, wurde zum Standardwerk der Verwaltungswissenschaft in den Territorien des Reiches. 1685 erschien sein *Christen-Staat*. Weithin bekannt machte ihn auch sein *Commentarius historicus et apologeticus de Lutheranismo* (3 Bde., 1688-92), eine Entgegnung auf Louis Maimbourgs *Histoire du Luthérisme*.

Seelen, Johann Heinrich von, Polyhistor, * 8. 8. 1688 Assel (Land Kehdingen), † 21. 10. 1762 Flensburg.
S. studierte 1711-13 in Wittenberg Philosophie, Geschichte, Theologie und Naturwissenschaften, wurde Konrektor am Gymnasium in Flensburg und übernahm 1716 das Rektorat in Stade, 1718 am Katharineum in Lübeck. Er setzte dort pädagogische Reformen durch, ließ öffentliche Rhetorikübungen abhalten und führte wieder wissenschaftliche Disputationen ein. 1753 ließ S. als Privatgelehrter in Flensburg nieder. Er unterhielt eine umfangreiche gelehrte Korrespondenz mit Vertretern der Frühaufklärung ebenso wie mit luth. Orthodoxen und veröffentlichte über

350 Schriften aus Theologie, Philosophie, Philologie, Historie und Biographik, darunter *De vanitate divinationum* (1709) und *De codice rarissimo Psalterii [...]* (1734).

Seibt, Karl Heinrich, Pädagoge, * 21. 3. 1735 Marienthal (Oberlausitz), † 2. 4. 1806 Prag.
S. studierte in Prag und Leipzig Philosophie und Rechtswissenschaften, wurde 1763 a. o. Prof. der schönen Wissenschaften in Prag und hielt Vorlesungen über Moral, Pädagogik, deutschen Stil und Geschichte. 1766 wurde er Sekretär beim erzbischöflichen Konsistorium und Lehrer der Kirchengeschichte im erzbischöflichen Seminar, nach Aufhebung des Jesuitenordens auch Direktor der Philosophischen Fakultät und der Prager Gymnasien. 1794 wurde S. für seine Verdienste um das Erziehungswesen in den Ritterstand erhoben. Er suchte die scholastische Philosophie durch „praktische" Moral und Erziehungslehre zu überwinden. S. war ein Vorkämpfer des theresianisch-josephinischen Reformkatholizismus. Er veröffentlichte u. a. *Vom Einfluß der Erziehung auf die Glückseligkeit des Staates* (1771), *Klugheitslehre* (2 Bde., 1799, ²1824) und *Katholisches Lehr- und Gebetbuch* (1779, ¹³1846).

Seidenstücker, Johann Heinrich Philipp, Schulmann, * 21. 8. 1765 Hainrode, † 23. 5. 1817 Soest.
S. studierte seit 1785 Theologie und Philosophie in Braunschweig und Helmstedt, unterrichtete dort am Pädagogium Griechisch, Latein und Hebräisch und wurde Kollaborator. 1786 in die Herzogliche deutsche Gesellschaft aufgenommen, wurde er 1793 deren Aufseher. Im Jahr der Promotion (1789) übernahm S. das Amt des Kustos an der Universitätsbibliothek. 1796 wurde er Rektor der lateinischen Schule in Lippstadt, 1810 des Archigymnasiums in Soest. S.s Methode des französischen Sprachunterrichts wurde von Karl Ploetz ausgebaut. S. schrieb mehrere Elementarbücher über den Fremd- und Altsprachenunterricht (u. a. das oft aufgelegte *Elementarbuch zur Erlernung der französischen Sprache*, 2 Bde., 1811-14) sowie *Über Schulinspection oder Beweis, wie nachtheilig es sei, solche den Predigern zu überlassen* (1797) und *Geist und Methode des Schulunterrichts* (1810).

Selle, Christian Gottlieb, Mediziner, Philosoph, * 7. 10. 1748 Stettin, † 9. 11. 1800 Berlin.
S. studierte in Berlin, Göttingen und Halle Medizin, wurde 1770 promoviert (*Methodi febrium naturalis rudimenta*) und praktizierte seitdem in Berlin. Seit 1778 an der Charité tätig, wurde er 1785 Leibarzt → Friedrichs d. Gr. und behandelte später auch Friedrich Wilhelm II. und Friedrich Wilhelm III. S. veröffentlichte u. a. *Einleitung in das Studium der Natur- und Arzneygelahrtheit* (1772), *Rudimenta pyretologiae methodicae* (1773) und *Krankheitsgeschichte des höchstseligen Königs von Preußen Friedrich's II. Majestät* (1786). In Gegnerschaft zu → Kant publizierte er u. a. *Grundsätze der reinen Philosophie* (1788).

WEITERE WERKE: *Urbegriffe von der Beschaffenheit und dem Endzweck der Natur*. Berlin 1776. – *Philosophische Gespräche*. 2 Bde., Berlin 1780. Nachdruck Brüssel 1974.

Semler, Christoph, evang. Theologe, * 2. 10. 1669 Halle/Saale, † 8. 3. 1740 Halle/Saale.
S. studierte seit 1688 in Leipzig und Jena Theologie, Naturwissenschaften und Philosophie und unterhielt seit 1694 in Halle Beziehungen zu Christian → Thomasius, später auch zu Christian → Wolff. 1697 erwarb er den Grad eines Magisters und hielt Vorlesungen über Mathematik, Philosophie und Theologie. 1699 übernahm er das Amt des Predigers und Schulinspektors in Halle. S. galt als bedeutender Universalgelehrter und Erfinder. Sein bleibendes Verdienst ist die Begründung der Realschul-Bewegung in Deutschland, die er u. a. mit den Aufsätzen *Nützliche Vorschläge von Aufrichtung einer Mathematischen Handwerksschule* (1705) und *Neu eröffnete Mathematische und Mechanische Real-Schule* (1709) begleitete. Trotz der Befürwortung durch Gottfried Wilhelm → Leibniz scheiterten die von ihm versuchten Gründungen 1707, 1708 und 1739; sie waren jedoch Ausgangspunkt für die erfolgreiche Realschulgründung durch Julius → Hecker 1747 in Berlin.

Semler, Johann Salomo, evang. Theologe, * 18. 12. 1725 Saalfeld, † 14. 3. 1791 Halle/Saale.
Der Sohn des luth. Archidiakonus und späteren Superintendenten Matthias Nicolaus S. und der Pfarrerstochter Eleonore Henrike, geb. Kämpfer[in], studierte von 1743 bis 1750 an der Univ. Halle klassische Sprachen, Geschichte, Philosophie, Logik, Mathematik, hauptsächlich jedoch Theologie. Bleibende Anregungen empfing er durch Siegmund Jakob → Baumgarten. Schon als Student arbeitete S. dem verehrten Lehrer bei der Neuausgabe des *Concordienbuchs* zu und betätigte sich als Rezensent in Baumgartens „Nachrichten von einer hallischen Bibliothek". Seine erste selbständige Abhandlung veröffentlichte S. bereits 1745. In seiner Dissertation zum Magisterexamen 1750 setzte sich S. kritisch mit dem englischen Neutestamentler William Whiston auseinander. Nach einem Intermezzo als Redakteur der „Koburger Staats- und Gelehrten-Zeitung" und Lehrer des Arabischen erhielt S. eine Professur der Reichsgeschichte und lateinische Poesie in Altdorf. 1752 setzte Baumgarten gegen den Widerstand der pietistischen Fakultätsmehrheit S.s Berufung als Prof. der Theologie an die Hallenser Univ. durch. S. entschied sich nur zögernd zur Annahme. In Halle lehrte er von 1753 bis zu seinem Tod. Dem Andenken seiner früh verstorbenen Frau widmete er 1772 eine Schrift „nebst einiger Nachricht seines eigenen Lebens". 1781/82 ließ er *D. Joh. Salomo Semlers Lebensbeschreibung von ihm selbst abgefaßt* folgen.
S.s äußerlich ereignisarmes Leben war um so reicher angefüllt von gelehrter Forschung und literarischer Tätigkeit. Er betätigte sich in der Hermeneutik, der Exegese, der Kirchengeschichte, Dogmatik, Ethik,

Polemik und Symbolik. Auch als Übersetzer und Herausgeber trat er hervor. Neben Baumgarten, dem 1757 verstorbenen Lehrer, und Johann August → Ernesti, seinem wissenschaftlichen Freund, war S. der bedeutendste protestantische Theologe Deutschlands im 18. Jahrhundert. Seine Hauptanstrengung galt der Verwissenschaftlichung der Theologie, eingeschlossen die Reform des Theologiestudiums (*Versuch einer nähern Anleitung zu nützlichem Fleisse in der ganzen Gottesgelehrsamkeit*, 1757). S. wollte Bibel und geschichtliche Überlieferung des Christentums durch das Ernstnehmen des Menschen als eines vernünftigen Wesens neu zum Sprechen bringen. In seinem wichtigsten Werk *Abhandlung von freier Untersuchung des Canon* (1771-75), das ihm aus orthodoxen wie aus pietistischen Kreisen heftige Anfeindungen eintrug, zeigte S. die historische Entstehung des biblischen Kanon. Ungefähr gleichzeitig mit der *Abhandlung* legte S. die *Institutio ad doctrinam Christianam liberaliter discendam* (1774) vor, einen Aufriß seiner Dogmatik. Sie gab der religiösen Erfahrung viel Raum. Grundlegend war S.s Unterscheidung von Theologie und Religion. Sie ermöglichte theologische Kritik ohne Zerstörung des Glaubens. Außerdem differenzierte S. zwischen öffentlicher und privater Religion. Den Deismus und Indifferentismus bekämpfte er. Im Fragmentenstreit erhob S. scharfen Widerspruch gegen den „Fragmentisten" (*Beantwortung der Fragmente eines Ungenannten*, 1779). Ebenso protestierte er gegen die Berufung Carl Friedrich → Bahrdts nach Halle (*Antwort auf das Bahrdische Glaubensbekenntnis*, 1779).
In S.s Theologie verbanden sich Luthertum und aufgeklärte Rationalität mit Zügen der theologia mystica. Politisch ein Bewunderer der preuß. Monarchie, billigte S. auch das „Königlich-Preußische Religions-Edikt" von 1788. Während S.s Akkomodationstheorie, der Perfektibilitätsglaube u. a. keinen Bestand hatten, erzielte er als Bahnbrecher der historisch-kritischen Methode bleibende Wirkungen.
WEITERE WERKE: Apparatus ad liberalem Novi Testamenti interpretationem. Halae 1767. – Versuch eines fruchtbaren Auszugs aus der Kirchengeschichte. 3 Bde., Halle 1773-78. – Versuch einer freiern theologischen Lehrart, zur Bestätigung und Erläuterung seines lateinischen Buchs. Halle 1777. – Ueber historische, gesellschaftliche und moralische Religion der Christen. Leipzig 1786.
LITERATUR: Gottfried Hornig: Die Anfänge der historisch-kritischen Theologie. J. S. S.s Schriftverständnis und seine Stellung zu Luther. Göttingen 1961. – Wolfgang Schmittner: Kritik und Apologetik in der Theologie J. S. S.s. München 1963. – Hans-Eberhard Heß: Theologie und Religion bei J. S. S. Augsburg o. J. (1974). – Hartmut H. R. Schulz: J. S. S.s Wesenbestimmung des Christentums. Würzburg 1988. – Andreas Lüder: Historie und Dogmatik. Ein Beitrag zur Genese und Entfaltung von J. S. S.s Verständnis des Alten Testaments. Berlin/New York 1995. – Gottfried Hornig: J. S. S. Studien zu Leben und Werk des Hallenser Aufklärungstheologen. Tübingen 1996 (mit Bibliographie). *Kurt Nowak*

Seume, Johann Gottfried, Schriftsteller, * 29. 1. 1763 Poserna (Sachsen), † 13. 6. 1810 Teplitz (Böhmen).
Als Bauernsohn konnte S. durch adelige Förderung die Leipziger Nikolaischule besuchen, studierte seit 1780 Theologie in Leipzig, floh jedoch ein Jahr später wegen religiöser Zweifel vor der Verantwortung gegenüber seinem Förderer nach Frankreich. Schon in Thüringen wurde er von Werbern aufgegriffen und zum englischen Militärdienst in Amerika gepreßt. Erst 1787 nach mehreren Fluchtversuchen gegen Kaution freigelassen, studierte er in Leipzig die Rechte, Philosophie, klassische Philologie und Geschichte. Nach Erhalt der Lehrerlaubnis 1792 war S. Hofmeister in Livland, russischer Militäradjutant und Leutnant in Warschau, bevor er 1794 als Hauslehrer nach Leipzig zurückkehrte. Nach vier Jahren als Lektor bei Göschen in Grimma brach er 1801 zu seiner großen Italienreise auf. Nach der Rückkehr lebte er als Hauslehrer und politischer Literat in Leipzig. Neben den *Gedichten* von 1804 ist die Reisebeschreibung *Spaziergang nach Syrakus im Jahre 1802* (1803, ²1805) sein berühmtestes und bis heute fortwirkendes Werk. Neben der Schilderung der sozialen Mißstände in Süditalien enthält es eine große Auseinandersetzung mit Napoleon als Verräter am republikanischen Ethos der Revolution. Die Ende 1809 begonnene Autobiographie S.s erschien 1813 unvollendet und postum als *Mein Leben*. Seine politischen Essays, Aphorismen und literarischen Arbeiten zeugen von einem für die deutschen Verhältnisse der Zeit ungewöhnlich hohen politischen Bewußtsein, das in seinen Bezügen zur griechischen Antike gründet, zugleich aber auf den revolutionären Citoyen Frankreichs verweist. Die Diskrepanz zwischen beschaulichem Leben als akademischer Kleinbürger und militärischem Kampf auf den Schauplätzen der Weltveränderung macht seine Biographie exemplarisch, in der die deutsche Problematik der Zeit Gestalt annimmt. Zu seinen weiteren Werken gehören außerdem *Einige Nachrichten über die Vorfälle in Polen im Jahre 1794* (1796), *Obolen* (2 Bde., 1796-98) und *Mein Sommer 1805* (1806).
WERKE: Werke und Briefe. Hrsg. v. Jörg Drews u. a. 3 Bde., Frankfurt/Main 1993-2002.
LITERATUR: Inge Stephan: J. G. S. Ein politischer Schriftsteller der deutschen Spätaufklärung. Stuttgart 1973.

Sextro, Heinrich Philipp, evang. Theologe, * 28. 3. 1747 Bissendorf bei Osnabrück, † 12. 6. 1838 Hannover.
S. studierte seit 1765 in Göttingen Theologie, Philosophie, klassische Philologie und Geschichte und wurde 1768 Konrektor in Hameln. Seit 1779 Pastor an der Albanikirche in Göttingen, wurde er 1784 a. o. Prof. am dortigen Pastoralinstitut und 1788 o. Prof. in Helmstedt. Noch vor der Schließung der Univ. wechselte er 1798 als erster Schloß- und Hofprediger nach Hannover. Später war er Konsistorialrat und Generalsuperintendent in der Grafschaft Hoya und in Calenberg, 1830-33 Oberkonsistorialrat.

Seybold, David Christoph, Lehrer, Schriftsteller,
* 26. 5. 1747 Brackenheim (Württemberg),
† 10. 2. 1804 Tübingen.
S. wurde in Blaubeuren, Bebenhausen und Tübingen zum Theologen ausgebildet, erwarb 1767 den Grad eines Magister artium und ging 1769 zur Vertiefung seiner Studien nach Halle. Seit 1771 Prof. in Jena, wurde er 1774 Rektor des Gymnasiums in Speyer, 1776 in Grünstadt/Pfalz und 1779 in Buchsweiler (Elsaß). 1792 von den revolutionären Wirren vertrieben, wurde er nach entbehrungsreichen Jahren 1796 Prof. der alten Literatur in Tübingen. Neben der Übersetzung und Edition lateinischer und griechischer Literatur veröffentlichte S. moraldidaktische Werke wie *Predigten des Magister Sebaldus Nothanker* (1774-76) und *Hartmann, eine Wirtembergische Klostergeschichte* (1778).

Siebenpfeiffer, Philipp Jakob, Jurist,
* 12. 11. 1789 Lahr, † 14. 5. 1845 Bümplitz bei Bern.
Nach dem mit der Promotion abgeschlossenen Studium der Rechtswissenschaften in Freiburg/Breisgau, wo er Freundschaft mit Karl Wenzeslaus Rodecker von → Rotteck geschlossen hatte, nahm S. an den Befreiungskriegen teil und war dann zunächst als Jurist im badischen, seit 1815 im bayerischen Staatsdienst tätig. 1818 wurde er Landkommissär des Kreises Homburg. Seit 1830 gab S. die Zeitschrift „Rheinbayern" (seit 1832 „Deutschland") heraus, wurde wegen seiner freiheitlichen Äußerungen als Landkommissär abgelöst und gründete 1831 den „Boten aus dem Westen", der 1832 verboten wurde. 1832 initiierte er das demokratische Hambacher Nationalfest und gründete gemeinsam mit Johann Georg August Wirth den Deutschen Preßverein und den Deutschen Reformverein. 1833 verhaftet und zu einer zweijährigen Haftstrafe verurteilt, floh S. in die Schweiz, war seit 1834 a. o. Prof. des Straf- und Staatsrechts in Bern und wurde 1840 erster Sekretär des Justizdepartements. 1842 fiel er in geistige Umnachtung. S. schrieb u. a. *Über die Frage unserer Zeit, in Beziehung auf Gerechtigkeitspflege* (1823).

Siede, Johann Christian, Schriftsteller,
* 19. 10. 1765 Magdeburg, † 14. 6. 1806 Berlin.
Nach einer Hofmeistertätigkeit in Zichtau (Altmark) war S. Direktor einer Handelsakademie in Berlin und wurde 1801 Geheimer Rat und Geschäftsträger des Fürstentums Anhalt-Köthen in Berlin. Er verfaßte pädagogische Schriften (*Handbuch für die äußere Bildung oder Regeln des Anstandes [...]*, 1791) und trat als Unterhaltungsschriftsteller hervor (*Selbstgeständnisse und Leiden der großen Frau oder Ihr geheimes Tagebuch*, 1793), die in der Tradition aufklärerischer Popularphilosophie stehen. Seine moraldidaktischen Ansichten faßte er in dem *Handbuch für praktische Welt- und Menschenkenntniß vom Verfasser des Weltmanns* (1797) zusammen.

Sieveking, Georg Heinrich, Kaufmann,
* 28. 1. 1751 Hamburg, † 25. 1. 1799 Hamburg.
S., Sohn eines Kaufmanns, erhielt Privatunterricht, machte eine kaufmännische Lehre, besuchte die Handelsakademie seines Oheims Johann Georg → Büsch und wurde Teilhaber, später Inhaber des Tuchhauses Voght und Sieveking, das er zun einem der größten Europas ausbaute. Seine Handelsverbindungen erstreckten sich nach Rußland, Nordamerika, Indien und Afrika. Als Senator der Reichs- und Hansestadt Hamburg führte S. ein großes Haus, das den Freiheitskämpfern seiner Zeit offenstand, und war 1792 Präsident der Société de Lecture, in der sich Hamburger Kaufleute und Publizisten mit in der Stadt lebenden Franzosen um den Gesandten François Lehoc zusammenfanden. S. veröffentlichte *Fragmente über Luxus, Bürgertugend und Bürgerwohl für Hamburgische Bürger, die das Gute wollen und können* (1797).
LITERATUR: Heinrich Sieveking: G. H. S. Lebenslauf eines Hamburgischen Kaufmanns aus dem Zeitalter der französischen Revolution. Berlin 1913.

Simon, Johann Friedrich, Philanthrop, Publizist,
* 23. 5. 1751 Straßburg, † 1829 Paris.
Seit 1766 Student in Straßburg, erwarb S. 1770 den Grad eines Magisters der Philosophie. Nach abgebrochenem Theologiestudium wurde er 1775 Lehrer am Philanthropin in Dessau, kehrte 1777 nach Straßburg zurück und eröffnete dort 1779 eine Töchterschule, die 1783 geschlossen wurde. Bis 1784 Leiter einer Schule in Neuwied, war er danach Erzieher von Clemens Fürst von Metternich-Winneburg in Koblenz, den er 1788 nach Straßburg begleitete. Von der Französischen Revolution begeistert, übernahm S. 1789 das „Patriotische Wochenblatt". 1790 wurde er Mitglied der „Gesellschaft der Konstitutionsfreunde". 1792 ging er nach Paris und wurde Mitglied im „Geheimen Club der Dreiundvierzig", kehrte im selben Jahr nach Straßburg zurück, wurde „Nationalkommissar der vollstreckenden Gewalt für Mainz und die Rheingegend" und trat dem Jakobinerklub bei. 1796 wurde er diplomatischer Agent am Hof des Landgrafen Wilhelm von Hessen-Kassel und wandte sich später dem Schriftstellerei zu. 1800 wurde er Prof. der deutschen Sprache am Prytanée de St.-Cyr und am Collège Louis le Grand in Paris, um 1815 Deutschlehrer der Kinder des Herzogs von Orléans. S. veröffentlichte u. a. *Staatsverfassung oder Constitution des Französischen Freystaates vom VIII. Jahre, ins Teutsche übersetzt und mit erläuternden Anmerkungen* (1800).

Sinclair, Isaak von, Pseud. Crisalin, Diplomat, Dichter, Philosoph, * 3. 10. 1775 Homburg v. d. H., † 29. 4. 1815 Wien.
Der aus einer aus Schottland eingewanderten Familie stammende S. studierte 1792-95 Rechtswissenschaften in Tübingen und Jena, trat als 1799 als Diplomat in die Dienste des Landgrafen von Hessen-Homburg und nahm in dessen Auftrag am Rastatter Kongreß 1798/99 teil. Als Geheimer Rat übernahm er die Führung der Regierungsgeschäfte, wurde 1805 einer Verschwörung gegen den Kurfürsten von Württemberg und dessen ersten Minister angeklagt und für fünf Monate inhaftiert. Nach seinem Freispruch wandte sich S. dem Studium der Philosophie zu. Auf

dem Wiener Kongreß vertrat er erneut die Interessen des hessen-homburgischen Hofes. Als Anhänger der Französischen Revolution und der Idee einer Republik wirkte S. auf Friedrich → Hölderlin, mit dem er seit dem Studium in Jena befreundet war. Seine eigenen Dichtungen, darunter die Trauerspieltrilogie *Der Anfang des Cevennenkrieges, Der Gipfel des Cevennenkrieges* und *Das Ende des Cevennenkrieges* (1806/07), *Gedichte* (2 Bde., 1812-14) und *Kriegslieder* (1814), waren stark von → Klopstock, → Schiller und Hölderlin beeinflußt. In seinen philosophischen Werken (u. a. *Wahrheit und Gewißheit*, 3 Bde., 1811) versuchte S. eine Synthese von Elementen der Philosophie → Fichtes und Hegels.

WEITERE WERKE: Versuch einer durch Metaphysik begründeten Physik. Frankfurt/Main 1813.

LITERATUR: Käthe Hengsberger: I. v. S., der Freund Hölderlins. Berlin 1920. – Hannelore Hegel: I. v. S. zwischen Fichte, Hölderlin und Hegel. Frankfurt/Main 1971. – Christoph Jamme: I. v. S. Bonn 1988.

Sintenis, Christian Friedrich, evang. Theologe, Schriftsteller, * 12. 3. 1750 Zerbst, † 31. 1. 1820 Zerbst.

Der Pfarrerssohn studierte seit 1767 Theologie und Philosophie in Wittenberg, legte 1770 das Examen ab und kehrte nach Zerbst zurück, wo er im folgenden Jahr ordiniert wurde. Zunächst Hilfsprediger in Niederlepte, wurde er 1773 erster Pfarrer in Bornum und dann Diakon an St. Trinitatis in Zerbst. 1776 wurde S. zum Konsistorial- und Kirchenrat ernannt. 1791 übernahm er das Pfarramt an St. Trinitatis und war bis 1797 Prof. der luth. Theologie und Metaphysik am dortigen Gymnasium. S. trat als Erbauungsschriftsteller hervor und veröffentlichte u. a. den Roman *Theodor, oder über die Bildung der Fürstensöhne zu Fürsten* (2 Bde., 1785).

Snell, Christian Wilhelm, Philosoph, * 11. 4. 1755 Dachsenhausen, † 31. 7. 1834 Wiesbaden.

S., Sohn eines Pfarrers, studierte Theologie und Philosophie in Gießen, wurde Hauslehrer und war 1780-84 am Pädagogium in Gießen tätig. 1784 wurde er Prorektor, 1797 Rektor und Prof. am Gymnasium in Idstein. 1817-29 war er Oberschulrat und Direktor des Gymnasiums in Weilburg. 1818 übernahm er das Amt des Präsidenten der nassauischen Deputiertenkammer. S., ein strenger Kantianer, veröffentlichte u. a. *Welches sind die dauerhaftesten Mittel, den Menschen ohne äußere Gewalt zum Guten zu bringen?* (1785), *Über Determinismus und moralische Freiheit* (1789), *Über einige Hauptpunkte der philosophisch-moralischen Religionslehre* (1789), *Lehrbuch der Kritik des Geschmacks* (1795) und *Handbuch der Philosophie* (8 Bde., 1809-15; ²1819; später teilweise gemeinsam mit seinem Bruder Friedrich Wilhelm Daniel S.).

WEITERE WERKE: Die Sittlichkeit in Verbindung mit der Glückseligkeit einzelner Menschen und ganzer Staaten. Frankfurt/Main 1790. – Drei Abhandlungen philosophischen Inhalts. Leipzig 1796.

LITERATUR: W. Sauer: S. In: ADB 34, 1892, S. 503 bis 506.

Soemmerring, Samuel Thomas von, Anatom, Anthropologe, Paläontologe, * 28. 1. 1755 Thorn (heute Toruń), † 2. 3. 1830 Frankfurt/Main.

Der Sohn des Thorner Stadtphysikus Johann Thomas S. studierte seit 1774 in Göttingen Medizin unter Ernst Gottfried → Baldinger, Johann Friedrich → Blumenbach und Heinrich August Wrisberg. In seiner 1778 vorgelegten, 1792 erweiterten Dissertation *De basi encephali et originibus nervorum cranio egredientium* beschrieb er die bis heute gültige Einteilung der Hirnnerven. Nach einer Studienreise (1778/79) trat er im Herbst 1779 seine erste Professur am Collegium Carolinum in Kassel an, die sein Freund Georg → Forster vermittelt hatte. In Kassel schloß sich S. vorübergehend den Freimaurern und Rosenkreuzern an, lernte → Goethe und Johann Heinrich → Merck kennen und beschrieb als erster die Sehnervenkreuzung im Gehirn der Säuger. Die hier entstandene, 1785 erweiterte Schrift *Über die körperliche Verschiedenheit des Mohren vom Europäer* (1784), in der S. erstmals anatomisch-quantitative Kriterien für Rassenunterschiede entwickelte, wirkte bis weit ins 19. Jh. hinein. Von 1784 bis 1797 war S. Prof. der Anatomie und Physiologie in Mainz. Dort entdeckte er 1791 den gelben Fleck in der menschlichen Netzhaut, publizierte ein Werk über Mißgeburten (1791) sowie sein sechsbändiges Kompendium *Vom Baue des menschlichen Körpers* (1791-96), ein Standardwerk der Anatomie der Goethezeit.

Seit 1795 wich S. wegen der unsicheren politischen Lage in der Folge der Mainzer Republik, deren unterschiedliche Beurteilung zum Bruch mit Forster führte, zunehmend nach Frankfurt/Main aus, wo er bis 1804 als praktischer Arzt arbeitete und wesentliche Verdienste bei der Einführung der Pockenimpfung in dieser Stadt erwarb. Über Susette Gontard, engste Freundin seiner Ehefrau Margarethe Elisabeth, lernte er Friedrich → Hölderlin kennen, der neben Wilhelm → Heinse zu den wenigen Befürwortern von S.s zentraler Schrift *Ueber das Organ der Seele* (1796, mit Nachwort von → Kant) zählte, in dem S. die Ventrikelflüssigkeit im Gehirn als Sensorium commune (gemeinsames Sinnenorgan) und vermeintlichen Sitz der Seele bezeichnet hatte. Nach dem Tod seiner Frau (1802) suchte S. eine neue berufliche Herausforderung. St. Petersburg, Halle, Würzburg, auch Jena – unter tatkräftiger Mitwirkung Goethes – bemühten sich vergeblich um ihn. 1804 nahm S. einen Ruf an die Bayerische Akademie der Wissenschaften in München an, wurde 1805 deren ordentliches Mitglied und erhielt den Kurfürstlich Pfalz-Bayerischen Hofratstitel. In den Jahren des Wechsels erschienen vier große, dem Auge (1801), dem Ohr (1806), dem Geschmacks- (1806) und dem Geruchssinn (1809) gewidmete Tafelbände, die als *Abbildungen der menschlichen Sinnesorgane* (1801-09) zusammengefaßt wurden. Da der Bau der ihm zugesagten Anatomie ins Stocken geriet, wandte sich S. zunehmend von der Medizin ab. 1809 konstruierte er einen elektro-chemischen Telegraphen, seit 1812 legte er mehrere paläontologische Abhandlungen (u. a. zu

Flugsauriern, fossilen Reptilien) vor, die teilweise wichtige Erstbeschreibungen brachten (vor allem bei Pterodactylus antiquus Soemmerring).
Als 1819 der Akademiepräsident und Freund Friedrich Heinrich →Jacobi starb, entschloß sich S. zur Rückkehr nach Frankfurt/Main, wo er seinen Lebensabend verbrachte. Am 7.4.1828 wurde unter großer, europaweiter Anteilnahme sein fünfzigjähriges Doktorjubiläum gefeiert. In den letzten Lebensjahren untersuchte S. Sonnenflecken mit einem Fernrohr, das ihm Joseph von Fraunhofer in München geschenkt hatte.

WEITERE WERKE: Über die Schädlichkeit der Schnürbrüste. Leipzig 1788. Berlin ²1793. – Ueber den Tod durch die Guillotine. In: Klio (1795) Heft 9, S. 61-72. – Tabula sceleti feminini. Frankfurt/Main 1797. – Über Ursache und Verhütung der Nabel- und Leistenbrüche. Frankfurt/Main 1797. – S. T. S.: Werke. Hrsg. v. Gunter Mann†/Jost Benedum/Werner F. Kümmel: Stuttgart u. a. 1990 ff. (bisher 16 Bde.).

LITERATUR: Gunter Mann†/Jost Benedum/Werner F. Kümmel (Hrsg.): S.-Forschungen. Stuttgart u. a. 1985 ff. (bisher 8 Bde., mit Bibliographie der Werke S.s in Bd. 1, 1985). – Manfred Wenzel: Die S.-Edition der Akademie der Wissenschaften und der Literatur, Mainz. In: Acta historica Leopoldina Nr. 20 (1992), S. 105-120 (mit detailliertem Editionsplan und Verzeichnis der Einzelbände). *Manfred Wenzel*

Sonnenfels, Joseph von, österr. Kameralist, Jurist, Schriftsteller, * 1732/1733/1734 Nikolsburg (Mikulov, Mähren), † 25.4.1817 Wien.
Der Vater Lipman Perlin (1705-1768), ein Sohn des Michel Chosid, des Oberrabbiners von Brandenburg, war unter der Schutzherrschaft des Fürsten Esterhazy in Eisenstadt (damals Westungarn) und später in Nikolsburg in Mähren unter jener des Fürsten Dietrichstein als Kenner mehrerer orientalischer Sprachen, Hebräischlehrer und Übersetzer tätig. Seit 1734 in Wien, konvertierte er 1735 mit seinen drei Söhnen, den Namen Alois Wienner annehmend, zum Katholizismus. 1742 heiratete er eine vermögende Wirtstochter. Am 20.10.1746 wurde er mit dem Prädikat „von Sonnenfels" geadelt.
Sein Sohn Joseph ging im Piaristenkolleg von Nikolsburg und in Wien zur Schule. Im Vaterhaus erlernte er Hebräisch und Chaldäisch. Von 1749 bis 1754 diente er in der Armee in Ungarn, Böhmen, Kärnten und in der Steiermark als einfacher Soldat. Dabei lernte er Französisch, Italienisch und Böhmisch. Man nimmt an, daß er später auch Englischkenntnisse erwarb. Von 1754 bis 1756 studierte er an der bereits reformierten Wiener Univ. die Rechte, nachhaltig beeinflußt von dem Naturrechtslehrer Karl Anton von Martini. In die Öffentlichkeit trat er erstmals 1761 mit einer Rede in der von Gottschedianern soeben gegründeten Deutschen Gesellschaft in Wien. Seine Hoffnung auf den Lehrstuhl der deutschen Sprache erfüllte sich nicht. Seine Gönner im Staatsrat erachteten es für wichtiger, daß er für die ins Auge gefaßten Wirtschafts- und Sozialreformen den traditionellen Kameralismus weiterentwickle, zu diesem Zweck die neuesten west- und mitteleuropäischen Publikationen sichte, das neue Wissen für die Österreichische Monarchie adaptiere und kompakt für den neu einzuführenden Universitätsunterricht aufbereite. 1763 erhielt er die neue Lehrkanzel für Polizey- und Kameralwissenschaften in Wien mit der Auflage, ein Lehrbuch *Grundsätze der Polizey, Handlung und Finanz* (1765-76) zu verfassen. Es galt in mehreren Auflagen und Sprachen bis 1848 als Standardwerk an allen Universitäten der Österreichischen Monarchie. Daneben lehrte er von 1766 bis 1784 am Theresianum in Wien.
Durch S. wurden die kameralistischen und polizeywissenschaftlichen Kenntnisse auch Gegenstand des öffentlichen Raisonnements. S. setzte als Ziel der Wirtschafts- und Sozialpolitik Wachstum, Wohlfahrt, Sicherheit und Disziplinierung der Bevölkerung. Er hielt zu Beginn des akademischen Jahres programmatische Antrittsreden zu aktuellen Themen wie Patriotismus, Kritik am Adel und am Bildungssystem. An der konkreten Formulierung und praktischen Durchführung der Wirtschafts- und Sozialpolitik war er selbst kaum beteiligt. Er war der erste, der Rechtsfragen öffentlich erörterte. So setzte er sich seit 1764 wiederholt für die Abschaffung der Todesstrafe und 1775 erfolgreich für die Abschaffung der Folter ein. Seit 1779 Hofrat der böhmisch-österreichischen Hofkanzlei, oblag ihm seit 1781 die stilistische Redaktion von Gesetzen um der besseren Verständlichkeit willen. Durch seine Anleitungen für einen guten Stil „in privat- und öffentlichen Geschäften" wirkte er prägend auf den Gebrauch der deutschen Sprache in Österreich, insbesondere in der Bürokratie. Von 1781 bis zu seinem Tod verfolgte er – freilich erfolglos – sein Vorhaben eines „politischen Codex", einer Art von Verfassung als eines einheitlichen Verwaltungsrechts für die ganze Monarchie.
Unter den ersten Moralischen Wochenschriften in Wien erschien 1765 aus seiner Feder „Der Vertraute", als bedeutendere folgte, zweimal wöchentlich erscheinend, vom 23.9.1765 bis Mitte 1767 „Der Mann ohne Vorurteil". Seinen Tribut an die Leserinnen zollte er 1767 mit „Theresie und Eleonore". In den *Briefen über die wienerische Schaubühne* führte er, das Theater als „Sittenschule" propagierend, von 1767 bis 1769 einen heftigen Kampf gegen das Extemporieren in den populären Hanswurstiaden. 1770 war er Mitglied der Zensurkommission. 1768 wurde er Sekretär der 1766 gegründeten Kupferstecherakademie, 1794 und 1796 Rektor der Univ. Wien, und 1811 Vizepräsident der Akademie der Bildenden Künste. 1782 wurde er in die Wiener Loge „Zur wahren Eintracht" inkorporiert, im Oktober Redner und im März 1783 deputierter Meister. Wesentlich an der Gründung der österr. National- oder Großen Landesloge beteiligt, wurde er 1784 Großmeister der Distriktsloge „Zur wohltätigen Eintracht". Er gilt auch als Wiener Oberhaupt des Illuminatenbundes. Als Professor, Wirtschafts- und Rechtsgelehrter und Schriftsteller war S. der bedeutendste Theoretiker des aufgeklärten Absolutismus in Österreich. Seine am 12.7.1763 in der Dompfarre St. Ste-

phan geschlossene Ehe mit Therese Hay, der Tochter eines mährischen Herrschaftsverwalters und Schwester des späteren Bischofs von Königgrätz, blieb kinderlos.

WEITERE WERKE: Politische Abhandlungen. Hrsg. v. Ignaz de Luca. Wien 1777. – Gesammelte Schriften. 10 Bde., Wien 1783-87. – Betrachtungen eines österreichischen Staatsbürgers an seinen Freund. Wien 1793. – Handbuch der Inneren Staatsverwaltung mit Rücksicht auf die Umstände und Begriffe der Zeit. Wien 1798. – J. v. S.' Briefe über die wienerische Schaubühne. Hrsg. v. Hilde Haider-Pregler. Graz 1988. – Aufklärung als Sozialpolitik. Ausgewählte Schriften aus den Jahren 1764-1798. Hrsg. v. Hildegard Kremers. Wien 1994.

LITERATUR: Robert A. Kann: Kanzel und Katheder. Wien 1962. – Karl-Heinz Osterloh: J. v. S. und die österreichische Reformbewegung im Zeitalter des aufgeklärten Absolutismus. Lübeck 1970. – Grete Klingenstein: S. als Patriot. In: Wolfenbütteler Studien zur Aufklärung 4 (1977) S. 211-228. – Grete Klingenstein: Akademiküberschuß als soziales Problem im aufgeklärten Absolutismus. In: Wiener Beiträge zur Geschichte der Neuzeit 5 (1978) S. 165-204. – Hilde Haider-Pregler: Des sittlichen Bürgers Abendschule. Wien 1980. – Helmut Reinalter (Hrsg.): J. v. S. Wien 1988. – Grete Klingenstein: Between Mercantilism and Physiocracy. In: Charles Ingrao (Hrsg.): State and Society in Early Modern Austria. West Lafayette 1994, S. 181-214. – Leslie Bodi: Sprachregelung als Kulturgeschichte. In: Gotthart Wunberg u. a. (Hrsg.): Pluralität. Eine interdisziplinäre Annäherung. Wien 1996, S. 122-133.

Grete Klingenstein

Sophie Charlotte, Kurfürstin von Brandenburg, Königin in *Preußen*, geb. Herzogin von Braunschweig-Lüneburg, * 30. 10. 1668 Iburg (heute Bad Iburg), † 1. 2. 1705 Hannover.
Die Tochter des späteren Kurfürsten Ernst August von Hannover und der → Sophie von der Pfalz wurde 1684 mit Kurprinz Friedrich von Brandenburg, dem nachmaligen König Friedrich I. in Preußen verheiratet. Die gebildete Mutter Friedrich Wilhelms I. erhielt 1695 im Austausch gegen Caputh das Dorf Lietzow, wo sie ein Lustschloß bauen ließ, das nach ihrem Tod den Namen Charlottenburg erhielt. Gemeinsam mit Gottfried Wilhelm → Leibniz veranlaßte die hochgebildete Fürstin die Gründung der Kurfürstlich-Brandenburgischen Societät der Wissenschaften (1700).

Spalding, Johann Joachim, evang. Theologe, * 1. 11. 1714 Tribsees (Schwedisch-Pommern), † 22. 5. 1804 Berlin.
S. studierte bis 1734 Philosophie, Sprachen und Theologie in Rostock und Greifswald, war dann als Hauslehrer tätig und wurde 1736 in Rostock promoviert. Seit 1735 Hilfsprediger in Tribsees, wurde er 1745 Gesandtschaftssekretär in Berlin, kehrte 1747 nach Tribsees zurück, erhielt 1749 das Pastorat in Lassan und 1757 eine Predigerstelle in Barth. 1764 kam S. als Propst und Oberkonsistorialrat nach Berlin und wirkte dort als einflußreicher Prediger an St. Nicolai und St. Marien. Nach dem Wöllnerschen Religionsedikt 1788 legte er sein Amt nieder. Beeinflußt von der Philosophie Christian → Wolffs, der englischen Antideisten, von Joseph Butler und Anthony Ashley Cooper Shaftesbury, entstanden bei S. Zweifel an der Orthodoxie, die ihn zu aufklärerischen und moralischen Standpunkten führten. Er war ein Hauptvertreter der Neologie. Bekannt wurde er durch seinen Kampf gegen Julien Offray de La Mettrie und dessen Materialismus (u. a. in *Die Bestimmung des Menschen*, 1748, [13]1794, Neuausgabe 1908). Zu den Veröffentlichungen S.s zählen *Gedanken über den Werth der Gefühle in dem Christenthume* (1761) und *Die Religion, eine Angelegenheit des Menschen* (1797, [3]1799). 1804 erschien S.s *Lebensbeschreibung*, herausgegeben von seinem Sohn Georg Ludwig S.

WEITERE WERKE: Briefe von Hrn S. an Hrn Gleim. Frankfurt/Main, Leipzig 1771. – Vertraute Briefe, die Religion betreffend. Breslau 1784, [3]1788.

LITERATUR: Joseph Schollmeier: J. J. S. Ein Beitrag zur Theologie der Aufklärung. Gütersloh 1967. – Frank Thomas Brinkmann: Glaubhafte Wahrheit – erlebte Gewißheit. Zur Bedeutung der Erfahrung in der deutschen protestantischen Aufklärungstheologie. Rheinbach 1994, S. 187-217.

Spazier, Johann Gottlieb Karl, Pädagoge, Redakteur, Schriftsteller, * 20. 4. 1761 Berlin, † 19. 1. 1805 Leipzig.
Zunächst Schauspieler, Sänger und Begleiter am Rheinsberger Theater, studierte S. Philosophie und Theologie in Halle, wo er 1797 promoviert wurde, und war anschließend als Lehrer, Hofmeister und Prof. in Gießen, Neuwied und Berlin tätig. 1793 gab er die „Berlinische musikalische Zeitung" heraus und wurde 1796 einer der Leiter der Olivierschen Erziehungsanstalt in Dessau. Seit 1800 lebte S. in Leipzig und war Gründer und Herausgeber der „Zeitung für die elegante Welt". Er verfaßte pädagogische, philosophische und theologische Schriften, darunter die Kampfschrift *Antipädon oder Prüfung einiger Hauptbeweise für die Einfachheit und Unsterblichkeit der menschlichen Seele* (1785). Seine dreibändige Biographie *Carl Pilger's Roman seines Lebens* erschien 1792/93.

Spener, Johann Karl Philipp, Verleger, * 5. 9. 1749 Berlin, † 27. 1. 1827 Berlin.
Der Sohn eines Buchhändlers übernahm nach Reisen durch Deutschland, die Schweiz, Italien, Frankreich, England und die Niederlande 1772 die Leitung des Verlags Haude & Spener in Berlin, gab den Sortimentsbuchhandel auf und spezialisierte sich auf den Verkauf eigener Verlagswerke. S. redigierte die „Berlinischen Nachrichten", führte die ständige Theaterkritik und das Feuilleton ein und war der erste deutsche Verleger, der seine Zeitung seit 1823 auf der von Friedrich König erfundenen Schnellpresse drucken ließ. S. verlegte u. a. die literarischen Zeitschriften „Iris" und die „Berlinische Monatsschrift". Er war der erste Verleger von Georg Büchmanns *Geflügelten Worten*.

Spener, Philipp Jakob, evang. Theologe,
* 13. 1. 1635 Rappoltsweiler (heute Ribeauvillé),
† 5. 2. 1705 Berlin.
Der Begründer des luth. Pietismus entstammte einer bürgerlichen Familie des Oberelsaß. Er wurde früh durch puritanische Erbauungsbücher und die Innerlichkeitsfrömmigkeit von Johann Arndts *Wahrem Christentum* geprägt. Von 1651 bis 1659 studierte S. Theologie in Straßburg, wo Johann Conrad Dannhauer ihn im Lehrsystem der luth. Orthodoxie unterwies, von dem er, abgesehen von der Eschatologie, lebenslang nicht abgewichen sein will. Ein Studienaufenthalt in Basel und Reisen nach Genf und Württemberg schlossen sich an. Als Informator adliger Herren betrieb er intensive historische Studien, die ihn früh zu einem anerkannten Genealogen und zum Begründer der wissenschaftlichen Heraldik in Deutschland machten (*Opus heraldicum*, 2 Bde., 1680-90). Zum Freiprediger in Straßburg bestellt, erwarb S. 1664 mit einer Dissertation über die Johannesoffenbarung den theologischen Doktorgrad und heiratete gleichzeitig Susanne Ehrhardt.
Durch die überraschende Berufung des Einunddreißigjährigen zum Senior der luth. Geistlichkeit der Freien Reichsstadt Frankfurt/Main wurde S. aus der erstrebten akademischen Karriere gerissen. In den zwei Jahrzehnten seiner Frankfurter Zeit (1666-86) formierte sich – in ihrer ersten Gestalt – die Bewegung des luth. Pietismus. Eine Bußpredigt *Von der falschen Gerechtigkeit der Pharisäer*, in der S. das Kirchgängerchristentum des Frankfurter Bürgertums als toten Glauben und ein zur Verdammnis führendes, bloß äußerliches Christentum angeprangert hatte, erregte Anstoß und spaltete die Gemeinde. Seit Sommer 1670 sammelte S. neben dem öffentlichen Gottesdienst in seinem Pfarrhaus einen kleinen Kreis von Frommen (Collegium pietatis) zur gegenseitigen Erbauung durch Lektüre und Besprechung religiöser Schriften, seit 1675 nur noch der Bibel: die Urform der später im Pietismus verbreiteten Konventikel. Als Vorwort zu einer Neuausgabe von Johann Arndts Evangelienpostille unterbreitete S. 1675 ein pietistisches Kirchenreformprogramm, kurz darauf separat gedruckt unter dem Titel *Pia Desideria oder Herzliches Verlangen nach gottgefälliger Besserung der wahren evangelischen Kirche*. S. konstatierte den tiefen Verfall der Frömmigkeit in allen drei Ständen, adressierte aber seine ebenso auf eifriges Bibelstudium wie auf die praxis pietatis zielenden Reformvorschläge, die Obrigkeit übergehend, allein an den Predigerstand und an die Gemeinde, die durch die Übung des allgemeinen Priestertums zu aktivieren sei. Nicht durch Kirchenzucht, sondern – dies der Kerngedanke des S.schen Pietismus – durch Sammlung und Förderung der Frommen (ecclesiola in ecclesia) solle die Kirche gebessert werden. In Abwendung von der im Luthertum verbreiteten Erwartung des nahen Jüngsten Tages öffnete S. mit seiner biblisch begründeten „Hoffnung auf bessere Zeiten" einen sinnvollen Horizont für innerweltliche Reformen. S., der sein Reformprogramm mit der Bitte um Stellungnahme allen Freunden und Bekannten zugesandt hatte, erhielt binnen zweier Jahre rund 90 Zuschriften, in denen seiner Diagnose des Frömmigkeitsverfalls weithin zugestimmt, an seinen Therapievorschlägen wie an seiner Zukunftshoffnung zuweilen deutlich Kritik geübt wurde.
Durch Separation und Heterodoxie, die sich im Kreis der engsten Freunde S.s (um Johann Jakob Schütz) ausbreiteten und zur Abspaltung eines radikalen Pietismus führten, zerfiel der Frankfurter Pietismus. Das Collegium pietatis ließ S. 1682 in die Barfüßerkirche verlegen, wo sich außer ihm nur noch Theologiestudenten zu Wort meldeten. Bis auf das nach langjährigem Drängen 1679 vom Magistrat eröffnete Armen-, Waisen- und Arbeitshaus war sein Reformwirken in der Mainstadt vergeblich geblieben.
Als Oberhofprediger in Dresden (1686-91) sah S. die Früchte seiner *Pia Desideria* andernorts, besonders im Kreis um August Hermann →Francke, reifen. Als Propst an St. Nikolai und brandenburgischer Konsistorialrat nach Berlin berufen (1691-1705), konnte S., die hohenzollernsche Toleranzpolitik nutzend, als Patriarch und Protektor des außerhalb Brandenburg-Preußens meist bekämpften Pietismus agieren, seine pietistischen Freunde und Anhänger in Pfarrstellen und Professuren an der 1694 eröffneten Univ. Halle vermitteln und in zahlreichen Streitschriften den Pietismus gegen die Attacken der luth. Orthodoxie überzeugend verteidigen. Bei seinem Tod hatte sich das Zentrum des Pietismus bereits nach Halle zu Francke und seinen Glauchaer Anstalten verschoben.
S.s literarisches Werk ist von kaum zu überschauendem Umfang. Sein meistverbreitetes, in viele Sprachen übersetztes Werk ist die *Einfältige Erklärung des kleinen Katechismus Lutheri* (1677). Neben dickleibigen Predigtbänden (u. a. *Die evangelische Glaubens-Lehre*, 1688; *Die evangelischen Lebens-Pflichten*, 1692; 13 Bände Leichpredigten) stehen u. a. Erbauungsschriften und Streitschriften. Eine Auswahl seiner meist seelsorgerlichen Briefe und Gutachten komponierte er zu dem pastoraltheologischen Handbuch *Theologische Bedenken* (4 Bde., 1700-02), postum ergänzt durch *Letzte Theologische Bedenken* (1709) und *Consilia et Iudicia theologica latina* (1711).
WEITERE WERKE: Pia Desideria. Hrsg. v. Kurt Aland. Berlin 1940. 3. durchges. Aufl. 1964. – Schriften. Hrsg. v. Erich Beyreuther. Hildesheim 1979 ff. (umfangreiche Reprintausgabe). – Briefe aus der Frankfurter Zeit 1666-1686. Hrsg. v. Johannes Wallmann. Tübingen 1992 ff. – Briefe aus der Dresdner Zeit 1686-1691. Hrsg. v. Johannes Wallmann (im Erscheinen).
LITERATUR: Paul Grünberg: P. J. S. 3 Bde., Göttingen 1893-1906. Nachdruck Hildesheim 1988. – Johannes Wallmann: P. J. S. und die Anfänge des Pietismus. Tübingen ²1986. – K. James Stein: P. J. S.: Pietist Patriarch. Chicago 1986. – Johannes Wallmann: Theologie und Frömmigkeit im Zeitalter des Barock. Tübingen 1995.
Johannes Wallmann

Sperlette, Johannes, Philosoph, * 1661 Mozon (Champagne), † 1740 Halle/Saale.
S. trat 1676 in die Benediktinerkongregation von Saint-Vanne ein und legte 1679 die Profeß ab. Wahr-

scheinlich war er noch Schüler des Philosophen Robert Desgabets. 1687 verließ S. die Kongregation, ging nach Holland, wandte sich dem Protestantismus zu und wurde 1689 Prof. am Französischen Gymnasium in Berlin, dessen Rektorat er 1691 übernahm. Seit 1695 Prof. der Philosophie in Halle, erhielt er 1705 die Lehrkanzel für Moral und war seit 1720 Senior der Philosophischen Fakultät. S. wurde zum Kgl. Preußischen Rat ernannt. Neben den cartesianischen Autoritäten, der Logik von Port Royal und Desgabets vor allem von Clauberg und Jean Baptist Duhamel beeinflußt, war er um einen Ausgleich mit der herrschenden Schulphilosophie bemüht. S.s Hauptinteresse galt der praktischen Philosophie und der Geographie. Er veröffentlichte u. a. *Logica et Metaphysica novae* (1696).
LITERATUR: Ulrich Gottfried Leinsle: Reformversuche protestantischer Metaphysik im Zeitalter des Rationalismus. Augsburg 1988, S. 113-126.

Spittler, Ludwig Timotheus Frh. von, evang. Theologe, Historiker, Staatsmann, * 11. 11. 1752 Stuttgart, † 14. 3. 1810 Stuttgart.
S. studierte seit 1771 Theologie in Tübingen, unternahm 1775 eine Studienreise nach Norddeutschland und wurde 1777 Repetent am Tübinger Stift. Seit 1779 hielt er Vorlesungen über Kirchen- und Dogmengeschichte in Göttingen und übernahm hier 1784 den Lehrstuhl für Geschichte. 1797 kehrte S. nach Stuttgart zurück, wurde württembergischer Geheimer Rat und Präsident der Oberstudiendirektion, 1806 Kurator der Univ. Tübingen und 1807 Staatsminister. Er gilt als Begründer der deutschen Landesgeschichtsschreibung (*Geschichte Wirtembergs*, 1783; *Geschichte des Fürstentums Hannover*, 1786) und veröffentlichte bahnbrechende Werke zur vergleichenden Verfassungsgeschichte, u. a. *Entwurf der Geschichte der europäischen Staaten* (1793/94).

Sprengel, Matthias Christian, Historiker, Bibliothekar, * 24. 8. 1746 Rostock, † 7. 1. 1803 Halle/Saale.
Nach dem mit der Promotion zum Dr. phil. abgeschlossenen Studium lehrte S. seit 1778 als Prof. der Philosophie in Göttingen. 1779 folgte er einem Ruf als Prof. der Geschichte nach Halle, wo er 1779-1802 Vorstand der Universitätsbibliothek war. S. befaßte sich auch mit Geographie und veröffentlichte u. a. *Geschichte der Revolution von Nord-America* (1785) und *Geschichte der wichtigsten geographischen Entdeckungen* (1789).

Springer, Johann Christoph Erich von, Jurist, Nationalökonom, * 11. 8. 1727 Schwabach, † 6. 10. 1798 Rinteln.
Nach dem Studium der Rechtswissenschaften war S. als Rechtsanwalt in Ansbach und Nürnberg tätig, wurde 1761 beim Kammerkollegium des Markgrafen von Ansbach angestellt und hielt seit 1766 Vorlesungen über Ökonomie und Kameralwissenschaft in Göttingen. Seit 1767 war er Instruktor bei den Söhnen des Grafen von Schaumburg-Lippe und seit 1771 Prof. des Staatsrechts und der Kameralwissenschaften in Erfurt, wo er 1777 zum Dr. jur. promoviert wurde. Im selben Jahr ging S. als Rentkammerdirektor nach Darmstadt, 1779 als Kanzler, Kammer-, Steuer- und Lehensdirektor nach Bückeburg und wurde 1787 zum Geheimen Rat ernannt. Seit 1788 lehrte er als Prof. der Staatswissenschaft und des Rechnungswesens in Rinteln, gründete hier das Institut für Staatswissenschaft und wurde Vorsitzender der Juristenfakultät. S. veröffentlichte u. a. einen *Grundriß der Kameralwissenschaft* (1766).

Stadion, Friedrich Lothar Graf von, österr. Diplomat, * 6. 4. 1761 Mainz, † 9. 12. 1811 Chodenschloß (Böhmen).
S. war ursprünglich für den geistlichen Stand bestimmt, besaß Dompfründen in Mainz und Würzburg und studierte Rechtswissenschaften in Nancy und Göttingen. Nach einer ausgedehnten Kavalierstour verzichtete S. auf seine Mainzer Dignitäten, um sich Bischof Franz Ludwig von Erthal in den Mainhochstiften und dessen aufgeklärt-katholischer Staatsreform zur Verfügung zu stellen. Er war Vertreter von Kurmainz, Bamberg und Würzburg im alliierten Hauptquartier und in Rastatt. Nach der Säkularisation arbeitete er seit 1802 mit Carl Theodor von → Dalberg zusammen, trat jedoch 1804 auf Vermittlung seines Bruders in österr. Dienste und wurde Gesandter für Böhmen beim Reichstag. 1806 in Wien tätig, wurde er 1807 Gesandter in München und trat für die Erhebung gegen Napoleon 1809 ein. S. war bevöllmächtigter Armeehofkommissär für Deutschland und leitete die österr. Propaganda. Nach dem Frieden von Schönbrunn 1810 zog er sich auf seine Güter in Böhmen zurück.

Stägemann, (Christian) Friedrich August von, Staatsmann, Lyriker, * 7. 11. 1763 Vierraden (Uckermark), † 17. 12. 1840 Berlin.
Der früh verwaiste Sohn eines Lehrers und Kantors studierte seit 1782 Rechtswissenschaften in Halle, ging 1784 nach Königsberg und war bis 1789 bei der ostpreußischen Regierung tätig, vorwiegend im Finanz-, später im Justizbereich. 1806 wurde er Leiter der preuß. Bank in Berlin, war enger Mitarbeiter → Hardenbergs, gehörte seit 1817 dem Staatsrat an, leitete 1819-21 die „Allgemeine Preußische Staats-Zeitung" und wurde 1823 Chef der Staatskanzlei. S., in dessen Berliner Haus u. a. Achim und Bettine von Arnim, Clemens Brentano und Heinrich von → Kleist verkehrten, publizierte 1791-97 Gedichte im „Berlinischen Musenalmanach". Zu seinen Werken gehören auch die *Kriegs-Gesänge aus den Jahren 1806 bis 1813* (1813), *Historische Erinnerungen in lyrischen Gedichten* (1828) und die Liebessonette *Erinnerungen an Elisabeth* (1835, ³1878). 1816 wurde S. nobilitiert.

Städulin, Carl Friedrich, evang. Theologe, * 25. 7. 1761 Stuttgart, † 5. 7. 1826 Göttingen.
Der Sohn eines Regierungsrats studierte 1779-84 Philosophie und Theologie in Tübingen, betrieb anschließend private Studien und hielt sich 1786-90 als Lehrer und Begleiter junger Studenten vorwiegend in

der französischen Schweiz und in England auf. 1790 wurde er o. Prof. der Theologie in Göttingen. S. versuchte, die rational-kritische Philosophie im Sinne →Kants mit der christlichen Lehre zu verbinden (*Geschichte des Rationalismus und Supranaturalismus vornehmlich in Beziehung auf das Christentum*, 1826). Er schrieb eine *Geschichte der Sittenlehre Jesu* (4 Bde., 1799-1822) und eine weit verbreitete *Universalgeschichte der christlichen Kirche* (1806, ⁵1833).
WEITERE WERKE: Ideen zur Kritik des Systems der christlichen Religion. Göttingen 1791. – Geschichte und Geist des Skepticismus. 2 Bde., Leipzig 1794. – Grundriß der Tugend- und Religionslehre. 2 Bde., Göttingen 1798-1800. – Lehrbuch der Dogmatik und Kichengeschichte. Göttingen 1801, ³1822. – Philosophische und Biblische Moral. Göttingen 1805. – Geschichte der philosophischen, ebräischen und christlichen Moral. Hannover 1806. – Geschichte der theologischen Wissenschaften seit der Verbreitung der alten Literatur. 2 Bde., Göttingen 1810/11. – Neues Lehrbuch der Moral. Göttingen 1813, ³1825. – Geschichte der Vorstellungen von der Sittlichkeit des Schauspiels. Göttingen 1823. – Geschichte der Moralphilosophie. Hannover 1829.
LITERATUR: Johann Tychsen Hemsen: Zur Erinnerung an D. C. F. S.; seine Selbstbiographie nebst einer Gedächtnißpredigt von Herrn Sup. D. Ruperti. Göttingen 1826 (mit Werkverzeichnis).

Stäudlin, Gotthold (Friedrich), Jurist, Publizist, Dichter, * 15. 10. 1758 Stuttgart, † 11. oder 12. 9. 1796 bei Straßburg.
Der aus einer Beamtenfamilie stammende S., Bruder Carl Friedrich →S.s, veröffentlichte als Schüler Gedichte und studierte seit 1776 Rechtswissenschaften in Tübingen. 1780 veröffentlichte er sein erstes selbständiges Werk *Albrecht von Haller*, gab 1781 den „Schwäbischen Musenalmanach auf das Jahr 1782" heraus, dem bis 1787 weitere Almanache folgten, und geriet bald in Rivalität mit →Schiller um die Gunst des Publikums und die führende Stellung innerhalb der schwäbischen Dichterjugend. 1785 wurde er Kanzleiadvokat. Nach Christian Friedrich Daniel →Schubarts Tod 1791 führte er dessen „Chronik" fort, in der er entschieden die Partei der „Neufranken" ergriff. 1793 wurde die „Chronik" vom Reichshofrat verboten. S. mußte das Land verlassen, hielt sich noch eine Weile im Schwarzwald auf, wo er einige Nummern der Zeitschrift „Klio" herausgeben konnte. S. beging Selbstmord.

Stahl, Georg Ernst, Arzt, Chemiker, * 21. 10. 1659 Ansbach, † 14. 5. 1734 Berlin.
Der als Sohn eines protestantischen Kirchenbeamten geborene S. studierte von 1679 bis 1684 in Jena Medizin. Nach der Promotion 1684 und nach kurzer Lehrtätigkeit in Jena wurde er 1687 in Weimar Leibarzt des Herzogs Johann Ernst II. von Sachsen-Weimar. 1694 nahm er einen Ruf auf eine Professur für Medizin an der neugegründeten Univ. Halle an. 1715 ernannte ihn der preuß. König Friedrich Wilhelm I. zum Ersten Leibarzt sowie zum Präsidenten des Berliner Collegium Medicum. S. wirkte bis zu seinem Tod 1734 in Berlin.
Der schroffen, vom Pietismus geprägten Persönlichkeit S.s korrespondierte seine absolute Wahrheit beanspruchende medizinische Lehre (*Theoria medica vera*, 1708): Für S. wurde der lebende Körper, ein mechanischer Apparat, direkt von der Seele („Anima") gesteuert. Alle leiblichen Vorgänge seien der Seele unterstellt, die den Körper bis ins Detail kenne und beherrsche. S. hielt deshalb exakte anatomische und physiologische Kenntnisse des Arztes für unnötig; es genüge die klinische Erfahrung. Krankheit zeige sich in chemischer Zersetzung und Fäulnis des Körpers, sie entstehe dann, wenn die gesunde Überwachungstätigkeit der Seele nachlasse. Die Natur heile entweder spontan (Energie) oder mit vorsichtiger ärztlicher Hilfe (Synergie). Aus diesem spekulativen Krankheitskonzept zog S. indessen sinnvolle therapeutische Konsequenzen. Wichtig waren ihm vor allem diätetische Maßnahmen, durch welche die Seele zu ihrer normalen Tätigkeit zurückgeführt werden sollte. Der in pietistischer Frömmigkeit intuitiv „erfahrende" Arzt war für S. in seinem therapeutischen Handeln unfehlbar. – Als Chemiker stellte S. 1697 die bis 1775 allgemein anerkannte „Phlogistontheorie" auf, nach der aus allen brennbaren Körpern bei der Verbrennung der Feuerstoff „Phlogiston" entweicht. Diesen Irrtum korrigierte erst Lavoisier mit seiner Oxidationstheorie.
Zu S.s Gegnern zählten sein Hallenser Kollege Friedrich Hoffmann, der eine mechanische Pathologie vertrat, sowie der Philosoph Gottfried Wilhelm →Leibniz. Stimulierenden Einfluß hatte S.s Lehre auf den französischen Vitalismus des 18. Jh., auf die romantische Naturforschung in Deutschland zu Beginn des 19. Jh. sowie auf die Entwicklung der Psychosomatischen Medizin während der ersten Hälfte des 20. Jahrhunderts.
WEITERE WERKE: De passionibus animae. Halle 1695. – De synergeia naturae in medendo. Halle 1695. – Zymotechnia fundamentalis. Halle 1697. – Negotium otiosum seu skiamachia. Halle 1720. – Der Vernünfftige Medicus. Hrsg. v. Samuel Forbiger. Leipzig ³1735.
LITERATUR: Wendelin Ruf (Hrsg.): G. E. S.s Theorie der Heilkunde, 2 Bde., Halle 1802. – Richard Koch: War G. E. S. ein selbständiger Denker? In: Sudhoffs Archiv 18 (1926) S. 20-50. – Lelland J. Rather/John B. Frerichs: The Leibniz-Stahl controversy. In: Clio Medica 3 (1968) S. 21-40 und 5 (1970) S. 53-67. – Lester S. King: G. E. S. In: DSB, Bd. 12, 1975, S. 599-606. – Irene Strube: G. E. S. Leipzig 1984. – Johanna Geyer-Kordesch: G. E. S. Pietismus, Medizin und Aufklärung in Preußen im 18. Jahrhundert. Med. Habilitationsschrift. Münster 1987. – Axel W. Bauer: G. E. S. In: Klassiker der Medizin. Hrsg. v. Dietrich von Engelhardt/Fritz Hartmann. Bd. 2, München 1991, S. 190-201 und 393-395. – Axel W. Bauer: Der Körper als Marionette? G. E. S. und das Wagnis einer psychosomatischen Medizin. In: G. E. S. in wissenschaftshistorischer Sicht. Hrsg.

Stapfer, Philipp Albert, schweizer. Kultur- und Bildungspolitiker, Publizist, * 23. 9. 1766 Bern, † 27. 3. 1840 Paris.
Der Pfarrerssohn studierte Philosophie und Theologie an der Akademie in Bern und der Univ. Göttingen, unternahm 1791 eine längere Studienreise und wurde nach seiner Rückkehr mit der Vertretung der Professur der theoretischen Theologie an der Berner Akademie betraut. Daneben unterrichtete S. deutsche und lateinische Sprache sowie Philosophie am Politischen Institut und wurde 1792 Prof. der Philologie an der Akademie. Seit 1792 war er auch Mitglied des obersten bernischen Schulrats. Nach dem Einmarsch der französischen Truppen 1798 engagierte er sich für die Helvetische Republik, wurde in diplomatischer Mission nach Paris gesandt und im selben Jahr vom helvetischen Direktorium zum Minister der Wissenschaften und Künste ernannt. Zwei Jahre lang leitete er das Bildungswesen, wurde bei seinem Bemühen um die Hebung der Volksbildung u. a. von →Pestalozzi und →Zschokke unterstützt und gründete das „Helvetische Volksblatt", das der politischen Volksaufklärung dienen sollte. 1800 ging S. als schweizer. Gesandter nach Paris und lebte hier auch nach der Aufhebung seines Gesandtschaftspostens mit dem Ende der Helvetischen Republik 1803. Seit 1804 gab er die „Archives littéraires" (bis 1808) und seit 1808 die „Mélanges de littérature étrangère" heraus. Von →Kant beeinflußt, veröffentlichte er u. a. *De natura conditore et incrementis reipublicae ethicae* (1797) und *Versuch eines Beweises der göttlichen Sendung und Würde Jesu aus seinem Charakter* (1797).
WEITERE WERKE: De philosophia Socratis [...]. Bern 1786. – Apologie für das Studium der klassischen Werke des Altertums. Bern 1792. – Die fruchtbarste Entwicklungsmethode der Anlagen des Menschen [...]. Bern 1792. – Instruktionen für die Erziehungsräte und Schulinspectoren. Luzern 1799. – Bemerkungen über den Zustand der Religion und ihrer Diener. Bern 1800.
LITERATUR: Rudolf Luigenbühl: R. A. S. Basel 1887, ²1902. – Adolf Rohr: Von den geistigen Voraussetzungen für P. A. S.s helvetischen Erziehungsplan. In: Festschrift für Otto Müller. Aarau 1960, S. 227-241.

Starck, Johann August von, evang. Theologe, * 29. 10. 1741 Schwerin, † 2. 3. 1816 Darmstadt.
Nach dem Studium der Theologie und der orientalischen Sprachen in Göttingen wurde S. 1763 Lehrer in St. Petersburg, unternahm 1765 Studienreisen nach England und Paris, wo er eine Anstellung als Interpret von orientalischen Handschriften an der Kgl. Bibliothek erhielt, und erwarb 1766 in Göttingen den Grad eines Magisters. Anschließend war er Konrektor in Wismar, hielt sich 1768 erneut in St. Petersburg auf und wurde 1769 Prof. der morgenländischen Sprachen in Königsberg. Dort war er seit 1770 zweiter Hofprediger, seit 1772 o. Prof. an der Theologischen Fakultät und wurde 1773 zum Dr. theol. promoviert. Seit 1776 Oberhofprediger, folgte S. 1777 einem Ruf als Prof. der Philosophie nach Mitau und wurde 1781 Oberhofprediger in Darmstadt. 1811 erhielt er das Adelsdiplom. S. schrieb eine *Geschichte der christlichen Kirche des ersten Jahrhunderts* (3 Bde., 1779/80).

Stattler, Benedikt (Alexius Andreas), Jesuit, Theologe, * 30. 1. 1728 Kötzting/Bayerischer Wald, † 21. 8. 1797 München.
Der Sohn eines Richters trat 1745 in den Jesuitenorden ein, studierte 1747-51 Philosophie und Mathematik in Ingolstadt und widmete sich nach Lehrtätigkeiten in Landshut und Neuburg/Donau theologischen Studien. 1759 empfing er die Priesterweihe, unterrichtete seit 1760 Philosophie und Theologie in Straubing und Innsbruck, 1766 Theologie in Solothurn und wurde 1770 Prof. der Dogmatik in Ingolstadt, wo er seit 1774 auch das Stadtpfarramt St. Moritz innehatte. Nach der Aufhebung des Jesuitenordens 1773 bemühte er sich um die Erhaltung der jesuitischen Positionen, mußte 1781 seinen Lehrstuhl verlassen und übernahm 1782 das Pfarramt in Kemnath (Oberpfalz). 1788 übersiedelte er nach München und war hier 1790-94 im Kurfürstlichen Zensurrat tätig. S. war ein radikaler Gegner Immanuel →Kants. Er veröffentlichte u. a. *Philosophia methodo scientiis propria explanata* (8 Bde., 1769-72), *Ethica christiana universalis* (1772, ²1793), *Demonstratio evangelica* (1770), *Demonstratio catholica* (1775), *Theologia christiana theoretica* (6 Bde., 1776-79, ²1781-85), *Ethica christiana communis* (3 Tle., 1781-89, ²1791-1802), *Anti-Kant* (2 Bde., 1788) und *Plan zu der allein möglichen Vereinigung im Glauben der Protestanten mit der katholischen Kirche und den Grenzen dieser Möglichkeit* (1791). Seine wichtigsten Werke wurden 1796 auf den Index gesetzt.
WEITERE WERKE: Tractatio cosmologica de viribus et natura corporum. München 1763. – Compendium philosophiae. Ingolstadt 1773. – De locis theologicis. Weissenburg 1775. – Wahres Jerusalem, oder über religiöse Macht und Toleranz in jedem und besonders im katholischen Christenthum, aus Anlaß des Mendelsohnschen Jerusalems und einiger Gegenschriften. Augsburg 1787. – Vollständige christliche Sittenlehre. 2 Bde., Augsburg/München 1789-91. – Allgemeine katholisch-christliche Sittenlehre oder wahre Glückseligkeitslehre. 2 Bde., München 1791. – Allgemeine katholisch-christliche theoretische Religionslehre. 2 Bde., München 1793. – Widerlegung der kantischen Grundlegung zur Metaphysik der Sitten. 1789. – Unsinn der französischen Freiheitsphilosophie, im Entwurfe ihrer neuen Constitutionen, zur Warnung und Belehrung deutscher französelnder Philosophen in das helle Licht gestellt. Augsburg 1791. – Wahres Verhältnis der Kant'schen Philosophie zur christlichen Religion und Moral. München 1794.
LITERATUR: Georg Huber: B. S. und sein Anti-Kant. München 1904. – Bernhard Jansen: Deutsche Jesuiten-Philosophen des 18. Jahrhunderts in ihrer Stellung zur neuzeitlichen Naturauffassung. In: Zeitschrift für katholische Theologie 57 (1933) S. 384-410 (zu

H.: S. 395-397). – Franz Scholz: B. S. und die Grundzüge seiner Sittlichkeitslehre unter besonderer Berücksichtigung der Doktrin von der philosophischen Sünde. Freiburg/Breisgau 1957. – Philipp Schäfer: Kirche und Vernunft. Die Kirche in der katholischen Theologie der Aufklärungszeit. München 1974, S. 103-151. – Franz Scholz: B. S. (1728-1797). In: Heinrich Fries/Georg Schwaiger (Hrsg.): Katholische Theologen Deutschlands im 19. Jahrhundert. Bd. 1. München 1975, S. 11-34. – Michael Miedaner: Die Ontologie B. S.s Frankfurt/Main u. a. 1983. – Winfried Müller: S., B. A. A. In: Biographisches Lexikon der Ludwig-Maximilians-Universität München. Hrsg. v. Laetitia Boehm. u. a. Teil 1: Ingolstadt-Landshut 1472-1826. Berlin 1998, S. 409-411.

Staudinger, Lucas Andreas, Landwirt, Volksbildner, * 17. 1. 1770 Ansbach, † 30. 11. 1842 Flottbek (heute zu Hamburg).
S. war Hirtenjunge und wurde als Neunzehnjähriger Sekretär und Vorleser bei Christian Friedrich Daniel → Schubart. Dort und auf der Hohen Karlsschule in Stuttgart erwarb er sich eine umfassende literarische Bildung, war nach Wanderjahren Vorleser bei → Klopstock in Hamburg und dann Verwalter des Mustergutes Caspar Heinrich von Voghts in Kleinflottbek. Angeregt von Philipp Emanuel von → Fellenberg, gründete S. 1797 eine Schule, an der die Landjugend auf ihre späteren Aufgaben als selbständige Landwirte, Gutspächter oder Verwalter vorbereitet werden sollte. Berühmtester Schüler dieses „Landwirtschaftlichen Erziehungs-Instituts" war Johann Heinrich von Thünen. Trotz wirtschaftlicher Schwierigkeiten konnte S. bis etwa 1815 an seinem Konzept festhalten und wurde zu einem Pionier auf dem Gebiet des landwirtschaftlichen Bildungswesens. In den letzten Jahren beschäftigte er sich mit dem Pflanzenschutz. S. veröffentlichte *Gesammelte praktische Erfahrungen und Beobachtungen in dem Gebiethe der Landwirtschaft sowie auch im Fache des landwirtschaftlichen Erziehungswesens* (2 Hefte, 1839-42).

Steinbart, Gotthilf Samuel, evang. Theologe, Pädagoge, Philosoph, * 21. 9. 1738 Züllichau, † 3. 2. 1809 Frankfurt/Oder.
Nach einer pietistisch geprägten Erziehung im Kloster Berge studierte S., dessen Vater Direktor des Waisenhauses in Züllichau war, in Halle bei Siegmund Jakob → Baumgarten und in Frankfurt/Oder bei Johann Gottlieb → Toellner, war in Berlin und Züllichau Lehrer und übernahm 1774 die Leitung des Waisenhauses in Züllichau sowie die des angeschlossenen Lehrerseminars. Gleichzeitig wurde er als Nachfolger Töllners Ordinarius für Philosophie und a. o. Prof. der Theologie an der Univ. Frankfurt/Oder. Seit 1787 war S., einer der theologischen Berater Friedrich Wilhelms III., Schulrat im preuß. Oberschulkollegium in Berlin. Als Philosoph vertrat er den Empirismus und den Eudaimonismus. Mit seinem *System der reinen Philosophie oder Glückseligkeitslehre des Christentums* (1778, ⁴1794) erzielte er breite Wirkung. In diesem für die deutsche Aufklärungsphilosophie und -theologie bezeichnenden Werk übte er im Gefolge der Neologie scharfe Kritik am Gottesbegriff des Alten Testaments und der damit verbundenen Genugtuungslehre und stellte dem ein auf der menschlichen Glückseligkeit beruhendes Glaubenssystem entgegen. Gegen seine Kritiker setzte er sich in den *Philosophischen Unterhaltungen zur weiteren Aufklärung der Glückseligkeitslehre* (3 Hefte, 1782-84) zur Wehr.
WEITERE WERKE: Anleitung des menschlichen Verstandes zu möglichst vollkommener Erkenntniß. 2 Tle., Züllichau 1780/81. Weitere Auflagen unter dem Titel: Gemeinnützige Anleitung des Verstandes zum regelmäßigen Selbstdenken. – Grundbegriffe zur Philosophie über den Geschmack. Erstes [einziges] Heft [...]. Züllichau 1785.
LITERATUR: Richard Hildenbrand: G. S. S. Ein Beitrag zur Geschichte der Popularphilosophie im achtzehnten Jahrhundert. Diss. Herne 1906. – Paul Tschackert: S. In: ADB 35, 1893, S. 687-689. – Friedrich Wilhelm Kantzenbach: Protestantisches Christentum im Zeitalter der Aufklärung. Gütersloh 1965, S. 201 ff.

Steinbeck, Christoph Gottlieb, Schriftsteller, Journalist, * 26. 4. 1766 Thieschitz bei Gera, † 1. 11. 1818 Gera.
Der Sohn eines Pfarrers mußte ein 1785 in Jena begonnenes Theologiestudium wegen einer schweren Krankheit abbrechen. Nachdem seine Bewerbung um das Predigtamt zu Langenberg bei Gera abgelehnt worden war, verdiente er sich seinen Lebensunterhalt als Volksschriftsteller und ließ sich nach einem Jurastudium 1810 in Langenberg als Anwalt nieder. Seine Schriften wenden sich zumeist sowohl an die Jugend als auch an Erwachsene, das *Frey- und Gleichheitsbüchlein* (1794) war eine Reaktion auf die Französische Revolution, der S. als Anhänger Christian Gotthilf → Salzmanns und der philanthropischen Bewegung eine bürgerliche Erziehungsreform entgegensetzen wollte. Sein Aufklärungsbegriff wird besonders deutlich in dem von den Zeitgenossen geschätzten Werk *Der aufrichtige Kalendermann [...]*, 3 Tle., 1792-1805, ⁸1829), in dem er mit der Beschreibung astronomischer Phänomene die Notwendigkeit der 1779 von → Friedrich dem Großen eingeleiteten Kalenderreform erläuterte. Mit Hilfe einer 1806 gegründeten „Neuen Jugendzeitung" und anderer Periodika versuchte S. seine Ideen zu verbreiten. 1803 erhielt S., der ordentliches Mitglied der naturforschenden Gesellschaft war und nebenbei einen Energiesparofen entwickelt hatte, den Ehrendoktor der Univ. Jena.

Stieff, Christian, Schulmann, Schriftsteller, * 14. 1. 1675 Liegnitz, † 8. 6. 1751 Breslau.
Der Sohn eines Bäckers studierte 1697-1702 in Leipzig, wo er als 1706 als Privatgelehrter lebte, und folgte dann einem Ruf als Prof. der Geschichte und Beredsamkeit an das Magdalenen-Gymnasium in Breslau. 1734 wurde er Rektor am dortigen Elisabeth-Gymnasium und Inspektor sämtlicher Stadtschulen. Seit 1719 war er auswärtiges Mitglied der Preußischen Akademie der Wissenschaften. S. stand in Kontakt mit berühmten Gelehrten des In-

und Auslands, war als Übersetzer tätig und schrieb seit 1702 Rezensionen für die „Acta Eruditorum". 1706 erschien seine politische Gelegenheitsschrift *Relation von dem gegenwärtigen Zustande des Moscowitischen Reichs*, die neue Maßstäbe in der Beurteilung Rußlands setzte, da sie auf die neuere Entwicklung einging.

Stolle, Gottlieb, Pseud. Leander (von Schlesien), Staatswissenschaftler, Historiker, Lyriker,
* 3.2.1673 Liegnitz, † 4.3.1744 Jena.
S. schrieb bereits während seiner Gymnasialzeit Gelegenheitsgedichte und Epigramme, studierte seit 1693 Rechtswissenschaften, Naturrecht und politische Wissenschaften in Leipzig und war seit 1695 als Hofmeister tätig. 1709 erwarb er den Grad eines Magisters in Jena, erhielt dort 1710 die Venia legendi und wurde 1714 Direktor des Gymnasiums in Hildburghausen. Seit 1717 lehrte S. als Prof. der politischen Wissenschaften in Jena und übernahm 1743 einen zusätzlichen Lehrauftrag für Ethik. Er war Vorsitzender der Jenaer Deutschen Gesellschaft. S. schrieb eine *Kurze Anleitung zur Historie der Gelahrheit* (1718, ^{4}1736) eine *Anleitung zur Historie der medicinischen Gelahrtheit* (1731), eine *Anleitung zur Historie der theologischen Gelahrtheit* (1739) und eine *Anleitung zur Historie der juristischen Gelahrheit* (1745).

Stosch, Friedrich Wilhelm, Philosoph,
* 25.12.1648 Kleve, † 20.8.1704 Berlin.
Der Sohn des Berliner Hofpredigers Bartholomäus S. studierte seit 1666 Philosophie, Theologie und Jurisprudenz in Frankfurt/Oder, wo er Kontakt mit Cartesianern und Sozinianern hatte. Er wurde stark von der Lehre Spinozas beeinflußt. Nach Abschluß seines Studiums soll S. durch Frankreich, die Niederlande und Italien gereist sein. Anschließend trat er als Geheimer Staatssekretär in den brandenburgischen Staatsdienst ein. 1692 erschien seine Schrift *Concordia rationis et fidei,* zunächst anonym; doch wurde S. bald als Verfasser ausgemacht. Er lehnte die Unterscheidung zwischen Gott und der Natur ab und ging statt dessen von der Einheit beider aus. S. erklärte die Seele des Menschen materialistisch und identifizierte die christliche Religion weitestgehend mit dem Naturgesetz. Damit gilt er als einer der ersten deutschen Vertreter der Frühaufklärung. Gegen seine Zeitgenossen mußte er sich gegen den Vorwurf des Atheismus zur Wehr setzen. 1693 kam das Buch auf den Index, S. wurde entlassen und zum Widerruf gezwungen, den er 1694 leistete; seine Schrift wurde öffentlich verbrannt. Wieder in seinem Amt, wurde er 1701 vom brandenburgischen Kurfürsten in den Adelsstand erhoben.
WERKE: Concordia rationis et fidei (1692). Dokumente. Mit einer Einleitung hrsg. v. Winfried Schröder. Stuttgart-Bad Cannstatt 1992.
LITERATUR: Gottfried Stiehler: F. W. S. In: Ders. (Hrsg.): Beiträge zur Geschichte des vormarxistischen Materialismus. Berlin 1961, S. 139-163. – Martin Pott: Aufklärung und Aberglaube. Die deutsche Frühaufklärung im Spiegel ihrer Aberglaubenskritik. Tübingen 1992, S. 295-303.

Strieder, Friedrich Wilhelm, Archivar,
* 12.3.1739 Rinteln, † 13.10.1815 Kassel.
Der Sohn eines Universitätsbuchhändlers wurde nach dem Studium der Theologie in Rinteln 1765 Registrator und war 1772-76 Sekretär der Karlshafener Handelskompanie. Seit 1786 war er erster Bibliothekar und Rat an der landgräflichen Bibliothek in Kassel, 1788-1808 und 1814/15 Hofbibliothekar und Hofrat, 1790-98 und 1814/15 geheimer Kabinettsarchivar am Kabinettsarchiv in Kassel-Wilhelmshöhe, wo er 1791-98 das Münzkabinett leitete. S. arbeitete auch als Redakteur der „Kasselischen Politischen und Gelehrten Zeitung" und veröffentlichte u. a. *Grundlage zu einer hessischen Gelehrten- und Schriftstellergeschichte* (15 Bde., 1781-1806).

Strube, David Georg, Jurist, Publizist,
* 24.11.1694 Celle, † 24.7.1776 Hannover.
S. stammte aus einer hannoverschen Beamtenfamilie. Nach dem Unterricht durch Hauslehrer bezog er 1713 die Univ. Halle, hörte hier vor allem → Thomasius und Justus Henning → Böhmer. Anschließend studierte er in Leiden bei Gerard Noodt, unter dessen Leitung er 1718 disputierte. Eine Reise führte ihn durch die Niederlande, nach England, Frankreich und einen Teil Deutschlands. 1720 wurde er von der Ritterschaft und den Ständen des Hochstifts Hildesheim zum Landessyndikus, Beisitzer des Hofgerichts und des evang. Konsistoriums gewählt. Damals entstanden bedeutende Arbeiten forensischer und literarischer Art. 1740 wurde er zum Advocatus patriae im Hannoverschen Staatsdienst berufen. Seit 1758 stand S. an der Spitze der Justizkanzlei. Seine Ernennung zum Vizekanzler bedeutete keine Änderung seiner Stellung. S. spielte eine wichtige beratende Rolle bei der Gründung der Univ. Göttingen, vor allem der Juristischen Fakultät. S. argumentierte in seinen Schriften auf der Höhe der Zeit. Er war ein exzellenter Kenner der zeitgenössischen naturrechtlichen Diskussion. S. gehörte zu den ersten deutschen Zeitgenossen, die die Bedeutung Montesquieus erkannten. Zugleich stimmte er dem Projekt des Corpus juris Fridericiam zu. Von seinen theoretischen Interessen zeugen seine *Nebenstunden* (6 Teile, 1747-68, ^{2}1778-83) und seine *Rechtlichen Bedenken* (5 Teile, 1767-77). S. war sehr belesen, argumentierte mit Grotius, verteidigte Montesquieu, kannte Mably.
LITERATUR: Emil Franz Rößler: Die Gründung der Universität Göttingen. Göttingen 1855. – Friedrich Frensdorff: Die ersten Jahrzehnte des staatsrechtlichen Studiums in Göttingen. Göttingen 1887.
Hans Erich Bödeker

Struck, Christian Lorenz, Drucker, * 23.3.1741 Greifswald, † 12.6.1793 Greifswald.
S. übernahm nach dem Tod seines Vaters Hieronymus Johannes S. 1771 die Universitätsbuchdruckerei in Greifswald. 1776 erhielt er auch die Druckerlaubnis für inländische Kalender und das Handelsmonopol mit sämtlichen Kalendern. Den von seinem Vater gegründeten „Auszug aus den neuesten Weltbegebenheiten" führte S. seit 1772 als „Stralsundische

Zeitung" weiter, druckte die Zeitschriften „Pommersches Krämertütchen" (1775) und „Stralsundisches Wocheblatt" (1780) und gab 1786 die einzige in Neuvorpommern gedruckte Bibelausgabe heraus. Die Druckerei wurde von S.s Witwe und seinem Sohn weitergeführt.

Struensee, Carl August von, preuß. Minister, * 18. 8. 1735 Halle, † 17. 10. 1804 Berlin.
S.s Mutter war die Tochter des königlich dänischen Leibarztes, sein Vater pietistischer Pfarrer in Halle. Dort besuchte S. die Waisenhausschule und studierte seit 1771 an der Hallenser Univ. Theologie; daneben besuchte er mathematische und philosophische Vorlesungen. 1756 erhielt er die Magisterwürde; 1757 wurde S. Prof. der Philosophie und Mathematik an der Ritterakademie in Liegnitz. Damals veröffentlichte er mehrfach aufgelegte Bücher über das Kriegswesen. Die weitverbreiteten *Anfangsgründe der Artillerie* (1760) trugen ihm das Vertrauen → Friedrichs II. ein. Aus dem Französischen übersetzte S. die *Kriegskunst des Grafen von Sachsen* (1767), daneben die dreibändigen *Anfangsgründe der Kriegsbaukunst* (1771-74). Sein mit ihm eng verbundener jüngerer Bruder, Johann Friedrich → S., der mächtige Günstling des dänischen Königs, ernannte ihn 1771 zum Justizrat und Mitglied des Finanz-Collegiums in Kopenhagen. Nach dessen Sturz und Hinrichtung saß S. unschuldig sechs Monate in Haft. Als Kompensation wurde er 1789 vom dänischen Mitregenten, Kronprinz Friedrich, nobilitiert. Ein Angebot des preuß. Königs, der sich für seine Freilassung eingesetzt hatte, die Professur in Liegnitz wiederaufzunehmen, schlug S. ab. Nachdem ihm eine Stelle im Staatsdienst verweigert wurde, zog er sich auf sein Gut in Schlesien zurück. Hier übersetzte er wirtschaftstheoretische Abhandlungen des holländischen Antiphysiokraten Isaac de Pinto als *Sammlung von Aufsätzen, die größtentheils wichtige Punkte der Staatswirthschaft betreffen* (2 Bde., 1776/77). Daneben publizierte er in drei Bänden eigene *Abhandlungen über wichtige Gegenstände der Staatswirthschaft* (1777), die u. a. eine Abhandlung über die friderizianische Finanzpolitik und zwei größere Studien über Staatsanleihen und Getreidehandel enthalten. Leitmotiv in diesen Abhandlungen war die Lehre der positiven Handelsbilanz. 1777 wurde S. zum Direktor des Elbinger Bankcomptoirs berufen, 1782 stieg er zum Geheimen Finanzrat und Direktor der Seehandlung in Berlin auf. Seit 1783 war S. Mitglied der Mittwochsgesellschaft. In zahlreichen Aufsätzen in der „Berlinischen Monatsschrift" kommentierte S. kritisch die Finanzpolitik Neckers, die Konfiszierung der geistlichen Güter und die Asignaten. Der Französischen Revolution stand er ablehnend gegenüber. Friedrich Wilhelm II. ernannte S. Ende 1791 zum Minister für Akzise- und Zollverwaltung und das Fabriken- und Kommerzienwesen sowie die Salzadministration. Sein Direktorat der Seehandlung behielt er bei. S. wurde gleichsam preuß. Finanz- und Wirtschaftsminister in einer Person. Die jüngere Forschung hebt S.s Rolle für die Stabilisierung der preuß. Finanzen zwischen 1795 und 1804, sein Eintreten für einen freieren Getreide-, Edelmetall- und Salzhandel sowie seine Vorbereitung für die Gewerbereform von 1808 hervor.

WEITERE WERKE: Kurzgefasste Beschreibung der Handlung der vornehmsten Staaten. 2 Bde., Liegnitz/Leipzig 1778.

LITERATUR: Marie Hendel: Beiträge zur Würdigung des preußischen Finanzministers C. A. v. S. Göttingen 1920. – Peter Krause/Horst Mühleisen: Kurzbiographie: C. A. v. S. (1735-1804). In: Aufklärung 6 (1991) S. 97-99. – Rolf Straubel: Der Minister C. A. v. S. Zwischen Tradition und Reform. In: Jahrbuch für Brandenburgische Landesgeschichte 49 (1998) S. 112-121. – Rolf Straubel: C. A. v. S. Preußische Wirtschafts- und Finanzpolitik im ministeriellen Kräftespiel (1786-1804/06). Potsdam 1999.
Johan van der Zande

Struensee, Johann Friedrich, Mediziner, Politiker, * 5. 8. 1737 Halle/Saale, † 28. 4. 1772 Kopenhagen.
Von seinem Vater Adam S., dem späteren Generalsuperintendenten der Herzogtümer Schleswig und Holstein, und seiner Mutter Maria Dorothea Carl, Tochter des radikalpietistischen Arztes Johann Samuel Carl, in pietistischem Geist erzogen, begann S. als Vierzehnjähriger das Studium der Medizin in Halle und wurde 1758 Amtsarzt in Altona. In seiner Altonaer Zeit beschäftigte er sich mit den wichtigsten Gesellschaftskritikern seiner Zeit und gab gemeinsam mit einem Freund die satirische „Monatsschrift zum Nutzen und Vergnügen" heraus, bis die von den Behörden verboten wurde. 1768 begleitete S. den dänischen König Christian VII. als Arzt auf einer großen Auslandsreise. Nach der Rückkehr nach Kopenhagen ernannte der König ihn zu seinem Leibarzt und verlieh ihm den Titel „Königlicher Vorleser". Als S. auf Verlangen des Königs auch Leibarzt der Königin Caroline Mathilde wurde, entwickelte sich eine schicksalhafte Liebesbeziehung zwischen dieser und S., die am Hof bald nicht mehr geheim blieb. Um die Königin vor Intrigen schützen zu können und seine Position am Hof zu festigen, strebte S. nach größerer politischer Macht, wobei er auf die Gunst des geisteskranken Königs bauen konnte. Mit der Verabschiedung des Prinzipalministers Johann Hartwig Ernst Bernstorff sowie der Auflösung des Geheimen Regierungskonseils im Dezember 1770 bekam S. den Spielraum für seine politischen Ambitionen. Im Sinne des aufgeklärten Absolutismus sollte fortan alle Macht in der Hand des Königs vereinigt werden. Die Festigung seiner Position erreichte S., als er sich am 14. 2. 1771 vom regierungsunfähigen König zum Geheimen Kabinettsminister ernennen ließ mit der Befugnis, Kabinettsverordnungen im eigenen Namen zu erstellen. Als sich S. eine Woche später anläßlich der Taufe seiner und der Königin Tochter zum dänischen Lehnsgrafen ernennen ließ, steigerte sich in Kopenhagen die Erregung über S.s eigenmächtiges Handeln wie auch der Widerwille gegen seine Reformtätigkeit. Am 17. 1. 1772 wurde S. verhaftet, am 25. April wegen Majestätsverbrechens zum Tod verurteilt und drei Tage später hingerichtet.

S. leitete in Dänemark Reformen im Geist der Aufklärung auf allen Gebieten des gesellschaftlichen Lebens ein: in Hofhaltung und Staatswesen, im Armen-, Rechts-, Finanz- und Bildungswesen, in Handel und Gewerbe wie auch in der Landwirtschaft. S., selbst ohne administrative und politische Erfahrung, versuchte sie durchzuführen, bis sie von seinen Beamten schließlich nicht mehr mitgetragen wurden. Nach seinem Sturz wurden die Reformen – ausgenommen die Errichtung des Hof- und Staatsgerichts – aufgehoben, aber fast alle nach 1784 mit der Übernahme der Regierungsgeschäfte durch den Kronprinzen Friedrich und dem Abschied des mächtigen Staatsmanns Ove Høegh-Guldberg erneut durchgeführt.

LITERATUR: Sven Cedergreen Bech: S., J. F. In: Schleswig-Holsteinisches Biographisches Lexikon. Hrsg. v. Olaf Klose. Bd. 5, Neumünster 1979, S. 259-264. – Sven Cedergreen Bech: S., J. F. In: Dansk Biografisk Leksikon. Bd. 14, Kopenhagen 1983, S. 153-158. – Jens Kragh Høst: Der dänische Geheimecabinettsminister Graf J. F. S. und sein Ministerium. 2 Bde., Kopenhagen 1826/27 (dän. 1824). – Rainer Schlösser: S. in der deutschen Literatur. Altona 1931. – Sven Cedergreen Bech: S. og hans tid. Kopenhagen 1972. – Stefan Winkle: S. und die Publizistik. Hamburg 1982. – Stefan Winkle: J. F. S. Arzt, Aufklärer, Staatsmann. Stuttgart 1983.

Manfred Jakubowski-Tiessen

Struve, Burkhard Gotthelf, Polyhistor, Bibliothekar, * 26. 5. 1671 Weimar, † 25. 5. 1738 Jena.
Der Sohn des Juristen Georg Adam S. studierte seit 1687 Philosophie, Politik, Geschichte und Rechtswissenschaften in Jena und Frankfurt/Oder, widmete sich seit 1691 naturwissenschaftlichen und Sprachstudien (u. a. in Meiningen) und erhielt 1697 eine Anstellung als Universitätsbibliothekar in Jena. 1704 übernahm S. hier die o. Professur für Geschichte und wurde 1730 unter Ernennung zum Hofrat o. Prof. des Staats- und Lehnsrechts. Er veröffentlichte u. a. *Bibliotheca juris selecta* (1703), *Historia et memorabilia bibliothecae Jenensis* (1705) und *Neu-Eröffnetes Historisch- und Politisches Archiv, worinnen verschiedene zu denen Kirchen-, Staats-, Lehn- und übrigen Rechten, auch überhaupt zur Gelehrsamkeit dienliche [...] Schriften enthalten und [...] erläutert werden* (5 Tle., 1718-28).

Sturm, Christoph Christian, evang. Theologe, Schriftsteller, * 25. 1. 1740 Augsburg, † 26. 8. 1786 Hamburg.
S. erwarb 1761 den Magistergrad an der Philosophischen Fakultät der Univ. Jena und lehrte nach Studien an der Univ. Halle 1763-65 am dortigen Pädagogium. 1767 wurde er Prediger in Halle, 1769 in Magdeburg, 1778 Hauptpastor an St. Petri in Hamburg, wo er aufklärerische Predigten hielt. S. veröffentlichte Andachtsbücher, Sammlungen geistlicher Lieder und Erbauungsschriften (*Betrachtungen über die Werke Gottes im Reiche der Natur und der Vorsehung auf alle Tage des Jahres*, 2 Tle., 1772), die meist in mehreren Auflagen und teilweise in verschiedenen Sprachen erschienen.

Sturz, Helfrich Peter, auch Stürz, Sturtz, Schriftsteller, Diplomat, * 16. 2. 1736 Darmstadt, † 12. 11. 1779 Bremen.
S. studierte seit 1753 Rechts- und Staatswissenschaft in Jena, Göttingen und Gießen, war Sekretär in Glückstadt, München und Wien und kam 1765 als vertrauter Mitarbeiter des Grafen Johann Hartwig von Bernstorff nach Kopenhagen, wo er Kontakt zur deutschen Dichtergruppe am dänischen Hof um → Klopstock und → Gerstenberg fand. 1768/69 bereiste er im Gefolge König Christians VII. von Dänemark England und Frankreich, war 1770-72 u. a. Generalpostdirektor, wurde nach der Entmachtung Johann Friedrich → Struensees 1772 verhaftet und schließlich nach Oldenburg versetzt. Seit der Ausbildung am Darmstädter Pädagogium malte und zeichnete S. (u. a. ein Porträt Klopstocks), seit dem Studium betätigte er sich schriftstellerisch. Er verfaßte Dramen, Kritiken und erzählende Prosa. Von literaturhistorischer Bedeutung sind seine Essays, die überwiegend in Periodika, seit 1776 vor allem in Heinrich Christian → Boies „Deutschem Museum" erschienen (u. a. *Briefe, im Jahre 1768 auf einer Reise im Gefolge des Königs von Dänemark geschrieben*).

Stuve, Johann Heinrich, Pädagoge, * 6. 5. 1752 Lippstadt (Westfalen), † 12. 8. 1793 Braunschweig.
S. studierte 1772-76 Theologie in Halle, war Hauslehrer in Neuruppin, seit 1777 Lehrer an der dortigen Schule, wurde 1784 deren Rektor und reorganisierte sie nach philanthropischen Grundsätzen. 1786 ging er nach Braunschweig, um dort eine Direktorenstelle anzutreten, die jedoch nicht zustandekam. 1789 wurde er dort Prof. am Collegium Carolinum und war als pädagogischer und politischer Schriftsteller tätig. S. gehörte zum Kern der philanthropischen Erziehungsbewegung in Braunschweig und war von den Ideen der Französischen Revolution so überzeugt, daß er auch die gewaltsame Staatsumwälzung befürwortete.

Suckow, Lorenz Johann Daniel, Mathematiker, Physiker, * 19. 2. 1722 Schwerin, † 16. 8. 1801 Jena.
S. studierte seit 1737 Rechtswissenschaften und Mathematik in Rostock und wurde 1746 in Jena promoviert (*De expansione aeris per ignem, indeque cognoscenda ignis quantitate, ad thermometron chimicum adplicata et meditationem de instrumento geometrico ad lineas in agris mensurandas*). Im selben Jahr habilitierte sich S. hier für Mathematik und Physik, hielt als Privatdozent Vorlesungen in Jena und unterrichtete seit 1755 am Gymnasium in Hamburg. 1756 kehrte er als o. Prof. der Physik und Mathematik nach Jena zurück und wurde später zum weimarischen Geheimen Kammerrat ernannt. S. veröffentlichte u. a. den *Versuch einer Naturlehre* (1761).

Sucro, Christoph Joseph, Philosoph, Dichter, * 4. 12. 1718 Königsberg (Neumark), † 8. 6. 1756 Coburg.
S., Sohn eines Theologen, studierte seit 1738 Theologie und Philosophie bei Siegmund Jakob und Alexander Gottlieb →Baumgarten in Halle, wurde 1743 promoviert und hielt Vorlesungen in Mathematik und Metaphysik. Seit 1745 lehrte er Griechisch, Weltweisheit und Beredsamkeit am Akademischen Gymnasium in Coburg. S. war Mitarbeiter des von Siegmund Jakob Baumgarten geleiteten Übersetzungsprojekts der englischen *Allgemeinen Welthistorie* (18 Bde., 1744-59), veröffentlichte u. a. *De praestantia religionis revelatae prae naturali* (1753) und *De arte heuristica commentatio I* (1751) und war als Fabeldichter tätig (*Versuche in Lehrgedichten und Fabeln* (1747).
WEITERE WERKE: Kleine deutsche Schriften. Hrsg. v. G. Chr. Harles. Coburg 1770.

Süßmilch, Johann Peter, evang. Theologe, Statistiker, * 3. 9. 1707 Berlin, † 22. 3. 1767 Berlin.
Der Sohn eines Kornhändlers und Bierbrauers studierte seit 1727 Theologie und alte Sprachen in Halle und Jena, betrieb auch naturwissenschaftliche Studien und war seit 1732 als Hofmeister in Berlin tätig (Promotion 1732, *Dissertatio de cohaesione et attractione corporum*). Als Feldprediger machte er 1740 den schlesischen Feldzug mit, übernahm 1741 eine Dorfpfarre, war seit 1742 Propst an der Petrikirche in Berlin und wurde Konsistorialrat und Mitglied der Preußischen Akademie der Wissenschaften. Mit seinem 1740 erschienenen Werk *Die göttliche Ordnung in den Veränderungen des menschlichen Geschlechts, aus der Geburt, dem Tode und der Fortpflanzung desselben erwiesen* (^{6}1798) leistete er Bahnbrechendes für die Entwicklung der Bevölkerungsstatistik und war wegweisend für die Entwicklung der Sozialwissenschaft allgemein. Er faßte darin das gesamte methodische und materielle bevölkerungsstatistische Wissen seiner Zeit zusammen und ergänzte es in vielen Einzelheiten.
WEITERE WERKE: Versuch eines Beweises, daß die erste Sprache ihren Ursprung nicht von Menschen, sondern von Gott erhalten habe. Berlin 1766.
LITERATUR: Christian Förster: Nachricht von dem Leben und den Verdiensten des J. P. S. 1768. – V. John: S. In: ADB 37, 1894, S. 188-195. – Karl Schulze: S.s Anschauungen über die Bevölkerung. Diss. Halle 1921.

Süvern, Johann Wilhelm, klassischer Philologe, Pädagoge, * 3. 1. 1775 Lemgo, † 2. 10. 1829 Berlin.
Der Pfarrerssohn studierte seit 1793 Theologie in Jena, seit 1795 Altertumswissenschaften in Halle und war seit 1796 Schulamtskandidat am Philologisch-Pädagogischen Seminar in Berlin. 1800 wurde S. Direktor des Gymnasiums in Thorn, 1804 des Gymnasiums in Elbing und 1807 Prof. der klassischen Philologie in Königsberg. Seit 1808 Staatsrat in der Sektion für Kultus und Unterricht unter Wilhelm von →Humboldt im preuß. Innenministerium in Berlin, wurde er 1817 Geheimer Oberregierungsrat und Mitdirektor der Abteilung für öffentlichen Unterricht. Seit 1815 war er ordentliches Mitglied der Preußischen Akademie der Wissenschaften. S. war um die Ausführung der Bildungsreform Humboldts, aber auch →Pestalozzis bemüht und setzte sich besonders für das Volksschulwesen und die Lehrerbildung ein. Sein umfassender Schulgesetzentwurf von 1818, der die Elementarschule, die allgemeine Stadtschule und das Gymnasium als aufeinander aufbauende Stufen vorsah, scheiterte an den restaurativen Gegenkräften. S. veröffentlichte u. a. *Über Schillers Wallenstein in Hinsicht auf die griechische Tragödie* (1800).

Sulzer, Johann Georg(e), Philosoph, Pädagoge, * 16. 10. 1720 Winterthur, † 27. 2. 1779 Berlin.
S., Sohn eines Ratsherrn, war 1736-41 Schüler Johann Jakob →Bodmers und Johann Jacob →Breitingers am Zürcher Carolinum, wurde nach der Ordination und kurzem Vikariat Hauslehrer in der Schweiz und 1743 in Magdeburg, wo er Anschluß an Berliner Gelehrtenkreise fand. 1747 erhielt S. eine Professur für Mathematik am Joachimsthalschen Gymnasium in Berlin, wurde 1750 Mitglied der Kgl. Akademie der Wissenschaften und begleitete im selben Jahr Friedrich Gottlieb →Klopstock auf seiner Reise nach Zürich. Als er 1763 seine Professur niederlegte, um als Privatgelehrter in die Schweiz zurückzukehren, machte ihn →Friedrich d. Gr. zum Leiter der neugegründeten Ritterakademie und ernannte ihn 1775 zum Direktor der philosophischen Klasse der Akademie der Wissenschaften. S. wirkte an der Reorganisation preuß. Gymnasien mit und schrieb u. a. *Versuch einiger vernünftiger Gedanken von der Auferziehung und Unterweisung der Kinder* (1754). 1771-74 erschien nach fast zwanzigjähriger Arbeit in vier Bänden sein Hauptwerk *Allgemeine Theorie der Schönen Künste in einzelnen, nach alphabetischer Ordnung der Kunstwörter auf einander folgenden, Artikeln abgehandelt* (^{2}1777/78; mit Zusätzen von Christian Friedrich →Blankenburg, 1786/87, 4 Tle.; dazu: *Nachträge, oder Charakteristik der vornehmsten Dichter aller Nationen*, 8 Bde., 1792-1808, hrsg. von Dyk und Schütz), das ganz der Bodmerschen Position verpflichtet ist: Die Künste haben eine moralische Funktion und sollen den Menschen sittlich vervollkommnen und zur Weisheit führen. Zu seinen Veröffentlichungen zählen ferner *Versuch einiger moralischer Gedanken über die Werke der Natur* (1745; neue Aufl. unter dem Titel *Unterredungen über die Schönheiten der Natur*, 1750), *Gedanken über den Ursprung der Wissenschaften und schönen Künste* (1762) und *Vermischte philosophische Schriften* (Bd. 1, 1773, ^{2}1800; Bd. 2, 1785, ^{2}1800). S.s *Lebensbeschreibung, von ihm selbst aufgesetzt* wurde 1809 von Johann Bernhard →Merian und Friedrich →Nicolai herausgegeben.
WEITERE WERKE: Kurzer Begriff aller Wissenschaften und anderer Theile der Gelehrsamkeit. Leipzig 1745, ^{7}1793. – Theorie der angenehmen und unangenehmen Empfindungen. Berlin 1762. – Vorübungen zur Erweckung der Aufmerksamkeit und des Nachdenkens. 3 Bde., Berlin 1768; 4. Aufl., 4 Bde., Ber-

lin 1816-25. – *Herausgeber:* David Hume's philosophischer Versuch über die menschliche Erkenntniss. Leipzig 1755.
LITERATUR: Anna Tumarkin: Der Ästhetiker J. G. S. Frauenfeld/Leipzig 1933. – Armand Nivelle: S. als Neuerer. In: Worte und Werte. Festschrift Bruno Markwardt. Hrsg. v. Gustav Erdmann und Alfons Eichstaedt. Berlin 1961, S. 281-288. – Wolfgang Proß: ‚Meine einzige Absicht ist, etwas mehr Licht über die Physik der Seele zu verbreiten'. J. G. S. (1720-1779). In: Hellmut Thomke u. a. (Hrsg): Helvetien und Deutschland. Kulturelle Beziehungen zwischen der Schweiz und Deutschland in der Zeit von 1770-1830. Amsterdam 1994, S. 133-148.

Svarez, Carl Gottlieb, Jurist, * 27. 2. 1746 Schweidnitz, † 14. 5. 1798 Berlin.
Der Sohn eines Ratsherrn und Advokaten durchlief nach dem Rechtsstudium in Frankfurt/Oder die preuß. Justizausbildung in Schlesien. Als enger Mitarbeiter des schlesischen Justizministers Johann Heinrich Kasimir von → Carmer sammelte er beim Neuaufbau der schlesischen Verwaltung, bei der Regulierung der Bauernprozesse, bei der Neugestaltung des Schulwesens nach der Aufhebung des Jesuitenordens und bei der Entwicklung des landschaftlichen Kreditsystems vielfältige Erfahrungen. Er folgte Carmer nach dessen Berufung zum preuß. Großkanzler 1779 nach Berlin und übernahm dort die Arbeiten zur Reform des preuß. Rechts, wie sie die Kabinetts-Ordre → Friedrichs II. vom 14. 8. 1780 vorgezeichnet hatte. In den nächsten Jahren entstanden in schneller Folge die bedeutenden Gesetze der preuß. Kodifikation, die an der Schwelle des bürgerlich-liberalen Zeitalters stand: Corpus Juris Fridericianum 1781, endgültig in Kraft getreten 1795 als Allgemeine Gerichtsordnung, 1782 das Ehe-Edikt, 1783 die Deposital-, 1785 die Hypotheken-Ordnung. Zwischen 1784 und 1788 erschien der Entwurf eines Allgemeinen Gesetzbuches für die Preußischen Staaten (AGB); die von den Landständen und der Fachöffentlichkeit aus ganz Europa eingehenden Stellungnahmen wertete S. in der *Revisio monitorum* 1790/91 für das Gesetzbuch aus. Das am 20. 3. 1791 publizierte Gesetzbuch sollte am 1. 6. 1792 in Kraft treten. Da bot die Eskalation der Französischen Revolution den Gegnern der Kodifikation, einer Allianz reaktionärer Landstände mit antiaufklärerischen Kreisen der Hauptstadt, einen willkommenen Vorwand zum Angriff auf das Gesetzeswerk, der schließlich zur Suspension durch König Friedrich Wilhelm II. im April 1792 führte. Doch rettete die Notwendigkeit, in den 1793 an Preußen gefallenen polnischen Teilungsgebieten alsbald eine neue Rechtsordnung einzuführen, das Werk. Nach Beseitigung einiger für politisch gefährlich gehaltener Sätze trat die Kodifikation am 1. 7. 1794 in Kraft – unter dem ständefreundlichen Titel *Allgemeines Landrecht für die Preußischen Staaten* (ALR).
1790/91 wurde S. die rechtswissenschaftliche Ausbildung des Kronprinzen, des späteren Königs Friedrich Wilhelm III., anvertraut. In den *Kronprinzenvorträgen* entwickelte S. die naturrechtlichen, historischen und politischen Grundlagen der Kodifikation. Die Konzeption einer auf den Rechten und Pflichten der Bürger untereinander und gegenüber dem Staat aufbauenden Gesamtrechtsordnung des preuß. Staats auf vernunftrechtlicher Grundlage wird darin erkennbar. Dabei werden die Ergebnisse der friderizianischen Regierungs- und Gesetzgebungstätigkeit sorgsam bewahrt und keine revolutionäre Umgestaltung des preuß. Staats angestrebt. Reformanliegen ist die Schaffung einer auch dem einfachen Manne verständlichen, widerspruchsfreien und logisch zusammenhängenden Rechtsordnung, die Stabilität gegenüber „Zeitgesetzen" und „Ministerialdespotismus" gewährleisten soll. So spiegelt das ALR die hergebrachten Verhältnisse, vor allem die feudale Ständeordnung, getreu wider – aber die ständischen Rechtsunterschiede sind nun Teil der positiv gesetzten Ordnung und stehen deshalb zur Disposition des Gesetzgebers.
S. überlebte den Abschluß der Kodifikationsarbeiten am ALR nur um wenige Jahre, die mit der Reorganisation der Justizverwaltung und des landschaftlichen Kreditwesens in den polnischen Teilungsgebieten sowie den Vorbereitungen für eine Strafprozeßreform und ein märkisches Provinzialgesetzbuch ausgefüllt waren. Die Berufung in die Preußische Akademie der Wissenschaften im April 1798, eine Wiedergutmachung dafür, daß die Ernennung 1792 von seinen Gegnern hintertrieben worden war, kam zu spät; die Einführung unterblieb, da S. am 14. 5. 1798 starb.
WEITERE WERKE: (anonym) Sammlung alter und neuer Schlesischer Provinzial-Gesetze. 2 Tle. in 3 Bänden. Breslau 1771-73. – Vorträge über Recht und Staat. Hrsg. v. Hermann Conrad/Gerd Kleinheyer. Köln/Opladen 1960.
LITERATUR: Adolf Stölzel: C. G. S. Berlin 1885. – Gerd Kleinheyer: Staat und Bürger im Recht. Die Vorträge des C. G. S. vor dem preußischen Kronprinzen (1791/92). Bonn 1959. – Ernst Reibstein: Allgemeines Staatsrecht und Völkerrecht bei C. G. S. In: Zeitschrift für ausländisches öffentliches Recht und Völkerrecht 22 (1962) S. 509-539. – Fritz Werner: Die Kronprinzen-Vorträge des Geheimen Obertribunalrats C. G. S. In: Verwaltungsarchiv 53 (1962) S. 1-10. – Erik Wolf: Große Rechtsdenker der deutschen Geistesgeschichte. Tübingen [4]1963, S. 424-466. – Hans Thieme: C. G. S. aus Schweidnitz (1746-1798). Der „größte preußische Gesetzgeber". In: Leistung und Schicksal. Hrsg. v. Eberhard Günter Schulz. Köln/Graz 1967, S. 157-163. – Peter Krause: C. G. S. (1746-1798). Bürgerliche Staatsbedienung im aufgeklärten Absolutismus. In: Die Verwaltung 19 (1986) S. 277-304. – Bibliographie in: Deutsche und europäische Juristen aus neun Jahrhunderten. Hrsg. v. Gerd Kleinheyer/Jan Schröder. Heidelberg 1996, S. 417 (Gerd Kleinheyer). *Gerd Kleinheyer*

Swieten, Gerard van, Mediziner, * 7. 5. 1700 Leiden (Niederlande), † 18. 6. 1772 Wien.
Nach philosophischen und naturwissenschaftlichen Studien in Löwen fühlte sich S. von dem bedeutendsten medizinischen Lehrer der damaligen Zeit, Herman Boerhaave in Leiden, angezogen. Durch die

Anstrengungen der Studienarbeit verfiel er in „Melancholie", aus der er sich durch Musik aufraffte. S. wurde 1725 promoviert; mit der Ausdehnung seiner Praxis verbreitete sich sein Ruf als Arzt. Gleichzeitig war er selbst medizinischer Lehrer. Wegen seiner kath. Religionszugehörigkeit in Schwierigkeiten geraten, widmete er sich umso mehr der wissenschaftlichen Arbeit. Von 1742 bis 1772 erschien dann – mehrfach übersetzt – sein Hauptwerk: *Commentaria in Hermanni Boerhaavii aphorismos de cognoscendis et curandis morbis.*

Kaiserin Maria Theresia wurde durch ihre Berater auf S. aufmerksam und betraute ihn mit der ärztlichen Obsorge des schwierigen Wochenbetts ihrer Schwester Maria Anna in Brüssel. Obgleich der Ausgang tragisch war, berief ihn 1745 die Kaiserin als Leibarzt nach Wien; gleichzeitig wurde er Präfekt der Hofbibliothek. Seine weitere Aufgabe wurde es, die darniederliegenden Wissenschaften in den habsburgischen Ländern, besonders die Medizin, zu fördern. S. wurde zum Direktor des gesamten Medizinalwesens ernannt, hielt im Vorsaal der kaiserlichen Bibliothek medizinische Vorlesungen, war jedoch nie Universitätsprofessor. Als Präfekt der Hofbibliothek ergänzte er energisch die Bestände (Übernahme der alten Wiener Universitätsbibliothek), organisierte die Erschließung neu, verbesserte die Benutzung und rettete durch geeignete Baumaßnahmen den baufällig gewordenen Prunksaal.

1749 konnte S. den Plan zur Reorganisation des medizinischen Unterrichtswesens vorlegen (Gesetz vom 7.2.1749); er selber wurde Präses der Medizinischen Fakultät. Es war sein Bestreben, die richtigen Männer nach Wien zu führen. 1754 wurde Anton de Haen aus Leiden berufen, der die erste interne Klinik in Wien errichtete. Ferdinand Leber leistete als Chirurg die medizinische Vorarbeit für die Abschaffung der Folter 1776. Ein botanischer Garten und ein chemisches Laboratorium wurden eingerichtet. In Leopold Auenbrugger, dem Erfinder der Perkussion des Brustkorbes, erwuchs ihm ein Schüler von Weltgeltung.

Zwischenzeitlich arbeitete S. wissenschaftlich weiter. Als Vorsitzender der Sanitäts-Hofdeputation in Wien konnte er die Sanitätsangelegenheiten im ganzen Reich steuern. So wurde 1768 die Inoculation in Wien eingeführt und zur Seuchenbekämpfung Adam Chenot aus Luxemburg geholt. 1759 wurde S. an die Spitze der Bücherrevisionskommission berufen und lockerte die Zensurbestimmungen; ebenso arbeitete er an der Schulreform mit. Er war einer der wichtigsten Vertreter der kath. Aufklärung jansenistischer Prägung in den habsburgischen Erbländern. 1758 wurde S. in den Freiherrenstand erhoben.

WEITERE WERKE: Kurze Beschreibung der Heilungsart und Krankheiten, welche am öftesten in den Feldlagern beobachtet werden. Wien 1758. – Erläuterungen der Boerhaave'schen Lehrsätze der Chirurgie. Danzig 1749-53.

LITERATUR: Alexander Gigl: G. S. Berufung als Leibarzt. In: Österreichisch-Ungarische Revue. N. F. Bd. 6. Wien 1888, S. 113-131. – Evert C. van Leersum: A Couple of Letters of G. S. on the „Liquor Swietenii" and on the Inoculation of Smallpox. In: Janus 15 (1910) S. 345-371. – Erna Lesky: Albrecht von Haller, G. S. und Boerhaaves Erbe. In: Gesnerus 15 (1958) S. 120-140. – Walter G. Wieser: Die Hofbibliothek in der Epoche der beiden van Swieten. In: Geschichte der Österreichischen Nationalbibliothek. Wien 1968. – Peter Hersche: G. S. Stellung zum Jansenismus. In: Internationale Kirchliche Zeitschrift 61 (1971) S. 33-56. – Erna Lesky: S., Begründer des österreichischen Gesundheitswesens. In: Mitteilungen der Österreichischen Sanitätsverwaltung 73 (1972) Heft 7-8. – Erna Lesky/Adam Wandruszka (Hrsg.): G. S. und seine Zeit (Internationales Symposium). Wien/Köln/Graz 1973. – Karl Sablik: Die S.-Schüler in Osteuropa. In: Wissenschaftspolitik in Mittel- und Osteuropa. Berlin 1976, S. 233-246.

Karl Sablik

Swieten, Gottfried Frh. van, Diplomat, Bibliothekar, Kunstmäzen, Komponist, * 29.10.1734 Leiden (Niederlande), † 29.3.1803 Wien.

Der Sohn Gerard van →S.s studierte Rechtswissenschaften und Philosophie an der Theresianischen Akademie in Wien, wurde nach der Promotion Verwaltungsbeamter und trat 1755 in den diplomatischen Dienst ein. Als kaiserlicher Diplomat war S. an den Gesandtschaften in Brüssel, Paris, Warschau und 1773-76 in Potsdam tätig. 1777-1803 wirkte er als Präfekt der Hofbibliothek in Wien, die er infolge der josephinischen Klosteraufhebungen und der Übernahmen anderer Bibliotheken, u.a. der alten Wiener Stadtbibliothek und Sammlungen aus Brüssel und Venedig, wesentlich erweitern konnte, und war 1781-91 auch Präses der Studien- und Bücherzensur-Hofkommission. S. übersetzte und bearbeitete für Joseph →Haydn die Texte zu den Oratorien *Die Schöpfung* und *Die Jahreszeiten*. Er war Freund und Mäzen →Mozarts und →Beethovens, die für die von ihm 1786 gegründete Gesellschaft der Associierten Cavaliers zahlreiche Kompositionen schufen. S. komponierte u.a. einige Opéras-comiques und zehn Symphonien. Einige seiner Symphonien galten lange Zeit als Werke Haydns.

T

Teller, Wilhelm Abraham, evang. Theologe,
* 9.1.1734 Leipzig, † 8.12.1804 Berlin.
T. studierte Theologie und Philosophie in Leipzig. Seit 1761 war er Generalsuperintendent und o. Prof. der Theologie in Helmstedt. Wegen seines *Lehrbuchs des Christlichen Glaubens* (1764) von der dortigen luth. Orthodoxie angefeindet, ging er 1767 als Oberkonsistorialrat und Propst zu Kölln nach Berlin, wo er bis zu seinem Tod wirkte. Mit seinem *Wörterbuch des Neuen Testaments* (1772, ⁶1805) trat T. als führender Neologe hervor. Er widersetzte sich konsequent der mit dem Wöllnerschen Religionsedikt von 1788 einsetzenden religionspolitischen Reaktion unter Friedrich Wilhelm II.

Tennemann, Wilhelm Gottlieb, Philosoph,
* 7.12.1761 Kleinbrembach bei Erfurt,
† 1.10.1819 Marburg/Lahn.
Der Pfarrerssohn studierte seit 1779 Philosophie in Erfurt und Jena, erwarb 1788 den Grad eines Magisters (*De quaestione metaphysica*) und erhielt um 1792 in Jena die Lehrerlaubnis für Philosophie. Seit 1798 a. o. Prof., folgte er 1804 einem Ruf als o. Prof. der Philosophie nach Marburg, wo er 1816 Universitätsbibliothekar wurde und Ehrenmitglied verschiedener gelehrter Gesellschaften war. T. beschäftigte sich besonders mit der Geschichte der Philosophie. Er veröffentlichte u. a. *Lehren und Meinungen der Sokratiker über Unsterblichkeit* (1791), *System der Platonischen Philosophie* (4 Bde., 1792-95), *Geschichte der Philosophie* (11 Bde., 1798-1819) und *Grundriß der Geschichte der Philosophie* (1812, ⁵1829).
WEITERE WERKE: Bemerkungen über die sogenannte große Ethik des Aristoteles. Erfurt 1803.
LITERATUR: Carl F. Christian Wagner: Memoria Tennemanni. Marburg 1819. – Otto Liebmann. T. In: ADB 37, 1894, S. 566-567.

Tentzel, Wilhelm Ernst, Historiograph, Publizist,
* 11.7.1659 Greußen (Thüringen), † 17.11.1707 Dresden.
T. studierte seit 1677 Theologie, Philologie und Geschichte in Wittenberg, wo er 1683 Adjunkt der Philosophischen Fakultät wurde. Seit 1685 war er Lehrer am Gymnasium und Inspektor des herzoglichen Münzkabinetts in Gotha, seit 1696 Hofhistoriograph der ernestinischen Linie der Wettiner und 1702/03 Rat und kgl. sächsischer Hofhistoriograph in Dresden. T. war seinen Zeitgenossen vor allem als Genealoge und Numismatiker bekannt, veröffentlichte Beiträge in Sammelwerken und Journalen und war u. a. Mitarbeiter der Leipziger „Acta Eruditorum". Er gab mehrere Zeitschriften heraus, u. a. die „Monatlichen Unterredungen [...] von allerhand Büchern und anderen annehmlichen Geschichten" (1689-98) und die „Curieuse Bibliothec" (1704-06).
LITERATUR: Eugene Ernst: W. E. T. In: Amsterdamer Beiträge zur älteren Germanistik 26 (1987) S. 153-170.

Tetens, Johann Nicolaus, Philosoph, Beamter,
* 16.9.1736 Tetenbüll (Schleswig), † 15.8.1807 Kopenhagen.
T., Sohn eines Brauers und Gastwirts, studierte in Kopenhagen und Rostock, erwarb 1759 den Grad eines Magisters und wurde 1760 promoviert. Wegen der preuß. Besetzung Rostocks im Siebenjährigen Krieg ging er mit anderen Dozenten an die neugegründete Univ. Bützow, wo er 1763 zum Prof. ernannt wurde und 1765 das Direktorat des dortigen Pädagogiums übernahm. 1776 folgte er einem Ruf als Prof. der Philosophie nach Kiel und erhielt später auch einen Lehrauftrag für Mathematik. 1789 übersiedelte T. nach Kopenhagen, trat in den dänischen Staatsdienst ein, wurde Assessor am Finanzkollegium und Direktor der Finanzkassendirektion, später Deputierter im Finanzkollegium und Mitdirektor der Kgl. Bank, der Depositenkasse, der Witwenkasse und der Versorgungsanstalt in Kopenhagen. Seit 1787 Mitglied der dänischen Gesellschaft der Wissenschaften, wurde er 1790 Etatsrat, 1792 Wirklicher Etatsrat und 1802 Konferenzrat. Unter dem Einfluß Christian → Wolffs, John Lockes und des englischen Empirismus vertrat T., der Hume als einer der ersten in Deutschland rezipierte, eine phänomenalistische Position. In seinem Hauptwerk *Philosophische Versuche über die menschliche Natur und ihre Entwickelung* (2 Bde., 1777, Nachdruck 1979), das Einfluß auf → Kant ausgeübt hat, bemühte sich T. um eine „psychologische Analyse der Seele" nach naturwissenschaftlichen Methoden mit dem Ziel der Bestimmung der seelischen Vermögen, die er erstmals in Denken, Wollen und Fühlen unterschied. Er veröffentlichte u. a. *Über den Ursprung der Sprachen und der Schrift* (1772, Nachdruck 1966, 1985) und *Über die allgemeine speculative Philosophie* (1775, Nachdruck 1913). 1971 erschienen seine *Sprachphilosophischen Versuche* (hrsg. von Heinrich Pfannkuch).
WEITERE WERKE: Gedanken von einigen Ursachen, warum in der Metaphysik nur wenige ausgemachte Wahrheiten sind. Bützow/Wismar 1760. – Abhandlung von den Beweisen des Daseins Gottes. Wismar 1761.
LITERATUR: Max Dessoir: Des N. T. Stellung in der Geschichte der Philosophie. In: Vierteljahresheft für wissenschaftliche Philosophie 16 (1892) S. 335-368. – Wilhelm Übele: Zum hundertjährigen Todestag von J. N. T. In: Zeitschrift für Philosophie und philosophische Kritik 132 (1908)

S. 137-151. – Ders.: J. N. T. nach seiner Gesamtentwicklung betrachtet, mit besonderer Berücksichtigung des Verhältnisses zu Kant. Berlin 1911. – Mechthild Boehm: Etymologie als Problem. Ein Beitrag zur Klärung des Verhältnisses von Philosophie und Etymologie unter Berücksichtigung von J. N. T. (1736-1807). Diss. Würzburg 1976. – Jeffrey Barnouw: The Philosophical Achievement and Historical Significance of J. N. T. In: Studies in the Eighteenth-Century Culture 9 (1979). – Hans-Ulrich Baumgarten: Kant und T. Untersuchungen zum Problem von Vorstellung und Gegenstand. Stuttgart 1992. – Christian Hauser: Selbstbewußtsein und personale Identität. Positionen und Aporien ihrer vorkantischen Geschichte. Locke, Leibniz, Hume und Tetens. Stuttgart-Bad Cannstatt 1994.

Thaer, Albrecht Daniel, Mediziner, Agrarwissenschaftler, Agrarreformer, * 14. 5. 1752 Celle, † 26. 10. 1828 Möglin/Oderbruch.
Nach dem Medizinstudium in Göttingen arbeitete T. zunächst in der Praxis seines Vaters, des kurfürstlich hannoverschen Hofarztes Johann Friedrich T., und übernahm nach dessen Tod das Amt des Stadtphysikus und Hofarztes. Durch die Eheschließung mit Philippine von Willich in die obere Celler Gesellschaft gelangt, kaufte er ein Landhaus vor den Toren der Stadt und beschäftigte sich intensiv mit dem Gartenbau. 1784 Mitglied der Landwirtschaftsgellschaft zu Celle geworden, wuchs sein Interesse an landwirtschaftlichen Experimenten. Zu diesem Zweck kaufte er Grundstücke in der Nähe seines Landsitzes, ließ Wohnhaus und Wirtschaftsgebäude errichten. Nachdem er eine Reihe von Mißerfolgen hinnehmen mußte, gelang es ihm, die Produktivität seines Betriebs zu erhöhen. In dieser Zeit erschienen erste Schriften zu Fragen des Landbaus (Kleebau, Stallfütterung). Zwischen 1798 und 1804 veröffentlichte er sein mehrbändiges Werk *Einleitung zur Kenntniß der englischen Landwirtschaft.* Obgleich niemals persönlich in England gewesen, wurde er zum bedeutendsten Wegbereiter der rationellen Landwirtschaft in Deutschland. Beeinflußt durch die Werke von Arthur Young und Adam Smith und der deutschen Freihandelstheoretiker, stellte er den Grundsatz auf, daß die Landwirtschaft ein Gewerbe sei, dessen Streben auf die Profitmaximierung ausgerichtet sein müsse. Seit 1799 gab er die „Annalen der niedersächsischen Landwirtschaft" heraus. 1802 hielt er erste landwirtschaftliche Vorlesungen auf seinem Celler Landgut. Um sich intensiver seinen naturwissenschaftlichen und nationalökonomischen Studien widmen zu können, schränkte er seine ärztliche Tätigkeit trotz der Ernennung zum Leibarzt des Kurfürsten von Hannover 1796 weitgehend ein.
Die Besetzung Hannovers durch die Franzosen (1803) machte Pläne zur Gründung einer staatlich unterstützten landwirtschaftlichen Lehranstalt bei Göttingen obsolet. T. folgte daher 1804 der Einladung des späteren preuß. Staatskanzlers Karl August von → Hardenberg nach Preußen, wo er zum Mitglied der Preußischen Akademie der Wissenschaften und zum Kriegsrat ernannt wurde und das Staatsgut Wollup im Oderbruch zum Aufbau einer Musterwirtschaft in Erbpacht erhielt. Um nachzuweisen, welche Ertragssteigerungen die rationelle Landwirtschaft selbst bei ungünstigen Bodenverhältnissen zu erzielen vermöge, tauschte er noch im selben Jahr seinen Betrieb in Wollup gegen das Gut Möglin bei Bad Freienwalde an der Oder. Erst seit 1815 begann sich ein Durchbruch abzuzeichnen, insbesondere als T. zur Zucht von Merinoschafen überging. Bereits seit 1805 hatte T. mit der Herausgabe der „Annalen des Ackerbaues", seit 1808 mit der Gründung einer landwirtschaftlichen Lehranstalt begonnen. Von 1809 bis 1812 erschien sein Hauptwerk *Grundsätze der rationellen Landwirtschaft.* 1809 wurde T. zum ordentlichen Staatsrat im Innenministerium ernannt, 1810 erhielt er eine Professur für Kameralwissenschaften an der Berliner Universität. In dieser Funktion nahm er bedeutenden Einfluß auf die Agrarreformgesetzgebung. T. starb 1828 hochgeehrt im Alter von 76 Jahren in Möglin.
WEITERE WERKE: Geschichte meiner Wirthschaft zu Möglin. Berlin 1815. – Leitfaden zur allgemeinen landwirtschaftlichen Gewerbelehre. Berlin/Wien 1815. – Entwurf zur Verordnung und Instruction wegen Einschränkung und Aufhebung bestehender Gemeinheiten. Berlin 1818.
LITERATUR: Wilhelm Körte: A. T. Sein Leben und Wirken als Arzt und Landwirth. Leipzig 1839. – Walter Simons: A. T. Nach amtlichen und privaten Dokumenten aus einer großen Zeit. Berlin 1929. – Volker Klemm/Günther Meyer: A. D. T. Pionier der Landwirtschaftswissenschaften in Deutschland. Halle/Saale 1968.
Rita Gudermann

Theremin, Charles Guillaume, eigentl. Karl Wilhelm T., Publizist, * 23. 5. 1762 Großziethen (Brandenburg), † 16. 4. 1841 Worms.
Der aus einer nach Deutschland eingewanderten hugenottischen Pastorenfamilie stammende T. trat 1783 in den preuß. diplomatischen Dienst ein und wurde 1791 Legationsrat in London. 1795 verließ er aufgrund von Differenzen London und ging nach Paris, wo er eine Anstellung in der Abteilung des revolutionären Wohlfahrtsausschusses für auswärtige Angelegenheiten erhielt. Mit seiner Schrift *Des intérêts des puissances continentales relativement à l'Angleterre* (1795), in der er sich für ein französisch-preußisches Bündnis einsetzte, begann eine fruchtbare schriftstellerische Tätigkeit. Nach einigen Geheimmissionen (1795 und 1798/99) wurde er Unterpräfekt in Monaco (1800), Birkenfeld (1801) und im Bezirk Elberfeld im Großherzogtum Berg, 1811 französischer Konsul in Leipzig. Nach dem ersten Sturz Napoleons 1814 wurde T., nun im königlichen Dienst, zum Unterpräfekten in Savenay ernannt. Während der Hundert-Tage-Herrschaft Napoleons amtsenthoben, wurde er 1817/18 von der königlichen Regierung wieder eingesetzt.

Thibaut, Anton Friedrich Justus, Jurist, Musiktheoretiker, * 4. 1. 1772 Hameln, † 28. 3. 1840 Heidelberg.
Der aus einer Hugenottenfamilie stammende T. studierte Rechtswissenschaften in Göttingen, Königs-

berg und Kiel, wurde 1795 promoviert und habilitierte sich 1796 in Kiel. 1801 wurde er dort o. Prof., 1802 in Jena und 1806 in Heidelberg. T. befaßte sich mit juristischen Grundfragen (*Juristische Encyklopädie und Methodologie*, 1797; *Versuche über einzelne Teile der Theorie des Rechts*, 2 Tle., 1798-1801, ²1817, Neudruck 1970; *Theorie der logischen Auslegung des römischen Rechts*, 1799, ²1807) und dem Pandektenrecht als aktuellem Zivilrecht (*System des Pandektenrechts*, 2 Bde., 1803, ⁹1846). Er war Mitherausgeber von Bd. 6-23 des „Archivs für die zivilistische Praxis". Seine im Kodifikationsstreit publizierte Schrift *Über die Nothwendigkeit eines allgemeinen bürgerlichen Rechts für Deutschland* (1814, ³1840) gab einer gemäßigt liberalen, bürgerlich patriotischen Einstellung Ausdruck; T. forderte ein einheitliches deutsches Zivilgesetzbuch. Die Gegenschrift von Friedrich Carl von Savigny *Vom Beruf unserer Zeit für Gesetzgebung und Wissenschaft* wurde zum Programm der historischen Rechtsschule. T. befaßte sich auch mit musikalischen Forschungen (u. a. *Über Reinheit der Tonkunst*, 1824, ⁷1893, Nachdruck 1907, 1967) und legte eine umfangreiche Sammlung älterer geistlicher Musik an. Mit seinem Singverein (seit 1811), in dem auch Carl Maria von Weber und Robert Schumann mitwirkten, führte er Werke des 16. bis 18. Jh. auf. Diese Konzerte wirkten wesentlich auf die Restauration der evang. und kath. Kirchenmusik in Deutschland und Frankreich.

WEITERE WERKE: Über die sogenannte historische und nicht-historische Rechtsschule. Heidelberg 1838. Nachdruck Lauterbach 1993.

LITERATUR: Hans Kiefner: Geschichte und Philosophie bei A. F. J. T. Diss. München 1959. – Lutz Geldsetzer: Die dogmatische Hermeneutik der Jurisprudenz bei T. und ihre geschichtlichen Voraussetzungen. Düsseldorf 1966 (= zugleich Einleitung zum Nachdruck von A. F. J. T., Theorie der logischen Auslegung des römischen Rechts, Altona ²1806, in: Instrumenta Philosophica, Series hermeneutica II, Düsseldorf 1966). – Rainer Polley: A. F. J. T. (AD 1772-1840) in seinen Selbstzeugnissen und Briefen. 3 Tle., Frankfurt/Main u. a. 1982. – Albert Kitzler: Die Auslegungslehre des A. F. J. T. Berlin 1986.

Thomasius, Christian, Jurist, Philosoph, * 1. 1. 1655 Leipzig, † 23. 9. 1728 Halle/Saale.

T. gilt als „Vater" der deutschen Aufklärung. Geboren als Sohn des Leipziger Professors für Philosophie, Jakob T., studierte er aus Begeisterung für das moderne Naturrecht in Leipzig und Frankfurt/Oder Jurisprudenz. Erst Mitte der achtziger Jahre wagte er, sich zur Naturrechtslehre des Samuel von Pufendorf zu bekennen, der vor allem von orthodoxen Theologen heftig bekämpft wurde. 1688 veröffentlichte T. seine *Institutiones jurisprudentiae divinae*, die sich eng an dessen Schriften anlehnen; in ihnen wird das Naturrecht auf das Prinzip der Geselligkeit (socialitas) gegründet. Außerdem veröffentlichte er 1688 eine Logik unter dem Titel *Introductio ad philosophiam aulicam*, die versucht, sich von der Last der Scholastik zu befreien und die Philosophie für Hofleute darzustellen. Noch im selben Jahr ging T. einen Schritt weiter und kündigte in deutscher Sprache eine Vorlesung (*Von der Nachahmung der Franzosen*) über Anstand und Lebensklugheit an, in der er zum Gebrauch der deutschen Sprache in der Wissenschaft aufrief. Mit allen diesen Aktivitäten hatte er sich den Zorn des Leipziger Establishment zugezogen. Als er auch noch 1688/89 eine deutschsprachige Monatszeitschrift („Monatsgespräche") veröffentlichte, in der er nicht mit Kritik am damaligen Zustand der Wissenschaft („Pedanterey") sparte, mußte er Leipzig 1690 verlassen und ging ins preußische Halle, wo er die Universität (1694) mitbegründete. Hier vollendete er seine bereits in Leipzig begonnene deutsche Logik (*Einleitung zur Vernunftlehre*, 1691; *Ausübung der Vernunftlehre*, 1691), in der er u. a. eine für die deutsche Aufklärung maßgebliche Vorurteilstheorie entwickelte. Ihr folgte seine deutsche Ethik (*Einleitung zur Sittenlehre*, 1692; *Ausübung der Sittenlehre*, 1696), in der er die Tugend als vernünftige Liebe definierte und das Laster der unvernünftigen Liebe in die drei Hauptaffekte Wollust, Ehrgeiz und Geldgier gliederte.

Während T. zunächst, neben einer allgemeinen Erneuerung der deutschen Kultur, einen moralischen Fortschritt der Menschen erhofft hatte, geriet er bereits vor der Mitte der neunziger Jahre – aus Verzweiflung über die menschliche Willensschwäche und die Willensabhängigkeit der Erkenntnis sowie unter dem Einfluß der Pietisten – in eine mehrjährige religiös-moralische Krise, die er jedoch noch vor der Jahrhundertwende überwinden konnte, weil er seine „Vernunft" nicht aufgeben wollte.

1705 veröffentlichte er einen zweiten, stark veränderten Entwurf seiner Naturrechtslehre, die *Fundamenta juris naturae et gentium*. In ihr versucht er, unter der Bedingung der „Unfreiheit" des Willens, aus dem gesunden Menschenverstand allgemeingültige und überzeitliche Verhaltensnormen zu entwickeln. Nachdem er schon in seiner *Einleitung zur Sittenlehre* nachdrücklich zwischen freiwilliger Liebe und erzwingbarer Gerechtigkeit unterschieden hatte, konstatierte er nun eine dreifache Norm: Die Gerechtigkeit (justum) dient dem äußeren Frieden, indem sie richtiges Handeln erzwingt bzw. falsches bestraft; die Ehrbarkeit (honestum) dient dem inneren Frieden und drängt zum richtigen, allerdings unerzwingbaren Wollen; die Wohlanständigkeit (decorum), teils erzwingbar, teils unerzwingbar, regelt das äußere Wohlverhalten und befördert den äußeren wie den inneren Frieden. Daraus entwickelte sich, unter dem Eindruck des Kriteriums der Erzwingbarkeit, in der großen rechtsphilosophischen Thomasius-Schule die Tendenz, vor allem zwischen erzwingbarem Recht und unerzwingbarer Moral zu unterscheiden; die Theorie des decorum hingegen verkümmerte und wanderte in die Trivialliteratur zur Anstands- und Klugheitslehre ab. T. selbst beschäftigte sich in der letzten Phase seiner Tätigkeit vor allem mit praktischen Reformfragen. Aus dieser Zeit stammt seine Kritik der Folter und sein erfolgreicher Kampf gegen die Hexenprozesse. Vor allem dadurch ist er bis heute bekannt geblieben.

WERKE: C. T. Ausgewählte Werke. Hrsg. v. Werner Schneiders. Hildesheim 1993 ff.
LITERATUR: Max Wundt: Die deutsche Schulphilosophie im Zeitalter der Aufklärung. Tübingen 1945. – Rolf Lieberwirth: C. T. Sein wissenschaftliches Lebenswerk. Eine Bibliographie. Weimar 1955. – Werner Schneiders: Naturrecht und Liebesethik. Zur Geschichte der praktischen Philosophie im Hinblick auf C. T. Hildesheim/New York 1971. – Notker Hammerstein: Jus und Historie. Ein Beitrag zur Geschichte des historischen Denkens an deutschen Universitäten im späten 17. und im 18. Jahrhundert. Göttingen 1972. – Werner Schneiders (Hrsg.): C. T. (1655-1728). Interpretationen zu Werk und Wirkung, mit einer Bibliographie der neueren T.-Literatur. Hamburg 1989. – Friedrich Vollhardt (Hrsg.): C. T. (1655-1728). Tübingen 1997. *Werner Schneiders*

Thorild, Thomas, eigentl. T. Thorén, Schriftsteller, * 18. 4. 1759 Bohuslän (Schweden), † 1. 10. 1808 Greifswald.
T. studierte Rechtswissenschaften in Lund und Uppsala, war als Hauslehrer tätig und zählte bald zu den bedeutendsten Verfechtern der Aufklärung in Schweden. 1784 gründete er die Zeitschrift „Der neue Kritiker", lebte 1788-90 in England und wurde nach seiner Rückkehr wegen der freisinnigen politischen Schrift *Arligheten* (Die Ehrlichkeit) des Landes verwiesen. Mit einem Reisestipendium kam T. nach Deutschland und ließ sich dauerhaft in Greifswald nieder. Seit 1794 war er Bibliothekar an der dortigen Universitätsbibliothek, wurde 1797 zum Dr. phil. promoviert und hielt als a. o. Prof. Vorlesungen über schwedische Geschichte, Literatur und Sprache. Er verfaßte aufklärerische Schriften, u. a. *Über die Druckfreiheit*. Durch seine Streitschriften, die er zum Teil unter dem Titel *Kritik über Kritiken nebst Entwurf zu einer Gesetzgebung im Reiche der Genies* (1791) veröffentlichte, übte er Einfluß auf die Entwicklung der schwedischen Dichtkunst aus. Mit *Maximum, seu archimetria* (1799) wollte er eine Fundamentalphilosophie bieten. T., der unter dem Einfluß von → Leibniz und Spinoza stand, vertrat einen ästhetisch gehaltenen hylozoistischen Pantheismus.
WEITERE WERKE: Panorama der Philosophie oder Kritik der reinen Unvernunft. Greifswald o. J. – Vita naturae seu panaesthetices idea. Greifswald 1801. – Allblick. Upsala 1821.
LITERATUR: Ernst Cassirer: T.s Stellung in der Geistesgeschichte des achtzehnten Jahrhunderts. Stockholm 1941. – Åke Ohlmarks/Lars Åkerberg: T. als Vorläufer der neuzeitlichen Religionswissenschaft. Greifswald/Berlin 1944. – Olle Herlin: Religionsproblemet hos T. Stockholm 1947. – Ernst Zunker: T. T. als Bibliothekar in Greifswald. Leipzig 1953. – Alf Nyman: Exilens filosofi. En studie i T. T:s ‚Arkimetri'. Lund 1956. – Wilhelm Braun: Aus T. T:s Greifswalder Zeit (1795-1808). Greifswald 1963.

Thümmel, Hans Wilhelm von, Beamter, Schriftsteller, * 17. 2. 1744 Schönefeld (heute zu Leipzig), † 1. 3. 1824 Altenburg.
Der Bruder Moritz August von → T.s kam 1760 als Page an den Gothaer Hof, wurde 1765 Kammerjunker und war seit 1772 Assessor beim dortigen Kammerkollegium. 1783 wurde er Vizepräsident des Direktoriums der Altenburger Kammer, 1804 Minister und wirklicher Geheimer Rat des Herzogs August. Auf T. geht die Gründung der Gothaer Landesbank zurück, die er als Kammerleihbank einrichtete. Er veröffentlichte u. a. *Aphorismen aus den Erfahrungen eines Sieben- und Siebzigjährigen* (1818).

Thümmel, Moritz August von, Schriftsteller, * 27. 5. 1738 Schönefeld (heute zu Leipzig), † 26. 10. 1817 Coburg.
Der Sohn eines kursächsischen Landkammerrats und Bruder Hans Wilhelm von → T.s studierte seit 1756 Rechtswissenschaften in Leipzig. 1761 wurde er Kammerjunker des Erbprinzen Ernst Friedrich von Sachsen-Coburg-Saalfeld, 1763 Hofrat und 1764 Geheimer Hofrat. 1768-83 war T. Geheimer Rat und Mitglied der Geheimen Ratskonferenz in Coburg, unternahm 1771-78 verschiedene Reisen nach Österreich, in die Niederlande sowie nach Frankreich und Italien und lebte seit 1783 als Privatmann auf seinem Gut Sonneburg und in Gotha, verkehrte aber weiterhin an den thüringischen Höfen. Er pflegte die ironische und erotische Kavaliersdichtung des Rokoko. Der junge T. schrieb Versepisteln, Gelegenheitsgedichte und Epigramme. Seinen schriftstellerischen Ruhm begründete das komisch-heroische Epos *Wilhelmine oder der vermählte Pedant* (1764). Nach dem Verzicht auf das Hofamt verfaßte er u. a. den zehnteiligen Reiseroman *Reise in die mittäglichen Provinzen von Frankreich im Jahre 1785-1786* (1791-1805).
LITERATUR: Horst Heldmann: M. A. v. T. Sein Leben. Sein Werk. Seine Zeit. Teil 1: 1738-1783. Neustadt/Aisch 1964.

Thümmig, Ludwig Philipp, Philosoph, Naturwissenschaftler, * 12. 5. 1697 Helmbrechts bei Kulmbach, † 15. 4. 1728 Kassel.
T., Sohn eines Pfarrers, studierte seit 1717 als einer der frühesten Schüler Christian → Wolffs Philosophie in Halle, erwarb 1721 die Magisterwürde und hielt philosophische Vorlesungen. 1723 wurde er dort Ordinarius für Philosophie, mußte jedoch noch im selben Jahr mit Wolff Halle verlassen. 1724 erhielt er eine Professur für Philosophie am Collegium Carolinum in Kassel, wo er seit 1727 auch Astronomie und Mathematik lehrte. Seit 1725 war T. Pagen-Hofmeister und Aufseher des Kunst- und Medaillenkabinetts in Kassel. Sein Hauptwerk, die *Institutiones philosophiae Wolfianae, in usus academicos adornatae* (2 Bde., 1725/26, ²1740/41; Nachdruck 1982), war das erste Kompendium der (deutschsprachigen) Philosophie Wolffs.
WEITERE WERKE: Versuch einer gründlichen Erläuterung der merckwürdigsten Begebenheiten in der Natur, wodurch man zur innersten Erkenntnis derselben geführet wird. Halle 1723. Marburg ²1735. – Meletemata varii et rarioris argumenti. Braunschweig 1727.
LITERATUR: Otto Liebmann: T. In: ADB 38, 1894, S. 177-178. – Ulrich Gottfried Leinsle: Reformversuche protestantischer Metaphysik im Zeitalter des Rationalismus. Augsburg 1988, S. 283-288.

Tieck, (Johann) Ludwig, Pseud. Peter Lebrecht, Gottlieb Färber, Schriftsteller, Übersetzer, Philologe, Herausgeber, * 31.5.1773 Berlin, † 28.4.1853 Berlin.

Der Sohn eines Seilermeisters und ältere Bruder des Bildhauers Christian Friedrich T. schloß auf dem Friedrich-Werderschen Gymnasium Freundschaft mit Wilhelm Heinrich Wackenroder. Hier bereits zeigte sich seine Begeisterung für Shakespeare und das Theater, entstanden 1790/91 erste Entwürfe für seine Erzählung *Abdallah* (1795) und das Schauspiel *Alla-Moddin* (1798), begann er, an Trivialromanen seines Deutschlehrers Friedrich Eberhard →Rambach mitzuarbeiten. 1792 nahm er in Halle das Studium auf, schrieb sich für Theologie ein, besuchte vor allem aber die Vorlesungen des Altphilologen Friedrich August →Wolf. Nach dem ersten Semester wechselte er nach Göttingen, 1793 nach Erlangen. Ausgedehnte Wanderungen mit Wackenroder schlugen sich in dessen *Herzensergießungen eines kunstliebenden Klosterbruders* nieder, die T. 1796 herausgab. Von Göttingen aus kam T. mit dem Berliner Verleger Friedrich →Nicolai in Kontakt, der ihm die Fortführung der *Straußenfedern* übertrug, einer Sammlung satirisch-moralischer Erzählungen und Anekdoten, teils von Originaltexten, teils von Bearbeitungen aus dem Französischen. 1795 erschien der erste Teil seines Initiationsromans *Geschichte des Herrn William Lovell*, 1798 sein Romanfragment *Franz Sternbalds Wanderungen*, dessen poetisches Konzept eine romantische Abwendung von der Aufklärungspoetologie bedeutet. Neben Bearbeitungen tradierter Stoffe (u.a. *Der Gestiefelte Kater*, 1797; *Ritter Blaubart*, 1796; *Wundersame Liebesgeschichte der schönen Magelone und des Grafen Peter aus der Provence*, 1796), die T. 1797 in der Sammlung *Volksmährchen* herausgab, entstanden in lockerer Folge die romantischen Kunstmärchen und Erzählungen, die T.s Ruhm begründen: *Der blonde Eckbert* (1796), *Der getreue Eckart und der Tannenhäuser* (1799), *Der Runenberg* (1802) und das historische Schauspiel *Verkehrte Welt* (1798).

Nach seiner Rückkehr nach Berlin 1794 knüpfte T. ein enges Netz zu den Hauptvertretern der Romantik. Auch →Goethe und →Schiller gehörten zu seinem Bekanntenkreis. In seiner Dresdner und Berliner Zeit führte T. einen Salon, wo er alte und neue Literatur vortrug. Er förderte junge Talente (u.a. Karl Leberecht Immermann), war jedoch ein scharfer Gegner der Jungdeutschen. Reisen führten ihn u.a. nach Frankreich, Italien und England. Während er sich in seiner ersten Schaffenszeit aller drei Großformen Lyrik, Epik, Dramatik gleichermaßen bedient hat, in seiner mittleren Schaffensphase eher auf die Bilanzierung des bis dahin Geleisteten konzentriert (*Phantasus*, 1810-18) und sich – gestützt auf seiner Tochter Dorothea T. – als Übersetzer (Schlegel-Tiecksche Shakespeare-Übersetzungen), Herausgeber (u.a. der Werke von Novalis und Heinrich von →Kleist) sowie als Kritiker profiliert, ist sein Spätwerk, das zwischen 1819 und 1841 in Dresden entstand, von erzählenden Schriften, Novellen und Romanen dominiert. 1841 berief ihn der preuß. König Friedrich Wilhelm IV. nach Potsdam und Berlin, wo er bis zu seinem Tod als Hofrat und Schauspielberater lebte.

WERKE: Schriften. 28 Bde., Berlin 1828-54. Nachdruck Berlin 1966. – Kritische Schriften. 4 Bde., Leipzig 1848-52. Nachdruck Berlin 1966. – Nachgelassene Schriften. Hrsg. v. Rudolf Köpke. 2 Bde., Leipzig 1855. Nachdruck Berlin 1974. – Werke in vier Bänden. Hrsg. v. Marianne Thalmann. München 1963-66. – Schriften in zwölf Bänden. Hrsg. v. Manfred Frank u.a. Frankfurt/Main 1985ff. (von dieser Ausgabe sind nur 5 Bde. erschienen; sie wurde inzwischen sistiert).

LITERATUR: Rudolf Köpke: L. T. 2 Bde., Leipzig 1855. – Wulf Segebrecht (Hrsg.): L. T. Darmstadt 1976. – Roger Paulin: L. T. Stuttgart 1987. – Lutz Hagestedt: Ähnlichkeit und Differenz. Aspekte der Realitätskonzeption in L. T.s späten Romanen und Novellen. München 1997. – Walter Schmitz (Hrsg.): L. T. Literaturprogramm und Lebensinszenierung im Kontext seiner Zeit. Tübingen 1997. *Lutz Hagestedt*

Tiedemann, Dietrich, Philosoph, * 3.4.1748 Bremervörde, † 24.5.1803 Marburg.

T., Sohn eines rechtskundigen Bürgermeisters, studierte seit 1767 an der Univ. Göttingen Theologie, Mathematik und Philosophie, war 1769-74 als Hofmeister in Livland tätig und schloß ein Studium der klassischen Philologie in Göttingen an. Seit 1776 Prof. der klassischen Sprachen am Collegium Carolinum in Kassel, wechselte er 1786 mit der Mehrzahl der Professoren nach Marburg und erhielt dort das Ordinariat für Philosophie. T. beschäftigte sich mit Philosophiegeschichtsschreibung, Anthropologie und Psychologie, insbesondere mit Kinderpsychologie. Er veröffentlichte *Versuch einer Erklärung des Ursprungs der Sprache* (1772, Nachdruck 1985), *System der stoischen Philosophie* (3 Bde., 1776), *Untersuchungen über den Menschen* (3 Tle., 1777/78), *Geist der speculativen Philosophie. Von Thales bis Berkeley* (6 Bde., 1791-97), *Beobachtungen über die Entwickelung der Seelenfähigkeiten bei Kindern* (1797) und *Handbuch der Psychologie* (1804).

WEITERE WERKE: Griechenlands erste Philosophen oder Leben und Systeme des Orpheus, Pherecydes, Thales und Pythagoras. Leipzig 1780. – Theaetet, oder über das menschliche Wissen. Ein Beitrag zur Vernunftkritik. Frankfurt/Main 1794. – Idealistische Briefe. Marburg 1798.

LITERATUR: Arnold Jacobskötter: Die Psychologie D. T.s. Diss. Erlangen 1898. – Otto Liebmann: T. In: ADB 38, 1894, S. 276-277. – Julius Baumann: Anti-Kant. Mit Benutzung von T.s Theätet. Gotha 1905.

Tieftrunk, Johann Heinrich, evang. Religionsphilosoph, * 1759 Stove bei Rostock, † 7.10.1837 Halle/Saale.

T. studierte in Halle Theologie und Philologie, war als Hauslehrer tätig und wurde 1781 Rektor der Stadtschule und Nachmittagsprediger in Joachimsthal (Uckermark). 1792 als Ordinarius für Philosophie an die Univ. Halle berufen, lehrte er dort bis

1799 auch Theologie. Als 1805 die Hallenser Univ. geschlossen wurde, setzte T. seine Tätigkeit zeitweise in Wittenberg fort. Mit seinem Sohn hatte er 1820-25 die Redaktion des „Halleschen Courier" inne. Als Anhänger Immanuel → Kants und Vertreter einer reinen Vernunftreligion versuchte T., die Grundgedanken der Religion unabhängig von der Bibel auf die praktische Vernunft zu gründen. Er veröffentlichte u. a. *Censur des christlichen protestantischen Lehrbegriffs* (3 Bde., 1791-95), *Religion der Mündigen* (2 Bde., 1799/1800), *Philosophische Untersuchungen über die Tugendlehre* (1805), *Das Weltall nach menschlicher Ansicht. Einleitung und Grundlage zu einer Philosophie der Natur* (1821) und *Die Denklehre in rein deutschem Gewande* (2 Bde., 1825-27).
WEITERE WERKE: Versuch einer Kritik der Religion und aller religiösen Dogmatik mit besonderer Rücksicht auf das Christenthum. Berlin 1790. – Philosophische Untersuchungen über das Privat- und öffentliche Recht, zur Erläuterung und Beurtheilung der metaphysischen Anfangsgründe der Rechtslehre von Prof. I. Kant. 2 Bde., Halle 1797-99. – Grundriß der Logik. Halle 1801. – Grundriß der Sittenlehre. 2 Bde., Halle 1803.
LITERATUR: Gustav Kertz: Die Religionsphilosophie J. H. T.s Ein Beitrag zur Geschichte der Kantischen Schule. Halle 1906. – Zwi Batscha: J. H. T.s Konzept der Revolution. In: Ders.: Studien zur politischen Theorie des deutschen Frühliberalismus. Frankfurt/Main 1981, S. 163-232.

Titius, Johann Daniel, auch Tietz, Mathematiker, Physiker, Übersetzer, * 2. 1. 1729 Konitz (Westpreußen), † 16. 12. 1796 Wittenberg.
T. studierte Naturwissenschaften in Leipzig und wurde 1752 mit der Arbeit *Luminis lunaris theoria nova, argumentis Euleri superstructa* promoviert. Seit 1755 Privatdozent an der Univ. Leipzig, wurde er 1756 Prof. der reinen Mathematik, 1762 der Physik in Wittenberg. Er hielt dort auch Vorlesungen über Biologie und Philosophie. T. publizierte theoretische und experimentelle Arbeiten aus der Physik sowie biologische und historische Schriften. Bedeutend ist vor allem das von ihm formulierte Gesetz über die Planetenabstände (Titius-Bodesche-Reihe; in der Übersetzung von Charles Bonnets *Betrachtungen über die Natur*, 1766). T. gab sechs Zeitschriften zur Popularisierung der Naturwissenschaften heraus, darunter „Allgemeines Magazin der Natur, Kunst und Wissenschaften" (1753/54) und „Neue Erweiterungen der Erkenntnis und des Vergnügens" (1753-62). Er schrieb u. a. *Lehrbegriff der Naturgeschichte zum ersten Unterrichte* (1777). Von T. stammt die erste Übersetzung der *Essais* von Michel de Montaigne (1753/54, Neuausg. 1992).

Tittel, Gottlob August, Philosoph, * 16. 9. 1739 Pirna, † 16. 9. 1816 Karlsruhe.
T. lehrte 1760-64 an der Univ. Jena und unterrichtete anschließend als Prof. am Gymnasium in Karlsruhe, dessen Rektor er später war. 1768 wurde er Assessor im Kirchenratskollegium und Prinzenerzieher in Baden, 1798 badischer wirklicher geheimer Kirchenrat und 1807 Referendar in evang. geistlichen Sachen beim Polizeidepartement des Geheimen Ratskollegiums. Als Kritiker des kantischen Systems veröffentlichte er u. a. *Erläuterungen der theoretischen und praktischen Philosophie nach Herrn Feders Ordnung* (6 Tle., 1783-87, Nachdruck 1973), *Über Kants Moralreform* (1786) und *Kantische Denkformen oder Kategorien* (1788).
WEITERE WERKE: Dreißig Aufsätze aus Litteratur, Philosophie und Geschichte. Mannheim 1790.

Tobler, Johann Georg, schweizer. Pädagoge, Schriftsteller, * 17. 12. 1769 Trogen (Kt. Appenzell-Außerrhoden), † 10. 8. 1843 Nyon/Genfer See.
T. nahm 1792 ein Theologiestudium in Basel auf, wandte sich jedoch bald der Pädagogik zu und wurde 1795 Hauslehrer in Basel. 1799 gründete er zusammen mit Freunden eine Schule für Mädchen. 1800 zählte T. zu den Mitarbeitern Johann Heinrich → Pestalozzis bei der Eröffnung seines Erziehungsinstituts auf Schloß Burgdorf. 1804 wurde er mit der Leitung des Instituts in Buchsee betraut. 1808 schied T. aus dem Kreis Pestalozzis aus und eröffnete 1821 in St. Gallen eine Erziehungsanstalt, die er zu hoher Blüte brachte. 1831 trat er deren Leitung an seinen Sohn ab. T. verfaßte geographische Studien und Unterrichtshefte, die jedoch nicht erhalten sind. Er veröffentlichte mehrere Volks- und Jugendbücher (u. a. *Ali und Ala*, 1818) sowie pädagogische Artikel in den von ihm zusammen mit Hermann Krüsi herausgegebenen „Beiträgen zu den Mitteln der Volkserziehung im Geiste der Menschenbildung" (1833-35).

Toellner, Johann Gottlieb, evang. Theologe, * 9. 12. 1724 Charlottenburg (heute zu Berlin), † 26. 1. 1774 Frankfurt/Oder.
T., Sohn eines Pfarrers, studierte seit 1741 Theologie an der Univ. Halle, wo er Schüler von Siegmund Jakob → Baumgarten war. Er war Hauslehrer in Pommern und Berlin und wurde 1748 Feldprediger bei einem Regiment in Frankfurt/Oder. Seit 1756 war er a. o., seit 1760 o. Prof. der Philosophie und Theologie an der dortigen Universität und wurde 1767 zum Dr. theol. promoviert. T. zählte zu den bedeutendsten Vertretern der semirationalistischen Richtung in der protestantischen Theologie des 18. Jahrhunderts. Er schrieb u. a. *Gedanken von der wahren Lehrart in der dogmatischen Theologie* (1759), *Wahre Gründe, warum Gott die Offenbarung nicht mit augenscheinlicheren Beweisen versehen hat* (1764) und *Versuch eines Beweises der christlichen Religion* (1772).

Töpsl, Franz, Taufname: Joachim Joseph Martin, Augustinerchorherr, * 18. 11. 1711 München, † 12. 3. 1796 München.
T. trat 1728 in das Augustiner-Chorherrenstift Polling bei Weilheim ein, studierte dort und an der Univ. Ingolstadt Philosophie und Theologie und wurde 1735 zum Priester geweiht. Nach seelsorgerischer Tätigkeit wurde er 1742 Dekan und 1744 Propst des Klosters. 1774 wurde er auch Landschaftsverordneter des Prälatenstandes und 1781 Generalschuldirektor in

München. Er vereitelte den Säkularisationsplan von 1781. T. zählt zu den bedeutendsten Vertretern der bayerischen kath. Aufklärung. Durch den Ausbau der Bibliothek und den Bau einer Sternwarte trug er zum wissenschaftlichen Aufschwung des Stiftes Polling bei und gab durch seine Kontakte mit Johann Georg von → Lori und Andreas Felix von Oefele der bayerischen Akademiebewegung wichtige Impulse; 1758 gehörte er zu den Gründungsmitgliedern der Bayerischen Akademie der Wissenschaften. Neben der 1760 erschienenen Geschichte Pollings (*Succinta informatio de Canonia Pollingana*) veröffentlichte T. auch ausführliche ortsgeschichtliche Studien. Sein Buch *Elenchus onomasticus scriptorum sacri et apostolici ordinis canonicorum regularium S. Augustini* (1762) sollte die Vorstufe für ein großes Sammelwerk über die Schriftsteller seines Ordens weit über die Grenzen Deutschlands hinaus sein.

Trapp, Ernst Christian, evang. Theologe, Pädagoge, * 8.11.1745 Schloß Friedrichsruh bei Drage (Holstein), † 18.4.1818 Wolfenbüttel.
T., Sohn eines Gutsverwalters, bezog 1765 als Student der Theologie die Univ. Göttingen, war 1766-68 Mitglied in Christian Gottlob → Heynes philologischem Seminar und wurde 1769 als Nachfolger seines früheren Lehrers und Gönners Martin → Ehlers Rektor am Gymnasium in Segeberg. Nach Tätigkeiten in Itzehoe und am Gymnasium in Altona wechselte er an Johann Bernhard → Basedows Philanthropinum in Dessau und übernahm 1779 an der Univ. Halle die erste Professur für Philosophie und Pädagogik auf deutschem Boden. Wegen mangelnden Zuspruchs der Studenten und Streitereien in der Leitung des Erziehungsinstituts legte T. 1783 sein Amt nieder und begab sich als Leiter von Joachim Heinrich → Campes Erziehungsanstalt nach Hamburg. 1786 wurde er in das braunschweigische Schuldirektorium berufen. Als seine im philanthropischen Sinne geplante Schulreform dort am Widerstand der Kirchen und Landstände scheiterte, zog sich T. nach Wolfenbüttel zurück und betätigte sich an der von ihm gegründeten Privaterziehungsanstalt. T. gilt als einer der bedeutendsten Pädagogen aus dem Kreis der Philanthropen im Zeitalter der Aufklärung. Sein Hauptwerk ist *Versuch einer Pädagogik* (1780, Neudrucke 1913 und 1977).

Trattner, Johann Thomas Edler von, österr. Drucker, Verleger, Buchhändler, * 11.11.1717 Jormannsdorf (Burgenland), † 31.7.1798 Wien.
Der aus ärmlichen Verhältnissen stammende T. wuchs bei Verwandten in Wiener Neustadt auf, erlernte seit 1735 das Buchdruckerhandwerk und kam 1739 als Geselle nach Wien, wo er in die Buchdruckerei Johan Peter van Ghelens eintrat und bald zum Setzer aufstieg. T. machte sich später selbständig, erwarb eine Buchdruckerei und wurde privater Hofbuchdrucker. Er gründete Buchhandlungen in Wien und anderen Städten der österreichisch-ungarischen Monarchie, richtete mit staatlicher Unterstützung eine Schriftgießerei ein und druckte zahlreiche Werke deutscher Verleger nach, ohne die Rechte zu besitzen. 1767-69 erbaute er eine Papierfabrik und ließ seit 1773 in Wien den sogenannten Trattnerhof errichten, in dem sich eine Druckerei und eine Buch- und Papierhandlung befanden. 1764 wurde T. in den Reichsritterstand erhoben.

Trenck, Friedrich Frh. von der, Militär, Schriftsteller, Publizist, * 16.2.1726 Königsberg (Preußen), † 25.7.1794 Paris.
Nach dem Studium der Rechtswissenschaften und Philosophie in Königsberg (1741-43) schlug der aus einer begüterten preuß. Adelsfamilie stammende T. die Offizierslaufbahn ein und wurde im zweiten Schlesischen Krieg als Ordonnanzoffizier → Friedrichs des Großen mehrfach ausgezeichnet. Wegen einer Liebesbeziehung zu dessen Schwester Anna Amalia und Kontakten zu seinem Vetter Franz von der T. wurde er der Spionage bezichtigt und in Glatz gefangengehalten, konnte jedoch 1746 über Königsberg nach Wien fliehen und stand 1748/49 in russischen Diensten. 1749-54 ordnete T. als kaiserlicher Rittmeister und Erbe seines Vetters dessen Nachlaß in Wien. 1754 wurde er in Danzig von der preuß. Geheimpolizei verschleppt und zu zehnjähriger Kerkerhaft auf der Festung Magdeburg verurteilt. 1763 auf Fürsprache Kaiserin Maria Theresias entlassen, ging er 1764 nach Aachen und führte in den folgenden Jahren ein unstetes Leben als Schriftsteller und Publizist, wobei seine Veröffentlichungen von häufigem Frontwechsel zwischen österr. und preuß. Interessen geprägt waren. Als Beobachter der Französischen Revolution wurde T. 1794 in Paris der Spionage für Österreich verdächtigt und hingerichtet. Neben Flugblättern gab er u.a. die Wochenschrift „Der Menschenfreund" (1772) heraus. T.s größter literarischer Erfolg war die Autobiographie *Des Friedrichs Freiherrn von der Trenck merkwürdige Lebensgeschichte* (4 Bde., 1786-92; Bd. 5, 1796, postum, wahrscheinlich apokryph).

Treuer, Gottlieb Samuel, Historiker, Jurist, * 24.12.1683 Jakobsdorf bei Frankfurt/Oder, † 25.2.1743 Göttingen.
T. studierte seit 1700 Rechtswissenschaften, Philosophie und Geschichte in Leipzig, wurde 1702 Magister, 1707 Assessor der Philosophischen Fakultät und folgte im selben Jahr einem Ruf als Prof. der Gottesgelehrtheit, Philosophie und Geschichte an die Ritterakademie in Wolfenbüttel. 1713 wurde er Prof. der Moral und Politik in Helmstedt, lehrte hier seit 1728 auch Geschichte, seit 1730 Rechtswissenschaften und Philosophie und ging 1734 als Prof. des Staatsrechts, der Moral und der Politik an die neugegründete Univ. Göttingen. 1731 wurde T. zum Dr. jur. promoviert und erhielt den Hofratstitel. Er veröffentlichte u.a. eine *Geschlechts-Historie der von Münchhausen* (1741).

Trew, Christoph Jakob, Mediziner, * 16.4.1695 Lauf bei Nürnberg, † 18.7.1769 Nürnberg.
Der Sohn eines Apothekers studierte seit 1711 Medizin in Altdorf, wurde 1715 mit der Dissertation *De chylosi foetus additis observationibus anatomicis* promoviert und brach 1717 zu einer Studienreise durch

Deutschland, die Schweiz, Frankreich und Holland auf. 1720 ließ T. als praktischer Arzt in Nürnberg nieder, wurde hier zugleich Physicus ordinarius des Collegium medicum und markgräflich-ansbachischer Leibarzt. Seit 1727 war er Mitglied und seit 1742 Adjunkt der Deutschen Akademie der Naturforscher Leopoldina. 1746 erhielt T. den Titel eines Pfalzgrafen, kaiserlichen Hofrats und Leibarztes in Nürnberg. Er veröffentlichte u. a. *Nachrichten von einer raren Hauptwunde, deren Cur und Section* (1724).
WEITERE WERKE: Verteidigung der Anatomie. Nürnberg 1729.
LITERATUR: Dieter Schug: C. J. T. Würzburg 1978.

Tscharner, Niklaus Emanuel von, schweizer. Pädagoge, * 21. 3. 1727 Bern, † 7. 5. 1794 Kehrsatz bei Bern.
Der Bruder von Vinzenz Bernhard von → T. betrieb in Kehrsatz ein Mustergut. 1767 erhielt er die Landvogtei Schenkenberg und war bis 1773 bernischer Landvogt auf Schloß Wildenstein. T. war Mitglied mehrerer patriotischer, gemeinnütziger und wissenschaftlicher Gesellschaften, präsidierte 1774 der Helvetischen Gesellschaft und übernahm nach dem Tod von Albrecht von → Haller 1777 die Leitung der Ökonomischen Gesellschaft von Bern. Sein pädagogisches Hauptwerk sind die 1776 in den „Ephemeriden der Menschheit" erschienenen 17 Briefe *Über die Armenanstalten auf dem Lande*, auf die → Pestalozzi 1777 mit seinen *Briefen an Herrn N. E. T.* antwortete. T. plädierte für eine Standeserziehung der armen Jugend auf dem Lande statt in den Städten, eine Verbindung von Allgemeinerziehung mit der Berufsausbildung und den verstärkten Ausbau des Schulwesens. 1779 war T. in Bern maßgeblich an der Gymnasialreform beteiligt. 1782 stieg er zum Deutsch-Säckelmeister auf und war Mitbegründer einer der ältesten Sparkassen Europas. Seine *Physikalisch-ökonomische Beschreibung des Amtes Schenkenberg* erschien 1771.

Tscharner, Vinzenz Bernhard von, schweizer. Historiker, Schriftsteller, * 4. 5. 1728 Bern, † 16. 9. 1778 Aubonne.
Der Sohn eines bernischen Landvogts und Bruder von Niklaus Emanuel von → T. lebte auf einem Landsitz bei Bern. Er veröffentlichte Lyrik (u. a. *Freundschaftliche Geschenke*, 1750) und übersetzte Albrecht von → Hallers *Alpen* sowie Teile von Friedrich Gottlieb → Klopstocks *Messias* ins Französische. T. betätigte sich auch als Historiker (u. a. *Historie der Eidgenossen*, 3 Bde., 1756-58), gehörte zu den Gründern der Ökonomischen Gesellschaft von Bern, die an der Spitze der schweizer. gemeinnützigen Fortschrittsbestrebungen stand, und hielt in seiner Stellung als deren Sekretär Verbindung zu Jean-Jacques Rousseau. In Yverdon edierte er eine neue Ausgabe der *Encyclopédie*, zu er zahlreiche Artikel über schweizer. Topographie und Historie beisteuerte. 1764 wurde T. in den Großen Rat aufgenommen; 1769-74 war er Landvogt in Aubonne.
LITERATUR: Gustav Tobler: V. B. T. Neujahrs-Blatt der Literarischen Gesellschaft Bern auf das Jahr 1896. Bern 1895.

Tschiffeli, Johann Rudolf, Gerichtsschreiber, * 15. 12. 1716 Bern, † 15. 1. 1780 Bern.
T., Sohn eines Landschreibers, erwarb durch Selbststudium umfassende Kenntnisse auf dem Gebiet der Rechtsprechung und wurde Volontär in der Staatskanzlei in Bern. 1743 machte er als Feldschreiber den Zug ins Waadtland gegen die spanischen Truppen mit. Nach dem Tod der Eltern widmete er sich praktischen Rechtsgeschäften und wurde 1755 Chorgerichtsschreiber in Bern. In diesem Amt, das er bis an sein Lebensende verwaltete, setzte er sich mit der Errichtung der Landsassenkammer besonders für den Schutz der Heimatlosen ein. T. machte sich um die Reform der Landwirtschaft verdient. 1759 gründete er die „Oekonomische und Gemeinnützige Gesellschaft des Kantons Bern". Auf seinem Mustergut in Kirchberg profilierte er sich als Vorkämpfer der Dreifelderwirtschaft; sein besonderes Augenmerk galt der Zucht und dem Anbau von Flachspflanzen und der Verbreitung der Kartoffel. Seine Bemühungen um eine Verbesserung der Ackergeräte führten zur Erfindung einer Sämaschine und der Konstruktion des sog. Moosseedorfpfluges. 1760-73 erschienen T.s *Abhandlungen und Beobachtungen der Oekonomischen Gesellschaft zu Bern*. Johann Heinrich → Pestalozzi wurde von T. in die Agrikultur eingeführt.

Tschirnhaus, Ehrenfried Walther von, Mathematiker, Physiker, Technologe, Philosoph, * 10. 4. 1651 Kieslingswalde bei Görlitz, † 11. 10. 1708 Dresden.
T. war der jüngste Sohn des Christoph von Tschirnhaus(en), eines adligen Landbesitzers aus der Ober-Lausitz. Nach einer Erziehung durch Privatlehrer bezog T. 1666 das Gymnasium von Görlitz. 1668 ging er an die Univ. Leiden (Holland), um Rechtswissenschaften, Philosophie, Mathematik und Medizin zu studieren. Bei Ausbruch des Holländisch-Französischen Kriegs 1672 schloß sich T., der Lutheraner war, dem Baron von Niewland an, unter dem er anderthalb Jahre diente, ohne jedoch in Kriegshandlungen verwickelt zu werden. 1674/75 war er auf Bildungsreise, die ihn zunächst wieder in die Niederlande führte, wo er Baruch Spinoza kennenlernte. Mit Empfehlung Spinozas ging T. 1675 nach England, um die Mathematiker und Philosophen Henry Oldenburg, John Wallis und John Collins zu treffen. Oldenburg empfahl ihn an Gottfried Wilhelm → Leibniz und Christian Huygens in Paris, wo T. – auf Empfehlung von Huygens – eine Stellung als Privatlehrer der Söhne Colberts erhielt. Von 1676 an befand sich T. auf Kavalierstour durch Frankreich und Italien, von der er erst 1679 nach Kieslingswalde zurückkehrte. T.' Interesse galt der ganzen Breite zeitgenössischer Philosophie und Naturwissenschaften, deren Studium er sich – da finanziell unabhängig – problemlos widmen konnte; 1682 wurde er als Académicien géomètre in die Pariser Académie des Sciences aufgenommen. Während der achtziger Jahre konzentrierte sich T. auf technologische bzw. industrielle Vorhaben, so u. a. auf die Herstellung von Glas und Porzellan. Mit Unterstützung durch den sächsischen Kurfürsten Johann Georg IV. etablierte er zwei Glasmanufakturen und

eine Spiegelschleifmühle, die Sachsen weitgehend unabhängig von böhmischen Importen machten. 1692 erhielt er den Auftrag zur Herstellung großer Brennspiegel, der ihm neben einer staatlichen Pension wohl auch den Titel eines sächsischen Hofrats einbrachte. Für die Herstellung der Spiegel konstruierte T. spezielle Schleifmaschinen. Mit der Regierungsübernahme durch den Kurfürsten Friedrich August I. wurden Vorhaben zur Produktion von Edelsteinen, Glas und Porzellanen intensiviert, um mit den Einnahmen die prekäre finanzielle Situation des Staates Sachsen zu verbessern. T. wurde mit der Leitung dieser Projekte betraut, darunter 1704 mit der Aufsicht über den von der sächsischen Regierung internierten Alchemisten Johann Friedrich Böttger, unter dessen Mitwirkung bzw. Assistenz T. die Herstellung von europäischem Porzellan gelang. Durch den Einfall der Schweden 1706/07 wurden die von T. mitbegründeten Manufakturen hart betroffen. Seine finanzielle Situation verschlechterte sich zeitweilig so sehr, daß er seine Dienste sowie das Geheimnis der Porzellanherstellung fremden Interessenten anbot. 1710, zwei Jahre nach seinem Tod, begann in Meißen die Porzellanproduktion.

T.' Projekt, die Gründung einer Sächsischen Akademie der Wissenschaften, konnte erst 1846 realisiert werden. Seine Publikationen, darunter zahlreiche Aufsätze in der Zeitschrift „Acta eruditorum", betrafen vor allem mathematische Probleme, so die algebraische Quadratur algebraischer Kurven, sowie quadratische, kubische und quartische Gleichungen. Er befaßte sich mit der Geometrie sphärischer und parabolischer Brennspiegel und erforschte die einhüllende Kurve optischer Brennstrahlen. T. galt als versierter Algorithmiker; unzulässige Verallgemeinerungen sowie sein geringer Respekt vor dem geistigen Eigentum anderer, deren Ergebnisse er für die seinen ausgab, brachte T. jedoch in Gegensatz zu zahlreichen bedeutenden Mathematikern, die sich von ihm distanzierten. T. war ein bedeutender Denker der deutschen Frühaufklärung, dessen Schriften u. a. Christian → Wolff beeinflußt haben.

WERKE: Medicina mentis et corporis. 2 Bde., Amsterdam 1686/87, und weitere Auflagen. Deutsche Übersetzung Frankfurt 1688, und weitere Auflagen. – Gründliche Anleitung zu nützlichen Wissenschaften, o. O. 1700, und weitere Auflagen. – Der Curiösen Medicin Zweyter Theil. Lüneburg 1708. – Zahlreiche Aufsätze in den „Acta eruditorum" und den „Mémoires de physique et de mathématique de l'Académie Royale des Sciences", Paris. Eine Gesamtausgabe der Werke ist unter der Herausgeberschaft von Eberhard Knobloch an der Sächsischen Akademie der Wissenschaften in Arbeit. Erschienen ist: Reihe II Amtliche Schriften, Abtlg. 4: Johann Friedrich Böttgers Tätigkeit am Dresdner Hof. Bearb. v. Carsten Krautz und Matthias Ullmann. Stuttgart 2000.

LITERATUR: Hermann Weißenborn: Lebensbeschreibung des E. W. v. T. [...] und Würdigung seiner Verdienste. Eisenach 1866. – Otto Liebmann: E. W. v. T. In: ADB, Bd. 38, 1894, S. 722-724. – Johannes Verweyen: E. W. v. T. als Philosoph. Bonn 1905. – Eduard Winter: E. W. v. T. Ein Leben im Dienste des Akademiegedankens. Berlin 1959. – Eduard Winter (Hrsg.): E. W. v. T. und die Frühaufklärung in Mittel- und Osteuropa. Berlin 1960. – Joseph Ehrenfried Hofmann: Drei Sätze von E. W. v. T. über Kreissehnen. In: Studia Leibnitiana 3 (1971) S. 99-115. – Joseph Ehrenfried Hofmann: E. W. v. T. In: Dictionary of Scientific Biography. Hrsg. v. Charles C. Gillispie. Bd. 13. New York 1976, S. 479-481. – Manfred Kracht/Erwin Kreyszig: E. W. v. T. His Role in Early Calculus and His Work and Impact on Algebra. In: Historia Mathematica 17 (1990) S. 16-35. – Siegfried Gottwald (Hrsg.): Lexikon bedeutender Mathematiker. Leipzig/Thun 1990, S. 466. – E. W. v. T. (1651-1708). Experimente mit dem Sonnenfeuer. Eine Ausstellung des Mathematisch-Physikalischen Salons der staatlichen Kunstsammlungen Dresden. Dresden 2001.

Burghard Weiss

Tzschirner, Heinrich Gottlieb, evang. Theologe, * 14. 11. 1778 Mittweida (Sachsen), † 17. 2. 1828 Leipzig.
Der Sohn eines Pfarrers studierte seit 1796 an der Univ. Leipzig, wurde 1799 Magister und habilitierte sich 1800 in Wittenberg für Philosophie. 1805 wurde er dort o. Prof. der Theologie, folgte 1809 einem Ruf an die Univ. Leipzig, wo er seit 1815 zugleich Superintendent und Pfarrer an der Thomaskirche war. Während der Befreiungskriege übernahm er das Amt eines Feldpropstes und begleitete 1814 die sächsischen Truppen nach Frankreich. 1818 wurde er Domherr des Hochstifts Meißen. T. war Vertreter eines an → Kant orientierten ethisch-kritischen Supranaturalismus und setzte sich für die Gleichberechtigung des theologischen Rationalismus neben dem ästhetischen System → Schleiermachers ein. Er schrieb eine *Geschichte der Apologetik* (Bd. 1, 1805), die Fortsetzung von Johann Matthias → Schröckhs *Christlicher Kirchengeschichte* (Bd. 9 und 10, 1810-12) und *Protestantismus und Katholicismus aus dem Standpunkte der Politik betrachtet* (1822, ⁴1824). 1810-21 gab er die „Memorabilien für Prediger" heraus. Seine kirchengeschichtlichen Vorlesungen wirkten anregend auf Leopold von Ranke und Karl von Hase, der aus T.s Nachlaß die *Vorlesungen über die christliche Glaubenslehre* (1829) herausgab.

U

Uffenbach, Johann Friedrich von, Bürgermeister von Frankfurt/Main, * 6.5.1687 Frankfurt/Main, † 10.4.1769 Frankfurt/Main.
U. gehörte einem Frankfurter Patriziergeschlecht von Juristen und Kaufleuten an. Er studierte in Halle und bereiste mit seinem Bruder Zacharias Conrad von → U. Niederdeutschland, die Niederlande, England, Frankreich und Italien. 1744 wurde er Ratsherr in Frankfurt, 1749 Jüngerer Bürgermeister, 1751 Schöffe und Wirklicher Kaiserlicher Rat. Während der französischen Okkupation 1762 war U. Älterer Bürgermeister. Sein wissenschaftliches Interesse galt vornehmlich mathematisch-naturwissenschaftlichen Themen. Er sammelte architektonische, kunstgeschichtliche und geographische Bücher, mathematische und physikalische Instrumente sowie Gemälde und Plastiken und besaß ein mehr als 30 000 Blätter umfassendes Kupferstichkabinett. U. betätigte sich als Zeichner, Musiker und Dichter.

Uffenbach, Zacharias Conrad von, Jurist, Bürgermeister von Frankfurt/Main, Bibliophile, Schriftsteller, * 22.2.1683 Frankfurt/Main, † 6.1.1734 Frankfurt/Main.
U., Bruder von Johann Friedrich von → U., studierte seit 1698 in Straßburg und Halle und wurde 1704 unter Christian → Thomasius zum Dr. jur. promoviert. Bereits während der Studienzeit begann er mit dem Sammeln von Büchern; zwischen 1705 und 1718 unternahm er verschiedene Reisen nach Norddeutschland, Holland und England, die dem Ausbau seiner Bibliothek dienten, die 1711 bereits 12 000 katalogisierte Bände umfaßte. 1720 ließ er in Halle seinen Handschriftenkatalog erscheinen. 1721 wurde U. Ratsherr, 1730 Schöffe in Frankfurt; 1727 und 1729 versah er das Amt des Jüngeren Bürgermeisters. Seine Bibliothek umfaßte zuletzt rund 40 000 Bände, darunter 2000 Handschriften und 20 000 Briefe, und war damit eine der umfangreichsten Privatsammlungen der Zeit. Von besonderem Wert war seine Francofurtensien-Sammlung. Aus Enttäuschung über die geringe Anerkennung seiner Sammlerleistung vermachte er die Sammlung nicht seiner Vaterstadt, sondern bot sie noch zu Lebzeiten zum Verkauf an; die hebräischen Handschriften und ein Großteil der Gelehrtenkorrespondenz gelangten in die Staats- und Universitätsbibliothek Hamburg. Die 1709-11 entstandenen *Merkwürdigen Reisen durch Niedersachsen, Holland und England* (3 Bde., postum 1753/54) sind eine wichtige Quelle für die Bibliotheksgeschichte.
LITERATUR: Konrad Franke. Z. C. v. U. als Handschriftensammler. Ein Beitrag zur Kulturgeschichte des 18. Jahrhunderts. Würzburg 1965.

Ungar, Karl, Klostername Raphael, kath. Theologe, Bibliothekar, * 12.4.1744 Saaz (Böhmen), † 14.7.1807 Prag.
U. trat 1759 in das Prämonstratenserkloster Strahow ein, studierte Philosophie und Theologie, wurde 1768 Magister und erwarb 1769 das Baccalaureat der Theologie. 1770 zum Priester geweiht, wurde er Prediger und Verwalter der Klosterbibliothek und der Münzsammlung, 1773 Prof. der Philosophie, 1776 der Theologie am erzbischöflichen Seminar in Prag. 1777 erfolgte durch die Zusammenlegung zahlreicher älterer Büchersammlungen die Gründung der Bibliothek der Deutschen Univ. Prag, deren Leitung U. 1780 übernahm und deren Bestände er stark vermehrte. 1783-94 war er Hauptvertreter der Prager Freimaurer und Mitglied der kgl. böhmischen Gesellschaft der Wissenschaften. 1788 verließ er den Prämonstratenserorden. U. war ein aufgeklärter Theologe im josephinischen Zeitalter mit kirchenkritischen Tendenzen. Er schrieb u. a. *Balbins Bohemia docta* (3 Bde., 1776-80).

Unger, Friederike Helene, geb. von Rothenburg, Schriftstellerin, Übersetzerin, * 1751 Berlin, † 21.9.1813 Berlin.
Die Tochter eines preuß. Generals und der Marquise von Vieuville wurde in Potsdam bei dem Hof- und Garnisonsprediger Johann Peter → Bamberger und seiner literarisch tätigen Frau Antoinette erzogen und kam später vermutlich als Erzieherin in das Haus des Berliner Druckers Johann Georg U., dessen Sohn Johann Friedrich U. sie heiratete. U. unterstützte ihren Mann durch ihre Verbindungen zum preuß. Hof, brachte die meisten ihrer Werke in seinem Verlag heraus und führte diesen nach dem Tod ihres Mannes 1804 weiter, bis sie 1809 Konkurs anmelden mußte. Neben Übersetzungen französischer Werke und Zeitschriftenartikeln (u. a. im „Berlinischen Magazin der Wissenschaften und Künste", in der „Berlinischen Monatsschrift" und im „Journal von und für Deutschland"), in denen sie sich vorwiegend sozialen Themen widmete, veröffentlichte U. Romane in der Tradition der Aufklärung, u. a. *Julchen Grünthal. Eine Pensionsgeschichte* (2 Bde., 1784, ²1798).

Unzer, Johann August, Mediziner, Schriftsteller, * 29.4.1727 Halle/Saale, † 2.4.1799 Altona (heute zu Hamburg).
U. wurde 1748 in Halle promoviert (*De sternutatione*), wo er dann als Dozent tätig war, wirkte 1750 vorübergehend in Hamburg und lebte später als Arzt in Altona. Zwischen 1765 und 1770 scheint er eine Professur in Rinteln innegehabt zu haben. U. gilt im Zeitalter der Aufklärung auf dem Gebiet der Pathologie als einer der bedeutendsten und originell-

303

Unzer

sten Schriftsteller, indem er strikt das Verhältnis der Mechanik im Körper von der Nervenwirkung unterschied. Er war einer der ersten Begründer der Nervenphysik. In seinem Hauptwerk *Erste Gründe einer Physiologie der eigentlichen thierischen Natur thierischer Körper* (1771) nahm er einiges von Wilhelm Griesingers späteren Anschauungen über die „psychischen Reflexaktionen" vorweg. U. war Herausgeber der populären medizinischen Wochenschrift „Der Arzt", in der er 1759-64 für das breite Publikum aufklärerisch tätig war. Zu seinen Publikationen gehören auch *Sammlung kleiner physikalischer Schriften* (3 Bde., 1768/69), *Medizinisches Handbuch* (3 Bde., 1770, ^{5}1794) und *Allgemeine Einleitung zur allgemeinen Pathologie der ansteckenden Krankheiten* (1782).
WEITERE WERKE: Gedanken vom Schlaf und Träumen. Halle 1746. – Neue Lehren von den Gemüthsbewegungen. Halle 1746.
LITERATUR: Stefan Bilger: Üble Verdauung und Unarten des Herzens: Hypochondrie bei J. A. U. (1727-1799). Würzburg 1990.

Unzer, Johann Christoph, Mediziner, Schriftsteller, * 17. 5. 1747 Wernigerode, † 20. 8. 1809 Göttingen.
Der Neffe Johann August →U.s wurde nach dem Studium in Göttingen 1771 mit der Dissertation *Cur feminis Europaeis et illustribus prae aliis gentibus et rusticis partus sint laboriosiores* promoviert und war zunächst bei seinem Oheim in Altona tätig. 1775-91 unterrichtete er als Prof. der Naturkunde am dortigen Gymnasium und war 1789-1801 Stadtphysikus. U. veröffentlichte eine *Beschreibung eines mit dem künstlichen Magneten angestellten medizinischen Versuchs* (1775) und war Mitverfasser einer *Diätetik der Schwangeren und Säugenden* (1796). Er schrieb auch *Über die bürgerliche Verfassung der Juden* (1782) sowie Schauspiele und poetische Texte. 1772-80 war er Herausgeber des „Altonaischen gelehrten Mercurs".

Unzer, Johanne Charlotte, geb. Ziegler, Schriftstellerin, * 27. 11. 1724 Halle/Saale, † 29. 1. 1782 Altona (heute zu Hamburg).
Die Tochter eines Organisten befaßte sich unter dem Einfluß ihres in Halle lehrenden Oheims Johann Gottlob →Krüger und dessen Schüler, ihres späteren Ehemanns Johann August →U., mit philosophischen und naturwissenschaftlichen Studien und lebte nach ihrer Eheschließung (1751) in Altona. Auf Betreiben ihres Oheims wurde U. Ehrenmitglied der Gesellschaften in Helmstedt und Göttingen und empfing 1753 von ihm den Lorbeerkranz einer „Kayserlich gekrönten Dichterin". 1751 erschienen ihr *Grundriß einer Weltweißheit für das Frauenzimmer* und seine Fortsetzung *Grundriß einer natürlichen Historie und eigentlichen Naturlehre.* Die vier Teile der *Grundrisse* bilden wenig mehr als Abrisse der *Logica* Christian →Wolffs, der *Metaphysica* Alexander Gottlieb →Baumgartens, des *Systema naturae* Carl von Linnés und der *Naturlehre* Johann Gottlob →Krügers. Berühmt wurde U. durch ihren *Versuch in Scherzgedichten* (1751, ^{3}1766), dem weitere Lyrikbände folgten.

Usteri, Leonhard, schweizer. evang. Theologe, Schulreformer, * 31. 3. 1741 Zürich, † 14. 5. 1789 Zürich.
Nach dem Studium der Theologie war U. als Lehrer tätig. Während einer Bildungsreise 1760/61 lernte er in Rom Johann Joachim →Winckelmann kennen, mit dem ihn seitdem eine enge Freundschaft verband. 1764 wurde U. Prof. des Hebräischen am Zürcher Carolinum, 1788 Prof. der Theologie. Er stand an der Spitze der Stadtbibliothek Zürich und der Physikalischen Gesellschaft. U. trug zur Schulreform bei (u. a. *Nachricht von den neuen Schulanstalten,* 1773). Sein *Vorschlag zu einem öffentlichen Unterricht der Töchter* (1773) führte 1774 zur Gründung der Zürcher Töchterschule.

Utzschneider, Joseph von, Techniker, Beamter, Unternehmer, * 2. 3. 1763 Rieden am Staffelsee (Oberbayern), † 31. 1. 1840 München.
Der Sohn eines Fischers und Kleinbauern konnte durch die Vermittlung seines Oheims, eines Kammerdieners und späteren Sekretärs der Herzogin Maria Anna, mit deren Unterstützung Kameralwissenschaften in Ingolstadt studieren, wo er dem Illuminatenorden beitrat. 1784 wurde U. Hofkammerrat bei der General-Forstdeputation und trat nach der Ausarbeitung der Forstordnung von 1789 an die Spitze des Oberforstkommissariats. 1795-98 Direktor des bayerischen Hauptsalzamtes, 1799 bei der Generallandesdirektion angestellt, wurde er in das Finanzdepartement versetzt. Seine Verbesserungspläne mißfielen indessen einem Teil der Stände, und U. wurde daher 1801 zur Disposition gestellt. Er errichtete eine Ledermanufaktur in München und 1804 mit Georg von Reichenbach und Joseph Liebherr ein mechanisches Institut, dem die von ihm in Benediktbeuern angelegte Kunstglashütte das nötige Crown- und Flintglas lieferte. Aus letzterem entstand, nachdem sich U. mit Joseph von Fraunhofer vereinigt hatte, das optische Institut, das fast ganz Europa mit astronomischen Geräten versah. 1807 war U. als Generaladministrator der Salinen und als Geheimer Finanzreferent wieder in den Staatsdienst getreten. 1808 wurde er nobilitiert. Seit 1811 war er auch Vorstand der Zentral-Schuldentilgungskommission und der Steuerkatasterkommission. 1814 wegen schwerer Differenzen mit →Montgelas seiner Ämter enthoben, gründete er eine Großbrauerei und eine Tuchmanufaktur. Nach der Restitution des Kommunalwesens war U. 1818-21 erster Bürgermeister von München und von 1819 bis zu seinem Tod Mitglied der Zweiten Kammer der Ständeversammlung. Seit 1827 war er Vorstand der neuerrichteten Polytechnischen Zentralschule.

Uz, Johann Peter, Jurist, Lyriker, * 3. 10. 1720 Ansbach, † 12. 5. 1796 Ansbach.
Der Sohn eines Goldschmieds studierte seit 1739 Rechtswissenschaften in Halle und Leipzig, kehrte 1743 als Justizsekretär nach Ansbach zurück und

wurde 1763 Assessor beim kaiserlichen Landgericht in Nürnberg. Seit 1790 Landgerichtsdirektor, wurde er 1796 zum Geheimen Justizrat ernannt. U. zählt mit seinem lyrischen Frühwerk zu den bedeutenden Vertretern der deutschen Anakreontik. In seinen späteren Gedichten wandte er sich vornehmlich patriotischen und religionsphilosophischen Themen zu. Mit Johann Nikolaus Götz legte U. die erste deutsche Übersetzung der unter dem Namen Anakreon überlieferten Gedichte vor (*Die Oden Anakreons in reimlosen Versen*, 1746). Die von Johann Wilhelm Ludwig →Gleim 1749 herausgegebenen *Lyrischen Gedichte* U.' preisen einen heiteren, sinnesfrohen und harmonischen Lebensgenuß. In einer auf den doppelten Umfang vermehrten, in vier Bücher unterteilten Neuauflage *Lyrische und andere Gedichte* (1755, in einer verbesserten Form 1756) tritt die reflektierende Natur von U. stärker hervor; bemerkbar ist auch ein größerer Einfluß des Horaz. 1753 veröffentlichte U. das von Alexander Pope beeinflußte komische Epos *Der Sieg des Liebesgottes*, 1760 die Lehrdichtung *Versuch über die Kunst stets fröhlich zu seyn*. Seine *Poetischen Werke* erschienen 1768 (revidiert 1772), seine *Sämmtlichen poetischen Werke* 1890 (hrsg. von August Sauer; Nachdruck 1980). Gemeinsam mit seinen Ansbacher Kollegen Johann Zacharias Leonhard Junkheim und Georg Ludwig Hirsch übertrug U. die Gedichte des Horaz (3 Bde., 1773-75) und beteiligte sich auch an einer Neuausgabe des *Ansbachischen Gesangbuchs* (1781).

V

Vandenhoeck, Anna, geb. Parry, Verlegerin,
* 24. 5. 1709 London, † 6. 3. 1787 Göttingen.
V. heiratete in den zwanziger Jahren in London den holländischen Buchhändler- und -drucker Abraham V. und ging mit ihm nach Göttingen. Nach dessen Tod verkaufte sie 1751 die dortige Druckerei an Georg Ludwig Schultze, bei dem sie weiterhin ihre Verlagswerke drucken ließ. Des 1735 verliehenen Privilegs für die Universitätsdrucksachen ging sie jedoch bei diesem Verkauf verlustig. Den Verlag führte V. gemeinsam mit Carl Friedrich Günther Ruprecht weiter. Der in den achtziger Jahren eingerichtete Lesezirkel bot vor allem ausländische Zeitschriften und Zeitungen zur Lektüre an. Schwerpunkte des Verlagsprogramms unter V., die einen der wichtigsten deutschen wissenschaftlichen Verlage des 18. Jh. leitete, waren Rechtswissenschaft, Geschichtswissenschaft, Theologie und Medizin. Bis 1755 verlegte V. die *Commentarii societatis regiae scientiarum Gottingensis*.

Varnhagen von Ense, Rahel (Antonie Friederike), geb. Levin, spätere Robert, Schriftstellerin,
* 19. 5. 1771 Berlin, † 7. 3. 1833 Berlin.
V. v. E., Tochter des Bankiers und Juweliers Marcus Levin und seiner Frau Chaie, war die bekannteste Berliner Jüdin des beginnenden 19. Jahrhunderts. Ihr Ruhm gründete bislang vorwiegend auf ihren gesellschaftlichen Aktivitäten, vor allem auf der Führung eines „Salons" in Berlin; ihr schriftstellerisches Werk ist dagegen weitgehend noch zu entdecken. Im Unterschied zu ihren Zeitgenossinnen sorgte sie dafür, daß ihre vielen Briefe ebenso wie ihrer über 300 Korrespondenten die Zeiten überdauerten. Sie überlieferte ein großes kommunikatives Netz, in dem die unterschiedlichsten Menschen miteinander verbunden waren, die weder kulturell noch sozial oder gar politisch zusammengehörten. In ihrem Nachlaß, der Sammlung Varnhagen, finden sich alle: von der Gräfin bis zur Köchin, vom einflußreichen Politiker bis zum erfolglosen Schriftsteller.
Bereits als junges Mädchen bildete Rahel Levin um sich einen Kreis von Schauspielerinnen und Adligen, von akkulturierten Jüdinnen und jungen Intellektuellen. 1800 reiste sie für ein Dreivierteljahr nach Paris. Nach dem Zusammenbruch Preußens 1806 wurde sie von vielen früheren Freunden nicht mehr besucht. 1808 zog sie aus der gemeinsamen Wohnung mit der Mutter aus und lebte allein. 1813 floh sie nach Prag, wo sie Verwundete pflegte. 1814 ließ sie sich taufen und heiratete Karl August Varnhagen, mit dem sie nach Aufenthalten in Wien, Frankfurt/Main und Karlsruhe 1819 nach Berlin zurückkehrte. In den zwanziger Jahren versammelten sich in ihrem zweiten Salon Künstlerinnen und Schriftstellerinnen, Politiker und Wissenschaftler. Bereits 1812 begann sie, immer größere Auszüge aus ihren Briefen bzw. Briefwechseln anonym in Zeitschriften zu veröffentlichen; zusammen mit ihrem Mann bereitete sie weitere Korrespondenzen zur Veröffentlichung vor.
So ungewöhnlich wie ihre Überlieferungsarbeit ist die Schreibweise von V. v. E. Sie entwickelte eine Form des schriftlichen Dialogs, die bis heute wenig Nachahmung gefunden hat. Gespräche, ein Blick, ein Brief, ein Buch – all dies regte ihre Produktivität an. Ihr Denken war nicht auf Resultate gerichtet; es bewegte sich auf andere zu, die die Gedanken aufnehmen und weiterentwickeln sollten. Geselligkeit und Freundschaften waren ihr daher nicht nur sozial, sondern auch philosophisch und – vor allem in den zwanziger Jahren – politisch überaus wichtig.

WERKE: Rahel-Bibliothek. R. V. Gesammelte Werke. Hrsg. v. Konrad Feilchenfeldt/Uwe Schweikert/Rahel E. Steiner. 10 Bde., München 1983. – R.s erste Liebe. R. Levin und Karl Graf von Finckenstein in ihren Briefen. Hrsg. v. Günter de Bruyn. Berlin 1985. – Briefe an eine Freundin. R. V. an Rebecca Friedländer. Hrsg. v. Deborah Hertz. Köln 1988. – Edition Rahel Levin Varnhagen. Hrsg. v. Barbara Hahn/Ursula Isselstein. 6 Bde. Bd. 1: R. L. V.: Briefwechsel mit Pauline Wiesel. Hrsg. v. Barbara Hahn unter Mitarbeit von Birgit Bosold. München 1997. Bd. 2: Briefwechsel mit Ludwig Robert. Hrsg. v. Consolina Vigliero. München 2002.
LITERATUR: Eine Bibliographie aller bis 1983 erschienenen Ausgaben von R.s Texten sowie der Literatur über R. in: Rahel-Bibliothek. R. V. Gesammelte Werke. Hrsg. v. Konrad Feilchenfeldt/Uwe Schweikert/Rahel E. Steiner. 10 Bde., München 1983. – Barbara Hahn/Ursula Isselstein (Hrsg.): R. L. V. Die Wiederentdeckung einer Schriftstellerin. Göttingen 1987. – Heidi Thomann Tewarson: R. V. mit Selbstzeugnissen und Bilddokumenten. Reinbek 1988. – Barbara Breysach: „Die Persönlichkeit ist uns nur geliehen". Zu Briefwechseln R. L. V.s. Würzburg 1989. – Barbara Hahn: „Antworten Sie mir!" R. L. V.s Briefwechsel. Frankfurt/Main 1990. – Ursula Isselstein: Der Text aus meinem Herzen. Studien zu R. L. V. Torino 1993. – Carola Stern: Der Text aus meinem Herzen. Das Leben der R. V. Reinbek 1994.
Barbara Hahn

Vattel, Emer de, auch Emmerich von V., schweizer. Jurist, * 25. 4. 1714 Couvet (Kt. Neuenburg), † 28. 12. 1767 Neuenburg.
Der Sohn eines Pfarrers studierte Theologie, Philosophie, Natur- und Völkerrecht in Basel und setzte seine Studien in Genf fort, wo er 1741 seine *Defense du système Leibnitzien contre les objections et les imputations de Mr. de Crousaz etc.* veröffentlichte. 1742 begab sich V. an den preuß. Hof in Berlin,

ging nach vergeblichen Versuchen, eine Anstellung zu finden, 1743 nach Dresden und kehrte schließlich nach Neuenburg zurück. Nach einem erneuten Besuch in Dresden (1746) wurde V. 1747 als Ministerresident des sächsischen Kurfürsten Friedrich August II. nach Bern gesandt. Seit 1759 Geheimer Legationsrat, wurde er 1763 in Dresden mit auswärtigen Angelegenheiten betraut. V.s Hauptwerk *Le droit des gens, ou principes de la loi naturelle appliqués à la conduite et aux affaires des nations et des souverains* (4 Bde. 1758; dt. *Das Völkerrecht oder Grundsätze des Naturrechts, angewandt auf das Verhalten und die Angelegenheiten der Staaten und der Staatsoberhäupter*, 1959) steht vor allem in der vernunftrechtlichen Tradition von Christian →Wolff und hat starken Einfluß auf die Entwicklung des Völkerrechts des 19. Jh. ausgeübt. V., nach Grotius der wirkungsmächtigste Klassiker des europäischen Völkerrechts, lehrte, daß kein Staat mächtig genug werden dürfe, um eine Bedrohung für die Unabhängigkeit der anderen zu sein.
WEITERE WERKE: *Le loisir philosophique, ou diverses pièces de philosophie, de morale et d'amusement*. Dresden 1747. – *Mélanges de morale, de littérature et de politique*. 1757. Neuchâtel 1770. – *La poliergie*. Amsterdam 1757. – *Questions de droit naturel et observations sur le traité du droit de la nature de M. le Baron de Wolf*. Bern 1762. Nachdruck 2000 (Christian Wolff: Gesammelte Werke. Abt. 3. Bd. 61. Hildesheim u. a.).
LITERATUR: Eisenhart. V. In. ADB 39, 1896, S. 511-513. – Hans Staub: Die völkerrechtlichen Lehren V.s im Lichte der naturrechtlichen Doktrin. Berlin 1922. – Johannes Jacobus Manz: E. de V. Versuch einer Würdigung. Unter besonderer Berücksichtigung seiner Auffassung der individuellen Freiheit und der souveränen Gleichheit. Zürich 1971. – Emmanuelle Jouannet: E. de V. et l'émergence doctrinale du droit international classique. Paris 1998.

Veit, David Josef, Mediziner, Schriftsteller, * 8. 11. 1771 Breslau, † 18. 2. 1814 Hamburg.
V. kam früh nach Berlin, wo er in Beziehung zum Kreis um Rahel Varnhagen von Ense trat, studierte seit 1793 Medizin in Göttingen, Jena und Halle und wurde 1797 mit der Dissertation *De organorum corporis humani tam energia seu activitate interna quam cum organis sociis connexione seu sympathia* promoviert. Er unternahm eine Studienreise nach Paris, veröffentlichte zahlreiche medizinische und schöngeistige Aufsätze und ließ sich 1799 als praktischer Arzt und Schriftsteller in Hamburg nieder. V. schrieb u. a. eine Biographie über den Mediziner *Johann Albert Heinrich Reimarus*. Sein Briefwechsel mit Rahel Varnhagen erschien 1861 in zwei Bänden (hrsg. von Ludmilla Assing).

Vierthaler, Franz Michael, österr. Pädagoge, * 25. 9. 1758 Mauerkirchen (Oberösterreich), † 3. 10. 1827 Wien.
Nach dem Studium der Philosophie, Rechtswissenschaften, Philologie und Naturwissenschaften in Salzburg war V. seit 1783 Instruktor an der dortigen Pagerie, übernahm 1790 die Leitung der Lehrerbildungsanstalt und wurde Oberaufseher der Salzburger Schulen. Seit 1791 hielt er Vorlesungen über Katechetik am Predigerseminar, seit 1792 über Pädagogik an der Univ. in Salzburg und war zudem Bibliothekar der landesfürstlichen Bibliothek. 1804-06 war V. Direktor der Waisenhäuser in Salzburg, 1807-27 Direktor des k. k. Waisenhauses in Wien. Er war ein bedeutender Vertreter der Aufklärungspädagogik und verfaßte u. a. *Elemente der Methodik und Pädagogik* (1791, ^{5}1810), *Geist der Sokratik* (1793, ^{2}1798), *Entwurf der Schulerziehungskunde* (1794) und *Geschichte des Schulwesens und der Kultur in Salzburg* (1804). Seine *Philosophische Geschichte der Menschen und Völker* erschien 1787-1819 in 7 Bänden.

Vieweg, Johann Friedrich, Verleger, * 11. 3. 1761 Halle/Saale, † 25. 12. 1835 Braunschweig.
V. ließ sich in der Halleschen Waisenhausbuchhandlung und in der Bohn'schen Buchhandlung in Hamburg ausbilden, wo er entscheidend von Joachim Heinrich →Campe beeinflußt wurde, dessen Tochter er später heiratete. 1784 arbeitete er bei Mylius in Berlin und gründete mit seinem väterlichen Erbe 1786 einen eigenen Verlag. Zu seinen größten Erfolgen zählten *Des Friedrich Freiherrn von der Trenck merckwürdige Lebensgeschichte* und →Goethes *Hermann und Dorothea*. Wegen zunehmender Schwierigkeiten mit der preuß. Zensurpolitik übersiedelte V. 1799 nach Braunschweig. Neben Campe und Goethe gehörten Christoph Martin →Wieland und Johann Gottfried →Herder zu den wichtigsten Autoren des Verlags. Beeinflußt durch die politischen Umstände der Zeit, verlief das Geschäft trotz der Unterstützung durch Herzog →Karl Wilhelm Ferdinand nur schleppend. Erst nach dem Einstieg des ältesten Sohnes Eduard V. und der Verlagerung des Programms auf naturwissenschaftliche Titel besserten sich die Verhältnisse. V. zog sich in den letzten Jahren weitgehend aus dem Tagesgeschäft zurück und widmete sich Aufgaben im Rat der Stadt.

Villaume, Peter, reformierter Theologe, Pädagoge, * 16. 7. 1746 Berlin, † 10. 6. 1806 Fuirendal (Fünen).
Der aus einer Hugenottenfamilie stammende V. war nach dem Theologiestudium Prediger der französisch-reformierten Gemeinden in Schwedt/Oder und Halberstadt. 1779/80 gründete er hier gemeinsam mit seiner Frau eine „Erziehungsanstalt für Frauenzimmer aus gesittetem Stand und von Adel". Seit 1787 Prof. der Moral und schönen Wissenschaften am Joachimsthalschen Gymnasium in Berlin, schied er 1793 aus Anlaß des Wöllnerschen Religionsedikts freiwillig aus dem Amt und zog sich auf die Insel Fünen zurück, wo er an einer Erziehungsanstalt tätig war. Bekannt wurde V. u. a. durch die Schriften *Über die Erziehung zur Menschenliebe* (1784) und *Über das Verhältnis der Religion zur Moral und zum Staate* (1791), in denen er für die Gleichberechtigung der Bürger durch Bildung in einem demokratischen „Volksstaat" eintrat, und vor allem durch seine Beiträge zu Joachim Heinrich →Campes Enzyklopädie *Allgemeine Revision*

des gesamten Schul- und Erziehungswesens (1787), mit denen er die Grundlage für die Leibeserziehung und Sportpädagogik legte, auf der später Johann Christoph → Guts Muths und Friedrich Ludwig Jahn aufbauten.

Vincke, (Friedrich Wilhelm) Ludwig (Philipp) Frh. von, Beamter, * 23. 12. 1774 Minden, † 2. 12. 1844 Münster.
V. stammte aus westfälischem Uradel und wurde am Pädagogium der Franckeschen Anstalten in Halle unterrichtet. Nach dem Studium der Rechts- und Kameralwissenschaft in Marburg, Erlangen und Göttingen und dem Referandarexamen wurde er 1795 Justizbeamter bei der Kurmärkischen Kammer. Während seiner Amtszeit als Landrat in Minden war er Mitarbeiter des Freiherrn vom Stein und unternahm Reisen nach England und Spanien, um seine wirtschaftlichen Kenntnisse zu erweitern. Im Zuge der staatlichen Neuordnung Preußens wurde V. 1803 Kammerpräsident in Aurich, 1804 nach Münster versetzt, jedoch 1807 von den französischen Besatzern entlassen. V. gehörte in diesen Jahren zum Kreis der preuß. Reformer, verfaßte Denkschriften zur inneren Verfassung (*Darstellung der inneren Verwaltung Großbritanniens,* hrsg. von Barthold Georg Niebuhr, 1815) und wurde 1809 Präsident der Kurmärkischen Regierung, lebte 1810-13 zurückgezogen bei Dortmund und war zeitweise von den Franzosen interniert. In den Befreiungskriegen wurde V. 1813 Zivilgouverneur des Gebiets zwischen Weser und Rhein. Seit 1815 erster Oberpräsident der neuen preuß. Provinz Westfalen, erfüllte er in diesem Amt die Doppelfunktion, die staatlichen Behörden zu leiten und die westfälischen Interessen im Staatsrat zu vertreten. V. erwarb sich durch seine patriotische Gesinnung und zugleich liberale Politik, im Kampf für die rechtliche Gleichheit aller Bürger, eine modernisierte Wirtschaft und religiöse Toleranz, hohes Ansehen und Popularität und wurde zu einer Integrationsfigur der Provinz Westfalen.
LITERATUR: Siegfried Bahne: Die Freiherren L. und Georg V. im Vormärz. Dortmund 1975. – Ludger Graf von Westphalen: Die Tagebücher des Oberpräsidenten L. Freiherrn V. 1813-1818. Münster 1980. – Ders.: Der junge V. (1774-1809). Münster 1987.

Vogt, (Johann) Nicolaus, auch Niklas V., Historiker, Bibliothekar, * 6. 12. 1756 Mainz, † 19. 3. 1836 Frankfurt/Main.
V. studierte seit 1774 Philosophie und Geschichte in Mainz, wo er seit 1784 als Prof. der Geschichte lehrte, hielt sich während der Franzosenkriege seit 1792 in Straßburg, dann in der Schweiz auf und übersiedelte 1797 mit der kurfürstlichen Regierung von Mainz nach Aschaffenburg. Hier war er Schulinspektor und seit 1803 Bibliothekar, kam 1804 als Legationsrat im Gefolge Carl Theodor von → Dalbergs nach Paris und war nach der Gründung des Großherzogtums Schulkurator und Legationsrat für Äußeres in Frankfurt/Main. 1808 gründete er das dortige Museum, das dem französischen Nationalinstitut nachgebildet war, und wurde 1831 zum Senator und Schöffen ernannt. V. war Bewunderer Napoleons, Theoretiker des Rheinbundes und trat für ein einheitliches Europa ein. Er verfaßte u. a. *System des Gleichgewichts und der Gerechtigkeit* (2 Bde., 1792) und gab eine vierbändige Sammlung *Rheinische Geschichten und Sagen* (1817-36) heraus.

Volkelt, Johann Gottlieb, Pädagoge, Publizist, Übersetzer, * 3. 12. 1721 Lauban, † 12. 1. 1795 Liegnitz.
Der Sohn eines Handwerksmeisters studierte seit 1741 u. a. bei Johann Christoph → Gottsched in Leipzig, erwarb den Grad eines Magisters der Philosophie und war Hauslehrer, bis er 1751 Konrektor der vereinigten Kgl. und Stadtschulen in Liegnitz wurde. V. war Herausgeber und Mitarbeiter Moralischer Wochenschriften (u. a. „Der Zeitvertreib", 1745; „Der Freund", 1761), verfaßte zahlreiche Schulprogramme sowie u. a. das *Programm von dem Nutzen und Ergötzen der theatralischen Dichtkunst* (1765) und übersetzte aus dem Französischen. Später widmete er sich bergbauhistorischen und mineralogischen Studien, deren Ergebnisse er in einer Reihe monographischer Abhandlungen veröffentlichte. 1775 erschienen seine *Nachrichten von den schlesischen Mineralien.*

Volkmann, Johann Jacob, auch Volckmann, Jurist, Schriftsteller, Übersetzer, * 17. 3. 1732 Hamburg, † 21. 7. 1803 Zschortau bei Leipzig.
Nach dem Studium der Rechtswissenschaften, Mathematik und Sprachen in Leipzig und Göttingen unternahm V., Sohn eines privatisierenden Gelehrten, eine Bildungsreise, die ihn nach Italien führte, wo er 1758 Freundschaft mit Johann Joachim → Winckelmann und Anton Raphael Mengs schloß. 1759 wurde V. in Orléans zum Dr. jur. promoviert, hielt sich anderthalb Jahre in Paris auf und kehrte über die Niederlande, England und Spanien nach Deutschland zurück. Er ließ sich als Privatgelehrter in Leipzig nieder, trat als Übersetzer von Reiseliteratur sowie von kunstgeschichtlichen, ökonomischen und politisch-historischen Werken der französischen, englischen, dänischen und italienischen Aufklärung hervor und verfaßte selbst einige Reiseführer. Mit seinen *Historisch-kritischen Nachrichten von Italien* (3 Bde., 1770/71, ²1777/78) legte V. den wirkungsvollsten deutschen Italienführer des späten 18. Jh. vor, der u. a. die Reiseerlebnisse von → Lessing, Karl Philipp → Moritz und → Goethe beinflußte.

Voß, Christian Friedrich, Buchhändler, * 11. 10. 1722 Lübben, † 24. 4. 1795.
V. übernahm die von seinem Vater 1693 in Potsdam gegründete Buch- und Verlagshandlung, die bis 1782 bestand. 1748 erhielt er die kgl. Genehmigung, ein Geschäft in Berlin zu gründen. Der Verlag brachte u. a. Werke → Lessings, die *Poésies diverses* (1760) → Friedrichs des Großen sowie die „Vossische Zeitung" heraus.

Voß, Johann Heinrich, Schriftsteller, Übersetzer, * 20. 2. 1751 Sommerstorf (Kr. Waren, Mecklenburg), † 29. 3. 1826 Heidelberg.
Als Sohn des Pächters und Gastwirtes Johann H. V. und der Catharina D. Carstens wuchs V. in Penzlin (Kr. Waren) auf. Nach dem Besuch der dortigen Stadtschule wechselte er an die weiterführende Neubrandenburger Lateinschule (1766-69); das angezielte Studium allerdings wurde durch die Verarmung der elterlichen Familie verhindert. V. übernahm eine ungeliebte Anstellung als Privatlehrer in Ankershagen (bei Penzlin, 1769-72); negative Erfahrungen mit feudaladligen Lebensgewohnheiten seiner Dienstherrn weckten den Gedanken eigener Autorschaft. Drei an den verantwortlichen Redakteur des „Göttinger Musenalmanachs", Heinrich Christian → Boie, eingesandte Gedichte erbrachten dessen Protektion und ein stipendienfinanziertes Studium an der Univ. Göttingen (1772-75). Diese Zeit prägte V.s weiteren Lebenslauf: Seine Begeisterung für antike Literatur mündete in einflußreiche Übersetzungsarbeiten, die Mitbegründung des Dichterkreises „(Göttinger) Hain" (1772) sicherte ihm und seinen Werken einige Aufmerksamkeit, die Mitgliedschaft der Grafen Stolberg vermittelte V. gesellschaftliche Reputation, seine Redaktionsarbeit für den „Göttinger Musenalmanach" als Nachfolger Boies (1775/76; später „Hamburger Musenalmanach") bedeutete Existenzsicherung. Dies ermöglichte V. einen Aufenthalt als freier Schriftsteller in Wandsbek (bei Hamburg) und seine Heirat (1777) mit der Schwester Boies, Ernestine Boie; schließlich übernahm V. das Rektorenamt der Lateinschule Otterndorf (bei Cuxhaven, 1778-82), bevor er auf Vermittlung des Grafen Friedrich Leopold zu Stolberg-Stolberg in gleicher Funktion an der Lateinschule Eutin tätig wurde. Unter dem traumatischen Eindruck der Differenzen mit seinem Freund und Gönner Graf Stolberg über dessen Konversion zum Katholizismus (1800) nahm V. 1802 seinen Abschied aus Eutin; nach einem kurzen Aufenthalt in Jena ließ er sich 1805 endgültig in Heidelberg nieder. Zahlreiche eigene Werke und Übersetzungen sichern ihm nicht nur zwei stattliche Pensionen (des Eutiner Herzogs und des badischen Großherzogs), sondern auch künstlerischen Rang und einen nicht geringen Bekanntheitsgrad in weiten Kreisen der literarisch interessierten Öffentlichkeit.

V. war im literarischen Leben seiner Zeit eine Schlüssel-, Reiz- und Symbolfigur. Innovative, auch niederdeutsche Idyllendichtung (*Die Leibeigenschaft*, 1776; *De Winterawend*, 1777; *De Geldhapers*, 1778; *Luise*, 1795), sprachschöpferische Übersetzungsleistung (*Homers Odüßee übersezt*, 1781; *Homers Werke: Ilias. Odyssee*, 1793; *Zeitmessung der deutschen Sprache*, 1802; *Shakspeares Schauspiele*, 1818 ff.) und hellsichtige Zeitcharakteristik (*Voß gegen Perthes*, 1822; *Antisymbolik*, 1824; *Kritische Blätter*, 1828) überdauern bis heute. Das antifeudale Ressentiment von V. mündete ebenso wie der lebenslange Enthusiasmus für die griechische Vorzeit oder seine Hoffnungen auf eine Wiederkehr des „Goldenen Zeitalters" der antiken Mythologie in Bahnen emanzipatorisch gesinnter Bürgerlichkeit.

Publizistische Streitschriften der Heidelberger Zeit (*Beitrag zum Wunderhorn*, 1808; *Für die Romantiker*, 1808; *Wie ward Fritz Stolberg ein Unfreier*, 1819; *Bestätigung der Stolbergischen Umtriebe*, 1820; *Antisymbolik*, 1824) steigerten den Bekanntheitsgrad von V. noch. Stark umstritten, kontrovers diskutiert und von einer Abmahnung der badischen Regierung bedroht, starb V. 1826 an den Folgen eines Schlaganfalls.

WERKE: Sämtliche Gedichte. 6 Bde., Königsberg 1802. – Ausgewählte Werke. Hrsg. v. Adrian Hummel. Göttingen 1996 (Werk- und Literaturverzeichnis).

LITERATUR: Günter Häntzschel: J. H. V. Seine Homerübersetzung als sprachschöpferische Leistung. München 1977. – Ulf Bichel u. a.: Die Wandlungen der Sprachform in den verschiedenen Fassungen der niederdeutschen Idyllen von J. H. V. In: Niederdeutsches Jahrbuch 106 (1983) S. 96-118. – Wolfgang Beutin u. a. (Hrsg.): Freiheit durch Aufklärung. J. H. V. (1751-1826). Frankfurt/Main 1995. – Frank Baudach/Günter Häntzschel (Hrsg.): J. H. V. (1751-1826). Beiträge zum Eutiner Symposium im Oktober 1994. Eutin 1997. – Andreas Rudolph (Hrsg.): J. H. V. Kulturräume in Dichtung und Wirkung. Dettelbach 1999.

Adrian Hummel

W

Wagemann, Ludwig Gerhard, evang. Theologe, * 13. 12. 1746 Kirchwehren, † 24. 1. 1804 Göttingen. Auf Wunsch seines Vaters Johann Georg W., des Pastors zu Kirchwehren, schlug W. die geistliche Laufbahn ein. 1769-73 studierte er an der Univ. Göttingen Theologie und trat danach die Predigerstelle zu St. Marien in Göttingen an. 1775 heiratete er Juliane Clemm, die ihn mit Tatkraft und zum Teil mit eigenem Vermögen bei seinen Projekten unterstützte. Diese galten zunächst einer zeitgemäßen Modernisierung gemeindeeigener Einrichtungen wie Schulhaus, Friedhof und Kirche. 1785 übernahm W. von Heinrich Philipp → Sextro das Amt des Armenpflegers und setzte dessen Bemühungen um eine Neuordnung der Armenfürsorge fort – getreu dem aufklärerischen Motto, „daß Armenversorgung ohne Armenerziehung nur sehr geringen Werth habe, ja wohl gar nachtheilig wirken könne" (Arnold Wagemann). In der Folge entwickelte sich W. zu einem prominenten Theoretiker und Praktiker der aufklärerischen „Industriebildung". Sie galt als erfolgversprechendes Konzept gegen die weitverbreitete Armut der Zeit, mit dem man ihren vermeintlichen Ursachen „Trägheit" und „Müßiggang" durch die Ausbildung von Arbeitsamkeit, Betriebsamkeit und praktischen Fertigkeiten abzuhelfen hoffte. Bei seiner Reform des Göttinger „Werkhauses", des Waisenhauses und des Schulwesens in seiner Gemeinde orientierte sich W. an den Vorgaben der bekannten Hamburger Armenordnung von 1788. Damit schuf er selbst ein wirkungsmächtiges Vorbild für die Entwicklung der Armenverwaltung und Industriepädagogik im Deutschland des ausgehenden 18. Jahrhunderts. W.s Erfahrungen fanden Eingang in sein „Göttingisches Magazin für Industrie und Armenpflege" (1789-1803). Mit gleichgesinnten Reformern – auch prominenten Repräsentanten der katholischen Aufklärung – trat er in enge Verbindung. Die Übernahme der Inspektion von Harste (1796), später Dransfeld (1802), sowie die zeitweilige Vertretung der Inspektionen von Münden (1798 und Uslar (1799) gaben ihm Anlaß, die Gründung von Industrieschulen auch auf dem Lande anzuregen und zu fördern. Nach dreißigjähriger Tätigkeit starb W. im Alter von 57 Jahren an Lungentuberkulose.
LITERATUR: Ulrich Herrmann (Hrsg.): Materialien zum Göttingischen Magazin für Industrie und Armenpflege. Vaduz 1983. *Andrea Hofmeister*

Wagener, Samuel Christoph, luth. Theologe, Schriftsteller, * 11. 4. 1763 Sandau (Elbe), † 12. 1. 1845 Potsdam. Nach dem Theologiestudium in Halle (1780-84) war W. Lehrer in Wilsleben. 1790 wurde er luth. Feldprediger bei einem preuß. Regiment, 1801 Pfarrer in Altenplathow bei Genthin, später Schulinspektor, 1817 Superintendent der 2. Burgschen Diözese. W. gehörte dem Umfeld der Berliner Aufklärung an, war Mitarbeiter an Friedrich → Nicolais „Allgemeiner deutscher Bibliothek" und schrieb pädagogische Aufklärungsschriften, kunsthistorische Abhandlungen, Handbücher und Erzählungen (*Die Gespenster*, 4 Tle., 1797-1800). Er gab ein politisches Journal, das „Patriotische Archiv für Deutschland" (1799-1802), heraus und veröffentlichte anonym vier Sammlungen von Reisebriefen (u. a. *Briefe eines Feldpredigers auf dem Marsch nach und in Schlesien 1790*, 1791), die er als Feldprediger verfaßt hatte.

Wagner, Gabriel, Pseud. Realis de Vienna, Philosoph, * um 1660 Quedlinburg, † um 1718/20. W. studierte seit 1686 an der Univ. Leipzig. 1691 veröffentlichte er *Untersuchungen und Bedenken gegen Chr. Thomasius' Einführung in die Hofphilosophie*, in denen er sich scharf gegen die mittelalterliche Scholastik wandte, für eine umfassende Belebung der Naturwissenschaften eintrat und der Theologie jede Wissenschaftlichkeit absprach. 1693 ging W. nach Halle, wo er sich vergeblich um einen Verleger für eine Wissenschaftsgeschichte bemühte, und war dann Hauslehrer in Berlin, Wien und Hamburg. Seine dort herausgegebene Wochenschrift „Vernunftübungen" wurde wegen der Schärfe ihrer Angriffe gegen die scholastisch-spekulativen Tendenzen in der deutschen Wissenschaft vom Senat verboten. Die folgenden Anstellungen W.s in adligen Häusern waren in der Regel nur von kurzer Dauer. In seiner *Prüfung des Versuchs vom Wesen des Geistes des Chr. Thomasius* (1707) unternahm er erneut den Versuch, die Ansichten des Christian → Thomasius zurückzuweisen. Von W.s weiterem Schicksal ist lediglich bekannt, daß er sich um 1717 in dürftigen Verhältnissen in Göttingen aufhielt.
WEITERE WERKE: Responsum philosophicum ad Christiani Thomasii quaestionem de definitione substantiae. o. O. 1693. – Meditatio de gravitatis et cohaesionis causa. In: Ephemerides Academicae naturae curiosorum, Cent. I.II. Frankfurt/Main 1712. – Ausgewählte Schriften und Dokumente. Mit einer Einleitung hrsg. v. Siegfried Wollgast. Stuttgart 1997 (mit Bibliographie).
LITERATUR: Gottschalk Eduard Guhrauer: G. W. in seinem Verhältniß zu Christian Thomasius und zu der deutschen Wissenschaft seiner Zeit. In: Allgemeine Monatsschrift für Wissenschaft und Literatur. Braunschweig 1854, S. 43-66. – Gottfried Stiehler: G. W. – ein materialistischer Philosoph und deutscher Patriot. Phil. Diss. Greifswald 1956. – Materialisten der Leibniz-Zeit. Hrsg. v. Gottfried Stiehler. Berlin 1966.

Wagner, Sebastian, kath. Theologe, * 13. 1. 1753 Egglham bei Passau, † 29. 5. 1808 Passau.
Nach der Priesterweihe 1776 wurde W. Alumnatspriester im Josepho-Leopoldinischen Seminar in Passau. 1781-84 war er Prof. der Schrifterklärung und der morgenländischen Sprachen am Priesterhaus Gutenbrunn, dann Prof. der Hermeneutik und der orientalischen Sprachen an der fürstbischöflichen Akademie in Passau. Nach der Versetzung in den Ruhestand 1803 blieb er bis zu zu seinem Tod Direktor des Stainerschen Studienhauses und Mitglied der interimistischen Diözesanregierung. W. war ein Hauptvertreter der Aufklärungstheologie in Bayern. Sein besonderes Augenmerk richtete er auf die Einheit von kirchlichem Leben und kritisch-theologischer Wissenschaft. Er veröffentlichte u. a. einen *Grundriß zur systematischen christlichen Dogmatik* (1786).

Walbaum, Johann Julius, Mediziner, Naturforscher, * 30. 6. 1724 Wolfenbüttel, † 21. 8. 1799 Lübeck.
Nach dem frühen Tod seines Vaters führte W. die ererbte Brauerei weiter, bildete sich autodidaktisch in Botanik und besonders in Kräuterkunde, bezog nach dem Besuch der Lateinschule in Wolfenbüttel 1745 als Medizinstudent die Univ. Helmstedt und wurde 1748 in Göttingen promoviert (*De venae sectione veterum ac recentiorum quam auspiciis*). Zu seinen Lehrern gehörte Albrecht von → Haller. 1749 ließ sich W. als Arzt in Lübeck nieder und wurde zu einem der bedeutendsten Mediziner der Stadt in der zweiten Hälfte des 18. Jahrhunderts. Sein besonderes Augenmerk galt der Theorie und Praxis der Geburtshilfe, der Ausbildung der Wundärzte und der Verbesserung des Apotheken- und Hebammenwesens (*Kurzgefaßte Gedanken von dem verderbten Zustande der Hebammen und dessen Verbesserung*, 1752). 1793 war er maßgeblich an der Umwandlung der „Literarischen Gesellschaft" in die „Gesellschaft zur Beförderung gemeinnütziger Tätigkeit" beteiligt. Als Naturforscher widmete er sich vorwiegend der Kräuterkunde und der Zoologie. Seine Arbeiten über Fische, Vögel und Schildkröten fanden große Anerkennung (u. a. *Chelonographia oder Beschreibung einiger Schildkröten, nach natürlichen Urbildern verfertigt*, 1782). W. war Mitglied der Gesellschaft naturforschender Freunde zu Berlin und der Russisch-Kaiserlichen freien ökonomischen Gesellschaft zu St. Petersburg.
LITERATUR: Hermann Brehmer: Dem Andenken eines geschätzten Arztes, Dr. J. J. W., gewidmet. Lübeck 1799.

Walch, Christian Wilhelm Franz, evang. Theologe, * 25. 12. 1726 Jena, † 10. 3. 1784 Göttingen.
W., Sohn Johann Georg →W.s, studierte Theologie und Philosophie in Jena, erwarb 1745 den Grad eines Magisters und hielt bis exegetische, philosophische und historische Vorlesungen. 1747 unternahm er gemeinsam mit seinem Bruder Johann Ernst Immanuel W. eine Studienreise durch Deutschland, Holland, Frankreich, die Schweiz und Italien. Seit 1750 a. o. Prof. der Philosophie in Jena, erhielt er 1753 einen Ruf als o. Prof. nach Göttingen, wurde 1754 zum Dr. theol. promoviert und war seit 1757 o. Prof. der Theologie. Seit 1765 Direktor des theologischen Repetentenkollegiums, wurde er 1772 zum Konsistorialrat ernannt. Grundlegend für die Kirchen- und Dogmengeschichte ist sein *Entwurf einer vollständigen Historie der Ketzereien, Spaltungen und Religionsstreitigkeiten bis auf die Zeiten der Reformation* (11 Bde., 1762-85, unvollendet). Er schrieb auch eine *Neue Religionsgeschichte* (9 Tle., 1771-83).

Walch, Johann Georg, evang. Theologe, Philosoph, * 17. 6. 1693 Meiningen, † 13. 1. 1775 Jena.
W., Sohn eines Generalsuperintendenten, studierte seit 1710 alte Sprachen und Geschichte in Leipzig, wurde 1713 dort Magister für klassische Philologie und folgte 1718 einem Ruf auf den Lehrstuhl für Philosophie und Altertumskunde an die Univ. Jena. 1719 wurde er o. Prof. der Beredsamkeit, 1721 der Dichtkunst. 1724 erhielt W. die a. o. Lehrstelle für Theologie, wurde 1726 zum Dr. theol. promoviert und war seit 1728 o. Prof. der Theologie. W. war bedeutend als Historiograph der Kirchen- und Dogmengeschichte und Herausgeber der Hallischen Lutherausgabe (24 Bde., 1740-53; ²1880-1910 in 23 Bänden). Sein *Philosophisches Lexikon, darin die in allen Theilen der Philosophie vorkommenden Materien und Kunstwörter erklärt werden* (1726; 4. Aufl., hrsg. von J. Chr. Hennings, 1775; Neuausg. 1968, 1992) war das erste in deutscher Sprache; es zeugt vom philosophischen Einfluß seines Leipziger Lehrers Andreas →Rüdiger, ferner Christian →Wolffs und seines Schwiegervaters Johann Franz →Buddeus. W. schrieb eine *Historische und Theologische Einleitung in die Religions-Streitigkeiten der Evangelisch-Lutherischen Kirche* (5 Bde., 1733-39, Neudruck 1972-85) und eine *Historische und Theologische Einleitung in die Religions-Streitigkeiten außer der Evangelisch-Lutherischen Kirche* (5 Bde., 1733-36, Neudruck 1972-85). Außerdem veröffentlichte er eine *Bibliotheca theologica selecta* (4 Bde., 1757-65) und eine *Bibliotheca patristica* (1770; neu bearb. von Danz, 1834). W. war der Vater von Christian Wilhelm Franz → W.
WEITERE WERKE: Tractat vom philosophischen Naturel. Jena 1722. – Obsevationes in Novi Testamenti libros, quarum prima pars ea continet loca, quae ex historia philosophica illustravit. Jena 1727. – Einleitung in die Philosophie. Leipzig 1772. Lat. 1730. ³1738. – Einleitung in die theologischen Wissenschaften. Jena 1737, ²1753. – Philosophische Einleitung zum Gebrauch des philosophischen Lexicons. Leipzig 1738. – Einleitung in die christliche Moral. Jena 1747, ²1757.
LITERATUR: Paul Tschackert: W. In: ADB 40, 1896, S. 650-652. – Leben und Charakter des wohlseligen Herrn Kirchenrats D. J. G. W., von seinem Sohn Johann Ernst Immanuel Walch. Jena 1777 (anonym erschienen).

Weber, Friedrich Benedikt, getauft: Benjamin W., Nationalökonom, * 11.11.1774 Leipzig, † 8.3.1848 Breslau.
W. studierte 1792-96 Rechts- und Kameralwissenschaften an der Univ. Leipzig, habilitierte sich nach einer praktischen Tätigkeit in der Landwirtschaft 1799 für Ökonomie und Kameralwissenschaft und wurde 1802 o. Prof. an der Univ. Frankfurt/Oder. Seit 1811 lehrte er an der Univ. Breslau und war 1812-47 gleichzeitig Sekretär der ökonomischen Sektion der Schlesischen Gesellschaft für vaterländische Kultur. Zu seinen Veröffentlichungen gehören ein *Handbuch der ökonomischen Literatur* (15 Bde., 1803-42), eine *Einleitung in das Studium der Kameralwissenschaft* (1803, ²1819), ein *Theoretisch-praktisches Handbuch der Feldwirtschaft* (2 Bde., 1807) und ein *Theoretisch-praktisches Handbuch des gesammten Futterbaues* (1815).

Weddigen, Peter Florens, Pfarrer, Schriftsteller, * 18.6.1758 Bielefeld, † 11.9.1809 Klein-Bremen bei Minden.
Der Sohn eines Bielefelder Leinenkaufmanns studierte nach dem Besuch des dortigen Gymnasiums seit 1778 an der Univ. Halle vor allem Theologie, daneben Geschichte und Philosophie. W. wurde in Halle zum Dr. phil. promoviert. Von 1775 bis 1781 war er Lehrer am dortigen Waisenhaus; 1781 wurde er zum Subkonrektor am Gymnasium in Bielefeld und 1793 zum Prediger in Buchholz bei Minden ernannt. Seit 1797 wirkte er als Prediger im Dorf Klein-Bremen bei Minden. Offensichtlich stellte W. seine Neigung als engagierter Aufklärer vor seine pastoralen Pflichten. Das belegen seine zahlreichen Zeitschriften mit regionalgeschichtlicher Orientierung. Ihm lagen die kulturellen Zustände seiner westfälischen Heimat sehr am Herzen. Er veröffentlichte das „Westfälische Magazin" (1784-88), das „Neue westfälische Magazin" (1789-94) und das „Neue Magazin für Westfalen" (1798). Mit Arnold → Mallinckrodt aus Dortmund gab er 1799 das „Magazin für Westfalen" heraus. Erfolgreicher war er mit der Herausgabe des „Nationalkalenders". Im Zusammenhang mit den verschiedenen Versionen des Magazins stehen auch seine eigenständigen Veröffentlichungen zur westfälischen Landeskunde. Daneben versuchte sich W. auch als Dichter. Wegen seiner schriftstellerischen Aktivitäten stand er mit den meisten Aufklärern des damaligen Westfalen in Verbindung (Justus → Möser, Karl Arnold → Kortum, Johann Moritz → Schwager, Johann Christian → Nonne). Für seine publizistische Tätigkeit muß W. auch geldliche Opfer nicht gescheut haben.
WEITERE WERKE: Statistische Uebersicht von Westphalen. Braunschweig 1791. – Geistliche Oden und Lieder für Christen. Hamburg/Leipzig 1798. – Handbuch der historisch-geographischen Litteratur Westphalens. Bd. 1. Dortmund 1801. – Historisch-geographisch-statistische Beyträge zur nähern Kenntniß Westphalens. 2 Bde., Elberfeld 1806. – Westphälisches Magazin zur Geographie, Historie und Statistik. Bd. 1. 1786. – Neues Westfälisches Magazin zur Geographie, Historie und Statistik. 3 Bde., 1789-92. – Neues fortgesetztes Westfälisches Magazin zur Geographie, Historie und Statistik. – Magazin für Westfalen. – Niederrheinische Blätter für Belehrung und Unterhaltung. Nebentitel: Niederrheinisch-Westphälische Blätter.
LITERATUR: Hermann Rothert: P. F. W. In: Westfälische Lebensbilder. Bd. 3. Münster 1934, S. 34-43.
Hans Erich Bödeker

Wedekind, Georg Christian Gottlieb von, Mediziner, Militärarzt, Politiker, * 8.1.1761 Göttingen, † 28.10.1831 Darmstadt.
W. wurde 1780 zum Dr. med. promoviert (*De diaphoreticorum usu in febribus acutis*), war Vize-Physikus in Uslar und seit 1781 Physikus der Grafschaft Diepholz. 1787 wurde er Hofrat, Leibarzt des Kurfürsten und Prof. an der Univ. Mainz, 1792 Arzt in den Kriegsspitälern der französischen Rheinarmee. Nach Aufhebung der Univ. als Prof. und Militärarzt pensioniert, ging W. als Kantonsarzt nach Kreuznach. Später wieder im Militärdienst tätig, wurde er 1808 Geheimer Hofrat und Leibarzt des Großherzogs in Darmstadt. W. beschäftigte sich als einer der ersten in Deutschland mit der Kuhpockenimpfung. Er schrieb u. a. (*Theoretisch-praktische Abhandlung von den Kuhpocken* (1802) und *Über den Werth der Heilkunst* (1812).
WEITERE WERKE: Ueber medizinischen Unterricht. Mainz 1789.
LITERATUR: Martin Weber: G. C. G. W. Stuttgart 1988.

Wegelin, Jakob (Daniel), schweizer. evang. Theologe, Historiker, * 19.6.1721 St. Gallen, † 7.9.1791 Berlin.
W., Sohn eines Spitalschreibers, trat nach dem vorzeitigen Besuch des Gymnasiums in St. Gallen mit elf Jahren in einen theologischen Kurs ein, wo er sich vor allem mit orientalischen Sprachen beschäftigte. 1741-43 lebte er als Hauslehrer in Bern, legte das Religionslehrerexamen ab und hielt sich dann in Vevey auf. Seit 1747 war er protestantischer Prediger an der französischen Kirche, zudem Stadtbibliothekar und seit 1759 Philosophie- und Lateinlehrer in St. Gallen. 1765 wurde er Prof. der Geschichte an der Berliner Ritterakademie, 1766 auch Mitglied und Archivar der dortigen Akademie der Wissenschaften. Zu seinen moralischen und religiösen Frühschriften kamen während der Berliner Zeit großangelegte historische Forschungen sowie von Isaak → Iselin beeinflußte geschichtsphilosophische Studien, u. a. die Akademieabhandlungen *Mémoires sur la philosophie de l'Histoire* (1770-76), *Histoire universelle et diplomatique* (6 Bde., 1776-80) und *Briefe über den Werth der Geschichte* (1783). Nach Voltaire verwendete W. den Begriff Geschichtsphilosophie als erster in Deutschland.
WEITERE WERKE: Die letzten Gespräche des Sokrates und seiner Freunde. Zürich 1760. – Politische und moralische Betrachtungen über die spartanische Gesetzgebung des Lykurgus. Frankfurt/Leipzig 1763. – Religiöse Gespräche der Todten. Frankfurt/Leipzig

1763. – Considérations sur les principes moraux et caractéristiques des gouvernemnets. Berlin 1766.
LITERATUR: Johann Michael Fels: Biographie des Herrn J. v. Daniel W. [...]. St. Gallen 1792. – Johannes Dierauer: W. In: ADB 41, 1896, S. 423-424. – Hermann Bock: J. W. als Geschichtstheoretiker. Leipzig 1902. – Emil Spieß: J. W. von St. Gallen, der bedeutendste schweizerische Geschichtsphilosoph. In: Divus Thomas. Bd. 6. Freiburg (Schweiz) 1928, S. 335-355. – Lutz Geldsetzer: Die Ideenlehre J. W.s Ein Beitrag zum philosophisch-politischen Denken der deutschen Aufklärung. Meisenheim/Glan 1963.

Weichmann, Christian Friedrich, Publizist, Lyriker, * 24. 8. (a. St.) 1698 Harburg, † 4. 8. 1770 Wolfenbüttel.
W. studierte seit 1716 Philologie und Rechtswissenschaften in Halle, war seit 1720 Hauslehrer bei Herzog Philipp Ernst zu Schleswig-Holstein in Glücksburg und ging vermutlich 1721 nach Hamburg, wo er 1722-25 die Redaktionsgeschäfte für die „Gelehrten Sachen" der „Staats- und Gelehrten-Zeitungen des holsteinischen unpartheyischen Correspondenten" besorgte. 1724-26 war W. Mitglied der ersten Hamburger Patriotischen Gesellschaft und Redakteur des „Patrioten", hielt sich 1728 mit Mitgliedern der Redaktionsgemeinschaft in London auf und wurde in die Royal Society aufgenommen. Als Baccalaureus juris der Univ. Oxford kehrte er nach Deutschland zurück und erhielt 1728 eine Anstellung bei Herzog Ludwig Rudolf in Blankenburg. 1734 wurde W. Hofrat, 1737 Rat im Konsistorium, dessen Vorsitz er übernahm. 1765 trat er als Geheimer Justizrat in den Ruhestand. Seit 1754 war er Ehrenmitglied der Deutschen Gesellschaft in Göttingen. 1721-26 veröffentlichte W. die ersten drei Bände der Gedichtsammlung *Poesie der Nieder-Sachsen*.

Weikard, Melchior Adam, auch Weickard, Mediziner, Philosoph, * 28. 4. 1742 Römershag, † 25. 7. 1803 Bad Brückenau.
W. studierte 1758-64 Medizin in Würzburg, erhielt nach der Promotion eine Anstellung als Amts- und Brunnenarzt in Brückenau durch den Fuldaer Fürstbischof Heinrich von Bibra und wurde 1770 dessen Leibarzt. Seit 1784 Hofarzt in St. Petersburg, begleitete er 1787 die Zarin auf ihrer Krimreise (*Taurische Reise der Kaiserin von Rußland Katharina II.*, 1799). Nach der Rückkehr 1788 war W. Arzt in Mainz, Wien, Mannheim und seit 1794 in Heilbronn. 1803 stand er nochmals an der Spitze des Medizinalkollegiums in Fulda. Bekannt wurde W. durch sein mehrfach aufgelegtes Werk *Der philosophische Arzt* (4 Tle., 1775-77), das richtungweisend für weitere populärmedizinische Werke war. Er verfaßte drei Autobiographien, von denen die *Denkwürdigkeiten aus der Lebensgeschichte des Kaiserlich Russischen Etatsrath M. A. Weikard* (1802) die ausführlichste ist.
WEITERE WERKE: Vermischte medicinische Schriften. 3 Tle., Frankfurt/Main 1778-80. – Biographie des Doktors M. A. W. von ihm selber herausgegeben. Berlin/Stettin 1784. Neudruck hrsg. v. Franz-Ulrich Jestädt. Fulda 1988 (darin in Auszügen auch die „Denkwürdigkeiten"). – Medicinische Fragmente und Erinnerungen. Frankfurt/Main 1791. – Entwurf einer einfachern Arzneykunst, oder Erläuterung und Bestätigung der Brownschen Arzneylehre. Frankfurt/Main 1795. – Philosophische Arzneykunst oder von Gebrechen der Sensationen, des Verstandes und des Willens. Frankfurt/Main 1799.
LITERATUR: Kaspar Gartenhof: M. A. W. In: Mainfränkisches Jahrbuch für Geschichte und Kunst 4 (1952) S. 176-206. – Otto M. Schmitt: M. A. W. Arzt, Philosoph und Aufklärer. Fulda 1970. – Markwart Michler: M. A. W. (1742-1803) und sein Weg in den Brownianismus. Medizin zwischen Aufklärung und Romantik. Leipzig 1995.

Weiller, Cajetan von, kath. Theologe, Philosoph, * 2. 8. 1762 München, † 23. 6. 1826 München.
W. war kurze Zeit Novize in Benediktbeuern, studierte dann Philosophie und Theologie am Münchner Lyzeum und empfing 1785 die Priesterweihe. 1792 wurde er Prof. der Theologie, Mathematik und Geschichte am Lyzeum in München, 1799 Prof. der Philosophie und Rektor des Lyzeums. Seit 1802 Mitglied, wurde er 1823 Generalsekretär der Bayerischen Akademie der Wissenschaften. Als Anhänger Rousseaus und → Kants und Gegner Schellings und Hegels vertrat W. einen liberal-kirchlichen Standpunkt und setzte sich für ein aufgeklärtes Erziehungs- und Bildungssystem ein. Zu seinen philosophischen Veröffentlichungen zählen *Der Geist der allerneuesten Philosophie der Herren Schelling, Hegel und Compagnie* (1803), *Verstand und Vernunft* (1806) und *Über Ethik als Dynamik* (1822). Arbeiten wie *Über den Unglauben, welcher an unsern Schulen gelehrt wird* (1802) und *Was ist das Christentum?* (1819) brachten ihm heftige Angriffe auch von seiten des Generalvikariats ein. Seine bedeutendste pädagogische Schrift ist der *Versuch eines Lehrgebäudes der Erziehungskunst* (2 Bde., 1802-05).
WEITERE WERKE: Über die gegenwärtige und zukünftige Menschheit. München 1799. – Anleitung zur freien Ansicht der Philosophie. München 1804. – Ideen zur Geschichte der Entwicklung des religiösen Glaubens. 3 Tle., München 1808-15. – Grundriß der Geschichte der Philosophie. München 1813. – Grundlegung zur Psychologie. München 1817. – Über das menschliche Wahrnehmungsvermögen. München 1817. – Über die religiöse Aufgabe unserer Zeit. Frankfurt 1819. – Kleine Schriften. 3 Bde., München/Passau 1823-25. – Der Geist des ältesten Katholicismus als Grundlage für jeden späteren. Ein Beitrag zur Religionsphilosophie. Sulzbach 1824. – Grundlegung zur Ethik als Dynamik zu einer auf die Lehre der Tugendkräfte gegründeten Lehre der Tugendgesetze. München 1850.
LITERATUR: Adalbert Vagacs: C. W.s Pädagogik. Diss. München 1917.

Weise, Christian, Pseud. Siegmund Gleichviel, Catharinus Civilis, Schulmann, Dichter, * 30. 4. 1642 Zittau, † 21. 10. 1708 Zittau.
W. erwarb 1663 an der Univ. Leipzig den Grad eines Magisters, wurde Sekretär des magdeburgischen Mi-

nisters von Leiningen-Westerburg in Halle und 1670 Prof. der Politik, Eloquenz und Poesie am Gymnasium in Weißenfels. 1678 kehrte er als Rektor des Gymnasium nach Zittau zurück und schrieb mehr als fünfzig Schuldramen, für die er witzig und bühnenwirksam biblische und historische Stoffe verwendete (u. a. *Baurischer Macchiavellus*, 1679). Sein bekanntester satirischer Roman *Die drey ärgsten Ertz-Narren* erschien 1672. Hier und auch in Gelegenheitsgedichten wie *Ueberflüssige Gedanken der grünenden Jugend* (2 Bde., 1668-74) stand W. an der Wende vom Barock zur Aufklärung und zu einer bürgerlich-didaktischen Dichtung, deren Bildungsideal der „Politicus", ein weltgewandter Mann der Praxis, war.

Weishaupt, Johann Adam Joseph, Jurist, Gründer des Illuminatenordens, * 6. 2. 1748 Ingolstadt, † 18. 11. 1830 Gotha.
Der Sohn eines Juristen wurde bei den Jesuiten erzogen, studierte Rechtswissenschaften, wurde 1772 a. o. Prof. und nach Aufhebung des Jesuitenordens 1773 o. Prof. des Naturrechts und kanonischen Rechts an der Univ. Ingolstadt. Auf der Suche nach Unterstützung in seinem Kampf gegen die Jesuiten trat W. 1775 in den Freimaurerorden ein und gründete 1776 in Ingolstadt den später in „Illuminaten-Orden" umbenannten „Orden der Perfektibilisten", der mit dem Beitritt Adolph von Knigges feste organisatorische Formen erhielt und über die bayerischen Grenzen hinaus zum Sammelbecken aufklärerischer Köpfe wurde. Nach dem Verbot des Ordens 1785 verlor W. sein Lehramt, wurde aus Bayern verbannt und lebte seitdem am herzoglichen Hof in Gotha. Herzog Ernst II. ernannte ihn zum Legationsrat und später zum Hofrat. W. veröffentlichte u. a. *Apologie der Illuminaten* (1786), *Über Materialismus und Idealismus. Ein philosophisches Fragment* (1786, ²1788), *Das verbesserte System der Illuminaten, mit allen seinen Einrichtungen und Graden* (1787, ³1818), *Zweifel über die Kantischen Begriffe von Zeit und Raum* (1787), *Über die Kantischen Anschauungen und Erscheinungen* (1788), *Pythagoras oder Betrachtungen über die geheime Welt- und Regierungskunst* (2 Bde., 1790-95), *Über Wahrheit und Vollkommenheit* (3 Bde., 1792-97) und *Die Leuchte des Diogenes, oder Prüfung unserer heutigen Moralität und Aufklärung* (1804).
WEITERE WERKE: Über die Schrecken des Todes. Eine philosophische Rede. Wien 1786. – Apologie des Mißvergnügens und des Übels. Drei Gespräche. Frankfurt 1787, ²1790. – Über die Selbsterkenntnis, ihre Hindernisse und Vortheile. Regensburg 1794.
LITERATUR: Klaus Epstein: Die Ursprünge des Konservativismus in Deutschland. Frankfurt/Main u. a. 1973, S. 583-632. – Richard van Dülmen: Der Geheimbund der Illuminaten. Darstellung, Analyse, Dokumentation. Stuttgart 1975 (mit Bibliographie). – Ludwig Hammermayer: W., J. A. J. In: Biographisches Lexikon der Ludwig-Maximilians-Universität München. Hrsg. v. Laetitia Boehm u. a. Teil 1: Ingolstadt-Landshut 1472-1826. Berlin 1998, S. 469-470.

Weiße, Christian Felix, auch Weisse, Dichter, Übersetzer, * 26. 1. 1726 Annaberg, † 16. 12. 1804 Leipzig.
Der aus einer Gelehrtenfamilie stammende W. studierte in Leipzig Theologie, Philosophie und Rechtswissenschaft und schloß Freundschaft mit Gotthold Ephraim → Lessing. Nach einer Tätigkeit als Hofmeister war W. 1759-88 Redakteur der „Bibliothek der schönen Wissenschaften und der freyen Künste" (seit 1765 „Bibliothek der Wissenschaften und schönen Künste"). Seit 1761 amtierte er auch als Kreissteuereinnehmer in Leipzig. W.s literarisches Werk umfaßt Lyrik, Dramen, darunter zahlreiche Singspiele, die meist nach englischen und französischen Vorbildern entstanden, sowie Kinderbücher. In anakreontischer Manier dichtete W. scherzhafte Verserzählungen, Epigramme und Lieder (*Scherzhafte Lieder*, 1758, Neudr. 1965), übersetzte Theaterstücke aus dem Englischen und Französischen und dichtete für die Schauspieltruppe von Heinrich Gottfried Koch in Leipzig Tragödien, u. a. *Die Befreiung von Theben* (1764), eines der ersten deutschen Dramen in fünfhebigen Jamben, und in Prosa *Romeo und Julie* (1768) nach Shakespeare. Erfolgreich waren W.s Charakterkomödien (u. a. *Die Poeten nach der Mode*, 1756) und rührende Lustspiele (*Amalia*, 1768), die eine stärkere Psychologisierung der Figuren andeuten, außerdem Libretti zu Singspielen (*Komische Opern*, 1768-71), die teilweise auch die soziale Realität der Ständegesellschaft, den Gegensatz zwischen idealisiertem Landleben und städtischer Adels- und Hofkultur, thematisieren (*Die Liebe auf dem Lande*, 1767). Später schrieb W. *Kleine Lieder für Kinder* (1767), ein *Neues A, B, C, Buch* (1772) und gab die Wochenzeitung „Der Kinderfreund" (1775-82) heraus, in der auch Schauspiele für Kinder erschienen.

Wekhrlin, Wilhelm Ludwig, auch Weckherlin, Pseud. Anselmus Rabiosus, Publizist, Schriftsteller, * 7. 7. 1739 Botnang (heute zu Stuttgart), † 24. 11. 1792 Ansbach.
Der Pfarrerssohn wurde nach dem Besuch des Gymnasium illustre in Stuttgart Schreiber in Ludwigsburg, ging 1766 nach Wien, wo er zehn Jahre lang lebte, und war auch hier vermutlich zunächst als Schreiber tätig. Seit 1771/72 setzte W. sogenannte „nouvelles à la main", handgeschriebene, illegal verbreitete Zeitungen, in Umlauf, wurde deswegen 1773 ausgewiesen, kehrte jedoch nach Wien zurück und arbeitete später als Agent für die dortige Polizei. Nach seiner Entlassung und erneuten Ausweisung lebte er zunächst in Augsburg, dann in Nördlingen und erregte hier mit dem 1778 erschienenen Reisebericht *Anselmus Rabiosus' Reise durch Oberdeutschland* Aufsehen. Vom Nördlinger Magistrat aus der Stadt verjagt, ging W. nach Nürnberg und gab 1779-83 die Zeitschrift „Die Chronologen" heraus, der 1784-87 die ebenfalls erfolgreiche Zeitschrift „Das Graue Ungeheuer" folgte. Nach einem gegen den Nördlinger Bürgermeister gerichteten Pasquille wurde er 1779-82 auf Schloß Harthaus arretiert, durfte jedoch seine publizistische Tätigkeit fortsetzen und gab 1788-90 die Zeitschrift „Die Hyperboreischen Briefe" sowie

1790/91 „Die Paragrafen" heraus. Nach seiner Freilassung ließ W. in Ansbach nieder und war 1792 Herausgeber der „Ansbachischen Blätter", einer mehrmals wöchentlich erscheinenden Zeitung, die nach drei Monaten verboten wurde. Als Anhänger der Jakobiner verdächtigt, wurde er unter Hausarrest gestellt und starb wenig später. W.s Hauptverdienst liegt in der beharrlichen Forderung nach Pressefreiheit.

Wenzel, Gottfried Immanuel, Pädagoge, Philosoph, * 13. 1. 1754 Chotzen (Böhmen), † 4. 5. 1809 Linz.
Der aus kleinbürgerlichen Verhältnissen stammende W. schloß das Studium in Prag und Wien mit der Promotion zum Dr. phil. ab, lebte einige Jahre als Hauslehrer und Schriftsteller vorwiegend in Prag und unterrichtete bis 1800 theoretische und praktische Philosophie am Lyzeum in Linz. Er versuchte, die Ideen der josephinischen Aufklärung popularisierend zu verbreiten, u. a. mit dem Werk *Vollständiger Lehrbegriff der gesammten Philosphie, dem Bedürfnisse der Zeit gemäß eingerichtet* (4 Bde., 1803-05), in dem er sich teilweise als Kritiker → Kants zeigte. Sein erfolgreichstes Werk war das Anstandsbuch *Der Mann von Welt oder Grundsätze und Regeln des Anstandes, der Grazie, der feinen Lebensart und wahren Höflichkeit* (1801, überarbeitet [13]1872).
WEITERE WERKE: Auserlesene Erziehungskenntnisse [...]. 4 Tle., Wien 1796. – Neue, auf Vernunft und Erfahrung gegründete Entdeckungen über die Sprache der Thiere. Wien 1800.

Werenfels, Samuel, schweizer. reformierter Theologe, * 1. 3. 1657 Basel, † 1. 6. 1740 Basel.
Der Sohn des reformierten Theologen Peter W. besuchte nach Abschluß des Studiums der Philosophie und Theologie in Basel die Akademien in Zürich, Bern, Lausanne und Genf, erhielt 1685 in Basel die Professur für griechische Sprache und 1686 für Beredsamkeit. Zum Dr. theol. promoviert, war er 1696-1703 Prof. der Dogmatik, 1703-11 des Alten Testaments und 1711-40 des Neuen Testaments. Seit 1696 war er Universitätsbibliothekar. 1705/06 und 1722/23 hatte W. das Rektorat inne. W., zu dessen Freunden Voltaire zählte, verfaßte zahlreiche philosophische und theologische Schriften, von denen die meisten in den *Opuscula theologica, philosophica et philologica* (2 Bde., 1718-39, [3]1782) enthalten sind. Philosophisch stand W. dem Cartesianismus nahe. In seinen einflußreichen *Dissertationes VII de logomachiis eruditorum* (1688, Nachdruck 1692 und 1742) übte er Kritik an den scholastischen Wortstreitereien. Mit Jean Frédéric Ostervald und Jean Alphonse Turrettini bildete er das „helvetische Triumvirat", das den Übergang vom altreformatorischen Denken zur humanistisch geprägten „vernünftigen Orthodoxie" vollzog und eine Union der protestantischen Kirchen anstrebte.

Werkmeister, Benedikt Maria, Taufname: Leonhard, Benediktiner, Theologe, * 22. 10. 1745 Füssen, † 16. 7. 1823 Stuttgart.
W. studierte seit 1757 in der Benediktinerabtei Neresheim, trat 1764 in den Orden ein, empfing 1769 die Priesterweihe und wurde 1770 Novizenmeister. 1772-74 und 1778-80 war er Prof. der Philosophie in Freising, 1780-84 Studiendirektor und Bibliothekar in Neresheim. W. gehörte dem Illuminaten-Orden an. Seit 1784 war er Hofprediger in Stuttgart. 1794 wurde W., der 1790 aus dem Orden ausgetreten war, vorübergehend entlassen und ging 1796 als Pfarrer nach Steinbach. 1807 wurde er geistlicher Rat in Stuttgart, 1816 Mitglied der Oberstudienkommission und 1817 Oberkirchenrat. In seinen meist anonymen Schriften forderte W. im Sinne der kath. Aufklärung eine Reform der Kirchenlehre und des geistlichen Standes (*Thomas Freikirch oder freimüthige Untersuchungen über die Unfehlbarkeit der katholischen Kirche*, 1792). Außerdem forderte er die Unabhängigkeit der deutschen kath. Landeskirchen von Rom und die uneingeschränkte Gewalt des Staates über die Kirche.

Werner, Abraham Gottlob, Mineraloge, Geologe, * 25. 9. 1749 Wehrau (Oberlausitz, heute Osiecznica), † 30. 6. 1817 Dresden.
W., dessen Vorfahren wie sein Vater Abraham David W., verheiratet mit Regina W., geb. Holstein, bereits seit langem im Berg- und Hüttenwesen tätig waren, studierte nach einer Anstellung als Hüttenschreiber seit 1769 an der Bergakademie in Freiberg, 1771-74 an der Leipziger Univ. die für die montanistische Laufbahn notwendigen Rechtswissenschaften und Naturwissenschaften, bei Johann Karl Gehler vor allem Mineralogie, beschäftigte sich aber auch mit Philosophie und lernte die italienische, englische und französische Sprache. Bereits 1770 wurde W. in die „Leipziger Ökonomische Gesellschaft" aufgenommen. Promoviert wurde er 1774 mit der Dissertation *Von den äußerlichen Kennzeichen der Fossilien* (1774, [2]1785, engl. 1805, erneut 1962, frz. 1790), womit Minerale gemeint waren, die er nach einer Reihe von Merkmalen aufgrund äußerer Anschauung zu diagnostizieren und klassifizieren vorschlug. 1775 erfolgte durch die Bergakademie in Freiberg die Ernennung zum Inspektor der Sammlungen und Lehrer der Mineralogie, als deren Mitbegründer er gilt, ebenso wie der Geologie. 1786 begann W. mit Vorlesungen über Geologie oder „Geognosie", wie es in der Sprache der Zeit hieß, zu denen 1788 Vorlesungen über Mineralogie oder in der damaligen Terminologie „Oryktognosie" hinzukamen. 1789 erschien sein eigenes *Mineralsystem* (erneut 1816 und 1817). Zahlreiche Studenten, Praktiker und Wissenschaftler aus vielen Ländern kamen zu W. nach Freiberg, der über Vorlesungen, Vorlesungsnachschriften, die in verschiedene Sprachen übersetzt wurden, sowie Praktika und Exkursionen, weniger über Veröffentlichungen wirkte. 1792 wurde W. die Aufsicht über die Bergakademie übertragen, 1799 erfolgte die Ernennung zum Bergrat. Rufe auf verschiedene Lehrstühle, die er alle ablehnte, und die Aufnahme in 22 wissenschaftliche Gesellschaften des In- und Auslandes zeugen von der Anerkennung seiner Zeit.
1789 kam es auf einer Reise zur ersten Begegnung mit →Goethe; 1791/92 besuchte Alexander von →Humboldt Vorlesungen von W. in Freiberg. Dichter und Naturforscher der Romantik ließen sich

ebenfalls in Freiberg von W. anregen. W.s Ansatz der Mineralklassifikation und sein Konzept der Geologie gewannen auch im Ausland weite Resonanz. Zahlreiche seiner Mineralbezeichnungen haben sich bis heute erhalten; paradigmatisch wirkte seine Abgrenzung von Mineralogie (Oryktognosie) und Geologie (Geognosie).
W. vertrat die Theorie des „Neptunismus", d. h. die Bildung der Gesteine und Minerale über Kristallisation und Ablagerung aus dem Urmeer in verschiedenen Stadien mit allmählichen, nicht revolutionären Übergängen („uranfängliches Gebirge", „Flözgebirge", „aufgeschwemmte Gebirgsarten") im Gegensatz zur Theorie des „Vulkanismus", nach der diese Bildung auf das feurige Innere der Erde zurückgeht. Weltweit innovativ war die von W. angeregte und beaufsichtigte geologische Kartierung von Sachsen. W., von der Objektivität der Naturgesetze wie von der Notwendigkeit der Empirie und Exaktheit überzeugt, vertrat im Geist der Aufklärung die soziale Bedeutung der Wissenschaft. Nach seinem Tod wurde der Leichnam von W. in einem feierlichen Trauerzug nach Freiberg überführt und im Kreuzgang des Doms beigesetzt. An verschiedenen Orten – auch in Paris (Eloge von Georges Cuvier, 16. 3. 1818) – wurden Trauerfeiern abgehalten. Mineralogie und Geologie wurden nach seinem Tod von zwei getrennten Lehrstühlen vertreten. Mineraliensammlung und Bibliothek des unverheirateten W. gingen in den Besitz der Bergakademie Freiberg über.
WEITERE WERKE: Kurze Klassifikation der verschiedenen Gebirgsarten. In: Abhandlungen der Böhmischen Gesellschaft der Wissenschaften 2 (1786) S. 272-297. Neudr. Freiberg 1967. – Neue Theorie von der Entstehung der Gänge, mit Anwendung auf den Bergbau besonders den freibergischen. Freiberg 1791 (engl. 1809, frz. 1802). – Kleine Sammlung Berg- und Hüttenmännischer Schriften. Leipzig 1811. – W.s oryctognostische Classificationslehre. In: Hesperus (1816) S. 345-349, 377-381, 414-416, 428-430.
LITERATUR: A. G. W. Gedenkschrift aus Anlaß der Wiederkehr seines Todestages nach 150 Jahren am 30. Juni 1967. Leipzig 1967. – Martin Guntau: A. G. W. Leipzig 1984. – Alexander Ospovat: W., A. G. In: Dictionary of Scientific Biography. Hrsg. v. Charles C. Gillispie. Bd. 14. New York 1981, S. 256-264. *Dietrich von Engelhardt*

Wernher, Johann Balthasar, Jurist, * 1675 Rothenburg/Tauber, † 1742 Wien.
W. studierte seit Mitte der neunziger Jahre des 17. Jh. in Leipzig und lehrte dort als Magister. Seit 1699 Prof. der Mathematik an der Univ. Wittenberg, wechselte er 1701 in die Juristische Fakultät. 1729 wurde er zum Reichshofrat ernannt. W. beschäftigte sich besonders mit dem Naturrecht und wandte sich später dem Kirchenrecht und Fragen der juristischen Praxis zu. Als erster kam er zu einer klaren Formulierung des Prinzips der Verallgemeinerung (*De Apodictica Moralium Certitudine*, 1699; *Elementa Iuris Naturae et Gentium*, 1704, ³1720). Er stützte seine Argumentation auf das Sozialitätsprinzip Samuel von → Pufendorfs und diskutierte darauf bezogene Fälle. W.s Prinzip der Verallgemeinerung beeinflußte u. a. → Kants Ausarbeitung des kategorischen Imperativs. Im Ausland fanden die *Selectae Observationes Forenses* (1710 ff.) starke Beachtung.

Wessely, Hartwig, eigentl. Naphtali Herz Wesel (Weisel), Schriftsteller, * 1725 Hamburg, † 23. 3. 1805 Hamburg.
Der Sohn eines Hamburger Kaufmanns wurde von dem Altonaer Oberrabbiner Jonathan Eibenschütz in Sprachen, Geographie, Geschichte und der Hl. Schrift unterrichtet. 1765 war er Buchhalter für ein Amsterdamer Bankhaus, eröffnete dann ein eigenes Geschäft in Hamburg, büßte dabei jedoch sein Vermögen ein und ging 1774 als Geschäftsführer für Josef Veitel nach Berlin. W. gehörte zum Kreis um Moses → Mendelssohn, wirkte an dessen Pentateuch-Ausgabe mit und verfaßte einen philosophischen Kommentar zur Genesis sowie ein Werk über hebräische Sprachwurzeln und zur Begriffsgeschichte (*Gan Naul*, 2 Tle. 1765/66). In dem Sendschreiben *Worte der Wahrheit und des Friedens an die gesamte jüdische Nation* (1782) verteidigte er die (aufklärerischen) Schulreformen Kaiser → Josephs II. und wurde dafür von der Orthodoxie schwer angegriffen. Mit seinen poetischen Werken und vor allem mit der Mosaide *Schire tifereth*, einer Dichtung über das Leben Mose nach dem Muster von → Klopstocks Messiade, leistete W. einen bedeutenden Beitrag zur neuhebräischen Literatur.

Wessenberg, Ignaz Heinrich (Karl) Frh. von, Pseud. Heinrich von Ampringen, kath. Theologe, Staatsmann, * 4. 11. 1774 Dresden, † 6. 8. 1860 Konstanz.
Der aus einem Breisgauer Adelsgeschlecht stammende W. wuchs auf Familiengütern in Feldkirch und Ambringen auf und studierte seit 1792 Theologie, Philosophie, Literatur, Kirchengeschiche und Kirchenrecht (u. a. bei Johann Michael → Sailer) an den Universitäten Dillingen, Würzburg und Wien. 1792 erhielt er Dompräbenden in Augsburg, Konstanz und Basel. Nach dem Studium ließ er sich 1798 in Konstanz nieder, wurde 1800 Generalvikar des Bischofs von Konstanz, Carl Theodor von → Dalberg, und empfing 1812 die Priesterweihe. Seit 1814 Koadjutor, war W. nach Dalbergs Tod 1817 bis zur Auflösung des Bistums Konstanz 1827 Bistumsverweser (vom Papst nicht anerkannt). 1817 und 1822 wurde W. vom Vatikan als Bischof von Rottenburg und als Erzbischof von Freiburg/Breisgau abgelehnt. 1819-33 gehörte er der Ersten Badischen Kammer an. 1827 resignierte W. und widmete sich schriftstellerischer Tätigkeit. Als Vertreter des Reformkatholizismus und bedeutende Gestalt der kath. Aufklärung, besonders als Verfechter von Konziliarismus und Nationalkirchentum, stellte er sich in Gegensatz zur römischen Kurie. Er bemühte sich um Reformen der Priesterausbildung, der Liturgie, der Predigt, des kirchlichen Unterrichts („Christenlehre") und der gesamten Volksbildung. Als Vertreter Dalbergs auf dem Wiener Kongreß betrieb er vergeblich die Gründung einer

gesamtdeutschen Kirche unter Führung eines Primas. W. veröffentlichte *Die großen Kirchenversammlungen des 15. und 16. Jahrhunderts in Beziehung auf Kirchenverbesserung* (4 Bde., 1840) und war Herausgeber des „Archivs für die Pastoralkonferenzen [...]" (52 Bde., 1802-27).
LITERATUR: Kurt Aland: Das Schrifttum I. H. v. W.s. In: Zeitschrift für die Geschichte des Oberrheins 105 (1957) S. 475-511. – Karl-Heinz Braun (Hrsg.): Kirche und Aufklärung. I. H v. W. (1774-1860). München/Zürich 1989.

Westenrieder, Lorenz von, kath. Theologe, Historiker, Schriftsteller, * 1.8.1748 München, † 18.3.1829 München.
Der Sohn eines Getreidehändlers studierte nach dem Besuch des Münchner Jesuitengymnasiums am Theologischen Seminar in Freising, empfing 1771 die Priesterweihe und war nach der Aufhebung des Jesuitenordens 1773 bis 1779 Weltgeistlicher und Lehrer in Landshut und München. 1778 publizierte W. anonym fingierte, gesellschaftskritische *Briefe bairischer Denkungsart, und Sitten.* 1779-81 gab er die bedeutendste Zeitschrift der Aufklärung in Kurbayern, „Baierische Beyträge zur schönen und nützlichen Literatur", heraus, in der neben pädagogischen und philosophischen Aufsätzen sowie agrar- und sozialreformerischen Artikeln auch W.s satirische Erzählungen und Romane (u. a. die erste Fassung von *Leben des Jünglings Engelhof,* 2 Bde., 1781/82) erschienen. Seit 1777 gehörte er der Historischen Klasse der Bayerischen Akademie der Wissenschaften an. Seit 1780 Mitglied der Bücherzensurkommission, war W. auch Verfasser von Schullehrbüchern sowie von historiographischen und geographisch-statistischen Werken (u. a. *Geschichte von Baiern, für die Jugend und das Volk,* 2 Bde., 1795). Sein „Baierisch-Historischer Calender" (seit 1790 „Historischer Calender", 22 Jahrgänge und 2 Registerbände, 1787-1816 und 1816) war einer der erfolgreichsten historischen Almanache der Zeit. W. gilt als der wohl bedeutendste literarische Aufklärer des kath. Deutschland (umfassend gewürdigt von Wilhelm Haefs in: Aufklärung in Altbayern. Leben, Werk und Wirkung Lorenz Westenrieders, 1998).

Wetzel, Friedrich Gottlob Karl, Pseud. Theophrast, Ysthamarus, Arzt, Publizist, Schriftsteller, * 14.9.1779 Bautzen, † 27.7.1819 Bamberg.
Der Sohn eines Tuchmachers studierte seit 1799 Medizin in Leipzig und Jena, verdiente sich das Studium als Romanskribent und Verfasser von Gelegenheitsgedichten, wurde nach einigen Jahren Wanderlebens 1805 in Erlangen promoviert und ließ sich als praktischer Arzt in Dresden nieder. Nach seinem 1802 erschienenen Erstlingswerk, dem romantischen Abenteuerroman *Kleon, der letzte Grieche, oder der Bund der Mainotten,* schrieb er neben seinem Beruf Beiträge für die Dresdner „Abendzeitung" sowie Gedichte für Heinrich von Kleists „Phoebus" und die „Berliner Abendblätter". 1809 übernahm W. die Redaktion des „Fränkischen Merkur" in Bamberg, die er bis zu seinem Tod innehatte. Er verfaßte auch Kriegslyrik (u. a. *40 Lieder aus dem Kriegs- und Siegesjahre 1813*, 1815) und historische Schauspiele (u. a. *Hermannfried, letzter König von Thüringen,* 1818).
LITERATUR: Fritz H. Ryssel: F. G. W. innerhalb der geistigen und politischen Erneuerung Deutschlands im Zeitalter der Romantik. Med. Diss. Frankfurt/Main 1939.

Wezel, Johann Karl, Schriftsteller, Pädagoge, Philosoph, * 31.10.1747 Sondershausen (Thüringen), † 28.1.1819 Sondershausen.
W., dessen Herkunft ungewiß ist – die unterstellte illegitime Abstammung von Heinrich I. von Sondershausen-Schwarzburg ist nicht belegt –, kam als Siebzehnjähriger in das Haus Christian Fürchtegott →Gellerts in Leipzig, wo er das Studium der Theologie begann, sich aber bald den Rechtswissenschaften, der Philosophie und Philologie zuwandte. Seit 1769 war W. Hauslehrer in Bautzen und Berlin, unternahm Reisen nach St. Petersburg, Paris und London und lebte 1782-84 als Theaterdichter in Wien. 1784 hielt er sich wieder in Leipzig auf und kehrte wohl 1793 nach Sondershausen zurück. W. schrieb u. a. *Hermann und Ulrike. Ein komischer Roman* (4 Bde., 1780) sowie die an Jonathan Swift, Voltaire, Henry Fielding und Samuel Johnson orientierten antiidealistischen und antiutopistischen Romane *Lebensgeschichte Tobias Knauts, des Weisen, sonst der Stammler genannt* (4 Bde., 1773-76), *Robinson Krusoe* (2 Tle., 1780) und *Wilhelmine Arend, oder die Gefahren der Empfindsamkeit* (2 Bde., 1782). Der 1776 erschienene Roman *Belphegor, oder die wahrscheinlichste Geschichte unter der Sonne* (Neuausg. 1965) ist das bedeutendste deutsche Gegenstück zu Jonathan Swifts *Gulliver's Travels* und Voltaires *Candide.* 1784/85 veröffentlichte W. einen auf fünf Bände geplanten, systematischen *Versuch hüber die Kenntniß des Menschen* (Neudruck 1971).
WEITERE WERKE: Untersuchung über das Platnersche Verfahren gegen J. K. Wezel und gegen sein Urteil von Leibnitzen. Leipzig 1781. – Kritische Schriften. Hrsg. v. Albert R. Schmitt. 3 Bde., 1971-75. – Pädagogische Schriften. Mitt einer Einführung hrsg. v. Philipp McKnight. Frankfurt/Main u. a. 1996.
LITERATUR: Philipp S. McKnight: Versuch einer Gesamtbibliographie. In: Kritische Schriften. [s. o.] Bd. 2, S. 813-836; Bd. 3, S. 523-527. – Neues aus der W.-Forschung. Hrsg. vom J.-K.-W.-Arbeitskreis des Kulturbundes der DDR. Sondershausen 1980 ff. – Kurt Adel: J. K. W. Ein Beitrag zur Geistesgeschichte der Goethezeit. Wien 1968. – Detlef Kremer: W. über die Nachtseite der Aufklärung. Skeptische Lebensphilosophie zwischen Spätaufklärung und Frühromantik. München 1985. – Alexander Košenina: Ernst Platners Anthropologie und Philosophie. Der „philosophische Arzt" und seine Wirkung auf J. K. W. und Jean Paul. Würzburg 1989. – Isabel Knautz: Epische Schwärmerkuren. J. K. W.s Romane gegen die Melancholie. Würzburg 1990. – Denis Brain: J. K. W. From religious pessimism to anthropological skepticism. New York u. a. 1999. – Franz Futterknecht: Infantiles Bewußtsein. J. K. W.s Kritik der Moderne. München 1999.

Wieland, Christoph Martin, Dichter, * 5.9.1733 Oberholzheim (heute zu Achstetten, Kr. Biberach), † 20.1.1813 Weimar.
Der evang. Pfarrerssohn besuchte die Lateinschule in Biberach und 1747-49 das pietistisch geführte Internat in Klosterbergen bei Magdeburg. Dort und während des folgenden Erfurter Jahres legte W. den Grund zu soliden Kenntnissen der Bibel und der Theologie, der griechischen und lateinischen Dichter und Philosophen, aber auch neuerer Dichtung sowie Autoren der deutschen Frühaufklärung. Nachdem ihn die Liebe zu Sophie Gutermann (seit 1753 verh. Sophie von → La Roche) ‚zum Dichter gemacht' hatte, ging W. bis 1752 nach Tübingen, wo er die Rechte studieren sollte, aber daneben um Verbindungen zu einflußreichen Literaten bemüht war und einen frühen Ruhm als Autor im Stil → Klopstocks errang (*Zwölf moralische Briefe in Versen*, 1752; *Anti-Ovid*, 1752). Mit der Einladung Bodmers, in dessen Haus bei Zürich er seit 1752 lebte, begannen W.s Schweizer Jahre. Am Anfang der beflissene Schüler des Bibelepikers, dessen Ideale er nachahmte und auch verteidigte (*Briefe von Verstorbenen*, 1753; *Empfindungen eines Christen*, 1757), setzte er sich 1754 nach Zürich ab und verdiente seinen Lebensunterhalt als Privatlehrer; 1759 ging er als Hauslehrer nach Bern. Er knüpfte neue Freundschaftsbeziehungen, besonders zu dem Arzt und Schriftsteller Johann Georg → Zimmermann in Brugg und zu Frauen, darunter der hochgebildeten Julie von → Bondeli. Mit *Lady Johanna Gray*, dem ersten deutschen Stück in Blankversen, und *Clementina von Porretta* versuchte er sich in Dramen, einer Gattung, in der er zeitlebens erfolglos geblieben ist. Literarische Neuorientierung und eigenständige Position gewann W. in Dichtungen anderer Art, vor allem mit *Araspes und Panthea* (nach Xenophon), einem Fragment gebliebenen Prosaversuch, in dem er sich auf Neuland zubewegte, mit den Mitteln dialogischer und monologischer Vergegenwärtigung und der Zergliederung seelischer Labilität.
1760 ging W. als Kanzleiverwalter in die heimatliche Reichsstadt Biberach. Das Stadtregiment war streng paritätisch; er gehörte zur evang. Hemisphäre. Politische, finanzielle und erotische Turbulenzen, darunter die Affäre mit „Bibi" (Christine Hogel) – sie war schwanger, aber er durfte das kath. Mädchen nicht heiraten – und sein Verkehr in der Adelsgesellschaft des Grafen Friedrich von → Stadion im Schloß Warthausen lenkten ihn auf die skeptische Erfahrungsphilosophie der europäischen Aufklärung und der älteren Moralistik. Mit einer Art poetischen Empirismus tauchte er nun alles ins oftmals grelle Licht des ironischen Zweifels, was er einst als ideale Wahrheit verfochten hatte. Die ‚Schwärmerei' wurde dem Skeptiker fortan zum Inbegriff einer falschen Sicht auf die Menschenwelt. Die dichterische Einbildungskraft und die poetische Fiktion, die gleichwohl „vollkommen mit dem ordentlichen Laufe der Natur" übereinstimme, ist ihm das Äquivalent einer politischphilosophischen Kritik der Erfahrung. W. wollte ihr einen kultivierenden Einfluß auf die Seelen seiner Leser zutrauen. → Schillers Fortschrittskonzept der ‚ästhetischen Erziehung', d. h. die geschichtsphilosophische Seite der sog. Weimarer Klassik, hat W. immer fern gestanden. „Zwischen Bürgerstube und Adelssalon" (Jørgensen) entstanden nun die ersten Romane: *Der Sieg der Natur über die Schwärmerei oder die Abenteuer des Don Sylvio von Rosalva* und *Die Geschichte des Agathon* (1766/67, 1772 und 1793/94 in drei Fassungen), die die Gattung des deutschen ‚Bildungsromans' begründeten. 1761-66 übersetzte W. 22 Dramen Shakespeares. Mit den *Comischen Erzählungen*, dem *Idris*, mit *Musarion oder die Philosophie der Grazien* und dem *Neuen Amadis* entstanden die Verserzählungen, in denen W.s Poesie ihren Gipfel und die deutsche Literatursprache eine Geschmeidigkeit erreichte, die ihr bis dahin niemand zugetraut hatte. Neben anderen Werken (u. a. *Schach Lolo, Pervonte, Ein Wintermärchen*) gehört auch der *Oberon* (1780) zu diesem spezifisch W.schen Genre. Im Jahr 1765 heiratete er die Augsburger Kaufmannstochter Anna Dorothea von Hillenbrand. Aus der glücklichen Ehe gingen neun Kinder hervor. 1769 ging W. als Prof. der Philosophie und Regierungsrat an die kurmainzische Univ. Erfurt. Er las über die neueste Praktische Philosophie (Adam Ferguson), die Theorie der ‚Schönen Wissenschaften' und die Komödien des Aristophanes. Aus der eigenwilligen Verbindung seiner Interessen an Politischer Theorie, an Fürstenerziehung und poetischer Erfahrungskritik entstanden Werke, die der Utopie nahestehen, diese aber eher als ironisches Spiel denn als ernsthaften Gegenentwurf behandeln: 1770 der heitere Kurzroman *Sokrates mainomenos oder die Dialogen des Diogenes von Sinope*, 1772 *Der goldne Spiegel*. Im *Diogenes* wie vor allem in den *Beiträgen zur geheimen Geschichte des menschlichen Verstandes und Herzens* formulierte W. auch seine Kritik an Rousseau: Aus der Moderne gibt es keinen Rückweg, die Gebrechen der Zivilisation sind nur durch mehr Zivilisation, nicht durch Flucht aus ihr zu kurieren.
War ihm der Abschied von Biberach, dem „Anti-Parnaß", eine Befreiung, so endeten auch die Erfurter Jahre 1772 mit einer Erlösung aus den Querelen einer gescheiterten Universitätsreform. Für 1000 Taler jährlich und eine lebenslange Pension von 600 Talern folgte er dem Angebot der Herzogin → Anna Amalia, die den *Goldnen Spiegel* gelesen hatte, und ging als Prinzenerzieher an den Weimarer Hof. Der Dienst endete bereits nach drei Jahren mit dem Regierungsantritt des Erbprinzen → Karl August; von nun an lebte W. ganz nach dem Motto Don Quijotes: „pain cuit et liberté", in einem gemischten Status als fürstlicher Pensionär und als fleißiger, gut verdienender Autor für den literarischen Markt. Anders als die jüngeren → Herder, → Goethe und Schiller arbeitete W., der keinen Wert auf den Adelstitel legte, zeitlebens als eine Art ‚freier Schriftsteller' im höfischen Weimar. 1773 gründete er den „Teutschen Merkur", den er bis 1790 allein herausgab, eine Kulturzeitschrift für literarische Beiträge und Kritik mit weitem Horizont und großem Einfluß, das erste ‚Nationaljournal' für

die literarische und politische Kultur in Deutschland. W. selbst publizierte darin nicht nur Rezensionen, Nachrichten, Essays (zum Teil in dialogischer Form) und Stellungnahmen etwa zur Französischen Revolution, sondern auch mehrere seiner Werke in Fortsetzungen, z. B. den satirischen Gesellschaftsroman *Die Abderiten* (1774-81) und *Die Geschichte des Philosophen Danischmende*. Neben den noch heute geschätzten Übersetzungen der Briefe und Satiren des Horaz, der Werke Lukians und der Briefe Ciceros entstanden die großen Romane in Kostümen der Spätantike, der *Peregrinus Proteus*, der *Agathodämon* und zuletzt *Aristipp und einige seiner Zeitgenossen*. 1794 startete → Göschen eine Ausgabe der *Sämmtlichen Werke*, die erste Klassikerausgabe der deutschen Nationalliteratur. Im Alter zog W. in ein Landgut im idyllischen Oßmannstedt, das er 1803 wieder verkaufen mußte. 1801 war seine Frau gestorben. An ihrer Seite liegt er dort im Park begraben.

WERKE: Sämmtliche Werke (Ausgabe letzter Hand). 39 Bde., 6 Supplement-Bde., Leipzig 1794-1811. Reprint, 45 Bde., Hamburg 1984. – Gesammelte Schriften (Akademie-Ausgabe). Berlin 1909 ff. (unvollendet). – Werke Hrsg. v. Fritz Martini/Hans Werner Seiffert. 5 Bde., München 1964-68.

LITERATUR: Friedrich Sengle: W. Stuttgart 1949. – Irmela Brender: C. M. W. Reinbek bei Hamburg 1990. – Sven Aage Jørgensen/Herbert Jaumann/John A. McCarthy/Horst Thomé: W. Epoche – Werk – Wirkung. München 1994 (mit Literatur). – Klaus Schaefer: C. M. W. Stuttgart 1996.

Herbert Jaumann

Friedrich **Wilhelm** Ernst, Reichsgraf von *Schaumburg-Lippe*, * 9.1.1724 London, † 10.9.1777 Bückeburg.
Nach mathematischen und kriegswissenschaftlichen Studien in Genf, Montpellier und Leiden kämpfte W. u. a. im kaiserlichen Heer in Italien und nahm am Österreichischen Erbfolgekrieg teil. 1748 übernahm er die Regierung in seinem kleinen Land und stellte mit Hilfe der allgemeinen Wehrpflicht ein gut geschultes eigenes Heer auf, mit dem er sich als hannoverscher Generalfeldzeugmeister im Siebenjährigen Krieg behauptete. 1762-64 reorganisierte er auf Wunsch König Georgs III. von England das portugiesische Heerwesen und vertrieb die französisch-spanischen Truppen aus dem Land. Seit 1764 residierte er in Bückeburg und bemühte sich um wirtschaftliche, soziale, kulturelle und militärische Reformen in seinem Land. Der kunstsinnige Herrscher zog bedeutende Künstler und Wissenschaftler an seinen Hof, u. a. Johann Gottfried → Herder, Thomas → Abbt und Johann Christoph Friedrich → Bach. Seine moderne Wehrpolitik gipfelte in der Errichtung einer Militärakademie auf der Festung Wilhelmstein im Steinhuder Meer, an der ohne Rücksicht auf die ständische Herrschaft tüchtige Offiziere ausgebildet wurden, zu denen u. a. Gerhard Johann David von Scharnhorst gehörte. Eine Ausgabe der *Schriften und Briefe* W.s erschien 1977-83 in drei Bänden.

Wilhelmine Friederike Sophie, Markgräfin von *Bayreuth*, * 3.7.1709 Berlin, † 14.10.1758 Bayreuth.
Die Tochter → Friedrich Wilhelms I. von Preußen und Lieblingsschwester → Friedrichs des Großen wurde nach der Zerschlagung des Heiratsplanes mit dem Prince of Wales 1731 mit dem ungeliebten Markgrafen Friedrich von Bayreuth vermählt. Sie setzte sich für die Durchsetzung der Aufklärung ein und regte die Rokokogestaltung der Stadt und der Landschaftsgärten an. In ihren ursprünglich in französischer Sprache verfaßten *Denkwürdigkeiten* (2 Bde., 1810; dt. 1810/11) zeichnete sie, hochintelligent, vielsprachig und verbittert, ein kritisches Bild des Lebens am preuß. Hof und ihres Vaters und trug damit zu dessen negativer Beurteilung im 19. Jh. bei.

Will, Georg Andreas, Historiker, Bibliothekar, * 30.8.1727 Obermichelbach, † 18.9.1798 Altdorf.
Der Sohn eines Nürnberger Geistlichen studierte Philosophie und Theologie in Altdorf. 1755 wurde er dort Prof. der Philosophie, 1757 der Poetik, 1766 der Geschichte und 1780 der Logik. Als Bibliothekar der Universitätsbibliothek erwarb er sich u. a. mit der Aufstellung der Trewschen Sammlung Verdienste. Besondere Aufmerksamkeit widmete W. der Nürnberger und fränkischen Orts-, Landes- und Gelehrtengeschichte. Er begründete die Altdorfische deutsche Gesellschaft, gab die *Nürnbergischen Münzbelustigungen* (4 Tle., 1764-67) und eine *Bibliotheca Norica Williana* (8 Bde., 1772-93) heraus und verfaßte ein umfangreiches *Nürnbergisches Gelehrten-Lexicon* (4 Bde., 1755-58).

Willebrand, Christian Ludwig, Schriftsteller, * 18.10.1750 Lübeck, † 24.8.1837 Hamburg.
Der Sohn eines Juristen und Schriftstellers ließ sich nach dem 1771 in Halle mit der Promotion abgeschlossenen Studium der Rechtswissenschaften in Hamburg nieder und widmete sich einer schriftstellerischen Tätigkeit. Neben didaktischen, den Denkformen und Zielen der Aufklärung verpflichteten Schriften (u. a. *Sittliche und rührende Unterhaltungen für Frauenzimmer*, 12 Bde., 1770-86; *Lehrbrief für Jünglinge, die sich der Welt bilden*, 1778) verfaßte er u. a. die Erzählungen *Etwas für Mütter* (1774), in deren Vorrede er die Theorie des Romans eines moralisierenden Pragmatismus entwarf.

Winckelmann, Johann Joachim, Archäologe, * 9.12.1717 Stendal, † 8.6.1768 Triest.
Der Sohn eines Schusters wuchs ärmlich auf. Er besuchte Schulen in Stendal, Berlin und Salzwedel. Von 1738 bis 1740 studierte er in Halle Theologie, 1741 in Jena Medizin und Mathematik. Von 1742 bis 1743 war er Hauslehrer in Hadmersleben. Hier zeigten sich W.s homoerotische Neigungen, die auch seine Kunstanschauung beeinflußten. Von 1743 bis 1748 war W. Konrektor an der Schule zu Seehausen. Seit Herbst 1748 arbeitete er in der Bibliothek des Grafen Heinrich von Bünau in Nöthnitz an der *Teutschen Kayser- und Reichs-Historie* und am Katalog der Bibliothek mit. 1752 lernte er den Nuntius

am sächsisch-polnischen Hof Alberigo Graf Archinto kennen. Anfang Oktober 1754 siedelte W. nach Dresden über, wo er bei dem Maler Adam Friedrich Oeser wohnte, der ihn förderte. Er hatte Beziehung zum italienischen Leibarzt des Königs, Giovanni Lodovico Bianconi, und zu Leo Rauch, dem Beichtvater des Königs. Rauch stellte ihm eine Bibliotheksstelle beim Kardinal Domenico Passionei in Rom in Aussicht; Bedingung war der Übertritt zum Katholizismus. 1755 verfaßte er nach zwei früheren schriftstellerischen Versuchen die *Gedanken über die Nachahmung der Griechischen Wercke in der Malerey und Bildhauer-Kunst*. W.s Thesen, daß nur durch Nachahmung der Alten Großes zu erreichen sei, und daß das vorzügliche Kennzeichen der griechischen Meisterstücke „edle Einfalt und stille Größe" seien, fanden Zustimmung.

1754 machte sich W. nach Rom auf; eine Pension des sächsischen Hofes bildete die materielle Grundlage. W. wohnte in Rom dem Maler Anton Raphael Mengs gegenüber, der sich seiner annahm und mit dem W. einen regen Gedankenaustausch führte. 1756 lernte er den Kardinal Passionei kennen. Von 1757 bis 1758 lebte er mit dem dänischen Bildhauer Hans Wiedewelt zusammen, dann bot ihm Archinto, für dessen Bibliothek er arbeitete, eine Wohnung in der Cancelleria an. 1758 trat W. seine erste Reise nach Neapel an. Im April 1758 wieder in Rom, suchte er Wilhelm Muzel-Stosch in Florenz auf, der eine Gemmensammlung besaß, und übernahm im September die Abfassung des – französisch zu schreibenden – Katalogs. 1759 veröffentlichte W. in der „Bibliothek der schönen Wissenschaften" einige Abhandlungen, darunter *Erinnerungen über die Betrachtung der Werke der Kunst* und *Von der Grazie in Werken der Kunst*. Am 30. 9. starb Archinto; bald darauf erhielt W. eine Einladung des Kardinals Alessandro Albani, der ihm eine Wohnung anbot. Im Juni 1759 zog er in den Palazzo Albani auf dem Quirinal. Zunächst stellte er die *Description des pierres gravées du feu Baron de Stosch* fertig, die 1760 erschien. W. wurde Mitglied der Accademia di S. Luca in Rom, der Society of Antiquity in London und der Accademia Etrusca in Cortona. Als der Kardinal begann, eine neue Antikensammlung anzulegen, beriet ihn W. Vor der Porta Salaria wurde eine Villenanlage gebaut, wo auch W. eine Wohnung erhielt. 1762 unternahm W. mit dem Grafen Heinrich von Brühl seine zweite Reise nach Neapel; danach verfaßte er das *Sendschreiben von den Herculanischen Entdeckungen* (1762). W. kritisierte die Ausgrabungen scharf, was aber in Neapel nicht bemerkt wurde.

Im Sommer 1762 erschien in Rom der livländische Freiherr Friedrich Reinhold von Berg. In der ihm gewidmeten *Abhandlung von der Fähigkeit der Empfindung des Schönen in der Kunst und dem Unterricht in derselben* (1763) vertritt W. die Meinung vom Vorrecht der männlichen Schönheit und gibt Anweisungen, wie man den Sinn für das Schöne wecken könne. 1762 legte er in den *Anmerkungen über die Baukunst der Alten* seine architektonischen Beobachtungen vor. Als 1763 Ridolfino Venuti, Prefetto dell'Antichità di Roma, starb, trat W. die Nachfolge an. Im Februar 1764 reiste er, begleitet von Heinrich Füssli und Peter Dietrich Volkmann, zum dritten Mal nach Neapel; danach schrieb er *Nachrichten von den neuesten herkulanischen Entdeckungen an Heinrich Füssli in Zürich* (1764). Inzwischen hatte Comte de Caylus, französischer Altertumsforscher, W.s Sendschreiben ins Französische übersetzen lassen, wodurch es auch in Neapel bekannt wurde. Empört verfaßte man eine Gegenschrift, in welcher der „Gote" W. heftig zurechtgewiesen wurde.

Anfang 1764 erschien in Dresden W.s lange vorbereitetes, oft umgearbeitetes Hauptwerk, die *Geschichte der Kunst des Alterthums*. W. gibt hier eine auf der Anschauung der Kunstwerke basierende Kunstgeschichte vor, ohne die einzelnen Künstler zu vernachlässigen. Wichtig wird der Begriff des „Stils". W. weist der griechischen Kunst absoluten Vorrang zu. Er betont den Einfluß des Klimas und der politischen Freiheit. Daß das Werk aufgrund einiger Stiche, die Giovanni Casanova ihm als Wiedergaben antiker Gemälde zugestellt hatte, Fälschungen enthielt, bemerkte W. bald. Im Herbst 1766 erschien der *Versuch einer Allegorie, besonders für die Kunst*. 1767 erschienen *Anmerkungen über die Geschichte der Kunst des Alterthums*, mit Zusätzen zu seinem Hauptwerk. Als W. im August 1765 das Angebot erhielt, in die Dienste → Friedrichs II. von Preußen zu treten, verzichtete er wegen zu geringer Besoldung. Er entschloß sich nun zu einer italienischen Publikation, der er einen *Trattato preliminare del disegno e delle bellezze* vorausschickte. Die beiden ersten Bände der *Monumenti antichi inediti* erschienen im April 1767. W.s Art der Deutung war neu: in den Darstellungen fand er griechische Mythologie, nicht römische Geschichte. An eine Reise nach Deutschland hatte W. schon 1763 gedacht. Nun brach er, mit dem Bildhauer Bartolomeo Cavaceppi, am 10. 4. 1768 auf. In Tirol angelangt, verfiel W. plötzlich in tiefe Melancholie und wollte nach Rom zurückkehren. In Regensburg stand W.s Entschluß zur Rückkehr fest. W. fuhr zunächst nach Wien, wo er von der Kaiserin Maria Theresia empfangen wurde. Am 1. Juni kam er allein in Triest an. Bei der Suche nach einer Überfahrt nach Venedig half ihm sein Zimmernachbar Francesco Arcangeli, ein wegen Diebstahls vorbestrafter Koch. W. war viel in seiner Gesellschaft. Am 8. Juni trat Arcangeli morgens in W.s Zimmer, warf dem am Tisch Sitzenden eine Schlinge um den Hals und versetzte ihm mehrere Stiche. Es war ein Raubmord. W. erhielt die letzte Ölung und diktierte sein Testament. Die Leiche wurde ohne Feierlichkeiten in einem allgemeinen Beinhaus beigesetzt.

WEITERE WERKE: W.s Werke. Einzige vollständige Ausgabe. Hrsg. v. Joseph Eiselein. 12 Bde., Donaueschingen 1825-29. – J. J. W. Briefe. In Verbindung mit Hans Diepolder hrsg. v. Walther Rehm. 4 Bde., Berlin 1952-57. – J. J. W. Lettere italiane. A cura di Giorgio Zampa. Milano 1961. – J. J. W. Kunsttheoretische Schriften. Faksimile-Ausgabe der Erstausgaben. 10 Bde., Baden-Baden/Strasbourg 1962-71. – J. J. W. Kleine Schriften, Vorreden, Entwürfe. Hrsg.

v. Walther Rehm. Mit einer Einleitung v. Hellmut Sichtermann. Berlin 1968. – J. J. W. Unbekannte Schriften. Antiquarische Relationen und Beschreibung der Villa Albani. Hrsg. und bearb. v. Sigrid von Moisy/Hellmut Sichtermann/Ludwig Tavernier. Bayerische Akademie der Wissenschaften Philosophisch-Historische Klasse. Abhandlungen N. F. Heft 95. München 1986. – J. J. W. Schriften und Nachlaß. Hrsg. v. der Akademie der Wissenschaften und der Literatur Mainz, der Akademie gemeinnütziger Wissenschaften zu Erfurt und der Winckelmann-Gesellschaft. Bisher erschienen: Bd. 1: Von der Restauration der Antiquen. Bearb. v. Max Kunze. Hrsg. v. Stephanie-Gerrit Bruer/Max Kunze. Mainz 1996. Bd. 2: Herkulanische Schriften. 2 Tle. Hrsg. v. Stephanie-Gerrit Bruer/Max Kunze. Mainz 1997.
LITERATUR: In dem genannten Bd. 1 der Mainzer Ausgabe finden sich genaue Literaturangaben. Wichtig sind die vier W.-Bibliograpien, hrsg. v. der Winckelmann-Gesellschaft. Stendal 1942-88. Weitere regelmäßige Veröffentlichungen der Winckelmann-Gesellschaft: Jahresgaben. Beiträge. Mitteilungen. Schriften. Akzidenzen. – Carl Justi: W. und seine Zeitgenossen. Hrsg. v. Walther Rehm. 3 Bde., Köln ^{5}1956. – Mordakte W. Die Originalakten des Kriminalprozesses gegen den Mörder J. J. W.s (Triest 1768). Aufgefunden und im Wortlaut des Originals in Triest 1964 hrsg. v. Cesare Pagnini, übersetzt und kommentiert v. Heinrich Alexander Stoll. Berlin 1965. – Wolfgang Leppmann: W. Eine Biographie mit 37 Bilddokumenten. Frankfurt/Berlin/Wien 1971. – Forschungen zur Villa Albani. Antike Kunst und die Epoche der Aufklärung. Hrsg. v. Herbert Beck/Peter C. Bol. Berlin 1982. – J. J. W. 1717-1768. Hrsg. v. Thomas W. Gaehtgens. Hamburg 1986. – Markus Käfer: W.s hermeneutische Prinzipien. Heidelberg 1986. – W. Die Geburt der Kunstgeschichte im Zeitalter der Aufklärung. Beiträge einer Vortragsreihe im Auditorium des Louvre 1989/1990 unter der wissenschaftlichen Leitung von Edouard Pommier. Stendal 1994. Originalausgabe: W.: la naissance de l'histoire de l'art à l'époque des Lumières. Actes du cycle de conférences prononcées à l'Auditorium du Louvre du 11 décembre 1989 au 12 février 1990. Sous la direction scientifique d'Edouard Pommier. Paris 1991. – Hellmut Sichtermann: Kulturgeschichte der klassischen Archäologie. München 1996.

Hellmut Sichtermann

Winckler, Johann Heinrich, auch Winkler, Philosoph, Physiker, * 12.3.1703 Wingendorf (Oberlausitz), † 18.5.1770 Leipzig.
W. war nach dem Studium (Promotion 1734, *Diss. iuridica inauguralis exhibens centuriam thesium ex iure civili, canonico et publico*) seit 1739 Prof. der Philosophie an der Univ. Leipzig. Seit 1741 lehrte er dort lateinische und griechische Sprache, seit 1750 Physik. Der junge → Goethe gehörte zu seinen Schülern. W., seit 1747 Mitglied der Royal Society, war ein Wegbereiter der Elektrizitätsforschung in Deutschland. Er erbrachte wichtige Beiträge zur Reibungselektrizität, verbesserte die Elektrisiermaschine von Francis Hauksbee und wurde durch Schauversuche mit Leidener Flaschen, in denen er Funkenentladungen demonstrierte, bekannt. Unabhängig von Benjamin Franklin erkannte er, daß sich Gewitterblitze und elektrische Funken lediglich in der Stärke der Elektrizität unterscheiden. Zu seinen einflußreichen physikalischen Schriften gehören *Gedanken von den Eigenschaften, Wirkungen und Ursachen der Electricität* (1744), *Die Eigenschaften der electrischen Materie und des electrischen Feuers aus verschiedenen neuen Versuchen erkläret* (1745) und *Die Stärke der electrischen Kraft des Wassers in gläsernen Gefäßen* (1746). Als Philosoph ein Anhänger Christian → Wolffs, veröffentlichte er u. a. *Institutiones philosophiae Wolffianae* (1735, ^{3}1762).
WEITERE WERKE: De anima corporis organici architecta. Leipzig 1739. – Vernunftmäßige Gedanken über die wichtigen Sachen und Streitigkeiten in der natürlichen Gottesgelahrtheit. Leipzig 1739. – Anfangsgründe der Physik. Leipzig 1753, ^{3}1774.
LITERATUR: Otto Liebmann: W. In: ADB 43, 1898, S. 376.

Winkopp, Peter Adolph, Schriftsteller, Publizist, * 1759 Kurmainz, † 26.10.1813 Aschaffenburg.
Nach dem Studium der Theologie und Philosophie in Erfurt trat W. 1778 in den Benediktinerorden ein, floh jedoch 1781 aus dem Kloster und verfaßte einige Romane, die vor allem gegen den kirchlichen und staatlichen Machtmißbrauch gerichtet sind, u. a. *Leben, Schicksale und Verfolgungen des Priors Hartungus* (1782). 1783 gründete er die aufklärerische Zeitschrift „Bibliothek für Denker und Männer von Geschmack" (4 Bde., 1783-91) und gab 1785/86 in Zürich die sozialkritische Zeitschrift „Der deutsche Zuschauer" heraus. 1786 wurde W. wegen eines von ihm anonym veröffentlichten kritischen Artikels Johann von Benzels von der Mainzer Regierung verschleppt und gefangengesetzt. Nach seiner Entlassung lebte er als Verfechter der absolutistischen Ordnung in Mainz, wo er 1791 Hofbeamter wurde. 1801 ließ sich W. als freier Schriftsteller und Publizist in Aschaffenburg nieder.

Wittenberg, Albrecht, Publizist, Übersetzer, * 5.12.1728 Hamburg, † 13.2.1807 Hamburg.
Nach dem 1751 in Göttingen mit der Promotion zum Lic. iur. abgeschlossenen Studium der Rechtswissenschaften war W. Rechtsanwalt in Hamburg. Seit 1764 widmete er sich ganz seiner literarischen und publizistischen Tätigkeit. Er war Herausgeber und Redakteur mehrerer Hamburger Zeitungen, u. a. 1772-86 beim „Altonaischen Reichspostreuter", 1786-95 bei der „Neuen Hamburgischen Zeitung" und 1787-95 beim „Niederelbischen historisch-politisch-litterarischen Magazin". W. trat besonders als Theaterkritiker hervor, war auch als Übersetzer aus dem Französischen und Englischen tätig und veröffentlichte u. a. *Epigramme und andere Gedichte* (1779).

Wittola, Markus Anton, österr. kath. Theologe, * 25.4.1736 Kosel (Schlesien), † 24.3.1797 Wien.
Nach dem Besuch einer Jesuitenschule kam W. 1757 zum Studium der Theologie nach Wien, wo er durch

Weihbischof Simon Stock mit dem Jansenismus bekannt wurde. 1774 von Maria Theresia zum Mitglied der kaiserlichen Bücherzensur ernannt, wurde er im selben Jahr Pfarrer von Probstdorf bei Wien und Titularpropst von Bienco in Ungarn. In zahlreichen Schriften sowie in der von ihm nach dem Vorbild des internationalen Jansenistenorgans „Nouvelles Ecclésiastiques" gegründeten „Wienerischen Kirchenzeitung" vertrat W. 1784-89 ein stark ausgeprägtes Staatskirchentum josephinischer Prägung. Er war Gegner des Ordenswesens, insbesondere der Jesuiten, der Herz-Jesu-Andacht und der Wallfahrten. W. veröffentlichte u. a. *Neueste Beiträge zur Religionslehre und Kirchengeschichte* (1790).

Wobeser, Wilhelmine Karoline von, Schriftstellerin, * 1769 Berlin, † 1807 Gut Wirschen bei Stolpe.
Die aus einer hugenottischen Familie stammende W. wurde 1797 die Frau des preuß. Hauptmanns Friedrich von W., der ihren literarischen Interessen vermutlich ablehnend gegenüberstand. Ihr anonym erschienener einziger Roman *Elisa oder das Weib wie es seyn sollte* (1795, ⁴1799, Neudr. 1987) erzielte großen Erfolg. In dem mehrfach übersetzten Roman wird das weibliche Tugendideal der Spätaufklärung vertreten.

Wöllner, Johann Christoph von, evang. Theologe, Staatsmann, * 19.5.1732 Döberitz (Mark), † 10.9.1800 Groß-Rietz bei Beeskow (Mark).
W., luth. Pfarrerssohn, studierte in Halle Theologie und wurde Hauslehrer. Sein Pfarramt, das er 1755-59 innehatte, tauschte er gegen die Stellung eines Pächters des Gutes Groß-Behnitz in der Mark ein, wurde 1766 durch Einheirat dessen Besitzer und widmete sich dem Studium der Landwirtschaft und der Nationalökonomie. Nach der Ernennung zum Kammerrat 1770 übernahm er die Domänenverwaltung des Prinzen → Heinrich von Preußen. 1786 wurde W. geadelt. Als Leiter des Rosenkreuzerordens trat er in enge Beziehung zu König Friedrich Wilhelm II., der ihn 1788 zum Minister des Geistlichen ernannte. Bereits nach wenigen Tagen bewirkte er ein „Edikt, die Religionsverfassung in den preußischen Staaten betreffend" (Wöllnersches Religionsedikt), das die drei Hauptkonfessionen vor den angeblich schädlichen Folgen der Aufklärung schützen sollte; zur Überwachung wurde 1791 die Immediatexamenskommission eingesetzt. Die Maßnahmen, die als obskurantistischer Gegenschlag gegen die aufgeklärte friderizianische Religionspolitik großes Aufsehen erregten, blieben letztlich wirkungslos und wurden 1797 beim Regierungsantritt Friedrich Wilhelms III. aufgehoben. W. wurde 1798 entlassen.

Wolf, Friedrich August (Christian Wilhelm), klassischer Philologe, * 15.2.1759 Hainrode bei Nordhausen, † 8.8.1824 auf einer Reise in Marseille.
W., Sohn eines Schulmeisters und Kantors, wurde 1776 in Göttingen als erster in Deutschland als „Philologiae Studiosus" immatrikuliert. Von 1779 bis zur Ernennung zum Rektor der Stadtschule in Osterode (1782) war er auf Empfehlung von Christian Gottlob → Heyne Collaborator am Pädagogium in Ilfeld/Harz. 1783 wurde er o. Prof. der Philologie und Pädagogik an der Univ. Halle. 1806 begann er – ermuntert von → Goethe – eine umfangreiche literarische Tätigkeit und wirkte neben Wilhelm von → Humboldt maßgeblich an der Errichtung der Univ. Berlin mit, an der er 1810 o. Prof. wurde. W. vertrat erstmals die klassische Philologie als selbständige philologisch-historische Wissenschaft und forderte einen verstärkten Unterricht der Alten Sprachen an Gymnasien. Als sein Hauptwerk gilt eine *Darstellung der Altertumswissenschaft nach Begriff, Umfang, Zweck und Werth* (2 Bde., 1807/08). Von der in zwei Teilen geplanten Begleitschrift *Prolegomena ad Homerum* (1808) zu seiner 1794 erschienenen Ausgabe der *Ilias* wurde lediglich der erste Teil ausgearbeitet, hatte aber als Beginn der Homeranalyse, welche die Ursprünge der Epen in Einzelliedern suchte, eine außerordentlich breite Wirkung bis weit ins 20. Jahrhundert. Johann Wolfgang von Goethe forderte W.s Forschungsansatz zum Widerspruch heraus. Materialien zum 2. Band fügte Immanuel Bekker seiner Ausgabe der *Prolegomena* an.
LITERATUR: F. A. W. Studien, Dokumente, Bibliographie. Hrsg. v. Reinhard Markner und Giuseppe Veltri. Stuttgart 1999.

Wolff, Christian Frh. von, Mathematiker, Philosoph, * 24.1.1679 Breslau, † 9.4.1754 Halle/Saale.
Als Sohn eines Handwerkers geboren, studierte W. in Jena Theologie, Philosophie und Mathematik und ging als Lehrer der Mathematik nach Leipzig und Gießen; 1707 wurde er Prof. der Mathematik in Halle. Zunächst wurde er als Autor mathematischer Schriften bekannt, hatte aber schon 1703 in seiner Leipziger Dissertation die mathematische Methode auf die Philosophie anzuwenden versucht. In Halle ging er, obwohl jetzt seine großen mathematischen Lehrbücher erschienen (*Anfangsgründe aller mathematischen Wissenschaft*, 1710; *Elementa matheseos universae*, 1713-15), mehr und mehr zur Philosophie über. Dabei blieb die Mathematik, auch wenn W. den Begriff der mathematischen Methode sehr weit faßte, immer die Musterwissenschaft. Als Mathematiker führte er auch einen Briefwechsel mit → Leibniz, ohne jedoch von dessen noch unveröffentlichter Philosophie nähere Kenntnis zu erhalten.
1713 veröffentlichte W. seine sogenannte Deutsche Logik, 1720 seine Deutsche Metaphysik und seine Deutsche Ethik, 1721 seine Deutsche Politik. Seine Absicht war es, die gesamte Philosophie und Wissenschaft auf ein sicheres Fundament zu stellen und als System zu entwickeln. Dabei bediente er sich, wie in Halle seit Christian → Thomasius üblich, der deutschen Sprache, wobei er alle Fremdwörter konsequent zu verdeutschen suchte und damit zum Hauptbegründer der deutschen philosophischen Terminologie wurde. Aufgrund seiner klaren Sprache und Ge-

dankenführung wie seines neuartigen wissenschaftlichen Rationalismus überhaupt wurde er schnell berühmt, allerdings auch bald von den in Halle dominierenden Pietisten angegriffen, die in ihm einen Leugner der Willensfreiheit vermuteten.
Als W. 1721 in einer Rede zur Übergabe des Prorektorats (*De Sinarum philosophia practica*) die Tugend der Heiden herausstrich, kam es zum Eklat; 1723 mußte er auf Befehl König → Friedrich Wilhelms I. von Preußen „bei Strafe des Stranges" Halle innerhalb von 24 Stunden verlassen und ging nach Marburg, wo er sozusagen als Märtyrer der Aufklärung empfangen wurde. Hier wandte er sich verstärkt der selbstgesetzten Aufgabe zu, die Philosophie als Universal- und Fundamentalwissenschaft zu begründen – diesmal in lateinischer Sprache; denn sein Ehrgeiz war es, „Lehrer des gesamten Menschengeschlechts" zu werden. Dabei definierte er Philosophie nicht nur als Wissenschaft von den ersten Ursachen, sondern auch (alle Wirklichkeitswissenschaft überschreitend) als Wissenschaft des Möglichen: Die philosophische Erkenntnis ist die höchste Erkenntnis; sie soll auf der historischen Erkenntnis (Tatsachenkunde) und der mathematischen Erkenntnis (Größenmessung) aufbauen. Allerdings wurden W.s Werke, wie es sich aus ihrem systematischen Anspruch ergab, nun immer umfangreicher. Die Logik wurde zu einem dreibändigen, die Metaphysik zu einem vierbändigen, das von der Ethik jetzt unterschiedene Naturrecht zu einem achtbändigen, die Ethik selbst zu einem fünfbändigen Werk. So wurde W. schon bald als deutscher Schulphilosoph zu einer europäischen Berühmtheit, dessen Philosophie auch im kath. Italien studiert und durch seine Schüler bis nach Rußland verbreitet wurde. 1740 wurde er von → Friedrich II., der einige seiner frühen Schriften in französischer Übersetzung gelesen hatte, in einer seiner ersten Regierungshandlungen nach Halle zurückberufen, wo er triumphal empfangen wurde. Allerdings stießen seine immer umfangreicheren Werke mehr und mehr auf Ablehnung. Am Ende waren es die handlichen Kompendien seiner Schüler, durch die die W.sche Philosophie bis in die sogenannte Popularphilosophie hinein lebendig blieb. W. war der bedeutendste Philosoph der deutschen Aufklärung. Er ist 1745 geadelt und zum Freiherrn erhoben worden.
WERKE: Gesammelte Werke. Hrsg. v. Jean Ecole u. a. Hildesheim 1968 ff.
LITERATUR: Max Wundt: Die deutsche Schulphilosophie im Zeitalter der Aufklärung. Tübingen 1945. – Anton Bissinger: Die Struktur der Gotteserkenntnis. Studien zur Philosophie C. W.s. Bonn 1970. – Werner Schneiders: C. W. 1679-1754. Interpretationen zu seiner Philosophie und deren Wirkung. Mit einer Bibliographie der Wolff-Literatur. (Studien zum 18. Jahrhundert. Bd. 4). Hamburg 1983. 2., durchgesehene Aufl. 1986. – Jean Ecole: Introduction à l'opus metaphysicum de C. W. Paris 1985. – Jean Ecole: La Métaphysique de C. W. Hildesheim 1990. – Sonia Carboncini: Transzendentale Wahrheit und Traum. C. W.s Antwort auf eine Herausforderung durch den Cartesianischen Zweifel. Stuttgart/Bad Cannstatt 1991.
Werner Schneiders

Wolfsohn, Aron, auch Aron ben Wolf, jüdischer Theologe, Übersetzer, * 1754 Niederehnheim (Elsaß) (nach anderen Angaben Halle/Saale), † 20. 3. 1835 Fürth.
Zunächst in Fürth, Hamburg und Berlin ansässig, unterrichtete W., Sohn eines Arztes, seit 1792 an der Breslauer Wilhelmsschule und wurde später zum kgl. Prof. und Direktor ernannt. 1807 kehrte er nach Berlin zurück, war seit 1807 Erzieher Giacomo Meyerbeers und verkehrte freundschaftlich mit David → Friedländer. W. gehörte zu den Gründern der Gesellschaft der Freunde, engagierte sich gemeinsam mit Joel Brill für die jüdische Aufklärung in Deutschland und übernahm mit diesem 1790 die Herausgabe des „Hameassef". Er veröffentlichte u. a. *Abtaljon, ein hebräisches Lesebuch für die jüdische Jugend, enthaltend Erzählungen aus der biblischen Geschichte bis Galoth Babel* (^{3}1814) und war als Übersetzer tätig.

Wolke, Christian Hinrich, Pädagoge, Schriftsteller, * 21. 8. 1741 Jever, † 8. 1. 1825 Berlin.
Der Sohn eines Landwirts begann 1773 in Göttingen das Jurastudium, wechselte zur Mathematik und Physik und studierte dann in Leipzig Philologie, vor allem bei Christian Fürchtegott → Gellert und Johann Heinrich → Ernesti; gleichzeitig ließ er sich von Friedrich Oeser in die Zeichen- und Malkunst einführen. Seit 1770 beteiligte er sich in Altona an der Bearbeitung von Johann Bernhard → Basedows *Elementarbuch*, widmete sich der Erziehung von dessen Tochter und ging mit ihm 1773 nach Dessau zur Errichtung des Philanthropins. 1778-84 war er Leiter der Anstalt und ging dann nach St. Petersburg, wo er mit Unterstützung von Katharina II. eine Privaterziehungsanstalt für Adlige errichtete. Eine schwere Krankheit und wirtschaftliche Fehlspekulationen erzwangen 1801 W.s Rückkehr nach Jever. Über Dresden kam er nach Berlin, wo er 1814 Mitbegründer der Berliner Deutschen Gesellschaft war. W. veröffentlichte u. a. *Pädagogische Unterhaltungen für Eltern und Kinderfreunde* (4 Bde., 1774-84) und *Anweisung wie Kinder und Stumme zu Sprachkenntnissen und Begriffen zu bringen sind* (1804).
LITERATUR: J. P. Hasselbach: Lebensgeschichte des [...] C. H. W. Aachen 1826. – Franz Ferdinand Nietzold: W. am Philanthropin zu Dessau. Grimma 1890.

Würzer, Heinrich, Publizist, * 28. 1. 1751 Hamburg, † 27. 7. 1835 Berlin.
Der Sohn eines Zuckerbäckers schloß das Studium der Rechtswissenschaften und Philosophie in Göttingen 1779 mit der Promotion ab, war Hauslehrer in Hamburg und gab seit 1784 die Monatsschrift „Deutsche Annalen" heraus. 1788 ging W. nach Berlin, wo er im Salon von Henriette → Herz verkehrte. Als er in den *Bemerkungen über das preußische Religionsedikt vom 9. Julius* (1788) Kritik an Johann Christoph von → Wöllners Obskurantismus übte und Pressefreiheit forderte, wurde W. zu sechs Wochen Gefängnis verurteilt und die von ihm errichtete Privatschule geschlossen, da er den Richtlinien des Religionsedikts

nicht folgen wollte. Seit 1793 in Altona ansässig, gab er Anfang 1794 die Wochenschrift „Historisches Journal" heraus, die das radikalste Sprachrohr der revolutionären Demokratie in Deutschland während der französischen Jakobinerherrschaft war und rasch verboten wurde. 1795 erschienen seine *Neuen Hyperboreischen Briefe*, 1796 seine Wochenschrift „Der patriotische Volksredner". W. leitete die 1793 von der jüdisch-christlichen Loge „Einigkeit und Toleranz" begründete Freimaurerschule bis zu ihrer Schließung 1808, nahm dann Privatschüler auf und kehrte 1827 nach Berlin zurück.

Wyss, David von, schweizer. Politiker, * 8.6.1763 Zürich, † 18.8.1839 Erlenbach.
Der Patrizier W. übte während des Ancien régime in Zürich verschiedene Ämter aus. In der Zeit der Helvetik seiner Stellungen ledig, war er in der Restaurationszeit wieder einer der führenden konservativen Politiker Zürichs und der Eidgenossenschaft. Seit 1814 Bürgermeister, war er 1815 maßgeblich am Zustandekommen des Bundesvertrags beteiligt. 1821-27 war W. eidgenössischer Bundespräsident. 1832 trat er nach Differenzen mit der liberalen Bewegung von seinem Amt als Bürgermeister zurück.

Z

Zachariae, (Justus) Friedrich Wilhelm, Schriftsteller, Übersetzer, Herausgeber, * 1.5.1726 Frankenhausen am Kyffhäuser, † 30.1.1777 Braunschweig.
Der Sohn eines Regierungsadvokaten studierte seit 1743 Rechtswissenschaften in Leipzig, wandte sich dann einer schriftstellerischen Tätigkeit zu und veröffentlichte 1744 die erste Folge seines berühmtesten Werks *Der Renommiste. Ein komisches Heldengedichte.* Zunächst Schüler Johann Christoph →Gottscheds, gehörte Z. seit 1744 dem Kreis der Bremer Beiträger an und setzte seit 1747 das Studium der Rechtswissenschaften in Göttingen fort. Seit 1748 war er Hofmeister am Collegium Carolinum in Braunschweig und wurde 1761 zum Professor ordinarius poëseos ernannt. Im selben Jahr übernahm Z. die Aufsicht über die „Gelehrten Beyträge", ein Teilblatt der „Braunschweigischen Anzeigen", 1766 über das gesamte Intelligenzwesen und gab seit 1768 die „Neue Braunschweigische Zeitung" heraus. 1774 schied er freiwillig aus seinen Ämtern aus und erhielt 1775 vom Herzog von Braunschweig das Kanonikat am St. Cyriaksstift. Z. bearbeitete Volksbücher (*Zwey schöne Neue Märlein,* 1762) und Fabeln, veröffentlichte u. a. *Scherzhafte Epische Poesien nebst einigen Oden und Liedern* (1754) und war als Übersetzer tätig.

Zaupser, Andreas (Dominikus), Jurist, Lyriker, * 23.12.1748 München, † 1.7.1795 München.
Der Sohn eines Kammerschreibers brach das Noviziat bei den Jesuiten in Oberaltaich ab, studierte Rechtswissenschaften in München und wurde Registrator, 1773 Hofkriegsratssekretär. Seit 1784 lehrte er als Prof. der Philosophie an der herzoglichen Landesakademie, der späteren Militärakademie in München. 1779 wurde Z. Mitglied der Bayerischen Akademie der Wissenschaften. Seit 1770 veröffentlichte er laientheologische, antidogmatische und antikuriale Schriften (u. a. *Briefe eines Baiern, an seinen Freund, über die Macht der Kirche und des Pabstes,* 1770) sowie juristische Abhandlungen, in denen er sich für eine Humanisierung des Strafrechts und -vollzugs einsetzte. Schlagartig bekannt wurde Z. 1780, nachdem seine gegen die spanische Inquisition gerichtete *Ode auf die Inquisition* (1777, erweiterte Aufl. 1780) von Kurfürst Karl Theodor verboten und konfisziert worden war. Seine Gedichte (postum unter dem Titel *Andreas Zaupsers sämmtliche Gedichte,* 1818) sind pragmatisch-aufklärerische Gelegenheitsgedichte. Z., der sich in den achtziger Jahren verstärkt der Dialektforschung widmete, verfaßte einen *Versuch eines bairischen und oberpfälzischen Idiotikons [...]* (1789; *Nachlese,* 1789; Neudr. 1986), den Johann Andreas Schmeller benutzen konnte. Z. gilt als einer der bedeutendsten altbayerischen Aufklärer.
LITERATUR: Karl von Reinhardstöttner: A. Z. In: Forschungen zur Kultur- und Litteraturgeschichte Bayerns. Bd. 1, München/Leipzig 1891, S. 121-226. – Wilhelm Haefs: Staatsmaschine und Musentempel. Von den Mühen literarisch-publizistischer Aufklärung in Kurbayern unter Max III. Joseph (1759-77). In: Zwischen Aufklärung und Restauration. Sozialer Wandel in der deutschen Literatur (1700-1848). Festschrift für Wolfgang Martens zum 65. Geburtstag. Hrsg. v. Wolfgang Frühwald. Tübingen 1989, S. 85-129.

Zedler, Johann Heinrich, Buchhändler, Verleger, * 7.1.1706 Breslau, † 21.3.1751 Leipzig.
Nach einer Buchhändlerlehre in Breslau und Hamburg gründete Z. eine Buchhandlung in Freiberg, die er 1727 nach Leipzig verlegte. Hier erschienen u. a. eine Ausgabe von Luthers *Sämtlichen [...] Schrifften und Wercken [...]* (22 Bde., 1729-34), eine *Allgemeine Staats-, Kriegs-, Kirchen- und Gelehrten-Chronicke [...]* (20 Bde., 1733-54) und als berühmtestes Werk das *Große vollständige Universal Lexicon Aller Wissenschafften und Künste, Welche bißhero durch menschlichen Verstand und Witz erfunden und verbessert worden [...]* (64 Bde., 4 Suppl.-Bde., 1732-54, Nachdrucke 1961-64 und 1994-99). 1738 wurde der Verlag von dem Leipziger Kaufmann Johann Heinrich Wolf übernommen.

Zedlitz und Leipe, Karl Abraham Frh. von, Staatsmann, Pädagoge, * 4.1.1731 Schwarzwaldau bei Landeshut (Niederschlesien), † 19.3.1793 Kapsdorf (Niederschlesien).
Aus einem in Schlesien alteingesessenen, protestantischen Adelsgeschlecht stammend, besuchte Z. zunächst das Ritterkollegium zu Brandenburg/Havel (1746/47), dann seit Oktober 1747 das im Geiste der Aufklärung neugegründete Collegium Carolinum in Braunschweig, ehe er sich im Februar 1752 in die Juristische Fakultät der Friedrichs-Universität zu Halle/Saale einschreiben ließ. Z. machte rasch Karriere: Im Oktober 1755 gelang es ihm, unter Bezugnahme auf ein Zusammentreffen mit König →Friedrich II. im Jahr zuvor, Referendar beim Berliner Kammergericht zu werden. 1759 wurde er Rat bei der Oberamtsregierung in Breslau und 1764 Präsident der oberschlesischen Oberamtsregierung in Brieg. 1770 wurde Z. Geheimer Etats- und Justizminister und bald darauf auch Chef des luth. Geistlichen Departements in Berlin. Sein vielfältiger Aufgabenbereich erstreckte sich vom Justizressort über das Armen- und Medizinalwesen bis hin zu den Kirchen- und Religionsangelegenheiten, vor allem der luth., aber auch der reformier-

Zehmen

ten und kath. Konfession, wobei Z. auf Ausgleich bedacht war und in der Regierungspraxis einen weitgefaßten Toleranzbegriff zur Anwendung brachte. Im Mittelpunkt seiner amtlichen Tätigkeit, die er mit großem persönlichen Engagement wahrnahm, standen jedoch eindeutig die Belange des preuß. Schul- und Erziehungswesens – von den Dorf- und niederen Stadtschulen über die Bürgerschulen und Gymnasien bis hin zu den Bildungsstätten des Adels sowie den Universitäten; hinzu kam seit 1774 das Oberkuratorium über die Ritterakademie in Liegnitz, für die er bis 1790 zuständig war. Während sich Z., der seit 1776 auch Mitglied der Königlich Preußischen Akademie der Wissenschaften war, im Rahmen der stets knapp bemessenen Finanzmittel des absolutistischen Obrigkeitsstaats und unter den tradierten, überwiegend reformfeindlichen Schulstrukturen zunächst um Verbesserungen im Land- und niederen Stadtschulwesen sowie der seminaristischen Lehrerausbildung bemühte, richtete sich sein Reformeifer nach dem Erlaß der programmatischen Kabinettsordre vom 5.9.1779 verstärkt auf das höhere Schulwesen.

Von seiner Ministertätigkeit ist nur wenig im Gedächtnis der Nachwelt haften geblieben, vor allem seine – bereits in der Regierungszeit Friedrich Wilhelms II. unternommene – erfolgreiche Initiative zur Gründung des Oberschulkollegiums (1787) als einer von geistlicher Bevormundung weitgehend unabhängigen, obersten zentralen Schulaufsichtsbehörde, die alsbald für eine Verbesserung der gymnasialen Lehrerausbildung sorgte und das Abiturientenexamen (1788) einführte.

Z. war ein Exponent des „aufgeklärten Absolutismus" friderizianischer Prägung und stand über Johann Erich → Biester und Friedrich → Gedike, die beiden Herausgeber der „Berlinischen Monatsschrift", sowie über andere bekannte Publizisten und Gelehrte wie Friedrich → Nicolai und Immanuel → Kant in regem Kontakt zur gelehrten Öffentlichkeit. Am 3.7.1788 wurde der gesundheitlich bereits angeschlagene Z. durch den Rosenkreuzer Johann Christoph von → Wöllner als Chef des luth. Geistlichen Departements abgelöst und faktisch politisch entmachtet. Die ihm verbliebenen Kompetenzen im Justizbereich legte Z. Anfang Dezember 1789 nieder und begab sich auf seine schlesischen Besitzungen, wo er verstarb.

WERKE: Sur le patriotisme considéré comme objet d'éducation dans les états Monarchiques [...]. Berlin 1776, dt. 1777. – Considérations sur l'état présent des écoles publiques et sur la possibilité de les rendre plus analogues et plus utiles à la vie civile [...]. Berlin 1777, dt. 1781. – Ueber die Einrichtung einer Volkslehre, in einem eigentlich monarchischen Staat [...]. In: Deutsches Museum 2 (1777) S. 97-100. – Vorschläge zur Verbesserung des Schulwesens in den königlichen Landen. In: Berlinische Monatsschrift 10 (1787) S. 97-116. – Von Charlottenbrunn [...]. Berlin 1790. – Journal einer Reise von Kapsdorf nach Lähn auf den Taubenmarkt [...]. In: Berlinische Monatsschrift 17 (1791) S. 402-416.

LITERATUR: Adolf Trendelenburg: Friedrich der Große und sein Staatsminister v. Z. Berlin 1859. – Conrad Rethwisch: Der Staatsminister Freiherr v. Z. und Preußens höheres Schulwesen im Zeitalter Friedrichs des Großen. Straßburg 1881, ²1886. – Franz Wiedemann: K. A. Freiherr v. Z. In: Schlesische Lebensbilder. Hrsg. v. Friedrich Andreae. Bd. 2. Breslau 1926, S. 38-44. – Peter Baumgart: K. A. Freiherr v. Z. In: Berlinische Lebensbilder. Bd. 3. Hrsg. v. Wolfgang Treue/Karlfried Gründer. Berlin 1987, S. 33-46. – Peter Mainka: K. A. v. Z. (1731-1793). Berlin 1995 (Literatur). – Ders.: Die Erziehung der adligen Jugend in Brandenburg-Preußen. Würzburg 1998.

Peter Mainka

Zehmen, Johann Anton Frh. von, Fürstbischof von Eichstätt, * 25.11.1715 Schloß Wahrberg, † 23.6.1790 Eichstätt.

Der Sohn eines Oberamtmanns erhielt seine theologische Ausbildung in Eichstätt und Wien, empfing 1728 die niederen Weihen und wurde 1739 Domherr in Eichstätt. 1745 zum Priester geweiht, wurde Z. 1751 Kapitular, 1757 Domdekan und Propst des Stifts Unserer Lieben Frau, 1765 auch Propst des Chorherrenstifts Herrieden, 1776 Koadjutor des Eichstätter Dompropstes und Weihbischofs. Seit 1739 Mitglied, seit 1751 Vizepräsident des Hofrats, war er mehrmals mit diplomatischen Aufgaben betraut und hielt sich als Gesandter in München und Wien auf. 1781 wurde Z. zum Fürstbischof von Eichstätt gewählt. Von der Aufklärung beeinflußt, sezte er sich für die Verbesserung der Lebensverhältnisse in seinem Bistum ein und bemühte sich u. a. um die Einführung der allgemeinen Volksschulpflicht sowie um Reformen im Gesundheits- und Finanzwesen. 1788 schloß er sich dem Fürstenbund an.

Zeidler, Johann Gottfried, auch Zeitler, evang. Theologe, Schriftsteller, * 11.4.1655 Fienstedt, † 1711 Halle/Saale.

Z. studierte Theologie in Jena und Wittenberg, wurde in Leipzig ordiniert und war seit 1679 Hilfspastor seines erblindeten Vaters. Nach dessen Tod 1700 schlug er die nun freie Pfarrstelle aus, ging als Witwer mit seinen Kindern nach Halle und widmete sich einer schriftstellerischen Tätigkeit. Z. war hier ein begeisterter Hörer von Christian → Thomasius, veröffentlichte nach seinen Vorlesungsnachschriften 1701 die *Dreyfache Rettung des Rechts Evangelischer Fürsten in Kirchen-Sachen* und übersetzte mehrere Schriften seines Lehrers, mit dem er in freundschaftlichem Verhältnis stand, ins Deutsche. Z. verfaßte zahlreiche Satiren, u. a. *Das verdeckte und entdeckte Carneval* (1699/1700) und *Die [...] Metaphysik oder Über-Naturlehre* (1699). Das zu seinen Lebzeiten bekannteste Werk war das *Pantomysterium, oder Das Neueste vom Jahre in der Wündschelruthe* (1700).

Zeiller, Franz Anton Edler von, österr. Jurist, * 14.1.1751 Graz, † 23.8.1828 Hietzing (heute zu Wien).

Nach dem Studium der Philosophie 1768 promoviert, ging Z., Sohn eines Kaufmanns, nach Wien und studierte die Rechte bei Karl Anton von Martini, dessen

Söhne er als Hauslehrer unterrichtete. Nach der Promotion wurde er 1778 a. o. Prof. und trat 1782 die Nachfolge Martinis als o. Prof. des Naturrechts und der Institutionen an der Univ. Wien an. 1792-97 war ihm der Rechtsunterricht mehrerer jüngerer Brüder Kaiser Franz' II. anvertraut. 1795 wurde Z. Wirklicher Appellationsrat, 1797 Beisitzer der Hofkommission in Gesetzgebungssachen und 1803 Direktor der Juristenfakultät; 1803 und 1807 hatte er das Amt des Rektors der Univ. Wien inne. Seine bedeutendste Leistung war die Schaffung des Allgemeinen Bürgerlichen Gesetzbuches (ABGB) von 1811. Der von ihm verfaßte *Commentar über das allgemeine bürgerliche Gesetzbuch für die gesammten Deutschen Erbländer der österreichischen Monarchie* (4 Bde., 1811-13) galt lange Zeit als verbindlich. Eine Art zweiten Kommentar stellt seine *Abhandlung über die Principien des allgemeinen bürgerlichen Gesetzbuches* (1816-20) dar. 1822 verteidigte Z. das ABGB im Kodifikationsstreit gegen Friedrich Carl von Savigny. Aus Z.s Vorlesungen gingen die Lehrbücher *Praelectiones academicae in Heineccii elementa iuris civilis secundum ordinem Institutionum* (1781) und *Das natürliche Privat-Recht* (1802, ³1819) hervor.
LITERATUR: Michael Benedikt: Natürliches Privatrecht und bürgerliche Souveränität. F. v. Z.s Kantrezeption in Österreich. In: Michael Benedikt u. a. (Hrsg.): Verdrängter Humanismus – verzögerte Aufklärung. Österreichische Philosophie zur Zeit der Revolution und Restauration (1750-1820). Wien 1992, S. 659-708.

Zelter, Carl Friedrich, Komponist, Musikpädagoge, * 11. 12. 1758 Berlin, † 15. 5. 1832 Berlin.
Z. erlernte das Maurerhandwerk und war seit 1783 Maurermeister und Bauunternehmer in Berlin. Daneben betrieb er intensive musikalische Studien, ließ sich als Violonist, Organist und Komponist ausbilden und trat 1786 mit ersten Kompositionen hervor; seine Trauerkantate auf den Tod →Friedrichs des Großen wurde in der Potsdamer Garnisonskirche uraufgeführt. Seit 1791 war Z. Mitglied der von Carl Fasch gegründeten Berliner Singakademie, deren Leitung er 1800 übernahm. Nach den Befreiungskriegen gab er sein Maurergeschäft auf, um sich ganz seinen musikalischen Neigungen widmen zu können, gründete 1807 eine Orchesterschule, 1809 die Berliner Liedertafel und wurde Prof. der Musik an der Akademie der Schönen Künste. 1822 war er Gründer des Kgl. Instituts für Kirchenmusik, wurde wenige Jahre vor seinem Tod Musikdirektor an dem von ihm geschaffenen Seminarium an der Univ. Berlin und initiierte die Gründung einer Musikabteilung an der Kgl. Bibliothek. Als Pädagoge und Organisator bestimmte Z. die Entwicklung der öffentlichen Musikpflege in Deutschland maßgeblich. Als Liedkomponist gehörte er zu der Zweiten Berliner Liederschule. Neben über 200 Liedern komponierte Z. hauptsächlich Männerchöre sowie Opernszenen, Kantaten, geistliche Gesänge, Orchester- und Klaviermusik. Er war eng mit →Goethe befreundet, den er in musikalischen Fragen beriet. Der weit über musikalische Gegenstände hinaus biographische *Briefwechsel zwischen Goethe und Zelter* erschien 1833/34 in sechs Bänden.

Zerrenner, Heinrich Gottlieb, evang. Theologe, Schriftsteller, Pädagoge, * 8. 3. 1750 Wernigerode, † 10. 11. 1811 Derenburg bei Halberstadt.
Der Sohn eines gräflichen Amtsverwalters studierte 1768-71 Theologie in Halle und war Lehrer in Klosterbergen, bevor er 1775 die Pfarrstellen in Beyendorf und Sohlen im Magdeburgischen erhielt. 1788 wurde er kgl. preuß. Kirchen- und Schulinspektor sowie Oberprediger in Derenburg. Z., einer der bekanntesten Volksschriftsteller seiner Zeit, veröffentlichte ein *Volksbuch. Ein faßlicher Unterricht in nützlichen Erkenntnissen und Sachen, mittelst einer zusammenhängenden Erzählung für Landleute, um sie verständig, gut, wohlhabend, zufriedner und für die Gesellschaft brauchbarer zu machen* (2 Bde., 1787).

Ziegenbein, (Johann) Heinrich (Wilhelm), evang. Theologe, Pädagoge, * 6. 9. 1766 Braunschweig, † 12. 1. 1824 Braunschweig.
Z. studierte 1786-88 Theologie in Helmstedt, war längere Zeit Erzieher, u. a. in einer Erziehungsanstalt in Wandsbek, und wurde dann Pfarrer in Braunschweig, wo er auch am Katharineum unterrichtete. Seit 1804 Pastor primarius an der Bartholomäuskirche und Superintendent in Blankenburg/Harz, gründete er dort eine Industrie-Töchterschule und befaßte sich in zahlreichen Schriften mit der Bildung der Mädchen. 1815 wurde er Superintendent in Salzdahlum und Mitglied des Konsistoriums für das Volksschulwesen, 1816 Direktor der Waisenhausschule und des damit verbundenen Schullehrer-Seminars in Braunschweig. 1819 wurde Z. zum Abt von Michaelstein ernannt. Das von ihm 1821 herausgegebene Lehrbuch *Kleine Bibel* bestimmte jahrzehntelang den Schulunterricht an Volksschulen.

Ziegenhagen, Franz Heinrich, Kaufmann, Sozialutopist, * 8. 12. 1753 Straßburg, † 21. 8. 1806 Rothau (Elsaß).
Der pietistisch erzogene Arztsohn wurde Kaufmann und erwarb im Tuchhandel ein beträchtliches Vermögen. 1780 ging er nach Hamburg und kaufte 1788 ein Gut in Billwärder, wo er eine landwirtschaftliche Erziehungsanstalt gründete, um zur Lösung des sozialen Problems beizutragen. Seine sozialutopistischen Vorstellungen legte er in seiner *Lehre vom richtigen Verhältnisse zu den Schöpfungswerken, und die durch öffentliche Einführung derselben allein zu bewirkende allgemeine Menschenbeglückung* (1792) dar. Z. schlug die Errichtung von Landwirtschaftskolonien vor, die auf Gemeineigentum, Planung und kollektivem Leben basieren und ihren Bewohnern Freiheit, soziale Sicherheit und materiellen Überfluß gewähren sollten, und appellierte an den Adel, wohlhabende Bürger und den französischen Konvent, die Anlage der Kolonien zu unterstützen. Das Projekt scheiterte; er mußte 1800 sein Gut verkaufen und

kehrte 1802 in seine elsässische Heimat zurück. Z. beging Selbstmord. Die von ihm gedichtete Hymne *Die ihr des unermeßlichen Weltalls Schöpfer ehrt* wurde 1791 von → Mozart als Kantate komponiert.

Zimmermann, Eberhard August Wilhelm von, Naturforscher, * 17. 8. 1743 Uelzen, † 4. 7. 1815 Braunschweig.
Der Sohn eines Propstes studierte Medizin, dann Mathematik und Physik Leiden, Halle, Berlin und Göttingen. Von 1766 bis zu seinem Tod war er Prof. der Mathematik und Naturlehre am Collegium Carolinum in Braunschweig. Seit 1789 braunschweigischer Hofrat, wurde er 1801 zum Geheimen Etatsrat ernannt. Studienreisen führten ihn nach Dänemark, England, Frankreich, Italien, in die Schweiz, die Niederlande, nach Österreich, Rußland, Schweden und Livland. Z. veröffentlichte zahlreiche Schriften auf den Gebieten der Mathematik, Naturwissenschaften, Länderkunde und Entdeckungsgeschichte, u. a. *Geographische Geschichte des Menschen und der allgemein verbreiteten vierfüßigen Thiere* (3 Bde., 1779-83), *Taschenbuch der Reisen* (12 Bde., 1802-13) und *Die Erde und ihre Bewohner nach den neuesten Entdeckungen* (5 Bde., 1810-14). Er trat auch als Übersetzer hervor. Z. war Mitglied der Akademien in St. Petersburg, Bologna, London und Göttingen. 1796 wurde er für seine Verdienste um die Reform der oberitalienischen Universitäten und Museen in den Reichsadel erhoben.

Zimmermann, Johann Georg, schweizer. Mediziner, Philosoph, * 8. 12. 1728 Brugg (Kt. Bern, heute: Kt. Aargau), † 7. 10. 1795 Hannover.
Der Sohn eines Ratsherrn studierte seit 1742 Philosophie, Geschichte, Beredsamkeit und Griechisch an der Akademie in Bern, seit 1747 Medizin in Göttingen und wurde 1751 bei Albrecht von → Haller zum Dr. med. promoviert (*Dissertatio physiologica de irritabilitate*). 1752 ließ er sich als Arzt in Bern nieder und erhielt 1754 auf Hallers Empfehlung die Stelle eines Stadtphysikus in Brugg. Z. veröffentlichte u. a. *Das Leben des Herrn von Haller* (1755), Oden, Gedichte sowie populärphilosophische und populärwissenschaftliche Schriften wie *Vom Nationalstolze* (1758, Neudr. 1980) und *Von der Erfahrung in der Arzneykunst* (2 Bde., 1763/64). In seinem Werk *Über die Einsamkeit* (1756; 4 Bde., 1784/85) ist er von Rousseau beeinflußt. Freundschaftliche Beziehungen und Briefwechsel verbanden ihn u. a. mit Christoph Martin → Wieland, Johann Caspar → Lavater und Julie von → Bondeli. 1768 folgte Z. einem Ruf als Leibarzt des Königs von England nach Hannover, baute dort eine große Praxis auf und betreute 1786 in Potsdam → Friedrich den Großen in seinen letzten Lebenswochen. Nach dessen Tod veröffentlichte er mehrere Schriften über ihn (u. a. *Über Friedrich den Großen und meine Unterredung mit ihm kurz vor seinem Tod*, 1788, Neudruck unter dem Titel *Friedrich des Großen letzte Tage*, mit einem Lebensbild von Ricarda Huch; *Fragmente über Friedrich den Großen*, 3 Bde., 1790). In mehreren Werken,

die er in den letzten Jahren seines Lebens herausbrachte, zeigt er sich als heftiger Gegner der Französischen Revolution. 1786 wurde Z. von Katharina II. von Rußland in den Ritterstand erhoben.
LITERATUR: Rudolf Ischer: J. G. Z.s Leben und Werke. Bern 1893 (mit Werkverzeichnis). – Heinrich Funck: Z. als Charakterologe. Sein Anteil an Lavaters Physiognomischen Fragmenten. In: Euphorion 27 (1926) S. 521-534. – Leo Maduschka: Das Problem der Einsamkeit im 18. Jahrhundert, besonders bei J. G. Z. Weimar 1933. Nachdruck Hildesheim 1978. – Werner Milch: Die Einsamkeit. Z. und Obereit im Kampf um die Überwindung der Aufklärung. Frauenfeld/Leipzig 1937. – Edith Rosenstrauch-Königsberg: Die Denunziation der Aufklärung durch J. G. Z. Z.s Mémoire an Kaiser Leopold II. In: Arno Herzig u. a. (Hrsg.): ‚Sie, und nicht wir'. Die Französische Revolution und ihre Wirkung auf Norddeutschland. Hamburg 1989, S. 227-243.

Zincke, Georg Heinrich, Jurist, Kameralwissenschaftler, * 27. 9. 1692 Altenrode bei Naumburg, † 15. 8. 1768 Braunschweig.
Der Sohn eines Predigers studierte seit 1709 Rechtswissenschaften und Theologie in Jena, Erfurt und Halle, war daneben Hofmeister und wurde 1720 zum Dr. jur. promoviert. Seit 1720 war Z. Fiskal der Kriegs- und Domänenkammer, Salz- und Bergwerksdeputation in Halle, seit 1731 Hofrat in Weimar. Aus einer dreijährigen Haft infolge von Intrigen gegen ihn wurde er 1738 entlassen. Seit 1740 lehrte Z. Kameralwissenschaften in Leipzig, wurde 1745 Hof- und Kammerrat in Braunschweig und war Prof. der Rechte und der Kameralwissenschaften am Collegium Carolinum in Braunschweig sowie an der Univ. Helmstedt. Sein *Allgemeines Oeconomisches Lexicon* (1731), das 1744 in überarbeiteter zweiter Auflage erschien, erlebte bis 1820 sieben Auflagen. Z. gab u. a. die *Leipziger Sammlungen von Wirthschafftlichen- Policey- Cammer- und Finantz-Sachen* (1742-67) heraus. Er war Mitglied der Duisburgischen Gelehrten Gesellschaft.

Zinzendorf, Karl Graf von, österr. Staatsmann, * 5. 1. 1739 Dresden, † 5. 1. 1813 Wien.
Z. studierte Rechtswissenschaften in Jena, wo er der Deutschen Gesellschaft beitrat, war seit 1759 kursächsischer Hof- und Justizienrat in Dresden und wurde 1760 von seinem Halbbruder Ludwig von → Z. nach Wien geholt. Dort war Z. seit 1762 im Staatsdienst tätig, konvertierte zum Katholizismus und trat in den Deutschen Orden ein. Seit 1766 Kommerzienrat, wurde er 1763 Kanzleidirektor des Kommerzienkollegiums und unternahm 1766-70 im Auftrag Kaiserin Maria Theresias Reisen durch West- und Südosteuropa. Seit 1770 Hofrat bei der Hofrechnungskammer, war Z. 1776-82 Gouverneur von Triest, wurde 1782 von Kaiser → Joseph II. zum Präsidenten der Neuen Hofrechnungskammer berufen und hatte seit 1784 den Vorsitz der Robotaufhebungskommission inne. 1792 wurde er Staats- und Konferenzminister und Mitglied des Staatsrats, 1800 Landmarschall von Niederösterreich. 1801-13 war er Landkomtur des

Deutschen Ordens in Österreich und 1808 vorübergehend dirigierender Staats- und Konferenzminister. Z. war ein Vorkämpfer des Freihandels und lehnte den Merkantilismus ab. Seine seit 1782 geführten Tagebücher, die über sechzig Bände umfassen, sind eine bedeutsame kulturgeschichtliche Quelle.

Zinzendorf, Ludwig Graf von, österr. Beamter, Staatsmann, * 23. 9. 1721 Kürnberg, † 4. 10. 1780 Wien.
Der Neffe Nikolaus Ludwig von Z.s konvertierte 1739 zum Katholizismus trat 1742 in die Freimaurerloge „Zu den 3 Kanonen" ein, studierte 1746 kurzzeitig Jura in Leipzig und trat 1747 in den österr. Staatsdienst ein. 1750-53 fand er im diplomatischen Dienst Verwendung in Paris, wurde dann Hofrat im Direktorium in publicis et cameralibus in Wien und 1762 Präsident der neu geschaffenen Hofrechnungskammer. Im selben Jahr schlug er die erstmalige Ausgabe von Papiergeld („Bancozettel") vor. 1771 begründete Z. die Wiener Börse und wurde 1773 Minister für innere Angelegenheiten.

Zoega, Georg, Archäologe, Philologe, * 20. 12. 1755 Dahler bei Tondern, † 10. 2. 1809 Rom.
Z., dessen Familie ursprünglich aus Oberitalien stammte, studierte seit 1773 Philosophie, Geschichte und Altertumswissenschaft in Göttingen und war seit 1778 Hauslehrer in Dänemark. 1785 ging er als Dolmetscher beim Päpstlichen Stuhl nach Rom, wurde hier 1798 Agent und Konsul der Dänischen Regierung und erhielt 1802 einen Ruf als Prof. der Archäologie und Oberbibliothekar an die Univ. Kiel, den er aber nicht annahm. Z. gehört neben Johann Joachim → Winckelmann u. a. zu den Begründern der wissenschaftlichen Archäologie und zählte Friedrich Gottlieb Welcker zu seinen Schülern.

Zöllner, Johann Friedrich, evang. Theologe, * 24. 4. 1753 Neudamm (Neumark), † 12. 9. 1804 Berlin.
Nach dem Studium der Theologie in Frankfurt/Oder wurde Z. 1779 Prediger in Berlin, dann Diakon an St. Marien und 1788 Oberkonsistorialrat und Propst an der dortigen Nikolai-Kirche. Seit 1791 war er Mitglied der Preußischen Akademie der Wissenschaften. 1800 wurde er in das Oberschulkollegium berufen. Z. widmete sich besonders der Volksaufklärung, gab 1781-1804 das zehnbändige *Lesebuch für alle Stände. Zur Beförderung edler Grundsätze, ächten Geschmacks und nützlicher Kenntnisse* heraus und bemühte sich seit den neunziger Jahren zunehmend um die Reform des Schulwesens (*Ideen über National-Erziehung besonders in Rücksicht auf die Königlich Preußischen Staaten*, 1804). Z. gehörte der Berliner „Mittwochsgesellschaft" an.

Zollikofer, Georg Joachim, schweizer. reformierter Theologe, Übersetzer, * 5. 8. 1730 St. Gallen, † 22. 1. 1788 Leipzig.
Der aus einer angesehenen St. Galler Familie stammende Z., Sohn eines Rechtsgelehrten, studierte Theologie und Philosophie in Utrecht, war Hauslehrer in Frankfurt/Main und kehrte 1753 in die Schweiz zurück. Seit 1754 war er Prediger in Murten (Kt. Bern), Monstein (Kt. Graubünden) und Isenburg und folgte 1758 einem Ruf als Prediger der reformierten Gemeinde nach Leipzig, wo er bald zum beliebtesten Kanzelredner und weit über die Stadtgrenzen hinaus bekannt wurde. Z. trat zunächst durch die Herausgabe einer Sammlung geistlicher Lieder hervor, von denen er einige selbst verfaßt hatte (*Neues Gesangbuch, oder Sammlung der besten geistlichen Lieder und Gesänge*, 1766) hervor. Später veröffentlichte er eine Reihe von Predigtsammlungen, u. a. *Predigten über die Würde des Menschen* (2 Bde., 1784). Z. war auch als Übersetzer aus dem Englischen und Französischen tätig.

Zschackwitz, Johann Ehrenfried, Jurist, * 15. 7. 1669 Kösen/Saale, † 28. 10. 1744 Halle/Saale.
Der Sohn eines kursächsischen Floßverwalters studierte 1688-91 Theologie, Rechtswissenschaften und Geschichte in Leipzig, arbeitete vorübergehend in der sächsischen Kriegskanzlei und war 1693-97 Auditeur und Quartiermeister im Regiment des kaiserlichen Feldmarschalleutnants Graf von Wartensleben. Anschließend wurde Z. Sekretär des kursächsischen Statthalters Fürst zu Fürstenberg und des kursächsischen Geheimen Rats Marschall von Biberstein. Seit 1705 Privatgelehrter in Leipzig, ging er 1711 als Archivsekretär nach Eisenach und wurde 1713 Prof. der Geschichte am Akademischen Gymnasium in Coburg, 1716 in Hildburghausen. Später lehrte Z. Geschichte und öffentliches Recht an der Univ. Halle; 1731 wurde er von Friedrich Wilhelm I. zum a. o., 1738 zum o. Prof. der Reichsgeschichte und des öffentlichen Rechts ernannt. Als Polyhistor veröffentlichte er zahlreiche Werke auf dem Gebiet der Staats- und Rechtswissenschaft und der Geschichte, u. a. eine *Vollständige politische Geschichte der Reiche und Staaten von Europa* (2 Tle., 1738/39).

Zschokke, (Johann) Heinrich (Daniel), eigentl. H. Schocke, Pseud. Johann von Magdeburg, L. Weber, Schriftsteller, Pädagoge, Politiker, * 22. 3. 1771 Magdeburg, † 27. 6. 1848 Gut Blumenhalde bei Aarau.
Der Sohn eines wohlhabenden Tuchmachers wuchs nach dem Tod der Eltern bei seinen Geschwistern, dann bei Elias Kaspar Reichard auf, floh nach einem Verweis vom Gymnasium als Siebzehnjähriger nach Schwerin, wo er als Korrektor und Privatlehrer tätig war, und schloß sich 1788 einer wandernden Theatertruppe an. Für diese schrieb er Theaterstücke, von denen die dramatische Bearbeitung seines Romans *Aballino, der große Bandit* (1793) erfolgreich war. Nach Ablegung der Maturitätsprüfung studierte er seit 1790 Theologie in Frankfurt/Oder, war nach der Promotion zum Dr. phil. 1792 Privatdozent und reiste 1795 in die Schweiz, wo er sich 1796 niederließ. Z. leitete zunächst ein Philanthropin in Reichenau, trat 1798 in den Dienst der helvetischen Regierung, ging

Zschokke

1802 nach Aarau, wurde dort Oberforst- und Bergrat, war 1815-41 Mitglied des Großen Rats und gehörte 1831 dem Verfassungsrat an, ehe er aargauischer Tagsatzungsbeamter wurde. Z. war politischer Publizist liberaler Tendenz und gab mehrere Zeitschriften (u. a. „Aufrichtiger und wohlerfahrener Schweizerbote", 1798-1800, seit 1804, „Erheiterungen. Eine Monatsschrift für gebildete Leser", 1811-26) heraus. Mit seinen Dramen, Romanen (*Der Flüchtling im Jura*, 1822; *Der Freihof von Aarau*, 1823) und Novellen (*Die Walpurgisnacht*, 1812; *Das Goldmacher-Dorf*, 1817) wurde Z. ein Wegbereiter des Realismus in der Schweiz. Er veröffentlichte ferner *Ausgewählte historische Schriften* (16 Bde., 1830), die Autobiographie *Eine Selbstschau* (1842, bearb. von Rémy Charbon, 1977) sowie eine Reihe von Volksschriften (u. a. *Des Schweizerlands Geschichte für das Schweizer Volk*, 1822).

Zeittafel

1604-1655	Friedrich Frh. von Logau
1626-1692	Veit Ludwig von Seckendorff
1630-1703	Florinus
1632-1694	Samuel Frh. von Pufendorf
1634-1698	Adrian Beier
1635-1682 (1685?)	Johann Joachim Becher
1635-1705	Philipp Jakob Spener
1642-1708	Christian Weise
1643-1712	Christian Franz Paullini
1644-1707	Otto Mencke
1646-1716	Gottfried Wilhelm Leibniz
1648-1704	Friedrich Wilhelm Stosch
1648-1715	Caspar Neumann
1651-1708	Ehrenfried Walther von Tschirnhaus
1651-1716	Engelbert Kaempfer
1653-1716	Johann Friedrich Gleditsch
1655-1705	Jacob Bernoulli
1655-1711	Johann Gottfried Zeidler
1655-1728	Christian Thomasius
1656-1717	Philipp Wilhelm Graf von Boyneburg
1656-1730	Paul Jacob Marperger
1657-1740	Samuel Werenfels
1659-1707	Wilhelm Ernst Tentzel
1659-1715	Charles Ancillon
1659-1734	Georg Ernst Stahl
1659-1738	Isaak de Beausobre
um 1660-um 1718/20	Gabriel Wagner
1660-1741	Daniel Ernst Jablonski
1661-1740	Johannes Sperlette
1662-1740	Johann Christian Lünig
1663-1727	August Hermann Francke
1663-1741	Johann Ludwig Gleditsch
1664-1736	Samuel Grosser
1665-1729	Benjamin Neukirch
1665-1749	Beat Ludwig von Muralt
1666-1711	Gotthard Heidegger
1666-1714	Gottfried Arnold
1666-1726	Thomas Fritsch
1666-1743	Johann Leonhard Frisch
1667-1729	Johann Franz Buddeus
1667-1748	Johann Bernoulli
1668-1705	Sophie Charlotte, Kurfürstin von Brandenburg, Königin in Preußen
1668-1731	Johann Hübner
1668-1736	Johann Albert Fabricius
1668-1743	Johann Peter von Ludewig
1668-1743	Jakob Friedrich Reimmann
1669-1740	Christoph Semler
1669-1744	Johann Ehrenfried Zschackwitz
1670-1740	Theodor Ludwig Lau
1671-1729	Nicolaus Gundling
1671-1738	Burkhard Gotthelf Struve
1672-1733	Johann Jakob Scheuchzer
1673-1731	Jacob Paul Frh. von Gundling
1673-1731	Andreas Rüdiger
1673-1734	Johann Konrad Dippel
1673-1744	Gottlieb Stolle
1674-1730	Johann Georg von Eccard
1674-1732	Johann Burkhard Mencke
1674-1749	Justus Henning Böhmer
1674-1762	Theophil Georgi
1675-1726	Gottlieb Friedrich Mylius
1675-1742	Johann Balthasar Wernher
1675-1751	Christian Stieff
1676-1728	Friedrich Wilhelm Bierling
1676-1731	Johann Adolf Hoffmann
1676-1745	Simon Peter Gasser
1676-1749	Ernst Christoph Graf von Manteuffel
1676-1753	Christian Michael Adolphi
1677-1721	Christoph Heinrich Amthor
1678-1737	Justus Christoph Dithmar
1678-1761	Michael Richey
geb. 1679	Urban Gottfried Bucher
1679-1732	Johann Heinrich Böckler
1679-1753	Joachim Christoph Nemeitz
1679-1754	Christian Frh. von Wolff
1679-1755	Samuel Frh. von Cocceji
1680-1747	Barthold Hinrich Brockes
1681-1737	Jacob Christoph Iselin
1681-1741	Johann Gottlieb Heineccius
1681-1764	Christoph August Heumann
1681-1764	Johann Mattheson

Zeittafel

1682-1742	Ernst Ludwig Carl		1697-1766	Ernst Christoph Böttcher
1682-1757	Michael Alberti		1698-1759	Pierre-Louis de Moreau Maupertuis
1683-1734	Zacharias Conrad von Uffenbach		1698-1767	Johann Christian Edelmann
1683-1737	Karoline, Kurfürstin von Hannover, Königin von Großbritannien		1698-1770	Christian Friedrich Weichmann
1683-1743	Gottlieb Samuel Treuer		1698-1783	Johann Jakob Bodmer
1683-1744	David Fassmann		1699-1756	Johann Heinrich Hartung
1683-1744	Friedrich Christian Neubur		1699-1764	Karl Ludolph Frh. von Danckelmann
1683-1749	Michael Gottlieb Hansch		1699-1768	Jakob Carpov
1686-1751	Christian Gabriel Fischer		1699-1772	Anselm Desing
1686-1766	Henning Calvör		1699-1772	Friedrich III., Herzog von Sachsen-Gotha-Altenburg
1687-1769	Johann Friedrich von Uffenbach		1699-1773	Johann Georg Estor
1688-1738	Johann Gottlieb Gleditsch		1700-1745	Charles Etienne Jordan
1688-1742	Julius Bernhard von Rohr		1700-1756	Johann Friedrich Christ
1688-1744	Johann Ulrich von König		um 1700-1758	Johann Ernst Philippi
1688-1762	Johann Heinrich von Seelen		1700-1766	Johann Christoph Gottsched
1688-1770	Gerlach Adolf Frh. von Münchhausen		1700-1772	Gerard van Swieten
1689-1755	Gebhard Christian Bastineller		1700-1775	Thomas Frh. von Fritsch
1689-1763	Franz Urs von Balthasar		1700-1782	Daniel Bernoulli
1690-1748	Ambrosius Haude		1701-1749	Samuel Henzi
1690-1753	Israel Gottlieb Canz		1701-1760	Christian Ludwig Liscow
1690-1757	Johann Jakob Schmauß		1701-1773	Johann Samuel Müller
1691-1761	Johann Matthias Gesner		1701-1776	Johann Jacob Breitinger
1692-1753	Adam Friedrich Glafey		1701 (1706/1707)-1784	Johann Caspar Arletius
1692-1763	Franz Albert Schultz		1701-1786	August von Balthasar
1692-1768	Georg Heinrich Zincke		1701-1790	Nikolaus von Hontheim
1692-1775	Eusebius Amort		1702-1756	Johann Jacob Korn
1693-1743	Johann Georg Keyßler		1702-1774	Georg Heinrich Ayrer
1693-1750	Georg Bernhard Bilfinger		1702-1776	Johann Adam Frh. von Ickstatt
1693-1755	Johann Lorenz von Mosheim		1702-1779	Michael Adelbulner
1693-1775	Johann Georg Walch		1702-1784	Samuel Engel
1694-1738	Gottlieb Siegfried Bayer		1702-1786	Philipp Ernst Lüders
1694-1758	Christian Gottlieb Jöcher		1703-1768	Johann Gottfried Groß
1694-1768	Hermann Samuel Reimarus		1703-1770	Johann Heinrich Winckler
1694-1771	Johann Daniel Schöpflin		1703-1774	Georg Heinrich Ribov
1694-1776	Johann Michael von Loen		1704-1771	Jean Baptiste de Bayer Marquis d'Argens
1694-1776	David Georg Strube		1704-1772	Johann Samuel Friedrich von Böhmer
1695-1758	Johann Georg Altmann			
1695-1769	Christoph Jakob Trew		1704-1777	Johann Joachim Gottlob Amende
1695-1773	Michael Christoph Hanow		1705-1775	Paul Joseph Ritter von Riegger
1695-1777	Bernhard Christoph Breitkopf		1705-1778	Johann Benjamin Andreae d. Ä.
1696-1763	Friedrich Karl Hardenberg		1705-1783	Gerhard Friedrich von Müller
1696-1769	Johann Andreas Fabricius		1705-1790	Aloysius Frh. von Kreittmayr
1696-1769	Gotthilf August Francke		1706-1751	Johann Heinrich Zedler
1696-1770	Jacob Brucker		1706-1757	Siegmund Jakob Baumgarten
1696-1787	Samuel Christian Hollmann		1706-1770	Philipp Joseph von Jariges
1697-1728	Ludwig Philipp Thümmig		1706-1772	Johann Jakob Bauer
1697-1733	Johann Georg Hamann d. Ä.			
1697-1760	Friederike Caroline Neuber			

Zeittafel

1706-1775	Daniel Heinrich Arnoldt
1707-1744	Jakob Friedrich Lamprecht
1707-1767	Johann Peter Süßmilch
1707-1768	Julius Hecker
1707-1778	Carl Günther Ludovici
1707-1781	Johann August Ernesti
1707-1783	Leonhard Euler
1708-1754	Friedrich von Hagedorn
1708-1776	Johann Adolph Scheibe
1708-1777	Albrecht von Haller
1708-1781	Gabriel Wilhelm Goetten
1709-1755	Konrad Friedrich Ernst Bierling
1709-1758	Wilhelmine, Markgräfin von Bayreuth
1709-1767	Christian Ludwig von Griesheim
1709-1785	Friedrich Christian Baumeister
1709-1786	Franz Benda
1709-1787	Anna Vandenhoeck
1709-1789	Johann Friedrich Wilhelm Jerusalem
1710-1759	Johann Martin Chladni
1710-1767	Luise Dorothea, Herzogin von Sachsen-Gotha-Altenburg
1710-1775	Johann Georg Eßlinger
1710-1784	Wilhelm Friedemann Bach
1710-1791	Peter Ahlwardt
1710-1791	Johann Hinrich Pratje
1711-1778	Lorenz Mizler von Kolof
1711-1794	Wenzel Anton Fürst von Kaunitz
1711-1796	Franz Töpsl
1711-1797	Johann Heinrich Samuel Formey
1712-1757	Samuel König
1712-1764	Francesco Graf von Algarotti
1712-1773	Johann Carl Bohn
1712-1775	Ludwig Martin Kahle
1712-1783	Rudolph Christian von Bennigsen
1712-1786	Friedrich II., König von Preußen
1712-1791	Karl Christian Gärtner
1712-1795	Georg Schade
1713-1751	Martin Knutzen
1713-1762	Luise Gottsched
1713-1763	Joseph Maria Graf von Thun-Hohenstein, Bischof von Passau
1714-1762	Alexander Gottlieb Baumgarten
1714-1767	Emer de Vattel
1714-1771	Gottlieb Wilhelm Rabener
1714-1772	Johann Jakob Reinhard
1714-1777	Sebastian Sailer
1714-1784	Johann Joachim Schwabe
1714-1785	Hans Conrad Orell
1714-1786	Giovanni Battista Bastiani
1714-1787	Johann Georg Dominicus von Linbrunn
1714-1788	Carl Philipp Emanuel Bach
1714-1789	Christian Albrecht Döderlein
1714-1791	Joachim Georg Darjes
1714-1794	Friedrich Gottfried Abel
1714-1804	Johann Joachim Spalding
1715-1748	Johann Christian Claproth
1715-1759	Ewald Christian von Kleist
1715-1759	Johann Gottlob Krüger
1715-1762	Dorothea Erxleben
1715-1769	Christian Fürchtegott Gellert
1715-1775	Christian August Crusius
1715-1790	Johann Anton Frh. von Zehmen
1716-1770	Jakob Friedrich Frh. von Bielfeld
1716-1780	Johann Rudolf Tschiffeli
1716-1786	Friedrich Samuel Bock
1716-1787	Philipp Erasmus Reich
1716-1790	Gottfried Ploucquet
1716-1801	Christian Wilhelm Büttner
1717-1765	Johann Christoph Rost
1717-1768	Johann Joachim Winckelmann
1717-1771	Johann Heinrich Gottlob von Justi
1717-1774	Christoph Gottlieb Richter
1717-1790	Sabine Elisabeth Gräfin von Bassewitz
1717-1791	Johann David Michaelis
1717-1798	Johann Thomas Edler von Trattner
1718-1756	Christoph Joseph Sucro
1718-1777	Georg Friedrich Meier
1718-1782	Karl Gotthard Graf und Herr zu Firmian
1718-1787	Johann Friedrich von Pfeiffer
1718-1795	Friedrich Wilhelm Marpurg
1719-1749	Johann Elias Schlegel
1719-1769	Ernst Wilhelm von Schlabrendorff
1719-1772	Gottfried Achenwall
1719-1776	Johann Ludwig Franz Graf von Goltstein
1719-1783	Gottfried Magnus Lichtwer
1719-1784	Heinrich Ludwig von Heß
1719-1785	Johann Karl Dähnert
1719-1791	Georg Brandes
1719-1791	Daniel Nettelbladt
1719-1793	Johann Friedrich Reiffenstein
gest. 1794	Karl Clauer
1719-1794	Johann Gottlob Immanuel Breitkopf
1719-1798	Johann Friedrich Mayer
1719-1800	Abraham Gotthelf Kästner

335

Zeittafel

1719-1802	Friedrich Karl Frh. von Erthal, Kurfürst und Erzbischof von Mainz		1724-1777	Wilhelm, Reichsgraf von Schaumburg-Lippe
1719-1803	Johann Wilhelm Ludwig Gleim		1724-1782	Johanne Charlotte Unzer
1720-1774	Johann Friedrich Agricola		1724-1788	Johann Ignatz von Felbiger
1720-1778	Conrad Ekhof		1724-1790	Johann Bernhard Basedow
1720-1779	Johann Georg Sulzer		1724-1793	Anton Friedrich Büsching
1720-1781/83	Christian August Frh. von Beck		1724-1799	Johann Julius Walbaum
1720-1793	Martin Gerbert von Hornau		1724-1803	Friedrich Gottlieb Klopstock
1720-1794	Justus Möser		1724-1804	Immanuel Kant
1720-1796	Johann Peter Uz		1725-1787	Johann Jakob Dusch
1720-1800	Friedrich Wilhelm Eichholz		1725-1789	Johann Peter Miller
1720-1801	Johann Heinrich Kasimir Graf von Carmer		1725-1791	Johann Salomo Semler
1721-1774	Karoline, Landgräfin von Hessen-Darmstadt		1725-1794	Johann Friedrich Junius
			1725-1795	Ewald Friedrich Graf von Hertzberg
1721-1780	Ludwig Graf von Zinzendorf		1725-1798	Jakob Hermann Obereit
1721-1791	Jakob Wegelin		1725-1798	Karl Wilhelm Ramler
1721-1793	Johann Adolf Schlegel		1725-1802	Friedrich Anton von Heynitz
1721-1795	Johann Gottlieb Volkelt		1725-1803	Hans Caspar Hirzel d. Ä.
1722-1754	Christlob Mylius		1725-1805	Hartwig Wessely
1722-1781	Karl Ferdinand Hommel		1725-1807	Johann Stephan Pütter
1722-1784	Kaspar Anton Frh. von Belderbusch		1725-1810	Christian Friedrich Germershausen
1722-1784	Friederich Justus		1726-1773	Georg Christoph Hamberger
1722-1791	Anna Luise Karsch		1726-1777	Friedrich Wilhelm Zachariae
1722-1795	Johann Carl Wilhelm Moehsen		1726-1784	Christian Wilhelm Franz Walch
1722-1795	Christian Friedrich Voß		1726-1786	Tobias Philipp Frh. von Gebler
1722-1797	Heinrich Johann Nepomuk Edler von Crantz		1726-1794	Peter Graf von Hohenthal
			1726-1794	Friedrich Frh. von der Trenck
1722-1798	Michael Gröll		1726-1801	Daniel Chodowiecki
1722-1800	Isaak Alexander		1726-1802	Heinrich, Prinz von Preußen
1722-1800	Johann Christian Dieterich		1726-1802	Andreas Lamey
1722-1801	Lorenz Johann Daniel Suckow		1726-1804	Christian Felix Weiße
1722-1804	Johann Peter Bamberger		1727-1771	Johann Friedrich Löwen
1722-1804	Ildephons Kennedy		1727-1782	David Bruhn
1723-1769	Aaron ben Salman Emmerich Gomperz		1727-1787	Johann Samuel Patzke
			1727-1790	Johann Konrad Fäsi
1723-1772	Julius Gustav Alberti		1727-1790	Samuel Heinicke
1723-1787	Johann Georg von Lori		1727-1794	Jean Baptiste Joseph Gobel
1723-1788	Johann Andreas Cramer		1727-1794	Niklaus Emanuel von Tscharner
1723-1789	Paul Thiry Baron von Holbach		1727-1798	Johann Christoph Erich von Springer
1723-1798	Friedrich Carl Frh. von Moser		1727-1798	Georg Andreas Will
1723-1803	Georg Rudolph Böhmer		1727-1799	Johann Christoph Gatterer
1723-1807	Melchior Frh. von Grimm		1727-1799	Johann August Unzer
1723-1807	Johann Bernhard Merian		1727-1818	Salomon Hirzel
1724-1765	Johann Christian Arnold		1728-1777	Johann Heinrich Lambert
1724-1765	Nikolaus Dietrich Giseke		1728-1778	Vinzenz Bernhard von Tscharner
1724-1770	Friedrich Karl Kasimir Frh. von Creutz		1728-1782	Isaak Iselin
			1728-1783	Johann Franz Seraph Kohlbrenner
1724-1774	Johann Gottlieb Toellner		1728-1791	Georg Christian von Oeder

Zeittafel

1728-1793	Karl Eugen, Herzog von Württemberg	1732-1800	Martin Ehlers
1728-1795	Arnold Clermont	1732-1800	Johann Christoph von Wöllner
1728-1795	Johann Georg Zimmermann	1732-1803	Johann Jacob Volkmann
1728-1796	Johann Georg Krünitz	1732-1806	Johann Christoph Adelung
1728-1797	Benedikt Stattler	1732-1809	Joseph Haydn
1728-1800	Johann Georg Büsch	1732-1812	Hieronymus Graf von Colloredo-Waldsee
1728-1801	Karl Franz von Irwing	1732/33/34-1817	Joseph von Sonnenfels
1728-1805	Justus Claproth	1733-1802	Franz Joseph Bob
1728-1807	Albrecht Wittenberg	1733-1808	Johann Matthias Schröckh
1728-1811	Karl Friedrich, Großherzog von Baden	1733-1811	Christoph Gottlieb von Murr
1729-1776	Johann Gotthelf Lindner	1733-1811	Friedrich Nicolai
1729-1778	Friedrich Heinrich Wilhelm Martini	1733-1813	Christoph Martin Wieland
1729-1781	Gotthold Ephraim Lessing	1733-1815	Carsten Niebuhr
1729-1786	Moses Mendelssohn	1733-1815	Christian Friedrich Schwan
1729-1788	Karl Friedrich Flögel	1733-1816	Joseph Milbiller
1729-1792	Johann Christoph Berens	1734-1785	Franz Stephan Rautenstrauch
1729-1793	Gottlieb Friedrich Krebel	1734-1787	Johann Christian von Schubart
1729-1796	Johann Daniel Titius	1734-1791	Leopold Frh. von Hartmann
1729-1798	Reinhold Forster	1734-1795	Joseph Franz Graf von Auersperg
1729-1800	Michael Denis	1734-1802	Ludwig Adolph Baumann
1729-1806	Friedrich Gabriel Resewitz	1734-1802	Henrich Martin Gottfried Köster
1729-1810	Franz Friedrich Wilhelm Maria Frh. von Fürstenberg	1734-1803	Gottfried Frh. van Swieten
1729-1812	Christian Gottlob Heyne	1734-1804	Wilhelm Abraham Teller
1729-1814	Johann Albert Heinrich Reimarus	1734-1805	Friedrich Frh. von Rochow
1730-1788	Salomon Gessner	1734-1811	Johann Michael Bönicke
1730-1788	Johann Georg Hamann	1734-1815	Franz Anton Mesmer
1730-1788	Georg Joachim Zollikofer	1735-1787	Johann Karl August Musäus
1730-1792	Friedrich Germanus Lüdke	1735-1793	Johann Benjamin Andreae d. J.
1730-1793	Johann Bode	1735-1798	Ulrich Bräker
1730-1797	Gerhard Julius Coners	1735-1804	Christian Joseph Jagemann
1730-1807	Sophie von La Roche	1735-1804	Carl August von Struensee
1730-1811	Johann Georg Graf von Einsiedel	1735-1805	Margaretha Elisabeth Reimarus
1731-1758	Johann Friedrich Frh. von Cronegk	1735-1806	Karl Wilhelm Ferdinand, Herzog von Braunschweig-Lüneburg (-Wolfenbüttel)
1731-1792	Balthasar Haug	1735-1806	Jeremias Jacob Oberlin
1731-1792	Conrad Heinrich Runge	1735-1806	Karl Heinrich Seibt
1731-1793	Wilhelm Ernst Christiani	1735-1809	August Ludwig von Schlözer
1731-1793	Karl Abraham Frh. von Zedlitz und Leipe	1735-1810	Theodor Graf von Morawitzky
1731-1797	Friedrich Franz Entner von Entnersfeld	1736-1778	Eva König
1731-1802	Johann August Schlettwein	1736-1779	Helfrich Peter Sturz
1731-1805	Leopold Biwald	1736-1794	Michael Ignaz Schmidt
1732-1778	Julie von Bondeli	1736-1797	Gottfried Less
1732-1792	Christian Gottfried Böckh	1736-1797	Markus Anton Wittola
1732-1792	Heinrich Braun	1736-1799	Johann Christian Breithaupt
1732-1795	Johann Christoph Friedrich Bach	1736-1802	Friedrich Ernst von Bülow
1732-1799	Georg Jakob Decker	1736-1804	Wilhelm Ettinger
		1736-1806	Alexander, Markgraf von Ansbach-Bayreuth

337

Zeittafel

1736-1807	Johann Nicolaus Tetens		1740-1801	Ferdinand von Kindermann
1736-1808	Friedrich Casimir Medicus		1740-1808	Franz Joseph Hartleben
1736-1809	Gottlieb Konrad Pfeffel		1740-1812	Karl Gotthelf Lessing
1736-1810	Felix von Balthasar		1740-1814	Louis Frédéric Ancillon
1736-1813	Anton Graff		1740-1814	Johann Georg Jacobi
1736-1815	Johann Georg Rosenmüller		1740-1815	Matthias Claudius
1736-1820	Johann George Scheffner		1740-1817	Johann Heinrich Jung-Stilling
1736-1822	Johann August Hermes		1740-1817	Leopold III. Friedrich Franz, Herzog von Anhalt-Dessau
1737-1772	Johann Friedrich Struensee		1740-1821	Johann Georg Heinrich Feder
1737-1783	Johann Ludwig Ferdinand Arnoldi		1740-1824	Ernst August Anton Frh. von Göchhausen
1737-1801	August Friedrich Cranz			
1737-1805	Johann Jakob Ebert		1740-1826	Johann Friedrich Oberlin
1737-1811	Friedrich von Köpken		1740-1840	Heinrich Dietrich von Grolmann
1737-1820	Benedikt Arbuthnot		1741-1789	Leonhard Usteri
1737-1820	Ludwig Heinrich Frh. von Nicolay		1741-1790	Joseph II., römisch-deutscher Kaiser
1737-1823	Heinrich Wilhelm von Gerstenberg			
1738-1766	Thomas Abbt		1741-1791	Johann Heinrich Merck
1738-1771	Christian Adolph Klotz		1741-1793	Christian Lorenz Struck
1738-1786(?)	Anselm Franz Frh. von Benzel-Sternau		1741-1796	Theodor Gottlieb von Hippel
			1741-1801	Johann Caspar Lavater
1738-1786	Johann Jakob Kanter		1741-1802	Karl Anton Ernst Becher
1738-1798	Gottfried Ludolf Graßmann		1741-1802	Johann Lorenz Böckmann
1738-1803	Julius August Remer		1741-1802	Johann Jakob Engel
1738-1804	Ernst Gottfried Baldinger		1741-1803	Hans Rudolf von Bischoffwerder
1738-1804	Johann Moritz Schwager		1741-1805	Johann Christian Briegleb
1738-1809	Gotthilf Samuel Steinbart		1741-1805	Joseph Valentin Eybel
1738-1814	Johann Ferdinand Gaum		1741-1807	Justus Friedrich Runde
1738-1816	Joseph Frh. von Beroldingen		1741-1811	Eugen Montag
1738-1817	Friedrich Samuel Gottfried Sack		1741-1811	Peter Simon Pallas
1738-1817	Moritz August von Thümmel		1741-1812	Johann Ferdinand Opiz
1738-1821	Johann Timotheus Hermes		1741-1813	Gotthilf von Baumgarten
1738-1826	Johann Friedrich Breyer		1741-1816	Johann August von Starck
1739-1786	Dorothea Friderika Baldinger		1741-1817	Christoph Daniel Ebeling
1739-1791	Christian Friedrich Daniel Schubart		1741-1825	Johann Heinrich Füssli
1739-1792	Wilhelm Ludwig Wekhrlin		1741-1825	Christian Hinrich Wolke
1739-1799	Kornelius de Pauw		1742-1785	Friedrich Just Riedel
1739-1799	Johann Georg Schlosser		1742-1791	Ignaz Edler von Born
1739-1806	Wilhelm Gottlieb Korn		1742-1792	Christian Cay Lorenz Hirschfeld
1739-1807	Anna Amalia, Herzogin von Sachsen-Weimar-Eisenach		1742-1794	Beda Mayr
			1742-1798	Christian Garve
1739-1809	Johann August Eberhard		1742-1799	Georg Christoph Lichtenberg
1739-1810	Heinrich Gottfried von Bretschneider		1742-1802	Jacob Sarasin
			1742-1803	Melchior Adam Weikard
1739-1813	Karl Graf von Zinzendorf		1742-1805	Sebastian Hartel
1739-1815	Friedrich Wilhelm Strieder		1742-1812	Anton Nagel
1739-1816	Gottlob August Tittel		1742-1813	Heinrich Ludwig Willibald Barkhausen
1740-1786	Christoph Christian Sturm			
1740-1789	Johann Friedrich Hartknoch		1743-1794	Jacob Mauvillon
1740-1792	Carl Friedrich Bahrdt		1743-1796	Gustav Friedrich Wilhelm Großmann
1740-1800	Jakob Friedrich Autenrieth			

Zeittafel

1743-1797	Johann Konrad Engelhard
1743-1797	Ludwig Julius Friedrich Höpfner
1743-1804	Gottlob Benedikt Schirach
1743-1807	Friedrich Gottlieb Born
1743-1812	Johann Wilhelm von Archenholtz
1743-1813	Johann Christian Lossius
1743-1815	Eberhard August Wilhelm von Zimmermann
1743-1819	Friedrich Heinrich Jacobi
1743-1820	Johann Joachim Eschenburg
1743-1820	Ernst Theodor Langer
1743-1820	Johann Georg Meusel
1743-1821	Johann Christoph Schwab
1743-1828	Johann Gottwerth Müller
1743-1828	August Friedemann Rühle von Lilienstern
1744-1796	Christian Friedrich von Blankenburg
1744-1801	Esdras Heinrich Mutzenbecher
1744-1803	Johann Gottfried Herder
1744-1806	Heinrich Christian Boie
1744-1807	Johann Bernoulli
1744-1807	Adolf Traugott von Gersdorff
1744-1807	Karl Ungar
1744-1808	Franz Artaria
1744-1808	Philipp Hedderich
1744-1810	Ernst Ferdinand Klein
1744-1811	Karl Adolf Caesar
1744-1811	Christian Gotthilf Salzmann
1744-1812	Heinrich Philipp Karl Bossler
1744-1816	Lorenz Florens Friedrich von Crell
1744-1817	Carl Theodor von Dalberg
1744-1818	Gerhard Anton Gramberg
1744-1818	Johann Lorenz Isenbiehl
1744-1818	Ernst Platner
1744-1819	Friedrich Ekkard
1744-1819	Johann Friedrich Mieg
1744-1824	Hans Wilhelm von Thümmel
1744-1825	Heinrich Wolfgang Behrisch
1744-1826	Jakob Heinrich Meister
1744-1834	Karl Ludwig von Knebel
1745-1790	Hans Rudolf Schinz
1745-1804	Ernst Ludwig II., Herzog von Sachsen-Gotha und Altenburg
1745-1808	Johann Georg Eck
1745-1808	Johann Christian Fabricius
1745-1812	Johann Jakob Griesbach
1745-1818	Ernst Christian Trapp
1745-1821	Johann Frank
1745-1823	Benedikt Maria Werkmeister
1745-1824	Karl Arnold Cortüm
1745-1831	Franz Oberthür
1745-1832	Hans Heinrich Füssli
1746-1772	Johann Benjamin Michaelis
1746-1785	Johann Peter Brinkmann
1746-1794	Heinrich Julius Bruns
1746-1798	Carl Gottlieb Svarez
1746-1799	Ignaz de Luca
1746-1801	Georg Friedrich Borowski
1746-1801	Johann Rautenstrauch
1746-1802	Johann Melchior Gottlieb Beseke
1746-1803	Wilhelm Heinse
1746-1803	Matthias Christian Sprengel
1746-1804	Ludwig Gerhard Wagemann
1746-1805	Ernst Theodor Johann Brückner
1746-1806	Peter Villaume
1746-1812	Dietrich Hermann Hegewisch
1746-1817	Anton von Bucher
1746-1818	Joachim Heinrich Campe
1746-1825	Johann Christian Krieger
1746-1826	August von Hennings
1746-1827	Franz Leuchsenring
1746-1827	Johann Heinrich Pestalozzi
1747-1772	Karl Wilhelm Jerusalem
1747-1792	Leopold II., römisch-deutscher Kaiser
1747-1794	Gottfried August Bürger
1747-1797	Gottlieb Lebrecht Hartung
1747-1803	Markus Herz
1747-1804	David Christoph Seybold
1747-1806	Christian Heinrich Groskurd
1747-1809	Johann Christoph Unzer
1747-1810	Christoph Meiners
1747-1813	Johann Samuel Ith
1747-1814	Friedrich Castillon
1747-1816	Johann Lorenz Blessig
1747-1817	Johann Lorenz Benzler
1747-1818	Johann Michael Hudtwalcker
1747-1819	Johann Karl Wezel
1747-1822	Friedrich Justin Bertuch
1747-1825	Mathias Metternich
1747-1826	Johann Elert Bode
1747-1832	Christian Gottfried Schütz
1747-1834	Johann Arnold Heise
1747-1835	Franz de Paula von Schrank
1747-1838	Heinrich Philipp Sextro
1748-1793	Friedrich Baron von Dietrich
1748-1795	Andreas Zaupser
1748-1800	Gottlob Nathanael Fischer

Zeittafel

1748-1800	Karl August Kütner	1750-1820	Ludwig Engelbert Herzog von Arenberg
1748-1800	Christian Gottlieb Selle	1750-1820	Christian Friedrich Sintenis
1748-1803	Dietrich Tiedemann	1750-1822	Karl August Fürst Hardenberg
1748-1806	Amalie Fürstin von Gallitzin	1750-1824	Gustav Graf von Schlabrendorff
1748-1808	Johann Michael Affsprung	1750-1828	Friedrich Hildebrand von Einsiedel
1748-1811	Jakob Adam	1750-1834	David Friedländer
1748-1813	Heinrich Ritter von Schenk	1750-1835	Paul Gotthelf Kummer
1748-1813	Johann Gottlieb Schummel	1750-1837	Christian Ludwig Willebrand
1748-1821	Johann Dominicus Fiorillo	1751-1792	Jakob Lenz
1748-1822	Johann Ludwig Ewald	1751-1799	Georg Heinrich Sieveking
1748-1825	Johannes Bering	1751-1807	Lorenz Hübner
1748-1825	Johann Caspar Adam Ruef	1751-1812	Emanuel Schikaneder
1748-1828	Leopold Friedrich Günther von Goeckingk	1751-1813	Friederike Helene Unger
1748-1829	Lorenz von Westenrieder	1751-1816	August Christian Borheck
1748-1830	Johann Adam Joseph Weishaupt	1751-1818	Karl Gottlob von Anton
1748-1833	Isaak Maus	1751-1820	Christian Conrad von Dohm
1748-1837	Andreas Frh. von Riedel	1751-1822	Johann Christian Christoph Rüdiger
geb. 1749	Johann Gottlieb Bärstecher	1751-1826	Johann Heinrich Voß
1749-1794	Woldemar Friedrich Graf von Schmettow	1751-1827	Johannes von Arnoldi
1749-1800	Sebastian Mutschelle	1751-1828	Susanne von Bandemer
1749-1806	Friedrich Viktor Lebrecht Plessing	1751-1828	Heinrich August Ottokar Reichard
1749-1814	Andreas Riem	1751-1828	Franz Anton Edler von Zeiller
1749-1816	Johann Erich Biester	1751-1829	Jakob Friedrich von Abel
1749-1816	Justus Perthes	1751-1829	Lorenz Karsten
1749-1817	Abraham Gottlob Werner	1751-1829	Johann Friedrich Simon
1749-1818	Friedrich Ludwig von Berlepsch	1751-1832	Johann Michael von Sailer
1749-1818	Johann Nikolaus Forkel	1751-1833	Gottlieb Jakob Planck
1749-1820	Franz Heinrich Bispink	1751-1835	Heinrich Würzer
1749-1821	Johann Gottfried Christian Nonne	1752-1784	Michael Hißmann
1749-1821	Friedrich Rudolf Saltzmann	1752-1793	Heinrich Corrodi
1749-1825	Friedrich Leopold von Kircheisen	1752-1793	Johann Heinrich Stuve
1749-1825	Friedrich Müller	1752-1796	Adolph Frh. Knigge
1749-1826	August Christian Bartels	1752-1801	Anastasius Ludwig Mencken
1749-1827	Lorenz Leopold Haschka	1752-1806	Johann Anton Leisewitz
1749-1827	Johann Karl Philipp Spener	1752-1807	Karl Friedrich Cramer
1749-1832	Johann Wolfgang von Goethe	1752-1809	Heinrich Philipp Henke
1749-1834	Johann Rudolf Forcart-Weiss	1752-1809	Johannes von Müller
1749-1841	Herz Homberg	1752-1810	Ludwig Timotheus Frh. von Spittler
1750-1800	Johann Ludwig Ambühl	1752-1812	Karl Ludwig Pörschke
1750-1806	Wolfgang Heribert Frh. von Dalberg	1752-1814	Johann Friedrich Ernst Albrecht
1750-1806	Isaak Daniel Itzig	1752-1814	Johann Friedrich Reichardt
1750-1809	Michael Hermann Ambros	1752-1819	Ephraim Ludwig Gottfried Abt
1750-1811	Heinrich Gottlieb Zerrenner	1752-1819	Gerhard Anton von Halem
1750-1812	Karl Wilhelm Dassdorf	1752-1821	Peter Ochs
1750-1813	Johann Gottfried Dyck	1752-1822	Rudolf Zacharias Becker
1750-1814	Johann Martin Miller	1752-1827	Johann Gottfried Eichhorn
1750-1815	Franz Thomas Chastel	1752-1828	Franz Xaver Gmeiner

Zeittafel

1752-1828	Georg Joachim Göschen	1755-1795	Ignaz Joseph Martinovics
1752-1828	Albrecht Daniel Thaer	1755-1797	Johann Baptist von Alxinger
1752-1831	Friedrich Maximilian von Klinger	1755-1798	Alois Blumauer
1752-1836	Johann Friedrich Degen	1755-1805	Johann Arnold Günther
1752-1840	Friedrich Blumenbach	1755-1809	Georg Zoega
1752-1849	Andreas Joseph Hofmann	1755-1825	Johann Peter Eichhoff
1753-1791	Martin Lange	1755-1825	Johann Ernst Fabri
1753-1800	Salomon Maimon	1755-1825	George Samuel Albert Mellin
1753-1803	Johann Martin von Abele	1755-1826	Ernst von Globig
1753-1804	Johann Friedrich Zöllner	1755-1830	Samuel Thomas von Soemmerring
1753-1805	Carl Gottlob Küttner	1755-1834	Friedrich Frh. von Schuckmann
1753-1806	Franz Heinrich Ziegenhagen	1755-1834	Christian Wilhelm Snell
1753-1807	Christian Jakob Kraus	1755-1836	Johann Heinrich Martin Ernesti
1753-1807	August Gottlieb Meißner	1755-1836	Otto Heinrich Frh. von Gemmingen-Hornberg
1753-1808	Sebastian Wagner	1756-1783	Johann Christian Schmohl
1753-1811	Georg Nikolaus Brehm	1756-1791	Wolfgang Amadeus Mozart
1753-1812	Franz Volkmar Reinhard	1756-1793	Karl Philipp Moritz
1753-1814	Benjamin Thompson Rumford	1756-1794	Eulogius Schneider
1753-1821	Franz Berg	1756-1804	Heinrich Moritz Gottlieb Grellmann
1753-1826	Johann Philipp Gabler	1756-1808	Karl Friedrich Häberlin
1753-1827	Christian Hinrich Kruse	1756-1817	Beda Aschenbrenner
1753-1830	Anton Drexel	1756-1820	Johann Jakob Cella
1753-1833	August Friedrich Wilhelm Crome	1756-1821	Georg Friedrich von Martens
1753-1836	Johann Filtsch	1756-1822	Joseph von Babo
1753-1837	Johann Gildemeister	1756-1823	Ludwig von Baczko
1753-1837	Gerhard Philipp Heinrich Norrmann	1756-1823	Jonas Ludwig von Heß
1754-1782	Heinrich Sander	1756-1823	Johann Pezzl
1754-1786	Johann Kaspar Riesbeck	1756-1826	Franz Xaver von Moshammer
1754-1794	Georg Forster	1756-1834	Jakob Georg Christian Adler
1754-1795	Johann Christian Herchenhahn	1756-1834	Friedrich Wilhelm von Schütz
1754-1798	Felix Anton Blau	1756-1836	Nicolaus Vogt
1754-1803	Friedrich Gedike	1756-1837	Karl Julius Fridrich
1754-1809	Gottfried Immanuel Wenzel	1756-1839	Ignaz Aurelius Feßler
1754-1811	Karoline Rudolphi	1757-1802	Johann Georg Heinzmann
1754-1813	Johann Friedrich Brauer	1757-1806	Johann August Arens
1754-1815	Carl Daniel Curio	1757-1810	Joseph Franz von Ratschky
1754-1815	Friedrich Wilhelm Jonathan Dillenius	1757-1814	Karl Friedrich Pockels
1754-1824	Joseph Friedrich Frh. von Retzer	1757-1822	Friedrich Christian Laukhard
1754-1827	Heinrich Gottfried Wilhelm Daniels	1757-1822	Friedrich Wilhelm Basilius von Ramdohr
1754-1828	August Hermann Niemeyer	1757-1823	Karl Leonhard Reinhold
1754-1829	Christian Gottfried Elben	1757-1827	Anton Dereser
1754-1833	Elisa Charlotte Konstantia von der Recke	1757-1828	Karl August, Großherzog von Sachsen-Weimar-Eisenach
1754-1835	Aron Wolfsohn	1757-1829	Johann Friedrich Borgold
1754-1837	August von Einsiedel	1757-1829	Christian Kunth
1755-1789	Johann Friedel	1757-1832	Johann Baptist Borott
1755-1794	Jean-Baptiste Baron von Cloots	1757-1833	Hans Jakob von Auerswald

Zeittafel

1757-1836	August Wilhelm Rehberg		1760-1832	Heinrich Meyer
1758-1793	August Jacob Liebeskind		1760-1835	Karl August Böttiger
1758-1794	Karl Hammerdörfer		1760-1838	Johann Caspar Pfenninger
1758-1796	Gotthold Stäudlin		1760-1842	Arnold Heeren
1758-1809	Peter Florens Weddigen		1760-1844	Friedrich Johann Lorenz Meyer
1758-1810	Ernst Brandes		1761-1802	August Johann Georg Karl Batsch
1758-1813	Christian Ulrich Detlev Frh. von Eggers		1761-1805	Daniel Bensen
1758-1815	Johann Wilhelm Petersen		1761-1805	Johann Gottlieb Karl Spazier
1758-1818	Fanny Frfr. von Arnstein		1761-1808	Christoph Gottfried Bardili
1758-1819	Anton Joseph Dorsch		1761-1811	Friedrich Lothar Graf von Stadion
1758-1827	Franz Michael Vierthaler		1761-1812	Karl Christian Erhard Schmid
1758-1829	Philipp Joseph Brunner		1761-1814	Johann Michael Armbruster
1758-1831	August Lafontaine		1761-1819	August von Kotzebue
1758-1832	Carl Friedrich Zelter		1761-1819	Wilhelm Gottlieb Tennemann
1758-1838	Christoph Friedrich Cotta		1761-1826	Carl Friedrich Stäudlin
1758-1839	Christian August Günther		1761-1828	Johann Gottlob Marezoll
1758-1839	Ludwig von Halem		1761-1830	Friedrich Münter
1758 (1759?)-1840	Friedrich Ludwig Wilhelm Meyer		1761-1831	Georg Christian Gottlieb von Wedekind
1758-1840	Wilhelm Olbers		1761-1832	August Niemann
1758-1850	Franz Xaver Bronner		1761-1833	Elkan Henle
1759-1805	Friedrich von Schiller		1761-1833	Gottlob Ernst Schulze
1759-1808	Thomas Thorild		1761-1835	Ernst Wilhelm Ackermann
1759-1813	Christian Daniel Erhard		1761-1835	Johann Baptista Goldschmidt
1759-1813	Johann Christian Reil		1761-1835	Johann Friedrich Vieweg
1759-1813	Peter Adolph Winkopp		1761-1837	Karl Friedrich Graf von Reinhard
1759-1814	August Wilhelm Iffland		1761-1839	Georg Wilhelm Böhmer
1759-1819	Georg Müller		1761-1840	Jacob Sigismund Beck
1759-1821	Johann Friedrich Flatt		1761-1840	Georg Klarmann
1759-1824	Friedrich August Wolf		1761-1841	Christoph Johann Rudolph Christiani
1759-1825	Johann Daniel Sander		1761-1843	Charlotte von Kalb
1759-1827	Ludwig Heinrich von Jakob		1761-1850	Johann Heinrich Bartels
1759-1828	Carl Wilhelm Frölich		1762-1800	Friedrich Karl Gottlob Hirsching
1759-1829	Daniel Gottlieb Gebhard Mehring		1762-1802	Joel Loewe
1759-1833	Johann Heinrich Christoph Beutler		1762-1804 (?)	Daniel Jenisch
1759-1837	Johann Heinrich Tieftrunk		1762-1811	Theophil Friedrich Ehrmann
1759-1838	Christoph Gatterer		1762-1814	Johann Gottlieb Fichte
1759-1838	Maximilian Joseph Frh. Montgelas		1762-1816	Johann Heinrich Abicht
1759-1839	Johann Christoph Friedrich Guts Muths		1762-1820	Theodor von Kretschmann
1759-1839	Johann Ferdinand Schlez		1762-1823	Berend Kordes
1760-1790	Ferdinand Frh. von Meggenhofen		1762-1824	Gallus Aloysius Caspar Kleinschrod
1760-1800	Christoph Girtanner		1762-1826	Cajetan von Weiller
1760-1806	Leopold Alois Hoffmann		1762-1827	Karl Philipp Conz
1760-1813	Johann Ambrosius Barth		1762-1827	Josef Vinzenz Edler von Degen
1760-1817	Gottlieb Hufeland		1762-1827	Johann Gottlieb Rhode
1760-1819	August Ferdinand Lueder		1762-1829	Wilhelm Friedrich von Meyern
1759 oder 1760-1826	Johann Caspar Friedrich Manso		1762-1832	Lazarus Bendavid
			1762-1836	Christoph Wilhelm Hufeland

Zeittafel

1762-1837	Johann Ludwig Klüber
1762-1838	Klemens Baader
1762-1841	Andreas Chrysogon Eichler
1762-1841	Charles Guillaume Theremin
1763-1800	Heinrich Christoph Albrecht
1763-1804	Ernst Ludwig Posselt
1763-1808	Carl Ludwig Fernow
1763-1809	Franz de Paula Gaheis
1763-1809	Caroline von Schelling
1763-1810	Johann Gottfried Seume
1763-1811	August Friedrich Hecker
1763-1821	Johann Gottlieb Gerhard Buhle
1763-1825	Jean Paul
1763-1827	Gottfried Christoph Härtel
1763-1828	Heinrich Gottlieb Schmieder
1763-1836	Johann Michael Leuchs
1763-1837	Johann Christian Gädicke
1763-1839	David von Wyss
1763-1840	Friedrich August von Stägemann
1763-1840	Joseph von Utzschneider
1763-1841	Fridolin Huber
1763-1845	Samuel Christoph Wagener
1763-1847	Christoph Arnold
1764-1801	Karl Heinrich Heydenreich
1764-1804	Ludwig Ferdinand Huber
1764-1807	Karl Friedrich Benkowitz
1764-1812	Philipp Christian Reinhard
1764-1826	Jens Immanuel Baggesen
1764-1826	Manuel David Mauchart
1764-1827	Nikolaus Ritter von Gönner
1764-1828	Konrad Engelbert Oelsner
1764-1829	Therese Huber
1764-1830	Johann Gottfried Ebel
1764-1832	Johann Friedrich Cotta von Cottendorf
1764-1832	Friedrich Gentz
1764-1835	Heinrich Gustav Floerke
1764-1835	Karl Heinrich Ritter von Lang
1764-1835	Johann Wilhelm Reche
1764-1835	Albrecht Rengger
1764-1836	Franz Nikolaus Bauer
1764-1839	Dorothea von Schlegel von Gottleben
1764-1842	Johann Friedrich Butenschön
1764-1842	Hans von Held
1764-1844	Gustav Hugo
1764-1847	Karl Gustav Frh. von Brinckmann
1764-1847	Henriette Herz
1764-1849	August Hartmann
1764-1850	Johann Gottfried Schadow
1765-1806	Johann Christian Siede
1765-1809	August Ludwig Hülsen
1765-1814	Friedrich Christian II., Herzog von Schleswig-Holstein-Sonderburg-Augustenburg
1765-1815	Georg Wilhelm Bartholdy
1765-1817	Johann Heinrich Philipp Seidenstücker
1765-1823	Domenico Artaria
1765-1828	Georg Frh. Sartorius von Waltershausen
1765-1833	Johann Christoph Friedrich Bährens
1765-1837	Friedrich Frommann
1765-1837	Johann Gottlieb Korn
1765-1837	Urs Joseph Lüthy
1765-1838	Karl Friedrich von Beyme
1765-1840	Johann Friedrich Abegg
1765-1840	Johann Christoph Greiling
1765-1847	Johann Gottfried Hoffmann
1766-1793	Adam Lux
1766-1797	Joseph Bauerschubert
1766-1806	Johann Philipp Palm
1766-1806	Joachim von Schwarzkopf
1766-1816	Georg Friedrich Pape
1766-1818	Christoph Gottlieb Steinbeck
1766-1819	Johann Gottfried Karl Christian Kiesewetter
1766-1820	Friedrich von Cölln
1766-1823	Johann Ludwig Formey
1766-1823	Johann Gebhard Ehrenreich Maass
1766-1824	Heinrich Ziegenbein
1766-1827	Johann Benjamin Erhard
1766-1827	Ludwig Harscher von Almendingen
1766-1828	Friedrich Bouterwek
1766-1828	Johann Samuel Ersch
1766-1833	Heinrich August Müller
1766-1840	Philipp Albert Stapfer
1766-1845	Bernhard Sebastian von Nau
1766-1847	Sigismund Frh. von Reitzenstein
1766-1848	Friedrich Immanuel Niethammer
1766-1850	Christoph Friedrich von Ammon
1766-1851	Jakob Salat
1767-1822	Saul Ascher
1767-1823	Hans Konrad Escher von der Linth
1767-1823	Samuel Gottlieb Lange
1767-1825	Christian Jakob Contessa
1767-1826	Friedrich Eberhard Rambach
1767-1827	Johann Gottfried Bremser
1767-1835	Wilhelm von Humboldt

Zeittafel

1767 - 1837	Frédéric Ancillon		1770 - 1842	Lucas Andreas Staudinger
1767 - 1837	Johann Heinrich Gottlob Heusinger		1770 - 1843	Friedrich Hölderlin
1767 - 1839	Georg Heinrich Ludwig Nicolovius		1770 - 1843	Leopold Krug
1767 - 1842	Amandus Augustus Abendroth		1770 - 1848	Friedrich Karl Forberg
1767 - 1843	Reinhold Bernhard Jachmann		1771 - 1800	Theobald Wilhelm Broxtermann
1767 - 1843	Johannes Neeb		1771 - 1814	David Josef Veit
1767 - 1845	August Wilhelm von Schlegel		1771 - 1832	Andreas Peter Andresen
1767 - 1846	Rudolf Friedrich Heinrich von Magenau		1771 - 1833	Rahel Varnhagen von Ense
1768 - 1817	Wilhelm Heinsius		1771 - 1836	Friedrich Lehne
1768 - 1824	Andreas Georg Friedrich Rebmann		1771 - 1844	Philipp Emanuel von Fellenberg
1768 - 1825	Jakob Aders		1771 - 1848	Heinrich Zschokke
1768 - 1825	Arnold Mallinckrodt		1771 - 1854	Heinrich Clauren
1768 - 1828	Israel Jacobson		1772 - 1806	Louis Ferdinand von Hohenzollern, Prinz von Preußen
1768 - 1832	Samuel Baur		1772 - 1808	Franz Axter
1768 - 1832	Joseph Schreyvogel		1772 - 1816	Gerhard Anton Hermann Gramberg
1768 - 1833	Henriette Frölich		1772 - 1823	Friedrich Arnold Brockhaus
1768 - 1834	Friedrich Daniel Ernst Schleiermacher		1772 - 1824	Johann Christoph Frh. von Aretin
1768 - 1838	Friedrich Krause		1772 - 1829	Friedrich von Schlegel
1768 - 1843	Friedrich von Adelung		1772 - 1833	Johann Erich von Berger
1768 - 1843	Friedrich Buchholz		1772 - 1838	Karl Heinrich Ludwig Pölitz
1769 - 1803	Georg Gustav Fülleborn		1772 - 1840	Anton Friedrich Justus Thibaut
1769 - 1807	Wilhelmine Karoline von Wobeser		1772/73 - 1842	Johann Paul Ritter von Harl
1769 - 1820	Pauline, Fürstin zur Lippe		1772 - 1843	Anton Bauer
1769 - 1821	Justus Erich Bollmann		1772 - 1843	Friedrich Christoph Perthes
1769 - 1822	Johann Adam Frh. von Aretin		1772 - 1848	Ferdinand Delbrück
1769 - 1826	Ernst Gottlieb Bengel		1773 - 1802	Friedrich Joseph Emerich
1769 - 1827	Gottlob Friedrich Artzt		1773 - 1809	Johann Nikolaus Becker
1769 - 1828	Franz Dautzenberg		1773 - 1827	Bartholomäus Bacher
1769 - 1829	Benedikt Hacker		1773 - 1833	Emmerich Joseph Herzog von Dalberg
1769 - 1832	Heymann Salomon Pappenheimer		1773 - 1836	August Campe
1769 (1773?) - 1834	Johann Adam Bergk		1773 - 1843	Jakob Friedrich Fries
1769 - 1843	Karoline Pichler		1773 - 1847	Peter Philipp Geier
1769 - 1843	Johann Georg Tobler		1773 - 1849	Christian Ludwig Runde
1769 - 1847	Christian August Grohmann		1773 - 1850	Joseph Kalasanz Likavetz
1769 - 1850	Garlieb Merkel		1773 - 1853	Ludwig Tieck
1769 - 1859	Alexander Frh. von Humboldt		1774 - 1816	Georg Conrad Meyer
1770 - 1805	Georg Friedrich Ballhorn		1774 - 1844	Ludwig Frh. von Vincke
1770 - 1807	Friedrich August Carus		1774 - 1847	Albrecht Block
1770 - 1812	Johann Kerner		1774 - 1848	Ferdinand Beneke
1770 - 1821	Friedrich Theodor Rinck		1774 - 1848	Friedrich Benedikt Weber
1770 - 1825	Dorothea von Schlözer		1774 - 1851	Johann Gottfried Gruber
1770 - 1827	Ludwig van Beethoven		1774 - 1860	Ignaz Heinrich Frh. von Wessenberg
1770 - 1829	Karl Hoffmann		1775 - 1815	Isaak von Sinclair
um 1770 - 1836	Alexander Gibsone		1775 - 1826	Johann Heinrich Besser
1770 - 1840	Karl Frh. vom Stein zum Altenstein		1775 - 1829	Johann Wilhelm Süvern
1770 - 1842	Wilhelm Traugott Krug		1775 - 1833	Paul Johann Anselm Ritter von Feuerbach

Zeittafel

1775-1840	Karl Wenzeslaus Rodecker von Rotteck
1775-1843	Theodor Gottlieb von Hippel
1775-1846	Friedrich Theodor von Merckel
1776-1839	Wilhelm Frorath
1776-1841	Johann Friedrich Herbart
1776-1842	Georg Andreas Reimer
1776-1848	Joseph von Görres
1776-1861	Friedrich Christoph Schlosser
1777-1811	Heinrich von Kleist
1777-1846	Johann Friedrich Benzenberg
1777-1846	Friedrich Campe
1778-1828	Heinrich Gottlieb Tzschirner
1778-1841	Gottschalk Diedrich Baedeker
1778-1847	Heinrich Luden
1779-1819	Friedrich Gottlob Karl Wetzel
1779-1829	Adam Heinrich von Müller
1780-1849	Martin Leberecht De Wette
1781-1818	Franz von Lassaulx
1781-1827	Betty Gleim
1781-1841	Karl Friedrich Schinkel
1781-1848	Bernard Bolzano
1782-1812	Franz Amand Armbrust
1782-1849	Georg Friedrich Hartung
1784-1844	Ernst I., Herzog von Sachsen-Coburg und Gotha
1784-1846	Johann Baptist Ludwig Ehrenreich Graf von Barth-Bartenheim
1785-1847	Ernst Emil Hoffmann
1786-1846	Johann Heinrich Christian Bischoff
1789-1845	Philipp Jakob Siebenpfeiffer
1791-1834	Friedrich Adolf Ebert

Deutschsprachige Sozietäten des 18. Jahrhunderts und ihre Publikationen

Verzeichnet sind die Sozietäten, die im 18. Jahrhundert gegründet wurden, und solche, die zwar bereits vor 1700 gegründet wurden, aber noch im 18. Jahrhundert bestanden. Bewußt ausgeschlossen werden Universitäten und Ritterakademien sowie Lesegesellschaften, Freimaurerlogen, Orden und studentische Verbindungen. Die angegebenen Jahreszahlen bedeuten das Gründungsjahr bzw. das Jahr der offiziellen Bestätigung oder Erneuerung.

Diese Zusammenstellung basiert auf dem von Klaus Schmidt im Auftrag der Göttinger Akademie der Wissenschaften zusammengestellten Material zu europäischen Sozietäten der Frühen Neuzeit und ihren Publikationen. Auch an dieser Stelle möchten wir Klaus Schmidt für seine Bereitschaft danken, uns in uneigennütziger Weise diese Forschungsergebnisse zur Verfügung zu stellen.

AARAU
Gesellschaft für vaterländische Kultur (1810)

ACADEMIA NATURAE CURIOSORUM (1652/1687)
- *Miscellanea curiosa medico-physica. Dec. I. Ann. I-X (1670-79). Leipzig (u. a.) 1670-80. (Ed. emend. Frankfurt, Leipzig 1684.) Dec. II. Ann. I-X (1682-91). Nürnberg 1683-92. Dec. III. Ann. I-X (1694-1705). Leipzig, Frankfurt 1695-1706. (= Vol. I-XXIV.) (4°)*
- *Ephemerides. Cent. I-X. Nürnberg (u. a.) 1712-22. (= Vol. I.-V.) (4°) Dt. Übers. von P. L. S. Müller seit 1760*
- *Acta physico-medica. Vol. I-X. Nürnberg: Schwarzkopf, sp. Endter (?) 1727-54. (4°)*
- *Nova acta physico-medica. Vol. I-VIII. Nürnberg: Schwarzkopf (sp.: Stein) 1757-91. (4°) [Vol. IX. u. d. T.: Verhandlungen. Bd. 1. Erlangen 1818. (Hrsg.: F. v. Wendt). Bd. 10-110 Bonn (u. a.) 1821-1928.]*
- *Commercium litterarium, ad rei medicae et scientiae naturalis incrementum. Vol. I-XV. Nürnberg 1731-45. (4°) Dt. Übers., T. 9-20 von P. L. S. Müller: Auserlesene medicinisch-chirurgisch-anatomisch-chymisch- und botanische Abhandlungen. T. 1-20. Nürnberg: Endter (ab T. 4, 1757: Schwarzkopf) 1755-71. (4°)*
- *Auszüge medicinisch-chirurgischer Bemerkungen. T. 1.2. Nürnberg 1789-90. (8°) (Verf.: G. A. Weinrich)*
- *Medicinische Beobachtungen. Eine Auswahl aus den Novis actis. Göttingen 1799. (8°) (Hrsg.: L. C. W. Cappel)*
- *Index generalis et absolutissimus rerum memorabilium et notabilium. Nürnberg 1695. (4°) (Verf.: J. P. Wurfbain)*
- *Index generalis. Erfurt 1713. (4°) (Verf.: Michaelis)*
- *Index universalis et absolutissimus rerum memorabilium ac notabilium medico-physicarum. (1670-1722) Vol. I.II. Nürnberg 1739. (4°) (Verf.: W. A. Kellner)*
- *Historia succincta, ortus et progressus academiae (...). Jena 1689. (4°) (Verf.: G. W. Wedel)*
- *Historia. Halle 1755. (4°) (Verf.: A. E. Büchner)*

ALTDORF BEI NÜRNBERG
Deutsche Gesellschaft (1756)
- *Versuch in Beyträgen zur deutschen Sprachlehre, Beredsamkeit und Geschichte. Altdorf: Schüpfel 1757. (8°) (Hrsg.: G. A. Will)*
- *Schriften. Altdorf: Schüpfel 1760. (8°) (Hrsg.: G. A. Will)*
- *Bibliothek der gesammten schönen Wissenschaften. Bd. 1.2. Altdorf, Nürnberg 1762. (8°) (Hrsg.: G. A. Will)*

Deutsche Privatgesellschaft (1776)
Lateinische Gesellschaft (1762)
Philologische Gesellschaft (1740)
Societas philiatrorum (1650/1657)

ALTENBURG
Naturforschende Gesellschaft (nach 1800)

ALTONA
Allgemeine Gesellschaft der Wissenschaften und der Tugend (1747)
Museumsgesellschaft
Patriotische Gesellschaft (1812)

ANSBACH
Fränkische physikalisch-ökonomische Gesellschaft (1764)

Sozietäten

- *Gesammelte Nachrichten. Jg. 1-3. Ansbach: Posche 1764-67. (4°) (Hrsg.: J. C. Hirsch)*
Gesellschaft für vaterländischen Kunst- und Gewerbefleiß (1817)

AUGSBURG
Französische Akademie
Gesellschaft der freien Künste und Wissenschaften s. Societas artium lib.
Gesellschaft praktischer Ärzte
Privatgesellschaft zu Ermunterung der Künste (1780)
Societas artium liberalium (1750/51)
- *Nachricht von der Beschaffenheit, Einrichtung und Vorhaben der kaiserl. privilegierten Gesellschaft der freyen Künste und Wissenschaften. Augsburg 1753. (8°)*
- *Kunstzeitung. Jg. 1-3. Augsburg: Handlg. d. K. Akad. 1770-72. (8°) (Jg. 2: Augsburgische Kunstzeitung. Jg. 3: Monatliches Augsburgisches Kunstblatt.) (Hrsg.: H. A. Mertens)*

BASEL
Deutsche Gesellschaft (1742)
Deutsche Gesellschaft zur Beförderung reiner Lehre (1780) (mit Particulargesellsch. in Nürnberg, Frankfurt, Stuttgart, Berlin, Stendal, Prenzlau, Magdeburg, Wernigerode, Minden, alle 1780/81; seit 1784: Deutsche Gesellschaft zur Beförderung christlicher Wahrheit und Gottseligkeit = Deutsche Christentumsgesellschaft)
- *Sammlungen für Freunde des Reiches Gottes. (vgl. die Schriften von J. A. Urlsperger)*
Gelehrte Gesellschaft (1732)
Gemeinnützige Gesellschaft s. Ges. z. Aufmunterung
Gesellschaft zur Aufmunterung und Beförderung des Guten und Gemeinnützigen (1777) (= Gemeinnützige Gesellschaft; Société de bienfaisance et d'encouragement)
Oekonomische Gesellschaft
- *Abhandlungen. Bd. 1. St. 1-3. Basel: Schweighauser 1797. (8°)*
Societas physico-mathematico-anatomico-botanico-medica Helvetica (1750) (= Gelehrte Gesellschaft für Physik und Mathematik)
- *Acta helvetica [physico-mathematico-botanico-medica]. Vol. I-VIII. Basel: Imhof 1751-77. (4°) (Hrsg.: D. Bernoulli)*
- *Nova acta helvetica [physico-mathematico-anatomico-botanico-medica]. Vol. I. (m. n. e.) Basel: Schweighauser 1787. (4°)*
Société de bienfaisance et d'encouragement s. Ges. z. Aufmunterung
Société littéraire (ca. 1771)

BAUTZEN
Medicinische Societät (1757)
- *Sammlungen und Abhandlungen aus allen Theilen der Arzneygelahrtheit. Altenburg: Richter 1757. (8°)*
Physikalisch-ökonomische Bienengesellschaft (= Churfürstliche Bienengesellschaft) (1766)
- *Abhandlungen und Erfahrungen. Slg. 1-4. Dresden: Walther 1766-71. (8°) (Hrsg.: A. G. Schirach)*

- *Gemeinnützige Arbeiten. Bd. 1. Berlin, Leipzig: Decker 1773. (8°)*

BERLIN
Akademie der Künste und mechanischen Wissenschaften (1696/1770/1787)
Akademie der Wissenschaften (1700/1701)
- *Miscellanea Berolinensia. Tom. I-VII. Berlin: Pape (Tom. V: Halle) 1710-43. (4°)*
- *Histoire de l'Académie royale (...). Berlin 1730. (4°)*
- *Histoire et mémoires. Ann. 1745-1769. Tom. 1-25. Berlin: Haude 1746-71. (4°)*
- *Choix des mémoires et abrégé de l'histoire. Tom. 1-4. Berlin 1761.*
- *Choix des mémoires. Tom. 1-10. Avignon, Paris 1768-74. (12°)*
- *Nouveaux mémoires. Ann. 1770-86. Tom. 1-17. Berlin: Voß 1772-88. (4°)*
- *(Dt. Übers.:) Physicalische und medicinische Abhandlungen. Bd. 1-4. Gotha: Ettinger 1781-86. (8°) (Übers.: J. L. K. Mümler)*
- *Sammlung der deutschen Abhandlungen. 1788-91. Berlin 1793. (4°)*
- *Mémoires. 1786-1804. Berlin 1792-1807. (4°)*
- *Verzeichnis der Abhandlungen der königlich preußischen Akademie der Wissenschaften von 1710 bis 1870. Berlin 1871.*
- *Histoire de l'académie royale des sciences et belles lettres depuis son origine jusqu'à présent. Berlin: Haude & Spener 1750. (4°) (Verf.: J. H. S. Formey; auf königl. Befehl unterdrückt)*
Bibelgesellschaft (1806) (seit 1814: Preußische Bibelges.)
Bürger-Rettungsgesellschaft (1796)
Collegium medico-chirurgicum (1717/1724)
- *Acta. Dec. I. Berlin 1717-22. – Dec. II. Berlin 1723-29. – Dec. III. 1731. (12°) (ed.: J. D. Gohl)*
Confrérie des franc-maçons s. Ges. d. Alethophilen
Deutsche Gesellschaft (1793)
Donnerstagsclub (1749)
Gelehrte Journalgesellschaft (1764)
Gesellschaft der Freunde (1792) (im Orig. hebräischer Name)
Gesellschaft der Alethophilen (1736) (= Confrérie des franc-maçons; Societas alethophilorum)
Gesellschaft der Freunde der Humanität (1796)
Gesellschaft hebräischer Sprachforscher (1782) (im Orig. hebräischer Name; seit 1786: Gesellschaft zur Beförderung des Guten und Edlen)
Gesellschaft naturforschender Freunde (1773)
- *Beschäftigungen. Bd. 1-4. Berlin 1775-79. (8°)*
- *Schriften. Bd. 1-6. Berlin 1780-85. (8°)*
- *Beobachtungen und Entdeckungen aus der Naturkunde. Bd. 1-5. Berlin: Rottmann 1787-94. (8°)*
- *Neue Schriften. Bd. 1. Berlin 1795. (4°)*
- *Zweifaches Universalregister. Berlin 1794. (8°)*
- *Neue Schriften. Bd. 1-4. Berlin 1795-1803. (4°)*
- *Verzeichniss der Mitglieder. Berlin 1806. (8°)*
- *Magazin für die neuesten Entdeckungen in der gesammten Naturkunde. Jg. 1-8. Berlin 1807-18. (4°)*

Sozietäten

- *Verhandlungen. Bd. 1. St. 1-6. Berlin 1807-18. (4°)*
- *Festschrift. Berlin 1873.*

Gesellschaft von Freunden der Aufklärung s. Mittwochsgesellschaft

Gesellschaft zur Beförderung des Guten und Edlen (1786) (vorher: Gesellschaft hebräischer Sprachforscher)

Gesellschaft zur Pflege der deutschen Sprache und Kultur (1739)

Landwirtschaftliche Gesellschaft

Medizinisch-chirurgische Gesellschaft (1810) (sp.: Hufelandsche Gesellschaft)

Montags-Club (1749)

Mittwochsgesellschaft (1783) (eigentlich: Gesellschaft von Freunden der Aufklärung)

Musikübende Gesellschaft (ca. 1751)

Pharmaceutische Gesellschaft (1796)

Philomathische Gesellschaft (1780)

Singakademie (1789)

Societas alethophilorum s. Ges. d. Alethophilen

Societas anonymorum (1710)

Spanheimgesellschaft (1689)

BERN

Deutsche Gesellschaft (1739)

Erbauungsgesellschaft (1798) (sp.: Bibelgesellschaft)

Gesellschaft von Geistlichen (1774)
- *Aufgaben. Bern 1774. (8°)*

Gesellschaft zur Beförderung der Tugend

Helvetisch-moralische Gesellschaft (ca. 1762)

Medizinisches Institut (1798)

Naturforschende Gesellschaft (1786)

Ökonomische Gesellschaft (1759) (= Societas agriculturae et bonarum artium) (ident. mit Société économique; korrespondierende Gesellschaften in Lausanne, Vivis, Yverdon, Neus, Peterlingen, Biel, Aarau, Emmenthal, Nidau)
- *Sammlungen von landwirthschaftlichen Dingen. Jg. 1.2. Zürich: Heidegger 1760-61. (8°)*
- *(Franz. Version:) Recueil de mémoires concernants l'économie rurale. Tom. 1-8. Zürich: Heidegger 1760ff. (8°)*
- *Vorschlag (...) zu Errichtung einiger mitarbeitenden Gesellschaften. Bern 1761. (8°)*
- *Abhandlungen und Beobachtungen. Bern: Typograph. Gesellsch. 1762-73. Jg. 3-14. (8°) (mit Generalregister)*
- *(Franz. Version:) Mémoires et observations. Ann. 1762-73. Bern 1762-73. (8°)*
- *Neue Sammlung physisch-ökonomischer Schriften. Bd. 1. Bern: Typograph. Ges. 1779. Bd. 2.3. Zürich: Füßli 1782. 1785. (8°)*
- *Kleine Schriften zur Stadt- und Landwirthschaft. Bern 1791. (8°)*
- *Neueste Sammlung von Abhandlungen und Beobachtungen. Bd. 1. Bern: Adler 1796.*

Patriotische Gesellschaft (1762) (= Société des citoyens)

Schweizerische Gesellschaft s. Ökonom. Ges.

Societas agriculturae et bonarum artium s. Ökon. Ges.

Société des citoyens s. Patriot. Ges.

Société des philantropes (ca. 1778) (zugleich in Nancy und Straßburg)
- *Mémoires. Bern 1778. (8°)*

Société économique (1759) (ident. mit Ökon. Ges.)
- *Recueil de mémoires concernants l'économie rurale. Tom. 1-8. Zürich: Heidegger 1760ff. (8°)*
- *Mémoires et observations. Ann. 1762-73. Bern 1762-73. (8°)*

Société littéraire (1760)

Société morale (1764)

BERNBURG

Anhaltische deutsche Gesellschaft (1760)

BERNSTADT (SCHLESIEN)

Gesellschaft zur Beförderung moralischer Glückseligkeit (ca. 1785)

BIEL

Ökonomische Gesellschaft (1761)

BONN

Niederrheinische Gesellschaft für Natur- und Heilkunde

BRAUNSCHWEIG

Großer Club (1780)

BREMEN

Deutsche Gesellschaft (1751)

Verein zum Wohlthun (1804)

BRESLAU

Bibelgesellschaft

Gesellschaft der Kunstfreunde

Gesellschaft der Zwölfer

Gesellschaft zur Beförderung der Naturkunde und Industrie Schlesiens (1804)
- *Verhandlungen. Bd. 1. H. 1.2. Halle: Renger 1807. (8°)*

Ökonomisch-patriotische Gesellschaft s. Patr. Ges.

Patriotische Gesellschaft [in Schlesien] (1771/72)
- *Meine Bemerkungen über den Entwurf zur patriotischen Gesellschaft in Schlesien. Breslau: Korn 1771. (4°)*
- *Statuta. Breslau 1772. (2°)*
- *Oekonomische Nachrichten. Bd. 1-7. Breslau: Korn 1774-79. (4°) (Hrsg.: K. G. Tschirner; ab Bd. 4, 1776: I. K. H. Börner.)*
- *Neue oekonomische Nachrichten. Bd. 1-5. Breslau: Korn 1780-84. (4°)*

Philomathische Gesellschaft

Schlesische Gesellschaft für vaterländische Kultur (1803)
- *Correspondenzblatt. Jg. 1-5. Breslau: Korn 1810 bis 1816. (4°)*

BRIEG

Redner-Gesellschaft (1733)

Sozietäten

BROCKHAUSEN
Naturforschende Gesellschaft Westphalens (vor 1798)
- *Nachricht von dem Fortgange ... (1798-1801). Düsseldorf (sp.: Berlin) 1798-1802. (8°)*
- *Neue Schriften. Bd. 1. Düsseldorf 1798. Bd. 2. Berlin 1805. (8°)*

BRÜNN
Mährisch-schlesische Gesellschaft zur Beförderung des Ackerbaues, der Natur- und Landeskunde (1770)
- *Mittheilungen. Jg. 1.2. Leipzig: Hartmann 1821 bis 1822. (4°)*

BURGHAUSEN
Churbaierische Landesökonomiegesellschaft (1772) (vorher: Oettingen, Ges. d. sch. Wiss.; sp.: Churpf. sittl.-landw. Ak.)
- *Baierisch-ökonomischer Hausvater. München 1779-83.*
- *Fünf ökonomische Abhandlungen. München: Lentner 1786. (4°)*
Churpfalzbaierische sittlich-landwirtschaftliche Akademie (1793) (vorher: Churbaier. Landesök.ges.)

CELLE
Clubgesellschaft (ca. 1785)
Landwirtschaftsgesellschaft (1764)
- *Nachricht von der königl. großbritt. churfürstl. braunschw.-lüneb. Landwirthschafts-Gesellschaft. Hannover: Hellwig 1764. (4°)*
- *Nachrichten von Verbesserung der Landwirthschaft und des Gewerbes. Bd. 1-3. Celle: Gsellius 1765-78. (8°)*
- *Neue Abhandlungen und Nachrichten. T. 1-4. Celle: Richter 1787. 1788. 1794. 1794. (8°) (Neue Aufl. T. 1.2. Hannover 1794.)*
- *Annalen der niedersächsischen Landwirtschaft. Bd. 1-6. Hannover 1799-1804. (Hrsg.: A. Thaer; J. L. Benecke)*

CHUR
Gesellschaft landwirtschaftlicher Freunde (1779)
- *Verhandlungen. St. 1-5. Chur 1780-82. (8°)*
- *Der Sammler, eine gemeinnützige Wochenschrift für Bündten. Jg. 1-6. Chur: Otto 1779-84. (8°) (Hrsg.: J. G. Am-Stein)*
- *Der neue Sammler. Jg. 1-7. Chur: Steiner (Jg. 7: Zürich: Ziegler) 1805-12. (8°)*
Typographische Gesellschaft (1768) (viell. Druckerei oder Verlag)

COLMAR
Société d'émulation (1790)
Société littéraire (1760)
Société physico-économique (1798)
Tabagie littéraire (1785)

DANZIG
Deutsche Gesellschaft (1755)
Naturforschende Gesellschaft (1720/1743) (= Societas physicae experimentalis)
- *Versuche und Abhandlungen. T. 1-3. Danzig: Schreiber (T. 2.: Danzig, Leipzig: Lankisch; T. 3.: Halle: Renger) 1747. 1754. 1756. (4°)*
- *Neue Sammlung, von Versuchen und Abhandlungen. Bd. 1. Danzig: Wedel 1778. (4°)*
- *Neueste Schriften. Bd. 1-6. Danzig 1820-62.*
- *Hauptverzeichnis aller Veröffentlichungen der N. G. seit ihrer Begründung 1743 bis [...] 1922. Danzig 1924. (Verf.: K. Lakowitz)*
- *Katalog der Bibliothek der N. G. in Danzig. Bd. 1-3. Danzig 1904-14. (Verf.: K. Lakowitz)*
Societas litteraria (cuius symbolum virtutis et scientiarum incrementa) (1720-1727)
Societas physicae experimentalis s. Nat.forsch. Ges.

DESSAU
Chalcographische Gesellschaft
Predigergesellschaft (1787)

DORPAT
Deutsche Gesellschaft (1792)
Gemeinnützige und ökonomische Sozietät (1792)
Landwirtschaftsgesellschaft (1796)

DRESDEN
Andächtige Sterbegesellschaft (ca. 1710) (viell. identisch mit Brüderschaft der Sterbenden und Abgestorbenen)
Brüderschaft der Sterbenden und Abgestorbenen (ca. 1743) (viell. identisch mit Andächtige Sterbegesellschaft)
Collegium medico-chirurgicum (1748)
Gesellschaft böhmischer Naturforscher
- *Sammlung physikalischer Aufsätze. T. 1-5. Dresden 1791-98. (8°) (Hrsg.: J. Mayer; F A. Reuss)*
Kunstakademie (1705/1764)
Leopolden-Orden (1695)
Rieschische Gesellschaft
Societät der christlichen Liebe und Wissenschaften (1709)
- *Amoenitates meliorum litterarum. Dresden: Heckel 1748. (4°)*
Societas theologico-disputatoria (1730)
Sophianische Prediger-Gesellschaft (1655)
Verein zu Rat und Tat (1803)

DÜSSELDORF
Gesellschaft naturforschender Freunde Westphalens
- *Neue Schriften. Bd. 1. Düsseldorf: Dänzer 1798. (4°)*

DUISBURG
Gelehrte Gesellschaft s. Soc. litt.
Societas litteraria (1756)
- *Deutsche Schriften. Duisburg, Düsseldorf: Hoffmann 1759. (8°)*
- *Opuscula. Fasc. I. Duisburg, Düsseldorf 1760. (4°)*

EISENACH
Seminarium theologicum (1704)

ELBING
Societas litteraria (1721-27)

Sozietäten

EMDEN
Naturforschende Gesellschaft (1815)

ERFURT
Akademie nützlicher Wissenschaften (1754) (= Academia electoralis Moguntina scientiarum utilium quae Erfurti est)
- *Acta. Vol. I. Erfurt: Mevius; Gotha: Dieterich 1757. Vol. II. Erfurt: Weber 1761. (8°) (Hrsg.: S. L. Hadelich; sp.: K. v. Dalberg)*
- *Uebersetzungen und deutsche Abhandlungen. Bd. 1.2. Erfurt 1762-63. (8°) (Hrsg.: S. L. Hadelich)*
- *Acta (1776-95). Erfurt: Keyser 1777-96. (4°) (Hrsg.: H. E. Rumpel)*
- *Abhandlungen (Nova acta) 1797-1808. Bd. 1-4. Erfurt 1799-1809. (8°)*

ERLANGEN
Deutsche Gesellschaft (1754) (sp. Institut für Moral)
Disputiergesellschaft (1746)
Institut für Moral und schöne Wissenschaften (1773) (vorher: Deutsche Ges.)
Musikalische Gesellschaft (1792)
Physikalisch-medizinische Sozietät (1808)

ERZGEBIRGE
Ökonomische Ackerbaugesellschaft (1786)

FLENSBURG
Dänische Ackerakademie (1762) (s. a. Glücksburg, Ökon. Ges.)
- *P. E. Lüders: Vorläufige Nachricht von dem Bau und Einrichtung der Ackerbau-Akademie und ökonomischen Lehrschulen. Flensburg 1759. (8°)*
- *P. E. Lüders: Die königlich dänische Ackerakademie, wie sie am Stiftungstage entworfen worden. Flensburg: Korte 1763. (4°)*
- *P. E. Lüders: Grundriß einer zu errichtenden Acker-Schule. Flensburg 1769. (8°)*
- *P. E. Lüders: Erzählung der Geschichte der Ackerakademie bis 1766. Flensburg: Korte 1767. (4°)*

FRANKFURT AM MAIN
Belorbeerter Taubenorden (1693)
Gesellschaft zur Beförderung nützlicher Künste und deren Hilfswissenschaften (= Polytechnischer Verein) (1816)
Senckenbergische Stiftungsadministration

FRANKFURT AN DER ODER
Deutsche Gesellschaft
Gelehrte Gesellschaft zum Nutzen der Künste und Wissenschaften (1767)

FREIBERG
Bergakademie (1765)

FREIBURG (BREISGAU)
Vorderösterreichische Ackerbaugesellschaft (1768)

FREIBURG (SCHWEIZ)
Société oeconomique (1761)
- *Plan du travail. Freiburg 1763. (8°)*

FREIENWALDE
Landwirtschaftliche Gesellschaft

FÜNEN
Patriotische Gesellschaft

FULDA
Academia historico-ecclesiastica s. Congr. theol.-acad.
Congressus theologico-academicus (1711) (= Academia historico-ecclesiastica)

GALIZIEN
Ackerbau-Akademie (1764)

GERWE BEI ZÜRICH
Helvetische Gesellschaft (1762)

GIESSEN
Akademie der Wissenschaften (1769)
- *Acta philosophico-medica. Vol. I. Gießen: Fleischer 1771. (4°)*

GLASHÜTTE BEI CHEMNITZ
Societät der Bergbaukunde (1786)
- *Bergbaukunde. Bd. 1.2. 1789-90.*

GLÜCKSBURG
Ökonomische Gesellschaft (1762) (s. a. Flensburg, Dänische Ackerakademie)

GÖRLITZ
Oberlausitzische Gesellschaft der Wissenschaften (1779)
- *Provinzialblätter. Bd. 1.2. Dessau, Görlitz: Gelehrten-Buchh. 1781-83. (8°) (Hrsg.: K. G. v. Anton)*

Prediger-Collegium zur Heil. Dreifaltigkeit (vor 1738)

GÖRZ
Ackerbaugesellschaft (1765)
Patriotische Gesellschaft (1764)

GÖTTINGEN
Academia latina (1777)
Akademie der Wissenschaften (1751)
- *Commentarii. (1751-54.) Tom. I-V. Göttingen: Vandenhoeck (Tom. III seq. Luzac) 1752-1755. (4°) (Hrsg.: J. D. Michaelis)*
- *Novi commentarii. (1769-77.) Tom. I-VIII. Göttingen, Gotha (seit 1775: Göttingen): Dieterich 1771-78. (4°) (Hrsg.: C. G. Heyne)*
- *Deutsche Schriften [der Societät der Wissenschaften]. Bd. 1. Göttingen, Gotha: Dieterich 1771. (8°)*
- *Commentationes. (1778-1808.) Vol. I-XVI. Göttingen: Dieterich 1779-1808. (4°)*
- *Commentationes recensiores. (1808-37.) Vol. I-VIII. Göttingen: Dieterich 1811-42. (4°)*

351

Sozietäten

- *J. D. Reuss: Conspectus societatis regiae scientiarum Gottingensis sodalium, quaestionum publice propositarum. Göttingen: Dieterich 1808. (4°)*

Deutsche Gesellschaft (1738/1740)
Gesellschaft für theologische Wissenschaften
Gesellschaft von Freunden der Entbindungswissenschaften (1795)
- *Kurze Nachricht von der Entstehung und Einrichtung der G. v. F. d. E. Göttingen 1796. (Verf.: F. B. Osiander)*
- *Zweyte Nachricht von den Verhandlungen der G. v. F. d. Entbindungskunst. Göttingen 1798. (Verf.: ders.)*
- *Breve notizia sull'origine ed attuale regolamento della Società degli amici dell'arte ostetricia in Gottinga. Göttingen 1796. (Verf.: V. L. Brera)*

Hainbund (1772)
Historische Akademie (1764) (sp.: Institut der hist. Wiss.)
Institut der historischen Wissenschaften (1766) (vorher: Hist. Akad.)
Ökonomische Gesellschaft (ca. 1771)
- *Deutsche Schriften. Bd. 1. Göttingen, Gotha: Dieterich 1771. (8°)*

Philologische Gesellschaft (Societas philologica [philosophica]) (1809)
Philologisches Seminar (1737)
Physikalische Privatgesellschaft (1798)
Phytographische Gesellsch. s. Societas phytogr.
Societas literis humanioribus addicta (ca. 1802)
Societas medica (ca. 1802)
Societas philologica [philosophica] s. Philol. Ges.
Societas phytographica (1801)
- *Phytgraphische Blätter. Göttingen: Schröder 1803.*

Societas privata humanioribus addicta (ca. 1800)
Societas soterica (ca. 1800)

Gotha

Gemeinnützige Gesellschaft (1777)
- *Gothaisches gemeinnütziges Wochenblatt. Jg. 1-4. Gotha: Ettinger 1779-83. (4°)*

Ökonomische Sozietät (1768)

Graubünden

Landwirtschaftsgesellschaft (1779) (Sitz in Chur; s. d.)

Graz

Gesellschaft des Ackerbaues und der nützlichen Künste (1766)

Greifswald

Collectores historiae et iuris patriae (1742)
Deutsche Gesellschaft (1739)
Societas litteraria (vielleicht ident. mit Collectores hist. et iur. patr.)

Güstrow

Mecklenburgische Landwirtschaftsgesellschaft (ca. 1800)
- *Annalen. Bd. 1.2. Rostock: Stiller 1803-05. (8°)*

Halberstadt

Literarische Gesellschaft (1785)
- *Halberstädtische gemeinnützige Blätter zum Besten der Armen. Bd. 1-26. Halberstadt: Bd. 1: Delius, Bd. 2-26: Mevius, 1785-1810. (8°) (Hrsg.: G. N. Fischer, seit 1800 J. C. Chr. Nachtigall)*

Halle

Bibelanstalt (1710)
Collegium artis consultorum (1697)
Collegium orientale (1702)
Collegium politiorum litterarum (1697)
Gelehrte Uebungsgesellschaft s. Prüfende Ges.
Gesellschaft der Freunde der schönen Wissenschaften (ca. 1750)
- *Sammlung einiger Schriften. Halle: Kümmel 1752. (8°) (Hrsg.: G. S. Nicolai)*

Gesellschaft zur Beförderung der deutschen Sprache, Poesie und Beredsamkeit (1733)
Institutum judaicum (1728)
Naturforschende Gesellschaft (1779)
- *Abhandlungen. Bd. 1. Dessau: Barth 1783. (8°)*
- *Neue Schriften. Bd. 1-3. Halle 1811-19.*

Prüfende Gesellschaft (1736-1747) (= Gelehrte Uebungsgesellschaft)
- *Schriften. Spec. I-VIII. Halle 1738-41.*
- *Fortgesetzte, zur Gelehrsamkeit gehörige, Bemühungen. T. 1-12. Halle: Schuster (ab T. 9: Hemmerde) 1741-47.*

Societas latina (1736)

Hamburg

Deutschgesinnte Gesellschaft (1642-1689)
Deutschübende Gesellschaft (1715) (Societas patriotarum Hamburgensis) (sp. = Patriot. Ges.)
Elbschwanenorden (1656-1667)
Gemeinnützige typographische Gesellschaft (1766)
Gesellschaft der Hausväter (1766)
Gesellschaft zur Verbreitung mathematischer Kenntnisse (1690) (= Kunstrechnungsliebende Gesellschaft ?)
Handlungsakademie (1768)
Kunstrechnungsliebende Gesellschaft s. Ges. z. Verbreitung math. Kenntn. (?)
Neunständige Hänseschaft (1643)
Patriotische Gesellschaft (1723) (vorher: Deutschüb. Ges.; sp.: Patr. Ges. z. Beförd. ...)
Patriotische Gesellschaft zur Beförderung der Künste und nützlichen Gewerbe (1765) (vorher: Patriot. Ges.)
- *Verhandlungen und Schriften. Bd. 1-7. Hamburg: Bohn 1792-1807. (8°)*

Societas patriotarum Hamburgensis s. Deutschüb. Ges.
Teutschliebende Gesellschaft (1715)

Hamm

Gesellschaft zur Beförderung der Oeconomie und aller nützlichen Künste und Gewerbe (1792) (zugleich in Soest)
- *Vermischte Abhandlungen. Bd. 1. H. 1.2. Halle: Hendel 1793-94. (8°)*

Sozietäten

HANAU
Gesellschaft der Wohltätigkeit (ca. 1768)
Staats- und Kanzleiakademie (1749)
- *Sendschreiben von dem gegenwärtigen Zustand. Frankfurt a. d. Oder 1750. (8°) (Verf.: J. J. Moser)*
Wetterauische Gesellschaft für die gesammte Naturkunde (1808)

HANNOVER
Naturhistorische Gesellschaft
Societas Conantium s. Helmstedt, Soc. Con.

HARBURG
Gesellschaft der Hausväter (1766)

HEIDELBERG
Ökonomische Gesellschaft (1784) (vorher in Kaiserslautern; s. a. Mannheim)
- *Vorlesungen (...) vom Jahre 1784 bis 1790. Bd. 1-5 (in 7 T.) Mannheim 1785-91. (8°)*
- *Staatswirthschaftliche Vorlesungen (...) vom Jahre 1790. 1791. Mannheim: Schwan 1791-92. (8°)*
Societas historico-litteraria
Sodalitas litteraria Rhenana (1491) (s. auch Mainz)

HEILIGENSTADT
Deutsche Gesellschaft

HELMSTEDT
Deutsche Gesellschaft (1746/1749)
Französische Gesellschaft (vor 1745)
Societas Conantium (1711) (vorher, ca. 1699-1701, in Hannover)
Societas parentatoria (ca. 1713)

HERMANNSTADT
Gesellschaft der transsylvanischen Geschichtsfreunde (1791)
Siebenbürgische Ackerbaugesellschaft (1769)

HOFWYL
Landwirtschaftsgesellschaft

HOMBURG V. D. H.
Patriotische Gesellschaft [zur Beförderung der Kenntnisse und Sitten] (1775/76) (= Société patriotique pour l'encouragement des connoissances et des moeurs)
- *Etablissement, lois et statut. Homburg v. d. H. 1776.*
- *Programme. Homburg v. d. H. 1777.*
- *Resultat de l'assemblée générale. Homburg v. d. H. 1778.*
- *Mémorial de l'Europe. Frankfurt a. M.: Andreae 1780. (8°)*
Société patriotique s. Patriot. Ges.

INNSBRUCK
Patriotische Gesellschaft des Ackerbaues und der Künste (1766)
- *Vermischte Schriften. St. 1-3. Innsbruck 1769. (8°)*

JAUER
Ökonomisch-patriotische Sozietät (1772) (s. a. Schweidnitz)

JENA
Deutsche Gesellschaft (1728- ca. 1801)
- *Sammlung der Schriften. Jena 1732. (Hrsg.: G. Stolle)*
- *Schriften. Slg. 1.2. Jena: Cröker 1754. (8) (Hrsg.: K. G. Müller)*
Gesellschaft der freien Männer (1795)
Gesellschaft zur Uebung des Verstandes, der Beförderung der Künste und des gemeinen Besten (1753 bis 1760)
Institutum litterarium academicum (1751)
Literarische Gesellschaft (1784)
Literarische Gesellschaft der Freien Männer (1794)
Mathematische Gesellschaft (1797)
Naturforschende Gesellschaft (1793)
- *Nachrichten von der Gründung. Jena 1793. (8°) (Verf.: A. J. G. K. Batsch)*
- *Nachricht von dem Fortgange. Jg. 1-9. Jena 1794 bis 1820. (12°)*
Philosophische Gesellschaft (1745-1763) (= Societas philosophica)
Societät für die gesammte Mineralogie (1795)
- *Schriften. Bd. 1. Jena 1804. (8°) (Hrsg.: J. G. Lenz)*
Societas disquirentium (1672) (sp.: Soc. lat.)
- *Historia. Jena 1683.*
Societas exquirentium (1725)
Societas latina (1733-1848) (vorher: Societas disquirentium)
- *Exercitationes. Vol. I.II. Leipzig 1741-43. (8°) (Hrsg.: F. A. Hallbauer)*
- *Acta. Vol. I-V. Jena: Cröker 1752-56. (8) (Hrsg.: J. E. I. Walch)*
Societas litteraria (1708)
Societas philosophica s. Philos. Ges.
Societas Pythagorea (1672)
Vertraute Rednergesellschaft in Thüringen (1732 bis 1740) (vorher in Weimar)
- *Versuche in der teutschen Rede- Dicht- und Sprachkunst. Weimar: Hofmann 1737.*

KÄRNTEN
Patriotische Gesellschaft (1764)

KAISERSLAUTERN
Kurpfälzische physikalisch-ökonomische Gesellschaft (1769/70) (vorher: Phys.-ökon. Bienenges.; seit 1784 in Heidelberg)
- *Gesetze. Mannheim 1770. (4°)*
- *Bemerkungen (...) vom Jahre 1769-1783. Bd. 1-16. Mannheim: Schwan 1771-85. (8°)*
- *F. K. Medicus: Ueber den Nutzen, den die ökonomische Gesellschaft der Stadt und dem Oberamte Lautern schon verschaft hat. Kaiserslautern, Mannheim 1780. (4°)*
- *Vorlesungen. Bd. 1-5. Mannheim: Schwan 1786 bis 1791. (8°)*
Physikalisch-ökonomische Bienengesellschaft (1768) (sp.: Kurpf. phys.-ök. Ges.)
- *Bemerkungen. Mannheim: Schwan 1770. 2. Aufl. 1771. (8°)*

Sozietäten

KARLSRUHE
Gesellschaft der nützlichen Wissenschaften (1765) (= Societät zur Verbesserung der Landesökonomie)
Ökonomische Societät (1762/1764)
Societät zur Verbesserung der Landesökonomie s. Ges. d. nützl. Wiss.
Societas latina (1767)
- *Acta. Vol. I.II. Karlsruhe: Lotter 1767-70. (8°) (Hrsg.: G. A. Tittel)*

KASSEL
Gesellschaft der Altertümer (1777)
- *Mémoires. Tom. 1. Kassel 1780. (4°)*
Gesellschaft der freien Künste (ca. 1755)
Gesellschaft des Ackerbaues und der Künste (1765)
Ökonomische Societät s. Ges. d. Ackerb.

KEMPTEN
Societas litteraria germanica Benedictina (1752)

KIEL
Gesellschaft der schönen Wissenschaften (1773)
Gesellschaft freiwilliger Armenfreunde (1793)
Patriotische Gesellschaft (1786)
- *Schleswig-Holsteinische Provinzialberichte Jg. 1-12 (zu 2 Bdn.). Altona: Eckhardt (sp. Altona und Kiel; zuletzt: Leipzig: Hammerich 1797-98. (Hrsg.: A. C. H. Niemann)*
Societas scrutantium (1699)
- *Acta. (4°)*

KLAGENFURT
Ackerbaugesellschaft in Kärnten (1751) (sp.: Ges. d. Ackerb. ...)
Gesellschaft des Ackerbaues und der nützlichen Künste (1765) (vorher: Ackerbauges.)

KÖNIGSBERG I. PR.
Deutsche Gesellschaft (1741/1743)
- *Eigene Schriften in ungebundener und gebundener Schreibart. Slg. 1. Königsberg: Hartung 1754. (8°) (Hrsg.: C. C. Flottwell)*
- *Abhandlungen und Poesien. Slg. 1.2. Königsberg: Zeise 1771. (8°)*
- *Preußisches Archiv. Königsberg 1790-98.*
Physikalisch-ökonomische Gesellschaft (1789)

KÖSLIN
Ökonomische Gesellschaft

KÖTHEN
Deutsche Gesellschaft (1761)
- *Schriften. Bd. 1-3. Quedlinburg, Bernburg: Schwan (Bd. 2.3. Helmstedt, Magdeburg) 1765-71.*

KRAIN
Gesellschaft des Ackerbaues s. Laibach
Patriotische Gesellschaft (1764)

LAIBACH
Academia operosorum (1693/1781)
- *Apes academicae operosorum labacensium, sive institutum, leges (...). Laibach: Mayr 1701.*
Accademia Emonia (1709) (Kolonie der röm. Arcadia)
Gesellschaft des Ackerbaues und der nützlichen Künste (= Ökonomische Societät) (1752/1767)
- *Sammlung nützlicher Unterrichte. Slg. 1-4. Laibach: Eger 1773-79. (4°) (1779 auch u. d. T.: Neue Sammlung. T. 1.)*
Ökonomische Societät s. Ges. d. Ackerb.
Philharmonische Gesellschaft (Società filarmonica, Academia philo-harmonicorum) (1702)

LAND OB DER ENNS
Ackerbaugesellschaft s. Linz

LAUBAN
Gesellschaft zur Aufnahme der Wissenschaften (1747) (= Lauban, Vereinigte Gesellschaft)
- *Zur alten und neuen Historie gehörige Auszüge und Abhandlungen. T. 1. Erfurt 1749. (Hrsg.: C. G. Buder)*
- *Arbeiten. St. 1-6. Leipzig, Lauban: Schill 1749-56. (8°)*
Vereinigte Gesellschaft s. Ges. z. Aufn. d. Wiss.

LEIPZIG
Collegium anthologicum (1655/1665/1699/1715) (= Societas anthologica) (sp.: Ges. d. freien Künste)
- *Anthologicarum dissertationum liber. Leipzig 1733. (8°) (Verf.: G. C. Gebauer)*
Collegium Gellianum (1641) (1673 fusioniert mit dem Coll. Anthol.)
Collegium medico-philadelphicum (1716)
Collegium philobiblicum (1686)
Collegium poeticum s. Görlitz. poet. Ges.
Deutsche Gesellschaft (1727) (anfangs: Görlitzische Gesellschaft; dann: Deutschübende poetische Gesellschaft)
- *Nachricht von der erneuerten Deutschen Gesellschaft in Leipzig. Leipzig: Breitkopf 1727. (8°) (Verf.: J. C. Gottsched)*
- *Schriften und Uebersetzungen. T. 1-3. Leipzig 1730. 1734. 1742. (8°)*
- *Nachrichten und Anmerckungen, welche die Sprache, Beredsamkeit und Dichtkunst der Deutschen betreffen. T. 1-4. Leipzig 1739-44. (8°)*
Deutsche Rednergesellschaft (1748)
Deutschübende poetische Gesellschaft (1717) (vorher: Görlitz. poet. Ges.; sp.: Deutsche Ges.)
Disputier-Gesellschaft s. Soc. conferent.
Fürstlich Jablonowskische Societät der Wissenschaften (1768/1774) (= Societas Jablonoviana)
- *Acta. Tom. I.-V. Leipzig: Schwickert (ab Tom. II: Löper) 1772-80. (4°)*
Gesellschaft der freien Künste (1752) (vorher: Coll. Anthol.)
- *Sammlung einiger ausgesuchten Stücke. T. 1-3. Leipzig: Breitkopf 1754-56. (8°) (Hrsg.: J. C. Gottsched)*

Gesellschaft zur Verfertigung der deutschen Kirchengeschichte (1704)
Görlitzische poetische Gesellschaft (1697) (sp.: Deutschüb. poet. Ges.)
Heraldische Gesellschaft (1712)
Hochteutsche rechtsgelehrte Societät (ca. 1740)
- *Allgemeines juristisches Oraculum. Bd. 1-16 und Reg. Leipzig: Heinsius 1746-54. (2°)*
Journalistische Gesellschaft (1754)
Linnéische Gesellschaft (1789)
Milde Societät geistliche Bücher zu drucken (1728)
Musikalische Gesellschaft (ca. 1750)
Naturforschende Gesellschaft
Ökonomische Societät (1764)
- *Anzeigen. St. 1-62. Dresden: Walther 1771-1802. (4°)*
- *Schriften. Bd. 1-8. Dresden: Walther 1771-90. (8°)*
- *Kleinere Schriften. Leipzig: Müller 1779-1810. (8°)*
- *Neuere Schriften. Bd. 1ff. Dresden: Walther 1801 bis 1805. (8°)*
- *Alphabetische Nachricht über die Anzeigen und Auszüge. Dresden: Walther 1790. (8°)*
- *Alphabetisches Sachregister über sämtliche (...) von 1764 bis mit 1814 herausgegebenen Schriften. Dresden: Ramming 1823. (8°)*
Philologische Gesellschaft (1784)
Societas anthologica s. Collegium Anthol.
Societas conferentium (1663/1731) (= Disputier-Gesellschaft) (1685 fusioniert mit dem Coll. Anthol.)
Societas heraldica (1711)
Societas Jablonoviana s. Fürstl. Jablon. Soz.
Societas litteraria colligentium historico-theologica (1730)
Societas oratoria (ca. 1715)
Vertraute Redner-Gesellschaft (1723)
Wendische Predigergesellschaft (ca. 1780)
Zeichnungs-, Malerei- und Architektur-Akademie (1764)

LICHTENSTEIG IM TOGGENBURG
Moralische Gesellschaft (1767)

LIEGNITZ
Mittwochsgesellschaft

LILIENTHAL
Astronomische Gesellschaft (1800)

LINZ
Ackerbaugesellschaft (1766)

LÖBAU (LAUSITZ)
Collegium charitativum (1729) (seit 1730: Gesellschaft zum Besten der Witwen und Waisen)
Gesellschaft zum Besten der Witwen und Waisen s. Coll. charitat.

LÜBBEN (LAUSITZ)
Societas discendo-docentium (1739)

LÜBECK
Gemeinnützige Gesellschaft s. Ges. z. Beförd. gemeinn. Tät.
Gesellschaft zur Beförderung gemeinnütziger Tätigkeit (1793) (= Gemeinnützige Gesellschaft) (vorher: Litt. Ges.)
Litterarische Gesellschaft (1788/1789) (sp.: Ges. z. Beförd. gemeinn. Tät.)

LUZERN
Concordia-Gesellschaft (1775)
- *Etat. Luzern 1779. (8°)*
Vaterländische oder literarische Gesellschaft (1798)

MÄHREN
Patriotische Gesellschaft (1764)

MAGDEBURG
Ökonomische Gesellschaft (1772)

MAINZ
Société des sciences et des arts (1793)
- *Recueil de mémoires et actes. Tom. 1. Mainz 1805. (8°)*
Sodalitas litteraria Rhenana (1491) (s. auch Heidelberg)

MANNHEIM
Akademie der Wissenschaften (1763) (= Academia electoralis scientiarum et elegantiorum literarum)
- *Acta. Tom. I.II. Mannheim: Akad. d. Wissensch. 1766-70. (4°) (Hrsg.: A. Lamey)*
- *Historia et commentationes. Pars historica. Vol. I-VII. Pars physica. Vol. I-VI. Mannheim: Löffler 1766-94. (4°) (Hrsg.: A. Lamey)*
- *Ephemerides societatis meteorologicae Palatinae. Vol. I-V. Mannheim: Schwan 1783-87. (4°)*
Consilium medicum Palatinum
Deutsche gelehrte Gesellschaft (1775)
- *Schriften. Bd. 1-10. Mannheim (ab Bd. 6. 1792: Frankfurt, Leipzig) 1787-94. (8°)*
Kurpfälzische physikalisch-ökonomische Gesellschaft (vorher in Kaiserslautern) (1769/70)
- *Bemerkungen vom Jahre 1772 (-1780ff.) Mannheim: Schwan (seit 1773: Kaiserslautern; 1781ff. = vom Jahre 1780ff.: Mannheim, Kaiserslautern) 1773-81ff. (8°)*
- *Vorlesungen 1784-90. Bd. 1.-5 (= T. 1-7). Mannheim 1785-91. (8°)*
Gesellschaft zur Beförderung der gesammten Natur-Wissenschaften

MARBURG
Gesellschaft zur Beförderung der gesammten Naturwissenschaften

MARK (GRAFSCHAFT)
Gesellschaft zur Beförderung des Seidenbaus

MECKLENBURG
Landwirtschaftsgesellschaft

MERSEBURG
Patriotische Assemblée (1724)

Sozietäten

MITAU
Kurländische Gesellschaft für Litteratur und Kunst (1815)
- *Jahresverhandlungen. Bd. 1.2. Mitau 1819. 1822. (4°)*

MÖGELIN
Landwirtschaftliche Gesellschaft (1808)
- *Verhandlungen. Berlin: Realschulbuchh. 1808. (8°) (Hrsg.: Friedrich Herzog zu Holstein-Beck)*

MOHRUNGEN
Physikalisch-ökonomische Gesellschaft
- *Acta. H. 1-3. Königsberg: Nicolovius 1791-1800. (8°) (auch u. d. T.: Beyträge zur Cultur der Oekonomie in Preußen.)*
- *Kleine Schriften. St. 1.2. Königsberg: Degen 1805-08. (8°) (Hrsg.: Friedrich Herzog zu Holstein-Beck) (Nachdr. St. 1: Leipzig: Fleischer 1807)*

MOLDE
Ökonomische Gesellschaft (1776)

MÜLHAUSEN
Patriotische Gesellschaft (1780) (vorher: Soc. pour la propag.)
Société pour la propagation du bon goût et des belles-lettres (1775) (sp.: Patriot. Ges.)

MÜNCHEN
Academia Carola-Albertina (1720)
- *Parnassus Boicus. Bd. 1-6. (8°)*
Akademie der Künste
Akademie der Wissenschaften (1759) (vorher: Bayerische gelehrte Gesellschaft)
- *Abhandlungen. Bd. 1-10. München 1763-76. (4°)*
- *Neue philosophische Abhandlungen. Bd. 1-7. München 1778-97. (4°)*
- *Neue historische Abhandlungen. Bd. 1-7. München: Vötter 1779-1804. (4°)*
- *Meteorologische Ephemeriden. Bd. 1-6. München 1781-95.*
- *Abhandlungen über Gegenstände der schönen Wissenschaften. Bd. 1. München: Strobl 1781. (8°)*
- *Physikalische Abhandlungen. Abt. 1. München 1803.*
Bayerische gelehrte Gesellschaft (1758) (sp.: Ak. d. Wiss.)
Gesellschaft zur Beförderung der geistlichen Beredsamkeit
Landwirtschaftsgesellschaft
Nutz- und lusterweckende Gesellschaft der vertrauten Nachbarn am Isarstrom (1702)
Privatgesellschaft von Naturforschern und Oekonomen in Oberdeutschland
- *Abhandlungen. München 1792. (8°) (Hrsg.: F. v. P. Schrank)*
Wohltätigkeits-Gesellschaft

NEUWIED
Freie Akademie zur Vereinigung des Glaubens (1757-60)
- *Acten zur Vereinigung des Glaubens und der weitern Aufnahme der Religion. St. 2. Neuwied 1757.*

NIEDERÖSTERREICH
Patriotische Gesellschaft (1764)

NORDHAUSEN
Literarische Gesellschaft (1728)

NÜRNBERG
Bibelgesellschaft (1804) (sp. in Basel)
Fränkisch-physikalisch-ökonomische Bienengesellschaft (ca. 1765)
- *Gesammelte Nachrichten. Jg. 1-3. Nürnberg: Haueisen 1765-67. (4°) (Hrsg.: J. C. Hirsch)*
- *Abhandlungen und Erfahrungen. Bd. 1-4. Nürnberg: Zeh 1770-74. (8°) (Hrsg.: J. L. Eyrich)*
Fürspänger-Gesellschaft
Gesellschaft zur Beförderung vaterländischer Industrie (1792)
Kosmographische Gesellschaft (ca. 1748)
- *Kosmographische Nachrichten und Sammlungen. Jg. 1. Nürnberg: Homann; Wien: Krauß 1750. (4°) (Hrsg.: T. Mayer)*
Naturhistorische Gesellschaft (1801)
Pegnesischer Blumenorden (eigentl.: Hirten- und Blumenorden an der Pegnitz) (1644/1845)
Societas commercii litterarii ad scientiae medicae et historiae naturalis incrementum (1731)

OBERBARNIM
Landwirtschaftsgesellschaft

OBERLAUSITZ
Collegium medico-philadelphicum (1716)
Physikalisch-ökonomische Bienengesellschaft s. Bautzen

OETTINGEN
Gesellschaft der schönen Wissenschaften (ca. 1752) (sp.: Burghausen, Landesökon.ges.)

OLMÜTZ
Gesellschaft der Unbekannten (1746) (= Societas incognitorum)
Patriotisch-ökonomische Gesellschaft (1786)
Societas incognitorum s. Ges. d. Unbekannten

OLTEN
Helvetische Gesellschaft (1780) (vorher in Schinznach)
- *Verhandlungen. Zürich 1780 ff. (8°)*
Militärische helvetische Gesellschaft (1780) (vorher in Schinznach; seit 1781 in Sursee)

OSNABRÜCK
Gesellschaft zur Beförderung gemeinnütziger Kenntnisse

PAPPENHEIM
Literarisch-typographische Gesellschaft

Sozietäten

POSEN
Südpreußische ökonomische Societät
- *Annalen. St. 1. Posen: Kühn 1805. (8°)*

POTSDAM
Bildhauer-Gesellschaft (1774)
Märkische ökonomische Gesellschaft (1791)
- *Annalen. Bd. 1-4. Potsdam: Horvath 1793-1805. (8°)*

PRAG
Böhmische Ackerkultursozietät (1769)
Böhmische gelehrte Privatgesellschaft [zur Aufnahme der Mathematik, der vaterländischen Geschichte und der Naturgeschichte] (1769/75) (sp.: Böhm. Ges. d. Wiss.)
- *Gelehrte Nachrichten. Bd. 1.2. Prag 1771-72. (8°)*
- *Abhandlungen. Bd. 1-6. Prag: Gerle 1775-84. (8°) (Hrsg.: I. v. Born)*
Böhmische Gesellschaft der Wissenschaften (1784/1790) (vorher: Böhm. gel. Privatges.)
- *Abhandlungen. Bd. 1-4. Prag (sp.: Prag, Dresden: Walther 1785-89). (4°) (Hrsg.: I. v. Born)*
- *Neuere Abhandlungen. Bd. 1-3. Wien, Prag (ab Bd. 2: Prag) 1791. 1795. 1798. (4°)*
- *Abhandlungen. Bd. 1-8 (1802-23). Prag 1804-24. (8°)*
- *Systematisch und chronologisch geordnetes Verzeichniß sämmtlicher Werke und Abhandlungen. Prag 1854. (Verf.: I. J. Hanus)*
- *G. Wegner: Die königlich böhmische Gesellschaft der Wissenschaften 1784-1884. Prag 1884.*
- *Generalregister zu den Schriften der königlich böhmischen Gesellschaft der Wissenschaften 1784-1884. [NT.: Obecný rejstrík ...] Prag 1884. (Verf.: Georg [Jiří] Wegner) - 1884-1904. Prag 1905.*
Gesellschaft patriotischer Literaturfreunde
Patriotisch-ökonomische Gesellschaft von Böhmen (1764)
- *Abhandlungen, die Verbesserung der Landwirthschaft betreffend. 1797-98. 1799-1800. 1801. Prag: Herrl 1800-01. (8°)*
Societas litteraria Augustiniana (1770)

PRESSBURG
Gelehrte Gesellschaft (1771) (vorher: Ges. d. Freunde d. Wiss.)
Gesellschaft der Freunde der Wissenschaften (1761) (sp.: Gel. Ges.)

QUEDLINBURG
Musikalische Gesellschaft

RATZEBURG
Literarische Gesellschaft (1807)
- *Zweck und Verfassung der litterarischen Gesellschaft in R. 1807. (8°) (Verf.: K. Reinhard)*
- *Ratzeburgisches Intelligenzblatt. Ratzeburg 1808. (4°) (Hrsg.: K. Reinhard)*
- *Ratzeburgische litterarische Blätter. Lübeck 1808-10. (4°) (Hrsg.: J. C. F. Dietz; L. G. K. Nauwerk; K. Reinhard)*

REGENSBURG
Botanische Gesellschaft (1790)
Katholische Bibelgesellschaft (1805)

RIGA
Gemeinnützige und ökonomische Societät (1796)
- *Verhandlungen. Riga: Hartknoch 1798. (8°)*
- *Abhandlungen. Bd. 1-4. Riga: Hartknoch 1802-07. (8°)*
- *Oekonomisches Repertorium für Liefland. Riga: Häcker 1808.*
Literarisch-praktische Bürgerverbindung (1802)
Musikalische Gesellschaft (1760)

RINTELN
Deutsche Gesellschaft (1756)

ROSTOCK
Mecklenburgische Landwirtschaftsgesellschaft (1793)
- *F. C. L. Karsten: Sind ökonomische Institute Akademien nützlich? Nebst der Geschichte einer seit 1793 hier errichteten ökonomischen Anlage. Rostock: Stiller 1795. (8°)*
- *Annalen. Bd. 1-3. Rostock: Stiller 1803-09. (8°)*
- *Neue Annalen. Jg. 1.2. Rostock: Stiller 1813-15. (8°) (Hrsg.: F. C. L. Karsten)*
Mecklenburgischer patriotischer Verein (1817)
Naturforschende Gesellschaft (1800)
- *Beiträge zur Naturkunde, Oekonomie und Arzeneikunde. Rostock, Schwerin 1810. (8°)*
Societas ereunetica (zetetica) (1622)

RUDOLSTADT
Fruchtbringende Jesus-Gesellschaft (1676) (= Societas Jesu)
Societas Jesu s. Fruchtbr. Jesus-Ges.

SACHSEN
Societas caritatis et scientiarum (dt.: Societät christlicher Liebe und Wissenschaften) (1722) s. Schleusingen

SALZBURG
Gesellschaft des Ackerbaues und der Künste
- *Oekonomische Schriften. Salzburg: Mayer 1738. (4°)*

SANKT GALLEN
Bibliotheks-Gesellschaft
Gesellschaft von Freunden der Wohltätigkeit
Moralische Gesellschaft
Patriotische Gesellschaft

SCHEMNITZ
Berg- und Forstakademie (1770)

SCHINZNACH
Helvetische Gesellschaft (1761) (seit 1780 in Olten)
- *Verhandlungen. Zürich 1763-79. (8°)*
- *Gesetze der helvetischen Gesellschaft. Zürich 1776. (8°)*
Militärische helvetische Gesellschaft (1779) (seit 1780 in Olten, seit 1781 in Sursee)

Sozietäten

SCHLAWE
Collegium philadelphicum (1731)

SCHLESIEN
Patriotische Gesellschaft (1764) s. Breslau, Patriot. Ges.
Predigergesellschaft

SCHLESWIG-HOLSTEIN
Bibelgesellschaft
Patriotische Gesellschaft s. Kiel, Patriot. Ges.

SCHLEUSINGEN
Societas caritatis et scientiarum (1713) (dt.: Societät christlicher Liebe und Wissenschaften) (= Societas Christiano-Iohannea) (sp.: Sachsen, ...)
– *Analecta. Tom. I.II. Leipzig 1725-30. (4°)*
– *Amoenitates meliorum litterarum. Tom. I. Dresden: Heckel 1748. (4°)*

SCHWEIDNITZ
Ökonomisch-patriotische Gesellschaft (1773) (s. a. Jauer)
– *Annalen aller Verhandlungen und Arbeiten. T. 1.2. Jauer: Schlögel 1810. (8°) (Hrsg.: C. F. E. Fischer)*
– *Neue Annalen. Jauer: Schlögel 1811. (8°)*
– *Verhandlungen und Arbeiten. Jg. 1813-21. Breslau, Jauer: Graß & Barth 1815-22. (8°)*

SCHWEIZ
Concordia-Gesellschaft s. Luzern
Medizinische Gesellschaft

SEEFELD
Treue Freunde im Acker und auf der Jagd (1789)
– *Baierischer Landbot. 1790-91.*

SIEBENBÜRGEN
Ungarische Gesellschaft

SOEST
Gesellschaft zur Beförderung der Oeconomie und aller nützlichen Künste und Gewerbe (1792) (zugleich in Hamm)

SOLOTHURN
Ökonomische Gesellschaft (1761)

STEIERMARK
Patriotische Gesellschaft (1764)

STRASSBURG
Académie de musique (um 1730) (vorher: Collegium mus.)
Aufrichtige Tannengesellschaft (1633)
Deutsche Gesellschaft (ca. 1743)
Deutsche Gesellschaft (1775) (vorher: Gelehrte Übungsges.)
Gelehrte Übungsgesellschaft für Philosophie und Literatur (1767) (= Gesellschaft der schönen Wissenschaften) (sp.: Deutsche Ges.)
Gesellschaft der schönen Wissenschaften s. Gelehrte Übungsgesellschaft
Gesellschaft für tierischen Magnetismus s. Soc. harmonique
Poetisches Kleeblatt (1671)
Société d'agriculture et d'économie intérieure du Bas-Rhin (1800) (1802 fusioniert mit der Soc. libre unter dem Namen Société des sciences, agriculture et arts du département du Bas-Rhin)
Société des philanthropes (ca. 1778) (zugleich in Bern u. Nancy)
Société des sciences, agriculture et arts du département du Bas-Rhin (1802) (vorher: Soc. libre [und] Soc. d'agriculture)
Société des sciences et des lettres (ca. 1775)
Société harmonique des amis-réunis (1785) (= Gesellschaft für tierischen Magnetismus)
– *Extrait des journeaux du magnétiseur attaché à la Société (...). Straßburg 1786.*
– *Exposé des différentes cures opérées depuis le 25 août 1785. Straßburg 1787.*
– *Supplément des cures faites par les membres de la Société (...). Straßburg 1787.*
– *Annales. Straßburg 1789.*
Société libre des sciences et arts (1799) (1802 fusioniert mit der Soc. d'agriculture unter dem Namen Société des sciences, agriculture et arts du département du Bas-Rhin)
Theologische Gesellschaft (ca. 1787)
Trifolium poeticum s. Poet. Kleeblatt

STUTTGART
Philanthropische Gesellschaft

THORN
Gelehrte Gesellschaft (1752-54)

TIROL
Patriotische Gesellschaft (1764)

TOGGENBURG
Bibliotheksgesellschaft (1767) (Sitz in Lichtensteig)
Moralische Gesellschaft (1772)

TREUENBRIETZEN
Gesellschaft der Freunde der Wissenschaften und des guten Geschmacks (1782)

TRIER
Société des recherches utiles du département de la Sarre (= Gesellschaft für nützliche Forschungen) (1801)

TROPPAU
Ackerbaugesellschaft (1770)

TÜBINGEN
Vaterländische Gesellschaft der Aerzte und Naturforscher Schwabens
– *Denkschriften. Bd. 1. Tübingen 1805. (8°)*

UCKERMARK
Gesellschaft zur Beförderung der Erkenntnis und Tugend

Sozietäten

WEIMAR
Deutsche Gesellschaft s. Vertraute Rednerges.
Fruchtbringende Gesellschaft (= Gekrönter Palmenorden) (1617-1691)
Gekrönter Palmenorden s. Fruchtbr. Ges.
Vertraute Rednergesellschaft (= Deutsche Gesellschaft) (1730) (seit 1732 in Jena)

WEISSENFELS AN DER SAALE
Gesellschaft der Alethophilen (vor 1750)
– *Historische Nachricht von der weißenfelsischen alethophilen Gesellschaft. Leipzig: Gunnius 1750. (8°) (Verf.: J. L. Holderieder)*

WEISSENSEE
Thüringische Landwirtschaftsgesellschaft (1762/63)

WESEL
Gesellschaft der Kriegskunstverehrer

WESTFALEN
Naturforschende Gesellschaft s. Brockhausen

WETZLAR
Gemeinnützige Gesellschaft (1798/1799)

WIEN
Academia medico-chirurgica (ca. 1787) (auch: Medicinisch-chirurgische Josephs-Akademie)
– *Abhandlungen. Bd. 1.2. Wien 1787. 1801. (4°)*
– *Beobachtungen. Bd. 1. Wien 1801. (4°)*
– *Acta. Vol. I. Wien 1788. (4°)*
– *Abhandlungen. Bd. 1.2. Wien 1787-1801. (4°)*
– *(Franz. Übers.:) Actes. Tom. 1. Montpellier 1792. (8°) (Übers.: J. Escudé)*
Ackerbaugesellschaft (= Niederösterreichische ökonomische Gesellschaft (1768)
Deutsche Gesellschaft (1761)
Einträchtige Freunde (ca. 1783)
– *Physikalische Arbeiten. Jg. 1.2. Wien: Wappler 1783-88. (4°) (Hrsg.: I. v. Born)*
Kosmographische Gesellschaft s. Nürnberg
Maler- und Bildhauer-Akademie (1706)
Niederösterreichische ökonomische Gesellschaft s. Ackerbauges.

WITTENBERG
Deutschübende Gesellschaft (1738/1756)
Freitagspredigergesellschaft (ca. 1780)
Societas colligentium (1717)

WOBURN
Landwirtschaftsgesellschaft

WÜRZBURG
Gesellschaft zur Vervollkommnung der mechanischen Künste und Handwerke (1806)
Institutum medico-clinicum (ca. 1799)
– *Acta. Vol. I.II. Würzburg 1799-1801. (8°)*

WUNSIEDEL
Gesellschaft zur Aufklärung vaterländischer Geschichte, Sitten und Rechte (1784)

ZITTAU
Lehrbegierige Gesellschaft (1751)
– *Bemühungen (...) aus dem Reiche der Wissenschaften. Bd. 1.2. Zittau: Nicolai 1752-54. (8°)*
– *Fortgesetzte Bemühungen aus dem Reiche der Wissenschaften. Bd. 1.2. Zittau: Nicolai 1755-56. (8°)*

ZÜRICH
Ascetische Gesellschaft (1768)
– *Verzeichnis der Gesetze und Schriften. Zürich 1782. (8°)*
– *Abriß von dem Ursprung, der Verfassung und den Arbeiten der ascetischen Gesellschaft zu Zürich. Zürich 1790.*
Collegium anatomicum (1742)
Collegium Biblicum (1661)
Collegium der Wohlgesinnten (1693)
Collegium Insulanum (1679)
Collegium Philomusorum (1679)
Crito-Gesellschaft s. Dienstags-Comp.
Deutsche Gesellschaft (1744)
Dienstags-Compagnie (= Crito-Gesellschaft)
Gesellschaft correspondierender Aerzte und Wundärzte (1788/1791)
– *Museum der Heilkunde. Bd. 1-4. Zürich 1792-97. (8°)*
Gesellschaft der Mahlern (1720)
Gesellschaft des Kunstsaals (1775)
Gesellschaft der Wohlgesinnten (1693/1697)
Gesellschaft zur Beförderung des Guten (1784)
Helvetisch-vaterländische Gesellschaft s. Helv.-pol. Ges.
Helvetische Gesellschaft (1727)
– *Helvetische Bibliothek. Zürich 1735-41.*
Hilfsgesellschaft (1799)
Helvetisch-politische Gesellschaft (1762) (= Helvetisch-vaterländische Gesellschaft)
Knabengesellschaft
Kosmographische Gesellschaft (1769)
Lokalgesellschaft zur Aufnahme sittlicher und häuslicher Glückseligkeit (1783)
Mathematisch-militärische Gesellschaft (1767) (1773 fusioniert mit der Naturforsch. Ges.)
Moralische Gesellschaft (1764)
Moralische Gesellschaft (ca. 1785)
Naturforschende Gesellschaft (1747) (vorher: Physik. Ges.)
– *Abhandlungen. Bd.1-3. Zürich: Heidegger 1761. 1764. 1766. (8°)*
– *Generalregister der Publikationen. Zürich 1892. (8°)*
Ökonomische Kommission der naturforschenden Gesellschaft (1759)
Physikalische Gesellschaft (1745) (sp.: Naturforsch. Ges.)
Wachsende Gesellschaft (1740)

ZWEIBRÜCKEN
Societas Bipontina (1779)

Periodika

Diese Zusammenstellung beruht auf der Sammlung von Zeitschriften, die im „Göttinger Zeitschriftenindex" ausgewertet worden ist, sowie den in dem Band „Von Almanach bis Zeitung. Ein Handbuch der Medien in Deutschland 1700-1800", herausgegeben von Ernst Fischer, Wilhelm Haefs und York-Gothart Mix (München 1999) erwähnten Periodika.

Abhandlungen des Staatswirthschaftlichen Instituts zu Marburg. Bd. 1. Hrsg.: J. H. Jung-Stilling, C. W. Robert. Offenbach 1790.

Acta eruditorum. Hrsg.: O. Mencke, 1720 ff.: J. B. Mencke. Leipzig 1682-1731. (Forts.: Nova acta eruditorum. Leipzig 1732 ff.)

Acta Scholastica. Worinnen nebst einem gründlichen Auszuge der auserlesensten Programmatum der gegenwärtige Zustand derer berühmtesten Schulen und der dahin gehörigen Gelehrsamkeit entdecket wird. Bd. 1-8. Hrsg.: J. G. Biedermann. Leipzig, Eisenach (Bd. 6: Leipzig, Naumburg. Bd. 7 f.: Nürnberg) 1741-48. (Forts.: Nova acta scholastica. Leipzig 1749 ff.)

Adrastea. Bd. 1-6. Hrsg.: J. G. Herder. Leipzig 1801-03.

Agenda scholastica oder Vorschläge ... zur Einrichtung guter Schulanstalten. Bd. 1-10. Hrsg.: J. F. Hähn. Berlin 1749-52. (Forts.: Nova agenda scholastica. Leipzig 1765 ff.)

Allerneueste Mannigfaltigkeiten. Eine gemeinnützige Wochenschrift. Jg. 1-4. Hrsg.: J. F. W. Otto. Berlin 1782-85. (vorher: Neueste Mannigfaltigkeiten. Berlin 1778 ff.)

Allerneuester Zustand von Europa. Nebst angehängten Diskursen über gelehrte Sachen. T. 1-30. Hrsg.: J. E. Zschackwitz. Leipzig 1734-36.

Allgemeine Bibliothek für das Schul- und Erziehungswesen in Deutschland. Bd. 1-11. Hrsg.: C. G. Böckh. Nördlingen 1773-86. (vorher: Magazin für Schulen und die Erziehung überhaupt. Frankfurt am Main 1766 ff.)

Allgemeine Bibliothek für Schauspieler und Schauspielliebhaber. Bd. 1 (= St. 1-3). Hrsg.: C. A. v. Bertram. Frankfurt, Leipzig 1776.

Allgemeine Deutsche Bibliothek. Bd. 1-118 nebst Anhängen und Registerbänden. Hrsg.: F. Nicolai. Berlin, Stettin 1765-96, nach 1770: Kiel. (Forts.: Neue allgemeine deutsche Bibliothek. Kiel 1793.)

Allgemeine geographische Ephemeriden. Jg. 1-19 (= Bd. 1-51). Hrsg.: F. v. Zach, Jg. 3 ff.: A. C. Gaspari, F. J. Bertuch. Weimar 1798-1816. (Forts.: Neue allgemeine geographische Ephemeriden. Weimar 1817 ff.)

Allgemeine historische Bibliothek. Von Mitgliedern des Kgl. Instituts der historischen Wissenschaften zu Göttingen. T. 1-16. Hrsg.: J. C. Gatterer. Halle 1767-71.

Allgemeine Literatur-Zeitung. Hrsg.: C. G. Schütz, F. J. Bertuch, G. Hufeland. Jena, Leipzig 1785-1803. (Forts.: Jenaische Allgemeine Literatur-Zeitung. Halle 1804 ff.)

Allgemeine musikalische Zeitung mit Intelligenzblatt. Jg. 1-50. Hrsg.: J. F. Rochlitz, Jg. 1810 ff.: G. W. Fink. Leipzig 1798-1848 und 1863-66.

Allgemeine Revision des gesammten Schul- und Erziehungswesens. T. 1-16. Hrsg.: J. H. Campe. Hamburg (T. 5 ff.: Wolfenbüttel. T. 8 f.: Wien, Wolfenbüttel. T. 10 f.: Wien, Braunschweig. T. 12 ff.: Braunschweig. T. 16: Wien, Braunschweig) 1785-92.

Allgemeine Staatscorrespondenz. Als zeitgemäße Reihenfolge der Zeitschrift Der Rheinische Bund. Bd. 1-3. Hrsg.: J. F. Bauer, W. J. Behr. Aschaffenburg 1814-15. (vorher: Der Rheinische Bund. Frankfurt 1807 ff.)

Allgemeine Zeitschrift von Deutschen für Deutsche. Bd. 1 (= H. 1-4). Hrsg.: F. W. J. Schelling. Nürnberg 1813.

Allgemeines Archiv für die Länder- und Völkerkunde. Bd. 1-2. Hrsg.: F. K. G. Hirsching. Leipzig 1790-91.

Allgemeines Intelligenzblatt von und für Deutschland. Quartal 1.2. Stuttgart 1783-90.

Allgemeines Magazin für die bürgerliche Baukunst. Bd. 1-2. Hrsg.: G. Huth. Weimar 1789-96.

Allgemeines Repertorium für empirische Psychologie und verwandte Wissenschaften. Bd. 1-6. Hrsg.: I. D. Mauchart. Nürnberg 1792-1801. (Forts.: Neues allgemeines Repertorium. Leipzig 1802 f.)

Allgemeines Repertorium für Schriftsteller, Recensenten, Buchhändler und Gelehrte, die nicht Schriftsteller sind. H. 1-5. Jena 1795-96.

Allgemeines Verzeichniss neuer Bücher mit kurzen Anmerkungen. Bd. 1-8. Hrsg.: J. C. Adelung. Leipzig 1776-84.

Almanach der deutschen Musen. Bd. 1-10. Hrsg.: C. H. Schmid. Leipzig 1770-81.

Periodika

Almanach für Ärzte und Nichtärzte. Bd. 1-15. Hrsg.: C. G. Gruner. Jena 1782-96. (Forts.: Neues Taschenbuch für Ärzte und Nichtärzte. Jena 1797.)

Altes aus allen Theilen der Geschichte oder alte Urkunden, alte Briefe, und Nachrichten von alten Büchern, mit Anmerkungen. Bd. 1-2. Hrsg.: J. G. Weller. Chemnitz 1760-66.

Altes und Neues aus den Herzogthümern Bremen und Verden. Bd. 1-12. Hrsg.: J. H. Pratje. Stade 1769-81.

Altes und Neues von Schulsachen. T. 1-8. Hrsg.: J. G. Bidermann. Halle 1752-55. (vorher: Nova acta scholastica. Leipzig 1749 ff.)

Amaliens Erholungsstunden. Deutschlands Töchtern geweiht. Eine Monatsschrift. Jg. 1-3. Hrsg.: M. Ehrmann. Stuttgart 1790-92.

Amalthea. Zeitschrift für Wissenschaft und Geschmack. Bd. 1-2. Hrsg.: C. D. Erhard. Leipzig 1788-89.

Amerikanisches Magazin. St. 1-4. Hrsg.: D. H. Hegewisch, C. D. Ebeling. Hamburg 1795-97.

Annalen der baierischen Litteratur. Bd. 1-3. Hrsg.: G. H. Keyser. Nürnberg 1778-83.

Annalen der Braunschweig-Lüneburgischen Kurlande. Jg. 1-9. Hrsg.: A. L. Jacobi, A. J. Kraut, J. K. Beneke. Hannover 1787-95.

Annalen der Fortschritte der Landwirtschaft in Theorie und Praxis. Jg. 1.2. Hrsg.: A. Thaer. Berlin 1811-12. (vorher: Annalen des Ackerbaues. Berlin 1805. – Forts.: Möglinsche Annalen der Landwirtschaft. Berlin 1817 ff.)

Annalen der Geographie und Statistik. Bd. 1-3. Hrsg.: E. A. W. Zimmermann. Braunschweig 1790-92.

Annalen der Gesetzgebung und Rechtsgelehrsamkeit in den Kgl. Preussischen Staaten. Bd. 1-26. Hrsg.: E. F. Klein. Berlin, Stettin 1788-1809.

Annalen der leidenden Menschheit. H. 1-10. Hrsg.: A. A. F. Hennings. Altona 1795-1801.

Annalen der neuesten theologischen Litteratur und Kirchengeschichte. Jg. 1-9. Hrsg.: J. M. Hassencamp, J. F. L. Wachler. Rinteln 1789-97. (Forts.: Neue Annalen der neuesten theologischen Litteratur. Rinteln 1798 f.)

Annalen der Physik (ab Jg. 1824 H. 5: Annalen der Physik und Chemie). Hrsg.: L. W. Gilbert, 1824 ff.: J. C. Poggendorff, 1877 ff.: G. Wiedemann. Halle, Leipzig 1799 ff.

Annalen der Teutschen Akademien. St. 1.2. Hrsg.: F. C. Franz, E. K. L. v. Scheler. Stuttgart 1790-91.

Annalen des Ackerbaues. Jg. 1-6 (= Bd. 1-12). Hrsg.: A. D. Thaer. Berlin 1805-10. (Forts.: Annalen der Fortschritte der Landwirtschaft. Berlin 1811 ff.)

Annales literarii Helmstadienses. Bd. 1-16. Hrsg.: H. P. C. Henke, P. J. Bruns, 1788 f.: C. A. Günther. Helmstedt 1782-89.

Anzeigen von der Leipziger Oekonomischen Societät. H. 1-62. Dresden 1764-1815.

Archiv der medicinischen Policey und der gemeinnützigen Arzneykunde. Bd. 1-6. Hrsg.: J. C. F. Scherf. Leipzig 1783-87. (Forts.: Beiträge zum Archiv der medicinischen Policey. Leipzig 1789 ff.)

Archiv für ältere und neuere, vorzüglich Teutsche Geschichte, Staatsklugheit und Erdkunde. Bd. 1-2. Hrsg.: E. L. Posselt. Memmingen 1790-92.

Archiv für den Menschen und Bürger in allen Verhältnissen. Bd. 1-8. Hrsg.: J. A. Schlettwein. Leipzig 1780-84. (Forts.: Neues Archiv für den Menschen und Bürger. Leipzig 1785 ff.)

Archiv für die ausübende Erziehungskunst. T. 1-12. Hrsg.: K. C. Heyler, J. F. Roos. Gießen, Marburg 1777-84.

Archiv für die neueste Kirchengeschichte. Bd. 1-7. Hrsg.: H. P. K. Henke. Weimar 1794-98.

Archiv für die theoretische und praktische Rechtsgelehrsamkeit. Bd. 1-6. Hrsg.: T. Hagemann, C. A. Günther. Braunschweig, Helmstedt 1788-92.

Archiv für Künstler und Kunstfreunde. Bd. 1.2 (= H. 1-8). Hrsg.: J. G. Meusel. Dresden 1805-08. (vorher: Neue Miscellaneen. Leipzig 1795 ff.)

Archiv gemeinnütziger physischer und medicinischer Kenntnisse. Bd. 1-6. Hrsg.: J. H. Rahn. Zürich 1787-91.

Archiv zur Länder- und Geschicht-Kunde unsrer Zeit. T. 1. Hrsg.: D. H. Stöver. Schwerin 1790.

Archiv zur neuern Geschichte, Geographie, Natur- und Menschenkenntnis. Bd. 1-8. Hrsg.: J. Bernoulli. Leipzig 1785-88.

Argos, oder der Mann mit hundert Augen. Hlbj. 1-5. Hrsg.: E. Schneider, J. J. Kämmerer. Straßburg 1792-96.

Aurora. Eine Zeitschrift aus dem südlichen Deutschland. Hrsg.: J. C. Frh. v. Aretin, J. M. v. Babo. Jg. 1.2. München 1804-05.

Auserlesene Anmerckungen über allerhand wichtige Materialien und Schrifften. Bd. 1-5. Hrsg.: C. Thomasius. Frankfurt, Leipzig 1704-07.

Auserlesene theologische Bibliothec. Bd. 1-7 (= T. 1 bis 84). Hrsg.: J. C. Colerus. Leipzig 1724-36.

Ausführlicher Bericht von allerhand Neuen Büchern und anderen Dingen, so zur heutigen Historie der Gelehrsamkeit gehörig. Bd. 1-13. Hrsg.: C. Woltereck, J. G. Krause, C. Schöttgen. Frankfurt, Leipzig 1708-11. (Forts.: Neuer Büchersaal. Leipzig 1708-11.)

Avantcoureur. Hrsg.: F. R. Salzmann. Straßburg 1785-91.

Baierische Beyträge zur schönen und nützlichen Litteratur. Jg. 1-3 (zu je 12 St.). Hrsg.: L. Westenrieder. München 1779-81.

Baierische Sammlungen und Auszüge zum Unterricht und zum Vergnügen. Jg. 1-4 (zu je 12 St.). Hrsg.: F. P. v. Kriegelstein, K. Adami, H. Braun. München 1764-68.

Beiträge zur Beförderung der Menschenkenntnis besonders unserer moralischen Natur. Bd. 1.2. Hrsg.: K. F. Pockels. Berlin 1788-89.

Beiträge zur Beruhigung und Aufklärung über diejenigen Dinge, die dem Menschen unangenehm sind, oder unangenehm sein können, und zur nähren Kenntniss der leidenden Menschheit. Bd. 1-5. Hrsg.: J. S. Fest, C. V. Kindervater. Leipzig 1788-97.

Belustigungen des Verstandes und des Witzes. Bd. 1-8 (= St. 1-48). Hrsg.: J. J. Schwabe. Leipzig 1741-45.

Berichte der allgemeinen Buchhandlung der Gelehrten. Jg. 1-4. Hrsg.: K. C. Reiche. Dessau, Leipzig 1781-84.

Berlinische Monatsschrift. Bd. 1-28. Hrsg.: F. Gedike, J. E. Biester. Berlin 1783-96. (Forts.: Berlinische Blätter. Jg. 1.2. Hrsg.: J. E. Biester. Berlin 1797-98.)

Berlinische Sammlungen zur Beförderung der Arzneywissenschaft, der Naturgeschichte, der Haushaltungskunst, Cameralwissenschaft und der dahin einschlagenden Litteratur. Bd. 1-10. Hrsg.: F. H. W. Martini. Berlin 1768-79.

Berlinisches Archiv der Zeit und ihres Geschmacks. Jg. 1-6. Hrsg.: F. L. W. Meyer, 1799 f.: F. E. Rambach, I. A. Feßler. Berlin 1795-1800. (Forts.: Kronos. Berlin 1801.)

Berlinisches Journal für Aufklärung. Bd. 1-8. Hrsg.: G. N. Fischer, A. Riem. Berlin 1788-90.

Beschäftigungen der Berlinischen Gesellschaft naturforschender Freunde. Bd. 1-4. Hrsg.: F. H. W. Martini, F. W. Otto. Berlin 1775-79. (Forts.: Schriften der Berlinischen Gesellschaft naturforschender Freunde. Berlin 1780 ff.)

Betrachtungen der Mannheimer Tonschule. Jg. 1-3. Hrsg.: G. J. Vogler. Mannheim 1778-81.

Betrachtungen über die neuesten historischen Schriften. T. 1-5. Hrsg.: J. G. Meusel. Altenburg 1769-73. (Forts.: Fortgesetzte Betrachtungen über die neuesten historischen Schriften. Halle 1774 ff.)

Beytråge zur Beförderung des vernünftigen Denkens in der Religion. H. 1-20. Hrsg.: H. Corrodi. Frankfurt, Leipzig (H. 12 ff.: Winterthur) 1780-1801.

Beyträge zur critischen Historie der deutschen Sprache, Poesie und Beredsamkeit. Bd. 1-8 (= St. 1-32). Hrsg.: J. C. Gottsched. Leipzig 1732-44.

Beyträge zur Geographie, Geschichte und Staatenkunde. St. 1-6. Hrsg.: J. E. Fabri. Nürnberg 1793-96.

Beyträge zur Historie und Aufnahme des Theaters. St. 1-4. Hrsg.: G. E. Lessing, C. Mylius. Stuttgart 1750.

Beyträge zur Oeconomie, Technologie, Policey- und Cameralwissenschaft. T. 1-12. Hrsg.: J. Beckmann. Göttingen 1779-91.

Beyträge zur philosophischen Anthropologie, Psychologie und den damit verwandten Wissenschaften. Bd. 1.2. Hrsg.: J. M. Wagner. Wien 1794-96.

Beyträge zur vaterländischen Historie, Geographie, Statistik und Landwirthschaft sammt einer Uebersicht der schönen Litteratur. Hrsg. L. v. Westenrieder. München 1785-1818.

Beyträge zur Völker- und Länderkunde. T. 1-14. Hrsg.: M. C. Sprengel, J. R. Forster. Leipzig 1781-90. (Forts.: Neue Beiträge zur Völker- und Länderkunde. Leipzig 1790 ff.)

Bibliothek der neuesten physisch-chemischen, metallurgischen, technologischen und pharmaceutischen Literatur. Bd. 1-5. Hrsg.: S. F. Hermstädt. Berlin 1788-95 und 1803.

Bibliothek der schönen Wissenschaften und der freyen Künste. Bd. 1-12. Hrsg.: F. Nicolai, M. Mendelssohn, ab Bd. 5: C. F. Weiße. Leipzig 1757-65. (Forts.: Neue Bibliothek der schönen Wissenschaften und er freyen Künste. Leipzig 1765 ff.)

Bibliothek für Jünglinge und Mädchen. Bd. 1-4. Hrsg.: A. F. J. v. Kameke. Hamburg 1786-87.

Bibliothek für Officiere. St. 1-4. Hrsg.: G. v. Scharnhorst. Göttingen 1785. (vorher: Militär-Bibliothek, Hannover 1782 ff. – Forts.: Neues militärisches Journal. Hannover 1788 ff.)

Blätter für Polizei und Kultur. Jg. 1-3. Hrsg.: A. C. H. Niemann. Tübingen 1801-03. (vorher: Schleswig-Holsteinische Blätter für Polizei und Kultur. Altona 1799 f.)

Blätter vermischten Inhalts. Bd. 1-6. Hrsg.: J. H. Thiele, Bd. 3 ff.: G. Stalling. Oldenburg 1787-94.

Bonner Dekadenschrift. Hrsg.: J. B. Geich. o. O. 1795.

Braunschweigisches Journal philosophischen, philologischen und pädagogischen Inhalts. Bd. 1-3. Hrsg.: E. C. Trapp, J. Struve, K. Heusinger, J. H. Campe. Braunschweig 1788-93.

Briefe, die neueste Litteratur betreffend. T. 1-24. Hrsg.: G. E. Lessing, M. Mendelssohn, F. Nicolai. Berlin, Stettin 1759-66.

Briefe über die Wienerische Schaubühne aus dem Französischen übersetzt. Hrsg.: J. v. Sonnenfels. Wien 1767-69.

Briefe über Merkwürdigkeiten der Litteratur. Bd. 1 (= Slg. 1-3). Hrsg.: H. W. v. Gerstenberg. Schleswig, Leipzig 1766-67 und Hamburg, Bremen 1770.

Briefwechsel der Familie des Kinderfreundes. T. 1-12. Hrsg.: C. F. Weiße. Leipzig 1784-92. (vorher: Der Kinderfreund. Leipzig 1775 ff. – Forts.: Neuer Kinderfreund. Leipzig 1794 ff.)

Briefwechsel, meist statistischen Inhalts. St. 1-14. Hrsg.: A. L. Schlözer. Göttingen 1775.

Briefwechsel, meist historischen und politischen Inhalts. T. 1-10 (= H. 1-60). Hrsg.: A. L. Schlözer. Göttingen 1776-82.

Brutus oder der Tyrannenfeind. Hrsg.: F. T. Biergans. Köln 1795.

Buchhändlerzeitung. Hamburg 1778-85.

Bunzlauische Monatsschrift zum Nutzen und Vergnügen. Jg. 1-10. Hrsg.: J. F. B. Löwe, E. F. Bucquoi. Bunzlau 1774-83. (Bandtitel zu Jg. 1-2: Belehrende Unterhaltungen zum Nutzen und Vergnügen. Forts.: Neue Bunzlauische Monatsschrift zum Nutzen und Vergnügen. Bunzlau 1784 ff.)

Chemische Annalen für die Freunde der Naturlehre, Arzneygelahrtheit, Haushaltungskunst und Manufakturen. Bd. 1-40. Hrsg.: L. v. Crell. Helmstedt, Leipzig 1784-1803. (Forts.: Neues allgemeines Journal der Chemie. Berlin 1803 ff.)

Periodika

Chemisches Archiv. Bd. 1.2. Hrsg.: L. v. Crell. Leipzig 1783. Forts.: Neues Chemisches Archiv. Leipzig 1784 ff.

Chirurgische Bibliothek. Bd. 1-15. Hrsg.: A. G. Richter. Göttingen, Gotha 1771-97.

Chronik für die Jugend. Jg. 1-4. Hrsg.: C. G. Böckh. Augsburg 1785-88.

Commentarii de rebus novis literariis. Hrsg.: H. P. C. Henke. Helmstedt 1778-81. (vorher: Ephemerides literariae Helmstadienses. Helmstedt 1770 ff.)

Critica musica, d. i. Grundrichtige Untersuchung und Beurteilung vieler, teils vorgefaßter, teils einfältiger Meinungen, Argumenten. T. 1-8 (= St. 1-24). Hrsg.: J. Mattheson. Hamburg 1722-25.

Critische Nachrichten aus dem Reiche der Gelehrsamkeit. Hrsg.: J. G. Sulzer, K. W. Ramler. Berlin 1750-52.

Curieuse Bibliothec, oder Fortsetzung der Monatlichen Unterredungen. Frankfurt, Leipzig 1704-06. (vorher: Monatliche Unterredungen. Leipzig 1689 ff.)

Damen-Journal, von einer Damen-Gesellschaft. Jg. 1.2. Hrsg.: F. R. v. Grossing. Frankfurt, Leipzig 1784-85.

Das graue Ungeheuer. Bd. 1-12. Hrsg.: W. L. Wekhrlin. Nürnberg 1784-87.

Der baierisch-ökonomische Hausvater, oder Schriften der Gesellschaft in Burghausen. T. 1-8. Hrsg.: A. F. v. Hillesheim. München 1778-86.

Der Biedermann. Hrsg.: J. C. Gottsched. Leipzig 1727-29.

Der Bothe aus Thüringen. Hrsg.: C. G. Salzmann. Schnepfental 1788-1816.

Der critische Musicus. T. 1.2 (= St. 1-78). Hrsg.: J. A. Scheibe. Hamburg 1738-40.

Der critische Musicus an der Spree. Bd. 1 (= St. 1-5). Hrsg.: F. W. Marpurg. Berlin 1749-50.

Der curieuse und politische Staats-Mercurius. Giornata 1-26. Halle 1702-06.

Der deutsche (Bd. 2 ff.: Teutsche) Merkur. Bd. 1-68. Hrsg. C. M. Wieland. Weimar 1773-89. (Forts.: Der neue Teutsche Merkur. Weimar 1790 ff.).

Der Fremde, eine moralische Wochenschrift. T. 1.2. Hrsg.: J. E. Schlegel. Kopenhagen 1745-46.

Der Freydenker, eine Wochenschrift. St. 1-104. Hrsg.: J. A. J. v. Waasberghe d. i. Waasberg. Danzig 1741-43.

Der Genius des neunzehnten Jahrhunderts. Bd. 1-6. Hrsg.: A. Hennings. Altona 1801-02.

Der Geschichtsforscher. T. 1-7. Hrsg.: G. Meusel. Halle 1775-79.

Der Gesellige, eine moralische Wochenschrift. Hrsg.: G. F. Meier, S. G. Lange. T. 1-6 (= St. 1-271). Halle 1748-50.

Der Hypochondrist, eine Hollsteinische Wochenschrift. St. 1-25. Hrsg.: H. W. v. Gerstenberg, J. F. Schmidt. Schleswig 1762.

Der Mahler der Sitten. Zürich 1746. (Vermehrte Auflage zu: Die Discourse der Mahlern. Bd. 1-4. Hrsg.: J. J. Bodmer. Zürich 1721-23.)

Der Mensch, eine moralische Wochenschrift. T. 1-12 (= St. 1-488). Hrsg.: S. G. Lange, G. F. Meier. Halle 1751-56.

Der Menschenfreund. Jg. 1-2 (= Abh. 1-104). Hrsg.: J. F. Lamprecht. Hamburg 1737-39.

Der Naturforscher. St. 1-30. Hrsg.: J. E. I. Walch, seit 1780: J. C. D. Schreber. Halle 1774-1804.

Der neue Kinderfreund. Leipzig 1794-98. (Forts.: Briefwechsel der Familie des neuen Kinderfreundes. Leipzig 1799.)

Der neue Mensch. Eine Wochenschrift. Bd. 1.2 (= St. 1-52). Hrsg.: G. K. Meyer. Flensburg 1796-97.

Der Nordische Aufseher. Bd. 1-3 (= St. 1-193). Hrsg.: J. A. Cramer. Kopenhagen, Leipzig 1758-61.

Der Patriot. Bd. 1-3 (= Abhg. 1-156). Hrsg.: M. Richey, B. H. Brockes u. a. Hamburg 1724-26.

Der Patriot in Baiern. Eine Wochenschrift. T. 1.2. Hrsg.: H. Braun. München 1769.

Der Philosoph für die Welt. T. 1.2. Hrsg.: J. J. Engel. Leipzig 1775-77.

Der politische Thierkreis oder die Zeichen unserer Zeit. T. 1.2. Hrsg.: A. G. F. v. Rebmann, F. E. Albrecht. Straßburg, Mainz 1796-98. (Nebentitel: Das neueste graue Ungeheuer.)

Der reisende Deutsche. Halle 1745-78.

Der Rheinische Bund. Eine Zeitschrift historisch-politisch-statistisch-geographischen Inhalts. Bd. 1 bis 23. Hrsg.: P. A. Winkopp. Frankfurt am Main 1807-11. (Forts.: Allgemeine Staatscorrespondenz. Aschaffenburg 1814 f.)

Der Rübezahl. Eine Monatsschrift. Hrsg.: J. Görres. Koblenz 1798-99. (vorher: Das rothe Blatt. Koblenz 1798.)

Der Schriftsteller nach der Mode, eine Monatsschrift. Bd. 1.2 (= St. 1-16). Hrsg.: C. N. Naumann. Jena 1748-51.

Der Weltbürger oder deutsche Annalen der Menschheit und Unmenschheit, der Aufklärung und Unaufgeklärtheit, der Sittlichkeit und Unsittlichkeit für die Jetztwelt und Nachwelt. St. 1-9. Zürich 1781-92.

Der Zuschauer in Baiern, eine Monatsschrift. Bd. 1-4. Hrsg.: J. Millbiller. München 1779-82. (Forts.: Der beste Nachbar. München 1783.)

Dessauische Zeitung für die Jugend und ihre Freunde. Jg. 1782 (= St. 1-26), Jg. 1783-84 (zu je 52 St.). Hrsg.: R. Z. Becker. Dessau 1782-84. (Forts.: Deutsche Zeitung für die Jugend. Gotha 1784 ff.)

Deutsche Annalen. St. 1-12. Hrsg.: H. Würtzer. Hamburg 1784.

Deutsche Bibliothek der schönen Wissenschaften. Bd. 1-6. Hrsg.: C. A. Klotz. Halle 1767-70.

Deutsche Chronik (1776 f.: Teutsche Chronik) a. d. J. 1774.[-78]. Hrsg.: C. F. D. Schubart. Augsburg, Ulm 1774-78.

Deutsche Monatsschrift. Hrsg.: F. Gentz, G. N. Fischer. Berlin 1790-94. (Forts.: Deutsche Monatsschrift. Hrsg.: G. N. Fischer. Leipzig 1795-1800. U. d. T. Monatsschrift für Deutsche, Leipzig 1801 f.)

Periodika

Deutsche Republic der Gelehrten, worinnen die Grandes Reipublicae literariae, besonders aber, die zum Europaeischen Jure Publico et Gentium gehörigen Collectiones Historicorum, Actorum Publicorum, Diplomatum & umständlich recensiret ... werden. St. 1-4. Nürnberg 1737-40.

Deutsche Zeitung für die Jugend und ihre Freunde oder Moralische Schilderungen der Menschen, Sitten und Staaten unsrer Zeit. Bd. 1-12. Hrsg.: R. Z. Becker. Gotha 1784-95. (vorher: dessauische Zeitung für die Jugend. Dessau 1782 ff.)

Deutsches gemeinnütziges Magazin. Bd. 1-4. Hrsg.: C. U. D. v. Eggers. Leipzig 1787-90. (Forts.: Deutsches Magazin. Hamburg 1791-1800. – Forts.: Neues deutsches Magazin. Hamburg 1801 ff.)

Deutsches Museum. Jg. 1-13. Hrsg.: H. C. Boie, C. K. W. v. Dohm (bis 1778). Leipzig 1776-88. (Forts.: Neues deutsches Museum. Leipzig 1789 ff.)

Deutsches Museum. Bd. 1-4. Hrsg.: F. Schlegel. Wien 1812-13.

Die Biene oder neue kleine Schriften. Bd. 1-7. Hrsg.: A. v. Kotzebue. Königsberg 1808-10. (Forts.: Die Grille. Königsberg 1811 f.)

Die Deutsche Zuschauerin, ein Wochenblatt. St. 1-50. Hrsg.: J. Möser. Hannover 1748.

Die Discourse der Mahlern. Bd. 1-4. Hrsg.: J. J. Bodmer. Zürich 1721-23.

Die Europäische Fama, welche den gegenwärtigen Zustand der vornehmsten Höfe entdecket. T. 1-360. Mithrsg.: P. B. Sinold gen. v. Schütz. Leipzig 1702-35. (Forts.: Die neue europäische Fama, welche den gegenwärtigen Zustand der vornehmen Höfe entdecket. T. 1-192. Hrsg.: G. Schumann. Leipzig 1735-56.)

Die Frau, eine sittliche Wochenschrift. St. 1-3. Hrsg.: F. C. Jetze. Leipzig 1756-60.

Die Geißel. Jg. 1-3. Hrsg.: G. F. Rebmann. Mainz 1797-99.

Die Hesperiden, ein Magazin für jugendliche Unterhaltung. Bd. 1-3. Hrsg.: I. D. Mauchart. Gotha 1798-1804. (Forts.: Neue Hesperiden. Gotha 1804 ff.)

Die Horen. Eine Monatsschrift. Bd. 1-12. Hrsg.: F. Schiller. Tübingen 1795-97.

Die Matrone. Bd. 1-3. Hrsg.: J. G. Hamann. Hamburg 1728-30.

Die neuesten Erziehungsbegebenheiten mit practischen Anmerkungen. Jg. 1.2. Hrsg.: H. M. G. Köster. Marburg 1780-81.

Die neuesten Religionsbegebenheiten mit unpartheyischen Anmerkungen. Jg. 1-20 (zu je 12 St.). Hrsg.: H. M. G. Köster. Gießen 1778-97.

Die Patriotin. St. 1-6. Hamburg 1724.

Die Schildwache. St. 1-4. Hrsg.: A. G. F. Rebmann. Altona 1796-97. (Forts.: Die neue Schildwache. Hamburg 1798.)

Die Vernünftigen Tadlerinnen. T. 1.2. Hrsg.: J. C. Gottsched. Halle 1725-26.

Duisburgisches Magazin. Hrsg.: J. F. Gildemeister. Duisburg 1781-82.

Ephemeriden der Menschheit, oder Bibliothek der Sittenlehre und der Politik (Jg. 1776, St. 2 ff.: ... der Sittenlehre, der Politik und der Gesetzgebung). Hrsg.: I. Iselin, 1782 ff.: W. G. Becker. Basel 1776-78, Leipzig 1780-84, 1786.

Ephemerides literariae Helmstadienses. Vol. 1-8. Hrsg.: G. B. v. Schirach, H. P. C. Henke. Helmstedt 1770-78. (Forts.: Commentarii de Rebus Novis Litterariis. Helmstedt 1778.)

Eudämonia oder deutsches Volksglück, ein Journal für Freunde von Wahrheit und Recht. Bd. 1-6. Marburg, Frankfurt 1795-98.

Eunomia. Eine Zeitschrift des neunzehnten Jahrhunderts. Jg. 1-5 (je 2 Bde). Hrsg.: J. A. Feßler, J. G. Rhode, 1802 ff.: J. K. C. Fischer. Berlin 1801-05.

Europa, eine Zeitschrift. Bd. 1.2. Hrsg.: F. Schlegel. Frankfurt am Main 1803.

Europäische Annalen. Hrsg.: E. L. Posselt. Stuttgart, Tübingen 1795-1820. (Forts.: Allgemeine politische Annalen. Stuttgart 1821 ff.)

Europäische Staats Cantzeley. T. 1-155 und Reg. 1-7. Hrsg.: A. Faber, d. i. C. L. Leucht. Nürnberg, Frankfurt und Leipzig 1697-1760.

Europäischer Staats-Secretarius, welcher die neuesten Begebenheiten unpartheyisch erzehlet. T. 1-144. Leipzig 1735-48. (Forts.: Neuer Europäischer Staats-Secretarius. Leipzig 1749 ff.)

Flora. Teutschlands Töchtern geweiht von Freunden und Freundinnen. Hrsg.: L. F. Huber. Tübingen 1793-1803. (Forts. Vierteljährige Unterhaltungen. Tübingen 1804 f.)

Fortgesetzte Betrachtungen über die neuesten historischen Schriften. T. 1-4. Hrsg.: J. G. Meusel. Halle 1774-78.

Fortgesetzte neue genealogisch-Historische Nachrichten von den Vornehmsten Begebenheiten, welche sich an den Europäischen Höfen zutragen. Bd. 1-14 (= T. 1-168). Hrsg.: M. Ranfft. Leipzig 1762-77.

Fränkische Acta erudita et curiosa. Die Geschichte der Gelehrten in Francken, auch andere in diesem Creyss vorgefallene Curiosa und Merckwürdigkeiten in sich haltend. Bd. 1-24. Hrsg.: E. F. J. Hemrich. Nürnberg 1726-32. (vorher: Nova Litteraria. Nürnberg 1725. – Forts.: Nützliche und auserlesene Arbeiten der Gelehrten im Reich. Nürnberg 1733 ff.)

Fraenkischer Musenalmanach für 1785[-87]. Hrsg.: J. F. Degen. Nürnberg 1785-87.

Fränkische Sammlungen von Anmerkungen aus der Naturlehre, Arzneygelahrtheit, Oekonomie und den damit verwandten Wissenschaften. Bd. 1-8 (= St.1-48). Hrsg.: H. F. Delius. Nürnberg 1756-68.

Frankfurter gelehrte Anzeigen. Hrsg.: J. H. Merck, J. G. Schlosser, K. F. Bahrdt. Frankfurt am Main 1772-90. (vorher: Franckfurtische Gelehrten Zeitungen. Frankfurt am Main 1736 ff.)

Frankreich, eine Monatsschrift aus den Briefen deutscher Männer in Paris. Hrsg.: P. Poel u. a. Altona, Hamburg 1795-1805.

Periodika

Friedenspräliminarien, ein Journal in zwanglosen Heften. Bd. 1.2 (zu je 3 Heften). Hrsg.: F. v. Cölln. Leipzig 1809-10. (vorher: Neue Feuerbrände. Amsterdam 1807 f.)

Für ältere Litteratur und neuere Lectüre. Jg.1-3. Hrsg.: K. C. Canzler, A. G. Meißner. Leipzig 1783-85.

Gedanken, Vorschläge und Wünsche zur Verbesserung der öffentlichen Erziehung als Materialien zur Pädagogik. Bd. 1-5 (zu je 4 St.). Hrsg.: F. G. Resewitz. Berlin, Stettin 1777-87.

Genealogischer Archivarius. Bd. 1-8 (= T. 1-50). Hrsg.: M. Ranfft. Leipzig 1731-38. (Forts.: Genealogisch-historische Nachrichten. Leipzig 1739 ff. – Forts.: Neue genealogisch-historische Nachrichten. Leipzig 1750 ff.)

Geographischer Büchersaal zum Nutzen und Vergnügen eröfnet. Bd. 1-3 (zu je 10 St.). Hrsg.: J. G. Hager. Chemnitz 1764-78.

Geschichte und Politik. Eine Zeitschrift. Hrsg.: K. L. Woltmann. Berlin 1800-05.

Gespräche in dem Reiche der Todten. Bd. 1-16 (= Entrevue 1-240). Hrsg.: D. Fassmann. Leipzig 1718-39.

Gnothi seauton. Oder Magazin zur Erfahrungsseelenkunde als ein Lesebuch für Gelehrte und Ungelehrte. Bd. 1-10. Hrsg.: K. P. Moritz, K. F. Pockels, S. Maimon. Berlin 1783-93.

Göttinger Taschen-Calender vom (später: für das) Jahr 1776[-1814]. (Nebentitel seit 1778: Taschenbuch zum Nutzen und Vergnügen.) Hrsg.: J. C. P. Erxleben (1776-77), G. C. Lichtenberg (1778-99), C. Girtanner (1800), H. A. O. Reichard (1801 ff.), J. W. R. Fiorillo (1808). Göttingen 1776-1814.

Göttingische Anzeigen von gelehrten Sachen. Bd. 1-214. Göttingen 1753-1801. (Forts.: Göttingische gelehrte Anzeigen. Göttingen 1802 ff.)

Göttingische Policey-Amts-Nachrichten, oder vermischte Abhandlungen zum Vortheil des Nahrungsstandes aus den Theilen der ökonomischen Wissenschaften. Quart.1-8. Hrsg.: J. H. G. v. Justi. Göttingen 1755-57.

Göttingisches historisches Magazin. Bd. 1-8 (zu je 4 St.). Hrsg.: C. Meiners, L. T. Spittler. Hannover 1787-91. (Forts.: Neues Göttingisches Historisches Magazin. Göttingen 1791 ff.)

Göttingisches Magazin der Wissenschaften und Literatur. Jg. 1-4. Hrsg.: G. C. Lichtenberg, G. Forster. Göttingen 1780-85.

Göttingisches Magazin für Industrie und Armenpflege. St. 1-21. Hrsg.: L. G. Wagemann. Göttingen 1788-1803.

Halberstädtische gemeinnützige Blätter. Jg. 1-3 (je 52 St.). Hrsg.: G. N. Fischer. Halberstadt 1785/86-87/88. (Forts. u. d. T.: Gemeinnützige Blätter. Halberstadt 1788 ff.)

Hamburgische Adress-Comtoir-Nachrichten. Hrsg.: P. A. Leisching. Hamburg 1767-1824.

Hamburgische Berichte von neuen (später von den neuesten) gelehrten Sachen. Bd. 1-26 und St. 1-3. Hrsg.: J. P. Kohl. Hamburg 1732-58. (Forts.: Hamburgische Nachrichten aus dem Reiche der Gelehrsamkeit. Hamburg 1758 ff.)

Hamburgische Bibliotheca historica, zum Besten der studierenden Jugend zusammengetragen. Centurie 1-10. Hrsg.: J. Hübner, M. Richey, J. A. Fabricius, P. F. Hane. Leipzig 1715-29.

Hamburgische Dramaturgie. Bd. 1.2 (= St. 1-104). Hrsg.: J. M. Klefeker. Hamburg 1767-69.

Hamburgisches Magazin, oder gesammelte Schriften, zum Unterricht und Vergnügen aus der Naturforschung und den angenehmen Wissenschaften überhaupt. Bd. 1-26 und Registerband. Hrsg.: A. G. Kästner, J. A. Unzer. Hamburg 1747-67. (Forts.: Neues Hamburgisches Magazin. Hamburg 1767 ff.)

Hamburgisches Wochenblatt für Kinder. T. 1-6. Hrsg.: J. H. Röding. Hamburg 1775-77.

Hanauisches Magazin. Bd. 1-8. Hanau 1778-85.

Handlungs-Bibliothek. Bd. 1-3 (zu je 4 St.). Hrsg.: J. G. Büsch, C. D. Ebeling. Hamburg 1784-90. (Forts.: Neue Handlungs-Bibliothek. Ronneburg. Leipzig 1799 f.)

Hannoverisches Magazin, worin kleine Abhandlungen, einzelne Gedanken, Nachrichten, Vorschläge und Erfahrungen, so die Verbesserung des Nahrungs-Standes, die Land- und Stadt-Wirthschaft, Handlung, Manufacturen und Künste, die Physik, die Sittenlehre und angenehmen Wissenschaften betreffen, gesamlet und aufbewahret sind. Jg. 1-28. Hrsg.: A. C. v. Wüllen, F. A. Klockenbring. Hannover 1763-90. (vorher: Hannoverische Beiträge. Hannover 1759 ff. – Forts.: Neues Hannoverisches Magazin. 1791 ff.)

Helvetische Bibliothek, bestehend in historischen, politischen und critischen Beyträgen zu den Geschichten des Schweitzerlandes. St. 1-6. Hrsg.: J. J. Bodmer, J. J. Breitinger. Zürich 1735-41.

Hessische Beyträge zur Gelehrsamkeit und Kunst. St. 1-8. Hrsg.: G. Foster, S. T. Sömmering, D. Tiedemann. Frankfurt 1784-87.

Historische Litteratur für das Jahr 1781[-85]. Hrsg.: J. G. Meusel. Erlangen 1781-85.

Historische Münz-Belustigung. T. 1-22. Hrsg.: J. D. Köhler. Nürnberg 1729-65.

Historische Remarques der neuesten Sachen in Europa. Hrsg.: P. A. Lehmann. Hamburg 1699-1707.

Historischer Calender für Damen für das Jahr 1790. Hrsg.: J. W. v. Archenholtz, C. M. Wieland. Leipzig 1790.

Historisches Journal von Mitgliedern des Kgl. Historischen Instituts zu Göttingen. T. 1-16. Hrsg.: J. C. Gatterer. Göttingen 1772-81.

Historisches Portefeuille zur Kenntnis der vergangenen und gegenwärtigen Zeit. Jg. 1-7. Hrsg.: K. R. Hausen. Wien, Breslau, Berlin, Leipzig, Hamburg 1782-88.

Historisch-litterarisches Magazin. T. 1-4. Hrsg.: J. G. Meusel. Bayreuth, Leipzig 1785-86. (Forts.: Historisch-litterarisch-bibliographisches Magazin. Zürich 1788-94.)

Historisch-politisches Magazin, nebst litterarischen Nachrichten. (Jg. 1: Niederelbisches historisch-politisch-litterarisches Magazin.) Jg. 1-9 (= Bd. 1-18). Hrsg.: A. Wittenberg. Hamburg 1787-95.

Humanistisches Magazin zur gemeinnützlichen Unterhaltung und insonderheit in Beziehung auf akademische Studien. (Nebentitel von Bd. 4.5: Philologisch-pädagogisches Magazin.) Bd. 1-5. Hrsg.: F. A. Wiedeburg. Helmstedt, Leipzig 1787-94.

Hyperboräische Briefe. Bd. 1-7. Hrsg.: W. L. Wekhrlin. Nürnberg 1788-90. (vorher: Das graue Ungeheuer. Nürnberg 1784 ff. – Forts.: Paragrafen. Nürnberg 1791.)

Iris. Vierteljahrschrift für Frauenzimmer. Hrsg.: J. G. Jacobi, W. Heinze. Düsseldorf, Berlin 1774-76.

Italien und Deutschland in Rücksicht auf Sitten, Gebräuche, Litteratur und Kunst. Bd. 1.2. Hrsg.: K. P. Moritz, A. L. Hirt. Berlin 1789-93.

Journal aller Journale. Oder Geist der vaterländischen Zeit-Schriften, nebst Anzeigen aus den periodischen Schriften und besten Werken der Ausländer. Bd. 1-6. Hrsg.: J. L. v. Heß. Hamburg 1786-88. (Forts.: Neues Journal aller Journale. Hamburg 1790.)

Journal der Erfindungen, Theorien und Widersprüche in der Natur- und Arzneiwissenschaft. Bd. 1-11. Hrsg.: A. F. Hecker. Gotha 1792-1809. (Forts.: Neuestes Journal der Erfindungen. Gotha 1810 ff.)

Journal der Moden (Jg. 2 ff.: des Luxus und der Moden). Jg. 1-42. Hrsg.: F. J. Bertuch, G. M. Kraus, Jg. 20 ff.: K. Bertuch, Jg. 38 ff.: E. Ost, S. Schütze. Weimar, Gotha 1786-1827.

Journal der Physik. Bd. 1-8 (zu je 3 Heften). Hrsg.: F. A. K. Gren. Halle, Leipzig 1790-94. (Forts.: Neues Journal der Physik. Leipzig 1795 ff.)

Journal für deutsche Frauen. Jg. 1.2. Hrsg.: C. M. Wieland, F. v. Schiller, J. F. Rochlitz, J. G. Seume. Leipzig 1805-06. (Forts.: Selene. 1807 f.)

Journal für Fabrik, Manufaktur, Handlung (später Kunst) und Mode. Bd. 1-35. Leipzig 1791-1808. (Forts.: Neues Journal für Fabrik. Leipzig 1808 ff.)

Journal für Prediger. Bd. 1-100 und N. F. T. 1-30. Hrsg.: C. C. Sturm (bis 1786), D. G. Niemeyer (bis 1788), H. B. Wagnitz, J. S. Vater. Halle 1770-1842.

Journal für theologische Literatur. Hrsg.: J. P. Gabler. Nürnberg 1801-04. (vorher: Neues theologisches Journal. Nürnberg 1793 ff. – Forts.: Journal für auserlesene theologische Literatur. Nürnberg 1804 ff.)

Journal von und für Deutschland. Jg. 1-9 (je 2 Bde.). Hrsg.: L. F. G. v. Göckingk, S. v. Bibra (ab Jg. 1, Bd. 2). Ellrich (ab Jg. 2: o. O.) 1784-92.

Journal von und für Franken. Bd. 1-6. Hrsg.: J. K. Bundschuh, J. C. Siebenkees. Nürnberg 1790-93. (Forts.: Der fränkische Merkur.)

Journal zur Beförderung der Kultur durch den Buchhandel für Staatsmänner, Gelehrte und Buchhändler. H. 1.2. Hrsg.: K. D. H. Bensen, J. J. Palm. Erlangen 1796. (vorher: Neues Archiv für Gelehrte, Buchhändler und Antiquare. Erlangen 1795.)

Journal zur Kunstgeschichte und zur allgemeinen Litteratur. T. 1-17. Hrsg.: C. G. v. Murr. Nürnberg 1775-89. (Forts.: Neues Journal zur Litteratur und Kunstgeschichte. Leipzig 1798 f.)

Jugendfreuden, eine Monatsschrift für Kinder. Jg. 1-4. Weissenfels 1789-92.

Juristisches Magazin für die deutschen Reichsstädte. Bd. 1-6. Hrsg.: T. L. U. Jäger. Ulm 1790-97.

Kinderakademie. T. 1-6. Hrsg.: V. P. v. Pallhausen, M. v. Flurl. München 1784-86.

Kinderzeitung, ein Wochenblatt. Bdch.1-4. Hrsg.: C. G. Böckh. Nürnberg 1780-85.

Kleine Gartenbibliothek. T. 1. Hrsg.: C. C. L. Hirschfeld. Kiel 1790. (vorher: Gartenkalender. Kiel 1783 ff.)

Kleine Kinderbibliothek (Hamburgscher Kinderalmanach). Bdch.1-12. Hrsg.: J. H. Campe. Hamburg 1779-84.

Klio. Monatsschrift für die französische Zeitgeschichte. Jg. 1795-97 (zu je 12 H.). Hrsg.: L. F. Huber (ab H. 7 ff.). Leipzig 1795-97. (Forts. seit Juli 1796: Neue Klio.)

Kritische Briefe über die Tonkunst von einer musikalischen Gesellschaft in Berlin. Brief 1-48. Hrsg.: F. W. Marpurg. Berlin 1759-64.

Lausitzisches Magazin oder Sammlung verschiedener Abhandlungen und Nachrichten zum Behuf der Natur-, Kunst-, Welt- und Vaterlands-Geschichte, der Sitten und der schönen Wissenschaften. Jg. 1-25 (zu je 24 St.). Hrsg.: K. G. Dietmann. Görlitz 1768-92.

Lausitzisches Wochenblatt. Zu Ausbreitung nützlicher Kenntnisse aus der Natur-, Haushaltungs-, Staats- und Völker-Kunde der Ober- und Niederlausiz. Jg. 1-3. Hrsg.: C. A. Pescheck. Zittau 1790-92. (Seit Juli 1790 u.d.T. : Beyträge zur natürlichen, ökonomischen und politischen Geschichte der Ober- und Niederlausiz und der damit grenzenden Landschaften. – Forts.: Lausizische Monatsschrift. Görlitz 1793 ff.)

Leipziger Sammlungen von wirthschafftlichen, Policey-, Cameral- und Finanzsachen. Bd. 1-16 (= St. 1-184). Hrsg.: G. H. Zincke. Leipzig 1745-61.

Leipziger Taschenbuch für Frauenzimmer zum Nutzen und Vergnügen aufs Jahr 1784[ff.]. Hrsg.: F. Ehrenberg, d.i. G. C. Claudius. Leipzig 1784-1820.

Leipziger Wochenblatt für Kinder. T. 1-9. Hrsg.: J. C. Adelung. Leipzig 1773-75.

Literaturzeitung. Bd. 1-7. Hrsg.: J. G. Meusel, später: G. E. A. Mehmel, K. C. Langsdorf. Erlangen 1799-1802.

Periodika

Litteratur- und Völkerkunde. (Ein periodisches Werk.) Hrsg.: J. W. v. Archenholtz. Jg. 1-5 (= Bd. 1-9). Dessau, Leipzig 1782-86. (Forts.: Neue Litteratur und Völkerkunde. Dessau 1787 ff.)

London und Paris. (1811: Paris, Wien und London. – 1812 f.: Paris und Wien. – 1815: London, Paris und Wien.) Bd. 1-30. (ab Bd. 25 neue Zählung: Bd. 1-6.) Hrsg.: F. J. Bertuch. Weimar 1798-1815.

Magazin des Buch- und Kunsthandels, welches zum Besten der Wissenschaften und Künste von den dahingehörigen Neuigkeiten Nachricht giebt. Jg. 1-3 (zu je 12 St.). Hrsg.: J. G. I. Breitkopf. Leipzig 1780-83.

Magazin für das Neueste aus der Physik und Naturgeschichte. Bd. 1-12. Hrsg.: L. C. Lichtenberg, J. H. Voigt. Gotha 1781-99.

Magazin für die Philosophie und ihre Geschichte. Aus den Jahrbüchern der Akademien angelegt. Bd. 1-7. Hrsg.: M. Hissmann (Bd. 1-6), J. H. Pfingsten (Bd. 7). Göttingen, Lemgo 1778-89.

Magazin für Freunde der Naturlehre und Naturgeschichte, Scheidekunst, Land- und Stadtwirthschaft, Volks- und Staatsarznei. Bd. 1-8. Hrsg.: C. E. Weigel. Berlin, Greifswald, Stralsund 1794-97.

Magazin für Geschichte, Statistick, Litteratur und Topographie der sämtlichen deutschen geistlichen Staaten. Bd. 1.2. Hrsg.: P. A. Winkopp, J. D. A. Höck. Zürich 1790-91.

Magazin für Schulen und die Erziehung überhaupt. Hrsg.: J. F. Schöpperlin, A. F. Thilo. Frankfurt, Leipzig 1766-72. (Forts.: Allgemeine Bibliothek für das Schul- und Erziehungswesen. Nördlingen 1773 ff.)

Magazin für Westphalen. Jg. 1-3. Hrsg.: P. F. Weddigen, A. Mallinckrodt, W. Schemann. Dortmund 1797-99. (vorher: Magazin von und für Dortmund. Dortmund 1796.)

Magazin vor Aerzte. St. 1-12. Hrsg.: E. G. Baldinger. Leipzig 1775-78. (Forts.: Neues Magazin für Aerzte. Leipzig 1779 ff.)

Mainzer Monatsschrift von geistlichen Sachen. Jg. 1-6 (zu je 12 H.). Hrsg.: J. K. Müller. Mainz 1784-90.

Mannigfaltigkeiten. Eine gemeinnützige Wochenschrift. Jg. 1-4. Hrsg.: F. H. W. Martini. Berlin 1770-73. (Forts.: Neue Mannigfaltigkeiten. Berlin 1774 ff.)

Materialien für die Statistick und neuere Staatengeschichte. Lieferung 1-5. Hrsg.: C. K. W. v. Dohm. Lemgo 1777-85.

Medicinische Litteratur für practische Ärzte. T. 1-12. Hrsg.: J. C. T. Schlegel. Leipzig 1781-87. (Forts.: Neue medicinische Litteratur für Ärzte. Leipzig 1787 ff.)

Meklenburgische Gemeinnützige Blätter. Bd. 1.2 (zu je 4 H.). Hrsg.: J. C. M. Wehnert. Parchim, Hamburg 1730-93.

Minerva. Ein Journal historischen und politischen Inhalts. Jg. 1792-1858 (je 4 Bde). Hrsg.: J. W. v. Archenholtz (bis 1809), F. A. Bran (seit 1810), J. A. Bergk (Mai 1811 – Dez. 1813). Hamburg, Leipzig 1792-1858.

Miscellaneen artistischen Inhalts. H. 1-30. Hrsg.: J. G. Meusel. Erfurt 1779-87. (Forts.: Museum für Künstler und Kunstliebhaber. Mannheim 1787 ff.)

Monathliche Unterredungen einiger guter Freunde von allerhand Büchern und andern annehmlichen Geschichten. Bd. 1-10. Hrsg.: W. E. Tentzel. Thoren 1689-98.

Monatlicher Staats-Spiegel; Worinnen der Kern aller Avisen; Ein Begriff der vornehmsten im H. Röm. Reich vorfallenden Affairen mit vielen Curiosen Beylagen, samt einigen Politischen Reflexionen sich repraesentirt und vorstellet. Hrsg.: S. R. Axtelmeier. Augsburg 1698-1709. (Forts.: Neu eröffneter Welt- und Staats-Spiegel. Leipzig 1709 ff.)

Monatsschrift für Deutsche; zur Veredlung der Kenntnisse, zur Bildung des Geschmacks, und zu froher Unterhaltung. Jg. 1801-02 (zu je 3 Bd.). Leipzig 1801-02. (vorher: Deutsche Monatsschrift. Leipzig 1795 ff.)

Monatschrift von und für Mecklenburg. Jg. 1-4. Hrsg.: W. Bärensprung, H. F. Becker, A. C. Siemssen, J. C. M. Wehnert. Schwerin 1788-91. (Forts.: Neue Monatsschrift von und für Mecklenburg. 1792 ff.)

Musenalmanach. Hrsg.: H. C. Boie, L. F. G. v. Goeckingk (1776 ff.), G. A. Bürger (1779 ff.). Göttingen 1770-1807.

Museum des Neuesten und Wissenswürdigsten aus dem Gebiete der Naturwissenschaft, der Künste, der Fabriken, der Manufakturen, der technischen Gewerbe, der Landwirthschaft, der Produkten-, Waaren- und Handelskunde, und der bürgerlichen Haushaltung; für gebildete Leser und Leserinnen aus allen Ständen. Bd. 1-15. Hrsg.: S. Hermstädt. Berlin 1814-18.

Musikalischer Almanach für Deutschland. Hrsg.: J. N. Forkel. Leipzig 1781-89.

Musikalisches Kunstmagazin. Bd. 1.2 (= St. 1-8). Hrsg.: J. F. Reichardt. Berlin 1782-91.

Nemesis. Zeitschrift für Politik und Geschichte. Hrsg.: H. Luden Bd. 1-12. Weimar 1814-18.

Neue Beyträge zum Vergnügen des Verstandes und Witzes. Bd. 1-6. Hrsg.: K. C. Gärtner, J. M. Dreyer. Bremen, Leipzig 1744-59.

Neue Feuerbrände, Marginalien zu der Schrift: Vertraute Briefe über die innern Verhältnisse am Preußischen Hofe seit dem Tode Friedrich II. Bd. 1-6 (= H. 1-18). Hrsg.: F. v. Cölln. Amsterdam, Köln 1807-08. (Forts.: Friedenspräliminarien. Leipzig 1809 f.)

Neue Hyperboreische Briefe. H. 1. Hrsg.: H. Würtzer. Altona 1796.

Neue Nordische Miscellaneen. St. 1-18. Hrsg.: A. W. Hupel. Riga 1792-98.

Neue Quartalschrift zum Unterricht und zur Unterhaltung, aus den neuesten und besten Reisebeschreibungen gezogen. Jg. 1-12 (je 4 H.). Hrsg.: J. C. F. Schulz. Berlin 1786-97.

Neuer Büchersaal der gelehrten Welt oder ausführliche Nachrichten von allerhand neuen Büchern und anderen Sachen so zur neuesten Historie der Gelehrsamkeit gehörig. Hrsg.: J. G. Krause, J. G. Walch. Oeffnung 1-60. Leipzig 1710-1717. (vorher: Ausführlicher Bericht von allerhand neuen Büchern und anderen Dingen so zur heutigen Historie der Gelehrsamkeit gehörig, Frankfurt 1708 ff.)

Neuer Büchersaal der schönen Wissenschaften und freyen Künste. Bd. 1-10 (zu je 6 St.). Hrsg.: J. C. Gottsched. Leipzig 1745-50.

Neues Archiv für Gelehrte, Buchhändler und Antiquare. St. 1-12. Hrsg.: K. D. H. Bensen, J. J. Palm. Erlangen 1795. (Forts.: Journal zur Beförderung der Kultur durch den Buchhandel. Erlangen 1796.)

Neueste Litteratur der Geschichtskunde. T. 1-6. Hrsg.: J. G. Meusel. Erfurt 1778-80.

Neueste Staatsbegebenheiten mit historischen und politischen Anmerkungen. Jg. 1-7. Hrsg.: H. M. G. Köster. Frankfurt 1775-81.

Niederelbisches historisch-politisch-litterarisches Magazin. (Bd. 2 ff.: Historisch-politisches Magazin.). Jg. 1-9. Hrsg.: A. Wittenberg. Hamburg 1787-95.

Niedersächsisches Wochenblatt für Kinder. Jg. 1-3. Hrsg.: J. L. Benzler. Hannover 1774-77.

Nordische Miscellaneen. St. 1-28. Hrsg.: A. W. Hupel. Riga 1781-91.

Oberdeutsche allgemeine Litteraturzeitung. Jg. 1-21. Hrsg.: L. Hübner, A. Schelle. Salzburg, Mainz, Wien, München 1788-1808. (Forts.: Neue oberdeutsche allgemeine Litteraturzeitung. München 1809 ff.)

Oeconomische Nützlichkeiten, Vortheile und Wahrheiten für Naturkunde, Landwirthschaft und Haushaltungen. Bd. 1-4. Hrsg.: G. H. Piepenbring. Göttingen 1790-92.

Oekonomische Beyträge und Bemerkungen zur Landwirthschaft. Oder Unterricht für den Landmann als eine Fortsetzung des ehemaligen Landwirthschafts-Kalenders. Hrsg.: B. Sprenger. Stuttgart 1780-93. (vorher: Nützlicher und getreuer Unterricht für den Landmann- und Bauersmann. Stuttgart 1772 ff.)

Olla Potrida, eine Vierteljahrschrift. St. 1-80. Hrsg.: H. A. O. Reichard. Berlin 1778-97.

Pädagogische Unterhandlungen. Jg. 1 (St. 1-12), Jg. 2-5 (zu je 4 St.). Hrsg.: J. B. Basedow, J. H. Campe. Dessau 1777-84.

Pandora oder Kalender des Luxus und der Moden. Hrsg.: F. J. Bertuch, G. M. Kraus. Weimar, Leipzig 1787-89.

Paris und Wien. Hrsg.: F. J. Bertuch. Weimar, Rudolstadt 1811-1815. (vorher: London und Paris. Weimar 1798 ff.)

Parnassus Boicus, oder Neueröffneter Musen-Berg, worauff verschiedene Denk- und Leswürdigkeiten aus der gelehrten Welt abgehandelt werden. Unterredung 1-24. Hrsg.: W. Amort. München 1722-27. (Forts.: Neu fortgesetzter Parnassus Boicus. Augsburg 1736 f.)

Patriotisches Archiv für Deutschland. Bd. 1-12. Hrsg.: F. K. v. Moser. Frankfurt, Leipzig (1787 ff.: Mannheim, Leipzig) 1784-90. (Forts.: Neues patriotisches Archiv für Deutschland. Mannheim, Leipzig 1792 ff.)

Pfälzisches (Bd. 3 ff.: Pfalzbaierisches) Museum. Bd. 1-6 (= H. 1-30). Hrsg.: A. v. Klein. Mannheim 1783-90.

Pfalzbayerische Beyträge zur Gelehrsamkeit. Bd. 1.2. Hrsg.: A. v. Klein. Mannheim 1782-83. (vorher: Rheinische Beiträge zur Gelehrsamkeit. Mannheim 1777 ff.)

Pharos für Aeonen. Hrsg.: J. B. Geich. o. O. 1794.

Philanthropisches Archiv. St. 1-3. Hrsg.: J. B. Basedow. Dessau 1776.

Philologische Bibliothek. Hrsg.: C. W. F. Walch, E. H. Mutzenbecher. Göttingen 1771-85.

Philosophische Bibliothek. Bd. 1-4. Hrsg.: J. G. H. Feder, C. Meiners. Göttingen 1788-91.

Philosophisches Archiv. Bd. 1.2. Hrsg.: J. A. Eberhard. Berlin 1792-95. (vorher: Philosophisches Magazin. Halle 1788 ff.)

Philosophisches Magazin. Bd. 1-4. Hrsg.: J. A. Eberhard. Halle 1788-92. (Forts.: Philosophisches Archiv. Berlin 1792 ff.)

Physikalische Belustigungen. St. 1-30. Hrsg.: C. Mylius (St. 1-20), A. G. Kästner (St. 21-30). Berlin 1751-57.

Physikalisch-Ökonomische Bibliothek worinn von den neuesten Büchern, welche die Naturgeschichte, Naturlehre und die Land- und Stadtwirthschaft betreffen, zuverlässige und vollständige Nachrichten ertheilet werden. Bd. 1-23 (= St. 1-92). Hrsg.: J. Beckmann. Göttingen 1770-1806.

Politische Gespräche der Todten. Hrsg.: T. F. T. v. Tonder. Neuwied, Offenbach, Hamburg, Frankfurt 1786-1810.

Politische Unterhaltungen am linken Rheinufer. Hrsg.: M. Metternich. Bingen 1797.

Politisches Journal nebst Anzeige von gelehrten und anderen Sachen. Herausgegeben von einer Gesellschaft von Gelehrten. Hrsg.: G. B. v. Schirach, W. v. Schirach. Hamburg 1781-1840.

Polnische Bibliothec, welche von Büchern und andern zur Polnischen und Preussischen Historie dienenden Sachen ausführlich Nachricht giebt. St. 1-10. Hrsg.: G. Lengnich. Tannenberg (Danzig) 1718-19.

Pomona für Teutschlands Töchter. Jg. 1.2 (zu je 12 St.). Hrsg.: S. La Roche. Speier 1783-1784.

Propyläen. Eine periodische Schrift. Bd. 1-3 (zu je 2 St.) Hrsg.: J. W. v. Goethe. Tübingen 1798-1800.

Religions-Annalen. St. 1-12. Hrsg.: H. P. K. Henke. St. 1-12. Braunschweig 1802-05.

Periodika

Rheinische Beyträge zur Gelehrsamkeit. Jg. 1-4 (zu je 12 H.). Hrsg.: F. K. Medicus. Mannheim 1777-1781. (Forts.: Pfalzbayerische Beyträge zur Gelehrsamkeit. Mannheim 1782 f.)

Sammlung critischer, poetischer und anderer geistvoller Schriften zur Verbesserung des Urtheils und des Wizes. T. 1-12. Hrsg.: J. J. Bodmer. Zürich 1741-1744. (Forts.: Sammlung der Züricherischen Streitschriften. Zürich 1753.)

Sammlung vermischter Schriften von den Verfassern der Bremischen neuen Beyträge. Bd. 1-3 (zu je 6 St.). Hrsg.: K. C. Gaertner. Leipzig 1748-57.

Sammlung vermischter Schriften zur Beförderung der schönen Wissenschaften und der freyen Künste. Bd. 1-6 (zu je 2 St.). Hrsg.: F. Nicolai. Berlin 1759-63.

Schlesische Provinzialblätter. Bd. 1-130. Hrsg.: K. K. Streit, F. A. Zimmermann. Breslau 1785 bis 1849.

Schleswig-Holsteinische Blätter für Polizei und Kultur. Jg. 1799-1800 (zu je 8 St.). Hrsg.: A. C. H. Niemann. Altona 1799-1800. (vorher: Schleswig-Holsteinische Provinzialberichte. Altona 1787 ff. – Forts.: Blätter für Polizei und Kultur. Tübingen 1801.)

Schleswigsches ehemals Braunschweigisches Journal. Jg. 1792-1793. (je 3 Bde). Hrsg.: A. Hennings. Altona 1792-93. (vorher: Braunschweigisches Journal. Braunschweig 1788 ff. – Forts.: Der Genius der Zeit. Altona 1794 ff.)

Schriften der Berlinischen Gesellschaft naturforschender Freunde. (Bd. 7 ff.: Schriften der Gesellschaft naturforschender Freunde zu Berlin. Beobachtungen und Entdeckungen aus der Naturkunde.) Bd. 1-11. Hrsg.: F. W. Otto. Berlin 1780-94. (vorher: Beschäftigungen der Berlinischen Gesellschaft naturforschender Freunde. Berlin 1775 ff. – Forts.: Neue Schriften der Gesellschaft naturforschender Freunde zu Berlin. Berlin 1795 ff.)

Schwäbisches Magazin von gelehrten Sachen. Hrsg.: B. Haug. Stuttgart 1775-80. (vorher: Gelehrte Ergötzlichkeiten. Stuttgart 1774. – Forts.: Zustand der Wissenschaften und Künste in Schwaben. Augsburg 1781 f.)

Schwäbisches Magazin zur Beförderung der Aufklärung. Bd. 1.2 (zu je 4 St.). Hrsg. J. Kern. Ulm 1786-87.

Schwäbisches Museum. Bd. 1.2. J. M. Armbruster. Kempten 1785-86.

Schweizerisches Museum. Jg. 1-6. Hrsg.: H. H. Füßli. Zürich 1783-90. (Forts.: Neues Schweizerisches Museum. Zürich 1792-94.)

Staats-Anzeigen. Bd. 1-18 (= H. 1-72). Hrsg.: A. L. Schlözer. Göttingen 1782-95.

Straßburgisches Politisches Journal. Eine Zeitschrift für Aufklärung und Freiheit. Januar-November 1792.

Taschenbuch für Dichter und Dichterfreunde. Abt. 1-12. Hrsg.: C. H. Schmid, J. G. Dyck. Leipzig 1773-80.

Taschenbuch zum Nutzen und Vergnügen. Hrsg.: G. C. Lichtenberg. Göttingen 1778-94. (vorher: Göttinger Taschen-Calender. Göttingen 1776 ff.)

Technologisches Magazin. Bd. 1.2. Hrsg.: C. W. J. Gatterer. Memmingen 1790-92. (Forts.: Neues Technologisches Magazin. Heidelberg 1793.)

Teutsche Staatskanzley. T. 1-42. Hrsg.: J. A. Reuß. Ulm 1783-1803.

Teutsche Stats-Literatur. Jg. 1-3. Hrsg.: C. F. Cotta. Tübingen 1790-92.

Thalia. Bd. 1-3 (= H. 1-12). Hrsg.: F. v. Schiller. Leipzig 1787-91. (Forts.: Neue Thalia. Leipzig 1792 f.)

Theaterkalender. Bd. 1-25. Hrsg.: H. A. O. Reichard. Gotha 1775-1800.

Unschuldige Nachrichten oder Sammlungen von alten und neuen theologischen Sachen, Büchern, Urkunden, Controversien, Veränderungen, Anmerkungen, Vorschläge. Bd. 1-8. Hrsg.: V. E: Löscher. Leipzig 1702-19. (vorher: Altes und Neues aus dem Schatz theologischer Wissenschaften. Wittenberg 1701. – Forts.: Fortgesetzte Sammlung von alten und neuen theologischen Sachen. Leipzig 1720 ff.)

Vaterländisches Museum. Bd. 1 (= St. 1-6), Bd. 2 (= St. 1). Hrsg.: F. C. Perthes. Hamburg 1810-11.

Vorlesungen der Churpfälzischen physicalisch-öconomischen Gesellschaft. Bd. 1-5. Mannheim 1786-91. (vorher: Bemerkungen der kuhrpfälzischen Physikalisch-ökonomischen und Bienen-Gesellschaft.)

Westphälische Beyträge zum Nutzen und Vergnügen. Osnabrück 1773-1808. (vorher: Nützliche Beylagen zum Osnabrückischen Intelligenz-Blatte. Osnabrück 1766 ff.)

Westphälisches Magazin zur Geographie, Historie und Statistik. Bd. 1-4 (= H. 1-16). Hrsg.: P. F. Weddigen. Dessau, Leipzig, Minden 1784-88. (Forts.: Neues Westphälisches Magazin. Bielefeld 1789 ff.)

Wiener Musenalmanach. Hrsg.: J. F. Ratschky, J. A. Blumauer, (1802 f.:) I. Liebel. Wien 1777-1803.

Wittenbergisches Wochenblatt zum Aufnehmen der Naturkunde und des ökonomischen Gewerbes. Jg. 1-25. Hrsg.: J. D. Titius, J. J. Ebert. Wittenberg 1768-92.

Wöchentliche Nachrichten von neuen Landcharten, geographischen, statistischen und historischen Büchern und Sachen. Jg. 1-16. Hrsg.: A. F. Büsching. Berlin 1773-88.

Personenregister

Beim Registerstichwort werden neben dem vollen Namen der Beruf sowie das Geburts- und Sterbejahr genannt. Die Fundstellen sind mit Stichwort und Seitenzahl angegeben. Fette Zahlen verweisen auf Artikel, magere auf Erwähnungen in einem Artikel. Namensvarianten, Geburtsnamen, Pseudonyme etc. wurden durch ein Verweissystem aufgeschlüsselt. Verwiesen wird jeweils auf den Namen, unter dem der Artikel zu finden ist.

Abbt, Thomas, Philosoph, * 1738, † 1766: **1**; Mendelssohn, Moses 204; Friedrich Wilhelm Ernst, Reichsgraf von Schaumburg-Lippe 320

Abegg, Johann Friedrich, evang. Theologe, * 1765, † 1840: **1**

Abel, Friedrich Gottfried, Mediziner, Schriftsteller, * 1714, † 1794: **1**

Abel, Jakob Friedrich von, Philosoph, * 1751, † 1829: **1**; Schiller, (Johann Christoph) Friedrich von 261

Abel, Kaspar, evang. Theologe, Historiker, * 1676, † 1763: Abel, Friedrich Gottfried 1

Abele, Johann Martin von, Jurist, * 1753, † 1803: **2**

Abendroth, Amandus Augustus, hamburgischer Senator, * 1767, † 1842: **2**; Hudtwalcker, Johann Michael 143

Abicht, Johann Heinrich, Philosoph, * 1762, † 1816: **2**; Born, Friedrich Gottlieb 40

Abt, Ephraim Ludwig Gottfried, Bergbeamter, * 1752, † 1819: **2**

Achenwall, Gottfried, Historiker, Jurist, * 1719, † 1772: **2**; Pütter, Johann Stephan 240; Schlözer, August Ludwig von 268

Achianow, Ferdinand (Pseud.) → Bouterwek, Friedrich (Ludewig)

Ackermann, Ernst Wilhelm, Jurist, Publizist, * 1761, † 1835: **3**

Adam, Jakob, österr. Kupferstecher, * 1748, † 1811: **3**

Addison, Joseph, engl. Schriftsteller, Politiker, * 1672, † 1719: Gottsched, Luise (Adelgunde Victorie) 114; Reimarus, Margaretha Elisabeth 248

Adelbulner, Michael, Naturforscher, * 1702, † 1779: **3**

Adelung, Friedrich von, Sprachforscher, * 1768, † 1843: **3**

Adelung, Johann Christoph, Sprachforscher, * 1732, † 1806: **4**; Adelung, Friedrich von 3

Aders, (Johann) Jakob, Kaufmann, * 1768, † 1825: **4**

Adler, Jakob Georg Christian, evang. Theologe, Orientalist, * 1756, † 1834: **4**

Adolphi, Christian Michael, Mediziner, * 1676, † 1753: **4**

Aenesidemus (gen.) → Schulze, Gottlob Ernst

Affsprung, Johann Michael, Schriftsteller, Lehrer, * 1748, † 1808: **4**

Agathon (Pseud.) → Magenau, Rudolf Friedrich Heinrich von

Agricola, Johann Friedrich, Komponist, Musiktheoretiker, * 1720, † 1774: **4**; Bach, Carl Philipp Emanuel 15

Ahlwardt, Peter, Philosoph, * 1710, † 1791: **5**

Ahrens, Johann August → Arens, Johann August

Albani, Alessandro, päpstlicher Diplomat, Kardinal, * 1692, † 1779: Winckelmann, Johann Joachim 320

Albert Franz Albrecht August Karl Emanuel, Prinz von *Sachsen-Coburg-Gotha*, Prinzgemahl, * 1819, † 1861: Ernst I., Herzog von Sachsen-Coburg-Saalfeld, seit 1826 Sachsen-Coburg und Gotha 77

Alberti, Julius Gustav, evang. Theologe, * 1723, † 1772: **5**

Alberti, Michael, Mediziner, Naturforscher, * 1682, † 1757: **5**

Albinus, Bernhard Siegfried, Anatom, * 1697, † 1770: Haller, Albrecht von 120

Albrecht, Heinrich Christoph, Schriftsteller, * 1763, † 1800: **5**; Frölich, Carl Wilhelm 98

Albrecht, Johann Friedrich Ernst, Schriftsteller, Mediziner, * 1752, † 1814: **6**

Albrecht, (Johanne) Sophie (Dorothea), Schauspielerin, * 1757, † 1840: Albrecht, Johann Friedrich Ernst 6

Alembert, Jean Le Rond d', frz. Philosoph, Mathematiker, Literat, * 1717, † 1783: Kästner, Abraham Gotthelf 161; Luise Dorothea, Herzogin von Sachsen-Gotha-Altenburg 195; Nicolay, Ludwig Heinrich Frh. von 225

Aletheophilus (Pseud.) → Baumgarten, Alexander Gottlieb

Alethinus Libertus (Pseud.) → Ahlwardt, Peter Christian Friedrich Carl **Alexander,** Markgraf von *Ansbach-Bayreuth*, * 1736, † 1806: **6**

Alexander, Graf von der *Mark*: Schadow, Johann Gottfried 260

Alexander I. Pawlowitsch, Kaiser von *Rußland*, * 1777, † 1825: Adelung, Friedrich von 3

Alexander, Isaak, Rabbiner, * 1722, † 1800: **6**

Alexandrowna, Elisabeta: Klinger, Friedrich Maximilian von 170

Algarotti, Francesco Graf von, Schriftsteller, * 1712, † 1764: **6**

Altdorfer, Johann Jakob (Pseud.) → Ambühl, Johann Ludwig

Altenstein

Altenstein, Karl (Sigmund Franz) Frh. vom Stein zum, Staatsmann, * 1770, † 1840: **6**; Hardenberg, Karl August Fürst 123; Nicolovius, Georg Heinrich Ludwig 226

Altmann, Johann Georg, schweizer. evang. Theologe, Philologe, * 1695, † 1758: **7**

Alxinger, Johann Baptist von, österr. Schriftsteller, * 1755, † 1797: **7**; Göschen, Georg Joachim 110

Am Ende, Johann Joachim Gottlob → Amende, Johann Joachim Gottlob

Amalie, Äbtissin von Quedlinburg: Hermes, Johann August 133

Ambros, Michael Hermann, Dichter, Journalist, * 1750, † 1809: **7**

Am Bühl, Johann Ludwig → Ambühl, Johann Ludwig

Ambühl, Johann Ludwig, Lyriker, Dramatiker, * 1750, † 1800: **7**

Amende, Johann Joachim Gottlob, evang. Theologe, * 1704, † 1777: **7**

Ammon, Christoph Friedrich von, luth. Theologe, * 1766, † 1850: **7**

Amort, Eusebius, Augustinerchorherr, Theologe, * 1692, † 1775: **8**

Ampringen, Heinrich von (Pseud.) → Wessenberg, Ignaz Heinrich (Karl) Frh. von

Amthor, Christoph Heinrich, Jurist, Publizist, * 1677, † 1721: **8**

Anakreon, griech. Lyriker, * 6. Jh. v. Chr.: Gleim, Johann Wilhelm Ludwig 108; Uz, Johann Peter 304

Anaxagoras, griech. Philosoph, * um 500 v. Chr., † 428 v. Chr.: Ploucquet, Gottfried 238

Ancillon, Charles, Jurist, Historiograph, * 1659, † 1715: **8**; Ancillon, Louis Frédéric 8

Ancillon, David, reformierter Theologe, * 1617, † 1692: Ancillon, Charles 8

Ancillon, (Jean Pierre) Frédéric, Staatsmann, * 1767, † 1837: **8**

Ancillon, Johann Peter Friedrich → Ancillon, (Jean Pierre) Frédéric

Ancillon, Karl → Ancillon, Charles

Ancillon, Louis Frédéric, reformierter Theologe, * 1740, † 1814: **8**; Ancillon, (Jean Pierre) Frédéric 8

Andreae, Johann Benjamin d. Ä., Drucker, Verleger, * 1705, † 1778: **8**; Andreae, Johann Benjamin d. J. 9

Andreae, Johann Benjamin d. J., Drucker, Verleger, * 1735, † 1793: **9**; Andreae, Johann Benjamin d. Ä. 8

Andreae, Johann Philipp, Drucker, Verleger, * 1654, † 1722: Andreae, Johann Benjamin d. Ä. 8

Andresen, Andreas Peter, Kaufmann, * 1771, † 1832: **9**

Anna Amalia, Prinzessin von Preußen, Äbtissin von *Quedlinburg*, * 1723, † 1787: Bach, Carl Philipp Emanuel 15; Bach, Wilhelm Friedemann 16; Trenck, Friedrich Frh. von der 299

Anna Iwanowna, Kaiserin von *Rußland*, * 1693, † 1740: Euler, Leonhard 79

Anna Amalia, Herzogin von *Sachsen-Weimar-Eisenach*, * 1739, † 1807: **9**; Ekhof, (Hans) Conrad (Dietrich) 74; Goethe, Johann Wolfgang von 111; Jagemann, Christian Joseph 154; Karl August, Herzog, seit 1815 Großherzog von Sachsen-Weimar-Eisenach 164; Merck, Johann Heinrich 205; Wieland, Christoph Martin 319

Anton, Karl Gottlob von, Jurist, Sprachwissenschaftler, * 1751, † 1818: **9**; Gersdorff, Adolf Traugott von 105

Apelt, Ernst Friedrich, Philosoph, Naturwissenschaftler, Fabrikant, * 1812, † 1859: Fries, Jakob Friedrich 97

Arbuthnot, Benedikt, Benediktiner, Physiker, * 1737, † 1820: **9**

Arcangeli, Francesco, Koch: Winckelmann, Johann Joachim 320

Archenholtz, Johann Wilhelm von, Publizist, * 1743, † 1812: **9**; Clauer, Karl 56; Emerich, Friedrich Joseph 75; Oelsner, Konrad Engelbert 230; Pappenheimer, Heymann (Chaim) Salomon 234

Archenholz, Johann Daniel von → Archenholtz, Johann Wilhelm von

Archinto, Alberigo Graf, päpstl. Kardinalstaatssekretär, * 1698, † 1758: Winckelmann, Johann Joachim 320

Arenberg, Ludwig Engelbert Herzog von, * 1750, † 1820: **10**

Arenberg, Prosper Ludwig Herzog von, Militär, * 1785, † 1861: Arenberg, Ludwig Engelbert Herzog von 10

Arens, Johann August, Architekt, * 1757, † 1806: **10**

Aretin, Johann Adam Frh. von, Staatsmann, * 1769, † 1822: **10**

Aretin, Johann Christoph Frh. von, Publizist, Historiker, * 1772, † 1824: **10**; Görres, (Johann) Joseph von 109; Rotteck, Karl Wenzeslaus Rodecker von 254

Aretin, Karl Albert von, Beamter, * 1741, † 1802: Aretin, Johann Christoph Frh. von 10

Argens, Jean Baptiste de Bayer Marquis d', Schriftsteller, * 1704, † 1771: **10**; Mendelssohn, Moses 204

Ariost, Ludovico, italien. Dichter, * 1474, † 1533: Nicolay, Ludwig Heinrich Frh. von 225

Aristophanes, griech. Komödiendichter, * um 445 v. Chr., † um 385 v. Chr.: Wieland, Christoph Martin 319

Aristoteles, griech. Philosoph, * 384 v. Chr., † 322 v. Chr.: Buhle, Johann Gottlieb Gerhard 49

Arletius, Johann Caspar, Pädagoge, Bibliothekar, * 1701 (1706/07), † 1784: **10**

Armbrust, Franz Amand, Jurist, * 1782, † 1812: **10**

Armbruster, Johann Michael, Schriftsteller, * 1761, † 1814: **11**

Arnauld, Antoine, frz. Theologe, * 1612, † 1694: Leibniz, Gottfried Wilhelm 184

Arndt, Ernst Moritz, Schriftsteller, * 1769, † 1860: Reimer, Georg Andreas 248

Arndt, Johann, luth. Pfarrer, Erbauungsschriftsteller, * 1555, † 1621: Spener, Philipp Jakob 282
Arnim, (Ludwig) Achim von, Schriftsteller, Publizist, * 1781, † 1831: Lassaulx, Franz von 183; Reichardt, Johann Friedrich 246; Rudolphi, Karoline (Christiane Louise) 255; Stägemann, (Christian) Friedrich August von 283
Arnim, Bettine von, Schriftstellerin, * 1785, † 1859: Stägemann, (Christian) Friedrich August von 283
Arnold (Pseud.) → Rautenstrauch, Johann
Arnold, Christoph, Buchhändler, Verleger, * 1763, † 1847: **11**
Arnold, Gottfried, evang. Theologe, * 1666, † 1714: **11**; Edelmann, Johann Christian 72; Mosheim, Johann Lorenz von 214
Arnold, Johann Christian, Naturforscher, * 1724, † 1765: **12**
Arnoldi, Johann Ludwig Ferdinand, evang. Theologe, Pädagoge, * 1737, † 1783: **12**
Arnoldi, Johannes von, Staatsmann, Historiker, * 1751, † 1827: **12**
Arnoldi, Valentin, evang. Theologe, * 1712, † 1793: Arnoldi, Johannes von 12
Arnoldt, Daniel Heinrich, evang. Theologe, Dichter, * 1706, † 1775: **12**
Arns, Johann August → Arens, Johann August
Arnstein, Fanny Frfr. von, * 1758, † 1818: **12**
Arnstein, Nathan Adam von, Bankier, Kaufmann, * 1743, † 1838: Arnstein, Fanny Frfr. von 12
Aron ben Wolf → Wolfsohn, Aron
Artaria, Domenico, Kunsthändler, Verleger, * 1765, † 1823: **12**
Artaria, Franz, Kunsthändler, Musikverleger, * 1744, † 1808: **12**
Artaria, Karl, Kunsthändler, Musikverleger, * 1747, † 1808: Artaria, Franz 12
Artzt, Gottlob Friedrich, evang. Theologe, Pädagoge, * 1769, † 1827: **13**
Aschenbrenner, Beda, Benediktiner, Kanonist, * 1756, † 1817: **13**
Aschenbrenner, Franz Josef (eigentl.) → Aschenbrenner, Beda
Ascher, Saul, Erzähler, Publizist, * 1767, † 1822: **13**
Asmus (Pseud.) → Claudius, Matthias
Assing, Ludmilla, Schriftstellerin, * 1821, † 1880: Veit, David Josef 308
Auenbrugger, Johann Leopold Edler von, Mediziner, * 1722, † 1809: Swieten, Gerard van 291
Auer, Alois (Pseud.) → Blumauer, Alois
Auersperg, Joseph Franz Graf von, Kardinal, Fürstbischof von Passau, * 1734, † 1795: **13**
Auerswald, Hans Jakob von, Beamter, * 1757, † 1833: **13**; Kraus, Christian Jakob 176; Scheffner, Johann George 260
August Wilhelm, Prinz von *Preußen*, Militär, * 1722, † 1758: Heinrich, Prinz von Preußen 129
August Emil Leopold, Herzog von *Sachsen-Gotha und Altenburg*, * 1772, † 1822: Thümmel, Hans Wilhelm von 296

August Damian Philipp Carl, Graf von Limburg-Stirum, Fürstbischof von *Speyer*, * 1721, † 1797: Beroldingen, Joseph (Anton Siegmund) Frh. von 32
Auslachers (Pseud.) → Ascher, Saul
Autenrieth, Jakob Friedrich, Beamter, * 1740, † 1800: **13**
Axen, Margarete Elisabeth von: Albrecht, Heinrich Christoph 5
Axter, Franz, Militärarzt, Schriftsteller, * 1772, † 1808: **13**
Ayrer, Georg Heinrich, Jurist, * 1702, † 1774: **14**
Baader, Klemens (Alois), kath. Theologe, Publizist, * 1762, † 1838: **15**
Babo, Joseph (Marius Franz) von, Dramatiker, Theaterintendant, * 1756, † 1822: **15**
Bach, Carl Daniel Friedrich, Maler, Graphiker, * 1756, † 1829: Benkowitz, Karl Friedrich 27
Bach, Carl Philipp Emanuel, Komponist, * 1714, † 1788: **15**; Agricola, Johann Friedrich 4; Bach, Wilhelm Friedemann 16; Breitkopf, Johann Gottlob Immanuel 44; Claudius, Matthias 55; Klopstock, Friedrich Gottlieb 170
Bach, Johann Christian, Komponist, * 1735, † 1782: Bach, Carl Philipp Emanuel 15; Mozart, Wolfgang Amadeus 215
Bach, Johann Christoph Friedrich, Kapellmeister, Komponist, * 1732, † 1795: **16**; Friedrich Wilhelm Ernst, Reichsgraf von Schaumburg-Lippe 320
Bach, Johann Sebastian, Musiker, Komponist, * 1685, † 1750: Agricola, Johann Friedrich 4; Bach, Carl Philipp Emanuel 15; Bach, Johann Christoph Friedrich 16; Bach, Wilhelm Friedemann 16; Ernesti, Johann August 77; Forkel, Johann Nikolaus 90; Mizler von Kolof, Lorenz 210; Mozart, Wolfgang Amadeus 215
Bach, Wilhelm Friedemann, Komponist, * 1710, † 1784: **16**
Bacher, Bartholomäus, Pädagoge, * 1773, † 1827: **16**
Bachoff von Echt, Ludwig Heinrich Frh., Diplomat, Dichter, * 1725, † 1792: Bertuch, Friedrich Justin 32
Baczko, Ludwig (Franz Adolf Josef) von, Historiker, Schriftsteller, * 1756, † 1823: **16**
Baedeker, Gottschalk Diedrich, Verlagsbuchhändler, * 1778, † 1841: **17**
Bährens, Johann Christoph Friedrich, Mediziner, evang. Theologe, Lehrer, * 1765, † 1833: **17**
Bärstecher, Johann Gottlieb, Verlagsbuchhändler, Schauspieler, Kaufmann, * 1749: **17**
Baggesen, Jens Immanuel, Schriftsteller, * 1764, † 1826: **17**
Bahrdt, Carl Friedrich, evang. Theologe, Pädagoge, Schriftsteller, * 1740, † 1792: **18**; Crome, August Friedrich Wilhelm 61; Kotzebue, August (Friedrich) von 175; Semler, Johann Salomo 276
Bahrdt, Johann Friedrich, evang. Theologe, * 1713, † 1775: Bahrdt, Carl Friedrich 18
Bahrdt, Johann Friedrich, Schriftsteller, * 1789, † 1847: Buchholz, (Paul Ferdinand) Friedrich 48

Baldinger

Baldinger, Dorothea Friderika, Schriftstellerin, * 1739, † 1786: **18**
Baldinger, Ernst Gottfried, Mediziner, * 1738, † 1804: **18**; Baldinger, Dorothea Friderika 18; Soemmerring, Samuel Thomas von 279
Ballhorn, Georg Friedrich, Mediziner, * 1770, † 1805: **18**
Ballhorn, Ludwig Wilhelm, Theologe, † 1777: Ballhorn, Georg Friedrich 18
Balthasar, August von, Jurist, Historiker, * 1701, † 1786: **18**
Balthasar, (Joseph Anton) Felix von, schweizer. Staatsmann, Historiker, * 1736, † 1810: **18**; Balthasar, Franz Urs von 19
Balthasar, Franz Urs von, schweizer. Staatsmann, * 1689, † 1763: **19**; Balthasar, (Joseph Anton) Felix von 18
Bamberger, Antoinette, Schriftstellerin, † 1805: Unger, Friederike Helene 303
Bamberger, Johann Peter, evang. Theologe, * 1722, † 1804: **19**; Unger, Friederike Helene 303
Bandemer, Susanne von, Schriftstellerin, * 1751, † 1828: **19**
Banks, Sir Joseph, brit. Naturforscher, * 1743, † 1820: Blumenbach, (Johann) Friedrich 35
Bardili, Christoph Gottfried, Philosoph, * 1761, † 1808: **19**
Barez, Jeanne: Chodowiecki, Daniel 54
Barkhausen, Heinrich Ludwig Willibald, Jurist, * 1742, † 1813: **19**
Barkhausen, Viktor, Stadtrichter, † 1798: Barkhausen, Heinrich Ludwig Willibald 19
Barrow, Isaac, engl. Mathematiker, Theologe, * 1630, † 1677: Bernoulli, Jacob 30
Bartels, August Christian, evang. Theologe, * 1749, † 1826: **20**
Bartels, Johann Heinrich, Bürgermeister, Jurist, * 1761, † 1850: **20**
Bartenstein, Lorenz Adam, Mathematiker, Pädagoge, * 1711, † 1796: Briegleb, Johann Christian 44
Barth, Johann Ambrosius, Buchhändler, Verleger, * 1760, † 1813: **20**
Barth, Wilhelm Ambrosius, Buchhändler, Verleger, * 1790, † 1851: Barth, Johann Ambrosius 20
Barth-Bartenheim, Johann Baptist Ludwig Ehrenreich Graf von, österr. Beamter, Jurist, * 1784, † 1846: **20**
Bartholdy, Georg Wilhelm, Pädagoge, Publizist, * 1765, † 1815: **20**
Basedow, Johann Bernhard, Pädagoge, * 1724, † 1790: **20**; Affsprung, Johann Michael 4; Campe, Joachim Heinrich 51; Chodowiecki, Daniel 54; Dohm, Christian Conrad (Wilhelm) von 70; Ehlers, Martin 73; Giseke, Nikolaus Dietrich 107; Klopstock, Friedrich Gottlieb 170; Lossius, Johann Christian 192; Moritz, Karl Philipp 212; Müller, Johann Samuel 218; Trapp, Ernst Christian 299; Wolke, Christian Hinrich 324
Baskerville, John, engl. Drucker, Schriftkünstler, * 1706, † 1775: Göschen, Georg Joachim 110

Bassedau, Johan Berend → Basedow, Johann Bernhard
Bassewitz, Sabine Elisabeth Gräfin von, Schriftstellerin, * 1717, † 1790: **21**
Bastiani, Giovanni Battista, kath. Theologe, * 1714, † 1786: **21**
Bastineller, Gebhard Christian, Jurist, * 1689, † 1755: **21**
Batoni, Pompeo Girolamo, italien. Maler, * 1708, † 1787: Fiorillo, Johann Dominicus 87
Batsch, August Johann Georg Karl, Naturforscher, Mediziner, * 1761, † 1802: **21**
Batteux, Abbé Charles, frz. Literaturkritiker, * 1713, † 1780: Schlegel, Johann Adolf 266
Baudissin, Wolf Heinrich Friedrich Karl Graf von, Übersetzer, Diplomat, * 1789, † 1878: Schlegel, August Wilhelm von 264
Bauer, Anton, Jurist, * 1772, † 1843: **22**
Bauer, Franz Nikolaus, kath. Theologe, Schriftsteller, * 1764, † 1836: **22**
Bauer, Johann Jakob, Buchhändler, Schriftsteller, * 1706, † 1772: **22**
Bauernfeld, Eduard von, österr. Schriftsteller, * 1802, † 1890: Schreyvogel, Joseph 271
Bauerschubert, Joseph, kath. Theologe, * 1766, † 1797: **22**
Baumann, Ludwig Adolph, Historiker, Geograph, * 1734, † 1802: **22**
Baumbach, Henriette von, * 1749, † 1808: Knigge, Adolph Frh. 172
Baumeister, Friedrich Christian, Philosoph, Pädagoge, * 1709, † 1785: **22**
Baumgarten, Alexander Gottlieb, Philosoph, * 1714, † 1762: **23**; Breitinger, Johann Jacob 43; Garve, Christian 101; Gleim, Johann Wilhelm Ludwig 108; Meier, Georg Friedrich 202; Sucro, Christoph Joseph 290; Unzer, Johanne Charlotte 304
Baumgarten, Gotthilf von, Musiker, Militär, * 1741, † 1813: **23**
Baumgarten, Jakob, evang. Theologe, Liederdichter, * 1668, † 1722: Baumgarten, Siegmund Jakob 23
Baumgarten, Siegmund Jakob, evang. Theologe, * 1706, † 1757: **23**; Adelung, Johann Christoph 4; Bruhn, David 47; Flögel, Karl Friedrich 89; Michaelis, Johann David 209; Resewitz, Friedrich Gabriel 251; Semler, Johann Salomo 276; Steinbart, Gotthilf Samuel 286; Sucro, Christoph Joseph 290; Toellner, Johann Gottlieb 298
Baur, Samuel, evang. Theologe, Schriftsteller, * 1768, † 1832: **24**
Bayer, Gottlieb Siegfried, Historiker, Orientalist, Bibliothekar, * 1694, † 1738: **24**
Bayer, Theophil Siegfried → Bayer, Gottlieb Siegfried
Bayle, Pierre, frz. Philosoph, * 1647, † 1706: Gärtner, Karl Christian 101; Gottsched, Luise (Adelgunde Victorie) 114; Leibniz, Gottfried Wilhelm 184; Nicolai, (Christoph) Friedrich 225
Beatus Lucifer (Pseud.) → Krug, Wilhelm Traugott

Beausobre, Isaak de, reformierter Theologe, * 1659, † 1738: **24**

Beccaria, Cesare Marchese de Bonesana, italien. Jurist, * 1738, † 1794: Hommel, Karl Ferdinand 142

Becher, Johann Joachim, Mediziner, Chemiker, Wirtschaftstheoretiker, * 1635, † 1682 (1685?): **24**

Becher, Karl Anton Ernst, evang. Theologe, * 1741, † 1802: **24**

Beck, Christian August Frh. von, Jurist, * 1720, † 1781/83: **24**

Beck, Heinrich, Schauspieler, Dramatiker, * 1760, † 1803: Dalberg, Wolfgang Heribert (Tobias Otto Maria Johann N.) Frh. von 66

Beck, Jacob Sigismund, Philosoph, * 1761, † 1840: **25**

Becker, Johann Nikolaus, Jurist, Autor, * 1773, † 1809: **25**

Becker, Rudolf Zacharias, Publizist, Journalist, * 1752, † 1822: **25**; Göschen, Georg Joachim 110; Iselin, Isaak 150

Beer, Paul: Jerusalem, Karl Wilhelm 157

Beethoven, Carl van, Musiklehrer, * 1774, † 1815: Beethoven, Ludwig van 25

Beethoven, Johann van, Musiker, Sänger, * 1740 (1739?), † 1792: Beethoven, Ludwig van 25

Beethoven, Johanna van: Beethoven, Ludwig van 25

Beethoven, Karl, * 1806, † 1858: Beethoven, Ludwig van 25

Beethoven, Ludwig van, Komponist, * 1770, † 1827: **25**; Haydn, (Franz) Joseph 126; Mozart, Wolfgang Amadeus 215; Pichler, Karoline 238; Reichardt, Johann Friedrich 246; Swieten, Gottfried Frh. van 292

Behrisch, Heinrich Wolfgang, Schriftsteller, * 1744, † 1825: **26**

Beier, Adrian, Jurist, * 1634, † 1698: **26**

Beil, Johann David, Schauspieler, Dramatiker, * 1754, † 1794: Dalberg, Wolfgang Heribert (Tobias Otto Maria Johann N.) Frh. von 66

Bekker, (August) Immanuel, Altphilologe, Romanist, * 1785, † 1871: Wolf, Friedrich August (Christian Wilhelm) 323

Belderbusch, Kaspar Anton Frh. von, Minister, * 1722, † 1784: **27**

Benda, František (eigentl.) → Benda, Franz

Benda, Franz, Komponist, Musiker, * 1709, † 1786: **27**

Benda, Hans Georg, Leineweber, Musiker, † 1757: Benda, Franz 27

Bendavid, Lazarus, Philosoph, Mathematiker, * 1762, † 1832: **27**; Maimon, Salomon 197

Benecke, Ferdinand → Beneke, Ferdinand

Benedikt XIV., Papst, * 1675, † 1758: Joseph Maria, Graf von Thun-Hohenstein, Bischof von Passau 158

Beneke, Ferdinand, Jurist, Politiker, * 1774, † 1848: **27**

Bengel, Ernst Gottlieb, evang. Theologe, * 1769, † 1826: **27**

Bengel, Johann Albrecht, evang. Theologe, * 1687, † 1752: Bengel, Ernst Gottlieb 27; Crusius, Christian August 62; Griesbach, Johann Jakob 115; Jung-Stilling, Johann Heinrich 158

Benkowitz, Karl Friedrich, Schriftsteller, Publizist, * 1764, † 1807: **27**

Bennigsen, Rudolph Christian von, Ökonom, Jurist, * 1712, † 1783: **28**

Bensen, (Carl) Daniel (Heinrich), Jurist, * 1761, † 1805: **28**

Bentzel-Sternau, Anselm Franz Frh. von → Benzel-Sternau, Anselm Franz Frh. von

Benz, Karl Friedrich, Ingenieur, Erfinder, Unternehmer, * 1844, † 1929: Böckmann, Johann Lorenz 38

Benzel, Johann von, Beamter: Winkopp, Peter Adolph 322

Benzel-Sternau, Anselm Franz Frh. von, Beamter, * 1738, † 1786(?): **28**

Benzenberg, Johann Friedrich, Naturforscher, Publizist, * 1777, † 1846: **28**

Benzler, Johann Lorenz, Publizist, * 1747, † 1817: **28**

Berens, Johann Christoph, Politiker, * 1729, † 1792: **28**

Berg, Franz, kath. Theologe, Philosoph, * 1753, † 1821: **28**

Berg, Friedrich Reinhold Frh. von: Winckelmann, Johann Joachim 320

Berger, Johann Erich von, Philosoph, Astronom, * 1772, † 1833: **29**

Berghaus, Heinrich (Karl Wilhelm), Kartograph, Geograph, * 1797, † 1884: Perthes, (Johann Georg) Justus 235

Bergk, Johann Adam, Privatgelehrter, Publizist, Buchhändler, * 1769 (1773?), † 1834: **29**

Bering, Johannes, Philosoph, * 1748, † 1825: **29**

Berlepsch, Friedrich Ludwig von, Jurist, Politiker, * 1749, † 1818: **29**

Bernhard, Isaak, Kaufmann, † 1768: Mendelssohn, Moses 204

Bernoulli, Daniel, schweizer. Mediziner, Mathematiker, Physiker, * 1700, † 1782: **30**; Bernoulli, Johann 31; Bernoulli, Johann 32; Euler, Leonhard 79; König, (Johann) Samuel 174

Bernoulli, Jacob, schweizer. Mathematiker, Physiker, * 1655, † 1705: **30**; Bernoulli, Daniel 30; Bernoulli, Johann 31; Euler, Leonhard 79

Bernoulli, Jakob, schweizer. Mathematiker, Physiker, Jurist, * 1759, † 1789: Leibniz, Gottfried Wilhelm 184

Bernoulli, Johann, schweizer. Mathematiker, Physiker, * 1667, † 1748: **31**; Bernoulli, Daniel 30; Bernoulli, Jacob 30; Euler, Leonhard 79; König, (Johann) Samuel 174; Leibniz, Gottfried Wilhelm 184; Maupertius, Pierre-Louis de Moreau 200

Bernoulli, Johann, schweizer. Naturwissenschaftler, Jurist, * 1710, † 1790: Bernoulli, Jacob 30; Bernoulli, Johann 31; Bernoulli, Johann 32

Bernoulli, Johann, schweizer. Astronom, Jurist, * 1744, † 1807: **32**

Bernoulli, Nikolaus, Mathematiker, Jurist, * 1695, † 1726: Bernoulli, Daniel 30
Bernstorff, Andreas Peter Graf von, dän. Staatsmann, * 1735, † 1797: Eggers, Christian Ulrich Detlev Frh. von 73
Bernstorff, Johann Hartwig Ernst Graf, dän. Staatsmann, * 1712, † 1772: Bode, Johann (Joachim Christoph) 37; Dusch, Johann Jakob 70; Struensee, Johann Friedrich 288; Sturz, Helfrich Peter 289
Beroldingen, Joseph (Anton Siegmund) Frh. von, Domherr, * 1738, † 1816: **32**
Bertuch, Friedrich Justin, Verleger, Schriftsteller, * 1747, † 1822: **32**; Blumauer, Alois 35; Göschen, Georg Joachim 110
Bertuch, Karl, Journalist, Schriftsteller, * 1777, † 1815: Cotta von Cottendorf, Johann Friedrich 59
Beseke, Johann Melchior Gottlieb, Philosoph, Jurist, Naturwissenschaftler, * 1746, † 1802: **32**
Bessel, Friedrich Wilhelm, Astronom, * 1784, † 1846: Olbers, (Heinrich) Wilhelm (Matthias) 230
Besser, Johann Heinrich, Buchhändler, * 1775, † 1826: **32**
Beutler, Johann Heinrich: Beutler, Johann Heinrich Christoph 32
Beutler, Johann Heinrich Christoph, Pädagoge, Theologe, * 1759, † 1833: **32**
Beyme, Karl Friedrich von, Staatsmann, * 1765, † 1838: **33**
Bianconi, Johann Ludwig Graf von, Mediziner, Diplomat, * 1717, † 1781: Winckelmann, Johann Joachim 320
Bielefeld, Jakob Friedrich Frh. von → Bielfeld, Jakob Friedrich Frh. von
Bielfeld, Jakob Friedrich Frh. von, Schriftsteller, * 1716, † 1770: **33**
Bierling, Friedrich Wilhelm, evang. Theologe, * 1676, † 1728: **33**; Bierling, Konrad Friedrich Ernst 33
Bierling, Konrad Friedrich Ernst, evang. Theologe, * 1709, † 1755: **33**; Bierling, Friedrich Wilhelm 33
Biester, Johann Erich, Publizist, Bibliothekar, * 1749, † 1816: **33**; Gedike, Friedrich 103; Moritz, Karl Philipp 212; Zedlitz und Leipe, Karl Abraham Frh. von 327
Bilfinger, Georg Bernhard, Philosoph, Staatsmann, * 1693, † 1750: **33**; Baumgarten, Alexander Gottlieb 23; Canz, Israel Gottlieb 52; Karl Eugen, Herzog von Württemberg 165
Biron, Peter von, Herzog von Kurland, * 1724, † 1800: Kütner, Karl August 179
Bischoff, Johann Heinrich Christian, Schulmann, * 1786, † 1846: **34**
Bischoffwerder, Hans Rudolf von, Militär, Staatsmann, * 1741, † 1803: **34**
Bismarck, Otto (Eduard Leopold) von, Staatsmann, * 1815, † 1898: Mencken, Anastasius Ludwig 204
Bispink, Franz Heinrich, Philosoph, * 1749, † 1820: **34**
Biwald, Leopold (Gottlieb), Jesuit, Physiker, * 1731, † 1805: **34**

Black, Joseph, schott. Chemiker, * 1728, † 1799: Crell, Lorenz Florens Friedrich von 61
Blanckenburg, Christian Friedrich → Blankenburg, Christian Friedrich von
Blankenburg, Christian Friedrich von, Schriftsteller, * 1744, † 1796: **35**; Sulzer, Johann Georg(e) 290
Blau, Felix Anton, kath. Theologe, Politiker, Bibliothekar, * 1754, † 1798: **35**
Blessig, Johann Lorenz, evang. Theologe, * 1747, † 1816: **35**
Block, Albrecht, Landwirt, * 1774, † 1847: **35**
Blumauer, Alois, österr. Buchhändler, Schriftsteller, * 1755, † 1798: **35**; Alxinger, Johann Baptist von 7; Fridrich, Karl Julius 94
Blumenbach, (Johann) Friedrich, Vergleichender Anatom, Anthropologe, * 1752, † 1840: **35**; Soemmerring, Samuel Thomas von 279
Bob, Franz Joseph, Jurist, Beamter, * 1733, † 1802: **37**
Bock, Friedrich Samuel, evang. Theologe, Publizist, * 1716, † 1786: **37**
Bode, Johann (Joachim Christoph), Übersetzer, Verleger, * 1730, † 1793: **37**; Claudius, Matthias 55; Göschen, Georg Joachim 110
Bode, Johann Conrad Urban (eigentl.) → Bode, Johann (Joachim Christoph)
Bode, Johann Elert, Astronom, * 1747, † 1826: **37**
Bodmer, Johann Jakob, schweizer. Literaturwissenschaftler, Schriftsteller, * 1698, † 1783: **37**; Baumgarten, Alexander Gottlieb 23; Breitinger, Johann Jacob 43; Füssli, Hans Heinrich 100; Füssli, Johann Heinrich 100; Gessner, Salomon 105; Gottsched, Johann Christoph 113; Klopstock, Friedrich Gottlieb 170; Obereit, Jakob Hermann 229; Orell, Hans Conrad 231; Riedel, Friedrich Just(us) 252; Sulzer, Johann Georg(e) 290; Wieland, Christoph Martin 319
Bodoni, Giambattista, italien. Drucker, Stempelschneider, * 1740, † 1813: Göschen, Georg Joachim 110
Böckh, Christian Gottfried, evang. Theologe, Schriftsteller, Pädagoge, * 1732, † 1792: **37**
Boeckler, Johann (Heinrich), Historiker, * 1611, † 1672: Böckler, Johann Heinrich 37
Böckler, Johann Heinrich, Jurist, * 1679, † 1732: **37**
Böckmann, Johann Lorenz, Mathematiker, Naturwissenschaftler, * 1741, † 1802: **38**
Böhme, Jacob, Schuhmacher, Theosoph, * 1575, † 1624: Arnold, Gottfried 11
Böhmer, Georg Ludwig, Jurist, * 1715, † 1797: Altenstein, Karl (Sigmund Franz) Frh. vom Stein zum 6; Böhmer, Georg Wilhelm 38; Hufeland, Gottlieb 145; Meyer, Friedrich Johann Lorenz 207; Pütter, Johann Stephan 240
Böhmer, Georg Rudolph, Botaniker, Mediziner, * 1723, † 1803: **38**
Böhmer, Georg Wilhelm, Jurist, Politiker, Bibliothekar, * 1761, † 1839: **38**

Böhmer, Johann Franz Wilhelm, Mediziner, * 1754, † 1788: Schelling, (Dorothea) Caroline (Albertina) von 261
Böhmer, Johann Samuel Friedrich von, Jurist, * 1704, † 1772: **38**
Böhmer, Justus Henning, Jurist, Liederdichter, * 1674, † 1749: **38**; Böhmer, Johann Samuel Friedrich von 38; Strube, David Georg 287
Bönicke, Christian, Historiker, Jurist, * 1745, † 1805: Bönicke, Johann Michael 39
Bönicke, Johann Michael, kath. Theologe, * 1734, † 1811: **39**
Boerhaave, Hermann, niederländ. Mediziner, * 1668, † 1738: Haller, Albrecht von 120; Swieten, Gerard van 291
Börne, (Karl) Ludwig, Literatur- und Theaterkritiker, Essayist, Publizist, * 1786, † 1837: Huber, (Marie) Therese (Wilhelmine) 143
Böttcher, Ernst Christoph, Kaufmann, Philanthrop, * 1697, † 1766: **39**
Böttger, Johann Friedrich, Apotheker, Alchemist, * 1682, † 1719: Tschirnhaus, Ehrenfried Walther von 300
Böttiger, Karl August, Publizist, Archäologe, * 1760, † 1835: **39**
Bohn, Carl Ernst, Buchhändler, * 1749, † 1827: Besser, Johann Heinrich 32; Campe, (Franz) August (Gottlieb) 51
Bohn, Johann Carl, Verlagsbuchhändler, * 1712, † 1773: **39**
Boiardo, Matteo Maria, Graf von Scandiano, italien. Dichter, * um 1440, † 1494: Nicolay, Ludwig Heinrich Frh. von 225
Boie, Heinrich Christian, Publizist, * 1744, † 1806: **39**; Claudius, Matthias 55; Dieterich, Johann Christian 69; Dohm, Christian Conrad (Wilhelm) von 70; Leisewitz, Johann Anton 185; Lichtenberg, Georg Christoph 189; Miller, Johann Martin 209; Sturz, Helfrich Peter 289; Voß, Johann Heinrich 310
Boisserée, Melchior (Hermann Joseph Georg), Kunstgelehrter, Kunstsammler, * 1786, † 1851: Schlegel, (Karl Wilhelm) Friedrich von 265
Boisserée, (Johann) Sulpiz (Melchior Dominikus), Kunstgelehrter, Kunstsammler, * 1783, † 1854: Schlegel, (Karl Wilhelm) Friedrich von 265
Bollmann, Justus Erich, Mediziner, * 1769, † 1821: **39**
Bolzano, Bernard, Philosoph, Mathematiker, Theologe, * 1781, † 1848: **39**
Bondeli, Julie von, * 1732, † 1778: **40**; Wieland, Christoph Martin 319; Zimmermann, Johann Georg 330
Bondeli, Susanna Juliana von (eigentl.) → Bondeli, Julie von
Bonnet, Charles, schweizer. Naturforscher, Philosoph, * 1720, † 1793: Lossius, Johann Christian 192; Titius, Johann Daniel 298
Bonpland, Aimé Jacques Alexandre, frz. Naturwissenschaftler, * 1773, † 1858: Humboldt, Alexander Frh. von 146

Borgold, Johann Friedrich, Buchhändler, Drucker, * 1757, † 1829: **40**
Borheck, August Christian, Philologe, Historiker, * 1751, † 1816: **40**
Born, Friedrich Gottlieb, Philosoph, * 1743, † 1807: **40**; Abicht, Johann Heinrich 2
Born, Ignaz Edler von, österr. Mineraloge, * 1742, † 1791: **40**
Borott, Johann Baptist, evang. Theologe, * 1757, † 1832: **41**
Borowski, Ernst Ludwig von, evang. Theologe, * 1740, † 1831: Schultz, Franz Albert 273
Borowski, Georg Friedrich, Natur- und Wirtschaftswissenschaftler, * 1746, † 1801: **41**
Bosch, Anna von, † 1790: Mesmer, Franz Anton 206
Bossler, Heinrich Philipp Karl, Musikverleger, * 1744, † 1812: **41**
Bostel, schwed. Postkommissar: Ekhof, (Hans) Conrad (Dietrich) 74
Bothe, F. (Pseud.) → Hermes, Johann Timotheus
Bottani, Giuseppe, italien. Maler, * 1717, † 1784: Fiorillo, Johann Dominicus 87
Bouterweck, Friedrich → Bouterwek, Friedrich (Ludewig)
Bouterwek, Friedrich (Ludewig), Philosoph, Literaturhistoriker, Schriftsteller, * 1766, † 1828: **41**; Buhle, Johann Gottlieb Gerhard 49
Boutterweck, Friedrich → Bouterwek, Friedrich (Ludewig)
Boyen, Hermann (Ludwig Leopold Gottlieb) von, Militär, * 1771, † 1848: Beyme, Karl Friedrich von 33
Boyneburg, Philipp Wilhelm Graf von, Staatsmann, * 1656, † 1717: **42**
Bräker, Ulrich, schweizer. Schriftsteller, * 1735, † 1798: **42**; Ambühl, Johann Ludwig 7; Ebel, Johann Gottfried 71
Brandes, Ernst, Beamter, Publizist, * 1758, † 1810: **42**; Brandes, Georg (Friedrich) 42; Rehberg, August Wilhelm 245
Brandes, Georg (Friedrich), Beamter, * 1719, † 1791: **42**; Brandes, Ernst 42
Brandl, Sebastian (Pseud.) → Bucher, (Leonhard) Anton von
Brant, Sebastian, Schriftsteller, Publizist, * 1457, † 1521: Böckh, Christian Gottfried 37
Brauer, Johann (Nikolaus) Friedrich, Staatsmann, * 1754, † 1813: **42**
Braun, Heinrich, Benediktiner, Schulreformer, * 1732, † 1792: **42**
Braun, Heinrich, Politiker, Journalist, * 1854, † 1927: Bucher, (Leonhard) Anton von 47; Mayr, Beda 201
Braun, Mathias (eigentl.) → Braun, Heinrich
Brauns, Heinrich, kath. Theologe, Politiker, * 1868, † 1939: Ickstatt, Johann Adam Frh. von 149
Brehm, Georg Nikolaus, Jurist, * 1753, † 1811: **43**
Breidbach, Emmerich Joseph Frh. von, Erzbischof von Mainz, * 1707, † 1774: Benzel-Sternau, Anselm Franz Frh. von 28

Breithaupt, Friedrich Wilhelm, Mechaniker, Münzmeister, * 1780, † 1855: Breithaupt, Johann Christian 43

Breithaupt, Heinrich Carl, Mechaniker, * 1775, † 1856: Breithaupt, Johann Christian 43

Breithaupt, Joachim Justus, evang. Theologe, Liederdichter, * 1658, † 1732: Francke, August Hermann 91

Breithaupt, Johann Christian, Mechaniker, * 1736, † 1799: **43**

Breitinger, Johann Jacob, schweizer. Philologe, reformierter Theologe, Schriftsteller, * 1701, † 1776: **43**; Baumgarten, Alexander Gottlieb 23; Bodmer, Johann Jakob 37; Füssli, Johann Heinrich 100; Gottsched, Johann Christoph 113

Breitkopf, Bernhard Christoph, Drucker, Verleger, * 1695, † 1777: **43**; Breitkopf, Johann Gottlob Immanuel 44

Breitkopf, Johann Gottlob Immanuel, Typograph, Verleger, * 1719, † 1794: **44**; Breitkopf, Bernhard Christoph 43

Bremser, Johann Gottfried, Mediziner, Zoologe, * 1767, † 1827: **44**

Brentano, Antonie, * 1780, † 1869: Beethoven, Ludwig van 25

Brentano, Clemens Wenzeslaus, Dichter, Journalist, * 1778, † 1842: Arenberg, Ludwig Engelbert Herzog von 10; Lassaulx, Franz von 183; Reichardt, Johann Friedrich 246; Rudolphi, Karoline (Christiane Louise) 255; Stägemann, (Christian) Friedrich August von 283

Brentano, Dominicus von, kath. Theologe, Publizist, * 1740, † 1797: Dereser, Anton 68

Brentano, Franz, Kaufmann, * 1778, † 1851: Beethoven, Ludwig van 25

Bretschneider, Heinrich Gottfried von, Schriftsteller, * 1739, † 1810: **44**

Breyer, Johann Friedrich, evang. Theologe, Philosoph, * 1738, † 1826: **44**

Briegleb, Johann Christian, Philosoph, Pädagoge, Altphilologe, * 1741, † 1805: **44**

Briegleb, Johann Valentin, evang. Theologe, Altphilologe, Pädagoge, * 1715, † 1782: Briegleb, Johann Christian 44

Brill, Joel, jüdischer Theologe: Wolfsohn, Aron 324

Brinckmann, Karl Gustav Frh. von, Diplomat, Dichter, * 1764, † 1847: **45**; Reimarus, Margaretha Elisabeth 248

Brink, Johann Heinrich, Bankier: Aders, (Johann) Jakob 4

Brinkmann, Johann Peter, Mediziner, * 1746, † 1785: **45**

Brion, Friederike (Elisabeth), * 1752, † 1813: Goethe, Johann Wolfgang von 111

Brockes, Barthold H(e)inrich, Dichter, * 1680, † 1747: **45**; Giseke, Nikolaus Dietrich 107; König, Johann Ulrich von 173

Brockhaus, David Arnold Friedrich (eigentl.) → Brockhaus, Friedrich Arnold

Brockhaus, Friedrich Arnold, Verleger, * 1772, † 1823: **45**; Gruber, Johann Gottfried 117

Brockhaus, Heinrich, Verleger, * 1804, † 1874: Brockhaus, Friedrich Arnold 45

Brockhaus, Johann Adolf Heinrich, Kaufmann, * 1739, † 1811: Brockhaus, Friedrich Arnold 45

Bronner, Franz Xaver, Schriftsteller, Bibliothekar, * 1758, † 1850: **46**

Brown, John, brit. Mediziner, * 1735, † 1788: Girtanner, Christoph 106

Broxtermann, Theobald Wilhelm, Jurist, Schriftsteller, Archivar, * 1771, † 1800: **46**

Brucker, (Johann) Jacob, evang. Theologe, Philosoph, * 1696, † 1770: **46**

Brückner, Ernst Theodor Johann, evang. Theologe, Lyriker, Dramatiker, * 1746, † 1805: **47**

Brühl, Heinrich Graf von, Staatsmann, * 1700, † 1763: Rost, Johann Christoph 254; Winckelmann, Johann Joachim 320

Bruhn, David, evang. Theologe, Liederdichter, * 1727, † 1782: **47**

Brun, Sophie Christiane Friederike, Schriftstellerin, * 1765, † 1835: Münter, Friedrich (Christian Karl Heinrich) 219

Brunner, Philipp Joseph, kath. Theologe, * 1758, † 1829: **47**

Bruns, Heinrich Julius, Schulmann, * 1746, † 1794: **47**

Bucher, (Leonhard) Anton von, kath. Theologe, Bildungspolitiker, Schriftsteller, * 1746, † 1817: **47**; Nagel, Anton 223

Bucher, Urban Gottfried, Mediziner, * 1679: **47**

Buchholz, (Paul Ferdinand) Friedrich, Publizist, * 1768, † 1843: **48**

Budde, Johann Franz (eigentl.) → Buddeus, Johann Franz

Buddeus, Charlotte Eleonore Hedwig, * 1727, † 1794: Blumenbach, (Johann) Friedrich 35

Buddeus, Johann Franz, evang. Theologe, * 1667, † 1729: **48**; Brucker, (Johann) Jacob 46; Crusius, Christian August 62; Walch, Johann Georg 312

Büchmann, (August Methusalem) Georg, Philologe, * 1822, † 1884: Spener, Johann Karl Philipp 281

Bülau, Friedrich von, Staatswissenschaftler, Journalist, * 1805, † 1859: Pölitz, Karl Heinrich Ludwig 239

Bülfinger, Georg Bernhard → Bilfinger, Georg Bernhard

Bülow, Friedrich Ernst von, Landwirt, * 1736, † 1802: **48**

Bünau, Heinrich Graf von, Staatsmann, Historiker, * 1697, † 1762: Winckelmann, Johann Joachim 320

Bürger, Elise, Schauspielerin, Schriftstellerin, * 1769, † 1833: Bürger, Gottfried August 48

Bürger, Gottfried August, Schriftsteller, * 1747, † 1794: **48**; Dieterich, Johann Christian 69; Leisewitz, Johann Anton 185; Schlegel, August Wilhelm von 264

Büsch, Johann Georg, Volkswirt, * 1728, † 1800: **48**; Müller, Johann Samuel 218; Richey, Michael 252; Sieveking, Georg Heinrich 278

Büsching, Anton Friedrich, Geograph, Pädagoge, * 1724, † 1793: **49**; Crome, August Friedrich Wilhelm 61; Fäsi, Johann Konrad 83; Frölich, Carl Wilhelm 98; Irwing, Karl Franz von 150; Moritz, Karl Philipp 212

Büsching, Johann Gustav Gottlieb, Historiker, Publizist, * 1783, † 1829: Müller, Gerhard Friedrich von 218

Büttner, Christian Wilhelm, Naturforscher, * 1716, † 1801: **49**; Blumenbach, (Johann) Friedrich 35; Grellmann, Heinrich Moritz Gottlieb 115

Buff, Charlotte (Sophie Henriette), * 1753, † 1828: Goethe, Johann Wolfgang von 111

Buffon, Georges Louis Leclerc Graf von, frz. Naturforscher, * 1707, † 1788: Forster, (Johann) Georg (Adam) 91; Iselin, Isaak 150; Martini, Friedrich Heinrich Wilhelm 199

Buhle, Christian August, Chirurg, * 1734, † 1807: Buhle, Johann Gottlieb Gerhard 49

Buhle, Johann Gottlieb Gerhard, Philosoph, Philologe, * 1763, † 1821: **49**; Bouterwek, Friedrich (Ludewig) 41

Burke, Edmund, brit. Politiker, Publizist, * 1729, † 1797: Albrecht, Heinrich Christoph 5; Brandes, Ernst 42; Cloots, Jean-Baptiste Baron von 57; Füssli, Johann Heinrich 100; Garve, Christian 101; Gentz, Friedrich 104

Butenschön, Johann Friedrich, Pädagoge, Publizist, * 1764, † 1842: **49**

Butler, Joseph, engl. Theologe, Moralphilosoph, * 1692, † 1752: Spalding, Johann Joachim 281

Butterweck, Friedrich → Bouterwek, Friedrich (Ludewig)

Cabanis, Pierre Jean George, frz. Philosoph, * 1757, † 1808: Jakob, Ludwig Heinrich von 155

Caesar, Karl Adolf, Philosoph, * 1744, † 1811: **51**

Cagliostro, Alessandro Graf von, italien. Abenteurer, Alchemist, * 1743, † 1795: Lavater, Johann Caspar 183; Recke, Elisa(beth) Charlotte Konstantia von der 244

Calderón de la Barca, Pedro, span. Dramatiker, * 1600, † 1681: Einsiedel, Friedrich Hildebrand von 74; Schlegel, August Wilhelm von 264

Calvör, Henning, evang. Theologe, Lehrer, Montanist, * 1686, † 1766: **51**

Campe, (Franz) August (Gottlieb), Buchhändler, * 1773, † 1836: **51**; Campe, (August) Friedrich (Andreas) 51

Campe, (August) Friedrich (Andreas), Verleger, * 1777, † 1846: **51**; Campe, (Franz) August (Gottlieb) 51

Campe, Joachim Heinrich, Pädagoge, Verleger, Schriftsteller, Sprachwissenschaftler, * 1746, † 1818: **51**; Campe, (Franz) August (Gottlieb) 51; Campe, (August) Friedrich (Andreas) 51; Christiani, Christoph Johann Rudolph 55; Gaheis, Franz (Anton) de Paula 101; Hardenberg, Karl August Fürst 123; Humboldt, Wilhelm von 147; Reimarus, Margaretha Elisabeth 248; Trapp, Ernst Christian 299; Vieweg, Johann Friedrich 308; Villaume, Peter 308

Campe, (Johann) Julius (Wilhelm), Verleger, * 1792, † 1867: Campe, (Franz) August (Gottlieb) 51

Camper, Peter, Mediziner, * 1722, † 1789: Blumenbach, (Johann) Friedrich 35

Canova, Antonio, italien. Bildhauer, * 1757, † 1822: Schadow, Johann Gottfried 260

Canstein, Carl Hildebrand Frh. von, luth. Theologe, * 1667, † 1719: Francke, August Hermann 91

Cantz, Israel Gottlieb → Canz, Israel Gottlieb

Canz, Israel Gottlieb, luth. Theologe, Philosoph, * 1690, † 1753: **52**

Carl, Ernst Ludwig, Nationalökonom, Staatsmann, * 1682, † 1742: **52**

Carl, Johann Samuel, Mediziner, * 1676, † 1757: Struensee, Johann Friedrich 288

Carl, Maria Dorothea, * 1716, † 1792: Struensee, Johann Friedrich 288

Carmer, Johann Heinrich Kasimir Graf von, Jurist, Staatsmann, * 1720, † 1801: **53**; Erhard, Christian Daniel 76; Kircheisen, Friedrich Leopold von 168; Klein, Ernst Ferdinand 168; Svarez, Carl Gottlieb 291

Carpov, Jakob, evang. Theologe, * 1699, † 1768: **53**

Carstens, Catharina D.: Voß, Johann Heinrich 310

Carus, Friedrich August, Theologe, Philosoph, Psychologe, * 1770, † 1807: **53**

Casanova, Giovanni Battista, italien. Maler, * 1730, † 1795: Winckelmann, Johann Joachim 320

Caslon, William d. Ä., brit. Schriftgießer, * 1692, † 1766: Göschen, Georg Joachim 110

Cassius Dio Cocceianus, griech. Geschichtsschreiber, * um 163, † um 235: Reimarus, Hermann Samuel 247

Castillon, Friedrich (Adolf Maximilian Gustav), Philosoph, Mathematiker, * 1747, † 1814: **53**

Cavaceppi, Bartolomeo, italien. Bildhauer, * 1716, † 1799: Winckelmann, Johann Joachim 320

Caylus, Anne Claude Philippe de Pestel de Lévis de Tubières-Grimoard, Comte de, frz. Archäologe, Kunstschriftsteller, Sammler, * 1692, † 1765: Winckelmann, Johann Joachim 320

Cella, Johann Jakob, Jurist, Publizist, * 1756, † 1820: **53**

Cervantes Saavedra, Miguel de, span. Dichter, * 1547, † 1616: Schlegel, August Wilhelm von 264

Charbon, Rémy: Zschokke, (Johann) Heinrich (Daniel) 331

Charpentier, J. P., frz. Theologe: Göschen, Georg Joachim 110

Chastel, Franz Thomas, Schriftsteller, Philologe, * 1750, † 1815: **53**

Châtelet, Gabrielle-Émilie Le Tonnelier de Breteuil, Marquise du, frz. Schriftstellerin, Naturwissenschaftlerin, Philosophin, * 1706, † 1749: König, (Johann) Samuel 174

Chemnitz, Johann Hieronymus, evang. Theologe, Naturforscher, * 1730, † 1800: Martini, Friedrich Heinrich Wilhelm 199

Chenot

Chenot, Adam, Mediziner, * 1721, † 1789: Swieten, Gerard van 291
Chladenius, Johann Martin → Chladni, Johann Martin
Chladni, Johann Martin, evang. Theologe, Historiker, Philologe, * 1710, † 1759: **54**
Chodowiecki, Daniel, Maler, Zeichner, Radierer, * 1726, † 1801: **54**; Basedow, Johann Bernhard 20; Dieterich, Johann Christian 69
Chosid, Michel, jüdischer Theologe: Sonnenfels, Joseph von 280
Chrisolocosmopophilopax (Pseud.) → Loen, Johann Michael von
Christ, Johann Friedrich, Altphilologe, Archäologe, Kunsthistoriker, * 1700, † 1756: **55**; Cronegk, Johann Friedrich Frh. von 62
Christian VII., König von *Dänemark* und Norwegen, * 1749, † 1808: Struensee, Johann Friedrich 288; Sturz, Helfrich Peter 289
Christian III., *Pfalz*graf von Zweibrücken-Birkenfeld, * 1674, † 1735: Karoline, Landgräfin von Hessen-Darmstadt 166; Nemeitz, Joachim Christoph 223
Christian IV., Herzog von *Pfalz-Zweibrücken*, * 1722, † 1775: Medicus, Friedrich Casimir 202
Christian, Herzog von *Sachsen-Eisenberg*, * 1653, † 1707: Neumann, Caspar 224
Christiani, Christoph Johann Rudolph, luth. Theologe, Pädagoge, * 1761, † 1841: **55**
Christiani, Wilhelm Ernst, Historiker, Bibliothekar, * 1731, † 1793: **55**; Hegewisch, Dietrich Hermann 128
Christoph Bernhard von Galen, Bischof von *Münster*, * 1606, † 1678: Paullini, Christian Franz 235
Cicero, Marcus Tullius, röm. Redner, Politiker, Schriftsteller, * 106 v. Chr., † 43 v. Chr.: Garve, Christian 101; Wieland, Christoph Martin 319
Civilis, Catharinus (Pseud.) → Weise, Christian
Claproth, Johann Christian, Jurist, * 1715, † 1748: **55**; Claproth, Justus 55
Claproth, Justus, Jurist, Erfinder, * 1728, † 1805: **55**; Claproth, Johann Christian 55
Clarke, Samuel, engl. anglikan. Theologe, Philosoph, * 1675, † 1729: Leibniz, Gottfried Wilhelm 184
Clary und Aldringen, Leopold Graf von, österr. Beamter, * 1736, † 1800: Opiz, Johann Ferdinand 231
Clauberg, Johann, Philosoph, * 1622, † 1665: Sperlette, Johannes 282
Claudius, Josias, † 1760: Claudius, Matthias 55
Claudius, Matthias, Journalist, Dichter, Übersetzer, * 1740, † 1815: **55**; Ehlers, Martin 73; Eschenburg, Johann Joachim 78; Gallitzin, (Adelheid) Amalie Fürstin von 101; Gleim, Johann Wilhelm Ludwig 108; Hamann, Johann Georg 121; Heise, Johann Arnold 130; Herder, Johann Gottfried 131; Humboldt, Wilhelm von 147; Klopstock, Friedrich Gottlieb 170; Merck, Johann Heinrich 205; Perthes, Friedrich Christoph 235; Reimarus, Margaretha Elisabeth 248

Clauer, Karl, Jurist, Schriftsteller, Revolutionär, † 1794: **56**
Clauren, Heinrich, Schriftsteller, * 1771, † 1854: **57**
Clemens August Maria Hyazinth von Wittelsbach, Herzog von Bayern, Kurfürst und Erzbischof von *Köln*, * 1700, † 1761: Belderbusch, Kaspar Anton Frh. von 27
Clemm, Juliane: Wagemann, Ludwig Gerhard 311
Clermont, (Johann) Arnold, Kaufmann, * 1728, † 1795: **57**
Cloots, Jean-Baptiste Baron von, Schriftsteller, Publizist, Politiker, * 1755, † 1794: **57**
Cocceji, Heinrich Frh. von, Jurist, * 1644, † 1719: Cocceji, Samuel Frh. von 57
Cocceji, Samuel Frh. von, Jurist, Staatsmann, * 1679, † 1755: **57**; Carmer, Johann Heinrich Kasimir Graf von 53; Heineccius, Johann Gottlieb 128; Jariges, Philipp Joseph von 155
Coccejus, Johannes, reformierter Theologe, * 1603, † 1669: Crusius, Christian August 62
Cölln, (Georg) Friedrich (Willibald Ferdinand) von, Beamter, Publizist, * 1766, † 1820: **58**; Benkowitz, Karl Friedrich 27
Colbert, Jean-Baptiste Marquis de Seignelay, frz. Staatsmann, * 1619, † 1683: Tschirnhaus, Ehrenfried Walther von 300
Collin, Heinrich Joseph von, österr. Schriftsteller, * 1771, † 1811: Beethoven, Ludwig van 25
Collins, John, engl. Mathematiker, * 1625, † 1683: Tschirnhaus, Ehrenfried Walther von 300
Colloredo-Mannsfeld, Franz de Paula Gundaker Fürst von, Reichsvizekanzler, * 1731, † 1807: Colloredo-Waldsee, Hieronymus (Josef Franz de Paula) Graf von 58
Colloredo-Waldsee, Hieronymus (Josef Franz de Paula) Graf von, Fürsterzbischof von Salzburg, * 1732, † 1812: **58**; Bönicke, Johann Michael 39; Mozart, Wolfgang Amadeus 215
Comenius, Johann Amos, tschechischer Theologe, Pädagoge, * 1592, † 1670: Basedow, Johann Bernhard 20; Jablonski, Daniel Ernst 153
Coners, Gerhard Julius, evang. Theologe, * 1730, † 1797: **58**
Friedrich Ferdinand **Constantin,** Prinz von *Sachsen-Weimar*, * 1758, † 1793: Knebel, Karl Ludwig von 172
Contessa, Carl Wilhelm, Schriftsteller, * 1777, † 1825: Contessa, Christian Jakob 58
Contessa, Christian Jakob, Schriftsteller, * 1767, † 1825: **58**
Conz, Karl Philipp, Altphilologe, Übersetzer, Lyriker, * 1762, † 1827: **58**
Cook, James, brit. Seefahrer, * 1728, † 1779: Blumenbach, (Johann) Friedrich 35; Forster, (Johann) Georg (Adam) 91
Corneille, Pierre, frz. Dramatiker, * 1606, † 1684: Iffland, August Wilhelm 149
Corrodi, Heinrich, evang. Theologe, * 1752, † 1793: **58**
Cortüm, Karl Arnold, Mediziner, Schriftsteller, * 1745, † 1824: **58**; Weddigen, Peter Florens 313

Cotta, Christoph Friedrich, Buchhändler, Verleger, * 1724, † 1807: Cotta von Cottendorf, Johann Friedrich 59
Cotta, Christoph Friedrich, Politiker, Publizist, * 1758, † 1838: **59**
Cotta von Cottendorf, Johann Friedrich, Verleger, * 1764, † 1832: **59**; Cotta, Christoph Friedrich 59; Frommann, (Carl) Friedrich (Ernst) 99
Cotta, Johann Georg, * 1631, † 1692: Georgi, Theophil 104
Coyet, Baron von, schwed. Diplomat: Pufendorf, Samuel Frh. von 241
Cramer, Johann Andreas, evang. Theologe, Schriftsteller, * 1723, † 1788: **60**; Cramer, Karl Friedrich 60; Gärtner, Karl Christian 101; Gellert, Christian Fürchtegott 103; Giseke, Nikolaus Dietrich 107; Klopstock, Friedrich Gottlieb 170; Resewitz, Friedrich Gabriel 251
Cramer, Johann Henrich, Buchhändler, Verleger, * 1736, † 1804: Göschen, Georg Joachim 110
Cramer, Karl Friedrich, Schriftsteller, Übersetzer, * 1752, † 1807: **60**; Cramer, Johann Andreas 60; Meyer, Georg Conrad 208
Crantz, Heinrich Johann Nepomuk Edler von, Gynäkologe, * 1722, † 1797: **60**
Cranz, August Friedrich, Schriftsteller, * 1737, † 1801: **60**
Cranz, Heinrich Johann Nepomuk → Crantz, Heinrich Johann Nepomuk Edler von
Craven, Eliza, * 1750, † 1828: Christian Friedrich Carl Alexander, Markgraf von Ansbach-Bayreuth 6
Crawford, Adair, brit. Physiker, * 1748, † 1795: Crell, Lorenz Florens Friedrich von 61
Crell, Lorenz Florens Friedrich von, Chemiker, * 1744, † 1816: **61**
Creutz, Friedrich Karl Kasimir Frh. von, Beamter, Dichter, Philosoph, * 1724, † 1770: **61**
Creuz, Friedrich Karl Kasimir Frh. von → Creutz, Friedrich Karl Kasimir Frh. von
Creuzer, Georg Friedrich, klassischer Philologe, * 1771, † 1858: Görres, (Johann) Joseph von 109; Rudolphi, Karoline (Christiane Louise) 255
Crisalin (Pseud.) → Sinclair, Isaak von
Crome, August Friedrich Wilhelm, Kameralist, Diplomat, * 1753, † 1833: **61**
Cronegk, Johann Friedrich Frh. von, Dichter, * 1731, † 1758: **62**
Crusius, Christian August, evang. Theologe, Philosoph, * 1715, † 1775: **62**; Reinhard, Franz Volkmar 249; Rüdiger, (Johann) Andreas 255
Crusius, Siegfried Lebrecht, Buchhändler, * 1737, † 1824: Göschen, Georg Joachim 110
Cumberland, Richard, engl. Schriftsteller, * 1732, † 1811: Ekhof, (Hans) Conrad (Dietrich) 74
Curio, (Johann) Carl Daniel, Pädagoge, Publizist, * 1754, † 1815: **62**
Custer, Jakob Laurenz, schweizer. Kaufmann, Politiker, * 1753, † 1828: Ambühl, Johann Ludwig 7

Custine, Adam Philippe Graf von, frz. Militär, * 1740, † 1793: Böhmer, Georg Wilhelm 38
Cuvier, Georges Baron de, frz. Naturforscher, * 1769, † 1832: Blumenbach, (Johann) Friedrich 35; Karl Eugen, Herzog von Württemberg 165; Werner, Abraham Gottlob 316
Cyllenius (Pseud.) → Hermes, Johann Timotheus
Dähnert, Johann Karl, Bibliothekar, Jurist, * 1719, † 1785: **65**
Dalberg, Carl Theodor von, * 1744, † 1817: **65**; Dalberg, Wolfgang Heribert (Tobias Otto Maria Johann N.) Frh. von 66; Friedrich Karl, Frh. von Erthal, Kurfürst und Erzbischof von Mainz 94; Heinse, (Johann Jakob) Wilhelm 129; Stadion, Friedrich Lothar Graf von 283; Vogt, (Johann) Nicolaus 309; Wessenberg, Ignaz Heinrich (Karl) Frh. von 317
Dalberg, Emmerich Joseph Herzog von, Diplomat, * 1773, † 1833: **65**; Dalberg, Wolfgang Heribert (Tobias Otto Maria Johann N.) Frh. von 66
Dalberg, Franz Heinrich von: Dalberg, Carl Theodor von 65
Dalberg, Wolfgang Heribert (Tobias Otto Maria Johann N.) Frh. von, Intendant, Beamter, * 1750, † 1806: **66**; Dalberg, Emmerich Joseph Herzog von 65; Gemmingen-Hornberg, Otto Heinrich Frh. von 103; Iffland, August Wilhelm 149; Müller, Friedrich 217
Danckelmann, Karl Ludolph Frh. von, Staatsmann, * 1699, † 1764: **66**
Daniels, Heinrich Gottfried Wilhelm, Jurist, * 1754, † 1827: **66**
Dannecker, Johann Heinrich von, Bildhauer, * 1758, † 1841: Karl Eugen, Herzog von Württemberg 165
Dannemann, Johanna Maria: Bach, Carl Philipp Emanuel 15
Dannhauer, Johann Conrad, luth. Theologe, * 1603, † 1666: Spener, Philipp Jakob 282
Da Ponte, Lorenzo, italien. Librettist, * 1749, † 1838: Mozart, Wolfgang Amadeus 215
Darjes, Joachim Georg, Jurist, * 1714, † 1791: **66**; Salzmann, Christian Gotthilf 258
Darwin, Erasmus, brit. Naturwissenschaftler, Schriftsteller, * 1731, † 1802: Girtanner, Christoph 106
Dassdorf, Karl Wilhelm, Bibliothekar, Publizist, * 1750, † 1812: **67**
Dautzenberg, (Peter Josef) Franz, Journalist, Verleger, * 1769, † 1828: **67**
Decker, Dorothea, Druckerin, * 1671, † 1754: Decker, Georg Jakob I. 67
Decker, Georg Jakob I., Drucker, Verleger, * 1732, † 1799: **67**
Decker, Georg Jakob II., Drucker, Verleger, * 1765, † 1819: Decker, Georg Jakob I. 67
Decker, Johann Heinrich II., schweizer. Drucker, * 1705, † 1754: Decker, Georg Jakob I. 67
Defoe, Daniel, engl. Schriftsteller, * 1660 (?), † 1731: Campe, Joachim Heinrich 51; Gröll, Michael 116

Degen

Degen, Johann Friedrich, Altphilologe, Publizist, * 1752, † 1836: **67**

Degen, Josef Vinzenz Edler von, österr. Drucker, Verlagsbuchhändler, * 1762, † 1827: **67**

Delbrück, (Johann Friedrich) Ferdinand, Philologe, Philosoph, * 1772, † 1848: **67**

Democritus, Christianus (Pseud.) → Dippel, Johann Konrad

Demokrit, griech. Philosoph, * um 460 v. Chr., † zwischen 380 und 370 v. Chr.: Ploucquet, Gottfried 238

Denis, (Johann Nepomuk Cosmas) Michael, österr. Schriftsteller, Bibliograph, * 1729, † 1800: **68**; Haschka, Lorenz Leopold 125; Retzer, Joseph Friedrich Frh. von 251

Der Wandsbecker Bote (Pseud.) → Claudius, Matthias

Dereser, Anton, kath. Theologe, * 1757, † 1827: **68**

Descartes, René, frz. Philosoph, Mathematiker, Naturwissenschaftler, * 1596, † 1650: Bernoulli, Johann 31; Leibniz, Gottfried Wilhelm 184

Desgabets, Robert, frz. Philosoph, * 1610, † 1678: Sperlette, Johannes 282

Desing, Anselm, Benediktiner, Theologe, Universalgelehrter, * 1699, † 1772: **68**

Desing, Franz Josef Albert (eigentl.) → Desing, Anselm

Devidels, Marianne, † 1815: Schadow, Johann Gottfried 260

De Wette, Martin Leberecht, evang. Theologe, * 1780, † 1849: **68**

Diderot, Denis, frz. Schriftsteller, Philosoph, Enzyklopädist, Literaturtheoretiker, Kunsttheoretiker, * 1713, † 1784: Gemmingen-Hornberg, Otto Heinrich Frh. von 103; Grimm, (Friedrich) Melchior Frh. von 116; Holbach, Paul (Heinrich) Thiry (Dietrich) Baron von 141; Jacobi, Friedrich Heinrich 153; Luise Dorothea, Herzogin von Sachsen-Gotha-Altenburg 195; Nicolay, Ludwig Heinrich Frh. von 225

Dies, Albrecht Christoph, Maler, * 1755, † 1822: Haydn, (Franz) Joseph 126

Dieterich, Johann Christian, Verleger, * 1722, † 1800: **69**; Ettinger, Wilhelm 79

Diethmar, Justus Christoph → Dithmar, Justus Christoph

Dietrich, (Philipp) Friedrich Baron von, Bürgermeister von Straßburg, * 1748, † 1793: **69**

Dillenius, Friedrich Wilhelm Jonathan, evang. Theologe, Schriftsteller, * 1754, † 1815: **69**

Dippel, Johann Konrad, evang. Theologe, Alchemist, Arzt, * 1673, † 1734: **69**

Diterich, Johann Samuel, evang. Theologe, Liederdichter, * 1721, † 1797: Bruhn, David 47

Dithmar, Justus Christoph, Kameralist, * 1678, † 1737: **69**

Doebbelin, Karl Theophil, Schauspieler, Theaterleiter, Schriftsteller, * 1727, † 1793: Großmann, Gustav Friedrich Wilhelm 117

Döderlein, Christian Albrecht, evang. Theologe, * 1714, † 1789: **69**

Dohm, Christian Conrad (Wilhelm) von, Diplomat, Historiker, * 1751, † 1820: **70**; Bärstecher, Johann Gottlieb 17; Boie, Heinrich Christian 39; Humboldt, Alexander Frh. von 146; Humboldt, Wilhelm von 147; Mauvillon, Jacob 201; Mendelssohn, Moses 204

Dohna zu Schlobitten, (Friedrich Ferdinand) Alexander Graf, Staatsmann, * 1771, † 1831: Schleiermacher, Friedrich Daniel Ernst 266

Dorsch, Anton Joseph (Friedrich Caspar), kath. Theologe, Beamter, * 1758, † 1819: **70**; Blau, Felix Anton 35

Drexel, Anton, kath. Theologe, Altphilologe, * 1753, † 1830: **70**

Driesch, Hans Adolf Eduard, Entwicklungsphysiologe, Philosoph, * 1867, † 1941: Blumenbach, (Johann) Friedrich 35

Droste zu Vischering, Clemens August Frh. von, Erzbischof von Köln, * 1773, † 1845: Görres, (Johann) Joseph von 109

Drymantes (Pseud.) → Eichholz, Friedrich Wilhelm

Dürbach, Anna Luise (geb.) → Karsch, Anna Luise

Dürfeld, J. F.: Perthes, (Johann Georg) Justus 235

Duhamel, Jean-Baptist, frz. Philosoph, * 1624, † 1706: Sperlette, Johannes 282

Dusch, Johann Jakob, Schriftsteller, * 1725, † 1787: **70**

Dussek, Johann Ludwig, Musiker, Komponist, * 1760, † 1812: Louis Ferdinand von Hohenzollern, Prinz von Preußen 192

Dyck, Johann Gottfried, Verleger, Schriftsteller, * 1750, † 1813: **70**; Manso, Johann Caspar Friedrich 198

Ebel, Johann Gottfried, Naturforscher, Schriftsteller, Arzt, * 1764, † 1830: **71**

Ebeling, Christoph Daniel, Bibliothekar, * 1741, † 1817: **71**

Ebeling, Johann Justus, evang. Theologe, * 1715, † 1783: Ebeling, Christoph Daniel 71

Eberhard Ludwig, Herzog von *Württemberg*, * 1676, † 1733: Bilfinger, Georg Bernhard 33

Eberhard, Johann August, evang. Theologe, Philosoph, * 1739, † 1809: **71**; Krüger, Johann Gottlob 177; Maass, Johann Gebhard Ehrenreich 197; Pockels, Karl Friedrich 239; Schleiermacher, Friedrich Daniel Ernst 266

Ebert, Friedrich Adolf, Bibliothekar, * 1791, † 1834: **72**

Ebert, Johann Arnold, Übersetzer, Dichter, * 1723, † 1795: Gellert, Christian Fürchtegott 103; Giseke, Nikolaus Dietrich 107

Ebert, Johann Jakob, Mathematiker, Schriftsteller, Philosoph, * 1737, † 1805: **72**

Eccard, Johann Georg von, Historiker, Sprachforscher, * 1674, † 1730: **72**

Eck, Johann Georg, Literarhistoriker, * 1745, † 1808: **72**

Eckart, Christoph Friedrich, Buchhändler: Hartung, Johann Heinrich 125

Eckermann, Johann Peter, Schriftsteller, * 1792, † 1854: Goethe, Johann Wolfgang von 111

Eckhardt, Johann Georg von → Eccard, Johann Georg von

Edelleben, Sylvander von (Pseud.) → Loen, Johann Michael von

Edelmann, Johann Christian, evang. Theologe, * 1698, † 1767: **72**

Edzard, Esdras, Orientalist, * 1629, † 1708: Francke, August Hermann 91

Eggers, Christian Ulrich Detlev Frh. von, Kameralist, Schriftsteller, * 1758, † 1813: **73**

Ehlers, Martin, Pädagoge, * 1732, † 1800: **73**; Trapp, Ernst Christian 299

Ehrard, Johann Benjamin → Erhard, Johann Benjamin

Ehrhardt, Susanne: Spener, Philipp Jakob 282

Ehrlich (Pseud.) → Rautenstrauch, Johann

Ehrmann, Theophil Friedrich, Schriftsteller, * 1762, † 1811: **73**

Eibenschütz, Jonathan, jüdischer Theologe, * 1690, † 1764: Wessely, Hartwig 317

Eichendorff, Joseph (Karl Benedikt) Frh. von, Schriftsteller, Beamter, * 1788, † 1857: Schlegel von Gottleben, Dorothea von 265

Eichhoff, Johann Peter, Publizist, * 1755, † 1825: **73**

Eichholz, Friedrich Wilhelm, Beamter, Schriftsteller, * 1720, † 1800: **73**

Eichhorn, Johann Gottfried, evang. Theologe, Orientalist, * 1752, † 1827: **73**; Beutler, Johann Heinrich Christoph 32; Gabler, Johann Philipp 101

Eichler, Andreas Chrysogon, Schriftsteller, * 1762, † 1841: **74**

Einsiedel, (Johann) August von, Philosoph, Naturforscher, * 1754, † 1837: **74**; Einsiedel, Friedrich Hildebrand von 74

Einsiedel, Friedrich Hildebrand von, Schriftsteller, Übersetzer, * 1750, † 1828: **74**; Einsiedel, (Johann) August von 74

Einsiedel, Johann Georg (Friedrich) Graf von, Beamter, * 1730, † 1811: **74**

Ekhof, (Hans) Conrad (Dietrich), Schauspieler, Theaterdirektor, * 1720, † 1778: **74**; Engel, Johann Jakob 75; Iffland, August Wilhelm 149; Reichard, Heinrich August Ottokar 245

Ekkard, Friedrich, Philologe, Bibliothekar, * 1744, † 1819: **75**

Elben, Christian Gottfried, Verleger, * 1754, † 1829: **75**

Elisa (Pseud.) → Recke, Elisa(beth) Charlotte Konstantia von der

Elisabeth Friederike Sophie von *Brandenburg-Bayreuth*, * 1732, † 1780: Karl Eugen, Herzog von Württemberg 165

Elisabeth Christine, Königin von *Preußen*, * 1715, † 1797: Friedrich II. der Große, König in, seit 1772 von Preußen 94

Elise (Pseud.) → Recke, Elisa(beth) Charlotte Konstantia von der

Elßler, Johann, österr. Musikkopist, * 1769, † 1843: Haydn, (Franz) Joseph 126

Emerich, Friedrich Joseph, Jurist, Schriftsteller, * 1773, † 1802: **75**

Emmerich, Friedrich Joseph → Emerich, Friedrich Joseph

Engel, Johann Jakob, Schriftsteller, * 1741, † 1802: **75**; Gentz, Friedrich 104; Humboldt, Alexander Frh. von 146; Ramler, Karl Wilhelm 243

Engel, Samuel, schweizer. Staatsmann, Ökonom, Philanthrop, * 1702, † 1784: **76**

Engelhard, Johann Konrad, Journalist, * 1743, † 1797: **76**

Entner von Entnersfeld, Friedrich Franz, österr. Jurist, Kameralist, * 1731, † 1797: **76**

Epiktet, griech. Philosoph, * um 50, † um 138: Heyne, Christian Gottlob 136

Erdmannsdorff, Friedrich Wilhelm von, Architekt, * 1736, † 1800: Leopold III. Friedrich Franz, Fürst, seit 1807 Herzog von Anhalt-Dessau 187

Erhard, Christian Daniel, Jurist, Schriftsteller, * 1759, † 1813: **76**

Erhard, Johann Benjamin, Mediziner, Philosoph, * 1766, † 1827: **76**

Ermatinger, Emil, schweizer. Literaturwissenschaftler, * 1873, † 1953: Füssli, Hans Heinrich 100

Ernesti, Johann August, evang. Theologe, Philologe, * 1707, † 1781: **77**; Schade, Georg 259; Schröckh, Johann Matthias 272; Semler, Johann Salomo 276

Ernesti, Johann Heinrich, Schulmann, Philologe, * 1652, † 1729: Wolke, Christian Hinrich 324

Ernesti, Johann Heinrich Martin, Pädagoge, Historiker, Schriftsteller, Philosoph, * 1755, † 1836: **77**; Hirsching, Friedrich Karl Gottlob 137

Ernst (Pseud.) → Affsprung, Johann Michael

Ernst August, Herzog von Braunschweig und Lüneburg, Kurfürst von *Hannover*, Bischof von Osnabrück, * 1629, † 1698: Leibniz, Gottfried Wilhelm 184; Sophie Charlotte, Kurfürstin von Brandenburg, Königin in Preußen 281

Ernst I., Herzog von Sachsen-Coburg-Saalfeld, seit 1826 *Sachsen-Coburg* und *Gotha*, * 1784, † 1844: **77**; Seckendorff, Veit Ludwig von 275

Ernst II., Herzog von *Sachsen-Coburg und Gotha*, * 1818, † 1893: Salzmann, Christian Gotthilf 258; Weishaupt, Johann Adam Joseph 315

Ernst Friedrich, Erbprinz von *Sachsen-Coburg-Saalfeld*: Thümmel, Moritz August von 296

Ernst Ludwig II., Herzog von *Sachsen-Gotha* und *Altenburg*, * 1745, † 1804: **77**; Reichard, Heinrich August Ottokar 245

Ernst August II. Konstantin, Herzog von *Sachsen-Weimar-Eisenach*, * 1737, † 1758: Anna Amalia, Herzogin von Sachsen-Weimar-Eisenach 9; Karl August, Herzog, seit 1815 Großherzog von Sachsen-Weimar-Eisenach 164

Ersch, Johann Samuel, Bibliograph, * 1766, † 1828: **78**; Gruber, Johann Gottfried 117

Erthal, Friedrich Karl Frh. von, Kurfürst und Erzbischof von Mainz → Friedrich Karl, Frh. von Erthal, Kurfürst und Erzbischof von Mainz

Erxleben, Dorothea (Christiane), Medizinerin, * 1715, † 1762: **78**

Erxleben, Johann Christian, evang. Theologe, * 1697, † 1759: Erxleben, Dorothea (Christiane) 78

Erxleben, Johann Christian Polycarp, Naturforscher, * 1744, † 1777: Lichtenberg, Georg Christoph 189

Eschenburg, Johann Joachim, Literaturhistoriker, Übersetzer, Schriftsteller, * 1743, † 1820: **78**; Lessing, Gotthold Ephraim 187

Escher von der Linth, Hans Konrad, schweizer. Politiker, Geologe, * 1767, † 1823: **79**

Eßlinger, Friedrich David, Buchhändler, Verleger, † 1812: Eßlinger, Johann Georg 79

Eßlinger, Johann Georg, Buchhändler, * 1710, † 1775: **79**; Schwan, Christian Friedrich 275

Esterházy von Galántha, Nikolaus (I.) Joseph Fürst, österr. Heerführer, * 1714, † 1790: Haydn, (Franz) Joseph 126; Sonnenfels, Joseph von 280

Esterházy von Galántha, Nikolaus (II.) Fürst, österr. Heerführer, * 1765, † 1833: Haydn, (Franz) Joseph 126

Esterházy von Galántha, Paul Anton (I.) Fürst, österr. Diplomat, * 1711, † 1762: Haydn, (Franz) Joseph 126

Estor, Johann Georg, Jurist, * 1699, † 1773: **79**; Pütter, Johann Stephan 240

Ettinger, Wilhelm, Verleger, * 1736, † 1804: **79**; Perthes, (Johann Georg) Justus 235

Eugen, Prinz von *Savoyen,* österr. Heerführer, Staatsmann, * 1663, † 1736: Carl, Ernst Ludwig 52; Leibniz, Gottfried Wilhelm 184

Eugen Friedrich Karl Paul Ludwig, Herzog von *Württemberg,* Militär, * 1788, † 1857: Schlosser, Johann Georg 269

Euler, Karl, schweizer. Mediziner, * 1740, † 1790: Euler, Leonhard 79

Euler, Katharina, * 1707, † 1773: Euler, Leonhard 79

Euler, Leonhard, schweizer. Mathematiker, Physiker, Astronom, Philosoph, * 1707, † 1783: **79**; Bernoulli, Johann 32; König, (Johann) Samuel 174

Euler, Margaretha, * 1677, † 1761: Euler, Leonhard 79

Euler, Paulus, evang. Theologe, * 1670, † 1745: Euler, Leonhard 79

Euripides, athen. Tragiker, * 485/84 oder um 480 v. Chr., † 406 v. Chr.: Schiller, (Johann Christoph) Friedrich von 261

Ewald, Johann Ludwig, reformierter Theologe, Schriftsteller, * 1748, † 1822: **81**

Eybel, Joseph Valentin, österr. Publizist, Beamter, * 1741, † 1805: **81**

Fabianus, P. F. (Pseud.) → Bucher, (Leonhard) Anton von

Fabri, Johann Ernst, Geograph, * 1755, † 1825: **83**

Fabricius, Anna Cäcilie, Schriftstellerin, * 1771, † 1820: Fabricius, Johann Christian 83

Fabricius, Johann Albert, Polyhistor, * 1668, † 1736: **83**; Reimarus, Hermann Samuel 247; Richey, Michael 252

Fabricius, Johann Andreas, Lehrer, * 1696, † 1769: **83**

Fabricius, Johann Christian, Zoologe, Wirtschaftswissenschaftler, * 1745, † 1808: **83**

Fabricius, Johanna Friderike: Reimarus, Hermann Samuel 247

Fabricius, Werner, Musiker, Musiklehrer, * 1633, † 1679: Fabricius, Johann Albert 83

Färber, Gottlieb (Pseud.) → Tieck, (Johann) Ludwig

Fäsi, Johann Konrad, schweizer. Geograph, * 1727, † 1790: **83**

Falbe, Joachim Martin, Maler, * 1709, † 1782: Chodowiecki, Daniel 54

Fasch, Carl (Friedrich Christian), Dirigent, Komponist, * 1736, † 1800: Zelter, Carl Friedrich 329

Fassmann, David, Schriftsteller, * 1683, † 1744: **83**

Faust, Bernhard Christoph, Mediziner, * 1755, † 1842: Beutler, Johann Heinrich Christoph 32

Febronius, Justinus (Pseud.) → Hontheim, (Johann) Nikolaus von

Feder, Johann Georg Heinrich, Philosoph, Bibliothekar, * 1740, † 1821: **84**; Bouterwek, Friedrich (Ludewig) 41; Meiners, Christoph 203

Feder, Karl August Ludwig, Pädagoge, Bibliothekar, * 1790, † 1856: Feder, Johann Georg Heinrich 84

Felbiger, Johann Ignatz von, Augustiner-Chorherr, Pädagoge, * 1724, † 1788: **84**; Kindermann, Ferdinand Ritter von Schulstein 168

Felginer, Theodor Christian, Buchhändler, † 1726: Bohn, Johann Carl 39

Fellenberg, Philipp Emanuel von, schweizer. Agronom, Sozialpädagoge, * 1771, † 1844: **85**; Rengger, Albrecht 251; Staudinger, Lucas Andreas 286

Ferdinand, Herzog von *Braunschweig-Lüneburg,* Militär, * 1721, † 1792: Karl Wilhelm Ferdinand, Herzog von Braunschweig-Lüneburg (-Wolfenbüttel) 164

Ferdinand, Prinz von *Preußen,* * 1730, † 1813: Bielfeld, Jakob Friedrich Frh. von 33; Louis Ferdinand von Hohenzollern, Prinz von Preußen 192

Ferguson, Adam, schott. Historiker, Philosoph, * 1723, † 1816: Garve, Christian 101; Wieland, Christoph Martin 319

Fernow, Carl Ludwig, Kunsttheoretiker, Bibliothekar, * 1763, † 1808: **85**

Feßler, Ignaz Aurelius, kath., später evang. Theologe, Orientalist, Schriftsteller, * 1756, † 1839: **85**

Feuerbach, Ludwig (Andreas), Philosoph, * 1804, † 1872: Holbach, Paul (Heinrich) Thiry (Dietrich) Baron von 141

Feuerbach, Paul Johann Anselm Ritter von, Jurist, * 1775, † 1833: **85**; Gönner, Nikolaus (Thaddäus) Ritter von 109; Montgelas, Maximilian Joseph Frh. 211

Fichte, Immanuel Hermann, Philosoph, * 1796, † 1879: Fichte, Johann Gottlieb 86

Fichte, Johann Gottlieb, Philosoph, * 1762, † 1814: **86**; Beck, Jacob Sigismund 25; Cotta von Cottendorf, Johann Friedrich 59; Fellenberg, Philipp Emanuel von 85; Feßler, Ignaz Aurelius 85; Forberg, Friedrich Karl 90; Fries, Jakob Friedrich 97; Herbart, Johann Friedrich 131; Hülsen, August Ludwig 144; Humboldt, Wilhelm von 147; Jacobi, Friedrich Heinrich 153; Niethammer, Friedrich Immanuel 226; Obereit, Jakob Hermann 229; Rehberg, August Wilhelm 245; Reimer, Georg Andreas 248; Reinhold, Karl Leonhard 250; Schlegel, August Wilhelm von 264; Schleiermacher, Friedrich Daniel Ernst 266; Sinclair, Isaak von 278

Fielding, Henry, engl. Erzähler, Dramatiker, * 1707, † 1754: Müller, Johann Gottwerth 218; Wezel, Johann Karl 318

Filtsch, Johann, evang. Theologe, * 1753, † 1836: **87**

Finck von Finckenstein, Karl Wilhelm Graf, Staatsmann, Diplomat, * 1714, † 1800: Hertzberg, Ewald Friedrich Graf von 133

Fiorillo, Johann Dominicus, Maler, Kunsthistoriker, * 1748, † 1821: **87**

Firmian, Karl Gotthard Graf und Herr zu, österr. Staatsmann, * 1718, † 1782: **88**

Firmian, Leopold Anton (Eleutherius) Graf von, Erzbischof von Salzburg, * 1679, † 1744: Firmian, Karl Gotthard Graf und Herr zu 88

Fischer, Christian Gabriel, evang. Theologe, Physiker, Philosoph, * 1686, † 1751: **88**

Fischer, Gottlob Nathanael, Pädagoge, Schriftsteller, * 1748, † 1800: **88**

Flatt, Johann Friedrich, evang. Theologe, * 1759, † 1821: **89**

Flatt, Karl Christian, evang. Theologe, * 1772, † 1843: Flatt, Johann Friedrich 89

Flemming, Jakob Heinrich Graf von, Staatsmann, Militär, * 1667, † 1728: Eccard, Johann Georg von 72

Fliedner, (Georg Heinrich) Theodor, evang. Theologe, * 1800, † 1864: Oberlin, Johann Friedrich 229

Flögel, Karl Friedrich, Literaturhistoriker, * 1729, † 1788: **89**

Floerke, Heinrich Gustav, Botaniker, * 1764, † 1835: **89**

Flor, (Karl) Wilhelm, Jurist, * 1882, † 1938: Irwing, Karl Franz von 150

Florinus, Schriftsteller, * 1630, † 1703: **89**

Forberg, Friedrich Karl, Philosoph, Bibliothekar, * 1770, † 1848: **90**; Fichte, Johann Gottlieb 86

Forcart-Weiss, Johann Rudolf, schweizer. Fabrikant, Bankier, * 1749, † 1834: **90**

Forkel, Johann Nikolaus, Musikwissenschaftler, * 1749, † 1818: **90**

Formey, Johann Heinrich Samuel, reformierter Theologe, Philosoph, Schriftsteller, * 1711, † 1797: **90**; Formey, Johann Ludwig 90

Formey, Johann Ludwig, Mediziner, * 1766, † 1823: **90**

Forster, (Johann) Georg (Adam), Schriftsteller, Natur- und Völkerkundler, * 1754, † 1794: **91**; Archenholtz, Johann Wilhelm von 9; Forster, (Johann) Reinhold 91; Heinse, (Johann Jakob) Wilhelm 129; Huber, Ludwig Ferdinand 142; Huber, (Marie) Therese (Wilhelmine) 143; Humboldt, Wilhelm von 147; Lichtenberg, Georg Christoph 189; Lux, Adam 195; Meiners, Christoph 203; Schelling, (Dorothea) Caroline (Albertina) von 261; Schlegel, (Karl Wilhelm) Friedrich von 265; Soemmerring, Samuel Thomas von 279

Forster, (Johann) Reinhold, Naturforscher, * 1729, † 1798: **91**; Blumenbach, (Johann) Friedrich 35; Forster, (Johann) Georg (Adam) 91

Forster, (Marie) Therese (Wilhelmine) (verw.) → Huber, (Marie) Therese (Wilhelmine)

Fouqué, Friedrich (Heinrich Karl) Baron de la Motte, Schriftsteller, * 1777, † 1843: Cotta von Cottendorf, Johann Friedrich 59

Fränkel, David (ben Naftali Hirsch), jüdischer Theologe, * 1707, † 1762: Mendelssohn, Moses 204

Franck, Johann Mathias, Schulmann: Haydn, (Franz) Joseph 126

Francke, Anna, * 1635, † 1709: Francke, August Hermann 91

Francke, August Hermann, evang. Theologe, * 1663, † 1727: **91**; Buddeus, Johann Franz 48; Carl, Ernst Ludwig 52; Francke, Gotthilf August 93; Hecker, (Johann) Julius 127; Kant, Immanuel 162; Niemeyer, August Hermann 226; Schultz, Franz Albert 273; Spener, Philipp Jakob 282

Francke, Gotthilf August, evang. Theologe, * 1696, † 1769: **93**

Francke, Johannes, Jurist, * 1625, † 1670: Francke, August Hermann 91

Frank, Johann (Peter), Mediziner, * 1745, † 1821: **93**

Franke, Christian Wilhelm: Brockhaus, Friedrich Arnold 45

Franklin, Benjamin, amerikan. Politiker, Naturwissenschaftler, Schriftsteller, * 1706, † 1790: Bandemer, Susanne von 19; Mesmer, Franz Anton 206; Winckler, Johann Heinrich 322

Franklin, Susanne von (geb.) → Bandemer, Susanne von

Franz I., Kaiser, * 1708, † 1765: Haller, Albrecht von 120; Joseph II., römisch-deutscher Kaiser, Erzherzog von Österreich, König von Böhmen und von Ungarn 157; Leopold II., Erzherzog von Österreich, Großherzog von Toskana (Pietro Leopoldo), König von Ungarn, römisch-deutscher Kaiser 186

Franz II., Kaiser, als Franz I. Kaiser von Österreich, * 1768, † 1835: Martinovics, Ignaz Joseph 199; Zeiller, Franz Anton Edler von 328

Franz Ludwig, Frh. von Erthal, Bischof von *Bamberg* und Würzburg, * 1730, † 1795: Stadion, Friedrich Lothar Graf von 283

Franz

Franz Philipp, *Pfalz*graf bei Rhein (eigentl.)
→ Florinus
Fraunhofer, Joseph von, Optiker, Instrumentenbauer, * 1787, † 1826: Soemmerring, Samuel Thomas von 279; Utzschneider, Joseph von 304
Freier, Gustav (Pseud.) → Lafontaine, August (Heinrich Julius)
Fridrich, Karl Julius, Lyriker, * 1756, † 1837: **94**
Friedel, Johann, österr. Theaterdirektor, Schriftsteller, * 1755, † 1789: **94**; Schikaneder, Emanuel 261
Friedensheim, Christian Gottlob von (Pseud.)
→ Loen, Johann Michael von
Friedländer, David (Joachim), Schriftsteller, * 1750, † 1834: **94**; Bendavid, Lazarus 27; Herz, (Naphtali) Markus 134; Itzig, Isaak Daniel 151; Loewe, Joel 191; Wolfsohn, Aron 324
Friedrich Albrecht, Fürst von *Anhalt-Bernburg*, † 1796: Pauline Christine Wilhelmine, Fürstin zur Lippe 234
Friedrich, Markgraf von *Brandenburg-Bayreuth*, * 1711, † 1763: Wilhelmine Friederike Sophie, Markgräfin von Bayreuth 320
Friedrich Christian, Markgraf von *Brandenburg-Kulmbach*, * 1708, † 1769: Christian Friedrich Carl Alexander, Markgraf von Ansbach-Bayreuth 6
Friedrich Wilhelm, Prinz von Preußen, Markgraf von *Brandenburg-Schwedt*, * 1700, † 1771: Gleim, Johann Wilhelm Ludwig 108
Friedrich Wilhelm, Herzog von *Braunschweig-Oels*, * 1771, † 1815: Pockels, Karl Friedrich 239
Friedrich VI., König von *Dänemark* und Norwegen, * 1768, † 1839: Claudius, Matthias 55; Friedrich Christian II., Herzog von Schleswig-Holstein-Sonderburg-Augustenburg 97; Struensee, Johann Friedrich 288
Friedrich IV., Landgraf von *Hessen-Homburg*, * 1724, † 1751: Creutz, Friedrich Karl Kasimir Frh. von 61
Friedrich V. Ludwig Wilhelm Christian, Landgraf von *Hessen-Homburg*, * 1748, † 1820: Leuchsenring, Franz (Michael) 189
Friedrich II., Landgraf von *Hessen-Kassel*, * 1720, † 1785: Baldinger, Dorothea Friderika 18; Baldinger, Ernst Gottfried 18
Friedrich Ludwig Christian von *Hohenzollern* (eigentl.) → Louis Ferdinand von Hohenzollern, Prinz von Preußen
Friedrich Karl, Frh. von Erthal, Kurfürst und Erzbischof von *Mainz*, * 1719, † 1802: **94**; Benzel-Sternau, Anselm Franz Frh. von 28; Heinse, (Johann Jakob) Wilhelm 129; Müller, Johannes von 218
Friedrich, Herzog von *Mecklenburg-Schwerin*, * 1717, † 1785: Döderlein, Christian Albrecht 69
Friedrich Franz I., Großherzog von *Mecklenburg-Schwerin*, * 1756, † 1837: Forkel, Johann Nikolaus 90
Friedrich I., König in *Preußen*, * 1657, † 1713: Neukirch, Benjamin 224; Sophie Charlotte, Kurfürstin von Brandenburg, Königin in Preußen 281
Friedrich Wilhelm I., König in *Preußen*, Kurfürst von Brandenburg, * 1688, † 1740: Fassmann, David 83; Francke, Gotthilf August 93; Gundling, Jacob Paul Frh. von 118; Haude, Ambrosius 125; Heinrich, Prinz von Preußen 129; Jariges, Philipp Joseph von 155; Sophie Charlotte, Kurfürstin von Brandenburg, Königin in Preußen 281; Stahl, Georg Ernst 284; Wilhelmine Friederike Sophie, Markgräfin von Bayreuth 320; Wolff, Christian Frh. von 323; Zschackwitz, Johann Ehrenfried 331
Friedrich II. der Große, König in, seit 1772 von *Preußen*, * 1712, † 1786: **94**; Abbt, Thomas 1; Algarotti, Francesco Graf von 6; Amende, Johann Joachim Gottlob 7; Ancillon, Louis Frédéric 8; Argens, Jean Baptiste de Bayer Marquis d' 10; Arletius, Johann Caspar 10; Bach, Carl Philipp Emanuel 15; Bach, Wilhelm Friedemann 16; Bastiani, Giovanni Battista 21; Benda, Franz 27; Bielfeld, Jakob Friedrich Frh. von 33; Carmer, Johann Heinrich Kasimir Graf von 53; Cranz, August Friedrich 60; Darjes, Joachim Georg 66; Decker, Georg Jakob I. 67; Edelmann, Johann Christian 72; Elben, Christian Gottfried 75; Erxleben, Dorothea (Christiane) 78; Euler, Leonhard 79; Felbiger, Johann Ignatz von 84; Fischer, Gottlob Nathanael 88; Francke, Gotthilf August 93; Friedrich III., Herzog von Sachsen-Gotha-Altenburg 97; Garve, Christian 101; Gomperz, Aaron ben Salman Emmerich 113; Haude, Ambrosius 125; Heinrich, Prinz von Preußen 129; Hertzberg, Ewald Friedrich Graf von 133; Holbach, Paul (Heinrich) Thiry (Dietrich) Baron von 141; Itzig, Isaak Daniel 151; Jariges, Philipp Joseph von 155; Jenisch, Daniel 156; Jordan, Charles Etienne 157; Kanter, Johann Jakob 163; Karl Eugen, Herzog von Württemberg 165; Karl Wilhelm Ferdinand, Herzog von Braunschweig-Lüneburg(-Wolfenbüttel) 164; Karsch, Anna Luise 166; Kircheisen, Friedrich Leopold von 168; Lamprecht, Jakob Friedrich 182; Loen, Johann Michael von 191; Louis Ferdinand von Hohenzollern, Prinz von Preußen 192; Ludewig, Johann Peter von 193; Luise Dorothea, Herzogin von Sachsen-Gotha-Altenburg 195; Manteuffel, Ernst Christoph Graf von 198; Maupertuis, Pierre-Louis de Moreau 200; Mencken, Anastasius Ludwig 204; Mendelssohn, Moses 204; Merian, Johann Bernhard 206; Moehsen, Johann Carl Wilhelm 210; Möser, Justus 210; Müller, Johannes von 218; Pauw, (Franz) Kornelius de 235; Pütter, Johann Stephan 240; Schadow, Johann Gottfried 260; Schinkel, Karl Friedrich 263; Schlabrendorff, Ernst Wilhelm von 264; Schlabrendorff, Gustav Graf von 264; Selle, Christian Gottlieb 276; Steinbeck, Christoph Gottlieb 286; Struensee, Carl August von 288; Sulzer, Johann Georg(e) 290; Svarez, Carl Gottlieb 291; Trenck, Friedrich Frh. von der 299; Voß, Christian Friedrich 309; Wilhelmine Friederike Sophie, Markgräfin von

Bayreuth 320; Winckelmann, Johann Joachim 320; Wolff, Christian Frh. von 323; Zedlitz und Leipe, Karl Abraham Frh. von 327; Zelter, Carl Friedrich 329; Zimmermann, Johann Georg 330

Friedrich Wilhelm II., König von *Preußen*, * 1744, † 1797: Bischoffwerder, Hans Rudolf von 34; Formey, Johann Ludwig 90; Friedrich II. der Große, König in, seit 1772 von Preußen 94; Hertzberg, Ewald Friedrich Graf von 133; Herz, (Naphtali) Markus 134; Heynitz, Friedrich Anton von 136; Kant, Immanuel 162; Karl August, Herzog, seit 1815 Großherzog von Sachsen-Weimar-Eisenach 164; Leopold II., Erzherzog von Österreich, Großherzog von Toskana (Pietro Leopoldo), König von Ungarn, römisch-deutscher Kaiser 186; Mencken, Anastasius Ludwig 204; Mozart, Wolfgang Amadeus 215; Schadow, Johann Gottfried 260; Selle, Christian Gottlieb 276; Struensee, Carl August von 288; Svarez, Carl Gottlieb 291; Teller, Wilhelm Abraham 293; Wöllner, Johann Christoph von 323; Zedlitz und Leipe, Karl Abraham Frh. von 327

Friedrich Wilhelm III., König von *Preußen*, * 1770, † 1840: Altenstein, Karl (Sigmund Franz) Frh. vom Stein zum 6; Ancillon, (Jean Pierre) Frédéric 8; Beyme, Karl Friedrich von 33; Bischoffwerder, Hans Rudolf von 34; Engel, Johann Jakob 75; Hardenberg, Karl August Fürst 123; Hippel, Theodor Gottlieb von 137; Humboldt, Alexander Frh. von 146; Lafontaine, August (Heinrich Julius) 181; Louis Ferdinand von Hohenzollern, Prinz von Preußen 192; Mencken, Anastasius Ludwig 204; Sack, Friedrich Samuel Gottfried 257; Schadow, Johann Gottfried 260; Selle, Christian Gottlieb 276; Steinbart, Gotthilf Samuel 286; Svarez, Carl Gottlieb 291; Wöllner, Johann Christoph von 323

Friedrich Wilhelm IV., König von *Preußen*, * 1795, † 1861: Ancillon, (Jean Pierre) Frédéric 8; Humboldt, Alexander Frh. von 146; Tieck, (Johann) Ludwig 297

Friedrich August I., Kurfürst von *Sachsen*, August II. als König in Polen, * 1670, † 1733: Bucher, Urban Gottfried 47; Fassmann, David 83; König, Johann Ulrich von 173; Manteuffel, Ernst Christoph Graf von 198; Mylius, Gottlieb Friedrich 221; Rohr, Julius Bernhard von 254; Tschirnhaus, Ehrenfried Walther von 300

Friedrich August II., Kurfürst von *Sachsen*, * 1696, † 1763: Algarotti, Francesco Graf von 6; Vattel, Emer de 307

Friedrich II., Herzog von *Sachsen-Gotha-Altenburg*, * 1676, † 1732: Friedrich III., Herzog von Sachsen-Gotha-Altenburg 97

Friedrich III., Herzog von *Sachsen-Gotha-Altenburg*, * 1699, † 1772: **97**; Luise Dorothea, Herzogin von Sachsen-Gotha-Altenburg 195

Friedrich IV., Herzog von *Schleswig-Holstein*, König von Dänemark, * 1671, † 1730: Amthor, Christoph Heinrich 8

Friedrich V., Herzog von *Schleswig-Holstein*, König von Dänemark, * 1723, † 1766: Cramer, Johann Andreas 60; Klopstock, Friedrich Gottlieb 170

Friedrich, Herzog von *Schleswig-Holstein-Glücksburg*: Lüders, Philipp Ernst 194

Friedrich Christian I., Herzog von *Schleswig-Holstein-Sonderburg-Augustenburg*: Friedrich Christian II., Herzog von Schleswig-Holstein-Sonderburg-Augustenburg 97

Friedrich Christian II., Herzog von *Schleswig-Holstein-Sonderburg-Augustenburg*, * 1765, † 1814: **97**

Friedrich Eugen, Herzog von *Württemberg*, * 1732, † 1797: Autenrieth, Jakob Friedrich 13

Friedrich, Herzog von *York*, * 1763, † 1827: Möser, Justus 210

Friedrich, Caspar David, Maler, Zeichner, * 1774, † 1840: Graff, Anton 114

Fries, Jakob Friedrich, Philosoph, * 1773, † 1843: **97**; De Wette, Martin Leberecht 68

Frisch, Johann Leonhard, Schulmann, Sprach- und Naturforscher, Entomologe, * 1666, † 1743: **98**

Fritsch, Johann Friedrich, Buchhändler, Verleger, * 1635, † 1680: Gleditsch, Johann Friedrich 107; Gleditsch, Johann Ludwig 107

Fritsch, Thomas, Verleger, * 1666, † 1726: **98**; Fritsch, Thomas Frh. von 98; Gleditsch, Johann Friedrich 107

Fritsch, Thomas Frh. von, Staatsmann, * 1700, † 1775: **98**; Fritsch, Thomas 98

Frölich, Carl Wilhelm, Beamter, Gutsherr, sozialistischer Utopist, * 1759, † 1828: **98**; Frölich, Henriette 99

Frölich, Henriette, Schriftstellerin, * 1768, † 1833: **99**; Frölich, Carl Wilhelm 98

Frommann, (Carl) Friedrich (Ernst), Verleger, * 1765, † 1837: **99**

Frorath, Wilhelm, Lehrer, * 1776, † 1839: **99**

Froschauer, Christoph, Drucker, * um 1490, † 1564: Orell, Hans Conrad 231

Fülleborn, Georg Gustav, Philosoph, Philologe, Schriftsteller, * 1769, † 1803: **99**

Fürst, Joseph: Herz, Henriette (Julie) 134

Fürstenberg, Franz Friedrich Wilhelm Maria Frh. von, Staatsmann, * 1729, † 1810: **99**; Gallitzin, (Adelheid) Amalie Fürstin von 101

Fürstenberg, Karl Egon Fürst zu, Politiker, * 1729, † 1786: Opiz, Johann Ferdinand 231

Fürstenberg-Heiligenberg, Anton Egon Fürst von, Politiker, * 1656, † 1716: Zschackwitz, Johann Ehrenfried 331

Füssli, Hans Heinrich, schweizer. Historiker, Staatsmann, Verleger, * 1745, † 1832: **100**; Bräker, Ulrich 42

Füssli, Hans Kaspar „der Ältere", schweizer. Maler, Schriftsteller, * 1706, † 1782: Füssli, Johann Heinrich 100; Meyer, (Johann) Heinrich 208

Füssli, Heinrich „der Jüngste", schweizer. Zeichner, Graphiker, Kunsthändler, * 1755, † 1829: Winckelmann, Johann Joachim 320

Füssli, Johann Heinrich, Maler, Zeichner, Schriftsteller, Kunsttheoretiker, * 1741, † 1825: **100**

Füssli, Rudolf „der Jüngere", schweizer. Maler, Kunsthistoriker, * 1709, † 1793: Füssli, Hans Heinrich 100

Funk, Gottfried Benedikt, Pädagoge, Liederdichter, * 1734, † 1814: Resewitz, Friedrich Gabriel 251

Fuseli, Henry → Füssli, Johann Heinrich

Gabler, Johann Philipp, evang. Theologe, * 1753, † 1826: **101**

Gädicke, Johann Christian, Buchhändler, Publizist, * 1763, † 1837: **101**

Gärtner, Karl Christian, Schriftsteller, * 1712, † 1791: **101**; Gellert, Christian Fürchtegott 103; Giseke, Nikolaus Dietrich 107; Schwabe, Johann Joachim 274

Gaheis, Franz (Anton) de Paula, österr. Schriftsteller, Pädagoge, * 1763, † 1809: **101**

Galiani, Ferdinando, Theologe, Schriftsteller, * 1728, † 1787: Barkhausen, Heinrich Ludwig Willibald 19

Gallitzin, (Adelheid) Amalie Fürstin von, * 1748, † 1806: **101**; Claudius, Matthias 55; Fürstenberg, Franz Friedrich Wilhelm Maria Frh. von 99; Nicolovius, Georg Heinrich Ludwig 226

Gallus, Sincerus (Pseud.) → Meyer, Georg Conrad

Garrick, David, engl. Schauspieler, Schriftsteller, * 1716, † 1779: Holbach, Paul (Heinrich) Thiry (Dietrich) Baron von 141

Garve, Christian, Philosoph, * 1742, † 1798: **101**; Engel, Johann Jakob 75; Gentz, Friedrich 104

Gasser, Rudolf, Kapuziner, Theologe, * 1647, † 1709: Heidegger, Gotthard 128

Gasser, Simon Peter, Jurist, * 1676, † 1745: **102**

Gatterer, Christoph (Wilhelm Jakob), Kameralist, Forstwirt, * 1759, † 1838: **102**; Gatterer, Johann Christoph 102

Gatterer, Johann Christoph, Historiker, * 1727, † 1799: **102**; Altenstein, Karl (Sigmund Franz) Frh. vom Stein zum 6

Gaum, Johann Ferdinand, evang. Theologe, * 1738, † 1814: **102**

Gauß, Carl Friedrich, Mathematiker, Astronom, Naturforscher, * 1777, † 1855: Olbers, (Heinrich) Wilhelm (Matthias) 230

Gay, John, engl. Dichter, * 1685, † 1732: Hagedorn, Friedrich von 119

Gebler, Tobias Philipp Frh. von, Dramatiker, Staatsmann, * 1726, † 1786: **103**

Gedike, Friedrich, Schulmann, * 1754, † 1803: **103**; Frölich, Carl Wilhelm 98; Irwing, Karl Franz von 150; Moritz, Karl Philipp 212; Schleiermacher, Friedrich Daniel Ernst 266; Zedlitz und Leipe, Karl Abraham Frh. von 327

Gehler, Johann Karl, Geburtshelfer, Naturforscher, * 1732, † 1796: Werner, Abraham Gottlob 316

Geier, Peter Philipp, Kameralist, * 1773, † 1847: **103**

Gellert, Christian Fürchtegott, Dichter, * 1715, † 1769: **103**; Cramer, Johann Andreas 60; Cronegk, Johann Friedrich Frh. von 62; Dassdorf, Karl Wilhelm 67; Gärtner, Karl Christian 101; Garve, Christian 101; Giseke, Nikolaus Dietrich 107; Goethe, Johann Wolfgang von 111; Graff, Anton 114; Hudtwalcker, Johann Michael 143; Neuber, Friederike Caroline 224; Rabener, Gottlieb Wilhelm 243; Reich, Philipp Erasmus 245; Schwabe, Johann Joachim 274; Wezel, Johann Karl 318; Wolke, Christian Hinrich 324

Gemmingen-Guttenberg, Carl (Friedrich Reinhard) Frh. von, ansbachischer Minister, * 1739, † 1822: Cella, Johann Jakob 53

Gemmingen-Hornberg, Otto Heinrich Frh. von, Schriftsteller, * 1755, † 1836: **103**; Müller, Friedrich 217

Gentz, Friedrich, Publizist, Politiker, * 1764, † 1832: **104**; Brinckmann, Karl Gustav Frh. von 45; Müller, Adam Heinrich Ritter von Nittersdorf 216

Georg Ludwig, Kurfürst von Hannover, Georg I. als König von Großbritannien und Irland, * 1660, † 1727: Friedrich II. der Große, König in, seit 1772 von Preußen 94; Leibniz, Gottfried Wilhelm 184

Georg II., Kurfürst von Hannover, König von Großbritannien und Irland, * 1683, † 1760: Karoline, Kurfürstin von Hannover, Königin von Großbritannien 166

Georg III., Kurfürst, (seit 1814) König von Hannover, König von Großbritannien und Irland, * 1738, † 1820: Bülow, Friedrich Ernst von 48; Lichtenberg, Georg Christoph 189; Möser, Justus 210; Friedrich Wilhelm Ernst, Reichsgraf von Schaumburg-Lippe 320

Georgi, Theophil, Buchhändler, Bibliograph, * 1674, † 1762: **104**

Georgii, Johann Eberhard, Staatsmann, * 1694, † 1772: Karl Eugen, Herzog von Württemberg 165

Gerbert von Hornau, Martin, kath. Theologe, Fürstabt von St. Blasien, Musikhistoriker, * 1720, † 1793: **105**

Germershausen, Christian Friedrich, evang. Theologe, Schriftsteller, * 1725, † 1810: **105**

Gersdorff, Adolf Traugott von, Naturforscher, * 1744, † 1807: **105**

Gerstenberg, Heinrich Wilhelm von, Schriftsteller, * 1737, † 1823: **105**; Claudius, Matthias 55; Klopstock, Friedrich Gottlieb 170; Scheibe, Johann Adolph 260; Sturz, Helfrich Peter 289

Gesner, Johann Matthias, Altphilologe, Pädagoge, * 1691, † 1761: **105**; Ehlers, Martin 73; Ernesti, Johann August 77; Hamberger, Georg Christoph 122; Heyne, Christian Gottlob 136

Gessner, Konrad, Verleger, Drucker, * 1696, † 1775: Gessner, Salomon 105

Gessner, Salomon, schweizer. Dichter, Maler, Kupferstecher, Verleger, * 1730, † 1788: **105**; Hirzel, Hans Caspar d. Ä. 137

Ghelen, Johann Peter van, österr. Drucker, * 1673, † 1754: Trattner, Johann Thomas Edler von 299

Gianni, Francesco: Leopold II., Erzherzog von Österreich, Großherzog von Toskana (Pietro Leopoldo), König von Ungarn, römisch-deutscher Kaiser 186

Gibsone, Alexander, Kaufmann, Diplomat, * um 1770, † 1836: **106**

Gibsone, John, Kaufmann, * 1764, † 1819: Gibsone, Alexander 106
Gildemeister, Johann, Kaufmann, Naturforscher, * 1753, † 1837: **106**
Gilly, Friedrich (David), Architekt, * 1772, † 1800: Schadow, Johann Gottfried 260; Schinkel, Karl Friedrich 263
Girtanner, Christoph, schweizer. Mediziner, Chemiker, Schriftsteller, * 1760, † 1800: **106**
Giseke, Nikolaus Dietrich, Dichter, * 1724, † 1765: **107**; Gellert, Christian Fürchtegott 103
Glafey, Adam Friedrich, Jurist, * 1692, † 1753: **107**
Gleditsch, Johann Friedrich, Verleger, Buchhändler, * 1653, † 1716: **107**; Gleditsch, Johann Gottlieb 107; Gleditsch, Johann Ludwig 107
Gleditsch, Johann Friedrich III., Buchhändler, Verleger, * 1717, † 1744: Gleditsch, Johann Gottlieb 107
Gleditsch, Johann Gottlieb, Buchhändler, * 1688, † 1738: **107**; Gleditsch, Johann Friedrich 107
Gleditsch, Johann Ludwig, Buchhändler, * 1663, † 1741: **107**; Gleditsch, Johann Friedrich 107
Gleichviel, Siegmund (Pseud.) → Weise, Christian
Gleim, Betty, Pädagogin, Schriftstellerin, * 1781, † 1827: **107**
Gleim, Ilsabetha (eigentl.) → Gleim, Betty
Gleim, Johann Wilhelm Ludwig, Schriftsteller, * 1719, † 1803: **108**; Claudius, Matthias 55; Dohm, Christian Conrad (Wilhelm) von 70; Fischer, Gottlob Nathanael 88; Gleim, Betty 107; Goeckingk, Leopold Friedrich Günther von 109; Heinse, (Johann Jakob) Wilhelm 129; Herder, Johann Gottfried 131; Jacobi, Johann Georg 154; Karsch, Anna Luise 166; Kleist, Ewald Christian von 169; Knebel, Karl Ludwig von 172; Michaelis, Johann Benjamin 208; Ramler, Karl Wilhelm 243; Uz, Johann Peter 304
Globig, (Hans) Ernst von, Jurist, * 1755, † 1826: **108**
Gloxin, Anton Heinrich, Jurist, * 1645, † 1690: Francke, August Hermann 91
Gluck, Christoph Willibald Ritter von, Komponist, * 1714, † 1787: Agricola, Johann Friedrich 4; Karoline, Landgräfin von Hessen-Darmstadt 166; Klopstock, Friedrich Gottlieb 170
Gmeiner, Franz Xaver, österr. kath. Theologe, * 1752, † 1828: **108**
Gneisenau, August Wilhelm Anton Graf Neidhardt von, Militär, * 1760, † 1831: Gibsone, Alexander 106
Gobel, Jean Baptiste Joseph, kath. Theologe, * 1727, † 1794: **108**
Göchhausen, Ernst August Anton Frh. von, Publizist, * 1740, † 1824: **108**
Goeckingk, Leopold Friedrich Günther von, Schriftsteller, Beamter, * 1748, † 1828: **109**; Gleim, Johann Wilhelm Ludwig 108
Gönner, Nikolaus (Thaddäus) Ritter von, Jurist, * 1764, † 1827: **109**; Feuerbach, Paul Johann Anselm Ritter von 85
Görge, Hanns (Pseud.) → Schlegel, Johann Adolf

Görres, (Johann) Joseph von, Publizist, Schriftsteller, * 1776, † 1848: **109**; Dautzenberg, (Peter Josef) Franz 67; Ebel, Johann Gottfried 71; Rudolphi, Karoline (Christiane Louise) 255
Görtz von Schlitz, Johann Eustach Graf, Diplomat, * 1737, † 1821: Karl August, Herzog, seit 1815 Großherzog von Sachsen-Weimar-Eisenach 164; Karsten, Lorenz 167
Göschen, Georg Joachim, Verleger, * 1752, † 1828: **110**; Wieland, Christoph Martin 319
Goethe, (Julius) August (Walther) von, Beamter, * 1789, † 1830: Goethe, Johann Wolfgang von 111
Goethe, Catharina Elisabeth, * 1731, † 1808: Goethe, Johann Wolfgang von 111
Goethe, (Johanna) Christiane (Sophie) von, * 1765, † 1816: Goethe, Johann Wolfgang von 111
Goethe, Cornelia, * 1668, † 1754: Goethe, Johann Wolfgang von 111
Goethe, Cornelia (Friederice Christiane), * 1750, † 1777: Goethe, Johann Wolfgang von 111
Goethe, Johann Caspar, Jurist, * 1710, † 1782: Goethe, Johann Wolfgang von 111
Goethe, Johann Wolfgang von, Dichter, Staatsmann, Naturforscher, * 1749, † 1832: **111**; Albrecht, Johann Friedrich Ernst 6; Anna Amalia, Herzogin von Sachsen-Weimar-Eisenach 9; Arens, Johann August 10; Armbruster, Johann Michael 11; Babo, Joseph (Marius Franz) von 15; Bassewitz, Sabine Elisabeth Gräfin von 21; Batsch, August Johann Georg Karl 21; Beethoven, Ludwig van 25; Beroldingen, Joseph (Anton Siegmund) Frh. von 32; Blankenburg, Christian Friedrich von 35; Bodmer, Johann Jakob 37; Böttiger, Karl August 39; Claudius, Matthias 55; Cotta von Cottendorf, Johann Friedrich 59; Cranz, August Friedrich 60; Einsiedel, (Johann) August von 74; Einsiedel, Friedrich Hildebrand von 74; Ekhof, (Hans) Conrad (Dietrich) 74; Ettinger, Wilhelm 79; Fellenberg, Philipp Emanuel von 85; Fernow, Carl Ludwig 85; Füssli, Johann Heinrich 100; Gallitzin, (Adelheid) Amalie Fürstin von 101; Gellert, Christian Fürchtegott 103; Gleim, Johann Wilhelm Ludwig 108; Göschen, Georg Joachim 110; Goethe, Johann Wolfgang von 111; Griesbach, Johann Jakob 115; Hagedorn, Friedrich von 119; Hamann, Johann Georg 121; Hennings, (Adolph Friedrich) August von 130; Herder, Johann Gottfried 131; Heydenreich, Karl Heinrich 136; Hölderlin, (Johann Christian) Friedrich 138; Holbach, Paul (Heinrich) Thiry (Dietrich) Baron von 141; Hufeland, Christoph Wilhelm 144; Humboldt, Alexander Frh. von 146; Humboldt, Wilhelm von 147; Iffland, August Wilhelm 149; Jacobi, Friedrich Heinrich 153; Jacobi, Johann Georg 154; Jean Paul 155; Jerusalem, Karl Wilhelm 157; Jung-Stilling, Johann Heinrich 158; Karl August, Herzog, seit 1815 Großherzog von Sachsen-Weimar-Eisenach 164; Karoline, Landgräfin von Hessen-Darmstadt 166; Kleist, (Bernd) Heinrich (Wilhelm) von 169; Klinger, Friedrich Maximilian von 170; Klopstock, Friedrich Gottlieb 170; Knebel, Karl Ludwig von 172;

Goethe

Kotzebue, August (Friedrich) von 175; Langer, Ernst Theodor 182; La Roche, (Marie) Sophie von 183; Lavater, Johann Caspar 183; Lenz, Jakob (Michael Reinhold) 186; Leuchsenring, Franz (Michael) 189; Liscow, Christian Ludwig 191; Loen, Johann Michael von 191; Manso, Johann Caspar Friedrich 198; Merck, Johann Heinrich 205; Merkel, Garlieb (Helwig) 206; Meyer, (Johann) Heinrich 208; Möser, Justus 210; Moritz, Karl Philipp 212; Müller, Friedrich 217; Müller, Johannes von 218; Niethammer, Friedrich Immanuel 226; Plessing, Friedrich Viktor Lebrecht 238; Reichardt, Johann Friedrich 246; Reinhard, Karl Friedrich Graf von 249; Riesbeck, Johann Kaspar 253; Saltzmann, Friedrich Rudolf 258; Sander, Heinrich 259; Sartorius von Waltershausen, Georg (Friedrich) Frh. 259; Schadow, Johann Gottfried 260; Schiller, (Johann Christoph) Friedrich von 261; Schlegel von Gottleben, Dorothea von 265; Schlegel, (Karl Wilhelm) Friedrich von 265; Schlosser, Johann Georg 269; Schreyvogel, Joseph 271; Schwager, Johann Moritz 275; Schwan, Christian Friedrich 275; Soemmerring, Samuel Thomas von 279; Tieck, (Johann) Ludwig 297; Vieweg, Johann Friedrich 308; Volkmann, Johann Jacob 309; Werner, Abraham Gottlob 316; Wieland, Christoph Martin 319; Winckler, Johann Heinrich 322; Wolf, Friedrich August (Christian Wilhelm) 323; Zelter, Carl Friedrich 329

Goethe, Ottilie (Wilhelmine Ernestine Henriette) von, * 1796, † 1872: Goethe, Johann Wolfgang von 111

Goetten, Gabriel Wilhelm, evang. Theologe, Publizist, * 1708, † 1781: **113**

Götz, Johann Nikolaus, Dichter, Übersetzer, * 1721, † 1781: Gleim, Johann Wilhelm Ludwig 108; Maus, Isaak 201; Uz, Johann Peter 304

Goeze, Johann Melchior, luth. Theologe, * 1717, † 1786: Alberti, Julius Gustav 5; Basedow, Johann Bernhard 20; Lessing, Gotthold Ephraim 187

Goiske, Peder Rosenstand, dän. Theologe, * 1704, † 1769: Schade, Georg 259

Golaw, Salomon von (Pseud.) → Logau, Friedrich Frh. von

Goldhagen, Johann Friedrich Gottlieb, Mediziner, * 1742, † 1788: Reil, Johann Christian 246

Goldoni, Carlo, italien. Dramatiker, * 1707, † 1793: Einsiedel, Friedrich Hildebrand von 74; Nicolay, Ludwig Heinrich Frh. von 225

Goldschmidt, Heymann Joseph (eigentl.) → Goldschmidt, Johann Baptista

Goldschmidt, Johann Baptista, Mediziner, * 1761, † 1835: **113**

Golicyn, Dmitrij Aleksejewitsch, russ. Fürst, * 1738, † 1803: Gallitzin, (Adelheid) Amalie Fürstin von 101

Goltstein, Johann Ludwig Franz (Anton Joseph Adam) Graf von, Staatsmann, * 1719, † 1776: **113**

Gomperz, Aaron ben Salman Emmerich, Mediziner, Philosoph, Schriftsteller, * 1723, † 1769: **113**

Gontard, Susette, Schriftstellerin, * 1769, † 1802: Hölderlin, (Johann Christian) Friedrich 138; Soemmerring, Samuel Thomas von 279

Gotter, Friedrich Wilhelm, Schriftsteller, * 1746, † 1797: Boie, Heinrich Christian 39; Dieterich, Johann Christian 69

Gotthelf, Jeremias, schweizer. Schriftsteller, * 1797, † 1854: Fellenberg, Philipp Emanuel von 85

Gottsched, Johann Christoph, Literaturtheoretiker, Publizist, * 1700, † 1766: **113**; Bodmer, Johann Jakob 37; Breitkopf, Bernhard Christoph 43; Breitkopf, Johann Gottlob Immanuel 44; Friedrich III., Herzog von Sachsen-Gotha-Altenburg 97; Gärtner, Karl Christian 101; Goethe, Johann Wolfgang von 111; Gottsched, Luise (Adelgunde Victorie) 114; Grimm, (Friedrich) Melchior Frh. von 116; Jerusalem, Johann Friedrich Wilhelm 156; Lamprecht, Jakob Friedrich 182; Lessing, Gotthold Ephraim 187; Lichtwer, Gottfried Magnus 190; Luise Dorothea, Herzogin von Sachsen-Gotha-Altenburg 195; Manteuffel, Ernst Christoph Graf von 198; Mencke, Johann Burkhard 204; Möser, Justus 210; Mosheim, Johann Lorenz von 214; Müller, Gerhard Friedrich von 218; Mylius, Christlob 221; Neuber, Friederike Caroline 224; Philippi, Johann Ernst 237; Reiffenstein, Johann Friedrich 246; Rost, Johann Christoph 254; Scheibe, Johann Adolph 260; Schlegel, Johann Elias 266; Schöpflin, Johann Daniel 271; Schwabe, Johann Joachim 274; Volkelt, Johann Gottlieb 309; Zachariae, (Justus) Friedrich Wilhelm 327

Gottsched, Luise (Adelgunde Victorie), Schriftstellerin, * 1713, † 1762: **114**; Gottsched, Johann Christoph 113

Gräff, Ernst Martin, Buchhändler, * 1760, † 1802: Junius, Johann Friedrich 159

Gräffer, Rudolph, Verleger, * 1734, † 1817: Blumauer, Alois 35

Graff, Anton, schweizer. Maler, * 1736, † 1813: **114**; Reich, Philipp Erasmus 245

Graffigny, Françoise de, frz. Schriftstellerin, * 1695, † 1758: Reimarus, Margaretha Elisabeth 248

Gramberg, Gerhard Anton, Mediziner, Schriftsteller, * 1744, † 1818: **114**; Gramberg, Gerhard Anton Hermann 114

Gramberg, Gerhard Anton Hermann, Jurist, Schriftsteller, * 1772, † 1816: **114**; Gramberg, Gerhard Anton 114

Graßmann, Gottfried Ludolf, evang. Theologe, Agrarschriftsteller, * 1738, † 1798: **115**

Graun, Johann Gottlieb, Musiker, Komponist, * 1702 und 27.10.1703, † 1771: Bach, Wilhelm Friedemann 16

Graun, Karl Heinrich, Sänger, Komponist, * 1703 und 8.8.1704, † 1759: Agricola, Johann Friedrich 4; Bach, Carl Philipp Emanuel 15; Benda, Franz 27; König, Johann Ulrich von 173

Grebel, Felix, Beamter: Lavater, Johann Caspar 183

Greiling, Johann Christoph, evang. Theologe, Pädagoge, * 1765, † 1840: **115**
Greiner, Franz Sales von: Haschka, Lorenz Leopold 125
Greiner, Karoline von (geb.) → Pichler, Karoline
Grellmann, Heinrich Moritz Gottlieb, Historiker, * 1756, † 1804: **115**
Gren, Friedrich Albert Carl, Chemiker, Physiker, Mediziner, * 1760, † 1798: Reil, Johann Christian 246
Griesbach, Johann Jakob, evang. Theologe, * 1745, † 1812: **115**; Gabler, Johann Philipp 101; Göschen, Georg Joachim 110
Griesheim, Christian Ludwig von, Kameralist, * 1709, † 1767: **116**
Griesinger, Wilhelm, Psychiater, Internist, * 1817, † 1868: Unzer, Johann August 303
Grillparzer, Franz (Seraphicus), österr. Dramatiker, * 1791, † 1872: Pichler, Karoline 238; Schreyvogel, Joseph 271
Grimm, Adolph (Pseud.) → Gruber, Johann Gottfried
Grimm, Jacob (Ludwig Carl), Philologe, * 1785, † 1863: Reimer, Georg Andreas 248
Grimm, (Friedrich) Melchior Frh. von, Schriftsteller, Diplomat, * 1723, † 1807: **116**; Friedrich III., Herzog von Sachsen-Gotha-Altenburg 97; Holbach, Paul (Heinrich) Thiry (Dietrich) Baron von 141; Meister, Jakob Heinrich 203
Grimm, Wilhelm (Carl), Philologe, * 1786, † 1859: Reichardt, Johann Friedrich 246; Reimer, Georg Andreas 248
Gröll, Michael, Verleger, Buchhändler, * 1722, † 1798: **116**
Grötsch, Johanna Elisabeth: Beutler, Johann Heinrich Christoph 32
Grohmann, (Johann) Christian August, Philosoph, * 1769, † 1847: **116**
Grolmann, Heinrich Dietrich von, Jurist, * 1740, † 1840: **117**
Groot, Peter de, Diplomat, * 1615, † 1685: Pufendorf, Samuel Frh. von 241
Groskurd, Christian Heinrich, Lehrer, * 1747, † 1806: **117**
Groß, Johann Gottfried, Journalist, * 1703, † 1768: **117**
Grosse, Johann, Buchhändler, * 1633, † 1691: Gleditsch, Johann Friedrich 107
Grosser, Samuel, Pädagoge, Schriftsteller, * 1664, † 1736: **117**
Großmann, Gustav Friedrich Wilhelm, Schauspieler, Theaterleiter, Dramatiker, * 1743, † 1796: **117**
Grotius, Hugo, niederländ. Rechtsgelehrter, Staatsmann, * 1583, † 1645: Luden, Heinrich 193; Pufendorf, Samuel Frh. von 241; Strube, David Georg 287; Vattel, Emer de 307
Grube, Joseph aus der (Pseud.) → Gruber, Johann Gottfried
Gruber, Johann Gottfried, Lexikograph, * 1774, † 1851: **117**; Ersch, Johann Samuel 78

Gruner, Johann Rudolf, schweizer. reformierter Theologe, Polyhistor, Genealoge, * 1680, † 1761: Bondeli, Julie von 40
Grynaeus, Jean, Drucker, * um 1685, † 1749: Decker, Georg Jakob I. 67
Gryphius, Andreas, Dichter, Jurist, * 1616, † 1664: Schlegel, Johann Elias 266
Gsell, Georg, Maler, * 1673, † 1740: Euler, Leonhard 79
Gudenus, Valentin Ferdinand Frh. von, Jurist, Historiker, * 1679, † 1758: Andreae, Johann Benjamin d. Ä. 8
Günther, Christian August, Jurist, * 1758, † 1839: **117**
Günther, Johann Arnold, Jurist, * 1755, † 1805: **118**
Gugenheim, Fromet, * 1737, † 1812: Mendelssohn, Moses 204
Guichard, Karl Theophil von, Militär, Historiker, * 1724, † 1775: Pauw, (Franz) Kornelius de 235
Guldberg, Ove, dän. Politiker, * 1731, † 1808: Struensee, Johann Friedrich 288
Gundling, Jacob Paul Frh. von, Historiker, * 1673, † 1731: **118**; Fassmann, David 83; Gundling, Nicolaus (Hieronymus) 118
Gundling, Nicolaus (Hieronymus), Jurist, * 1671, † 1729: **118**; Gundling, Jacob Paul Frh. von 118
Gutermann, (Marie) Sophie Edle von Gutershofen (geb.) → La Roche, (Marie) Sophie von
Guts Muths, Johann Christoph Friedrich, Pädagoge, Turnlehrer, * 1759, † 1839: **118**; Beutler, Johann Heinrich Christoph 32; Villaume, Peter 308
Guyon du Chesnoy, Jeanne-Marie, frz. Mystikerin, * 1648, † 1717: Obereit, Jakob Hermann 229
H., Ludwig Ferdinand (Pseud.) → Huber, (Marie) Therese (Wilhelmine)
Haack, Hermann, Kartograph, * 1872, † 1966: Perthes, (Johann Georg) Justus 235
Hacker, Benedikt, Verleger, Komponist, * 1769, † 1829: **119**
Häberlin, Franz Dominicus, Historiker: Häberlin, Karl Friedrich 119
Häberlin, Karl Friedrich, Jurist, Diplomat, * 1756, † 1808: **119**
Haen, Anton de, niederländ. Mediziner, * 1704, † 1776: Swieten, Gerard van 291
Händel, Georg Friedrich, Komponist, * 1685, † 1759: Mattheson, Johann 199; Mozart, Wolfgang Amadeus 215
Härtel, Gottfried Christoph, Verleger, * 1763, † 1827: **119**
Hāfiz, Šams ad-Dīn Muhammad, pers. Dichter, * um 1320, † 1388: Goethe, Johann Wolfgang von 111
Hagedorn, Friedrich von, Schriftsteller, * 1708, † 1754: **119**; Bohn, Johann Carl 39; Giseke, Nikolaus Dietrich 107; Gleim, Johann Wilhelm Ludwig 108; Hudtwalcker, Johann Michael 143; Richey, Michael 252
Hagemann, Theodor, Jurist, * 1761, † 1827: Günther, Christian August 117

Hahn, Eva (Katharina) (geb.) → König, Eva (Katharina)

Hahn, Philipp Matthäus, evang. Theologe, Erfinder, * 1739, † 1790: Ewald, Johann Ludwig 81

Haid, Johann Jakob, Graphiker, Verleger, * 1704, † 1767: Graff, Anton 114

Hake, Levin Adolf von, Staatsmann: Hardenberg, Friedrich Karl 122

Halem, Gerhard Anton von, Historiker, Schriftsteller, Jurist, * 1752, † 1819: **119**; Halem, Ludwig (Wilhelm Christian) von 120; Kruse, Christian (Karsten) Hinrich 179

Halem, Ludwig (Wilhelm Christian) von, Bibliothekar, Historiograph, * 1758, † 1839: **120**; Halem, Gerhard Anton von 119

Haller, Albrecht von, schweizer. Mediziner, Dichter, Naturforscher, Staatsmann, * 1708, † 1777: **120**; Blumenbach, (Johann) Friedrich 35; Creutz, Friedrich Karl Kasimir Frh. von 61; Hollmann, Samuel Christian 141; Kästner, Abraham Gotthelf 161; Tscharner, Niklaus Emanuel von 300; Tscharner, Vinzenz Bernhard von 300; Walbaum, Johann Julius 312; Zimmermann, Johann Georg 330

Hamann, Johann Georg d. Ä., Schriftsteller, * 1697, † 1733: **121**

Hamann, Johann Georg, Schriftsteller, * 1730, † 1788: **121**; Berens, Johann Christoph 28; Claudius, Matthias 55; Gallitzin, (Adelheid) Amalie Fürstin von 101; Hamann, Johann Georg d. Ä. 121; Herder, Johann Gottfried 131; Hippel, Theodor Gottlieb von 136; Jacobi, Friedrich Heinrich 153; Kraus, Christian Jakob 176; Lindner, Johann Gotthelf 191; Nicolovius, Georg Heinrich Ludwig 226; Schmohl, Johann Christian 270; Schultz, Franz Albert 273

Hamberger, Georg Christoph, Bibliothekar, * 1726, † 1773: **122**; Meusel, Johann Georg 207

Hammerdörfer, Karl, Schriftsteller, * 1758, † 1794: **122**

Hanov, Michael Christoph → Hanow, Michael Christoph

Hanovius, Michael Christoph → Hanow, Michael Christoph

Hanow, Michael Christoph, Polyhistor, * 1695, † 1773: **122**

Hansch, Michael Gottlieb, Philosoph, * 1683, † 1749: **122**

Hansen, Christian Friedrich, Architekt, * 1756, † 1845: Arens, Johann August 10

Hardenberg, Christian Ludwig von, Feldmarschall, * 1700, † 1781: Hardenberg, Karl August Fürst 123

Hardenberg, Christian Ulrich von: Hardenberg, Friedrich Karl 122

Hardenberg, Friedrich August, Staatsmann, * 1700, † 1768: Karl Eugen, Herzog von Württemberg 165

Hardenberg, Friedrich Karl, Staatsmann, * 1696, † 1763: **122**

Hardenberg, Karl August Fürst, Staatsmann, * 1750, † 1822: **123**; Altenstein, Karl (Sigmund Franz) Frh. vom Stein zum 6; Ancillon, (Jean Pierre) Frédéric 8; Arnstein, Fanny Frfr. von 12; Bensen, (Carl) Daniel (Heinrich) 28; Beyme, Karl Friedrich von 33; Briegleb, Johann Christian 44; Cölln, (Georg) Friedrich (Willibald Ferdinand) von 58; Daniels, Heinrich Gottfried Wilhelm 66; Erhard, Johann Benjamin 76; Held, Hans (Heinrich Ludwig) von 130; Hoffmann, Johann Gottfried 140; Humboldt, Wilhelm von 147; Kircheisen, Friedrich Leopold von 168; Kleist, (Bernd) Heinrich (Wilhelm) von 169; Klüber, Johann Ludwig 172; Kretschmann, Theodor von 177; Lang, Karl Heinrich Ritter von 182; Müller, Adam Heinrich Ritter von Nittersdorf 216; Schuckmann, (Kaspar) Friedrich Frh. von 273; Stägemann, (Christian) Friedrich August von 283; Thaer, Albrecht Daniel 294

Harl, Johann Paul Ritter von, österr. Kameralist, * 1772/73, † 1842: **124**

Harleß, Gottlieb Christoph, Bibliothekar, * 1738, † 1815: Degen, Johann Friedrich 67

Harscher von Almendingen, Ludwig, Jurist, Staatsmann, * 1766, † 1827: **124**

Hartel, Sebastian, österr. Verleger, * 1742, † 1805: **124**

Hartknoch, Johann Friedrich, Verleger, * 1740, † 1789: **124**; Berens, Johann Christoph 28; Herder, Johann Gottfried 131

Hartleben, Franz Joseph, Jurist, * 1740, † 1808: **124**

Hartmann, (Johann Georg) August, Kameralist, * 1764, † 1849: **124**

Hartmann, Leopold Frh. von, Jurist, Landwirt, * 1734, † 1791: **125**

Hartung, Georg Friedrich, Verleger, * 1782, † 1849: **125**; Hartung, Gottlieb Lebrecht 125

Hartung, Gottlieb Lebrecht, Verleger, Drucker, * 1747, † 1797: **125**; Hartung, Georg Friedrich 125; Hartung, Johann Heinrich 125

Hartung, Johann Friedrich Hermann, Zeitungsverleger, * 1823, † 1901: Hartung, Georg Friedrich 125

Hartung, Johann Heinrich, Verleger, Drucker, * 1699, † 1756: **125**; Hartung, Gottlieb Lebrecht 125

Hartung, Sophia Charlotte, Verlegerin, † 1819: Hartung, Gottlieb Lebrecht 125

Haschka, Lorenz Leopold, österr. Schriftsteller, * 1749, † 1827: **125**

Hase, Karl (August) von, evang. Theologe, * 1800, † 1890: Tzschirner, Heinrich Gottlieb 301

Haude, Ambrosius, Verleger, * 1690, † 1748: **125**

Haug, Balthasar, Schriftsteller, * 1731, † 1792: **126**

Haug, (Johann Christoph) Friedrich, Schriftsteller, * 1761, † 1829: Edelmann, Johann Christian 72

Haugwitz, (Heinrich) Christian (Kurt) Graf von, Diplomat, Staatsmann, * 1752, † 1833: Claudius, Matthias 55

Hauksbee, Francis, engl. Physiker, Instrumentenbauer, * um 1666, † 1713: Winckler, Johann Heinrich 322

Hay, Therese: Sonnenfels, Joseph von 280

Haydn, (Franz) Joseph, Komponist, * 1732, † 1809: **126**; Beethoven, Ludwig van 25; Härtel, Gottfried Christoph 119; Haschka, Lorenz Leopold 125; Mozart, Wolfgang Amadeus 215; Pichler, Karoline 238; Reichardt, Johann Friedrich 246; Swieten, Gottfried Frh. van 292
Haydn, Mathias, Wagner, * 1699, † 1763: Haydn, (Franz) Joseph 126
Haydn, (Johann) Michael, österr. Komponist, Dirigent, * 1737, † 1806: Hacker, Benedikt 119; Haydn, (Franz) Joseph 126
Hebel, Johann Peter, evang. Theologe, Schriftsteller, * 1760, † 1826: Cotta von Cottendorf, Johann Friedrich 59
Hechtel, Daniel Christian, Verleger, Buchhändler: Müller, Johann Gottwerth 218
Hecker, August Friedrich, Mediziner, Medizinhistoriker, * 1763, † 1811: **127**
Hecker, (Johann) Julius, Pädagoge, * 1707, † 1768: **127**; Ehlers, Martin 73; Felbiger, Johann Ignatz von 84; Semler, Christoph 276
Hedderich, Franz Anton (eigentl.) → Hedderich, Philipp
Hedderich, Philipp, Minorit, Kanonist, * 1744, † 1808: **127**
Heeren, Arnold (Hermann Ludwig), Historiker, * 1760, † 1842: **128**; Müller, Adam Heinrich Ritter von Nittersdorf 216
Hegel, Georg Wilhelm Friedrich, Philosoph, * 1770, † 1831: Berger, Johann Erich von 29; Blumenbach, (Johann) Friedrich 35; Cotta von Cottendorf, Johann Friedrich 59; Fries, Jakob Friedrich 97; Hölderlin, (Johann Christian) Friedrich 138; Jacobi, Friedrich Heinrich 153; Reinhold, Karl Leonhard 250; Sinclair, Isaak von 278; Weiller, Cajetan von 314
Hegewisch, Dietrich Hermann, Historiker, * 1746, † 1812: **128**; Ebeling, Christoph Daniel 71
Heidegger, Gotthard, schweizer. reformierter Theologe, Pädagoge, * 1666, † 1711: **128**
Heidegger, Judith, * 1736, † 1818: Gessner, Salomon 105
Heine, Heinrich, Schriftsteller, * 1797, † 1856: Ascher, Saul 13
Heineccius, Johann Gottlieb, luth. Theologe, Jurist, * 1681, † 1741: **128**; Pütter, Johann Stephan 240
Heinicke, Samuel, Pädagoge, Taubstummenlehrer, * 1727, † 1790: **129**
Heinitz, Friedrich Anton von → Heynitz, Friedrich Anton von
Heinrich VIII. von Bibra, Fürstabt und Bischof von *Fulda*, * 1711, † 1788: Weikard, Melchior Adam 314
Heinrich, Prinz von *Preußen*, Militär, * 1726, † 1802: **129**; Göchhausen, Ernst August Anton Frh. von 108; Wöllner, Johann Christoph von 323
Heinrich I., Graf von *Schwarzburg-Sondershausen*, † 1758: Wezel, Johann Karl 318
Heinse, (Johann Jakob) Wilhelm, Schriftsteller, * 1746, † 1803: **129**; Gleim, Johann Wilhelm Ludwig 108; Klinger, Friedrich Maximilian von 170; Soemmerring, Samuel Thomas von 279
Heinsius, Johann Samuel, Buchhändler, Verleger, * 1734, † 1807: Kummer, Paul Gotthelf 179
Heinsius, (Johann) Wilhelm (Immanuel), Buchhändler, Bibliograph, * 1768, † 1817: **129**
Heinze, (Johann Jakob) Wilhelm → Heinse, (Johann Jakob) Wilhelm
Heinzmann, Johann Georg, Buchhändler, Essayist, Journalist, * 1757, † 1802: **129**
Heise, Johann Arnold, Bürgermeister von Hamburg, * 1747, † 1834: **130**
Held, Hans (Heinrich Ludwig) von, Beamter, Schriftsteller, * 1764, † 1842: **130**
Helvétius, Claude Adrien, frz. Philosoph, * 1715, † 1777: Holbach, Paul (Heinrich) Thiry (Dietrich) Baron von 141
Hemsterhuis, Frans, niederländ. Philosoph, Kunsttheoretiker, * 1721, † 1790: Gallitzin, (Adelheid) Amalie Fürstin von 101; Jacobi, Friedrich Heinrich 153
Henke, Heinrich Philipp (Konrad), evang. Theologe, * 1752, † 1809: **130**
Henle, Elkan, Kaufmann, * 1761, † 1833: **130**
Hennings, (Adolph Friedrich) August von, Publizist, * 1746, † 1826: **130**; Reimarus, Margaretha Elisabeth 248
Henriette Marie, Prinzessin von *Preußen*, * 1702, † 1782: Formey, Johann Heinrich Samuel 90
Henzi, Samuel, schweizer. Schriftsteller, * 1701, † 1749: **130**; Bondeli, Julie von 40; König, (Johann) Samuel 174
Herbart, Johann Friedrich, Philosoph, Pädagoge, * 1776, † 1841: **131**
Herchenhahn, Johann Christian, Redakteur, Diplomat, Historiker, * 1754, † 1795: **131**
Herder, (Maria) Carolina, * 1750, † 1809: Clermont, (Johann) Arnold 57; Herder, Johann Gottfried 131; Liebeskind, August Jacob 190
Herder, Johann Gottfried, evang. Theologe, Philosoph, Schriftsteller, * 1744, † 1803: **131**; Abbt, Thomas 1; Anna Amalia, Herzogin von Sachsen-Weimar-Eisenach 9; Bach, Johann Christoph Friedrich 16; Bandemer, Susanne von 19; Berens, Johann Christoph 28; Claudius, Matthias 55; Clermont, (Johann) Arnold 57; Cotta von Cottendorf, Johann Friedrich 59; Einsiedel, (Johann) August von 74; Einsiedel, Friedrich Hildebrand von 74; Füssli, Johann Heinrich 100; Gerstenberg, Heinrich Wilhelm von 105; Gleim, Johann Wilhelm Ludwig 108; Görres, (Johann) Joseph von 109; Goethe, Johann Wolfgang von 111; Hamann, Johann Georg 121; Hartknoch, Johann Friedrich 124; Heydenreich, Karl Heinrich 136; Hufeland, Christoph Wilhelm 144; Humboldt, Wilhelm von 147; Iselin, Isaak 150; Jean Paul 155; Jung-Stilling, Johann Heinrich 158; Karl August, Herzog, seit 1815 Großherzog von Sachsen-Weimar-Eisenach 164; Karoline, Landgräfin von Hessen-Darmstadt 166; Klotz, Christian Adolph 172; Lenz, Jakob (Michael Reinhold) 186; Leuchsenring, Franz (Michael) 189; Liebeskind, August

Hermes

Jacob 190; Marezoll, Johann Gottlob 198; Meiners, Christoph 203; Merck, Johann Heinrich 205; Möser, Justus 210; Müller, (Johann) Georg 217; Müller, Johannes von 218; Reichardt, Johann Friedrich 246; Reinhold, Karl Leonhard 250; Scheffner, Johann George 260; Schwan, Christian Friedrich 275; Vieweg, Johann Friedrich 308; Wieland, Christoph Martin 319; Friedrich Wilhelm Ernst, Reichsgraf von Schaumburg-Lippe 320

Hermes, Johann August, evang. Theologe, Schriftsteller, * 1736, † 1822: **133**

Hermes, Johann Timotheus, evang. Theologe, Schriftsteller, * 1738, † 1821: **133**

Hertzberg, Ewald Friedrich Graf von, Staatsmann, * 1725, † 1795: **133**

Herz, Henriette (Julie), * 1764, † 1847: **134**; Herz, (Naphtali) Markus 134; Humboldt, Wilhelm von 147; Moritz, Karl Philipp 212; Schlegel von Gottleben, Dorothea von 265; Schleiermacher, Friedrich Daniel Ernst 266; Würzer, Heinrich 324

Herz, (Naphtali) Markus, Mediziner, Philosoph, * 1747, † 1803: **134**; Herz, Henriette (Julie) 134; Moritz, Karl Philipp 212; Reil, Johann Christian 246

Heß, Heinrich Ludwig von, Publizist, Schriftsteller, * 1719, † 1784: **134**; Heß, Jonas Ludwig von 134

Heß, (Johann) Jakob, schweizer. reformierter Theologe, * 1741, † 1828: Ewald, Johann Ludwig 81

Heß, Jonas Ludwig von, Publizist, Arzt, Politiker, * 1756, † 1823: **134**

Hesse, Hermann, Dichter, * 1877, † 1962: Liebeskind, August Jacob 190

Heumann, Christoph August, luth. Theologe, * 1681, † 1764: **135**

Heun, Carl (Gottlieb Samuel) (eigentl.) → Clauren, Heinrich

Heusinger, Johann Heinrich Gottlob, Pädagoge, Philosoph, Schriftsteller, * 1767, † 1837: **135**

Heydenreich, Karl Heinrich, Philosoph, Schriftsteller, * 1764, † 1801: **136**

Heyne, Christian Gottlob, klassischer Philologe, Bibliothekar, * 1729, † 1812: **136**; Bouterwek, Friedrich (Ludewig) 41; Brandes, Georg (Friedrich) 42; Christ, Johann Friedrich 55; Crome, August Friedrich Wilhelm 61; Eichhorn, Johann Gottfried 73; Fiorillo, Johann Dominicus 87; Heeren, Arnold (Hermann Ludwig) 128; Herder, Johann Gottfried 131; Huber, (Marie) Therese (Wilhelmine) 143; Humboldt, Wilhelm von 147; Kraus, Christian Jakob 176; Müller, Johannes von 218; Trapp, Ernst Christian 299; Wolf, Friedrich August (Christian Wilhelm) 323

Heyne, (Marie) Therese (Wilhelmine) (geb.) → Huber, (Marie) Therese (Wilhelmine)

Heynitz, Friedrich Anton von, Oberberghauptmann, Staatsmann, * 1725, † 1802: **136**; Clauren, Heinrich 57

Hien, Daniel, Maler, * 1725, † 1773: Müller, Friedrich 217

Hiller, Johann Adam, Komponist, Musikschriftsteller, * 1728, † 1804: Reichardt, Johann Friedrich 246

Hippel, Theodor Gottlieb von, Staatsmann, Schriftsteller, * 1741, † 1796: **136**; Hamann, Johann Georg 121; Hippel, Theodor Gottlieb von 137; Lindner, Johann Gotthelf 191; Scheffner, Johann George 260

Hippel, Theodor Gottlieb von, Beamter, * 1775, † 1843: **137**

Hirsch, Georg Ludwig, Jurist: Uz, Johann Peter 304

Hirschfeld, Christian Cay Lorenz, Philosoph, Theoretiker der Gartenkunst, * 1742, † 1792: **137**; Castillon, Friedrich (Adolf Maximilian Gustav) 53

Hirsching, Friedrich Karl Gottlob, Lexikograph, * 1762, † 1800: **137**; Ernesti, Johann Heinrich Martin 77

Hirzel, Hans Caspar d. Ä., schweizer. Mediziner, Staatsmann, * 1725, † 1803: **137**; Hirzel, Salomon 138

Hirzel, Hans Caspar d. J., schweizer. Mediziner, * 1751, † 1817: Hirzel, Hans Caspar d. Ä. 137

Hirzel, Salomon, schweizer. Staatsmann, Historiker, * 1727, † 1818: **138**; Hirzel, Hans Caspar d. Ä. 137

Hißmann, Michael, Philosoph, * 1752, † 1784: **138**

Hobbes, Thomas, engl. Philosoph, * 1588, † 1679: Bucher, Urban Gottfried 47; Pufendorf, Samuel Frh. von 241

Hölderlin, (Johann Christian) Friedrich, Dichter, * 1770, † 1843: **138**; Conz, Karl Philipp 58; Cotta von Cottendorf, Johann Friedrich 59; Emerich, Friedrich Joseph 75; Fichte, Johann Gottlieb 86; Heinse, (Johann Jakob) Wilhelm 129; Kalb, Charlotte (Sophie Juliane) von 162; Magenau, Rudolf Friedrich Heinrich von 197; Sinclair, Isaak von 278; Soemmerring, Samuel Thomas von 279

Hölty, Ludwig Christoph Heinrich, Schriftsteller, * 1748, † 1776: Claudius, Matthias 55; Leisewitz, Johann Anton 185

Höpfner, Ludwig Julius Friedrich, Jurist, * 1743, † 1797: **139**

Hofbauer, Klemens Maria, Redemptorist, Theologe, * 1751, † 1820: Beroldingen, Joseph (Anton Siegmund) Frh. von 32

Hoffmann, Anna, † 1842: Bolzano, Bernard 39

Hoffmann, Benjamin Gottlob, Buchhändler, Verleger, * 1748, † 1818: Campe, (Franz) August (Gottlieb) 51

Hoffmann, Elisabeth, Schriftstellerin, † 1873: Campe, (Franz) August (Gottlieb) 51

Hoffmann, Ernst Emil, Politiker, * 1785, † 1847: **139**

Hoffmann, E(rnst) T(heodor) A(madeus), Dichter, Komponist, Maler, * 1776, † 1822: Mozart, Wolfgang Amadeus 215

Hoffmann, Friedrich, Mediziner, * 1660, † 1742: Bucher, Urban Gottfried 47; Francke, August Hermann 91; Stahl, Georg Ernst 284

Hoffmann, Johann Adolf, Schriftsteller, * 1676, † 1731: **140**

Hoffmann, Johann Gottfried, Statistiker, Staatswissenschaftler, * 1765, † 1847: **140**

Hoffmann, Karl, Staatsmann, * 1770, † 1829: **140**

Hoffmann, Leopold Alois, österr. Schriftsteller, Publizist, * 1760, † 1806: **140**
Hoffmann von Hoffmannswaldau, Christian, Schriftsteller, * 1616, † 1679: Neukirch, Benjamin 224
Hofmann, Andreas Joseph, Politiker, * 1752, † 1849: **140**
Hogel, Christine: Wieland, Christoph Martin 319
Hohenheim, Franziska Reichsgräfin von, * 1748, † 1811: Karl Eugen, Herzog von Württemberg 165
Hohenthal, Peter Graf von, Landwirt, Pädagoge, * 1726, † 1794: **141**; Bennigsen, Rudolph Christian von 28
Hohenwart, Sig(is)mund Anton Graf von, Jesuit, Fürsterzbischof von Wien, * 1730, † 1820: Retzer, Joseph Friedrich Frh. von 251
Holbach, Paul (Heinrich) Thiry (Dietrich) Baron von, Philosoph, * 1723, † 1789: **141**
Holberg, Ludvig Baron von, dän. Dichter, Historiker, * 1684, † 1754: Scheibe, Johann Adolph 260
Hollmann, Samuel Christian, Philosoph, Naturforscher, * 1696, † 1787: **141**
Homberg, Herz, österr. Pädagoge, * 1749, † 1841: **141**
Homer, griech. Dichter, 8. Jh. v. Chr.: Göschen, Georg Joachim 110; Humboldt, Wilhelm von 147
Homilius, Gottfried August, Musiker, Komponist, * 1714, † 1785: Reichardt, Johann Friedrich 246
Hommel, Karl Ferdinand, Jurist, Rechtsphilosoph, * 1722, † 1781: **142**
Hompesch-Bollheim, Johann Wilhelm Frh. von, Staatsmann, * 1761, † 1809: Schenk, (Johann) Heinrich Ritter von 261
Hontheim, (Johann) Nikolaus von, kath. Theologe, * 1701, † 1790: **142**; Hedderich, Philipp 127
Horaz, röm. Dichter, * 65 v. Chr., † 8 v. Chr.: Hagedorn, Friedrich von 119; Ramler, Karl Wilhelm 243; Uz, Johann Peter 304; Wieland, Christoph Martin 319
Horch, Christoph, Mediziner, * 1667, † 1754: Moehsen, Johann Carl Wilhelm 210
Horn, Franz (Christoph), Schriftsteller, Literaturwissenschaftler, * 1781, † 1837: Gedike, Friedrich 103
Hort, P. H., Drucker, Verleger: Andreae, Johann Benjamin d. Ä. 8
Horvath, Karl Christian, Verleger, Buchhändler, * 1752, † 1837: Kummer, Paul Gotthelf 179
Houwald, (Christoph) Ernst Frh. von, Schriftsteller, * 1778, † 1845: Göschen, Georg Joachim 110
Hoym, Karl Georg Heinrich Graf von, Staatsmann, * 1739, † 1807: Held, Hans (Heinrich Ludwig) von 130
Huber, Fridolin, kath. Theologe, * 1763, † 1841: **142**
Huber, Ludwig Ferdinand, Schriftsteller, * 1764, † 1804: **142**; Huber, (Marie) Therese (Wilhelmine) 143
Huber, (Marie) Therese (Wilhelmine), Schriftstellerin, Redakteurin, * 1764, † 1829: **143**; Huber, Ludwig Ferdinand 142; Humboldt, Wilhelm von 147

Huch, Ricarda, Erzählerin, Lyrikerin, Dramatikerin, Historikerin, * 1864, † 1947: Zimmermann, Johann Georg 330
Hudtwalcker, Johann Michael, Kaufmann, * 1747, † 1818: **143**; Heß, Jonas Ludwig von 134
Hübner, Johann, Pädagoge, Schriftsteller, * 1668, † 1731: **143**; Gleditsch, Johann Friedrich 107; Richey, Michael 252
Hübner, Lorenz, Jesuit, Theologe, Publizist, * 1751, † 1807: **144**
Hülsen, August Ludwig, Philosoph, * 1765, † 1809: **144**
Hüpsch, (Johann Wilhelm Karl) Adolf Baron von, Gelehrter, Sammler, * 1730, † 1805: Eichhoff, Johann Peter 73
Hufeland, Christoph Wilhelm, Mediziner, * 1762, † 1836: **144**; Hufeland, Gottlieb 145; Humboldt, Wilhelm von 147; Reil, Johann Christian 246
Hufeland, Gottlieb, Rechtsgelehrter, * 1760, † 1817: **145**; Feuerbach, Paul Johann Anselm Ritter von 85
Hugo, Gustav, Jurist, * 1764, † 1844: **145**; Müller, Adam Heinrich Ritter von Nittersdorf 216
Humboldt, Alexander Frh. von, Geograph, Forschungsreisender, * 1769, † 1859: **146**; Blumenbach, (Johann) Friedrich 35; Campe, Joachim Heinrich 51; Cotta von Cottendorf, Johann Friedrich 59; Engel, Johann Jakob 75; Forster, (Johann) Georg (Adam) 91; Herz, Henriette (Julie) 134; Humboldt, Wilhelm von 147; Jacobi, Friedrich Heinrich 153; Kunth, (Gottlob Johann) Christian 180; Louis Ferdinand von Hohenzollern, Prinz von Preußen 192; Moritz, Karl Philipp 212; Werner, Abraham Gottlob 316
Humboldt, Alexander Georg von, Militär, * 1720, † 1779: Humboldt, Wilhelm von 147
Humboldt, Karoline von, * 1766, † 1829: Humboldt, Wilhelm von 147
Humboldt, Wilhelm von, Gelehrter, Staatsmann, * 1767, † 1835: **147**; Altenstein, Karl (Sigmund Franz) Frh. vom Stein zum 6; Arnstein, Fanny Frfr. von 12; Beyme, Karl Friedrich von 33; Campe, Joachim Heinrich 51; Clermont, (Johann) Arnold 57; Cotta von Cottendorf, Johann Friedrich 59; Ebel, Johann Gottfried 71; Engel, Johann Jakob 75; Gentz, Friedrich 104; Hardenberg, Karl August Fürst 123; Herbart, Johann Friedrich 131; Herz, Henriette (Julie) 134; Huber, (Marie) Therese (Wilhelmine) 143; Humboldt, Alexander Frh. von 146; Jacobi, Friedrich Heinrich 153; Kunth, (Gottlob Johann) Christian 180; Nicolovius, Georg Heinrich Ludwig 226; Niethammer, Friedrich Immanuel 226; Pappenheimer, Heymann (Chaim) Salomon 234; Schlegel, August Wilhelm von 264; Süvern, Johann Wilhelm 290; Wolf, Friedrich August (Christian Wilhelm) 323
Hume, David, engl. Philosoph, Ökonom, Historiker, * 1711, † 1776: Herder, Johann Gottfried 131; Holbach, Paul (Heinrich) Thiry (Dietrich) Baron von 141; Jakob, Ludwig Heinrich von 155; Kraus, Christian Jakob 176; Schulze, Gottlob Ernst 273; Tetens, Johann Nicolaus 293

Hurd

Hurd, Richard, Philologe: Eschenburg, Johann Joachim 78
Huster, Johann Georg, † 1803: Globig, (Hans) Ernst von 108
Huygens, Christiaan, niederländ. Mathematiker, Physiker, Astronom, Uhrenbauer, * 1629, † 1695: Bernoulli, Johann 31; Leibniz, Gottfried Wilhelm 184; Tschirnhaus, Ehrenfried Walther von 300
Ickstatt, Johann Adam Frh. von, Jurist, * 1702, † 1776: **149**; Lori, Johann Georg von 192
Iffland, August Wilhelm, Schauspieler, Dramatiker, Regisseur, Intendant, * 1759, † 1814: **149**; Dalberg, Wolfgang Heribert (Tobias Otto Maria Johann N.) Frh. von 66; Göschen, Georg Joachim 110; Humboldt, Wilhelm von 147
Immermann, Karl Leberecht, Jurist, Schriftsteller, * 1796, † 1840: Cotta von Cottendorf, Johann Friedrich 59; Tieck, (Johann) Ludwig 297
Ingen-Housz, Jan, Naturforscher, Mediziner, * 1730, † 1799: Swieten, Gerard van 291
Irenaeus, Christophorus (Pseud.) → Arnold, Gottfried
Irwing, Karl Franz von, Schulmann, Oberkonsistorialrat, * 1728, † 1801: **150**
Isabella von Parma, Kaiserin, Königin von Böhmen und Ungarn, * 1741, † 1763: Joseph II., römisch-deutscher Kaiser, Erzherzog von Österreich, König von Böhmen und von Ungarn 157
Iselin, Isaak, schweizer. Philosoph, * 1728, † 1782: **150**; Iselin, Jacob Christoph 150; Wegelin, Jakob (Daniel) 313
Iselin, Jacob Christoph, schweizer. reformierter Theologe, Historiker, * 1681, † 1737: **150**; Iselin, Isaak 150
Isenbiehl, Johann Lorenz, kath. Theologe, * 1744, † 1818: **150**
Ith, Johann Samuel, schweizer. reformierter Theologe, Pädagoge, * 1747, † 1813: **151**
Itzig, (Isaak) Daniel, Bankier, * 1723, † 1799: Arnstein, Fanny Frfr. von 12; Bendavid, Lazarus 27; Friedländer, David (Joachim) 94; Itzig, Isaak Daniel 151
Itzig, Fanny (geb.) → Arnstein, Fanny Frfr. von
Itzig, Isaak Daniel, Bankier, Beamter, * 1750, † 1806: **151**
Itzig, Sara: Bach, Wilhelm Friedemann 16
Jablonski, Daniel Ernst, evang. Theologe, * 1660, † 1741: **153**
Jablonski, Peter Figulus, evang. Theologe, * 1617, † 1670: Jablonski, Daniel Ernst 153
Jachmann, Reinhold Bernhard, Pädagoge, * 1767, † 1843: **153**
Jacobi, Friedrich Heinrich, Kaufmann, Beamter, Schriftsteller, Philosoph, * 1743, † 1819: **153**; Bouterwek, Friedrich (Ludewig) 41; Carus, Friedrich August 53; Claudius, Matthias 55; Dohm, Christian Conrad (Wilhelm) von 70; Gallitzin, (Adelheid) Amalie Fürstin von 101; Hamann, Johann Georg 121; Heinse, (Johann Jakob) Wilhelm 129; Herder, Johann Gottfried 131; Humboldt, Wilhelm von 147; Jacobi, Johann Georg 154; Klinger, Friedrich Maximilian von 170; Mendelssohn, Moses 204; Müller, Friedrich 217; Nicolovius, Georg Heinrich Ludwig 226; Reimarus, Margaretha Elisabeth 248; Reinhold, Karl Leonhard 250; Schenk, (Johann) Heinrich Ritter von 261; Schlegel, (Karl Wilhelm) Friedrich von 265; Schleiermacher, Friedrich Daniel Ernst 266; Soemmerring, Samuel Thomas von 279
Jacobi, Johann Georg, Schriftsteller, * 1740, † 1814: **154**; Heinse, (Johann Jakob) Wilhelm 129; Sarasin, Jacob 259
Jacobson, Israel, Bankier, * 1768, † 1828: 154
Jagemann, Christian Joseph, Literarhistoriker, Romanist, Bibliothekar, * 1735, † 1804: **154**
Jahn, Friedrich Ludwig, Pädagoge, Politiker, * 1778, † 1852: Villaume, Peter 308
Jakob, Ludwig Heinrich von, Philosoph, Staatswissenschaftler, * 1759, † 1827: **155**; Barkhausen, Heinrich Ludwig Willibald 19; Krug, Leopold 178
Jariges, Pandin de (eigentl.) → Jariges, Philipp Joseph von
Jariges, Philipp Joseph von, Staatsmann, * 1706, † 1770: **155**
Jean Paul, Schriftsteller, Philosoph, * 1763, † 1825: **155**; Cotta von Cottendorf, Johann Friedrich 59; Degen, Johann Friedrich 67; Feßler, Ignaz Aurelius 85; Gleim, Johann Wilhelm Ludwig 108; Hamann, Johann Georg 121; Huber, (Marie) Therese (Wilhelmine) 143; Kalb, Charlotte (Sophie Juliane) von 162; Meyern, Wilhelm Friedrich von 208; Moritz, Karl Philipp 212; Platner, Ernst 238
Jemehr, T. S. (Pseud.) → Hermes, Johann Timotheus
Jenisch, Daniel, evang. Theologe, Polyhistor, * 1762, † 1804 (?): **156**
Jenner, Edward, brit. Mediziner, * 1749, † 1823: Ballhorn, Georg Friedrich 18
Jérôme Bonaparte, König von *Westfalen*, * 1784, † 1860: Beethoven, Ludwig van 25; Jacobson, Israel 154; Reichardt, Johann Friedrich 246; Reinhard, Karl Friedrich Graf von 249
Jerusalem, Johann Friedrich Wilhelm, luth. Theologe, * 1709, † 1789: **156**; Jerusalem, Karl Wilhelm 157
Jerusalem, Karl Wilhelm, Jurist, Schriftsteller, * 1747, † 1772: **157**; Jerusalem, Johann Friedrich Wilhelm 156
Joch, Alexander von (Pseud.) → Hommel, Karl Ferdinand
Jocosus d. J. (Pseud.) → Curio, (Johann) Carl Daniel
Jöcher, Christian Gottlieb, Polyhistor, Lexikograph, * 1694, † 1758: **157**; Gleditsch, Johann Friedrich 107; Mencke, Johann Burkhard 204
Johann Friedrich, Herzog von *Braunschweig-Lüneburg*, * 1625, † 1679: Leibniz, Gottfried Wilhelm 184
Johann Georg IV., Kurfürst von *Sachsen*, * 1668, † 1694: Tschirnhaus, Ehrenfried Walther von 300
Johann Ernst II., Herzog von *Sachsen-Weimar*, * 1627, † 1683: Stahl, Georg Ernst 284

Johnson, Joseph, engl. Verleger, * 1738, † 1809: Füssli, Johann Heinrich 100
Johnson, Samuel, engl. Schriftsteller, * 1709, † 1784: Wezel, Johann Karl 318
Jordan, Charles Etienne, evang. Theologe, Bibliothekar, * 1700, † 1745: **157**
Joseph II., römisch-deutscher Kaiser, Erzherzog von Österreich, König von Böhmen und von Ungarn, * 1741, † 1790: **157**; Ambros, Michael Hermann 7; Arenberg, Ludwig Engelbert Herzog von 10; Beck, Christian August Frh. von 24; Beethoven, Ludwig van 25; Biwald, Leopold (Gottlieb) 34; Bönicke, Johann Michael 39; Bretschneider, Heinrich Gottfried von 44; Frank, Johann (Peter) 93; Friedrich II. der Große, König in, seit 1772 von Preußen 94; Gmeiner, Franz Xaver 108; Homberg, Herz 141; Justi, Johann Heinrich Gottlob von 159; Karl August, Herzog, seit 1815 Großherzog von Sachsen-Weimar-Eisenach 164; Kaunitz, Wenzel Anton Fürst von 167; Klopstock, Friedrich Gottlieb 170; Leopold II., Erzherzog von Österreich, Großherzog von Toskana (Pietro Leopoldo), König von Ungarn, römisch-deutscher Kaiser 186; Martinovics, Ignaz Joseph 199; Mozart, Wolfgang Amadeus 215; Opiz, Johann Ferdinand 231; Pezzl, Johann 237; Pütter, Johann Stephan 240; Rautenstrauch, Franz Stephan 244; Rautenstrauch, Johann 244; Rotteck, Karl Wenzeslaus Rodecker von 254; Schubart, Christian Friedrich Daniel 272; Schubart, Johann Christian Edler von Kleefeld 272; Wessely, Hartwig 317; Zinzendorf, Karl Graf von 330
Joseph Maria, Graf von Thun-Hohenstein, Bischof von *Passau*, * 1713, † 1763: **158**
Josepha Maria Antonia von Bayern, römisch-deutsche Kaiserin, * 1739, † 1767: Joseph II., römisch-deutscher Kaiser, Erzherzog von Österreich, König von Böhmen und von Ungarn 157
Julius, Pferdehändler: Pappenheimer, Heymann (Chaim) Salomon 234
Jung, Johann Heinrich (eigentl.) → Jung-Stilling, Johann Heinrich
Jung-Stilling, Johann Heinrich, Mediziner, Kameralist, Schriftsteller, * 1740, † 1817: **158**; Karl Friedrich, Markgraf, Großherzog von Baden 164; Lenz, Jakob (Michael Reinhold) 186; Saltzmann, Friedrich Rudolf 258
Junius, Johann Friedrich, Buchhändler, Verleger, * 1725, † 1794: **159**
Junkheim, Johann Zacharias Leonhard, Theologe, Philologe, Liederdichter, * 1729, † 1790: Uz, Johann Peter 304
Justi, Johann Heinrich Gottlob von, Volkswirtschaftler, * 1717, † 1771: **159**
Justus, Friederich, Kaufmann, * 1722, † 1784: **159**
Kaempfer, Engelbert, Mediziner, Ostasienforscher, * 1651, † 1716: **161**
Kästner, Abraham Gotthelf, Mathematiker, Schriftsteller, * 1719, † 1800: **161**; Baldinger, Dorothea Friderika 18; Cronegk, Johann Friedrich Frh. von 62; Lichtenberg, Georg Christoph 189; Mylius, Christlob 221
Kahle, Ludwig Martin, Jurist, Philosoph, * 1712, † 1775: **161**
Kalb, Charlotte (Sophie Juliane) von, Schriftstellerin, * 1761, † 1843: **162**; Hölderlin, (Johann Christian) Friedrich 138
Kalb, Heinrich von, Offizier in frz. Diensten, * 1752, † 1806: Kalb, Charlotte (Sophie Juliane) von 162
Kant, Immanuel, Philosoph, * 1724, † 1804: **162**; Abegg, Johann Friedrich 1; Abel, Jakob Friedrich von 1; Abicht, Johann Heinrich 2; Achenwall, Gottfried 2; Baggesen, Jens Immanuel 17; Bardili, Christoph Gottfried 19; Baumgarten, Alexander Gottlieb 23; Beck, Jacob Sigismund 25; Bendavid, Lazarus 27; Bengel, Ernst Gottlieb 27; Berens, Johann Christoph 28; Berg, Franz 28; Bering, Johannes 29; Blumenbach, (Johann) Friedrich 35; Born, Friedrich Gottlieb 40; Broxtermann, Theobald Wilhelm 46; Carus, Friedrich August 53; Crusius, Christian August 62; Eberhard, Johann August 71; Erhard, Johann Benjamin 76; Feder, Johann Georg Heinrich 84; Fellenberg, Philipp Emanuel von 85; Fernow, Carl Ludwig 85; Fichte, Johann Gottlieb 86; Flatt, Johann Friedrich 89; Frorath, Wilhelm 99; Gentz, Friedrich 104; Gerstenberg, Heinrich Wilhelm von 105; Greiling, Johann Christoph 115; Hamann, Johann Georg 121; Hartknoch, Johann Friedrich 124; Herbart, Johann Friedrich 131; Herder, Johann Gottfried 131; Herz, Henriette (Julie) 134; Herz, (Naphtali) Markus 134; Heß, Jonas Ludwig von 134; Heydenreich, Karl Heinrich 136; Hippel, Theodor Gottlieb von 136; Hölderlin, (Johann Christian) Friedrich 138; Hufeland, Gottlieb 145; Humboldt, Alexander Frh. von 146; Jachmann, Reinhold Bernhard 153; Jacobi, Friedrich Heinrich 153; Jakob, Ludwig Heinrich von 155; Jenisch, Daniel 156; Jung-Stilling, Johann Heinrich 158; Kiesewetter, Johann Gottfried Karl Christian 168; Knutzen, Martin 173; Kraus, Christian Jakob 176; Krug, Wilhelm Traugott 178; Lambert, Johann Heinrich 181; Lenz, Jakob (Michael Reinhold) 186; Likavetz, Joseph Kalasanz 190; Lindner, Johann Gotthelf 191; Loewe, Joel 191; Maass, Johann Gebhard Ehrenreich 197; Maimon, Salomon 197; Meier, Georg Friedrich 202; Mellin, George Samuel Albert 203; Mutschelle, Sebastian 220; Obereit, Jakob Hermann 229; Platner, Ernst 238; Reche, Johann Wilhelm 244; Rehberg, August Wilhelm 245; Reinhard, Franz Volkmar 249; Reinhold, Karl Leonhard 250; Rinck, Friedrich Theodor 253; Rotteck, Karl Wenzeslaus Rodecker von 254; Rüdiger, (Johann) Andreas 255; Scheffner, Johann George 260; Schiller, (Johann Christoph) Friedrich von 261; Schleiermacher, Friedrich Daniel Ernst 266; Schmid, Karl Christian Erhard 270; Schultz, Franz Albert 273; Selle, Christian Gottlieb 276; Soemmerring, Samuel Thomas von 279; Stäudlin, Carl Friedrich 283; Stapfer, Philipp Albert 285; Stattler, Benedikt

Kantaros

(Alexius Andreas) 285; Tetens, Johann Nicolaus 293; Tieftrunk, Johann Heinrich 297; Tzschirner, Heinrich Gottlieb 301; Weiller, Cajetan von 314; Wenzel, Gottfried Immanuel 316; Wernher, Johann Balthasar 317; Zedlitz und Leipe, Karl Abraham Frh. von 327

Kantaros (Pseud.) → Krug, Wilhelm Traugott

Kanter, Johann Jakob, Buchhändler, * 1738, † 1786: **163**; Hartknoch, Johann Friedrich 124; Hartung, Gottlieb Lebrecht 125

Karl VI., Kaiser, als Karl III. König von Spanien, * 1685, † 1740: Eccard, Johann Georg von 72; Friedrich II. der Große, König in, seit 1772 von Preußen 94; Joseph Maria, Graf von Thun-Hohenstein, Bischof von Passau 158; Leibniz, Gottfried Wilhelm 184

Karl VII., Kaiser, als Karl Albrecht Kurfürst von Bayern, * 1697, † 1745: Ickstatt, Johann Adam Frh. von 149

Karl Alexander, Markgraf von *Ansbach-Bayreuth*, * 1736, † 1806: Altenstein, Karl (Sigmund Franz) Frh. vom Stein zum 6

Karl Friedrich, Markgraf, Großherzog von *Baden*, * 1728, † 1811: **164**; Brauer, Johann (Nikolaus) Friedrich 42; Jung-Stilling, Johann Heinrich 158; Klopstock, Friedrich Gottlieb 170; Klüber, Johann Ludwig 172; Schlettwein, Johann August 268; Schlosser, Johann Georg 269

Karl III. Wilhelm, Markgraf von *Baden-Durlach*, * 1679, † 1738: Karl Friedrich, Markgraf, Großherzog von Baden 164

Karl Wilhelm Friedrich, Markgraf von *Brandenburg-Ansbach*, * 1712, † 1757: Christian Friedrich Carl Alexander, Markgraf von Ansbach-Bayreuth 6; Neukirch, Benjamin 224

Karl I., Herzog von *Braunschweig*-Lüneburg (-Wolfenbüttel), * 1713, † 1780: Anna Amalia, Herzogin von Sachsen-Weimar-Eisenach 9; Fabricius, Johann Andreas 83; Jerusalem, Johann Friedrich Wilhelm 156; Karl Wilhelm Ferdinand, Herzog von Braunschweig-Lüneburg(-Wolfenbüttel) 164

Karl Wilhelm Ferdinand, Herzog von *Braunschweig*-Lüneburg(-Wolfenbüttel), * 1735, † 1806: **164**; Pockels, Karl Friedrich 239; Vieweg, Johann Friedrich 308

Karl von Sachsen, Herzog von *Kurland*, * 1733, † 1796: Bischoffwerder, Hans Rudolf von 34

Karl Leopold, Herzog von *Mecklenburg-Schwerin*, * 1678, † 1747: Liscow, Christian Ludwig 191

Karl Joseph, Erzherzog von *Österreich*, * 1745, † 1761: Leopold II., Erzherzog von Österreich, Großherzog von Toskana (Pietro Leopoldo), König von Ungarn, römisch-deutscher Kaiser 186

Karl (I.) Ludwig, Kurfürst von der *Pfalz*, * 1618, † 1680: Pufendorf, Samuel Frh. von 241

Karl (IV.) Theodor, Kurfürst von der *Pfalz* und von Bayern, * 1724, † 1799: Brinkmann, Johann Peter 45; Dalberg, Wolfgang Heribert (Tobias Otto Maria Johann N.) Frh. von 66; Hübner, Lorenz 144; Lamey, Andreas 182; Lori, Johann Georg von 192; Montgelas, Maximilian Joseph Frh. 211; Müller, Friedrich 217; Rumford, Benjamin Thompson 256; Zaupser, Andreas (Dominikus) 327

Karl II. August, *Pfalz*graf bei Rhein, Herzog von Zweibrücken, * 1746, † 1795: Montgelas, Maximilian Joseph Frh. 211

Karl August, Herzog, seit 1815 Großherzog von *Sachsen-Weimar-Eisenach*, * 1757, † 1828: **164**; Anna Amalia, Herzogin von Sachsen-Weimar-Eisenach 9; Büttner, Christian Wilhelm 49; Ekhof, (Hans) Conrad (Dietrich) 74; Goethe, Johann Wolfgang von 111; Karoline, Landgräfin von Hessen-Darmstadt 166; Knebel, Karl Ludwig von 172; Knigge, Adolph Frh. 172; Lenz, Jakob (Michael Reinhold) 186; Moritz, Karl Philipp 212; Wieland, Christoph Martin 319

Karl XI., König von *Schweden*, * 1655, † 1697: Pufendorf, Samuel Frh. von 241

Karl XIV. Johann, König von *Schweden* und *Norwegen*, * 1763, † 1844: Crome, August Friedrich Wilhelm 61

Karl Alexander, Herzog von *Württemberg*, * 1684, † 1737: Bilfinger, Georg Bernhard 33; Karl Eugen, Herzog von Württemberg 165

Karl Eugen, Herzog von *Württemberg*, * 1728, † 1793: **165**; Autenrieth, Jakob Friedrich 13; Haug, Balthasar 126; Schiller, (Johann Christoph) Friedrich von 261; Schubart, Christian Friedrich Daniel 272; Schwab, Johann Christoph 274

Karoline Luise, Markgräfin von *Baden-Durlach*, Zeichnerin, Malerin, * 1723, † 1783: Karl Friedrich, Markgraf, Großherzog von Baden 164

Karoline Mathilde, Königin von *Dänemark*, * 1751, † 1775: Struensee, Johann Friedrich 288

Karoline, Kurfürstin von *Hannover*, Königin von Großbritannien, * 1683, † 1737: **166**

Karoline, Landgräfin von *Hessen-Darmstadt*, * 1721, † 1774: **166**

Karoline, Herzogin von *Pfalz-Zweibrücken*: Leuchsenring, Franz (Michael) 189

Karsch, Anna Luise, Dichterin, * 1722, † 1791: **166**; Bandemer, Susanne von 19

Karsten, Lorenz, Kameralist, * 1751, † 1829: **167**

Kaspar, Hans (Pseud.) → Ambros, Michael Hermann

Katharina II., Kaiserin von *Rußland*, * 1729, † 1796: Euler, Leonhard 79; Grimm, (Friedrich) Melchior Frh. von 116; Heinrich, Prinz von Preußen 129; Reiffenstein, Johann Friedrich 246; Wolke, Christian Hinrich 324; Zimmermann, Johann Georg 330

Katharina Palowna, Großfürstin von *Rußland*, * 1788, † 1819: Buhle, Johann Gottlieb Gerhard 49

Kauffmann, Angelica (Maria Anna Angelica Catarina), Malerin, Zeichnerin, Radiererin, * 1741, † 1807: Firmian, Karl Gotthard Graf und Herr zu 88

Kaufmann, Christoph, Schriftsteller, * 1753, † 1795: Klinger, Friedrich Maximilian von 170; Müller, Friedrich 217

Kaunitz, Wenzel Anton Fürst von, österr. Staatsmann, * 1711, † 1794: **167**; Joseph II., römisch-deutscher Kaiser, Erzherzog von Österreich, König von Böhmen und von Ungarn 157; Leopold II., Erzherzog von Österreich, Großherzog von Toskana (Pietro Leopoldo), König von Ungarn, römisch-deutscher Kaiser 186; Pezzl, Johann 237

Keller, Maria Anna Aloysia Apollonia, * 1729, † 1800: Haydn, (Franz) Joseph 126

Kellner, Margarete Elisabeth, * 1759, † 1848: Lichtenberg, Georg Christoph 189

Kennedy, Ildephons, Benediktiner, Naturforscher, * 1722, † 1804: **167**

Kepler, Johannes, Astronom, Mathematiker, * 1571, † 1630: Hansch, Michael Gottlieb 122

Kerner, Johann (Georg), Journalist, * 1770, † 1812: **167**

Kerner, Justinus (Andreas Christian) von, Mediziner, Dichter, Musiker, * 1786, † 1862: Conz, Karl Philipp 58; Cotta von Cottendorf, Johann Friedrich 59; Mesmer, Franz Anton 206

Ketteler, Wilhelm Emmanuel Frh. von, kath. Theologe, Bischof von Mainz, * 1811, † 1877: Görres, (Johann) Joseph von 109

Keyßler, Johann Georg, Altertumskundler, Schriftsteller, * 1693, † 1743: **167**

Kiesewetter, Johann Gottfried Karl Christian, Philosoph, * 1766, † 1819: **168**

Kind, (Johann) Friedrich, Schriftsteller, Librettist, * 1768, † 1843: Göschen, Georg Joachim 110

Kindermann, Ferdinand Ritter von Schulstein, kath. Theologe, Bischof von Leitmeritz, Schulreformer, * 1740, † 1801: **168**

Kircheisen, Friedrich Leopold von, Staatsmann, * 1749, † 1825: **168**

Kirms, Wilhelmine: Hölderlin, (Johann Christian) Friedrich 138

Kirnberger, Johann Philipp, Musiktheoretiker, Komponist, * 1721, † 1783: Bach, Carl Philipp Emanuel 15; Bach, Wilhelm Friedemann 16

Kirwan, Richard, irischer Jurist, Chemiker, * 1733, † 1812: Crell, Lorenz Florens Friedrich von 61

Klages, Ludwig, Philosoph, Psychologe, * 1872, † 1956: Lavater, Johann Caspar 183

Klarmann, Georg (Adam), kath. Theologe, Schriftsteller, * 1761, † 1840: **168**

Klein, Ernst Ferdinand, Jurist, * 1744, † 1810: **168**; Humboldt, Wilhelm von 147

Kleinschrod, Gallus Aloysius Caspar, Jurist, * 1762, † 1824: **169**

Kleist, Ewald von, Militär, * 1881, † 1954: Gleim, Johann Wilhelm Ludwig 108

Kleist, Ewald Christian von, Dichter, * 1715, † 1759: **169**

Kleist, (Bernd) Heinrich (Wilhelm) von, Dichter, * 1777, † 1811: **169**; Böttiger, Karl August 39; Cotta von Cottendorf, Johann Friedrich 59; Graff, Anton 114; Krug, Wilhelm Traugott 178; Müller, Adam Heinrich Ritter von Nittersdorf 216; Stägemann, (Christian) Friedrich August von 283; Tieck, (Johann) Ludwig 297; Wetzel, Friedrich Gottlob Karl 318

Kleist, Joachim Friedrich von, Militär, * 1728, † 1788: Kleist, (Bernd) Heinrich (Wilhelm) von 169

Kleist, Ulrike von, * 1774, † 1849: Kleist, (Bernd) Heinrich (Wilhelm) von 169

Klencke, Karoline Luise von, Schriftstellerin, * 1754, † 1802: Karsch, Anna Luise 166

Klermondt, Johann Arnold → Clermont, (Johann) Arnold

Klettenberg, Susanne Katharina von, Schriftstellerin, * 1723, † 1774: Goethe, Johann Wolfgang von 111; Moser, Friedrich Carl Frh. von 213

Klinger, Friedrich Maximilian von, Schriftsteller, Militär, * 1752, † 1831: **170**; Heinse, (Johann Jakob) Wilhelm 129; Müller, Friedrich 217; Sarasin, Jacob 259

Klopstock, Friedrich Gottlieb, Dichter, Literaturtheoretiker, * 1724, † 1803: **170**; Affsprung, Johann Michael 4; Amende, Johann Joachim Gottlob 7; Bodmer, Johann Jakob 37; Bohn, Johann Carl 39; Breitinger, Johann Jacob 43; Büsch, Johann Georg 48; Campe, Joachim Heinrich 51; Claudius, Matthias 55; Contessa, Christian Jakob 58; Cramer, Johann Andreas 60; Denis, (Johann Nepomuk Cosmas) Michael 68; Ebeling, Christoph Daniel 71; Ehlers, Martin 73; Füssli, Johann Heinrich 100; Gellert, Christian Fürchtegott 103; Gerstenberg, Heinrich Wilhelm von 105; Giseke, Nikolaus Dietrich 107; Gleim, Johann Wilhelm Ludwig 108; Göschen, Georg Joachim 110; Haschka, Lorenz Leopold 125; Heise, Johann Arnold 130; Herder, Johann Gottfried 131; Hirzel, Hans Caspar d. Ä. 137; Hölderlin, (Johann Christian) Friedrich 138; Humboldt, Wilhelm von 147; Kütner, Karl August 179; Merck, Johann Heinrich 205; Meyer, Friedrich Johann Lorenz 207; Müller, Friedrich 217; Müller, Johann Samuel 218; Münter, Friedrich (Christian Karl Heinrich) 219; Reimarus, Margaretha Elisabeth 248; Resewitz, Friedrich Gabriel 251; Sander, Heinrich 259; Sinclair, Isaak von 278; Staudinger, Lucas Andreas 286; Sturz, Helfrich Peter 289; Sulzer, Johann Georg(e) 290; Tscharner, Vinzenz Bernhard von 300; Wessely, Hartwig 317; Wieland, Christoph Martin 319

Klose, Carl Rudolf Wilhelm, Bibliothekar, * 1804, † 1873: Edelmann, Johann Christian 72

Klose, Friedrich, Komponist, * 1862, † 1942: Edelmann, Johann Christian 72

Klotz, Christian Adolph, Philologe, * 1738, † 1771: **172**; Brieleb, Johann Christian 44; Jacobi, Johann Georg 154; Riedel, Friedrich Just(us) 252

Klüber, Johann Ludwig, Jurist, Diplomat, * 1762, † 1837: **172**

Knebel, Karl Ludwig von, Schriftsteller, * 1744, † 1834: **172**; Karl August, Herzog, seit 1815 Großherzog von Sachsen-Weimar-Eisenach 164

Knebel, Luise von, Sängerin, * 1778, † 1862: Knebel, Karl Ludwig von 172

Knigge, Adolph Frh., Schriftsteller, * 1752, † 1796: **172**; Albrecht, Heinrich Christoph 5; Buchholz, (Paul Ferdinand) Friedrich 48; Göchhausen, Ernst

Knigge

August Anton Frh. von 108; Weishaupt, Johann Adam Joseph 315
Knigge, Philipp Carl von, Jurist, * 1723, † 1766: Knigge, Adolph Frh. 172
Knutzen, Martin, Philosoph, * 1713, † 1751: **173**; Kant, Immanuel 162
Koch, Christoph Wilhelm Edler von, Jurist, * 1737, † 1813: Schöpflin, Johann Daniel 271
Koch, Heinrich Gottfried, Schauspieler, Theaterleiter, * 1705 (1703 ?), † 1775: Engel, Johann Jakob 75; Weiße, Christian Felix 315
König, Eva (Katharina), * 1736, † 1778: **173**; Lessing, Gotthold Ephraim 187
König, Friedrich (Gottlob), Erfinder, * 1774, † 1833: Spener, Johann Karl Philipp 281
König, Johann Ulrich von, Dichter, * 1688, † 1744: **173**
König, Samuel, Pietist, Mathematiker, * 1671, † 1750: König, (Johann) Samuel 174
König, (Johann) Samuel, Mathematiker, Physiker, Philosoph, Jurist, * 1712, † 1757: **174**; Maupertuis, Pierre-Louis de Moreau 200
Königsegg und Rothenfels, Maximilian Friedrich Reichsgraf von, Kurfürst und Erzbischof von Köln, Fürstbischof von Münster, * 1708, † 1784: Belderbusch, Kaspar Anton Frh. von 27; Hedderich, Philipp 127
Köpken, Friedrich von, Lyriker, Übersetzer, Publizist, * 1737, † 1811: **174**
Körner, Christian Gottfried, Jurist, Schriftsteller, * 1756, † 1831: Göschen, Georg Joachim 110; Huber, Ludwig Ferdinand 142; Schiller, (Johann Christoph) Friedrich von 261
Körner, (Karl) Theodor, Dichter, * 1791, † 1813: Graff, Anton 114
Köster, He(i)nrich Martin Gottfried, Historiker, Publizist, * 1734, † 1802: **174**
Kohlbrenner, Johann Franz Seraph, Publizist, * 1728, † 1783: **175**
Kohlhardt, Friedrich, Schauspieler, * um 1690, † 1741: Neuber, Friederike Caroline 224
Koller, Anna Maria, * 1707, † 1754: Haydn, (Franz) Joseph 126
Konstantin Pawlowitsch, Großfürst von Rußland, * 1779, † 1831: Brinkmann, Johann Peter 45
Kordes, Berend, Bibliothekar, * 1762, † 1823: **175**
Korn, Johann Gottlieb, Buchhändler, * 1765, † 1837: **175**; Korn, Wilhelm Gottlieb 175
Korn, Johann Jacob, Buchhändler, Verleger, * 1702, † 1756: **175**; Korn, Johann Gottlieb 175; Korn, Wilhelm Gottlieb 175
Korn, Wilhelm Gottlieb, Verleger, * 1739, † 1806: **175**; Korn, Johann Gottlieb 175; Korn, Johann Jacob 175
Kortholt, Christian, luth. Theologe, * 1633, † 1694: Francke, August Hermann 91
Kortum, Carl Arnold → Cortüm, Karl Arnold
Kotzebue, August (Friedrich) von, Schriftsteller, * 1761, † 1819: **175**; Ackermann, Ernst Wilhelm 3; Fries, Jakob Friedrich 97; Hartung, Georg Friedrich 125; Iffland, August Wilhelm 149;

Kummer, Paul Gotthelf 179; Reichard, Heinrich August Ottokar 245; Sander, Johann Daniel 259
Kraus, Christian Jakob, Philosoph, Staatswissenschaftler, * 1753, † 1807: **176**; Beck, Jacob Sigismund 25; Kleist, (Bernd) Heinrich (Wilhelm) von 169
Krause, Christian Jakob → Kraus, Christian Jakob
Krause, (Georg) Friedrich, Nationalökonom, Forstwissenschaftler, * 1768, † 1838: **176**
Krebel, Gottlieb Friedrich, Schriftsteller, * 1729, † 1793: **177**
Kreittmayr, (Wiguläus Xaverius) Aloysius Frh. von, Jurist, Politiker, * 1705, † 1790: **177**
Kretschmann, Theodor von, Jurist, Politiker, * 1762, † 1820: **177**
Krieger, Johann Christian, Verleger, Buchhändler, * 1746, † 1825: **177**
Krüger, Johann Christian, Schauspieler, Schriftsteller, * 1723, † 1750: Ekhof, (Hans) Conrad (Dietrich) 71
Krüger, Johann Gottlob, Naturforscher, Mediziner, Philosoph, * 1715, † 1759: **177**; Unzer, Johanne Charlotte 304
Krünitz, Johann Georg, Mediziner, Lexikograph, * 1728, † 1796: **178**; Floerke, Heinrich Gustav 89
Krüsi, Hermann, schweizer. Pädagoge, * 1775, † 1844: Tobler, Johann Georg 298
Krug, Leopold, Nationalökonom, Statistiker, * 1770, † 1843: **178**
Krug, Wilhelm Traugott, Philosoph, * 1770, † 1842: **178**; Likavetz, Joseph Kalasanz 190
Kruse, Christian (Karsten) Hinrich, Pädagoge, Historiker, * 1753, † 1827: **179**
Kütner, Karl August, Schriftsteller, Philologe, * 1748, † 1800: **179**
Küttner, Carl Gottlob, Schriftsteller, * 1753, † 1805: **179**; Göschen, Georg Joachim 110
Kulmus, Luise Adelgunde Viktorie (geb.) → Gottsched, Luise (Adelgunde Victorie)
Kummer, Paul Gotthelf, Buchhändler, Verleger, * 1750, † 1835: **179**
Kunth, (Gottlob Johann) Christian, Gewerbepolitiker, * 1757, † 1829: **180**; Humboldt, Wilhelm von 147
Kunth, Karl Sigismund, Botaniker, * 1788, † 1850: Humboldt, Alexander Frh. von 146
Lafontaine, August (Heinrich Julius), Schriftsteller, * 1758, † 1831: **181**
La Harpe, Frédéric César de, schweizer. Politiker, * 1754, † 1838: Ochs, Peter 230
Lamberg, Abraham, Drucker, Buchhändler, * 1557, † 1629: Desing, Anselm 68
Lamberg, Joseph Dominik Graf von, Bischof von Seckau und Passau, Kardinal, * 1680, † 1761: Desing, Anselm 68
Lambert, Johann Heinrich, Mathematiker, Naturwissenschaftler, Philosoph, * 1728, † 1777: **181**; Bernoulli, Johann 32; Bode, Johann Elert 37; Castillon, Friedrich (Adolf Maximilian Gustav) 53; Crusius, Christian August 62
Lamey, Andreas, Bibliothekar, Historiker, * 1726, † 1802: **182**

Lamprecht, Jakob Friedrich, Schriftsteller, * 1707, † 1744: **182**
Lang, Karl Heinrich Ritter von, Historiker, Archivar, Schriftsteller, * 1764, † 1835: **182**
Lange, Martin, Mediziner, * 1753, † 1791: **182**
Lange, Samuel Gottlieb, evang. Theologe, Philosoph, * 1767, † 1823: **182**
Langer, Ernst Theodor, Bibliothekar, * 1743, † 1820: **182**
Lanzi, Luigi, Galeriedirektor, Schriftsteller, * 1732, † 1810: Fiorillo, Johann Dominicus 87
Laplace, Pierre Simon Marquis de, frz. Mathematiker, Physiker, * 1749, † 1827: Kant, Immanuel 162
La Roche, Georg Michael Frank von, Beamter, * 1720, † 1788: La Roche, (Marie) Sophie von 183
La Roche, (Marie) Sophie von, Schriftstellerin, * 1730, † 1807: **183**; Baldinger, Dorothea Friderika 18; Beroldingen, Joseph (Anton Siegmund) Frh. von 32; Bondeli, Julie von 40; Karoline, Landgräfin von Hessen-Darmstadt 166; Reich, Philipp Erasmus 245; Sarasin, Jacob 259; Wieland, Christoph Martin 319
Lassaulx, Catharina von, * 1779, † 1855: Görres, (Johann) Joseph von 109
Lassaulx, Franz von, Jurist, Publizist, * 1781, † 1818: **183**
Lau, Theodor Ludwig, Philosoph, Politiker, * 1670, † 1740: **183**; Bucher, Urban Gottfried 47
Laukhard, Friedrich Christian (Heinrich), evang. Theologe, Schriftsteller, * 1757, † 1822: **183**
Laupp, Heinrich: Cotta von Cottendorf, Johann Friedrich 59
Lavater, Johann Caspar, evangelisch-reformierter Theologe, Schriftsteller, * 1741, † 1801: **183**; Affsprung, Johann Michael 4; Armbruster, Johann Michael 11; Beroldingen, Joseph (Anton Siegmund) Frh. von 32; Chodowiecki, Daniel 54; Claudius, Matthias 55; Ewald, Johann Ludwig 81; Füssli, Johann Heinrich 100; Goethe, Johann Wolfgang von 111; Hamann, Johann Georg 121; Haschka, Lorenz Leopold 125; Herder, Johann Gottfried 131; Humboldt, Wilhelm von 147; Karl Friedrich, Markgraf, Großherzog von Baden 164; Knigge, Adolph Frh. 172; La Roche, (Marie) Sophie von 183; Lenz, Jakob (Michael Reinhold) 186; Lichtenberg, Georg Christoph 189; Mendelssohn, Moses 204; Müller, (Johann) Georg 217; Oberlin, Johann Friedrich 229; Pestalozzi, Johann Heinrich 235; Runge, Conrad Heinrich 256; Sarasin, Jacob 259; Zimmermann, Johann Georg 330
Lavoisier, Antoine Laurent de, frz. Chemiker, * 1743, † 1794: Crell, Lorenz Florens Friedrich von 61; Girtanner, Christoph 106; Mesmer, Franz Anton 206; Stahl, Georg Ernst 284
Leander (von Schlesien) (Pseud.) → Stolle, Gottlieb
Leber, Ferdinand Joseph Edler von, österr. Chirurg, * 1727, † 1808: Swieten, Gerard van 291
Lebrecht, Peter (Pseud.) → Tieck, (Johann) Ludwig

Lehmann, Peter Ambrosius, Diplomat, Schriftsteller, * 1663, † 1729: Krebel, Gottlieb Friedrich 177
Lehne, (Johann) Friedrich (Franz), Bibliothekar, Schriftsteller, * 1771, † 1836: **184**
Lehoc, François, frz. Diplomat: Sieveking, Georg Heinrich 278
Leibniz, Gottfried Wilhelm, Universalgelehrter, * 1646, † 1716: **184**; Ancillon, Charles 8; Bassewitz, Sabine Elisabeth Gräfin von 21; Bernoulli, Jacob 30; Bernoulli, Johann 31; Bilfinger, Georg Bernhard 33; Boyneburg, Philipp Wilhelm Graf von 42; Briegleb, Johann Christian 44; Eccard, Johann Georg von 72; Euler, Leonhard 79; Formey, Johann Heinrich Samuel 90; Frank, Johann (Peter) 93; Glafey, Adam Friedrich 107; Gottsched, Johann Christoph 113; Gundling, Jacob Paul Frh. von 118; Hansch, Michael Gottlieb 122; Herbart, Johann Friedrich 131; Jablonski, Daniel Ernst 153; Kant, Immanuel 162; Karoline, Kurfürstin von Hannover, Königin von Großbritannien 166; Lambert, Johann Heinrich 181; Maass, Johann Gebhard Ehrenreich 197; Neumann, Caspar 224; Platner, Ernst 238; Reimmann, Jakob Friedrich 249; Seckendorff, Veit Ludwig von 275; Semler, Christoph 276; Sophie Charlotte, Kurfürstin von Brandenburg, Königin in Preußen 281; Stahl, Georg Ernst 284; Thorild, Thomas 296; Tschirnhaus, Ehrenfried Walther von 300; Wolff, Christian Frh. von 323
Leisewitz, Johann Anton, Schriftsteller, * 1752, † 1806: **185**
Leisring, Franz Michael → Leuchsenring, Franz (Michael)
Lenné, Peter Joseph, Gartenbaumeister, * 1789, † 1866: Schinkel, Karl Friedrich 263
Lenz, Hugo (Pseud.) → Rambach, Friedrich Eberhard
Lenz, Jakob (Michael Reinhold), Schriftsteller, * 1751, † 1792: **186**; Merck, Johann Heinrich 205; Müller, Friedrich 217; Oberlin, Johann Friedrich 229; Saltzmann, Friedrich Rudolf 258; Sarasin, Jacob 259
Leon, Gottlieb, österr. Schriftsteller, Bibliothekar, * 1757, † 1830: Ratschky, Joseph Franz von 243
Leonhart, Dorette: Bürger, Gottfried August 48
Leonhart, Molly: Bürger, Gottfried August 48
Leopold I., Erzherzog von Österreich, König von Ungarn, römisch-deutscher Kaiser, * 1640, † 1705: Mencke, Johann Burkhard 204
Leopold II., Erzherzog von Österreich, Großherzog von Toskana (Pietro Leopoldo), König von Ungarn, römisch-deutscher Kaiser, * 1747, † 1792: **186**; Crell, Lorenz Florens Friedrich von 61; Crome, August Friedrich Wilhelm 61; Hartel, Sebastian 124; Hoffmann, Leopold Alois 140; Martinovics, Ignaz Joseph 199; Mozart, Wolfgang Amadeus 215; Pütter, Johann Stephan 240; Riedel, Andreas Frh. von 252
Leopold II. Maximilian, Fürst von *Anhalt-Dessau*, * 1700, † 1751: Leopold III. Friedrich Franz, Fürst, seit 1807 Herzog von Anhalt-Dessau 187

Leopold

Leopold III. Friedrich Franz, Fürst, seit 1807 Herzog von *Anhalt-Dessau*, * 1740, † 1817: **187**; Basedow, Johann Bernhard 20; Schadow, Johann Gottfried 260

Leopold I., Prinz von Sachsen-Coburg und Gotha, König der *Belgier*, * 1790, † 1865: Ernst I., Herzog von Sachsen-Coburg-Saalfeld, seit 1826 Sachsen-Coburg und Gotha 77

Friedrich Wilhelm **Leopold I.,** Graf zur *Lippe*, * 1767, † 1802: Pauline Christine Wilhelmine, Fürstin zur Lippe 234

Paul Alexander **Leopold II.,** Fürst zur *Lippe*, * 1796, † 1851: Pauline Christine Wilhelmine, Fürstin zur Lippe 234

Leporin, Christian Polykarp, Mediziner, * 1689, † 1747: Erxleben, Dorothea (Christiane) 78

Leporin, Dorothea Christiane (geb.) → Erxleben, Dorothea (Christiane)

Lesage, Georges-Louis, schweizer. Mathematiker, * 1724, † 1803: Jacobi, Friedrich Heinrich 153

Less, Gottfried, luth. Theologe, * 1736, † 1797: **187**

Lessing, Gotthold Ephraim, Schriftsteller, Kritiker, Philosoph, * 1729, † 1781: **187**; Abbt, Thomas 1; Bode, Johann (Joachim Christoph) 37; Breitkopf, Johann Gottlob Immanuel 44; Breyer, Johann Friedrich 44; Chodowiecki, Daniel 54; Christ, Johann Friedrich 55; Claudius, Matthias 55; Dalberg, Wolfgang Heribert (Tobias Otto Maria Johann N.) Frh. von 66; Dassdorf, Karl Wilhelm 67; Ekhof, (Hans) Conrad (Dietrich) 74; Engel, Johann Jakob 75; Eschenburg, Johann Joachim 78; Garve, Christian 101; Gellert, Christian Fürchtegott 103; Gemmingen-Hornberg, Otto Heinrich Frh. von 103; Gleim, Johann Wilhelm Ludwig 108; Göschen, Georg Joachim 110; Gottsched, Johann Christoph 113; Großmann, Gustav Friedrich Wilhelm 117; Hagedorn, Friedrich von 119; Herder, Johann Gottfried 131; Iffland, August Wilhelm 149; Jacobi, Friedrich Heinrich 153; Jerusalem, Karl Wilhelm 157; Kleist, Ewald Christian von 169; Klinger, Friedrich Maximilian von 170; Klotz, Christian Adolph 172; Knigge, Adolph Frh. 172; König, Eva (Katharina) 173; Kütner, Karl August 179; Langer, Ernst Theodor 182; Leisewitz, Johann Anton 185; Lessing, Karl Gotthelf 188; Löwen, Johann Friedrich 192; Logau, Friedrich Frh. von 192; Mendelssohn, Moses 204; Müller, Friedrich 217; Müller, Johann Samuel 218; Mylius, Christlob 221; Neuber, Friederike Caroline 224; Nicolai, (Christoph) Friedrich 225; Recke, Elisa(beth) Charlotte Konstantia von der 244; Reimarus, Hermann Samuel 247; Reimarus, Johann Albert Heinrich 248; Reimarus, Margaretha Elisabeth 248; Resewitz, Friedrich Gabriel 251; Sander, Heinrich 259; Schlegel, (Karl Wilhelm) Friedrich von 265; Schlegel, Johann Elias 266; Schwan, Christian Friedrich 275; Volkmann, Johann Jacob 309; Voß, Christian Friedrich 309; Weiße, Christian Felix 315

Lessing, Karl Gotthelf, Schriftsteller, Münzdirektor, * 1740, † 1812: **188**

Le Sueur, Blaise Nicolas, frz. Maler, Zeichner, * 1716, † 1783: Chodowiecki, Daniel 54

Leuchs, Johann Michael, Nationalökonom, Publizist, * 1763, † 1836: **189**

Leuchsenring, Franz (Michael), Schriftsteller, * 1746, † 1827: **189**

Levetzow, Ulrike von, * 1804, † 1899: Goethe, Johann Wolfgang von 111

Levin, Chaie, † 1809: Varnhagen von Ense, Rahel (Antonie Friederike) 307

Levin, Marcus, Bankier, Juwelier, * 1723, † 1790: Varnhagen von Ense, Rahel (Antonie Friederike) 307

Levin, Rahel (Antonie Friederike) (geb.) → Varnhagen von Ense, Rahel (Antonie Friederike)

Levret, André, Chirurg, * 1703, † 1780: Crantz, Heinrich Johann Nepomuk Edler von 60

Levy, Ludwig, Architekt, * 1854, † 1907: Bach, Wilhelm Friedemann 16

Leysering, Franz Michael → Leuchsenring, Franz (Michael)

L'Hôpital, Guillaume François Antoine Marquis de, frz. Mathematiker, * 1661, † 1704: Bernoulli, Jacob 30; Bernoulli, Johann 31

Lichnowsky, Karl Fürst von, * 1756 oder 1758, † 1814: Beethoven, Ludwig van 25; Mozart, Wolfgang Amadeus 215

Lichtenberg, Georg Christoph, Naturforscher, Schriftsteller, * 1742, † 1799: **189**; Baldinger, Dorothea Friderika 18; Benzenberg, Johann Friedrich 28; Girtanner, Christoph 106; Grellmann, Heinrich Moritz Gottlieb 115; Hufeland, Christoph Wilhelm 144; Humboldt, Wilhelm von 147; Lavater, Johann Caspar 183; Reimarus, Johann Albert Heinrich 248

Lichtenberg, Johann Conrad, evang. Theologe, * 1689, † 1751: Lichtenberg, Georg Christoph 189

Lichtwer, Gottfried Magnus, Schriftsteller, * 1719, † 1783: **190**; Eichholz, Friedrich Wilhelm 73

Liebeskind, August Jacob, Schriftsteller, * 1758, † 1793: **190**

Liebezeit, Christian, Buchhändler: Bohn, Johann Carl 39

Liebherr, Joseph, Mechaniker, Ingenieur, * 1767, † 1840: Utzschneider, Joseph von 304

Likavetz, Franz Xaver → Likavetz, Joseph Kalasanz

Likavetz, Joseph Kalasanz, Piarist, Theologe, Philosoph, Bibliothekar, * 1773, † 1850: **190**

Linbrunn, Johann Georg Dominicus von, Beamter, * 1714, † 1787: **191**

Linck, Johann Heinrich, Apotheker, Naturforscher, * 1674, † 1734: Mylius, Gottlieb Friedrich 221

Linde, Philander von der (Pseud.) → Mencke, Johann Burkhard

Lindner, Johann Gotthelf, Schriftsteller, * 1729, † 1776: **191**

Linné, Carl von, schwed. Naturforscher, * 1707, † 1778: Biwald, Leopold (Gottlieb) 34; Blumenbach, (Johann) Friedrich 35; Fabricius, Johann Christian 83; Unzer, Johanne Charlotte 304

Liscow, Christian Ludwig, Schriftsteller, *1701, †1760: **191**; Philippi, Johann Ernst 237
Liserin, Franz Michael → Leuchsenring, Franz (Michael)
Lizern, Franz Michael → Leuchsenring, Franz (Michael)
Lobstein, Johann Friedrich d. Ä., Anatom, Chirurg, *1736, †1784: Jung-Stilling, Johann Heinrich 158
Locke, John, engl. Philosoph, *1632, †1704: Basedow, Johann Bernhard 20; Buddeus, Johann Franz 48; Leibniz, Gottfried Wilhelm 184; Meier, Georg Friedrich 202; Rüdiger, (Johann) Andreas 255; Tetens, Johann Nicolaus 293
Löbel, Renatus Gotthelf, Jurist, *1767, †1799: Brockhaus, Friedrich Arnold 45
Loen, Johann Michael von, Jurist, reformierter Theologe, Staatswissenschaftler, Historiker, Schriftsteller, *1694, †1776: **191**
Loewe, Joel, jüdischer Exeget, Schriftsteller, *1762, †1802: **191**
Löwen, Johann Friedrich, Theaterleiter, Schriftsteller, *1727, †1771: **192**
Logau, Friedrich Frh. von, Dichter, *1604, †1655: **192**
Lori, Johann Georg von, Jurist, Staatsmann, *1723, †1787: **192**; Ickstatt, Johann Adam Frh. von 149; Linbrunn, Johann Georg Dominicus von 191; Töpsl, Franz 298
Lossius, Johann Christian, Philosoph, *1743, †1813: **192**
Louis Ferdinand von Hohenzollern, Prinz von *Preußen*, Militär, Komponist, *1772, †1806: **192**
Louise von Brandenburg-Schwedt, Prinzessin von *Preußen*, *1738, †1820: Gallitzin, (Adelheid) Amalie Fürstin von 101
Louise Augusta, Erbprinzessin von Dänemark, Herzogin von *Schleswig-Holstein-Sonderburg-Augustenburg*, *1771, †1843: Friedrich Christian II., Herzog von Schleswig-Holstein-Sonderburg-Augustenburg 97
Luca, Ignaz de, Jurist, Publizist, *1746, †1799: **193**
Luden, Heinrich, Historiker, politischer Publizist, *1778, †1847: **193**
Ludewig, Johann Peter von, Jurist, Historiker, *1668, †1743: **193**
Ludovici, Carl Günther, Handelswissenschaftler, Lexikograph, *1707, †1778: **193**
Ludwig I., König von *Bayern*, *1786, †1868: Cotta von Cottendorf, Johann Friedrich 59; Görres, (Johann) Joseph von 109; Müller, Friedrich 217; Schadow, Johann Gottfried 260
Ludwig Rudolf, Herzog von *Braunschweig*, *1671, †1735: Weichmann, Christian Friedrich 314
Ludwig XIV., König von *Frankreich*, *1638, †1715: Ancillon, Charles 8; Leibniz, Gottfried Wilhelm 184
Ludwig XV., König von *Frankreich*, *1710, †1774: Berens, Johann Christoph 28; Joseph II., römisch-deutscher Kaiser, Erzherzog von Österreich, König von Böhmen und von Ungarn 157

Ludwig XVI., König von *Frankreich*, *1754, †1793: Chastel, Franz Thomas 53
Ludwig XVIII., König von *Frankreich*, *1755, †1824: Reinhard, Karl Friedrich Graf von 249
Ludwig IX., Landgraf von *Hessen-Darmstadt*, *1719, †1790: Karoline, Landgräfin von Hessen-Darmstadt 166; Moser, Friedrich Carl Frh. von 213
Ludwig IV., Herzog von *Liegnitz*, *1616, †1663: Logau, Friedrich Frh. von 192
Ludwig Eugen, Herzog von *Württemberg*, *1731, †1795: Schwab, Johann Christoph 274
Lueder, August Ferdinand, Wirtschafts- und Staatswissenschaftler, *1760, †1819: **194**
Lüders, Philipp Ernst, Landwirtschaftsreformer, *1702, †1786: **194**
Lüdke, Friedrich Germanus, evang. Theologe, *1730, †1792: **194**
Lünig, Johann Christian, Jurist, Rechtshistoriker, *1662, †1740: **194**
Lüthy, Urs Joseph, schweizer. Staatsmann, Geschichtsforscher, *1765, †1837: **194**
Luise Auguste Wilhelmine Amalie, Königin von *Preußen*, *1776, †1810: Schadow, Johann Gottfried 260
Luise Dorothea, Herzogin von *Sachsen-Gotha-Altenburg*, *1710, †1767: **195**; Friedrich III., Herzog von Sachsen-Gotha-Altenburg 97
Luise, Herzogin (seit 1775), Großherzogin (seit 1815) von *Sachsen-Weimar-Eisenach*, *1757, †1830: Karl August, Herzog, seit 1815 Großherzog von Sachsen-Weimar-Eisenach 164; Karoline, Landgräfin von Hessen-Darmstadt 166
Lukian, griech. Schriftsteller, *um 120, †nach 180: Wieland, Christoph Martin 319
Lukrez, lat. Dichter, *wohl 97 v. Chr., †55 v. Chr.: Knebel, Karl Ludwig von 172
Luther, Martin, Reformator, *1483, †1546: De Wette, Martin Leberecht 68; Hamann, Johann Georg 121; Schadow, Johann Gottfried 260; Zedler, Johann Heinrich 327
Lux, Adam, Politiker, *1766, †1793: **195**
Maass, Johann Gebhard Ehrenreich, Philosoph, *1766, †1823: **197**
Mably, Gabriel Bonnot de, frz. Philosoph, Historiker, *1709, †1785: Frölich, Carl Wilhelm 98; Strube, David Georg 287
Machiavelli, Niccolò, polit. Schriftsteller, *1469, †1527: Bauer, Franz Nikolaus 22
Madsen, Ohle (Pseud.) → Gerstenberg, Heinrich Wilhelm von
Mälzel, Johann Nepomuk, Instrumentenbauer, *1772, †1838: Beethoven, Ludwig van 25
Magdeburg, Johann von (Pseud.) → Zschokke, (Johann) Heinrich (Daniel)
Magenau, Rudolf Friedrich Heinrich von, Schriftsteller, *1767, †1846: **197**
Mahler, Anton (Pseud.) → Rhode, Johann Gottlieb
Maimbourg, Louis, frz. Kirchenhistoriker, Jesuit, *1610, †1686: Seckendorff, Veit Ludwig von 275
Maimon, Salomon, Philosoph, *1753, †1800: **197**

Maimonides, Moses, jüdischer Philosoph, Arzt, * 1135, † 1204: Mendelssohn, Moses 204

Malebranche, Nicolas, frz. Philosoph, * 1638, † 1715: Bernoulli, Johann 31; Leibniz, Gottfried Wilhelm 184

Maler Anton (Pseud.) → Rhode, Johann Gottlieb

Maler Müller (gen.) → Müller, Friedrich

Mallinckrodt, Arnold (Andreas Friedrich), Publizist, Jurist, * 1768, † 1825: **198**; Weddigen, Peter Florens 313

Manasse ben Israel, Schriftsteller, * 1604, † 1657: Herz, (Naphtali) Markus 134

Manfredi, Eustachio, italien. Mathematiker: Algarotti, Francesco Graf von 6

Mannlich, Johann Christian von, Maler, Architekt, * 1741, † 1822: Müller, Friedrich 217

Manso, Johann Caspar Friedrich, Philologe, Übersetzer, Dichter, Historiograph, * 1759 oder 1760, † 1826: **198**

Manteuffel, Ernst Christoph Graf von, Staatsmann, * 1676, † 1749: **198**

Marezoll, Johann Gottlob, evang. Theologe, * 1761, † 1828: **198**

Maria Theresia, Erzherzogin von Österreich, Königin von Böhmen und von Ungarn, römisch-deutsche Kaiserin, * 1717, † 1780: Arenberg, Ludwig Engelbert Herzog von 10; Felbiger, Johann Ignatz von 84; Friedrich II. der Große, König in, seit 1772 von Preußen 94; Groß, Johann Gottfried 117; Joseph Maria, Graf von Thun-Hohenstein, Bischof von Passau 158; Joseph II., römisch-deutscher Kaiser, Erzherzog von Österreich, König von Böhmen und von Ungarn 157; Kaunitz, Wenzel Anton Fürst von 167; Kindermann, Ferdinand Ritter von Schulstein 168; Leopold II., Erzherzog von Österreich, Großherzog von Toskana (Pietro Leopoldo), König von Ungarn, römisch-deutscher Kaiser 186; Mayer, Johann (Georg) Friedrich (Hartmann) 201; Mozart, Wolfgang Amadeus 215; Pichler, Karoline 238; Riegger, Paul Joseph Ritter von 253; Sailer, Sebastian 257; Schirach, Gottlob Benedikt 264; Swieten, Gerard van 291; Trenck, Friedrich Frh. von der 299; Winckelmann, Johann Joachim 320; Wittola, Markus Anton 322; Zinzendorf, Karl Graf von 330

Maria Luisa von Spanien, Kaiserin, * 1745, † 1792: Leopold II., Erzherzog von Österreich, Großherzog von Toskana (Pietro Leopoldo), König von Ungarn, römisch-deutscher Kaiser 186

Maria Anna, Herzogin von *Bayern,* * 1722, † 1790: Babo, Joseph (Marius Franz) von 15; Utzschneider, Joseph von 304

Maria Anna von Österreich, Prinzessin von *Lothringen* und *Bar,* * 1718, † 1744: Swieten, Gerard van 291

Maria Antonia Walburga, Kurfürstin von *Sachsen,* Komponistin, Dichterin, * 1724, † 1780: Bach, Wilhelm Friedemann 16; Breitkopf, Johann Gottlob Immanuel 44

Marie Louise, Erzherzogin von Österreich, Kaiserin von *Frankreich,* * 1791, † 1847: Dalberg, Emmerich Joseph Herzog von 65

Mariotte, Edme Seigneur de Chazeuil, frz. Physiker, * 1620, † 1684: Leibniz, Gottfried Wilhelm 184

Marivaux, Pierre Carlet Chamblain de, frz. Schriftsteller, * 1688, † 1763: Ekhof, (Hans) Conrad (Dietrich) 74

Marperger, Paul Jacob, Kameralist, * 1656, † 1730: **198**

Marpurg, Friedrich Wilhelm, Musiktheoretiker, Komponist, * 1718, † 1795: **198**; Agricola, Johann Friedrich 4

Marschalk von Ostheim, Charlotte (Sophie Juliane) Freiin (geb.) → Kalb, Charlotte (Sophie Juliane) von

Marschall von Biberstein, Alexander, kursächsischer Geheimer Rat: Zschackwitz, Johann Ehrenfried 331

Martens, Georg Friedrich von, Jurist, Diplomat, * 1756, † 1821: **199**; Altenstein, Karl (Sigmund Franz) Frh. vom Stein zum 6

Martini, Friedrich Heinrich Wilhelm, Mediziner, Naturforscher, * 1729, † 1778: **199**

Martini, Giovanni Battista, italien. Komponist, Musiktheoretiker, * 1706, † 1784: Mozart, Wolfgang Amadeus 215

Martini zu Wasserberg, Karl Anton Frh. von, österr. Jurist, * 1726, † 1800: Riegger, Paul Joseph Ritter von 253; Sonnenfels, Joseph von 280; Zeiller, Franz Anton Edler von 328

Martinovics, Ignaz Joseph, Jakobiner, * 1755, † 1795: **199**

Marx, Karl, Publizist, sozialistischer Theoretiker, politischer Ökonom, * 1818, † 1883: Holbach, Paul (Heinrich) Thiry (Dietrich) Baron von 141

Mattheson, Johann, Komponist, Musikschriftsteller, Diplomat, * 1681, † 1764: **199**

Mauchart, Manuel David, Theologe, Pädagoge, Schriftsteller, * 1764, † 1826: **200**

Mauke, Wilhelm, Komponist, Musikkritiker, * 1867, † 1930: Besser, Johann Heinrich 32

Maupertuis, Pierre-Louis de Moreau, Polyhistor, * 1698, † 1759: **200**; König, (Johann) Samuel 174

Maus, Isaak, Bauer, Lyriker, * 1748, † 1833: **201**

Mauvillon, Jacob, Kriegswissenschaftler, Schriftsteller, * 1743, † 1794: **201**

Maximilian III. Joseph, Kurfürst von *Bayern,* * 1727, † 1777: Friedrich II. der Große, König in, seit 1772 von Preußen 94; Ickstatt, Johann Adam Frh. von 149; Kennedy, Ildephons 167; Kreittmayr, (Wiguläus Xaverius) Aloysius Frh. von 177

Maximilian I. Joseph, König von *Bayern* (als Kurfürst Maximilian IV. Joseph), * 1756, † 1825: Cotta von Cottendorf, Johann Friedrich 59; Fabri, Johann Ernst 83; Görres, (Johann) Joseph von 109; Montgelas, Maximilian Joseph Frh. 211; Pappenheimer, Heymann (Chaim) Salomon 234

Maximilian, Landgraf von *Hessen-Kassel,* * 1689, † 1753: Heinrich, Prinz von Preußen 129

Maximilian Franz, Erzherzog von Österreich, Erzbischof von *Köln,* * 1756, † 1801: Beethoven, Ludwig van 25; Fürstenberg, Franz Friedrich

Wilhelm Maria Frh. von 99; Hedderich, Philipp 127

Mayer, Johann Friedrich, luth. Theologe, * 1650, † 1712: Fabricius, Johann Albert 83

Mayer, Johann (Georg) Friedrich (Hartmann), evang. Theologe, Landwirtschaftsreformer, * 1719, † 1798: **201**

Mayer, Karoline, * 1777, † 1860: Jean Paul 155

Mayer, Wilhelm Friedrich von → Meyern, Wilhelm Friedrich von

Mayern, Wilhelm Friedrich von → Meyern, Wilhelm Friedrich von

Mayr, Beda, Benediktiner, Theologe, Dramatiker, * 1742, † 1794: **201**

Mayr, Felix (eigentl.) → Mayr, Beda

Meckel, Johann Friedrich d. Ä., Anatom, Botaniker, * 1724, † 1774: Maupertuis, Pierre-Louis de Moreau 200

Meckel, Philipp Friedrich Theodor, Chirurg, Anatom, * 1756, † 1803: Reil, Johann Christian 246

Medicus, Friedrich Casimir, Mediziner, Botaniker, * 1736, † 1808: **202**

Medicus, Ludwig Wallrad, Forstwissenschaftler, * 1771, † 1850: Medicus, Friedrich Casimir 202

Meggenhofen, Ferdinand Frh. von, österr. Beamter, Illuminat, * 1760, † 1790: **202**

Mehring, Daniel Gottlieb Gebhard, evang. Theologe, Pädagoge, Publizist, * 1759, † 1829: **202**

Meier, Georg Friedrich, Philosoph, * 1718, † 1777: **202**; Baumgarten, Alexander Gottlieb 23; Flögel, Karl Friedrich 89; Garve, Christian 101; Hirschfeld, Christian Cay Lorenz 137

Meiners, Christoph, Historiker, Ethnograph, * 1747, † 1810: **203**; Feder, Johann Georg Heinrich 84

Meisel, Reiner (Pseud.) → Eybel, Joseph Valentin

Meißner, August Gottlieb, Schriftsteller, * 1753, † 1807: **203**

Meister, Heinrich (Pseud.) → Hermes, Johann Timotheus

Meister, Jakob Heinrich, schweizer. Schriftsteller, * 1744, † 1826: **203**; Grimm, (Friedrich) Melchior Frh. von 116

Mellin, George Samuel Albert, Philosoph, * 1755, † 1825: **203**

Mencke, Johann Burkhard, Historiker, Übersetzer, Lyriker, * 1674, † 1732: **204**; Jöcher, Christian Gottlieb 157; Mencke, Otto 204

Mencke, Otto, Philosoph, * 1644, † 1707: **204**; Mencke, Johann Burkhard 204; Seckendorff, Veit Ludwig von 275

Mencken, Anastasius Ludwig, Staatsmann, Beamter, * 1752, † 1801: **204**

Mendelssohn, Brendel (geb.) → Schlegel von Gottleben, Dorothea von

Mendelssohn, Moses, Philosoph, Schriftsteller, Übersetzer, Kritiker, Fabrikant, * 1729, † 1786: **204**; Abbt, Thomas 1; Crusius, Christian August 62; Dohm, Christian Conrad (Wilhelm) von 70; Dyck, Johann Gottfried 70; Eberhard, Johann August 71; Friedländer, David (Joachim) 94; Hamann, Johann Georg 121; Henle, Elkan 130; Hennings, (Adolph Friedrich) August von 130; Herz, Henriette (Julie) 134; Herz, (Naphtali) Markus 134; Homberg, Herz 141; Iselin, Isaak 150; Jacobi, Friedrich Heinrich 153; Karsch, Anna Luise 166; Knebel, Karl Ludwig von 172; Lessing, Gotthold Ephraim 187; Lichtenberg, Georg Christoph 189; Loewe, Joel 191; Maimon, Salomon 197; Moritz, Karl Philipp 212; Nicolai, (Christoph) Friedrich 225; Pappenheimer, Heymann (Chaim) Salomon 234; Reimarus, Margaretha Elisabeth 248; Resewitz, Friedrich Gabriel 251; Schade, Georg 259; Schlegel von Gottleben, Dorothea von 265; Wessely, Hartwig 317

Mendelssohn Bartholdy, Felix (Jacob Ludwig), Komponist, * 1809, † 1847: Bach, Wilhelm Friedemann 16

Mengs, Anton Raphael, Maler, Kunstschriftsteller, * 1728, † 1779: Füssli, Johann Heinrich 100; Volkmann, Johann Jacob 309; Winckelmann, Johann Joachim 320

Merck, Johann Heinrich, Schriftsteller, Kritiker, * 1741, † 1791: **205**; Beroldingen, Joseph (Anton Siegmund) Frh. von 32; Claudius, Matthias 55; Goethe, Johann Wolfgang von 111; Herder, Johann Gottfried 131; Soemmerring, Samuel Thomas von 279

Merckel, Friedrich Theodor von, Staatsmann, * 1775, † 1846: **206**

Merian, Johann Bernhard, Bibliothekar, Philologe, * 1723, † 1807: **206**; Sulzer, Johann Georg(e) 290

Merian, Matthäus d. Ä., Graphiker, Verleger, * 1593, † 1650: Gleditsch, Johann Friedrich 107

Merkel, Garlieb (Helwig), Schriftsteller, * 1769, † 1850: **206**

Mesmer, Franz Anton, Mediziner, * 1734, † 1815: **206**; Lavater, Johann Caspar 183

Mesmer, Jakob: Mesmer, Franz Anton 206

Mesmer, Maria Ursula, * 1701, † 1770: Mesmer, Franz Anton 206

Messerschmidt, Johann Christian, Philosoph, Theologe, * 1720, † 1794: Baumeister, Friedrich Christian 22

Metastasio, Pietro, Jurist, Dichter, * 1698, † 1782: Haydn, (Franz) Joseph 126

Metternich, Mathias, Mathematiker, Publizist, Politiker, * 1747, † 1825: **207**

Metternich-Winneburg, Clemens (Wenzeslaus Lothar Nepomuk) Graf, später Fürst von, österr. Staatsmann, * 1773, † 1859: Ancillon, (Jean Pierre) Frédéric 8; Becker, Johann Nikolaus 25; Gentz, Friedrich 104; Humboldt, Wilhelm von 147; Kotzebue, August (Friedrich) von 175; Müller, Adam Heinrich Ritter von Nitterstorf 216; Schlegel von Gottleben, Dorothea von 265; Simon, Johann Friedrich 278

Metternich-Winneburg, Franz Georg Graf von, Diplomat, * 1746, † 1818: Becker, Johann Nikolaus 25

Meusel, Johann Georg, Historiker, Lexikograph, Bibliograph, * 1743, † 1820: **207**; Ersch, Johann Samuel 78; Hamberger, Georg Christoph 122

Mevius

Mevius, Johann Paul, Buchhändler, * 1702: Dieterich, Johann Christian 69
Meyer, Andreas: Clauer, Karl 56
Meyer, Friedrich Albrecht Anton, Mediziner, Schriftsteller, * 1768, † 1795: Meyer, Friedrich Ludwig Wilhelm 208
Meyer, Friedrich Johann Lorenz, Schriftsteller, * 1760, † 1844: **207**
Meyer, Friedrich Ludwig Wilhelm, Schriftsteller, * 1758 (1759 ?), † 1840: **208**
Meyer, Georg Conrad, Publizist, * 1774, † 1816: **208**
Meyer, (Johann) Heinrich, schweizer. Maler, Kunstschriftsteller, * 1760, † 1832: **208**
Meyer, Wilhelm Friedrich (eigentl.) → Meyern, Wilhelm Friedrich von
Meyerbeer, Giacomo, Komponist, * 1791, † 1864: Wolfsohn, Aron 324
Meyern, Wilhelm Friedrich von, österr. Militär, Schriftsteller, * 1762, † 1829: **208**
Michael, Großfürst von *Rußland*, * 1789, † 1849: Adelung, Friedrich von 3
Michaelis, (Dorothea) Caroline (Albertina) (geb.) → Schelling, (Dorothea) Caroline (Albertina) von
Michaelis, Christian Benedikt, evang. Theologe, Orientalist, * 1680, † 1764: Michaelis, Johann David 209
Michaelis, Johann Benjamin, Dichter, * 1746, † 1772: **208**
Michaelis, Johann David, evang. Theologe, Orientalist, * 1717, † 1791: **209**; Hamann, Johann Georg 121; Herder, Johann Gottfried 131; Schelling, (Dorothea) Caroline (Albertina) von 261; Schlözer, August Ludwig von 268; Schröckh, Johann Matthias 272
Michelangelo, italien. Bildhauer, Maler, Architekt, * 1475, † 1564: Füssli, Johann Heinrich 100; Müller, Friedrich 217
Michelotti, Pietro Antonio, italien. Mediziner, Mathematiker, * 1673, † 1740: Bernoulli, Daniel 30
Mieg, Johann Friedrich, reformierter Theologe, * 1744, † 1819: **209**
Mika, Johann Marian, Prämonstratenser, Musiker, * 1754, † 1816: Bolzano, Bernard 39
Milbiller, Joseph (Anton), kath. Theologe, Historiker, Schriftsteller, * 1733, † 1816: **209**; Schmidt, Michael Ignaz 270
Miller, Johann Martin, Schriftsteller, * 1750, † 1814: **209**; Claudius, Matthias 55
Miller, Johann Peter, evang. Theologe, Pädagoge, Schriftsteller, * 1725, † 1789: **209**; Miller, Johann Martin 209
Miltenberg (Pseud.) → Lafontaine, August (Heinrich Julius)
Milton, John, engl. Dichter, * 1608, † 1674: Bodmer, Johann Jakob 37; Füssli, Johann Heinrich 100; Gottsched, Johann Christoph 113; Klopstock, Friedrich Gottlieb 170
Mirabeau, Honoré Gabriel du Riqueti, Graf von, frz. Politiker, Publizist, * 1749, † 1791: Krug, Leopold 178; Mauvillon, Jacob 201

Mittermaier, Karl Joseph Anton, Jurist, Politiker, * 1787, † 1867: Feuerbach, Paul Johann Anselm Ritter von 85
Mizler von Kolof, Lorenz, Komponist, Musikschriftsteller, * 1711, † 1778: **210**
Moehsen, Johann Carl Wilhelm, Mediziner, Medizinhistoriker, * 1722, † 1795: **210**
Möser, Johann Zacharias, Kanzleidirektor, Konsistorialpräsident, * 1690, † 1768: Möser, Justus 210
Möser, Justus, Jurist, Historiker, Schriftsteller, * 1720, † 1794: **210**; Abbt, Thomas 1; Clauer, Karl 56; Rehberg, August Wilhelm 245; Weddigen, Peter Florens 313
Molanus, Gerard(us) Wolter(us), evang. Theologe, * 1633, † 1722: Leibniz, Gottfried Wilhelm 184
Molière, frz. Dichter, Schauspieler, Theaterleiter, * 1622, † 1673: Einsiedel, Friedrich Hildebrand von 74; Gottsched, Luise (Adelgunde Victorie) 114; Gröll, Michael 116; Iffland, August Wilhelm 149; Nicolay, Ludwig Heinrich Frh. von 225
Moller, Meta, Schriftstellerin, * 1728, † 1758: Klopstock, Friedrich Gottlieb 170
Montag, Eugen, Zisterzienser, Theologe, Historiker, * 1741, † 1811: **211**
Montag, Georg Philipp Wilhelm (eigentl.) → Montag, Eugen
Montaigne, Michel Eyquem de, frz. Schriftsteller, Philosoph, * 1533, † 1592: Titius, Johann Daniel 298
Montesquieu, Charles de Secondat, Baron de la Brède et de M., frz. Schriftsteller, Philosoph, * 1689, † 1755: Creutz, Friedrich Karl Kasimir Frh. von 61; Gentz, Friedrich 104; Häberlin, Karl Friedrich 119; Kästner, Abraham Gotthelf 161; Michaelis, Johann David 209; Strube, David Georg 287
Montgelas, Maximilian Joseph Frh., Staatsmann, * 1759, † 1838: **211**; Aretin, Johann Christoph Frh. von 10; Feuerbach, Paul Johann Anselm Ritter von 85; Harl, Johann Paul Ritter von 124; Lang, Karl Heinrich Ritter von 182; Niethammer, Friedrich Immanuel 226; Schenk, (Johann) Heinrich Ritter von 261; Utzschneider, Joseph von 304
Montmartin (du Maz), Friedrich Samuel Graf von, Staatsmann, * 1712, † 1778: Karl Eugen, Herzog von Württemberg 165
Morawitzky, Theodor (Heinrich) Graf von, Staatsmann, * 1735, † 1810: **212**
Morelly, frz. Philosoph, * um 1715, † nach 1778: Frölich, Carl Wilhelm 98
Morhof, Daniel Georg, Jurist, Polyhistor, Dichter, Literarhistoriker, * 1639, † 1691: Francke, August Hermann 91; Schwabe, Johann Joachim 274
Moritz, Herzog von *Sachsen-Naumburg-Zeitz*: Seckendorff, Veit Ludwig von 275
Moritz, Karl Philipp, Schriftsteller, Kunsttheoretiker, Psychologe, Pädagoge, * 1756, † 1793: **212**; Maimon, Salomon 197; Mauchart, Manuel David 200; Pockels, Karl Friedrich 239; Volkmann, Johann Jacob 309

Moser, Friedrich Carl Frh. von, Politiker, Publizist, * 1723, † 1798: **213**; Claudius, Matthias 55; Hamann, Johann Georg 121

Moser, Johann Jacob, Jurist, * 1701, † 1785: Andreae, Johann Benjamin d. Ä. 8; Karl Eugen, Herzog von Württemberg 165; Moser, Friedrich Carl Frh. von 213

Moser, Josef, österr. Pädagoge, * 1866, † 1931: Schikaneder, Emanuel 261

Moshammer Ritter von Mosham, Franz Xaver, Staatswissenschaftler, * 1756, † 1826: **214**

Mosheim, Johann Lorenz von, evang. Theologe, Kirchenhistoriker, * 1693, † 1755: **214**; Pratje, Johann Hinrich 240; Schröckh, Johann Matthias 272

Mozart, Anna Maria: Mozart, Wolfgang Amadeus 215

Mozart, Konstanze, * 1762, † 1842: Mozart, Wolfgang Amadeus 215

Mozart, (Johann Georg) Leopold, Konzertmeister, Komponist, * 1719, † 1787: Breitkopf, Johann Gottlob Immanuel 44; Colloredo-Waldsee, Hieronymus (Josef Franz de Paula) Graf von 58; Hacker, Benedikt 119; Mizler von Kolof, Lorenz 210; Mozart, Wolfgang Amadeus 215

Mozart, Maria Anna (Walburga Ignatia), österr. Musikerin, * 1751, † 1829: Mozart, Wolfgang Amadeus 215

Mozart, Maria Anna Thekla, * 1758, † 1841: Mozart, Wolfgang Amadeus 215

Mozart, Wolfgang Amadeus, Komponist, * 1756, † 1791: **215**; Born, Ignaz Edler von 40; Colloredo-Waldsee, Hieronymus (Josef Franz de Paula) Graf von 58; Gebler, Tobias Philipp Frh. von 103; Härtel, Gottfried Christoph 119; Haydn, (Franz) Joseph 126; Pichler, Karoline 238; Schikaneder, Emanuel 261; Swieten, Gottfried Frh. van 292; Ziegenhagen, Franz Heinrich 329

Müller, Adam Heinrich Ritter von Nittersdorf, politisch-philosophischer Schriftsteller, Diplomat, * 1779, † 1829: **216**; Kleist, (Bernd) Heinrich (Wilhelm) von 169

Müller, Friedrich, Maler, Dichter, * 1749, † 1825: **217**; Claudius, Matthias 55; Heinse, (Johann Jakob) Wilhelm 129

Müller, Friedrich (Theodor Adam Heinrich) von, Staatsmann, Schriftsteller, * 1779, † 1849: Reinhard, Karl Friedrich Graf von 249

Müller, (Johann) Georg, schweizer. reformierter Theologe, Schriftsteller, * 1759, † 1819: **217**

Müller, Gerhard Friedrich von, Forschungsreisender, Historiograph, * 1705, † 1783: **218**

Müller, Heinrich August, Schriftsteller, * 1766, † 1833: **218**

Müller, Johann Gottwerth, Schriftsteller, Buchhändler, Verleger, * 1743, † 1828: **218**

Müller, Johann Samuel, Schriftsteller, * 1701, † 1773: **218**

Müller, Johannes von, Historiker, Staatsmann, * 1752, † 1809: **218**; Füssli, Hans Heinrich 100; Louis Ferdinand von Hohenzollern, Prinz von Preußen 192; Müller, (Johann) Georg 217

Müller, Joseph Ferdinand, Schauspieler, * 1818, † 1895: Neuber, Friederike Caroline 224

Müller, Sophie von, * um 1774, † 1849: Müller, Adam Heinrich Ritter von Nittersdorf 216

Müller von Itzehoe (gen.) → Müller, Johann Gottwerth

Müllner, (Amadeus Gottfried) Adolph, Schriftsteller, Journalist, * 1774, † 1829: Göschen, Georg Joachim 110

Münchhausen, Gerlach Adolf Frh. von, Staatsmann, * 1688, † 1770: **219**; Brandes, Georg (Friedrich) 42; Mosheim, Johann Lorenz von 214; Pütter, Johann Stephan 240

Münster, Ernst (Friedrich Herbert) Graf zu Münster-Ledenburg, Staatsmann, Diplomat, * 1766, † 1839: Rehberg, August Wilhelm 245

Münter, Friedrich (Christian Karl Heinrich), evang. Theologe, Schriftsteller, Numismatiker, * 1761, † 1830: **219**

Muralt, Beat Ludwig von, schweizer. Schriftsteller, * 1665, † 1749: **220**

Murr, Christoph Gottlieb von, Polyhistor, * 1733, † 1811: **220**

Musäus, Johann Karl August, Schriftsteller, Literaturkritiker, * 1735, † 1787: **220**; Göschen, Georg Joachim 110

Musenhold, Gottlieb (Pseud.) → Goetten, Gabriel Wilhelm

Mutschelle, Sebastian, kath. Theologe, * 1749, † 1800: **220**

Mutzenbecher, Esdras Heinrich, evang. Theologe, * 1744, † 1801: **220**

Muzel-Stosch, Wilhelm: Winckelmann, Johann Joachim 320

Mylius, Buchhändler: Vieweg, Johann Friedrich 308

Mylius, Christlob, Journalist, Naturforscher, Dichter, * 1722, † 1754: **221**; Kästner, Abraham Gotthelf 161; Lessing, Gotthold Ephraim 187

Mylius, Gottlieb Friedrich, Jurist, Naturforscher, * 1675, † 1726: **221**

Mylius, Wilhelm Christhelf Siegmund, Übersetzer, * 1754 (1753 ?), † 1827: Sander, Johann Daniel 259

Näbisuli (gen.) → Bräker, Ulrich

Nagel, Anton, kath. Theologe, Schriftsteller, * 1742, † 1812: **223**

Napier, John Laird of Merchiston, schott. Mathematiker, * 1550, † 1617: Bürger, Gottfried August 48

Napoleon I., Kaiser der *Franzosen*, * 1769, † 1821: Ascher, Saul 13; Auerswald, Hans Jakob von 13; Beethoven, Ludwig van 25; Beneke, Ferdinand 27; Benzenberg, Johann Friedrich 28; Blumenbach, (Johann) Friedrich 35; Buchholz, (Paul Ferdinand) Friedrich 48; Crome, August Friedrich Wilhelm 61; Dalberg, Carl Theodor von 65; Dalberg, Emmerich Joseph Herzog von 65; Ernst I., Herzog von Sachsen-Coburg-Saalfeld, seit 1826 Sachsen-Coburg und Gotha 77; Fichte, Johann Gottlieb 86; Gentz, Friedrich 104; Görres,

(Johann) Joseph von 109; Goethe, Johann Wolfgang von 111; Hardenberg, Karl August Fürst 123; Hölderlin, (Johann Christian) Friedrich 138; Humboldt, Wilhelm von 147; Karl Friedrich, Markgraf, Großherzog von Baden 164; Kerner, Johann (Georg) 167; Kotzebue, August (Friedrich) von 175; Louis Ferdinand von Hohenzollern, Prinz von Preußen 192; Meister, Jakob Heinrich 203; Montgelas, Maximilian Joseph Frh. 211; Müller, Johannes von 218; Palm, Johann Philipp 233; Pfeffel, Gottlieb Konrad 237; Rebmann, Andreas Georg Friedrich 244; Reil, Johann Christian 246; Reinhard, Karl Friedrich Graf von 249; Reinhard, Philipp Christian 250; Seume, Johann Gottfried 277; Stadion, Friedrich Lothar Graf von 283; Theremin, Charles Guillaume 294; Vogt, (Johann) Nicolaus 309

Nau, Bernhard Sebastian von, Naturwissenschaftler, Staatsmann, * 1766, † 1845: **223**

Necker, Jacques, frz. Bankier, Politiker, * 1732, † 1804: Struensee, Carl August von 288

Neeb, Johannes, Philosoph, Pädagoge, * 1767, † 1843: **223**

Neefe, Christian Gottlieb, Komponist, * 1748, † 1798: Beethoven, Ludwig van 25; Engel, Johann Jakob 75

Nelson, Leonard, Philosoph, * 1882, † 1927: Fries, Jakob Friedrich 97

Nemeitz, Joachim Christoph, Hofmeister, Schriftsteller, * 1679, † 1753: **223**

Neri, Pompeo, italien. Politiker, * 1707, † 1776: Leopold II., Erzherzog von Österreich, Großherzog von Toskana (Pietro Leopoldo), König von Ungarn, römisch-deutscher Kaiser 186

Nettelbladt, Daniel, Jurist, * 1719, † 1791: **223**

Neubeck, Valerius Wilhelm, Mediziner, Lyriker, * 1765, † 1850: Göschen, Georg Joachim 110

Neuber, Friederike Caroline, Schauspielerin, Prinzipalin, * 1697, † 1760: **224**; Gottsched, Johann Christoph 113

Neuber, Johann, Schauspieler, * 1697, † 1759: Gottsched, Johann Christoph 113

Neubur, Friedrich Christian, Jurist, Schriftsteller, Übersetzer, * 1683, † 1744: **224**

Neuffer, (Christian) Ludwig, Theologe, Lyriker, * 1769, † 1839: Magenau, Rudolf Friedrich Heinrich von 197

Neukirch, Benjamin, Dichter, * 1665, † 1729: **224**

Neumann, Caspar, evang. Theologe, Schriftsteller, * 1648, † 1715: **224**

Newton, Sir Isaac, engl. Mathematiker, Physiker, Astronom, * 1643, † 1727: Bernoulli, Daniel 30; Bernoulli, Johann 31; Euler, Leonhard 79; Kästner, Abraham Gotthelf 161; Kant, Immanuel 162; Karoline, Kurfürstin von Hannover, Königin von Großbritannien 166; Knutzen, Martin 173; Leibniz, Gottfried Wilhelm 184; Maupertuis, Pierre-Louis de Moreau 200

Nicolai, (Christoph) Friedrich, Buchhändler, Verleger, Herausgeber, Literaturkritiker, Erzähler, * 1733, † 1811: **225**; Abbt, Thomas 1; Arnoldi,

Johannes von 12; Biester, Johann Erich 33; Blankenburg, Christian Friedrich von 35; Claudius, Matthias 55; Cronegk, Johann Friedrich Frh. von 62; Denis, (Johann Nepomuk Cosmas) Michael 68; Dyck, Johann Gottfried 70; Eberhard, Johann August 71; Eschenburg, Johann Joachim 78; Gerstenberg, Heinrich Wilhelm von 105; Goeckingk, Leopold Friedrich Günther von 109; Gramberg, Gerhard Anton 114; Hamann, Johann Georg 121; Heinzmann, Johann Georg 129; Jacobi, Johann Georg 154; Knebel, Karl Ludwig von 172; Knigge, Adolph Frh. 172; Lessing, Gotthold Ephraim 187; Lüdke, Friedrich Germanus 194; Mendelssohn, Moses 204; Resewitz, Friedrich Gabriel 251; Retzer, Joseph Friedrich Frh. von 251; Sulzer, Johann Georg(e) 290; Tieck, (Johann) Ludwig 297; Wagener, Samuel Christoph 311; Zedlitz und Leipe, Karl Abraham Frh. von 327

Nicolai, Gottlob Samuel, Theologe, * 1725, † 1765: Flögel, Karl Friedrich 89

Nicolai, J. C.: Gleditsch, Johann Friedrich 107

Nicolai, Ludwig Heinrich Frh. von → Nicolay, Ludwig Heinrich Frh. von

Nicolai, Philipp, luth. Theologe, Liederdichter, * 1556, † 1608: Becher, Karl Anton Ernst 24

Nicolay, Ludwig Heinrich Frh. von, Schriftsteller, Übersetzer, * 1737, † 1820: **225**

Nicolovius, Georg Heinrich Ludwig, Beamter, * 1767, † 1839: **226**

Niebuhr, Barthold Georg, Staatsmann, Historiker, * 1776, † 1831: Hardenberg, Karl August Fürst 123; Niebuhr, Carsten 226; Vincke, (Friedrich Wilhelm) Ludwig (Philipp) Frh. von 309

Niebuhr, Carsten, Forschungsreisender, * 1733, † 1815: **226**

Niemann, August (Christian Heinrich), Staatswissenschaftler, * 1761, † 1832: **226**

Niemeyer, August Hermann, evang. Theologe, Pädagoge, * 1754, † 1828: **226**; Pockels, Karl Friedrich 239

Niethammer, Friedrich Immanuel, evang. Theologe, Philosoph, Pädagoge, * 1766, † 1848: **226**

Niewland, Baron von: Tschirnhaus, Ehrenfried Walther von 300

Nikolaus I., Kaiser von *Rußland*, * 1796, † 1855: Adelung, Friedrich von 3

Nisus (Pseud.) → Schlegel, Johann Adolf

Nitschmann, David, evang. Missionar, Bischof der Brüdergemeine, * 1696, † 1772: Jablonski, Daniel Ernst 153

Nonne, Johann Gottfried Christian, Lehrer, Schriftsteller, * 1749, † 1821: **227**; Weddigen, Peter Florens 313

Noodt, Gerard, niederländ. Jurist, * 1647, † 1725: Strube, David Georg 287

Nordalbingen, Bernhard von (Pseud.) → Basedow, Johann Bernhard

Nordenskiöld, Adolf Erik Frh. von, schwed. Polarforscher, * 1832, † 1901: Engel, Samuel 76

Norrmann, Gerhard Philipp Heinrich, Geograph, Historiker, * 1753, † 1837: **227**

Novalis, Dichter, Philosoph, * 1772, † 1801: Erhard, Johann Benjamin 76; Reichardt, Johann Friedrich 246; Schlegel, August Wilhelm von 264; Schleiermacher, Friedrich Daniel Ernst 266; Schmid, Karl Christian Erhard 270; Tieck, (Johann) Ludwig 297

Nowikow, Nikolai Iwanowitsch, russ. Journalist, Schriftsteller, * 1744, † 1818: Lenz, Jakob (Michael Reinhold) 186

Obereit, Jakob Hermann, Mediziner, Alchemist, Philosoph, * 1725, † 1798: **229**

Oberlin, Jeremias Jacob, Philologe, * 1735, † 1806: **229**; Oberlin, Johann Friedrich 229

Oberlin, Johann Friedrich, evang. Theologe, * 1740, † 1826: **229**; Lenz, Jakob (Michael Reinhold) 186; Oberlin, Jeremias Jacob 229

Obermayer, Aloys → Blumauer, Alois

Oberthür, Franz, kath. Theologe, * 1745, † 1831: **230**

Obrecht, Ulrich, Historiker, Jurist, * 1646, † 1701: Böckler, Johann Heinrich 37

Ochs, Peter, schweizer. Politiker, Jurist, Historiker, * 1752, † 1821: **230**

Odenwälder, Der (Pseud.) → Affsprung, Johann Michael

Oeder, Georg Christian von, Botaniker, Nationalökonom, Mediziner, * 1728, † 1791: **230**

Oefele, Andreas Felix von, Bibliothekar, Historiker, * 1706, † 1780: Lori, Johann Georg von 192; Töpsl, Franz 298

Oelsner, Konrad Engelbert, Diplomat, * 1764, † 1828: **230**

Oeser, (Adam) Friedrich, Maler, Bildhauer, Zeichner, * 1717, † 1799: Goethe, Johann Wolfgang von 111; Winckelmann, Johann Joachim 320; Wolke, Christian Hinrich 324

Oettingen-Wallerstein, Kraft Ernst Graf (seit 1774 Fürst) zu, * 1748, † 1802: Lang, Karl Heinrich Ritter von 182

Olbers, (Heinrich) Wilhelm (Matthias), Mediziner, Astronom, * 1758, † 1840: **230**; Gildemeister, Johann 106

Oldenburg, Henry, Mathematiker, Philosoph, * 1626, † 1678: Tschirnhaus, Ehrenfried Walther von 300

Olibrio (Pseud.) → Agricola, Johann Friedrich

Opitz, Johann Ferdinand → Opiz, Johann Ferdinand

Opitz, Martin, Dichter, * 1597, † 1639: Neukirch, Benjamin 224

Opiz, Johann Ferdinand, Schriftsteller, Journalist, * 1741, † 1812: **231**

Orell, Hans Conrad, Landvogt, * 1714, † 1785: **231**

Orsini-Rosenberg, Franz Xaver Wolf Fürst von (Reichsfürst 1790), österr. Staatsmann, Diplomat, * 1723, † 1796: Leopold II., Erzherzog von Österreich, Großherzog von Toskana (Pietro Leopoldo), König von Ungarn, römisch-deutscher Kaiser 186

Ostervald, Jean Frédéric, schweizer. reformierter Theologe, * 1663, † 1747: Werenfels, Samuel 316

Owen, Robert, brit. Unternehmer, Sozialreformer, * 1771, † 1858: Oberlin, Johann Friedrich 229

Pahl, Johann Gottfried von, Schriftsteller, * 1768, † 1839: Magenau, Rudolf Friedrich Heinrich von 197

Paine, Thomas, brit.-amerikan. Publizist, * 1737, † 1809: Albrecht, Heinrich Christoph 5

Pallas, Peter Simon, Naturforscher, Forschungsreisender, Mediziner, * 1741, † 1811: **233**

Pallas, Simon, Chirurg, * 1694, † 1770: Pallas, Peter Simon 233

Palm, Johann Jacob, Buchhändler, Verleger, * 1750, † 1826: Palm, Johann Philipp 233

Palm, Johann Philipp, Verleger, * 1766, † 1806: **233**

Palthen, Katharina Elisabeth von: Pufendorf, Samuel Frh. von 241

Papan, Johann Christoph, Buchhändler: Haude, Ambrosius 125

Pape, Georg Friedrich, Jurist, Publizist, * 1766, † 1816: **233**

Pappenheimer, Fanni, * 1774, † 1854: Pappenheimer, Heymann (Chaim) Salomon 234

Pappenheimer, Heymann (Chaim) Salomon, Publizist, Kaufmann, * 1769, † 1832: **234**

Parry, Anna (geb.) → Vandenhoeck, Anna

Passionei, Domenico, italien. Kardinal, * 1682, † 1761: Winckelmann, Johann Joachim 320

Passow, Franz (Ludwig Karl Friedrich), klassischer Philologe, * 1786, † 1833: Jachmann, Reinhold Bernhard 153

Pater Gaßner d. J. (Pseud.) → Cranz, August Friedrich

Patzke, Johann Samuel, evang. Theologe, Schriftsteller, * 1727, † 1787: **234**

Paul I. Petrowitsch, Kaiser von *Rußland*, * 1754, † 1801: Klinger, Friedrich Maximilian von 170; Kotzebue, August (Friedrich) von 175; Nicolay, Ludwig Heinrich Frh. von 225

Pauline Christine Wilhelmine, Fürstin zur *Lippe*, * 1769, † 1820: **234**

Paullini, Christian Franz, Mediziner, Polyhistor, * 1643, † 1712: **235**

Paulus, Heinrich Eberhard Gottlob, evang. Theologe, * 1761, † 1851: Humboldt, Wilhelm von 147

Pauw, (Franz) Kornelius de, Philosoph, * 1739, † 1799: **235**; Cloots, Jean-Baptiste Baron von 57

Perlin, Lipman seit 1746 Edler von Sonnenfels, Orientalist, * 1705, † 1768: Sonnenfels, Joseph von 280

Persius Flaccus, Aulus, röm. Dichter, * 34, † 62: Breitinger, Johann Jacob 43

Perthes, Caroline, * 1774, † 1821: Perthes, Friedrich Christoph 235

Perthes, Clemens (Theodor), Jurist, * 1809, † 1867: Frommann, (Carl) Friedrich (Ernst) 99

Perthes, Friedrich Christoph, Buchhändler, Verleger, * 1772, † 1843: **235**; Besser, Johann Heinrich 32; Claudius, Matthias 55; Frommann, (Carl) Friedrich (Ernst) 99

Perthes, (Johann Georg) Justus, Buchhändler, Verleger, * 1749, † 1816: **235**; Perthes, Friedrich Christoph 235

Perthes, Wilhelm, Buchhändler, Verleger, * 1793, † 1853: Perthes, (Johann Georg) Justus 235
Pertz, Georg Heinrich, Bibliothekar, * 1795, † 1876: Rehberg, August Wilhelm 245
Pesne, Anton, Maler, * 1683, † 1757: Chodowiecki, Daniel 54
Pestalozzi, Johann Heinrich, Pädagoge, * 1746, † 1827: **235**; Bacher, Bartholomäus 16; Campe, Joachim Heinrich 51; Cotta von Cottendorf, Johann Friedrich 59; Ewald, Johann Ludwig 81; Fellenberg, Philipp Emanuel von 85; Gaheis, Franz (Anton) de Paula 101; Herbart, Johann Friedrich 131; Iselin, Isaak 150; Ith, Johann Samuel 151; Nicolovius, Georg Heinrich Ludwig 226; Oberlin, Johann Friedrich 229; Sarasin, Jacob 259; Stapfer, Philipp Albert 285; Süvern, Johann Wilhelm 290; Tobler, Johann Georg 298; Tscharner, Niklaus Emanuel von 300; Tschiffeli, Johann Rudolf 300
Peter Friedrich Ludwig von Holstein-Gottorp, Herzog von *Oldenburg*, * 1755, † 1829: Halem, Ludwig (Wilhelm Christian) von 120; Kruse, Christian (Karsten) Hinrich 179; Mutzenbecher, Esdras Heinrich 220
Peter I. der Große, Kaiser von *Rußland*, * 1672, † 1725: Euler, Leonhard 79; Leibniz, Gottfried Wilhelm 184
Petermann, August, Geograph, Kartograph, * 1822, † 1878: Perthes, (Johann Georg) Justus 235
Petersen, Johann Wilhelm, Bibliothekar, * 1758, † 1815: **236**
Pezzl, Johann, Schriftsteller, * 1756, † 1823: **237**
Pfeffel, Gottlieb Konrad, Schriftsteller, Pädagoge, * 1736, † 1809: **237**; Butenschön, Johann Friedrich 49
Pfeiffer, Johann Friedrich von, Wirtschafts- und Kameralwissenschaftler, * 1718, † 1787: **237**
Pfenninger, Johann Caspar, schweizer. Mediziner, Politiker, * 1760, † 1838: **237**
Pfingsten, Johann Hermann, Mediziner, Naturforscher, * 1751, † 1798/99: Hißmann, Michael 138
Philipp Ernst, Herzog zu *Schleswig-Holstein*: Weichmann, Christian Friedrich 314
Philippi, Ernst Christian, Prediger, * 1668, † 1736: Philippi, Johann Ernst 237
Philippi, Johann Ernst, Jurist, Philosoph, * um 1700, † 1758: **237**; Liscow, Christian Ludwig 191
Pichler, Andreas, Beamter: Pichler, Karoline 238
Pichler, Karoline, österr. Schriftstellerin, * 1769, † 1843: **238**; Haschka, Lorenz Leopold 125; Schlegel von Gottleben, Dorothea von 265
Piepenbringk, Sophie: Fiorillo, Johann Dominicus 87
Pinto, Issac de, Schriftsteller, * 1715, † 1787: Struensee, Carl August von 288
Pithander von der Quelle → Fassmann, David
Pius VI., Papst, * 1717, † 1799: Isenbiehl, Johann Lorenz 150
Planck, Gottlieb Jakob, evang. Theologe, Kirchenhistoriker, * 1751, † 1833: **238**

Platen, August von, Dichter, * 1796, † 1835: Cotta von Cottendorf, Johann Friedrich 59
Platner, Eduard, Jurist, * 1786, † 1860: Platner, Ernst 238
Platner, Ernst, Mediziner, Philosoph, * 1744, † 1818: **238**
Platner, Ernst Zacharias, Maler, Schriftsteller, * 1773, † 1855: Platner, Ernst 238
Platner, Johann Zacharias, Mediziner, * 1694, † 1747: Platner, Ernst 238
Platon, griech. Philosoph, * 427 v. Chr., † 348/347 v. Chr.: Schleiermacher, Friedrich Daniel Ernst 266
Plattner, Ernst → Platner, Ernst
Plautus, Titus Maccius, lat. Komödiendichter, * um 250 v. Chr., † 184 v. Chr.: Einsiedel, Friedrich Hildebrand von 74
Plessing, Friedrich Viktor Lebrecht, Philosoph, * 1749, † 1806: **238**
Ploetz, Karl (Julius), Philologe, Lehrer, Historiker, Schriftsteller, * 1819, † 1881: Seidenstücker, Johann Heinrich Philipp 276
Ploucquet, Gottfried, evang. Theologe, Philosoph, * 1716, † 1790: **238**; Abel, Jakob Friedrich von 1
Ploucquet, Wilhelm Gottfried, Mediziner, Schriftsteller, * 1744, † 1814: Ploucquet, Gottfried 238
Pockels, Karl Friedrich, Pädagoge, Anthropologe, * 1757, † 1814: **239**
Pölitz, Karl Heinrich Ludwig, Staatswissenschaftler, Historiker, * 1772, † 1838: **239**
Pöllnitz, Karl Ludwig (Wilhelm) Frh. von, Schriftsteller, * 1692, † 1775: Andreae, Johann Benjamin d. Ä. 8
Pörschke, Karl Ludwig, Philosoph, * 1752, † 1812: **240**
Polzelli, Luigia, italien. Sängerin, * um 1760, † 1832: Haydn, (Franz) Joseph 126
Pope, Alexander, engl. Dichter, * 1688, † 1744: Dusch, Johann Jakob 70; Uz, Johann Peter 304
Porpora, Nicola Antonio Giacinto, italien. Komponist, * 1686, † 1768: Haydn, (Franz) Joseph 126
Posselt, Ernst Ludwig, Historiker, Publizist, * 1763, † 1804: **240**; Bärstecher, Johann Gottlieb 17
Pratje, Johann Hinrich, evang. Theologe, * 1710, † 1791: **240**
Priestley, Joseph, brit. Naturforscher, Philosoph, Theologe, * 1733, † 1804: Krünitz, Johann Georg 178
Prillwitz, Carl Ludwig, Schriftschneider, Typograph: Göschen, Georg Joachim 110
Prior, Matthew, engl. Dichter, * 1664, † 1721: Hagedorn, Friedrich von 119
Pütter, Johann Stephan, Jurist, * 1725, † 1807: **240**; Achenwall, Gottfried 2; Altenstein, Karl (Sigmund Franz) Frh. vom Stein zum 6; Hufeland, Gottlieb 145
Pufendorf, Samuel Frh. von, Jurist, * 1632, † 1694: **241**; Seckendorff, Veit Ludwig von 275; Thomasius, Christian 295; Wernher, Johann Balthasar 317

Puhlmann, Johann Gottlieb, Maler, * 1753, † 1826: Schadow, Johann Gottfried 260
Puzos, Nicolas, Mediziner, * 1686, † 1753: Crantz, Heinrich Johann Nepomuk Edler von 60
Quandt, Johann Jacob, luth. Theologe, Bibliothekar, * 1686, † 1772: Schultz, Franz Albert 273
Quantz, Johann Joachim, Komponist, * 1697, † 1773: Agricola, Johann Friedrich 4; Benda, Franz 27
Quitenbaum, Johann Heinrich Friedrich (Pseud.) → Hippel, Theodor Gottlieb von
Raabe, Wilhelm (Karl), Schriftsteller, * 1831, † 1910: Jean Paul 155
Rabener, Gottlieb Wilhelm, Schriftsteller, * 1714, † 1771: **243**; Gärtner, Karl Christian 101; Gellert, Christian Fürchtegott 103
Rabiosus, Anselmus (Pseud.) → Wekhrlin, Wilhelm Ludwig
Rabiosus der Jüngere, Anselmus (Pseud.) → Rebmann, Andreas Georg Friedrich
Racine, Jean, frz. Dramatiker, * 1639, † 1699: Nicolay, Ludwig Heinrich Frh. von 225
Radziwill, (Friederike) Luise (Dorothea Philippine) Fürstin, * 1770, † 1836: Louis Ferdinand von Hohenzollern, Prinz von Preußen 192
Raffael, italien. Maler, Baumeister, * 1483, † 1520: Müller, Friedrich 217
Rahn, Marie Johanne, * 1755, † 1819: Fichte, Johann Gottlieb 86
Rambach, Friedrich Eberhard, klassischer Philologe, Schriftsteller, * 1767, † 1826: **243**; Tieck, (Johann) Ludwig 297
Ramdohr, Friedrich Wilhelm Basilius von, Jurist, Diplomat, Schriftsteller, * 1757, † 1822: **243**
Rameau, Jean-Philippe, frz. Komponist, Musiktheoretiker, * 1683, † 1764: Marpurg, Friedrich Wilhelm 198
Ramler, Karl Wilhelm, Dichter, Übersetzer, Herausgeber, * 1725, † 1798: **243**; Bandemer, Susanne von 19; Denis, (Johann Nepomuk Cosmas) Michael 68; Engel, Johann Jakob 75; Gleim, Johann Wilhelm Ludwig 108; Goeckingk, Leopold Friedrich Günther von 109; Karsch, Anna Luise 166; Knebel, Karl Ludwig von 172; Scheffner, Johann George 260
Ranke, Leopold von, Historiker, * 1795, † 1886: Tzschirner, Heinrich Gottlieb 301
Raspe, Rudolf Erich, Geologe, Kunsthistoriker, Schriftsteller, * 1737, † 1794: Bürger, Gottfried August 48
Ratschky, Joseph Franz von, österr. Schriftsteller, * 1757, † 1810: **243**; Blumauer, Alois 35; Fridrich, Karl Julius 94
Rauch, Christian Daniel, Bildhauer, * 1777, † 1857: Humboldt, Wilhelm von 147; Schadow, Johann Gottfried 260
Rauch, Leo, Theologe: Winckelmann, Johann Joachim 320
Raumer, Friedrich (Ludwig Georg) von, Historiker, * 1781, † 1873: Brockhaus, Friedrich Arnold 45

Rautenstrauch, Franz Stephan, Benediktiner, Theologe, * 1734, † 1785: **244**
Rautenstrauch, Johann, Schriftsteller, * 1746, † 1801: **244**
Raynal, Abbe, frz. Schriftsteller: Grimm, (Friedrich) Melchior Frh. von 116
Realis de Vienna (Pseud.) → Wagner, Gabriel
Rebmann, Andreas Georg Friedrich, Publizist, * 1768, † 1824: **244**
Reche, Johann Wilhelm, evang. Theologe, Liederdichter, * 1764, † 1835: **244**
Rechenberg, Adam, luth. Theologe, * 1642, † 1721: Francke, August Hermann 91; Mencke, Johann Burkhard 204
Recke, Elisa(beth) Charlotte Konstantia von der, Schriftstellerin, * 1754, † 1833: **244**; Reimarus, Margaretha Elisabeth 248
Recke, Georg Peter Magnus Baron von der, Militär, * 1739, † 1795: Recke, Elisa(beth) Charlotte Konstantia von der 244
Reden, Philippine Frfr. von, Schriftstellerin, * 1774, † 1841: Knigge, Adolph Frh. 172
Rehberg, August Wilhelm, Publizist, Beamter, * 1757, † 1836: **245**; Brandes, Ernst 42
Reich, Philipp Erasmus, Buchhändler, Verleger, * 1716, † 1787: **245**; Junius, Johann Friedrich 159
Reichard, Elias Kaspar, Pädagoge, * 1714, † 1791: Zschokke, (Johann) Heinrich (Daniel) 331
Reichard, Heinrich August Ottokar, Schriftsteller, * 1751, † 1828: **245**; Ekhof, (Hans) Conrad (Dietrich) 74
Reichardt, Johann, Musiker, * um 1720, † 1780: Reichardt, Johann Friedrich 246
Reichardt, Johann Friedrich, Komponist, Musikschriftsteller, * 1752, † 1814: **246**; Schlegel, (Karl Wilhelm) Friedrich von 265
Reichenbach, Georg (Friedrich) von, Mechaniker, Ingenieur, * 1771, † 1826: Utzschneider, Joseph von 304
Reiffenstein, Johann Friedrich, Publizist, Maler, Altertumsforscher, * 1719, † 1793: **246**
Reil, Johann Christian, Physiologe, Hirnanatom, * 1759, † 1813: **246**
Reimann, Jakob Friedrich → Reimmann, Jakob Friedrich
Reimarus, Hermann Samuel, Orientalist, Philosoph, * 1694, † 1768: **247**; Lessing, Gotthold Ephraim 187; Lüdke, Friedrich Germanus 194; Reimarus, Johann Albert Heinrich 248; Reimarus, Margaretha Elisabeth 248
Reimarus, Johann Albert Heinrich, Mediziner, Naturforscher, Philosoph, * 1729, † 1814: **248**; Albrecht, Heinrich Christoph 5; Büsch, Johann Georg 48; Reimarus, Margaretha Elisabeth 248
Reimarus, Margaretha Elisabeth, * 1735, † 1805: **248**
Reimer, Georg Andreas, Buchhändler, Verleger, * 1776, † 1842: **248**; Kleist, (Bernd) Heinrich (Wilhelm) von 169
Reimer, Karl August, Buchhändler, Verleger, * 1801, † 1858: Reimer, Georg Andreas 248

Reimhart, J. H. d. J. (Pseud.) → Merck, Johann Heinrich
Reimmann, Jakob Friedrich, evang. Theologe, Schulmann, Schriftsteller, * 1668, † 1743: **249**
Reinbeck, Johann Gustav, evang. Theologe, * 1683, † 1741: Canz, Israel Gottlieb 52
Reinhard, Franz Volkmar, luth. Theologe, * 1753, † 1812: **249**; Krug, Wilhelm Traugott 178
Reinhard, Johann Jakob, Beamter, * 1714, † 1772: **249**
Reinhard, Karl Friedrich Graf von, Diplomat, Schriftsteller, * 1761, † 1837: **249**; Kerner, Johann (Georg) 167; Reinhard, Philipp Christian 250
Reinhard, Philipp Christian, Philosoph, * 1764, † 1812: **250**; Reinhard, Karl Friedrich Graf von 249
Reinhart, Johann Christian, Maler, Zeichner, Radierer, Schriftsteller, * 1761, † 1847: Humboldt, Wilhelm von 147
Reinhold, Karl Leonhard, Philosoph, * 1757, † 1823: **250**; Abicht, Johann Heinrich 2; Baggesen, Jens Immanuel 17; Berger, Johann Erich von 29; Fernow, Carl Ludwig 85; Fichte, Johann Gottlieb 86; Kant, Immanuel 162; Krug, Wilhelm Traugott 178
Reiser, J. J., Orientalist: Adler, Jakob Georg Christian 4
Reitzenstein, Sigismund (Karl Johann) Frh. von, Diplomat, Staatsmann, * 1766, † 1847: **250**; Karl Friedrich, Markgraf, Großherzog von Baden 164
Remer, Julius August, Historiker, * 1738, † 1803: **251**
Rengger, Albrecht, schweizer. Mediziner, Politiker, * 1764, † 1835: **251**
Rengger, Johann (Rudolf), schweizer. Naturforscher, Mediziner, * 1795, † 1832: Rengger, Albrecht 251
Resewitz, Friedrich Gabriel, evang. Theologe, Pädagoge, * 1729, † 1806: **251**
Retzer, Joseph Friedrich Frh. von, österr. Schriftsteller, * 1754, † 1824: **251**; Denis, (Johann Nepomuk Cosmas) Michael 68
Reusner, Johann, Drucker, † 1666: Hartung, Johann Heinrich 125
Reutter, (Johann Adam Joseph Karl) Georg von, österr. Komponist, Musiker, * 1708, † 1772: Haydn, (Franz) Joseph 126
Rhode, Johann Gottlieb, Publizist, Lehrer, * 1762, † 1827: **251**
Ribov, Georg Heinrich, evang. Theologe, Philosoph, * 1703, † 1774: **252**
Richardson, Samuel, engl. Schriftsteller, * 1689, † 1761: La Roche, (Marie) Sophie von 183
Richey, Michael, Lyriker, Polyhistor, * 1678, † 1761: **252**; König, Johann Ulrich von 173
Richter, Christoph Gottlieb, Jurist, Schriftsteller, * 1717, † 1774: **252**
Richter, Enoch, Buchhändler, Verleger: Heinsius, (Johann) Wilhelm (Immanuel) 129
Richter, Johann Paul Friedrich (eigentl.) → Jean Paul

Riedel, Andreas Frh. von, österr. Staatsmann, Schriftsteller, * 1748, † 1837: **252**
Riedel, Friedrich Just(us), Schriftsteller, * 1742, † 1785: **252**
Riedl, Andreas Frh. von → Riedel, Andreas Frh. von
Riegger, Joseph Anton Stephan Ritter von, österr. Kanonist, * 1742, † 1795: Eybel, Joseph Valentin 81
Riegger, Paul Joseph Ritter von, Jurist, * 1705, † 1775: **253**
Riem, Andreas, reformierter Theologe, Schriftsteller, * 1749, † 1814: **253**
Riem, Philipp: Riem, Andreas 253
Riesbeck, Johann Kaspar, Journalist, Schriftsteller, * 1754, † 1786: **253**
Rinck, Friedrich Theodor, evang. Theologe, Philosoph, Orientalist, * 1770, † 1821: **253**
Ritter, Johann Daniel, Jurist, Historiker, * 1709, † 1775: Schröckh, Johann Matthias 272
Ritterheim (Pseud.) → Rautenstrauch, Johann
Robert, Rahel (Antonie Friederike) (geb.) → Varnhagen von Ense, Rahel (Antonie Friederike)
Robertson, William, schott. Geistlicher, Geschichtsschreiber, * 1721, † 1793: Irwing, Karl Franz von 150
Robespierre, Maximilien de, frz. Revolutionär, * 1758, † 1794: Cloots, Jean-Baptiste Baron von 57; Rebmann, Andreas Georg Friedrich 244
Robins, Benjamin, Mathematiker, Ingenieur, * 1707, † 1751: Euler, Leonhard 79
Rochlitz, (Johann) Friedrich, Musikschriftsteller, Erzähler, Dramatiker, * 1769, † 1842: Härtel, Gottfried Christoph 119
Rochow, Friedrich (Eberhard) Frh. von, Pädagoge, Sozialreformer, * 1734, † 1805: **253**; Bruns, Heinrich Julius 47; Pockels, Karl Friedrich 239; Schlez, Johann (Friedrich) Ferdinand 268
Rodde, Dorothea (verh.) → Schlözer, Dorothea von
Rodde, Matthäus, Kaufmann, Senator von Lübeck: Schlözer, Dorothea von 269
Rode, (Christian) Bernhard, Maler, Radierer, * 1725, † 1797: Chodowiecki, Daniel 54
Rössig, Karl Gottlob, Jurist, * 1752, † 1806: Hommel, Karl Ferdinand 142
Rohr, Julius Bernhard von, Schriftsteller, * 1688, † 1742: **254**
Rosa, Salvator: Fiorillo, Johann Dominicus 87
Rosenmüller, Johann Georg, evang. Theologe, * 1736, † 1815: **254**
Rost, Johann Christoph, Schriftsteller, * 1717, † 1765: **254**
Rothenburg, Friederike Helene von (geb.) → Unger, Friederike Helene
Rotteck, Karl Wenzeslaus Rodecker von, Historiker, Staatswissenschaftler, liberaler Publizist, Politiker, * 1775, † 1840: **254**; Siebenpfeiffer, Philipp Jakob 278
Rottenhoff, Ernestine von, * 1715, † 1770: Moser, Friedrich Carl Frh. von 213

Rousseau, Jean-Jacques, frz.-schweizer. Philosoph, Schriftsteller, * 1712, † 1778: Albrecht, Johann Friedrich Ernst 6; Basedow, Johann Bernhard 20; Blumenbach, (Johann) Friedrich 35; Bondeli, Julie von 40; Clauer, Karl 56; Dautzenberg, (Peter Josef) Franz 67; Einsiedel, (Johann) August von 74; Feder, Johann Georg Heinrich 84; Forster, (Johann) Georg (Adam) 91; Friedrich III., Herzog von Sachsen-Gotha-Altenburg 97; Füssli, Johann Heinrich 100; Glafey, Adam Friedrich 107; Grimm, (Friedrich) Melchior Frh. von 116; Gröll, Michael 116; Herder, Johann Gottfried 131; Holbach, Paul (Heinrich) Thiry (Dietrich) Baron von 141; Iselin, Isaak 150; Jacobi, Friedrich Heinrich 153; Kant, Immanuel 162; Kleist, (Bernd) Heinrich (Wilhelm) von 169; Leuchsenring, Franz (Michael) 189; Luise Dorothea, Herzogin von Sachsen-Gotha-Altenburg 195; Lux, Adam 195; Meister, Jakob Heinrich 203; Mendelssohn, Moses 204; Muralt, Beat Ludwig von 220; Pestalozzi, Johann Heinrich 235; Pfeffel, Gottlieb Konrad 237; Rotteck, Karl Wenzeslaus Rodecker von 254; Struensee, Johann Friedrich 288; Tscharner, Vinzenz Bernhard von 300; Weiller, Cajetan von 314; Wieland, Christoph Martin 319; Zimmermann, Johann Georg 330

Rubens, Peter Paul, fläm. Maler, * 1577, † 1640: Heinse, (Johann Jakob) Wilhelm 129

Rudolf August, Herzog von *Braunschweig* und *Lüneburg*, Dichter, Komponist, * 1627, † 1704: Paullini, Christian Franz 235

Rudolf Johann Josef Rainer, Erzherzog von *Österreich*, Fürsterzbischof von Olmütz, * 1788, † 1831: Beethoven, Ludwig van 25

Rudolphi, Karoline (Christiane Louise), Pädagogin, Lyrikerin, * 1754, † 1811: **255**

Rudorff, Adolf August Friedrich, Rechtshistoriker, * 1803, † 1873: Knebel, Karl Ludwig von 172

Rüchel, Ernst (Friedrich Wilhelm Philipp) von, Militär, * 1754, † 1823: Hartung, Georg Friedrich 125

Rückert, (Johann Michael) Friedrich, Dichter, Orientalist, * 1788, † 1866: Brockhaus, Friedrich Arnold 45; Cotta von Cottendorf, Johann Friedrich 59

Rüdiger, (Johann) Andreas, Arzt, Philosoph, * 1673, † 1731: **255**; Walch, Johann Georg 312

Rüdiger, Johann Andreas, Buchhändler, Verleger, † 1751: Korn, Johann Jacob 175

Rüdiger, Johann Christian Christoph, Kameralist, Sprachwissenschaftler, * 1751, † 1822: **255**

Ruef, Johann Caspar Adam, Jurist, Bibliothekar, * 1748, † 1825: **255**

Rühle von Lilienstern, (Johann) August Friedemann, Jurist, Redakteur, * 1743, † 1828: **256**

Rumford, Benjamin Thompson, Beamter, Physiker, * 1753, † 1814: **256**

Rumohr, Carl Friedrich (Ludwig Felix) von, Kunsthistoriker, Schriftsteller, * 1785, † 1843: Fiorillo, Johann Dominicus 87

Runde, Christian Ludwig, Jurist, * 1773, † 1849: **256**; Runde, Justus Friedrich 256

Runde, Justus Friedrich, Jurist, Historiker, * 1741, † 1807: **256**; Runde, Christian Ludwig 256

Runge, Conrad Heinrich, reformierter Theologe, * 1731, † 1792: **256**

Runge, Ludolph Heinrich, Geburtshelfer, Gynäkologe, * 1688, † 1760: Runge, Conrad Heinrich 256

Runge, Philipp Otto, Maler, Zeichner, * 1777, † 1810: Graff, Anton 114

Runkel, (Dorothee) Henriette von, Schriftstellerin, Übersetzerin, Herausgeberin, * 1724, † 1800: Gottsched, Luise (Adelgunde Victorie) 114

Ruprecht, Carl Friedrich Günther, Verleger, * 1730, † 1816: Vandenhoeck, Anna 307

Ryno (Pseud.) → Contessa, Christian Jakob

Sachs, Hans, Meistersinger, Spruchdichter, Dramatiker, * 1494, † 1576: Böckh, Christian Gottfried 37

Sachs der Fünfte, Hans (Pseud.) → Curio, (Johann) Carl Daniel

Sack, August Friedrich Wilhelm, evang. Theologe, * 1703, † 1786: Köpken, Friedrich von 174

Sack, Friedrich Samuel Gottfried, reformierter Theologe, Bischof von Berlin, * 1738, † 1817: **257**

Sailer, Johann Michael von, kath. Theologe, Bischof von Regensburg, * 1751, † 1832: **257**; Drexel, Anton 70; Görres, (Johann) Joseph von 109; Mayr, Beda 201; Salat, Jakob 258; Schrank, Franz de Paula von 271; Wessenberg, Ignaz Heinrich (Karl) Frh. von 317

Sailer, Johann Valentin (eigentl.) → Sailer, Sebastian

Sailer, Sebastian, Prämonstratenser, Mundartdichter, * 1714, † 1777: **257**

Salat, Jakob, kath. Theologe, Philosoph, * 1766, † 1851: **258**

Salice-Contessa, Christian Jakob → Contessa, Christian Jakob

Salieri, Antonio, Komponist, * 1750, † 1825: Beethoven, Ludwig van 25

Salomon, Johann Peter, Musiker, * 1745, † 1815: Haydn, (Franz) Joseph 126

Salomon ben Josua (eigentl.) → Maimon, Salomon

Saltzmann, Friedrich Rudolf, Publizist, * 1749, † 1821: **258**

Salzmann (Pseud.) → Rautenstrauch, Johann

Salzmann, Christian Gotthilf, Pädagoge, Schriftsteller, * 1744, † 1811: **258**; Beutler, Johann Heinrich Christoph 32; Christiani, Christoph Johann Rudolph 55; Steinbeck, Christoph Gottlieb 286

Salzmann, Johann Daniel, Aktuar, Schriftsteller, * 1722, † 1812: Lenz, Jakob (Michael Reinhold) 186

Samson, Herz, Hoffaktor, Kammeragent, * vor 1795: Jacobson, Israel 154

Sancto Adamo, Thaddeus a → Dereser, Anton

Sand, Karl Ludwig, Student, * 1795, † 1820: Kotzebue, August (Friedrich) von 175

Sander, Heinrich, Schriftsteller, * 1754, † 1782: **259**

Sander, Johann Daniel, Buchhändler, Schriftsteller, * 1759, † 1825: **259**

Sandhagen, Caspar Hermann, evang. Theologe, * 1639, † 1697: Francke, August Hermann 91

Sandoz, Henriette von: Bondeli, Julie von 40

Sarasin, Jacob, schweizer. Fabrikant, Schriftsteller, * 1742, † 1802: **259**

Sartorius von Waltershausen, Georg (Friedrich) Frh., Historiker, Nationalökonom, * 1765, † 1828: **259**

Sauer, August, österr. Germanist, * 1855, † 1926: Uz, Johann Peter 304

Savigny, Friedrich Carl von, Jurist, * 1779, † 1861: Ebel, Johann Gottfried 71; Gönner, Nikolaus (Thaddäus) Ritter von 109; Schrank, Franz de Paula von 271; Thibaut, Anton Friedrich Justus 294; Zeiller, Franz Anton Edler von 328

Schade, Georg, Philosoph, Jurist, * 1712, † 1795: **259**

Schadow, Johann Gottfried, Bildhauer, Zeichner, Graphiker, * 1764, † 1850: **260**

Schaffgotsch, Philipp Gotthard Graf von, Fürstbischof von Breslau, * 1716, † 1795: Bastiani, Giovanni Battista 21

Schannat, Johann Friedrich, Historiker, Jurist, * 1683, † 1739: Andreae, Johann Benjamin d. Ä. 8

Scharnhorst, Gerhard Johann David von, Militär, * 1755, † 1813: Friedrich Wilhelm Ernst, Reichsgraf von Schaumburg-Lippe 320

Scheffner, Johann George, Schriftsteller, Beamter, * 1736, † 1820: **260**

Scheibe, Johann, Orgelbauer, * um 1680, † 1748: Scheibe, Johann Adolph 260

Scheibe, Johann Adolph, Komponist, Musikjournalist, Übersetzer, * 1708, † 1776: **260**

Schellenberg, Johann Ulrich, schweizer. Maler, Kupferstecher, * 1709, † 1795: Graff, Anton 114

Schelling, (Dorothea) Caroline (Albertina) von, Schriftstellerin, * 1763, † 1809: **261**; Schlegel, August Wilhelm von 264

Schelling, Friedrich Wilhelm Joseph von, Philosoph, * 1775, † 1854: Bardili, Christoph Gottfried 19; Berg, Franz 28; Blumenbach, (Johann) Friedrich 35; Cotta von Cottendorf, Johann Friedrich 59; Feßler, Ignaz Aurelius 85; Fichte, Johann Gottlieb 86; Fries, Jakob Friedrich 97; Görres, (Johann) Joseph von 109; Hölderlin, (Johann Christian) Friedrich 138; Jacobi, Friedrich Heinrich 153; Reinhold, Karl Leonhard 250; Schelling, (Dorothea) Caroline (Albertina) von 261; Weiller, Cajetan von 314

Schenk, (Johann) Heinrich Ritter von, * 1748, † 1813: **261**

Schenk, Johann (Baptist), österr. Komponist, * 1753, † 1836: Beethoven, Ludwig van 25

Schenkendorf, (Gottlob Ferdinand) Max(imilian Gottfried) von, Schriftsteller, * 1783, † 1817: Jung-Stilling, Johann Heinrich 158

Scheppler, Luise, Pädagogin, * 1763, † 1837: Oberlin, Johann Friedrich 229

Scheuchzer, Johann Jakob, schweizer. Mediziner, Naturforscher, * 1672, † 1733: **261**; Mylius, Gottlieb Friedrich 221

Schick, (Christian) Gottlieb, Maler, * 1776, † 1812: Humboldt, Wilhelm von 147

Schikaneder, Eleonore, österr. Schauspielerin, * 1751, † 1821: Schikaneder, Emanuel 261

Schikaneder, Emanuel, Schauspieler, Theaterdirektor, Dramatiker, * 1751, † 1812: **261**; Friedel, Johann 94; Liebeskind, August Jacob 190; Mozart, Wolfgang Amadeus 215

Schiller, Charlotte von, * 1766, † 1826: Humboldt, Wilhelm von 147; Kalb, Charlotte (Sophie Juliane) von 162; Schiller, (Johann Christoph) Friedrich von 261

Schiller, (Johann Christoph) Friedrich von, Dichter, Schriftsteller, Kritiker, Historiker, * 1759, † 1805: **261**; Abel, Jakob Friedrich von 1; Albrecht, Johann Friedrich Ernst 6; Anna Amalia, Herzogin von Sachsen-Weimar-Eisenach 9; Baggesen, Jens Immanuel 17; Baumgarten, Alexander Gottlieb 23; Beethoven, Ludwig van 25; Böttiger, Karl August 39; Bürger, Gottfried August 48; Campe, Joachim Heinrich 51; Conz, Karl Philipp 58; Cotta von Cottendorf, Johann Friedrich 59; Cranz, August Friedrich 60; Dalberg, Wolfgang Heribert (Tobias Otto Maria Johann N.) Frh. von 66; Einsiedel, Friedrich Hildebrand von 74; Engel, Johann Jakob 75; Erhard, Johann Benjamin 76; Fernow, Carl Ludwig 85; Friedrich Christian II., Herzog von Schleswig-Holstein-Sonderburg-Augustenburg 97; Garve, Christian 101; Gemmingen-Hornberg, Otto Heinrich Frh. von 103; Gessner, Salomon 105; Göschen, Georg Joachim 110; Goethe, Johann Wolfgang von 111; Griesbach, Johann Jakob 115; Großmann, Gustav Friedrich Wilhelm 117; Heydenreich, Karl Heinrich 136; Hölderlin, (Johann Christian) Friedrich 138; Huber, Ludwig Ferdinand 142; Hufeland, Christoph Wilhelm 144; Humboldt, Wilhelm von 147; Iffland, August Wilhelm 149; Jean Paul 155; Kalb, Charlotte (Sophie Juliane) von 162; Karl Eugen, Herzog von Württemberg 165; Leisewitz, Johann Anton 185; Lenz, Jakob (Michael Reinhold) 186; Manso, Johann Caspar Friedrich 198; Merkel, Garlieb (Helwig) 206; Meyer, Friedrich Ludwig Wilhelm 208; Murr, Christoph Gottlieb von 220; Niethammer, Friedrich Immanuel 226; Petersen, Johann Wilhelm 236; Ploucquet, Gottfried 238; Reichard, Heinrich August Ottokar 245; Reichardt, Johann Friedrich 246; Schreyvogel, Joseph 271; Schwan, Christian Friedrich 275; Sinclair, Isaak von 278; Stäudlin, Gotthold (Friedrich) 284; Tieck, (Johann) Ludwig 297; Wieland, Christoph Martin 319

Schimmelmann, Ernst Heinrich von, dän. Politiker, * 1747, † 1831: Hennings, (Adolph Friedrich) August von 130

Schimmelmann, Heinrich Karl Graf von, Kaufmann, Politiker, * 1724, † 1782: Claudius, Matthias 55

Schinderhannes, Räuberhauptmann, * 1783, † 1803: Rebmann, Andreas Georg Friedrich 244
Schinkel, Karl Friedrich, Architekt, Stadtplaner, Maler, Zeichner, * 1781, † 1841: **263**
Schinz, Hans Rudolf, schweizer. Schriftsteller, * 1745, † 1790: **264**
Schirach, Gottlob Benedikt, Historiker, Publizist, * 1743, † 1804: **264**
Schlabrendorff, Ernst Wilhelm von, Staatsmann, * 1719, † 1769: **264**; Schlabrendorff, Gustav Graf von 264
Schlabrendorff, Gustav Graf von, Schriftsteller, Philanthrop, * 1750, † 1824: **264**
Schlegel, August Wilhelm von, Übersetzer, Philologe, Kritiker, * 1767, † 1845: **264**; Feßler, Ignaz Aurelius 85; Hülsen, August Ludwig 144; Humboldt, Wilhelm von 147; Merkel, Garlieb (Helwig) 206; Müller, Friedrich 217; Reimer, Georg Andreas 248; Reinhard, Philipp Christian 250; Schelling, (Dorothea) Caroline (Albertina) von 261; Schlegel, (Karl Wilhelm) Friedrich von 265; Schlegel, Johann Adolf 266; Schleiermacher, Friedrich Daniel Ernst 266; Schreyvogel, Joseph 271; Schütz, Christian Gottfried 273
Schlegel von Gottleben, Dorothea von, Schriftstellerin, * 1764, † 1839: **265**; Schlegel, August Wilhelm von 264; Schlegel, (Karl Wilhelm) Friedrich von 265
Schlegel, (Karl Wilhelm) Friedrich von, Schriftsteller, Kritiker, Philosoph, * 1772, † 1829: **265**; Cotta von Cottendorf, Johann Friedrich 59; Feßler, Ignaz Aurelius 85; Herz, Henriette (Julie) 134; Hülsen, August Ludwig 144; Humboldt, Wilhelm von 147; Merkel, Garlieb (Helwig) 206; Müller, Friedrich 217; Reimer, Georg Andreas 248; Reinhard, Philipp Christian 250; Schlegel, August Wilhelm von 264; Schlegel von Gottleben, Dorothea von 265; Schlegel, Johann Adolf 266; Schleiermacher, Friedrich Daniel Ernst 266; Schreyvogel, Joseph 271
Schlegel, Johann Adolf, evang. Theologe, Schriftsteller, * 1721, † 1793: **266**; Cramer, Johann Andreas 60; Gärtner, Karl Christian 101; Gellert, Christian Fürchtegott 103; Giseke, Nikolaus Dietrich 107; Knigge, Adolph Frh. 172; Schlegel, August Wilhelm von 264; Schlegel, (Karl Wilhelm) Friedrich von 265; Schlegel, Johann Elias 266; Schwabe, Johann Joachim 274
Schlegel, Johann Elias, Jurist, Schriftsteller, * 1719, † 1749: **266**; Cramer, Johann Andreas 60; Gellert, Christian Fürchtegott 103; Schlegel, Johann Adolf 266; Schwabe, Johann Joachim 274
Schlegel-Schelling, (Dorothea) Caroline (Albertina) von → Schelling, (Dorothea) Caroline (Albertina) von
Schleiermacher, Friedrich Daniel Ernst, evang. Theologe, Philosoph, * 1768, † 1834: **266**; Bengel, Ernst Gottlieb 27; Brinckmann, Karl Gustav Frh. von 45; De Wette, Martin Leberecht 68; Gedike, Friedrich 103; Gleim, Betty 107; Herz, Henriette (Julie) 134; Reimer, Georg Andreas 248; Schlegel, (Karl Wilhelm) Friedrich von 265; Tzschirner, Heinrich Gottlieb 301
Schlettwein, Johann August, Nationalökonom, * 1731, † 1802: **268**
Schleyermacher, Gottlieb, reformierter Theologe: Schleiermacher, Friedrich Daniel Ernst 266
Schlez, Johann (Friedrich) Ferdinand, evang. Theologe, Schriftsteller, * 1759, † 1839: **268**
Schlözer, August Ludwig von, Historiker, Staatsrechtler, Schriftsteller, Publizist, * 1735, † 1809: **268**; Achenwall, Gottfried 2; Crome, August Friedrich Wilhelm 61; Ettinger, Wilhelm 79; Filtsch, Johann 87; Herder, Johann Gottfried 131; Hufeland, Gottlieb 145; Humboldt, Wilhelm von 147; Kraus, Christian Jakob 176; Müller, Adam Heinrich Ritter von Nittersdorf 216; Müller, Gerhard Friedrich von 218; Müller, Johannes von 218; Schlözer, Dorothea von 269
Schlözer, Dorothea von, * 1770, † 1825: **269**
Schlosser, Friedrich Christoph, evang. Theologe, Bibliothekar, Historiker, * 1776, † 1861: **269**
Schlosser, Johann Georg, Jurist, Schriftsteller, * 1739, † 1799: **269**; Klinger, Friedrich Maximilian von 170; Lenz, Jakob (Michael Reinhold) 186
Schmauß, Johann Jakob, Jurist, Rechtsphilosoph, * 1690, † 1757: **269**
Schmeller, Johann Andreas, Germanist, Bibliothekar, * 1785, † 1852: Zaupser, Andreas (Dominikus) 327
Schmettau, Adelheid Amalie Gräfin von (geb.) → Gallitzin, (Adelheid) Amalie Fürstin von
Schmettau, Woldemar Friedrich → Schmettow, Woldemar Friedrich Graf von
Schmettow, Woldemar Friedrich Graf von, Diplomat, * 1749, † 1794: **270**
Schmid, Karl Christian Erhard, evang. Theologe, Philosoph, * 1761, † 1812: **270**
Schmidt, Michael Ignaz, kath. Theologe, Historiker, * 1736, † 1794: **270**
Schmidt, Valentin Heinrich, Schriftsteller, * 1756, † 1838: Mehring, Daniel Gottlieb Gebhard 202
Schmieder, Heinrich Gottlieb, Schriftsteller, Theaterdirektor, * 1763, † 1828: **270**
Schmohl, Johann Christian, Pädagoge, Schriftsteller, * 1756, † 1783: **270**
Schnaubert, Andreas Joseph, Jurist, * 1750, † 1825: Feuerbach, Paul Johann Anselm Ritter von 85
Schneider, Eulogius, Franziskaner, Religionsphilosoph, Staatsmann, * 1756, † 1794: **271**; Beroldingen, Joseph (Anton Siegmund) Frh. von 32; Butenschön, Johann Friedrich 49; Pape, Georg Friedrich 233
Schneider, Johann Georg (eigentl.) → Schneider, Eulogius
Schneider, Johann Gottlob Saxo, Philologe, Bibliothekar, * 1750, † 1822: Frommann, (Carl) Friedrich (Ernst) 99
Schocke, (Johann) Heinrich (Daniel) (eigentl.) → Zschokke, (Johann) Heinrich (Daniel)

415

Schön, (Heinrich) Theodor von, Staatsmann, * 1773, † 1856: Hardenberg, Karl August Fürst 123
Schönaich, Christoph Otto Frh. von, Schriftsteller, * 1725, † 1807: Scheffner, Johann George 260
Schönborn, Johann Philipp Reichsfreiherr von, Bischof von Würzburg und Worms, Erzbischof von Mainz, * 1605, † 1673: Becher, Johann Joachim 24
Schönemann, Johann Friedrich, Schauspieler, Theaterdirektor, * 1704, † 1782: Ekhof, (Hans) Conrad (Dietrich) 74; Löwen, Johann Friedrich 192
Schönemann, Lili, Verlobte Goethes, * 1758, † 1817: Goethe, Johann Wolfgang von 111
Schönfeld, Ritter von, Drucker, Verleger: Eichler, Andreas Chrysogon 74
Schöpflin, Johann Daniel, Historiker, * 1694, † 1771: **271**; Lamey, Andreas 182
Schopenhauer, Arthur, Philosoph, * 1788, † 1860: Bouterwek, Friedrich (Ludewig) 41; Brockhaus, Friedrich Arnold 45; Schulze, Gottlob Ernst 273
Schrank, Franz de Paula von, Jesuit, Theologe, Naturforscher, * 1747, † 1835: **271**
Schrattenbach, Sigismund IIII. Christoph Graf von, Fürsterzbischof von Salzburg, * 1698, † 1771: Mozart, Wolfgang Amadeus 215
Schreyvogel, Joseph, österr. Schriftsteller, Dramaturg, * 1768, † 1832: **271**; Alxinger, Johann Baptist von 7
Schröckh, Johann Matthias, evang. Theologe, Historiker, * 1733, † 1808: **272**; Tzschirner, Heinrich Gottlieb 301
Schröder, Friedrich (Ulrich) Lud(e)wig, Schauspieler, Theaterdirektor, Dramatiker, * 1744, † 1816: Dalberg, Wolfgang Heribert (Tobias Otto Maria Johann N.) Frh. von 66; Heise, Johann Arnold 130; Meyer, Friedrich Ludwig Wilhelm 208
Schubart, Christian Friedrich Daniel, Schriftsteller, Komponist, * 1739, † 1791: **272**; Archenholtz, Johann Wilhelm von 9; Böckh, Christian Gottfried 37; Hölderlin, (Johann Christian) Friedrich 138; Humboldt, Wilhelm von 147; Stäudlin, Gotthold (Friedrich) 284; Staudinger, Lucas Andreas 286
Schubart, Johann Christian Edler von Kleefeld, Landwirt, * 1734, † 1787: **272**
Schubert, Franz (Peter), österr. Komponist, * 1797, † 1828: Pichler, Karoline 238; Schubart, Christian Friedrich Daniel 272
Schuch, Franz, Theaterprinzipal, Schauspieler, * um 1716, † 1763/64: Ekhof, (Hans) Conrad (Dietrich) 74
Schuckmann, (Kaspar) Friedrich Frh. von, Staatsmann, * 1755, † 1834: **273**
Schüerer, Thomas, Buchhändler, Verleger: Gleditsch, Johann Friedrich 107
Schürmann, Georg Caspar, Komponist, * 1672/73, † 1751: König, Johann Ulrich von 173
Schütz, Christian Gottfried, Philosoph, Philologe, * 1747, † 1832: **273**; Crome, August Friedrich Wilhelm 61; Humboldt, Wilhelm von 147; Kant, Immanuel 162
Schütz, Friedrich Wilhelm von, Publizist, * 1756, † 1834: **273**; Albrecht, Heinrich Christoph 5; Frölich, Carl Wilhelm 98
Schütz, Johann Jakob, Jurist, Pietist, * 1640, † 1690: Spener, Philipp Jakob 282
Schultens, Albert, niederländ. Orientalist, * 1686, † 1750: Rinck, Friedrich Theodor 253
Schulthess, Anna Barbara, Freundin Goethes, * 1745, † 1818: Pestalozzi, Johann Heinrich 235
Schultz, Franz Albert, evang. Theologe, * 1692, † 1763: **273**
Schultz, Johann, evang. Theologe, Mathematiker, Philosoph, * 1739, † 1805: Beck, Jacob Sigismund 25
Schultze, Georg Ludwig, Drucker: Vandenhoeck, Anna 307
Schulze, Gottlob Ernst, Philosoph, * 1761, † 1833: **273**
Schulze, Johannes (Karl Hartwig), Pädagoge, Beamter, * 1786, † 1869: Altenstein, Karl (Sigmund Franz) Frh. vom Stein zum 6
Schumann, Robert (Alexander), Komponist, Musikschriftsteller, * 1810, † 1856: Thibaut, Anton Friedrich Justus 294
Schummel, Johann Gottlieb, Schriftsteller, Pädagoge, * 1748, † 1813: **274**; Flögel, Karl Friedrich 89
Schwab, Johann Christoph, Schriftsteller, Philosoph, * 1743, † 1821: **274**
Schwabe, Johann Joachim, Übersetzer, Herausgeber, Publizist, * 1714, † 1784: **274**; Gärtner, Karl Christian 101; Rabener, Gottlieb Wilhelm 243
Schwager, Johann Moritz, evang. Theologe, Schriftsteller, * 1738, † 1804: **275**; Weddigen, Peter Florens 313
Schwan, Christian Friedrich, Buchhändler, Verleger, Publizist, * 1733, † 1815: **275**; Eßlinger, Johann Georg 79; Müller, Friedrich 217
Schwarz, Sophie (Agnes), Schriftstellerin, * 1745, † 1789: Reimarus, Margaretha Elisabeth 248
Schwarzkopf, Joachim von, Diplomat, Zeitungshistoriker, * 1766, † 1806: **275**
Seckendorff, Veit Ludwig von, Staatsmann, Gelehrter, * 1626, † 1692: **275**
Seelen, Johann Heinrich von, Polyhistor, * 1688, † 1762: **275**
Seibt, Karl Heinrich, Pädagoge, * 1735, † 1806: **276**; Bolzano, Bernard 39
Seidenstücker, Johann Heinrich Philipp, Schulmann, * 1765, † 1817: **276**
Selchow (Pseud.) → Lafontaine, August (Heinrich Julius)
Seld, Arminius (Pseud.) → Hedderich, Philipp
Seligmann, Aaron Elias, Bankier, Hoffaktor, * 1747, † 1824: Pappenheimer, Heymann (Chaim) Salomon 234
Selle, Christian Gottlieb, Mediziner, Philosoph, * 1748, † 1800: **276**; Hufeland, Christoph Wilhelm 144

Selmar (Pseud.) → Brinckmann, Karl Gustav Frh. von

Semler, Christoph, evang. Theologe, * 1669, † 1740: **276**

Semler, Eleonore Henrike: Semler, Johann Salomo 276

Semler, Johann Salomo, evang. Theologe, * 1725, † 1791: **276**; Brückner, Ernst Theodor Johann 47; Corrodi, Heinrich 58; Köster, He(i)nrich Martin Gottfried 174; Niemeyer, August Hermann 226; Schütz, Christian Gottfried 273

Semler, Matthias Nicolaus, evang. Theologe, † 1755: Semler, Johann Salomo 276

Seume, Johann Gottfried, Schriftsteller, * 1763, † 1810: **277**; Göschen, Georg Joachim 110

Sextro, Heinrich Philipp, evang. Theologe, * 1747, † 1838: **277**; Wagemann, Ludwig Gerhard 311

Seybold, David Christoph, Lehrer, Schriftsteller, * 1747, † 1804: **278**

Seyler, Abel, schweizer. Theaterleiter, * 1730, † 1800: Dalberg, Wolfgang Heribert (Tobias Otto Maria Johann N.) Frh. von 66; Engel, Johann Jakob 75; Großmann, Gustav Friedrich Wilhelm 117; Klinger, Friedrich Maximilian von 170

Shaftesbury, Anthony Ashley Cooper, 3rd Earl of S., engl. Philosoph, * 1671, † 1713: Hagedorn, Friedrich von 119; Mendelssohn, Moses 204; Spalding, Johann Joachim 281

Shakespeare, William, engl. Dramatiker, Schauspieler, Dichter, * 1564, † 1616: Bräker, Ulrich 42; Dalberg, Wolfgang Heribert (Tobias Otto Maria Johann N.) Frh. von 66; Eschenburg, Johann Joachim 78; Füssli, Johann Heinrich 100; Gerstenberg, Heinrich Wilhelm von 105; Goethe, Johann Wolfgang von 111; Iffland, August Wilhelm 149; Schelling, (Dorothea) Caroline (Albertina) von 261; Schlegel, August Wilhelm von 264; Schlegel, Johann Elias 266; Schreyvogel, Joseph 271; Tieck, (Johann) Ludwig 297; Weiße, Christian Felix 315; Wieland, Christoph Martin 319

Sherard, William, engl. Botaniker, * 1659, † 1728: Pappenheimer, Heymann (Chaim) Salomon 234

Siebenpfeiffer, Philipp Jakob, Jurist, * 1789, † 1845: **278**

Siede, Johann Christian, Schriftsteller, * 1765, † 1806: **278**

Sieveking, Georg Heinrich, Kaufmann, * 1751, † 1799: **278**; Albrecht, Heinrich Christoph 5; Heß, Jonas Ludwig von 134; Hudtwalcker, Johann Michael 143; Pappenheimer, Heymann (Chaim) Salomon 234

Sieyes, Emmanuel Joseph Graf, frz. Revolutionär, * 1748, † 1836: Ebel, Johann Gottfried 71; Rotteck, Karl Wenzeslaus Rodecker von 254

Simon, Johann Friedrich, Philanthrop, Publizist, * 1751, † 1829: **278**; Clauer, Karl 56

Sincerus, Anastasius → Amthor, Christoph Heinrich

Sinclair, Isaak von, Diplomat, Dichter, Philosoph, * 1775, † 1815: **278**; Hölderlin, (Johann Christian) Friedrich 138

Sined der Barde (Pseud.) → Denis, (Johann Nepomuk Cosmas) Michael

Sintenis, Christian Friedrich, evang. Theologe, Schriftsteller, * 1750, † 1820: **279**

Sivers, He(i)nrich Jakob, evang. Theologe, Schriftsteller, * 1709, † 1758: Liscow, Christian Ludwig 191

Sloane, Sir Hans, brit. Mediziner, Naturforscher, * 1660, † 1753: Karoline, Kurfürstin von Hannover, Königin von Großbritannien 166

Smith, Adam, brit. Philosoph, Volkswirtschaftler, * 1723, † 1790: Garve, Christian 101; Heeren, Arnold (Hermann Ludwig) 128; Jakob, Ludwig Heinrich von 155; Kleist, (Bernd) Heinrich (Wilhelm) von 169; Kraus, Christian Jakob 176; Krug, Leopold 178; Lueder, August Ferdinand 194; Müller, Adam Heinrich Ritter von Nitterdorf 216; Sartorius von Waltershausen, Georg (Friedrich) Frh. 259; Thaer, Albrecht Daniel 294

Snell, Christian Wilhelm, Philosoph, * 1755, † 1834: **279**

Snell, Friedrich Wilhelm Daniel, Philosoph, * 1761, † 1827: Snell, Christian Wilhelm 279

Soemmerring, Johann Thomas, Mediziner, * 1701, † 1781: Soemmerring, Samuel Thomas von 279

Soemmerring, Margarethe Elisabeth, † 1802: Soemmerring, Samuel Thomas von 279

Soemmerring, Samuel Thomas von, Anatom, Anthropologe, Paläontologe, * 1755, † 1830: **279**

Solms-Rödelheim, Volrat Friedrich Karl Ludwig Graf zu, * 1762, † 1818: Hoffmann, Karl 140

Sonnenfels, Joseph von, österr. Kameralist, Jurist, Schriftsteller, * 1732/1733/1734, † 1817: **280**; Blumauer, Alois 35; Bretschneider, Heinrich Gottfried von 44; Riegger, Paul Joseph Ritter von 253

Sophie Charlotte, Herzogin von *Braunschweig-Lüneburg* (geb.) → Sophie Charlotte, Kurfürstin von Brandenburg, Königin in Preußen

Sophie von der Pfalz, Kurfürstin von *Hannover*, * 1630, † 1714: Leibniz, Gottfried Wilhelm 184; Sophie Charlotte, Kurfürstin von Brandenburg, Königin in Preußen 281

Sophie Charlotte, Kurfürstin von Brandenburg, Königin in *Preußen*, * 1668, † 1705: **281**; Leibniz, Gottfried Wilhelm 184

Sophie Dorothea, Königin in *Preußen*, * 1687, † 1757: Friedrich II. der Große, König in, seit 1772 von Preußen 94

Sophokles, griech. Tragiker, * 497/496 v. Chr., † 406/405 v. Chr.: Hölderlin, (Johann Christian) Friedrich 138

Spalding, Georg Ludwig, Schriftsteller, Philologe, Pädagoge, * 1762, † 1811: Frölich, Carl Wilhelm 98; Spalding, Johann Joachim 281

Spalding, Johann Joachim, evang. Theologe, * 1714, † 1804: **281**; Frölich, Carl Wilhelm 98; Füssli, Johann Heinrich 100; Herder, Johann Gottfried 131; Lavater, Johann Caspar 183; Mendelssohn, Moses 204

Spazier, Johann Gottlieb Karl, Pädagoge, Redakteur, Schriftsteller, * 1761, † 1805: **281**

Spemann, Hans, Zoologe, Entwicklungsbiologe, * 1869, † 1941: Blumenbach, (Johann) Friedrich 35

Spener, Johann Carl d. Ä., Verleger, * 1710, † 1756: Gessner, Salomon 105; Haude, Ambrosius 125

Spener, Johann Karl Philipp, Verleger, * 1749, † 1827: **281**

Spener, Philipp Jakob, evang. Theologe, * 1635, † 1705: **282**; Arnold, Gottfried 11; Buddeus, Johann Franz 48; Francke, August Hermann 91; Seckendorff, Veit Ludwig von 275

Sperlette, Johannes, Philosoph, * 1661, † 1740: **282**

Spinoza, Baruch (Benedictus) de, niederländ. Philosoph, * 1632, † 1677: Herder, Johann Gottfried 131; Jacobi, Friedrich Heinrich 153; Lau, Theodor Ludwig 183; Leibniz, Gottfried Wilhelm 184; Reil, Johann Christian 246; Schleiermacher, Friedrich Daniel Ernst 266; Stosch, Friedrich Wilhelm 287; Thorild, Thomas 296; Tschirnhaus, Ehrenfried Walther von 300

Spittler, Ludwig Timotheus Frh. von, evang. Theologe, Historiker, Staatsmann, * 1752, † 1810: **283**; Heeren, Arnold (Hermann Ludwig) 128; Hufeland, Gottlieb 145

Sprengel, Matthias Christian, Historiker, Bibliothekar, * 1746, † 1803: **283**

Springer, Johann Christoph Erich von, Jurist, Nationalökonom, * 1727, † 1798: **283**

Sprögel, Anna Maria: Arnold, Gottfried 11

Stade, Johann Friedrich Ernst (Pseud.) → Albrecht, Johann Friedrich Ernst

Stadion, Friedrich Lothar Graf von, österr. Diplomat, * 1761, † 1811: **283**; Wieland, Christoph Martin 319

Stadion, Johann Philipp Graf von, österr. Diplomat, Staatsmann, * 1763, † 1824: Stadion, Friedrich Lothar Graf von 283

Stäckel, Paul (Gustav), Mathematiker, * 1862, † 1919: Lambert, Johann Heinrich 181

Stägemann, (Christian) Friedrich August von, Staatsmann, Lyriker, * 1763, † 1840: **283**

Staël, (Anne Louise) Germaine Baronin von S.-Holstein, geb. Necker, genannt Madame de S., frz. Schriftstellerin, * 1766, † 1817: Humboldt, Wilhelm von 147; Meister, Jakob Heinrich 203; Schlegel, August Wilhelm von 264; Schlegel von Gottleben, Dorothea von 265

Stäudlin, Carl Friedrich, evang. Theologe, * 1761, † 1826: **283**; Stäudlin, Gotthold (Friedrich) 284

Stäudlin, Gotthold (Friedrich), Jurist, Publizist, Dichter, * 1758, † 1796: **284**; Hölderlin, (Johann Christian) Friedrich 138; Stäudlin, Carl Friedrich 283

Stage, Conrad Heinrich, Buchhändler, Verleger: Schubart, Christian Friedrich Daniel 272

Stahl, Georg Ernst, Arzt, Chemiker, * 1659, † 1734: **284**; Alberti, Michael 5; Francke, August Hermann 91; Reil, Johann Christian 246

Stapfer, Philipp Albert, schweizer. Kultur- und Bildungspolitiker, Publizist, * 1766, † 1840: **285**

Starck, Johann August von, evang. Theologe, * 1741, † 1816: **285**; Hamann, Johann Georg 121

Stattler, Benedikt (Alexius Andreas), Jesuit, Theologe, * 1728, † 1797: **285**

Staudinger, Lucas Andreas, Landwirt, Volksbildner, * 1770, † 1842: **286**

Stechard, Maria Dorothea, † 1782: Lichtenberg, Georg Christoph 189

Steele, Sir Richard, engl. Schriftsteller, * 1672, † 1729: Gottsched, Luise (Adelgunde Victorie) 114

Stein, Charlotte (Albertine Ernestine) von, Dichterin, * 1742, † 1827: Goethe, Johann Wolfgang von 111

Stein, Ernst Josias von, Beamter: Goethe, Johann Wolfgang von 111

Stein, Johann Adam, Buchhändler, Verleger: Palm, Johann Philipp 233

Stein, Johann Andreas, Klavier- und Orgelbauer, * 1728, † 1792: Mozart, Wolfgang Amadeus 215

Stein, (Heinrich Friedrich) Karl Frh. vom und zum, Staatsmann, * 1757, † 1831: Ancillon, (Jean Pierre) Frédéric 8; Auerswald, Hans Jakob von 13; Brandes, Ernst 42; Hardenberg, Karl August Fürst 123; Hoffmann, Karl 140; Humboldt, Wilhelm von 147; Louis Ferdinand von Hohenzollern, Prinz von Preußen 192; Saltzmann, Friedrich Rudolf 258; Scheffner, Johann George 260; Schleiermacher, Friedrich Daniel Ernst 266; Vincke, (Friedrich Wilhelm) Ludwig (Philipp) Frh. von 309

Steinbart, Gotthilf Samuel, evang. Theologe, Pädagoge, Philosoph, * 1738, † 1809: **286**

Steinbeck, Christoph Gottlieb, Schriftsteller, Journalist, * 1766, † 1818: **286**

Steinberg, Ernst Georg von: Mutzenbecher, Esdras Heinrich 220

Stelter, Johann, Drucker, Verleger, † 1734: Hartung, Johann Heinrich 125

Stenbock, Magnus Graf von: Nemeitz, Joachim Christoph 223

Stephanie, Gottlieb, Schauspieler, Regisseur, Dramatiker, * 1741, † 1800: Mozart, Wolfgang Amadeus 215

Sterne, Laurence, engl. Schriftsteller, * 1713, † 1768: Benzler, Johann Lorenz 28; Bode, Johann (Joachim Christoph) 37; Jacobi, Johann Georg 154

Sternkopf, Johann Baptist, kath. Theologe, Komponist, * 1753, † 1817: Hacker, Benedikt 119

Stieff, Christian, Schulmann, Schriftsteller, * 1675, † 1751: **286**

Stieler, Adolph, Kartograph, Archivar, * 1775, † 1836: Perthes, (Johann Georg) Justus 235

Stock, (Johanna) Dorothea, Malerin, * 1760, † 1832: Huber, Ludwig Ferdinand 142

Stock, Simon Ambros von, kath. Theologe, † 1772: Wittola, Markus Anton 322

Stockhausen, Johann Christoph, evang. Theologe, Pädagoge, * 1725, † 1784: Bode, Johann (Joachim Christoph) 37

Stockhausen, Julius, Sänger, Gesangspädagoge, * 1826, † 1906: Bode, Johann (Joachim Christoph) 37

Störck, Melchior, Physiologe, † 1756: Crantz, Heinrich Johann Nepomuk Edler von 60

Stolberg-Stolberg, Christian Graf zu, Schriftsteller, Übersetzer, * 1748, † 1821: Klopstock, Friedrich Gottlieb 170

Stolberg-Stolberg, Friedrich Leopold Graf zu, Dichter, Übersetzer, * 1750, † 1819: Claudius, Matthias 55; Gallitzin, (Adelheid) Amalie Fürstin von 101; Klopstock, Friedrich Gottlieb 170; Münter, Friedrich (Christian Karl Heinrich) 219; Nicolovius, Georg Heinrich Ludwig 226; Voß, Johann Heinrich 310

Stolle, Gottlieb, Staatswissenschaftler, Historiker, Lyriker, * 1673, † 1744: **287**

Stomachogäus (Pseud.) → Magenau, Rudolf Friedrich Heinrich von

Storr, Gottlob Christian, evang. Theologe, * 1746, † 1805: Bengel, Ernst Gottlieb 27; Flatt, Johann Friedrich 89

Storr, Johann Christian, evang. Theologe, Liederdichter, * 1712, † 1773: Bengel, Ernst Gottlieb 27; Flatt, Johann Friedrich 89

Stosch, Bartholomäus, reformierter Theologe, * 1604, † 1686: Stosch, Friedrich Wilhelm 287

Stosch, Friedrich Wilhelm, Philosoph, * 1648, † 1704: **287**; Bucher, Urban Gottfried 47

Strieder, Friedrich Wilhelm, Archivar, * 1739, † 1815: **287**

Strube, David Georg, Jurist, Publizist, * 1694, † 1776: **287**

Struck, Christian Lorenz, Drucker, * 1741, † 1793: **287**

Struck, Hieronymus Johannes, Drucker, Verleger, * 1712, † 1771: Struck, Christian Lorenz 287

Struensee, Adam, evang. Theologe, * 1708, † 1791: Struensee, Johann Friedrich 288

Struensee, Carl August von, preuß. Minister, * 1735, † 1804: **288**

Struensee, Johann Friedrich, Mediziner, Politiker, * 1737, † 1772: **288**; Struensee, Carl August von 288; Sturz, Helfrich Peter 289

Struve, Burkhard Gotthelf, Polyhistor, Bibliothekar, * 1671, † 1738: **289**; Kahle, Ludwig Martin 161

Struve, Georg Adam, Jurist, * 1619, † 1692: Struve, Burkhard Gotthelf 289

Stryk, Samuel, Jurist, * 1640, † 1710: Böhmer, Justus Henning 38; Heineccius, Johann Gottlieb 128

Stürz, Helfrich Peter → Sturz, Helfrich Peter

Sturm, Christoph Christian, evang. Theologe, Schriftsteller, * 1740, † 1786: **289**

Sturm, Ottokar (Pseud.) → Rambach, Friedrich Eberhard

Sturz, Helfrich Peter, Schriftsteller, Diplomat, * 1736, † 1779: **289**; Klopstock, Friedrich Gottlieb 170

Stuve, Johann Heinrich, Pädagoge, * 1752, † 1793: **289**; Hardenberg, Karl August Fürst 123

Suckow, Lorenz Johann Daniel, Mathematiker, Physiker, * 1722, † 1801: **289**

Sucro, Christoph Joseph, Philosoph, Dichter, * 1718, † 1756: **290**

Süskind, Friedrich Gottlieb, evang. Theologe, * 1767, † 1829: Flatt, Johann Friedrich 89

Süskind, Wilhelm Emanuel, Journalist, Schriftsteller, * 1901, † 1970: Flatt, Johann Friedrich 89

Süßmayer, Franz Xaver, österr. Komponist, Dirigent, * 1766, † 1803: Mozart, Wolfgang Amadeus 215

Süßmilch, Johann Peter, evang. Theologe, Statistiker, * 1707, † 1767: **290**

Süvern, Johann Wilhelm, klassischer Philologe, Pädagoge, * 1775, † 1829: **290**

Sulzer, Johann Georg(e), Philosoph, Pädagoge, * 1720, † 1779: **290**; Gleim, Johann Wilhelm Ludwig 108; Karsch, Anna Luise 166; Nicolai, (Christoph) Friedrich 225; Ramler, Karl Wilhelm 243

Svarez, Carl Gottlieb, Jurist, * 1746, † 1798: **291**; Carmer, Johann Heinrich Kasimir Graf von 53

Swieten, Gerard van, Mediziner, * 1700, † 1772: **291**; Crantz, Heinrich Johann Nepomuk Edler von 60; Swieten, Gottfried Frh. van 292

Swieten, Gottfried Frh. van, Diplomat, Bibliothekar, Kunstmäzen, Komponist, * 1734, † 1803: **292**; Bretschneider, Heinrich Gottfried von 44; Haydn, (Franz) Joseph 126; Mozart, Wolfgang Amadeus 215; Swieten, Gerard van 291

Swift, Jonathan, irischer Schriftsteller, * 1667, † 1745: Benzler, Johann Lorenz 28; Schwabe, Johann Joachim 274; Wezel, Johann Karl 318

Sydow, Emil von, Militär, Geograph, Kartograph, * 1812, † 1873: Perthes, (Johann Georg) Justus 235

Tacitus, Publius (?) Cornelius, röm. Geschichtsschreiber, * 55, † nach 116: Patzke, Johann Samuel 234

Talleyrand, Charles-Maurice de, Fürst von Benevent, Herzog von T.-Périgord, Herzog von Dino, frz. Staatsmann, * 1754, † 1838: Arnstein, Fanny Frfr. von 12; Dalberg, Emmerich Joseph Herzog von 65; Reinhard, Karl Friedrich Graf von 249

Tarski, Alfred, amerikan. Mathematiker poln. Herkunft, * 1901, † 1983: Bolzano, Bernard 39

Tassaert, Jean Pierre Antoine, Bildhauer, * 1729, † 1788: Schadow, Johann Gottfried 260

Tatter, J. W., Gärtner: Hardenberg, Friedrich Karl 122

Tauentzien, Friedrich Bogislaw von, Militär, * 1710, † 1791: Lessing, Gotthold Ephraim 187

Telemann, Georg Philipp, Kapellmeister, Kantor, Komponist, * 1681, † 1767: Bach, Carl Philipp Emanuel 15; Breitkopf, Johann Gottlob Immanuel 44; Hamann, Johann Georg d. Ä. 121; König, Johann Ulrich von 173; Scheibe, Johann Adolph 260

Teller, Wilhelm Abraham, evang. Theologe, * 1734, † 1804: **293**

Temple, Sir William, irischer Staatsmann, Schriftsteller, * 1628, † 1699: Luden, Heinrich 193
Tennemann, Wilhelm Gottlieb, Philosoph, * 1761, † 1819: **293**
Tentzel, Wilhelm Ernst, Historiograph, Publizist, * 1659, † 1707: **293**
Terenz, röm. Komödiendichter, * 185 (um 195?) v. Chr., † 159 v. Chr.: Einsiedel, Friedrich Hildebrand von 74; Patzke, Johann Samuel 234
Tetens, Johann Nicolaus, Philosoph, Beamter, * 1736, † 1807: **293**; Engel, Johann Jakob 75
Thaer, Albrecht Daniel, Mediziner, Agrarwissenschaftler, Agrarreformer, * 1752, † 1828: **294**; Block, Albrecht 35
Thaer, Johann Friedrich, Mediziner: Thaer, Albrecht Daniel 294
Thales von Milet, griech. Naturphilosoph, * um 625, † um 547 v. Chr.: Ploucquet, Gottfried 238
Theodiskus (Pseud.) → Ascher, Saul
Theophilantropus (Pseud.) → Curio, (Johann) Carl Daniel
Theophrast (Pseud.) → Wetzel, Friedrich Gottlob Karl
Theremin, Charles Guillaume, Publizist, * 1762, † 1841: **294**
Thibaut, Anton Friedrich Justus, Jurist, Musiktheoretiker, * 1772, † 1840: **294**; Feuerbach, Paul Johann Anselm Ritter von 85
Thomasius, Christian, Jurist, Philosoph, * 1655, † 1728: **295**; Buddeus, Johann Franz 48; Carl, Ernst Ludwig 52; Francke, August Hermann 91; Gundling, Nicolaus (Hieronymus) 118; Heineccius, Johann Gottlieb 128; Hommel, Karl Ferdinand 142; Lau, Theodor Ludwig 183; Luden, Heinrich 193; Pufendorf, Samuel Frh. von 241; Rüdiger, (Johann) Andreas 255; Semler, Christoph 276; Strube, David Georg 287; Uffenbach, Zacharias Conrad von 303; Wagner, Gabriel 311; Wolff, Christian Frh. von 323; Zeidler, Johann Gottfried 328
Thomasius, Jakob, Philosoph, * 1622, † 1684: Thomasius, Christian 295
Thorén, Thomas (eigentl.) → Thorild, Thomas
Thorild, Thomas, Schriftsteller, * 1759, † 1808: **296**
Thorvaldsen, Bertel, dän. Bildhauer, * 1770, † 1844: Humboldt, Wilhelm von 147
Thümmel, Hans Wilhelm von, Beamter, Schriftsteller, * 1744, † 1824: **296**; Thümmel, Moritz August von 296
Thümmel, Moritz August von, Schriftsteller, * 1738, † 1817: **296**; Göschen, Georg Joachim 110; Thümmel, Hans Wilhelm von 296
Thümmig, Ludwig Philipp, Philosoph, Naturwissenschaftler, * 1697, † 1728: **296**
Thünen, Johann Heinrich von, Agrarwissenschaftler, Nationalökonom, Sozialreformer, * 1783, † 1850: Staudinger, Lucas Andreas 286
Thurn und Taxis, Maria Augusta Prinzessin von, * 1706, † 1756: Karl Eugen, Herzog von Württemberg 165

Tibull, röm. Dichter, * um 50 v. Chr., † um 17 v. Chr.: Heyne, Christian Gottlob 136
Tieck, Christian Friedrich, Bildhauer, * 1776, † 1851: Tieck, (Johann) Ludwig 297
Tieck, Dorothea, Übersetzerin, * 1799, † 1841: Schlegel, August Wilhelm von 264; Tieck, (Johann) Ludwig 297
Tieck, (Johann) Ludwig, Schriftsteller, Übersetzer, Philologe, Herausgeber, * 1773, † 1853: **297**; Fiorillo, Johann Dominicus 87; Merkel, Garlieb (Helwig) 206; Moritz, Karl Philipp 212; Müller, Friedrich 217; Reichardt, Johann Friedrich 246; Schlegel, August Wilhelm von 264
Tiedemann, Dietrich, Philosoph, * 1748, † 1803: **297**
Tiedge, Christoph August, Schriftsteller, * 1752, † 1841: Recke, Elisa(beth) Charlotte Konstantia von der 244
Tieftrunk, Johann Heinrich, evang. Religionsphilosoph, * 1759, † 1837: **297**
Tietz, Johann Daniel → Titius, Johann Daniel
Tischbein, Johann Heinrich Wilhelm, Maler, * 1751, † 1829: Ernst Ludwig II., Herzog von Sachsen-Gotha und Altenburg 77
Tissot, Simon Andreas, Mediziner, * 1728, † 1797: Frank, Johann (Peter) 93
Titius, Johann Daniel, Mathematiker, Physiker, Übersetzer, * 1729, † 1796: **298**; Bode, Johann Elert 37
Tittel, Gottlob August, Philosoph, * 1739, † 1816: **298**
Tobler, Johann Georg, schweizer. Pädagoge, Schriftsteller, * 1769, † 1843: **298**
Toellner, Johann Gottlieb, evang. Theologe, * 1724, † 1774: **298**; Steinbart, Gotthilf Samuel 286
Töpsl, Franz, Augustinerchorherr, * 1711, † 1796: **298**
Töpsl, Joachim Joseph Martin (eigentl.) → Töpsl, Franz
Toland, John, engl. Philosoph, * 1670, † 1722: Mosheim, Johann Lorenz von 214
Tosi, Pier Francesco, italien. Sänger, * 1653 (1647?), † 1732: Agricola, Johann Friedrich 4
Tost, Johann, Musiker: Haydn, (Franz) Joseph 126
Trapp, Ernst Christian, evang. Theologe, Pädagoge, * 1745, † 1818: **299**; Hardenberg, Karl August Fürst 123
Trattner, Johann Thomas Edler von, österr. Drucker, Verleger, Buchhändler, * 1717, † 1798: **299**
Trauner, Ursula Gräfin von: Montgelas, Maximilian Joseph Frh. 211
Trenck, Franz Frh. von der, österr. Militär, * 1711, † 1749: Trenck, Friedrich Frh. von der 299
Trenck, Friedrich Frh. von der, Militär, Schriftsteller, Publizist, * 1726, † 1794: **299**
Trendelenburg, Friedrich Adolf, Philosoph, * 1802, † 1872: Berger, Johann Erich von 29
Treuer, Gottlieb Samuel, Historiker, Jurist, * 1683, † 1743: **299**

Treviranus, Ludolf Christian, Botaniker, Mediziner, * 1779, † 1864: Floerke, Heinrich Gustav 89
Trew, Christoph Jakob, Mediziner, * 1695, † 1769: **299**
Trippel, Alexander, schweizer. Bildhauer, * 1744, † 1793: Schadow, Johann Gottfried 260
Tscharner, Niklaus Emanuel von, schweizer. Pädagoge, * 1727, † 1794: **300**; Tscharner, Vinzenz Bernhard von 300
Tscharner, Vinzenz Bernhard von, schweizer. Historiker, Schriftsteller, * 1728, † 1778: **300**; Tscharner, Niklaus Emanuel von 300
Tschiffeli, Johann Rudolf, Gerichtsschreiber, * 1716, † 1780: **300**; Engel, Samuel 76
Tschirnhaus, Ehrenfried Walther von, Mathematiker, Physiker, Technologe, Philosoph, * 1651, † 1708: **300**; Leibniz, Gottfried Wilhelm 184
Tschirnhaus(en), Christoph von: Tschirnhaus, Ehrenfried Walther von 300
Tschudi, Aegidius, schweizer. Geschichtsschreiber, Politiker, * 1505, † 1572: Fäsi, Johann Konrad 83
Turrettini, Jean Alphonse, schweizer. reformierter Theologe, * 1671, † 1737: Werenfels, Samuel 316
Tzschirner, Heinrich Gottlieb, evang. Theologe, * 1778, † 1828: **301**; Schröckh, Johann Matthias 272
Uffenbach, Johann Friedrich von, Bürgermeister von Frankfurt/Main, * 1687, † 1769: **303**; Uffenbach, Zacharias Conrad von 303
Uffenbach, Zacharias Conrad von, Jurist, Bürgermeister von Frankfurt/Main, Bibliophile, Schriftsteller, * 1683, † 1734: **303**; Uffenbach, Johann Friedrich von 303
Uhland, (Johann) Ludwig, Dichter, Germanist, Politiker, * 1787, † 1862: Cotta von Cottendorf, Johann Friedrich 59; Huber, (Marie) Therese (Wilhelmine) 143
Ulrich, Herzog von *Mecklenburg-Güstrow*, * 1528, † 1603: Böckmann, Johann Lorenz 38
Ungar, Karl, kath. Theologe, Bibliothekar, * 1744, † 1807: **303**
Ungar, Raphael → Ungar, Karl
Unger, Friederike Helene, Schriftstellerin, Übersetzerin, * 1751, † 1813: **303**
Unger, Johann Friedrich (Gottlieb), Holzschneider, Drucker, * 1753, † 1804: Unger, Friederike Helene 303
Unger, Johann Georg, Holzschneider, Drucker, * 1715, † 1788: Unger, Friederike Helene 303
Unzer, Johann August, Mediziner, Schriftsteller, * 1727, † 1799: **303**; Unzer, Johann Christoph 304; Unzer, Johanne Charlotte 304
Unzer, Johann Christoph, Mediziner, Schriftsteller, * 1747, † 1809: **304**
Unzer, Johanne Charlotte, Schriftstellerin, * 1724, † 1782: **304**
Urceus (Pseud.) → Krug, Wilhelm Traugott
Usteri, Leonhard, schweizer. evang. Theologe, Schulreformer, * 1741, † 1789: **304**
Utzschneider, Joseph von, Techniker, Beamter, Unternehmer, * 1763, † 1840: **304**

Uz, Johann Peter, Jurist, Lyriker, * 1720, † 1796: **304**; Cronegk, Johann Friedrich Frh. von 62; Degen, Johann Friedrich 67; Degen, Josef Vinzenz Edler von 67; Gleim, Johann Wilhelm Ludwig 108
Vandenhoeck, Abraham, Drucker, Verleger, * 1700, † 1750: Vandenhoeck, Anna 307
Vandenhoeck, Anna, Verlegerin, * 1709, † 1787: **307**
Varignon, Pierre, frz. Mathematiker, * 1654, † 1722: Bernoulli, Jacob 30; Bernoulli, Johann 31
Varnhagen von Ense, Karl August, Diplomat, Publizist, * 1785, † 1858: Erhard, Johann Benjamin 76; Varnhagen von Ense, Rahel (Antonie Friederike) 307
Varnhagen von Ense, Rahel (Antonie Friederike), Schriftstellerin, * 1771, † 1833: **307**; Louis Ferdinand von Hohenzollern, Prinz von Preußen 192; Schlegel von Gottleben, Dorothea von 265; Veit, David Josef 308
Vattel, Emer de, schweizer. Jurist, * 1714, † 1767: **307**
Veit, David Josef, Mediziner, Schriftsteller, * 1771, † 1814: **308**
Veit, Philipp, Maler, Lyriker, * 1793, † 1877: Schlegel von Gottleben, Dorothea von 265
Veit, Simon, Bankier, * 1754, † 1819: Schlegel von Gottleben, Dorothea von 265
Veitel, Josef: Wessely, Hartwig 317
Venuti, Ridolfino, Altertumsforscher, Literat, * 1705, † 1763: Winckelmann, Johann Joachim 320
Verbiest, Ferdinand, Jesuit, Missionar, Astronom, * 1623, † 1688: Böckmann, Johann Lorenz 38
Verschaffelt, Peter (Anton) von, Bildhauer, Architekt, * 1710, † 1793: Müller, Friedrich 217
Vierthaler, Franz Michael, österr. Pädagoge, * 1758, † 1827: **308**
Vieweg, (Hans Heinrich) Eduard, Verleger, Politiker, * 1796, † 1869: Vieweg, Johann Friedrich 308
Vieweg, Johann Friedrich, Verleger, * 1761, † 1835: **308**
Viktoria, Königin von *Großbritannien* und Irland, Kaiserin von Indien, * 1819, † 1901: Ernst I., Herzog von Sachsen-Coburg-Saalfeld, seit 1826 Sachsen-Coburg und Gotha 77
Villaume, Peter, reformierter Theologe, Pädagoge, * 1746, † 1806: **308**
Vincke, (Friedrich Wilhelm) Ludwig (Philipp) Frh. von, Beamter, * 1774, † 1844: **309**
Vogel, (Adolphine Sophie) Henriette, * 1773, † 1811: Kleist, (Bernd) Heinrich (Wilhelm) von 169
Voght, Caspar von, Gutsherr, * 1752, † 1839: Staudinger, Lucas Andreas 286
Vogt, (Johann) Nicolaus, Historiker, Bibliothekar, * 1756, † 1836: **309**
Voigt, Bernhard Friedrich, Buchhändler, * 1787, † 1859: Campe, (August) Friedrich (Andreas) 51

Voigts, Johanna (Jenny) Wilhelmina Juliana von, * 1749, † 1814: Möser, Justus 210
Volkelt, Johann Gottlieb, Pädagoge, Publizist, Übersetzer, * 1721, † 1795: **309**
Volkmann, Johann Jacob, Jurist, Schriftsteller, Übersetzer, * 1732, † 1803: **309**
Volkmann, Peter Dietrich: Winckelmann, Johann Joachim 320
Voltaire, frz. Schriftsteller, Philosoph, * 1694, † 1778: Algarotti, Francesco Graf von 6; Bassewitz, Sabine Elisabeth Gräfin von 21; Baumgarten, Siegmund Jakob 23; Friedrich III., Herzog von Sachsen-Gotha-Altenburg 97; Friedrich II. der Große, König in, seit 1772 von Preußen 94; Globig, (Hans) Ernst von 108; Gottsched, Luise (Adelgunde Victorie) 114; Gröll, Michael 116; Holbach, Paul (Heinrich) Thiry Dietrich Baron von 141; Iffland, August Wilhelm 149; Kahle, Ludwig Martin 161; Karoline, Kurfürstin von Hannover, Königin von Großbritannien 166; König, (Johann) Samuel 174; Luise Dorothea, Herzogin von Sachsen-Gotha-Altenburg 195; Maupertius, Pierre-Louis de Moreau 200; Meister, Jakob Heinrich 203; Muralt, Beat Ludwig von 220; Nicolay, Ludwig Heinrich Frh. von 225; Pauw, (Franz) Kornelius de 235; Reimarus, Margaretha Elisabeth 248; Schwabe, Johann Joachim 274; Werenfels, Samuel 316; Wezel, Johann Karl 318
Voß, Christian Friedrich, Buchhändler, * 1722, † 1795: **309**; Lessing, Karl Gotthelf 188
Voß, (Marie Christiane Henriette) Ernestine, Schriftstellerin, * 1756, † 1834: Voß, Johann Heinrich 310
Voß, (Johann) Heinrich d. J., Philologe, Übersetzer, Lyriker, * 1779, † 1822: Ehlers, Martin 73
Voß, Johann H., Gastwirt: Voß, Johann Heinrich 310
Voß, Johann Heinrich, Schriftsteller, Übersetzer, * 1751, † 1826: **310**; Brockhaus, Friedrich Arnold 45; Brückner, Ernst Theodor Johann 47; Claudius, Matthias 55; Humboldt, Wilhelm von 147; Klopstock, Friedrich Gottlieb 170; Lichtenberg, Georg Christoph 189
Voß, Marie Friederike: Lessing, Karl Gotthelf 188
Wackenroder, Wilhelm Heinrich, Schriftsteller, * 1773, † 1798: Fiorillo, Johann Dominicus 87; Moritz, Karl Philipp 212; Tieck, (Johann) Ludwig 297
Wagemann, Arnold, * 1756: Wagemann, Ludwig Gerhard 311
Wagemann, Johann Georg, evang. Theologe: Wagemann, Ludwig Gerhard 311
Wagemann, Ludwig Gerhard, evang. Theologe, * 1746, † 1804: **311**
Wagener, Samuel Christoph, luth. Theologe, Schriftsteller, * 1763, † 1845: **311**
Wagner, Gabriel, Philosoph, * um 1660, † um 1718/20: **311**; Bucher, Urban Gottfried 47
Wagner, Heinrich Leopold, Jurist, Schriftsteller, * 1747, † 1779: Lenz, Jakob (Michael Reinhold) 186; Lessing, Karl Gotthelf 188; Müller, Friedrich 217
Wagner, Sebastian, kath. Theologe, * 1753, † 1808: **312**
Wailly, Charles de, frz. Architekt, * 1729, † 1798: Arens, Johann August 10
Walbaum, Johann Julius, Mediziner, Naturforscher, * 1724, † 1799: **312**
Walch, Christian Wilhelm Franz, evang. Theologe, * 1726, † 1784: **312**; Walch, Johann Georg 312
Walch, Johann Georg, evang. Theologe, Philosoph, * 1693, † 1775: **312**; Walch, Christian Wilhelm Franz 312
Waldstein, Ferdinand (Ernst Joseph Gabriel) Graf von, österr. Musiker, * 1762, † 1823: Beethoven, Ludwig van 25
Wallis, John, engl. Mathematiker, * 1616, † 1703: Bernoulli, Jacob 30; Tschirnhaus, Ehrenfried Walther von 300
Wallsegg-Stuppach, Franz Graf, * 1763, † 1827: Mozart, Wolfgang Amadeus 215
Wartensleben, Alexander Hermann Graf von, Militär, Staatsmann, * 1650, † 1734: Zschackwitz, Johann Ehrenfried 331
Washington, George, amerikan. Militär, Politiker, * 1732, † 1799: Campe, Joachim Heinrich 51
Weber, Benjamin → Weber, Friedrich Benedikt
Weber, Carl Maria (Friedrich Ernst) von, Komponist, * 1786, † 1826: Thibaut, Anton Friedrich Justus 294
Weber, Friedrich Benedikt, Nationalökonom, * 1774, † 1848: **313**
Weber, L. (Pseud.) → Zschokke, (Johann) Heinrich (Daniel)
Weckherlin, Wilhelm Ludwig → Wekhrlin, Wilhelm Ludwig
Weddigen, Peter Florens, Pfarrer, Schriftsteller, * 1758, † 1809: **313**
Wedekind, Georg Christian Gottlieb von, Mediziner, Militärarzt, Politiker, * 1761, † 1831: **313**
Wedekind, Georg Wilhelm von, Forstmann, * 1796, † 1856: Wedekind, Georg Christian Gottlieb von 313
Wegelin, Jakob (Daniel), schweizer. evang. Theologe, Historiker, * 1721, † 1791: **313**
Weichmann, Christian Friedrich, Publizist, Lyriker, * 1698, † 1770: **314**; Richey, Michael 252
Weidmann, Moritz, Verleger: Gleditsch, Johann Ludwig 107
Weidmann, Moritz Georg, Verleger, * 1658, † 1694: Gleditsch, Johann Ludwig 107
Weigel, Erhard, Philosoph, Mathematiker, Pädagoge, * 1625, † 1699: Pufendorf, Samuel Frh. von 241
Weikard, Melchior Adam, Mediziner, Philosoph, * 1742, † 1803: **314**
Weiller, Cajetan von, kath. Theologe, Philosoph, * 1762, † 1826: **314**
Weise, Christian, Schulmann, Dichter, * 1642, † 1708: **314**

Weishaupt, Johann Adam Joseph, Jurist, Gründer des Illuminatenordens, * 1748, † 1830: **315**; Knigge, Adolph Frh. 172; Meggenhofen, Ferdinand Frh. von 202

Weishaupt, Johann Georg, Jurist, * 1716, † 1753: Lori, Johann Georg von 192

Weiße, Christian Felix, Dichter, Übersetzer, * 1726, † 1804: **315**; Blankenburg, Christian Friedrich von 35; Campe, Joachim Heinrich 51; Cronegk, Johann Friedrich Frh. von 62; Dassdorf, Karl Wilhelm 67; Dyck, Johann Gottfried 70; Engel, Johann Jakob 75; Garve, Christian 101; Rabener, Gottlieb Wilhelm 243

Weißenborn, Friederike Caroline (geb.) → Neuber, Friederike Caroline

Wekhrlin, Wilhelm Ludwig, Publizist, Schriftsteller, * 1739, † 1792: **315**; Drexel, Anton 70; Rebmann, Andreas Georg Friedrich 244

Welcker, Friedrich Gottlieb, Philologe, Archäologe, Bibliothekar, * 1784, † 1868: Zoega, Georg 331

Welcker, Karl Theodor, Jurist, Publizist, Politiker, * 1790, † 1869: Rotteck, Karl Wenzeslaus Rodecker von 254

Wellington, Arthur Wellesley Herzog von, brit. Militär, Politiker, * 1769, † 1852: Arnstein, Fanny Frfr. von 12

Wenzel, Gottfried Immanuel, Pädagoge, Philosoph, * 1754, † 1809: **316**

Werenfels, Peter, schweizer. reformierter Theologe, * 1627, † 1703: Werenfels, Samuel 316

Werenfels, Samuel, schweizer. reformierter Theologe, * 1657, † 1740: **316**

Werkmeister, Benedikt Maria, Benediktiner, Theologe, * 1745, † 1823: **316**; Aschenbrenner, Beda 13

Werkmeister, Leonhard (eigentl.) → Werkmeister, Benedikt Maria

Werner, Abraham David, Hüttenfachmann: Werner, Abraham Gottlob 316

Werner, Abraham Gottlob, Mineraloge, Geologe, * 1749, † 1817: **316**

Werner, Regina: Werner, Abraham Gottlob 316

Wernher, Johann Balthasar, Jurist, * 1675, † 1742: **317**

Wesel, Naphtali Herz (eigentl.) → Wessely, Hartwig

Wesselhöft, Johann Karl, Buchdrucker, * 1767, † 1847: Frommann, (Carl) Friedrich (Ernst) 99

Wessely, Hartwig, Schriftsteller, * 1725, † 1805: **317**; Pappenheimer, Heymann (Chaim) Salomon 234

Wessenberg, Ignaz Heinrich (Karl) Frh. von, kath. Theologe, Staatsmann, * 1774, † 1860: **317**; Huber, Fridolin 142

West, C. A. (Pseud.) → Schreyvogel, Joseph

West, Karl August (Pseud.) → Schreyvogel, Joseph

West, Thomas (Pseud.) → Schreyvogel, Joseph

Westenrieder, Lorenz von, kath. Theologe, Historiker, Schriftsteller, * 1748, † 1829: **318**; Bacher, Bartholomäus 16

Wetzel, Friedrich Gottlob Karl, Arzt, Publizist, Schriftsteller, * 1779, † 1819: **318**

Wezel, Johann Karl, Schriftsteller, Pädagoge, Philosoph, * 1747, † 1819: **318**

Whiston, William, anglikan. Theologe: Semler, Johann Salomo 276

Wichern, Johann Hinrich, evang. Theologe, * 1808, † 1881: Oberlin, Johann Friedrich 229

Widmann, Johann Wenzel Frh. von, Staatsmann, 18. Jh.: Beck, Christian August Frh. von 24

Wiedewelt, Johannes, dän. Bildhauer, * 1731, † 1802: Winckelmann, Johann Joachim 320

Wieland, Amalie: Liebeskind, August Jacob 190

Wieland, Christoph Martin, Dichter, * 1733, † 1813: **319**; Alxinger, Johann Baptist von 7; Anna Amalia, Herzogin von Sachsen-Weimar-Eisenach 9; Archenholtz, Johann Wilhelm von 9; Baggesen, Jens Immanuel 17; Bandemer, Susanne von 19; Bertuch, Friedrich Justin 32; Blumauer, Alois 35; Bodmer, Johann Jakob 37; Bondeli, Julie von 40; Brinckmann, Karl Gustav Frh. von 45; Broxtermann, Theobald Wilhelm 46; Cotta von Cottendorf, Johann Friedrich 59; Degen, Josef Vinzenz Edler von 67; Erhard, Johann Benjamin 76; Eschenburg, Johann Joachim 78; Göschen, Georg Joachim 110; Griesbach, Johann Jakob 115; Gruber, Johann Gottfried 117; Haschka, Lorenz Leopold 125; Heinse, (Johann Jakob) Wilhelm 129; Hirzel, Hans Caspar d. Ä. 137; Hufeland, Christoph Wilhelm 144; Jacobi, Friedrich Heinrich 153; Jacobi, Johann Georg 154; Karl August, Herzog, seit 1815 Großherzog von Sachsen-Weimar-Eisenach 164; Karoline, Landgräfin von Hessen-Darmstadt 166; La Roche, (Marie) Sophie von 183; Leuchsenring, Franz (Michael) 189; Liebeskind, August Jacob 190; Müller, Friedrich 217; Obereit, Jakob Hermann 229; Reich, Philipp Erasmus 245; Reinhold, Karl Leonhard 250; Sander, Heinrich 259; Schreyvogel, Joseph 271; Schwan, Christian Friedrich 275; Vieweg, Johann Friedrich 308; Zimmermann, Johann Georg 330

Wieland der ältere (Pseud.) → Remer, Julius August

Wilcken, Anna Magdalena, Sängerin, * 1701, † 1760: Bach, Johann Christoph Friedrich 16

Wilhelm, Prinz von *Brandenburg-Schwedt*, * 1700, † 1771: Gleim, Johann Wilhelm Ludwig 108

Wilhelm I., als Wilhelm IX. Landgraf, Kurfürst von *Hessen*, * 1743, † 1821: Knigge, Adolph Frh. 172; Simon, Johann Friedrich 278

Wilhelm I., Prinz von Oranien-Nassau, Großherzog von Luxemburg, König der *Niederlande*, * 1772, † 1843: Arnoldi, Johannes von 12

Wilhelm Friedrich von *Oranien* und Fulda: Arnoldi, Johannes von 12

Friedrich **Wilhelm** Ernst, Reichsgraf von *Schaumburg-Lippe*, * 1724, † 1777: **320**; Abbt, Thomas 1

Wilhelmine Friederike Sophie, Markgräfin von *Bayreuth*, * 1709, † 1758: **320**; Friedrich II. der Große, König in, seit 1772 von Preußen 94

Wilhelmine

Wilhelmine, Prinzessin von *Hessen-Kassel*, * 1726, † 1808: Heinrich, Prinz von Preußen 129
Will, Georg Andreas, Historiker, Bibliothekar, * 1727, † 1798: **320**
Willdenow, Karl Ludwig, Mediziner, Botaniker, * 1765, † 1812: Humboldt, Alexander Frh. von 146
Willebrand, Christian Ludwig, Schriftsteller, * 1750, † 1837: **320**
Willemer, Johann Jakob von, Bankier, Schriftsteller, * 1760, † 1838: Goethe, Johann Wolfgang von 111
Willemer, Marianne von, Schauspielerin, Lyrikerin, * 1784 (?), † 1860: Goethe, Johann Wolfgang von 111
Willich, Philippine von: Thaer, Albrecht Daniel 294
Winckelmann, Johann Joachim, Archäologe, * 1717, † 1768: **320**; Breitkopf, Johann Gottlob Immanuel 44; Breyer, Johann Friedrich 44; Dassdorf, Karl Wilhelm 67; Fernow, Carl Ludwig 85; Fiorillo, Johann Dominicus 87; Firmian, Karl Gotthard Graf und Herr zu 88; Füssli, Johann Heinrich 100; Gessner, Salomon 105; Goethe, Johann Wolfgang von 111; Heinse, (Johann Jakob) Wilhelm 129; Heyne, Christian Gottlob 136; Lessing, Gotthold Ephraim 187; Meyer, (Johann) Heinrich 208; Reiffenstein, Johann Friedrich 246; Usteri, Leonhard 304; Volkmann, Johann Jacob 309; Zoega, Georg 331
Winckelriedt (Pseud.) → Heidegger, Gotthard
Winckler, Johann Heinrich, Philosoph, Physiker, * 1703, † 1770: **322**
Winkler, Johann Heinrich → Winckler, Johann Heinrich
Winkopp, Peter Adolph, Schriftsteller, Publizist, * 1759, † 1813: **322**
Winthem, Johanna Elisabeth von, Sängerin, * 1747, † 1821: Klopstock, Friedrich Gottlieb 170
Wirth, Johann Georg August, Jurist, Journalist, Schriftsteller, Politiker, * 1798, † 1848: Siebenpfeiffer, Philipp Jakob 278
Wittenberg, Albrecht, Publizist, Übersetzer, * 1728, † 1807: **322**
Wittola, Markus Anton, österr. kath. Theologe, * 1736, † 1797: **322**
Wobeser, Friedrich, Militär: Wobeser, Wilhelmine Karoline von 323
Wobeser, Wilhelmine Karoline von, Schriftstellerin, * 1769, † 1807: **323**
Wöllner, Johann Christoph von, evang. Theologe, Staatsmann, * 1732, † 1800: **323**; Bischoffwerder, Hans Rudolf von 34; Kant, Immanuel 162; Würzer, Heinrich 324; Zedlitz und Leipe, Karl Abraham Frh. von 327
Wolf, Friedrich August (Christian Wilhelm), klassischer Philologe, * 1759, † 1824: **323**; Delbrück, (Johann Friedrich) Ferdinand 67; Göschen, Georg Joachim 110; Humboldt, Wilhelm von 147; Tieck, (Johann) Ludwig 297

Wolf, Johann Christoph, evang. Theologe, Orientalist, * 1683, † 1739: Reimarus, Hermann Samuel 247
Wolf, Johann Heinrich, Kaufmann, Verleger: Zedler, Johann Heinrich 327
Wolff, Caspar Friedrich, Mediziner, Naturforscher, * 1734, † 1794: Blumenbach, (Johann) Friedrich 35
Wolff, Christian Frh. von, Mathematiker, Philosoph, * 1679, † 1754: **323**; Bassewitz, Sabine Elisabeth Gräfin von 21; Baumeister, Friedrich Christian 22; Baumgarten, Alexander Gottlieb 23; Baumgarten, Siegmund Jakob 23; Bernoulli, Johann 31; Bilfinger, Georg Bernhard 33; Briegleb, Johann Christian 44; Buddeus, Johann Franz 48; Canz, Israel Gottlieb 52; Carpov, Jakob 53; Chladni, Johann Martin 54; Crusius, Christian August 62; Darjes, Joachim Georg 66; Euler, Leonhard 79; Fischer, Christian Gabriel 88; Flögel, Karl Friedrich 89; Formey, Johann Heinrich Samuel 90; Frank, Johann (Peter) 93; Gottsched, Johann Christoph 113; Hansch, Michael Gottlieb 122; Hertzberg, Ewald Friedrich Graf von 133; Hollmann, Samuel Christian 141; Ickstatt, Johann Adam Frh. von 149; Jöcher, Christian Gottlieb 157; Kästner, Abraham Gotthelf 161; Kant, Immanuel 162; König, (Johann) Samuel 174; Krüger, Johann Gottlob 177; Lambert, Johann Heinrich 181; Leibniz, Gottfried Wilhelm 184; Lori, Johann Georg von 192; Mendelssohn, Moses 204; Nettelbladt, Daniel 223; Philippi, Johann Ernst 237; Pütter, Johann Stephan 240; Pufendorf, Samuel Frh. von 241; Reinhard, Franz Volkmar 249; Ribov, Georg Heinrich 252; Rohr, Julius Bernhard von 254; Schultz, Franz Albert 273; Semler, Christoph 276; Spalding, Johann Joachim 281; Tetens, Johann Nicolaus 293; Thümmig, Ludwig Philipp 296; Tschirnhaus, Ehrenfried Walther von 300; Unzer, Johanne Charlotte 304; Vattel, Emer de 307; Walch, Johann Georg 312; Winckler, Johann Heinrich 322
Wolfsohn, Aron, jüdischer Theologe, Übersetzer, * 1754, † 1835: **324**
Wolke, Christian Hinrich, Pädagoge, Schriftsteller, * 1741, † 1825: **324**
Wolzogen, Caroline Frfr. von, Schriftstellerin, * 1763, † 1847: Humboldt, Wilhelm von 147
Woodward, John, engl. Physiker, * 1665, † 1733: Scheuchzer, Johann Jakob 261
Wrisberg, Heinrich August, Mediziner, * 1739, † 1808: Soemmerring, Samuel Thomas von 279
Würzer, Heinrich, Publizist, * 1751, † 1835: **324**
Wurm, Anna Magdalena von, * 1670, † 1734: Francke, August Hermann 91
Wurmser, Luise von: Moser, Friedrich Carl Frh. von 213
Wych, Cyril: Mattheson, Johann 199
Wyss, David von, schweizer. Politiker, * 1763, † 1839: **325**
Xenophon, griech. Geschichtsschreiber, Schriftsteller, * um 430 v. Chr., † nach 355 v. Chr.: Wieland, Christoph Martin 319

Xilanger, Johann Baptist → Alxinger, Johann Baptist von
Young, Arthur, Agrarwissenschaftler, * 1741, † 1820: Thaer, Albrecht Daniel 294
Young, Edward, engl. Dichter, * 1683, † 1765: Creutz, Friedrich Karl Kasimir Frh. von 61; Hölderlin, (Johann Christian) Friedrich 138
Ysthamarus (Pseud.) → Wetzel, Friedrich Gottlob Karl
Zachäus → Ebert, Johann Jakob
Zachariae, (Justus) Friedrich Wilhelm, Schriftsteller, Übersetzer, Herausgeber, * 1726, † 1777: **327**; Schwabe, Johann Joachim 274
Zanetti, Antonio Maria, Maler, Schriftsteller, * 1716, † 1778: Fiorillo, Johann Dominicus 87
Zanotti, Francesco Maria, italien. Philosoph, Schriftsteller, * 1692, † 1777: Algarotti, Francesco Graf von 6
Zaupser, Andreas (Dominikus), Jurist, Lyriker, * 1748, † 1795: **327**
Zedler, Johann Heinrich, Buchhändler, Verleger, * 1706, † 1751: **327**; Ludovici, Carl Günther 193
Zedlitz und Leipe, Karl Abraham Frh. von, Staatsmann, Pädagoge, * 1731, † 1793: **327**; Biester, Johann Erich 33; Kant, Immanuel 162; Resewitz, Friedrich Gabriel 251; Schummel, Johann Gottlieb 274
Zehmen, Johann Anton Frh. von, Fürstbischof von Eichstätt, * 1715, † 1790: **328**
Zeidler, Johann Gottfried, evang. Theologe, Schriftsteller, * 1655, † 1711: **328**
Zeiller, Franz Anton Edler von, österr. Jurist, * 1751, † 1828: **328**
Zeitler, Johann Gottfried → Zeidler, Johann Gottfried
Zelter, Carl Friedrich, Komponist, Musikpädagoge, * 1758, † 1832: **329**
Zerrenner, Heinrich Gottlieb, evang. Theologe, Schriftsteller, Pädagoge, * 1750, † 1811: **329**
Ziegenbein, (Johann) Heinrich (Wilhelm), evang. Theologe, Pädagoge, * 1766, † 1824: **329**

Ziegenhagen, Daniel Gottlieb, Mediziner: Oberlin, Johann Friedrich 229
Ziegenhagen, Franz Heinrich, Kaufmann, Sozialutopist, * 1753, † 1806: **329**
Ziegler, Johanne Charlotte (geb.) → Unzer, Johanne Charlotte
Zieten, Hans Joachim von, Militär, * 1699, † 1786: Schadow, Johann Gottfried 260
Zimmer, Ernst, Schreiner: Hölderlin, (Johann Christian) Friedrich 138
Zimmermann, Eberhard August Wilhelm von, Naturforscher, * 1743, † 1815: **330**
Zimmermann, Johann Georg, schweizer. Mediziner, Philosoph, * 1728, † 1795: **330**; Albrecht, Heinrich Christoph 5; Knigge, Adolph Frh. 172; Kotzebue, August (Friedrich) von 175; Obereit, Jakob Hermann 229; Wieland, Christoph Martin 319
Zincke, Georg Heinrich, Jurist, Kameralwissenschaftler, * 1692, † 1768: **330**
Zinzendorf, Karl Graf von, österr. Staatsmann, * 1739, † 1813: **330**
Zinzendorf, Ludwig Graf von, österr. Beamter, Staatsmann, * 1721, † 1780: **331**; Zinzendorf, Karl Graf von 330
Zinzendorf und Pottendorf, Nikolaus Ludwig Reichsgraf von, Begründer der Herrnhuter Brüdergemeine, Dichter, * 1700, † 1760: Edelmann, Johann Christian 72; Jablonski, Daniel Ernst 153; Zinzendorf, Ludwig Graf von 331
Zoega, Georg, Archäologe, Philologe, * 1755, † 1809: **331**
Zöllner, Johann Friedrich, evang. Theologe, * 1753, † 1804: **331**
Zollikofer, Georg Joachim, schweizer. reformierter Theologe, Übersetzer, * 1730, † 1788: **331**; Garve, Christian 101
Zschackwitz, Johann Ehrenfried, Jurist, * 1669, † 1744: **331**
Zschokke, (Johann) Heinrich (Daniel), Schriftsteller, Pädagoge, Politiker, * 1771, † 1848: **331**; Stapfer, Philipp Albert 285

Ortsregister

Orte gleichen Namens werden duch Zusätze wie die Kreiszugehörigkeit gekennzeichnet. Bei Gemeinden in der Schweiz und in Österreich wird im allgemeinen in Klammern der betreffende Kanton bzw. das Bundesland angegeben. Bei Erweiterung des Ortsnamens (zum Beispiel von Berleburg zu Bad Berleburg) erfolgt die Ansetzung unter dem heutigen Namen. Von Berleburg wird auf Bad Berleburg verwiesen. Bei Orten in ehemals deutschen oder österreichischen Gebieten wird der Name in der jetzigen Landessprache beigefügt, zum Beispiel Haynau (poln. Chojnów). Von Chojnów wird auf Haynau verwiesen. Bei Orten, die eingemeindet wurden (zum Beispiel Altona), erfolgt die Ansetzung unter dem bis zur Eingemeindung amtlichen Namen. Das Jahr der Eingemeindung wird in der Regel erwähnt. Beim Stichwort zum Ort, in den die Eingemeindung erfolgte (in unserem Beispiel Hamburg), wird auf den (die) eingemeindeten Ort(e) hingewiesen. Die Fundstellen sind in folgender Form angegeben: Stichwort, Hinweis auf Geburtsort (*), Aufenthaltsort (~) bzw. Sterbeort (†), Seitenzahl.

Aachen
Belderbusch, Kaspar Anton Frh. von ~ 27; Clermont, (Johann) Arnold */~ 57; Dautzenberg, (Peter Josef) Franz */~/† 67; Humboldt, Wilhelm von ~ 147; Kaunitz, Wenzel Anton Fürst von ~ 167; Schwager, Johann Moritz ~ 275; Trenck, Friedrich Frh. von der ~ 299

Aarau (Kt. Aargau)
Bronner, Franz Xaver ~/† 46; Escher von der Linth, Hans Konrad ~ 79; Rengger, Albrecht ~/† 251; Riesbeck, Johann Kaspar ~/† 253; Zschokke, (Johann) Heinrich (Daniel) ~ 331

Aarberg (Kt. Bern)
Engel, Samuel ~ 76

Åbenrå → Apenrade

Abtsgmünd
Salat, Jakob * 258

Acapulco de Juárez (Mexiko)
Humboldt, Alexander Frh. von ~ 146

Achstetten → Oberholzheim

Affalterthal
Degen, Johann Friedrich * 67

Aidhausen → Friesenhausen

Aix-en-Provence (Dép. Savoie, Frankreich)
Argens, Jean Baptiste de Bayer Marquis d' */~ 10

Aken (Elbe)
Hülsen, August Ludwig * 144; Schummel, Johann Gottlieb ~ 274

Alba Iulia → Karlsburg

Albeck (seit 1972 zu Langenau, Alb-Donau-Kreis)
Baur, Samuel ~/† 24

Allershausen (Kr. Freising)
Mutschelle, Sebastian * 220

Allstedt
Arnold, Gottfried ~ 11; Heumann, Christoph August * 135

Alt-Benatek (tschech. Staré Benátky, heute zu Benátky nad Jizerou)
Benda, Franz * 27

Alt Sührkow → Pohnstorf

Altdorf b. Nürnberg
Adelbulner, Michael ~/† 3; Arnold, Johann Christian ~ 12; Fassmann, David ~ 83; Frisch, Johann Leonhard ~ 98; Gabler, Johann Philipp ~ 101; Gatterer, Johann Christoph ~ 102; Gundling, Jacob Paul Frh. von ~ 118; Gundling, Nicolaus (Hieronymus) ~ 118; Lang, Karl Heinrich Ritter von ~ 182; Logau, Friedrich Frh. von ~ 192; Marperger, Paul Jacob ~ 198; Meyern, Wilhelm Friedrich von ~ 208; Murr, Christoph Gottlieb von ~ 220; Richter, Christoph Gottlieb ~ 252; Rosenmüller, Johann Georg ~ 254; Scheuchzer, Johann Jakob ~ 261; Schlosser, Johann Georg ~ 269; Semler, Johann Salomo ~ 276; Trew, Christoph Jakob ~ 299; Will, Georg Andreas ~/† 320

Altenau Bergstadt (Kr. Goslar)
Calvör, Henning ~/† 51

Altenburg (Kr. Altenburger Land)
Brockhaus, Friedrich Arnold ~ 45; Grosser, Samuel ~ 117; Neumann, Caspar ~ 224; Thümmel, Hans Wilhelm von † 296

Altenmedingen
Büsch, Johann Georg * 48

Altenmünster → Zusamzell

Altenplathow (seit 1920 zu Genthin)
Wagener, Samuel Christoph ~ 311

Altenroda (Burgenlandkreis)
Zincke, Georg Heinrich * 330

Altkalen
Floerke, Heinrich Gustav * 89

Altona (seit 1937 zu Hamburg)
Albrecht, Johann Friedrich Ernst ~/† 6; Basedow, Johann Bernhard ~ 20; Cranz, August Friedrich ~ 60; Dippel, Johann Konrad ~ 69; Dohm, Christian Conrad (Wilhelm) von ~ 70; Dusch, Johann Jakob ~/† 70; Ehlers, Martin ~ 73; Gerstenberg, Heinrich Wilhelm von ~/† 105; Heinicke, Samuel ~ 129; Heß, Heinrich Ludwig von ~ 134; Lau, Theodor Ludwig ~/† 183; Maimon, Salomon ~ 197; Niemann, August (Christian Heinrich) * 226; Pappenheimer, Heymann (Chaim) Salomon ~ 234; Rebmann, Andreas Georg Friedrich ~ 244; Schade, Georg ~/† 259; Schirach, Gottlob

427

Altruppin

Benedikt ~/† 264; Schmieder, Heinrich Gottlieb ~ 270; Schütz, Friedrich Wilhelm von ~ 273; Struensee, Johann Friedrich ~ 288; Trapp, Ernst Christian ~ 299; Unzer, Johann August ~/† 303; Unzer, Johann Christoph ~ 304; Unzer, Johanne Charlotte ~/† 304; Wolke, Christian Hinrich ~ 324; Würzer, Heinrich ~ 324

Altruppin (seit 1993 zu Neuruppin)
Benda, Franz ~ 27; Buchholz, (Paul Ferdinand) Friedrich * 48

Altstätten (Kt. Sankt Gallen)
Ambühl, Johann Ludwig ~/† 7

Amberg (Oberpf)
Desing, Anselm * 68; Morawitzky, Theodor (Heinrich) Graf von ~ 212

Ambringen
Wessenberg, Ignaz Heinrich (Karl) Frh. von ~ 317

Ammendorf (seit 1950 zu Halle/Saale)
Meier, Georg Friedrich * 202

Amöneburg (Kr. Marburg-Biedenkopf)
Isenbiehl, Johann Lorenz ~ 150

Amsterdam
Brockhaus, Friedrich Arnold ~ 45; Dippel, Johann Konrad ~ 69; Harscher von Almendingen, Ludwig ~ 124; Herder, Johann Gottfried ~ 131; Hoffmann, Johann Adolf ~ 140; Lang, Karl Heinrich Ritter von ~ 182; Mutzenbecher, Esdras Heinrich ~ 220; Pauw, (Franz) Kornelius de * 235; Schlegel, August Wilhelm von ~ 264

Anhalt (Oberschlesien)
Schleiermacher, Friedrich Daniel Ernst ~ 266

Ankershagen
Voß, Johann Heinrich ~ 310

Anklam
Buddeus, Johann Franz * 48

Annaberg (seit 1945 zu Annaberg-Buchholz)
Arnold, Gottfried * 11; Weiße, Christian Felix * 315

Ansbach
siehe auch *Schalkhausen*
Christian Friedrich Carl Alexander, Markgraf von Ansbach-Bayreuth */~ 6; Altenstein, Karl (Sigmund Franz) Frh. vom Stein zum ~ 6; Carl, Ernst Ludwig ~ 52; Cella, Johann Jakob ~/† 53; Cronegk, Johann Friedrich Frh. von * 62; Degen, Johann Friedrich ~ 67; Gesner, Johann Matthias ~ 105; Graff, Anton ~ 114; Karoline, Kurfürstin von Hannover, Königin von Großbritannien * 166; Knebel, Karl Ludwig von ~ 172; Kretschmann, Theodor von ~ 177; Lang, Karl Heinrich Ritter von ~/† 182; Meyern, Wilhelm Friedrich von * 208; Neukirch, Benjamin ~/† 224; Oeder, Georg Christian von * 230; Schlosser, Johann Georg ~ 269; Schuckmann, (Kaspar) Friedrich Frh. von ~ 273; Springer, Johann Christoph Erich von ~ 283; Stahl, Georg Ernst * 284; Staudinger, Lucas Andreas * 286; Uz, Johann Peter */~/† 304; Wekhrlin, Wilhelm Ludwig ~/† 315

Antieul (Frankreich)
Rumford, Benjamin Thompson † 256

Antwerpen
Bernoulli, Jacob ~ 30; Herder, Johann Gottfried ~ 131

Apenrade (dän. Åbenrå)
Schade, Georg * 259

Arbergen (Gem. Hemelingen, seit 1939 zu Bremen)
Heeren, Arnold (Hermann Ludwig) * 128; Olbers, (Heinrich) Wilhelm (Matthias) * 230

Arbon (Kt. Thurgau)
Obereit, Jakob Hermann */~ 229

Aresing
Sailer, Johann Michael von * 257

Arnis
Adler, Jakob Georg Christian * 4

Arnsberg (Hochsauerlandkreis)
siehe auch *Herdringen*
Pape, Georg Friedrich * 233

Arnstein
Schmidt, Michael Ignaz * 270

Arsbach
Salat, Jakob ~ 258

Artern (Unstrut)
Martini, Friedrich Heinrich Wilhelm ~ 199

Aschaffenburg
Armbrust, Franz Amand */~ 10; Blau, Felix Anton ~ 35; Dalberg, Carl Theodor von ~ 65; Friedrich Karl, Frh. von Erthal, Kurfürst und Erzbischof von Mainz ~/† 94; Heinse, (Johann Jakob) Wilhelm ~/† 129; Hoffmann, Karl ~ 140; Nau, Bernhard Sebastian von ~ 223; Neeb, Johannes ~ 223; Vogt, (Johann) Nicolaus ~ 309; Winkopp, Peter Adolph ~/† 322

Aschersleben
Greiling, Johann Christoph ~/† 115

Asperg → Hohenasperg

Assel (Otterndorf)
Seelen, Johann Heinrich von * 275

Aubonne (Kt. Waadt)
Tscharner, Vinzenz Bernhard von ~/† 300

Auerbach i. d. OPf. → Michelfeld

Auerstedt
Karl Wilhelm Ferdinand, Herzog von Braunschweig-Lüneburg(-Wolfenbüttel) ~ 164

Augsburg
Alexander, Isaak */~ 6; Bronner, Franz Xaver ~ 46; Brucker, (Johann) Jacob */~/† 46; Colloredo-Waldsee, Hieronymus (Josef Franz de Paula) Graf von ~ 58; Cotta von Cottendorf, Johann Friedrich ~ 59; Graff, Anton ~ 114; Huber, (Marie) Therese (Wilhelmine) ~/† 143; Lambert, Johann Heinrich ~ 181; Mozart, Wolfgang Amadeus ~ 215; Sailer, Johann Michael von ~ 257; Sarasin, Jacob ~ 259; Schneider, Eulogius ~ 271; Schubart, Christian Friedrich Daniel ~ 272; Sturm, Christoph Christian * 289; Wekhrlin, Wilhelm Ludwig ~ 315; Wessenberg, Ignaz Heinrich (Karl) Frh. von ~ 317

Augustenburg (dän. Augustenborg)
Friedrich Christian II., Herzog von Schleswig-Holstein-Sonderburg-Augustenburg */~/† 97

Auleben
Humboldt, Wilhelm von ~ 147

Auras (poln. Uraz)
 Held, Hans (Heinrich Ludwig) von * 130
Aurich
 Coners, Gerhard Julius ~/† 58; Vincke, (Friedrich Wilhelm) Ludwig (Philipp) Frh. von ~ 309
Avignon (Frankreich)
 Schlözer, Dorothea von † 269
Babelsberg (seit 1928 zu Nowawes, seit 1938 Babelsberg, seit 1939 zu Potsdam)
 Schinkel, Karl Friedrich ~ 263
Babensham → Penzing
Bad Bergzabern
 Leuchsenring, Franz (Michael) ~ 189; Petersen, Johann Wilhelm * 236
Bad Berleburg
 Dippel, Johann Konrad ~ 69; Edelmann, Johann Christian ~ 72
Bad Bramstedt
 Meyer, Friedrich Ludwig Wilhelm ~/† 208
Bad Brückenau
 Weikard, Melchior Adam ~/† 314
Bad Cannstatt (seit 1905 zu Stuttgart)
 Bilfinger, Georg Bernhard * 33; Canz, Israel Gottlieb ~ 52
Bad Colberg-Heldburg → Heldburg
Bad Dürkheim
 Bahrdt, Carl Friedrich ~ 18
Bad Ems
 Bönicke, Johann Michael ~ 39; Friedrich Karl, Frh. von Erthal, Kurfürst und Erzbischof von Mainz ~ 94
Bad Frankenhausen (Kyffhäuser)
 Hecker, August Friedrich ~ 127; Zachariae, (Justus) Friedrich Wilhelm * 327
Bad Homburg v. d. Höhe
 Creutz, Friedrich Karl Kasimir Frh. von */† 61; Hölderlin, (Johann Christian) Friedrich ~ 138; Leuchsenring, Franz (Michael) ~ 189; Sinclair, Isaak von * 278
Bad Iburg
 Sophie Charlotte, Kurfürstin von Brandenburg, Königin in Preußen * 281
Bad Kösen
 siehe auch *Pforta*
 Zschackwitz, Johann Ehrenfried * 331
Bad Kreuznach
 Carmer, Johann Heinrich Kasimir Graf von * 53; Kleist, (Bernd) Heinrich (Wilhelm) von ~ 169; Laukhard, Friedrich Christian (Heinrich) † 183; Müller, Friedrich */~ 217; Wedekind, Georg Christian Gottlieb von ~ 313
Bad Langensalza
 Baldinger, Dorothea Friderika ~ 18; Baldinger, Ernst Gottfried ~ 18; Beck, Christian August Frh. von * 24; Ettinger, Wilhelm ~ 79; Hufeland, Christoph Wilhelm * 144; Klopstock, Friedrich Gottlieb ~ 170
Bad Lauchstädt
 Jakob, Ludwig Heinrich von † 155
Bad Mergentheim → Herbsthausen
Bad Pyrmont
 Kotzebue, August (Friedrich) von ~ 175

Bad Schussenried
 Sailer, Sebastian ~ 257
Bad Segeberg
 Ehlers, Martin ~ 73; Trapp, Ernst Christian ~ 299
Bad Teinach-Zavelstein → Zavelstein
Bad Tennstedt
 Ernesti, Johann August * 77
Bad Urach
 Abel, Jakob Friedrich von ~ 1; Dillenius, Friedrich Wilhelm Jonathan ~ 69
Baden-Baden (bis 1931 Baden)
 Tittel, Gottlob August ~ 298
Badenheim
 Maus, Isaak */~/† 201
Baiersdorf (Gem. Altenkunstadt)
 Goldschmidt, Johann Baptista * 113
Baiersdorf (Kr. Erlangen-Höchstadt)
 Engelhard, Johann Konrad * 76
Balgheim (seit 1980 zu Möttingen)
 Lang, Karl Heinrich Ritter von * 182
Ballenstedt
 Pauline Christine Wilhelmine, Fürstin zur Lippe * 234
Baltmannsweiler
 Dillenius, Friedrich Wilhelm Jonathan ~ 69
Bamberg
 Axter, Franz */~/† 13; Feuerbach, Paul Johann Anselm Ritter von ~ 85; Gönner, Nikolaus (Thaddäus) Ritter von */~ 109; Kleinschrod, Gallus Aloysius Caspar ~ 169; Schmidt, Michael Ignaz ~ 270; Schneider, Eulogius ~ 271; Wetzel, Friedrich Gottlob Karl ~/† 318
Barby (Elbe)
 Fries, Jakob Friedrich * 97; Moritz, Karl Philipp ~ 212; Schleiermacher, Friedrich Daniel Ernst ~ 266
Barmstedt
 Butenschön, Johann Friedrich * 49
Barth
 Füssli, Johann Heinrich ~ 100; Lavater, Johann Caspar ~ 183; Spalding, Johann Joachim ~ 281
Baruth (Mark)
 Kunth, (Gottlob Johann) Christian * 180
Basel
 Bärstecher, Johann Gottlieb ~ 17; Bernoulli, Daniel ~/† 30; Bernoulli, Jacob */~/† 30; Bernoulli, Johann */~/† 31; Bernoulli, Johann * 32; Blau, Felix Anton ~ 35; Decker, Georg Jakob I. * 67; De Wette, Martin Leberecht ~/† 68; Euler, Leonhard */~ 79; Fäsi, Johann Konrad ~ 83; Forcart-Weiss, Johann Rudolf */~/† 90; Gobel, Jean Baptiste Joseph ~ 108; Haller, Albrecht von ~ 120; Heinrich, Prinz von Preußen ~ 129; Heinzmann, Johann Georg † 129; Henzi, Samuel ~ 130; Iselin, Isaak */~/† 150; Iselin, Jacob Christoph */~/† 150; König, (Johann) Samuel ~ 174; Maupertuis, Pierre-Louis de Moreau ~/† 200; Merian, Johann Bernhard ~ 206; Ochs, Peter ~/† 230; Sarasin, Jacob */~/† 259; Schlettwein, Johann August ~ 268; Schöpflin, Johann Daniel ~ 271; Spener, Philipp Jakob ~ 282; Tobler, Johann Georg ~ 298; Vattel, Emer de ~ 307; Werenfels,

Batignolles

Samuel */~/† 316; Wessenberg, Ignaz Heinrich (Karl) Frh. von ~ 317

Batignolles (Frankreich)
Schlabrendorff, Gustav Graf von † 264

Baumkirchen
Mutschelle, Sebastian ~ 220

Bautzen
Böttiger, Karl August ~ 39; Carus, Friedrich August * 53; Meißner, August Gottlieb * 203; Wetzel, Friedrich Gottlob Karl * 318; Wezel, Johann Karl ~ 318

Bayreuth
Ammon, Christoph Friedrich von * 7; Cella, Johann Jakob */~ 53; Degen, Johann Friedrich ~/† 67; Engelhard, Johann Konrad † 76; Fiorillo, Johann Dominicus ~ 87; Jean Paul ~/† 155; Karl Eugen, Herzog von Württemberg ~ 165; Kretschmann, Theodor von * 177; Lang, Karl Heinrich Ritter von ~ 182; Schuckmann, (Kaspar) Friedrich Frh. von ~ 273; Wilhelmine Friederike Sophie, Markgräfin von Bayreuth ~/† 320

Bazin → Bösing

Bebenhausen (seit 1974 zu Tübingen)
Bilfinger, Georg Bernhard ~ 33; Canz, Israel Gottlieb ~ 52; Conz, Karl Philipp ~ 58; Gaum, Johann Ferdinand ~ 102; Seybold, David Christoph ~ 278

Bechhofen (Kr. Ansbach)
Leuchs, Johann Michael * 189

Beilstein (Kr. Cochem-Zell)
Becker, Johann Nikolaus * 25

Beilstein (Kr. Heilbronn)
Niethammer, Friedrich Immanuel * 226

Belgern → Dröschkau

Belleben
Plessing, Friedrich Viktor Lebrecht * 238

Bellinzona (Kt. Tessin)
Kleist, (Bernd) Heinrich (Wilhelm) von ~ 169

Benediktbeuern
Mayr, Beda ~ 201; Utzschneider, Joseph von ~ 304; Weiller, Cajetan von ~ 314

Benham on Speen (England)
Christian Friedrich Carl Alexander, Markgraf von Ansbach-Bayreuth † 6

Berg (Gem. Eilenburg)
Liscow, Christian Ludwig † 191

Bergamo (Italien)
Sarasin, Jacob ~ 259

Berge (Kloster, bei Magdeburg)
Groß, Johann Gottfried ~ 117; Moser, Friedrich Carl Frh. von ~ 213; Resewitz, Friedrich Gabriel ~ 251; Steinbart, Gotthilf Samuel ~ 286; Zerrenner, Heinrich Gottlieb ~ 329

Bergzabern → Bad Bergzabern

Berleburg → Bad Berleburg

Berlin
siehe auch *Charlottenburg, Friedrichsfelde, Kölln, Köpenick, Steglitz, Tegel, Wannsee*
Adelbulner, Michael ~ 3; Agricola, Johann Friedrich ~/† 4; Altenstein, Karl (Sigmund Franz) Frh. vom Stein zum ~/† 6; Altmann, Johann Georg ~ 7; Alxinger, Johann Baptist von ~ 7; Ancillon, Charles ~/† 8; Ancillon, (Jean Pierre) Frédéric */~/† 8; Ancillon, Louis Frédéric */~/† 8; Archenholtz, Johann Wilhelm von ~ 9; Argens, Jean Baptiste de Bayer Marquis d' ~ 10; Arnoldi, Johannes von ~ 12; Arnstein, Fanny Frfr. von * 12; Ascher, Saul */~/† 13; Bach, Carl Philipp Emanuel ~ 15; Bach, Wilhelm Friedemann ~/† 16; Bamberger, Johann Peter ~ 19; Bandemer, Susanne von * 19; Bartholdy, Georg Wilhelm ~ 20; Baumgarten, Alexander Gottlieb * 23; Baumgarten, Gotthilf von * 23; Bayer, Gottlieb Siegfried ~ 24; Beausobre, Isaak de ~/† 24; Beethoven, Ludwig van ~ 25; Benda, Franz ~ 27; Bendavid, Lazarus */~/† 27; Bernoulli, Johann ~ 32; Beyme, Karl Friedrich von ~ 33; Bielfeld, Jakob Friedrich Frh. von ~ 33; Biester, Johann Erich ~/† 33; Blumauer, Alois ~ 35; Bode, Johann Elert ~/† 37; Borowski, Georg Friedrich ~ 41; Bretschneider, Heinrich Gottfried von ~ 44; Brinckmann, Karl Gustav Frh. von ~ 45; Bruhn, David ~/† 47; Buchholz, (Paul Ferdinand) Friedrich ~/† 48; Büsching, Anton Friedrich † 49; Castillon, Friedrich (Adolf Maximilian Gustav) ~/† 53; Chodowiecki, Daniel ~/† 54; Claudius, Matthias ~ 55; Clauer, Karl ~ 56; Clauren, Heinrich † 57; Cloots, Jean-Baptiste Baron von ~ 57; Cocceji, Samuel Frh. von ~/† 57; Cölln, (Georg) Friedrich (Willibald Ferdinand) von ~/† 58; Cortüm, Karl Arnold ~ 58; Cranz, August Friedrich ~/† 60; Creutz, Friedrich Karl Kasimir Frh. von ~ 61; Danckelmann, Karl Ludolph Frh. von † 66; Daniels, Heinrich Gottfried Wilhelm ~ 66; Decker, Georg Jakob I. ~/† 67; Delbrück, (Johann Friedrich) Ferdinand ~ 67; De Wette, Martin Leberecht ~ 68; Dieterich, Johann Christian ~ 69; Dippel, Johann Konrad ~ 69; Dithmar, Justus Christoph ~ 69; Dohm, Christian Conrad (Wilhelm) von ~ 70; Eberhard, Johann August ~ 71; Edelmann, Johann Christian ~/† 72; Engel, Johann Jakob ~ 75; Erhard, Johann Benjamin ~/† 76; Euler, Leonhard ~ 79; Fassmann, David ~ 83; Feßler, Ignaz Aurelius ~ 85; Fichte, Johann Gottlieb ~/† 86; Floerke, Heinrich Gustav ~ 89; Formey, Johann Heinrich Samuel */~/† 90; Formey, Johann Ludwig */~ 90; Francke, August Hermann ~ 91; Fridrich, Karl Julius ~ 94; Friedel, Johann ~ 94; Friedländer, David (Joachim) ~/† 94; Friedrich II. der Große, König in, seit 1772 von Preußen */~ 94; Frisch, Johann Leonhard ~/† 98; Frölich, Carl Wilhelm ~/† 98; Frölich, Henriette ~/† 99; Frommann, (Carl) Friedrich (Ernst) ~ 99; Gädicke, Johann Christian ~ 101; Gallitzin, (Adelheid) Amalie Fürstin von * 101; Gedike, Friedrich ~/† 103; Gentz, Friedrich ~ 104; Gessner, Salomon ~ 105; Gleim, Johann Wilhelm Ludwig ~ 108; Goeckingk, Leopold Friedrich Günther von ~ 109; Goldschmidt, Johann Baptista ~ 113; Gomperz, Aaron ben Salman Emmerich */~ 113; Griesheim, Christian Ludwig von ~ 116; Grolmann, Heinrich Dietrich von † 117; Großmann, Gustav Friedrich Wilhelm */~ 117; Günther, Christian August † 117; Gundling,

Jacob Paul Frh. von ~ 118; Harl, Johann Paul Ritter von ~ 124; Hartknoch, Johann Friedrich ~ 124; Haude, Ambrosius ~/† 125; Hecker, August Friedrich ~/† 127; Hecker, (Johann) Julius ~/† 127; Heinrich, Prinz von Preußen * 129; Held, Hans (Heinrich Ludwig) von ~/† 130; Hennings, (Adolph Friedrich) August von ~ 130; Hertzberg, Ewald Friedrich Graf von † 133; Herz, Henriette (Julie) */† 134; Herz, (Naphtali) Markus */~/† 134; Heß, Heinrich Ludwig von ~/† 134; Heynitz, Friedrich Anton von † 136; Hippel, Theodor Gottlieb von ~ 137; Hirzel, Hans Caspar d. Ä. ~ 137; Hoffmann, Johann Gottfried ~/† 140; Homberg, Herz ~ 141; Hufeland, Christoph Wilhelm ~/† 144; Humboldt, Alexander Frh. von */~/† 146; Humboldt, Wilhelm von ~ 147; Iffland, August Wilhelm ~/† 149; Irwing, Karl Franz von ~/† 150; Ith, Johann Samuel ~ 151; Itzig, Isaak Daniel */~/† 151; Jablonski, Daniel Ernst † 153; Jacobson, Israel ~/† 154; Jariges, Philipp Joseph von */† 155; Jean Paul ~ 155; Jenisch, Daniel ~/† 156; Jordan, Charles Etienne */~/† 157; Kahle, Ludwig Martin ~/† 161; Kalb, Charlotte (Sophie Juliane) von ~/† 162; Karl Eugen, Herzog von Württemberg ~ 165; Karsch, Anna Luise ~/† 166; Kiesewetter, Johann Gottfried Karl Christian */~/† 168; Kircheisen, Friedrich Leopold von */† 168; Klein, Ernst Ferdinand ~/† 168; Kleist, (Bernd) Heinrich (Wilhelm) von ~ 169; König, (Johann) Samuel ~ 174; Korn, Johann Jacob ~ 175; Krause, (Georg) Friedrich ~ 176; Krünitz, Johann Georg */~/† 178; Krug, Leopold ~ 178; Kunth, (Gottlob Johann) Christian ~/† 180; Lambert, Johann Heinrich ~/† 181; Lamprecht, Jakob Friedrich ~/† 182; Leibniz, Gottfried Wilhelm ~ 184; Leisewitz, Johann Anton ~ 185; Lessing, Gotthold Ephraim ~ 187; Lessing, Karl Gotthelf ~ 188; Leuchsenring, Franz (Michael) ~ 189; Loewe, Joel * 191; Louis Ferdinand von Hohenzollern, Prinz von Preußen ~ 192; Luden, Heinrich ~ 193; Lüdke, Friedrich Germanus */† 194; Maimon, Salomon ~/† 197; Manteuffel, Ernst Christoph Graf von ~ 198; Marpurg, Friedrich Wilhelm ~/† 198; Martini, Friedrich Heinrich Wilhelm ~/† 199; Maupertuis, Pierre-Louis de Moreau ~ 200; Mehring, Daniel Gottlieb Gebhard ~/† 202; Mendelssohn, Moses ~/† 204; Merian, Johann Bernhard ~/† 206; Merkel, Garlieb (Helwig) ~ 206; Meyer, Friedrich Ludwig Wilhelm ~ 208; Moehsen, Johann Carl Wilhelm */~/† 210; Moritz, Karl Philipp ~/† 212; Müller, Adam Heinrich Ritter von Nittersdorf */~ 216; Müller, Johannes von ~ 218; Münchhausen, Gerlach Adolf Frh. von ~ 219; Mylius, Christlob ~ 221; Neukirch, Benjamin ~ 224; Nicolai, (Christoph) Friedrich */~/† 225; Nicolovius, Georg Heinrich Ludwig † 226; Obereit, Jakob Hermann ~ 229; Oelsner, Konrad Engelbert ~ 230; Pallas, Peter Simon */~/† 233; Pappenheimer, Heymann (Chaim) Salomon ~ 234; Pauw, (Franz) Kornelius de ~ 235; Pfeiffer, Johann Friedrich von * 237; Ploucquet, Gottfried ~ 238; Pufendorf, Samuel Frh. von ~/† 241; Rambach, Friedrich Eberhard ~ 243; Ramler, Karl Wilhelm ~/† 243; Reichardt, Johann Friedrich ~ 246; Reil, Johann Christian ~ 246; Reimarus, Margaretha Elisabeth ~ 248; Reimer, Georg Andreas ~ 248; Resewitz, Friedrich Gabriel */~ 251; Rhode, Johann Gottlieb ~ 251; Riem, Andreas ~ 253; Rochow, Friedrich (Eberhard) Frh. von * 253; Rost, Johann Christoph ~ 254; Sack, Friedrich Samuel Gottfried ~/† 257; Sander, Johann Daniel ~/† 259; Schadow, Johann Gottfried */~/† 260; Schinkel, Karl Friedrich ~/† 263; Schlegel, August Wilhelm von ~ 264; Schlegel von Gottleben, Dorothea von */~ 265; Schleiermacher, Friedrich Daniel Ernst ~/† 266; Schuckmann, (Kaspar) Friedrich Frh. von † 273; Schwarzkopf, Joachim von ~ 275; Selle, Christian Gottlieb ~/† 276; Semler, Christoph ~ 276; Siede, Johann Christian ~/† 278; Spalding, Johann Joachim ~/† 281; Spazier, Johann Gottlieb Karl */~ 281; Spener, Johann Karl Philipp */~/† 281; Spener, Philipp Jakob ~/† 282; Sperlette, Johannes ~ 282; Stägemann, (Christian) Friedrich August von ~/† 283; Stahl, Georg Ernst ~/† 284; Steinbart, Gotthilf Samuel ~ 286; Stosch, Friedrich Wilhelm † 287; Struensee, Carl August von ~/† 288; Süßmilch, Johann Peter */~/† 290; Süvern, Johann Wilhelm ~/† 290; Sulzer, Johann Georg(e) ~/† 290; Svarez, Carl Gottlieb ~/† 291; Teller, Wilhelm Abraham † 293; Tieck, (Johann) Ludwig */~/† 297; Toellner, Johann Gottlieb ~ 298; Unger, Friederike Helene */† 303; Varnhagen von Ense, Rahel (Antonie Friederike) */~/† 307; Vattel, Emer de ~ 307; Veit, David Josef ~ 308; Vieweg, Johann Friedrich ~ 308; Villaume, Peter */~ 308; Voß, Christian Friedrich ~ 309; Wagner, Gabriel ~ 311; Walbaum, Johann Julius ~ 312; Wegelin, Jakob (Daniel) † 313; Wessely, Hartwig ~ 317; Wezel, Johann Karl ~ 318; Wilhelmine Friederike Sophie, Markgräfin von Bayreuth * 320; Winckelmann, Johann Joachim ~ 320; Wobeser, Wilhelmine Karoline von * 323; Wolf, Friedrich August (Christian Wilhelm) ~ 323; Wolfsohn, Aron ~ 324; Wolke, Christian Hinrich ~/† 324; Würzer, Heinrich ~ 324; Zedlitz und Leipe, Karl Abraham Frh. von ~ 327; Zelter, Carl Friedrich */~/† 329; Zimmermann, Eberhard August Wilhelm von ~ 330; Zöllner, Johann Friedrich ~/† 331

Bern
siehe auch *Bümpliz*
Altmann, Johann Georg ~ 7; Bondeli, Julie von */~ 40; Decker, Georg Jakob I. ~ 67; Engel, Samuel */~/† 76; Escher von der Linth, Hans Konrad ~ 79; Fellenberg, Philipp Emanuel von * 85; Haller, Albrecht von */~/† 120; Heinzmann, Johann Georg ~ 129; Henzi, Samuel ~/† 130; Herbart, Johann Friedrich ~ 131; Hirschfeld, Christian Cay Lorenz ~ 137; Ith, Johann Samuel */~/† 151; Kleist, (Bernd) Heinrich (Wilhelm) von ~ 169; König, (Johann) Samuel ~ 174; Muralt, Beat Ludwig von */~ 220; Rengger, Albrecht ~ 251; Siebenpfeiffer, Philipp Jakob ~ 278; Stapfer, Philipp Albert */~ 285; Tscharner,

431

Niklaus Emanuel von */~ 300; Tscharner, Vinzenz Bernhard von */~ 300; Tschiffeli, Johann Rudolf */~/† 300; Vattel, Emer de ~ 307; Werenfels, Samuel ~ 316; Wieland, Christoph Martin ~ 319; Zimmermann, Johann Georg ~ 330

Bernburg (Saale)
Krug, Leopold ~ 178

Berne → Hiddigwarden

Beyendorf
siehe auch *Sohlen*
Zerrenner, Heinrich Gottlieb ~ 329

Biberach an der Riß
Wieland, Christoph Martin ~ 319

Bibermühle (seit 1978 zu Wackersberg, Kr. Bad Tölz-Wolfratshausen)
Amort, Eusebius * 8

Biebertal → Rodheim

Bielefeld
siehe auch *Jöllenbeck*
Borheck, August Christian ~ 40; Lueder, August Ferdinand * 194; Weddigen, Peter Florens */~ 313

Bilk (Düsseldorf)
Benzenberg, Johann Friedrich ~/† 28

Billwerder (seit 1912 zu Hamburg)
Campe, Joachim Heinrich ~ 51; Ziegenhagen, Franz Heinrich ~ 329

Birkenfeld (Enzkreis)
Theremin, Charles Guillaume ~ 294

Birnfeld (seit 1978 zu Stadtlauringen)
Bauerschubert, Joseph * 22

Bischofswerda
Bahrdt, Carl Friedrich * 18; Klotz, Christian Adolph * 172

Bissendorf
Sextro, Heinrich Philipp * 277

Bitsch
Frank, Johann (Peter) ~ 93

Blankenburg (Harz)
Henke, Heinrich Philipp (Konrad) ~ 130; Weichmann, Christian Friedrich ~ 314; Ziegenbein, (Johann) Heinrich (Wilhelm) ~ 329

Blaubeuren
Bardili, Christoph Gottfried * 19; Conz, Karl Philipp ~ 58; Gaum, Johann Ferdinand ~ 102; Seybold, David Christoph ~ 278

Blevio (Italien)
Artaria, Domenico * 12

Blottendorf (tschech. Polevsko)
Rautenstrauch, Franz Stephan * 244

Blumenhagen (bei Stettin)
Fernow, Carl Ludwig * 85

Blumenhalde (Kt. Aargau)
Zschokke, (Johann) Heinrich (Daniel) † 331

Boberow
Gedike, Friedrich * 103

Bochum
Cortüm, Karl Arnold ~/† 58; Grolmann, Heinrich Dietrich von * 117

Bodenheim (Kr. Mainz-Bingen)
Hedderich, Philipp * 127

Bodok (rumän Bodoc)
Lange, Martin † 182

Bönnigheim
Karl Eugen, Herzog von Württemberg ~ 165

Bösing (slowak. Pezinok, ungar. Bazin)
Borott, Johann Baptist * 41

Bohuslän (Schweden)
Thorild, Thomas * 296

Boiensdorf → Stove

Bôle (Kt. Neuenburg)
Huber, Ludwig Ferdinand ~ 142

Bologna
Algarotti, Francesco Graf von ~ 6; Desing, Anselm ~ 68; Fiorillo, Johann Dominicus ~ 87; Mozart, Wolfgang Amadeus ~ 215; Zimmermann, Eberhard August Wilhelm von ~ 330

Bonn
Beethoven, Ludwig van */~ 25; Belderbusch, Kaspar Anton Frh. von ~/† 27; Daniels, Heinrich Gottfried Wilhelm ~ 66; Delbrück, (Johann Friedrich) Ferdinand ~/† 67; Dereser, Anton ~ 68; Eichhoff, Johann Peter * 73; Hedderich, Philipp ~ 127; Neeb, Johannes ~ 223; Pape, Georg Friedrich ~ 233; Schlegel, August Wilhelm von ~/† 264; Schneider, Eulogius ~ 271

Bordeaux
Hölderlin, (Johann Christian) Friedrich ~ 138; Humboldt, Alexander Frh. von ~ 146; Reinhard, Karl Friedrich Graf von ~ 249

Bornum (Kr. Anhalt-Zerbst)
Sintenis, Christian Friedrich ~ 279

Botnang (seit 1922 zu Stuttgart)
Wekhrlin, Wilhelm Ludwig * 315

Boucquenon (Frankreich)
Frank, Johann (Peter) ~ 93

Bouxwiller → Buchsweiler

Boxberg (Main-Tauber-Kreis)
Abegg, Johann Friedrich ~ 1

Brackenheim
Seybold, David Christoph * 278

Bramstedt → Bad Bramstedt

Brandenburg an der Havel
Baumann, Ludwig Adolph ~ 22; Buchholz, (Paul Ferdinand) Friedrich ~ 48; Formey, Johann Heinrich Samuel ~ 90; Hermes, Johann Timotheus ~ 133; Schütz, Christian Gottfried ~ 273; Zedlitz und Leipe, Karl Abraham Frh. von ~ 327

Braşov → Kronstadt

Bratislava → Preßburg

Braunau (tschech. Broumov)
Rautenstrauch, Franz Stephan ~ 244

Braunau am Inn (Oberösterreich)
Palm, Johann Philipp ~/† 233

Braunschweig
siehe auch *Riddagshausen*
Anna Amalia, Herzogin von Sachsen-Weimar-Eisenach ~ 9; Bach, Wilhelm Friedemann ~ 16; Bartels, August Christian ~ 20; Bielfeld, Jakob Friedrich Frh. von ~ 33; Bischoff, Johann Heinrich Christian ~ 34; Bode, Johann (Joachim Christoph) */~ 37; Böttcher, Ernst Christoph ~ 39; Buhle, Johann Gottlieb Gerhard */~/† 49; Campe, (Franz) August (Gottlieb) ~ 51; Campe, Joachim Heinrich ~/† 51; Crell, Lorenz

Florens Friedrich von ~ 61; Curio, (Johann) Carl Daniel ~ 62; Eschenburg, Johann Joachim ~/† 78; Fabricius, Johann Andreas ~ 83; Fiorillo, Johann Dominicus ~ 87; Gärtner, Karl Christian ~/† 101; Giseke, Nikolaus Dietrich ~ 107; Häberlin, Karl Friedrich ~ 119; Henke, Heinrich Philipp (Konrad) ~ 130; Jacobson, Israel ~ 154; Jerusalem, Johann Friedrich Wilhelm ~/† 156; König, Eva (Katharina) † 173; Krüger, Johann Gottlob † 177; Lafontaine, August (Heinrich Julius) * 181; Leisewitz, Johann Anton ~/† 185; Lessing, Gotthold Ephraim ~/† 187; Lueder, August Ferdinand ~ 194; Mauvillon, Jacob ~/† 201; Moritz, Karl Philipp ~ 212; Müller, Johann Samuel * 218; Mutzenbecher, Esdras Heinrich ~ 220; Neuber, Friederike Caroline ~ 224; Pockels, Karl Friedrich ~/† 239; Remer, Julius August */~ 251; Rhode, Johann Gottlieb ~ 251; Schelling, (Dorothea) Caroline (Albertina) von ~ 261; Schubart, Johann Christian Edler von Kleefeld ~ 272; Seidenstücker, Johann Heinrich Philipp ~ 276; Stuve, Johann Heinrich ~/† 289; Vieweg, Johann Friedrich ~/† 308; Zachariae, (Justus) Friedrich Wilhelm ~/† 327; Zedlitz und Leipe, Karl Abraham Frh. von ~ 327; Ziegenbein, (Johann) Heinrich (Wilhelm) */~/† 329; Zimmermann, Eberhard August Wilhelm von ~/† 330; Zincke, Georg Heinrich ~/† 330

Brauweiler (Pulheim)
Eichhoff, Johann Peter ~ 73

Bredenbeck am Deister (seit 1969 zu Wennigsen/Deister)
Knigge, Adolph Frh. */~ 172

Bremen
siehe auch *Arbergen*
Aders, (Johann) Jakob ~ 4; Beneke, Ferdinand * 27; Ewald, Johann Ludwig ~ 81; Gärtner, Karl Christian ~ 101; Gildemeister, Johann */~/† 106; Gleim, Betty */~/† 107; Göschen, Georg Joachim */~ 110; Heeren, Arnold (Hermann Ludwig) ~ 128; Herbart, Johann Friedrich ~ 131; Knigge, Adolph Frh. † 172; Olbers, (Heinrich) Wilhelm (Matthias) ~/† 230; Pratje, Johann Hinrich ~ 240; Ribov, Georg Heinrich ~ 252; Runge, Conrad Heinrich */~/† 256; Sturz, Helfrich Peter † 289

Bremervörde
Tiedemann, Dietrich * 297

Brescia (Italien)
Drexel, Anton ~ 70

Breslau (poln. Wrocław)
Abt, Ephraim Ludwig Gottfried */~/† 2; Adolphi, Christian Michael ~ 4; Arletius, Johann Caspar */~/† 10; Bastiani, Giovanni Battista ~/† 21; Baumgarten, Gotthilf von ~ 23; Benkowitz, Karl Friedrich ~ 27; Bohn, Johann Carl * 39; Carmer, Johann Heinrich Kasimir Graf von ~ 53; Contessa, Christian Jakob ~ 58; Dereser, Anton ~/† 68; Ebert, Johann Jakob * 72; Felbiger, Johann Ignatz von ~ 84; Fischer, Gottlob Nathanael ~ 88; Flögel, Karl Friedrich ~ 89; Fülleborn, Georg Gustav ~/† 99; Garve, Christian */~/† 101; Gentz, Friedrich * 104; Hermes, Johann Timotheus ~/† 133; Hoffmann, Johann Gottfried * 140; Hoffmann, Leopold Alois ~ 140; Homberg, Herz ~ 141; Hufeland, Christoph Wilhelm ~ 144; Klein, Ernst Ferdinand */~ 168; Korn, Johann Gottlieb */† 175; Korn, Johann Jacob † 175; Korn, Wilhelm Gottlieb */† 175; Langer, Ernst Theodor * 182; Lessing, Gotthold Ephraim ~ 187; Lessing, Karl Gotthelf ~/† 188; Loewe, Joel ~/† 191; Maimon, Salomon ~ 197; Manso, Johann Caspar Friedrich ~/† 198; Merckel, Friedrich Theodor von */~/† 206; Neukirch, Benjamin ~ 224; Neumann, Caspar */~/† 224; Pauw, (Franz) Kornelius de ~ 235; Rhode, Johann Gottlieb ~/† 251; Schlabrendorff, Ernst Wilhelm von † 264; Schleiermacher, Friedrich Daniel Ernst */~ 266; Schuckmann, (Kaspar) Friedrich Frh. von ~ 273; Schummel, Johann Gottlieb ~/† 274; Stieff, Christian ~/† 286; Veit, David Josef * 308; Weber, Friedrich Benedikt ~/† 313; Wolff, Christian Frh. von * 323; Zedler, Johann Heinrich */~ 327; Zedlitz und Leipe, Karl Abraham Frh. von ~ 327

Bressanone → Brixen

Brieg (poln. Brzeg)
Logau, Friedrich Frh. von ~ 192; Zedlitz und Leipe, Karl Abraham Frh. von ~ 327

Brixen (italien. Bressanone)
Drexel, Anton ~ 70

Brno → Brünn

Brochocin → Dürr Brockuth

Bromberg (poln. Bydgoszcz)
Hippel, Theodor Gottlieb von † 137

Broumov → Braunau

Bruchsal
Beroldingen, Joseph (Anton Siegmund) Frh. von ~ 32; Brunner, Philipp Joseph ~ 47

Brücken (Helme)
Justi, Johann Heinrich Gottlob von * 159

Brückenau → Bad Brückenau

Brühl (Erftkreis)
Bönicke, Johann Michael ~ 39

Brünn (tschech. Brno)
Colloredo-Waldsee, Hieronymus (Josef Franz de Paula) Graf von ~ 58; Likavetz, Joseph Kalasanz ~ 190; Riedel, Andreas Frh. von ~ 252; Schikaneder, Emanuel ~ 261

Brüssel
Arenberg, Ludwig Engelbert Herzog von */† 10; Herder, Johann Gottfried ~ 131; Karl Eugen, Herzog von Württemberg * 165; Swieten, Gerard van ~ 291; Swieten, Gottfried Frh. van ~ 292

Brugg (Kt. Aargau)
Pestalozzi, Johann Heinrich † 235; Wieland, Christoph Martin ~ 319; Zimmermann, Johann Georg */~ 330

Brunn → Dahlen

Brzeg → Brieg

Buchholz
Weddigen, Peter Florens ~ 313

Buchsweiler (frz. Bouxwiller, Dép. Bas-Rhin)
Seybold, David Christoph ~ 278

Buda → Ofen

Budapest → Ofen, Pest

Bückeburg

Bückeburg
Abbt, Thomas ~/† 1; Bach, Johann Christoph Friedrich ~/† 16; Herder, Johann Gottfried ~ 131; Meister, Jakob Heinrich * 203; Springer, Johann Christoph Erich von ~ 283; Friedrich Wilhelm Ernst, Reichsgraf von Schaumburg-Lippe ~/† 320

Büdingen
Brauer, Johann (Nikolaus) Friedrich * 42; König, (Johann) Samuel * 174

Bümpliz (seit 1919 zu Bern)
Henzi, Samuel * 130; Siebenpfeiffer, Philipp Jakob † 278

Bützow
Adler, Jakob Georg Christian ~ 4; Biester, Johann Erich ~ 33; Döderlein, Christian Albrecht ~/† 69; Engel, Johann Jakob ~ 75; Karsten, Lorenz ~ 167; Tetens, Johann Nicolaus ~ 293

Burg b. Magdeburg
Beseke, Johann Melchior Gottlieb * 32; Rüdiger, Johann Christian Christoph * 255

Burgau (Kr. Günzburg)
Magenau, Rudolf Friedrich Heinrich von ~ 197

Burgdorf (Kt. Bern)
Pestalozzi, Johann Heinrich ~ 235; Tobler, Johann Georg ~ 298

Burgeis (italien. Burgusio, Gem. Mals)
Ambros, Michael Hermann * 7

Burghausen (Kr. Altötting)
Hartmann, Leopold Frh. von ~ 125; Hübner, Lorenz ~ 144; Meggenhofen, Ferdinand Frh. von ~ 202; Moshammer Ritter von Mosham, Franz Xaver * 214; Schrank, Franz de Paula von ~ 271

Burgörner
Humboldt, Wilhelm von ~ 147

Burgthann
Cella, Johann Jakob ~ 53

Burgusio → Burgeis

Burgwerben
Heydenreich, Karl Heinrich † 136

Burtenbach
Baur, Samuel ~ 24

Butzbach
Griesbach, Johann Jakob * 115

Bydgoszcz → Bromberg

Calw
siehe auch *Stammheim*
Gaum, Johann Ferdinand ~/† 102

Caputh
Sophie Charlotte, Kurfürstin von Brandenburg, Königin in Preußen ~ 281

Carolath (poln. Siedlisko)
Block, Albrecht † 35; Feßler, Ignaz Aurelius ~ 85

Časlau (auch Tschaslau, tschech. Čáslav)
Opiz, Johann Ferdinand ~/† 231

Celle
Bode, Johann (Joachim Christoph) ~ 37; Brandes, Georg (Friedrich) * 42; Bülow, Friedrich Ernst von ~/† 48; Dusch, Johann Jakob * 70; Goetten, Gabriel Wilhelm ~ 113; Münchhausen, Gerlach Adolf Frh. von ~ 219; Neubur, Friedrich Christian ~ 224; Ramdohr, Friedrich Wilhelm Basilius von ~ 243; Runge, Conrad Heinrich ~ 256;

Schmettow, Woldemar Friedrich Graf von * 270; Strube, David Georg * 287; Thaer, Albrecht Daniel */~ 294

Černivci → Czernowitz

Cesvaine → Seßwegen

Charkow (ukrain. Charkïv, russ. Char'kov)
Jakob, Ludwig Heinrich von ~ 155

Charlottenburg (seit 1920 zu Berlin)
Eberhard, Johann August ~ 71; Frölich, Carl Wilhelm ~ 98; Sophie Charlotte, Kurfürstin von Brandenburg, Königin in Preußen ~ 281; Toellner, Johann Gottlieb * 298

Châtillon-sur-Indre (Frankreich)
Beausobre, Isaak de ~ 24

Châtillon-sur-Seine (Dép. Côte-d'Or, Frankreich)
Humboldt, Wilhelm von ~ 147

Chemnitz (1953-90 Karl-Marx-Stadt)
Heyne, Christian Gottlob * 136; Pölitz, Karl Heinrich Ludwig ~ 239

Choceň → Chotzen

Chodenschloß (tschech. Trhanov)
Stadion, Friedrich Lothar Graf von † 283

Chojna → Königsberg Nm.

Chojnice → Konitz (Westpr.)

Chojnów → Haynau

Chotzen (tschech. Choceň)
Wenzel, Gottfried Immanuel * 316

Cisnadie → Heltau

Clausthal (seit 1924 zu Clausthal-Zellerfeld)
Breitkopf, Bernhard Christoph * 43; Calvör, Henning ~ 51; Löwen, Johann Friedrich * 192

Cobbelsdorf → Pülzig

Coburg
Briegleb, Johann Christian ~/† 44; Buddeus, Johann Franz ~ 48; Chladni, Johann Martin ~ 54; Christ, Johann Friedrich * 55; Ernesti, Johann Heinrich Martin ~ 77; Ernst I., Herzog von Sachsen-Coburg-Saalfeld, seit 1826 Sachsen-Coburg und Gotha */~ 77; Feder, Johann Georg Heinrich ~ 84; Forberg, Friedrich Karl ~ 90; Herchenhahn, Johann Christian * 131; Humboldt, Wilhelm von ~ 147; Jean Paul ~ 155; Korn, Johann Jacob ~ 175; Luise Dorothea, Herzogin von Sachsen-Gotha-Altenburg * 195; Sucro, Christoph Joseph ~/† 290; Thümmel, Moritz August von ~/† 296; Zschackwitz, Johann Ehrenfried ~ 331

Colmar (Dép. Haut-Rhin, Frankreich)
Butenschön, Johann Friedrich ~ 49; Decker, Georg Jakob I. ~ 67; Gobel, Jean Baptiste Joseph ~ 108; Pape, Georg Friedrich ~ 233; Pfeffel, Gottlieb Konrad */~/† 237

Colombier (Kt. Neuenburg)
Muralt, Beat Ludwig von ~/† 220

Coppenbrügge → Harderode

Coppet (Kt. Waadt)
Schlegel, August Wilhelm von ~ 264

Cortona (Italien)
Winckelmann, Johann Joachim ~ 320

Corvey
Paullini, Christian Franz ~ 235

Cotta
 Härtel, Gottfried Christoph † 119
Couvet (Kt. Neuenburg)
 Vattel, Emer de * 307
Cuxhaven
 siehe auch *Lüdingworth, Ritzebüttel*
 Abendroth, Amandus Augustus ~ 2
Cybulino → Zeblin
Czarny Bór → Schwarzwaldau
Czerńczyce → Kapsdorf
Czernowitz (ukrain. Černivci, russ. Černovcy, rumän. Cernăuţi)
 Martinovics, Ignaz Joseph ~ 199
Dachsenhausen
 Snell, Christian Wilhelm * 279
Dahlen (Gem. Brunn, Kr. Mecklenburg-Strelitz)
 Schlettwein, Johann August † 268
Dahler (Dänemark)
 Zoega, Georg * 331
Dallau (Gem. Elztal)
 Eßlinger, Johann Georg * 79
Dalwitz (seit 1934 zu Walkendorf)
 Bassewitz, Sabine Elisabeth Gräfin von † 21
Danzig (poln. Gdańsk)
 siehe auch *Langfuhr, Ohra*
 Chodowiecki, Daniel */~ 54; Fichte, Johann Gottlieb ~ 86; Fischer, Christian Gabriel ~ 88; Forster, (Johann) Reinhold ~ 91; Gibsone, Alexander ~/† 106; Gottsched, Luise (Adelgunde Victorie) * 114; Großmann, Gustav Friedrich Wilhelm ~ 117; Hanow, Michael Christoph ~/† 122; Hansch, Michael Gottlieb ~ 122; Hippel, Theodor Gottlieb von ~ 136; Hufeland, Gottlieb * 145; Jachmann, Reinhold Bernhard ~ 153; Less, Gottfried ~ 187; Paullini, Christian Franz ~ 235; Reichardt, Johann Friedrich ~ 246; Rinck, Friedrich Theodor ~/† 253; Trenck, Friedrich Frh. von der ~ 299
Darmstadt
 Abele, Johann Martin von * 2; Bossler, Heinrich Philipp Karl */~ 41; Claudius, Matthias ~ 55; Herder, Johann Gottfried ~ 131; Höpfner, Ludwig Julius Friedrich † 139; Hoffmann, Ernst Emil */~/† 139; Karoline, Landgräfin von Hessen-Darmstadt † 166; Leuchsenring, Franz (Michael) ~ 189; Merck, Johann Heinrich */~/† 205; Schubart, Johann Christian Edler von Kleefeld ~ 272; Springer, Johann Christoph Erich von ~ 283; Starck, Johann August von ~/† 285; Sturz, Helfrich Peter * 289; Wedekind, Georg Christian Gottlieb von ~/† 313
Dasing → Taiting
Dauchingen
 Bob, Franz Joseph * 37
Dębno → Neudamm
Dedenstedt
 Schütz, Christian Gottfried * 273
Deensen
 Campe, (Franz) August (Gottlieb) * 51; Campe, (August) Friedrich (Andreas) * 51; Campe, Joachim Heinrich * 51

Deißlingen
 Huber, Fridolin ~/† 142
Den Haag
 Argens, Jean Baptiste de Bayer Marquis d' ~ 10; Gallitzin, (Adelheid) Amalie Fürstin von ~ 101; Halem, Ludwig (Wilhelm Christian) von ~ 120; König, (Johann) Samuel ~ 174; Mozart, Wolfgang Amadeus ~ 215; Mutzenbecher, Esdras Heinrich ~ 220
Denkendorf (Kr. Esslingen)
 Abel, Jakob Friedrich von ~ 1; Bardili, Christoph Gottfried ~ 19; Hölderlin, (Johann Christian) Friedrich ~ 138
Depkinshof (Lettland)
 Merkel, Garlieb (Helwig) † 206
Derenburg
 Zerrenner, Heinrich Gottlieb ~/† 329
Dessau
 Affsprung, Johann Michael ~ 4; Basedow, Johann Bernhard ~ 20; Beausobre, Isaak de ~ 24; Becker, Rudolf Zacharias ~ 25; Behrisch, Heinrich Wolfgang † 26; Campe, Joachim Heinrich ~ 51; Degen, Johann Friedrich ~ 67; Dohm, Christian Conrad (Wilhelm) von ~ 70; Göschen, Georg Joachim ~ 110; Hugo, Gustav ~ 145; Leopold III. Friedrich Franz, Fürst, seit 1807 Herzog von Anhalt-Dessau */~ 187; Mendelssohn, Moses * 204; Schmohl, Johann Christian ~ 270; Simon, Johann Friedrich ~ 278; Spazier, Johann Gottlieb Karl ~ 281; Trapp, Ernst Christian ~ 299; Wolke, Christian Hinrich ~ 324
Detmold
 Ewald, Johann Ludwig ~ 81; Pauline Christine Wilhelmine, Fürstin zur Lippe † 234
Deutsch-Wartenberg (poln. Otyń)
 Goeckingk, Leopold Friedrich Günther von † 109
Deutschmetz (italien. Mezzocorona)
 Firmian, Karl Gotthard Graf und Herr zu * 88
Diepholz
 Wedekind, Georg Christian Gottlieb von ~ 313
Dierdorf
 Rühle von Lilienstern, (Johann) August Friedemann ~ 256
Diez
 Reinhard, Johann Jakob * 249
Dijon
 Clauer, Karl ~ 56
Dillenburg
 Arnoldi, Johannes von ~/† 12; Rühle von Lilienstern, (Johann) August Friedemann ~/† 256
Dillingen a. d. Donau
 Bronner, Franz Xaver ~ 46; Harscher von Almendingen, Ludwig ~/† 124; Lori, Johann Georg von ~ 192; Mesmer, Franz Anton ~ 206; Sailer, Johann Michael von ~ 257; Salat, Jakob ~ 258; Wessenberg, Ignaz Heinrich (Karl) Frh. von ~ 317
Dingelstädt
 Jagemann, Christian Joseph * 154
Dirschau (poln. Tczew)
 Forster, (Johann) Reinhold * 91

Doberlug

Doberlug (bis 1939 Dobrilugk, seit 1950 zu Doberlug-Kirchhain)
Clauren, Heinrich * 57
Dobitschen
Agricola, Johann Friedrich * 4
Dobřičany → Dobritschan
Dobrilugk → Doberlug
Dobritschan (tschech. Dobřičany)
Opiz, Johann Ferdinand ~ 231
Dodendorf
Fabricius, Johann Andreas * 83
Döberitz
Wöllner, Johann Christoph von * 323
Dörrenzimmern (seit 1972 zu Ingelfingen)
Eichhorn, Johann Gottfried * 73
Dolní Vítkov → Niederwittig
Donauwörth
Bronner, Franz Xaver ~ 46; Hübner, Lorenz * 144; Mayr, Beda ~/† 201
Dorfchemnitz
Pufendorf, Samuel Frh. von * 241
Dorpat (estn. und russ. Tartu)
Klinger, Friedrich Maximilian von ~/† 170; Lenz, Jakob (Michael Reinhold) ~ 186; Rambach, Friedrich Eberhard ~ 243
Dortmund
Brockhaus, Friedrich Arnold */~ 45; Gabler, Johann Philipp ~ 101; Mallinckrodt, Arnold (Andreas Friedrich) */~/† 198; Vincke, (Friedrich Wilhelm) Ludwig (Philipp) Frh. von ~ 309; Weddigen, Peter Florens ~ 313
Dransfeld
Wagemann, Ludwig Gerhard ~ 311
Dreieichenhain (seit 1977 zu Dreieich)
Ewald, Johann Ludwig * 81
Dreihaus (Gem. Braunhirschengrund, seit 1890/92 zu Wien)
Arnstein, Fanny Frfr. von † 12
Dresden
siehe auch *Laubegast, Pillnitz*
Achenwall, Gottfried ~ 2; Adelung, Johann Christoph ~/† 4; Albrecht, Johann Friedrich Ernst ~ 6; Algarotti, Francesco Graf von ~ 6; Amende, Johann Joachim Gottlob ~/† 7; Ammon, Christoph Friedrich von ~/† 7; Arnold, Christoph ~/† 11; Arnold, Gottfried ~ 11; Artzt, Gottlob Friedrich ~ 13; Bach, Wilhelm Friedemann ~ 16; Beethoven, Ludwig van ~ 25; Benda, Franz ~ 27; Bennigsen, Rudolph Christian von ~ 28; Böttiger, Karl August ~/† 39; Caesar, Karl Adolf * 51; Clauer, Karl ~ 56; Dassdorf, Karl Wilhelm ~/† 67; Dohm, Christian Conrad (Wilhelm) von ~ 70; Ebert, Friedrich Adolf ~/† 72; Eck, Johann Georg ~ 72; Einsiedel, Johann Georg (Friedrich) Graf von */~ 74; Ekhof, (Hans) Conrad (Dietrich) ~ 74; Erhard, Christian Daniel * 76; Fritsch, Thomas Frh. von ~/† 98; Gellert, Christian Fürchtegott ~ 103; Glafey, Adam Friedrich ~/† 107; Globig, (Hans) Ernst von ~/† 108; Graff, Anton ~/† 114; Gröll, Michael ~ 116; Grohmann, (Johann) Christian August † 116; Günther, Christian August ~ 117; Härtel, Gottfried Christoph ~ 119; Hansch, Michael Gottlieb ~ 122; Hennings, (Adolph Friedrich) August von ~ 130; Heusinger, Johann Heinrich Gottlob ~/† 135; Heyne, Christian Gottlob ~ 136; Heynitz, Friedrich Anton von ~ 136; Hohenthal, Peter Graf von ~ 141; Huber, Ludwig Ferdinand ~ 142; Kleist, (Bernd) Heinrich (Wilhelm) von ~ 169; König, Johann Ulrich von ~/† 173; Krebel, Gottlieb Friedrich ~ 177; Leibniz, Gottfried Wilhelm ~ 184; Liscow, Christian Ludwig ~ 191; Manteuffel, Ernst Christoph Graf von ~ 198; Marezoll, Johann Gottlob ~ 198; Marperger, Paul Jacob ~/† 198; Meißner, August Gottlieb ~ 203; Merck, Johann Heinrich ~ 205; Mozart, Wolfgang Amadeus ~ 215; Müller, Adam Heinrich Ritter von Nittersdorf ~ 216; Müller, Johann Samuel ~ 218; Neuber, Friederike Caroline ~ 224; Pölitz, Karl Heinrich Ludwig ~ 239; Rabener, Gottlieb Wilhelm ~/† 243; Rebmann, Andreas Georg Friedrich ~ 244; Recke, Elisa(beth) Charlotte Konstantia von der ~/† 244; Rehberg, August Wilhelm ~ 245; Reinhard, Franz Volkmar ~/† 249; Reinhard, Karl Friedrich Graf von ~ 249; Rost, Johann Christoph ~/† 254; Schelling, (Dorothea) Caroline (Albertina) von ~ 261; Schiller, (Johann Christoph) Friedrich von ~ 261; Schlegel, (Karl Wilhelm) Friedrich von † 265; Schmettow, Woldemar Friedrich Graf von ~ 270; Schmieder, Heinrich Gottlieb * 270; Schubart, Johann Christian Edler von Kleefeld ~ 272; Spener, Philipp Jakob ~ 282; Tentzel, Wilhelm Ernst ~/† 293; Tieck, (Johann) Ludwig ~ 297; Tschirnhaus, Ehrenfried Walther von † 300; Vattel, Emer de ~ 307; Werner, Abraham Gottlob † 316; Wessenberg, Ignaz Heinrich (Karl) Frh. von * 317; Wetzel, Friedrich Gottlob Karl ~ 318; Winckelmann, Johann Joachim ~ 320; Wolke, Christian Hinrich ~ 324; Zinzendorf, Karl Graf von */~ 330
Dröschkau (seit 1994 zu Belgern)
Heynitz, Friedrich Anton von * 136
Drossen (poln. Ośno/Lubuskie)
Schleiermacher, Friedrich Daniel Ernst ~ 266
Dülmen
Bispink, Franz Heinrich * 34
Dürkheim → Bad Dürkheim
Dürr Brockuth (poln. Brochocin)
Logau, Friedrich Frh. von */~ 192
Düsseldorf
siehe auch *Bilk*
Bärstecher, Johann Gottlieb ~ 17; Benzenberg, Johann Friedrich ~ 28; Brinkmann, Johann Peter ~ 45; Brockhaus, Friedrich Arnold ~ 45; Delbrück, (Johann Friedrich) Ferdinand ~ 67; Goltstein, Johann Ludwig Franz (Anton Joseph Adam) Graf von */~/† 113; Hamann, Johann Georg ~ 121; Hartleben, Franz Joseph * 124; Hedderich, Philipp ~/† 127; Heinse, (Johann Jakob) Wilhelm ~ 129; Jacobi, Friedrich Heinrich * 153; Jacobi, Johann Georg */~ 154; Klinger, Friedrich Maximilian von ~ 170; Schenk, (Johann) Heinrich Ritter von * 261

Düsterbrook (Gem. Rohlstorf)
  Hirschfeld, Christian Cay Lorenz ~ 137
Duingen
  Eccard, Johann Georg von * 72
Duisburg
  Borheck, August Christian ~ 40; Brinkmann, Johann Peter ~ 45; Cortüm, Karl Arnold ~ 58; Kotzebue, August (Friedrich) von ~ 175; Nonne, Johann Gottfried Christian ~/† 227; Plessing, Friedrich Viktor Lebrecht † 238; Schenk, (Johann) Heinrich Ritter von ~ 261
Durlach (seit 1938 zu Karlsruhe)
  Bärstecher, Johann Gottlieb ~ 17; Karl Friedrich, Markgraf, Großherzog von Baden ~ 164; Posselt, Ernst Ludwig * 240
Dzierżoniów → Reichenbach
Eberbach (Kloster, Eltville am Rhein)
  Isenbiehl, Johann Lorenz ~ 150
Ebern → Eyrichshof
Ebersdorf (Thüringen)
  Moser, Friedrich Carl Frh. von ~ 213
Ebrach
  Bauer, Franz Nikolaus ~ 22; Montag, Eugen */~ 211
Echallens (Kt. Waadt)
  Engel, Samuel ~ 76
Edesheim (Kr. Südliche Weinstraße)
  Holbach, Paul (Heinrich) Thiry (Dietrich) Baron von * 141
Edinburgh
  Gibsone, Alexander * 106; Girtanner, Christoph ~ 106
Eger → Erlau
Egglham
  Wagner, Sebastian * 312
Ehingen (Donau)
  Ruef, Johann Caspar Adam * 255
Ehrenbreitstein (seit 1938 zu Koblenz am Rhein)
  Babo, Joseph (Marius Franz) von * 15; Böhmer, Georg Wilhelm ~ 38; La Roche, (Marie) Sophie von ~ 183
Eibenstock
  Georgi, Theophil * 104
Eichstätt
  Zehmen, Johann Anton Frh. von ~/† 328
Eilenburg
  Lünig, Johann Christian ~ 194
Einbeck
  siehe auch *Hullersen*
  Bartels, August Christian ~ 20; Bensen, (Carl) Daniel (Heinrich) * 28
Eisenach (Kr. Eisenach)
  Edelmann, Johann Christian ~ 72; Ettinger, Wilhelm * 79; Göchhausen, Ernst August Anton Frh. von ~/† 108; Heumann, Christoph August ~ 135; Heusinger, Johann Heinrich Gottlob ~ 135; Paullini, Christian Franz */~/† 235; Zschackwitz, Johann Ehrenfried ~ 331
Eisenberg (Saale-Holzland-Kreis)
  Heineccius, Johann Gottlieb * 128
Eisenstadt
  Haydn, (Franz) Joseph ~ 126

Elberfeld (seit 1929 zu Barmen-Elberfeld, seit 1930 Wuppertal)
  Aders, (Johann) Jakob */~/† 4; Gleim, Betty ~ 107; Jung-Stilling, Johann Heinrich ~ 158; Theremin, Charles Guillaume ~ 294
Elbing (poln. Elblag)
  Achenwall, Gottfried * 2; Kanter, Johann Jakob ~ 163; Süvern, Johann Wilhelm ~ 290
Ełk → Lyck
Ellrich
  Barkhausen, Heinrich Ludwig Willibald ~ 19; Goeckingk, Leopold Friedrich Günther von ~ 109
Ellwangen (Jagst)
  Salat, Jakob ~ 258
Elsterwerda
  Rohr, Julius Bernhard von * 254
Eltmann
  Klarmann, Georg (Adam) * 168
Elztal → Dallau
Emmendingen
  Lenz, Jakob (Michael Reinhold) ~ 186; Schlosser, Johann Georg ~ 269
Emmerichshofen (Gem. Kahl a. Main)
  Benzel-Sternau, Anselm Franz Frh. von † 28
Engelbrechtsmünster
  Bucher, (Leonhard) Anton von ~ 47
Ensdorf (Oberpf)
  Desing, Anselm ~/† 68
Ensfelden (Kraiburg a. Inn)
  Desing, Anselm ~ 68
Eppendorf (seit 1879 zu Hamburg)
  Albrecht, Heinrich Christoph ~ 5; Heinicke, Samuel ~ 129
Eppstein → Vockenhausen
Erding
  Aschenbrenner, Beda ~ 13
Erdmannsdorf
  Schütz, Friedrich Wilhelm von * 273
Erfurt
  siehe auch *Vieselbach*
  Adelung, Johann Christoph ~ 4; Albrecht, Johann Friedrich Ernst ~ 6; Axter, Franz ~ 13; Bahrdt, Carl Friedrich ~ 18; Baldinger, Ernst Gottfried ~ 18; Becker, Rudolf Zacharias * 25; Benzel-Sternau, Anselm Franz Frh. von ~ 28; Berlepsch, Friedrich Ludwig von † 29; Böhmer, Georg Wilhelm ~ 38; Boyneburg, Philipp Wilhelm Graf von ~/† 42; Dalberg, Carl Theodor von ~ 65; Ettinger, Wilhelm ~ 79; Francke, August Hermann ~ 91; Hartung, Johann Heinrich */~ 125; Hecker, August Friedrich ~ 127; Heinse, (Johann Jakob) Wilhelm ~ 129; Heß, Heinrich Ludwig von ~ 134; Hirsching, Friedrich Karl Gottlob ~ 137; Humboldt, Wilhelm von ~ 147; Jagemann, Christian Joseph ~ 154; Kennedy, Ildephons ~ 167; Lau, Theodor Ludwig ~ 183; Lossius, Johann Christian ~/† 192; Meusel, Johann Georg ~ 207; Moritz, Karl Philipp ~ 212; Rebmann, Andreas Georg Friedrich ~ 244; Riedel, Friedrich Just(us) ~ 252; Salzmann, Christian Gotthilf ~ 258; Springer, Johann Christoph Erich von ~ 283; Tennemann, Wilhelm Gottlieb ~ 293; Wieland,

437

Erlangen

Christoph Martin ~ 319; Winkopp, Peter Adolph ~ 322; Zincke, Georg Heinrich ~ 330

Erlangen
Abendroth, Amandus Augustus ~ 2; Abicht, Johann Heinrich ~ 2; Altenstein, Karl (Sigmund Franz) Frh. vom Stein zum ~ 6; Ammon, Christoph Friedrich von ~ 7; Armbrust, Franz Amand ~ 10; Arnold, Johann Christian ~/† 12; Axter, Franz ~ 13; Bensen, (Carl) Daniel (Heinrich) ~ 28; Breyer, Johann Friedrich ~/† 44; Cella, Johann Jakob ~ 53; Chladni, Johann Martin ~/† 54; Degen, Johann Friedrich ~ 67; Engelhard, Johann Konrad ~ 76; Fabri, Johann Ernst ~/† 83; Feder, Johann Georg Heinrich ~ 84; Filtsch, Johann ~ 87; Gramberg, Gerhard Anton Hermann ~ 114; Groß, Johann Gottfried ~/† 117; Häberlin, Karl Friedrich ~ 119; Harl, Johann Paul Ritter von ~ 124; Hirsching, Friedrich Karl Gottlob ~/† 137; Hißmann, Michael ~ 138; Hofmann, Andreas Joseph ~ 140; Kant, Immanuel ~ 162; Klarmann, Georg (Adam) ~ 168; Klüber, Johann Ludwig ~ 172; Kretschmann, Theodor von ~ 177; Lange, Martin ~ 182; Merck, Johann Heinrich ~ 205; Meusel, Johann Georg ~/† 207; Palm, Johann Philipp ~ 233; Rautenstrauch, Johann * 244; Rebmann, Andreas Georg Friedrich ~ 244; Reitzenstein, Sigismund (Karl Johann) Frh. von ~ 250; Rosenmüller, Johann Georg ~ 254; Schubart, Christian Friedrich Daniel ~ 272; Tieck, (Johann) Ludwig ~ 297; Vincke, (Friedrich Wilhelm) Ludwig (Philipp) Frh. von ~ 309; Wetzel, Friedrich Gottlob Karl ~ 318

Erlau (ungar. Eger)
Rautenstrauch, Franz Stephan † 244

Erlenbach (Kt. Zürich)
Wyss, David von † 325

Ermsleben
Gleim, Johann Wilhelm Ludwig * 108; Reimmann, Jakob Friedrich ~ 249

Ernstthal (seit 1898 zu Hohenstein-Ernstthal)
Pölitz, Karl Heinrich Ludwig * 239

Eschdorf (Gem. Schönfeld-Weißig)
Gleditsch, Johann Friedrich * 107; Gleditsch, Johann Ludwig * 107

Esens
Coners, Gerhard Julius ~ 58

Essen
siehe auch *Werden*
Baedeker, Gottschalk Diedrich */~/† 17

Essenrode (Gem. Lehre)
Bülow, Friedrich Ernst von */~ 48; Hardenberg, Karl August Fürst * 123

Esslingen am Neckar
König, Johann Ulrich von * 173

Eußerthal
Frank, Johann (Peter) ~ 93

Eutin
Christiani, Christoph Johann Rudolph ~ 55; Halem, Gerhard Anton von ~/† 119; Herder, Johann Gottfried ~ 131; Humboldt, Wilhelm von ~ 147; Jacobi, Friedrich Heinrich ~ 153; Nicolovius, Georg Heinrich Ludwig ~ 226; Voß, Johann Heinrich ~ 310

Eyrichshof (seit 1971 zu Ebern)
Meusel, Johann Georg * 207

Faaborg (Dänemark)
Berger, Johann Erich von * 29

Fahr (seit 1978 zu Volkach)
Dereser, Anton * 68

Feldkirch (Vorarlberg)
Wessenberg, Ignaz Heinrich (Karl) Frh. von ~ 317

Feuchtwangen
Hamberger, Georg Christoph * 122

Fienstedt
Zeidler, Johann Gottfried * 328

Flaach (Kt. Zürich)
Fäsi, Johann Konrad ~/† 83

Flensburg
Andresen, Andreas Peter */~/† 9; Christiani, Christoph Johann Rudolph ~ 55; Meyer, Georg Conrad */† 208; Seelen, Johann Heinrich von ~/† 275

Florenz
Jagemann, Christian Joseph ~ 154; Meyer, (Johann) Heinrich ~ 208; Mozart, Wolfgang Amadeus ~ 215; Reinhard, Karl Friedrich Graf von ~ 249; Riedel, Andreas Frh. von ~ 252; Winckelmann, Johann Joachim ~ 320

Flottbek (seit 1937 zu Hamburg)
Staudinger, Lucas Andreas † 286

Franeker (seit 1984 zu Franekeradeel, Niederlande)
Heineccius, Johann Gottlieb ~ 128; König, (Johann) Samuel ~ 174

Frankenhardt → Honhardt

Frankenhausen → Bad Frankenhausen (Kyffhäuser)

Frankenstein (Gem. Mühltal, Kr. Darmstadt-Dieburg)
Dippel, Johann Konrad * 69

Frankenthal (Pfalz)
Riem, Andreas * 253

Frankfurt am Main
siehe auch *Höchst, Rödelheim*
Albrecht, Johann Friedrich Ernst ~ 6; Andreae, Johann Benjamin d. Ä. */† 8; Andreae, Johann Benjamin d. J. * 9; Aretin, Johann Adam Frh. von ~ 10; Böckler, Johann Heinrich ~ 37; Decker, Georg Jakob I. ~ 67; Ebel, Johann Gottfried ~ 71; Eßlinger, Johann Georg † 79; Feuerbach, Paul Johann Anselm Ritter von ~/† 85; Fritsch, Thomas ~ 98; Fritsch, Thomas Frh. von ~ 98; Gabler, Johann Philipp * 101; Goethe, Johann Wolfgang von */~ 111; Goldschmidt, Johann Baptista ~ 113; Hansch, Michael Gottlieb ~ 122; Hölderlin, (Johann Christian) Friedrich ~ 138; Hoffmann, Karl ~ 140; Humboldt, Wilhelm von ~ 147; Jacobi, Friedrich Heinrich ~ 153; Joseph II., römisch-deutscher Kaiser, Erzherzog von Österreich, König von Böhmen und von Ungarn ~ 157; Kleist, (Bernd) Heinrich (Wilhelm) von ~ 169; Klinger, Friedrich Maximilian von * 170; Klopstock, Friedrich Gottlieb ~ 170; Klüber, Johann Ludwig ~/† 172; Knigge, Adolph Frh. ~ 172; Lau, Theodor Ludwig ~ 183; Liscow,

438

Christian Ludwig ~ 191; Loen, Johann Michael von */~ 191; Martens, Georg Friedrich von ~/† 199; Meyern, Wilhelm Friedrich von ~/† 208; Moser, Friedrich Carl Frh. von ~ 213; Mozart, Wolfgang Amadeus ~ 215; Nau, Bernhard Sebastian von ~ 223; Nemeitz, Joachim Christoph ~ 223; Oelsner, Konrad Engelbert ~ 230; Palm, Johann Philipp ~ 233; Pütter, Johann Stephan ~ 240; Reinhard, Karl Friedrich Graf von ~ 249; Schlegel von Gottleben, Dorothea von ~/† 265; Schlosser, Friedrich Christoph ~ 269; Schlosser, Johann Georg */~/† 269; Schwan, Christian Friedrich ~ 275; Schwarzkopf, Joachim von ~ 275; Soemmerring, Samuel Thomas von ~/† 279; Spener, Philipp Jakob ~ 282; Uffenbach, Johann Friedrich von */~/† 303; Uffenbach, Zacharias Conrad von */~/† 303; Varnhagen von Ense, Rahel (Antonie Friederike) ~ 307; Vogt, (Johann) Nicolaus ~/† 309; Zollikofer, Georg Joachim ~ 331

Frankfurt (Oder)
Abbt, Thomas ~ 1; Bach, Carl Philipp Emanuel ~ 15; Baumgarten, Alexander Gottlieb ~/† 23; Bayer, Gottlieb Siegfried ~ 24; Beseke, Johann Melchior Gottlieb ~ 32; Böhmer, Johann Samuel Friedrich von ~/† 38; Borowski, Georg Friedrich ~/† 41; Cocceji, Samuel Frh. von ~ 57; Darjes, Joachim Georg ~/† 66; Dithmar, Justus Christoph ~/† 69; Ebel, Johann Gottfried ~ 71; Garve, Christian ~ 101; Gedike, Friedrich ~ 103; Gomperz, Aaron ben Salman Emmerich ~ 113; Halem, Gerhard Anton von ~ 119; Hansch, Michael Gottlieb ~ 122; Heineccius, Johann Gottlieb ~ 128; Held, Hans (Heinrich Ludwig) von ~ 130; Humboldt, Alexander Frh. von ~ 146; Humboldt, Wilhelm von ~ 147; Jablonski, Daniel Ernst ~ 153; Jordan, Charles Etienne ~ 157; Kleist, Ewald Christian von † 169; Kleist, (Bernd) Heinrich (Wilhelm) von */~ 169; Krünitz, Johann Georg ~ 178; Krug, Wilhelm Traugott ~ 178; Martini, Friedrich Heinrich Wilhelm ~ 199; Neukirch, Benjamin ~ 224; Nicolai, (Christoph) Friedrich ~ 225; Oelsner, Konrad Engelbert ~ 230; Patzke, Johann Samuel */~ 234; Runge, Conrad Heinrich ~ 256; Sack, Friedrich Samuel Gottfried ~ 257; Schlabrendorff, Gustav Graf von ~ 264; Steinbart, Gotthilf Samuel ~ 286; Stosch, Friedrich Wilhelm ~ 287; Struve, Burkhard Gotthelf ~ 289; Svarez, Carl Gottlieb ~ 291; Thomasius, Christian ~ 295; Toellner, Johann Gottlieb ~/† 298; Weber, Friedrich Benedikt ~ 313; Zöllner, Johann Friedrich ~ 331; Zschokke, (Johann) Heinrich (Daniel) ~ 331

Frauenheim
Bucher, Urban Gottfried * 47

Fraustadt (poln. Wschowa)
Karsch, Anna Luise ~ 166

Freiberg (Kr. Freiberg)
Arnold, Christoph ~ 11; Einsiedel, (Johann) August von ~ 74; Gärtner, Karl Christian * 101; Heynitz, Friedrich Anton von ~ 136; Humboldt, Alexander Frh. von ~ 146; Werner, Abraham Gottlob ~ 316; Zedler, Johann Heinrich ~ 327

Freiburg im Breisgau
Armbruster, Johann Michael ~ 11; Barth-Bartenheim, Johann Baptist Ludwig Ehrenreich Graf von ~ 20; Bob, Franz Joseph ~/† 37; Huber, Fridolin ~ 142; Jacobi, Johann Georg ~ 154; Mayr, Beda ~ 201; Riegger, Paul Joseph Ritter von * 253; Rotteck, Karl Wenzeslaus Rodecker von */~/† 254; Ruef, Johann Caspar Adam ~/† 255; Siebenpfeiffer, Philipp Jakob ~ 278; Wessenberg, Ignaz Heinrich (Karl) Frh. von ~ 317

Freising
siehe auch *Weihenstephan*
Aretin, Johann Adam Frh. von ~ 10; Baader, Klemens (Alois) ~ 15; Braun, Heinrich ~ 42; Mutschelle, Sebastian ~ 220; Nagel, Anton ~ 223; Werkmeister, Benedikt Maria ~ 316; Westenrieder, Lorenz von ~ 318

Freudenstadt
Ploucquet, Gottfried ~ 238

Freyburg (Unstrut)
Amende, Johann Joachim Gottlob ~ 7

Frickenhausen a. Main
Berg, Franz * 28

Friedrichsfelde (seit 1920 zu Berlin)
Louis Ferdinand von Hohenzollern, Prinz von Preußen * 192

Friedrichsort (seit 1922 zu Kiel)
Ekkard, Friedrich * 75

Friedrichswalde
Riem, Andreas ~ 253

Friesenhausen (seit 1978 zu Aidhausen)
Geier, Peter Philipp * 103

Fürth (Kr. Fürth, Stadt)
Campe, (August) Friedrich (Andreas) ~ 51; Henle, Elkan */† 130; Richter, Christoph Gottlieb ~ 252; Wolfsohn, Aron ~/† 324

Füssen
Werkmeister, Benedikt Maria * 316

Fuirendal (Dänemark)
Villaume, Peter † 308

Fulda
Arnoldi, Johannes von ~ 12; Hoffmann, Karl ~ 140; Meißner, August Gottlieb ~/† 203; Münter, Friedrich (Christian Karl Heinrich) ~ 219; Weikard, Melchior Adam ~ 314

Gaarz (Gem. Göhl)
Eggers, Christian Ulrich Detlev Frh. von † 73

Gaggstadt (seit 1975 zu Kirchberg an der Jagst)
Schlözer, August Ludwig von * 268

Garmissen (seit 1974 zu Schellerten)
Ebeling, Christoph Daniel * 71

Gartow (Kr. Lüchow-Dannenberg)
Keyßler, Johann Georg ~ 167

Gdańsk → Danzig

Gebenstorf (Kt. Aargau)
Rengger, Albrecht * 251

Geislingen an der Steige
Schubart, Christian Friedrich Daniel ~ 272

Genf
Ambühl, Johann Ludwig ~ 7; Ancillon, Charles ~

439

Genthin

8; Ancillon, (Jean Pierre) Frédéric ~ 8; Bernoulli, Jacob ~ 30; Füssli, Hans Heinrich ~ 100; Iselin, Jacob Christoph ~ 150; Jacobi, Friedrich Heinrich ~ 153; Jordan, Charles Etienne ~ 157; Marperger, Paul Jacob ~ 198; Meister, Jakob Heinrich ~ 203; Müller, Johannes von ~ 218; Muralt, Beat Ludwig von ~ 220; Spener, Philipp Jakob ~ 282; Vattel, Emer de ~ 307; Werenfels, Samuel ~ 316; Friedrich Wilhelm Ernst, Reichsgraf von Schaumburg-Lippe ~ 320

Genthin → Altenplathow

Genua (italien. Genova)
Hardenberg, Karl August Fürst † 123

Gera
siehe auch *Langenberg*
Arnold, Gottfried ~ 11; Bretschneider, Heinrich Gottfried von * 44; Heinsius, (Johann) Wilhelm (Immanuel) ~/† 129; Heusinger, Johann Heinrich Gottlob ~ 135; Steinbeck, Christoph Gottlieb † 286

Gerdauen (russ. Železnodoržnyj)
Hippel, Theodor Gottlieb von * 136; Hippel, Theodor Gottlieb von * 137

Gernsbach
Posselt, Ernst Ludwig ~ 240

Gernsheim
Lehne, (Johann) Friedrich (Franz) * 184

Geroldsgrün
Hoffmann, Karl † 140

Gibova → Urwegen

Giebichenstein (seit 1900 zu Halle/Saale)
Meier, Georg Friedrich † 202; Reichardt, Johann Friedrich ~/† 246

Giekau
Adler, Jakob Georg Christian † 4

Gießen
Arnold, Gottfried ~ 11; Arnoldi, Johann Ludwig Ferdinand */~ 12; Bahrdt, Carl Friedrich ~ 18; Brauer, Johann (Nikolaus) Friedrich ~ 42; Chastel, Franz Thomas ~ 53; Crome, August Friedrich Wilhelm ~ 61; Dippel, Johann Konrad ~ 69; Estor, Johann Georg ~ 79; Höpfner, Ludwig Julius Friedrich */~ 139; Klinger, Friedrich Maximilian von ~ 170; Klüber, Johann Ludwig ~ 172; Köster, He(i)nrich Martin Gottfried ~/† 174; Krieger, Johann Christian */~ 177; Laukhard, Friedrich Christian (Heinrich) ~ 183; Merck, Johann Heinrich ~ 205; Moser, Friedrich Carl Frh. von ~ 213; Riesbeck, Johann Kaspar ~ 253; Rosenmüller, Johann Georg ~ 254; Schlettwein, Johann August ~ 268; Schlosser, Friedrich Christoph ~ 269; Schmid, Karl Christian Erhard ~ 270; Snell, Christian Wilhelm ~ 279; Spazier, Johann Gottlieb Karl ~ 281; Sturz, Helfrich Peter ~ 289; Wolff, Christian Frh. von ~ 323

Glatz (poln. Kłodzko)
Cölln, (Georg) Friedrich (Willibald Ferdinand) von ~ 58; Trenck, Friedrich Frh. von der ~ 299

Glaucha (seit 1817 zu Halle/Saale)
Francke, August Hermann ~ 91; Francke, Gotthilf August */† 93

Glauchau
Härtel, Gottfried Christoph ~ 119

Glienicke
Schinkel, Karl Friedrich ~ 263

Glogau (poln. Głogow)
Benkowitz, Karl Friedrich ~/† 27; Ersch, Johann Samuel * 78; Felbiger, Johann Ignatz von * 84; Fülleborn, Georg Gustav */~ 99; Held, Hans (Heinrich Ludwig) von ~ 130; Homberg, Herz ~ 141; Karsch, Anna Luise ~ 166

Glücksburg
Lüders, Philipp Ernst † 194; Weichmann, Christian Friedrich ~ 314

Glückstadt
Sturz, Helfrich Peter ~ 289

Göhl → Gaarz

Görlitz (aus den östlich der Lausitzer Neiße liegenden Stadtteilen wurde 1945 die poln. Stadt Zgorzelec gebildet)
Anton, Karl Gottlob von ~/† 9; Baumeister, Friedrich Christian ~/† 22; Briegleb, Johann Christian * 44; Gersdorff, Adolf Traugott von ~ 105; Grosser, Samuel ~/† 117; Kütner, Karl August * 179; Tschirnhaus, Ehrenfried Walther von ~ 300

Görz (italien. Gorizia)
Homberg, Herz ~ 141

Göteborg (dt. früher Gotenburg, Schweden)
Heß, Heinrich Ludwig von * 134

Göttingen
Abele, Johann Martin von ~ 2; Achenwall, Gottfried ~/† 2; Alberti, Julius Gustav ~ 5; Albrecht, Heinrich Christoph ~ 5; Altenstein, Karl (Sigmund Franz) Frh. vom Stein zum ~ 6; Ammon, Christoph Friedrich von ~ 7; Arens, Johann August ~ 10; Aretin, Johann Christoph Frh. von ~ 10; Arnoldi, Johann Ludwig Ferdinand ~ 12; Arnoldi, Johannes von ~ 12; Ayrer, Georg Heinrich ~/† 14; Bach, Wilhelm Friedemann ~ 16; Baldinger, Dorothea Friderika ~ 18; Baldinger, Ernst Gottfried ~ 18; Ballhorn, Georg Friedrich ~ 18; Bardili, Christoph Gottfried ~ 19; Bartels, August Christian ~ 20; Bartels, Johann Heinrich ~ 20; Barth-Bartenheim, Johann Baptist Ludwig Ehrenreich Graf von ~ 20; Bauer, Anton ~ 22; Becker, Johann Nikolaus ~ 25; Bendavid, Lazarus ~ 27; Bengel, Ernst Gottlieb ~ 27; Bensen, (Carl) Daniel (Heinrich) ~ 28; Berens, Johann Christoph ~ 28; Berger, Johann Erich von ~ 29; Berlepsch, Friedrich Ludwig von ~ 29; Besser, Johann Heinrich ~ 32; Biester, Johann Erich ~ 33; Blumenbach, (Johann) Friedrich ~/† 35; Böhmer, Georg Wilhelm */~/† 38; Boie, Heinrich Christian ~ 39; Bollmann, Justus Erich ~ 39; Bouterwek, Friedrich (Ludewig) ~/† 41; Brandes, Ernst ~ 42; Brandes, Georg (Friedrich) ~ 42; Brauer, Johann (Nikolaus) Friedrich ~ 42; Briegleb, Johann Christian ~ 44; Brinkmann, Johann Peter ~ 45; Broxtermann, Theobald Wilhelm ~ 46; Bürger, Gottfried August ~/† 48; Büsch, Johann Georg ~ 48; Büsching, Anton Friedrich ~ 49; Büttner, Christian Wilhelm ~ 49; Buhle, Johann Gottlieb

Gerhard ~ 49; Claproth, Johann Christian ~/† 55; Claproth, Justus ~/† 55; Clauren, Heinrich ~ 57; Cramer, Karl Friedrich ~ 60; Crell, Lorenz Florens Friedrich von ~/† 61; Crome, August Friedrich Wilhelm ~ 61; Dieterich, Johann Christian ~/† 69; Dohm, Christian Conrad (Wilhelm) von ~ 70; Dusch, Johann Jakob ~ 70; Ebeling, Christoph Daniel ~ 71; Eggers, Christian Ulrich Detlev Frh. von ~ 73; Ehlers, Martin ~ 73; Eichhorn, Johann Gottfried ~/† 73; Einsiedel, (Johann) August von ~ 74; Ekkard, Friedrich ~ 75; Ewald, Johann Ludwig ~ 81; Feder, Johann Georg Heinrich ~ 84; Filtsch, Johann ~ 87; Fiorillo, Johann Dominicus ~/† 87; Flatt, Johann Friedrich ~ 89; Forkel, Johann Nikolaus ~/† 90; Formey, Johann Ludwig ~ 90; Frank, Johann (Peter) ~ 93; Gabler, Johann Philipp ~ 101; Gatterer, Christoph (Wilhelm Jakob) */~ 102; Gatterer, Johann Christoph ~/† 102; Gebler, Tobias Philipp Frh. von ~ 103; Gesner, Johann Matthias ~/† 105; Girtanner, Christoph ~/† 106; Gönner, Nikolaus (Thaddäus) Ritter von ~ 109; Gramberg, Gerhard Anton ~ 114; Grellmann, Heinrich Moritz Gottlieb ~ 115; Grolmann, Heinrich Dietrich von ~ 117; Groskurd, Christian Heinrich ~ 117; Günther, Johann Arnold ~ 118; Halem, Ludwig (Wilhelm Christian) von ~ 120; Hamberger, Georg Christoph ~/† 122; Hardenberg, Friedrich Karl ~ 122; Hardenberg, Karl August Fürst ~ 123; Harscher von Almendingen, Ludwig ~ 124; Heeren, Arnold (Hermann Ludwig) ~/† 128; Hegewisch, Dietrich Hermann ~ 128; Heise, Johann Arnold ~ 130; Hennings, (Adolph Friedrich) August von ~ 130; Herbart, Johann Friedrich ~/† 131; Herder, Johann Gottfried ~ 131; Heumann, Christoph August ~/† 135; Heyne, Christian Gottlob ~/† 136; Hißmann, Michael ~/† 138; Hollmann, Samuel Christian ~/† 141; Huber, (Marie) Therese (Wilhelmine) */~ 143; Hufeland, Christoph Wilhelm ~ 144; Hufeland, Gottlieb ~ 145; Hugo, Gustav ~/† 145; Humboldt, Alexander Frh. von ~ 146; Humboldt, Wilhelm von ~ 147; Iselin, Isaak ~ 150; Isenbiehl, Johann Lorenz ~ 150; Ith, Johann Samuel ~ 151; Jacobi, Johann Georg ~ 154; Jerusalem, Johann Friedrich Wilhelm ~ 156; Jerusalem, Karl Wilhelm ~ 157; Justi, Johann Heinrich Gottlob von ~ 159; Kästner, Abraham Gotthelf ~/† 161; Kahle, Ludwig Martin ~ 161; Kleinschrod, Gallus Aloysius Caspar ~ 169; Klotz, Christian Adolph ~ 172; Knigge, Adolph Frh. ~ 172; Kraus, Christian Jakob ~ 176; Krünitz, Johann Georg ~ 178; Krug, Wilhelm Traugott ~ 178; Lambert, Johann Heinrich ~ 181; Lang, Karl Heinrich Ritter von ~ 182; Lange, Martin ~ 182; Laukhard, Friedrich Christian (Heinrich) ~ 183; Leisewitz, Johann Anton ~ 185; Less, Gottfried ~ 187; Lichtenberg, Georg Christoph ~/† 189; Löwen, Johann Friedrich ~ 192; Luden, Heinrich ~ 193; Lueder, August Ferdinand ~ 194; Marezoll, Johann Gottlob ~ 198; Martens, Georg Friedrich von ~ 199; Meiners, Christoph ~/† 203; Metternich, Mathias ~ 207; Meusel, Johann Georg ~ 207; Meyer, Friedrich Johann Lorenz ~ 207; Meyer, Friedrich Ludwig Wilhelm ~ 208; Michaelis, Johann David ~/† 209; Miller, Johann Peter ~/† 209; Möser, Justus ~ 210; Moshammer Ritter von Mosham, Franz Xaver ~ 214; Mosheim, Johann Lorenz von ~/† 214; Müller, Adam Heinrich Ritter von Nittersdorf ~ 216; Müller, Johannes von ~ 218; Münter, Friedrich (Christian Karl Heinrich) ~ 219; Mutzenbecher, Esdras Heinrich ~ 220; Neubur, Friedrich Christian ~/† 224; Niebuhr, Carsten ~ 226; Niemann, August (Christian Heinrich) ~ 226; Norrmann, Gerhard Philipp Heinrich ~ 227; Oeder, Georg Christian von ~ 230; Oelsner, Konrad Engelbert ~ 230; Olbers, (Heinrich) Wilhelm (Matthias) ~ 230; Pallas, Peter Simon ~ 233; Palm, Johann Philipp ~ 233; Planck, Gottlieb Jakob ~/† 238; Plessing, Friedrich Viktor Lebrecht ~ 238; Pörschke, Karl Ludwig ~ 240; Posselt, Ernst Ludwig ~ 240; Pütter, Johann Stephan ~/† 240; Ramdohr, Friedrich Wilhelm Basilius von ~ 243; Rehberg, August Wilhelm ~/† 245; Reichard, Heinrich August Ottokar ~ 245; Reil, Johann Christian ~ 246; Reimarus, Johann Albert Heinrich ~ 248; Reitzenstein, Sigismund (Karl Johann) Frh. von ~ 250; Remer, Julius August ~ 251; Rengger, Albrecht ~ 251; Ribov, Georg Heinrich ~ 252; Runde, Christian Ludwig ~ 256; Runde, Justus Friedrich ~/† 256; Runge, Conrad Heinrich ~ 256; Saltzmann, Friedrich Rudolf ~ 258; Sander, Heinrich ~ 259; Sartorius von Waltershausen, Georg (Friedrich) Frh. ~/† 259; Schelling, (Dorothea) Caroline (Albertina) von */~ 261; Schlegel, August Wilhelm von ~ 264; Schlegel, (Karl Wilhelm) Friedrich von ~ 265; Schlözer, August Ludwig von ~/† 268; Schlözer, Dorothea von */~ 269; Schlosser, Friedrich Christoph ~ 269; Schmauß, Johann Jakob ~/† 269; Schmettow, Woldemar Friedrich Graf von ~ 270; Schröckh, Johann Matthias ~ 272; Schulze, Gottlob Ernst ~/† 273; Selle, Christian Gottlieb ~ 276; Sextro, Heinrich Philipp ~ 277; Soemmerring, Samuel Thomas von ~ 279; Spittler, Ludwig Timotheus Frh. von ~ 283; Sprengel, Matthias Christian ~ 283; Springer, Johann Christoph Erich von ~ 283; Stadion, Friedrich Lothar Graf von ~ 283; Stäudlin, Carl Friedrich ~/† 283; Stapfer, Philipp Albert ~ 285; Starck, Johann August von ~ 285; Strube, David Georg ~ 287; Sturz, Helfrich Peter ~ 289; Thaer, Albrecht Daniel ~ 294; Thibaut, Anton Friedrich Justus ~ 294; Tieck, (Johann) Ludwig ~ 297; Tiedemann, Dietrich ~ 297; Trapp, Ernst Christian ~ 299; Treuer, Gottlieb Samuel ~/† 299; Unzer, Johann Christoph ~/† 304; Unzer, Johanne Charlotte ~ 304; Vandenhoeck, Anna ~/† 307; Veit, David Josef ~ 308; Vincke, (Friedrich Wilhelm) Ludwig (Philipp) Frh. von ~ 309; Volkmann, Johann Jacob ~ 309; Voß, Johann Heinrich ~ 310; Wagemann, Ludwig Gerhard † 311; Wagner, Gabriel ~ 311; Walbaum, Johann Julius ~ 312; Walch, Christian Wilhelm Franz ~/† 312; Wedekind, Georg Christian Gottlieb

Gohlis

von * 313; Weichmann, Christian Friedrich ~ 314; Wittenberg, Albrecht ~ 322; Wolf, Friedrich August (Christian Wilhelm) ~ 323; Wolke, Christian Hinrich ~ 324; Würzer, Heinrich ~ 324; Zachariae, (Justus) Friedrich Wilhelm ~ 327; Zimmermann, Eberhard August Wilhelm von ~ 330; Zimmermann, Johann Georg ~ 330; Zoega, Georg ~ 331

Gohlis (seit 1890 zu Leipzig)
Bossler, Heinrich Philipp Karl † 41

Goldap (poln. Gołdap)
Hartknoch, Johann Friedrich * 124

Goldberg (poln. Złotoryja)
Oelsner, Konrad Engelbert * 230

Goldkronach → Nemmersdorf

Gorizia → Görz

Gorzów Wielkopolski → Landsberg (Warthe)

Goslar
siehe auch *Oker*
Bischoff, Johann Heinrich Christian * 34; Breitkopf, Bernhard Christoph ~ 43; Carpov, Jakob * 53

Gotha
Becker, Rudolf Zacharias ~/† 25; Blumenbach, (Johann) Friedrich */~ 35; Buddeus, Johann Franz † 48; Dalberg, Wolfgang Heribert (Tobias Otto Maria Johann N.) Frh. von ~ 66; Dieterich, Johann Christian ~ 69; Ekhof, (Hans) Conrad (Dietrich) † 74; Ernst I., Herzog von Sachsen-Coburg-Saalfeld, seit 1826 Sachsen-Coburg und Gotha ~/† 77; Ernst Ludwig II., Herzog von Sachsen-Gotha und Altenburg */~/† 77; Ettinger, Wilhelm ~/† 79; Francke, August Hermann ~ 91; Friedrich III., Herzog von Sachsen-Gotha-Altenburg */† 97; Göschen, Georg Joachim ~ 110; Grimm, (Friedrich) Melchior Frh. von † 116; Iffland, August Wilhelm ~ 149; Luise Dorothea, Herzogin von Sachsen-Gotha-Altenburg † 195; Manso, Johann Caspar Friedrich ~ 198; Münter, Friedrich (Christian Karl Heinrich) * 219; Perthes, Friedrich Christoph ~/† 235; Perthes, (Johann Georg) Justus ~/† 235; Reichard, Heinrich August Ottokar */~/† 245; Schelling, (Dorothea) Caroline (Albertina) von ~ 261; Seckendorff, Veit Ludwig von ~ 275; Tentzel, Wilhelm Ernst ~ 293; Thümmel, Hans Wilhelm von ~ 296; Thümmel, Moritz August von ~ 296; Weishaupt, Johann Adam Joseph ~/† 315

Gottorf (Schloß, Schleswig)
Amthor, Christoph Heinrich ~ 8

Graba
Fischer, Gottlob Nathanael * 88

Grabowhöfe → Sommerstorf

Gräfenhainichen
Amende, Johann Joachim Gottlob * 7

Gräfentonna (Gem. Tonna)
Beutler, Johann Heinrich Christoph ~ 32

Grävenwiesbach → Laubach

Grauwinkel
Globig, (Hans) Ernst von * 108

Graz
Ambros, Michael Hermann ~ 7; Biwald, Leopold (Gottlieb) ~/† 34; Degen, Josef Vinzenz Edler von * 67; Eybel, Joseph Valentin ~ 81; Gmeiner, Franz Xaver ~/† 108; Likavetz, Joseph Kalasanz ~ 190; Zeiller, Franz Anton Edler von * 328

Greifensee (Kt. Zürich)
Bodmer, Johann Jakob * 37

Greifswald
Ahlwardt, Peter */~/† 5; Balthasar, August von */~ 18; Dähnert, Johann Karl ~/† 65; Heß, Heinrich Ludwig von ~ 134; Hollmann, Samuel Christian ~ 141; Humboldt, Wilhelm von ~ 147; Reimer, Georg Andreas * 248; Schlettwein, Johann August ~ 268; Spalding, Johann Joachim ~ 281; Struck, Christian Lorenz */~/† 287; Thorild, Thomas ~/† 296

Greußen
Müller, Heinrich August * 218; Tentzel, Wilhelm Ernst * 293

Grimma
Amende, Johann Joachim Gottlob ~ 7; Cramer, Johann Andreas ~ 60; Göschen, Georg Joachim † 110; Pufendorf, Samuel Frh. von ~ 241; Seume, Johann Gottfried ~ 277

Gröben (Kr. Teltow-Fläming)
Schlabrendorff, Ernst Wilhelm von * 264

Gröningen (Bördekreis)
Goeckingk, Leopold Friedrich Günther von * 109; Reimmann, Jakob Friedrich * 249

Groningen (Niederlande)
Bernoulli, Daniel */~ 30; Bernoulli, Johann ~ 31; Mieg, Johann Friedrich ~ 209; Schwager, Johann Moritz ~ 275

Groß Behnitz
Wöllner, Johann Christoph von ~ 323

Groß Lafferde (seit 1971 zu Lahstedt)
Böttcher, Ernst Christoph * 39

Groß Rietz
Wöllner, Johann Christoph von † 323

Groß Schneen (Friedland, Kr. Göttingen)
Alberti, Julius Gustav ~ 5

Groß Strehlitz (poln. Strzelce Opolskie)
Baumgarten, Gotthilf von † 23

Groß Vielen
Brückner, Ernst Theodor Johann ~ 47

Großengottern
Baldinger, Dorothea Friderika * 18

Großenkörnern
Baumeister, Friedrich Christian * 22

Großkorbetha
Grohmann, (Johann) Christian August * 116

Großvargula
Baldinger, Ernst Gottfried * 18

Großziethen
Theremin, Charles Guillaume * 294

Grüntal (Freudenstadt)
Canz, Israel Gottlieb * 52

Grumbach (Kr. Kusel)
Medicus, Friedrich Casimir * 202

Grund (seit 1969 zu Hilchenbach)
Jung-Stilling, Johann Heinrich * 158

Günzburg
Huber, (Marie) Therese (Wilhelmine) ~ 143; Magenau, Rudolf Friedrich Heinrich von ~ 197

Güstrow
Darjes, Joachim Georg * 66

Gumbinnen (russ. Gusev)
Jachmann, Reinhold Bernhard ~ 153; Scheffner, Johann George ~ 260; Schlabrendorff, Ernst Wilhelm von ~ 264

Gummersbach → Kalkkuhl

Guntersblum
Köster, He(i)nrich Martin Gottfried * 174

Gurk (Kärnten)
Auersperg, Joseph Franz Graf von ~ 13; Colloredo-Waldsee, Hieronymus (Josef Franz de Paula) Graf von ~ 58; Joseph Maria, Graf von Thun-Hohenstein, Bischof von Passau ~ 158

Gusev → Gumbinnen

Györ → Raab

Hadamar
Frorath, Wilhelm † 99; Harscher von Almendingen, Ludwig ~ 124; Metternich, Mathias ~ 207

Hadersleben (dän. Haderslev)
Schade, Georg ~ 259

Hadmersleben
Winckelmann, Johann Joachim ~ 320

Hagen (Westfalen)
Bispink, Franz Heinrich ~ 34

Hagenau (frz. Haguenau, Dép. Bas-Rhin)
Barth-Bartenheim, Johann Baptist Ludwig Ehrenreich Graf von * 20; Schneider, Eulogius ~ 271

Hainburg an der Donau (Niederösterreich)
Haydn, (Franz) Joseph ~ 126

Hainichen (Kr. Mittweida)
Gellert, Christian Fürchtegott * 103

Hainichen (Saale-Holzland-Kreis)
Feuerbach, Paul Johann Anselm Ritter von * 85

Hainichen (Zeitz)
Bergk, Johann Adam * 29

Hainrode (Hainleite)
Seidenstücker, Johann Heinrich Philipp * 276; Wolf, Friedrich August (Christian Wilhelm) * 323

Halberstadt
Abel, Friedrich Gottfried */~/† 1; Claudius, Matthias ~ 55; Eberhard, Johann August */~ 71; Eichholz, Friedrich Wilhelm */~/† 73; Fischer, Gottlob Nathanael ~/† 88; Gleim, Johann Wilhelm Ludwig ~/† 108; Goeckingk, Leopold Friedrich Günther von ~ 109; Heinse, (Johann Jakob) Wilhelm ~ 129; Jacobi, Johann Georg ~ 154; Jacobson, Israel * 154; Karsch, Anna Luise ~ 166; Lichtwer, Gottfried Magnus ~/† 190; Mauchart, Manuel David ~ 200; Michaelis, Johann Benjamin ~/† 208; Rochow, Friedrich (Eberhard) Frh. von ~ 253; Villaume, Peter ~ 308

Halle (Saale)
siehe auch *Ammendorf, Giebichenstein, Glaucha, Nietleben, Wörmlitz*
Abbt, Thomas ~ 1; Abel, Friedrich Gottfried ~ 1; Achenwall, Gottfried ~ 2; Adelbulner, Michael ~ 3; Alberti, Michael ~/† 5; Arnold, Johann Christian ~ 12; Arnoldt, Daniel Heinrich ~ 12; Bach, Wilhelm Friedemann ~ 16; Bährens, Johann Christoph Friedrich ~ 17; Bahrdt, Carl Friedrich ~ 18; Baldinger, Ernst Gottfried ~ 18; Barkhausen, Heinrich Ludwig Willibald ~ 19; Bartholdy, Georg Wilhelm ~ 20; Bastineller, Gebhard Christian */~ 21; Baumgarten, Alexander Gottlieb ~ 23; Baumgarten, Siegmund Jakob ~/† 23; Bayer, Gottlieb Siegfried ~ 24; Beck, Jacob Sigismund ~ 25; Bendavid, Lazarus ~ 27; Beseke, Johann Melchior Gottlieb ~ 32; Beyme, Karl Friedrich von ~ 33; Bilfinger, Georg Bernhard ~ 33; Bischoffwerder, Hans Rudolf von ~ 34; Bispink, Franz Heinrich ~/† 34; Bock, Friedrich Samuel ~ 37; Böhmer, Johann Samuel Friedrich von */~ 38; Böhmer, Justus Henning ~/† 38; Borgold, Johann Friedrich ~ 40; Borott, Johann Baptist ~ 41; Brinckmann, Karl Gustav Frh. von ~ 45; Brockes, Barthold H(e)inrich ~ 45; Brückner, Ernst Theodor Johann ~ 47; Bruhn, David ~ 47; Bucher, Urban Gottfried ~ 47; Buchholz, (Paul Ferdinand) Friedrich ~ 48; Buddeus, Johann Franz ~ 48; Bürger, Gottfried August ~ 48; Büsching, Anton Friedrich ~ 49; Campe, Joachim Heinrich ~ 51; Carl, Ernst Ludwig ~ 52; Carmer, Johann Heinrich Kasimir Graf von ~ 53; Carpov, Jakob ~ 53; Christ, Johann Friedrich ~ 55; Coners, Gerhard Julius ~ 58; Corrodi, Heinrich ~ 58; Cranz, August Friedrich ~ 60; Crome, August Friedrich Wilhelm ~ 61; Cronegk, Johann Friedrich Frh. von ~ 62; Danckelmann, Karl Ludolph Frh. von */~ 66; Delbrück, (Johann Friedrich) Ferdinand ~ 67; Döderlein, Christian Albrecht ~ 69; Eberhard, Johann August ~/† 71; Eggers, Christian Ulrich Detlev Frh. von ~ 73; Eichholz, Friedrich Wilhelm ~ 73; Ersch, Johann Samuel ~/† 78; Erxleben, Dorothea (Christiane) ~ 78; Estor, Johann Georg ~ 79; Fabri, Johann Ernst ~ 83; Flögel, Karl Friedrich ~ 89; Formey, Johann Ludwig ~ 90; Forster, (Johann) Reinhold ~/† 91; Francke, August Hermann ~/† 91; Francke, Gotthilf August ~ 93; Frölich, Carl Wilhelm ~ 98; Fülleborn, Georg Gustav ~ 99; Garve, Christian ~ 101; Gasser, Simon Peter ~/† 102; Gebler, Tobias Philipp Frh. von ~ 103; Gleim, Johann Wilhelm Ludwig ~ 108; Goeckingk, Leopold Friedrich Günther von ~ 109; Goetten, Gabriel Wilhelm ~ 113; Griesbach, Johann Jakob ~ 115; Grolmann, Heinrich Dietrich von ~ 117; Groß, Johann Gottfried ~ 117; Gruber, Johann Gottfried ~/† 117; Gundling, Jacob Paul Frh. von ~ 118; Gundling, Nicolaus (Hieronymus) ~/† 118; Guts Muths, Johann Christoph Friedrich ~ 118; Halem, Ludwig (Wilhelm Christian) von ~ 120; Hammerdörfer, Karl ~ 122; Hardenberg, Friedrich Karl ~ 122; Hecker, August Friedrich ~ 127; Hecker, (Johann) Julius ~ 127; Heineccius, Johann Gottlieb ~/† 128; Held, Hans (Heinrich Ludwig) von ~ 130; Hermes, Johann August ~ 133; Hertzberg, Ewald Friedrich Graf von ~ 133; Herz, (Naphtali) Markus ~ 134; Hirschfeld, Christian Cay Lorenz ~ 137; Hirzel, Salomon ~ 138; Hoffmann, Johann Gottfried ~ 140; Hommel,

443

Hambach

Karl Ferdinand ~ 142; Hülsen, August Ludwig ~ 144; Hufeland, Gottlieb ~/† 145; Hugo, Gustav ~ 145; Jacobi, Johann Georg ~ 154; Jakob, Ludwig Heinrich von ~ 155; Jariges, Philipp Joseph von ~ 155; Kahle, Ludwig Martin ~ 161; Kant, Immanuel ~ 162; Keyßler, Johann Georg ~ 167; Kiesewetter, Johann Gottfried Karl Christian ~ 168; Kircheisen, Friedrich Leopold von ~ 168; Klein, Ernst Ferdinand ~ 168; Klotz, Christian Adolph ~/† 172; Knebel, Karl Ludwig von ~ 172; Köpken, Friedrich von ~ 174; Kraus, Christian Jakob ~ 176; Krüger, Johann Gottlob */~ 177; Krug, Leopold */~ 178; Kruse, Christian (Karsten) Hinrich ~ 179; Lafontaine, August (Heinrich Julius) ~/† 181; Lau, Theodor Ludwig ~ 183; Leopold III. Friedrich Franz, Fürst, seit 1807 Herzog von Anhalt-Dessau ~ 187; Less, Gottfried ~ 187; Liscow, Christian Ludwig ~ 191; Loen, Johann Michael von ~ 191; Ludewig, Johann Peter von ~/† 193; Lüdke, Friedrich Germanus ~ 194; Maass, Johann Gebhard Ehrenreich ~/† 197; Mehring, Daniel Gottlieb Gebhard ~ 202; Meier, Georg Friedrich ~ 202; Mellin, George Samuel Albert * 203; Merckel, Friedrich Theodor von ~ 206; Meusel, Johann Georg ~ 207; Michaelis, Johann David */~ 209; Miller, Johann Peter ~ 209; Moehsen, Johann Carl Wilhelm ~ 210; Münchhausen, Gerlach Adolf Frh. von ~ 219; Mylius, Gottlieb Friedrich */~ 221; Nettelbladt, Daniel ~/† 223; Neubur, Friedrich Christian ~ 224; Niemeyer, August Hermann */~/† 226; Obereit, Jakob Hermann ~ 229; Pallas, Peter Simon ~ 233; Patzke, Johann Samuel ~ 234; Pfeffel, Gottlieb Konrad ~ 237; Philippi, Johann Ernst ~/† 237; Plessing, Friedrich Viktor Lebrecht ~ 238; Pockels, Karl Friedrich ~ 239; Pörschke, Karl Ludwig ~ 240; Pütter, Johann Stephan ~ 240; Ramler, Karl Wilhelm ~ 243; Reil, Johann Christian ~/† 246; Reinhard, Johann Jakob ~ 249; Resewitz, Friedrich Gabriel ~ 251; Ribov, Georg Heinrich ~ 252; Riedel, Friedrich Just(us) ~ 252; Rohr, Julius Bernhard von ~ 254; Rüdiger, (Johann) Andreas ~ 255; Rüdiger, Johann Christian Christoph ~/† 255; Runde, Justus Friedrich ~ 256; Sander, Johann Daniel ~ 259; Schirach, Gottlob Benedikt ~ 264; Schlabrendorff, Ernst Wilhelm von ~ 264; Schlabrendorff, Gustav Graf von ~ 264; Schleiermacher, Friedrich Daniel Ernst ~ 266; Schmauß, Johann Jakob ~ 269; Schmohl, Johann Christian ~ 270; Schuckmann, (Kaspar) Friedrich Frh. von ~ 273; Schütz, Christian Gottfried ~/† 273; Schultz, Franz Albert ~ 273; Schummel, Johann Gottlieb ~ 274; Schwager, Johann Moritz ~ 275; Seckendorff, Veit Ludwig von ~/† 275; Selle, Christian Gottlieb ~ 276; Semler, Christoph */~ 276; Semler, Johann Salomo ~/† 276; Seybold, David Christoph ~ 278; Soemmerring, Samuel Thomas von ~ 279; Spazier, Johann Gottlieb Karl ~ 281; Spener, Philipp Jakob ~ 282; Sperlette, Johannes ~/† 282; Sprengel, Matthias Christian ~/† 283; Stägemann, (Christian) Friedrich August von ~ 283; Stahl, Georg Ernst ~ 284; Steinbart, Gotthilf Samuel ~ 286; Struensee, Carl August von * 288; Struensee, Johann Friedrich */~ 288; Sturm, Christoph Christian ~ 289; Stuve, Johann Heinrich ~ 289; Sucro, Christoph Joseph ~ 290; Süßmilch, Johann Peter ~ 290; Süvern, Johann Wilhelm ~ 290; Thomasius, Christian ~/† 295; Thümmig, Ludwig Philipp ~ 296; Tieck, (Johann) Ludwig ~ 297; Tieftrunk, Johann Heinrich ~/† 297; Toellner, Johann Gottlieb ~ 298; Trapp, Ernst Christian ~ 299; Uffenbach, Johann Friedrich von ~ 303; Uffenbach, Zacharias Conrad von ~ 303; Unzer, Johann August */~ 303; Unzer, Johanne Charlotte */~ 304; Uz, Johann Peter ~ 304; Veit, David Josef ~ 308; Vieweg, Johann Friedrich * 308; Vincke, (Friedrich Wilhelm) Ludwig (Philipp) Frh. von ~ 309; Wagener, Samuel Christoph ~ 311; Wagner, Gabriel ~ 311; Weddigen, Peter Florens ~ 313; Weichmann, Christian Friedrich ~ 314; Weise, Christian ~ 314; Willebrand, Christian Ludwig ~ 320; Winckelmann, Johann Joachim ~ 320; Wöllner, Johann Christoph von ~ 323; Wolf, Friedrich August (Christian Wilhelm) ~ 323; Wolff, Christian Frh. von ~/† 323; Wolfsohn, Aron * 324; Zedlitz und Leipe, Karl Abraham Frh. von ~ 327; Zeidler, Johann Gottfried ~/† 328; Zerrenner, Heinrich Gottlieb ~ 329; Zimmermann, Eberhard August Wilhelm von ~ 330; Zincke, Georg Heinrich ~ 330; Zschackwitz, Johann Ehrenfried ~/† 331

Hambach (seit 1969 zu Neustadt an der Weinstraße)
Siebenpfeiffer, Philipp Jakob ~ 278

Hamburg
siehe auch *Altona, Billwerder, Eppendorf, Flottbek, Hamm, Harburg, Ottensen, Wandsbek*
Abendroth, Amandus Augustus */~/† 2; Adelbulner, Michael ~ 3; Alberti, Julius Gustav ~/† 5; Albrecht, Heinrich Christoph */~ 5; Albrecht, Johann Friedrich Ernst ~ 6; Arens, Johann August */~ 10; Bach, Carl Philipp Emanuel ~/† 15; Bach, Wilhelm Friedemann ~ 16; Baggesen, Jens Immanuel † 17; Bartels, Johann Heinrich */~/† 20; Basedow, Johann Bernhard * 20; Beneke, Ferdinand ~/† 27; Benzenberg, Johann Friedrich ~ 28; Berger, Johann Erich von ~ 29; Besser, Johann Heinrich ~/† 32; Bielfeld, Jakob Friedrich Frh. von * 33; Bode, Johann (Joachim Christoph) ~ 37; Bode, Johann Elert * 37; Bohn, Johann Carl † 39; Breyer, Johann Friedrich ~ 44; Brockes, Barthold H(e)inrich */~/† 45; Büsch, Johann Georg ~/† 48; Campe, (Franz) August (Gottlieb) ~/† 51; Campe, (August) Friedrich (Andreas) ~ 51; Campe, Joachim Heinrich ~ 51; Claudius, Matthias ~/† 55; Contessa, Christian Jakob ~ 58; Cranz, August Friedrich ~ 60; Curio, (Johann) Carl Daniel ~/† 62; Delbrück, (Johann Friedrich) Ferdinand ~ 67; Ebeling, Christoph Daniel † 71; Ekhof, (Hans) Conrad (Dietrich) */~ 74; Eschenburg, Johann Joachim * 78; Fabricius, Johann Albert ~/† 83; Fiorillo, Johann Dominicus * 87; Francke, August Hermann ~

91; Giseke, Nikolaus Dietrich ~ 107; Gomperz, Aaron ben Salman Emmerich ~/† 113; Gramberg, Gerhard Anton Hermann ~ 114; Griesheim, Christian Ludwig von ~ 116; Grohmann, (Johann) Christian August ~ 116; Günther, Johann Arnold */~/† 118; Hagedorn, Friedrich von */~/† 119; Halem, Gerhard Anton von ~ 119; Hamann, Johann Georg d. Ä. ~/† 121; Hegewisch, Dietrich Hermann ~ 128; Heise, Johann Arnold */~/† 130; Herder, Johann Gottfried ~ 131; Heß, Heinrich Ludwig von ~ 134; Heß, Jonas Ludwig von ~/† 134; Hoffmann, Ernst Emil ~ 139; Hoffmann, Johann Adolf ~/† 140; Homberg, Herz ~ 141; Hudtwalcker, Johann Michael */~/† 143; Hübner, Johann † 143; Humboldt, Alexander Frh. von ~ 146; Humboldt, Wilhelm von ~ 147; Jacobi, Friedrich Heinrich ~ 153; Justus, Friederich ~/† 159; Kerner, Johann (Georg) ~/† 167; Klopstock, Friedrich Gottlieb ~/† 170; König, Johann Ulrich von ~ 173; Lamprecht, Jakob Friedrich * 182; Leisewitz, Johann Anton ~ 185; Lessing, Gotthold Ephraim ~ 187; Löwen, Johann Friedrich ~ 192; Louis Ferdinand von Hohenzollern, Prinz von Preußen ~ 192; Maimon, Salomon ~ 197; Marperger, Paul Jacob ~ 198; Marpurg, Friedrich Wilhelm ~ 198; Martens, Georg Friedrich von * 199; Mattheson, Johann */~/† 199; Meyer, Friedrich Johann Lorenz */~/† 207; Müller, Johann Gottwerth */~ 218; Müller, Johann Samuel ~/† 218; Mutzenbecher, Esdras Heinrich * 220; Neuber, Friederike Caroline ~ 224; Norrmann, Gerhard Philipp Heinrich */~ 227; Ochs, Peter ~ 230; Pappenheimer, Heymann (Chaim) Salomon ~ 234; Paullini, Christian Franz ~ 235; Perthes, Friedrich Christoph ~ 235; Reimarus, Hermann Samuel */~/† 247; Reimarus, Johann Albert Heinrich */~ 248; Reimarus, Margaretha Elisabeth */~/† 248; Reinhard, Karl Friedrich Graf von ~ 249; Reinhard, Philipp Christian ~ 250; Richey, Michael */~ 252; Scheibe, Johann Adolph ~ 260; Schmieder, Heinrich Gottlieb ~ 270; Schütz, Friedrich Wilhelm von ~ 273; Sieveking, Georg Heinrich */~/† 278; Staudinger, Lucas Andreas ~ 286; Sturm, Christoph Christian ~/† 289; Suckow, Lorenz Johann Daniel ~ 289; Trapp, Ernst Christian ~ 299; Uffenbach, Zacharias Conrad von ~ 303; Unzer, Johann August ~ 303; Veit, David Josef ~/† 308; Vieweg, Johann Friedrich ~ 308; Volkmann, Johann Jacob * 309; Wagner, Gabriel ~ 311; Weichmann, Christian Friedrich ~ 314; Wessely, Hartwig */~/† 317; Willebrand, Christian Ludwig ~/† 320; Wittenberg, Albrecht */~ 322; Wolfsohn, Aron ~ 324; Würzer, Heinrich */~ 324; Zedler, Johann Heinrich ~ 327; Ziegenhagen, Franz Heinrich ~ 329;

Hameln
Moritz, Karl Philipp * 212; Sextro, Heinrich Philipp ~ 277; Thibaut, Anton Friedrich Justus * 294

Hamm (seit 1879 zu Hamburg)
Rudolphi, Karoline (Christiane Louise) ~ 255

Hammerstein (Kr. Neuwied)
Frorath, Wilhelm * 99

Hanau
siehe auch *Steinheim am Main*
Ancillon, Charles ~ 8; Kahle, Ludwig Martin ~ 161; Knigge, Adolph Frh. ~ 172

Hannover
Alberti, Julius Gustav * 5; Ballhorn, Georg Friedrich */~/† 18; Bauer, Anton ~ 22; Berlepsch, Friedrich Ludwig von ~ 29; Bielfeld, Jakob Friedrich Frh. von ~ 33; Böhmer, Justus Henning */~ 38; Böttcher, Ernst Christoph ~/† 39; Brandes, Ernst */† 42; Brandes, Georg (Friedrich) ~/† 42; Briegleb, Johann Christian ~ 44; Eccard, Johann Georg von ~ 72; Feder, Johann Georg Heinrich ~/† 84; Giseke, Nikolaus Dietrich ~ 107; Goetten, Gabriel Wilhelm ~/† 113; Großmann, Gustav Friedrich Wilhelm ~/† 117; Hamberger, Georg Christoph ~ 122; Hegewisch, Dietrich Hermann ~ 128; Iffland, August Wilhelm */~ 149; Karoline, Kurfürstin von Hannover, Königin von Großbritannien ~ 166; Leibniz, Gottfried Wilhelm ~/† 184; Leisewitz, Johann Anton */~ 185; Less, Gottfried ~/† 187; Lichtenberg, Georg Christoph ~ 189; Martens, Georg Friedrich von ~ 199; Möser, Justus ~ 210; Moritz, Karl Philipp ~ 212; Müller, Johann Samuel ~ 218; Münchhausen, Gerlach Adolf Frh. von ~/† 219; Neubur, Friedrich Christian ~ 224; Ramdohr, Friedrich Wilhelm Basilius von ~ 243; Rehberg, August Wilhelm */~ 245; Ribov, Georg Heinrich ~/† 252; Schlegel, August Wilhelm von * 264; Schlegel, (Karl Wilhelm) Friedrich von * 265; Schlegel, Johann Adolf ~/† 266; Sextro, Heinrich Philipp ~/† 277; Sophie Charlotte, Kurfürstin von Brandenburg, Königin in Preußen † 281; Spittler, Ludwig Timotheus Frh. von ~ 283; Strube, David Georg † 287; Zimmermann, Johann Georg ~/† 330

Harburg (seit 1937 zu Hamburg)
Meyer, Friedrich Ludwig Wilhelm * 208; Weichmann, Christian Friedrich * 314

Hardenberg (Niederlande)
Hardenberg, Friedrich Karl * 122

Harderode (seit 1973 zu Coppenbrügge)
Bartels, August Christian * 20

Hartenauer Hof (bei Darmstadt)
Breithaupt, Johann Christian * 43

Hartenstein (Kr. Nürnberger Land)
Lünig, Johann Christian ~ 194

Hartmannsdorf (Hartmannsdorf-Reichenau)
Arnold, Christoph * 11

Haste
Wagemann, Ludwig Gerhard ~ 311

Hauptwil (Kt. Thurgau)
Hölderlin, (Johann Christian) Friedrich ~ 138

Havanna (Kuba)
Humboldt, Alexander Frh. von ~ 146

Hayn (Harz)
Barkhausen, Heinrich Ludwig Willibald † 19

Haynau (poln. Chojnów)
Block, Albrecht ~ 35

Hehlen
Henke, Heinrich Philipp (Konrad) * 130
Heidelberg
Abegg, Johann Friedrich ~/† 1; Affsprung, Johann Michael ~ 4; Aretin, Johann Christoph Frh. von ~ 10; Bernoulli, Daniel ~ 30; Brunner, Philipp Joseph ~ 47; Butenschön, Johann Friedrich ~ 49; Cocceji, Samuel Frh. von * 57; Cotta, Christoph Friedrich ~ 59; Dalberg, Carl Theodor von ~ 65; Dereser, Anton ~ 68; De Wette, Martin Leberecht ~ 68; Ewald, Johann Ludwig ~ 81; Frank, Johann (Peter) ~ 93; Fries, Jakob Friedrich ~ 97; Gatterer, Christoph (Wilhelm Jakob) ~/† 102; Gemmingen-Hornberg, Otto Heinrich Frh. von † 103; Görres, (Johann) Joseph von ~ 109; Hartleben, Franz Joseph ~ 124; Hartmann, (Johann Georg) August ~ 124; Jung-Stilling, Johann Heinrich ~ 158; Klüber, Johann Ludwig ~ 172; König, Eva (Katharina) * 173; König, Johann Ulrich von ~ 173; Medicus, Friedrich Casimir ~ 202; Mieg, Johann Friedrich ~/† 209; Posselt, Ernst Ludwig † 240; Pufendorf, Samuel Frh. von ~ 241; Riem, Andreas ~ 253; Rudolphi, Karoline (Christiane Louise) ~/† 255; Schlosser, Friedrich Christoph † 269; Schwan, Christian Friedrich ~/† 275; Thibaut, Anton Friedrich Justus ~/† 294; Voß, Johann Heinrich ~/† 310
Heidenheim (Kr. Weißenburg-Gunzenhausen)
Mizler von Kolof, Lorenz * 210
Heidenheim an der Brenz → Mergelstetten
Heidesheim am Rhein
Borowski, Georg Friedrich ~ 41
Heilbronn
Gemmingen-Hornberg, Otto Heinrich Frh. von * 103; Weikard, Melchior Adam ~ 314
Heiligenbeil (russ. Mamonowo)
Jenisch, Daniel * 156
Heiligenstadt (Heilbad H.)
Dorsch, Anton Joseph (Friedrich Caspar) ~ 70; Isenbiehl, Johann Lorenz * 150
Heilsberg (Kr. Saalfeld-Rudolstadt)
Schmid, Karl Christian Erhard * 270
Heldburg (seit 1993 zu Bad Colberg-Heldburg)
Becher, Karl Anton Ernst ~ 24; Rühle von Lilienstern, (Johann) August Friedemann * 256
Heldrungen
Schulze, Gottlob Ernst * 273
Helmbrechts
Thümmig, Ludwig Philipp * 296
Helmstedt
Abel, Friedrich Gottfried ~ 1; Bartels, August Christian ~ 20; Bierling, Friedrich Wilhelm ~ 33; Bischoff, Johann Heinrich Christian ~ 34; Buhle, Johann Gottlieb Gerhard ~ 49; Campe, Joachim Heinrich ~ 51; Crell, Lorenz Florens Friedrich von */~ 61; Curio, (Johann) Carl Daniel */~ 62; Eccard, Johann Georg von ~ 72; Fabricius, Johann Andreas ~ 83; Gleim, Johann Wilhelm Ludwig ~ 108; Goetten, Gabriel Wilhelm ~ 113; Günther, Christian August ~ 117; Gundling, Jacob Paul Frh. von ~ 118; Häberlin, Karl Friedrich */~/† 119; Hardenberg, Friedrich Karl ~ 122; Held, Hans (Heinrich Ludwig) von ~ 130; Henke, Heinrich Philipp (Konrad) ~/† 130; Jacobi, Johann Georg ~ 154; Krüger, Johann Gottlob ~ 177; Lafontaine, August (Heinrich Julius) ~ 181; Löwen, Johann Friedrich ~ 192; Lünig, Johann Christian ~ 194; Mencken, Anastasius Ludwig */~ 204; Miller, Johann Peter ~ 209; Mosheim, Johann Lorenz von ~ 214; Müller, Johann Samuel ~ 218; Neubur, Friedrich Christian ~ 224; Pratje, Johann Hinrich ~ 240; Remer, Julius August ~/† 251; Rhode, Johann Gottlieb ~ 251; Ribov, Georg Heinrich ~ 252; Schirach, Gottlob Benedikt ~ 264; Schulze, Gottlob Ernst ~ 273; Seidenstücker, Johann Heinrich Philipp ~ 276; Sextro, Heinrich Philipp ~ 277; Teller, Wilhelm Abraham ~ 293; Treuer, Gottlieb Samuel ~ 299; Unzer, Johanne Charlotte ~ 304; Walbaum, Johann Julius ~ 312; Ziegenbein, (Johann) Heinrich (Wilhelm) ~ 329; Zincke, Georg Heinrich ~ 330

Heltau (rumän. Cisnadie, ungar. Nagydisznod)
Filtsch, Johann ~ 87
Hemmingen (Kr. Ludwigsburg)
Dillenius, Friedrich Wilhelm Jonathan ~/† 69
Heppenheim (Bergstraße)
Dorsch, Anton Joseph (Friedrich Caspar) * 70
Herborn (Lahn-Dill-Kreis)
Arnoldi, Johannes von * 12; Harscher von Almendingen, Ludwig ~ 124; Mieg, Johann Friedrich ~ 209; Reinhard, Johann Jakob ~ 249; Rühle von Lilienstern, (Johann) August Friedemann ~ 256
Herbsthausen (seit 1973 zu Bad Mergentheim)
Mayer, Johann (Georg) Friedrich (Hartmann) * 201
Herdringen (seit 1975 zu Arnsberg)
Fürstenberg, Franz Friedrich Wilhelm Maria Frh. von * 99
Herford
Müller, Gerhard Friedrich von * 218; Riem, Andreas ~ 253
Hermannstadt (rumän. Sibiu, ungar. Nagyszeben)
Filtsch, Johann */~/† 87; Hißmann, Michael * 138
Hermaringen
Magenau, Rudolf Friedrich Heinrich von ~/† 197
Herrenberg
Bärstecher, Johann Gottlieb * 17; Gaum, Johann Ferdinand * 102
Herrieden
Cella, Johann Jakob ~ 53; Zehmen, Johann Anton Frh. von ~ 328
Herrnhut
Edelmann, Johann Christian ~ 72; Hohenthal, Peter Graf von † 141
Herrnsheim (seit 1969 zu Worms)
Dalberg, Emmerich Joseph Herzog von † 65; Dalberg, Wolfgang Heribert (Tobias Otto Maria Johann N.) Frh. von * 66
Hersbruck
Gundling, Jacob Paul Frh. von * 118
Herzogenaurach
Seckendorff, Veit Ludwig von * 275

Heßberg (Veilsdorf)
Rosenmüller, Johann Georg ~ 254
Hiddigwarden (Gem. Berne)
Kruse, Christian (Karsten) Hinrich * 179
Hietzing (seit 1890/92 zu Wien)
Born, Ignaz Edler von ~ 40; Zeiller, Franz Anton Edler von † 328
Hilchenbach → Grund
Hildburghausen
Becher, Karl Anton Ernst * 24; Forberg, Friedrich Karl † 90; Nonne, Johann Gottfried Christian * 227; Rosenmüller, Johann Georg ~ 254; Stolle, Gottlieb ~ 287; Zschackwitz, Johann Ehrenfried ~ 331
Hildesheim
Beroldingen, Joseph (Anton Siegmund) Frh. von ~/† 32; Goetten, Gabriel Wilhelm ~ 113; Reimmann, Jakob Friedrich ~/† 249
Hinternahe
Eck, Johann Georg * 72
Hirschberg i. Rsgb. (poln. Jelenia Góra)
Adolphi, Christian Michael * 4; Contessa, Christian Jakob */~ 58
Hochkirch (Kr. Bautzen)
Friedrich II. der Große, König in, seit 1772 von Preußen ~ 94
Hochsal
Huber, Fridolin * 142
Höchst (seit 1928 zu Frankfurt am Main)
Riesbeck, Johann Kaspar * 253
Höchstädt a. d. Donau
Bronner, Franz Xaver * 46
Hof (Saale)
Brehm, Georg Nikolaus * 43
Hof (Salzburg)
Harl, Johann Paul Ritter von * 124
Hofwil (Gem. Münchenbuchsee, Kt. Bern)
Fellenberg, Philipp Emanuel von ~/† 85
Hohenasperg (Asperg)
Karl Eugen, Herzog von Württemberg ~ 165; Schubart, Christian Friedrich Daniel ~ 272
Hohenems (Vorarlberg)
Obereit, Jakob Hermann ~ 229
Hohenheim (seit 1942 zu Stuttgart)
Armbruster, Johann Michael ~ 11; Hartmann, (Johann Georg) August ~ 124; Karl Eugen, Herzog von Württemberg † 165
Holdenstedt (Kr. Sangerhausen)
Artzt, Gottlob Friedrich ~/† 13
Homburg → Bad Homburg v. d. Höhe
Honhardt (Gem. Frankenhardt)
Ludewig, Johann Peter von * 193
Horb am Neckar
Gerbert von Hornau, Martin * 105
Horneburg
Pratje, Johann Hinrich */~ 240
Hoya
Bollmann, Justus Erich * 39; Ramdohr, Friedrich Wilhelm Basilius von * 243
Hroznětín → Lichtenstadt

Hubertusburg (Gem. Wermsdorf)
Fritsch, Thomas Frh. von ~ 98; Hertzberg, Ewald Friedrich Graf von ~ 133
Hückeswagen
Reche, Johann Wilhelm ~ 244
Hullersen (seit 1970 zu Einbeck)
Groskurd, Christian Heinrich * 117
Iași → Jassy
Ibenhain (seit 1923 zu Waltershausen)
Guts Muths, Johann Christoph Friedrich † 118
Iburg → Bad Iburg
Idstein
Snell, Christian Wilhelm ~ 279
Ilfeld
Mauvillon, Jacob ~ 201; Wolf, Friedrich August (Christian Wilhelm) ~ 323
Ilmenau (Ilmkreis)
Ackermann, Ernst Wilhelm ~ 3; Knebel, Karl Ludwig von ~ 172
Ilsfeld
Schwab, Johann Christoph * 274
Ingelfingen → Dörrenzimmern
Ingolstadt
Amort, Eusebius ~ 8; Aretin, Johann Adam Frh. von */~ 10; Aretin, Johann Christoph Frh. von * 10; Aschenbrenner, Beda ~/† 13; Baader, Klemens (Alois) ~ 15; Bucher, (Leonhard) Anton von ~ 47; Drexel, Anton ~ 70; Gönner, Nikolaus (Thaddäus) Ritter von ~ 109; Hartmann, Leopold Frh. von ~ 125; Ickstatt, Johann Adam Frh. von ~ 149; Kreittmayr, (Wiguläus Xaverius) Aloysius Frh. von ~ 177; Linbrunn, Johann Georg Dominicus von ~ 191; Lori, Johann Georg von ~ 192; Meggenhofen, Ferdinand Frh. von ~ 202; Mesmer, Franz Anton ~ 206; Milbiller, Joseph (Anton) ~ 209; Montgelas, Maximilian Joseph Frh. ~ 211; Morawitzky, Theodor (Heinrich) Graf von ~ 212; Moshammer Ritter von Mosham, Franz Xaver ~ 214; Mutschelle, Sebastian ~ 220; Sailer, Johann Michael von ~ 257; Schrank, Franz de Paula von ~ 271; Stattler, Benedikt (Alexius Andreas) ~ 285; Töpsl, Franz ~ 298; Utzschneider, Joseph von ~ 304; Weishaupt, Johann Adam Joseph */~ 315
Innsbruck
Ambros, Michael Hermann ~/† 7; Eybel, Joseph Valentin ~ 81; Firmian, Karl Gotthard Graf und Herr zu ~ 88; Leopold II., Erzherzog von Österreich, Großherzog von Toskana (Pietro Leopoldo), König von Ungarn, römisch-deutscher Kaiser ~ 186; Luca, Ignaz de ~ 193; Riegger, Paul Joseph Ritter von ~ 253; Stattler, Benedikt (Alexius Andreas) ~ 285
Ins (Kt. Bern)
Altmann, Johann Georg ~/† 7
Ippesheim
Schlez, Johann (Friedrich) Ferdinand */~ 268
Isenburg
Rühle von Lilienstern, (Johann) August Friedemann ~ 256
Iserlohn
Pütter, Johann Stephan * 240

447

Isny im Allgäu
Ehrmann, Theophil Friedrich ~ 73
Itzehoe
Eggers, Christian Ulrich Detlev Frh. von * 73; Müller, Johann Gottwerth ~/† 218; Trapp, Ernst Christian ~ 299
Iwenez (weißruss. Ivjanec, russ. Ivenec, poln. Iwieniec)
Maimon, Salomon ~ 197
Iznang (seit 1974 zu Moos, Kr. Konstanz)
Mesmer, Franz Anton * 206
Jakobsdorf
Treuer, Gottlieb Samuel * 299
Jassy (rumän. Iaşi)
Reinhard, Karl Friedrich Graf von ~ 249
Jauer (poln. Jawor)
Flögel, Karl Friedrich */~ 89
Jelenia Góra → Hirschberg i. Rsgb.
Jelgava → Mitau
Jena
Achenwall, Gottfried ~ 2; Ackermann, Ernst Wilhelm ~/† 3; Ahlwardt, Peter ~ 5; Alberti, Michael ~ 5; Arletius, Johann Caspar ~ 10; Arnold, Johann Christian ~ 12; Axter, Franz ~ 13; Ayrer, Georg Heinrich ~ 14; Baggesen, Jens Immanuel ~ 17; Baldinger, Ernst Gottfried ~ 18; Balthasar, August von ~ 18; Batsch, August Johann Georg Karl */~/† 21; Baumeister, Friedrich Christian ~ 22; Baur, Samuel ~ 24; Beier, Adrian */~/† 26; Berger, Johann Erich von ~ 29; Bertuch, Friedrich Justin ~ 32; Blumenbach, (Johann) Friedrich ~ 35; Böckh, Christian Gottfried ~ 37; Böckmann, Johann Lorenz ~ 38; Böhmer, Justus Henning ~ 38; Boie, Heinrich Christian ~ 39; Bremser, Johann Gottfried ~ 44; Briegleb, Johann Christian ~ 44; Brucker, (Johann) Jacob ~ 46; Buddeus, Johann Franz ~ 48; Büttner, Christian Wilhelm ~/† 49; Butenschön, Johann Friedrich ~ 49; Carmer, Johann Heinrich Kasimir Graf von ~ 53; Carpov, Jakob ~ 53; Christ, Johann Friedrich ~ 55; Christiani, Wilhelm Ernst ~ 55; Claproth, Johann Christian ~ 55; Claudius, Matthias ~ 55; Darjes, Joachim Georg ~ 66; De Wette, Martin Leberecht ~ 68; Edelmann, Johann Christian ~ 72; Eichhorn, Johann Gottfried ~ 73; Einsiedel, (Johann) August von ~ 74; Einsiedel, Friedrich Hildebrand von ~/† 74; Erhard, Johann Benjamin ~ 76; Ersch, Johann Samuel ~ 78; Estor, Johann Georg ~ 79; Fabri, Johann Ernst ~ 83; Fabricius, Johann Andreas ~ 83; Fernow, Carl Ludwig ~ 85; Fichte, Johann Gottlieb ~ 86; Fischer, Christian Gabriel ~ 88; Forberg, Friedrich Karl ~ 90; Fries, Jakob Friedrich ~/† 97; Frisch, Johann Leonhard ~ 98; Frommann, (Carl) Friedrich (Ernst) ~/† 99; Gabler, Johann Philipp ~/† 101; Gebler, Tobias Philipp Frh. von ~ 103; Gerstenberg, Heinrich Wilhelm von ~ 105; Gesner, Johann Matthias ~ 105; Glafey, Adam Friedrich ~ 107; Gramberg, Gerhard Anton Hermann ~ 114; Greiling, Johann Christoph ~ 115; Grellmann, Heinrich Moritz Gottlieb */~ 115; Griesbach, Johann Jakob ~/† 115; Gundling, Jacob Paul Frh. von ~ 118; Gundling, Nicolaus (Hieronymus) ~ 118; Hagedorn, Friedrich von ~ 119; Hammerdörfer, Karl ~/† 122; Hecker, (Johann) Julius ~ 127; Heinicke, Samuel ~ 129; Heinse, (Johann Jakob) Wilhelm ~ 129; Herbart, Johann Friedrich ~ 131; Herchenhahn, Johann Christian ~ 131; Heumann, Christoph August ~ 135; Heusinger, Johann Heinrich Gottlob ~ 135; Hölderlin, (Johann Christian) Friedrich ~ 138; Höpfner, Ludwig Julius Friedrich ~ 139; Hollmann, Samuel Christian ~ 141; Hülsen, August Ludwig ~ 144; Hufeland, Christoph Wilhelm ~ 144; Hufeland, Gottlieb ~ 145; Humboldt, Wilhelm von ~ 147; Jean Paul ~ 155; Justi, Johann Heinrich Gottlob von ~ 159; Kahle, Ludwig Martin ~ 161; Kant, Immanuel ~ 162; Karl Wilhelm Ferdinand, Herzog von Braunschweig-Lüneburg(-Wolfenbüttel) ~ 164; Karl August, Herzog, seit 1815 Großherzog von Sachsen-Weimar-Eisenach ~ 164; Klopstock, Friedrich Gottlieb ~ 170; Klotz, Christian Adolph ~ 172; Knebel, Karl Ludwig von ~/† 172; Kordes, Berend ~ 175; Kotzebue, August (Friedrich) von ~ 175; Kretschmann, Theodor von ~ 177; Krug, Wilhelm Traugott ~ 178; Lange, Samuel Gottlieb ~ 182; Leibniz, Gottfried Wilhelm ~ 184; Less, Gottfried ~ 187; Liscow, Christian Ludwig ~ 191; Lossius, Johann Christian ~ 192; Luden, Heinrich ~/† 193; Lueder, August Ferdinand ~/† 194; Lüders, Philipp Ernst ~ 194; Lünig, Johann Christian ~ 194; Mallinckrodt, Arnold (Andreas Friedrich) ~ 198; Manso, Johann Caspar Friedrich ~ 198; Marezoll, Johann Gottlob ~/† 198; Mayer, Johann (Georg) Friedrich (Hartmann) ~ 201; Merkel, Garlieb (Helwig) ~ 206; Meyer, (Johann) Heinrich † 208; Moehsen, Johann Carl Wilhelm ~ 210; Möser, Justus ~ 210; Moser, Friedrich Carl Frh. von ~ 213; Münchhausen, Gerlach Adolf Frh. von ~ 219; Musäus, Johann Karl August */~ 220; Neubur, Friedrich Christian ~ 224; Neumann, Caspar ~ 224; Niemann, August (Christian Heinrich) ~ 226; Niethammer, Friedrich Immanuel ~ 226; Nonne, Johann Gottfried Christian ~ 227; Obereit, Jakob Hermann ~/† 229; Paullini, Christian Franz ~ 235; Pütter, Johann Stephan ~ 240; Pufendorf, Samuel Frh. von ~ 241; Rebmann, Andreas Georg Friedrich ~ 244; Reichard, Heinrich August Ottokar ~ 245; Reimarus, Hermann Samuel ~ 247; Reinhard, Philipp Christian ~ 250; Reinhold, Karl Leonhard ~ 250; Riedel, Friedrich Just(us) ~ 252; Rüdiger, (Johann) Andreas ~ 255; Rühle von Lilienstern, (Johann) August Friedemann ~ 256; Salzmann, Christian Gotthilf ~ 258; Schelling, (Dorothea) Caroline (Albertina) von ~ 261; Schiller, (Johann Christoph) Friedrich von ~ 261; Schlegel, August Wilhelm von ~ 264; Schlegel von Gottleben, Dorothea von ~ 265; Schlegel, (Karl Wilhelm) Friedrich von ~ 265; Schlettwein, Johann August ~ 268; Schlez, Johann (Friedrich) Ferdinand ~ 268; Schlosser, Johann Georg ~ 269; Schmid, Karl Christian Erhard ~/† 270; Schreyvogel, Joseph ~ 271; Schütz, Christian Gottfried ~ 273;

Schulze, Gottlob Ernst ~ 273; Schwager, Johann Moritz ~ 275; Semler, Christoph ~ 276; Seybold, David Christoph ~ 278; Sinclair, Isaak von ~ 278; Soemmerring, Samuel Thomas von ~ 279; Stahl, Georg Ernst ~ 284; Steinbeck, Christoph Gottlieb ~ 286; Stolle, Gottlieb ~/† 287; Struve, Burkhard Gotthelf ~/† 289; Sturm, Christoph Christian ~ 289; Sturz, Helfrich Peter ~ 289; Suckow, Lorenz Johann Daniel ~/† 289; Süßmilch, Johann Peter ~ 290; Süvern, Johann Wilhelm ~ 290; Tennemann, Wilhelm Gottlieb ~ 293; Thibaut, Anton Friedrich Justus ~ 294; Tittel, Gottlob August ~ 298; Veit, David Josef ~ 308; Voß, Johann Heinrich ~ 310; Walch, Christian Wilhelm Franz */~ 312; Walch, Johann Georg ~/† 312; Wetzel, Friedrich Gottlob Karl ~ 318; Winckelmann, Johann Joachim ~ 320; Wolff, Christian Frh. von ~ 323; Zeidler, Johann Gottfried ~ 328; Zincke, Georg Heinrich ~ 330; Zinzendorf, Karl Graf von ~ 330

Jever
Schlosser, Friedrich Christoph */~ 269; Wolke, Christian Hinrich */~ 324

Joditz (Köditz, Kr. Hof, Land)
Jean Paul ~ 155

Jöhstadt
Cramer, Johann Andreas * 60

Jöllenbeck (seit 1972 zu Bielefeld)
Schwager, Johann Moritz ~/† 275

Jormannsdorf (Burgenland)
Trattner, Johann Thomas Edler von * 299

Judenburg (Steiermark)
Crantz, Heinrich Johann Nepomuk Edler von † 60

Juditten (Kaliningrad/Königsberg)
Gottsched, Johann Christoph * 113

Jungingen
Miller, Johann Martin ~ 209

Justingen (seit 1972 zu Schelklingen)
Karl Eugen, Herzog von Württemberg ~ 165

Kahl a. Main → Emmerichshofen

Kahleby (Gem. Schaalby)
Christiani, Christoph Johann Rudolph ~ 55

Kaiserslautern
Jung-Stilling, Johann Heinrich ~ 158

Kalbsrieth
Kalb, Charlotte (Sophie Juliane) von ~ 162

Kaliningrad → Königsberg (Pr)

Kalkkuhl (seit 1975 zu Gummersbach)
Schwager, Johann Moritz * 275

Kamenz
Lessing, Gotthold Ephraim */~ 187; Lessing, Karl Gotthelf * 188

Kandel (Elsaß)
Leuchsenring, Franz (Michael) * 189

Kaplitz (tschech. Kaplice)
Kindermann, Ferdinand Ritter von Schulstein ~ 168

Kapsdorf (poln. Czerńczyce)
Zedlitz und Leipe, Karl Abraham Frh. von † 327

Karlsbad (tschech. Karlovy Vary)
Beethoven, Ludwig van ~ 25; Reinhard, Karl Friedrich Graf von ~ 249

Karlsburg (auch Weißenburg, rumän. Alba Iulia, Bălgrad, ungar. Károlyfehérvár, Gyulafehérvár)
Born, Ignaz Edler von * 40

Karlsruhe
siehe auch *Durlach*
Affsprung, Johann Michael ~ 4; Bärstecher, Johann Gottlieb ~ 17; Barth-Bartenheim, Johann Baptist Ludwig Ehrenreich Graf von ~ 20; Böckmann, Johann Lorenz ~/† 38; Bollmann, Justus Erich ~ 39; Brauer, Johann (Nikolaus) Friedrich † 42; Brunner, Philipp Joseph † 47; Dalberg, Wolfgang Heribert (Tobias Otto Maria Johann N.) Frh. von ~ 66; Dereser, Anton ~ 68; Ewald, Johann Ludwig ~/† 81; Jung-Stilling, Johann Heinrich ~/† 158; Karl Friedrich, Markgraf, Großherzog von Baden */~/† 164; Klüber, Johann Ludwig ~ 172; Posselt, Ernst Ludwig ~ 240; Reinhard, Johann Jakob ~/† 249; Reitzenstein, Sigismund (Karl Johann) Frh. von † 250; Sander, Heinrich ~ 259; Schlosser, Johann Georg ~ 269; Tittel, Gottlob August ~/† 298; Varnhagen von Ense, Rahel (Antonie Friederike) ~ 307

Kasan (russ. Kazan')
Bronner, Franz Xaver ~ 46

Kassel
siehe auch *Wilhelmshöhe*
Baldinger, Dorothea Friderika ~/† 18; Beethoven, Ludwig van ~ 25; Breithaupt, Johann Christian ~/† 43; Claproth, Justus * 55; Dohm, Christian Conrad (Wilhelm) von ~ 70; Forster, (Johann) Georg (Adam) ~ 91; Höpfner, Ludwig Julius Friedrich ~ 139; Jacobson, Israel ~ 154; Knigge, Adolph Frh. ~ 172; Kretschmann, Theodor † 177; Krieger, Johann Christian ~ 177; Martens, Georg Friedrich von ~ 199; Merck, Johann Heinrich ~ 205; Müller, Johannes von ~/† 218; Reichardt, Johann Friedrich ~ 246; Reiffenstein, Johann Friedrich ~ 246; Runde, Christian Ludwig * 256; Runde, Justus Friedrich ~ 256; Sartorius von Waltershausen, Georg (Friedrich) Frh. * 259; Soemmerring, Samuel Thomas von ~ 279; Strieder, Friedrich Wilhelm ~/† 287; Thümmig, Ludwig Philipp ~/† 296; Tiedemann, Dietrich ~ 297

Kaufbeuren
Brucker, (Johann) Jacob ~ 46; La Roche, (Marie) Sophie von * 183

Kazan' → Kasan

Kehl (Ortenaukreis)
Bärstecher, Johann Gottlieb ~ 17

Kehrsatz (Kt. Bern)
Tscharner, Niklaus Emanuel von ~/† 300

Kemberg
Böhmer, Georg Rudolph ~ 38

Kemnath (Kr. Tirschenreuth)
Stattler, Benedikt (Alexius Andreas) ~ 285

Kempten (Allgäu)
Abele, Johann Martin von ~ 2

Kętrzyn → Rastenburg

Kiel

Kiel
siehe auch *Friedrichsort*
Adler, Jakob Georg Christian ~ 4; Amthor, Christoph Heinrich ~ 8; Baggesen, Jens Immanuel ~ 17; Basedow, Johann Bernhard ~ 20; Berger, Johann Erich von ~/† 29; Besser, Johann Heinrich ~ 32; Butenschön, Johann Friedrich ~ 49; Christiani, Christoph Johann Rudolph ~ 55; Christiani, Wilhelm Ernst */~ 55; Cramer, Johann Andreas ~/† 60; Cramer, Karl Friedrich ~ 60; Eggers, Christian Ulrich Detlev Frh. von ~ 73; Ehlers, Martin ~/† 73; Fabricius, Johann Albert ~ 83; Fabricius, Johann Christian ~/† 83; Feuerbach, Paul Johann Anselm Ritter von ~ 85; Francke, August Hermann ~ 91; Hegewisch, Dietrich Hermann ~/† 128; Heise, Johann Arnold ~ 130; Hirschfeld, Christian Cay Lorenz ~/† 137; Hülsen, August Ludwig ~ 144; Kordes, Berend ~/† 175; Meyer, Georg Conrad ~ 208; Mosheim, Johann Lorenz von ~ 214; Niemann, August (Christian Heinrich) ~/† 226; Reinhold, Karl Leonhard ~/† 250; Richey, Michael ~ 252; Schade, Georg ~ 259; Tetens, Johann Nicolaus ~ 293; Thibaut, Anton Friedrich Justus ~ 294; Zoega, Georg ~ 331

Kielseng
Albrecht, Heinrich Christoph ~/† 5

Kieslingswalde (heute Kieslingswalde-Rachenau, poln. Sławnikowice)
Tschirnhaus, Ehrenfried Walther von */~ 300

Kingston (Jamaika)
Bollmann, Justus Erich † 39

Kirchberg (Kt. Bern)
Tschiffeli, Johann Rudolf ~ 300

Kirchberg an der Jagst → Gaggstadt

Kirchensittenbach
Gundling, Nicolaus (Hieronymus) * 118

Kirchheim unter Teck
Bardili, Christoph Gottfried ~ 19

Kirchnüchel
Hirschfeld, Christian Cay Lorenz * 137

Kirchwehren (seit 1977 zu Seelze)
Wagemann, Ludwig Gerhard * 311

Kitten
Hecker, August Friedrich * 127

Klagenfurt
Friedel, Johann † 94

Klaipėda → Memel

Klein-Bremen
Weddigen, Peter Florens ~/† 313

Kleinbrembach
Tennemann, Wilhelm Gottlieb * 293

Kleve (Kr. Kleve)
Ackermann, Ernst Wilhelm ~ 3; Brinkmann, Johann Peter ~ 45; Cloots, Jean-Baptiste Baron von */~ 57; Cranz, August Friedrich ~ 60; Pauw, (Franz) Kornelius de ~ 235; Stosch, Friedrich Wilhelm * 287

Kłodzko → Glatz

Knetzgau → Oberschwappach

Knittlingen
Dillenius, Friedrich Wilhelm Jonathan * 69

Koblenz am Rhein
siehe auch *Ehrenbreitstein*
Bandemer, Susanne von † 19; Breithaupt, Johann Christian ~ 43; Görres, (Johann) Joseph von * 109; Hontheim, (Johann) Nikolaus von ~ 142; Lassaulx, Franz von */~ 183; Simon, Johann Friedrich ~ 278

Köditz (Kr. Hof, Land) → Joditz

Kölln (heute zu Berlin)
Teller, Wilhelm Abraham ~ 293

Köln
siehe auch *Mülheim*
Ackermann, Ernst Wilhelm ~ 3; Belderbusch, Kaspar Anton Frh. von ~ 27; Bönicke, Johann Michael ~ 39; Borheck, August Christian ~/† 40; Daniels, Heinrich Gottfried Wilhelm */~/† 66; Dohm, Christian Conrad (Wilhelm) von ~ 70; Eccard, Johann Georg von ~ 72; Eichhoff, Johann Peter ~ 73; Fürstenberg, Franz Friedrich Wilhelm Maria Frh. von ~ 99; Hedderich, Philipp ~ 127; Pape, Georg Friedrich ~ 233; Reche, Johann Wilhelm ~ 244; Reinhard, Philipp Christian ~ 250; Schlegel, (Karl Wilhelm) Friedrich von ~ 265

Köndringen (Teningen)
Sander, Heinrich */† 259

Königsberg (Pr) (russ. Kaliningrad)
siehe auch *Juditten*
Arnoldt, Daniel Heinrich */~/† 12; Auerswald, Hans Jakob von ~/† 13; Baczko, Ludwig (Franz Adolf Josef) von ~/† 16; Bayer, Gottlieb Siegfried */~ 24; Beck, Jacob Sigismund ~ 25; Berens, Johann Christoph ~ 28; Bock, Friedrich Samuel */~/† 37; Borowski, Georg Friedrich */~ 41; Brinckmann, Karl Gustav Frh. von ~ 45; Bruhn, David ~ 47; Campe, (August) Friedrich (Andreas) ~ 51; Delbrück, (Johann Friedrich) Ferdinand ~ 67; Erhard, Johann Benjamin ~ 76; Fichte, Johann Gottlieb ~ 86; Fischer, Christian Gabriel */~/† 88; Friedländer, David (Joachim) * 94; Gentz, Friedrich ~ 104; Goldschmidt, Johann Baptista ~ 113; Hamann, Johann Georg */~ 121; Hartknoch, Johann Friedrich ~ 124; Hartung, Georg Friedrich */~/† 125; Hartung, Gottlieb Lebrecht * 125; Hartung, Johann Heinrich ~ 125; Herbart, Johann Friedrich ~ 131; Herder, Johann Gottfried ~ 131; Hermes, Johann Timotheus ~ 133; Herz, (Naphtali) Markus ~ 134; Heß, Jonas Ludwig von ~ 134; Hippel, Theodor Gottlieb von ~/† 136; Hippel, Theodor Gottlieb von ~ 137; Hoffmann, Johann Gottfried ~ 140; Hollmann, Samuel Christian ~ 141; Hufeland, Christoph Wilhelm ~ 144; Jablonski, Daniel Ernst ~ 153; Jachmann, Reinhold Bernhard */~ 153; Jenisch, Daniel ~ 156; Kaempfer, Engelbert ~ 161; Kant, Immanuel */~/† 162; Kanter, Johann Jakob */~/† 163; Kiesewetter, Johann Gottfried Karl Christian ~ 168; Kleist, Ewald Christian von ~ 169; Kleist, (Bernd) Heinrich (Wilhelm) von ~ 169; Knutzen, Martin */~/† 173; Kraus, Christian Jakob ~/† 176; Krug, Wilhelm Traugott ~ 178; Lau, Theodor Ludwig */~ 183; Lenz, Jakob (Michael Reinhold) ~ 186; Lindner, Johann Gotthelf ~/†

191; Maimon, Salomon ~ 197; Merckel, Friedrich Theodor von ~ 206; Nicolovius, Georg Heinrich Ludwig */~ 226; Paullini, Christian Franz ~ 235; Plessing, Friedrich Viktor Lebrecht ~ 238; Pörschke, Karl Ludwig ~/† 240; Reichardt, Johann Friedrich * 246; Reiffenstein, Johann Friedrich ~ 246; Rinck, Friedrich Theodor ~ 253; Scheffner, Johann George */~/† 260; Schmohl, Johann Christian ~ 270; Schultz, Franz Albert ~/† 273; Stägemann, (Christian) Friedrich August von ~ 283; Starck, Johann August von ~ 285; Süvern, Johann Wilhelm ~ 290; Thibaut, Anton Friedrich Justus ~ 294; Trenck, Friedrich Frh. von der */~ 299

Königsberg i. Bay.
Rosenmüller, Johann Georg ~ 254

Königsberg Nm. (poln. Chojna)
Beyme, Karl Friedrich von * 33; Sucro, Christoph Joseph * 290

Königstein (Sächs. Schweiz)
Blau, Felix Anton ~ 35

Königstein im Taunus
Schelling, (Dorothea) Caroline (Albertina) von ~ 261

Königswalde (tschech. Královstvi)
Kindermann, Ferdinand Ritter von Schulstein * 168

Köpenick (seit 1920 zu Berlin)
Bernoulli, Johann † 32

Kösen → Bad Kösen

Köthen (Anhalt)
Groß, Johann Gottfried ~ 117

Kötzschau → Thalschütz

Kötzting
Stattler, Benedikt (Alexius Andreas) * 285

Kolberg (poln. Kołobrzeg)
Bartholdy, Georg Wilhelm * 20; Gasser, Simon Peter * 102; Held, Hans (Heinrich Ludwig) von ~ 130; Ramler, Karl Wilhelm * 243

Konitz (Westpr.) (poln. Chojnice)
Less, Gottfried * 187; Titius, Johann Daniel * 298

Konstanz
Armbruster, Johann Michael ~ 11; Dalberg, Carl Theodor von ~ 65; Wessenberg, Ignaz Heinrich (Karl) Frh. von ~/† 317

Kopenhagen
Adler, Jakob Georg Christian ~ 4; Amthor, Christoph Heinrich ~/† 8; Arens, Johann August ~ 10; Baggesen, Jens Immanuel ~ 17; Berger, Johann Erich von ~ 29; Büsching, Anton Friedrich ~ 49; Christiani, Christoph Johann Rudolph ~ 55; Christiani, Wilhelm Ernst ~ 55; Claudius, Matthias ~ 55; Cramer, Johann Andreas ~ 60; Dippel, Johann Konrad ~ 69; Eggers, Christian Ulrich Detlev Frh. von ~ 73; Ekkard, Friedrich ~ 75; Erhard, Johann Benjamin ~ 76; Fabricius, Johann Christian ~ 83; Gerstenberg, Heinrich Wilhelm von ~ 105; Halem, Gerhard Anton von ~ 119; Hennings, (Adolph Friedrich) August von ~ 130; Hoffmann, Johann Adolf ~ 140; Klopstock, Friedrich Gottlieb ~ 170; Manteuffel, Ernst Christoph Graf von ~ 198; Marezoll, Johann Gottlob ~ 198; Münter, Friedrich (Christian Karl Heinrich) ~/† 219; Oeder, Georg Christian von ~ 230; Paullini, Christian Franz ~ 235; Pufendorf, Samuel Frh. von ~ 241; Resewitz, Friedrich Gabriel ~ 251; Schade, Georg ~ 259; Scheibe, Johann Adolph ~/† 260; Struensee, Carl August von ~ 288; Struensee, Johann Friedrich ~/† 288; Sturz, Helfrich Peter ~ 289; Tetens, Johann Nicolaus ~/† 293

Korneuburg (Niederösterreich)
Gaheis, Franz (Anton) de Paula ~ 101

Korsør (Seeland)
Baggesen, Jens Immanuel * 17

Kosel (poln. Koźle)
Wittola, Markus Anton * 322

Kosmodemjanskoe → Molsehnen

Kostheim (seit 1913 zu Mainz, nach 1945 zu Wiesbaden)
Lux, Adam ~ 195

Kostrzyn → Küstrin

Koźle → Kosel

Krahne
Rochow, Friedrich (Eberhard) Frh. von ~ 253

Kraiburg a. Inn → Ensfelden

Krakau
Kaempfer, Engelbert ~ 161

Královstvi → Königswalde

Krems an der Donau (Niederösterreich)
Gaheis, Franz (Anton) de Paula * 101; Haschka, Lorenz Leopold ~ 125; Retzer, Joseph Friedrich Frh. von * 251

Kremsier (tschech. Kroměříž)
Colloredo-Waldsee, Hieronymus (Josef Franz de Paula) Graf von ~ 58

Kremsmünster (Oberösterreich)
Desing, Anselm ~ 68

Kreuznach → Bad Kreuznach

Krimitz (tschech. Křimice)
Bretschneider, Heinrich Gottfried von † 44

Kroměříž → Kremsier

Kronstadt (rumän. Brașov)
Lange, Martin */~ 182

Krottorf
Maass, Johann Gebhard Ehrenreich * 197

Kürnberg
Zinzendorf, Ludwig Graf von * 331

Küsnacht (Kt. Zürich)
Meister, Jakob Heinrich ~ 203

Küstrin (poln. Kostrzyn)
Friedrich II. der Große, König in, seit 1772 von Preußen ~ 94; Held, Hans (Heinrich Ludwig) von ~ 130; Justi, Johann Heinrich Gottlob von ~/† 159

Kunersdorf
Friedrich II. der Große, König in, seit 1772 von Preußen ~ 94

Kupferzell
Mayer, Johann (Georg) Friedrich (Hartmann) ~/† 201

Kwidzyn → Marienwerder

La Coruña
Humboldt, Alexander Frh. von ~ 146

Lahr (Schwarzwald)
  Siebenpfeiffer, Philipp Jakob * 278
Lahstedt → Groß Lafferde
Laibach (slowen. Ljubljana)
  Biwald, Leopold (Gottlieb) ~ 34; Likavetz, Joseph Kalasanz ~/† 190
Landau in der Pfalz
  Clauer, Karl ~/† 56; Schmauß, Johann Jakob * 269
Landsberg (Saalkreis)
  Frölich, Carl Wilhelm * 98
Landsberg a. Lech
  Mutschelle, Sebastian ~ 220
Landsberg/Warthe (poln. Gorzów Wielkopolski)
  Graßmann, Gottfried Ludolf * 115; Schleiermacher, Friedrich Daniel Ernst ~ 266
Landshut
  Armbrust, Franz Amand ~ 10; Drexel, Anton ~ 70; Feuerbach, Paul Johann Anselm Ritter von ~ 85; Gönner, Nikolaus (Thaddäus) Ritter von ~ 109; Hufeland, Gottlieb ~ 145; Milbiller, Joseph (Anton) † 209; Moshammer Ritter von Mosham, Franz Xaver ~ 214; Sailer, Johann Michael von ~ 257; Salat, Jakob ~/† 258; Schrank, Franz de Paula von ~ 271; Stattler, Benedikt (Alexius Andreas) ~ 285; Westenrieder, Lorenz von ~ 318
Langenau (Alb-Donau-Kreis) → Albeck
Langenberg (Gera)
  Steinbeck, Christoph Gottlieb ~ 286
Langensalza → Bad Langensalza
Langewiesen
  Heinse, (Johann Jakob) Wilhelm * 129
Langfuhr (poln. Wrzeszcz, heute zu Gdańsk/Danzig)
  Archenholtz, Johann Wilhelm von * 9
Lassahn → Stintenburg
Lassan
  Spalding, Johann Joachim ~ 281
Laubach (Gem. Grävenwiesbach)
  Reich, Philipp Erasmus * 245
Lauban (poln. Lubań)
  Anton, Karl Gottlob von * 9; Volkelt, Johann Gottlieb * 309
Laubegast (seit 1921 zu Dresden)
  Neuber, Friederike Caroline † 224
Lauchstädt → Bad Lauchstädt
Lauf a. d. Pegnitz
  Trew, Christoph Jakob * 299
Lauffen am Neckar
  Hölderlin, (Johann Christian) Friedrich * 138
Lausanne
  Castillon, Friedrich (Adolf Maximilian Gustav) * 53; Jordan, Charles Etienne ~ 157; Rengger, Albrecht ~ 251; Werenfels, Samuel ~ 316
Ledurga → Loddiger
Legnica → Liegnitz
Lehre → Essenrode
Leiden (Niederlande)
  Bielfeld, Jakob Friedrich Frh. von ~ 33; Brandes, Georg (Friedrich) ~ 42; Brinkmann, Johann Peter ~ 45; Brockes, Barthold H(e)inrich ~ 45; Dippel, Johann Konrad ~ 69; Dithmar, Justus Christoph ~ 69; Firmian, Karl Gotthard Graf und Herr zu ~ 88; Goltstein, Johann Ludwig Franz (Anton Joseph Adam) Graf von ~ 113; Herder, Johann Gottfried ~ 131; Hirzel, Hans Caspar d. Ä. ~ 137; Holbach, Paul (Heinrich) Thiry (Dietrich) Baron von ~ 141; Hontheim, (Johann) Nikolaus von ~ 142; Kaempfer, Engelbert ~ 161; Kreittmayr, (Wiguläus Xaverius) Aloysius Frh. von ~ 177; Ochs, Peter ~ 230; Pallas, Peter Simon ~ 233; Paullini, Christian Franz ~ 235; Reimarus, Hermann Samuel ~ 247; Reimarus, Johann Albert Heinrich ~ 248; Schade, Georg ~ 259; Strube, David Georg ~ 287; Swieten, Gerard van */~ 291; Swieten, Gottfried Frh. van * 292; Tschirnhaus, Ehrenfried Walther von ~ 300; Friedrich Wilhelm Ernst, Reichsgraf von Schaumburg-Lippe ~ 320; Zimmermann, Eberhard August Wilhelm von ~ 330
Leimen (Rhein-Neckar-Kreis)
  Abegg, Johann Friedrich ~ 1
Leipheim
  Miller, Johann Peter * 209
Leipnitz
  Bennigsen, Rudolph Christian von * 28
Leipzig
  siehe auch *Gohlis, Schönefeld*
  Abicht, Johann Heinrich ~ 2; Ackermann, Ernst Wilhelm ~ 3; Adelbulner, Michael ~ 3; Adelung, Friedrich von ~ 3; Adelung, Johann Christoph ~ 4; Adolphi, Christian Michael ~/† 4; Agricola, Johann Friedrich ~ 4; Albrecht, Johann Friedrich Ernst ~ 6; Alxinger, Johann Baptist von ~ 7; Anton, Karl Gottlob von ~ 9; Arletius, Johann Caspar ~ 10; Arnold, Christoph ~ 11; Arnold, Johann Christian ~ 12; Ayrer, Georg Heinrich ~ 14; Bach, Carl Philipp Emanuel ~ 15; Bach, Johann Christoph Friedrich */~ 16; Bach, Wilhelm Friedemann ~ 16; Bahrdt, Carl Friedrich ~ 18; Barth, Johann Ambrosius ~ 20; Basedow, Johann Bernhard ~ 20; Bayer, Gottlieb Siegfried ~ 24; Beck, Christian August Frh. von ~ 24; Beethoven, Ludwig van ~ 25; Behrisch, Heinrich Wolfgang ~ 26; Bennigsen, Rudolph Christian von ~ 28; Benzler, Johann Lorenz ~ 28; Bergk, Johann Adam † 29; Beutler, Johann Heinrich Christoph ~ 32; Bierling, Friedrich Wilhelm ~ 33; Blankenburg, Christian Friedrich von ~/† 35; Böhmer, Georg Rudolph ~ 38; Böttiger, Karl August ~ 39; Born, Friedrich Gottlieb */~ 40; Borott, Johann Baptist ~ 41; Bossler, Heinrich Philipp Karl ~ 41; Brehm, Georg Nikolaus ~/† 43; Breitkopf, Bernhard Christoph ~/† 43; Breitkopf, Johann Gottlob Immanuel */† 44; Brockhaus, Friedrich Arnold ~/† 45; Caesar, Karl Adolf ~/† 51; Campe, (August) Friedrich (Andreas) ~ 51; Carus, Friedrich August ~/† 53; Chladni, Johann Martin ~ 54; Christ, Johann Friedrich ~/† 55; Clauren, Heinrich ~ 57; Corrodi, Heinrich ~ 58; Cramer, Johann Andreas ~ 60; Cramer, Karl Friedrich ~ 60; Cronegk, Johann Friedrich Frh. von ~ 62; Crusius, Christian August ~/† 62; Dassdorf, Karl Wilhelm ~ 67; Decker, Georg

Leipzig

Jakob I. ~ 67; Dohm, Christian Conrad (Wilhelm) von ~ 70; Dyck, Johann Gottfried */~/† 70; Ebeling, Christoph Daniel ~ 71; Ebert, Friedrich Adolf ~ 72; Ebert, Johann Jakob ~ 72; Eccard, Johann Georg von ~ 72; Eck, Johann Georg ~/† 72; Eggers, Christian Ulrich Detlev Frh. von ~ 73; Einsiedel, Johann Georg (Friedrich) Graf von ~ 74; Engel, Johann Jakob ~ 75; Erhard, Christian Daniel ~/† 76; Ernesti, Johann August ~/† 77; Ernst I., Herzog von Sachsen-Coburg-Saalfeld, seit 1826 Sachsen-Coburg und Gotha ~ 77; Eschenburg, Johann Joachim ~ 78; Estor, Johann Georg ~ 79; Fabricius, Johann Albert */~ 83; Fabricius, Johann Andreas ~ 83; Fassmann, David ~ 83; Fichte, Johann Gottlieb ~ 86; Francke, August Hermann ~ 91; Friedrich Christian II., Herzog von Schleswig-Holstein-Sonderburg-Augustenburg ~ 97; Fries, Jakob Friedrich ~ 97; Fritsch, Thomas */~/† 98; Fritsch, Thomas Frh. von */~ 98; Gärtner, Karl Christian ~ 101; Garve, Christian ~ 101; Gasser, Simon Peter ~ 102; Gellert, Christian Fürchtegott ~/† 103; Georgi, Theophil † 104; Gersdorff, Adolf Traugott von ~ 105; Gesner, Johann Matthias ~ 105; Giseke, Nikolaus Dietrich ~ 107; Glafey, Adam Friedrich ~ 107; Gleditsch, Johann Friedrich ~/† 107; Gleditsch, Johann Gottlieb */† 107; Gleditsch, Johann Ludwig ~/† 107; Globig, (Hans) Ernst von ~ 108; Goethe, Johann Wolfgang von ~ 111; Gottsched, Johann Christoph ~/† 113; Gottsched, Luise (Adelgunde Victorie) ~/† 114; Griesbach, Johann Jakob ~ 115; Grimm, (Friedrich) Melchior Frh. von ~ 116; Grohmann, (Johann) Christian August ~ 116; Groß, Johann Gottfried ~ 117; Grosser, Samuel ~ 117; Gruber, Johann Gottfried ~ 117; Günther, Christian August ~ 117; Gundling, Nicolaus (Hieronymus) ~ 118; Härtel, Gottfried Christoph ~ 119; Hamann, Johann Georg d. Ä. ~ 121; Hammerdörfer, Karl */~ 122; Hanow, Michael Christoph ~ 122; Hansch, Michael Gottlieb ~ 122; Hardenberg, Karl August Fürst ~ 123; Hartknoch, Johann Friedrich ~ 124; Hartung, Johann Heinrich ~/† 125; Heineccius, Johann Gottlieb ~ 128; Heinicke, Samuel † 129; Heinsius, (Johann) Wilhelm (Immanuel) * 129; Heise, Johann Arnold ~ 130; Heß, Heinrich Ludwig von ~ 134; Heydenreich, Karl Heinrich ~ 136; Heyne, Christian Gottlob ~ 136; Hoffmann, Johann Gottfried ~ 140; Hohenthal, Peter Graf von */~ 141; Hommel, Karl Ferdinand */~ 142; Huber, Ludwig Ferdinand ~ 142; Hübner, Johann ~ 143; Hufeland, Gottlieb ~ 145; Ith, Johann Samuel ~ 151; Jean Paul ~ 155; Jerusalem, Johann Friedrich Wilhelm ~ 156; Jerusalem, Karl Wilhelm ~ 157; Jöcher, Christian Gottlieb */~/† 157; Junius, Johann Friedrich */~/† 159; Justi, Johann Heinrich Gottlob von ~ 159; Kästner, Abraham Gotthelf */~ 161; Kalb, Charlotte (Sophie Juliane) von ~ 162; Kanter, Johann Jakob ~ 163; Kleist, Ewald Christian von ~ 169; Kleist, (Bernd) Heinrich (Wilhelm) von ~ 169; Klinger, Friedrich Maximilian von ~ 170; Klopstock, Friedrich Gottlieb ~ 170; Klotz, Christian Adolph ~ 172; Klüber, Johann Ludwig ~ 172; Kordes, Berend ~ 175; Krebel, Gottlieb Friedrich ~ 177; Krug, Wilhelm Traugott ~/† 178; Kruse, Christian (Karsten) Hinrich ~/† 179; Kütner, Karl August ~ 179; Küttner, Carl Gottlob ~/† 179; Kummer, Paul Gotthelf ~/† 179; Lambert, Johann Heinrich ~ 181; Lamprecht, Jakob Friedrich ~ 182; Langer, Ernst Theodor ~ 182; Leibniz, Gottfried Wilhelm */~ 184; Lessing, Gotthold Ephraim ~ 187; Lessing, Karl Gotthelf ~ 188; Lichtwer, Gottfried Magnus ~ 190; Ludovici, Carl Günther */~/† 193; Lünig, Johann Christian ~/† 194; Manteuffel, Ernst Christoph Graf von ~/† 198; Marezoll, Johann Gottlob ~ 198; Mauvillon, Jacob * 201; Meißner, August Gottlieb ~ 203; Mencke, Johann Burkhard */~/† 204; Mencke, Otto ~/† 204; Mencken, Anastasius Ludwig ~ 204; Merkel, Garlieb (Helwig) ~ 206; Michaelis, Johann Benjamin ~ 208; Mizler von Kolof, Lorenz ~ 210; Mosheim, Johann Lorenz von ~ 214; Mozart, Wolfgang Amadeus ~ 215; Müller, Adam Heinrich Ritter von Nittersdorf ~ 216; Müller, Gerhard Friedrich von ~ 218; Müller, Johann Samuel ~ 218; Mylius, Christlob ~ 221; Mylius, Gottlieb Friedrich ~/† 221; Neuber, Friederike Caroline ~ 224; Neubur, Friedrich Christian ~ 224; Obereit, Jakob Hermann ~ 229; Perthes, Friedrich Christoph ~ 235; Philippi, Johann Ernst ~ 237; Platner, Ernst */~/† 238; Plessing, Friedrich Viktor Lebrecht ~ 238; Pölitz, Karl Heinrich Ludwig ~/† 239; Pufendorf, Samuel Frh. von ~ 241; Rabener, Gottlieb Wilhelm ~ 243; Rehberg, August Wilhelm ~ 245; Reich, Philipp Erasmus ~/† 245; Reichard, Heinrich August Ottokar ~ 245; Reimer, Georg Andreas ~ 248; Reinhold, Karl Leonhard ~ 250; Riedel, Friedrich Just(us) ~ 252; Rohr, Julius Bernhard von ~/† 254; Rosenmüller, Johann Georg ~/† 254; Rost, Johann Christoph * 254; Rüdiger, (Johann) Andreas ~/† 255; Scheibe, Johann Adolph */~ 260; Schiller, (Johann Christoph) Friedrich von ~ 261; Schirach, Gottlob Benedikt ~ 264; Schlegel, (Karl Wilhelm) Friedrich von ~ 265; Schlegel, Johann Adolf ~ 266; Schlegel, Johann Elias ~ 266; Schröckh, Johann Matthias ~ 272; Schütz, Friedrich Wilhelm von ~ 273; Schwabe, Johann Joachim ~/† 274; Seibt, Karl Heinrich ~ 276; Semler, Christoph ~ 276; Seume, Johann Gottfried ~ 277; Spazier, Johann Gottlieb Karl ~/† 281; Stieff, Christian ~ 286; Stolle, Gottlieb ~ 287; Teller, Wilhelm Abraham */~ 293; Theremin, Charles Guillaume ~ 294; Thomasius, Christian */~ 295; Thümmel, Moritz August von ~ 296; Titius, Johann Daniel ~ 298; Treuer, Gottlieb Samuel ~ 299; Tzschirner, Heinrich Gottlieb ~/† 301; Uz, Johann Peter ~ 304; Volkelt, Johann Gottlieb ~ 309; Volkmann, Johann Jacob ~ 309; Wagner, Gabriel ~ 311; Walch, Johann Georg ~ 312; Weber, Friedrich Benedikt */~ 313; Weise, Christian ~ 314; Weiße, Christian Felix ~/† 315; Werner, Abraham Gottlob ~ 316; Wernher, Johann

Leitmeritz

Balthasar ~ 317; Wetzel, Friedrich Gottlob Karl ~ 318; Wezel, Johann Karl ~ 318; Winckler, Johann Heinrich ~/† 322; Wolff, Christian Frh. von ~ 323; Wolke, Christian Hinrich ~ 324; Zachariae, (Justus) Friedrich Wilhelm ~ 327; Zedler, Johann Heinrich ~/† 327; Zeidler, Johann Gottfried ~ 328; Zincke, Georg Heinrich ~ 330; Zinzendorf, Ludwig Graf von ~ 331; Zollikofer, Georg Joachim ~/† 331; Zschackwitz, Johann Ehrenfried ~ 331

Leitmeritz (tschech. Litoměřice)
Eichler, Andreas Chrysogon * 74; Kindermann, Ferdinand Ritter von Schulstein ~/† 168

Leitomischl (tschech. Litomyšl)
Likavetz, Joseph Kalasanz ~ 190

Leitzkau
Einsiedel, (Johann) August von ~ 74

Lemberg (ukrain. L'viv, russ. L'vov, poln. Lwów)
Bretschneider, Heinrich Gottfried von ~ 44; Feßler, Ignaz Aurelius ~ 85; Hofmann, Andreas Joseph ~ 140; Homberg, Herz ~ 141; Martinovics, Ignaz Joseph ~ 199

Lemgo
siehe auch *Lieme*
Barkhausen, Heinrich Ludwig Willibald ~ 19; Benzler, Johann Lorenz */~ 28; Dohm, Christian Conrad (Wilhelm) von * 70; Kaempfer, Engelbert * 161; Süvern, Johann Wilhelm * 290

Lenggries
Drexel, Anton * 70

Lennep (seit 1929 zu Remscheid)
Reche, Johann Wilhelm * 244

Lentzke
Hülsen, August Ludwig ~/† 144

Leszno → Lissa

Leuna
Crusius, Christian August * 62

Leuthen
Friedrich II. der Große, König in, seit 1772 von Preußen ~ 94

Libeň → Lieben

Lichtenau (Kr. Ansbach)
Gatterer, Johann Christoph * 102

Lichtenstadt (tschech. Hroznětín)
Fassmann, David † 83

Lichtensteig (Kt. Sankt Gallen)
Bräker, Ulrich ~ 42

Lieben (tschech. Libeň, heute zu Prag)
Homberg, Herz * 141

Liebenthal (poln. Lubomierz)
Contessa, Christian Jakob † 58

Liebstedt
Lossius, Johann Christian * 192

Liegnitz (poln. Legnica)
Böhmer, Georg Rudolph * 38; Flögel, Karl Friedrich ~/† 89; Logau, Friedrich Frh. von ~/† 192; Schummel, Johann Gottlieb ~ 274; Stieff, Christian * 286; Stolle, Gottlieb * 287; Struensee, Carl August von ~ 288; Volkelt, Johann Gottlieb ~/† 309; Zedlitz und Leipe, Karl Abraham Frh. von ~ 327

Lieme (Lemgo)
Kaempfer, Engelbert † 161

Liessau (bei Marienburg, Westpr.)
Beck, Jacob Sigismund * 25

Liestal (Kt. Basel-Landschaft)
Merian, Johann Bernhard * 206

Lietzow (Kr. Havelland)
Sophie Charlotte, Kurfürstin von Brandenburg, Königin in Preußen ~ 281

Lindau (Kt. Zürich)
Obereit, Jakob Hermann ~ 229

Lingen (Ems)
Loen, Johann Michael von † 191; Mieg, Johann Friedrich * 209

Linz (Oberösterreich)
Eybel, Joseph Valentin ~/† 81; Luca, Ignaz de ~ 193; Mozart, Wolfgang Amadeus ~ 215; Ratschky, Joseph Franz von ~ 243; Wenzel, Gottfried Immanuel ~/† 316

Lippstadt
Nonne, Johann Gottfried Christian ~ 227; Seidenstücker, Johann Heinrich Philipp ~ 276; Stuve, Johann Heinrich * 289

Lissa (Bez. Posen) (poln. Leszno)
Jablonski, Daniel Ernst ~ 153

Litoměřice → Leitmeritz (tschech.)

Litomyšl → Leitomischl

Livorno
Breyer, Johann Friedrich ~ 44

Ljubljana → Laibach

Loddiger (lett. Ledurga)
Merkel, Garlieb (Helwig) * 206

Lörrach
Hugo, Gustav * 145; Reitzenstein, Sigismund (Karl Johann) Frh. von ~ 250

Löwen (Belgien)
Belderbusch, Kaspar Anton Frh. von ~ 27; Hontheim, (Johann) Nikolaus von ~ 142; Swieten, Gerard van ~ 291

London
siehe auch *Putney Hill*
Algarotti, Francesco Graf von ~ 6; Becher, Johann Joachim † 24; Bielfeld, Jakob Friedrich Frh. von ~ 33; Bollmann, Justus Erich ~ 39; Brinckmann, Karl Gustav Frh. von ~ 45; Coners, Gerhard Julius ·- 58; Crantz, Heinrich Johann Nepomuk Edler von ~ 60; Einsiedel, Johann Georg (Friedrich) Graf von ~ 74; Forster, (Johann) Reinhold ~ 91; Girtanner, Christoph ~ 106; Hagedorn, Friedrich von ~ 119; Haller, Albrecht von ~ 120; Hamann, Johann Georg ~ 121; Haydn, (Franz) Joseph ~ 126; Heß, Jonas Ludwig von ~ 134; Humboldt, Wilhelm von ~ 147; Karoline, Kurfürstin von Hannover, Königin von Großbritannien † 166; Keyßler, Johann Georg ~ 167; König, (Johann) Samuel ~ 174; Leibniz, Gottfried Wilhelm ~ 184; Manteuffel, Ernst Christoph Graf von ~ 198; Maupertuis, Pierre-Louis de Moreau ~ 200; Möser, Justus ~ 210; Mozart, Wolfgang Amadeus ~ 215; Münchhausen, Gerlach Adolf Frh. von ~ 219; Mylius, Christlob † 221; Pallas, Peter Simon ~ 233; Paullini, Christian Franz ~ 235;

Reichardt, Johann Friedrich ~ 246; Reimarus, Johann Albert Heinrich ~ 248; Scheuchzer, Johann Jakob ~ 261; Theremin, Charles Guillaume ~ 294; Vandenhoeck, Anna */~ 307; Weichmann, Christian Friedrich ~ 314; Wezel, Johann Karl ~ 318; Friedrich Wilhelm Ernst, Reichsgraf von Schaumburg-Lippe * 320; Winckelmann, Johann Joachim ~ 320; Zimmermann, Eberhard August Wilhelm von ~ 330

Lorch (Ostalbkreis)
Conz, Karl Philipp * 58

Lottin (poln. Lotyń)
Hertzberg, Ewald Friedrich Graf von * 133

Loxstedt
Luden, Heinrich * 193

Lubań → Lauban

Lubin → Lüben

Lublinitz (1941-45 Loben, poln. Lubliniec)
Pappenheimer, Heymann (Chaim) Salomon * 234

Lubomierz → Liebenthal

Ludwigsburg (Kr. Ludwigsburg)
Haug, Balthasar ~ 126; Karl Eugen, Herzog von Württemberg ~ 165; Kerner, Johann (Georg) * 167; Moser, Friedrich Carl Frh. von ~/† 213; Schubart, Christian Friedrich Daniel ~ 272; Wekhrlin, Wilhelm Ludwig ~ 315

Lübben (Spreewald)
Voß, Christian Friedrich * 309

Lübeck
Biester, Johann Erich * 33; Böckmann, Johann Lorenz * 38; Cramer, Johann Andreas ~ 60; Francke, August Hermann * 91; Gerstenberg, Heinrich Wilhelm von ~ 105; Herder, Johann Gottfried ~ 131; Hoffmann, Johann Adolf ~ 140; Humboldt, Wilhelm von ~ 147; Kordes, Berend * 175; Liscow, Christian Ludwig ~ 191; Marperger, Paul Jacob ~ 198; Mosheim, Johann Lorenz von * 214; Schlözer, Dorothea von ~ 269; Seelen, Johann Heinrich von ~ 275; Walbaum, Johann Julius ~/† 312; Willebrand, Christian Ludwig * 320

Lüben (poln. Lubin)
Hermes, Johann Timotheus ~ 133

Lüchow (Kr. Lüchow-Danneberg)
Ribov, Georg Heinrich * 252

Lüdingworth (seit 1972 zu Cuxhaven)
Niebuhr, Carsten * 226

Lülsdorf (seit 1969 zu Niederkassel)
Reche, Johann Wilhelm † 244

Lüneburg
Christiani, Christoph Johann Rudolph ~/† 55; Ekhof, (Hans) Conrad (Dietrich) ~ 74; Forkel, Johann Nikolaus ~ 90; Francke, August Hermann ~ 91; Goetten, Gabriel Wilhelm ~ 113

Lüttich
Humboldt, Wilhelm von ~ 147; Pauw, (Franz) Kornelius de ~ 235

Luisium
Leopold III. Friedrich Franz, Fürst, seit 1807 Herzog von Anhalt-Dessau † 187

Lumpzig
Einsiedel, (Johann) August von */~ 74; Einsiedel, Friedrich Hildebrand von * 74

Lund (Schweden)
Nemeitz, Joachim Christoph ~ 223; Pufendorf, Samuel Frh. von ~ 241; Thorild, Thomas ~ 296

Lunéville (Dép. Meurthe-et-Moselle, Frankreich)
Beck, Christian August Frh. von ~ 24

Luzern
Balthasar, (Joseph Anton) Felix von */~/† 18; Balthasar, Franz Urs von */~/† 19; Dereser, Anton ~ 68

L'viv → Lemberg

Lyck (poln. Ełk)
Baczko, Ludwig (Franz Adolf Josef) von * 16

Lyon
Balthasar, (Joseph Anton) Felix von ~ 18; Forcart-Weiss, Johann Rudolf ~ 90; Marperger, Paul Jacob ~ 198

Madrid
Meyern, Wilhelm Friedrich von ~ 208; Schmettow, Woldemar Friedrich Graf von ~ 270

Magdeburg
Adelbulner, Michael ~ 3; Bamberger, Johann Peter * 19; Barkhausen, Heinrich Ludwig Willibald ~ 19; Basedow, Johann Bernhard † 20; Bierling, Friedrich Wilhelm * 33; Böhmer, Justus Henning ~ 38; Delbrück, (Johann Friedrich) Ferdinand * 67; Gasser, Simon Peter ~ 102; Goeckingk, Leopold Friedrich Günther von ~ 109; Goetten, Gabriel Wilhelm * 113; Hermes, Johann August * 133; Jablonski, Daniel Ernst ~ 153; Kahle, Ludwig Martin * 161; Karsch, Anna Luise ~ 166; Köpken, Friedrich von */~/† 174; Louis Ferdinand von Hohenzollern, Prinz von Preußen ~ 192; Mellin, George Samuel Albert ~/† 203; Müller, Johann Gottwerth ~ 218; Patzke, Johann Samuel ~/† 234; Reimmann, Jakob Friedrich ~ 249; Resewitz, Friedrich Gabriel † 251; Rudolphi, Karoline (Christiane Louise) * 255; Sack, Friedrich Samuel Gottfried */~ 257; Sander, Johann Daniel * 259; Schummel, Johann Gottlieb ~ 274; Schwabe, Johann Joachim * 274; Siede, Johann Christian * 278; Sturm, Christoph Christian ~ 289; Sulzer, Johann Georg(e) ~ 290; Trenck, Friedrich Frh. von der ~ 299; Zschokke, (Johann) Heinrich (Daniel) * 331

Magstadt
Haug, Balthasar ~ 126

Mailand (italien. Milano)
Firmian, Karl Gotthard Graf und Herr zu ~/† 88; Kleist, (Bernd) Heinrich (Wilhelm) von ~ 169; Mozart, Wolfgang Amadeus ~ 215

Mainz
Armbrust, Franz Amand ~ 10; Artaria, Domenico ~ 12; Artaria, Franz ~ 12; Becher, Johann Joachim ~ 24; Becker, Johann Nikolaus ~ 25; Benzel-Sternau, Anselm Franz Frh. von */~ 28; Blau, Felix Anton ~/† 35; Böhmer, Georg Wilhelm ~ 38; Bönicke, Johann Michael ~ 39; Boyneburg, Philipp Wilhelm Graf von * 42; Butenschön, Johann Friedrich ~ 49; Chastel,

Malbork

Franz Thomas ~ 53; Clauer, Karl ~ 56; Cotta, Christoph Friedrich ~ 59; Dalberg, Carl Theodor von ~ 65; Dalberg, Emmerich Joseph Herzog von * 65; Decker, Georg Jakob I. ~ 67; Dereser, Anton ~ 68; Dorsch, Anton Joseph (Friedrich Caspar) ~ 70; Emerich, Friedrich Joseph ~ 75; Ernst I., Herzog von Sachsen-Coburg-Saalfeld, seit 1826 Sachsen-Coburg und Gotha ~ 77; Forster, (Johann) Georg (Adam) ~ 91; Frank, Johann (Peter) ~ 93; Friedrich Karl, Frh. von Erthal, Kurfürst und Erzbischof von Mainz */~ 94; Goethe, Johann Wolfgang von ~ 111; Hartleben, Franz Joseph ~ 124; Hedderich, Philipp ~ 127; Heinse, (Johann Jakob) Wilhelm ~ 129; Hofmann, Andreas Joseph ~ 140; Huber, Ludwig Ferdinand ~ 142; Huber, (Marie) Therese (Wilhelmine) ~ 143; Humboldt, Wilhelm von ~ 147; Ickstatt, Johann Adam Frh. von ~ 149; Isenbiehl, Johann Lorenz ~ 150; Kleist, (Bernd) Heinrich (Wilhelm) von ~ 169; Lehne, (Johann) Friedrich (Franz) ~/† 184; Lux, Adam ~ 195; Metternich, Mathias ~/† 207; Müller, Johannes von ~ 218; Nau, Bernhard Sebastian von */~/† 223; Neeb, Johannes ~ 223; Pape, Georg Friedrich ~ 233; Pfeiffer, Johann Friedrich von ~/† 237; Rebmann, Andreas Georg Friedrich ~ 244; Riesbeck, Johann Kaspar ~ 253; Schelling, (Dorothea) Caroline (Albertina) von ~ 261; Schmieder, Heinrich Gottlieb ~ 270; Simon, Johann Friedrich ~ 278; Soemmerring, Samuel Thomas von ~ 279; Stadion, Friedrich Lothar Graf von */~ 283; Vogt, (Johann) Nicolaus */~ 309; Wedekind, Georg Christian Gottlieb ~ 313; Weikard, Melchior Adam ~ 314; Winkopp, Peter Adolph ~ 322

Malbork → Marienburg (Westpr.)

Mallersdorf (Mallersdorf-Pfaffenberg)
Pezzl, Johann * 237

Mamonowo → Heiligenbeil

Mannheim
Artaria, Domenico ~/† 12; Babo, Joseph (Marius Franz) von ~ 15; Dalberg, Carl Theodor von * 65; Dalberg, Wolfgang Heribert (Tobias Otto Maria Johann N.) Frh. von ~/† 66; Gemmingen-Hornberg, Otto Heinrich Frh. von ~ 103; Goltstein, Johann Ludwig Franz (Anton Joseph Adam) Graf von ~ 113; Heinzmann, Johann Georg ~ 129; Hoffmann, Ernst Emil ~ 139; Humboldt, Wilhelm von ~ 147; Kalb, Charlotte (Sophie Juliane) von ~ 162; Kotzebue, August (Friedrich) von ~/† 175; Lamey, Andreas ~/† 182; Medicus, Friedrich Casimir ~/† 202; Moser, Friedrich Carl Frh. von ~ 213; Mozart, Wolfgang Amadeus ~ 215; Müller, Friedrich ~ 217; Schiller, (Johann Christoph) Friedrich von ~ 261; Schmieder, Heinrich Gottlieb ~ 270; Schwan, Christian Friedrich ~ 275; Weikard, Melchior Adam ~ 314

Marbach am Neckar
Bengel, Ernst Gottlieb ~ 27; Schiller, (Johann Christoph) Friedrich von * 261

Marburg
Achenwall, Gottfried ~ 2; Ancillon, Charles ~ 8; Baldinger, Ernst Gottfried ~/† 18; Bauer, Anton */~ 22; Bering, Johannes ~/† 29; Danckelmann, Karl Ludolph Frh. von ~ 66; Dithmar, Justus Christoph ~ 69; Emerich, Friedrich Joseph ~ 75; Estor, Johann Georg ~/† 79; Ewald, Johann Ludwig ~ 81; Ickstatt, Johann Adam Frh. von ~ 149; Iselin, Jacob Christoph ~ 150; Jung-Stilling, Johann Heinrich ~ 158; Kahle, Ludwig Martin ~ 161; König, (Johann) Samuel ~ 174; Krieger, Johann Christian ~/† 177; Loen, Johann Michael von ~ 191; Nettelbladt, Daniel ~ 223; Pütter, Johann Stephan ~ 240; Reinhard, Philipp Christian ~ 250; Richter, Christoph Gottlieb ~ 252; Rühle von Lilienstern, (Johann) August Friedemann ~ 256; Schelling, (Dorothea) Caroline (Albertina) von ~ 261; Tennemann, Wilhelm Gottlieb ~/† 293; Tiedemann, Dietrich ~/† 297; Vincke, (Friedrich Wilhelm) Ludwig (Philipp) Frh. von ~ 309; Wolff, Christian Frh. von ~ 323

Marching (Neustadt a. d. Donau)
Nagel, Anton ~ 223

Marienbad (tschech. Mariánské Lázně)
Goethe, Johann Wolfgang von ~ 111

Marienburg (Westpr.) (poln. Malbork)
Jachmann, Reinhold Bernhard ~ 153

Marienthal (Kr. Helmstedt)
Rhode, Johann Gottlieb ~ 251

Marienthal (Oberlausitz)
Seibt, Karl Heinrich * 276

Marienwerder (poln. Kwidzyn)
Hippel, Theodor Gottlieb von ~ 137; Kanter, Johann Jakob ~ 163; Scheffner, Johann George ~ 260

Markgröningen
Gaum, Johann Ferdinand ~ 102; Magenau, Rudolf Friedrich Heinrich von */~ 197

Markkleeberg → Wachau

Marquardt
Bischoffwerder, Hans Rudolf von † 34

Marseille
Schlözer, Dorothea von ~ 269; Wolf, Friedrich August (Christian Wilhelm) † 323

Marwitz (poln. Marwice)
Cranz, August Friedrich * 60

Mattighofen (Oberösterreich)
Joseph Maria, Graf von Thun-Hohenstein, Bischof von Passau † 158

Mauerkirchen (Oberösterreich)
Vierthaler, Franz Michael * 308

Maulbronn
Abel, Jakob Friedrich von ~ 1; Bardili, Christoph Gottfried ~ 19; Hölderlin, (Johann Christian) Friedrich ~ 138; Schelling, (Dorothea) Caroline (Albertina) von † 261

Meeder
Forkel, Johann Nikolaus */~ 90

Meersburg
Mesmer, Franz Anton ~/† 206

Meffersdorf (poln. Unięcice)
Gersdorff, Adolf Traugott von † 105

Meinerzhagen
Bährens, Johann Christoph Friedrich * 17

Meiningen
 Ayrer, Georg Heinrich * 14; Jean Paul ~ 155; Obereit, Jakob Hermann ~ 229; Struve, Burkhard Gotthelf ~ 289; Walch, Johann Georg * 312

Meißen
 Crusius, Christian August ~ 62; Fichte, Johann Gottlieb ~ 86; Gärtner, Karl Christian ~ 101; Gellert, Christian Fürchtegott ~ 103; Gleditsch, Johann Ludwig ~ 107; Hohenthal, Peter Graf von ~ 141; Lessing, Gotthold Ephraim ~ 187; Rabener, Gottlieb Wilhelm ~ 243; Rosenmüller, Johann Georg ~ 254; Schlegel, Johann Adolf * 266; Schlegel, Johann Elias * 266; Tschirnhaus, Ehrenfried Walther von ~ 300; Tzschirner, Heinrich Gottlieb ~ 301

Meldorf
 Boie, Heinrich Christian */† 39; Niebuhr, Carsten ~/† 226

Memel (litauisch Klaipėda, russ. Klajpeda)
 Brinckmann, Karl Gustav Frh. von ~ 45; Bruhn, David * 47; Hufeland, Christoph Wilhelm ~ 144

Menz (Kr. Jerichower Land)
 Müller, Heinrich August ~ 218

Mergelstetten (seit 1937 zu Heidenheim an der Brenz)
 Bardili, Christoph Gottfried † 19

Merseburg (Saale)
 Bach, Wilhelm Friedemann ~ 16; Bennigsen, Rudolph Christian von ~/† 28; Hübner, Johann ~ 143; Philippi, Johann Ernst */~ 237; Rohr, Julius Bernhard von ~ 254

Metten
 Hacker, Benedikt */~ 119

Metz (Dép. Moselle, Frankreich)
 Ancillon, Charles */~ 8

Meuselwitz (Kr. Altenburger Land)
 Forberg, Friedrich Karl * 90; Seckendorff, Veit Ludwig von ~ 275

Mexiko (Ciudad de México)
 Humboldt, Alexander Frh. von ~ 146

Mezzocorona → Deutschmetz

Michelfeld (Gem. Auerbach i. d. OPf.)
 Desing, Anselm ~ 68

Mikulov → Nikolsburg

Minden (Westf)
 Beneke, Ferdinand ~ 27; Cölln, (Georg) Friedrich (Willibald Ferdinand) von ~ 58; Schwarzkopf, Joachim von ~ 275; Vincke, (Friedrich Wilhelm) Ludwig (Philipp) Frh. von */~ 309; Weddigen, Peter Florens ~ 313

Mirz (ukrain. Mirča, russ. Mirča, poln. Mircze)
 Maimon, Salomon ~ 197

Mitau (lett. Jelgava, russ. Jelgawa)
 Adelung, Friedrich von ~ 3; Beseke, Johann Melchior Gottlieb ~/† 32; Hartknoch, Johann Friedrich ~ 124; Kanter, Johann Jakob ~ 163; Kütner, Karl August ~/† 179; Starck, Johann August von ~ 285

Mittweida
 Tzschirner, Heinrich Gottlieb * 301

Mitwitz
 Ernesti, Johann Heinrich Martin * 77

Modena (Italien)
 Henzi, Samuel ~ 130

Mödling (Niederösterreich)
 Hartel, Sebastian † 124

Möglin
 Thaer, Albrecht Daniel ~/† 294

Mölln (Kr. Demmin)
 Schuckmann, (Kaspar) Friedrich Frh. von * 273

Mönchengladbach → Rheydt

Möttingen → Balgheim

Mohrungen (poln. Morąg)
 Herder, Johann Gottfried * 131

Moitzlin (poln. Myślino)
 Blankenburg, Christian Friedrich von * 35

Mokry Dwór → Nassenhuben

Moldenit (seit 1974 zu Schaalby)
 Christiani, Christoph Johann Rudolph ~ 55

Molmerswende
 Bürger, Gottfried August * 48

Molsehnen (russ. Kosmodemjanskoe)
 Pörschke, Karl Ludwig * 240

Monaco
 Theremin, Charles Guillaume ~ 294

Monstein (Kt. Graubünden)
 Zollikofer, Georg Joachim ~ 331

Montabaur
 Frorath, Wilhelm ~ 99

Montpellier (Frankreich)
 Friedrich Wilhelm Ernst, Reichsgraf von Schaumburg-Lippe ~ 320

Montquintin (Luxemburg)
 Hontheim, (Johann) Nikolaus von † 142

Montzen
 Belderbusch, Kaspar Anton Frh. von * 27

Moos (Kr. Konstanz) → Iznang

Moosburg a. d. Isar
 Nagel, Anton */~/† 223

Morąg → Mohrungen

Morat → Murten

Moskau
 Buhle, Johann Gottlieb Gerhard ~ 49; Grellmann, Heinrich Moritz Gottlieb ~/† 115; Hartknoch, Johann Friedrich ~ 124; Lenz, Jakob (Michael Reinhold) ~/† 186; Marperger, Paul Jacob ~ 198; Müller, Gerhard Friedrich von ~/† 218; Reinhard, Philipp Christian ~ 250

Mozon (Champagne)
 Sperlette, Johannes * 282

Müggenhahl (poln. Rokitnica)
 Hansch, Michael Gottlieb * 122

Müglitztal → Weesenstein

Mühlenbeck (Kr. Oberhavel)
 Krug, Leopold † 178

Mühltal (Kr. Darmstadt-Dieburg) → Frankenstein

Mülhausen (frz. Mulhouse, Dép. Haut-Rhin)
 Lambert, Johann Heinrich * 181

Mülheim (seit 1914 zu Köln)
 Reche, Johann Wilhelm ~ 244

Mülheim an der Ruhr
 Cortüm, Karl Arnold * 58

München
 Arbuthnot, Benedikt ~ 9; Aretin, Johann Adam

Münchenbuchsee

Frh. von ~ 10; Aretin, Johann Christoph Frh. von ~/† 10; Axter, Franz ~ 13; Baader, Klemens (Alois) */~/† 15; Babo, Joseph (Marius Franz) von ~/† 15; Becher, Johann Joachim ~ 24; Braun, Heinrich ~/† 42; Breyer, Johann Friedrich ~ 44; Broxtermann, Theobald Wilhelm ~/† 46; Bucher, (Leonhard) Anton von */~/† 47; Cotta von Cottendorf, Johann Friedrich ~ 59; Gönner, Nikolaus (Thaddäus) Ritter von ~/† 109; Görres, (Johann) Joseph von ~/† 109; Hübner, Lorenz ~/† 144; Ickstatt, Johann Adam Frh. von ~ 149; Jacobi, Friedrich Heinrich ~/† 153; Kennedy, Ildephons ~/† 167; Kohlbrenner, Johann Franz Seraph ~/† 175; Kreittmayr, (Wiguläus Xaverius) Aloysius Frh. von */† 177; Lambert, Johann Heinrich ~ 181; Lang, Karl Heinrich Ritter von ~ 182; Linbrunn, Johann Georg Dominicus von ~/† 191; Lori, Johann Georg von ~ 192; Mayr, Beda ~ 201; Meggenhofen, Ferdinand Frh. von ~ 202; Milbiller, Joseph (Anton) */~ 209; Montgelas, Maximilian Joseph Frh. */~/† 211; Morawitzky, Theodor (Heinrich) Graf von */~/† 212; Mozart, Wolfgang Amadeus ~ 215; Mutschelle, Sebastian ~/† 220; Nagel, Anton ~ 223; Nau, Bernhard Sebastian von ~ 223; Niethammer, Friedrich Immanuel ~/† 226; Palm, Johann Philipp ~ 233; Pappenheimer, Heymann (Chaim) Salomon ~/† 234; Rumford, Benjamin Thompson ~ 256; Sailer, Johann Michael von ~ 257; Salat, Jakob ~ 258; Schelling, (Dorothea) Caroline (Albertina) ~ 261; Schenk, (Johann) Heinrich Ritter von ~/† 261; Schrank, Franz de Paula von ~/† 271; Soemmerring, Samuel Thomas von ~ 279; Stadion, Friedrich Lothar Graf von ~ 283; Stattler, Benedikt (Alexius Andreas) ~/† 285; Sturz, Helfrich Peter ~ 289; Töpsl, Franz */~/† 298; Utzschneider, Joseph von ~ 304; Weiller, Cajetan von */~/† 314; Westenrieder, Lorenz von */~/† 318; Zaupser, Andreas (Dominikus) */~/† 327; Zehmen, Johann Anton Frh. von ~ 328

Münchenbuchsee (Kt. Bern)
siehe auch *Hofwil*
Pestalozzi, Johann Heinrich ~ 235; Tobler, Johann Georg ~ 298

Münden
Wagemann, Ludwig Gerhard ~ 311

Münster (frz. Munster, Dép. Haut-Rhin)
Lamey, Andreas * 182

Münster (Westfalen)
Bispink, Franz Heinrich ~ 34; Dorsch, Anton Joseph (Friedrich Caspar) ~ 70; Fürstenberg, Franz Friedrich Wilhelm Maria Frh. von ~/† 99; Gallitzin, (Adelheid) Amalie Fürstin von ~/† 101; Hamann, Johann Georg ~/† 121; Vincke, (Friedrich Wilhelm) Ludwig (Philipp) Frh. von ~/† 309

Mulhouse → Mülhausen

Munkbrarup
Lüders, Philipp Ernst ~ 194

Munster → Münster

Murten (frz. Morat, Kt. Freiburg)
Zollikofer, Georg Joachim ~ 331

Mutzschen
Kummer, Paul Gotthelf * 179

Myślino → Moitzlin

Nacka (Schweden)
Brinckmann, Karl Gustav Frh. von * 45

Näbis (Gem. Wattwil, Kt. Sankt Gallen)
Bräker, Ulrich * 42

Nähermemmingen (seit 1972 zu Nördlingen)
Böckh, Christian Gottfried * 37

Nagydisznod → Heltau

Nagyszeben → Hermannstadt

Nancy (Frankreich)
Lassaulx, Franz von † 183; Montgelas, Maximilian Joseph Frh. ~ 211; Stadion, Friedrich Lothar Graf von ~ 283

Nantes (Frankreich)
Ochs, Peter * 230

Nassenhuben (poln. Mokry Dwór)
Forster, (Johann) Georg (Adam) * 91; Forster, (Johann) Reinhold ~ 91; Jablonski, Daniel Ernst * 153

Naumburg (Saale)
Gruber, Johann Gottfried * 117; Günther, Christian August ~ 117; Krebel, Gottlieb Friedrich */† 177

Naundorf (seit 1994 zu Struppen)
Behrisch, Heinrich Wolfgang * 26

Nautschütz
Heinicke, Samuel * 129

Neapel (italien. Napoli)
Benkowitz, Karl Friedrich ~ 27; Breyer, Johann Friedrich ~ 44; Firmian, Karl Gotthard Graf und Herr zu ~ 88; Mozart, Wolfgang Amadeus ~ 215; Ramdohr, Friedrich Wilhelm Basilius von ~/† 243; Winckelmann, Johann Joachim ~ 320

Neetzka
Brückner, Ernst Theodor Johann * 47

Neman → Ragnit

Nemes-Caoo (Ungarn)
Giseke, Nikolaus Dietrich * 107

Nemmersdorf (seit 1972 zu Goldkronach)
Reitzenstein, Sigismund (Karl Johann) Frh. von * 250

Neresheim
Werkmeister, Benedikt Maria ~ 316

Neubrandenburg
Brückner, Ernst Theodor Johann ~/† 47; Voß, Johann Heinrich ~ 310

Neuburg a. d. Donau
Aretin, Johann Christoph Frh. von ~ 10; Aschenbrenner, Beda ~ 13; Bronner, Franz Xaver ~ 46; Lori, Johann Georg von ~/† 192; Stattler, Benedikt (Alexius Andreas) ~ 285

Neuchâtel → Neuenburg

Neudamm (poln. Dębno)
Zöllner, Johann Friedrich * 331

Neudietendorf
Friedrich III., Herzog von Sachsen-Gotha-Altenburg ~ 97

Neuenburg (frz. Neuchâtel, Kt. Neuenburg)
Affsprung, Johann Michael ~ 4; Bondeli, Julie

458

von ~/† 40; Henzi, Samuel ~ 130; Huber, Ludwig Ferdinand ~ 142; Vattel, Emer de ~/† 307
Neuendorf (seit 1907 zu Nowawes, seit 1938 Babelsberg, seit 1939 zu Potsdam)
Benda, Franz † 27
Neuenwerder
Karsten, Lorenz ~ 167
Neuffen
Mauchart, Manuel David ~/† 200
Neugattersleben
Greiling, Johann Christoph ~ 115
Neuhaus a. Inn → Vornbach
Neuhof (Kt. Aargau)
Pestalozzi, Johann Heinrich ~ 235
Neukalen
Justus, Friederich */~ 159
Neumarkt i. d. OPf.
Linbrunn, Johann Georg Dominicus von ~ 191
Neunkirch (Kt. Schaffhausen)
Müller, (Johann) Georg * 217
Neuruppin
siehe auch *Altruppin*
Schinkel, Karl Friedrich */~ 263; Stuve, Johann Heinrich ~ 289
Neuss
Eichhoff, Johann Peter ~ 73
Neustadt a. d. Aisch
Degen, Johann Friedrich ~ 67
Neustadt an der Weinstraße → Hambach
Neustadt b. Coburg
Korn, Johann Jacob * 175
Neustettin (poln. Szczecinek)
Schultz, Franz Albert * 273
Neuwied
Edelmann, Johann Christian ~ 72; Simon, Johann Friedrich ~ 278; Spazier, Johann Gottlieb Karl ~ 281
Nieder-Siegersdorf (poln. Podbrzezie Dolne)
Maimon, Salomon ~/† 197
Niederau (Kr. Meißen-Radebeul)
Fichte, Johann Gottlieb ~ 86
Niederbarkhausen (Lippe)
Barkhausen, Heinrich Ludwig Willibald * 19
Niederehnheim (frz. Niedernai, Dép. Bas-Rhin)
Wolfsohn, Aron * 324
Niederkassel → Lülsdorf
Niederlepte (Gem. Nutha)
Sintenis, Christian Friedrich ~ 279
Niedernai → Niederehnheim
Niederrengersdorf (Oberlausitz)
Gersdorff, Adolf Traugott von * 105
Niederstotzingen
Haug, Balthasar ~ 126; Magenau, Rudolf Friedrich Heinrich von ~ 197
Niederwittig (tschech. Dolní Vítkov, heute zu Vítkov)
Hoffmann, Leopold Alois * 140
Niesky
Brinckmann, Karl Gustav Frh. von ~ 45; Schleiermacher, Friedrich Daniel Ernst ~ 266
Nietleben (seit 1950 zu Halle/Saale)
Bahrdt, Carl Friedrich † 18

Nikolsburg (tschech. Mikulov)
Sonnenfels, Joseph von */~ 280
Niort (Dép. Deux-Sèvres, Frankreich)
Beausobre, Isaak de * 24
Nischnij Nowgorod (Nižnij Novgorod, 1932-90 Gor'kij)
Reinhard, Philipp Christian † 250
Nördlingen
siehe auch *Nähermemmingen*
Böckh, Christian Gottfried ~/† 37; Wekhrlin, Wilhelm Ludwig ~ 315
Nohra (Kr. Weimarer Land) → Ulla
Norby
Christiani, Christoph Johann Rudolph * 55
Norden
Reil, Johann Christian ~ 246
Nordhausen
Fabricius, Johann Andreas ~ 83
Nortorf (Kr. Rendsburg-Eckernförde)
Ehlers, Martin * 73
Nürnberg
Adelbulner, Michael */~ 3; Alberti, Michael */~ 5; Bauer, Johann Jakob ~/† 22; Campe, (August) Friedrich (Andreas) ~/† 51; Carl, Ernst Ludwig ~ 52; Cella, Johann Jakob ~ 53; Cronegk, Johann Friedrich Frh. von † 62; Erhard, Johann Benjamin */~ 76; Fassmann, David ~ 83; Florinus ~/† 89; Gatterer, Johann Christoph ~ 102; Graff, Anton ~ 114; Gröll, Michael */~ 116; Groß, Johann Gottfried ~ 117; Gundling, Nicolaus (Hieronymus) ~ 118; Harl, Johann Paul Ritter von † 124; Klarmann, Georg (Adam) ~ 168; Leuchs, Johann Michael ~/† 189; Marperger, Paul Jacob * 198; Murr, Christoph Gottlieb von */~/† 220; Palm, Johann Philipp ~ 233; Richter, Christoph Gottlieb */~/† 252; Riesbeck, Johann Kaspar ~ 253; Springer, Johann Christoph Erich von ~ 283; Trew, Christoph Jakob ~/† 299; Uz, Johann Peter ~ 304; Wekhrlin, Wilhelm Ludwig ~ 315
Nürtingen
Canz, Israel Gottlieb ~ 52; Hölderlin, (Johann Christian) Friedrich ~ 138; Mauchart, Manuel David ~ 200; Planck, Gottlieb Jakob * 238
Nutha → Niederlepte
Nyon (Kt. Waadt)
Engel, Samuel ~ 76; Tobler, Johann Georg † 298
Ober-Ramstadt
Lichtenberg, Georg Christoph * 189
Oberaltaich
Aschenbrenner, Beda ~ 13; Pezzl, Johann ~ 237; Zaupser, Andreas (Dominikus) ~ 327
Oberdöbling (seit 1890/92 zu Wien)
Pezzl, Johann † 237
Oberholzheim (seit 1972 zu Achstetten)
Wieland, Christoph Martin * 319
Obermarchtal
Sailer, Sebastian ~/† 257
Obermichelbach
Will, Georg Andreas * 320
Obernburg a. Main
Lux, Adam * 195

459

Oberschwappach (seit 1972 zu Knetzgau)
Montag, Eugen † 211
Obersontheim
Schubart, Christian Friedrich Daniel * 272
Oberwiesenthal (seit 1935 Kurort Oberwiesenthal)
Fassmann, David * 83
Öhringen
Carl, Ernst Ludwig * 52
Oejendorf
Archenholtz, Johann Wilhelm von † 9
Oels (poln. Oleśnica)
Fabri, Johann Ernst * 83
Oerlinghausen
Cölln, (Georg) Friedrich (Willibald Ferdinand) von * 58
Oestrich (seit 1972 zu Oestrich-Winkel)
Isenbiehl, Johann Lorenz † 150
Oestrich-Winkel → Oestrich, Winkel
Ofen (ungar. Buda, seit 1872 zu Budapest)
Bretschneider, Heinrich Gottfried von ~ 44; Martinovics, Ignaz Joseph ~/† 199
Offenbach am Main
Ewald, Johann Ludwig ~ 81; La Roche, (Marie) Sophie von ~/† 183
Ohra (poln. Orunia, heute zu Gdańsk/Danzig)
Lange, Samuel Gottlieb * 182
Ohrdruf
Eichhorn, Johann Gottfried ~ 73; Martini, Friedrich Heinrich Wilhelm * 199
Oker (seit 1972 zu Goslar)
Bouterwek, Friedrich (Ludewig) * 41
Oldenburg (Oldb)
Christiani, Christoph Johann Rudolph ~ 55; Gramberg, Gerhard Anton ~/† 114; Gramberg, Gerhard Anton Hermann */~/† 114; Halem, Gerhard Anton von */~ 119; Halem, Ludwig (Wilhelm Christian) von */~/† 120; Herbart, Johann Friedrich * 131; Kruse, Christian (Karsten) Hinrich ~ 179; Mencke, Otto * 204; Mutzenbecher, Esdras Heinrich ~/† 220; Oeder, Georg Christian von ~/† 230; Runde, Christian Ludwig ~/† 256; Sturz, Helfrich Peter ~ 289
Oldisleben
Becher, Karl Anton Ernst ~/† 24
Oleśnica → Oels
Olmütz (tschech. Olomouc)
Bollmann, Justus Erich ~ 39; Opiz, Johann Ferdinand ~ 231
Oppeln (poln. Opole)
Carmer, Johann Heinrich Kasimir Graf von ~ 53; Hippel, Theodor Gottlieb von ~ 137
Oranienbaum
Beausobre, Isaak de ~ 24
Orbe (Kt. Waadt)
Engel, Samuel ~ 76
Orléans (Dép. Loiret, Frankreich)
Volkmann, Johann Jacob ~ 309
Orsoy (seit 1975 zu Rheinberg)
Brinkmann, Johann Peter * 45
Orunia → Ohra
Osiecznica → Wehrau
Osiek → Ossig (Kr. Guben)

Osnabrück
Broxtermann, Theobald Wilhelm */~ 46; Hegewisch, Dietrich Hermann ~ 128; Jerusalem, Johann Friedrich Wilhelm * 156; Lichtenberg, Georg Christoph ~ 189; Möser, Justus */~/† 210; Rehberg, August Wilhelm ~ 245
Ośno (Lubuskie) → Drossen
Ossig (Kr. Guben; poln. Osiek, Kr. Zieloná Góra)
Hamann, Johann Georg d. Ä. * 121
Oßmannstedt
Liebeskind, August Jacob ~/† 190; Wieland, Christoph Martin ~ 319
Osterode am Harz
Borheck, August Christian * 40; Claproth, Johann Christian * 55; Wolf, Friedrich August (Christian Wilhelm) ~ 323
Osterode i. Ostpr. (poln. Ostróda)
Kraus, Christian Jakob * 176
Ostramondra
Bischoffwerder, Hans Rudolf von * 34
Ostróda → Osterode i. Ostpr.
Ottensen (seit 1937 zu Hamburg)
Karl Wilhelm Ferdinand, Herzog von Braunschweig-Lüneburg(-Wolfenbüttel) † 164
Otterndorf
Voß, Johann Heinrich ~ 310
Otyń → Deutsch-Wartenberg
Oxford
Haydn, (Franz) Joseph ~ 126; Jablonski, Daniel Ernst ~ 153; Paullini, Christian Franz ~ 235; Reimarus, Hermann Samuel ~ 247; Weichmann, Christian Friedrich ~ 314
Paderborn
Fürstenberg, Franz Friedrich Wilhelm Maria Frh. von ~ 99
Parchim
Engel, Johann Jakob */† 75; Neubur, Friedrich Christian * 224
Paris
Algarotti, Francesco Graf von ~ 6; Ancillon, Charles ~ 8; Archenholtz, Johann Wilhelm von ~ 9; Arens, Johann August ~ 10; Aretin, Johann Christoph Frh. von ~ 10; Bernoulli, Daniel ~ 30; Bernoulli, Johann ~ 31; Blau, Felix Anton ~ 35; Bollmann, Justus Erich ~ 39; Brinckmann, Karl Gustav Frh. von ~ 45; Brinkmann, Johann Peter ~ 45; Campe, Joachim Heinrich ~ 51; Cella, Johann Jakob ~ 53; Clauer, Karl ~ 56; Cloots, Jean-Baptiste Baron von ~/† 57; Cotta von Cottendorf, Johann Friedrich ~ 59; Cramer, Karl Friedrich ~/† 60; Crantz, Heinrich Johann Nepomuk Edler von ~ 60; Dalberg, Emmerich Joseph Herzog von ~ 65; Desing, Anselm ~ 68; Dietrich, (Philipp) Friedrich Baron von ~/† 69; Dorsch, Anton Joseph (Friedrich Caspar) ~/† 70; Ebel, Johann Gottfried ~ 71; Einsiedel, Johann Georg (Friedrich) Graf von ~ 74; Fellenberg, Philipp Emanuel von ~ 85; Formey, Johann Ludwig ~ 90; Forster, (Johann) Georg (Adam) ~/† 91; Fritsch, Thomas Frh. von ~ 98; Girtanner, Christoph ~ 106; Gobel, Jean Baptiste Joseph ~/† 108; Görres, (Johann) Joseph von ~ 109;

Goethe, Johann Wolfgang von ~ 111; Grimm, (Friedrich) Melchior Frh. von ~ 116; Haller, Albrecht von ~ 120; Hardenberg, Friedrich Karl ~ 122; Harscher von Almendingen, Ludwig */~ 124; Haydn, (Franz) Joseph ~ 126; Heinrich, Prinz von Preußen ~ 129; Herder, Johann Gottfried ~ 131; Heß, Jonas Ludwig von ~ 134; Hölderlin, (Johann Christian) Friedrich ~ 138; Hoffmann, Johann Gottfried ~ 140; Holbach, Paul (Heinrich) Thiry (Dietrich) Baron von ~/† 141; Huber, Ludwig Ferdinand */~ 142; Humboldt, Alexander Frh. von ~ 146; Humboldt, Wilhelm von ~ 147; Karl August, Herzog, seit 1815 Großherzog von Sachsen-Weimar-Eisenach ~ 164; Kaunitz, Wenzel Anton Fürst von ~ 167; Kerner, Johann (Georg) ~ 167; Klarmann, Georg (Adam) ~ 168; Kleist, (Bernd) Heinrich (Wilhelm) von ~ 169; König, (Johann) Samuel ~ 174; Kotzebue, August (Friedrich) von ~ 175; Lehne, (Johann) Friedrich (Franz) ~ 184; Leibniz, Gottfried Wilhelm ~ 184; Leopold II., Erzherzog von Österreich, Großherzog von Toskana (Pietro Leopoldo), König von Ungarn, römisch-deutscher Kaiser ~ 186; Leuchsenring, Franz (Michael) ~/† 189; Lux, Adam ~/† 195; Marpurg, Friedrich Wilhelm ~ 198; Maupertuis, Pierre-Louis de Moreau ~ 200; Meister, Jakob Heinrich ~ 203; Merck, Johann Heinrich ~ 205; Mesmer, Franz Anton ~ 206; Metternich, Mathias ~ 207; Meyer, Friedrich Johann Lorenz ~ 207; Mozart, Wolfgang Amadeus ~ 215; Nicolay, Ludwig Heinrich Frh. von ~ 225; Ochs, Peter ~ 230; Oelsner, Konrad Engelbert ~/† 230; Pape, Georg Friedrich ~ 233; Pappenheimer, Heymann (Chaim) Salomon ~ 234; Pfenninger, Johann Caspar ~ 237; Rebmann, Andreas Georg Friedrich ~ 244; Reichardt, Johann Friedrich ~ 246; Reinhard, Karl Friedrich Graf von ~/† 249; Reitzenstein, Sigismund (Karl Johann) Frh. von ~ 250; Riedel, Andreas Frh. von † 252; Rumford, Benjamin Thompson ~ 256; Schenk, (Johann) Heinrich Ritter von ~ 261; Schlabrendorff, Gustav Graf von ~ 264; Schlegel von Gottleben, Dorothea von ~ 265; Schlegel, (Karl Wilhelm) Friedrich von ~ 265; Schneider, Eulogius † 271; Schöpflin, Johann Daniel ~ 271; Schwarzkopf, Joachim von † 275; Simon, Johann Friedrich ~/† 278; Stapfer, Philipp Albert ~/† 285; Starck, Johann August von ~ 285; Swieten, Gottfried Frh. van ~ 292; Theremin, Charles Guillaume ~ 294; Trenck, Friedrich Frh. von der ~/† 299; Tschirnhaus, Ehrenfried Walther von ~ 300; Varnhagen von Ense, Rahel (Antonie Friederike) ~ 307; Veit, David Josef ~ 308; Vogt, (Johann) Nicolaus ~ 309; Volkmann, Johann Jacob ~ 309; Wezel, Johann Karl ~ 318; Zinzendorf, Ludwig Graf von ~ 331

Paschkerwitz (poln. Pasikurowice)
Grosser, Samuel * 117

Passau
Auersperg, Joseph Franz Graf von ~/† 13; Colloredo-Waldsee, Hieronymus (Josef Franz de Paula) Graf von ~ 58; Denis, (Johann Nepomuk Cosmas) Michael ~ 68; Joseph Maria, Graf von Thun-Hohenstein, Bischof von Passau ~ 158; Milbiller, Joseph (Anton) ~ 209; Wagner, Sebastian ~/† 312

Pattensen
Knigge, Adolph Frh. ~ 172

Pavia (Italien)
Drexel, Anton ~ 70; Frank, Johann (Peter) ~ 93

Pempelfort (Düsseldorf)
Humboldt, Wilhelm von ~ 147; Jacobi, Friedrich Heinrich ~ 153

Penzing (Gem. Babensham)
Moshammer Ritter von Mosham, Franz Xaver † 214

Penzlin (Kr. Müritz)
Voß, Johann Heinrich ~ 310

Perleberg
Arnold, Gottfried ~/† 11

Pest (seit 1872 zu Budapest)
Hoffmann, Leopold Alois ~ 140; Martinovics, Ignaz Joseph * 199

Petznick (poln. Piasecznik)
Hermes, Johann Timotheus * 133

Pezinok → Bösing

Pforta (seit 1952 zu Bad Kösen)
Amende, Johann Joachim Gottlob ~ 7; Artzt, Gottlob Friedrich ~ 13; Fichte, Johann Gottlieb ~ 86; Heynitz, Friedrich Anton von ~ 136; Klopstock, Friedrich Gottlieb ~ 170; Krug, Wilhelm Traugott ~ 178; Schlegel, Johann Adolf ~ 266

Pforzheim
Karl Friedrich, Markgraf, Großherzog von Baden ~ 164

Pfyn (Kt. Thurgau)
Fäsi, Johann Konrad ~ 83

Philippsburg (bis 1623 Udenheim)
Brunner, Philipp Joseph * 47

Piasecznik → Petznick

Pierefitte-sur-Aire (Dép. Meuse, Frankreich)
Chastel, Franz Thomas * 53

Pillnitz (seit 1950 zu Dresden)
Leopold II., Erzherzog von Österreich, Großherzog von Toskana (Pietro Leopoldo), König von Ungarn, römisch-deutscher Kaiser ~ 186

Pinneberg
Hennings, (Adolph Friedrich) August von * 130

Pirna
Tittel, Gottlob August * 298

Pisa (Italien)
Algarotti, Francesco Graf von † 6; Arens, Johann August † 10

Plauen
Marezoll, Johann Gottlob * 198

Plauth (poln. Pławty)
Auerswald, Hans Jakob von * 13

Pławty → Plauth

Pleß (poln. Pszczyna)
Hermes, Johann Timotheus ~ 133; Schleiermacher, Friedrich Daniel Ernst ~ 266

Plettenberg
Cotta von Cottendorf, Johann Friedrich ~ 59

Plochingen
  Hartmann, (Johann Georg) August ~ 124
Plön
  Claudius, Matthias ~ 55; Hennings, (Adolph Friedrich) August von ~ 130; Schmettow, Woldemar Friedrich Graf von ~/† 270
Podbrzezie Dolne → Nieder-Siegersdorf
Pohnstorf (seit 1950 zu Alt Sührkow)
  Karsten, Lorenz * 167
Polevsko → Blottendorf
Polling (Kr. Weilheim-Schongau)
  Amort, Eusebius ~/† 8; Töpsl, Franz ~ 298
Polsingen
  Feder, Johann Georg Heinrich ~ 84
Pont-à-Mousson (Dép. Meurthe-et-Moselle)
  Frank, Johann (Peter) ~ 93
Posen (poln. Poznań)
  Held, Hans (Heinrich Ludwig) von ~ 130; Korn, Johann Gottlieb ~ 175; Müller, Adam Heinrich Ritter von Nittersdorf ~ 216
Poserna
  Seume, Johann Gottfried * 277
Potsdam
  siehe auch *Babelsberg, Neuendorf, Sanssouci*
  Ancillon, Louis Frédéric ~ 8; Bamberger, Johann Peter ~ 19; Bastiani, Giovanni Battista ~ 21; Benda, Franz ~ 27; Cranz, August Friedrich ~ 60; Friedrich II. der Große, König in, seit 1772 von Preußen ~/† 94; Gundling, Jacob Paul Frh. von † 118; Hecker, (Johann) Julius ~ 127; Hirzel, Hans Caspar d. Ä. ~ 137; Humboldt, Wilhelm von * 147; Kleist, Ewald Christian von ~ 169; Kleist, (Bernd) Heinrich (Wilhelm) von ~ 169; Knebel, Karl Ludwig von ~ 172; Leuchsenring, Franz (Michael) ~ 189; Mencken, Anastasius Ludwig † 204; Moritz, Karl Philipp ~ 212; Pauw, (Franz) Kornelius de ~ 235; Reichardt, Johann Friedrich ~ 246; Schinkel, Karl Friedrich ~ 263; Swieten, Gottfried Frh. van ~ 292; Tieck, (Johann) Ludwig ~ 297; Unger, Friederike Helene ~ 303; Voß, Christian Friedrich ~ 309; Wagener, Samuel Christoph † 311; Zimmermann, Johann Georg ~ 330
Poznań → Posen
Prag
  siehe auch *Lieben, Strahov*
  Albrecht, Johann Friedrich Ernst ~ 6; Beethoven, Ludwig van ~ 25; Benda, Franz ~ 27; Bolzano, Bernard */~/† 39; Born, Ignaz Edler von ~ 40; Eichler, Andreas Chrysogon ~ 74; Fritsch, Thomas ~ 98; Hansch, Michael Gottlieb ~ 122; Hoffmann, Leopold Alois ~ 140; Homberg, Herz ~/† 141; Kindermann, Ferdinand Ritter von Schulstein ~ 168; Likavetz, Joseph Kalasanz ~ 190; Linbrunn, Johann Georg Dominicus von ~ 191; Meißner, August Gottlieb ~ 203; Mozart, Wolfgang Amadeus ~ 215; Opiz, Johann Ferdinand */~ 231; Seibt, Karl Heinrich ~/† 276; Ungar, Karl ~/† 303; Varnhagen von Ense, Rahel (Antonie Friederike) ~ 307; Wenzel, Gottfried Immanuel ~ 316

Prem
  Lori, Johann Georg von * 192
Prenzlau
  Jordan, Charles Etienne ~ 157; Krause, (Georg) Friedrich * 176; Schwan, Christian Friedrich * 275
Preßburg (slowak. Bratislava, ungar. Pozsony)
  Borott, Johann Baptist ~ 41; Felbiger, Johann Ignatz von ~/† 84; Homberg, Herz ~ 141
Pruntrut (Kt. Jura)
  Gobel, Jean Baptiste Joseph ~ 108
Pszczyna → Pleß
Pülzig (Gem. Cobbelsdorf)
  Schmohl, Johann Christian * 270
Pustleben (seit 1950 zu Wipperdorf)
  Dohm, Christian Conrad (Wilhelm) von ~/† 70
Putney Hill (London)
  Füssli, Johann Heinrich † 100
Pyrmont → Bad Pyrmont
Quakenbrück
  Hegewisch, Dietrich Hermann * 128
Quedlinburg
  Arnold, Gottfried ~ 11; Besser, Johann Heinrich * 32; Cramer, Johann Andreas ~ 60; Cramer, Karl Friedrich * 60; Erxleben, Dorothea (Christiane) */† 78; Giseke, Nikolaus Dietrich ~ 107; Guts Muths, Johann Christoph Friedrich * 118; Hermes, Johann August ~/† 133; Klopstock, Friedrich Gottlieb */~ 170; Rambach, Friedrich Eberhard * 243; Resewitz, Friedrich Gabriel ~ 251; Ribov, Georg Heinrich ~ 252; Wagner, Gabriel * 311
Raab (ungar. Györ)
  Schrank, Franz de Paula von ~ 271
Radis
  Krug, Wilhelm Traugott * 178
Ragnit (russ. Neman)
  Reiffenstein, Johann Friedrich * 246
Rammenau
  Fichte, Johann Gottlieb * 86
Rantzau
  Hennings, (Adolph Friedrich) August von † 130; Reimarus, Johann Albert Heinrich † 248
Rappoltsweiler (frz. Ribeauvillé, Dép. Haut-Rhin)
  Spener, Philipp Jakob * 282
Rastatt
  Bärstecher, Johann Gottlieb ~ 17; Frank, Johann (Peter) ~ 93; Häberlin, Karl Friedrich ~ 119; Schenk, (Johann) Heinrich Ritter von ~ 261; Stadion, Friedrich Lothar Graf von ~ 283
Rastenburg (poln. Kętrzyn)
  Schultz, Franz Albert ~ 273
Reckahn
  Bruns, Heinrich Julius ~/† 47; Rochow, Friedrich (Eberhard) Frh. von ~/† 253
Regensburg
  Alexander, Isaak † 6; Arbuthnot, Benedikt ~/† 9; Bastineller, Gebhard Christian ~ 21; Böckler, Johann Heinrich ~ 37; Dalberg, Carl Theodor von ~/† 65; Danckelmann, Karl Ludolph Frh. von ~ 66; Fassmann, David ~ 83; Globig, (Hans) Ernst von ~ 108; Grimm, (Friedrich) Melchior Frh. von */~ 116; Kennedy, Ildephons ~ 167;

Münchhausen, Gerlach Adolf Frh. von ~ 219; Pütter, Johann Stephan ~ 240; Sailer, Johann Michael von ~/† 257; Schikaneder, Emanuel ~ 261; Winckelmann, Johann Joachim ~ 320

Reibersdorf (Sachsen)
Einsiedel, Johann Georg (Friedrich) Graf von † 74

Reichenau (Gem. Tamins, Kt. Graubünden)
Zschokke, (Johann) Heinrich (Daniel) ~ 331

Reichenbach (poln. Dzierżoniów)
Hertzberg, Ewald Friedrich Graf von ~ 133; Leopold II., Erzherzog von Österreich, Großherzog von Toskana (Pietro Leopoldo), König von Ungarn, römisch-deutscher Kaiser ~ 186

Reichenbach O. L.
Mylius, Christlob * 221

Reichenbach (Vogtl.)
Böttiger, Karl August * 39; Glafey, Adam Friedrich * 107; Neuber, Friederike Caroline * 224

Reichshofen (frz. Reichshoffen, Dép. Bas-Rhin)
Dietrich, (Philipp) Friedrich Baron von ~ 69

Reinfeld (Holstein)
Claudius, Matthias * 55

Remscheid
siehe auch *Lennep*
Schwager, Johann Moritz ~ 275

Repsholt
Coners, Gerhard Julius * 58

Reutlingen
Abel, Jakob Friedrich von ~ 1

Reval (estn. Tallinn, russ. Tallin)
Albrecht, Johann Friedrich Ernst ~ 6; Kotzebue, August (Friedrich) von ~ 175; Rambach, Friedrich Eberhard † 243; Rhode, Johann Gottlieb ~ 251

Rhaude (seit 1973 zu Rhauderfehn)
Reil, Johann Christian * 246

Rhauderfehn → Rhaude

Rheinberg → Orsoy

Rheineck (Kt. Sankt Gallen)
Ambühl, Johann Ludwig ~ 7

Rheinsberg
Algarotti, Francesco Graf von ~ 6; Benda, Franz ~ 27; Bielfeld, Jakob Friedrich Frh. von ~ 33; Friedrich II. der Große, König in, seit 1772 von Preußen ~ 94; Heinrich, Prinz von Preußen ~/† 129; Jordan, Charles Etienne ~ 157

Rheydt (seit 1975 zu Mönchengladbach)
Eichhoff, Johann Peter † 73

Ribeauvillé → Rappoltsweiler

Riddagshausen (seit 1934 zu Braunschweig)
Bartels, August Christian ~ 20; Jerusalem, Johann Friedrich Wilhelm ~ 156

Ried im Innkreis (Oberösterreich)
Meggenhofen, Ferdinand Frh. von ~ 202

Riedbach
Mayer, Johann (Georg) Friedrich (Hartmann) ~ 201

Rieden (Gem. Seehausen a. Staffelsee)
Utzschneider, Joseph von * 304

Riehen (Kt. Basel-Stadt)
Euler, Leonhard ~ 79

Rietberg
Bispink, Franz Heinrich ~ 34

Riga
Adelung, Friedrich von ~ 3; Altenstein, Karl (Sigmund Franz) Frh. vom Stein zum ~ 6; Berens, Johann Christoph */~/† 28; Hartknoch, Johann Friedrich ~/† 124; Herder, Johann Gottfried ~ 131; Lenz, Jakob (Michael Reinhold) ~ 186; Lindner, Johann Gotthelf ~ 191; Merkel, Garlieb (Helwig) ~ 206

Rinteln
Abbt, Thomas ~ 1; Bierling, Friedrich Wilhelm ~/† 33; Bierling, Konrad Friedrich Ernst */~ 33; Böhmer, Justus Henning ~ 38; Müller, Gerhard Friedrich von ~ 218; Springer, Johann Christoph Erich von ~/† 283; Strieder, Friedrich Wilhelm */~ 287; Unzer, Johann August ~ 303

Ritzebüttel (Cuxhaven)
Abendroth, Amandus Augustus ~ 2; Brockes, Barthold H(e)inrich ~ 45; Heise, Johann Arnold ~ 130

Rochlitz (Kr. Mittweida)
Rüdiger, (Johann) Andreas * 255

Rockenhausen
Klarmann, Georg (Adam) ~/† 168

Rodalben
Frank, Johann (Peter) * 93

Rodheim (seit 1970 zu Biebertal)
Chastel, Franz Thomas † 53

Rödelheim (seit 1910 zu Frankfurt am Main)
Crome, August Friedrich Wilhelm † 61; Hoffmann, Karl */~ 140

Römershag
Weikard, Melchior Adam * 314

Römhild
Heusinger, Johann Heinrich Gottlob * 135

Rohlstorf → Düsterbrook

Rohr (Gem. Rohrbach, Kr. Pfaffenhofen a. d. Ilm)
Nagel, Anton ~ 223

Rohrau (Niederösterreich)
Haydn, (Franz) Joseph * 126

Rohrbach (Kr. Pfaffenhofen a. d. Ilm) → Rohr

Rohrborn (Sömmerda)
Salzmann, Christian Gotthilf ~ 258

Rohrsheim
Bruns, Heinrich Julius * 47

Rojęczyn → Roniken

Rokitnica → Müggenhahl

Rom
Algarotti, Francesco Graf von ~ 6; Amort, Eusebius ~ 8; Arens, Johann August ~ 10; Balthasar, (Joseph Anton) Felix von ~ 18; Bastiani, Giovanni Battista ~ 21; Breyer, Johann Friedrich ~ 44; Colloredo-Waldsee, Hieronymus (Josef Franz de Paula) Graf von ~ 58; Desing, Anselm ~ 68; Ernst Ludwig II., Herzog von Sachsen-Gotha und Altenburg ~ 77; Fernow, Carl Ludwig ~ 85; Fiorillo, Johann Dominicus ~ 87; Friedrich Karl, Frh. von Erthal, Kurfürst und Erzbischof von Mainz ~ 94; Fürstenberg, Franz Friedrich Wilhelm Maria Frh. von ~ 99; Füssli, Hans Heinrich ~ 100; Füssli, Johann

Roniken

Heinrich ~ 100; Gobel, Jean Baptiste Joseph ~ 108; Goethe, Johann Wolfgang von ~ 111; Heinse, (Johann Jakob) Wilhelm ~ 129; Herz, Henriette (Julie) ~ 134; Hontheim, (Johann) Nikolaus von ~ 142; Humboldt, Wilhelm von ~ 147; Jagemann, Christian Joseph ~ 154; Joseph Maria, Graf von Thun-Hohenstein, Bischof von Passau ~ 158; Meyer, (Johann) Heinrich ~ 208; Mozart, Wolfgang Amadeus ~ 215; Müller, Friedrich ~/† 217; Oberthür, Franz ~ 230; Ramdohr, Friedrich Wilhelm Basilius von ~ 243; Reiffenstein, Johann Friedrich ~/† 246; Schadow, Johann Gottfried ~ 260; Usteri, Leonhard ~ 304; Werkmeister, Benedikt Maria ~ 316; Winckelmann, Johann Joachim ~ 320; Zoega, Georg ~/† 331

Roniken (poln. Rojęczyn)
Neukirch, Benjamin * 224

Roodt (Luxemburg)
Crantz, Heinrich Johann Nepomuk Edler von * 60

Rora (Schottland)
Arbuthnot, Benedikt * 9

Rostock
Adler, Jakob Georg Christian ~ 4; Bassewitz, Sabine Elisabeth Gräfin von ~ 21; Beck, Jacob Sigismund ~/† 25; Christiani, Wilhelm Ernst ~ 55; Döderlein, Christian Albrecht ~ 69; Engel, Johann Jakob ~ 75; Fischer, Christian Gabriel ~ 88; Floerke, Heinrich Gustav ~/† 89; Karsten, Lorenz ~/† 167; Lange, Samuel Gottlieb ~/† 182; Liscow, Christian Ludwig ~ 191; Löwen, Johann Friedrich ~/† 192; Nemeitz, Joachim Christoph ~ 223; Nettelbladt, Daniel */~ 223; Neubur, Friedrich Christian ~ 224; Norrmann, Gerhard Philipp Heinrich ~/† 227; Schadow, Johann Gottfried ~ 260; Spalding, Johann Joachim ~ 281; Sprengel, Matthias Christian * 283; Suckow, Lorenz Johann Daniel ~ 289; Tetens, Johann Nicolaus ~ 293

Rotenburg a. d. Fulda
Dithmar, Justus Christoph * 69

Roth (Kr. Roth)
Gesner, Johann Matthias * 105

Rothau (Dép. Bas-Rhin, Frankreich)
Ziegenhagen, Franz Heinrich † 329

Rothenburg ob der Tauber
Wernher, Johann Balthasar * 317

Rott a. Inn
Bacher, Bartholomäus † 16; Braun, Heinrich ~ 42

Rottenburg am Neckar
Huber, Fridolin ~ 142; Wessenberg, Ignaz Heinrich (Karl) Frh. von ~ 317

Rouen (Frankreich)
Ancillon, Louis Frédéric ~ 8

Roxheim (Kr. Bad Kreuznach)
Abegg, Johann Friedrich * 1

Rudolstadt
siehe auch *Volkstedt*
Perthes, Friedrich Christoph * 235; Perthes, (Johann Georg) Justus */~ 235

Rützen (poln. Ryzeń)
Carmer, Johann Heinrich Kasimir Graf von † 53

Ruhpolding
Bacher, Bartholomäus ~ 16

Ruppin
Friedrich II. der Große, König in, seit 1772 von Preußen ~ 94

Ryzeń → Rützen

Saal a. d. Saale → Waltershausen

Saalfeld (Saale)
Forberg, Friedrich Karl ~ 90; Louis Ferdinand von Hohenzollern, Prinz von Preußen † 192; Semler, Johann Salomo * 276

Saaz (tschech. Žatec)
Ungar, Karl * 303

Sagan (poln. Żagań)
Block, Albrecht * 35; Felbiger, Johann Ignatz von ~ 84; Fridrich, Karl Julius * 94

Saint-Malo (Dép. Ile-de-Vilaine, Frankreich)
Maupertuis, Pierre-Louis de Moreau * 200

Saint Vanne (Frankreich)
Sperlette, Johannes ~ 282

Salzburg
Auersperg, Joseph Franz Graf von ~ 13; Baader, Klemens (Alois) ~ 15; Bacher, Bartholomäus ~ 16; Bönicke, Johann Michael ~/† 39; Braun, Heinrich ~ 42; Colloredo-Waldsee, Hieronymus (Josef Franz de Paula) Graf von ~ 58; Desing, Anselm ~ 68; Firmian, Karl Gotthard Graf und Herr zu ~ 88; Fürstenberg, Franz Friedrich Wilhelm Maria Frh. von ~ 99; Hacker, Benedikt ~/† 119; Harl, Johann Paul Ritter von ~ 124; Hübner, Lorenz ~ 144; Joseph Maria, Graf von Thun-Hohenstein, Bischof von Passau ~ 158; Kreittmayr, (Wiguläus Xaverius) Aloysius Frh. von ~ 177; Linbrunn, Johann Georg Dominicus von ~ 191; Mozart, Wolfgang Amadeus */~ 215; Pezzl, Johann ~ 237; Riesbeck, Johann Kaspar ~ 253; Schikaneder, Emanuel ~ 261; Schneider, Eulogius ~ 271; Vierthaler, Franz Michael ~ 308

Salzdahlum (seit 1974 zu Wolfenbüttel)
Ziegenbein, (Johann) Heinrich (Wilhelm) ~ 329

Salzwedel
Winckelmann, Johann Joachim ~ 320

Samborsko → Zamborst

Sandau (Elbe)
Wagener, Samuel Christoph * 311

Sankt Blasien
Gerbert von Hornau, Martin † 105

Sankt Gallen
Affsprung, Johann Michael ~ 4; Beroldingen, Joseph (Anton Siegmund) Frh. von * 32; Euler, Leonhard ~ 79; Girtanner, Christoph * 106; Tobler, Johann Georg ~ 298; Wegelin, Jakob (Daniel) */~ 313; Zollikofer, Georg Joachim * 331

Sankt Petersburg (russ. Sankt-Peterburg, 1914-24 Petrograd, 1924-91 Leningrad)
Adelung, Friedrich von ~/† 3; Algarotti, Francesco Graf von ~ 6; Bayer, Gottlieb Siegfried ~/† 24; Beethoven, Ludwig van ~ 25; Berens, Johann Christoph ~ 28; Bernoulli, Daniel ~ 30; Bilfinger, Georg Bernhard ~ 33; Brinkmann, Johann Peter ~/† 45; Büsching, Anton Friedrich ~ 49; Ebert, Johann Jakob ~ 72; Einsiedel, Johann Georg (Friedrich) Graf von ~ 74; Euler, Leonhard

~/† 79; Feßler, Ignaz Aurelius ~/† 85; Forster, (Johann) Georg (Adam) ~ 91; Frank, Johann (Peter) ~ 93; Hartknoch, Johann Friedrich ~ 124; Jakob, Ludwig Heinrich von ~ 155; Klinger, Friedrich Maximilian von ~ 170; Kotzebue, August (Friedrich) von ~ 175; Langer, Ernst Theodor ~ 182; Leibniz, Gottfried Wilhelm ~ 184; Lenz, Jakob (Michael Reinhold) ~ 186; Marperger, Paul Jacob ~ 198; Merck, Johann Heinrich ~ 205; Meyer, Friedrich Ludwig Wilhelm ~ 208; Müller, Gerhard Friedrich von ~ 218; Neuber, Friederike Caroline ~ 224; Nicolay, Ludwig Heinrich Frh. von ~ 225; Pallas, Peter Simon ~ 233; Schmieder, Heinrich Gottlieb ~/† 270; Soemmerring, Samuel Thomas von ~ 279; Starck, Johann August von ~ 285; Walbaum, Johann Julius ~ 312; Weikard, Melchior Adam ~ 314; Wezel, Johann Karl ~ 318; Wolke, Christian Hinrich ~ 324; Zimmermann, Eberhard August Wilhelm von ~ 330

Sanssouci (seit 1928 zu Potsdam)
Friedrich II. der Große, König in, seit 1772 von Preußen ~ 94

Saratov (Rußland)
Forster, (Johann) Reinhold ~ 91

Sarbinowo → Zorndorf

Saumur (Dép. Maine-et-Loire, Frankreich)
Beausobre, Isaak de ~ 24

Schaalby → Kahleby, Moldenit

Schärding (Oberösterreich)
Denis, (Johann Nepomuk Cosmas) Michael * 68

Schaffhausen
Müller, (Johann) Georg ~/† 217; Müller, Johannes von * 218

Schalkhausen (seit 1972 zu Ansbach)
Altenstein, Karl (Sigmund Franz) Frh. vom Stein zum * 6

Scharfenbrück
Frölich, Carl Wilhelm ~ 98; Frölich, Henriette ~ 99

Schelklingen → Justingen
Schellerten → Garmissen

Scheyern
Mayr, Beda ~ 201; Pezzl, Johann ~ 237

Schieder-Schwalenberg → Schwalenberg

Schinznach (Kt. Aargau)
Pfeffel, Gottlieb Konrad ~ 237

Schlalach
Germershausen, Christian Friedrich */† 105

Schlawe (Pommern)
Rinck, Friedrich Theodor * 253

Schleswig
Christiani, Wilhelm Ernst ~ 55; Hülsen, August Ludwig ~ 144; Oeder, Georg Christian von ~ 230

Schlitz
Schlez, Johann (Friedrich) Ferdinand † 268

Schlobitten (poln. Słobity)
Schleiermacher, Friedrich Daniel Ernst ~ 266

Schloß Eszterháza
Haydn, (Franz) Joseph ~ 126

Schloß Friedrichsruh (Holstein)
Trapp, Ernst Christian * 299

Schloß Graditz (Torgau)
Karl August, Herzog, seit 1815 Großherzog von Sachsen-Weimar-Eisenach † 164

Schloß Haidenburg (Niederbayern)
Aretin, Johann Adam Frh. von † 10

Schloß Héverlé (Belgien)
Arenberg, Ludwig Engelbert Herzog von ~ 10

Schloß Monrepos (Finnland)
Nicolay, Ludwig Heinrich Frh. von ~/† 225

Schloß Scharfenstein
Einsiedel, (Johann) August von † 74

Schloß Teuffenbach (Oberösterreich)
Meggenhofen, Ferdinand Frh. von * 202

Schloß Wahrberg
Zehmen, Johann Anton Frh. von * 328

Schloß Wittgenstein
Dippel, Johann Konrad † 69

Schmolsin (poln. Smołdzino)
Lindner, Johann Gotthelf * 191

Schnaittach
Axter, Franz ~ 13

Schneeberg (Kr. Aue-Schwarzenberg)
Arnold, Christoph ~ 11; Härtel, Gottfried Christoph * 119

Schnepfenthal (seit 1950 zu Waltershausen)
Beutler, Johann Heinrich Christoph ~ 32; Guts Muths, Johann Christoph Friedrich ~ 118; Salzmann, Christian Gotthilf ~/† 258

Schochwitz
Greiling, Johann Christoph ~ 115

Schöller (seit 1975 zu Wuppertal)
Benzenberg, Johann Friedrich * 28

Schönberg (lett. Skaiskalne, Šenberga, Schenberģe, russ. Šenberg)
Recke, Elisa(beth) Charlotte Konstantia von der * 244

Schönbrunn (seit 1890/92 zu Wien)
Leopold II., Erzherzog von Österreich, Großherzog von Toskana (Pietro Leopoldo), König von Ungarn, römisch-deutscher Kaiser * 186

Schönefeld (seit 1915 zu Leipzig)
Thümmel, Hans Wilhelm von * 296; Thümmel, Moritz August von * 296

Schönfeld-Weißig → Eschdorf

Schöningen (Kr. Helmstedt)
Bischoff, Johann Heinrich Christian ~/† 34

Schönstedt
Günther, Christian August * 117

Schöntal
Abel, Jakob Friedrich von ~ 1

Schorndorf (Rems-Murr-Kreis)
Abel, Jakob Friedrich von † 1; Palm, Johann Philipp * 233; Reinhard, Karl Friedrich Graf von * 249; Reinhard, Philipp Christian * 250

Schornweisach (Gem. Uehlfeld)
Feder, Johann Georg Heinrich * 84

Schramberg → Waldmössingen
Schussenried → Bad Schussenried

Schwabach
Cella, Johann Jakob ~ 53; Springer, Johann Christoph Erich von * 283

Schwalenberg

Schwalenberg (seit 1970 zu Schieder-Schwalenberg)
  Lünig, Johann Christian * 194
Schwarzenbach a. d. Saale
  Jean Paul ~ 155
Schwarzwaldau (poln. Czarny Bór)
  Zedlitz und Leipe, Karl Abraham Frh. von * 327
Schwedt (Oder)
  Villaume, Peter ~ 308
Schweickershausen
  Becher, Karl Anton Ernst ~ 24
Schweidnitz (poln. Świdnica)
  Haude, Ambrosius * 125; Svarez, Carl Gottlieb * 291
Schweinsberg (Stadtallendorf)
  Estor, Johann Georg * 79
Schwelm
  Bispink, Franz Heinrich ~ 34
Schwerin (Kr. Schwerin)
  Ekhof, (Hans) Conrad (Dietrich) ~ 74; Forkel, Johann Nikolaus ~ 90; Löwen, Johann Friedrich ~ 192; Starck, Johann August von * 285; Suckow, Lorenz Johann Daniel * 289; Zschokke, (Johann) Heinrich (Daniel) ~ 331
Schwerte
  Bährens, Johann Christoph Friedrich ~/† 17
Seehausen (Altmark)
  Winckelmann, Johann Joachim ~ 320
Seehausen a. Staffelsee → Rieden
Seehof (Gem. Wendemark)
  Marpurg, Friedrich Wilhelm * 198
Seelze → Kirchwehren
Seesen
  Jacobson, Israel ~ 154
Segeberg → Bad Segeberg
Seitendorf (poln. Ustronie)
  Schummel, Johann Gottlieb * 274
Sengwarden
  Crome, August Friedrich Wilhelm * 61
Seßwegen (lett. Cesvaine, Zeswaine, russ. Sesvegen)
  Lenz, Jakob (Michael Reinhold) * 186
Seyringen (Grafschaft Oettingen)
  Döderlein, Christian Albrecht * 69
Sibiu → Hermannstadt
Siedlisko → Carolath
Siegsdorf
  Bacher, Bartholomäus ~ 16
Silstedt (Wernigerode)
  Calvör, Henning * 51
Simferopol
  Pallas, Peter Simon ~ 233
Simmern
  Becker, Johann Nikolaus ~/† 25
Sinzlow (poln. Żelisławiec)
  Graßmann, Gottfried Ludolf ~/† 115
Sistowa
  Leopold II., Erzherzog von Österreich, Großherzog von Toskana (Pietro Leopoldo), König von Ungarn, römisch-deutscher Kaiser ~ 186
Skaiskalne → Schönberg
Sławnikowice → Kieslingswalde

Słobity → Schlobitten
Słupsk → Stolp
Smołdzino → Schmolsin (poln.)
Sömmerda
  siehe auch *Rohrborn*
  Salzmann, Christian Gotthilf * 258
Soest
  Seidenstücker, Johann Heinrich Philipp ~/† 276
Sohlen (Gem. Beyendorf)
  Zerrenner, Heinrich Gottlieb ~ 329
Solothurn
  Lüthy, Urs Joseph */~/† 194; Stattler, Benedikt (Alexius Andreas) ~ 285
Sommerstorf (Gem. Grabowhöfe)
  Voß, Johann Heinrich * 310
Sonderburg (dän. Sønderborg)
  Schade, Georg ~ 259; Scheibe, Johann Adolph ~ 260
Sondershausen
  Giseke, Nikolaus Dietrich ~/† 107; Wezel, Johann Karl */~/† 318
Sonneberg
  Greiling, Johann Christoph * 115
Sonneburg
  Thümmel, Moritz August von ~ 296
Sorø (Dänemark)
  Basedow, Johann Bernhard ~ 20; Schlegel, Johann Elias † 266
Sorrent (italien. Sorrento)
  Benkowitz, Karl Friedrich ~ 27
Spantekow
  Adelung, Johann Christoph * 4
Speyer
  Becher, Johann Joachim * 24; Beroldingen, Joseph (Anton Siegmund) Frh. von ~ 32; Bossler, Heinrich Philipp Karl ~ 41; Butenschön, Johann Friedrich ~/† 49; Frank, Johann (Peter) ~ 93; Lux, Adam ~ 195; Riem, Andreas ~/† 253; Seybold, David Christoph ~ 278
Staatz (Niederösterreich)
  Colloredo-Waldsee, Hieronymus (Josef Franz de Paula) Graf von ~ 58
Stade
  Albrecht, Johann Friedrich Ernst * 6; Berlepsch, Friedrich Ludwig von * 29; Lichtenberg, Georg Christoph ~ 189; Meyer, Friedrich Ludwig Wilhelm ~ 208; Pratje, Johann Hinrich ~/† 240; Richey, Michael ~ 252; Seelen, Johann Heinrich von ~ 275
Stadtallendorf → Schweinsberg
Stadthagen
  Büsching, Anton Friedrich * 49
Stadtlauringen → Birnfeld
Stäfa (Kt. Zürich)
  Meyer, (Johann) Heinrich ~ 208; Pfenninger, Johann Caspar * 237
Stammheim (Calw)
  Haug, Balthasar * 126
Stans (Kt. Nidwalden)
  Pestalozzi, Johann Heinrich ~ 235
Staré Benátky → Alt-Benatek

Stargard in Pommern (poln. Stargard Szczeciński)
  Graßmann, Gottfried Ludolf ~ 115
Stauchitz
  Dassdorf, Karl Wilhelm * 67
Steglitz (seit 1920 zu Berlin)
  Beyme, Karl Friedrich von † 33
Stein am Rhein (Kt. Schaffhausen)
  Heidegger, Gotthard * 128
Steinbach (seit 1938 zu Wernau/Neckar)
  Werkmeister, Benedikt Maria ~ 316
Steinefrenz
  Metternich, Mathias * 207
Steinheim am Main (seit 1974 zu Hanau)
  Neeb, Johannes */~/† 223
Steinhorst (Kr. Lauenburg)
  Schwarzkopf, Joachim von * 275
Steintoch → Wollup
Stendal
  Dieterich, Johann Christian * 69; Lüdke, Friedrich Germanus * 194; Winckelmann, Johann Joachim */~ 320
Stettin (poln. Szczecin)
  Adelung, Friedrich von * 3; Bartholdy, Georg Wilhelm ~/† 20; Delbrück, (Johann Friedrich) Ferdinand ~ 67; Heinzmann, Johann Georg ~ 129; Hollmann, Samuel Christian * 141; Maimon, Salomon ~ 197; Schadow, Johann Gottfried ~ 260; Schlabrendorff, Ernst Wilhelm von ~ 264; Schlabrendorff, Gustav Graf von * 264; Selle, Christian Gottlieb * 276
Steyr (Oberösterreich)
  Blumauer, Alois * 35
Stintenburg (Lassahn)
  Keyßler, Johann Georg † 167
Stockholm
  Brinckmann, Karl Gustav Frh. von ~/† 45; Dippel, Johann Konrad ~ 69; Groskurd, Christian Heinrich ~ 117; Heß, Jonas Ludwig von ~ 134; Marperger, Paul Jacob ~ 198; Mencken, Anastasius Ludwig ~ 204; Pufendorf, Samuel Frh. von ~ 241
Stolberg (Harz)
  Amthor, Christoph Heinrich * 8
Stolp (poln. Słupsk)
  Schleiermacher, Friedrich Daniel Ernst ~ 266; Schultz, Franz Albert ~ 273
Stolpen
  Heydenreich, Karl Heinrich * 136
Stove (Gem. Boiensdorf)
  Tieftrunk, Johann Heinrich * 297
Strahov (Prag)
  Ungar, Karl ~ 303
Stralow
  Eberhard, Johann August ~ 71
Stralsund
  Dähnert, Johann Karl * 65; Groskurd, Christian Heinrich ~/† 117; Heß, Jonas Ludwig von * 134; Humboldt, Wilhelm von ~ 147
Straßburg (frz. Strasbourg)
  Ambühl, Johann Ludwig ~ 7; Ayrer, Georg Heinrich ~ 14; Bauer, Johann Jakob * 22; Bernoulli, Daniel ~ 30; Blessig, Johann Lorenz */~/† 35; Böckler, Johann Heinrich */~/† 37; Bollmann, Justus Erich ~ 39; Boyneburg, Philipp Wilhelm Graf von ~ 42; Butenschön, Johann Friedrich ~ 49; Chastel, Franz Thomas ~ 53; Clauer, Karl ~ 56; Cotta, Christoph Friedrich ~ 59; Decker, Georg Jakob I. ~ 67; Dereser, Anton ~ 68; Dietrich, (Philipp) Friedrich Baron von */~ 69; Dippel, Johann Konrad ~ 69; Dorsch, Anton Joseph (Friedrich Caspar) ~ 70; Ehrmann, Theophil Friedrich */~ 73; Estor, Johann Georg ~ 79; Formey, Johann Ludwig ~ 90; Frank, Johann (Peter) ~ 93; Frisch, Johann Leonhard ~ 98; Görres, (Johann) Joseph von ~ 109; Goethe, Johann Wolfgang von ~ 111; Herder, Johann Gottfried ~ 131; Jung-Stilling, Johann Heinrich ~ 158; Karoline, Landgräfin von Hessen-Darmstadt * 166; Kerner, Johann (Georg) ~ 167; Klarmann, Georg (Adam) ~ 168; Lamey, Andreas ~ 182; Lenz, Jakob (Michael Reinhold) ~ 186; Medicus, Friedrich Casimir ~ 202; Montgelas, Maximilian Joseph Frh. ~ 211; Nemeitz, Joachim Christoph ~/† 223; Nicolay, Ludwig Heinrich Frh. von */~ 225; Oberlin, Jeremias Jacob */~/† 229; Oberlin, Johann Friedrich */~ 229; Posselt, Ernst Ludwig ~ 240; Rautenstrauch, Johann ~ 244; Saltzmann, Friedrich Rudolf */~/† 258; Schmauß, Johann Jakob ~ 269; Schneider, Eulogius ~ 271; Schöpflin, Johann Daniel ~/† 271; Seckendorff, Veit Ludwig von ~ 275; Simon, Johann Friedrich */~ 278; Spener, Philipp Jakob ~ 282; Stäudlin, Gotthold (Friedrich) † 284; Uffenbach, Zacharias Conrad von ~ 303; Vogt, (Johann) Nicolaus ~ 309; Ziegenhagen, Franz Heinrich * 329
Straubing
  Aschenbrenner, Beda ~ 13; Schikaneder, Emanuel * 261; Stattler, Benedikt (Alexius Andreas) ~ 285
Strehla
  Schlegel, Johann Adolf ~ 266
Struppen → Naundorf
Strzelce Opolskie → Groß Strehlitz
Stubenberg
  Meggenhofen, Ferdinand Frh. von † 202
Studenitz (slowen. Studenice)
  Gmeiner, Franz Xaver * 108
Stuttgart
  siehe auch *Bad Cannstatt, Botnang, Hohenheim, Zuffenhausen*
  Abel, Jakob Friedrich von ~ 1; Armbruster, Johann Michael ~ 11; Autenrieth, Jakob Friedrich */~/† 13; Bardili, Christoph Gottfried ~ 19; Bilfinger, Georg Bernhard ~/† 33; Breyer, Johann Friedrich * 44; Conz, Karl Philipp ~ 58; Cotta, Christoph Friedrich */~ 59; Cotta von Cottendorf, Johann Friedrich */~/† 59; Ehrmann, Theophil Friedrich ~ 73; Elben, Christian Gottfried ~/† 75; Gaum, Johann Ferdinand ~ 102; Hartmann, (Johann Georg) August */~/† 124; Haug, Balthasar ~/† 126; Huber, Ludwig Ferdinand ~ 142; Huber, (Marie) Therese (Wilhelmine) ~ 143; Humboldt, Wilhelm von ~ 147; Kerner, Johann (Georg) ~ 167; Mauchart, Manuel David ~ 200; Moser, Friedrich Carl Frh. von * 213; Petersen, Johann Wilhelm ~/† 236; Planck, Gottlieb Jakob ~

467

238; Ploucquet, Gottfried * 238; Schiller, (Johann Christoph) Friedrich von ~ 261; Schmidt, Michael Ignaz ~ 270; Schmieder, Heinrich Gottlieb ~ 270; Schubart, Christian Friedrich Daniel ~/† 272; Schwab, Johann Christoph ~/† 274; Schwan, Christian Friedrich ~ 275; Spittler, Ludwig Timotheus Frh. von */~/† 283; Stäudlin, Carl Friedrich * 283; Stäudlin, Gotthold (Friedrich) * 284; Staudinger, Lucas Andreas ~ 286; Wekhrlin, Wilhelm Ludwig ~ 315; Werkmeister, Benedikt Maria ~/† 316

Sugenheim
Rebmann, Andreas Georg Friedrich * 244

Suhl
Beutler, Johann Heinrich Christoph * 32

Sukowiborg
Maimon, Salomon * 197

Sulechów → Züllichau

Sulz am Neckar
Armbruster, Johann Michael * 11

Sulzbach (seit 1934 zu Sulzbach-Rosenberg)
Florinus * 89; Frisch, Johann Leonhard * 98

Sulzburg
Schöpflin, Johann Daniel * 271

Świdnica → Schweidnitz

Szczecin → Stettin

Szczecinek → Neustettin

Taiting (seit 1972 zu Dasing)
Mayr, Beda * 201

Tallinn → Reval

Tamins → Reichenau

Tann (Rhön)
Klüber, Johann Ludwig * 172

Tartu → Dorpat

Taucha (Kr. Leipziger Land)
Ebert, Friedrich Adolf * 72

Tczew → Dirschau

Tegel (seit 1920 zu Berlin)
Humboldt, Wilhelm von ~/† 147

Tegernsee
Braun, Heinrich ~ 42

Teichwolframsdorf
Artzt, Gottlob Friedrich * 13

Temesvar (rumän. Timişoara, ungar. Temesvár)
Bretschneider, Heinrich Gottfried von ~ 44; Friedel, Johann * 94

Teningen → Köndringen

Tennstedt → Bad Tennstedt

Teplitz (tschech. Teplice, bis 1945 Teplitz-Schönau, tschech. Teplice-Šanov)
Beethoven, Ludwig van ~ 25; Eichler, Andreas Chrysogon ~/† 74; Seume, Johann Gottfried † 277

Tetenbüll
Tetens, Johann Nicolaus * 293

Tettens (seit 1972 zu Wangerland)
Gramberg, Gerhard Anton * 114

Thalschütz (seit 1950 zu Kötzschau)
Barth, Johann Ambrosius * 20

Thann (Dép. Haut-Rhin, Frankreich)
Gobel, Jean Baptiste Joseph * 108

Thieschitz
Steinbeck, Christoph Gottlieb * 286

Thorn (poln. Toruń)
Jachmann, Reinhold Bernhard † 153; Kaempfer, Engelbert ~ 161; Neukirch, Benjamin ~ 224; Soemmerring, Samuel Thomas von * 279; Süvern, Johann Wilhelm ~ 290

Thun (Kt. Bern)
Kleist, (Bernd) Heinrich (Wilhelm) von ~ 169

Thurnau
Keyßler, Johann Georg * 167

Thyrnau
Lange, Martin ~ 182

Tiefenfurt
Schirach, Gottlob Benedikt * 264

Tiefurt (seit 1922 zu Weimar, Thüringen)
Anna Amalia, Herzogin von Sachsen-Weimar-Eisenach ~ 9; Einsiedel, Friedrich Hildebrand von ~ 74

Timişoara → Temesvar

Tivoli
Müller, Friedrich ~ 217

Tondern (dän. Tønder)
Fabricius, Johann Christian * 83; Gerstenberg, Heinrich Wilhelm von * 105

Torgau
Baldinger, Dorothea Friderika ~ 18

Toruń → Thorn

Toulon (Frankreich)
Argens, Jean Baptiste de Bayer Marquis d' † 10

Traunstein
Kohlbrenner, Johann Franz Seraph * 175

Trautenstein
Giseke, Nikolaus Dietrich ~ 107

Treben (Kr. Altenburger Land)
Bielfeld, Jakob Friedrich Frh. von † 33

Treplitz
Baumann, Ludwig Adolph † 22

Trhanov → Chodenschloß

Tribsees
Spalding, Johann Joachim */~ 281

Trient (italien. Trento)
Joseph Maria, Graf von Thun-Hohenstein, Bischof von Passau * 158

Trier
Bönicke, Johann Michael ~ 39; Dalberg, Carl Theodor von ~ 65; Hedderich, Philipp ~ 127; Hontheim, (Johann) Nikolaus von */~ 142; Pape, Georg Friedrich ~/† 233; Rebmann, Andreas Georg Friedrich ~ 244

Triest
Homberg, Herz ~ 141; Winckelmann, Johann Joachim ~/† 320; Zinzendorf, Karl Graf von ~ 330

Trippstadt
Cotta, Christoph Friedrich † 59

Trnava → Tyrnau

Trogen (Kt. Appenzell Außerrhoden)
Tobler, Johann Georg * 298

Trollenhagen
Rudolphi, Karoline (Christiane Louise) ~ 255

Trostberg
Bacher, Bartholomäus ~/† 16; Braun, Heinrich * 42

Tschaslau → Časlau
Tübingen
siehe auch *Bebenhausen*
Abel, Jakob Friedrich von ~ 1; Abele, Johann Martin von ~ 2; Abendroth, Amandus Augustus ~ 2; Arnoldi, Johann Ludwig Ferdinand ~ 12; Autenrieth, Jakob Friedrich ~ 13; Bardili, Christoph Gottfried ~ 19; Baur, Samuel ~ 24; Bengel, Ernst Gottlieb ~/† 27; Bilfinger, Georg Bernhard ~ 33; Breyer, Johann Friedrich ~ 44; Canz, Israel Gottlieb ~/† 52; Conz, Karl Philipp ~/† 58; Cotta von Cottendorf, Johann Friedrich ~ 59; Dillenius, Friedrich Wilhelm Jonathan ~ 69; Elben, Christian Gottfried ~ 75; Fellenberg, Philipp Emanuel von ~ 85; Flatt, Johann Friedrich */~/† 89; Gaum, Johann Ferdinand ~ 102; Georgi, Theophil ~ 104; Griesbach, Johann Jakob ~ 115; Hartmann, (Johann Georg) August ~ 124; Hölderlin, (Johann Christian) Friedrich ~/† 138; Huber, Ludwig Ferdinand ~ 142; Huber, (Marie) Therese (Wilhelmine) ~ 143; König, Johann Ulrich von ~ 173; Ludewig, Johann Peter von ~ 193; Mauchart, Manuel David */~ 200; Medicus, Friedrich Casimir ~ 202; Niethammer, Friedrich Immanuel ~ 226; Planck, Gottlieb Jakob ~ 238; Ploucquet, Gottfried ~/† 238; Reinhard, Karl Friedrich Graf von ~ 249; Reinhard, Philipp Christian ~ 250; Sander, Heinrich ~ 259; Schwab, Johann Christoph ~ 274; Seybold, David Christoph ~/† 278; Sinclair, Isaak von ~ 278; Spittler, Ludwig Timotheus Frh. von ~ 283; Stäudlin, Carl Friedrich ~ 283; Stäudlin, Gotthold (Friedrich) ~ 284; Wieland, Christoph Martin ~ 319
Türchau (poln. Turoszów)
Hübner, Johann * 143
Turin
Dalberg, Emmerich Joseph Herzog von ~ 65; Kaunitz, Wenzel Anton Fürst von ~ 167
Turoszów → Türchau
Tyrnau (slowak. Trnava, ungar. Nagyszombat)
Schrank, Franz de Paula von ~ 271
Udenheim → Philippsburg
Uehlfeld
siehe auch *Schornweisach*
Groß, Johann Gottfried * 117
Uelzen
Benkowitz, Karl Friedrich * 27; Müller, Johann Samuel ~ 218; Zimmermann, Eberhard August Wilhelm von * 330
Uetikon (Kt. Zürich)
Fäsi, Johann Konrad ~ 83; Schinz, Hans Rudolf ~/† 264
Uffenheim
Hirsching, Friedrich Karl Gottlob * 137
Ulla (seit 1994 zu Nohra, Kr. Weimarer Land)
De Wette, Martin Leberecht * 68
Ullersdorf (bei Görlitz)
Griesheim, Christian Ludwig von † 116
Ulm
Abbt, Thomas * 1; Abele, Johann Martin von ~/† 2; Affsprung, Johann Michael */~/† 4; Baader, Klemens (Alois) ~ 15; Bärstecher, Johann Gottlieb ~ 17; Baur, Samuel * 24; Cotta von Cottendorf, Johann Friedrich ~ 59; Heinzmann, Johann Georg */~ 129; Huber, Ludwig Ferdinand † 142; Huber, (Marie) Therese (Wilhelmine) ~ 143; Miller, Johann Martin */~/† 209; Schubart, Christian Friedrich Daniel ~ 272
Ummerstadt
Rosenmüller, Johann Georg * 254
Unięcice → Meffersdorf
Uppsala (Schweden)
Fabricius, Johann Christian ~ 83; Kaempfer, Engelbert ~ 161; Thorild, Thomas ~ 296
Urach → Bad Urach
Uraz → Auras
Urwegen (rumän. Gibova, ungar. Szász Orbo)
Filtsch, Johann ~ 87
Usingen
Bretschneider, Heinrich Gottfried von ~ 44
Uslar
Wedekind, Georg Christian Gottlieb von ~ 313
Ustronie → Seitendorf
Utrecht (Niederlande)
Adolphi, Christian Michael ~ 4; Christian Friedrich Carl Alexander, Markgraf von Ansbach-Bayreuth ~ 6; Broxtermann, Theobald Wilhelm ~ 46; Kreittmayr, (Wiguläus Xaverius) Aloysius Frh. von ~ 177; Münchhausen, Gerlach Adolf Frh. von ~ 219; Schade, Georg ~ 259; Scheuchzer, Johann Jakob ~ 261; Zollikofer, Georg Joachim ~ 331
Vaals (Niederlande)
Clermont, (Johann) Arnold ~ 57
Vaalsbroich
Clermont, (Johann) Arnold ~/† 57
Vaihingen an der Enz
Abel, Jakob Friedrich von * 1; Magenau, Rudolf Friedrich Heinrich von ~ 197
Venedig
Algarotti, Francesco Graf von * 6; Bastiani, Giovanni Battista ~ 21; Bernoulli, Daniel ~ 30; Breyer, Johann Friedrich ~ 44; Goethe, Johann Wolfgang von ~ 111; Swieten, Gottfried Frh. van ~ 292; Winckelmann, Johann Joachim ~ 320
Veracruz (Mexiko)
Humboldt, Alexander Frh. von ~ 146
Verden (Aller)
Pratje, Johann Hinrich ~ 240
Versailles
Kaunitz, Wenzel Anton Fürst von ~ 167
Vesterbro
Christiani, Christoph Johann Rudolph ~ 55
Viechtach
Drexel, Anton ~/† 70; Linbrunn, Johann Georg Dominicus von */~ 191
Vielreich
Aschenbrenner, Beda * 13
Vierraden
Stägemann, (Christian) Friedrich August von * 283
Vieselbach (seit 1994 zu Erfurt)
Riedel, Friedrich Just(us) * 252
Vilnius → Wilna

Vockenhausen

Vockenhausen (seit 1977 zu Eppstein)
Ickstatt, Johann Adam Frh. von * 149
Vohenstrauß
Reinhard, Franz Volkmar * 249
Volkach → Fahr
Volkstedt (seit 1923 zu Rudolstadt)
Abicht, Johann Heinrich * 2
Vornbach (seit 1972 zu Neuhaus a. Inn)
Schrank, Franz de Paula von * 271
Wachau (seit 1997 zu Markkleeberg)
Rabener, Gottlieb Wilhelm * 243
Wackersberg (Kr. Bad Tölz-Wolfratshausen)
→ Bibermühle
Wädenswil (Kt. Zürich)
Orell, Hans Conrad ~ 231
Walbeck (Ohrekreis)
Gleim, Johann Wilhelm Ludwig ~ 108
Waldenburg (Kr. Chemnitzer Land)
Mylius, Gottlieb Friedrich ~ 221
Waldersbach (Dép. Bas-Rhin, Frankreich)
Lenz, Jakob (Michael Reinhold) ~ 186; Oberlin, Johann Friedrich † 229
Waldmössingen (seit 1971 zu Schramberg)
Huber, Fridolin ~ 142
Waldsassen
Ickstatt, Johann Adam Frh. von † 149
Walkendorf → Dalwitz
Walldürn
Blau, Felix Anton * 35
Wallerstein
Knebel, Karl Ludwig von * 172
Wallertheim
Köster, He(i)nrich Martin Gottfried ~ 174
Waltershausen (Kr. Gotha) → Ibenhain, Schnepfenthal
Waltershausen (seit 1978 zu Saal a. d. Saale)
Kalb, Charlotte (Sophie Juliane) von */~ 162
Wandsbek (seit 1937 zu Hamburg)
Arens, Johann August ~ 10; Claudius, Matthias ~ 55; Voß, Johann Heinrich ~ 310; Ziegenbein, (Johann) Heinrich (Wilhelm) ~ 329
Wangerland → Tettens
Wannsee (seit 1920 zu Berlin)
Kleist, (Bernd) Heinrich (Wilhelm) von † 169
Warschau
Benda, Franz ~ 27; Fichte, Johann Gottlieb ~ 86; Gröll, Michael ~/† 116; Mizler von Kolof, Lorenz † 210; Schmettow, Woldemar Friedrich Graf von ~ 270; Seume, Johann Gottfried ~ 277; Swieten, Gottfried Frh. van ~ 292
Warstade (Land Hadeln)
Meiners, Christoph * 203
Warthausen
Wieland, Christoph Martin ~ 319
Wattwil (Kt. Sankt Gallen)
siehe auch *Näbis*
Ambühl, Johann Ludwig */~ 7; Bräker, Ulrich ~/† 42
Weesenstein (seit 1994 zu Müglitztal)
Born, Friedrich Gottlieb ~/† 40
Wehrau (poln. Osiecznica)
Werner, Abraham Gottlob * 316

Weihenstephan (seit 1937 zu Freising)
Desing, Anselm ~ 68
Weilburg
Cella, Johann Jakob ~ 53; Köster, He(i)nrich Martin Gottfried ~ 174; Snell, Christian Wilhelm ~ 279
Weimar (Thüringen)
siehe auch *Tiefurt*
Ackermann, Ernst Wilhelm */~ 3; Alxinger, Johann Baptist von ~ 7; Anna Amalia, Herzogin von Sachsen-Weimar-Eisenach ~/† 9; Arens, Johann August ~ 10; Bach, Carl Philipp Emanuel * 15; Bach, Wilhelm Friedemann */~ 16; Baggesen, Jens Immanuel ~ 17; Batsch, August Johann Georg Karl ~ 21; Bertuch, Friedrich Justin */~/† 32; Blumauer, Alois ~ 35; Bode, Johann (Joachim Christoph) ~/† 37; Böttiger, Karl August ~ 39; Carpov, Jakob ~/† 53; Claudius, Matthias ~ 55; De Wette, Martin Leberecht ~ 68; Ehrmann, Theophil Friedrich ~/† 73; Einsiedel, (Johann) August von ~ 74; Einsiedel, Friedrich Hildebrand von ~ 74; Ekhof, (Hans) Conrad (Dietrich) ~ 74; Fernow, Carl Ludwig ~/† 85; Gädicke, Johann Christian ~ 101; Gesner, Johann Matthias ~ 105; Göchhausen, Ernst August Anton Frh. von * 108; Göschen, Georg Joachim ~ 110; Goethe, Johann Wolfgang von ~/† 111; Grellmann, Heinrich Moritz Gottlieb ~ 115; Gruber, Johann Gottfried ~ 117; Hamann, Johann Georg ~ 121; Herder, Johann Gottfried ~/† 131; Hufeland, Christoph Wilhelm ~ 144; Humboldt, Wilhelm von ~ 147; Jagemann, Christian Joseph ~/† 154; Jean Paul ~ 155; Kalb, Charlotte (Sophie Juliane) von ~ 162; Karl August, Herzog, seit 1815 Großherzog von Sachsen-Weimar-Eisenach */~ 164; Kleist, (Bernd) Heinrich (Wilhelm) von ~ 169; Knebel, Karl Ludwig von ~ 172; Kotzebue, August (Friedrich) von */~ 175; Krause, (Georg) Friedrich † 176; Lenz, Jakob (Michael Reinhold) ~ 186; Liebeskind, August Jacob ~ 190; Merkel, Garlieb (Helwig) ~ 206; Meyer, (Johann) Heinrich ~ 208; Moritz, Karl Philipp ~ 212; Musäus, Johann Karl August ~/† 220; Reinhold, Karl Leonhard ~ 250; Schiller, (Johann Christoph) Friedrich von ~/† 261; Schlegel, August Wilhelm von ~ 264; Schlettwein, Johann August * 268; Schmid, Karl Christian Erhard ~ 270; Schreyvogel, Joseph ~ 271; Stahl, Georg Ernst ~ 284; Struve, Burkhard Gotthelf * 289; Wieland, Christoph Martin ~/† 319; Zincke, Georg Heinrich ~ 330
Weißenburg → Karlsburg
Weißenfels
Arnold, Johann Christian * 12; Edelmann, Johann Christian * 72; Neuber, Friederike Caroline ~ 224; Weise, Christian ~ 314
Weißenhorn
Sailer, Sebastian * 257
Wendelsheim (Kr. Alzey-Worms)
Laukhard, Friedrich Christian (Heinrich) * 183
Wendemark → Seehof
Wennigsen (Deister) → Bredenbeck am Deister

Wenzeslaushagen
Mehring, Daniel Gottlieb Gebhard * 202
Werben (Elbe)
Arnold, Gottfried ~ 11
Werden (seit 1929 zu Essen)
Hecker, (Johann) Julius * 127
Wermsdorf → Hubertusburg
Wernau (Neckar) → Steinbach
Werneuchen
Ramler, Karl Wilhelm ~ 243
Wernigerode
siehe auch *Silstedt*
Benzler, Johann Lorenz ~/† 28; Plessing, Friedrich Viktor Lebrecht ~ 238; Runde, Justus Friedrich * 256; Unzer, Johann Christoph * 304; Zerrenner, Heinrich Gottlieb * 329
Wertheim
Böckh, Christian Gottfried ~ 37; Bremser, Johann Gottfried * 44
Wesenburg
Brückner, Ernst Theodor Johann ~ 47
Wettin
Jakob, Ludwig Heinrich von * 155
Wetzlar
Bastineller, Gebhard Christian ~ 21; Becker, Johann Nikolaus ~ 25; Böckler, Johann Heinrich ~ 37; Cella, Johann Jakob ~ 53; Cocceji, Samuel Frh. von ~ 57; Dalberg, Carl Theodor von ~ 65; Emerich, Friedrich Joseph */~ 75; Estor, Johann Georg ~ 79; Globig, (Hans) Ernst von ~ 108; Goethe, Johann Wolfgang von ~ 111; Günther, Johann Arnold ~ 118; Häberlin, Karl Friedrich ~ 119; Jerusalem, Karl Wilhelm ~/† 157; Kleinschrod, Gallus Aloysius Caspar ~ 169; Kreittmayr, (Wiguläus Xaverius) Aloysius Frh. von ~ 177; Pütter, Johann Stephan ~ 240; Reinhard, Johann Jakob ~ 249; Reinhard, Philipp Christian ~ 250
Wiedemar
Küttner, Carl Gottlob * 179
Wien
siehe auch *Dreihaus, Hietzing, Oberdöbling, Schönbrunn*
Adam, Jakob */~/† 3; Affsprung, Johann Michael ~ 4; Alxinger, Johann Baptist von */~/† 7; Ambros, Michael Hermann ~ 7; Armbruster, Johann Michael ~/† 11; Arnstein, Fanny Frfr. von ~ 12; Artaria, Domenico ~ 12; Artaria, Franz ~ 12; Auersperg, Joseph Franz Graf von * 13; Axter, Franz ~ 13; Ballhorn, Georg Friedrich ~ 18; Barth-Bartenheim, Johann Baptist Ludwig Ehrenreich Graf von † 20; Bastineller, Gebhard Christian ~ 21; Becher, Johann Joachim ~ 24; Beck, Christian August Frh. von ~/† 24; Becker, Johann Nikolaus ~ 25; Beethoven, Ludwig van ~/† 25; Benda, Franz ~ 27; Bendavid, Lazarus ~ 27; Beroldingen, Joseph (Anton Siegmund) Frh. von ~ 32; Biwald, Leopold (Gottlieb) */~ 34; Blumauer, Alois ~/† 35; Bob, Franz Joseph ~ 37; Bollmann, Justus Erich ~ 39; Born, Ignaz Edler von ~/† 40; Bremser, Johann Gottfried ~/† 44; Bretschneider, Heinrich Gottfried von ~ 44; Carl, Ernst Ludwig ~/† 52; Colloredo-Waldsee, Hieronymus (Josef Franz de Paula) Graf von */~/† 58; Cotta von Cottendorf, Johann Friedrich ~ 59; Crantz, Heinrich Johann Nepomuk Edler von ~ 60; Creutz, Friedrich Karl Kasimir Frh. von ~ 61; Degen, Josef Vinzenz Edler von ~/† 67; Denis, (Johann Nepomuk Cosmas) Michael ~/† 68; Desing, Anselm ~ 68; Ebel, Johann Gottfried ~ 71; Entner von Entnersfeld, Friedrich Franz */~/† 76; Erhard, Johann Benjamin ~ 76; Eybel, Joseph Valentin */~ 81; Felbiger, Johann Ignatz von ~ 84; Feßler, Ignaz Aurelius ~ 85; Formey, Johann Ludwig ~ 90; Frank, Johann (Peter) ~/† 93; Fridrich, Karl Julius ~/† 94; Friedel, Johann ~ 94; Friedrich Karl, Frh. von Erthal, Kurfürst und Erzbischof von Mainz ~ 94; Fritsch, Thomas Frh. von ~ 98; Gaheis, Franz (Anton) de Paula ~/† 101; Gebler, Tobias Philipp Frh. von ~/† 103; Gemmingen-Hornberg, Otto Heinrich Frh. von ~ 103; Gentz, Friedrich ~/† 104; Griesheim, Christian Ludwig von ~ 116; Hansch, Michael Gottlieb ~/† 122; Hartel, Sebastian */~ 124; Hartleben, Franz Joseph † 124; Hartmann, Leopold Frh. von */~ 125; Haschka, Lorenz Leopold */~/† 125; Haydn, (Franz) Joseph ~/† 126; Herchenhahn, Johann Christian ~/† 131; Hoffmann, Johann Gottfried ~ 140; Hoffmann, Leopold Alois ~ 140; Hofmann, Andreas Joseph ~ 140; Homberg, Herz ~ 141; Humboldt, Wilhelm von ~ 147; Joseph II., römisch-deutscher Kaiser, Erzherzog von Österreich, König von Böhmen und von Ungarn */~/† 157; Justi, Johann Heinrich Gottlob von ~ 159; Kaunitz, Wenzel Anton Fürst von */~/† 167; König, Eva (Katharina) ~ 173; Kotzebue, August (Friedrich) von ~ 175; Krause, (Georg) Friedrich ~ 176; Lang, Karl Heinrich Ritter von ~ 182; Lange, Martin ~ 182; Leibniz, Gottfried Wilhelm ~ 184; Leopold II., Erzherzog von Österreich, Großherzog von Toskana (Pietro Leopoldo), König von Ungarn, römisch-deutscher Kaiser † 186; Lessing, Gotthold Ephraim ~ 187; Leuchs, Johann Michael ~ 189; Likavetz, Joseph Kalasanz ~ 190; Luca, Ignaz de */~/† 193; Lünig, Johann Christian ~ 194; Lüthy, Urs Joseph ~ 194; Manteuffel, Ernst Christoph Graf von ~ 198; Marperger, Paul Jacob ~ 198; Martinovics, Ignaz Joseph ~ 199; Mayer, Johann (Georg) Friedrich (Hartmann) ~ 201; Meggenhofen, Ferdinand Frh. von ~ 202; Mesmer, Franz Anton ~ 206; Meyer, Friedrich Ludwig Wilhelm ~ 208; Mieg, Johann Friedrich ~ 209; Milbiller, Joseph (Anton) ~ 209; Moser, Friedrich Carl Frh. von ~ 213; Moshammer Ritter von Mosham, Franz Xaver ~ 214; Mozart, Wolfgang Amadeus ~/† 215; Müller, Adam Heinrich Ritter von Nittersdorf ~/† 216; Müller, Johannes von ~ 218; Olbers, (Heinrich) Wilhelm (Matthias) ~ 230; Pezzl, Johann ~ 237; Pichler, Karoline */† 238; Pütter, Johann Stephan ~ 240; Ratschky, Joseph Franz von */~/† 243; Rautenstrauch, Franz Stephan ~ 244; Rautenstrauch, Johann ~/† 244; Reichardt, Johann Friedrich ~ 246;

Wiener Neustadt

Reinhold, Karl Leonhard * 250; Retzer, Joseph Friedrich Frh. von ~/† 251; Riedel, Andreas Frh. von */~ 252; Riedel, Friedrich Just(us) ~/† 252; Riegger, Paul Joseph Ritter von ~/† 253; Riesbeck, Johann Kaspar ~ 253; Ruef, Johann Caspar Adam ~ 255; Sailer, Sebastian ~ 257; Schikaneder, Emanuel ~/† 261; Schlegel, August Wilhelm von ~ 264; Schlegel von Gottleben, Dorothea von ~ 265; Schlegel, (Karl Wilhelm) Friedrich von ~ 265; Schlettwein, Johann August ~ 268; Schmidt, Michael Ignaz ~/† 270; Schrank, Franz de Paula von ~ 271; Schreyvogel, Joseph */~/† 271; Schröckh, Johann Matthias * 272; Sinclair, Isaak von † 278; Sonnenfels, Joseph von ~/† 280; Stadion, Friedrich Lothar Graf von ~ 283; Sturz, Helfrich Peter ~ 289; Swieten, Gerard van ~/† 291; Swieten, Gottfried Frh. van ~/† 292; Trattner, Johann Thomas Edler von ~/† 299; Trenck, Friedrich Frh. von der ~ 299; Varnhagen von Ense, Rahel (Antonie Friederike) ~ 307; Vierthaler, Franz Michael ~/† 308; Wagner, Gabriel ~ 311; Weikard, Melchior Adam ~ 314; Wekhrlin, Wilhelm Ludwig ~ 315; Wenzel, Gottfried Immanuel ~ 316; Wernher, Johann Balthasar † 317; Wessenberg, Ignaz Heinrich (Karl) Frh. von ~ 317; Wezel, Johann Karl ~ 318; Winckelmann, Johann Joachim ~ 320; Wittola, Markus Anton ~/† 322; Zehmen, Johann Anton Frh. von ~ 328; Zeiller, Franz Anton Edler von ~ 328; Zinzendorf, Karl Graf von ~/† 330; Zinzendorf, Ludwig Graf von ~/† 331

Wiener Neustadt (Niederösterreich)
Hoffmann, Leopold Alois ~/† 140; Riedel, Andreas Frh. von ~ 252; Trattner, Johann Thomas Edler von ~ 299

Wiesbaden
siehe auch *Kostheim*
Goethe, Johann Wolfgang von ~ 111; Harscher von Almendingen, Ludwig ~ 124; Rebmann, Andreas Georg Friedrich † 244; Snell, Christian Wilhelm † 279

Wilhelmshöhe (seit 1928 zu Kassel)
Strieder, Friedrich Wilhelm ~ 287

Wilhelmstein
Friedrich Wilhelm Ernst, Reichsgraf von Schaumburg-Lippe ~ 320

Wilna (litauisch Vilnius, russ. Vil'njus, poln. Wilno)
Abicht, Johann Heinrich ~/† 2; Forster, (Johann) Georg (Adam) ~ 91; Frank, Johann (Peter) ~ 93; Huber, (Marie) Therese (Wilhelmine) ~ 143

Wingendorf
Winckler, Johann Heinrich * 322

Winkel (seit 1972 zu Oestrich-Winkel)
Hofmann, Andreas Joseph † 140

Winnweiler
Moser, Friedrich Carl Frh. von ~ 213

Winterthur (Kt. Zürich)
Graff, Anton */~ 114; Sulzer, Johann Georg(e) * 290

Wipfeld
Schneider, Eulogius * 271

Wipperdorf → Pustleben

Wirschen
Wobeser, Wilhelmine Karoline von † 323

Wismar (Kr. Wismar)
Balthasar, August von ~ 18; Heß, Heinrich Ludwig von ~ 134; Nemeitz, Joachim Christoph * 223; Reimarus, Hermann Samuel ~ 247; Starck, Johann August von ~ 285

Witramowo → Wittmannsdorf

Wittenberg
Amende, Johann Joachim Gottlob ~ 7; Arnold, Gottfried ~ 11; Artzt, Gottlob Friedrich ~ 13; Bastineller, Gebhard Christian ~/† 21; Baumeister, Friedrich Christian ~ 22; Bennigsen, Rudolph Christian von ~ 28; Böhmer, Georg Rudolph ~/† 38; Bucher, Urban Gottfried ~ 47; Buddeus, Johann Franz ~ 48; Chladni, Johann Martin */~ 54; Dyck, Johann Gottfried ~ 70; Ebert, Johann Jakob ~/† 72; Ernesti, Johann August ~ 77; Fichte, Johann Gottlieb ~ 86; Gersdorff, Adolf Traugott von ~ 105; Gleditsch, Johann Friedrich ~ 107; Globig, (Hans) Ernst von ~ 108; Grohmann, (Johann) Christian August ~ 116; Gruber, Johann Gottfried ~ 117; Hanow, Michael Christoph ~ 122; Hoffmann, Johann Adolf ~ 140; Hollmann, Samuel Christian ~ 141; Jerusalem, Johann Friedrich Wilhelm ~ 156; Justi, Johann Heinrich Gottlob von ~ 159; Krug, Wilhelm Traugott ~ 178; Lessing, Gotthold Ephraim ~ 187; Lichtwer, Gottfried Magnus ~ 190; Ludewig, Johann Peter von ~ 193; Lüders, Philipp Ernst ~ 194; Meißner, August Gottlieb ~ 203; Moritz, Karl Philipp ~ 212; Neubur, Friedrich Christian ~ 224; Niemeyer, August Hermann ~ 226; Paullini, Christian Franz ~ 235; Plessing, Friedrich Viktor Lebrecht ~ 238; Pölitz, Karl Heinrich Ludwig ~ 239; Reimarus, Hermann Samuel ~ 247; Reinhard, Franz Volkmar ~ 249; Ribov, Georg Heinrich ~ 252; Richey, Michael ~ 252; Schadow, Johann Gottfried ~ 260; Schlözer, August Ludwig von ~ 268; Schmohl, Johann Christian ~ 270; Schröckh, Johann Matthias ~/† 272; Schulze, Gottlob Ernst ~ 273; Seelen, Johann Heinrich von ~ 275; Sintenis, Christian Friedrich ~ 279; Tentzel, Wilhelm Ernst ~ 293; Tieftrunk, Johann Heinrich ~ 297; Titius, Johann Daniel ~/† 298; Tzschirner, Heinrich Gottlieb ~ 301; Wernher, Johann Balthasar ~ 317; Zeidler, Johann Gottfried ~ 328

Wittenburg (Kr. Ludwigslust)
Liscow, Christian Ludwig * 191

Wittmannsdorf (poln. Witramowo)
Graßmann, Gottfried Ludolf ~ 115

Woburn (Massachusetts, USA)
Rumford, Benjamin Thompson * 256

Wörlitz
Leopold III. Friedrich Franz, Fürst, seit 1807 Herzog von Anhalt-Dessau ~ 187

Wörmlitz (seit 1950 zu Halle/Saale)
Pockels, Karl Friedrich * 239

Wolfenbüttel
siehe auch *Salzdahlum*
Anna Amalia, Herzogin von Sachsen-Weimar-Eisenach * 9; Bach, Wilhelm Friedemann ~

16; Bartels, August Christian ~/† 20; Bischoff, Johann Heinrich Christian ~ 34; Büttner, Christian Wilhelm * 49; Ebert, Friedrich Adolf ~ 72; Jerusalem, Johann Friedrich Wilhelm ~ 156; Jerusalem, Karl Wilhelm */~ 157; Karl Wilhelm Ferdinand, Herzog von Braunschweig-Lüneburg(-Wolfenbüttel) * 164; Klinger, Friedrich Maximilian von ~ 170; Langer, Ernst Theodor ~/† 182; Leibniz, Gottfried Wilhelm ~ 184; Lessing, Gotthold Ephraim ~ 187; Trapp, Ernst Christian ~/† 299; Treuer, Gottlieb Samuel ~ 299; Walbaum, Johann Julius */~ 312; Weichmann, Christian Friedrich † 314

Wollup (Gem. Steintoch)
Thaer, Albrecht Daniel ~ 294

Wolmirsleben
Müller, Heinrich August ~/† 218

Wolmirstedt
Baumgarten, Siegmund Jakob * 23

Worms
siehe auch *Herrnsheim*
Böhmer, Georg Wilhelm ~ 38; Dalberg, Carl Theodor von ~ 65; Friedrich Karl, Frh. von Erthal, Kurfürst und Erzbischof von Mainz ~ 94; Nau, Bernhard Sebastian von ~ 223; Theremin, Charles Guillaume † 294

Wrocław → Breslau

Wrzeszcz → Langfuhr

Wschowa → Fraustadt

Würchwitz
Schubart, Johann Christian Edler von Kleefeld ~/† 272

Würzburg
Armbrust, Franz Amand ~ 10; Axter, Franz ~ 13; Bauer, Franz Nikolaus */~/† 22; Bauerschubert, Joseph ~/† 22; Becker, Johann Nikolaus ~ 25; Bensen, (Carl) Daniel (Heinrich) ~/† 28; Berg, Franz ~/† 28; Bönicke, Johann Michael * 39; Dalberg, Carl Theodor von ~ 65; Dereser, Anton ~ 68; Eccard, Johann Georg von ~/† 72; Emerich, Friedrich Joseph ~/† 75; Erhard, Johann Benjamin ~ 76; Friedrich Karl, Frh. von Erthal, Kurfürst und Erzbischof von Mainz ~ 94; Frorath, Wilhelm ~ 99; Geier, Peter Philipp ~/† 103; Hofmann, Andreas Joseph ~ 140; Hufeland, Gottlieb ~ 145; Ickstatt, Johann Adam Frh. von ~ 149; Klarmann, Georg (Adam) ~ 168; Kleinschrod, Gallus Aloysius Caspar */~/† 169; Kleist, (Bernd) Heinrich (Wilhelm) von ~ 169; Lori, Johann Georg von ~ 192; Montag, Eugen ~ 211; Niethammer, Friedrich Immanuel ~ 226; Oberthür, Franz */~ 230; Schleiermacher, Friedrich Daniel Ernst ~ 266; Schmidt, Michael Ignaz ~ 270; Soemmerring, Samuel Thomas von ~ 279; Stadion, Friedrich Lothar Graf von ~ 283; Weikard, Melchior Adam ~ 314; Wessenberg, Ignaz Heinrich (Karl) Frh. von ~ 317

Wunsiedel
Jean Paul * 155

Wuppertal → Elberfeld, Schöller

Wurzen
Lichtwer, Gottfried Magnus * 190

Xanten
Pauw, (Franz) Kornelius de ~/† 235

Yverdon-les-Bains (Kt. Waadt)
Pestalozzi, Johann Heinrich ~ 235; Tscharner, Vinzenz Bernhard von ~ 300

Zagań → Sagan

Zamborst (poln. Samborsko)
Hanow, Michael Christoph * 122

Zarpen
Hoffmann, Johann Adolf * 140

Žatec → Saaz

Zavelstein (seit 1975 zu Bad Teinach-Zavelstein)
Bengel, Ernst Gottlieb * 27

Zeblin (poln. Cybulino)
Kleist, Ewald Christian von * 169

Zehdenick
Frölich, Henriette * 99

Zeitz
siehe auch *Hainichen*
Crusius, Christian August ~ 62; Decker, Georg Jakob I. ~ 67; Schubart, Johann Christian Edler von Kleefeld * 272

Železnodorožnyj → Gerdauen

Żelisławiec → Sinzlow

Zell a. Main
Hofmann, Andreas Joseph * 140

Zella-Mehlis
siehe auch *Zella Sankt Blasii*
Beutler, Johann Heinrich Christoph † 32

Zella Sankt Blasii (seit 1919 zu Zella-Mehlis)
Manso, Johann Caspar Friedrich * 198

Zerbst
Schlegel, Johann Adolf ~ 266; Schütz, Friedrich Wilhelm von ~/† 273; Sintenis, Christian Friedrich */~/† 279

Zeulenroda
Gebler, Tobias Philipp Frh. von * 103

Zichtau
Siede, Johann Christian ~ 278

Žinkau (tschech. Žinkovy)
Likavetz, Joseph Kalasanz * 190

Zittau
Borott, Johann Baptist ~ 41; Michaelis, Johann Benjamin * 208; Weise, Christian */~/† 314

Złotoryja → Goldberg

Zofingen (Kt. Aargau)
Altmann, Johann Georg * 7

Zorndorf (poln. Sarbinowo)
Friedrich II. der Große, König in, seit 1772 von Preußen ~ 94

Zschortau
Volkmann, Johann Jacob † 309

Züllichau (poln. Sulechów)
Ebel, Johann Gottfried * 71; Frommann, (Carl) Friedrich (Ernst) */~ 99; Steinbart, Gotthilf Samuel */~ 286

Zürich
Armbruster, Johann Michael ~ 11; Bodmer, Johann Jakob † 37; Breitinger, Johann Jacob */~/† 43; Bronner, Franz Xaver ~ 46; Butenschön, Johann Friedrich ~ 49; Corrodi, Heinrich */~/† 58; Ebel, Johann Gottfried ~/† 71; Escher von der

Zuffenhausen

Linth, Hans Konrad */~/† 79; Fäsi, Johann Konrad */~ 83; Fichte, Johann Gottlieb ~ 86; Füssli, Hans Heinrich */~/† 100; Füssli, Johann Heinrich */~ 100; Gessner, Salomon */~/† 105; Heidegger, Gotthard ~/† 128; Hirzel, Hans Caspar d. Ä. */† 137; Hirzel, Salomon */† 138; Humboldt, Wilhelm von ~ 147; Klopstock, Friedrich Gottlieb ~ 170; Kummer, Paul Gotthelf ~ 179; Lavater, Johann Caspar */~/† 183; Meister, Jakob Heinrich ~/† 203; Meyer, (Johann) Heinrich */~ 208; Müller, (Johann) Georg ~ 217; Orell, Hans Conrad ~ 231; Pestalozzi, Johann Heinrich */~ 235; Pezzl, Johann ~ 237; Pfenninger, Johann Caspar ~/† 237; Riesbeck, Johann Kaspar ~ 253; Scheuchzer, Johann Jakob */~/† 261; Schinz, Hans Rudolf */~ 264; Sulzer, Johann Georg(e) ~ 290; Usteri, Leonhard */~/† 304; Werenfels, Samuel ~ 316; Wieland, Christoph Martin ~ 319; Winkopp, Peter Adolph ~ 322; Wyss, David von */~ 325

Zuffenhausen (seit 1931 zu Stuttgart)
Elben, Christian Gottfried * 75

Zuilenstein (Niederlande)
König, (Johann) Samuel † 174

Zurndorf (Burgenland)
Feßler, Ignaz Aurelius * 85

Zusamzell (Gem. Altenmünster)
Salat, Jakob ~ 258

Zweibrücken
Müller, Friedrich ~ 217; Rebmann, Andreas Georg Friedrich ~ 244

Zwickau
Borgold, Johann Friedrich * 40